Enzyklopädie des AUTOMOBILS

ENZYKLOPÄDIE DES AUTOMOBILS

Marken · Modelle · Technik

WELTBILD VERLAG

© der deutschsprachigen Ausgabe by Weltbild Verlag GmbH, Augsburg 1995
© der Originalausgabe by Orbis Publishing Ltd., London
Deutsche Bearbeitung: topic Verlag GmbH, Karlsfeld
Übersetzung: Anne Faust, Doris Gottwald, Susanne Guidera, Hyacintha Mang,
Patrizia Oberhofer, Claudia Weiand, Andrea Wilden
Umschlaggestaltung: Peter Engel/München
Gesamtherstellung: Strohal Druck, Wien
Printed in Austria
ISBN 3-89350-534-2

Diese umfangreiche Enzyklopädie des Automobils reicht von den legendären Veteranen der Automobilgeschichte über schnittige Cabriolets und elegante Limousinen, ruhmreiche Renn- und Sportwagen, also vom Oldtimer über den Classic-Car bis hin zu den Softlinern der fünfziger und sechziger Jahre sowie zu den faszinierenden Modellen der jüngsten Zeit. Fans finden alles, was an Nostalgie und Faszination von diesem Thema ausgeht. Diese große Revue der Marken, der Modelle und der Automobiltechnik ist eine Dokumentation mit mehr als 1.000 Abbildungen, darunter bisher unveröffentlichte Aufnahmen, mit Emblemen und großartigen dreidimensionalen Grafiken. Kompakte Informationen finden sich zu folgenden Bereichen:

Geschichte der Automobilmarken, in alphabetischer Reihenfolge nach Markennamen

○

Vorstellung einzelner, besonders bedeutender Modelle der jeweiligen Marken

○

Abbildungen ausgewählter Modelle mit technischen Angaben

○

dazu ausführliche technische Beschreibung besonders markanter Automobile.

Alles in allem: Eine Fülle von Fakten zur Entwicklung der Automobiltechnik allgemein, zu Aufstieg und Untergang vieler Marken, zum Ideenreichtum der Konstrukteure und zur Geschichte der Automobilfabrikation.

ABADAL
Barcelona, Spanien
1912–1930

Don Francisco Serramelera y Abadal, besser bekannt als Paco Abadal, war Rennfahrer und Konzessionär der Hispano Suiza in Barcelona. 1912 entschloß sich Abadal, eine eigene Automarke zu entwickeln, aber seltsamerweise wurden seine Wagen zunächst von Imperia in Belgien hergestellt.

Seine ersten Wagen waren ein Vierzylinder mit 18/24 HP und ein Sechszylinder mit 45 HP. Beide wiesen ähnliche Charakteristiken auf wie der Hispano und besaßen elegante,

V-förmige Kühler. Der Sechszylinder war so perfekt konstruiert, daß ein Wagen einen kontrollierten Härtetest in über 20.000 km absolvierte, ohne daß auch nur ein einziges Teil ersetzt werden mußte. Auf dem Pariser Autosalon von 1913 erregte Abadals 15,9-HP-Rennwagen nur geringes Interesse – trotz der Karosserie von Labourdette aus vernietetem Holz. Ein anderer ausgestellter Abadal glänzte mit einer spitzen, türlosen Karosserie (Alin und Liautard) und einer Motorhaube aus poliertem Messing.

Nach Ausbruch des Ersten Weltkriegs wurde die Produktion in Belgien eingestellt. Nachdem Abadal in Spanien zwei leichte Wagen (mit 12 und 15 HP) konstruiert hatte, wandelte er seine Werkstatt in eine reine Karosseriewerkstatt um und widmete sich dem „Tuning". Das gelungenste Projekt dieser Art ist der Abadal-Buick, der 1919 bis 1923 in kleiner Auflage hergestellt wurde.

In der Zwischenzeit hatte Imperia die Abadalproduktion wiederaufgenommen und zwischen 1919 und 1923 ca. 170 Fahrzeuge hergestellt. Dazu gehörte auch ein Prototyp mit 5,6 l Hubraum, einer obenliegenden Nockenwelle sowie einem Motor mit acht reihenförmig angeordneten Zylindern, der ohne Karosserie vorgestellt wurde.

1923 gab Imperia die Marke Abadal auf und ihr Gründer wurde Repräsentant von General Motors.

Der letzte Abadal erschien 1930 in Barcelona. Es handelte

ABADAL (1912)
Motor: 4 Zylinder in Reihe
Bohrung/Hub: 80 mm x 180 mm
Hubraum: 3.619 cm³
Max. Leistung: 18/24 HP
Getriebe: mechanisch, 4 Gänge
Rahmen: Preßstahl
Aufhängung: Starrachse mit halbelliptischer Blattfederung vorne und hinten
Bremsen: an den Hinterrädern
Karosserie: nach Bestellung
Höchstgeschwindigkeit: 112 km/h

---

sich um den Prototyp einer Limousine mit 3,5 l Hubraum, einem Continentalmotor und einem amerikanisch anmutendem Styling, der aber nie in Produktion ging.

ABARTH & C.
Turin, Italien
1949–1971

Fast 7.500 Siege, 113 internationale Rekorde, fünf Weltrekorde: Das ist die Bilanz des Unternehmens Abarth & C., der 1949 in Turin von dem Italo-Österreicher Carlo Abarth gegründeten Automarke. Abarth hatte zunächst eine lange Lehrzeit in der Welt des Rennsports absolviert. Er war Repräsentant für Porsche in Italien gewesen und hatte aktiv an der Sache Cisitalias teilgenommen. Nach dem Ende dieses Projekts stach er mit den schnellen 1100er Spiders hervor, gründete eine Firma und nahm mit dem Spider an zahlreichen Wettbewerben teil. Der Abarth beendete das erste Produktionsjahr mit 18 Siegen.

Auf dem Turiner Autosalon 1950 wurde die Kleinlimousine Abarth 204 vorgestellt – ein Fahrzeug, das eine Geschwindigkeit von 190 km/h erreichen konnte. Der aus dem Fiat 1100 entwickelte Motor mit 1.090 cm³ Hubraum zeichnete sich durch hängende Ventile, Magnetzündung, zwei Vergaser und spezielle Auspuffkrümmer aus. Mit diesem Wagen, der auch wegen seiner aerodynamischen Eigenschaften und seinem geringen Gewicht auffiel, begann die Zusammenarbeit mit Fiat. Diese Zusammenarbeit sollte, mit Ausnahme einiger sporadischer „Seitensprünge" mit Simca und Alfa Romeo, das Leben dieser kleinen Firma kennzeichnen und prägen. Sie widmete sich der Konstruktion von Sportwagen, die vor allem von kleinen Modellen abgeleitet wurden.

Man kann Abarth wohl eine Vorreiterrolle für Italien zusprechen. Diese Firma trug zur Entwicklung einer ganzen Reihe hochqualifizierter Mechaniker bei, die ihrerseits wiederum wertvolle Erfahrungen in der Verwertung technischer Basiselemente in die großen Firmen (vor allem Fiat und Alfa Romeo) einbrachten.

1952 erschien der 205, eine Luxusversion des 204 mit einer Vignalekarosserie. Mit diesem Wagen gelang dem Markennamen der Sprung über den großen Teich, und sogar der Direktor der Packard Motors kaufte einen 205 (allerdings mit Bertonekarosserie). In der Zwischenzeit begann Abarth eine neue Unternehmung, um seine sportlichen Aktivitäten finanziell zu stützen: die Konstruktion spezieller Auspufftöpfe, die für in- und ausländische Modelle bestimmt waren.

Die Popularität in den USA, einem der vielversprechendsten Märkte für Spezialfahrzeuge, wuchs mit der Verbreitung des 207A Spider, dessen Karosserie von Boano stammte. Auch in diesem Fall basierten die technischen Grundelemente auf dem Fiat 1100, dessen Leistung auf 66 PS bei 6.000^{-min} erhöht worden war. Die Höchstgeschwindigkeit variierte je nach Übersetzungsverhältnis zwischen 165 und 186 km/h. Der Erfolg dieses Modells war so groß, daß auch ein Coupé gebaut wurde.

Die Notwendigkeit, die Qualität der Arbeit zu überprüfen und in immer neue Bereiche vorzudringen, spornte Abarth zu Geschwindigkeits- und Dauerrekorden an – auch um mit diesen Erfolgen zu werben. Die Rekordbilanzen nehmen einen sehr wichtigen Raum in der Geschichte der Firma ein.

Auch in dem folgenden Projekt (das am 17. Juni 1956 mit einem Wagen begonnen wurde, dessen 750-cm³-Motor von einem Fiat 600 abgeleitet worden war) bleibt der Doppelname Fiat-Abarth erhalten und garantiert außergewöhnliche Resultate. Es genügt, an den 24-Stunden-Rekord der G-Klasse (von 751 bis zu 1.100 cm³ Hubraum) zu erinnern, der von 136,502 km/h auf 167,722 km/h verbessert wurde, oder an den 72-Stunden-Rekord (von 139,460 auf 186,687 km/h gesteigert).

Diese Serie endete am 31. Oktober 1966 mit dem neuen Rekord des Österreichers Johannes Ortner über eine Viertelmeile (G-Klasse 13,035 Sekunden). Ortner gewann 1970 und 1971 das Europäische Bergrennen mit einem Fiat-Abarth 2000 Sport.

Um große Produktionserfolge kennenzulernen, sollte man ins Jahr 1965 zurückgehen, als Fiat den 600 herausbrachte. Abarth überarbeitete das Fahrzeug, indem er den Hubraum zunächst auf 750 cm³ erweiterte und schließlich bis an die 1-l-Grenze brachte. In der Abarthversion wurde der populäre Fiat zu einem ansprechenden Modell für junge Leute und konnte in der Hand von erfahrenen und weniger erfahrenen Rennfahrern zahlreiche Lorbeeren auf allen wichtigen internationalen Rennstrecken verbuchen. Das gleiche geschah mit dem Fiat 500, den Abarth in einen 595 und schließlich in die Version 695 abänderte, und mit dem 850: aus ihm entstand der 850 OT für Touringrennen.

Nur selten arbeitete Abarth mit anderen Unternehmen als Fiat zusammen. Einer der wenigen Fälle war Simca. Zu Beginn der sechziger Jahre lieferte er eine Sportversion des Simca 1000, der noch weiter in der Karosserie verändert wurde. So kam es zur Geburt der Simca-Abarth-Coupés, das in zwei Ausführungen (1.600 und 2.000 cm³ Hubraum) lieferbar war. Mit 2 l Hubraum erreichte der Wagen 230 km/h.

Die großen sportlichen Erfolge und der inzwischen weltweite Ruhm bewegten Carlo

Abadal 18/24 HP

Abarth zu einem weiteren Wagnis: 1967 konstruierte er einen Zwölfzylinder mit 6.000 cm³ Hubraum (600 PS bei 6.800^{-min}), um am Marken-Worldcup teilzunehmen und dort gleichberechtigt mit den Prototypen von Porsche und Ferrari zu konkurrieren. Leider zwang ihn die Entscheidung des ISC (Internationales Sport Komitee), den Hubraum der Prototypen auf 3.000 cm³ zu begrenzen, zur Aufgabe – das Fahrzeug war bereits fertig.

Müde geworden, entschloß sich Carlo Abarth, in den Ruhestand zu gehen, und ab dem 1. August 1971 gehörte Abarth & C. zur Gruppe Fiat.

Abarth 850 TC

Im Jahre 1961 schloß Abarth einen wichtigen Vertrag mit Fiat ab. Fiat verpflichtete sich, Abarth Fahrzeuge ohne all jene Teile zu liefern, die traditionell zum Tuning gehören (Vorderbremsen, Kurbelwelle, Vergaser, Auspuffrohre). Aus dieser Übereinkunft entstand der 850 TC, einer der berühmtesten Wagen der Firma mit dem Skorpionsignet. Der 850 TC war der erste Wagen, den Abarth mit dem Rahmen und der Technik des Fiat 600 konstruierte. Der Hubraum des 4-Zylinder-Werkswagens wurde auf 833 cm³ erweitert und ein Solex-32-PBIC-Vergaser eingebaut. Andere Veränderungen betrafen die Bremsanlage (Scheibenbremsen an den Vorderrädern) und den Kühlkreislauf (zusätzlicher Kühler unter der vorderen Stoßstange).

Von diesem Wagen leiteten sich der 850 TC Corsa, der 850 TC Nürburgring und der 850 TC Nürburgring Corsa ab, die auf allen Rennstrecken und in jeder Wettbewerbsart dominierten. Die wichtigsten Unterschiede bestanden im Verdichtungsverhältnis, in der Option eines 5-Ganggetriebes und in den vier Scheibenbremsen (nur auf dem TC Corsa).

Abarth 595

1957 führte Fiat den 500 ein, der wegen seines niedrigen Preises und seiner technischen Ausstattung sofort Bei-

Abarth 595

595 (1963)
Motor: 4 Zylinder in Reihe (Luftkühlung), eine seitliche Nockenwelle
Bohrung/Hub: 73,5 mm x 70 mm
Hubraum: 594 cm³
Max. Leistung: 30 PS bei 5.000^{-min}
Getriebe: mechanisch, 4 Gänge
Rahmen: selbsttragende Karosserie
Aufhängung: Vorderachse: Einzelradaufhängung an Querblattfedern, hydraulische Stoßdämpfer; Hinterachse: Einzelradaufhängung, Schraubenfedern
Bremsen: Trommelbremsen
Karosserie: zweitürige Limousine mit 4 Plätzen
Höchstgeschwindigkeit: 130 km/h

850 TC CORSA (1961)
Motor: 4 Zylinder in Reihe mit seitlicher Nockenwelle
Bohrung/Hub: 62,5 mm x 69 mm
Hubraum: 847 cm³
Max. Leistung: 70 PS bei 7.600^{-min}
Getriebe: mechanisch, 4 Gänge
Rahmen: selbsttragende Karosserie
Aufhängung: Einzelradaufhängung mit einstellbarer Spur und Stabilisatoren
Bremsen: 4 Scheibenbremsen
Karosserie: zweitürige Limousine mit 4 Plätzen
Höchstgeschwindigkeit: 178 km/h

ABC (1920)
Motor: 2-Zylinder-Boxermotor mit durch Stößelstangen und Kipphebel gesteuerten, hängenden Ventilen
Bohrung/Hub: 91,5 mm x 91,5 mm
Hubraum: 1.203 cm³
Max. Leistung: 35 HP
Getriebe: mechanisch, 4 Gänge
Rahmen: Preßstahl
Aufhängung: Starrachse mit Blattfedern an den 4 Rädern
Bremsen: Trommelbremsen an den Hinterrädern
Karosserie: zweisitzig, Klappverdeck
Höchstgeschwindigkeit: 105 km/h

fall fand. Abarth erkannte bald die potentielle Leistungsfähigkeits dieses Wagens.

So entstand im Herbst 1963 der 595. Die Änderungen am Motor betrafen die Vergrößerung der Bohrung von 67,5 auf 73,5 mm, die Nockenwelle, das Ansaugrohr und ein von 7 auf 9,5:1 erhöhtes Verdichtungsverhältnis. Außerdem wurden eine Ölwanne aus Aluminium und ein Vergaser des Typs Solex 28 PBJ anstelle des serienmäßigen Webervergasers 26

ABC

IMB vorgesehen. Die Verbesserung der Leistung war grandios: So steigerte sich z.B. die Höchstgeschwindigkeit von 95 auf 130 km/h.

In der Folgezeit entstanden der 595 SS mit einem Vergaser des Typs Solex 34 PBIC und 32 PS Leistung und der 689 mit einem Hubraum von 689 cm³ und einem Solex-Vergaser 34 PBIC (wie in der Version SS).

ABC
**Hersham, Großbritannien
1920–1929**

ABC produzierte Kleinwagen, die eine Kombination von dem dreirädrigen Cyclecar und einem richtigen Auto darstellten.

Der erste ABC, der 1920 vorgeführt wurde, hatte als Hauptmerkmal einen luftgekühlten 2-Zylinder-Boxermotor aufzuweisen. Dieser herrliche Motor, der vom verschrobenen Genie Granville Bradshaw entworfen worden war, wies einige Schwächen auf, z.B. die sehr langen, empfindlichen Stößelstangen, die ungeschützt waren. Einmal in Fahrt, war seine Leistung allerdings bemerkenswert, und das gleiche läßt sich über seine Fahreigenschaften aussagen.

Rennversionen des ABC traten 1921, 1922 und 1923 auf der Rennstrecke von Brooklands gegeneinander an. Da ihr Hubraum 1.203 cm³ betrug, konnten sie nicht in der Klasse bis 1.100 cm³ antreten und waren gezwungen, in der Klasse bis 1.500 cm³ Hubraum zu starten, wo sie erwartungsgemäß von ihren Gegnern übertroffen wurden.

Nach 1925 verstärkte man ihre Ventilsteuerung und verbesserte die Schmierung. Aber inzwischen konnte der Wagen den Konkurrenzmarken nichts mehr entgegensetzen und war bis zur Einstellung der Produktion nicht mehr in der Lage, mit den Entwicklungen des Marktes Schritt zu halten. So waren z.B. Vierradbremsen und ein elektrischer Anlasser nur auf Wunsch erhältlich und mußten mit Aufpreis bezahlt werden.

Abarth 850 TC Corsa

AC

Thames Ditton, Großbritannien, 1908

Die Ursprünge des AC lassen sich ins Jahr 1903 zurückverfolgen, als der junge Ingenieur John Weller und der reiche Metzger John Portwine beschlossen, gemeinsam die Produktion von Automobilen aufzunehmen. Ihren Namen erhielt die Gesellschaft nach dem kleinen dreirädrigen Lastwagen Auto-Carrier, den sie zwischen 1905 und 1914 herstellte. Die beiden Unternehmer kündigten 1908 auch eine Pkw-Version des Auto-Carrier an, die aber erst 1913 erschien.

Nach dem Ende des Ersten Weltkrieges brachte AC eine Autoserie mit firmeneigenen 6-Zylinder-Motoren aus Leichtmetallegierung in Umlauf. Es handelte sich um Motoren mit 1.991 cm³ Hubraum und obenliegender Nockenwelle, die zwischen 1919 und 1963 produziert wurden.

1921 gaben die beiden Gründer die Leitung des Unternehmens an S.F. Edge ab. Mit Edge setzten sich die AC-Wagen im Sport durch und erzielten herausragende Ergebnisse (Dauerrekord bei der Rallye Monte Carlo 1926). Neben den sportlichen Erfolgen zeichnete sich jedoch eine tiefe finanzielle Krise ab, die 1929 zum Verkauf der Firma führte. Die neuen Besitzer, die Brüder Hurlock, konnten das Unternehmen bald finanziell sanieren. Der Besitzerwechsel bei AC hatte auch die Wiederbelebung des 6-Zylinder-Motors zur Folge. Man montierte ihn auf einen Hilfsrahmen und brachte ihn dadurch auf den neuesten Stand der Technik. Obwohl der Nachkriegs-AC eine interessante Linie aufwies, hatte er trotz allem noch eine archaische Vorderaufhängung mit Blattfederung. Erst mit dem Erscheinen des Ace im Jahre 1953 und seines Abkömmlings Cobra erlangte der Name AC größere Popularität. Vom Cobra stammte später der 428 aus dem Jahre 1967 ab. Er erhielt von Frua eine Karosserie und wurde 1974 durch den 3000 ME mit Mittelmotor ersetzt.

Zu Beginn der achtziger Jahre hatte AC praktisch die Produktion eingestellt. 1984 gab es jedoch ein Gerücht, daß AC wieder auf den Markt gehen wollte, mit dem AC Ghia, einem sportlich-aerodynamischen Wagen, der angeblich von Ford als Stilstudie in Auftrag gegeben worden war.

AC Ace

1953 baute man den 6-Zylinder-AC-Motor in einen neuen, von Tojeiro entworfenen Wagen ein. Er entwickelte im Vergleich zu seinem Vorgänger von 1949 fast die doppelte Leistung. Die elegante zweisitzige Karosserie erinnerte an den Ferrari 166 Barchetta. Der Gitterrohrrahmen stellte ein Novum dar, da er aus verschweißten Stahlrohren mit 76 mm Durchmesser bestand und von vier voneinander unabhängig aufgehängten Rädern getragen wurde. Der Wagen konnte über 160 km/h erreichen.

Nachdem ihm ein Jahr später das gelungene Aceca Coupé zur Seite gestellt worden war, wurde deutlich, daß der Ace eine echte Alternative zu dem alten 6-Zylinder-Modell darstellte, da als Option ein 2-l-Bristolmotor mit sechs Zylindern und 125 PS angeboten wurde.

Der AC Bristol errang in Großbritannien und in den USA große Erfolge. Er gewann den Wettbewerb der Sportwagen von 1957 und setzte sich in seiner Klasse in Le Mans durch. Ab 1961 standen zwar bereits fünf verschiedene leistungsgesteigerte Ford-Zephyr-Versionen mit 2,6 l Hubraum und sechs Zylindern zur Verfügung.

AC Cobra

Bereits seit 1957 hatte der amerikanische Rennfahrer Caroll Shelby erfolglos versucht, General Motors für die Produktion eines leichten Sportwagens zu gewinnen, in dem ein europäischer Rahmen und ein „kleiner" amerikanischer 8-Zylinder-Motor miteinander verbunden werden sollten. Als schließlich Bristol die Produktion seiner 2-l-Motoren einstellte, entschloß sich Shelby, seinen Traum zu realisieren, indem er die verborgenen Qualitäten des AC Ace ausnutzte. Er ließ AC zwei Ford 8-Zylinder-V-Motoren mit 3.621 cm³ Hubraum schicken.

Nachdem Ford seine Zustimmung gegeben hatte, ging im darauffolgenden Juni eine Version mit einem 4.260-cm³-Motor in Produktion. Die Wagen wurden im AC-Werk von Thames Ditton konstruiert und dann zu Shelbys Werkstatt in Los Angeles transportiert, um dort den Motor zu installieren.

AC ACE (1953)

Motor: 6 Zylinder in Reihe mit hängenden Ventilen
Bohrung/Hub: 65 mm x 100 mm
Hubraum: 1.991 cm³
Max. Leistung: 105 PS
Getriebe: 4 Gänge
Rahmen: Gitterrohrrahmen
Aufhängung: Einzelradaufhängung, Querblattfedern
Bremsen: Trommelbremsen an allen 4 Rädern
Karosserie: zweisitziger Roadster
Höchstgeschwindigkeit: 161 km/h

AC COBRA 427 (1966)

Motor: 8-Zylinder mit hängenden Ventilen
Bohrung/Hub: 107,5 mm x 90,5 mm
Hubraum: 7.010 cm³
Max. Leistung: 410 PS
Getriebe: 4 Gänge
Rahmen: Rohrrahmen
Aufhängung: Einzelradaufhängung an Querlenkern und Schraubenfedern
Bremsen: Scheibenbremsen an allen 4 Rädern
Karosserie: zweisitziger Roadster
Höchstgeschwindigkeit: 260 km/h

Nicht viel später baute die Firma den Fordmotor mit acht V-förmig angeordneten Zylindern und 4.735 cm³ Hubraum serienmäßig ein und schließlich sogar Motoren mit 6.996 cm³ Hubraum. Bei den Straßenversionen dieses Wagens bestanden die Zylinderköpfe aus Gußeisen, während die Rennversionen Zylinderköpfe aus Aluminium erhielten. Ab Februar 1965 wurden bei den Cobras, die Rennen fuhren, die Räder an Schraubenfedern aufgehängt, bei Serienwagen erst ab 1966.

Von 1963, als ein Cobra das erste Rennen gewann, bis 1969 dominierten Shelbys Cobras die Rennen der A-Klasse des SCCA (Sports Car Club of America). Die Erfahrungen bei den Rennen kamen nicht zuletzt den Serienfahrzeugen zugute: Immer wieder wurden technische Mängel wie z.B. Schwächen des Rahmens und der Aufhängung bloßgelegt und deren Behebung unmittelbar in die Serienproduktion miteinbezogen (z.B. Zahnstangen- statt Schneckenlenkung).

Die gute Leistung und Widerstandsfähigkeit des Cobras zeigten sich bereits bei seiner ersten Teilnahme am 24-Stunden-Rennen von Le Mans im Jahre 1963. Ein von AC Cars eingetragener Cobra beendete dort hinter sechs Ferraris als siebter das Rennen und stellte damit einen neuen Rekord in der GT-Klasse mit mehr als 3 l

AC Ace

AC Cobra 427

Hubraum auf. 1965 gewann der Cobra sogar die erste (und einzige) Konstrukteurweltmeisterschaft für GT-Wagen. In der Folge zog sich die Cobra-Mannschaft von den Wettbewerben zurück, und Shelby engagierte sich beim Fordprojekt GT 40.

Zwischen 1962 und 1967 entstanden insgesamt 1.011 Cobras, ein Drittel davon mit einem 6.996-cm³-Motor ausgerüstet bzw. mit dem weniger leistungsfähigen 7.010-cm³-Motor Special Police Interceptor wie in Serienfahrzeugen.

Gegen Ende der Produktion montierte AC Cars die restlichen Rahmen und Karosserien und rüstete 27 Fahrzeuge mit 4.737-cm³-Motoren aus.

Auch nachdem die Produktion eingestellt worden war, blieb die Faszination des Cobras erhalten. Zu Beginn der achtziger Jahre nahm die Autocraft Brooklands sogar die Produktion des Mark IV auf und benutzte hierfür die Originalform der AC Karosserie. Sie sicherte sich auch die Rechte am Markennamen AC.

ADAMI & C.
Florenz, Italien
1901–1906

Der Ingenieur Guido Adami gründete 1901 in Florenz diese kleine Automarke und Reparaturwerkstätte.

Adami, ein Rennfahrer, der bei zahlreichen Rennen startete und Sieger des Italiencups von 1901 war, widmete sich auch mit großem Erfolg dem Entwurf von Motoren. Auf dem Turiner Autosalon 1902 führte er als Konstrukteur das Modell Rondine vor, ein Wagen mit einem 10-HP-Motor eigenen Entwurfs. Das mit einer Goldmedaille ausgezeichnete Auto wurde einige Jahre lang produziert und blieb das einzige realisierte Projekt der Firma.

ADLER
Frankfurt, Deutschland
1900–1939

Schon lange vor dem Zeitalter der Motorisierung galt die Frankfurter Firma Adler als eine der erfolgreichsten deutschen Produzenten von Fahrrädern und Schreibmaschinen. Die ersten Schritte im Bereich des Automobilsports gegen Ende des vorigen Jahrhunderts stellten die Lieferung von Speichenrädern an Benz dar. Heinrich Kleyer, der Besitzer der Firma Adler, entschloß sich jedoch erst 1900, als er den neuen Kleinwagen von Renault gesehen hatte, Automobile zu konstruieren.

1902 engagierte Adler den österreichischen Ingenieur Edmund Rumpler. Hatten sich die Adlerwagen bis zu diesem Zeitpunkt mit Ausnahme der Kardanwelle durch keinerlei Besonderheiten ausgezeichnet, entstanden nun neue Motoren, wie ein 2-Zylinder-Motor mit 12 HP und ein Vierzylinder mit 24 HP. Die mutigste Innovation Rumplers war die Pendelachse, die von der Firma allerdings nicht übernommen wurde.

Nach der Zwangspause des Ersten Weltkrieges wurde die Adlerproduktion mit verstärktem Engagement wiederaufgenommen. In der Mitte der zwanziger Jahre wurden die ersten 6-Zylinder-Motoren mit 2,6- und 4,7-l-Versionen vorgestellt. Ihnen folgte 1928 der Favorit, ein Wagen mit 1,9 l Hubraum, einem 4-Zylinder-Motor und Hydraulikbremsen. 1938 erregte der erste von Adler konstruierte Achtzylinder, der Standard 8 mit einem 3,9-l-Motor mit seitlich stehenden Ventilen, große Bewunderung. Der Standard 8 erhielt auch Sonderkarosserien nach Entwürfen des berühmten Bauhaus-Architekten Walter Gropius.

Die dreißiger Jahre stellten einen wichtigen Wendepunkt in der Produktion der Firma Adler dar. 1932 wurde der Trumpf 1,5 vorgestellt, ein Auto mit Frontantrieb und Schwingachsen. Der Trumpf bewährte sich und machte die Marke Adler wegen ihrer fortschrittlichen Technik weltberühmt.

Leider wurde die Fabrik in Frankfurt während des Zweiten Weltkrieges teilzerstört, und obwohl man sich bei Adler vorgenommen hatte, die Trumpfserie wiederaufleben zu lassen, verzichtete man auf die Automobilherstellung und konzentrierte sich auf die Produktion von Schreibmaschinen.

Adler Trumpf

Hans Gustav Röhr, einer der großen deutschen Maschinenbauingenieure, ging 1931 zu Adler, kurz nachdem seine eigene Firma Konkurs angemeldet hatte. Bei Adler entwarf er einen Wagen mit 1,5 l Hubraum und Einzelradaufhängung, der den Namen Trumpf erhielt.

Das Auto ging im Laufe des Jahres 1932 in Serie, zwei Jahre vor dem Traction Avant von

---

ADLER TRUMPF (1933)

Motor: 4 Zylinder in Reihe mit seitlich stehenden Ventilen
Bohrung/Hub: 71 mm x 95 mm
Hubraum: 1.504 cm³
Max. Leistung: 33 PS
Getriebe: 4 Gänge
Rahmen: Kasten-Plattform-Rahmen
Aufhängung: Einzelradaufhängung mit 2 querliegenden Blattfedern an der Vorderachse; Längs-Schwingachse an der Hinterachse
Bremsen: Trommelbremsen an allen 4 Rädern
Karosserie: Cabriolet
Höchstgeschwindigkeit: 95 km/h

Adler Trumpf

AC Cobra 427 (1965)

Motor
Position: in Längsrichtung angeordneter Frontmotor
Bauart: V8-Zylinder (90°), Zylinderblock mit einem Kopfteil aus Gußeisen, Wasserkühlung
Hubraum: 6.997 cm^3
Bohrung/Hub: 107,4 mm x 96 mm
Verdichtungsverhältnis: 10,5 : 1
Ventilsteuerung: 1 zentral angeordnete Nockenwelle mit 2 Ventilen pro Zylinder
Gemischbildung: Holleyvergaser, Typ 750 CFM
Zündanlage: mit Zündverteiler
Max. Leistung: 410 PS bei 5.600/min
Max. Drehmoment: 627 Nm bei 2.800/min

Kraftübertragung
Antrieb: Heckantrieb
Kupplung: Einscheiben-Trockenkupplung
Getriebe: mechanisch, 4 Gänge
Übersetzungsverhältnis: I) 2,20 : 1; II) 1,66 : 1; III) 1,31 : 1; IV) 1 : 1
Hinterachsgetriebe: Ausgleichsgetriebe mit hypoidverzahnten Kegelrädern
Übersetzungsverhältnis im Hinterachsgetriebe: 3,54 : 1 (auf Wunsch Übersetzungsverhältnisse zwischen 2,9 : 1 und 4,1)

Aufhängung
Vorderachse: Einzelradaufhängung an Trapezlenkern, Schraubenfedern, hydraulische Stoßdämpfer
Hinterachse: bewegliche Halbachsen, Dreieckslenker, Schraubenfedern, hydraulische Stoßdämpfer

Lenkung
System: Zahnstangenlenkung

Bremsen
Typ: Scheibenbremsen (Girling) an allen 4 Rädern

Räder und Bereifung
Felgen: 15-Zoll-Speichenfelgen
Bereifung: vorne 185 x 15, hinten 195 x 15

Karosserie und Rahmen
Karosserie: Aluminium, zweisitziger Spider
Rahmen: Rohrrahmen

Abmessungen und Gewicht
Länge: 3.962 mm
Breite: 1.727 mm
Radstand: 2.286 mm
Hintere und vordere Spurweite: 1.397 mm/1.372 mm
Gewicht: 1.035 kg

Leistung
Höchstgeschwindigkeit: 225 km/h
Kraftstoffverbrauch: 18,9 l/100 km

UNTEN *Die geschwungene Karosserie des Cobra: Die Technik war einfach und robust. Die zurückgesetzte Motorposition erlaubte eine gute Gewichtsverteilung.*

Adler Trumpf Stromlinienwagen

Citroën. Der ziemlich kleine Motor mit seitlich angeordneten Ventilen war nicht besonders leistungsfähig, aber der Trumpf kompensierte dieses Manko mit wirklich hervorragenden Fahreigenschaften.

1933 wurde eine 1,7-l-Version eingeführt, und wenig später erweiterte sich das Angebot um den Trumpf Junior, der einen 4-Zylinder-Motor mit 996 cm³ Hubraum besaß. Zwischen 1935 und 1937 war außerdem eine Sport-Version mit einem tiefergelegten Rahmen, Zylinderköpfen aus Aluminium und einer Leistung von 28 PS lieferbar. Adler produzierte zwei weitere Sportversionen, die zwar gut durchdacht, aber zu wenig leistungsfähig waren.

ADLER 2,5 LITER SPORT (1938)

Motor: 6 Zylinder in Reihe mit seitlich stehenden Ventilen
Bohrung/Hub: 71 mm x 105 mm
Hubraum: 2.494 cm³
Max. Leistung: 80 PS
Getriebe: 4 Gänge
Rahmen: Kasten-Plattform-Rahmen
Aufhängung: Einzelradaufhängung
Bremsen: Trommelbremsen an allen 4 Rädern
Karosserie: viersitziges Coupé
Höchstgeschwindigkeit: 150 km/h

Adler Trumpf 1,5 Liter Stromlinienwagen

Die Eröffnung des deutschen Autobahnnetzes in den dreißiger Jahren ermöglichte das Reisen mit hoher Geschwindigkeit. Adler zeigte sich den neuen Anforderungen dank seiner ausgefeilten technischen Planung besonders gut gewachsen.

Die Vorteile einer im Windkanal getesteten Aerodynamik zeigten sich deutlich, als die Adlerwagen 1935 und 1936 nicht weniger als 22 internationale Rekorde aufstellten. Der Stromlinienwagen von 1936 war ein Wagen, der sich von den aerodynamischen Rekordmodellen herleitete. Seine Karosserie bestand aus einem Stahlrohrgerippe und Aluminiumblechen, die Seitenfenster aus gebogenem Plexiglas.

Die normale Kleinlimousine besaß im Vergleich dazu ein Gewicht von 730 kg. Die Höchstgeschwindigkeit betrug 129 km/h, fast 32 km/h mehr als beim Standardmodell. Ein Coupé mit langer Übersetzung war sogar in der Lage, 150 km/h zu erreichen.

Adler 2,5 Liter (Sport)

Das letzte Adlermodell, ein Sechszylinder mit 2,5 l Hubraum, wurde 1937 vom Nachfolger Röhrs, dem Österreicher Karl Jenschke, entworfen. Dieser neue aerodynamische Wagen mit Heckantrieb, der den Trumpf mit 1,7 l Hubraum und den Diplomat mit 3 l Hubraum ersetzte, war in der Sportversion so schnell, daß er 153 km/h erreichte.

AERO
Prag, ČSSR
1929–1939

Der tschechische Ingenieur Bratislav Novotny begann die Automobilproduktion nach dem Ersten Weltkrieg mit dem Zweitakter Disk, der ein Reibradgetriebe aufwies.

Ein zunächst unter dem Namen ENKA gebauter Kleinwagen mit 499-cm³-Motor ging ab 1928 als Aero in Serie. Der original Aero gilt als das kleinste Fahrzeug tschechischer Produktion, und seine Konstruktionseigenschaften waren wie seine Abmessungen auf ein absolutes Minimum beschränkt: Der elektrische Anlasser gehörte z. B. nicht zum Standard, und der serienmäßige Anlasser war neben dem Fahrersitz angebracht und wurde mittels eines ähnlich wie bei Außenbordmotoren angebrachten Zugseiles betätigt. Die Hinterachse aus Elektron besaß kein Differential, die Aufhängung bestand aus viertelelliptischen Blattfedern an den vier Rädern, und die Vorderräder hatten keine Bremsen. Aber der Kleinwagen war auf eine lange Lebensdauer ausgelegt. Zum Anlaß der Eröffnung des Prager Autosalons legte Bohumil Turek mit einem Aero ganze 4.900 km auf der Strecke Prag-

AERO (1929)

Motor: 1-Zylinder-2-Takt-Motor
Bohrung/Hub: 85 mm x 88 mm
Hubraum: 499 cm³
Max. Leistung: 10 PS
Getriebe: Reibradgetriebe
Rahmen: Kastenrahmen
Aufhängung: Starrachse mit Viertelelliptikfedern an den 4 Rädern
Bremsen: Trommelbremsen an den Hinterrädern
Karosserie: zweisitziges Coupé
Höchstgeschwindigkeit: 80 km/h

Brest-Prag-Hamburg-Prag in 184 Stunden und 35 Minuten zurück (26,6 km/h Durchschnittsgeschwindigkeit).

Das nächste Aeromodell war ein Wagen mit 660 cm³ Hubraum und einem stehenden 2-Zylinder-Motor. Diesem Modell wiederum folgte eine andere Version mit zwei Zylindern und 998 cm³ Hubraum, die man 1934 in einen frontangetriebe-

Aero

nen Viersitzer verwandelte. Das letzte Aeromodell war der frontangetriebene Typ 50 mit einem 4-Zylinder-Motor und 1.997 cm³ Hubraum und beibehaltenem Zweitaktprinzip.

Während die ersten Aeros ziemlich spartanisch ausgerüstet waren, wirkten die Nachfolgemodelle und insbesondere die Fahrzeuge mit Faltverdeck ansprechender. Aero stellte die Produktion nach Ausbruch des Zweiten Weltkrieges ein. Danach wurde die Produktion anderen Prager Fertigungsstätten anvertraut.

A.G. ALFIERI
Mailand, Italien
1925–1927

Trotz ihrer extrem kurzen Lebensdauer ist die Firma A.G. Alfieri in die Automobilgeschichte eingegangen: Ihr gelang die technische Realisierung der Einzelradaufhängung.

Das Unternehmen wurde 1925 von Giuseppe Alfieri gegründet. Er konstruierte den Tipo 1 Sport mit einem 4-Zylinder-Chapuis-Dornier-Motor.

A.G. Tipo 1 Sport

Zwei Jahre später erschien der Tipo 2 Super Sport. Er unterschied sich vom Tipo 1 Sport durch den Scap-Motor mit Cozette-Kompressor (20 PS) und in der Vorderradaufhängung.

A.G. TIPO 1 SPORT (1925)

Motor: 4 Zylinder in Reihe (Chapuis-Dornier), mit hängenden Ventilen
Bohrung/Hub: 59 mm x 100 mm
Hubraum: 1.094 cm³
Max. Leistung: 14 PS bei 3.000/min
Getriebe: mechanisch, 3 Gänge + Rückwärtsgang
Rahmen: Längsträger mit Stahlquerrohren
Aufhängung: Einzelradaufhängung mit Querblattfedern vorne und hinten
Bremsen: Trommelbremsen
Karosserie: Spider
Höchstgeschwindigkeit: 110 km/h

ALFA ROMEO

ALBA
**Triest, Österreich
1906–1908**

Die Firma Alba wurde 1906 in Triest als doppelte Gesellschaftsfirma (Alba Automobilwerke und Alba Automobilwerke Aktiengesellschaft) gegründet, da Triest noch zum Österreich-Ungarischen Kaiserreich gehörte.

1907 entstanden zwei Fahrwerksentwürfe, der 18/24 HP und der 35/40 HP. Nur der zweite wurde realisiert. Dieses auf dem Pariser Autosalon des gleichen Jahres vorgestellte Fahrzeug mit 6,8-l-Astor-Motor fand zwar Anerkennung bei Publikum und Kritik, doch verließen bis 1908 nur neun Wagen die Triester Fabrik – sicherlich eine ungenügende Anzahl bei einer Belegschaft von 150 Arbeitern. Die Gesellschaft mußte deshalb aufgelöst werden.

ALBA (1907)
Motor: 4 Zylinder in Reihe
Bohrung/Hub: 125 mm x 140 mm
Hubraum: 6.868 cm^3
Max. Leistung: 35/40 PS
Getriebe: 4 Gänge
Rahmen: Leiterrahmen
Aufhängung: Starrachse mit elliptischen Blattfedern
Bremsen: nur an den Hinterrädern
Karosserie: nach Bestellung
Höchstgeschwindigkeit: 97 km/h

ALCA
**Mailand, Italien
1947**

Alca (Anonima Lombarda Cabotaggio Aereo) wurde 1947 gegründet, um einen zweisitzigen kleinen Spider (Volpe) zu bauen, der als Verkehrsmittel für das Italien der Nachkriegszeit vorgesehen war.

Eigentlich hätte die Serienproduktion einem großen Industrieunternehmen anvertraut werden sollen; leider brachte die Initiative nicht den erhofften Erfolg, und die Firma mußte ihre Pforten schließen – obwohl der Volpe einige interessante technische Lösungen anzubieten hatte: eine selbsttragende Karosserie, ein luftgekühlter Zweitaktmotor im Heck und Vorwählschaltung am Lenkrad.

Alca Volpe (1947)
Motor: 2 Zylinder im Heck mit Luftkühlung
Bohrung/Hub: 42 mm x 45 mm
Hubraum: 124 cm^3
Max. Leistung: 6 PS bei 5.000 $^{-min}$
Getriebe: mechanisch, 4 Gänge mit Rückwärtsgang
Bremsen: Trommelbremsen
Karosserie: Spider, selbsttragende Karosserie
Höchstgeschwindigkeit: 75 km/h

ALDA
**Courbevoie, Frankreich
1912–1922**

Der Alda ist wahrscheinlich das einzige Automobil, das seinen Namen von den Lesern einer Zeitung erhalten hat. Tatsächlich leitete sich sein Name von den Initialen der Worte: „Ah, la Délicieuse Automobile" ab, die die Leser des Magazins „L'Auto" ausgesucht hatten. Nachdem Ferdinand Charron CGV verlassen hatte, produzierte er das Auto in der alten ENV-Fabrik von Courbevoie. Der Name wurde ausgesucht, um Auseinandersetzungen mit CGV zu vermeiden, deren Fahrzeuge auch unter dem Namen Charron bekannt waren.

Genau wie die Wagen, die Charron für CGV konstruiert hatte, besaß auch der Alda einen vor dem Armaturenbrett angebrachten Kühler. Der Alda stand sowohl in offenen als auch in geschlossenen Karosserieversionen zur Verfügung und hatte einen leistungsstarken 4-Zylinder-Motor mit 3.187 cm^3 Hubraum: Unter anderem versicherte die Firma, daß er in der Lage wäre, im vierten Gang zwischen 10 und 75 km/h zu erreichen.

Trotz der Sportlerkarriere seines Konstrukteurs errang

ALDA 1913
Motor: 4 Zylinder in Reihe mit seitlich stehenden Ventilen oder Drehschiebern
Bohrung/Hub: 85 mm x 140 mm
Hubraum: 3.187 cm^3
Max. Leistung: 15 PS
Getriebe: 4 Gänge
Rahmen: Leiterrahmen
Aufhängung: Starrachsen mit Halbelliptikfedern
Bremsen: Trommelbremsen nur an den Hinterrädern
Karosserie: nach Bestellung
Höchstgeschwindigkeit: 76 km/h

Alca Volpe

Alda

der Alda nur mäßige Erfolge im Rennen: sechster Platz beim Coupe de l'Auto von 1913; beim Großen Preis von Frankreich (1914) zog er sich aus dem Rennen zurück. Anders als die Motoren der GT-Modelle mit seitlich stehenden Ventilen, waren die Rennwagen zunächst mit Henriodmotoren mit Drehschiebern ausgerüstet. Charron hatte 1912 zusammen mit dem ENV-Werk alle Konstruktionsrechte der besonderen Henriodmotoren gekauft.

Vor Beginn des Ersten Weltkrieges wurde eine Version mit 6-Zylinder-Motor in den Firmenprospekt aufgenommen. Doch war schließlich nur der Vierzylinder erhältlich, den man auf 3.563 cm^3 Hubraum vergrößert hatte. 1920 ging die Aldaproduktion in die Hände der Farman-Werke in Bilancourt über, wo sie nur noch zwei Jahre lang weitergeführt wurde.

ALFA
**Novara, Italien
1907**

Alfa (Anonima Lombarda Fabbricazione Automobili) wurde 1907 in Novara gegründet. Man sollte die Firma jedoch nicht mit der gleichnamigen Alfa Romeo verwechseln.

Das einzig realisierte, aber im Stadium eines Prototypen verbliebene Modell war ein Wagen mit doppeltwirkendem Dampfmotor im Zweitaktprinzip und vier reihenförmig angeordneten Zylindern, der in Mailand von den Olivari und Dusewerkstätten konstruiert wurde; den Rahmen des Prototyps baute Alfa selbst.

ALFA ROMEO
**Mailand, Italien
1910**

In den ersten Jahren des neuen Jahrhunderts hatte die französische Industrie mit Interesse auf den italienischen Automobilmarkt geblickt und auf verschiedene Art und Weise versucht, dort einzudringen. Eines dieser Unternehmen, die Firma Darracq, errichtete in Neapel ein Montagewerk, in dem einige bereits in Frankreich vorproduzierte Modelle zusammengesetzt wurden. Die mangelnde Resonanz dieser Fahrzeuge beim italienischen Publikum veranlaßte Darracq 1909, ihr inzwischen in die Mailänder Peripherie verlegtes Werk lombardischen Finanziers zu überlassen.

Ein paar Monate vorher war Ugo Stella, der sich bald als einer der größten italienischen Designer erweisen sollte, bereits von der neuen Firmenleitung beauftragt worden, zwei neue Fahrzeugmodelle zu entwerfen, die die italienische Kundschaft zufriedenstellen

Alba

ALFA ROMEO

sollten. Die 24- und 12-HP-4-Zylinder-Motoren nahmen bereits Gestalt an, noch ehe die Gesellschaftsfirma im Handelsregister eingetragen war.

Ab dem 1. Januar 1910 hatte die Portellowerkstatt (ihren Namen bekam sie durch ihren Standort) eine neue Leitung, die sich für die Produktion des 24 HP entschloß. Bereits im darauffolgenden Juni wurde eine neue Gesellschaftsfirma gegründet, die Anonima Lombarda Fabbrica Automobili, von der sich später die Abkürzung A.L.F.A. ableitete. Als Markenzeichen wurden die Wappensymbole Mailands im Zeitalter der „Comuni" ausgewählt und miteinander verbunden – ein rotes Kreuz auf weißem Grund und die Drachenschlange.

Der Typ 24 HP debütierte 1911 und setzte sich wegen seiner technischen Eigenschaften, vor allem wegen seiner Geschwindigkeit und Straßenlage, durch. Diese Eigenschaften sollten auch in den darauffolgenden Jahrzehnten das Image von Alfa Romeo prägen. Im gleichen Jahr wurde auch der 12 HP produziert, der als leistungsgesteigerte Version 1912 15 HP genannt wurde. Nachdem der Wagen 1914 wieder verändert worden war, hieß er dann 15/20 HP. 1914 entstand ebenfalls eine limitierte Auflage eines Modells mit 6.082 cm³ Hubraum und hängenden Ventilen, der 40/60 HP.

1915 übergab die Banca di Sconto, der Hauptaktionär von A.L.F.A., dem neapolitanischen Ingenieur Nicola Romeo die Leitung des Unternehmens. Romeo, ein geschickter Unternehmer, fand sich am Ende des Krieges als Oberhaupt eines wichtigen Industriekonzerns wieder, der allein in Mailand fünf Werke zählte, von denen eines das ehemalige A.L.F.A.-Werk war. Als das sogenannte Portellowerk die Produktion von Automobilen wieder aufnahm, erschienen unter dem Namen Alfa Romeo der 20/30 HP mit 4,2 l Hubraum und der sportliche „Ableger" 20/30 ES.

1932 debütierte die bekannteste Kreation von Ingenieur Guiseppe Merosis: der RL, ein Wagen mit 3 l Hubraum, der 1923 als erster, zweiter und vierter bei der Targa Florio das Ziel erreichte. Soviel Glück war dem P1, einem 1923 von Merosi entworfenen Grand-Prix-Wagen, nicht gegönnt. Es gelang ihm wegen seiner Langsamkeit erst gar nicht, überhaupt an einem Rennen teilzunehmen. Die kommerzielle Notwendigkeit ständiger Präsenz bei allen großen internationalen Wettbewerben veranlaßte Romeo, eine Spezialabteilung für die Entwicklung und Betreuung von Rennwagen zu gründen. Während Merosi weiterhin die Fertigung der Serienwagen leitete, wurde dank der Vermittlung Enzo Ferraris, der damals ein Fahrer Alfa Romeos war, Vittorio Jano für die Rennabteilung gewonnen. Als Verfechter des optimierten Füllungsgrades im Zylinder und des kleinen Hubraums errang Jano einen denkwürdigen Erfolg. Nach einer Folge von Siegen im Jahr 1924 sicherte der P2, sein erstes Grand-Prix-Projekt, Alfa Romeo 1925 die erste Weltmeisterschaft.

Um auch kommerziell die Erfolge des P2 auszunutzen, konstruierte Jano innerhalb weniger Monate einen Wagen, der bald ein Eckpfeiler der Firma werden sollte. Das 6C 1500 getaufte neue Modell wurde im April 1925 auf der Mailänder Fiera Campionaria, der Handelsmesse, vorgeführt. Der Erfolg dieses Wagens im In- und Ausland war enorm.

Leider verwickelte sich die Firma ungewollt in eine Bankenkrise, die eine tiefgreifende Veränderung in der Unternehmensstruktur mit sich brachte. In seiner Funktion als Präsident von Alfa Romeo wurde Nicola Romeo von Ugo Ojetti abgelöst, dem Direktor der Zeitung „Corriere della Sera". Die Veränderungen an der Spitze des Unternehmens bewirkten, nach einem kurzzeitigen Produktionsrückgang, daß sich die Firma erneut vor allem der Publicity wegen an Spitzenrennen beteiligte. Außerdem führten sie zum Entwurf einer auf dem 6C 1500 aufbauenden neuen Serie, der man, Nicola Romeo zu Ehren, den Namenszug NR hinzufügte. Genau aus diesem erfolgreichen Modell entwickelte Jano 1929 den 6C 1750, der, aus einer einfachen Erweiterung des Hubraums gewonnen, eine größere Motorelastizität erzielte. Im Rennen erwies sich der 6C 1750 als verläßlich, leistungsstark und schnell. In seinem Dossier findet man erfolgreiche Teilnahmen an fast allen wichtigen Rennen der Zeit.

Obwohl die europäische Wirtschaft um 1929 bereits die Auswirkungen der Weltwirtschaftskrise zu spüren bekam, waren diese Jahre doch eine Zeit intensiver kreativer Tätigkeit. Als nämlich der 6C 1750 erste Ermüdungserscheinungen zeigte, konnte Alfa Romeo dank Janos Ideenreichtum bereits ein neues „Juwel" vorweisen. Es handelte sich um den 8C 2300, der durch einen 8-Zylinder-Motor mit 2,3 l Hubraum und eine Leistung von über 140 PS gekennzeichnet war. Wie üblich wurden auch hiervon Rennversionen abgeleitet.

Die dreißiger Jahre waren für Alfa Romeo vor allem in kommerzieller Hinsicht sehr erfolgreich. Um die immer anspruchsvollere Kundschaft besser betreuen zu können, straffte die Mailänder Firma ihr Verkaufsnetz: Konzessionäre verschwanden und wurden durch direkt von Alfa Romeo geleitete Filialen ersetzt. In der Zwischenzeit waren in Großbritannien, Frankreich, Belgien, Österreich, der Schweiz, Spanien, Ungarn und der Tschechoslowakei Handelsvertretungen entstanden – also ein gut strukturiertes Verkaufs- und Servicenetz, das die kommerzielle Nutzung der sportlichen Erfolge gewährleisten sollte. Wenn auch darüber kein Zweifel bestand (dem 8C 2300 war inzwischen der 8C 2900 hinzugefügt worden), so begannen die sportlichen Erfolge doch unter dem Einfluß deutscher Präsenz (Mercedes, Auto Union) auf den Autorennstrecken Europas zu leiden.

1933 übernahm die IRI die Kontrolle über das Unternehmen und beschloß den Rückzug aus der Rennbranche. Die Verteidigung der Werksfarben wurde einem engen Mitarbeiter, Enzo Ferrari, anvertraut, der Anfang der fünfziger Jahre mit seiner eigenen Marke zu einem Synonym für Hochleistungssportwagen werden sollte. Er eröffnete 1929, nach einer mittelmäßigen Laufbahn als Rennfahrer, in Modena die Scuderia Ferrari, ein Unternehmen, das Alfa Romeos für private Rennfahrer umbaute. In seiner Funktion als „Pflichtverteidiger" versuchte Ferrari so gut wie möglich, der Konkurrenz, zunächst dem Maserati 8CM und später den verschiedensten Mercedes- und Auto-Unionsmodellen, die Stirn zu bieten.

Etwa Mitte der dreißiger Jahre wurden mit wechselhaftem Erfolg der Typ B, der Bimotore, der Typ 8C und der Typ 12C konstruiert. Die Ursache für Vittorio Janos Rücktritt war der Mißerfolg dieser Modelle. Nach Ende des Krieges konnte sich Jano allerdings revanchieren, diesmal bei Lancia.

Als technischer Direktor wurde an seiner Stelle Wilfredo Ricart eingestellt, ein in der Folge vieldiskutierter Spanier, der während seines kurzen Gastspiels bei Alfa Romeo zwei Modelle entwarf, die übrigens nie ins Rennen gebracht wurden: den 162, einen neuen 3-l-Motor mit 16 V-förmigen Zylindern und den 512 mit einem Mittelmotor. Ferrari holte währenddessen die Genehmigung des Generaldirektors Ugo Gobbato ein, von Gioacchino Colomba einen Kleinwagen entwerfen zu lassen. Innerhalb kurzer Zeit war der 158 fertig – und in Europa brach der Krieg aus.

Nach dem Krieg fand Alfa Romeo seine Betriebe durch alliierte Bombardements schwer beschädigt vor. Man

Alfa Romeo 6C 1750 Zagato

14

Alfa Romeo 8C 2300

entschloß sich, die Produktion mit einer limitierten Anzahl Prestigefahrzeuge wiederaufzunehmen, die auf dem Rahmen des 6C 2500 montiert wurden und mit einer modernen und aerodynamischen Karosserie ausgerüstet waren: Der Freccia d'oro war geboren. Um mit dem Namen Alfa Romeo wieder auf den Markt vorzudringen, nahm man außerdem die alten Sportserien ins Programm auf. Sechs 158, die während der Besatzungszeit durch die Nationalsozialisten sorgfältig versteckt worden waren, wurden modernisiert, bis sie die leistungsstärksten 1500er der Zeit waren. Mit diesem Einsitzer, Alfetta getauft, dominierte die Mailänder Firma wieder in den Rennen. Sie errang unter anderem die zwei ersten Siege des neuen Formel-1-Worldcups (1950 und 1951).

In der Zwischenzeit (1950) wurde der 1900 TI, eine erlesene und elegante viersitzige Limousine, gebaut, die brillante Fahrleistungen erbrachte. Diesem erfolgreichen Wagen folgten die Versionen Super, TI Super, Primavera, Sprint, Super Sprint und C Super Sprint. Für dieses Auto hatte man den Slogan geprägt: Der Familienwagen, der Rennen gewinnt.

Ein anderer, ebenfalls internationaler Erfolg war Giulietta (1954), ein wendiger Wagen mit einem angenehmen, aerodynamischen Linie, der bequem und geräumig war und als dessen Erbe die Giulia TI von 1962 angesehen werden kann.

Das Jahr 1968 markiert einen weiteren wichtigen Punkt in der langen Geschichte Alfa Romeos. Am 29. April legte die Firmenleitung den Grundstein eines neuen Werkes in Pomigliano d'Arco, in der Nähe Neapels. Damit wollte die Firma (die inzwischen vor die Tore Mailands, nach Arese umgezogen war) ihre Beteiligung an der Industrialisierung Süditaliens dokumentieren. Aus diesem Werk kam 1971 der Alfasud, eine preisgünstige viertürige Limousine mit Vorderradantrieb und einer Karosserie von Giorgetto Giugiaro. Einige seiner Merkmale: der spritzige 4-Zylinder-Boxermotor mit 1.186 cm³ Hubraum, den Rudolf Hruska, Mitarbeiter bei Porsche, entworfen hatte.

Leider litt Alfa Romeo im Laufe der siebziger Jahre in ganz besonderer Weise unter der schwierigen politischen, sozialen und wirtschaftlichen Lage Italiens. Die inzwischen veralteten und der ausländischen Konkurrenz nicht mehr gewachsenen Modelle waren für den rapiden Schwund von Marktanteilen verantwortlich. Dieser Situation versuchte Alfa Romeo mit Hilfe eines Kooperationsabkommens mit der japanischen Nissan entgegenzuwirken, das zur Konstruktion der Limousine Arna führte. Ihre Grundlage bildete die Alfasudtechnik, und sie war mit drei und fünf Türen erhältlich.

In der Zwischenzeit hatte die Alfetta die Giulia abgelöst, und die Giulietta war vorgestellt worden. Die beiden neuen Wagen brachten allerdings nicht den erhofften Aufschwung.

In letzter Zeit hat Alfa Romeo eine Reihe von Limousinen herausgebracht (die 33er, die 90er und die 163er Modelle mit Motoren unterschiedlichen Hubraums), die anscheinend den Geschmack des Publikums so getroffen haben, daß man erwartungsvoll in die Zukunft sehen kann.

6C 1750

Der 6C 1750 war ein direkter Nachfahre des 6C 1500, des ersten Touringwagens, den Jano für Alfa Romeo entwarf, nachdem er Fiat verlassen hatte. Obwohl der 6C 1500 für 1925 angekündigt worden war, erschien er erst 1927. In der Version mit nur einer Nockenwelle leistete der 6-Zylinder-Motor 44 PS. Erstmals wurde hier das Alfa-Romeo-System, d. h. die Einstellung des Ventilspiels durch zwischen Tassenstößel und Ventilschaft eingelegte Metallplättchen, gezeigt. 1928 erschien die Version Super Sport mit zwei obenliegenden Nockenwellen.

1929 wurden Bohrung und Hub des Motors erweitert, um den Hubraum auf 1.752 cm³ zu vergrößern. Die Leistung verbesserte sich jedoch nur um 2 PS auf 46 PS. Der 1750 erschien, typisch für Alfa Romeo, in verschiedenen Versionen: mit einer oder zwei obenliegenden Nockenwellen, als Saugmotor oder mit einem Kompressor. Das Modell mit den zwei obenliegenden Nockenwellen (ohne Kompressor) war als Sport bekannt, bis 1930 der Name in Gran Turismo abgeändert wurde. Zum gleichen Zeitpunkt wurde aus dem Super Sport (mit Kompressor) der Gran Sport. Alle Gran Sport und Super Sport, mit Ausnahme der ersten 50 Fahrzeuge, waren mit einem großen, direkt ansprechenden Kompressor ausgerüstet, der den kleineren, zahnradgetriebenen Kompressor des 1500 ersetzte: 85 PS waren das Ergebnis. 1933 versah man den 6C 1750 SS mit einem synchronisierten Getriebe und einer Freilaufkupplung, einem Detail, das auch in der letzten Version des 1500, des seltenen 6C 1900 GT, zu finden war. Er erschien 1932 mit einem auf 1.918 cm³ Hubraum vergrößerten Motor und Aluminiumzylinderköpfen. Dies erlaubte die Steigerung der Leistung auf 68 PS gegenüber den 56 PS des 1750-Serien-GTs.

Der 1750 war auch ein sehr effizienter Sportwagen. Der Super Sport gewann 1929 das 1.000-Meilen-Rennen und das 24-Stunden-Rennen von Spa. Auch 1930 zeichneten sich die Alfas durch Erfolge beim 1.000-Meilen-Rennen, der Tourist Trophy und dem 24-Stunden-Rennen von Spa aus. Obwohl Alfa Romeo alles tat, um die Standardmodelle den Rennversionen anzupassen, blieb deren Leistung immer besser als die der Serienfahrzeuge. Aber immerhin erreichte ein Zagato-Zweisitzer 145 km/h.

Die Fahrzeuge waren leicht und reagierten sensibel auf die Lenkung. Sie hatte eine so geringe Übersetzung (nur 1,75 Umdrehungen waren von Anschlag zu Anschlag nötig), daß gerade Strecken einer leichten Hand bedurften. Der in der Mitte angebrachte Schalthebel erforderte die gleiche Sensibilität. Die Trommelbremsen mit Gestängeübertragung, die eine schnelle und dosierte Abbremsung erlaubten, und die Motorbeschleunigung waren dagegen ausgezeichnet. 1934 wurde die Serie eingestellt.

8C 2300

Der zwischen 1931 und 1934 produzierte 8C 2300 war zweifellos Janos' Meisterstück. Auf den ersten Blick leicht mit dem 1750 zu verwechseln, da er dessen nur wenig veränderten Rahmen besaß, verbarg er unter seiner Motorhaube eine außergewöhnliche Maschine: einen geteilten 8-Zylinder-Motor, dessen zwei Blöcke durch eine zentrale Zahnradgruppe für die Betätigung der Nockenwellen verbunden waren. Neben dem Kurbelgehäuse bestanden auch Zylinderkopf und Zylindergruppen aus einer Leichtmetallegierung. Die Kurbelwelle bestand ebenfalls aus zwei Teilen, die in der Mitte durch zwei miteinander verbolzte Verzahnungen verbunden wurden. Ein Zahnradsatz trieb die Nockenwellen an, der andere den Rootskompressor; beide zusammen die Öl- und Wasserpumpen.

Die Serienversion dieses Motors leistete 142 PS, die Monza-Rennversion erreichte jedoch 178 PS. Die Sport-Modelle standen mit zwei ver-

---

6C 1750 SS (1929)

Motor: 6 Zylinder in Reihe mit 2 obenliegenden Nockenwellen
Bohrung/Hub: 65 mm x 88 mm
Hubraum: 1.752 cm³
Max. Leistung: 85 PS bei 4.500⁻ᵐⁱⁿ
Getriebe: 4 Gänge
Rahmen: Leiterrahmen
Aufhängung: Starrachse, Halbelliptikfedern an allen Rädern
Bremsen: Trommelbremsen mit Gestängeübertragung
Karosserie: nach Wunsch (normalerweise Spider-Sportkarosserie)
Höchstgeschwindigkeit: 145 km/h

8C 2300 (1931)

Motor: 8 Zylinder in Reihe mit 2 Nockenwellen
Bohrung/Hub: 65 mm x 88 mm
Hubraum: 2.336 cm³
Max. Leistung: 142 PS bei 5.000⁻ᵐⁱⁿ
Getriebe: 4 Gänge
Rahmen: Leiterrahmen
Aufhängung: Starrachse mit Halbelliptikfedern an allen Rädern
Bremsen: Trommelbremsen an allen Rädern
Karosserie: nach Bestellung
Höchstgeschwindigkeit: 170 km/h

Alfa Romeo 8C 2300 (1932)

Motor
Position: Längsmotor vorne
Bauart: 8 Zylinder in Reihe, 2 Blöcke aus jeweils 4 Zylinderpaaren, Wasserkühlung
Hubraum: 2.336 cm³
Bohrung/Hub: 88 mm x 65 mm
Verdichtungsverhältnis: 5,75 : 1
Ventilsteuerung: jeweils 2 schrägstehende Ventile pro Zylinder mit 2 obenliegenden Nockenwellen
Gemischbildung: Memini-Einzelvergaser, einstufiger Roots-Kompressor
Zündanlage: System Bosch Spulenzündung mit Verteiler und Unterbrecher
Max. Leistung: 142 PS bei 5.200-min

Kraftübertragung
Antrieb: Hinterradantrieb
Kupplung: Mehrscheibenkupplung
Getriebe: nichtsynchronisiert, 4 Gänge
Übersetzungsverhältnis: I) 3,65 : 1; II) 2,03 : 1; III) 1,39 : 1; IV) 1,06 : 1
Hinterachsgetriebe: spiralverzahntes Kegelradgetriebe
Übersetzungsverhältnis im Hinterachsgetriebe: 4,25 : 1

Aufhängung
Vorderachse: Starrachse mit Halbelliptikfedern und regulierbaren Reibungsstoßdämpfern
Hinterachse: Starrachse mit Halbelliptikfedern und regulierbaren Reibungsstoßdämpfern

Lenkung
System: Lenkgetriebe mit Schnecke und Schneckenrad

Bremsen
Typ: mechanisch betätigte Trommelbremsen

Räder und Bereifung
Typ: Speichenfelgen mit Reifen der Dimension 5,50 x 19

Karosserie und Rahmen
Karosserie: zwei- oder viersitziges Sportcoupé, von verschiedenen Karosseriebauern hergestellt
Rahmen: gekröpfter Leiterrahmen

Abmessungen und Gewicht
Länge: 3.962 mm
Breite: 1.651 mm
Radstand: 2.750 mm
Vordere und hintere Spurweite: 1.380 mm/1.380 mm
Gewicht: 1.000 kg (leer)

Leistung
Höchstgeschwindigkeit: 170 km/h
Kraftstoffverbrauch: 20 l/100 km

schiedenen Rahmen zur Verfügung: der Le Mans mit langem Radstand (er gewann das 24-Stunden-Rennen von Le Mans in den Jahren 1931-1934) und der Mille Miglia mit kurzem Radstand (er gewann das 1.000-Meilen-Rennen 1932, 1933 und 1934).

Insgesamt wurden zwischen 1931 und 1934 188 8C 2300 gebaut. Seine Straßenlage und seine Leistung beeindrucken auch heute noch.

6C 2300

Einige Exemplare des 8C galten im Verkauf als Luxuswagen und glänzten außerdem mit geschlossenen Karosserien von Castagna und Touring. Der Kern der kommerziellen Produktion basierte jedoch immer noch auf dem 6C. 1934 wurde der 6C 2300 in Umlauf gebracht. Obwohl das neue Modell ein schönes Design aufwies, fehlte ihm doch das gewisse Etwas, das alle vorausgegangenen Jano-Modelle charakterisiert hatte. Das Fahrwerk mit Blattfedern war außerdem überholt, und die Bremsen wurden noch immer durch ein mechanisches Vorgelege betätigt – zu einem Zeitpunkt, als praktisch die gesamte italienische Produktion bereits auf das hydraulische Lockheed-System umgestiegen war.

In den Jahren 1935 bis 1939 wurde dieses Modell durch den 6C 2300 B ersetzt, dessen Vorderachse die Einzelradaufhängung der Grand-Prix-Wagen dieser Zeit kopierte. Dagegen wurde bei der Hinterradaufhängung ein System längs angebrachter Torsionsfedern verwandt, das, unterstützt von Alfa-Romeo-Teleskopstoßdämpfern, zur Federung der Achshälfte diente.

Der 2300 B war in drei Ausführungen erhältlich: Der 6C 2300 B Lungo mit einer Leistung von 70 PS und einem Radstand von 3.250 mm, der 6C 2300 B Corto mit 76 PS und 3.000 mm Radstand und der 6C 2300 B Pescara mit 95 PS und 2.925 mm Radstand. Dieses Angebot ergänzte 1937 ein Modell vom Typ Mille Miglia.

Der 2300 B wurde nur in einer relativ kleinen Stückzahl produziert. Eine wirkliche kommerzielle Nutzung der 6-Zylinder-Motoren sollte erst ab 1939 mit einer weiteren Vergrößerung des Hubraums auf die klassischen 2,5 l stattfinden.

8C 2900

Alfa Romeo meldete für das 1.000-Meilen-Rennen von 1936 drei neue Wagen an, die in direkter Linie mit den Grand-Prix-Fahrzeugen ihrer Zeit verwandt waren. Es handelte sich um drei neue Achtzylinder 8C 2900 A mit 68 x 100 mm Bohrung und Hub bzw. 2.905 cm³ Hubraum. Bei 5.500⁻min gaben sie 220 PS Leistung ab und besaßen zwei Weber-Vergaser, die zwei Kompressoren speisten. Die Fahrzeuge hatten einen Radstand von 2.750 mm sowie die neue Einzelradaufhängung. Obwohl es sich um Katalogmodelle handelte, konstruierte man nur sechs Stück.

Das Modell 8C 2900 B erschien 1937. Angeblich bestanden seine Motoren mit dem verbesserten Füllungsgrad aus den Fabrikresten der Grand-Prix-B-Motoren, was die Stückzahl der gesamten Serie auf 30 beschränkte. Der Rahmen war starrer als beim 6C 2300 B. Er hatte an der Vorderachse unabhängig voneinander aufgehängte Räder mit Schraubenfedern und an der Hinterachse eine Querblattfeder. Getriebe und Differential bestanden aus einem Block.

Der 2,9-l-Alfa-Romeo, wahrscheinlich der schnellste serienmäßige Sportwagen der dreißiger Jahre, wurde 1939 durch den 4,5 Liter vom Typ 512 mit V12-Mittelmotor ersetzt. Wegen des Krieges entwickelte man dieses vielversprechende Modell leider nie konsequent weiter, und die Bedingungen der Nachkriegszeit ließen eine Rückkehr zu jenen Modellen angebracht erscheinen, die dem 6C 2300 ähnlich waren.

Disco Volante

Der Disco Volante gehört zu den Autos, die größere Aufmerksamkeit erregten, als ihre Produktionszahl vermuten läßt. Als typisches Ausstellungsstück diente er außerdem als Prüfstand für einen neuen 3-l-Motor mit sechs Zylindern. Seinen Namen erhielt der Wagen wegen seiner originellen zweisitzigen Karosserie, die von der Firma Touring in Zusammenarbeit mit den Ingenieuren des Alfa Colombo und des Satta konstruiert worden war.

Im Jahr 1952 wurden sechs Disco Volante konstruiert und probegefahren. Zwei davon besaßen einen Rahmen mit kurzem Radstand und einen 4-Zylinder-Motor mit 1.900 cm³ Hubraum. Das Auto wurde 1953 deutlich verändert, als eine ganze Mannschaft mit vier Coupés für das 1.000-Meilen-Rennen angemeldet wurde. Einer davon war ein 2-l-4-Zylinder, die übrigen drei hatten 6-Zylinder-Motoren mit 3,6 l Hubraum. Der 2-l-Wagen gab zu Beginn des Rennens auf, die anderen drei hielten abwechselnd die Spitze des Rennens. Ein Motorschaden stoppte jedoch den ersten Wagen und ein Ölverlust im Getriebe den zweiten. Der dritte, von Fangio gesteuerte Wagen erlitt einen Teilschaden an der Lenkung. Er konnte deshalb die Kurven nur bei niedriger Geschwindigkeit nehmen, wurde von einem Ferrari überholt und erreichte das Ziel nur als zweiter. Auch die beim 24-Stunden-Rennen von Spa und Le Mans gemeldeten Wagen hatten keinen Erfolg, so

Alfa Romeo 8C 2900

8C 2900 B (1937)

Motor: 8 Zylinder in Reihe
Bohrung/Hub: 68 mm x 100 mm
Hubraum: 2.905 cm³
Max. Leistung: 220 PS bei 5.500⁻min
Getriebe: 4 Gänge
Rahmen: Kastenrahmen
Aufhängung: Vorderachse: Querlenker mit Schraubenfedern; Hinterachse: Pendelachse mit Querblattfeder
Bremsen: hydraulisch betätigte Trommelbremsen
Karosserie: zweisitziges Sportmodell
Höchstgeschwindigkeit: 185 km/h

6C 2300 Pescara (1935)

Motor: 6 Zylinder in Reihe
Bohrung/Hub: 70 mm x 100 mm
Hubraum: 2.309 cm³
Max. Leistung: 95 PS bei 4.500⁻min
Getriebe: 4 Gänge
Rahmen: Querlenker im Kastenrahmen
Aufhängung: Einzelradaufhängung, Vorderachse: mit Schraubenfedern; Hinterachse: Pendelachse mit Torsionsfedern
Bremsen: Trommelbremsen
Karosserie: Limousine
Höchstgeschwindigkeit: 145 km/h

Alfa Romeo 6C 2300 Pescara

Alfa Romeo Disco Volante

DISCO VOLANTE (1952)

Motor: 4 Zylinder in Reihe mit 2 obenliegenden Nockenwellen
Bohrung/Hub: 85 mm x 88 mm
Hubraum: 1.997 cm³
Max. Leistung: 158 PS bei 6.500⁻min
Getriebe: 5 Gänge
Rahmen: Rohrrahmen
Aufhängung: Einzelradaufhängung mit Querlenkern und Schraubenfedern
Bremsen: Trommelbremsen
Karosserie: aerodynamisch, Coupé oder offener Zweisitzer
Höchstgeschwindigkeit: 225 km/h

ALFA ROMEO

daß der bescheidene Sieg beim Grand Prix Supercortemaggiore der einzige blieb.

Giulietta

Die Giulietta erschien 1954 als Coupé mit einer der gelungensten Bertonekarosserien. Tatsächlich wurde er zehn Jahre lang fast unverändert produziert. Im April 1955 folgte die Limousinenversion, die vom Alfa-Romeo-Designstudio entworfen worden war. Mit der Giulietta eroberte sich Alfa Romeo den zweiten Platz der Automobilproduktionszahlen in Italien. Der Motor leistete in den Serienlimousinen mit vier reihenförmig angeordneten Zylindern, 1.290 cm³ Hubraum, fünf

GIULIETTA SPRINT (1954)

Motor: 4 Zylinder in Reihe mit 2 obenliegenden Nockenwellen
Bohrung/Hub: 74 mm x 75 mm
Hubraum: 1.290 cm³
Max. Leistung: 80 PS bei 6.300-min
Getriebe: mechanisch, 5 Gänge
Rahmen: selbsttragende Karosserie
Aufhängung: Einzelradaufhängung
Bremsen: hydraulische Trommelbremsen
Karosserie: zweisitziges Coupé
Höchstgeschwindigkeit: 165 km/h

einen Nachfolger für den Giulietta nachzudenken. Das neue Modell sollte dem Unternehmen helfen, den Interessentenkreis zu vergrößern, der bisher auf die begrenzte Gruppe von Liebhabern und Sportwagenfahrern beschränkt gewesen war. Aus diesem Grund wiesen die ersten Prototypen des zukünftigen Giulias eine ziemlich einfache, traditionelle Linie auf. Die Verantwortlichen dieses Projekts waren sich jedoch darüber im klaren, daß sie mit einer derartigen Karosserie das Risiko eingehen würden, ihr Modell schnell altern zu sehen. Also war es besser, auf etwas Neues zu setzen, das auch optisch die Anstrengungen der Techniker erkennbar machte, Größe und Gewicht des Motors und der übrigen Technik zu begrenzen. Zunächst auf Papier und später auf den Montagefließbändern entstand so ein kompakter Wagen mit einem abgeschnittenen Heck und einem verkürzten Mittelteil; eine gelungene aerodynamische Studie, die die Anforderungen an die internationale Automobilindustrie um ein Jahrzehnt vorwegnahm. Und das alles, ohne die für die Alfa Romeo-Limousinen typische Bequemlichkeit zu opfern. Die Wahl des Namens erfolgte schnell: Als „großer Verwandter Giuliettas" lag der Name Giulia nahe. Der erste Giulia (Giulia T.I.) wurde 1962 vorgeführt und erhielt sofort sehr gute Kritiken und vor allem zahlreiche Bestellungen. Obwohl für eine breite Käuferschicht bestimmt, wurde die

Alfa Romeo Giulia T.I.

GIULIA T.I. (1962)

Motor: 4 Zylinder in Reihe, 2 obenliegende Nockenwellen
Bohrung/Hub: 78 mm x 82 mm
Hubraum: 1.570 cm³
Max. Leistung: 92 PS bei 6.200-min
Getriebe: mechanisch, 5 Gänge
Rahmen: selbsttragende Karosserie
Aufhängung: Einzelradaufhängung, Schraubenfedern, Stabilisator vorne
Bremsen: Trommelbremsen
Karosserie: viertürige Limousine
Höchstgeschwindigkeit: 165 km/h

Tradition schneller Alfa-Romeo-Wagen ganz sicher nicht gebrochen. Sein feuriger 4-Zylinder-Motor mit 1.570 cm³ Hubraum leistete 92 PS und verlieh ihm eine Geschwindigkeit von über 160 km/h. Sonderbarerweise besaßen die ersten Exemplare Trommelbremsen, die unmittelbar darauf durch vier Scheibenbremsen ersetzt wurden.

Der T.I. wurde zum Ausgangspunkt für eine wirklich bemerkenswerte Angebotspalette. Neben den Limousinen wurden auch Coupéversionen ins Programm aufgenommen: z.B. der 1600 Sprint, der aggressive und rasante Spider Veloce und natürlich die Rennversionen (TZ1, TZ2, GTA, GTA-SA), die Hunderte von Erfolgen auf der ganzen Welt errangen.

In seinen 15 Lebensjahren wurde der Giulia auch mit einem 1,3-l-Motor angeboten. Gegen Ende seiner glorreichen Laufbahn stellte man dieses Modell auch in der zumindest für die Mailänder Firma unveröffentlicht gebliebenen Diesel-Version vor.

Montreal

Der 1970 angekündigte Montreal hatte eine schöne Bertonekarosserie (Coupé) und war mit einer Straßenversion des Alfa-33-Rennsportmotors ausgerüstet. Er besaß acht V-förmig angeordnete Zylinder und hatte 2,6 l Hubraum.

MONTREAL (1970)

Motor: V8-Einspritz-Motor mit 4 obenliegenden Nockenwellen
Bohrung/Hub: 84 mm x 64 mm
Hubraum: 2.593 cm³
Max. Leistung: 200 PS bei 6.500-min
Getriebe: 5 Gänge
Rahmen: selbsttragende Karosserie
Aufhängung: Einzelradaufhängung, Vorderachse: Querlenker mit Schraubenfedern; Hinterachse: Starrachse mit Schraubenfedern, Längsschubarmen und Dreiecksquerlenkern
Bremsen: belüftete Scheibenbremsen
Karosserie: Coupé 2+2
Höchstgeschwindigkeit: 220 km/h

Alfa Romeo Giulietta Sprint

Gleitlagern und zwei obenliegenden Nockenwellen 60 PS – und 80 PS im Coupé.

Danach erschienen neben dem viertürigen TI (Turismo Internazionale) zwei zweisitzige Wagen mit Faltverdeck (Spider, Spider Veloce), beide mit einer Karosserie von Pininfarina, außerdem der Sprint Speciale (114 PS) mit einer Karosserie von Bertone. Höhepunkt war 1960 der SZ, ein zweisitziges Coupé mit Zagato-Leichtmetall-Karosserie.

Giulia

Zu Beginn der sechziger Jahre begann Alfa Romeo über

Alfa Romeo Montreal

ALFA ROMEO

Im Gegensatz zum Mittelmotor des Rennmodells besaß der Montreal einen Frontmotor aus Leichtmetall und eine Trockensumpfschmierung. Auch die Hinterachse bestand aus einer Leichtmetallegierung, um die ungefederten Massen zu verringern.

Die eindrucksvolle selbsttragende Karosserie besaß hinten und vorne je zwei Sitze und einen großen Kofferraum, den man durch eine Heckklappe erreichte. Der Montreal konnte aus dem Stand 1 km in 28,2 Sekunden bei einer Höchstgeschwindigkeit von 220 km/h zurücklegen. Obwohl er bis 1976 produziert wurde, war der Montreal kein großer kommerzieller Erfolg. Er stand im Ruf, wenig verläßlich zu sein, kompliziert und teuer zu reparieren.

Alfasud

Im Mai 1967 beauftragte Giuseppe Luraghi, der Präsident Alfa Romeos, Rudolf Hruska, eine neue, alle bisherigen technischen Standards der Firma

Alfa Romeo Giulietta 1,3

revolutionierende Limousine zu entwerfen. Der Wagen sollte einen Motor mit einem Hubraum um 1 l haben, einen Vorderradantrieb besitzen, ein Novum bei Alfa (Romeo) und außerdem in zwei Größen erhältlich sein. Außerdem sollte die Limousine in einem neuen Werk in der Nähe Neapels hergestellt werden und innerhalb von vier Jahren zur Verfügung stehen. Der Hruska und seinen Mitarbeitern zugestandene Zeitraum wurde eingehalten, obwohl diese Jahre in eine Zeit großer politischer und gewerkschaftlicher Probleme fielen.

Die neue, nach ihrem Ursprungsort Alfasud benannte Limousine wurde auf dem Turiner Autosalon 1971 vorgestellt, während die eigentliche Produktion erst im April des darauffolgenden Jahres begann. Der Alfasud mit einer von Giorgetto Giugiaro entworfenen Karosserie war preisgünstig, bequem und stellte für viele die einzige Möglichkeit dar, einen Alfa Romeo zu besitzen: Denn trotz der großen finanziellen Probleme genoß die Firma immer noch großes Ansehen. Zunächst wurde er mit einem 1,2-l-Motor angeboten (mit verschiedenen Ausstattungen). Dann folgten die Modelle 1300 und 1500. Ab 1976 erschien er auch als Sprint (Coupé).

Giulietta

1977 entschloß man sich bei Alfa Romeo, den Markt für Mittelklassewagen mit einer Limousine zu erschließen. So entstand die Giulietta, die den erfolgreichen Namen des berühmten Modells der fünfziger Jahre trug, dem die Firma so viel verdankte.

Das Motorenangebot, über das der keilförmige neue Wagen verfügte, bestand aus der inzwischen klassischen Alfa-Romeo-Palette: 1.300, 1.600, 1.800 und 2.000 cm³ Hubraum.

In der Folge wurde auch eine Turbodiesel- und eine Turbobenzin-Version (Turbodelta) vorgestellt. Der hauseigene Abgas-Turbolader steigerte die Motorenleistung auf 170 PS.

ALFASUD (1971)

Motor: 4-Zylinder-Boxermotor
Bohrung/Hub: 80 mm x 59 mm
Hubraum: 1.186 cm³
Max. Leistung: 63 PS bei 6.000-min
Getriebe: mechanisch, 5 Gänge
Rahmen: selbsttragende Karosserie
Aufhängung: Einzelradaufhängung an der Vorderachse (McPherson), Schraubenfederung, Stabilisator, hydraulische Stoßdämpfer; Hinterachse: Starrachse, Schraubenfederung, hydraulische Stoßdämpfer
Bremsen: Scheibenbremsen
Karosserie: viertürige Limousine
Höchstgeschwindigkeit: 150 km/h

GIULIETTA 1,3 (1977)

Motor: 4 Zylinder in Reihe
Bohrung/Hub: 80 mm x 67,5 mm
Hubraum: 1.357 cm³
Max. Leistung: 95 PS bei 6.000-min
Getriebe: mechanisch, 5 Gänge
Rahmen: selbsttragende Karosserie
Aufhängung: Vorderachse: Einzelradaufhängung, Querlenker Stabilisator, hydraulische Stoßdämpfer; Hinterachse: De-Dion-Achse, Wattgestänge, Schraubenfederung, hydraulische Stoßdämpfer
Bremsen: Scheibenbremsen
Karosserie: viertürige Limousine
Höchstgeschwindigkeit: 165 km/h

ALFA 75 1,6 (1985)

Motor: 4 Zylinder in Reihe
Bohrung/Hub: 78 mm x 82 mm
Hubraum: 1.570 cm³
Max. Leistung: 110 PS bei 5.800-min
Getriebe: mechanisch, 5 Gänge
Rahmen: selbsttragende Karosserie
Aufhängung: Vorderachse: Einzelradaufhängung, Querlenker, Torsionsfedern, Stabilisator, hydraulische Stoßdämpfer; Hinterachse: De-Dion-Achse, Wattgestänge, Schraubenfederung, Stabilisator, hydraulische Stoßdämpfer
Bremsen: Scheibenbremsen
Karosserie: viertürige Limousine, selbsttragend
Höchstgeschwindigkeit: 180 km/h

Alfasud

Alfa 75

Alfa 75

Der Alfa 75, der im Mai 1985 zum 75jährigen Bestehen der Mailänder Firma vorgestellt wurde (daher rührt auch sein Name), kann als Besinnung auf die Ursprünge Alfa Romeos verstanden werden.

Es handelt sich hierbei um eine Limousine mit deutlich sportlichen Akzenten, die zusammen mit dem Alfa 90 (der Luxuslimousine aus dem Herbst 1984) ein großartiges Comeback der Marke auf den wichtigsten internationalen Märkten ermöglichen sollte.

Mit Ausnahme der fehlenden 1300-Version ist die Angebotspalette praktisch mit dem Giulietta identisch. Sie wurde allerdings technisch weiterentwickelt, um eine Verbesserung der Leistung zu erzielen.

ALLARD

**London, Großbritannien
1937–1957**

Sidney Herbert Allard war ein englischer Industrieller mit einem Spleen für Motoren; er entwarf, konstruierte und fuhr seine Wagen selbst auf Rennen. Bereits Besitzer einer der größten Ford-Agenturen, konstruierte er seinen ersten Allard Special 1937 aus einem Ford-V8-Motor und einer Bugatti-GP-Karosserie.

Diese seltsame Kombination erwies sich sofort als funktionstüchtig. Der Allard Special gewann tatsächlich zahlreiche Trial-Rennen und wurde von Allard, Hutchison und Warburton, einem in dieser Sportart bald unschlagbaren Team, gesteuert. Der Allard Special steigerte sich später mit einem Lincoln-Zephyr-V12-Motor noch in der Leistung.

1946 gründete Sidney Allard die Allard Motor Co. Ltd. mit Sitz in Clapham, London. Die neue Firma brachte drei Modelle auf den Markt: den J1-Rennwagen sowie den zweisitzigen K1 und den L mit 4 Plätzen.

Eine Gemeinsamkeit dieser Modelle war ihre im Vergleich zu der Motorenleistung leichte Karosserie. Der Motor war ein Ford V8 mit seitlich stehenden Ventilen und 3.662 cm³. 1949 gelangte Allard in den Besitz von luftgekühlten Steyr-V8-Motoren, die für Militärfahrzeuge bestimmt waren. Überarbeitet und in der Leistung verbessert, wurden diese Motoren in die ersten J2-Modelle mit De-Dion-Achse eingebaut und gewannen einige wichtige Wettbewerbe bei Hill Climbs. Das Prestige Allards steigerte sich noch durch das Coupé P des Jahres 1949; einer dieser Wagen gewann 1952 die Rallye Monte Carlo.

Nach der Einführung einer Sondersteuer für Fahrzeuge, die mehr als 1.000 Pfund kosteten, versuchte Allard, die Aufmerksamkeit der Kunden für seine Marke mit dem neuen Palm-Beach-Modell zu vergrößern, das mit 4- oder 6-Zylinder-Motoren ausgerüstet war.

Die Produktion von Allardfahrzeugen wurde 1957 eingestellt, obwohl Sidney Allard bis zu seinem Tod 1966 weitere Prototypen konstruierte. Unter den letzten Allardkonstruktionen wäre auf den ersten englischen Dragster hinzuweisen, der 1961 gebaut wurde.

Allard J2

Der unverwechselbare Allard J2, der als „Alternative für den sportlichen Fahrer" angeboten wurde, war ein Zweisitzer mit einer dem damaligen Geschmack entsprechenden Verkleidung, serienmäßig freistehenden Kotflügeln und einer hinteren De-Dion-Achse aus einem früheren Modell.

Diese Fahrzeuge wurden ohne Motor nach Amerika exportiert, wo Autoliebhaber Motoren eigener Wahl einbauen konnten. Normalerweise handelte es sich um Cadillac-V8-Motoren mit 5,4 l Hubraum.

1950 gewannen diese amerikanischen Allards einige wichtige Wettbewerbe in Bridgehampton und Santa Ana sowie den GP von Watkins Glen. Sie sicherten sich auch einen sehr guten dritten Platz beim 24-Stunden-Rennen von Le Mans bei einer Durchschnittsgeschwindigkeit von 141,2 km/h. Die sportlichen Erfolge ließen sich allerdings wegen der Krise des englischen Pfundes nicht in klingende Münze verwandeln, da dieses wirtschaftliche Tief Allard daran hinderte, auch in England J2 mit Cadillac-Motoren zu verkaufen.

Gegen Jahresende 1952 begannen technisch weiterentwickelte Autos wie der Jaguar XK 120, den J2 auch in Amerika aus seiner Vormachtstellung zu verdrängen. Dort hatte er seine prestigeträchtigsten Siege eingeheimst. Obwohl die Produktion des J2 in den fünfziger Jahren aufgegeben wurde, besteht seit kurzem in Kanada eine Firma mit dem Namen Allard, die Repliken der früheren Modelle verkauft.

ALLARD J2 (1950)

Motor: V8-Zylinder (Cadillac) mit hängenden Ventilen
Hubraum: 5.420 cm³
Max. Leistung: 160 PS
Getriebe: mechanisch, 3 Gänge
Rahmen: Rohrrahmen
Aufhängung: Vorderachse: Einzelradaufhängung an geteilter Achse und Schraubenfederung; Hinterachse: De-Dion-Achse, Schraubenfedern
Bremsen: Trommelbremsen an den 4 Rädern
Karosserie: zweisitziges Sportmodell
Höchstgeschwindigkeit: 176 km/h

ALMA

**Busto Arsizio, Italien
1907–1909**

Die Accomandita Lombarda per Motori e Automobili, kurz Alma, entstand im April 1907 in Busto Arsizio, gegründet von dem Techniker Gaspare Monaco, der mit ihr die Firma Mona-

Allard J2

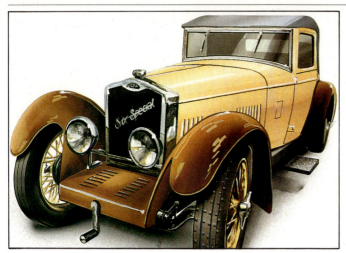
Alma Six

ALMA SIX (1926)
Motor: 6 Zylinder in Reihe
Bohrung/Hub: 66 mm x 80 mm
Hubraum: 1.642 cm^3
Max. Leistung: keine Angabe
Getriebe: 2 Gänge
Rahmen: Leiterrahmen
Aufhängung: Starrachsen mit Blattfeder
Bremsen: Trommelbremsen an den 4 Rädern
Karosserie: zweisitziges Coupé
Höchstgeschwindigkeit: keine Angabe

co Gaspare, die im vorausgegangenen Jahr gegründet worden war, ablöste.

Das einzige realisierte Fahrzeug war ein Prototyp, der mit einem 4-Zylinder-Reihenmotor ausgerüstet war und 40/50 HP leistete. Allerdings ist fraglich, ob das Auto auch tatsächlich gebaut worden ist.

ALMA
Paris, Frankreich
1926–1929

Die Etablissements Alma, eine nur kurzlebige Firma mit Sitz in Courbevoie im Departement Seine, befand sich in der Nähe des Aldawerkes. Die Firma produzierte vier Jahre lang und war hauptsächlich wegen ihrem Alma Six bekannt, einem zweisitzigen Coupé, das mit einem kleinen 6-Zylinder-Motor des Flugzeugingenieurs Vaslin ausgerüstet war. Dieser gut durchdachte 1,6-l-Motor mit hängenden Ventilen besaß eine siebenfach gelagerte Kurbelwelle. Jeder Zylinder hatte ein Auslaßventil und zwei Einlaßventile, die letzteren mit getrennten Einlaßkanälen und Vergasern. Bei geringer Geschwindigkeit funktionierte nur ein Einlaßkanal pro Zylinder, der zweite arbeitete nur bei hohen Geschwindigkeiten. Der Motor war so elastisch, daß zwei Gänge ausreichten.

ALPINE
Dieppe, Frankreich
1955

Jean Rédélé, Sohn des Renault-Konzessionärs in Dieppe, war ein begeisterter Anhänger von Autorennen. Bereits 1946 nahm er mit einem von ihm selbst umgebauten Renault 4 CV am Alpen-Cup, der Tour de France sowie anderen Rennen teil. Doch Rédélé träumte von dem Rennen, das in der damaligen Zeit wohl als das wichtigste galt: dem 1.000-Meilen-Rennen. Bei seinem Debüt 1952 errang er mit einem stark abgeänderten Renault 4 CV (Karosserie von dem Italiener Michelotti) den Sieg in der 750-cm^3-Klasse (weitere Siege 1953 und 1954).

Die steigende Nachfrage französischer Kunden veranlaßte Rédélé, die Konstruktion einer kleinen Anzahl von Kleinlimousinen mit einer Glasfaserkunststoff-Karosserie in Angriff zu nehmen. Die Firma Alpine war geboren, und ihr erster Wagen, der A 106, ein 2+2 Coupé mit der Technik des 4 CV, wurde bis 1960 produziert.

1956 erschien eine verbesserte Version des A 106 mit einem neuen Dauphine-Motor mit 850 cm^3 Hubraum, später mit 904 cm^3 Hubraum. Eine Cabriolet-Ausführung, der A 108, wurde 1957 vorgestellt, und zwei Jahre später erschien die Sport-Version des A 108 mit einem Stahlgitterrohrrahmen.

1961 kam der Zentralrohrrahmen auf den Markt, mit am Rahmen angebrachtem Motor und Aufhängung. Dieser Rahmen wurde zunächst nur im A 108 Tour de France verwendet.

1963 wurde dieses Modell durch den A 110 ersetzt, der später ständigen, aus Rennerfahrungen gewonnenen Verbesserungen unterworfen wurde. Tatsächlich konnte Alpine zahlreiche Lorbeeren bei Rallyes und Hochgeschwindigkeitsrennen verbuchen. Die Versuche, F2- und F3-Fahrzeuge zu bauen, wurden 1969 aufgegeben.

1971, im gleichen Jahr, als der A 310, ein neues 2+2 Coupé, erschien, gewann die Diepper Firma die Internationale Markenrallye. 1974 sicherte man sich mit dem A 110 den Europäischen Sport Cup, 1978 gewann die Kleinlimousine A 443 V6 Turbo endlich auch das 24-Stunden-Rennen von Le Mans.

Was die Serienproduktion betrifft, mußte man schon den Genfer Autosalon 1985 abwarten, um ein neues, zugkräftiges Modell zu finden: den in GT-Version (2.849 cm^3, 160 PS) und Turboversion (2.458 cm^3, Turbokompressor, 200 PS) erhältlichen V6.

A 110 BERLINETTA TOUR DE FRANCE (1963)
Motor: 4 Zylinder in Reihe mit 1 obenliegenden Nockenwellen
Bohrung/Hub: 65 mm x 72 mm
Hubraum: 955 cm^3
Max. Leistung: 66 PS bei 6.250^{-min}
Getriebe: mechanisch, 4 Gänge
Rahmen: Zentralrohrrahmen
Aufhängung: Einzelradaufhängung mit Schraubenfederung
Bremsen: Scheibenbremsen an den 4 Rädern
Karosserie: zweisitziges Coupé aus Glasfaserkunststoff
Höchstgeschwindigkeit: 180 km/h

Alpine A 110

Alpine und A 110 sind das gleiche. Die elegante Coupé-Karosserie von Marcel Hubert aus Glasfaserkunststoff verkleidete ein großes, von Renault abgeleitetes Motorenspektrum: angefangen vom kleinen 956-cm^3 bis zum leistungsstarken Vierzylinder mit 1.796 cm^3 Hubraum. Das prägnanteste Element dieses Wagens war der kräftige Zentralrohrrahmen, der ihm unzählige Rallyesiege und den berühmt gewordenen zweiten und dritten Platz 1970 in Monte Carlo eintrug. Obwohl als Rallyewagen berühmt, war der A 110 trotzdem auch ein gutes Straßenauto und in der 1300-Version sehr populär. Als Zusatzausstattung wurden auch zwei Solex-C-40-PHH-Doppelvergaser angeboten, die es erlaubten, 95 PS bei einer Höchstgeschwindigkeit von 210 km/h zu erreichen. Natürlich wies der A 110 auch Mängel auf, so z.B. den minimalen Raum zwischen Fahrer und Fahrzeughimmel oder die Getriebeschaltung. Außerdem war er viel zu laut. Seine Fahreigenschaften und Straßenlage wa-

Alpine A 110

ren jedoch so gut, daß man ihm alle Mängel verzieh. Trotz des Heckmotors zeigte sich beim A 110 keines der sonst bei diesem Fahrzeugtyp üblichen Probleme. Das lag vor allem an der robusten Aufhängung und dem negativen Radsturz. 1970 erreichte die Produktion des A 110 1.000 Stück. Die leistungsstärkste Rallyeversion besaß einen 1.796-cm^3- Motor.

Alpine A 310

Der 1971 auf dem Genfer Autosalon vorgestellte Alpine A 310 wurde zunächst kühl aufgenommen. Das Auto zielte nämlich auf eine bestimmte Käufergruppe, die allerdings den vom Renault 16TX abgeleiteten 1,6-I-Motor nicht besonders zu schätzen wußte.

Der Wechsel zum 2,6-I-V6-Motor mit Ventilsteuerung durch eine obenliegende Nockenwelle pro Zylinderreihe veränderte den Wagen ganz und gar. Seine 150 PS erlaubten 220 km/h bei ausgezeichneten Beschleunigungswerten.

A 310 (1976)

Motor: V6-Zylinder
Bohrung/Hub: 88 mm x 73 mm
Hubraum: 2.664 cm^3
Max. Leistung: 150 PS bei 6.000^{-min}
Getriebe: 5 Gänge
Rahmen: Zentralrohrrahmen
Aufhängung: Einzelradaufhängung mit Schraubenfedern und Stabilisatoren vorne und hinten
Bremsen: Scheibenbremsen an den 4 Rädern
Karosserie: 2+2 Coupé aus Glasfaserkunststoff
Höchstgeschwindigkeit: 225 km/h

Der Heckmotor aus Leichtmetallegierung machte den großen Überhang erforderlich. Um seiner Übersteuerungstendenz entgegenzuwirken, hielten es die Alpine-Techniker für angebracht, auf den Hinterrädern breitere Reifen anzubringen (205/70 im Gegensatz zu den 185/70 der Vorderreifen). Im Grenzbereich konnte der A 310 genau wie der Porsche 911 vor allem ungeübten Fahrern einige unangenehme Überraschungen bereiten. Normalerweise jedoch war sein Fahrverhalten gut, und seine Fahreigenschaften erlaubten hohe Kurvengeschwindigkeiten. Die luxuriöse Glasfaserkunststoff-Karosserie reagierte jedoch schnell auf Seitenwind.

ALTA
Kingston-upon-Thames, Großbritannien
1931–1954

Alta war eine von Geoffrey Taylor gegründete Automobilfirma mit der Gesellschaftsfirma Alta Car and Engineering Co. Der erste Alta, ein Modell mit 1.074 cm^3, hatte einen 4-Zylinder-Motor mit zwei obenliegenden Nockenwellen. Mit einer zweisitzigen, offenen Karosserie und einem schräggestellten Kühler präsentierte sich der Alta als ein Sportwagen ohne Kompromisse.

1935 wurden 1,5- und 2-I-Motoren angeboten, während 1937 ein spezielles 1,5-I-Rennmodell mit Kompressor in den Katalog aufgenommen wurde. Nach dem Krieg konstruierte Alta einen Grand-Prix-Wagen mit 1,5 l Hubraum. Dennoch beschränkte sich Taylor fortan darauf, Motoren an Connaught und HWM zu liefern.

ALVIS
Coventry, Großbritannien
1920–1967

1914 gründete Geoffrey de Freville, der bereits Mitarbeiter der Brüder Bentley gewesen war, eine Firma, die Aluminiumkolben herstellen sollte. Er nannte sein Produkt: Alvis-Kolben. Dieser Name hatte keinerlei Bedeutung und war nur wegen seines schönen Klangs ausgesucht worden. Gegen Ende des Ersten Weltkrieges verkaufte de Freville dem gälischen Ingenieur Thomas Geor-

Alta

ALTA (1935)

Motor: 4 Zylinder in Reihe
Bohrung/Hub: 68,78 mm x 100 mm
Hubraum: 1.488 cm^3
Max. Leistung: 85 PS bei 5.000^{-min}
Getriebe: 4 Gänge mit Wilson-Gangvorwähler
Rahmen: Leiterrahmen
Aufhängung: Starrachsen mit Viertelelliptikfedern
Bremsen: Trommelbremsen
Karosserie: Sportkarosserie mit 2 oder 4 Plätzen
Höchstgeschwindigkeit: 160 km/h

ge John, die Baupläne eines von ihm entworfenen leichten Wagens und das Recht, den Namen Alvis zu verwenden.

Die Bauzeichnungen de Frevilles wurden in Coventry in Johns Fabrik in die Tat umgesetzt und verwandelten sich in den Alvis 10/30, einen Sportwagen, der auf dem schottischen Autosalon im März 1920 eingeführt wurde. Der 10/30 war mit einer zweisitzigen Morgan-Zephyr-Karosserie ausgestattet, an der Verkleidungsbleche aus Aluminium an einem leichten, von Metall-Zugstreben verstärkten Rohrgestell befestigt waren.

Die Leistungen des Wagens lagen bei einer Höchstgeschwindigkeit von 97 km/h weit über dem Durchschnitt. Die Produktion belief sich bald auf zwei Fahrzeuge pro Woche.

Aus dem 10/30 entwickelte sich im Jahr 1921 der 11/40 mit 1.598 cm^3 Hubraum. Er wurde

im darauffolgenden Jahr als 12/40 neu klassifiziert und war in fünf verschiedenen Ausführungen erhältlich. Ebenfalls 1921 nahm Alvis den Namen Alvis Car and Engineering Co. Ltd. an (ab 1936 Alvis Ltd.).

Trotz guter Anfangserfolge steckte Alvis im Jahr 1922 in finanziellen Schwierigkeiten, so daß es zu einem Abkommen über die Produktion von Buckingham-Kleinwagen im eigenen Werk kam. Es waren luftgekühlte Fahrzeuge mit zwei V-förmig angeordneten Zylindern. 1922 wurden außerdem T.G. Smith-Clarke als leitender Ingenieur und W.M. Dunn als Chef-Konstrukteur eingestellt.

Nachdem die finanzielle Lage wieder stabil war, produzierte die Firma in Coventry nur mehr ihre eigenen Fahrzeuge. 1923 entwickelte man den 12/50, das bedeutendste Modell der Firma. Er war ein Nachfahre des 10/30, von dem er einige technische Details übernahm, wies aber einen neuen, kräfti-

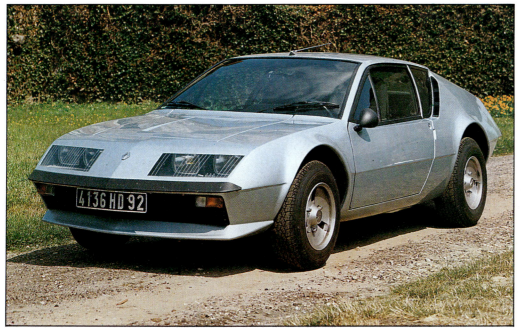
Alpine A 310

ALVIS

Alvis 12/50

ALVIS 12/50 (1923)
Motor: 4 Zylinder in Reihe
Bohrung/Hub: 68 mm x 103 mm
Hubraum: 1.496 cm³
Max. Leistung: 50 PS
Getriebe: mechanisch, 4 Gänge
Rahmen: Leiterrahmen
Aufhängung: Starrachsen mit Halbelliptikfedern
Bremsen: Trommelbremsen
Karosserie: 8 verschiedene Karosserien zur Auswahl
Höchstgeschwindigkeit: 112 km/h

geren Rahmen und einen Motor mit hängenden Ventilen auf. Die sportlichen Erfolge der Sportausführung des 12/50 mit dem charakteristischen „Entenschwanzheck" wurden 1923 mit dem Sieg im 200-Meilen-Rennen in Brooklands gekrönt. Ein einziger Sieg reichte jedoch nicht aus, um die erneuten finanziellen Schwierigkeiten der Firma zu beheben. 1924 wurde ihre Geschäftsführung unter Zwangsbewirtschaftung gestellt. Durch größere Kosteneffizienz und geringe Preisanhebungen gelang es Alvis abermals, die Krise zu meistern.

Die Nachfrage konzentrierte sich zwar hauptsächlich auf Wagen, die die Merkmale des Brooklands nachahmten; Alvis begann jedoch mit der Entwicklung eines interessanten Prototypen mit Vorderradantrieb. Diese Studien führten Alvis dazu, als erste Firma in Großbritannien, einen vorderradangetriebenen Sportwagen mit 1.482 cm³ Hubraum einzuführen. Er belegte zahlreiche erste Plätze bei Rennen. Im Vorjahr war inzwischen der erste Sechszylinder mit 1.870 cm³ Hubraum erschienen. Er wurde auf den Namen TA 17/45 getauft. Aus dem TA 17/45 entstand 1929 der Silver Eagle mit 2.148 cm³ Hubraum.

1932 wurde der Speed 20 mit einem 6-Zylinder-Motor, einem tiefergelegten Rahmen und 2.511 cm³ Hubraum eingeführt. Das war der Beginn einer erfolgreichen 6-Zylinder-Serie, die Wagen wie den Speed 25, den 4,3-l- sowie den Silver Crest hervorbrachte.

Vor Ausbruch des Zweiten Weltkrieges brachte die Firma noch ein letztes Modell in Umlauf, den 17/70: Er war ein Vierzylinder, der den Grundstock für den 1.892-cm³-TA 14 der Nachkriegszeit lieferte. Der TA 14 wurde schließlich 1950 vom TA 21, einem Sechszylinder mit 3 l Hubraum, abgelöst, und der seinerseits wiederum vom Hochleistungs-TA-21/100.

1965 kam es zu einer Fusion mit Rover. Alvis verlegte seine Produktion auf Flugzeugmotoren und Militärfahrzeuge, behielt aber bis 1967 den Bereich Fahrzeugbau bei.

Alvis 12/50

Der erste Alvis-Motor mit hängenden Ventilen wurde im Juni 1923 angekündigt und auf einen 10/30-Rahmen montiert. Er brachte es in Brooklands auf eine durchschnittliche Rundengeschwindigkeit von 138 km/h – eine beachtliche Leistung bei 1.460 cm³ Hubraum.

Ebenfalls 1923 kam unter dem Namen 12/50 eine 1.496-cm³-Version des 10/30 heraus. Er stand als Version mit SA-Rahmen (2.756 mm) und SB-Rahmen (2.857 mm) zur Verfügung. Zwischen 1924 und 1925 wurde ein leistungsgesteigerter Motor mit 1.598 cm³ Hubraum, der als SC-Typ bekannt war, mit dem gleichen Rahmensortiment angeboten.

1926 veränderten sich die Baupläne des 12/50. Er war nun als TE-Ausführung mit 1.645 cm³ Hubraum und als Sport-Version (TF) mit 1.496 cm³ Hubraum erhältlich. Beide Motoren waren identisch. Den größeren Hubraum des Touring-Modells erreichte man durch den verlängerten Hub. Diese neuen Fahrzeuge präsentierten sich mit einem neu-

en, kräftigeren Rahmen, einer verbesserten Lenkung und einer Einscheiben-Kupplung. Die Produktion der zwei Motor-Versionen dauerte bis 1929 an, als der 12/50 zunächst aufgegeben wurde, um schließlich in einer auf den neuesten Stand gebrachten Version wieder zu erscheinen. Von 1930 bis 1932 war nur der größere Motor erhältlich. Das Modell, das nur mit einem Vergaser ausgerüstet war, wurde auf den Namen 12/50 TJ getauft, das mit zwei Vergasern 12/70 TJ.

Alvis 12/50 fwd

Im Jahr 1923 errang die Marke Alvis mit Hilfe eines vom 12/50 abgeleiteten 16-Ventilers den Sieg im 200-Meilen-Rennen des Junior Car Clubs von Brooklands, und damit ihren größten Rennerfolg. Doch bereits 1924 wurde Alvis von leichteren und stärkeren Rivalen wie dem AC von Joyce, einem 16-Ventiler, überrundet.

Daraufhin begannen Smith-Clarke und Dunn mit einem Kompressor zu experimentieren, um eine stärkere Leistung zu erzielen. In der Folge ent-

Alvis-front-wheel-drive-Rennwagen

Alvis TD 21

schieden sie sich für eine Verringerung des Gewichtes und eine Verbesserung der Fahreigenschaften durch Vorderradantrieb. Dieser Einsatz hatte Pioniercharakter, da der Vorderradantrieb bis dahin nur in Amerika Anfang des Jahrhunderts vom exzentrischen Walter Christie in seinen Rennwagen verwandt worden war.

Der Alvis-Rennwagen-Prototyp mit Vorderradantrieb wurde im Frühjahr 1925 mit einem ganz aus Duraluminium gefertigten Rahmen vorgestellt. Der Wagen war mit einem veränderten 12/50-Motor ausgerüstet, der umgedreht wurde, damit er die Vorderräder antrieb. Die Vorderachse bestand aus zwei Rohren, die durch vier Träger verbunden wurden, und wurde durch zwei viertelelliptische Blattfedern gestützt. Der Wagen wog 983 kg bei einer Höhe von 90 cm.

ALVIS FWD (1928)

Motor: 4 Zylinder in Reihe mit obenliegender Nockenwelle
Bohrung/Hub: 68 mm x 102 mm
Hubraum: 1.482 cm³
Max. Leistung: 50 PS bei 5.500-min
Getriebe: 4 Gänge
Rahmen: Leiterrahmen
Aufhängung: Einzelradaufhängung an Viertelelliptik-Querblattfedern
Bremsen: Trommelbremsen an den 4 Rädern, Vorderbremsen innenliegend
Karosserie: nach Bestellung
Höchstgeschwindigkeit: 137 km/h

Die ersten frontgetriebenen Alviswagen zeugten in genügendem Maße von ihrer potentiellen Leistungsfähigkeit und sicherten die Entwicklung zweier 8-Zylinder-Motoren, die für den 1,5-l-Grand-Prix des Jahres 1926 vorgesehen waren. Die Wagen wiesen jedoch schwere technische Mängel auf und mußten überarbeitet werden.

Trotz ihrer Schnelligkeit (man sagte ihnen eine Höchstgeschwindigkeit von 305 km/h nach) scheiterten die Modelle 1927 an Problemen mit den Kolben. Bevor diese Mängel behoben werden konnten, wurde die 1,5-l-Formel GP abgesetzt. So kehrte Alvis zur Sportwagenproduktion zurück.

Der erste Serienalvis mit Vorderradantrieb erschien 1928 mit einem 1.482-cm³-Motor, obenliegender Nockenwelle und in einer Ausführung mit oder ohne Kompressor. Zwei der kompressorlosen Fahrzeuge fuhren 1928 auf dem 24-Stunden-Rennen von Le Mans. Sie gewannen in der Klasse bis 1.500 cm³ Hubraum und erreichten in der Gesamtwertung den sechsten und neunten Platz. Fünf frontgetriebene Alvis mit Kompressor nahmen am Ulster Tourist Trophy teil und erreichten einen guten zweiten Platz. Schließlich wurde ein Alvis mit langem Radstand und Vorderradantrieb vorgestellt, der als Limousine oder Touringmodell erhältlich war.

Obwohl der frontgetriebene Alvis ursprünglich auf einen Spezialmarkt zielte, kaufte ihn ein immer größer werdender Kundenkreis.

ALVIS TD 21 (1962)

Motor: 6 Zylinder in Reihe
Bohrung/Hub: 84 mm x 90 mm
Hubraum: 2.993 cm³
Max. Leistung: 120 PS
Getriebe: ZF-5-Gang-Getriebe oder automatisches Borg-Warner-Getriebe
Rahmen: Kastenrahmen
Aufhängung: Vorderachse: Einzelradaufhängung mit Querlenkern und Schraubenfedern; Hinterachse: Starrachse mit Halbelliptikfedern
Bremsen: Scheibenbremsen vorne und hinten
Karosserie: viersitzige Graber-Karosserie
Höchstgeschwindigkeit: 170 km/h

Graber TD 21

Kurz nach Beendigung des Zweiten Weltkrieges erschien der TA 14 mit 1.892 cm³ Hubraum. 1950 folgte der neue Sechszylinder TA 21, ein erlesenes Luxusfahrzeug mit 3 l Hubraum. 1952 wurden auch einige zweisitzige TB 21 gebaut. Beim Londoner Autosalon von 1953 debütierte eine Sonderausführung des 3-Liter, der TC 21/100 Grey Lady. Seine Produktion wurde aufgegeben, als 1954 die Firma Mulliners in Birmingham, die die Karosserie herstellte, von der Standard Motor Company aufgekauft wurde.

Gegen Ende 1954 stellte sich der Alvis GT mit einer von Hermann Graber entworfenen Karosserie vor. Der Schweizer Karosseriebauer hatte bereits für europäische Kunden einige 3-l-Wagen als Sonderanfertigungen hergestellt. Trotz hoher Leistung und bemerkenswerter Fahreigenschaften blieb der Kundenkreis des GT wegen seines stattlichen Preises (3.500 englische Pfund) klein.

Als nächstes wurde eine modifizierte Graberkarosserie auf einen verstärkten Rahmen montiert. Dieser neue TD 21 war sowohl mit manuellem Austin-Healey-Getriebe als auch mit automatischem Borg-Warner-Getriebe erhältlich. Im August 1962 erschien der Serien-TD-21-II. Er besaß Dunlop-Scheibenbremsen an allen vier Rädern und eine veränderte Karosserie mit Aluminiumtüren, die statt der Türpfosten aus Holz Türpfosten aus geschichtetem Preßstoff aufwies. Es wurde außerdem ein ZF-Getriebe mit Overdrive serienmäßig angeboten. Der 21 wurde bis 1967 produziert.

A.M.
Turin, Italien
1920–1924

Zu Beginn der zwanziger Jahre gelangte Armino Mezzo als Konstrukteur von Cyclecars zu einiger Berühmtheit. Mezzo baute leichte und preisgünstige Kleinwagen, die oft auf Motorrädern basierten.

Nach einem Entwurf von Mezzo entstand 1920 in der Werkstatt A. Salzas ein dreirädriges Fahrzeug, das auf den Namen Moto Cor (Motovettura Corazzata Originale Resistentissima) getauft wurde und

AMERICAN BANTAM

schließlich unter der Bezeichnung 7HP in den Handel kam. 1921 kam der größere und leistungsstärkere 9HP hinzu. Die Produktion wurde bis 1923 weitergeführt. Mezzos Fahrzeuge waren mit einer zwei- oder dreisitzigen Karosserie erhältlich. Erstere war nur für Rennen gedacht, während der Dreisitzer nur in der 9HP-Version erhältlich war – beide zeichnete jedoch der hinter dem Passagier angebrachte Fahrersitz aus.

1924 entwarf der Turiner Techniker einen vierrädrigen Kleinwagen, den er Edit nannte. Er war mit einem luftgekühlten, 2-Zylinder-Motor (1.020 cm^3) ausgerüstet und hatte ein 3-Gang-Getriebe. Der Plan konnte nicht in die Tat umgesetzt werden. Im gleichen Jahr stellte A.M. die Arbeit ein.

AMERICAN BANTAM
Butler, USA
1930–1941

American Austin präsentierte 1930 einen vom englischen Austin Seven abgeleiteten Wagen unter dem Namen American Bantam. Es handelte sich einmal mehr um den Versuch, einen europäischen Kleinwagen auf dem amerikanischen Markt einzuführen. Die amerikanischen Autofahrer ließen sich jedoch nicht überzeugen und hielten ihren platzraubenden Standardlimousinen der amerikanischen Markenhersteller die Treue. 1934 wurde American Austin unter Zwangsbewirtschaftung gestellt.

1937 belebte American Bantam Car Company die Firma aufs neue, indem sie den Bantam 60 ins Angebot aufnahm. Dieser Wagen wies einige technische Veränderungen auf: Die Leistung hatte sich auf 20 PS erhöht, und die Kurbelwelle wurde auf der Seite des Schwungrads mit Rollenlagern ausgerüstet. Der Bantam 60 war als Roadster, Coupé und Kleintransporter erhältlich. Die geplante Produktion von jährlich 44.000 Fahrzeugen ließ sich nie verwirklichen.

Bei Ausbruch des Zweiten Weltkriegs entwarf American Bantam den ersten Jeep. Nachdem aber die Firma Lieferungen in großer Stückzahl nicht garantieren konnte, ging der Auftrag an Willys und Ford. American Bantam stellte 1941 die Produktion ein.

AMILCAR
St. Denis, Frankreich
Boulogne-sur-Seine, Frankreich
1931–1939

Als Gesellschaftsfirma Société Nouvelle pour l'Automobile Amilcar in St. Denis gegründet, setzte sich diese Automarke schnell beim Publikum durch. Es gelang ihr, Salmson die führende Marktposition bei leichten Kleinwagen abzutrotzen. Der Markenname Amilcar war von einem nicht ganz gelungenen Anagramm der Familiennamen seiner Gründer abgeleitet: Lamy und Akar.

Das erste, 1922 eingeführte Modell CC hatte einen 4-Zylinder-Motor mit vier seitlich stehenden Ventilen und 903 cm^3 Hubraum. Edmond Boyet hatte den Entwurf dafür geliefert. Spätere Versionen waren der CS mit 985 cm^3 und der C4 mit 1.004 cm^3 Hubraum.

1924 erschien der berühmteste Amilcar, der CGS Gran Sport. Er besaß Vierradbremsen, 1.094 cm^3 Hubraum und hängende Ventile. Aus ihm entstand 1926 der sportlichere CGSS Gran Sport Surbaisse. Im gleichen Zeitraum produzierte Amilcar auch geschlossene Autos mit leichter Karosserie, wie etwa den Typ E (1.580 cm^3, vier Zylinder und Ventile) oder den Typ L (1.187 cm^3, vier Zylinder und seitlich stehende Ventile).

Der Erfolg Amilcars vergrößerte sich noch durch den G6, einen sportlichen Sechszylinder mit zwei Nockenwellen, der in der Grand-Prix-Ausführung 83 PS erreichte. Amilcar stellte dann 1928 einen kleinen Achtzylinder GT vor, dessen 1.811 cm^3 Hubraum später auf 1.994 cm^3 erweitert wurden.

Gegen Ende der zwanziger Jahre verlagerte sich die Produktion der Firma von Sportfahrzeugen zu Gebrauchsfahrzeugen und paßte sich damit dem veränderten Markt an. Der Sportsektor wurde jedoch nicht ganz vernachlässigt, er vergrößerte sich sogar um die neue M-Serie, die 1928 begonnen und bis 1935 weitergeführt wurde. Der Hubraum dieser Fahrzeuge variierte zwischen 1,25 und 1,7 l. Zu den Mittelklassewagen gehörten Modelle wie etwa der 5 CV, der 12 CV N7 und der 14 CV G 36.

1937 wurde Amilcar in Hotchkiss eingegliedert. Die Firma verlegte die bis 1939 weitergeführte Produktion in die eigenen Werke in Boulogne-sur-Seine. Die letzten Amilcar entwarf der berühmte Designer Grégoire.

AMILCAR ITALIEN
Rom, Italien
1925–1928

Mit der Lizenz der französischen Amilcar für den Bau von Cyclecars beginnt 1925 die Geschichte der in Rom ansäs-

Amilcar CGSS

AMERICAN BANTAM (1930)
Motor: 4 Zylinder in Reihe
Bohrung/Hub: 56 mm x 76,2 mm
Hubraum: 751 cm^3
Max. Leistung: 10,5 PS
Getriebe: mechanisch, 3 Gänge
Rahmen: Leiterrahmen
Aufhängung: Starrachse mit Querblattfeder vorne und Vierteleliptikfedern hinten
Bremsen: Trommelbremsen an den 4 Rädern
Karosserie: zweitürige Limousine
Höchstgeschwindigkeit: 80 km/h

AMILCAR CGSS (1926)
Motor: 4 Zylinder in Reihe mit stehenden Ventilen
Bohrung/Hub: 57 mm x 95 mm
Hubraum: 985 cm^3
Max. Leistung: 23 PS
Getriebe: mechanisch, 3 Gänge
Rahmen: Leiterrahmen
Aufhängung: Starrachsen, Halbelliptikfedern vorn, Vierteleliptikfedern hinten
Bremsen: Trommelbremsen an den 4 Rädern
Karosserie: zweisitziger Sportwagen
Höchstgeschwindigkeit: 115 km/h

American Bantam

sigen und in Lecco produzierenden Compagnia Generale Automobili S.A. Produziert wurden der Tourenwagen 6 CV, der 6 CV Sport und 7 CV Gran Sport, die dem CC-Modell entsprachen, sowie die C4-und CGS-Modelle der gleichnamigen französischen Firma.

1927 kaufte die Società Industriale Lombardo Veneta mit Sitz in Verona die Produktionslizenz. Neben der Weiterführung der vorausgegangenen Produktion führte sie den 7 CV Gran Sport mit Kompressor ein, der dem französischen CGSS entsprach. Die italienische Amilcar mußte 1928 ihre Aktivitäten einstellen.

ANSALDO
Turin, Italien
1919–1932

Die S.A. Automobili Ansaldo entstand in der Nachkriegszeit aus der Konversion einer der größten und ältesten Holdinggesellschaften des italienischen Maschinenbaus. Alle technischen Voraussetzungen und ökonomischen Grundlagen für ein dauerhaftes Unternehmen waren somit gegeben. Diese elegante Marke konnte sich jedoch nur für wenig mehr als ein Jahrzehnt behaupten.

Noch vor Ende des Krieges sah der Ingenieur Guido Soria, Direktor der Ansaldowerke in Sempierdarena (die Flugzeugmotoren entwickelten), die Notwendigkeit voraus, zur zivilen Produktion zurückzukehren. Er schlug Pio Perrone, dem Präsidenten der Gesellschaft, vor, die Produktion von Automobilen einzuleiten.

Der Prototyp Ansaldo 4 A war im August 1919 fertig, die Auslieferung an die Kunden begann im März des folgenden Jahres. Es handelte sich um ein mittelschweres Fahrzeug mit ziemlich ausgefeilten Eigenschaften, z.B. einer obenliegenden Nockenwelle. Bei 1.847 cm³ Hubraum belief sich die Leistung des 4 A auf 35 PS. Das Fahrwerk wog 647 kg. Im September 1920 wurden alle für die Automobilherstellung notwendigen Anlagen nach Turin in das Werk im Corso Peschiera verlegt. Dort hatte man in der Zwischenzeit die Produktion von Flugmotoren eingestellt. Die Autoproduktion war gerade dabei, Fuß zu fassen, als der Konkurs der Banca Italiana di Sconto, des Hauptaktionärs von Ansaldo, komplexe Umstrukturierungen notwendig werden ließ.

Am 7. März 1923 wurde die S.A. Automobili Ansaldo gegründet. Der Ingenieur Giuseppe Mazzini wurde zum Präsidenten ernannt, als Geschäftsführer fungierte der Ingenieur Soria. Unter dem Namen 4 C erschien innerhalb kurzer Zeit der modernisierte Vierzylinder. Im darauffolgenden Jahr kam ein entsprechendes Modell auf den Markt, jedoch mit sechs Zylindern und 2 l Hubraum. Beiden wurden hochentwickelte Sonderausführungen zur Seite gestellt (4 CS, 6 AS), die mehr Leistung aufwiesen und luxuriös ausgestattet waren (z.B. mit tangentialen Speichenrädern). Diese Wagen hielten sich mit nur geringen Veränderungen bis 1930.

Nur der Kleinwagen Typ 10 stellte eine wirkliche Neuerung dar. Er war mit einer vorderen Querblattfeder derart vereinfacht worden, daß er gegen die Fiat 503 und 509 nicht konkurrieren konnte. Der Typ 14 war nichts anderes als eine weitere Überarbeitung des Vierzylinders, diesmal mit einer Zündanlage mit Zündverteiler. Das gleiche galt für den Typ 15, der als Replik nur eine vergrößerte Bohrung und eine auf 40 PS gesteigerte Leistung aufwies.

Angesichts der absinkenden Nachfrage der Modelle mit vier Zylindern zielten die Programme 1929 auf hochklassige Wagen. Ein Achtzylinder Typ 22 und ein Sechszylinder mit Typ 18 erschienen fast gleichzeitig im Handel. Es waren zwei auf den neuesten Stand gebrachte Modelle. Es war jedoch weder ein in- noch ein ausländischer Markt vorhanden.

Ansaldo wurde von O.M. übernommen. 1932 konstituierte sich unter Betreiben von O.M. eine neue Gesellschaft, die CEVA (Costruzione E Vendita Ansaldo), mit dem Ziel, die fast fertiggestellten Ansaldorahmen (ca. 400) zu montieren und zu verkaufen.

Ansaldo 4 CS

Der 4 CS, der zwischen 1922 und 1926 hergestellt wurde, war eine Sportausführung des 4 A, des ersten Ansaldowagens. Durch Vergrößerung der Bohrung war der Hubraum von 1.847 auf 1.980 cm³ erweitert worden. Dadurch stieg die Leistung um etwa 25% an.

Bei dem damaligen Preis von 26.000 Lire für das Fahrwerk war der 4 CS als Rennwagen noch relativ preisgünstig. Tazio Nuvolari gewann zu Beginn seiner Laufbahn mit diesem Wagen einige Rennen.

ANTONIETTI & UGONINO
Turin, Italien
1905–1906

Die Partner Antonietti und Ugonino begannen 1905 in ihrer Garage mit der Montage von deutschen Fafnir-Motoren auf Rahmen, die sie aus importierten Teilen zusammenstellten. Die so montierten Fahrzeuge wurden unter dem Namen Fert in Umlauf gebracht. Neben der Fertmontage vertraten die beiden auch die französische Firma Pivot in Italien.

Beim Turiner Autosalon von 1906 stellte Antonietti & Ugonino auch einen Vierzylinder mit 3.770 cm³ Hubraum und 3-Gang-Getriebe vor.

ANZANI
Mailand, Italien
1923–1924

Anzani war eine kleine Mailänder Firma, die sich in den zwanziger Jahren dem Bau von Cyclecars widmete. Alessandro Anzani, berühmt durch den Entwurf des 3-Zylinder-Sternmotors für Blériots Kanalüberquerung im Juli 1909, gründete 1923 diese Firma.

Nachdem er sich daraufhin in Frankreich und England den Antriebsmechanismen für Motorräder und Kleinwagen gewidmet hatte, produzierte Anzani in der Zeit von 1923 bis 1924 auch in Italien Motoren und Fahrzeuge, über die detailliertere Angaben fehlen.

APOLLO
Apolda, Deutschland
1910–1926

Ab 1904 hatte die deutsche Firma Ruppe & Sohn mit Sitz in Apolda, Thüringen, einige mit luftgekühlten Motoren versehene Automobile gebaut. Die Piccolo genannten Kleinwagen erwiesen sich als wendig und robust. Diese Eigenschaften trugen zusammen mit dem niedrigen Preis zum Erfolg des Wagens bei.

Als Ruppe & Sohn 1910 zu den Apollo Werken AG wurde, erweiterte sich die Produktion auf leistungsstärkere, wassergekühlte Fahrzeuge. Der neue Chef der Planungsabteilung, der Ingenieur Karl Slevogt, begann sich auch für Sportwagen zu interessieren, die bis zu diesem Zeitpunkt von der Firma nicht beachtet worden waren. Aus diesem Engagement heraus entstanden der Apollo Typ B und Typ R mit einem 4-Zylinder-Motor, 1 bzw. 2 l Hubraum und hängenden Ventilen. Sie maßen sich auf den europäischen Rennstrecken mit der übrigen Konkurrenz, und es gelang ihnen bisweilen, die berühmteren Bugattis in Schwierigkeiten zu bringen.

Das Hauptaugenmerk Apollos galt jedoch der Produktion von „normalen" Fahrzeugen, wie etwa dem G 7/20 PS mit vier Zylindern (1910), dem C 6/18 PS (1912) und dem N 8/24 PS (1913). Der Ausbruch des Ersten Weltkrieges verlangsamte die Produktion. 1921 wurde sie mit den Feinarbeiten für einen interessanten Prototyp wieder voll aufgenommen: dem 12/50 PS mit V8-Motor und Vierradbremsen. Die weiteren Apollo-Modelle bis zur Einstellung sind von geringerem Interesse.

APPERSON
Kokomo, USA
1902–1926

Apperson war eine Automarke, die 1902 von den Brüdern Elmer und Edgar Apperson nach Auflösung der Firma Haynes-Apperson ins Leben gerufen wurde. Die ersten Apperson hatten 2-Zylinder-Boxermoto-

---

ANSALDO 4 CS (1922)

Motor: 4 Zylinder in Reihe mit obenliegender Nockenwelle
Bohrung/Hub: 72,5 mm x 120 mm
Hubraum: 1.980 cm³
Max. Leistung: 48 PS bei 3.000-min
Getriebe: mechanisch, 3 Gänge
Rahmen: Leiterrahmen
Aufhängung: Starrachsen mit Halbelliptikfedern
Bremsen: nur an den Hinterrädern
Karosserie: nach Bestellung
Höchstgeschwindigkeit: 110 km/h

Ansaldo 4 CS

Amilcar C6 (1926)

Motor
Position: Längsmotor vorne
Bauart: 6 Zylinder in Reihe, Wasserkühlung, gußeiserner Zylinderblock mit integriertem Zylinderkopf
Hubraum: 1.094 cm³
Bohrung/Hub: 56 mm x 74 mm
Ventilsteuerung: 2 obenliegende Nockenwellen mit jeweils 2 Ventilen pro Zylinder
Gemischbildung: Solexvergaser Nr. 40, Rootskompressor
Zündanlage: Magnet- und Spulenzündung
Max. Leistung: 62 PS bei 5.600^{-min}

Kraftübertragung
Antrieb: hinter dem Motor angebrachtes, mechanisches 4-Gang-Getriebe, Hinterradantrieb
Kupplung: Einscheiben-Trockenkupplung
Getriebe: mechanisch, nichtsynchronisiert, 4 Gänge
Übersetzungsverhältnis: I) 2,50.1; II) 1,71:1; III) 1,31:1; IV) 1,00:1
Hinterachsgetriebe: Schneckenantrieb
Übersetzungsverhältnis im Hinterachsgetriebe: 4,5:1 (auf Wunsch war auch ein komplettes Angebot an Übersetzungsverhältnissen zwischen 4,0:1 und 5,5:1 erhältlich

Aufhängung
Vorderachse: Starrachse mit Halbelliptikfedern, Reibungsstoßdämpfer vom Typ Hartford.
Hinterachse: Starrachse mit Viertelelliptikfedern, Reibungsstoßdämpfer vom Typ Hartford

Lenkung
System: Segmentschneckenlenkung

Bremsen
Typ: mechanisch betätigte Trommelbremsen an allen 4 Rädern

Räder und Bereifung
Felgen: Rudge-Whitworth-Speichenräder mit Zentralverschluß
Bereifung: 700 x 90

Karosserie und Rahmen
Karosserie: einsitziger Rennwagen aus Aluminiumblech
Rahmen: Leiterrahmen

Abmessungen und Gewicht
Länge: 3.400 mm
Breite: 1.225 mm
Radstand: 2.235 mm
Vordere Spurweite: 1.060 mm
Hintere Spurweite: 1.090 mm
Gewicht: 565 kg

Leistung
Höchstgeschwindigkeit: 170 km/h
Beschleunigung von 0 auf 100 km/h: 12 Sekunden

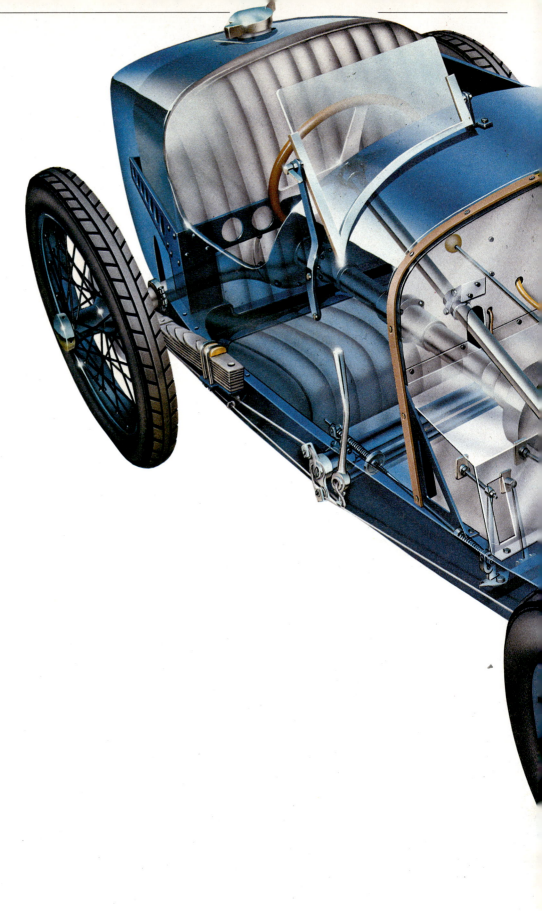

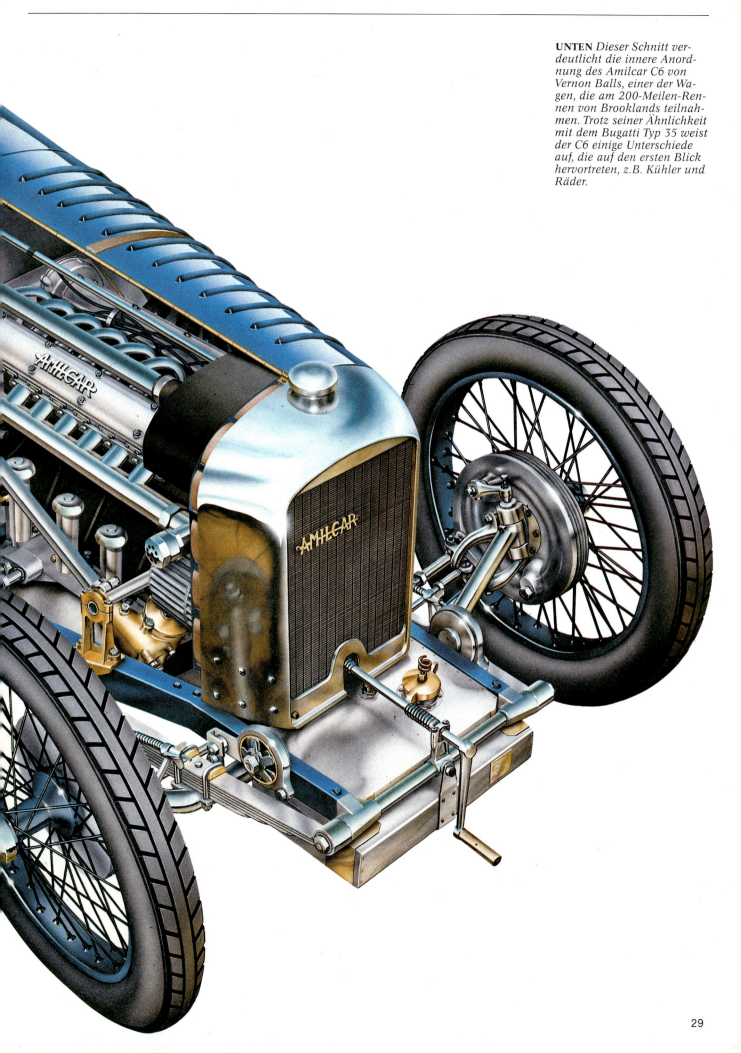

UNTEN *Dieser Schnitt verdeutlicht die innere Anordnung des Amilcar C6 von Vernon Balls, einer der Wagen, die am 200-Meilen-Rennen von Brooklands teilnahmen. Trotz seiner Ähnlichkeit mit dem Bugatti Typ 35 weist der C6 einige Unterschiede auf, die auf den ersten Blick hervortreten, z.B. Kühler und Räder.*

AQUILA ITALIANA

Apollo

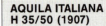

**AQUILA ITALIANA
H 35/50 (1907)**
Motor: 6 Zylinder in Reihe mit gegenübergestellten Ventilen
Bohrung/Hub: 80mm x 130 mm
Hubraum: 3.921 cm³
Max. Leistung: 50 HP
Getriebe: mechanisch, 4 Gänge
Rahmen: Leiterrahmen
Aufhängung: Starrachsen mit Halbelliptikfedern
Bremsen: nur an den Hinterrädern
Karosserie: nach Bestellung
Höchstgeschwindigkeit: 130 km/h

APOLLO TYP B (1911)
Motor: 4 Zylinder in Reihe
Bohrung/Hub: 60 mm x 92 mm
Hubraum: 1.040 cm³
Max. Leistung: 12 PS
Getriebe: mechanisch, 4 Gänge
Rahmen: Leiterrahmen
Aufhängung: Starrachsen mit Halbelliptikfedern vorn und hinten
Bremsen: Trommelbremsen an den Hinterrädern und an der Kraftübertragung
Karosserie: nach Bestellung
Höchstgeschwindigkeit: 75 km/h

AQUILA ITALIANA
Turin, Italien
1906–1917

Der Marquis Giulio Pallavicino, Autonarr und Vertreter der englischen Brown Cars in Italien, und der junge Ingenieur

APPERSON JACK RABBIT (1913)
Motor: 6 Zylinder in Reihe
Bohrung/Hub: 92,25 mm x 139,7 mm
Hubraum: 5.971 cm³
Max. Leistung: 33,7 HP
Getriebe: mechanisch, 3 Gänge
Rahmen: Leiterrahmen
Aufhängung: Starrachsen mit Halbelliptikfedern vorne und Dreiviertelelliptikfedern hinten
Bremsen: Bandbremsen nur an den Hinterrädern
Karosserie: offener Viersitzer vom Typ Touring
Höchstgeschwindigkeit: 97 km/h

Giulio Cesare Cappa beschlossen 1906, ihre kleine, im vorigen Jahr eröffnete Turiner Autowerkstatt in eine richtige Entwicklungswerkstatt umzuwandeln. Damit entstand die Società Anonima Aquila Italiana. Das Adjektiv italiana wurde aus Rücksicht auf die deutsche Firma Adler aufgenommen (ihr Name bedeutet auf italienisch „Aquila"), die nicht wollte, daß es in irgendeiner Weise zu Verwechslungen zwischen den beiden Markennamen kommen konnte.

Die Gesellschaft hatte gerade erst einige Fahrzeuge entworfen (mit 4- und 6-Zylinder-Motoren und gegenüberliegenden Ventilen), als sich die ersten finanziellen Schwierigkeiten abzuzeichnen begannen, die sich durch den plötzlichen Tod des Marquis noch verstärkten. Die Marsaglia Bank übernahm die Gesellschaft und benannte sie in Aquila Italiana di L. Marsaglia um. Für die Firma brachte das die entscheidende Wendung, innerhalb kurzer Zeit konnte

sie stabile Produktionszahlen aufweisen.

Die neuen Aquilas waren sofort erfolgreich. Vor allem die anspruchsvollere Kundschaft wußte den keinesfalls gewöhnlichen Leistungsstandard des Motors und die Kombination von Klasse und Leistung zu schätzen. Der Aquila war ein Wagen für Kenner, brillant und selbst in Details gut durchdacht.

Zu seinem Erfolg und seiner Popularität trugen auch in hohem Maße Rennen bei (Targa Florio, Bercetos Parma-Poggio, Bergrennen und nicht zuletzt die Tour de France), in denen die Turiner Firma zwischen 1910 und 1914 mit den Fahrern Meo Costantini, Eugenio Beria d'Argentine und Giovanni Marsaglia glänzen konnte.

Der Aufstieg von Aquila Italiana wurde durch den Ausbruch des Ersten Weltkriegs jäh unterbrochen. Zunächst widmete sich die Fabrik der Belieferung des Militärs, um schließlich 1917 von SPA übernommen zu werden.

ARAB
Letchworth, Großbritannien
1926–1928

Als kaum Zwanzigjähriger erhielt Reid Railton eine Anstellung bei Leyland Motors Ltd., einer Lastwagenfabrik in Manchester. Er sollte dort Perry Thomas, dem Entwicklungsingenieur und berühmten Rekordfahrer assistieren. Die beiden Techniker stellten 1920 auf dem Londoner Autosalon den Leyland Eight vor.

Thomas verließ 1923 Leyland, um sich auf weitere Rekordversuche zu konzentrie-

ren eingebaut, die später durch stehende 4-Zylinder-Motoren ersetzt wurden. 1907 wurde der Jack Rabbit lanciert, ein zweisitziger Rennwagen mit 60 HP, der an verschiedenen Wettbewerben teilnahm, ohne sich jedoch endgültig durchsetzen zu können. Die hohen Preise (eine Limousine erreichte 1907 den Rekordpreis von 7.500 US-Dollar) machten Apperson zu einem Wagen für besondere Ansprüche, der dem großen Publikum verschlossen blieb. Eine Zeitlang lief das gesamte Angebot unter dem Namen Jack Rabbit. 1913/14 war der Jack Rabbit sowohl als Vierzylinder mit 5.212 cm³ Hubraum als auch als Sechszylinder mit 5.971 cm³ erhältlich. 1914 entstand ein Jack Rabbit mit V8-Motor und 5.502 cm³ Hubraum. Zwei Jahre später debütierten Prestigefahrzeuge wie der Roadplane (ebenfalls mit V8-Motor) und der Silver-Apperson, der aus einem zweckmäßig in der Karosserie modifizierten Serienfahrzeug gewonnen worden war.

Ambitionierte Entwicklungsprojekte führten 1924 zur Gründung einer neuen Gesellschaft, der Apperson Automobil Co. Die Initiative stand jedoch unter keinem guten Stern, und nach nur zwei Jahren meldete Apperson Konkurs an.

Apperson Jack Rabbit

30

ARIÈS

Aquila Italiana

ren, wenig später folgte ihm Railton. Durch die bei Thomas erworbenen Erfahrungen mutig geworden, mietete Railton in Letchworth eine Gießerei, um in kleiner Stückzahl einen Sportwagen herzustellen, dem er den Namen Arab gab.

Das 1926 in Serie gegangene Auto wurde als Sportversion mit zwei bzw. vier Plätzen und als Super-Sportausführung angeboten. Beide waren mit einem 2-l-Motor mit vier Zylindern und obenliegender Nockenwelle ausgerüstet. Als Perry Thomas 1927 bei einem Rekordversuch das Leben verlor, gab Railton sein Unternehmen auf. Er hatte bis dahin etwa ein Dutzend Arabs konstruiert.

ARAB SUPER SPORT (1926)

Motor: 4 Zylinder in Reihe mit obenliegender Nockenwelle
Bohrung/Hub: 70 mm x 127 mm
Hubraum: 1.955 cm³
Max. Leistung: 65 PS bei 4.000⁻ᵐⁱⁿ
Getriebe: mechanisch, 4 Gänge
Rahmen: Leiterrahmen
Aufhängung: Starrachsen mit Halbelliptikfedern
Bremsen: Trommelbremsen an den 4 Rädern
Karosserie: Sport, zwei- bzw. viersitzig
Höchstgeschwindigkeit: 153 km/h

Konstruktionslizenz und einiger Teile eines Cyclecars. Er übernahm sie von Antonio Chiribiri, der seine Fahrzeugproduktion zugunsten militärischer Lieferungen aufgeben mußte.

Der Ardita genannte Wagen (übrigens ein Name, der später in den dreißiger Jahren für eine Fahrzeugreihe wiederaufgenommen wurde) hatte einen 4-Zylinder-Motor mit 1.325 cm³ Hubraum und einer kugelgelagerten Kurbelwelle. Neben diesem 10-HP-Modell war auch eine Ausführung mit 8 HP und 1.108 cm³ Hubraum vorgesehen. Die Projekte Gallanzis hatten jedoch keinen Erfolg.

Ariel

ARDITA
**Mailand, Italien
1918**

Gegen Ende des Ersten Weltkrieges eröffnete der Ingenieur Alfredo Gallanzi einen kleinen Salon, primär für den Verkauf gebrauchter Automobile. Diese besonders erfolgreiche Initiative stimulierte Gallanzi, die Produktion eigener Wagen einzuleiten.

Die Gelegenheit dazu ergab sich 1918 mit dem Kauf der

ARIEL
**Birmingham, Großbritannien
Coventry, Großbritannien
1898–1925**

In den zwei Phasen ihrer Existenz (1898 bis 1915; 1922 bis 1925) konstruierte die Firma Ariel fast jeden Fahrzeugtyp. Nachdem sie ihre Produktion mit einer Reihe einfacher motorisierter Drei- und Vierräder begonnen hatte, stellte die Firma 1902 ihren ersten wirklichen Wagen vor. Es war ein Zweizylinder mit 10 HP und automatischen Einlaßventilen. Zwischen 1903 und 1905 wurden einige Vierzylinder (mit 12, 15, 16 und 20 HP) sowie der erste Sechszylinder mit 30/35 HP produziert.

Gegen Ende des Jahres 1905 stellte Ariel eine neue Angebotspalette nach Vorbild von Mercedes vor, die den Namen Ariel Simplex erhielt. Es handelte sich um Vierzylinder mit 15 und 25/30 HP, außerdem um einen Sechszylinder mit 35/50 HP. Der im Laufe des Jahres 1907 angebotene Sechszylinder 50/60 HP erwies sich als einer der Wagen mit dem größten Hubraum, die je in Großbritannien als Serien-

fahrzeug hergestellt worden waren. Er besaß einen Motor mit 15,9 l.

Ende 1907 verkaufte Ariel das Werk in Birmingham an die englische Lorraine-Dietrich und verlegte die Automontage in die Artilleriewerke von Coventry. Ab 1910 tauchten neben den inzwischen klassischen Vier- und Sechszylindern auch kleinere Fahrzeuge auf, darunter ein Zweizylinder mit 10 HP und 1.630 cm³ Hubraum. Nach dem Ersten Weltkrieg konzentrierte sich die Firma hauptsächlich auf Motorräder, auch wenn im Jahre 1922 noch der Nine und 1924 der Ten gebaut wurden.

ARIEL 50/60 (1907)

Motor: 6 Zylinder in Reihe
Bohrung/Hub: 150 mm x 150 mm
Hubraum: 15.906 cm³
Max. Leistung: 83 HP
Getriebe: mechanisch, 4 Gänge
Rahmen: Leiterrahmen
Aufhängung: Starrachsen mit Halbelliptikfedern
Bremsen: Trommelbremsen an den Hinterrädern und an der Kraftübertragung
Karosserie: nach Bestellung
Höchstgeschwindigkeit: 112 km/h

ARIÈS
**Courbevoie, Frankreich
1903–1938**

Baron Charles Petiet gründete 1903 die Firma Ariès. Ihre ersten beiden Modelle wurden noch im gleichen Jahr auf dem Pariser Autosalon vorgestellt. Davon besaß das erste einen 2-Zylinder-Motor mit Kardanantrieb, während das zweite Modell ein Vierzylinder mit Kettenantrieb war. Beide hatten nur einen Gang. Wie viele andere Firmen der Zeit verwendete

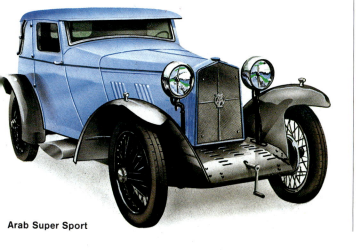

Arab Super Sport

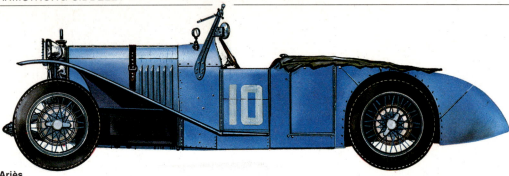
Ariès

Ariès Motoren verschiedenster Herkunft. In diesem Fall war die Wahl auf die Firma Aster gefallen, die ihren Sitz genau auf dem gegenüberliegenden Seineufer in St. Denis hatte.

1907 wurde der technisch interessante V4 (1.131 cm³ Hubraum) mit Zwangsventilsteuerung vorgestellt; größeren Erfolg hatte jedoch im gleichen Jahr der 14-18 CV, der anstelle der typischen Ariès Doppelachse eine konventionelle hintere Starrachse aufwies. Ab 1910 tendierte die Produktion immer mehr zu Industriefahrzeugen.

Nach einem Wechsel in die Flugzeugmotorenherstellung während der Ersten Weltkrieges kehrte die Firma Ariès wieder zu ihren Ursprüngen zurück. Aus der Produktion dieser Zeit stechen vor allem der 7 CV mit einem 4-Zylinder-Motor und obenliegender Nockenwelle, 1.085 cm³ Hubraum und der 3-l-15-CV hervor, der in zwei verschiedenen Ausführungen auf den Markt kam: als Tourenwagen mit Asterantrieb und seitlich stehenden Ventilen und als Sport mit Ventilsteuerung durch eine obenliegende Nockenwelle.

Während der Weltwirtschaftskrise stellte Ariès die Produktion von 1,1- und 3-l-Motoren ein, da sie nicht mehr zeitgemäß waren. Sie wurden durch 1,5-, 1,8- und 2-l-Motoren ersetzt, die sich durch hängende Einlaß- und stehende Auslaßventile charakterisieren lassen. Der Sechszylinder 10 CV Super verwendete bis 1938 eine damals ungewöhnliche Kraftübertragung. Ein in das Hinterachsgetriebe integriertes 3-Gang-Getriebe lieferte insgesamt sechs Vorwärtsgänge. Es wurden nur wenige Exemplare davon hergestellt, bis man 1938 die Produktion zugunsten von Industriefahrzeugen ganz einstellte.

Nach Ende des Zweiten Weltkrieges lebte Ariès unter der Gesellschaftsfirma ABG noch einmal für kurze Zeit als Hersteller von Kleinkraftradmotoren auf. Baron Petiet starb 1950.

Ariès 3 Liter

Der 3-l-Ariès mit obenliegender Nockenwelle erfüllte die in ihn gesetzten Erwartun-

ARIÈS 3 LITER (1925)
Motor: 4 Zylinder in Reihe mit obenliegender Nockenwelle
Bohrung/Hub: 82 mm x 140 mm
Hubraum: 2.957 cm³
Max. Leistung: 96 PS
Getriebe: mechanisch, 4 Gänge
Rahmen: Aluminiumblech
Aufhängung: Starrachse mit Halbelliptikfedern
Bremsen: Trommelbremsen
Karosserie: Sport
Höchstgeschwindigkeit: 160 km/h

gen im Sport nicht. Obwohl er wahrscheinlich leistungsfähiger als der Bentley war, standen seine Starts unter keinem guten Stern.

Beim 24-Stunden-Rennen von Le Mans schied 1925 einer der beiden eingeschriebenen Wagen aus (Bruch der Zylinderkopfdichtung), der andere erreichte den sechsten Platz. 1926 mußten sich während des Rennens beide Fahrzeuge zurückziehen. 1927 hätte jedoch nicht viel zum Sieg eines Ariès gefehlt. Sein stärkster Gegner war ein von Benjafield-Davis gesteuerter Bentley, der nach einem spektakulären Unfall bei der Maison Blanche das Rennen wiederaufgenommen hatte und sich mühsam wieder an die Spitze kämpfte. Der Ariès stand mit vier Runden Vorsprung an der Spitze, als nach 22 Stunden und 30 Minuten die Steuerung der Nockenwelle blockierte.

Ein 3-l-Ariès erreichte drei Jahre hintereinander den zweiten Platz auf der Rennstrecke der Routes Pavées (1925/26/27) und gewann 1927 den Cup Boillot sowie die Targa Florio, die in diesem Jahr auf der Rennstrecke von Saint Brieuc in der Bretagne ausgetragen wurde.

ARMSTRONG SIDDELEY
Coventry, Großbritannien
1919–1960

Aus der Fusion der Siddeley Deasy Motor Car Company mit Armstrong Whitworth & Co. Ltd,

dem prestigeträchtigen Flugzeug-, Automobil- und Ersatzteilherstellers, entstand 1919 die Firma Armstrong Siddeley. Alle Aktivitäten, die der Automobilherstellung dienten, konzentrierten sich in Coventry.

Das erste Projekt der Gesellschaft war ein leistungsstarker Sechszylinder mit 5 l Hubraum. Sein imposanter V-förmiger Kühler sollte in den 41 Lebensjahren der Firma zu ihrem Markenzeichen werden. Ein kleinerer 18 HP, ein Sechszylinder mit 2,3 l Hubraum, erschien 1922, während im darauffolgenden Jahr der ökonomischere 14 HP mit 2 l Hubraum und einem Flachkühler erschien.

Für die eher konservative Firma aus Coventry stellte das ab 1928 auf Bestellung erhältliche, halbautomatische Wilson-getriebe eine Revolution dar. Ab 1933 wurde es serienmäßig eingebaut und daraufhin auch an Sportwagenproduzenten wie ERA, Connaught und HWM geliefert. 1933 begann die Produktion des 15 HP mit sechs Zylindern und 1,9 l Hubraum, dem der kleinere 12 HP, auch mit sechs Zylindern, aber nur noch 1,2 l Hubraum, folgte.

Das solide Image von Armstrong Siddeley wurde während der dreißiger Jahre durch eine Serie von Sechszylindern mit obenliegenden Nockenwellen untermauert, die 1930 auf den Markt kam (12 HP, 15 HP, 20 HP, 30 HP). Bis 1936 wurde auch ein Vierzylinder-12 HP produziert, den mit Sechszylindern konstruierte man auch Sport Coupé-Versionen. Aus dem Jahr 1935 stammt außerdem auch der 17 HP, ebenfalls mit sechs Zylindern. 1932 wurde mit der Präsentation des 5-l-Siddeley-Special das Interesse der Firma für den Bereich der Luftfahrt evident.

Die ersten Nachkriegsmodelle wurden nach Bekanntgabe der deutschen Kapitulation auf den Markt gebracht. Es handelte sich um den Lancaster, eine viertürige Limousine, sowie um den Hurricane. Die Namen dieser Automobile stammten von den Flugzeugen, die während des Krieges von der Schwesterfirma Hawker Siddeley hergestellt worden waren. Beide Wagen besaßen 6-Zylinder-Motoren mit 2 l Hubraum, der 1949 auf 2,3 l erweitert wurde. In der Folge erschienen der Typhoon und der Whiteley.

1953 kam der Sapphire auf den Markt, ein Sechszylinder mit 3.435 cm³ Hubraum. Zwei Jahre später folgten der 234 (vier Zylinder, 2,3 l) sowie der 236 mit dem älteren 6-Zylinder-Motor gleichen Hubraums. Das letzte Modell der Armstrong Siddeley war der Star Sapphire aus dem Jahr 1958, ein 4-l mit Automatikgetriebe.

Im darauffolgenden Jahr fusionierte Hawker Siddeley mit Bristol Aero Engines zu Bristol Siddeley. Die Autoproduktion wurde eingestellt, und der letzte Armstrong Siddeley verließ die Montagebänder 1960.

Armstrong Siddeley Special

Siddeley Special

Der 1932 überraschend auf dem Londoner Autosalon vorgestellte Siddeley Special profitierte von den Erfahrungen des Hauses beim Bau von Flugzeugmotoren. Motorblock, Zylinderkopf, Ölwanne, Kolben und Pleuelstangen des Fünfzylinders bestanden aus Hiduminium, einer Legierung, die sowohl Leichtigkeit als auch Robustheit miteinander vereint. Die Laufbuchsen waren aus Hartmetall, die Ventilsitze wie beim Flugzeugbau aus Bronze.

Die massive Kurbelwelle besaß sieben Lager. Serienmäßig wurde ein 4-Gang-Getriebe mit Vorwähleinrichtung eingebaut. Dank des günstigen Leistungsgewichts war es möglich, eine ziemlich lange Getriebeübersetzung zu verwenden. Der Wagen war sehr tief gelegt, der obere Teil des Rahmens befand sich nur 43 cm vom Boden entfernt. Außerdem hatte man den Rahmen mit einer Zentralschmierung versehen.

Obwohl im Entwurf die hohe Leistungsfähigkeit des Special eine große Rolle gespielt hatte, war er nicht unbedingt ein Kompaktfahrzeug. Der serienmäßige Radstand betrug 3.350 mm, für größere Karosserieversionen stand ein Radstand von 3.660 mm zur Verfügung.

ARMSTRONG SIDDELEY SPECIAL (1932)

Motor: 6 Zylinder in Reihe
Bohrung/Hub: 88,9 mm x 133,4 mm
Hubraum: 4.968 cm³
Max. Leistung: 29,8 HP
Getriebe: mechanisch, 4 Gänge mit Vorwähleinrichtung
Rahmen: Kastenrahmen
Aufhängung: Starrachsen mit Halbelliptikfedern
Bremsen: Trommelbremsen
Karosserie: nach Bestellung
Höchstgeschwindigkeit: 144 km/h

Sapphire 234

Die sportliche, viertürige Limousine des 234 wurde auf dem Londoner Autosalon von 1955 vorgestellt. Trotz ihrer etwas geringeren Größe war sie direkt mit dem Sechszylinder 236 verwandt. Der Motor hatte halbkugelförmige Verbrennungsräume und schräg stehende Ventile, die durch Stößelstangen und Kipphebel gesteuert wurden. Diese wiederum trieb eine im oberen rechten Teil des Zylinderblocks gelegene Nockenwelle an. Die Bauart war vom Sphinx übernommen worden, einem 1954 von Tommy Sopwith gesteuerten Sportwagen – übrigens der Sohn des Präsidenten der Hawker Siddeley Group.

Der X-förmige Rahmen war mit Hilfe einer speziellen Apparatur entwickelt worden, die in der Lage war, die Biegung des Rahmens bei Belastung zu messen. Die High Duty Alloys und die Armstrong Whitworth Aircraft, zwei weitere Firmen des Konsortiums, entwarfen eine leichte Karosserie aus 22 Hiduminiumplatten.

Der Wagen wurde mit Blinkern ausgerüstet, die erst später zu universellem Einsatz kommen sollten. Außerdem bot das Unternehmen ein Laycock de Normanville Overdrive als Option an, ebenso Speichenräder, die sonst bei Armstrong Siddeley selten waren.

Sowohl der 234 als auch der 236 wurden nicht nur auf normalen Teststrecken, sondern auch auf dem schnellen Silverstoneparcours getestet. In mehreren Hundert Runden zeigten sich Fehler, die bei einer Routinefahrt nicht auffindbar gewesen wären, und wurden entsprechend korrigiert. Leider stand der Erfolg des Wagens bei den Kunden in keinem Verhältnis zu dem Aufwand bei seiner Entwicklung, und der Absatz verlief keineswegs zufriedenstellend.

Arnolt-Bristol

SAPPHIRE 234 (1955)

Motor: 4 Zylinder in Reihe
Bohrung/Hub: 90 mm x 90 mm
Hubraum: 2.290 cm³
Max. Leistung: 120 HP
Getriebe: mechanisch, 4 Gänge
Rahmen: X-förmig
Aufhängung: Vorderachse: Einzelradaufhängung mit Vierecklenkern und Schraubenfedern; Hinterachse: Starrachse mit Halbelliptikfedern; Stabilisator vorne und hinten
Bremsen: Servotrommelbremsen
Karosserie: Limousine
Höchstgeschwindigkeit: 160 km/h

ARNOLT
Chicago, USA
1953–1964

S.H. „Whacky" Arnolt begann mit der Automobilproduktion, indem er auf MG-Rahmen viersitzige Coupé- und Cabrioletkarosserien aus Stahl und Aluminum montierte, für die Bertone verantwortlich zeichnete.

Später ging Arnolt dazu über, British-Bristol-Rahmen vom Typ 404 zu verwenden, die er mit einem 6-Zylinder-Motor mit 130 PS ausrüstete. Diese Kombination kann man wohl als Ausgangsbasis des Arnolt-Bristol bezeichnen, für dessen sportliche, zweisitzige Karosserie wiederum der Turiner Karosseriebauer verantwortlich zeichnete. Es wurden auch Touring und GT-Coupé-Versionen dieses Wagens realisiert. Fred Wackers Arnolt-Bristol gewann zusammen mit Frazer Nashs Baynton den Landescup des Sports Car Club of America der Klasse E, andere Wagen errangen 1955 und 1956 in Sebring den Klassensieg, und der Arnolt-Bristol Durbin/Goldmans den Preis in der 2-l-Klasse. 1964 wurde die Produktion eingestellt.

ARNOLT BRISTOL (1958)

Motor: 6 Zylinder in Reihe
Bohrung/Hub: 66 mm x 96 mm
Hubraum: 1.971 cm³
Max. Leistung: 105 PS
Getriebe: mechanisch, 4 Gänge mit Overdrive
Rahmen: Kastenrahmen
Aufhängung: Vorderachse: Einzelradaufhängung an Querlenkern und Querblattfedern; Hinterachse: Starrachse mit Torsionsstäben
Bremsen: Trommelbremsen
Karosserie: Sport, Coupé
Höchstgeschwindigkeit: 193 km/h

Armstrong Siddeley Sapphire

ARTESI
Palermo, Italien
1948

1948 stellte Antonio Artesi aus Palermo auf der III. Fiera del Mediterraneo den Pulcino vor. Dieser Prototyp eines Kleinstwagens war mit einem winzigen 2-Takt-Motor mit 125 cm³ Hubraum ausgerüstet und besaß einen Kettenantrieb.

Die Idee Artesis wurde jedoch nicht verwirklicht, der Pulcino blieb im Planungsstadium.

ASA
Mailand, Italien
1962–1967

Die Firma ASA entstand als ein Projekt für Sportwagen mittlerer Größe. Ein Prototyp wurde auf dem Turiner Autosalon von 1961 vorgestellt. Während die Karosserie von Bertone stammte, hatte SEFAC Ferrari Rahmen und Technik entwickelt. Im Entwicklungsstadium brachte man den Namen Ferrari immer wieder mit diesem Wagen in Verbindung, der nach gängiger Meinung der „Kleinwagen" des Hauses aus Modena werden sollte. Ferrari höchstpersönlich dementierte ein solches Vorhaben und kündigte an, die Lizenzherstellung an eine andere Firma vergeben zu wollen. Das Angebot wurde

von ASA aufgegriffen.

Ende 1962 wurde der auf den Namen ASA 1000 GT Coupé laufende Wagen auf dem Turiner Autosalon vorgestellt. Er war mit einem 4-Zylinder-Frontmotor mit 1.032 cm³ Hubraum und 97 PS ausgestattet.

Auf dem Genfer Salon erschienen 1963 auch die Spider- und Rennversion, die ebenfalls von Bertone entworfen worden war. Coupé und Spider waren in ihren technischen Details identisch, die Karosserie der Rennversion dagegen bestand aus Leichtmetallegierung und verwendete einen 4-Zylinder-Motor mit 994,6 cm³ Hubraum. Im gleichen Jahr wurde auf Anregung Bizzarrinis aus der Sports Car-Karosserie ein 1000-GTC-Prototyp mit einem 994,6-cm³-Mittelmotor entwickelt.

Während des Pariser Automobilsalons von 1965 erschien der neue 411 (vier Zylinder, 1.092 cm³ Hubraum), der 104 PS SAE bei 7.500^{-min} leistete. Zudem hatte er ein 4-Gang-Getriebe mit Overdrive im zweiten, dritten und vierten Gang.

Während einer Umstrukturierung der Firma entstand das RB 613 Roll-bar-Coupé, das auf dem Genfer Automobilsalon von 1966 vorgestellt wurde. Dieser Wagen aus Glasfaserkunststoff konnte entweder mit einem 1.300-cm³-6-Zylinder-Motor oder dem leistungsfähigeren 1.800-cm³-4-Zylinder-Motor ausgerüstet werden.

1967 wurde auch ein einsitziges Formel-3-Fahrzeug mit einem von Ford Cosworth stammenden Motor gebaut, doch die Zeit der Firma war bereits abgelaufen, gegen Ende des gleichen Jahres wurde ASA aufgelöst.

ASA 1000 GT (1962)
Motor: 4 Zylinder in Reihe
Bohrung/Hub: 69 mm x 69 mm
Hubraum: 1.032 cm³
Max. Leistung: 97 PS bei 7.000^{-min}
Getriebe: mechanisch, 4 Gänge mit Overdrive
Rahmen: Rohrrahmen
Aufhängung: Vorderachse: Einzelradaufhängung mit doppelten Viereckslenkern und Schraubenfedern; Hinterachse: Starrachse mit Längslenkern und Schraubenfedern
Bremsen: Scheibenbremsen
Karosserie: Coupé
Höchstgeschwindigkeit: 190 km/h

ASTER SOCIETÀ ITALIANA MOTORI
Mailand, Italien
1906–1908

Die Società Italiana Motori wurde 1906 in Mailand gegründet, um die Motoren der französischen Société des Ateliers de Construction Mécanique Aster aus St. Denis in Italien zu vertreiben.

Obwohl ursprünglich auch Konstruktionslizenzen geplant waren, scheint das einzige tatsächlich realisierte Projekt der Mailänder Firma ein Sechszylinder mit 2.300 cm³ Hubraum und einer Leistung von 30 PS bei 3.000^{-min} gewesen zu sein.

ASTON MARTIN
London, Großbritannien
Newport Pagnell, Großbritannien
1914

Lionel Martin und Robert Bramford, Besitzer einer Automobilwerkstatt in Kensington, konstruierten 1914 ihren ersten Wagen, indem sie einen Coventry-Simplex-Motor mit 1,4 l Hubraum auf den Rahmen einer „voiturette" Isotta Fraschini montierten. Das Ganze erhielt den Namen Aston Martin – nach dem Bergrennen in Aston Clinton, das Martin im Jahr zuvor mit einem getunten Singer 10 gewonnen hatte.

Auf den ersten originalgetreuen Aston Martin mußte man allerdings bis gegen Ende des Jahres 1919 warten. Erst nach

dem Umzug von Henniker Mews nach Abingdon Road im Januar 1920 konnte die Produktion endgültig beginnen. Die ersten Wagen benutzten 1,5-l-Motoren mit seitlich stehenden Ventilen, aber bereits im gleichen Jahr kamen subtilere technische Lösungen zur Anwendung. Für das 200-Meilen-Rennen von Brooklands wurde eigens ein Rennmotor mit obenliegender Nockenwelle entworfen. Dieser Wagen zog allerdings gegenüber einem Aston „Bunny" mit seitlich stehenden Ventilen den kürzeren. 1922 wurde für den Grafen Luis Zborowski, der ab 1920 das Unternehmen finanziell unterstützte, ein 16-Ventiler mit vier Zylindern gebaut. Er erfüllte nicht alle sportlichen Erwartungen, die in ihn gesetzt worden waren, und wies einige Entwicklungsmängel auf. Trotzdem wurde er im darauffolgenden Jahr Amateurrennfahrern zur Verfügung gestellt.

Nach Zborowskis Tod am Steuer eines Mercedes im Autodrom von Monza wurde das Unternehmen 1925 verkauft.

Gegen Ende des Jahres kaufte W.S. Renwick die Firma für nur 6.000 englische Pfund. Die Produktion wurde nach Feltham in Middlesex verlegt, wo sie trotz verschiedener Finanzkrisen und häufiger Führungswechsel bis 1957 blieb. Renwick und sein aus Italien stammender Partner Augusto Cesare Bertelli waren Besitzer eines Entwicklungsunternehmens, der R&B, die bereits einen 1,5-l-4-Zylinder mit obenliegender Nockenwelle realisiert hatte. Dieses Modell, das zum Grundstock aller Aston Martins wurde, die Bertelli bis 1936 entwarf, stellte sein Ansehen als Sportwagen in Brooklands, Le Mans und beim 1.000-Meilen-Rennen erfolgreich unter Beweis.

Die finanzielle Lage blieb das Hauptproblem des Unternehmens. Nach kurzer Fusion mit Frazer Nash im Jahre 1931 sowie mit Prideaux Brune kam die Firma 1933 unter die Kontrolle von R.G. Sutherland. 1937 trat ein neuer 2-Liter die Erbschaft des inzwischen überholten 1,5-Liters an, dem er stilistisch verbunden war. Der Wagen war jedoch kein Erfolg.

Der erste Nachkriegs-Aston-Martin war mit einem 2-l-Motor ausgerüstet. Ein weiteres Charakteristikum war die vordere Einzelradaufhängung. Der Entwurf stammte von Claude Hill. Nur wenige Exemplare verließen das Werk, bevor die Firma 1947 von der David-Brown-Gruppe übernommen wurde. Die zwischen 1948 und 1949 durchgeführten Versuchsreihen führten zur Entwicklung eines sehr modern ausgelegten Modells mit Rohrrahmen, das auf den Namen DB1 getauft wurde. David Brown, seit kurzem Besitzer von Lagonda, konnte nun auch über den 2-l-6-Zylinder-Motor mit doppelter Nockenwelle verfügen, den W.O. Bentley gleich nach dem Krieg für diese Firma entworfen hatte. Der Motor wurde auf einen Vierkantrohr-Rahmen montiert und mit einer aerodynamischen Karosserie verkleidet. Der Wagen nahm ohne gro-

ASA

ßen Erfolg am 24-Stunden-Rennen von Le Mans teil, bevor die Produktion unter dem Namen DB2 aufgenommen wurde.

Der DB3 von 1952 war ein echter Sportwagen, der zur Hauptfigur der Langstreckenrennen der Zeit wurde. Vor allem traf dies auf den von Robert Eberan von Eberhorst entworfenen DB3S zu. Neben einer strömungsgünstigen Karosserie besaß er einen Gitterrohrrahmen. Die größten Erfolge konnte jedoch der DBR verbuchen, der sich 1959 den Sieg beim 24-Stunden-Rennen von Le Mans und beim Markencup der Sportwagen holte.

1959 stellte Aston Martin den DB4 vor, einen völlig neuen Wagen. Der Entwurf für den Aluminiummotor, einen 3,7-l-Sechszylinder mit zwei obenliegenden Nockenwellen, stammte von Tadek Marek. Neu war auch die Aufhängung an der Hinterachse mittels Längslenkern und Schraubenfedern. Die elegante, extrem leichte Karosserie bestand aus Aluminium. Der für 1963 angekündigte DB5 wies einen 4-l-Motor auf, der einer sorgfältigen Überarbeitung unterzogen worden war, um die Probleme des vorausgegangenen 3,7-Liters zu beseitigen.

Aston Martin

1966 wurde der DB 5 vom DB 6 abgelöst, dem zwei Jahre später der DBS und die leistungsstärkere Version DBS Vantage folgten. 1970 erschien der DBS V8, der unter der Haube einen neuen, 5,3 l großen Aluminium-8-Zylinder mit insgesamt vier obenliegenden Nockenwellen eingebaut hatte. Dieser Motor bildet bis heute die Antriebsquelle aller Fahrzeuge von Aston Martin.

Aston Martin 11,9 HP

ASTON MARTIN 11,9 HP (1926)

Motor: 4 Zylinder in Reihe mit obenliegender Nockenwelle
Bohrung/Hub: 69 mm x 99 mm
Hubraum: 1.481 cm³
Max. Leistung: 70 PS
Getriebe: mechanisch, 4 Gänge
Rahmen: Leiterrahmen
Aufhängung: Starrachsen mit Halbelliptikfedern
Bremsen: Trommelbremsen
Karosserie: zweisitziger Sport
Höchstgeschwindigkeit: 134 km/h

1972 gab David Brown die Leitung des Unternehmens an die Company Development Ltd. ab. Danach verschwand das Kürzel DB in den Typenbezeichnungen. 1984 kam das Unternehmen in die Hand der amerikanischen Firma Automotive Investments, seit 1987 gehört Aston Martin zu Ford.

Trotz häufiger Krisen überstand die Firma schwierigste Zeiten. So konnte 1988 als Nachfolger des V8 das Modell Virage vorgestellt werden, unter dessen modernerer Coupé-Karosserie (wie bei allen AM-Fahrzeugen aus Aluminium) der bekannte 5,3 l mit inzwischen 335 PS arbeitet. Der Vantage mit Kompressor bringt es auf atemberaubende 557 PS. Damit erreicht er eine Spitze von 300 km/h. Ein 6-Zylinder-Modell befindet sich in Planung.

Aston Martin 11,9 HP

Der Aston Martin 11,9 HP von Bert Bertelli war einer der wenigen wirklich berühmten Sportwagen Englands. Zwischen 1926 und 1936 produziert, wurde er von der Zeitschrift The Autocar als einer der „gelungensten Wagen" bezeichnet. Und das „nicht nur für die Fahrfreude, die er auf freier Strecke bietet, sondern auch für die Faszination des liebevoll ausgeführten Finishs". Das Urteil lautete: „Ein Automobil, das dazu ausersehen ist, die Zeiten zu überdauern."

Der nicht zuletzt dank seines Schneckenantriebs niedrige 11,9 HP besaß einen Motor mit obenliegender Nockenwelle und, ab 1928, Trockensumpfschmierung.

Ab 1931 nahmen die Aston Martins am 24-Stunden-Rennen von Le Mans teil. 1932 holte sich Bertelli den Biennial Cup. Daraufhin erhielt eine Fahrzeugserie den Beinamen Le Mans. Im gleichen Jahr wurden der Kegelradantrieb und ein neues Getriebe vorgestellt, mit denen die MK-II-Serie begann, die zwischen 1934 und 1936 produziert wurde.

Aston Martin DB2/3

1949 meldete Aston Martin ein strömungsgünstiges Coupé in Le Mans zum Start, das mit dem 2,6-l-6-Zylinder-Motor ausgerüstet war, den W.O. Bentley für Lagonda entworfen hatte. Dieses ab 1950 unter dem Namen DB2 serienmäßig produzierte Fahrzeug war mit verschiedenen Motorleistungen: 107 PS in der Normalausführung, 123 PS beim Vantage.

John Wyer organisierte 1950 eine Mannschaft mit drei DB2

Aston Martin DB2

ASTON MARTIN

ASTON MARTIN DB2 (1949)

Motor: 6 Zylinder in Reihe mit zwei obenliegenden Nockenwellen
Bohrung/Hub: 78 mm x 90 mm
Hubraum: 2.580 cm³
Max. Leistung: 123 PS
Getriebe: mechanisch, 4 Gänge
Rahmen: Stahlrohrrahmen aus Vierkantprofil
Aufhängung: Einzelradaufhängung an Vorder-und Hinterachse mit Querlenkern und Schraubenfedern
Bremsen: Trommelbremsen
Karosserie: Coupé
Höchstgeschwindigkeit: 176 km/h

für Le Mans, die in der Gesamtwertung den fünften und sechsten Platz belegten, während sie den Sieg in ihrer Leistungsgruppe davontrugen. Zwei Jahre später plazierten sich die DB2 auf dem ersten und zweiten Platz ihrer Klasse und erreichten den 12. und 13. Platz in der Gesamtwertung.

Ebenfalls 1952 erschien ein neuer von Eberan von Eberhorst entworfener Sportwagen, der DB3, der auf dem zweiten, dritten und vierten Platz beim Serienfahrzeug-Rennen in Silverstone landete. Der Sieg beim 9-Stunden-Rennen von Goodwood ging dagegen an den DB2. Der DB3 holte sich den Tourist Trophy der Isle of Man, gewann den Daily Express Pokal in Silverstone und schließlich wiederum das 9-Stunden-Rennen von Goodwood. Beauman erreichte mit dem gleichen Fahrzeug ebenfalls den ersten Platz beim Sportwagen-Rennen von Zandvoort. Maurice Gatsonides und Marcel Becquart trugen am Steuer eines DB2/4 den Klassensieg bei der Rallye Monte Carlo davon und erreichten den siebten Platz im Gesamtklassement.

Aston Martin DB4 GT

Der 1959 präsentierte DB4 war mit einem Motor ausgerüstet, der im Gegensatz zu dem von Tadek Marek entworfenen 3,7-Liter mit zwei obenliegenden Nockenwellen weniger hochgezüchtet war. Stirling Moss siegte mit einem DB4 in Silverstone, der Scheibenbremsen an allen vier Rädern aufwies. Die Aluminiumverkleidung war handverarbeitet und wurde auf einen Plattformrahmen aus Stahl montiert.

1960 nahm man die Produktion des leistungsstarken DB4 GT in Angriff. Es wurden insgesamt 75 Exemplare hergestellt. Mit Ausnahme des für das Reserverad vorgesehenen Platzes nahm der Tank den gesamten Kofferraum ein. Die angegebene PS-Zahl von 302 stellte den Motor auf das gleiche

ASTON MARTIN DB4 GT (1959)

Motor: 6 Zylinder in Reihe mit zwei obenliegenden Nockenwellen
Bohrung/Hub: 92 mm x 92 mm
Hubraum: 3.669 cm³
Max. Leistung: 302 PS
Getriebe: mechanisch, 4 Gänge
Rahmen: Plattformrahmen aus Aluminiumlegierung
Aufhängung: Vorderachse: Einzelradaufhängung, doppelte Querlenker und Schraubenfedern; Hinterachse: Starrachse, Schraubenfedern und Lenker
Bremsen: Scheibenbremsen
Karosserie: extraleichtes Coupé
Höchstgeschwindigkeit: 272 km/h

Aston Martin DB4 GT

Niveau wie die damaligen Grand-Prix-Fahrzeuge. Der leistungsstärkste DB4 GT hatte eine Zagato-Karosserie.

Aston Martin Vantage

Der Aston Martin V8 Vantage war eines der herausragenden Autos der siebziger und achtziger Jahre. Das bis 1988 gebaute Leichtmetall-Coupé beeindruckte gleichermaßen durch seine Fahrleistungen wie durch seine Kultiviertheit.

Der 8-Zylinder-Motor mit vier obenliegenden Nockenwellen war im Lauf der Jahre auf 390 PS erstarkt und verhalf dem 1,8 Tonnen schweren Wagen zu einer Beschleunigung und Höchstgeschwindigkeit, die jedem Supersportwagen zur Ehre gereicht hätte. Der Vantage beschleunigte in sechs Sekunden von 0 auf 100 und erreichte eine Spitze von 273 km/h.

Für eine angemessene Straßenlage sorgte das sportlich überarbeitete Fahrwerk des normalen V8 mit doppelten Querlenkern vorne und De-Dion-Achse hinten. Auch die Bremsen wurden der Leistung angepaßt. Für ein gutes Fahrverhalten sorgte auch die ideale Gewichtsverteilung: 51 Prozent des Gewichts lasteten auf der Vorderachse, 49 Prozent auf der Hinterachse.

Dazu kam die exzellente Verarbeitung des Wagens, bei der nur beste Materialien zum Einsatz kamen. Im Innenraum dominierte das feine Conolly-Leder der Sitze und ausgesuchtes Walnußholz zur Täfelung des Armaturenbretts. Die individuelle Zusammenstellung von Material und Farben blieb dem Käufergeschmack überlassen, nach dessen Bestellung der Wagen gebaut wurde. Ein berühmtes Detail war auch eine kleine Messingplatte am Motorblock: Darauf war der Name des Mitarbeiters verewigt, der im Werk den Motor in Handarbeit zusammengebaut hatte.

ASTON MARTIN V8 VANTAGE (1984)

Motor: V8-Zylinder mit zwei obenliegenden Nockenwellen pro Zylinderreihe
Bohrung/Hub: 100 mm x 85 mm
Hubraum: 5.340 cm³
Max. Leistung: 390 PS
Getriebe: mechanisch, 5 Gänge
Rahmen: Kastenrahmen
Aufhängung: Vorderachse: Einzelradaufhängung an Querlenkern und Schraubenfedern; De-Dion-Hinterachse, Watt-Gestänge
Bremsen: belüftete Scheibenbremsen
Karosserie: zweitüriges Coupé, 2+2 Plätze
Höchstgeschwindigkeit: 273 km/h

Aston Martin V8 Vantage

ATALANTA
**Staines, Großbritannien
1937–1959**

Wie der Lagonda entstand auch der Atalanta, ein niedriger Sportwagen, der zwischen 1937 und 1939 hergestellt wurde, in Staines. Im Gegensatz zum Lagonda besaß er allerdings Einzelradaufhängung.

Die ersten Atalantas verwandten von Albert Gough entworfene 1,5- und 2-l-Motoren, die sich durch eine obenliegende Nockenwelle und drei Ventile pro Zylinder auszeichneten. Dank eines Arnott-Kompressors konnte die Leistung dieser Motoren (normalerweise 78 oder 98 PS) noch erhöht werden. Interessanter als die Lösung mit Auflading war die als Option erhältliche Ausstattung mit einem 4,4-l-Lincoln-Zephyr-V-12-Motor. Er lieferte faszinierende Leistungen zum Preis des Serienmodells.

Dank „Madge" Wilby gewann der Atalanta (er war übrigens als sportlicher Zweisitzer, Coupé oder Limousine erhältlich) zahlreiche Wettbewerbe.

Nach Kriegsende veränderte Richard Gaylard Shattock den alten Namen in RGS Atalanta. Er neigte anfangs dazu, adäquat angepaßte Schiffsmotoren zu verwenden, obwohl der Markt eine gute Auswahl an verschiedensten Motorentypen bot. Später waren außerdem wieder Lea-Francis-, Ford- oder Jaguarmotoren erhältlich. Shattock hielt für die Kunden fertige Fahrzeuge oder einzelne Teile bereit. Später wurden dem Angebot noch Glasfaserkunststoff-Karosserien hinzugefügt. Obwohl der RGS Atalanta mit seinem Jaguar-C-Motor sicherlich ein gutes Projekt war, belief sich seine Verkaufszahl nur auf ein knappes Dutzend. Die meisten davon wurden als Bausatz verkauft.

ATALANTA (1937)
Motor: V12-Zylinder
Bohrung/Hub: 70 mm x 95 mm
Hubraum: 4.387 cm^3
Max. Leistung: 110 PS
Getriebe: mechanisch, 4 Gänge
Rahmen: Rohrrahmen
Aufhängung: Einzelradaufhängung
Bremsen: Trommelbremsen
Karosserie: zweisitzige Sportversion, Limousine oder Coupé
Höchstgeschwindigkeit: 152 km/h

ATS
**Bologna, Italien
1962–1964**

Mit Sitz in Bologna gründete 1962 Graf Giovanni Volpi di Misurata mit Giorgio Billi und Jaime Patino Ortiz die Firma ATS (Automobili Turismo Sport) Serenissima SpA. Ziel des Unternehmens war, einen einsitzigen F1-Wagen zu bauen. Dafür hatte man sich der technischen Unterstützung Carlo Chitis und Giotto Bizzarrinis versichert. Der 1.494-cm^3-Motor (190 PS bei 10.500 Umdrehungen pro Minute) wurde gegen Ende des gleichen Jahres vorgestellt. Die Präsentation fiel in etwa mit Volpis Rücktritt zusammen. Unter dem Namen ATS wurde das Unternehmen neu gegründet. Der Wagen war jedoch trotz Fahrern wie Kaliber Phil Hills oder Giancarlo Baghettis nicht konkurrenzfähig.

1963 erschienen der 2500 GT und der 2500 GTS. Diese V8-Sportcoupés leisteten bis zu 245 PS, waren mit obenliegenden Nockenwellen ausgerüstet und konnten entweder mit Weber-Vergasern oder einer Lucas-Einspritzanlage geliefert werden. Die Wagen entstanden zwischen 1963 und 1964, dem Jahr, in dem ATS erfolglos an der Targa Florio teilnahm.

Im gleichen Jahr kehrte Graf Volpi wieder in die Firma zurück. Er taufte die Sportcoupés der ATS in Serenissima um und rüstete sie mit zwei obenliegenden Nockenwellen pro Zylinderreihe aus. Doch auch in der überarbeiteten Version wurde das Projekt nie zum Abschluß gebracht.

In der Folge beschäftigte sich ATS bis zum endgültigen Produktionsstillstand im Jahr 1969 mit der Entwicklung von GT-Prototypen und Rennfahrzeugen (mit immerhin 350-PS-Motoren).

ATS 2500 GTS (1963)
Motor: V8-Zylinder mit 2 obenliegenden Nockenwellen
Bohrung/Hub: 76 mm x 68 mm
Hubraum: 2.467 cm^3
Max. Leistung: 245 PS bei 7.700^{-min}
Getriebe: mechanisch, 5 Gänge
Rahmen: Rohrrahmen
Aufhängung: Einzelradaufhängung mit Querlenkern
Bremsen: Scheibenbremsen
Karosserie: zweisitziges, zweitüriges Sportcoupé aus Leichtmetall
Höchstgeschwindigkeit: 255 km/h

AUBURN
**Auburn, USA
1900–1937**

1874 gründete der Vater von Frank und Morris Eckhart in Auburn (Indiana) die Eckhart Carriage Company. Die beiden Brüder gründeten daraufhin 1900 als Subunternehmen der Firma ihres Vaters die Auburn Automobile Company und konstruierten eine ganze Anzahl von Prototypen.

Die Produktion begann 1903 mit einem zweisitzigen Tourenwagen mit Kettenantrieb und Einzylindermotor. 1905 folgte ein Modell mit zwei Zylindern.

Ihren ersten richtigen Wagen realisierte Auburn 1912 und rüstete ihn mit einem Rutenber-Motor mit vier Zylindern und 25/30 PS aus. Ein Jahr später übernahm das Unternehmen die Firma Zimmerman, die Karosserien und Highwhaler herstellte. Ihre Produktion wurde bis 1914 weitergeführt.

Im Jahr 1912 erweiterte man das Angebot um einen praktischen Sechssitzer. Er wurde von einem Rutenber-6-50-PS-Motor angetrieben und war mit modernsten Accessoires wie z. B. elektrischer Beleuchtung ausgestattet. Gerade der

Sechssitzer mit Rutenber-, Teetor- oder Continentalmotor war der Auslöser für den Verkauf Auburns im Jahre 1919 an eine Gruppe von Unternehmern aus Chicago. Die neuen Besitzer behielten jedoch Morris Eckhart als Präsident bei.

1919 erschien das Modell Beauty-Six mit einem 26-PS-Continental-Motor. Der neue Auburn war jedoch kein Verkaufserfolg. 1924 stieß der dynamische Erret Lobban Cord zur Firma, zunächst als Generaldirektor, später als ihr Präsident. Eine groß angelegte Werbekampagne erhöhte schlagartig die stagnierenden Verkaufszahlen. Währenddessen entwarf der Chefingenieur James Crawford eine neue Angebotspalette.

Zu Beginn des Jahres 1925 erschienen vier 6- und 8-Zylinder-Modelle. Ein Großteil der Karosserien wurde von der Limousine Body Company aus Kalamazoo hergestellt. Das Unternehmen wurde 1926 zusammen mit Duesenberg und Lycoming Motors dem Imperium Cords eingegliedert.

1927 kam es zu einer Renaissance der Serienwagen-Rennen in Amerika. Der Werksfahrer des Unternehmens hatte damit Gelegenheit, die Qualitäten des 8-88 ins rechte Licht zu rücken. Er legte bei einer Durchschnittsgeschwindigkeit von 102 km/h 1.000 Meilen

Atalanta

ATS

(1.600 km) in weniger als 16 Stunden zurück. In der Folge gewann er das 100-Meilen-Rennen auf normaler Rennstrecke, das in Salem, New Hampshire, ausgetragen wurde. Die durchschnittliche Geschwindigkeit betrug hier 145 km/h. Schließlich beschloß er als dritter das Serienwagen-Bergrennen, das entlang einer Strecke von 19 km rund um den Pikes Peak ausgetragen wurde. Am Strand von Daytona überschritt er bei einer Strecke von einer Meile die Geschwindigkeit von 174 km/h. Schließlich legte er innerhalb von 24 Stunden im Autodrom von Atlantic City eine Strecke von 3.273 km zurück. Dank der neu entworfenen Einlaßkanäle, die dem Lycoming-Motor 115 PS entlockten, konnte er 174 km/h überschreiten.

1929 beliefen sich die Verkaufszahlen des Auburn auf über 22.000. Dem setzte allerdings die Weltwirtschaftskrise ein Ende. 1930 sanken sie auf weniger als 14.000. Trotz allem kam es dank des neuen 8-98 1931 mit 28.000 verkauften Fahrzeugen zu einem regelrechten Verkaufsboom.

Der 1932/33 gebaute V12 mit einem 6,4-l-Lycoming-Motor erwies sich jedoch als Reinfall, und sogar die Speedster 851 (1935) und 852 (1936), deren Styling Gordon Buehrig entworfen hatte.

Cabin Speedster

1929 präsentierte Auburn den Cabin Speedster, eine aerodynamische Limousine, deren Design Wade Morton zu verdanken war. Der Wagen läßt sich durch einen tiefergelegten Rahmen und eine Fahrgastzelle charakterisieren, die zwei Pilotensitze aus Weidenruten aufwies. Ihr Gesamtgewicht war dank der verwendeten Aluminiumbleche gering. Die guten aerodynamischen Eigenschaften der Karosserie wurden durch den völlig verkleideten Boden noch verstärkt. Die Motorrad-Kotflügel waren so befestigt, daß sie den Bewegungen der Räder folgten. Das Reserverad befand sich im verjüngenden Heck.

Der nur 1.470 mm hohe Wagen überschritt 160 km/h.

Der spätere Versuch, ein Rennfahrzeug in Umlauf zu bringen, das den Komfort eines geschlossenen Wagens bot, mußte allerdings wegen der Weltwirtschaftskrise scheitern.

851 Speedster

Nachdem die Speedster als Markenzeichen von Auburn galten, erregte die Tatsache, daß 1934 nicht ein einziger Speedster im Angebot war, erhebliches Aufsehen. Diese Lücke sollte jedoch nur von kurzer Dauer sein.

Im Januar des Jahres 1935 wurde eine neue Speedsterserie angekündigt. Auf ihren 851-

Auburn Cabin Speedster

Rahmen war jetzt ein Motor mit Aufladung montiert. Das neue Programm beinhaltete außerdem einen von Gordon Buehrig entworfenen Speedster.

Die elegante Linie, die die feurigen Speedster der alten Serie auszeichnete, wurde vom jüngsten Projekt des Hauses problemlos übertroffen. An der Front prangte das geneigte Gitter des großen Kühlers; tropfenförmige Kotflügel beherrschten die Räder, während sich die zweisitzige Fahrgastzelle hinter einer stark geneigten Windschutzscheibe befand. Den auf ein absolutes Mindestmaß beschränkten, von außen nicht zugänglichen Kofferraum hatte man aus dem sich verjüngenden Heck gewonnen. An der linken Seite der vorderen Motorhaube ragten Auspuffrohre heraus. Ein Zentrifugallader soll die Leistung um etwa 30% erhöht haben. Eine kleine, an der Lenksäule angebrachte Anzeige fungierte als die Kontrolle der zwei Übertragungsmöglichkeiten: „Low", die kleinere Übersetzung, ermöglichte bemerkenswerte Beschleunigungswerte; mit „High", der größeren Übersetzung, konnte man 169 km/h bei niedriger Drehzahl erreichen, was nicht unwesentlich zur Verringerung der laufenden Unterhaltskosten beitrug.

Im Juli 1935 brach Ab Jenkins mit einem 851 Speedster eine Reihe von Rekorden. Er legte eine Meile aus dem Stand mit 112 km/h zurück, die Fliegende Meile mit 168 km/h und erreichte außerdem während eines zwölfstündigen Dauertests einen Durchschnitt von 166 km/h.

AUBURN CABIN SPEEDSTER (1929)

Motor: V8-Zylinder mit seitlich stehenden Ventilen
Bohrung/Hub: 82,5 mm x 114,3 mm
Hubraum: 4.893 cm^3
Max. Leistung: 115 HP
Getriebe: mechanisch, 3 Gänge
Rahmen: Leiterrahmen
Aufhängung: Starrachsen mit Halbelliptikfedern
Bremsen: hydraulisch betätigte Trommelbremsen
Karosserie: geschlossener Speedster
Höchstgeschwindigkeit: 161 km/h

Auburn 851 Speedster

AUBURN 851 SPEEDSTER (1935)

Motor: V8-Zylinder mit stehenden Ventilen
Bohrung/Hub: 77,8 mm x 120,6 mm
Hubraum: 4.585 cm^3
Max. Leistung: 150 HP
Getriebe: mechanisch, 3 Gänge mit zweifacher Übersetzung
Rahmen: X-förmiger Stahlrahmen
Aufhängung: Starrachsen mit Halbelliptikfedern und hydraulischen Stoßdämpfern
Bremsen: hydraulisch betätigte Trommelbremsen
Karosserie: Speedster
Höchstgeschwindigkeit: 160 km/h

AUDI

Zwickau, Deutschland
1910–1939
Ingolstadt, BRD
1965

Nach einer heftigen Kontroverse mit dem Vorstand um die Teilnahme an Autorennen verließ August Horch, Gründer des gleichnamigen Automobilwerks, 1909 sein Unternehmen. Im darauffolgenden Jahr rief er ebenfalls in Zwickau, Sachsen, eine neue Firma ins Leben. Da er für die neuen Fahrzeuge nicht mehr seinen eigenen Namen verwenden durfte, benutzte er „Audi", das lateinische Wort für „Horch".

Der erste Audi war ein Vierzylinder mit 2.612 cm^3 Hubraum. Er ähnelte auffallend dem letzten von Horch selbst entworfenen Fahrzeug der Firma Horch.

Dem ersten Modell folgten weitere Vierzylinder, allerdings

mit Hubräumen von 3.562 cm^3, 4.680 cm^3 und 5.720 cm^3. Die Wagen erzielten Erfolge bei allen großen sportlichen Veranstaltungen. Ihre Auslaßventile waren stehend, die Einlaßventile hängend angeordnet.

Den neuen 8/28 PS mit vier Zylindern, 2.071 cm^3 Hubraum und seitlich stehenden Ventilen, der noch vor Ausbruch des Ersten Weltkrieges entstanden war, stellte man erst nach dem Waffenstillstand zusammen mit dem Typ K (3.500 cm^3, 50 PS und im Kopf hängende Ventile) vor. Dieser Wagen wurde aus Einzelteilen montiert. Kühler, Motor (mit Motorblock aus Siluminlegierung), Lenkgetriebegehäuse und Getriebe wurden dabei zusammengefügt. Ein biegsamer Lenker gehörte zur Serienausstattung.

Der erste Sechszylinder von Audi, der Typ M, erschien im Jahr 1924. Er war mit einem 4.655-cm^3-Motor mit sieben Hauptlagern, obenliegenden Nockenwellen und wiederum aus Siluminlegierung angefertigtem Motorblock ausgerüstet. Allerdings bestanden die Laufbuchsen aus Stahl. Die Ventilsteuerung erfolgte direkt durch die Nockenwelle ohne Mitwirken von Kipphebeln. Eine hydraulische Servobremse wirkte auf alle Räder, was bei einer Höchstgeschwindigkeit von 120 km/h angebracht war.

Der erste 8-Zylinder-Motor Audis mit 4.872 cm^3 Hubraum wurde in den R oder Imperator eingebaut. Er erschien 1928 und war der letzte Audi, der noch vor dem Kauf durch Skafte Rasmussen, dem Gründer von DKW, fertiggestellt wurde.

Rasmussen hatte von der American Rickenbacker die Konstruktionslizenz für Rickenbackermotoren erworben, die ab 1929 in die Audis vom Typ Zwickau (acht Zylinder) und Dresden (sechs Zylinder) eingebaut wurden. 1931 folgten ein kleiner Vierzylinder mit einem 1.100-cm^3-Peugeotmotor, der auf einen DKW-Rahmen montiert wurde. Die Audis waren wegen ihres Luxus und ihrer in der Regel schönen Karosserie berühmt.

Die Autounion entstand 1932, als Audi, DKW, Wanderer und Horch vereinigt wurden. 1933 erschien der Audi Front mit einem 2.300-cm^3-6-Zylinder-Wanderermotor und hängenden Ventilen. Ihm folgte ein Modell mit einem 3.281-cm^3-6-Zylinder-Horchmotor mit Hinterradantrieb.

Nach dem Krieg erschien der Name Audi erst 1965 wieder: Der Audi 60 besaß einen von Daimler-Benz konstruierten 1,7-l-4-Zylinder. Der Firmensitz war jetzt Ingolstadt. Als größere Variante folgte später der Audi 90, 1970 kam der erste Audi 100.

1973 erschien der neue Audi 80, 1976 der neue 100, der 1977 auch mit 5-Zylinder-Motor lieferbar war. Der Kleinwagen Audi 50, baugleich mit dem VW Polo, wurde bald aus dem Programm genommen und nur noch als VW weitergebaut.

Audi 100 und Audi 80 haben mittlerweile die dritte Modellgeneration erreicht. Erfolge im Rallyesport und die Konzentration auf fortschrittliche und aufwendige Technik wie den Allradantrieb haben Audi heute zu einem der führenden Autohersteller gemacht.

Audi Alpensieger

August Horchs Beharrlichkeit, mit der er seine Wagen an Rennen teilnehmen ließ, zahlte sich 1911 endlich aus. Am Steuer eines 2.600-cm^3-Typ-B gelang es Horch, die Strecke der Alpenfahrt ohne einen Strafpunkt zurückzulegen.

1912 erschien der Typ C. Der 3.500-cm^3-Motor hatte eine dreifach gelagerte, desaxierte Kurbelwelle, um die Zylinderlaufbahn auf der Druckseite zu entlasten. Die Kraftübertragung erfolgte über eine Lederkonus-Kupplung.

Auburn Speedster 851 (1935)

Motor
Position: Längsmotor vorne
Bauart: 8 Zylinder in Reihe, stehende Ventile, Wasserkühlung
Hubraum: 4.585 cm^3
Bohrung/Hub: 77,78 mm x 120,6 mm
Ventilsteuerung: 2 Ventile pro Zylinder durch seitliche Nockenwelle
Gemischbildung: Stromberg-Fallstromvergaser mit Zentralflügellager
Zündanlage: mit Zündverteiler
Max. Leistung: 150 HP bei 4.000^{-min}

Kraftübertragung
Kupplung: Einscheiben-Trockenkupplung
Getriebe: mechanisch, 3 Gänge, 2. und 3. Gang synchronisiert
Übersetzungsverhältnis: I) 2,86 : 1; II) 1,68 : 1; III) 1 : 1

Hinterachsgetriebe: Teller- und Kegelrad mit doppelter Übersetzung
Übersetzungsverhältnis im Hinterachsgetriebe: 3 : 1 und 4,5 : 1

Aufhängung
Vorderachse: Starrachsen mit Halbelliptikfedern und hydraulischen Stoßdämpfern
Hinterachse: Starrachse mit Halbelliptikfedern und hydraulischen Stoßdämpfern

Lenkung
System: Schneckenlenkung

Bremsen
Typ: hydraulische Lockheed-Trommelbremsen an allen 4 Rädern

Räder und Bereifung
Felgen: Preßstahlfelgen
Bereifung: 6,50 x 15

Karosserie und Rahmen
Karosserie: Stahlkarosserie, Speedster, 2 Türen, 2 Plätze
Rahmen: Leiterrahmen, X-förmig versteift

Abmessungen und Gewicht
Länge: 4.938 mm
Breite: 1.816 mm
Radstand: 3.226 mm
Vordere und hintere Spurweite: 1.448 mm/1.575 mm
Gewicht: 1.702 kg

Leistung
Höchstgeschwindigkeit: 166 km/h
Kraftstoffverbrauch: 15,7 l/100 km

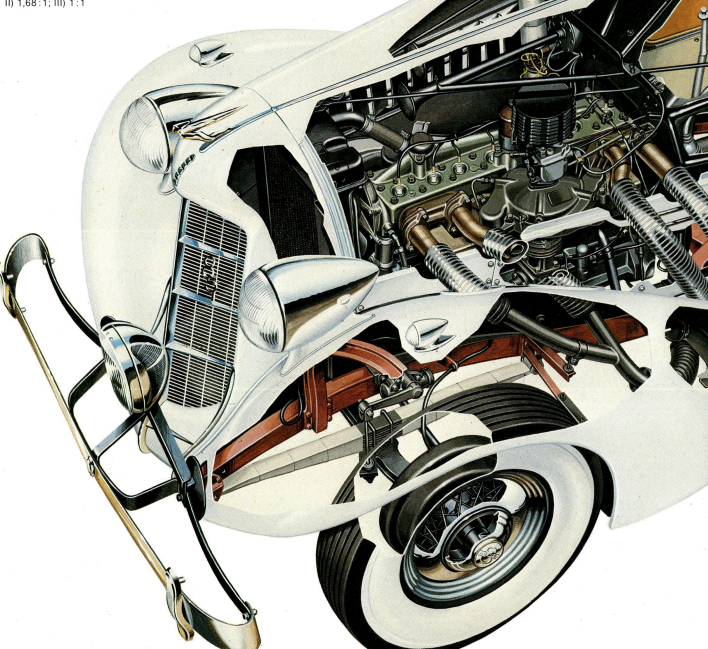

OBEN *Auburn Speedster 851 (1935)*

RECHTS *Seine Leistung erhielt er von einem 8-Zylinder-Lycoming-Motor mit Zentrifugallader. Bei der sechsfachen Rotationsgeschwindigkeit des Motors und einem Druck von 4 psi (= 56,88 kg/cm²) entwickelte er 150 HP, die dem Speedster eine Geschwindigkeit von über 160 km/h verliehen.*

AUDI

Audi Alpensieger

AUDI ALPENSIEGER (1914)

Motor: 4 Zylinder in Reihe mit stehenden Auslaß- und hängenden Einlaßventilen
Bohrung/Hub: 90 mm x 144 mm
Hubraum: 3.562 cm³
Max. Leistung: 35 HP
Getriebe: mechanisch, 4 Gänge
Rahmen: Leiterrahmen
Aufhängung: Starrachsen mit Halbelliptikfedern
Bremsen: Trommelbremsen auf Hinterräder und Kardanwelle
Karosserie: Phaeton
Höchstgeschwindigkeit: 70 km/h

Der Radstand betrug 2.900 mm, die sich nach unten verjüngende Karosserie bestand aus Holzgerippe und Holzbeplankung. Seine Erfolge in den österreichischen Alpenrennen 1912, 1913 und 1914 brachten ihm den Namen „Alpensieger" ein.

Audi Front

Der Audi Front war ein Gemeinschaftsprojekt aller der Auto Union angeschlossenen Firmen. Ein 6-Zylinder-Wanderer-Motor und ein Zentralka-

AUDI FRONT (1935)

Motor: 6 Zylinder in Reihe mit hängenden Ventilen
Bohrung/Hub: 71 mm x 95 mm
Hubraum: 2.257 cm³
Max. Leistung: 50 HP
Getriebe: mechanisch, 4 Gänge
Rahmen: Zentralkastenrahmen
Aufhängung: Einzelradaufhängung, Vorderachse an Querlenkern und Querblattfeder; Hinterachse an Schwingarmen und Querfeder
Bremsen: Trommelbremsen an allen 4 Rädern
Karosserie: Cabriolet, Limousine
Höchstgeschwindigkeit: 105 km/h

Audi Front

stenrahmen wurden in den Horchwerken zusammengesetzt. Trotz einer unglücklichen Startphase durch technische Probleme setzte sich das Modell durch und wurde bis 1938 produziert.

Die an Querlenkern und Querblattfeder aufgehängten Vorderräder ähnelten dem Vorderradantrieb des Alvis. Die Anordnung des Vorderradantriebs beim Audi Front wurde von der Presse folgendermaßen kommentiert: „Nachdem eine so große und freie Bodengruppe zur Verfügung steht, erweist sich der Vorderradantrieb zweifelsohne als vorteilhaft." Auf dieser Bodengruppe montierte Audi allerdings relativ schwere Karosserien, die die potentielle Leistungsfähigkeit des Wagens einschränkten. Auf dem Berliner Autosalon von 1937 wurde endlich ein dreisitziger Sport vorgestellt, der eine elegante Linie aufwies. Der Wagen mit spitzem Heck und Klappverdeck war in der Handhabung unpraktisch.

Audi 100 Coupé S

Das Audi Coupé S war eines der interessantesten Audiprojekte zu Anfang der siebziger Jahre. Der 4-Zylinder-Motor mit 1.871 cm³ Hubraum zeigte seine Verwandtschaft mit Mercedes vor allem im Aufbau der Verbrennungsräume. Seine 115 PS (159 Nm Drehmoment) garantierten dem Coupé eine Höchstgeschwindigkeit von 185 km/h bei einer Beschleunigung von 0–100 km/h in weniger als 9,5 Sekunden.

Wie die Limousine besaß auch das Coupé Vorderradantrieb sowie einen längs eingebauten Motor. Die ausgefeilte Aufhängung bestand aus Doppel-Querlenkern, Federbeinen und Stabilisator. Der Wagen hatte außerdem eine Zahnstangenlenkung und innenliegende Scheibenbremsen.

Obwohl das Coupé S ein solider und gut konstruierter Wagen war, scheiterte sein Erfolg lediglich an der Tatsache, daß Audi noch nicht das heutige Image besaß.

Audi V8

Audi hat einen großen Aufschwung hinter sich, der die Fahrzeuge mit den vier Ringen am Kühlergrill innerhalb der letzten 20 Jahre wieder ganz nach oben gebracht hat. Der Audi V8 ist Ausdruck dieser Entwicklung und das Spitzenmodell im Programm.

Der 1988 vorgestellte V8 vereint die technischen Entwicklungen in sich, denen Audi einen Großteil des Aufschwungs verdankt. Seine Karosserie entspricht in ihren Grundzügen der des Audi 100, der 1983 vorgestellt wurde und mit seiner aerodynamischen Form und konsequentem Leichtbau für Aufsehen sorgte. Das 8-Zylinder-Triebwerk mit vier obenliegenden Nockenwellen und 32

AUDI 100 COUPÉ S (1970)

Motor: 4 Zylinder in Reihe
Bohrung/Hub: 84 mm x 84,4 mm
Hubraum: 1.871 cm³
Max. Leistung: 115 PS bei 5.500⁻min
Getriebe: mechanisch, 4 Gänge
Rahmen: selbsttragende Karosserie
Aufhängung: Vorderachse: Einzelradaufhängung an Doppel-Querlenkern, Federbeinen und Stabilisator; Hinterachse: Starrachse mit Längslenkern, Torsionsstäben, Panhardstab
Bremsen: Vorderräder: Scheibenbremsen; Hinterräder: Trommelbremsen
Karosserie: zweitüriges Coupé
Höchstgeschwindigkeit: 185 km/h

Audi 100 Coupé S

AUSTIN

Audi V8

AUDI V8 (1993)

Motor: 8-Zylinder-V-Motor, vier obenliegende Nockenwellen, 32 Ventile
Bohrung/Hub: 84,5 mm x 93,0 mm
Hubraum: 4.172 cm³
Max. Leistung: 206 kW / 280 PS bei 5.800/min
Getriebe: 4-Gang-Automatik oder 6-Gang-Schaltgetriebe, permanenter Allradantrieb
Rahmen: selbsttragende Karosserie
Aufhängung: vorne Einzelradaufhängung an Querlenkern und McPherson-Federbeinen, hinten an Doppelquerlenkern
Bremsen: Scheibenbremsen vorne und hinten
Karosserie: viertürige Limousine
Höchstgeschwindigkeit: 249 km/h

Ventilen markiert den Stand der modernen Technik und überzeugt duch perfekte Laufkultur, kraftvolle Leistungsentfaltung und sparsamen Kraftstoffverbrauch. Die aktuelle Version mit 4,2 l Hubraum und 280 PS (als Ersatz für den ursprünglichen 3,6-l, 250 PS) sorgt für sportliche Fahrleistungen.

Ein Audi-Spezialität ist der permanente Allradantrieb, mit dem der V8 serienmäßig ausgerüstet ist. Dieses Antriebsprinzip hat Audi mit dem „Quattro", der Anfang der Achtziger dreimal Rallye-Weltmeister wurde, in der Pkw-Serienfertigung eingeführt und danach für alle Modellreihen angeboten.

Als Nachfolger des V8 erwartet man den Audi 300, ebenfalls mit 8-Zylinder-Motor, der darüber hinaus mit einer vollständig aus Aluminium gefertigten Karosserie ausgerüstet ist.

AUREA
Turin, Italien
1920–1933

Effrem Magrini und Alberto Orasi begannen 1920 mit dem Verkauf des auf ihre Rechnung bei der Società Italia Ferrotaie in Turin gebauten Aurea. Der von Magrini entworfene Aurea war im Prinzip der fast perfekte Nachbau des Fiat 501, von dem er sich nur durch eine vollständigere Serienausstattung unterschied. Das Phaeton hatte sowohl in Italien als auch im Ausland Erfolg.

1922 wurde die Automobilproduktion einer nur für diesen Zweck gegründeten Firma, der F.A.T.A. (Fabbrica Anonima Torinese Automobili), übertragen. Trotz der vielversprechenden Ausgangsposition (das Gesellschaftskapital war von 500.000 auf 2 Millionen Lire gestiegen) war das Unternehmen zum Scheitern verurteilt. Der seit Jahren unverändert angebotene Aurea, das einzige Modell der Firma, wurde immer uninteressanter für Kunden.

Um wieder Marktanteile zurückzugewinnen, entstand 1926 schließlich der 4000 Sport. Er unterschied sich von seinem Vorgänger durch eine leichte Vergrößerung des Hubraums auf 1.497 cm³. Die angegebene Leistung betrug 40 PS. Eine weitere Neuerung stellten die Vierrad-Innenbackenbremsen dar (der erste Aurea besaß nur Hinterradbremsen).

Leider verstärkten eine unglückliche Finanzpolitik und die Weltwirtschaftskrise die bereits schwierige Situation

AUREA (1920)

Motor: 4 Zylinder in Reihe mit stehenden Ventilen
Bohrung/Hub: 65 mm x 110 mm
Hubraum: 1.460 cm³
Max. Leistung: 22 HP
Getriebe: mechanisch, 3 Gänge
Rahmen: Leiterrahmen
Aufhängung: Starrachsen mit Halbelliptikfedern
Bremsen: Trommelbremsen nur an den Hinterrädern
Karosserie: Torpedo
Höchstgeschwindigkeit: 70 km/h

der F.A.T.A. noch zusätzlich. 1932 wurde sie von Giovanni Ceirano übernommen. Zwei Jahre später übernahm er zusammen mit seinem Sohn, Giovanni jr. (Ernesto genannt), die alleinige Führung des Unternehmens. Bis zum Ausbruch des Zweiten Weltkrieges beschränkte er seine Tätigkeit auf den Bau von Ersatzteilen, u. a. für Alfa Romeo.

AUSTIN
Longbridge, Großbritannien
1906–1988

Der Name Austin, den man heute auf keinem Auto mehr findet, stand einmal für das größte britische Automobilwerk. Nach mehreren Umbenennungen, erst zu British Leyland, dann zu Austin-Rover, blieb 1988 nur noch der Name Rover übrig.

Nachdem er den Posten eines Generaldirektors bei Wolseley aufgegeben hatte, entschloß sich Austin, selbst Automobile herzustellen. Zusammen mit einem Freund kaufte er eine alte Druckerei in der Nähe von Longbridge, Birmingham, und richtete sich dort ein.

Das Modell des ersten Austin wurde 1905 noch als Bauzeichnung auf dem Londoner Automobilsalon ausgestellt. Das erste funktionierende Fahrzeug wurde im April 1906 der Presse vorgestellt – und positiv aufgenommen. Nach damaligen Standards läßt sich der Wagen als konventionell bezeichnen, war aber sehr sorgfältig ausgearbeitet – beides Merkmale, die die gesamte Austin-Produktion der Vorkriegsjahre auszeichneten. Der Motor besaß einzeln gegossene Zylinder, links und rechts stehende Ein- und Auslaßventile und damit zwei untenliegende Nockenwellen.

Innerhalb weniger Jahre war das Unternehmen in der Lage,

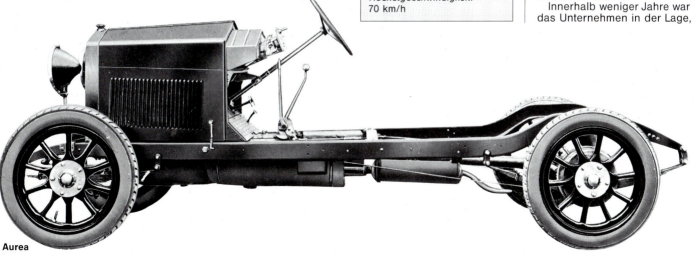

Aurea

43

AUSTIN

eine ganze Reihe von Vierzylindern mit 10, 15/24 und 40 HP anzubieten. Dazu gesellte sich ein Sechszylinder mit 50 HP. Entsprechend weiterentwickelte Modelle nahmen 1908 am französischen Grand Prix teil, wo sie den 18. und 19. Platz belegten. 1909 war ein einzylindriger Austin mit 1.100 cm^3 Hubraum erschienen, der zum Vorläufer des berühmteren 7 HP wurde. Außerdem präsentierte man eine kuriose Taxi-Limousine, deren Führerkabine über dem 15-HP-Motor angebracht war.

Nach dem Ende des Ersten Weltkrieges konzentrierte sich Austin auf die Produktion eines einzigen Modells, des erfolgreichen Twenty (20 HP) mit 3.600 cm^3 Hubraum. 1921 wurde ein neues 1.600-cm^3-Modell in die Produktion aufgenommen: der solide und verläßliche Twelve, der bis 1936 produziert wurde. Zunächst noch wesentlich kleiner als der Twenty, wurde er 1927 vergrößert. Sein Hubraum erweiterte sich dabei auf 1.861 cm^3.

1922 tauchte der berühmte Austin Seven auf, ein Vierzylinder mit nur 696 cm^3, der bald auf 747 cm^3 erweitert wurde.

1927 wurde ein neuer, eleganter 6-Zylinder-Twenty mit 3.400 cm^3 Hubraum in Umlauf gebracht. Während im darauffolgenden Jahr der Original-Twenty mit vier Zylindern aus dem Handel genommen wurde, verkleinerte sich der Hubraum des Sechszylinders auf 2.249 cm^3; er wurde von nun an Sixteen genannt.

Der Ten (1.125 cm^3) und der Light Twelve (vier Zylinder, 1.535 cm^3) verkauften sich mit gutem Erfolg (sie wurden bis 1947 produziert), was auf den Sechszylinder Twelve von 1931 überhaupt nicht zutraf. 1939 wurde der berühmte Seven durch den Eight (900 cm^3) ersetzt, der seinerseits wiederum 1947 aus der Produktion genommen wurde.

Als Sixteen kam 1945 der erste Austin mit hängenden Ventilen in den Handel. Er besaß Fahrwerk und Karosserie des Twelve von 1940 und einen Motor mit 2.199 cm^3 Hubraum. 1948 verwendete Austin erstmals die Vorderrad-Einzelaufhängung, und zwar bei Princess, Sheerline und A 40.

Nur geringen Anklang fand der A 90 Atlantic, dessen ungewöhnliches Design im gleichen Jahr für den amerikanischen Markt entworfen worden war.

Nachdem Austin und Morris alte Rivalitäten aus dem Weg geräumt hatten, kam es 1952 unter dem neuen Namen British Motor Corporation zu einer Fusion der beiden Unternehmen. Im gleichen Jahr erschien der erste BMC, der A 30 mit einem 803-cm^3-Motor. Für Nash (American Motor übernahm später diese Firma) wurde in Longbridge ein anderer Wagen gebaut, der ebenfalls auf den amerikanischen Markt zielte: der Metropolitan, zunächst mit 948-cm^3-, später mit 1.500-cm^3-Motor. 1955 erschienen der Cambridge mit A-40- und A-50-Motor sowie der Westminster (sechs Zylinder, 2.600 cm^3).

Der revolutionäre Mini, zunächst als Austin Seven verkauft, erschien im Jahr 1959. Der Entwurf stammte von Alec Issigonis, der Motor und Getriebe in Etagenbauweise quer vor die Vorderachse gestellt hatte. Originell war auch die Gummifederung.

1964 folgte dem Mini das Modell 1100 mit Hydrolastic-Aufhängung (die auch für den Morris zur Verfügung stand) und 1966 der 1800, ein weniger erfolgreicher Wagen.

1968 wurde BMC von Leyland übernommen. Von nun an nannte sich das Unternehmen British Leyland. 1969 wurde der Maxi mit einem 1.485-cm^3-Motor und obenliegenden Nockenwellen vorgestellt.

Austin Seven

Sir Herbert Austin führte als erste Gegenmaßnahme den Twelve ein, als sich nach dem Ersten Weltkrieg herausstellte, daß ein auf ein einziges Modell beschränktes Angebot nicht die richtige Firmenpolitik sein konnte. In Zusammenarbeit mit dem jungen Designer Stanley Edge entwarf Austin in der Folge einen winzigen Wagen, der die Sidecar-Motorräder und Dreiräder ersetzen sollte.

In Anlehnung an den Peugeot Quadrilette realisierte er

AUSTIN SEVEN (1922)

Motor: 4 Zylinder in Reihe mit stehenden Ventilen
Bohrung/Hub: 56 mm × 76,2 mm
Hubraum: 747 cm^3
Max. Leistung: 10,5 HP
Getriebe: mechanisch, 3 Gänge
Rahmen: Leiterrahmen
Aufhängung: Starrachsen, Querblattfeder vorne, Viertelelliptikfeder hinten
Bremsen: Trommelbremsen an den 4 Rädern
Karosserie: Phaeton oder zweitürige Limousine
Höchstgeschwindigkeit: 65 km/h

Austin Seven

Austin Atlantic

einen kleinen, viersitzigen, Vierzylinder mit 696 cm³ Hubraum (er wurde bald auf 747 cm³ erweitert). Die 1939 eingestellte Produktion erreichte insgesamt 290.000 Exemplare.

Ab 1927 verfügte der Seven auch über spezielle Karosserien, die von der gerade erst gegründeten Swallow (die später als SS und schließlich als Jaguar bekannt wurde) geliefert wurden. Auch Sportausführungen wie Ulster und Nippy kamen nicht zu kurz.

A 90 Atlantic

Einer der in England verbreitetsten Slogans der Nachkriegszeit lautete: „Exportieren oder sterben". Die Firma Austin, die nicht die geringste Lust verspürte, ihr Unternehmen aufzugeben, bestimmte daraufhin den A 90 Atlantic für den Überseemarkt. Das mißglückte Design des Wagens, eine englisch-amerikanische Stilmischung, war für den Verkaufserfolg des Wagens wenig förderlich. Als Cabrio-Limousine 1948 auf den Markt gebracht, folgte ihr im darauffolgenden Jahr eine Sportlimousine mit festem Dach. Um den Verkauf zu fördern, ließ man einen Atlantic in Indianapolis innerhalb von sieben Tagen trotz schlechtester Witterungsbedingungen 19.000 km bei einer Durchschnittsgeschwindigkeit von 113 km/h zurücklegen. Doch selbst diese Qualitäten reichten nicht aus, um Kundschaft anzulocken. So wurde das Modell aufgegeben. Der Motor jedoch konnte später in den ersten Austin Healeys seine Qualität beweisen.

Austin Mini

Die Geburt des Minis oder Austin Seven ist sowohl der Energiekrise nach Suez als auch dem Talent Alec Issigonis zu verdanken.

AUSTIN ATLANTIC (1948)

Motor: 4 Zylinder in Reihe
Bohrung/Hub: 87,3 mm x 111,1 mm
Hubraum: 2.660 cm³
Max. Leistung: 88 PS
Getriebe: mechanisch, 4 Gänge
Rahmen: selbsttragende Karosserie
Aufhängung: Vorderachse: Einzelradaufhängung mit Querlenkern und Schraubenfedern; Hinterachse: Starrachse mit Halbelliptikfedern
Bremsen: Trommelbremsen an den 4 Rädern
Karosserie: Cabrio-Limousine, zweitürige Sportlimousine
Höchstgeschwindigkeit: 135 km/h

Sir Leonard Lord, der Leiter der BMC, gab Issigonis den Auftrag, einen preisgünstigen Wagen zu bauen und dabei den für dieses Projekt geeignetsten BMC-Motor als Antrieb zu nutzen. Die ziemlich eingeschränkte Wahl fiel auf den Motor des Morris Minor (Serie A).

Seinen 948-cm³-Hubraum beurteilte man allerdings, gemessen an den Anforderungen an diesen Kleinwagen, als zu groß, so daß er auf 848 cm³ verkleinert wurde. Der kleine 33-PS-Motor (mit 60 Nm Drehmoment) konnte das Auto auf 115 km/h beschleunigen und dabei in kaum mehr als 24 Sekunden 100 km/h erreichen.

Der Mini von 1959 war richtungsweisend. Er vereinte auf kleinstem Raum zahlreiche technische Neuerungen. Trotz der mehr als beschränkten Abmessungen des Wagens schufen das unter dem querliegenden Motor angeflanschte Getriebe sowie die Gummikegel-Aufhängung mit ihrem minimalen Platzbedarf eine große Nutzfläche. Die an den äußersten Karosserierand verlegten Räder und die Gummiaufhängung waren außerdem für die exzellenten Fahreigenschaften und die sehr gute Straßenlage des Wagens verantwortlich.

Das galt auch für die Sportversionen.

Die Mini Cooper mit 997, 998, 1.071, und 1.275 cm³ (Typ S) Hubraum waren natürlich wesentlich schneller als die Serienminis. So war z.B. der Cooper S mit 75 PS in der Lage, 160 km/h zu erreichen. Der noch leistungsstärkere Rallye gewann 1964 die Rallye Monte Carlo, die Rallye Great Britain (1965) und die Rallye Acropolis (1967). Außerdem plazierte er sich beim Alpencup (1967).

Im Laufe der Jahre entwickelte sich der Mini in vielen Details weiter, ohne jedoch sein charakteristisches Aussehen zu verlieren. Die Schiebefenster wurden durch konventionelle Kurbelfenster ersetzt, außerdem setzte man vorne Scheibenbremsen ein und ging zu einer Hydrolastic-Aufhängung über, die jedoch später zugunsten der Original-Aufhängung wieder aufgegeben wurde.

Trotz vieler positiver Eigenschaften wies der Mini auch einige Nachteile auf, wie etwa die im Vergleich zum Verkaufspreis hohen Produktionskosten, die

AUSTIN MINI (1959)

Motor: 4 Zylinder in Reihe
Bohrung/Hub: 63 mm x 68 mm
Hubraum: 848 cm³
Max. Leistung: 34 PS
Getriebe: mechanisch, 4 Gänge
Rahmen: selbsttragende Karosserie
Aufhängung: Einzelradaufhängung, Gummikegelfedern und Teleskopstoßdämpfer, Querlenker an der Vorderachse, Längslenker an der Hinterachse
Bremsen: Trommelbremsen an den 4 Rädern
Karosserie: zweitürige Limousine
Höchstgeschwindigkeit: 115 km/h

Austin Mini

Austin Seven (1925)

Motor
Position: Längsmotor vorne
Bauart: 4 Zylinder in Reihe,
Wasserkühlung
Hubraum: 7.475 cm^3
Bohrung/Hub: 56 mm x 76,2 mm
Verdichtungsverhältnis: 4,9 : 1
Ventilsteuerung: 2 stehende
Ventile pro Zylinder
Gemischbildung: Zenith-Steig-
stromvergaser
Zündanlage: Magnetzündung
Max. Leistung: 10,5 PS bei
2.480^{-min}

Kraftübertragung
Antrieb: Kupplung und Getriebe
in einem Block
Kupplung: Einscheiben-Trocken-
kupplung
Getriebe: mechanisch, 3 Gänge
Übersetzungsverhältnis: I) 3,26 : 1;
II) 2,14 : 1 III) 1 : 1
Hinterachsgetriebe: Kegelrad-
getriebe
*Übersetzungsverhältnis im Hinter-
achsgetriebe:* 4,9 : 1

Aufhängung
Vorderachse: an Querblattfeder
aufgehängte Starrachse
Hinterachse: an Vierteliptikfedern
aufgehängte Starrachse

Lenkung
System: Schneckenlenkung

Bremsen
Typ: Trommelbremsen an allen 4
Rädern, Fußpedal für die Hinter-
räder, Handbremse für die
Vorderräder

Räder und Bereifung
Felgen: Metall-Speichenräder
Bereifung: 700 x 80

Karosserie und Rahmen
Karosserie: viersitziger Tourer
Rahmen: A-förmiger Leiterrahmen

Abmessungen und Gewicht
Länge: 2.692 mm
Breite: 1.168 mm
Radstand: 1.905 mm
Vordere und hintere Spurweite:
1.016 mm/1.010 mm
Gewicht: 330 kg

Leistung
Höchstgeschwindigkeit: 58 km/h
Kraftstoffverbrauch:
ca. 6 l/100 km

OBEN *Das Hauptmerkmal des Austin Seven ist seine Schlicht-
heit. Seine aufs unbedingt notwendige beschränkte Radaufhängung ermöglichte ihm jedoch gewiß keine perfekte Straßenlage. Im Laufe der Jahre wurde der Rahmen verstärkt und verschiedene Veränderungen an der Karosserie vorgenommen, bevor die Produktion des Wagens schließlich eingestellt wurde.*

lauten Fahrgeräusche sowie die unbequeme Sitzhaltung des Fahrers. Außerdem war die Karosserie rostanfällig.

AUSTIN HEALEY
**Longbridge, Großbritannien
1953–1971**

Nachdem Donald Healey zunächst eine Automobilwerkstatt in Perranporth, Cornwall, geleitet hatte, begann er 1930 bei Invicta als Werksfahrer und Entwurfsingenieur. 1934 wechselte er nach Coventry zu Triumph, wo er als Chefkonstrukteur für die Gloriapalette und die Dolomite-Sportwagen zuständig war, der sich vom Alfa Romeo 8 C 2300 ableitete.

1953 gründete Healey in Warwick eine Gesellschaft, um auf eigene Faust Fahrzeuge herzustellen. 1953 stellte er auf dem Londoner Autosalon mit gutem Erfolg den Healey 100 vor, einen zweisitzigen Spider, der einen Austin-A-90-2.660-cm³- Motor mit vier Zylindern besaß.

Für die Firma Austin, die seit Jahren die Produktion von Sportwagen aufgegeben hatte, ergab sich hier eine seit langem ersehnte Chance: Sir Leonard Lord ließ sie sich nicht entgehen und schloß so schnell wie möglich ein Abkommen mit Healey, wonach die Produktion des Wagens den Austinbetrieben in Longbridge übertragen wurde und der Wagen unter dem neuen Markennamen Austin-Healey laufen sollte. Vom Big Healey verließen, laufend den Anforderungen des Marktes angepaßt, insgesamt etwa 74.000 Stück bis 1967 das Werk. Der Markenname Austin-Healey erschien auch auf dem Sprite, einem völlig neuartigen Spider von 1958. Mit einem 4-Zylinder-Motor und 948 cm³ Hubraum sowie einem originellen Styling ausgestattet, war er in der Lage, 140 km/h zu überschreiten. Er erzielte zahlreiche Klassensiege bei Rallyes und internationalen Wettbewerben. Neben dem Sprite (insgesamt 50.000 Exemplare) trieb man auch die Produktion größerer Modelle voran. So entstanden der 3000 Mk II, III und IV, die in ihrer Technik mit dem MG Midget identisch waren und ihm auch im Design ähnelten.

Austin Healey 100

Als der faszinierende Austin Healey 100 im Jahre 1952 auf dem Londoner Automobilsalon vorgestellt wurde, löste er allgemeine Bewunderung aus.

Nachdem Sir Leonard Lord das Potential dieses Wagens erkannt hatte (er war mit einem 4-Zylinder-Austin-A90-Motor mit 2.660 cm³ Hubraum ausgerüstet), einigte er sich rasch mit Healey auf einen Vertrag über die Konstruktion dieser Wagen bei Austin in Longbridge. Noch nicht zwei Tage waren seit der Präsentation vergangen, als die Attraktion des Salons bereits einen neuen Namen hatte: Austin-Healey 100.

Ein kaum modifizierter Austin-Healey-Serienwagen erreichte beim 24-Stunden-Rennen von Le Mans 1953 als Zwölfter das Ziel, während ein abgeänderter 100 mit Scheibenbremsen 1954 Dritter im 12-Stunden-Rennen von Sebring wurde. Als Erinnerung an diesen Erfolg erschien noch im gleichen Jahr der Austin Healey 100 S (S = Sebring). Das von 90 auf 132 PS erweiterte Fahrzeug war mit einem neuen 4-Gang-Getriebe statt der drei Gänge mit Overdrive

---

HEALEY 100 (1952)

Motor: 4 Zylinder in Reihe
Bohrung/Hub: 87,33 mm x 111,1 mm
Hubraum: 2.660 cm³
Max. Leistung: 90 PS
Getriebe: mechanisch, 3 Gänge mit Overdrive
Rahmen: Leiterrahmen
Aufhängung: Vorderachse: Einzelradaufhängung, Querlenker, Schraubenfedern; Hinterachse: Starrachse, Halbelliptikfedern
Bremsen: Trommelbremsen an den 4 Rädern
Karosserie: zweisitziger Spider
Höchstgeschwindigkeit: 180 km/h

---

ausgestattet. Dazu gehörten Scheibenbremsen und eine abgeänderte Leichtmetall-Karosserie. Im November 1954 erreichte Donald Healey in Bonneville am Steuer eines 100 S mit Sonderkarosserie 310 km/h. Im darauffolgenden Jahr rüstete die Firma auch den Serien-Austin-Healey-100 mit einem 4-Gang-Getriebe aus. Das Overdrive-Modell blieb jedoch erhältlich.

Im Oktober 1956 wurde der 100 durch den 100 Six ersetzt, der mit einem 2.600-cm³-Austin-6-Zylinder-Motor ausgerüstet war. Unabhängig von der Möglichkeit, zwei Kinder hinter den Sportsitzen unterzubringen, zog das längere und schwerere Modell einen größeren Kundenkreis an. Ebenfalls 1956 überschritt Donald Healey am Steuer dieses Wagens 322 km/h in Bonneville. 1959 mit 2.912 cm³ Hubraum ausgestattet, taufte man den 100 Six in 3000 um.

Sprite Mk I

Gegen Ende des Jahres 1956 beauftragte Sir Leonard Lord Gerry Coker, einen kleinen neuen Sportwagen zu entwickeln. Der Entwurf des neuen, am Jaguar D angelehnten Modells sah ursprünglich versenkbare Scheinwerfer vor, um den amerikanischen Normen zu genügen. Die schwierige Realisierbarkeit derartiger Scheinwerfer führte schließlich

Austin Healey 100

zu den typischen Froschaugen. Die Technik betreffend war der Sprite ein Kind sämtlicher Abteilungen der BMC. Der Motor und die Vorderradaufhängung stammten von A 35, die Zahnstangenlenkung vom Morris Minor. Die in Wolverhampton gepreßten Rahmen wurden in Swindon mit zuvor fertiggestellten Karosserien montiert. Danach transportierte man das Ganze nach Cowley für den Spritzvorgang und nach Abingdon zur Montage.

Trotz dieser Transaktionen war der Wagen erheblich günstiger im Preis als Sportwagen anderer Marken. Obwohl er nicht sehr schnell war (er erreichte etwa 130 km/h), entwickelte er sich wegen seiner Fahreigenschaften zu einem der beliebtesten und preisgünstigen Sportwagen.

Den letzten Mk I, ein den Anforderungen entsprechend modifizierter Rennwagen, taufte man auf den Namen Sebring Sprite, um an die zahlreichen Klassensiege zu erinnern, die dieser Wagen auf dem gleichnamigen amerikanischen Rennareal errungen hatte. Sein starres Aluminiumdach verlieh dem Wagen ein dynamisches Aussehen, das in ziemlichem Kontrast zum klassischen Froschauge stand. Trotz verdoppeltem Preis blieb der Mk I Sebring ein Fahrzeug, das auch ökonomisch für den Automobilsport geeignet war.

AUSTRO-DAIMLER
Wiener-Neustadt, Österreich
1899–1936

1899 als österreichische Filiale von Daimler gegründet, begann die Austro-Daimler ihre Produktion in ihrem Werk in Wiener-Neustadt mit dem Bau von Lastkraftwagen. Paul Daimler, der erste Technische Direktor des Unternehmens, begann die PKW-Produktion mit dem sogenannten PD-Wagen, einem Zweizylinder mit 1.411 cm³ Hubraum.

1905 löste der 30jährige Ferdinand Porsche den jungen Daimler als Direktor ab. Porsche war bereits als Konstrukteur des benzin-elektrischen Lohner-Porsche bekannt geworden, der ab 1906 als Mixer von Austro-Daimler hergestellt wurde. Der Wagen besaß einen mit einem Verbrennungsmotor gekoppelten Dynamo, der den Elektromotor mit Strom versorgte.

1906 löste sich Austro-Daimler finanziell vom Mutterunternehmen und produzierte unter der Leitung Porsches einige bemerkenswerte Fahrzeuge. Der Erfolg kam 1910 mit dem Modell Prinz Heinrich, der mit einem 5.715-cm³-Motor mit obenliegender Nockenwelle

Austro-Daimler Prinz Heinrich

ausgerüstet war. Ihm folgte der 35/60 mit 6.967 cm³ Hubraum und stehenden Ventilen, der in der Lage war, bei nur 1.200 Umdrehungen in der Minute 60 HP zu entwickeln. Vor Ausbruch des Ersten Weltkrieges entstand schließlich der kleinste Austro-Daimler: ein Vierzylinder mit 2.212 cm³ Hubraum. 1923 wurde Porsche in seiner Funktion als Chefkonstrukteur von Karl Rabe abgelöst. Die Austro-Daimler-Produktion der zwanziger Jahre zeichnete sich durch die Perfektionierung der noch von Porsche entworfenen ADM-Modelle aus. Ihre Motoren, alles Sechszylinder mit obenliegenden Nockenwellen, hatten 2.540, 2.650 und 2.994 cm³ Hubraum. Der letzte ADM (ADM III), der 100 HP leistete, war einer der führenden Sportwagen der Zeit. Die sportlichen Leistungen des darauffolgenden ADR-Typen (R stand für Rabe) fielen noch beeindruckender aus.

1934 fusionierte Austro-Daimler mit Puch und Steyr. 1929 war das Jahr, in dem das schnellste und prestigeträchtigste Modell aus Wiener-Neustadt lanciert wurde. Es handelte sich um den 3.614-cm³-6-Zylinder-Bergmeister, der

mit obenliegenden Nockenwellen in der Lage war, 120 HP bei 3.600 Umdrehungen in der Minute zu leisten und eine Höchstgeschwindigkeit von 145 km/h zu erreichen.

1930 erschien der exklusive 4.624-cm³-8-Zylinder-Austro-Daimler. Dieser prunkvolle und überteuerte Wagen wurde nur fünfzigmal gebaut. Offiziell wurde die Produktion des Unternehmens 1936 eingestellt, um jedoch die zahlreichen Aufträge für den Bergmeister noch abzuwickeln, wurde sie noch einige Zeit aufrechterhalten.

Prinz Heinrich

Ab 1910 nahm das Austro-Daimler-Team an den von Prinz Heinrich von Preußen ins Leben gerufenen Prinz-Heinrich-Fahrten teil. Bei den Motoren handelte es sich um Luftschiff-Motoren mit Stahlzylindern, Stahlkolben und um 45° geneigte Ventile.

Nachdem die technischen Vorschriften nur eine obere Mindestbreite für die Karosserie vorschrieben, wandte Neumann-Neander, Designer des Wagens, konkave Flanken und einen V-förmigen Kühler an, um die Frontfläche zu verkleinern und die Aerodynamik des Wagens zu verbessern.

Die Wagen besetzten die ersten drei Plätze, wobei Porsche selbst am Steuer des Siegerfahrzeugs saß. Zwei weitere Austro-Daimler plazierten sich unter den ersten zehn. Die Mannschaft gewann insgesamt neun der zwölf Rennen, an denen sie teilgenommen hatte.

Vom Prinz Heinrich-Modell wurden ca. 200 Stück hergestellt, von denen die meisten nach Großbritannien und die Vereinigten Staaten gingen. 1911 ersetzte man den Original-Kettenantrieb durch einen Kardanantrieb.

Der etwas praktischere 35/60 HP, ein Nachfolgemodell,

AUSTIN HEALEY SPRITE KK I (1959)

Motor: 4 Zylinder in Reihe
Bohrung/Hub: 62,9 mm x 76,2 mm
Hubraum: 948 cm³
Max. Leistung: 43 PS
Getriebe: mechanisch, 4 Gänge
Rahmen: Leiterrahmen
Aufhängung: Vorderachse: Einzelradaufhängungen, Querlenker, Schraubenfedern; Hinterachse: Starrachse, Viertelelliptikfedern
Bremsen: Trommelbremsen an den 4 Rädern
Karosserie: zweisitziger Spider
Höchstgeschwindigkeit: 130 km/h

Austin Healey Sprite

UNTEN *Der Austin Healey 3000 gab sein Debüt 1959 mit einem 6-Zylinder-Motor mit 2,9 l Hubraum (124 PS bei 4.750 Umdrehungen). Der 3000 Mark III, der hier abgebildet ist, erschien 1964 mit einer Leistung, die auf 148 PS bei 5.250 Umdrehungen gesteigert worden war.*

Austin Healey 3000 (1959)

Motor
Position: Längsmotor vorne
Bauart: 6 Zylinder in Reihe, gußeiserner Zylinderkopf und Zylinderblock, Wasserkühlung
Hubraum: 2.912 cm^3
Bohrung/Hub: 83,34 mm x 88,9 mm
Verdichtungsverhältnis: 9,03 : 1
Ventilsteuerung: 1 seitliche, über Ketten angetriebene Nockenwelle mit Stößelstangen und Kipphebeln
Gemischbildung: 2-SU-HD6-Halbfallstromvergaser
Zündanlage: mit Zündverteiler
Max. Leistung: 124 PS (SAE) bei 4.750^{-min}
Max. Drehmoment: 226 Nm (SAE) bei 2.700^{-min}

Kraftübertragung
Antrieb: Hinterradantrieb
Kupplung: hydraulisch betätigte Einscheiben-Trockenkupplung
Getriebe: mechanisch, 4 Gänge mit Rückwärtsgang, Overdrive im 3. und 4.Gang
Übersetzungsverhältnis: I) 2,93 : 1; II) 2,053 : 1; III) 1,309 : 1; III+OD) 1,075 : 1; IV) 1 : 1; IV+OD) 0,822 : 1; RM) 3,78 : 1
Hinterachsgetriebe: Differential mit hypoidverzahnten Kegelrädern
Übersetzungsverhältnis im Hinterachsgetriebe: 3,909 : 1

Aufhängung
Vorderachse: Einzelradaufhängung an Querlenkern und Schraubenfedern, Stabilisator, hydraulische Stoßdämpfer
Hinterachse: Starrachse mit Halbelliptikfedern, hydraulische Stoßdämpfer, Stabilisator

Lenkung
System: Schraubenlenkung

Bremsen
Typ: Scheibenbremsen vorn, Trommelbremsen hinten

Räder und Bereifung
Felgen: Speichenräder
Bereifung: 5,90 x 15

Karosserie und Rahmen
Karosserie: zweitüriger, zweisitziger Roadster
Rahmen: Kastenrahmen

Abmessungen und Gewicht
Länge: 4.000 mm
Breite: 1.524 mm
Radstand: 2.329 mm
Vordere und hintere Spurweite: 1.238 mm/1.269 mm
Gewicht: 1.080 kg (leer)

Leistung
Höchstgeschwindigkeit: 185 km/h
Kraftstoffverbrauch: 14,2 l/100 km

AUSTRO-DAIMLER

AUSTRO-DAIMLER PRINZ HEINRICH (1911)

Motor: 4 Zylinder in Reihe mit obenliegender Nockenwelle
Bohrung/Hub: 105 mm x 165 mm
Hubraum: 5.715 cm^3
Max. Leistung: 95 HP
Getriebe: mechanisch, 4 Gänge
Rahmen: Leiterrahmen
Aufhängung: Starrachsen mit Halbelliptikfedern
Bremsen: Trommelbremsen an den Hinterrädern
Karosserie: Torpedo mit tulpenförmigen Flanken
Höchstgeschwindigkeit: 145 km/h

Austro-Daimler ADR

war mit einer bequemeren Karosserie und einem 6.967-cm^3-Motor mit seitlich stehenden Ventilen ausgerüstet. Er erreichte etwa 100 km/h.

Sascha

Trotz gegenteiliger Meinung der Austro-Daimler-Leitung setzte Porsche zu Beginn der zwanziger Jahre den Rennwagen Sascha durch. Das Projekt wurde vom exzentrischen böhmischen Grafen Sascha Kolowrat, einem Magnaten und Filmunternehmer, finanziert, der zusätzlich noch ein passionierter Rennfahrer war und bereits mehrere Rennen gewonnen hatte. Unvergessen ist wohl seine Teilnahme an der Alpenfahrt von 1913. Er fuhr die 2.415 km lange Strecke in Begleitung eines Ferkels.

So konstruiert, daß ein Maximum an Leistung aus einem Motor mit relativ geringem Hubraum gewonnen werden konnte, läßt sich der Sascha durchaus als österreichischer Bugatti bezeichnen. Die Herstellung erfolgte in den Austro-Daimler-Werken. Der Wagen war mit einem Aluminium-Motor ausgestattet, dessen Laufbuchsen aus Stahl bestanden. Außerdem besaß er Leichtmetallkolben, Trockensumpfschmierung, Doppelzündung und Vierradbremsen.

AUSTRO-DAIMLER SASCHA (1919)

Motor: 4 Zylinder in Reihe mit 2 obenliegenden Nockenwellen
Bohrung/Hub: 68,3 mm x 75 mm
Hubraum: 1.099 cm^3
Max. Leistung: 50 HP
Getriebe: mechanisch, 4 Gänge
Rahmen: Leiterrahmen
Aufhängung: Starrachsen mit Halbelliptikfedern
Bremsen: Trommelbremsen an den 4 Rädern
Karosserie: zweisitziger Sport
Höchstgeschwindigkeit: 145 km/h

Vier Saschas mit 1.100 cm^3 Hubraum nahmen 1922 an der Targa Florio teil. Einer davon, mit Alfred Neubauer (dem späteren Leiter der Mercedes Sportabteilung) am Steuer, beendete als zweiter seiner Klasse das Rennen. Sieger wurde der Mercedes Grand Prix mit 4.500 cm^3 Hubraum. Weitere zwei Saschas landeten in der Touringklasse auf dem ersten und zweiten Platz. Dieser Sieg war nur einer der 43 Siege, die der Wagen im Laufe des Jahres verbuchen konnte (bei insgesamt 52 Rennen, an denen er teilnahm).

Der Sascha 1.500 cm^3 erwies sich dagegen als weniger erfolgreich. Die Schlappe, die er 1922 im Einführungsrennen der Kleinwagen in Monza hinnehmen mußte, beschleunigte Porsches allmähliche Abkehr von Austro-Daimler. Eine 2-l-Version gewann 1926 einige bedeutende Preise im englischen Brooklands.

ADM/ADR

Ferdinand Porsche entwarf 1920 den luxuriösen AD 617 mit sechs Zylindern und 4.400 cm^3 Hubraum. Der Leichtmetallmotor, das Getriebegehäuse, der Kühler und das Lenkgehäuse bestanden aus einem Block und versteiften damit den vorderen Teil des Rahmens.

Die damit gemachten Erfahrungen übertrug man auf den ADM I 10/50 PS von 1923, der mit obenliegender Nockenwelle und einem einzigen Vergaser in der Lage war, 100 km/h und damit fast die gleiche Geschwindigkeit wie der größere Wagen zu erreichen. Ein Modell mit zwei Vergasern, der ADM II, wurde zwischen 1925 und 1927 hergestellt, während 1926 als Nachfolger der ADM III mit 2.994 cm^3 Hubraum vorgestellt wurde. Die Sport-Modelle des ADM mit kurzem Radstand waren die ersten Austro-Daim-

AUSTRO-DAIMLER ADR (1927)

Motor: 6 Zylinder in Reihe mit obenliegender Nockenwelle
Bohrung/Hub: 76 mm x 110 mm
Hubraum: 2.994 cm^3
Max. Leistung: 100 HP
Getriebe: mechanisch, 4 Gänge
Rahmen: Zentralrohrrahmen
Aufhängung: Vorderachse: starr mit Halbelliptikfedern; Hinterachse: Schwingachse
Bremsen: Trommelbremsen an den 4 Rädern, Servobremse
Karosserie: nach Bestellung
Höchstgeschwindigkeit: 161 km/h

ler, die schneller als 160 km/h fahren konnten. Mit den ADM-Modellen konnte der berühmte Hans Stuck zwischen 1928 und 1932 43mal erfolgreich ein Rennen beschließen. 1928 gewann der ADM III das Tourist-Trophy von 1928 in der Mannschaftswertung. Inzwischen stellte Rabe sein erstes eigenes Projekt vor, den ADR, der allerdings noch einen ADM-III-Motor besaß. Der ADR zeichnete sich durch einen Zentralrohrrahmen mit beweglichen Halbachsen hinten und einen Frontmotor, der in einer extra dafür vorgesehenen Gabelung des Rahmens untergebracht war, aus. Das System war an Querfedern aufgehängt und hatte eine progressive Wirkung, was bei hohen Geschwindigkeiten, je nach Lade-

Austro-Daimler Sascha

gewicht, relativ großen Komfort bot. Das Modell mit größerem Radstand wurde mit 70 bzw. 100 HP ausgestattet. Der 12/100-PS-Sportwagen mit kurzem Radstand war dagegen nur mit einem 100-PS-Motor ausgestattet.

1931 komplettierten der ADR 6 Bergmeister mit einem neuen Motor (3.614 cm³ Hubraum) sowie der luxuriöse ADR 8 das Angebot. Sein 8-Zylinder-Motor besaß 4.624 cm³ Hubraum. Auf Verlangen der Kundschaft wurden Austro-Daimler der Luxusklasse von den bekanntesten Karosseriebauern der Zeit mit einer Karosserie versehen. Der Bergmeister wurde vier Jahre lang bis 1934 produziert.

AUTO AVIO COSTRUZIONI
Modena, Italien
1939–1940

Als Enzo Ferrari 1939 Alfa Romeo verließ und damit sein Amt als Direktor der Rennabteilung ablegte, verpflichtete er sich dazu, für die Dauer von mindestens vier Jahren keine Rennwagen zu bauen, die seinen Namen trugen. Deshalb gründete er in Modena die Firma Auto Avio Costruzioni – in der Absicht, Werkzeugmaschinen herzustellen.

Trotzdem entstanden nach dem Entwurf des Ingenieurs Alberto Massimino zwei Sportwagen für Alberto Ascari und den Marquis Lotario Rangoni. Sie hatten 8-Zylinder-Motoren mit 1.495 cm³ Hubraum und modifizierten Fiat-508-Zylinderköpfen. Die auf den Namen 815 getauften Wagen (die Zahl 8 entsprach der Anzahl der Zylinder, 15 stand für 1.500 cm³ Hubraum) nahmen im April 1940 am 1.000-Meilen-Rennen teil, das in jenem Jahr entlang dem Dreieck Brescia-Cremona-Mantova-Brescia ausgetragen wurde. Obwohl Ascari und Rognoni über weite Teile der Strecke die 1.500-cm³-Klasse anführten, konnte keiner der beiden Wagen das Rennen beenden.

Italiens Kriegseintritt unterbrach die Entwicklung des 815. Als sich Ferrari nach Ende des Krieges dazu entschloß, seine Konstrukteurtätigkeit wiederaufzunehmen, geschah das in Maranello und unter seinem eigenen Namen.

AUTOBIANCHI
Mailand, Italien
ab 1955

Man kann Autobianchi als idealen Erben der Mailänder Firma Bianchi bezeichnen, die vor allem auf die Herstellung von Fahrrädern spezialisiert war, sich aber auch als Automobilhersteller einen Namen gemacht hatte.

Zu Beginn des Zweiten Weltkrieges wurde die Firma mit Regierungsaufträgen geradezu überhäuft. Lastwagen, Motorräder und Fahrräder, Motoren für Drahtseilbahnen und Elektroaggregate blockierten vollständig die Automobilherstellung, für die in Desio vor den Toren Mailands ein neues Werk errichtet worden war. Wegen großer finanzieller Probleme konnte Bianchi die Autoproduktion auch nach dem Krieg nicht wiederaufnehmen.

Um das Werk in Desio zu nutzen, konstituierte sich am 11. Januar 1955 Autobianchi mit einem Startkapital von 3 Millionen Lire. Bianchi, Fiat und Pirelli waren mit 33% gleichberechtigte Partner bei diesem Unternehmen. Es lief zunächst nur zögernd an, so daß das erste Modell dieser jungen Marke, der berühmte Bianchina, erst 1957 fertiggestellt wurde. Der Vertrieb des Wagens begann erst ab 1958, dem Jahr, in dem Bianchi unter dem Druck seiner finanziellen Probleme sein Aktienpaket an die beiden Partnerunternehmen abtrat.

Wie auch immer, der Bianchina erwies sich als Verkaufserfolg – und das, obwohl er die Technik des Fiat 500 nur neu auflegte. Im ersten Lebensjahr des Wagens verließen 11.000 Fahrzeuge die Fließbänder.

Bis 1964 produzierte Autobianchi ausschließlich verschiedene Bianchinatypen. In jenem Herbst debütierte jedoch der Primula, ein Mittelklassewagen, der trotz der Verwendung verschiedener Fiatteile eine Reihe von interessanten technischen Lösungen zu bieten hatte. Einige davon lassen sich sogar als avantgardistisch bezeichnen. 1965 nahm man das Primula-Coupé in den Katalog auf, es war, mit einigen technischen Neuerungen versehen, bis 1970 erhältlich.

Einen gesonderten Hinweis verdient das Projekt Stellina. Es handelte sich um eine Glasfaserkunststoff-Karosserie mit Heckmotor, wie er auch beim Fiat 850 und 600 D zu finden war. Das etwas mißglückte Aussehen des Stellina und seine nur mäßige Leistung fanden beim Publikum keinen Anklang.

Die Übernahme durch Fiat stand inzwischen unmittelbar bevor. 1967 wurde Autobianchi zusammen mit OM Fiat eingegliedert.

1969 kam der A 111 ins Angebot, der den Vorderradantrieb bei einer Limousine mittleren Hubraums populär machte. Der Motor war ein Nachfolger des Fiat-124-S-Motors. Nach einigen Monaten begann der Vertrieb des A 112, der einen Großteil der Technik des Fiat 127 antizipierte.

In den letzten 15 Jahren, in denen das Unternehmen trotz weiterer Zugehörigkeit zur Fiat-Gruppe unter die Kontrolle Lancias kam, blieb der A 112 der einzige Wagen Autobianchis. Es erschienen jedoch verschiedene Versionen mit 903 cm³ und 1.050 cm³ Hubraum. Im Frühjahr 1985 ersetzte der moderne Y 10 den A 112.

Bianchina

Der Bianchina wurde im September 1957 vorgestellt, sein Verkauf verzögerte sich allerdings bis in die ersten Monate des darauffolgenden Jahres. Als Zeitgenosse des Fiat Nouva 500 fand sich dessen Technik fast gänzlich im Bianchina wieder. Der zweizylindrige, luftgekühlte Heckmotor mit 479 cm³ Hubraum leistete ursprünglich 15 PS, die später auf 17,5 erweitert wurden. Als zweisitziges Coupé gebaut (ein Rücksitz war ausgesprochen unbequem zu nutzen), besaß der Bianchina ein Sonnendach und eine Zweifarbenlackierung.

Vom Bianchina stammen eine Reihe von Fahrzeugen ab, die seinen Kundenkreis erheblich erweiterten: Special, Panoramica, Cabriolet, sogar Kleinlastwagen.

Autobianchi Bianchina

AUTO AVIO COSTRUZIONI (1939)

Motor: 8 Zylinder in Reihe
Bohrung/Hub: 63 mm x 60 mm
Hubraum: 1.496 cm³
Max. Leistung: 72 PS bei 5.500 min⁻¹
Getriebe: mechanisch, 4 Gänge
Rahmen: Zentralrohrrahmen
Aufhängung: Starrachsen mit Halbelliptikfedern
Bremsen: Trommelbremsen an den 4 Rädern
Karosserie: Spider
Höchstgeschwindigkeit: unbekannt

AUTOBIANCHI BIANCHINA (1958)

Motor: 2 Zylinder luftgekühlt im Heck
Bohrung/Hub: 66 mm x 70 mm
Hubraum: 479 cm³
Max. Leistung: 15 PS bei 4.000 min⁻¹
Getriebe: mechanisch, 4 Gänge
Aufhängung: Einzelradaufhängung, Querblattfeder und Querlenker vorn, Längslenker und Schraubenfeder hinten
Bremsen: Trommelbremsen
Karosserie: selbsttragend, Limousine, 2 Sitze, 2 Türen
Höchstgeschwindigkeit: 85 km/h

Auto Avio Costruzioni

AUTO LUX

Primula

Der Primula kann als erster originaler Autobianchi angesehen werden; mit Ausnahme des Motors stammte er tatsächlich aus der Mailänder Firma, in der er konstruiert worden war. Es war vor allem der Primula, der die Tradition des Frontantriebs einleitete, eine Tradition, die sich Autobianchi in den folgenden Jahren mit Fiat teilen sollte.

Nach dem von Alec Issigonis für seinen Mini entworfenen Schema, erhielt der Primula einen quereingebauten Motor (den verbreiteten 4-Zylinder des 1100 D). Bei den Bremsen handelte es sich dagegen ausschließlich um Scheibenbremsen, was damals wenig verbreitet war. Eine Touringkarosserie bestimmte das Aussehen des Wagens. Es handelte sich um eine geräumige Limousine mit vier oder fünf Sitzplätzen, die vor allem aufgrund ihrer guten Aerodynamik die beachtliche Geschwindigkeit von 150 km/h erreichen konnten.

Ende des Jahres 1976 verkündete Autobianchi die erreichte Produktionszahl von 500.000 Fahrzeugen. Die darauffolgenden Jahre lassen sich durch eine Aufeinanderfolge ästhetischer und technischer Innovationen kennzeichnen.

Sie wurden ausgeführt, damit die gefällige Kleinlimousine ihr jugendliches Image behielt und damit wettbewerbsfähig blieb. Von den bedeutendsten Verbesserungen wären die folgenden zu nennen: Markteinführung des Junior (1979), elektronische Zündung beim Elegant (noch 1979) und Einführung der LX-Version.

Auch die sportliche Karriere des A112 ist bemerkenswert. Es wurde eigens für ihn eine Rallyemeisterschaft ins Leben gerufen. Auf den Namen A112-70-HP-Meisterschaft getauft, verschaffte er talentierten Fahrern wie Fabrizio Tabaton, Franco Cunico, Michele Cinotti oder Attilo Bettega Aufstiegschancen.

Autobianchi Primula

AUTOBIANCHI PRIMULA (1964)

Motor: 4 Zylinder in Reihe
Bohrung/Hub: 72 mm x 75 mm
Hubraum: 1.221 cm^3
Max. Leistung: 57 PS bei 5.300^{-min}
Getriebe: mechanisch, 4 Gänge
Aufhängung: Vorderachse mit Einzelradaufhängung und Querblattfedern; Hinterachse starr mit Halbelliptikfedern
Bremsen: Scheibenbremsen
Antrieb: Vorderradantrieb
Karosserie: selbsttragend, Limousine mit 5 Sitzplätzen, 3 Türen
Höchstgeschwindigkeit: 135 km/h

A112

Der Autobianchi A112 läßt sich wohl ungestraft als eine Art Vorreiter für den Fiat 127 bezeichnen, der nur wenig später zum Verkaufsschlager auf dem Weltmarkt aufstieg.

Im November 1969 auf dem Turiner Autosalon präsentiert und mit 44 PS bei 903 cm^3 Hubraum ausgestattet, wurde der Autobianchi anfangs nur in einer einzigen Version geliefert. Zwei Jahre später gesellten sich der Elegant (gleiches Getriebe, aber bessere Ausstattung) und der Abarth mit 58 PS bei 903 cm^3 Hubraum hinzu. 1971 erhöhte sich der Hubraum des Abarth auf 1.050 cm^3. Die daraus resultierende Steigerung um 12 PS hob seine Leistung auf 70 PS an.

Trotz harter Konkurrenz eroberte der A112 schnell eine herausragende Marktposition. Dies hatte er vor allem der jungen Generation zu verdanken.

AUTOBIANCHI A112 (1969)

Motor: 4 Zylinder in Reihe
Bohrung/Hub: 65 mm x 68 mm
Hubraum: 903 cm^3
Max. Leistung: 44 PS bei 6.000^{-min}
Getriebe: mechanisch, 4 Gänge
Aufhängung: Einzelradaufhängung
Bremsen: Scheibenbremsen an den Vorderrädern, Trommelbremsen an den Hinterrädern
Antrieb: Vorderradantrieb
Karosserie: selbsttragende, fünfsitzige, dreitürige Limousine
Höchstgeschwindigkeit: über 135 km/h

AUTO LUX
Mailand, Italien
1937

Im Jahre 1937 wurde von einem Betriebskonsortium in Mailand, das elektrische Geräte herstellte, ein elektrischer Wagen mit drei Rädern entworfen, der noch im gleichen Jahr auf dem internationalen Automobilsalon vorgestellt wurde. Das Unternehmen fand geringen Beifall, so daß der Wagen niemals in Serie ging.

BALLOT
Paris, Frankreich
1919–1932

Zwischen 1919 und 1932 machten die Brüder Edouard und Maurice Ballot als Automobilkonstrukteure Karriere. Schon 1905 errichteten die beiden in Paris eine Fabrik für den Bau von Marine-, Industrie- und Automotoren, ohne jedoch damals in den lebhaften Automobilmarkt einzusteigen.

Der Entschluß, einen eigenen Wagen zu bauen, entstand aus dem Wunsch, den Bekanntheitsgrad der Firma durch Erfolge im Automobilrennsport zu fördern. Als dann gegen Ende 1918 die Nachricht Frankreichs erreichte, daß das 500-Meilen-Rennen in Indianapolis nach zweijähriger Unterbrechung wieder für die Saison 1919 festgesetzt worden war, entschlossen sich die Ballots teilzunehmen.

Ernest Henry, der Konstrukteur des berühmten Peugeot Grand Prix, wurde beauftragt, den neuen Wagen zu entwerfen. Nach nur 101 Tagen waren vier Exemplare für die Testläufe fertiggestellt. Es handelte sich um leichte und kompakte Wagen, die mit einem raffinierten 8-Zylinder-Reihenmotor, zwei obenliegenden Nockenwellen und vier Ventilen pro Zylinder ausgestattet waren. Während der Probeläufe erregte der Wagen des französischen Piloten Réné Thomas großes Aufsehen, als er die schnellste Runde zurücklegte. Im Rennen belegte der Ballot, vor allem wegen Problemen an den Rädern und an der Bereifung, nur den vierten Platz.

Im darauffolgenden Jahr wurde der französische Grand Prix auf die 3-l-Klasse begrenzt; deswegen entwarf Henry einen neuen Achtzylinder mit 2.970 cm^3 Hubraum, der

Autobianchi A112 Abarth, A112 und A112 Elegant

54

auf dem zweiten Platz landete. Im Jahre 1921 erreichte der Ballot im französischen Grand Prix den zweiten Rang, und im ersten italienischen Grand Prix im September in Brescia erlangte er den Sieg und einen Ehrenplatz.

Inzwischen entschlossen sich die Ballots, ein neues Rennmodell mit vier Zylindern und 1.986 cm³ Hubraum zu konstruieren: ein Modell, das unter dem Namen 2 LS Bialbero bekannt wurde. Einer dieser Wagen bewies im 24-Stunden-Rennen von Spa eine beachtliche Leistungsfähigkeit, als er während des Rennens die Führungsposition bis zur letzten Runde hielt – in der leider die Vorderachse brach. Zwischen 1921 und 1924 wurden etwa 100 dieser 2-l-Wagen gebaut. Ihre vier Ventile pro Zylinder und Rollenlager waren für diesen Wagen charakteristisch.

Da der Kaufpreis sehr hoch war, erschien 1923 die preisgünstigere Version 2 LT mit einer obenliegenden Nockenwelle und drei Rollenlagern aus nichthaftendem Material.

Eine Sportversion, der 2 LTS, erschien 1924. Auf dem Pariser Automobilsalon von 1927 wurde außerdem der 2 LT6 vorgestellt. Er war ein Sechszylinder mit 1.991 cm³ Hubraum, der, auch wenn er 1927 in den Ballot-Katalog aufgenommen wurde, niemals in Produktion ging.

Im Jahre 1928 debütierte der RH-8-Zylinder-Reihenmotor. Sein 2,6-l-Motor wurde 1930 auf 3.054 cm³ vergrößert.

Während der Weltwirtschaftskrise fand sich die Firma Ballot in so großen finanziellen Schwierigkeiten wieder, daß sie von Hispano Suiza übernommen wurde. Auf dem Pariser Automobilsalon von 1930 wurde der Ballot HS 26 lanciert, dessen 6-Zylinder-Motor mit 4.580 cm³ Hubraum von M. Birkigt entworfen und von Hispano Suiza konstruiert worden war. Sofort nach dem Salon taufte man den Wagen auf Hispano Junior um. Ballot mußte sich nur noch um die Rahmenverkleidungen kümmern. Leider war der Junior eine Enttäuschung, so daß man das Ballot-Werk 1932 schloß.

Ballot 2 LT/2 LTS

Als Ernest Henry Ballot verließ, übertrug man die Entwicklung eines neuen GT-Modelles dem neuen Direktor der Entwicklungsabteilung, dem Ingenieur F.M. Vadier. Weil ein nicht allzu teurer Gebrauchswagen hergestellt werden sollte, beschränkte sich Vadier auf eine obenliegende Nockenwelle.

Die Kosten des 2 LT waren nur halb so groß wie beim 2 LS. Zweifelsohne erwies sich der 2 LT als exzellenter Wagen.

Im Jahre 1924 wurde dem 2 LS der 2 LTS zur Seite gestellt.

Ballot 2 LTS

BALLOT 2 LTS (1924)

Motor: 4 Zylinder in Reihe, 1 obenliegende Nockenwelle
Bohrung/Hub: 69,9 mm x 130 mm
Hubraum: 1.991 cm³
Max. Leistung: unbekannt
Getriebe: mechanisch, 4 Gänge
Aufhängung: Starrachsen mit Halbelliptikfedern
Bremsen: Trommelbremsen
Karosserie: nach Kundenwunsch
Höchstgeschwindigkeit: über 116 km/h

Er war identisch mit dem 2 LT – mit Ausnahme der Zylinderköpfe, die vorsorglich mit V-förmigen und größeren Ventilen ausgestattet worden waren und halbkugelförmige Verbrennungsräume besaßen. Außerdem war der Motor fester verankert, um die erhöhte Leistung besser ausgleichen zu können. 1926 erhielten beide Modelle Servobremsen.

BARISON & C.
Livorno, Italien
1922–1925

Im Jahre 1922 gründete eine Gruppe von Financiers aus Livorno die Barison & C., um die Patente des vom Mailändischen Ingenieur Silvio Barison entwickelten Motors mit Gaswechselsteuerung ohne Ventile, also durch Durchschieber, zu nutzen. Die Produktion der neuen Firma konzentrierte sich auf eine Vierzylinder, der im selben Jahr mit Erfolg auf dem Automobilsalon in Mailand präsentiert wurde. Der Wagen besaß als Charakteristikum einen ganz aus Aluminium gefertigten Motor mit Laufbüchsen aus Stahl und einer Hinterradaufhängung mit Ausgleichslenker. Dennoch wurde die Gesellschaft durch ihre Aktionäre aufgelöst.

BAROSSO
Novara, Italien
1923–1924

Anfang der zwanziger Jahre konstruierte die Werkstatt Barosso in Novara ein eigenartiges Cyclecar in limitierter Auflage. Es war mit einer zweisitzigen Karosserie und einem 1-Zylinder-Motor mit 495 cm³ Hubraum ausgestattet.

BARRÉ
Niort (Deux Sevères), Frankreich
1900–1930

Als Kleinunternehmen in der französischen Provinz mit vorwiegend lokalem Absatz begann Barré 1900 mit der Fabrikation von Kleinlimousinen mit Motoren von De-Dion-Bouton. Charakteristisch für die Produktion dieser ersten Pionierjahre waren die weich aufgehängten Motoren.

1908 fügte man der großen Angebotspalette einen Wagen mit einen 4-Zylinder-Ballotmotor hinzu. Im Jahre 1920 stand zunächst nur ein Modell zur Verfügung, das mit einem 1.614 cm³ großen SCAP-Motor ausgerüstet war. Diesem folgten bald ebenfalls mit SCAP-Motoren ausgerüstete Modelle mit 1.100 cm³ und 1.704 cm³ Hubraum.

Im Jahre 1923 benannte sich das Unternehmen wegen gesellschaftlicher Umstrukturierungen in Barré & Lamberthon um. Doch trotz aller Anstrengungen gelang es nicht, den Erfolg der Vorkriegsjahre zu wiederholen. Der Verkauf konzentrierte sich deshalb weiterhin auf den lokalen Markt, der 1930 aufgegeben wurde.

BAYLISS-THOMAS
Birmingham, Großbritannien
1922–1929

Wie bei vielen anderen Autoherstellern lassen sich auch die Ursprünge von Bayliss-Thomas in der Fahrrad- bzw. Motorradproduktion suchen. 1921, dem Jahr in dem sich das Unternehmen in Birmingham

BARRÉ (1924)

Motor: 4 Zylinder in Reihe
Bohrung/Hub: 67 mm x 120 mm
Hubraum: 1.685 cm³
Max. Leistung: unbekannt
Getriebe: mechanisch, 4 Gänge
Rahmen: Leiterrahmen
Aufhängung: Starrachsen mit Halbelliptikfedern
Bremsen: Trommelbremsen
Karosserie: Tourer oder Sportwagen
Höchstgeschwindigkeit: 80 km/h

Barré 10/12 HP

BEAN

BAYLISS-THOMAS 9-19 HP (1924)

Motor: 4 Zylinder in Reihe mit hängenden Ventilen
Bohrung/Hub: 60 mm x 95 mm
Hubraum: 1.074 cm³
Max. Leistung: 19 HP
Getriebe: mechanisch, 3 Gänge
Rahmen: Leiterrahmen
Aufhängung: Starrachsen mit Halbelliptikfedern
Bremsen: Trommelbremsen an den Hinterrädern
Karosserie: 2 oder 4 Sitzplätze
Höchstgeschwindigkeit: 72 km/h

Bayliss-Thomas

entschloß, Automobile zu produzieren, war es bereits als Fahrradhersteller berühmt.

Trotz ihres gepflegten und ansprechenden Designs waren auch die Bayliss-Thomas-Fahrzeuge anfangs konventionell. Sie besaßen einen Coventry-Simplex-Motor, eine Leistung von 10 HP und Stahlspeichenräder. Das allerdings hinderte den Bayliss-Thomas 10-20 HP nicht daran, 1922 eine Goldmedaille beim London-Edinburgh-Trial zu holen.

Im Jahre 1923 wurde dem Angebot ein neues Modell, der 9-19 HP Popular, hinzugefügt, das mit einem 4-Zylinder-Meadows-Motor mit 1.074 cm³ Hubraum und hängenden Ventilen ausgestattet war. Es bewährte sich auch bei Wettbewerben und errang unter anderem zwei Goldmedaillen beim London-Land's End Trial von 1924. Unmittelbar darauf wurde das 12-22-HP-4-Zylinder-Modell mit 1.640 cm³ Hubraum vorgestellt. Inzwischen erschien auf dem Londoner Automobilsalon von 1923 der gut durchdachte 13-30 HP mit 1.795 cm³ Hubraum.

HADFIELD-BEAN 14/40 HP (1928)

Motor: 4 Zylinder in Reihe mit stehenden Ventilen
Bohrung/Hub: 75 mm x 130 mm
Hubraum: 2.297 cm³
Max. Leistung: 40 HP
Getriebe: mechanisch, 4 Gänge
Rahmen: Leiterrahmen
Aufhängung: Starrachsen mit Halbelliptikfedern
Bremsen: Trommelbremsen
Karosserie: Cabriolet-Limousine
Höchstgeschwindigkeit: unbekannt

Während des Jahres 1924 ersetzte die Gesellschaft den 10-20 durch den 11-22 HP, besser bekannt als Typ-F, der einen Coventry-Simplex-Motor und 1.368 cm³ Hubraum besaß. Daneben waren ebenfalls zweisitzige Sportversionen erhältlich, doch nach 1925 begann für das Unternehmen ein allmählicher Abstieg, der 1929 mit der Einstellung der Automobilproduktion endete.

BEAN
Dudley, Großbritannien
1919–1929

Die A. Harper, Sons & Bean mit Sitz in Dudley in der Grafschaft Worcester, eine bereits etablierte Entwicklungswerkstatt, entschloß sich 1919, in den Automobilmarkt einzusteigen. Um den Entwicklungsprozeß zu beschleunigen, begann das Unternehmen mit einem Vorkriegs-Perry, brachte ihn auf den neuesten technischen Stand und stattete ihn mit einem leistungsstärkeren Motor und 1.794 cm³ Hubraum aus.

In einem eigens dafür ausgerüsteten und sogar mit Fließbändern ausgestatteten Werk in der Nähe von Tipton hergestellt, wurden die Wagen unter der Bezeichnung 11,9 HP zum Verkauf angeboten. Trotz der etwas übereilten Entwicklung, die für die nicht perfekte Kraftübertragung und eine schlechte Feinabstimmung des Motors verantwortlich war, hatte der Bean mit einer wöchentlichen Produktionszahl von 80 Wagen einen guten Start. Bean, Mitglied eines Konsortiums, zu dem außer den Automobilherstellern ABC, Swift und Vulcan auch eine beträchtliche Zahl von Einzelteilherstellern gehörte, war unglücklicherweise in ein erfolgloses Unternehmen der Gruppe verwickelt (British Motor Trading Corporation). Hauptsächlich war das auf die wirtschaftliche Krise nach dem Krieg zurückzuführen. Als er am Ende des Jahres 1922 seine Produktion wiederaufnehmen konnte, war der Markt bereits fest in der Hand überlegenerer Konstruktionen, wie zum Beispiel der Morris Cowley.

Zu dieser Zeit waren die Automobile von Bean noch nicht ausgereift: Der Motor lief rauh, die Federn waren hart und das Gangwechseln war schwierig.

Trotz allem und dank der Tatsache, daß es zu Beginn der zwanziger Jahre nicht möglich war, die Nachfrage an Automobilen zu befriedigen, gelang es

Bean 14 HP

Beadmoß 12/30 HP

Bean, eine gewisse Marktstellung aufzubauen.

Im Jahre 1923 erschien das Modell 14 HP mit 2.385 cm³ Hubraum. Mit dem Werbeslogan, das „schnellste Auto der Touringklasse bei angemessenem Preis und unbestreitbar wirksamen Allradbremsen" zu sein, war der neue Wagen sicherlich im Vergleich zum alten 11,9-HP-Modell wesentlich moderner konzipiert. Im 14 HP waren Motor und Getriebe zu einem Block vereint. 1924 debütierte der 12 HP, bei dem es sich nur um die überholte Version des alten 11,9 HP handelte. Ebenfalls im gleichen Jahr stattete Bean seine Modelle zusätzlich mit Bremsen an den Vorderrädern aus.

Im Jahre 1926 übernahm die Metallverarbeitung Hadfield aus Sheffield in ihrem 100. Jubiläumsjahr die Leitung des Automobilherstellers. Hadfield war bereits seit 1919 Teilhaber von Bean gewesen. Als Konsequenz daraus wurde das Werk in Tripton geschlossen.

Zu Beginn des Jahres 1927 wurde der 18/50 mit einem 6-Zylinder-Motor, hängenden Ventilen und 4-Gang-Getriebe vorgestellt. Noch im gleichen Jahr war er auch als Sportlimousine erhältlich, die 110 km/h überschritt. Gleichfalls 1927 erschien der Prototyp Imperial Six, der für den Export bestimmt war. Mit einem 3,8-l-Bean-Motor versehen, überreichte man das Modell dem australischen Forscher Francis Birtles für eine Werbefahrt von England nach Hindustan. Der ziemlich unbefriedigende, wenn nicht sogar verheerende Ausgang der Reise ließ eine Produktionsaufnahme des Imperial Six nicht sinnvoll erscheinen. Auf dem Londoner Salon von 1927, präsentierte das Unternehmen den 14/40 Hadfield Bean mit einem separaten Getriebe und einem Schneckengetriebe. Der Wagen war ein totaler Mißerfolg, da er sich als unzuverlässig erwies.

Ein besseres Ergebnis erzielte der 14 HP Short. Er verwendete den Motor des 14 HP, der auf den alten Rahmen des 12 HP gesetzt worden war. Im Jahre 1929, kurz bevor das Werk die Produktion einstellte, kam eine Sportversion unter den Namen 14/70 HP auf den Markt. Bean führte bis 1931 die Produktion von Kraftfahrzeugen für industrielle Zwecke weiter, um danach endgültig die Tore zu schließen.

BEARDMORE
Glasgow, Schottland
1920–1928

Die Produktion der Marke Beardmore begann im Jahre 1920, zunächst mit Fahrzeugen mit 1.486 cm³ Hubraum und 10 HP, gefolgt von einem Wagen mit 2.413 cm³ Hubraum und 15 HP, der als Taxi bestimmt und dafür entworfen worden war. Interessanter und mit wesentlich größeren Entwicklungschancen versehen, war der 1921 begonnene, kleinere Eleven, dessen Motor eine obenliegende Nockenwelle und 1.670 cm³ Hubraum besaß.

Der Eleven stand Pate für eine Sportversion mit einem fast auf 2 l erweiterten Hubraum, Stahlspeichenrädern und einer offenen, aluminiumverkleideten und hochglanzpolierten Karosserie mit zwei Sitzplätzen. Dieser Wagen (12/30 HP Leistung, 113 km/h Höchstgeschwindigkeit) behauptete sich bei einigen Bergrennen und erzielte 1925 die beste Zeit auf dem Shelsley-Walsh-Kurs.

> **BEARDMORE 12/30 HP (1926)**
>
> *Motor:* 4 Zylinder in Reihe mit obenliegender Nockenwelle
> *Bohrung/Hub:* 72 mm x 114 mm
> *Hubraum:* 1.857 cm³
> *Max. Leistung:* 30 HP
> *Getriebe:* mechanisch, 4 Gänge
> *Rahmen:* Leiterrahmen
> *Aufhängung:* Starrachsen mit Halbelliptikfedern
> *Bremsen:* Trommelbremsen an den Hinterrädern
> *Karosserie:* zweisitziger Sportwagen
> *Höchstgeschwindigkeit:* 96 km/h

Ein 1924 entstandenes Modell mit einer Leistung von 16 HP und stehenden Ventilen löste die Version mit obenliegender Nockenwelle ab. Im Jahre 1928 gab man die Autoproduktion ganz auf.

BECCARIA
Turin, Italien
1912–1916

Die Autowerkstatt der Gebrüder Beccaria in Turin stellte bereits ab 1905 Einzelteile für die Automobilproduktion her. Die Konstruktion vollständiger Wagen auf der Basis eines von Giuseppe Cravero entworfenen Prototyps begann jedoch erst ab 1912. Das Unternehmen erschien vielversprechend, da sich zum Namen Beccaria nach einer Absprache mit Cravero auch Vincenzo Florio gesellte, der damals ein hohes Ansehen genoß. Die Wagen erhielten in der Tat sofort den Namen Florio. Diese Zusammenarbeit sollte bis 1914 dauern. Danach wurde die Marke wieder in Beccaria umbenannt.

Das erste Modell, der 18/22 HP, war ein aus einem Block gefertigter Vierzylinder mit 2.951 cm³ Hubraum. Als Touring oder Sport erhältlich, plazierte sich dieser Wagen bei einigen Rennen in vorderer Position, so beim Giro di Sicilia und dem Criterio Vercelli.

1914 gesellte sich zum 18/22-HP-Modell der 25/35 HP mit 5.027 cm³ Hubraum (mit normalem und verlängertem Radstand). Die Marke verschwand unmittelbar nach Ausbruch des Krieges.

BECK
Lyon, Frankreich
1920–1922

Die Firma Beck präsentierte ihr erstes Modell mit charakteristischer Einzelradaufhängung und Schraubenfederung an allen Rädern beim Brüsseler Automobilsalon von 1920. Der Wagen wurde in Lyon hergestellt, das bei den Franzosen schon immer als Heimat des Automobilbaus galt.

Beck

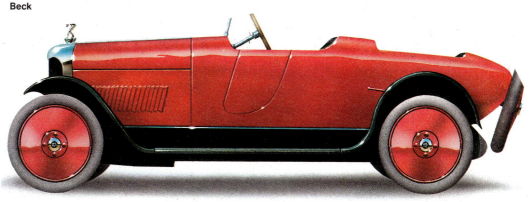

Bédélia

Ein zweiter Beck, vorgestellt auf dem Pariser Salon von 1921, wurde mit einem 4-Zylinder-Reihenmotor und 1.495 cm³ Hubraum ausgestattet. 3-Gang-Getriebe und Differential waren in einem Block an der Hinterachse untergebracht. Im darauffolgenden Jahr stellte das Unternehmen seine Produktion ein.

BECK (1921)

Motor: 4 Zylinder in Reihe mit obenliegender Nockenwelle
Bohrung/Hub: 65 mm x 113 mm
Hubraum: 1.495 cm³
Max. Leistung: keine Angaben
Getriebe: mechanisch, 3 Gänge
Rahmen: Leiterrahmen
Aufhängung: Einzelradaufhängung mit Schraubenfedern
Bremsen: Trommelbremsen an den Hinterrädern
Karosserie: zweitürige Limousine
Höchstgeschwindigkeit: keine Angaben

BÉDÉLIA
**Paris, Frankreich
1910–1925**

1909 wurden die beiden Franzosen Bourbeau und Devaux während einer Motorradfahrt in einen Unfall verwickelt. Nachdem sie die Überreste ihrer Motorräder nach Paris geschickt hatten, verwendeten sie sie später, um damit einen der ersten Cyclecars der Welt zusammenzubauen.

Die finanziellen Bedingungen, unter denen das Modell verwirklicht wurde, verdeutlicht u. a. die Tatsache, daß die Sitze mit dem Sackleinen von Kohlesäcken bezogen wurden, während ein Ring eines Bambusstuhles als Lenkrad diente. Ein weiteres Merkmal dieses Bédélia: Der Fahrersitz war hinter dem des Beifahrers.

Trotz dieser ungewöhnlichen technischen Eigenschaften mangelte es nicht an Anfragen. Im übrigen bot der Bédélia dank seines leistungsstarken Motorradmotors und trotz der Drehschemellenkung enorme Fahrleistungen. Wie viele spätere Cyclecars besaß das Fahrzeug eine Holzkarosserie, die einem Schiffsrumpf ähnelte.

Den dreijährigen Vorsprung ausnutzend, den Bédélia im Vergleich zu der meist erst später auf dem Markt erscheinenden Konkurrenz besaß, konnte die Firma bis zum Ausbruch des Ersten Weltkrieges gute Verkaufszahlen und auch einige sportliche Erfolge erzielen.

Im Jahre 1920 verkauften die beiden Gesellschafter trotzdem alle Rechte an einen gewissen Mahieux, der die spartanische Schönheit des Bédélia ad absurdum führte. 1925 wurde Bédélia von einer Krise überrollt und mußte die Produktion einstellen.

BÉDÉLIA (1912)

Motor: V2-Zylinder
Bohrung/Hub: 82 mm x 100 mm
Hubraum: 1.056 cm³
Max. Leistung: 10 PS
Getriebe: mechanisch, 2 Gänge
Rahmen: Holz
Aufhängung: Starrachsen mit Blattfedern
Bremsen: Bandbremse
Karosserie: Tandem
Höchstgeschwindigkeit: 73 km/h

BELLANGER
**Neuilly-sur-Seine, Frankreich
1912–1923**

1912 begann Bellanger seine Fahrzeug- und Industriemotorenproduktion in seinen Werkstätten von Neuilly-sur-Seine. Ein Charakteristikum dieser Wagen, das auch später folgende Modelle besaßen, war ihr „Bullnose-Kühler".

Am Ende des Ersten Weltkrieges lancierte Bellanger eine neue Serie mit amerikanischen Briscoe-Motoren und seitlich stehenden Ventilen. Außer zweier Vierzylinder mit 3.181 cm³ und 4.253 cm³ Hubraum erschien noch ein 8-Zylinder-Motor mit 6.362 cm³ Hubraum.

Die Automobilproduktion Bellangers wurde 1923 eingestellt. Im Jahre 1927 erwarb Peugeot die Fabrikanlagen. Ein Jahr später tauchte der Markenname Bellanger wieder auf einigen Wagen auf, die in Wirklichkeit jedoch nichts anderes als De-Dion-Bouton-Wagen waren, jedoch einen Bellangerkühler besaßen.

BELLANGER (1921)

Motor: V8-Zylinder
Bohrung/Hub: 90 mm x 125 mm
Hubraum: 6.362 cm³
Max. Leistung: keine Angabe
Getriebe: mechanisch, 3 Gänge
Rahmen: Leiterrahmen
Aufhängung: Starrachsen mit Halbelliptikfedern vorn und Viertelelliptikfedern hinten
Bremsen: Trommelbremsen an den Hinterrädern
Karosserie: Phaeton, Coupé oder Landauer
Höchstgeschwindigkeit: keine Angabe

Bellanger

BELSIZE
Manchester, Großbritannien
1897–1925

Ursprünglich ein Fahrradproduzent, widmete sich Belsize seit 1897 der Fabrikation von Kleinwagen, die unter dem Namen Marshall vertrieben wurden. Die Marshallwagen, Lizenz Hurtu, Lizenz Benz, besaßen einen 1-Zylinder-Motor, der horizontal im Heck untergebracht war und dessen Antrieb über Riemen und Ketten erfolgte. Diese Fahrzeuge erzielten allerdings keine großen Verkaufserfolge, und so stellte man die Produktion 1902 ein, als Marshall wegen gesellschaftlicher Umstrukturierungen seinen Namen in Belsize Motors veränderte.

Die neuen Belsize-Wagen waren mit vornstehendem Motor und Kardanwelle modern, doch bot man noch bis 1907 ein 3-Zylinder-Modell mit Kettenantrieb an.

1905 wurde das Angebot komplettiert, so daß man nun die Wahl zwischen 1-, 2-, 3-, 4- oder sogar 6-Zylinder-Motoren hatte. Alle Modelle, außer dem ersten, hatten Kardanantrieb.

Mit dem Jahr 1908 wichen die OHV-Motoren mit stehenden Ventilen einfacheren Motoren. Während dieser Zeit verbuchte der Vierzylinder 14/16 HP mit ca. 2,5 l Hubraum und einseitig stehenden Ventilen seinen größten Erfolg.

In den Jahren 1910 bis 1914 folgten ein Sechszylinder mit 4,6 l Hubraum, der 18/22 HP hieß, sowie der 15,9 HP mit 4-Gang-Getriebe und vier Zylindern, die paarweise statt blockweise gegossen waren. Das Jahr 1914 sah auch ein neueres und leichteres Modell: den Ten (10 HP). Nur sehr wenige Exemplare hatten bis Kriegsanfang die Fließbänder verlassen, bis durch die Mobilmachung die Autoindustrie ihre Produktion einstellen mußte.

Mit dem konventionellen 15 HP nahm man 1919 die Produktion wieder auf. Es handelte sich um einen Vierzylinder mit ca. 2,8 l Hubraum und einem aus einem Block gegossenen Zylinderkopf.

Von Granville Bradshaw entworfen, erschien 1921 der kleine 9 HP 1921 mit ölgekühltem Motor. Er lief ruhiger als vergleichbare Motoren, war aber nicht zuverlässig.

Als Folge einer finanziellen Umstrukturierung im Jahre 1923 gelangte der Ex-Radrennfahrer G. P. Mills in die Leitung des Unternehmens. Er änderte die Produktionspolitik und versuchte, eine größere Verbreitung seiner Fahrzeuge dadurch zu erreichen, daß er zwei preisgünstige Modelle mit OHV-Motoren anbot: Den neuen Ten mit vier Zylindern und 1.200 cm³ Hubraum und den Light Six (ein leichter Sechszylinder) 14/30 HP mit 1.719 cm³ Hubraum, der 1925 auf 1.875 cm³ vergrößert wurde.

1925, im letzten Produktionsjahr der Firma, stattete Belsize den Light Six mit vier Bremsen aus und bereitete eine andere Neuigkeit vor: einen Achtzylinder, dessen zwei Motorblöcke vom Ten stammten.

Belsize Bradshaw

Der kleine, von Granville Bradshaw entworfene 9 HP erschien 1921. Der Wagen war mit einem 2-Zylinder-V-Motor mit Ölkühlung ausgestattet, die außerdem das 3-Gang-Getriebe und das Lenkgetriebe schmierte.

Der Belsize Bradshaw erreichte innerhalb kurzer Zeit eie Produktionszahl von 100 Wagen in der Woche. Die Unzuverlässigkeit und die Konkurrenz des Morris führten jedoch 1925 dazu, daß der Wagen aus dem Verkauf genommen wurde.

BENDER & MARTINY
Turin, Italien
1899–1903

Diese Fabrik mit Sitz in Nova Canavese und Büroräumen in Turin begann ihre Aktivitäten auf dem Automobilsektor im Jahr 1899, in dem sie die Vertretung und die Montage französischer und deutscher Wagen übernahm, wie etwa dem Orient Expreß des deutschen Automobilherstellers Bergmann.

Im Jahre 1900 ging Bender & Martiny dazu über, selbst Wagen und Dreiräder mit Gaillardet- und De-Dion-Bouton-Motoren zwischen 3 und 6 PS zu bauen. Die Produktion dieser Fahrzeuge unter dem Namen Perfecta war limitiert und wurde 1903 ganz eingestellt. Carlo Mantovani, der bereits technischer Direktor des Hauses gewesen war, kaufte das Werk auf. Er führte die Herstellung der Wagen weiter, änderte jedoch die Gesellschaftsform des Betriebes in Mantovani Carlo & Co. und nahm den Markennamen Invicta an.

BENJAMIN
Asnières, Frankreich
1921–1929

Die Produktion Benjamins begann im Jahre 1921 mit einem 4-Zylinder-Cyclecar mit 751 cm³ Hubraum, obenliegender Nockenwelle und kombiniertem Getriebe sowie einem Differential an der Hinterachse.

Im Jahre 1924 stellte Benjamin neue Modelle mit Zweitakt-Motoren vor. Die Leistungen betrugen 12 bzw. 18 PS.

In den darauffolgenden Jahren entwickelte sich der Benjamin zu einem Montageprodukt, das Motoren unterschiedlicher Marken nutzte, bis man sich endlich auf einen Ruby- oder Chapuis-Dornier-Motor mit 1.100 cm³ Hubraum einigte. Diese Motoren montierte man im Jahr 1927/1928 in den Typ 7/22 PS und verkaufte ihn zunächst unter dem Markennamen Benjamin, später jedoch unter dem Namen Benova.

Ein Maximum an Luxus wurde mit dem kompakten und winzigen Achtzylinder angeboten. Dieser SCAP-Motor mit 1.500 cm³ Hubraum entsprach der in Frankreich zwischen 1928 und 1931 weit verbreiteten Tendenz, 8-Zylinder-Motoren zu verkleinern.

Benova, ein Markenname, der 1927 ausgewählt wurde, gelang es nicht, die Weltwirtschaftskrise von 1929 zu überstehen, und im gleichen Jahr schlossen sich die Werkstore.

BENTLEY
Cricklewood, Derby und Crewe, Großbritannien
1920-

Walter Owen Bentley, in der Motorwelt als W.O. bekannt, hatte sich bereits vor seiner Zeit als berühmter Autokon-

---

BELSIZE BRADSHAW (1925)

Motor: V2-Zylinder
Bohrung/Hub: 85 mm x 121 mm
Hubraum: 1.370 cm³
Max. Leistung: 9 HP
Getriebe: mechanisch, 3 Gänge
Rahmen: Leiterrahmen
Aufhängung: Starrachsen mit Viertelelliptikfedern
Bremsen: Trommelbremsen an den Hinterrädern und der Kraftübertragung
Karosserie: Limousine
Höchstgeschwindigkeit: 80 km/h

Belsize Bradshaw

struktur einen Namen gemacht. Er verwendete z. B. als erster in Großbritannien Aluminiumkolben in einem Wagen (ein Automobil der französischen DFP, deren Repräsentant er war) und konstruierte einen der besten Flugzeug-Sternmotoren des Ersten Weltkriegs.

Der erste Bentley, ein von Bentley, F.T. Burgess und Harry Varley konstruierter Vierzylinder mit 3 l Hubraum, wurde 1919 bei der Automobilausstellung in London der Öffentlichkeit vorgestellt, kam aber erst zwei Jahre später – ausgestattet mit einer fünfjährigen Garantie – auf den britischen Markt.

Das 3-l-Modell blieb mit wenigen Änderungen bis 1929 in Produktion, obwohl 1925 ein aufwendigerer Sechszylinder mit 6,5 l, der Big Six, vorgestellt wurde. Die allgemeine Auslegung des Big-Six-Motors glich der des 3-l-Modells; er verfügte über einen Hubraum von 6.597 cm³ und leistete 147 PS bei 3.000^{-min}.

1927 kehrte W.O. mit einem 4,5-l-Modell zu seiner Lieblingsversion, dem Vierzylinder, zurück. Dieses Modell erhielt 1930 den Kompressor eines von Sir Henry Birkin geleiteten Unternehmens; Birkin war einer der besten Fahrer und Kunden von W.O.

Das modifizierte 4,5-l-Kompressormodell erzielte jedoch nicht den Erfolg, den sein prachtvolles Äußeres und seine Leistung versprachen. Unter anderem fehlte ihm die Unterstützung Bentleys, der das Modell als bedauerliche Abweichung von seiner Linie betrachtete.

Der Bentley mit dem größten finanziellen Erfolg war wahrscheinlich das 8-l-Luxusmodell von Ende 1930, das in Cricklewood hergestellt wurde und mit einer verbesserten Ver-

sion des 6,5-l-Motors ausgestattet war. Das viel verkaufte Modell mit einer Leistung von 200 bis 225 PS erreichte eine Höchstgeschwindigkeit von über 160 km/h.

Obwohl viele Wagen von W.O. mit prunkvollen und eleganten geschlossenen Karosserien ausgestattet waren, stützte sich sein internationaler Ruf vorwiegend auf die Siege der Sportwagen.

Bentleys Wagen erzielten unter anderem fünf Siege beim 24-Stunden-Rennen von Le Mans (1924, 1927, 1928, 1929 und 1930). Die letzten drei gewann Woolf Bernato. Der Financier, Mäzen und Fahrer erwarb 1927 die Mehrheit des angeschlagenen Unternehmens und rettete es damit. Aber auch mit dem Vermögen Bernatos konnte die Krise von 1929 nicht ganz überwunden werden.

1931, als alle schon dachten, daß Napier in Acton der neue Eigentümer von Bentley werden würde, übernahm Rolls-Royce in einer Überraschungsaktion das Unternehmen in Cricklewood.

Der erste, bei Rolls Royce in Derby hergestellte Bentley kam 1933 auf den Markt. Der „leise Sportwagen", wie er genannt wurde, war mit einem 6-Zylinder-Motor mit 3.669 cm³ ausgestattet, mit dem er auf über 150 km/h kam. 1936 wurde der Hubraum auf 4,5 l vergrößert.

Das erste bei Rolls Royce in Crewe gebaute Modell, der Mark VI, wurde 1946 vorgestellt. Es verfügte über einen 6-Zylinder-Reihenmotor mit 4.257 cm³ Hubraum. 1951 vergrößerte man den Motor auf 4.566 cm³. Ein Jahr später debütierte der R-Typ und die Continental-Version. Der Motor wuchs weiter auf 4.887 cm³.

Mit der 1955 vorgestellten S-Serie stellte sich eine Entwicklung ein, die die nächsten Jahrzehnte bestimmen sollte: Der Bentley war im Grunde nichts anderes als ein Rolls Royce Silver Cloud.

1960 erfolgte die Einführung eines V8-Motors (von Rolls Royce) mit 6,2 l Hubraum, der die Ära der Reihensechszylinder beendete. Die neuen Bentley-Modelle T1 und T2 waren wiederum nur „umgetaufte" Rolls Royce Silver Shadows der Serien 1 und 2. Das Corniche Cabriolet wurde ebenso als Bentley Continental auf den Markt gebracht, der Silver Spirit von 1980 als Bentley Mulsanne, der Silver Spur (1984) als Bentley Eight. Beide wurden 1992 vom Bentley Brooklands ersetzt.

Erstaunlicherweise erlebte die Marke Bentley dennoch einen Aufschwung, so daß Ende der achtziger Jahre mehr Fahrzeuge mit Bentley-Zeichen als mit Rolls-Royce-Emblemen ausgeliefert wurden. Das Ergebnis dieser Entwicklung ist eine größere Eigenständigkeit von Bentley, die sich in eigenen Modellen wie dem leistungsstarken Turbo R oder dem 1991 präsentierten Luxus-Coupé Continental R ausdrückt.

Der 3-l-Bentley

Der 3-l-Bentley, 1919 auf der Automobilausstellung von London vorgestellt und seit 1921 auf dem Markt, wurde mit wenigen Änderungen bis 1929 in einer Gesamtzahl von 1.630 Stück hergestellt.

Der 4-Zylinder-Motor hatte einen Hubraum von 2.996 cm³ (80 mm x 149 mm). Die Zylinder waren in einem Block gegossen, und die doppelten Einlaß- und Auslaßventile wurden von einer obenliegenden Nockenwelle betätigt. Die Zündung wurde von zwei Magneten gesteuert; notfalls konnte der Motor auch mit einem einzigen Magnet arbeiten.

Die 3-l-Modelle verfügten erst ab 1924 über Vorderradbremsen, und bis 1926 waren sie mit Wulstreifen mit ausgesprochen geringem Profil ausgestattet.

Der Einsatz der Wagen bei Rennen, zum einen um sie zu testen, zum anderen um ihre Qualität zu demonstrieren, war immer ein wesentlicher Bestandteil der Unternehmenspolitik von Bentley. Die 3-l-Modelle nahmen an Rennen teil, lange bevor die Lieferungen an die Kunden begannen. Das erste bedeutende Rennen war das 500-Meilen-Rennen von Indianapolis im Jahre 1922, bei dem der von Hawkes gesteuerte Bentley auf den 15. Platz kam.

Von 1922 bis 1927 nahmen die 3-l-Modelle häufig an Rennen teil, wo sie aufgrund ihrer Unverwüstlichkeit Aufsehen erregten – auch wenn sie nicht gewinnen konnten. Zu den wichtigsten Erfolgen zählen ein zweiter Platz bei der Tourist Trophy 1922, ein vierter Platz 1923 in Le Mans und zwei Siege 1924 und 1927, ebenfalls in Le Mans. Der gleiche Fahrzeugtyp erzielte in der D-Klasse, besonders auf der Rennbahn von Montlhéry, mehrere Rekorde.

3,5 und 4,25 Liter

Nachdem Rolls-Royce Bentley übernommen hatte, konstruierte man ein Kompressormodell auf der Basis einer 2,3-l-Version des Rolls-Royce 20/25, der unter dem Namen Peregrine bekannt wurde. Da dieser Motor beträchtliche Probleme schuf, erhielt das Fahrgestell

---

BENJAMIN (1921)

Motor: 4 Zylinder in Reihe mit obenliegender Nockenwelle
Bohrung/Hub: 54 mm x 82 mm
Hubraum: 751 cm³
Max. Leistung: 11 PS
Getriebe: mechanisch, 3 Gänge
Rahmen: Leiterrahmen
Aufhängung: Starrachsen mit Querblattfeder vorn und Viertelelliptikfedern hinten
Bremsen: Trommelbremsen an den Hinterrädern
Karosserie: zweisitziges Cyclecar
Höchstgeschwindigkeit: 60 km/h

BENTLEY 3 Liter (1923)

Motor: 4 Zylinder in Reihe mit Ventilsteuerung durch obenliegende Nockenwelle
Bohrung/Hub: 80 mm x 149 mm
Hubraum: 2.996 cm³
Max. Leistung: 80 PS
Getriebe: mechanisch, 4 Gänge
Rahmen: Leiterrahmen
Aufhängung: Starrachsen mit Halbelliptikfedern
Bremsen: Trommelbremsen
Karosserie: nach Auftrag
Höchstgeschwindigkeit: 129 km/h

Benjamin

Bentley 3 Liter

des Peregrine einen 20/25-Motor. Die ersten Modelle des Wagens, der 1933 unter der Bezeichnung „leiser Sportwagen" in Produktion ging, wiesen Probleme am Fahrgestell auf. Nachdem diese jedoch behoben waren, erzielte man ein außergewöhnlich gutes Ergebnis.

Im Unterschied zum Bentley aus Cricklewood gehörten Rennen nicht zum Programm der neuen Bentley RR. Dennoch erzielte E.R. Hall mit einem 3,5-l-Wagen den zweiten Platz des Tourist Trophy 1934 und 1935 in Ulster. 1936 kam er mit einem 4,25-l-Modell erneut auf den zweiten Platz. 1950 konnte Halls Bentley noch den achten Platz beim 24-Stunden-Rennen von Le Mans erreichen.

Der 4,25-Liter konnte 1939 in Brooklands in einer Stunde 185 km zurücklegen. Auch dieses Auto hatte Erfolg im Rennen von Le Mans: 1949 erreichte es den sechsten Platz.

Continental R

Der außer Serie produzierte Continental R wurde 1952 in zwei Versionen vorgestellt: als Sportwagen und als zweitürige Limousine. Letztere, mit einer Karosserie aus Leichtmetall, zeichnete sich durch eine besonders flüssige Linie aus.

Der Motor war eine Weiterentwicklung des serienmäßig produzierten Sechszylinders aus der R-Serie mit 4.566 cm^3. Im Unterschied zum Serienmodell, das nur mit automatischem Getriebe geliefert wurde, stattete man den Continental R mit einem herkömmlichen mechanischen 4-Gang-Schalt-Getriebe aus; der Wagen erreichte eine Höchstgeschwindigkeit von über 185 km/h.

1955 wurde der leichtere Continental S mit 4,9 l Hubraum, ebenfalls in zwei Versionen, vorgestellt: als zweitürige Limousine und als Coupé.

BENZ
**Mannheim, Deutschland
1885–1926**

Das 1885/86 in Mannheim hergestellte Dreirad war das

Bentley 3,5 Liter

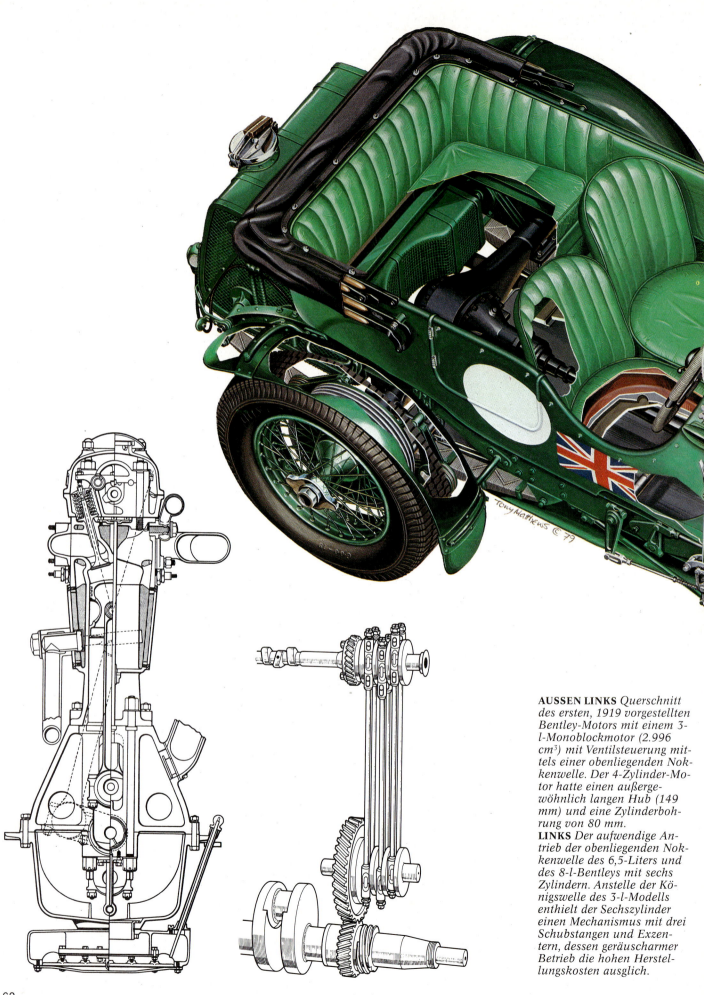

AUSSEN LINKS *Querschnitt des ersten, 1919 vorgestellten Bentley-Motors mit einem 3-l-Monoblockmotor (2.996 cm³) mit Ventilsteuerung mittels einer obenliegenden Nokkenwelle. Der 4-Zylinder-Motor hatte einen außergewöhnlich langen Hub (149 mm) und eine Zylinderbohrung von 80 mm.*
LINKS *Der aufwendige Antrieb der obenliegenden Nokkenwelle des 6,5-Liters und des 8-l-Bentleys mit sechs Zylindern. Anstelle der Königswelle des 3-l-Modells enthielt der Sechszylinder einen Mechanismus mit drei Schubstangen und Exzentern, dessen geräuscharmer Betrieb die hohen Herstellungskosten ausglich.*

Bentley 4,5-l-Kompressor-modell (1930)

Motor
Position: vorne, in Längsrichtung
Bauart: 4 Zylinder in Reihe, wassergekühlt, mit Motorblock und Zylinderköpfen aus Gußeisen
Hubraum: 4.398 cm^3
Bohrung/Hub: 100 mm x 140 mm
Verdichtungsverhältnis: 5 : 1
Ventilsteuerung: mit 4 schräggestellten Ventilen pro Zylinder, einer obenliegenden Nockenwelle, die von einer Königswelle angetrieben wird
Gemischbildung: 2 SU-Vergaser und Ahmherst-Villiers-Roots-Kompressor
Zündung: Doppelmagnetzündung
Max. Leistung: 182 PS bei 2.400^{-min} (Rennmodell); 100–130 PS bei 3.500^{-min} (Serienmodell je nach Baujahr)

Übertragung
Antrieb: Hinterradantrieb
Kupplung: trockene Einscheibenkupplung
Getriebe: mechanisch, 4 Gänge und Rückwärtsgang
Übersetzungsverhältnis: I.) 2,66 : 1; II.) 1,65 : 1; III.) 1,35 : 1; IV.) 1 : 1
Achsgetriebe: Spiralverzahntes Teller- und Kegelrad
Übersetzungsverhältnis im Achsgetriebe: 3 : 1

Aufhängung
Vorderachse: Starrachse mit Halbelliptikfedern und Reibungsstoßdämpfern
Hinterachse: Starrachse mit Halbelliptikfedern und Reibungsstoßdämpfern

Lenkung
System: mit Lenkschnecke

Bremsen
Typ: Trommelbremsen an allen 4 Rädern

Räder und Bereifung
Felgen: Rudge-Whitworth-Speichenräder mit Zentralverschluß
Reifen: Dunlop 6,00-15 Zoll

Karosserie und Rahmen
Typ: Leiterrahmen, offene, zweisitzige Sportkarosserie

Abmessungen und Gewicht
Länge: 4.381 mm
Breite: 1.740 mm
Radstand: 3.300 mm
Vordere und hintere Spurweite: 1.384 mm/1.384 mm
Gewicht: 1.921 kg

Leistung
Höchstgeschwindigkeit: 201 km/h
Kraftstoffverbrauch: 3,54 km/l

OBEN *Obwohl das 4,5-l-Kompressormodell von den Laien als der klassische Bentley betrachtet wird, fand er niemals die Unterstützung von W.O. und erreichte auch nie die Erfolge der Wagen mit Saugmotor. Seine Höchstleistung von 182 PS lag um knapp 2 PS über der des Speed Six in der Le-Mans-Version.*

BENZ

Bentley Continental TYP R

BENTLEY 3,5 Liter (1933)

Motor: 6 Zylinder in Reihe mit hängenden Ventilen
Bohrung/Hub: 82,5 mm x 114 mm
Hubraum: 3.669 cm³
Max. Leistung: 110 PS
Getriebe: mechanisch, 4 Gänge
Rahmen: Leiterrahmen
Aufhängung: Starrachsen mit Halbelliptikfedern
Bremsen: Trommelbremsen
Karosserie: nach Auftrag
Höchstgeschwindigkeit: 150 km/h

---

erste Automobil, bei dem man in gewissem Sinne von einer kontinuierlichen Produktion sprechen konnte. Der hintenliegend eingebaute Motor hatte einen Zylinder mit Riemenantrieb. Um den auftretenden Kreiseleffekt zu vermeiden, der die Kurvenstabilität seines patentierten Motorwagens stark beeinträchtigte, hatte Benz das Schwungrad horizontal angebracht.

BENTLEY CONTINENTAL R (1952)

Motor: 6 Zylinder in Reihe mit hängenden Ventilen
Bohrung/Hub: 92 mm x 114,3 mm
Hubraum: 4.566 cm³
Max. Leistung: keine Angabe
Getriebe: mechanisch, 4 Gänge
Rahmen: Leiterrahmen
Aufhängung: Einzelradaufhängung vorn mit Schraubenfedern und Stabilisator; Hinterachse als Starrachse mit Längsblattfedern
Bremsen: Trommelbremsen
Karosserie: Limousine mit 2 Türen und 4 Sitzen, Coupé
Höchstgeschwindigkeit: 187 km/h

Dieses Dreirad und die folgenden konnten sich weder in Deutschland noch in Frankreich durchsetzen.

Der Viktoria von 1893, der erste Vierradwagen von Benz, war mit einem 3-PS-Motor ausgestattet; ihm folgten andere, leistungsstärkere Versionen mit 4 und 5 PS. 1894 wurde der Velo mit einem 1-Zylinder-Motor, 1.045 cm³ Hubraum und einer Leistung von 1,5 PS (20 km/h) vorgestellt, der danach von vielen anderen Herstellern kopiert wurde.

Nachdem die Daimler Motoren Gesellschaft 1901 den Mercedes herausgebracht hatte, orientierte sich der Weltautomobilbau an diesem von Wilhelm Maybach konstruierten

Wagen. Hatte Daimler bisher etwa den zehnten Teil des Absatzes von Benz erreicht, so kehrte sich nach Schätzungen das Zahlenverhältnis nahezu um. Bei Benz, bis 1900 der Welt größter Autohersteller, gingen die Verkaufszahlen zurück. Um einen weiteren Rückgang zu verhindern, betraute der Vorstand von Benz & Cie den Franzosen Marius Barbarou mit der Konstruktion neuer Motoren und Wagen, womit sich Carl Benz nicht abfinden mochte: Er verließ die Gasmotorenfabrik 1903 und gründete zwei Jahre später die Firma C.Benz & Söhne in Ladenburg.

Die Barbarou-Modelle, die 2-Zylinder-Motoren mit 10, 12 und 14 PS und 4-Zylinder-Motoren mit 20 und 30 PS umfaßten, erfüllten jedoch nicht die Erwartungen. So wurde der französische Techniker durch Fritz Erle ersetzt, dem wiederum Hans Nibel folgte. Das Spektrum der Automobile, die in der Vorkriegszeit angeboten wurden, reichte vom 1.950-cm³-Modell zum leistungsstarken Vierzylinder mit 10.080 cm³ Hubraum und über 105 PS (bei 1.400^{-min}). Für kurze Zeit wurde auch ein Modell mit 200 PS gebaut, das mit 21.504 cm³ den größten Hubraum hatte.

1910 übernahm Benz die Süddeutsche Automobilfabrik in Gaggenau, die in der Vergangenheit den Orient Express, den Lilliput, die SAS- und die Gaggenau-Automobile gebaut hatte. Unter dem neuen Eigentümer setzte das Unternehmen für einige Monate die Produktion der technisch fortschrittlichen Gaggenau-Modelle mit 35 und 60 PS fort. Danach ging man endgültig zur ausschließlichen Produktion von Nutzfahrzeugen über. Nach Ende des Ersten Weltkrieges nahm das Mannheimer Werk das Sportmodell 6/18 mit 4-Zylinder-Motor, 1.570 cm³ Hubraum und obenliegender Nockenwelle.

1923 wurden ein Sechszylinder mit 2.860 cm³ Hubraum und seitlichen Ventilen und eine sportliche Version mit ebenfalls sechs Zylindern, aber einem Hubraum von 4.130 cm³ vorgestellt. Diese Modelle wurden bis 1926 produziert. Außerdem gab es auch einen Sechszylinder mit 7.025 cm³ Hubraum.

Benz konstruierte viele Rennmodelle, darunter den

Benz Viktoria

Blitzen-Benz von 1909 mit 200 PS und den Benz-Tropfen-Rennwagen nach Lizenz Edmund Rumpler.

1926 entstand aus dem Zusammenschluß von Benz und Daimler das Unternehmen Daimler-Benz, das heute den Mercedes herstellt.

Viktoria

Der Viktoria von 1893, der seinen Namen dem „Gelingen einer glücklichen Eingebung" verdankte, war der erste von Benz konstruierte Vierradwagen. Carl Benz erfand für dieses Modell die bereits von Georg Lankensperger 1816 vorgeschlagene Achsschenkellenkung, damals auch als Ackermann Lenkung bekannt, ein zweites Mal.

Das 1730-cm^3-Modell (3 PS) mit wassergekühltem 1-Zylinder-Motor hatte ein automatisches Ansaugventil anstelle des schibergesteuerten Gaseinlasses, der in den Dreiradmodellen montiert war. Das Programm umfaßte auch zwei leistungsfähige Versionen mit 4 bzw. 5 PS. Außerdem wurde ein Vergaser mit einer von einem Schwimmer kontrollierten Kraftstoffzufuhr eingesetzt. 1895 wagte der Industrielle Theodor von Liebig eine Fernfahrt von Böhmen nach Frankreich und zurück. Bei dieser Gelegenheit verbrauchte der Viktoria 140 l Kraftstoff und 1.500 l Wasser für die Kühlung.

Carl Benz war von diesem Modell besonders angetan und benutzte den Viktoria auch nach seiner Produktionseinstellung für seine Fahrten.

BENZ VIKTORIA (1892)

Motor: 1 Zylinder
Bohrung/Hub: 130 mm x 130 mm
Hubraum: 1.730 cm^3
Max. Leistung: 3 PS
Getriebe: 2 Gänge, Riemen- und Kettenantrieb
Rahmen: Stahlrohrrahmen
Aufhängung: Starrachsen mit Vollelliptikfedern
Bremsen: Außenbackenbremsen auf die Hinterräder, mit Bandbremsen auf die hinteren Naben
Karosserie: Viktoria, Visàvis, Phaeton, Omnibus, Break
Höchstgeschwindigkeit: 29 km/h

Blitzen-Benz

Der Blitzen-Benz mit einem 21.500-cm^3-Motor stellte die Weiterentwicklung des Grand-Prix-Modells von 1908 dar, das über einen Hubraum von 15 l verfügte. Der Motor des Blitzen-Benz hatte hängende Ventile mit Auspuffleitungen mit einem so großen Durchmesser, daß die Mechaniker mit den Händen hineingreifen konnten, um die Auslaßventile aus- und wieder einzubauen. Die Kraftstoffzufuhr wurde von einem Spritzdüsenvergaser von ebenfalls beachtlichen Ausmaßen gewährleistet.

Die Leistung des Blitzen-Benz belegten eine Reihe von Geschwindigkeitsrekorden, die zwischen 1909 und 1911 erzielt wurden und ihren Höhepunkt mit 228,1 km/h erreichten. 1913 nahm Benz eine Touren-Version des Blitzen mit dem leistungsstärksten Motor unter den damals erhältlichen Modellen in Produktion. Dieses Modell wurde während des Ersten Weltkriegs von den Generalstabs-Mitgliedern des deutschen Heeres benutzt; es heißt, daß das einzige noch existierende Modell des 200-PS-Tourenwagens von Feldmarschall von Hindenburg persönlich benutzt worden sei.

BERKELEY

**Biggleswade, Großbritannien
1956–1961**

Der von Laurie Bond konstruierte Berkeley, der 1956 auf den Markt kam, verdankt seine Entstehung der Suezkrise. Diese politische Krise, rechtzeitig von Charles Panter von der Berkeley Caravans erkannt, eröffnete den kleineren und einfacheren Sportwagen ein neues Marktpotential.

Bei der Ausführung des Karosseriekörpers hatte Panter bereits bedeutende Fortschritte in der Verwendung von Glasfasern gemacht; die von ihm produzierten Wohnwagen wurden aus zwei Schalenhälften zusammengefügt und geschweißt.

In den Berkeley wurden Motoren von British Anzani, Excelsior oder Royal Enfield eingebaut, also Motoren, die damals für Krafträder verwendet wurden. Der Antrieb erfolgte über Ketten auf die Vorderräder.

Der leistungsfähigste Berkeley erreichte 145 km/h mit einem Royal-Enfield-Motor mit 692 cm^3. Obwohl diese Zahlen an der Zuverlässigkeit zweifeln ließen, erreichten die Verkäufe eine gewisse Kontinuität und gingen erst zurück, als eine unerhängnisvolle Krise im Wohnwagensektor der Firma Panter einen schweren Schlag versetzte. Die Leistungen der nachfolgenden Berkeley-Versionen blieben jedoch dank des leistungsfähigeren Motors und eines Gewichts von nur 356 kg auf höchstem Niveau.

Berkeley baute auch ein Modell mit drei Rädern und einem 325-cm^3-Motor. Kurz vor der endgültigen Schließung des Werks wurde dann der Bandit, ein konventionellerer Wagen mit einem Ford-Anglia-105E-Motor, auf den Markt gebracht; der von John Tojero konstruierte Wagen war damals eines der kleinsten Automobile der Welt mit Scheibenbremsen. 1959 siegte überraschenderweise der mit einem 3-Zylinder-Ex-

---

BLITZEN-BENZ (1909)

Motor: 4 Zylinder in Reihe, eine seitliche Nockenwelle mit hängenden Ventilen
Bohrung/Hub: 185 mm x 200 mm
Hubraum: 21.504 cm^3
Max. Leistung: 200 PS
Getriebe: mechanisch, 4 Gänge
Rahmen: Leiterrahmen
Aufhängung: Starrachsen mit Halbelliptikfedern
Bremsen: Trommelbremsen an den Hinterrädern, Getriebebremse
Karosserie: Rennwagen
Höchstgeschwindigkeit: 227 km/h

Blitzen-Benz

Berleley Bandit

BERKELEY BANDIT (1960)

Motor: 4 Zylinder in Reihe mit hängenden Ventilen
Bohrung/Hub: 80,96 mm x 48,41 mm
Hubraum: 997 cm^3
Max. Leistung: 39 PS
Getriebe: mechanisch, 4 Gänge
Rahmen: aus Stahl
Aufhängung: Einzelradaufhängung vorn mit McPherson-Federbeinen; hinten mit Halbschwingachse
Bremsen: vorne Scheibenbremsen, hinten Trommelbremsen
Karosserie: zweisitziger Sportwagen
Höchstgeschwindigkeit: 136 km/h

celsior-Motor ausgestattete Berkeley beim 12-Stunden-Rennen von Monza und beim Mille Miglia (das schon ein Jahr zuvor von einem Geschwindigkeitsrennen in einen Zuverlässigkeitswettbewerb umgewandelt worden war). Von 1958 bis 1961 starteten die Berkeley auch bei Rennen in den USA.

BERLIET
Lyon, Frankreich
1895–1939

1894 konstruierte der Mechaniker Marius Berliet, ein Autodidakt, in einer Garage in seiner Geburtsstadt Lyon sein erstes kleines 1-Zylinder-Automobil.

1900 brachte Berliet auch 2-Zylinder-Modelle auf den Markt und entwarf in Zusammenarbeit mit dem Konstrukteur Pierre Desgouttes einen Vierzylinder mit 12 PS. Letzteres Modell, dessen Pläne auch von dem Engländer Sunbeam erworben wurden, fand so viel Anklang, daß ungefähr 100 Exemplare davon gebaut wurden.

Nachdem Berliet im Jahr 1901 den großen Industriekomplex Audibert & Lavirotte übernommen hatte, weitete er die Produktion der Modelle mit zwei und vier Zylindern aus. Ein Jahr danach stellte er ein neu entwickeltes Modell vor, das sich an der eleganten Linie des Mercedes orientierte; es war mit einem Bienenwabenkühler und im Gegensatz zu den früheren Modellen nicht mit einem Holz-, sondern mit einem Stahlrahmen ausgestattet.

1906 überließ Berliet die Lizenz für die Herstellung des Modells in den USA der American Locomotive Company, die es unter dem Namen Alco baute. Der Vertrag, der bis 1908 lief, brachte Berliet die Summe von 500.000 amerikanischen Dollar und die Pläne für die Konstruktion eine Lokomotive ein. 1907 wurde Berliet der siebtgrößte Fahrzeughersteller Frankreichs mit einer Jahresproduktion von mehr als 1.000 Fahrzeugen.

Vor dem Ersten Weltkrieg umfaßte die große Palette der Berliet-Modelle ein Fahrzeug mit einem Hybridantrieb (Elektro- und Benzinmotor) und Automobile von 8 bis 60 PS. Die Produktion konzentrierte sich jedoch vor allem auf drei Modelle: zwei Vierzylinder mit 2.412 cm^3 bzw. 4.398 cm^3 Hubraum und ein Sechszylinder mit 9.500 cm^3 Hubraum. Von 1910 bis 1912 wurde ein Fahrzeug mit 1.539 cm^3 Hubraum und 12 PS gebaut. Ab 1912 waren die Modelle mit den großen 6-Zylinder-Motoren nur noch auf Anfrage erhältlich. Berliet baute bis 1917 Automobile, auch wenn während des Ersten Weltkriegs vor allem die Produktion von Lastwagen für das französische Heer gefördert wurde.

Nach dem Krieg wurde die Produktion von Automobilen mit 12 PS (2.613 cm^3), mit 15 PS (3.308 cm^3) und mit 22 PS (4.398 cm^3) und anderen kleineren Modellen wiederaufgenommen.

Das französische Unternehmen hatte sich während des Krieges auf die Herstellung von Transportfahrzeugen konzentriert, und so war die technische und stilistische Entwicklung der Automobile stagniert. Die Berliet-Modelle mit ihren Motoren mit den (für die Vorkriegszeit typischen) Seitenventilen und der kaum modernisierten Karosserie konnten zu dieser Zeit kaum mehr begeistern. 1924 stellte Berliet dann eine Reihe von Modellen vor, die mit einem neuen, obengesteuerten Motor ausgestattet waren; noch lange Zeit wurde daneben das alte Modell mit Seitenventilen weitergebaut.

Das neue 7-PS-Modell mit hängenden Ventilen und 1.159 cm^3 Hubraum konnte die frühere Popularität der Berliet-Modelle allerdings nicht zurückgewinnen.

Auch wenn die Nachfrage an Nutzfahrzeugen Berliets Interesse für den Automobilsektor zunehmend schwinden ließ, wurden dennoch 1927 zwei neue Sechszylinder mit 1.800 cm^3 bzw. 4.000 cm^3 Hubraum auf den Markt gebracht.

1933 waren nur noch zwei Automobile mit 4-Zylinder-Motoren und 1.600 cm^3 bzw. 2.000 cm^3, Seitenventilen und hängenden Ventilen erhältlich.

Der letzte, 1936 auf den Markt gebrachte Berliet war der Dauphin, ein aerodynamisches 2-l-Modell mit Einzelradaufhängung vorn, für das in der letzten Produktionsperiode die Karosserie des Peugeot 402 verwendet wurde.

1939 stellte Berliet die Automobilproduktion ein und kon-

BERLIET 23/70 HP (1923)

Motor: 4 Zylinder in Reihe mit stehenden Ventilen
Bohrung/Hub: 140 mm x 95 mm
Hubraum: 3.969 cm^3
Max. Leistung: 70 HP
Getriebe: mechanisch, 4 Gänge
Rahmen: Leiterrahmen
Aufhängung: Starrachsen mit Halbelliptikfedern
Bremsen: Trommelbremsen hinten
Karosserie: Limousine, 4 Sitze
Höchstgeschwindigkeit: nicht bekannt

Berliet 23/70 HP

zentrierte sich auf den Nutzfahrzeugsektor. Die Firma wurde 1967 von Citroën übernommen, dann von RVI (Renault Vehicules Industrielles). Die ehemaligen Berliet-Werke produzieren heute Renault-Lkws.

BERNARDI
Padua, Italien
1899–1901

Am 7. Mai 1899 wurde in Padua die Società Italiana Bernardi mit dem Ziel gegründet, den Betrieb der aufgelösten Motore Bernardi zu übernehmen. Professor Enrico Bernardi, einer der „Väter des Automobils", gehörte nicht zu den Direktoren des Unternehmens.

Die Firma plante die Produktion von Kleinwagen mit vier Rädern und 2,5 bis 6 HP und eines Dreirads. 1911 wurde das Unternehmen wieder aufgelöst.

BERTOLDO
Forno Rivara (Turin), Italien
1908

Die Brüder Bertoldo, bewährte Fahrradhersteller, planten 1908 auch die Konstruktion von Automobilen.

Das erste Modell war der Tre Spade 16/24 HP mit einem 4-Zylinder-Motor (Höchstgeschwindigkeit 70 km/h). Dem Unternehmen von Bertoldo blieb der erhoffte Erfolg versagt, es wurde noch im selben Jahr geschlossen.

BEVERLEY-BARNES
London, Großbritannien
1924–1931

Lenaerts und Dolphens, zwei Techniker aus Belgien, die Komponenten für andere Automobilhersteller fertigten, stellten 1923 auf der Automobilausstellung in London ihr erstes Fahrzeug vor: den Beverley-Barnes mit einem 8-Zylinder-Reihenmotor mit obenliegender Nockenwelle. Obwohl der Wagen zunächst großen Anklang fand, erfüllte er die Erwartungen nicht; er wurde nur in kleiner Stückzahl gebaut.

Die luxuriösen Beverley-Barnes, die oft mit einer Vanden-Plas-Karosserie und einem Hubraum von 2.500 cm^3 bis 5.000 cm^3 ausgestattet waren, überstanden diese erste Krise nicht.

BIANCHI
Mailand, Italien
1897–1955

Bianchi war eines der ersten großen und gleichzeitig eines der in der Öffentlichkeit am wenigsten bekannten italienischen Automobilunternehmen; seine Fahrräder, die mit den Namen legendärer Radrennmeister wie Fausto Coppi verbunden waren, waren weitaus bekannter.

BEVERLEY-BARNES (1924)
Motor: 8 Zylinder in Reihe, mit obenliegender Nockenwelle
Bohrung/Hub: 75 mm x 112 mm
Hubraum: 3.958 cm^3
Max. Leistung: 80 PS
Rahmen: mechanisch, 3 Gänge
Fahrgestell: Leiterrahmen
Aufhängung: Starrachsen mit Halbelliptikfedern
Bremsen: Trommelbremsen
Karosserie: nach Auftrag
Höchstgeschwindigkeit: nicht bekannt

Alles begann 1885, als der 20jährige Eduardo Bianchi in Mailand eine kleine Werkstatt für die Herstellung von Fahrrädern, Rollstühlen für Kranke und Präzisionsinstrumenten eröffnete. Er hatte einen so großen Erfolg, daß drei Jahre später der Umzug in ein größeres Gebäude unumgänglich war; Bianchi wollte in dem neuen Betrieb vor allem die Produktion von Fahrrädern intensivieren. Er war der erste in Italien, der anstelle von Vollgummireifen Luftreifen verwendete.

Geschichtlichen Quellen zufolge – deren Zuverlässigkeit ist jedoch zweifelhaft – begannen 1890 die ersten Arbeiten für ein Motordreirad, das jedoch erst 1897 vollendet werden sollte; im selben Jahr wurde das Unternehmen SA Automobile e Velocipedi Eduardo Bianchi gegründet. Das erste echte Automobil (also mit vier Rädern) entstand 1899.

Wie bei anderen italienischen Unternehmen von damals spiegelten auch die ersten Bianchi-Modelle weitgehend den Einfluß der französischen Automobilproduktion wider: Es waren also leichte Wagen mit Rohrrahmen, meist mit Gelenkwellen- statt Kettenantrieb. Die Motoren hatten einen oder zwei Zylinder.

Auch hier blieb der Erfolg nicht aus, so daß 1902 ein neues, moderneres Werk eingeweiht wurde. Die Automobilproduktion konnte dem Kunden eine relativ breit gefächerte Palette von Modellen mit 1-Zylinder- und 4-Zylinder-Motoren und mit den ersten Bienenwabenkühlern anbieten. Am 1. April 1905 änderte Eduardo Bianchi den Firmennamen in Fabbrica Automobili e Velocipedi Eduardo Bianchi & C. um.

In dieser Zeit wurde auch Giuseppe Merosi eingestellt. Der spätere Konstrukteur von Alfa entwarf für Bianchi den

120-PS-Corsa (4 Zylinder, 8 l Hubraum, hängende Ventile), der 1907 mit wenig Glück an der Coppa Florio und am Kaiserpreisrennen teilnahm. Leider war der Zeitpunkt, den Bianchi für sein Debüt bei den Rennen wählte, nicht der günstigste. In jener Zeit waren Fiat, Isotta Fraschini und Mercedes praktisch unschlagbar.

Trotz der Mißerfolge bei den Rennen ging die Automobilproduktion von Bianchi auf vollen Touren weiter, so daß man den Bau eines neuen Werks beschloß. Das Vorhaben erwies sich jedoch als schwieriger als vorgesehen und drohte die Unternehmensbasis zu gefährden.

Doch nach dem Ausbruch des Ersten Weltkriegs retteten große Regierungsaufträge das Unternehmen. In dieser Zeit produzierte Bianchi vor allem Panzerspähwagen und 6-Zylinder-Flugzeugmotoren.

Beverley-Barnes

Nach Kriegsende sah sich die italienische Automobilindustrie mit einer tiefgreifenden wirtschaftlichen und sozialen Krise konfrontiert. Um die schwierige Situation zu überwinden, konstruierte Bianchi Autos, die eine größtmögliche Zahl von Kunden ansprechen sollten. So entstand eine ganze Reihe von eher leichten, niedriger besteuerten Automobilen mit 4-Zylinder-Motoren (Typ 12 und Typ 15) zu erschwinglichen Preisen.

1922 beschloß Bianchi, wieder an Geschwindigkeitsrennen teilzunehmen, und überraschte damit die Motorwelt. Mit Blick auf den Grand Prix von Italien in jenem Jahr wurde ein Wagen mit 4-Zylinder-Motor (1.990 cm^3 Hubraum) mit Doppelzündung und 2 obenliegenden Nockenwellen vorbereitet. Die Höchstleistung lag über 90 PS bei 6.000^{-min}. Eine weitere Besonderheit dieses Modells war die nur auf die Vorderräder wirkende Handbremse. Wie in den Jahren nach 1910 versperrten auch in diesen Rennen die größeren Unternehmen (Fiat und Alfa Romeo) Bianchi den Weg zum Erfolg.

1925 brachte das Mailänder Unternehmen das Modell 84 mit 1.300 cm^3 auf den Markt, dem bald der leistungsfähigere S20 folgte; aufgrund des damaligen Steuersystems fand er in Italien wenig Verbreitung.

Ende der zwanziger Jahre beging Bianchi den selben Fehler wie andere italienische Firmen, die versuchten, die amerikanischen Wagen mit ihren acht Zylindern – wenn auch in kleinerer Ausführung – nachzuahmen. Es entstand der S8, der fast ausschließlich für den Export bestimmt war. Leider ließen der Zusammenbruch der New Yorker Börse und die darauffolgende Weltwirtschaftskrise das Projekt kläglich scheitern.

Bianchi S5

Der S9, der letzte in großer Serie produzierte Bianchi, wurde 1934 erstmals vorgestellt und noch bis zum Ausbruch des Zweiten Weltkriegs gebaut.

Nach Kriegsende stellte der nunmehr 80jährige Eduardo Bianchi die Automobilproduktion ein, um alle Kräfte des Unternehmens auf den Fahrrad- und Motorradsektor zu konzentrieren.

Bianchi S5

Der S5 kann als Bianchis Antwort auf den im Frühjahr 1925 vorgestellten Fiat Typ 509 betrachtet werden. In Wirklichkeit war er jedoch weniger eine Antwort als vielmehr eine echte Alternative: Zwar glichen seine Eigenschaften denen des Turiner Modells, der S5 konnte aber eine bessere Ausstattung und Ausführung aufweisen.

Der S5 mit 1,3 l Hubraum verfügte – wie auch der Typ 18 – über hängende Ventile. Das Getriebe war noch vom Motor getrennt. 1932 wurde der Hubraum auf 1.452 cm^3 (40 PS) erweitert.

Bianchi S9

Der 1934/35 vorgestellte S9 war der letzte in großer Serie produzierte Bianchi. Die Ganzstahl-Karosserie wies vier vorn angeschlagene Türen auf. In die Entwicklung des Motors (vier Zylinder mit 1.452 cm^3) flossen alle Erfahrungen mit ein, die Bianchi bisher mit der neuartigen Motorsteuerung mit seitlicher Nockenwelle gesammelt hatte.

Leider mußte dieses interessante Automobil gegen zwei populäre Lancia-Modelle, zunächst gegen den Augusta und zwei Jahre später gegen den Aprilia, antreten, die seinen bisher guten Absatz spürbar beeinträchtigten.

BIANCHI S5 (1928)

Motor: 4 Zylinder in Reihe mit hängenden Ventilen
Bohrung/Hub: 64 mm x 100 mm
Hubraum: 1.287 cm^3
Max. Leistung: 32 PS bei 3.300^{-min}
Getriebe: mechanisch, 4 Gänge
Aufhängung: Starrachsen mit Halbelliptikfedern
Bremsen: Trommelbremsen
Rahmen: Leiterrahmen
Karosserie: Tourer
Höchstgeschwindigkeit: 85 km/h

Um dieses Problem zu lösen, wurde eine neue Version vorbereitet, deren Vollendung jedoch der Ausbruch des Zweiten Weltkriegs verhinderte.

BIDDLE
Philadelphia, USA
1915–1923

Der 1915 vorgestellte Biddle war einer der schönsten amerikanischen Sportwagen. Er war wahlweise mit einem 4-Zylinder-Motor von Duesenberg oder Buda und einem Spitzkühler ausgestattet, der an den von Mercedes oder Singer erinnerte. Auch stand eine große Auswahl an Karosserieformen zur Verfügung. Biddle sollte auch in Zukunft eine sehr exklusive Marke bleiben.

BIANCHI S9 (1935)

Motor: 4 Zylinder in Reihe mit hängenden Ventilen
Bohrung/Hub: 68 mm x 100 mm
Hubraum: 1.452 cm^3
Max. Leistung: 42 PS bei 4.000^{-min}
Getriebe: mechanisch, 4 Gänge
Rahmen: Leiterrahmen
Aufhängung: Vorderachse als Schwingachse, Hinterachse als Starrachse
Bremsen: Trommelbremsen
Karosserie: Limousine und Cabriolet
Höchstgeschwindigkeit: 105 km/h

Bekannter waren die Biddle-Automobile jedoch durch ihre schönen, als Sonderanfertigungen gebauten Karosserien mit europäischem Design. 1918 debütierte das K-Modell mit einem Rochester-Duesenberg-Motor mit 16 Ventilen.

Die starke Konkurrenz berühmter Marken wie Pierce-Arrow und Locomobile hielt den Absatz der Biddle-Modelle immer sehr niedrig. 1923 war der amerikanische Automobilhersteller gezwungen, seine Tätigkeit einzustellen.

BIDDLE (1915)

Motor: 4 Zylinder in Reihe mit stehenden Ventilen (Buda)
Bohrung/Hub: 101,6 mm x 152,4 mm
Hubraum: 4.941 cm^3
Max. Leistung: 90 PS
Getriebe: mechanisch, 4 Gänge
Rahmen: U-Rahmen aus Preßstahl
Aufhängung: Starrachsen mit Halbelliptikfedern
Bremsen: Trommelbremsen hinten
Karosserie: nach Auftrag
Höchstgeschwindigkeit: keine Angaben

Bianchi S9

Bignan

BIGNAN
Courbevoie, Frankreich
1918–1930

Seit dem Ersten Weltkrieg stellte Jacques Bignan Automotoren für andere Unternehmen her. In den Nachkriegsjahren kam er dann selbst mit eigenen Modellen auf den Markt. Diese ersten Automobile baute Bignan mit Hilfe der Grégoire-Werkstätten in Poissy.

Das erste, 1920 vorgestellte Modell war mit einem 3-l-4-Zylinder-Motor von 50 PS ausgestattet. Die leistungsfähige Maschine verhalf dem Wagen zusammen mit einer entsprechend hohen Getriebeuntersetzung dazu, eine Höchstgeschwindigkeit von rund 100 km/h zu erreichen.

Hohe Dauergeschwindigkeit, überdurchschnittliche Straßenlage, gutes Handling und servounterstützte Vorderradbremsen (ab 1921) verhalfen dem Bignan Sport von 1918 und seinem Nachfolgemodell Typ B von 1921 zu einer Sonderstellung: Sie führten die neue Kategorie des schnellen Tourenwagens ein, die besonders für Frankreich charakteristisch werden sollte.

1920 konstruierte Bignan auch einen kleinen 4-Zylinder-Rennwagen, der für die Klasse der Voiturettes mit einem auf 1.400 cm³ begrenztem Hubraum ausgelegt war. Trotz einiger Mängel erzielte das Sondermodell beim Grand Prix von 1920 den zweiten Platz hinter einem Bugatti.

In den Jahren nach dem Ersten Weltkrieg bot Bignan eine verwirrende Anzahl verschiedener Personenwagenmodelle an. Ab 1922 kristallisierten sich jedoch zwei Haupttypen heraus, und zwar eine Voiturette mit 1,1-l-Motor und der 11 CV mit 2-l-Motor. Der 11 CV war zwar teuer und laut, dafür aber schnell.

Ab 1925 gab es den 11 CV in den Versionen Normal und Sport, einmal mit zwei, das andere Mal mit vier Ventilen pro Zylinder, jeweils mit obenliegender Nockenwelle. Sogar eine Ausführung mit desmodromischer oder Zwangsventilsteuerung stand zur Verfügung, also mit einem Ventiltrieb ohne Ventilfedern.

Bald darauf sah sich Bignan gezwungen, mit dieser aufwendigen Ventilsteuerung zu experimentieren, weil an seinen hochdrehenden Sport- und Rennmotoren immer wieder Ventilfederbrüche auftraten. Ein Wagen mit desmodromischer Ventilsteuerung siegte bei 24-Stunden-Rennen von Spa in seiner Kategorie und erzielte mehrere Rekorde in Brooklands.

1927 erschienen noch zwei 6-Zylinder-Wagen, der Sport und der Super Sport, doch sie wurden schon ein Jahr später zugunsten eines 8-Zylinder-Wagens aufgegeben. Dieses Modell und der alte 11 CV blieben bis zur Werksschließung 1931 im Angebot.

BIGNAN Typ B Sport (1921)

Motor: 4 Zylinder in Reihe mit stehenden Ventilen
Bohrung/Hub: nicht bekannt
Hubraum: 3.500 cm³
Max. Leistung: ca. 60 PS
Getriebe: mechanisch, 4 Gänge
Rahmen: U-Rahmen aus Preßstahl
Aufhängung: Starrachsen mit Halbelliptikfedern
Bremsen: Trommelbremsen hinten, zusätzliche Getriebebremse
Karosserie: Sport-Tourer
Höchstgeschwindigkeit: 115 km/h

BISCUTER
Barcelona, Spanien
1951–1958

Der Franzose Gabriel Voisin genoß einen ausgezeichneten Ruf – nicht nur als Flugpionier, sondern auch als Konstrukteur von perfekt gefertigten Automobilen, die mit Schiebermotoren ausgestattet waren.

Sein letztes Modell unterschied sich jedoch gänzlich von den vorhergehenden Automobilen. Es handelte sich um einen zweisitzigen Kleinstwagen, der 1950 auf dem Autosalon von Paris vorgestellt wurde. Die Karosserie aus Duraluminium stammte von dem Flugzeugkonstrukteur Potez; der Gnome-et-Rhône-Zweitakter hatte 125 cm³ Hubraum.

Das Modell weckte das Interesse der Spanier. Im Juni 1953 lief in Barcelona die Serienproduktion an.

Das kleine, Biscuter genannte Modell war nur 2,4 m lang und jetzt in der Serie mit einem Hispano-Villiers-Zweitaktmotor von 197 cm³ Hubraum ausgestattet, der in Spanien in Lizenz gebaut wurde. Der Biscuter erwies sich in den fünfziger Jahren als elementares Transportmittel der Spanier. Die Produktion endete 1958 mit 35.000 Modellen. Den Biscuter gab es auch als Coupé.

BIZZARINI
Livorno, Italien
1964–1969

Bizzarrini verdankt seine Entstehung der Autoleidenschaft

seines Gründers, des Livorneser Ingenieurs Giotto Bizzarrini, der nach einem kurzen Zwischenspiel als Universitätsdozent 1954 in der Entwicklungsabteilung von Alfa Romeo zu arbeiten begann. Drei Jahre später wurde er von Ferrari eingestellt, wo er auch an der Entwicklung des GT 2+2, der GTO und des Testa Rossa 3 Liter beteiligt war.

1961 trat er die Nachfolge des Ingenieurs Carlo Chiti bei ATS an; trotz der guten Voraussetzungen funktionierte die Zusammenarbeit nicht, so daß Bizzarrini bereits nach einem Jahr von seinem Posten zu-

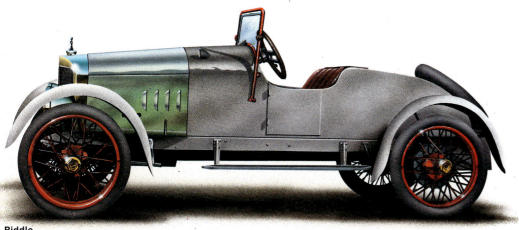
Biddle

Bizzarrini GT Strada

BIZZARRINI GT 5300 (1964)

Motor: 8-Zylinder-V-Motor mit Mittelnockenwelle (Chevrolet)
Bohrung/Hub: 101,6 mm x 82,5 mm
Hubraum: 5.354 cm³
Max. Leistung: 365 PS bei 5.400⁻min
Getriebe: mechanisch, 4 Gänge
Rahmen: selbsttragende Karosserie
Aufhängung: Einzelradaufhängung vorn an Querlenkern und Schraubenfedern, hinten mit De-Dion-Achse und Schraubenfedern
Bremsen: Scheibenbremsen vorne und hinten, Zweikreis
Karosserie: zweitüriges Coupé
Höchstgeschwindigkeit: 248 km/h

rücktrat und beschloß, freiberuflich zu arbeiten. Er gründete in Livorno die Autostar, mit dem Ziel, Automobile und Motoren zu konstruieren. Zu seinen Kunden zählten Lamborghini, für den er einen Zwölfzylinder mit 3.500 cm³ entwickelte, und Iso Rivolta.

1964 formierte sich die Società Prototipi Bizzarrini, die im Rahmen der Zusammenarbeit mit Iso nach Plänen von Bertone den Iso Grifo A 3 L und den Iso Grifo A 3 C konstruierte. Nach dem Bruch mit Iso Rivolta änderte Bizzarrini den Namen der Iso-Grifo-Modelle in Bizzarini Strada GT um; die Karosserie war aus Glasfaserkunststoff, der Motor ein V8-Chevrolet mit 365 PS, dessen Leistung bei Rennmodellen auf 410 PS gesteigert wurde. Anschließend folgten der GT Spider 5300 und der 538 Sport, letzterer mit Mittelmotor.

Ab 1966 lautete der Firmenname Bizzarrini SpA. Unter diesem neuen Namen wurde der GT Europa, ein zweisitziges Coupé, hergestellt, das mit den mechanischen Komponenten des Fiat 1500 und mit einem Opel-4-Zylinder-Motor mit 1.857 cm³ ausgestattet war. Die Aktivitäten des Unternehmens wurden 1969 eingestellt.

BLACKHAWK
Indianapolis, USA
1929–1930

1928 wollte Stutz Motor Car, Indianapolis, mit dem sparsamen B-B die zurückgehenden Verkaufszahlen wieder ankurbeln. Ein Jahr später entwickelte sich aus dem Modell unter dem Namen Blackhawk eine eigene Marke. Der Wagen war entweder mit einem Stutz-6-Zylinder oder mit einem Continental-8-Zylinder erhältlich.

Wie alle Stutz-Modelle mit größerem Hubraum verfügte der Blackhawk über einen Achsantrieb mit Schneckengetriebe, ein für die amerikanische Produktion eher ungewohntes System. Mit dieser Übersetzung war es möglich, ein niedrigeres Fahrgestell zu verwenden und so die Gesamthöhe des Fahrzeugs zu reduzieren.

BLACKHAWK (1930)

Motor: 6 Zylinder in Reihe mit obenliegender Nockenwelle
Bohrung/Hub: 85,7 mm x 114,3 mm
Hubraum: 3.956 cm³
Max. Leistung: ca. 80 PS
Getriebe: mechanisch, 4 Gänge
Rahmen: Leiterrahmen
Aufhängung: Starrachsen mit Halbelliptikfedern
Bremsen: Trommelbremsen mit Unterdruck-Servobremse
Karosserie: Coupé, Limousine oder Sedan
Höchstgeschwindigkeit: 120 km/h

Eine weitere Besonderheit des Blackhawk war das Getriebe mit einem leisen dritten Gang. Der Absatz erreichte jedoch nicht die erhofften Zahlen. Trotz der Bemühungen von Stutz, Blackhawk das Image einer eigenständigen Marke zu verschaffen, wurde das Modell weiterhin als eines der verschiedenen Stutz-Modelle betrachtet. Die Produktion wurde 1931 eingestellt.

BLANC & TREZZA
Mailand, Italien
1923–1924

Die 1922 gegründete Mailänder Firma sollte ursprünglich die Hensenberger-Akkumulatoren in Norditalien verkaufen. 1923 baute sie auch einige Elektroautos, die als Taxi verwendet wurden und eine Reichweite bis ca. 120 km hatten. Ein Jahr später wurde die Tätigkeit wieder eingestellt.

BLÉRIOT WHIPPET
Addleston, Großbritannien
1920–1927

Während des Ersten Weltkriegs bauten zwei ehemalige Mitarbeiter des Motorradherstellers Zenith-Gradua in ihrer Freizeit ein Cyclecar mit einem Gradua-Riemengetriebe mit stufenloser Wandlung. Die Produktion des Cyclecar startete 1920 in dem früheren Blériot-Flugzeugwerk in Addlestone.

Die Eigentümerin des Werks, die Air Navigation & Engineering Company, die Geschäftsbeziehungen zu Burney & Blackburne unterhielt, setzte durch, daß ein V2-Blackburne mit 965 cm³ Hubraum im Blériot Whippet montiert wurde. Wegen einiger Lagerschäden mußte dann allerdings der un-

Blackhawk

Blériot Whippet

BLÉRIOT WHIPPET (1920)

Motor: 2-Zylinder-V-Motor
Bohrung/Hub: 85 mm x 85 mm
Hubraum: 965 cm³
Max. Leistung: keine Angaben
Getriebe: stufenloser Riemenantrieb mit variierbarer Scheibe
Rahmen: Holzrahmen
Aufhängung: Starrachsen mit Viertelelliptikfedern
Bremsen: auf die Riemenscheibe und die Vorgelegewelle
Karosserie: offener Zweisitzer
Höchstgeschwindigkeit: 72 km/h

tere Teil neu konstruiert werden. Dies war übrigens nicht der einzige Schwachpunkt: der in Längsrichtung eingebaute Motor neigte zu Überhitzung. Während die Kleinwagen am Anfang über einen Fußanlasser verfügten, wiesen die nachfolgenden Modelle einen langen Anlaßhebel auf, der außen auf der rechten Seite der Karosserie angebracht war.

Als 1921 der für das Getriebesystem zuständige Techniker die Firma verließ, um bei Granville Bradshaw an der Konstruktion des Belsize Bradshaw mitzuarbeiten, ersetzte man den Antrieb mit variierbarer Riemenscheibe durch ein 3-Gang-Getriebe mit Kettenantrieb auf die Hinterräder. 1924 wurde der Motor dann querliegend montiert und eine traditionelle Antriebswelle eingebaut.

Bessere Kleinwagen wie der Rover Eight kamen auf den Markt und lösten eine Krise bei Blériot Whippet aus. Die Firma überlebte zumindest auf dem Papier – bis 1927.

BMW
München, Deutschland
1928–

Die Geschichte dieses berühmten deutschen Automobilunternehmens begann 1916, während des Ersten Weltkriegs, mit dem Zusammenschluß von zwei Münchner Firmen: der Rapp Motorenwerke und der Gustav Otto Flugmaschinenfabrik. Der Firmennamen lautete zunächst Bayerische Flugzeugwerke und dann 1917 Bayerische Motorenwerke (BMW).

In der ersten Jahren des Bestehens wurden nur Flugzeugmotoren hergestellt, die der Ingenieur Max Friz konstruierte. 1919 stellte ein von Diemer gesteuertes Flugzeug mit einem BMW-Motor mit einer Flughöhe von 9.760 m einen Weltrekord auf. Im Juli 1919 verbot der Friedensvertrag Deutschland, sich weiterhin in der Flugzeugkonstruktion zu betätigen. Dies war für das Münchner Unternehmen ein harter Schlag. Gezwungen, seine Produktion umzustellen, wandte sich BMW der Herstellung von Motoren für Lastwagen, Boote, Motorräder und auch für stationäre Zwecke zu.

1923 entwickelten Max Friz und Martin Stolle den ersten BMW-Kraftradmotor: einen Boxermotor mit 500 cm³ Hubraum, Seitenventilen und Kardanwellenantrieb. Die mit diesem Motor ausgestatteten BMW-Motorräder setzten sich bald bei den größeren Wettbewerben durch und trugen entscheidend zur weiteren Entwicklung von BMW bei.

In den darauffolgenden Jahren zeigte BMW allmählich Interesse für die Automobilproduktion und erwarb Lizenzen und Fabriken von Dixi in Eisenach, das damals wiederum den Austin Seven in Lizenz herstellte.

Von diesem Zeitpunkt an kamen die BMW-Wagen aus dem Werk in Eisenach. Der erste Wagen mit der BMW-Marke war also ein Seven mit geringfügigen Änderungen. Überzeugender als jeder Werbeslogan und jede Kampagne waren die Siege des BMW-Teams beim Alpenpokal von 1929 und bei der Rallye Monte Carlo von 1930, wo sich ein BMW in der 750-cm³-Kategorie souverän durchsetzte.

Die BMW-Palette wurde 1930 um den Wartburg, einen Zweisitzer mit einem Motor mit 748 cm³ Hubraum und 18 PS, erweitert. Diesen ersten Erfolgen folgte eine düstere Periode. Die Wirtschaftskrise, die die ganze Welt erschütterte, verschonte das Unternehmen nicht: Es mußte einen empfindlichen Rückgang des Umsatzes verzeichnen. 1931 löste der 3/20 PS mit obengesteuertem 4-Zylinder-Motor mit 788 cm³ (20 PS bei 3500⁻ᵐⁱⁿ) den BMW 3/15 PS alias Dixi ab.

1933 übernahm Fritz Fiedler die Leitung der technischen Abteilung, als die Produktion des Modells 303, dem ersten 6-Zylinder-Wagen von BMW, bereits lief; dieses Modell war als Limousine und als Cabriolet erhältlich. Darauf folgte der 315 mit 1.490 cm³ und 34 PS, dessen sportliche Version, der 315/1, über 40 PS leistete. Mit dem 315 begannen die Siege in den Rennen für Wagen der 1.500-cm³-Klasse.

1936 wurde der 6-Zylinder-Motor auf 1.911 cm³ Hubraum erweitert. Aufgrund der Vergrößerung der Bohrung um 1 mm erreichte er dann einen Hubraum von 1.971 cm³ (80 PS bei 4.500⁻ᵐⁱⁿ) und wurde in den berühmten 328 eingebaut. Der BMW 328 wurde in kurzer Zeit zum „Traum aller Autofahrer". Er blieb bis 1940 in Produktion, 464 Exemplare wurden davon gebaut. Der 328 gewann zahlreiche Rennen mit Fahrern wie Fürst Bira, Dick Seaman und dem Motorradfahrer Ernst Henne. Der letzte vor dem Zweiten Weltkrieg gebaute BMW war der 355 mit einem Sechszylinder mit 3.485 cm³ Hubraum (90 PS bei 3.500⁻ᵐⁱⁿ).

In den Kriegsjahren stellte BMW die Automobilproduktion ein, um sich auf die Herstellung von Flugzeugmotoren und Kriegsmaterial zu konzentrieren. Am Ende des Krieges befand sich das Unternehmen in einer verheerenden Lage: Die Fabriken in Eisenach, die sich in Ostdeutschland befanden, wurden beschlagnahmt; das Werk in München, das zum Teil durch Bomben zerstört war, kam unter die Kontrolle der Alliierten. Der Weg des Wiederaufbaus war lang und schwierig; man begann mit Autoreparaturen und mit der Produktion von landwirtschaftlichen Maschinen und Werkzeugen.

1948 erhielt BMW die Genehmigung, wieder Motorräder (unter 250 cm³ Hubraum) zu konstruieren, während die Automobilproduktion erst ab 1952 wieder möglich war. Auf der Automobilausstellung in Frankfurt wurde ein einziger Wagen ausgestellt: die 501-Limousine mit sechs Zylindern, die sich am alten Modell 326 orientierte.

1954 kam ein Modell mit einem V8-Motor mit 2.580 cm³ Hubraum auf den Markt, der dann auf 3.168 cm³ erweitert und so lange verbessert wurde, bis er eine Leistung von 160 PS bei 5.600⁻ᵐⁱⁿ erreichte.

Ab 1955 baute BMW in Lizenz den italienischen Kleinwagen Isetta, der mit dem BMW-1-Zylinder-Motor mit 246 cm³ (12 PS) oder 298 cm³ Hubraum (13 PS) ausgestattet war. Ab 1957 war die viersitzige Version mit einem 2-Zylinder-Boxermotor mit hängenden Ventilen und 582 cm³ Hubraum erhältlich.

1959 wurden diverse von dem Designer Michelotti entworfene Kleinwagen vorgestellt, die mit einem 2-Zylinder-Boxermotor im Heck ausgerüstet waren und BMW während der damaligen Krise im Motorradsektor vor der Schließung bewahrten.

1962 kam die Rettung in Form der Baureihe 1600. Die neuen Limousinen mit 1.573, 1.773 und 1.990 cm³ Hubraum waren so erfolgreich, daß BMW 1966 den Dingolfinger Hersteller Glas – der wenige Jahre zuvor fast das BMW-Werk übernommen hätte – erwerben konnte.

1966 erschien auch der zweitürige „02", der im Motorsport zur Legende wurde. Er wurde bis 1975 gebaut. Der 1973 vorgestellte 2002 Turbo mit 170 PS war das erste Serienfahrzeug mit Abgasturbolader.

Die große 6-Zylinder-Limousinen-Baureihe 2500/2800 kam Ende der Sechziger. Der Hubraum wurde beim 3.0i auf 3 l vergrößert. Ihren Höhepunkt fand die Serie mit dem 3.3Li, der 240 PS mobilisierte und die schnellste Limousine seiner

Zeit war. 1977 wurde die Baureihe von der 7er-Reihe abgelöst, die wiederum im Herbst 1986 von einem neuen Modell ersetzt wurde, das seit 1987 sogar mit 12-Zylinder-Motor gebaut wird. Die ganz neue 7er-Reihe erscheint im Herbst 1994.

Zwischen den großen Limousinen und der 3er-Reihe – dem Nachfolger des 02ers – ist seit 1972 der 5er-BMW sehr erfolgreich. Die Mittelklasse-Limousine wird bereits in der dritten Generation gebaut und besitzt heute Motorleistungen von 113 bis 340 PS.

Am oberen Ende der Modellpalette stehen die Coupés. Nach den Modellen 2500/3.0 CS/CSi der siebziger Jahre folgte 1985 die Baureihe 630/635. Heute stehen die Modelle 840i und 850i/CSi mit bis zu 380 PS an der Spitze.

BMW 328

Der BMW 328 wurde 1936 entwickelt, als das Unternehmen bereits einen soliden Ruf im Motorsport erworben hatte; seine Prototypen nahmen an Wettbewerben wie dem Grand Prix von Montlhéry in Frankreich teil. Der 1937 auf den Markt gebrachte 328 besaß den hubraumgleichen 6-Zylinder-Motor des Vorgängermodells 326, jedoch mit einer um 30 auf 80 PS erhöhten Motorleistung. Dies war möglich geworden durch drei statt zwei Vergaser, vor allem aber durch schräg statt senkrecht hängende Ventile, die einen angenäherten halbkugelförmigen Verbrennungsraum ergaben. Um die Kosten einer neuen Motorenkonstruktion mit obenliegender Nockenwelle einzusparen, betätigte die tiefliegende Nockenwelle über übliche Stoßstangen die Einlaßventile und über Umlenkhebel und Kurzstößel die Auslaßventile.

Das Modell erzielte viele Rennerfolge, angefangen vom Sieg auf dem Nürburgring von 1936 über den fünften, siebten und neunten Platz 1939 in Le Mans bis zum Sieg – mit einer speziellen, aerodynamischen Karosserie – in dem „verkürzten" Rennen der Mille Miglia von 1940 (Durchschnittsgeschwindigkeit 166,723 km/h). Die Produktion dieses Modells wurde 1940 eingestellt, nachdem 400 komplette Wagen und 69 Rahmen gebaut worden waren. Meistens handelte es sich um die zweisitzige Standardversion, auf Wunsch waren jedoch auch Sonderkarosserien erhältlich.

Eine modernisierte Version des 328-Motors wurde nach dem Zweiten Weltkrieg in die Bristol- und Frazer-Nash-Wagen eingebaut.

BMW 328 (1937)
Motor: 4 Zylinder in Reihe mit hängenden Ventilen
Bohrung/Hub: 66 mm x 96 mm
Hubraum: 1.971 cm^3
Max. Leistung: 80 PS
Getriebe: mechanisch, 4 Gänge
Rahmen: Rohrrahmen mit Kastenquerträger
Aufhängung: Einzelradaufhängung vorn mit Querlenker und Querblattfeder; Starrachse hinten mit Halbelliptikfeder
Bremsen: Trommelbremsen
Karosserie: zweisitziger Sportwagen
Höchstgeschwindigkeit: 161 km/h

BMW M3

Der aktuelle BMW M3 demonstriert das heute technisch Machbare. Die sportliche Spitze in der Modellpalette des 3er BMW steht damit in der Tradition des 2002 Turbo oder des 3.0 CSL Coupés, die beide in den 70er Jahren im Rennsport und auf der Straße für Furore sorgten. Auch das Vorgängermodell, der M3 der ersten Generation, machte auf den Rennpisten eine gute Figur: Er ist der erfolgreichste Renntourenwagen aller Zeiten.

Der M3, Jahrgang '93, bietet alles, was ein sportlicher Autofahrer verlangen kann: hervorragende Fahrleistungen und eine herausragende Straßenlage. Dazu wurde bei der BMW Motorsport GmbH, wo sämtliche BMWs mit dem „M" im Namen gebaut werden, großer Aufwand getrieben.

Der Motor stellt eine eigene Entwicklung dar, die in keinem anderen BMW zu finden ist. Der 3-l-Reihen-6-Zylinder mit zwei obenliegenden Nockenwellen und 24 Ventilen vereinigt in sich alle technischen Highlights: modernste Steuerelektronik, zylinderselektive Kraftstoffeinspritzung, ruhende Zündverteilung und eine variable Nockenwellenverstellung, die stufenlos arbeitet.

Das Ergebnis ist eine Leistung von 286 PS bei 7.000 Umdrehungen und ein gewaltiges Drehmoment von 320 Nm bei nur 3.600 Touren. Damit kann der M3 in tatsächlich nur sechs Sekunden von 0 auf 100 km/h beschleunigen. Die Höchstge-

BMW M3 (1993)
Motor: 6-Zylinder-Reihenmotor, zwei obenliegende Nockenwellen, 24 Ventile
Bohrung/Hub: 86 mm x 85,5 mm
Hubraum: 2.990 cm^3
Max. Leistung: 210 kW / 286 PS bei 7.000^{-min}
Getriebe: mechanisch, 5 Gänge, Hinterradantrieb
Rahmen: selbsttragende Karosserie
Aufhängung: vorne Einzelradaufhängung an Querlenkern und McPherson-Federbeinen, hinten an Doppelquerlenkern und Längslenkern, Stabilisator vorne und hinten
Bremsen: innenbelüftete Scheibenbremsen vorne und hinten
Karosserie: zweitürige Limousine
Höchstgeschwindigkeit: 250 km/h

schwindigkeit ist dabei auf 250 km/h begrenzt.

Trotz der hohen Leistung ist der Motor erstaunlich sparsam und kann mit den Verbrauchswerten eines normalen Mittelklassewagens gefahren werden. Bemerkenswert sind auch die Bremsen des M3: Von 100 auf 0 km/h bremst kein Serienfahrzeug schneller.

BMW M1

Der Vorläufer des BMW M1 war der BMW Turbo mit Mittelmotor von 1972, eine Art fahrendes Versuchslabor mit Flügeltüren. Als man beschloß, einen Wagen mit diesen Merkmalen für die Endurance-Rennen auszustatten, mußten aufgrund der gesetzlichen Vor-

BMW 328

BMW M3

Die größten Erfolge erzielte BNC jedoch mit der Produktion von Voiturettes, die üblicherweise mit einem Hubraum bis zu 1.100 cm^3 ausgestattet wurden. Das klassischste Modell war der Surbaissé von 1927, der in der Sportversion mit SCAP- oder Ruby-Motoren (32 PS, 120 km/h) erhältlich war. Die Rennversion war mit Motoren der selben Marke, mit Cozette-Kompressoren, ausgestattet und kam auf etwa 60 PS und 160 km/h.

1928 beim ersten Anzeichen eines Verkaufsrückgangs zog sich Lucien Bollack aus der Firma zurück; ihm folgte Charles de Ricou, dem die Einführung von einigen ungewöhnlichen Modellen zu verdanken ist. Unter den Sportmodellen schriften auch 400 Straßenversionen gebaut werden.

Ursprünglich wollte man für den M1 einen 12-Zylinder-V-Motor verwenden; dann entschied sich BMW vor allem wegen der Energiekrise für eine Version des weiterentwickelten Sechszylinders aus Leichtmetall mit 3,45 l Hubraum, einer Ventilsteuerung mit 24 Ventilen und Trockensumpfschmierung.

Die Serienversion des von Giugiaro entworfenen M1 lehnte sich an an den ursprünglichen Turbo an, war jedoch mit konventionellen Türen versehen. Den anfänglichen Vereinbarungen zufolge hätte der M1 von Lamborghini gebaut werden sollen, da das Werk in S. Agata über die notwendigen Maschinen verfügte. Aus finanziellen Gründen konnte das italienische Unternehmen dieser Verpflichtung aber nicht nachkommen.

Mit einer Verzögerung von einem Jahr begann die Produktion dann bei Baur in Stuttgart. Obwohl bereits 1978 beim Autosalon von Paris vorgestellt, konnte das Modell aufgrund weiterer Verzögerungen in der Endphase erst 1980 zugelassen werden. Der M1 nahm dadurch nur an einer Saison der Endurance-Formel teil, bevor

BMW M1

die Regelungen endgültig geändert wurden.

Das Modell hatte wegen seiner Präzision im Fahrverhalten ebenfalls einen fast legendären Ruf. Bevor die Produktion im Sommer 1981 eingestellt wurde, waren nur 446 BMW M1, also wesentlich weniger als geplant, gebaut worden.

BN
Turin, Italien
1924–1925

Das kleine, von Bianchi und Negro (dem ehemaligen Testfahrer von Diatto) gegründete Turiner Unternehmen baute in den Jahren 1924/25 einige Kleinwagen mit 4-Zylinder-Reihenmotoren in der Touren- und in der Sportversion. Erstere erreichte eine Höchstgeschwindigkeit von 75 km/h, die zweite 100 km/h.

BNC
Levallois-Perret, Frankreich
1923–1931

1919 gründete Jacques Muller, ein ehemaliger Mitarbeiter der Konstruktionsabteilung von Hispano-Suiza, ein kleines Unternehmen für den Bau von Cyclecars. 1922 übernahmen nach einer Umstrukturierung Bollack und Netter die Leitung der Firma, während Muller Entwicklungsleiter blieb.

Im Jahr 1923, dem ersten Produktionsjahr, wurden die Cyclecars hauptsächlich von Muller übernommen, während BNC in den darauffolgenden Jahren Tourenmodelle baute, die mit einem SCAP-Vierzylinder mit 900 cm^3 ausgerüstet waren. Außerdem wurden Sportmodelle mit einem Ruby-Stoßstangen-Motor mit 972 cm^3 und mit hängenden Ventilen angeboten.

BMW M1 (1980)

Motor: 6 Zylinder in Reihe mit obenliegender Nockenwelle
Bohrung/Hub: 93,4 mm x 84 mm
Hubraum: 3.453 cm^3
Max. Leistung: 277 PS
Rahmen: Gitterrohrrahmen mit Kunststoffkarosserie
Getriebe: mechanisch, 5 Gänge
Aufhängung: Einzelradaufhängung, mit Schraubenfedern und Querlenkern
Bremsen: Scheibenbremsen
Karosserie: Coupé aus Glasfaser, 2 Sitze
Höchstgeschwindigkeit: 262 km/h

BNC 1,5 Liter (1929)

Motor: 4 Zylinder in Reihe mit hängenden Ventilen
Bohrung/Hub: 69 mm x 100 mm
Hubraum: 1.496 cm^3
Max. Leistung: 40 PS
Getriebe: mechanisch, 4 Gänge
Rahmen: Leiterrahmen
Aufhängung: Starrachsen mit Blattfedern vorn und Auslegerfeder hinten
Bremsen: Trommelbremsen
Karosserie: zweisitziger Sportwagen
Höchstgeschwindigkeit: 166 km/h

BNC 1,5 Liter

BMW 328 (1937)

Motor
Position: vorne, in Längsrichtung
Bauart: wassergekühlter 6-Zylinder-Reihenmotor; Motorgehäuse aus Gußeisen, Zylinderkopf aus Leichtmetall. Vier Hauptlager
Hubraum: 1.971 cm^3
Bohrung/Hub: 66 mm x 96 mm
Verdichtungsverhältnis: 7,5 : 1
Ventilsteuerung: 2 Ventile pro Zylinder, die im halbkugelförmigen Verbrennungsraum montiert sind. Einlaßventile werden über Stößel und Kipphebel von der tiefliegenden Nockenwelle betätigt. Die Auslaßventile werden durch horizontale Stößel betätigt
Gemischbildung: 3 Solex-Fallstromvergaser
Zündanlage: Batteriezündung, 6-Volt-Anlage.
Max. Leistung: 80 PS bei 5.000^{-min}
Max. Drehmoment: ca. 12,9 Nm bei 4.000^{-min}

Übertragung
Antrieb: Kupplung und Getriebe an Motor angeflanscht
Kupplung: trockene Einscheibenkupplung
Getriebe: mechanisch, 4 Gänge, mit Synchronisiervorrichtung an den beiden höheren Gängen. Die Getriebe wurden von ZF oder von Hurth geliefert und waren in zwei verschiedenen Übersetzungsverhältnissen lieferbar: I) 3,64 : 1; II) 2,05 : 1; III) 1,487 : 1; IV) 1,00 : 1
Achsgetriebe: Hypoidgetriebe
Übersetzungsverhältnis im Achsgetriebe: 3,90 : 1

Aufhängung
Vorderachse: Einzelradaufhängung mit unten angebrachten Querlenkern und querliegender Halbelliptikfeder. Hebelstoßdämpfer
Hinterachse: Starrachse, Halbelliptikfeder und Hebelstoßdämpfer

Lenkung
System: Zahnstangenlenkung

Bremsen
Typ: Hydraulikanlage, mit Trommelbremsen an den vier Rädern, Innendurchmesser von 28 cm

Räder und Bereifung
Typ: Lochscheibenräder, wahlweise mit Zentralverschluß; Niederdruckreifen 5,25 x 16

Karosserie und Rahmen
Rahmen: Rohrrahmen aus Stahl mit A-förmig angebrachten Querelementen
Karosserie: zweisitziger Sportwagen mit Klappverdeck und zwei Türen

Abmessungen und Gewicht
Länge: 3.900 mm
Breite: 1.550 mm
Radstand: 2.360 mm
Vordere Spurweite: 1.150 mm
Hintere Spurweite: 1.220 mm
Gewicht: 830 kg

Leistung
Höchstgeschwindigkeit: 150 km/h
Kraftstoffverbrauch: ca. 14,5 l/100 km

Abgesehen von der halbaerodynamischen Karosserie wies der BMW 328 keine besonders innovativen Lösungen auf. Obwohl die Aufhängung vorne als Einzelradaufhängung ausgelegt war, basierte sie auf einem äußerst einfachen System mit einer einzigen Halbelliptikfeder. Die Hinterachse war als Starrachse konzipiert, die sich gegen Halbelliptikfedern abstützte; trotz der Einfachheit dieses Systems stach der 328 durch seine Wendigkeit und Straßenlage hervor, die für den leistungsstarken 6-Zylinder-Motor unverzichtbar waren. Der von BMW modifizierte Motor hatte halbkugelförmige Verbrennungskammern mit zwei schräghängenden Ventilen pro Zylinder, verzichtete jedoch auf eine Ventilsteuerung mit obenliegender Nockenwelle. Vielmehr wies er ein etwas umständliches System von Stößeln auf (rechts im Detail dargestellt), das von einer tieferliegenden Nockenwelle betätigt wurde.

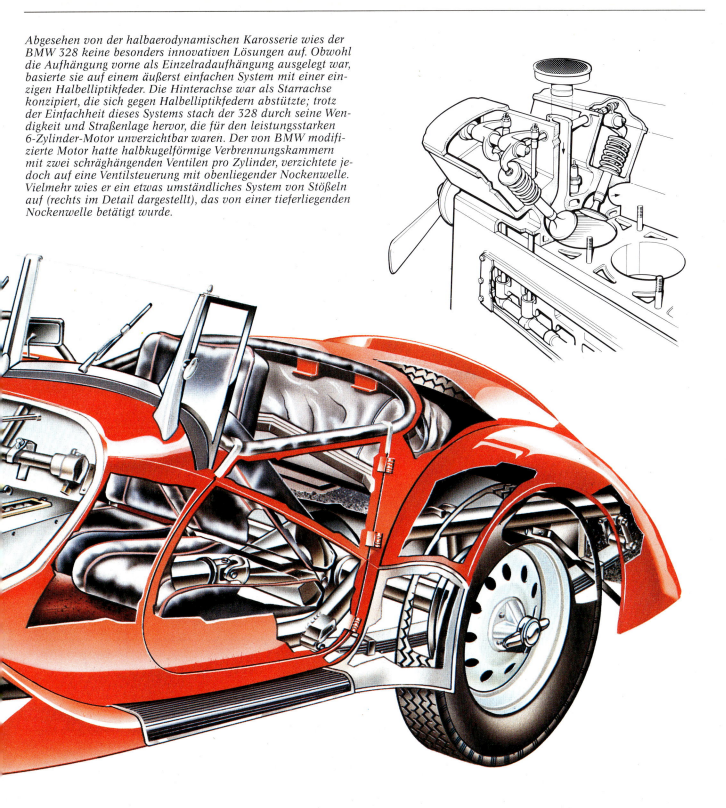

wurde zum Beispiel ein 1500 mit einem Meadows-Motor gebaut, dessen Viersitzer-Version 1929 am 24-Stunden-Rennen von Le Mans teilnahm. Aus ihm entstand dann ein großer Tourenwagen mit Luftfederung, der Acacia. Die gleiche Federung wurde für die Aigle-Limousine verwendet, die mit einem seitengesteuerten Continental-8-Zylinder-Motor mit fast 5 l Hubraum ausgestattet war. 1931 verschwand das Unternehmen von der Bildfläche.

BOLLÉE
**Le Mans, Frankreich
1885–1924**

Von 1873 bis 1881 konstruierte Amédée Bollée, Glockengießer in Le Mans, verschiedene Dampfwagen mit fortschrittlichen technischen Lösungen, wie z.B. Vorderachsen mit Einzelradaufhängungen. Sein Sohn, der ebenfalls Amédée hieß, baute zwischen 1896 und 1913 technisch ebenso fortschrittliche Benzinautomobile; das 1896 hergestellte Modell z.B. war das erste Automobil mit Gelenkwellenantrieb und Kegelradgetriebe, verständlicherweise mit einem etwas komplizierten Mechanismus.

Der junge Amédée ging dann zur Konstruktion von Rennautos mit aerodynamischer Karosserie (torpilleurs, d.h. Torpedo) über, von denen das Modell von 1899 zu erwähnen ist, das mit einem 4-Zylinder-Monoblocmotor mit 20 PS ausgerüstet war. Das damals bereits bekannte Unternehmen De Dietrich in Luneville (Lothringen) erwarb die Pläne von Bollée; dort verschwanden sie jedoch in der Schublade und wurden durch technisch konventionellere Lösungen ersetzt.

Danach konzentrierte Amédée seine Tätigkeit auf besonders aufwendige Modelle, die in sehr begrenzter Stückzahl hergestellt wurden. Einige Motoren dürften auch mit Hydraulik-Stößeln ausgerüstet worden sein.

Amédée arbeitete zeitweise mit den Gebrüdern Wright zusammen, die 1908 nach Europa gekommen waren, um Flugvorführungen zu veranstalten; dank seiner technischen Ratschläge konnte die Zuverlässigkeit jener ersten Flugmotoren erhöht werden.

Das letzte, regulär von Amédée Bollée hergestellte Automobil verließ 1913 das Werk in Le Mans. Unter Verwendung der verschiedenen verfügbaren Ersatzteile wurden noch bis 1919 einige Exemplare gebaut. Amédées Bruder Léon, bekannt als Erfinder einer mechanisch arbeitenden Rechenmaschine, begann ab 1896 dreirädrige Fahrzeuge mit Benzinmotor zu bauen, die er zur Ab-

Bollée

> **BOLLÉE-DARRACQ KLEINWAGEN (1898)**
> *Motor:* 1-Zylinder-Motor
> *Bohrung/Hub:* 75 mm x 145 mm
> *Hubraum:* 641 cm³
> *Max. Leistung:* 2 PS
> *Getriebe:* mechanisch, 4 Gänge
> *Rahmen:* Rohrrahmen aus Stahl
> *Aufhängung:* Halbelliptikfedern an der Vorderachse
> *Bremsen:* Backenbremse mit Holzbacken auf die Hinterräder
> *Karosserie:* offener Viersitzer
> *Höchstgeschwindigkeit:* 48 km/h

grenzung von den von seinem Vater Amédée hergestellten Dampfwagen Voiturettes nannte. Die Bezeichnung bürgerte sich in Europa für drei- oder vierrädrige Kleinstfahrzeuge ein. Die Voiturette war zusammen mit einem ähnlichen Dreirad von De-Dion-Bouton das erste Motorfahrzeug in Serie mit (Michelin-)Luftbereifung.

1898 entwickelte Léon Bollée eine vierrädrige Voiturette mit liegendem 1-Zylinder-Motor, Glührohrzündung und Lenkradschaltung. Er verkaufte Konstruktionspläne und Herstellungslizenz an Alexandre Darracq, der dieses Fahrzeug ohne größeren Erfolg für einige Zeit als Bollée-Darracq anbot.

Ab 1903, d.h. nach der Gründung der Léon Bollée Motor Syndicate Co., einer großen französisch-britischen Finanzierungsgesellschaft, und nach Eintritt des amerikanischen Milliardärs W.K. Vanderbilt, der das Exklusivrecht für den Vertrieb in den USA erwarb, wurden die Bollée kon-

> **BOLWELL NAGARI (1974)**
> *Motor:* 8-Zylinder-V-Motor
> *Bohrung/Hub:* 101,6 mm x 76,2 mm
> *Hubraum:* 4.949 cm³
> *Max. Leistung:* 230 PS
> *Getriebe:* mechanisch, 3 Gänge
> *Rahmen:* Zentralkastenrahmen
> *Aufhängung:* Einzelradaufhängungen vorn und hinten
> *Bremsen:* Scheibenbremsen
> *Karosserie:* Coupé
> *Höchstgeschwindigkeit:* 208 km/h

servative Luxusautomobile.

Nach einem langsamen Abstieg wurden die Bollée-Werke 1925 von W.R. Morris gekauft.

BOLWELL
**Melbourne, Australien
1963–1974**

1963 begannen die Brüder Bolwell, von denen einer bei Lotus in Großbritannien gearbeitet hatte, in ihrer Fabrik (in der Nähe von Melbourne) Automobile mit Karosseriekörpern aus Glasfaser zu bauen. In wenigen Jahren machten die Bolwells beachtliche Fortschritte und bauten 1970 das Nagari Sport-Coupé, eines der wenigen australischen Sportautos.

Der mit einem Ford-V8-302-Motor ausgestattete Nagari hatte einen von Bolwell entworfenen Zentralkastenrahmen (Typ Lotus) und Einzelradaufhängungen an Vorder- und Hinterachse. Der Karosseriekörper aus Glasfaser hatte eine elegante Silhouette mit ästhetischen Details, die sehr stark an das Ferrari-Design erinnerten. Die mechanischen Bestandteile schließlich kamen direkt aus

Bolwell Nagari

dem australischen GM-Werk Holden.

Die Brüder Bolwell wollten dieses Modell eigentlich in die USA exportieren, aber die strengen amerikanischen Sicherheits- und Emissionsschutzvorschriften ließen dieses Vorhaben scheitern.

BONACINI
Modena, Italien
1898

Das Unternehmen von Ciro Bonacini konstruierte Ende des vergangenen Jahrhunderts einige Autorahmen, die von Angelo Orlandi mit Karosserien ausgestattet wurden. Den Antrieb übernahmen die 20-HP-Motoren von Bolide.

BORGWARD
Bremen, Deutschland
1939–1961

Lange bevor das erste Modell der Marke Borgward 1939 vorgestellt wurde, arbeitete Carl F. Borgward als Kühlerhersteller in der Automobilindustrie. Seit Anfang der dreißiger Jahre hatte er die Unternehmen Hansa, Goliath und Hansa-Lloyd aufgekauft.

Vor dem Zweiten Weltkrieg bot Borgward damit Pkws in allen Hubraumklassen bis zum 3,5-l-Wagen an. Nach dem Zweiten Weltkrieg erschien dann ein wirklich außergewöhnliches Automobil, der Borgward Hansa, der erste deutsche Wagen mit Ponton-Karosserie und fortschrittlicher Technik. Auch der Motor, ein Vierzylinder mit 1.498 cm³, nimmt als erster obengesteuerter Motor, der nach Kriegsende in Deutschland gebaut wurde, eine Sonderstellung ein. 1952 wurden der 1800, der auch als Dieselmodell erhältlich war, und der 2400, eine große Limousine, vorgestellt. Mit letzterem wollte man – jedoch vergeblich – versuchen, Mercedes und Opel Konkurrenz zu machen.

Das populäre Isabella-Modell wurde ab 1954 in verschiedenen Versionen gebaut, die alle mit einem obengesteuerten 4-Zylinder-Motor mit 1.498 cm³ ausgerüstet waren.

Borgward beteiligte sich auch an Wettbewerben in der Kategorie der Sportwagen; er begann 1950 mit einem 1.500-cm³-Stoßstangenmotor, der nach wenigen Modifizierungen auf 100 PS kam. Ab 1954 konnte sich die Leistung durch Kraftstoffeinspritzung auf 115 PS steigern; damit siegten die Borgward-Rennsport-Modelle 1954 beim Eifelrennen auf dem Nürburgring und erzielten einen Klassensieg beim Mille Miglia von 1955.

Borgward Isabella Coupé

BORGWARD ISABELLA Coupé (1957)

Motor: 4 Zylinder in Reihe mit hängenden Ventilen
Bohrung/Hub: 75 mm x 84,5 mm
Hubraum: 1.498 cm³
Max. Leistung: 75 PS
Getriebe: mechanisch, 4 Gänge
Rahmen: selbsttragender Aufbau
Aufhängung: Einzelradaufhängung vorn, Pendelachse hinten, Schraubenfedern
Bremsen: Trommelbremsen
Karosserie: Limousine, Coupé oder Cabriolet
Höchstgeschwindigkeit: 145 km/h

Für 1956 wurde ein neuer Rennmotor mit Doppelzündung, zwei obenliegenden Nockenwellen, vier Zylindern und Direkteinspritzung konstruiert; das anfängliche Leistungspotential von 130 PS überstieg 1958 150 PS. Mit diesem Motor kam Borgward bei der Deutschen Meisterschaft der Sportwagenklasse 1950 auf den zweiten Platz, was angesichts der Teilnahme von starken Konkurrenten ein hervorragendes Ergebnis war.

1958 zog sich Borgward infolge großer finanzieller Schwierigkeiten vom Rennsport zurück, und der 2-ohc-Motor wurde privaten Rennfahrern anvertraut, unter denen Stirling Moss sicherlich der bekannteste war.

Das letzte Borgward-Modell war der 2,3-Liter-P-100 von 1960 mit einem 6-Zylinder-Motor mit 2.240 cm³ Hubraum und 100 PS. Der P 100 war das erste deutsche Auto mit Luftfederung.

Im Herbst des gleichen Jahres mußte sich Borgward mit finanziellen Schwierigkeiten auseinandersetzen, die 1961 zum Zusammenbruch des Unternehmens führten.

Ein mexikanisches Werk, die Fabrica National de Automoviles S.A. (Fanasa), erwarb von Borgward die Lizenz zum Bau des P 100.

BRASIER
Ivry-Port, Frankreich
1897–1930

Richard-Brasier war in den ersten Jahren des Kraftfahrsports einer der berühmtesten Rennwagenhersteller; seine Automobile gewannen unter

BRASIER 30/60 CV (1913)

Motor: 4 Zylinder in Reihe mit stehenden Ventilen
Bohrung/Hub: 120 mm x 150 mm
Hubraum: 6.786 cm³
Max. Leistung: 60 PS
Getriebe: mechanisch, 4 Gänge
Rahmen: Leiterrahmen
Aufhängung: Starrachsen mit Halbelliptikfedern
Bremsen: auf die Hinterräder und das Getriebe
Karosserie: nach Auftrag
Höchstgeschwindigkeit: nicht bekannt

Brasier 30 CV Limousine

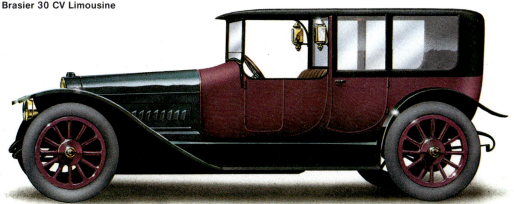

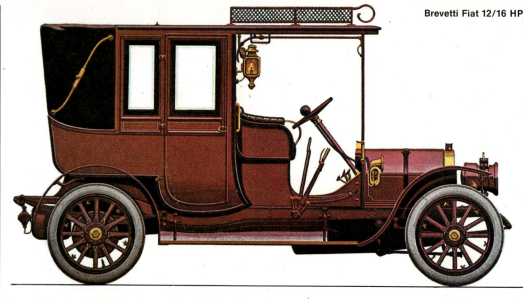

Brevetti Fiat 12/16 HP

anderem den Gordon-Bennet-Preis von 1904 und 1905. Als sich 1905 Georges Richard (einer der Mitbegründer) von dem Unternehmen trennte, um die Unic zu bilden, setzte Henri Brasier seine Tätigkeit unter dem Namen Brasier fort.

In der ersten Zeit verfolgte Brasier eine konservative Unternehmenspolitik und setzte mehr auf die Zuverlässigkeit seiner Automobile als betriebswirtschaftlichen und technischen Fortschritt. Dies bezeugen der 2-Zylinder-Motor mit 1.526 cm³ und 10 PS und der 4-Zylinder-Motor mit 1.847 cm³ Hubraum. 1909 wurde ein 1.551-cm³-Motor mit 11 PS vorgestellt, der bis 1915 in Produktion blieb.

Das 1911 eingeführte neue Programm umfaßte einen Sechszylinder mit 4.766 cm³ Hubraum (den man durch Koppelung von zwei Monoblöcken erhielt), ein Modell mit vier Zylindern und 3.177 cm³ Hubraum sowie andere Modelle, darunter einen Vierzylinder mit 3.562 cm³ Hubraum und 24 PS.

1914 wurde der typische Flachkühler, ein Markenzeichen der Brasier-Modelle, durch einen runden Kühler ersetzt; diese Änderung erfolgte gleichzeitig mit der Einführung von vier neuen Modellen mit einer Leistung von 9, 12, 16 bzw. 22 PS.

Nach dem Ersten Weltkrieg nahm Brasier 1919 die Produktion mit einem 3.404-cm³-Modell mit 18 PS wieder auf. Der mit einem elektrischen Anlasser ausgestattete Wagen wurde nur bis 1920 hergestellt. Das darauffolgende Modell mit 2.120 cm³ Hubraum und 12 PS war wesentlich erfolgreicher und wurde bis 1926 produziert; 1924 führte Brasier ein Modell mit 1.452 cm³ Hubraum und 9 PS ein.

1926 änderte man nach einer Umstrukturierung den Firmennamen in Chaigneau-Brasier. Leider traf das Unternehmen gleich zu Beginn eine riskante Entscheidung und führte ein Luxusmodell mit einem 8-Zylinder-Reihenmotor mit 3.078 cm³ Hubraum und Vorderradantrieb mit einem vor der Vorderachse montierten Getriebe ein.

Das Werk konnte nur sehr wenig Exemplare dieser für die zwanziger Jahre technologisch zu fortschrittlichen Modelle fertigen, bevor es 1930 endgültig geschlossen wurde.

BRENNABOR 4/20 PS Typ C (1932)

Motor: 4 Zylinder in Reihe mit stehenden Ventilen
Bohrung/Hub: 62 mm x 83 mm
Hubraum: 1.002 cm³
Max. Leistung: 20 PS
Getriebe: mechanisch, 3 Gänge
Rahmen: Leiterrahmen aus U-Profil-Preßstahl
Aufhängung: Starrachsen mit Querfeder vorn und Halbelliptikfedern hinten
Bremsen: Trommelbremsen
Karosserie: Roadster, Limousine oder Cabriolimousine
Höchstgeschwindigkeit: 75 km/h

BRENNABOR
**Brandenburg, Deutschland
1908–1934**

Die Brandenburger Brennabor, gegründet von den Brüdern Reichstein, war ursprünglich ein sehr bekannter Hersteller von Rollstühlen, Fahrrädern, Motorrädern und Dreirädern. 1908 ging das Unternehmen zur Produktion von Automobilen über, und Carl Reichstein übernahm die Entwicklung der meisten Modelle.

Zu Beginn verwendete Brennabor Fafnir-Motoren mit zwei und vier Zylindern; anschließend konstruierte man die Motoren selbst. In der Zeit vor dem Ersten Weltkrieg reichte die Brennabor-Palette von einem 904-cm³- bis zu einem 3.800-cm³-Motor.

1919 schloß sich das Brandenburger Unternehmen der Gemeinschaft Deutscher Automobilfabriken (GDA) an, einer Verkaufsgesellschaft, zu dem NAG, Hansa und Hansa-Lloyd gehörten. Anfang der zwanziger Jahre wurden täglich etwa 120 Stück produziert; damit übernahm Brennabor die Rolle des größten deutschen Automobilherstellers; diese Spitzenposition blieb bis zum unaufhaltsamen Aufstieg von Opel unberührt. In jenen Jahren baute Brennabor auch kleine, schnelle Rennmodelle mit 1.499-cm³-Motoren mit zwei obenliegenden Nockenwellen.

1927 kam außer den 6-Zylinder-Modellen mit 3.080 cm³ Hubraum, deren Design sich an der amerikanischen Mode orientierte, ein neuer, seitengesteuerter Vierzylinder mit 2.090 cm³ auf den Markt. Der Juwel, anfangs mit einem 6-Zylinder-Motor mit 2.460 cm³ Hubraum ausgerüstet, wurde 1934 auch in der 8-Zylinder-Version mit 3.417 cm³ und in einer Ausführung als 6-Zylinder-Modell mit Vorderradantrieb gebaut.

BREVETTI FIAT 12/16 HP (1907)

Motor: 4 Zylinder in Reihe mit stehenden Ventilen und paarweise gegossenen Zylindern
Bohrung/Hub: 90 mm x 120 mm
Hubraum: 3.054 cm³
Max. Leistung: 14 HP bei 1200⁻min
Getriebe: mech., 4 Gänge
Rahmen: Leiterrahmen
Aufhängung: Starrachsen mit Längsblattfedern
Bremsen: Trommelbremsen an den Hinterrädern
Karosserie: Limousine
Höchstgeschwindigkeit: 50 km/h

Am Schluß umfaßte die Angebotspalette das 4/20-PS-Modell mit 1.002 cm³ und zwei 6-Zylinder-Modelle mit 1.959 und 2.500 cm³ Hubraum. Einige Wagen dieser 1934 eingestellten Marke nahmen mit sehr großem Erfolg an zahlreichen Zuverlässigkeitswettbewerben teil.

BREVETTI FIAT
**Turin, Italien
1906–1908**

Die Brevetti Fiat entstand offiziell am 26. April 1906 aus den Überresten von Fiat-Ansaldi. Fiat-Ansaldi, ein Jahr zuvor von Fiat und der Società Officine Meccaniche e Fonderie Miche-

Brennabor

le Ansaldi gebildet, hatte das 10/12-HP-Modell gebaut. Die Produktion dieses in 12/16 HP umbenannten Modells wurde auch von dem neuen Unternehmen fortgesetzt.

Den 12/16 HP, der über einen 3,05-l-Motor mit paarweise gegossenen Zylindern verfügte, bot man als Stadtwagen mit geringer Leistung und großem Transportraum an. Um den Zugang zum Laderaum zu erleichtern, erhielten die Längsträger eine ungewöhnlich große Kröpfung im mittleren Bereich; dank dieser Lösung konnte der Wagenboden im Vergleich zu der herkömmlichen Ausführung um etwa 10 cm gesenkt werden.

In der Praxis sollte dies das einzige von dem Unternehmen selbständig konstruierte Modell bleiben; 1909 wurde die Firma endgültig von Fiat übernommen. Der Name Brevetti Fiat stand jedoch weiterhin für die zweite Serie von Modellen, die aus dem 12/16 HP entwickelt worden waren: Die Typ-2-Modelle wiesen einen längeren Rahmen und eine größere Spurweite auf. Der Motor leistete 14 bis 26 PS.

BREWSTER
Long Island, USA
Springfield, USA
1915–1938

Von 1915 bis 1925 stellte der bekannte Wagenhersteller Brewster & Co. in Long Island City teure und sorgfältig gebaute Automobile her. Die mit 4-Zylinder-Schiebermotoren von Knight ausgestatteten Brewster konnten mit der Lenkung auf der rechten und auf der linken Seite geliefert werden. Dem Kunden stand außerdem eine große Anzahl von offenen und geschlossenen Sonderkarosserien zur Auswahl. Trotz des angehobenen Preises gewannen die Brewster vor allem in der Gegend um New York eine gewisse Popularität; in den zehn Jahren, in denen sie in Produktion blieben, wurden sie nur geringfügig modifiziert.

Die Brewster & Co. wurde 1926 von der American Rolls-Royce übernommen. 1934 gründete John S. Inskip (früherer Präsident der aufgelösten Rolls-Royce of America) die Springfield Manufacturing Company und nahm die schon früher von Rolls-Royce benutzten Werkstätten wieder in Betrieb; damit entstand die zweite Generation der Brewster-Modelle. Die Wagen der neuen Marke bewahrten einige Charakteristika der früheren Generation: auf den verlängerten Rahmen des Ford V8 wurden

BREWSTER (1934)
Motor: V8-Motor mit stehenden Ventilen (Ford)
Bohrung/Hub: 77,7 mm x 95,25 mm
Hubraum: 3.622 cm³
Max. Leistung: 88,5 PS
Getriebe: mechanisch, 3 Gänge
Rahmen: X-förmiger Leiterrahmen
Aufhängung: Starrachsen mit Querblattfedern
Bremsen: Trommelbremsen
Karosserie: Limousine
Höchstgeschwindigkeit: nicht bekannt

weiterhin Brewster-Karosserien montiert. Es gab jedoch auch Karosserien für Buick-, Oldsmobile- und Rolls-Royce-Fahrwerke.

Die neuen Brewster zeichneten sich durch den charakteristischen herzförmigen Kühler, stärker ausgearbeitete Kotflügel, die an die Silhouette eines fliegenden Vogels erinnerten, und stilisierte, zweigeteilte Stoßstangen aus. Die Brewster-Produktion konzentrierte sich vor allem auf kompakte Stadtwagen, neben denen wenige Limousinen mit Klappverdeck und Cabriolets gebaut wurden.

Der Verkauf der Brewster der zweiten Generation erreichte eine Zahl von etwa 300 Stück, danach stellte das Werk in Springfield die Produktion ein, und Inskip wurde offizieller Lieferant der Rolls-Royce in den Vereinigten Staaten.

BRICKLIN
Saint John, Kanada
1974–1976

Die Automobile dieser Marke zählten zu den exklusiven, sündhaft teuren Sportwagen, die der heimliche Traum jedes Amerikaners waren. Aus diesem Blickwinkel heraus können wir sie mit dem De Lorean vergleichen, mit dem der 1974 bis 1976 gebaute Bricklin SV-1 vieles gemeinsam hatte.

Der Bricklin SV-1 (SV für Safety Vehicle) bot zahlreiche interessante Lösungen wie die Flügeltüren, eine Acrylschicht, die auf dem Karosseriekörper aus Glasfaser aufgebracht war, Stoßstangen, die auch einer

BRICKLIN SV-1 (1974)
Motor: V8-Motor mit hängenden Ventilen
Bohrung/Hub: 103,6 mm x 87,3 mm
Hubraum: 5.899 cm³
Max. Leistung: 129 PS
Getriebe: automatisch, 3 Gänge
Rahmen: tragender Perimeter-Rahmen aus geschweißtem Stahl
Aufhängung: Einzelradaufhängung vorn an Schraubenfedern und Querlenkern; Einzelradaufhängung hinten an Längslenkern und Schraubenfedern
Bremsen: Scheibenbremsen vorn und hinten
Karosserie: Coupé aus Glasfaser, Flügeltüren
Höchstgeschwindigkeit: 175 km/h

Aufprallgeschwindigkeit von 19 km/h widerstanden, eine geschweißte Stahlstruktur, die eine echtes Schutzgehäuse um dem gesamten Wagenraum bildete, und weitere Sicherheitsmerkmale.

Malcolm Bricklin versuchte mit seinen Modellen vergeblich in einem vom Corvette bestimmten Marktbereich Fuß zu fassen; er plante einen Verkauf von 12.000 Exemplaren pro Jahr. Aber trotz des enthusiastischen Anklangs, den der SV-1 in der Presse fand, wurde er niemals in nennenswerten Mengen produziert.

Bricklin verwendete anfangs Aufhängungen, Bremsen und einen V8-Motor von AMC, ab 1975 wurde ein Ford-Motor mit 5.161 cm³ Hubraum eingesetzt. Anders als in einigen Quellen

Brewster Sedan

Bricklin

vermerkt, wurden nicht 4.000 sondern nur 2.875 Stück produziert.

BRISCOE
Jackson, USA
1914–1921

Als Benjamin Briscoe, der frühere Direktor von Maxwell, nach Frankreich auswanderte, hoffte er, sein Ajax getauftes Kraftrad mit Beiwagen in großem Maßstab produzieren zu können. Der Ausbruch des Ersten Weltkriegs beschränkte jedoch die Produktion auf die Jahre 1913 und 1914.

Als Ben Briscoe dann in seine Heimat zurückkehrte, hatte er die Pläne für ein Automobil bei sich, das sich besser für eine Produktion in großer Serie eignete.

Die ersten Modelle zeichneten sich durch einen einzigen, großen Mittelscheinwerfer aus, der in dem oberen Teil des Kühlers integriert war; die nachfolgenden Modelle wiesen die konventionellere Lösung mit zwei Scheinwerfern auf. 1916 kamen auch einige wenige Modelle mit einem V8-Motor auf den Markt. Im Jahr 1921 mußte die Automobilproduktion von Briscoe vollständig eingestellt werden.

BRISTOL
Bristol, Großbritannien
1945–

Die Automobilabteilung der 1945 gegründeten Bristol Aeroplane Company produzierte am Anfang Wagen von hoher Qualität, die mit einer den britischen Verhältnissen angepaßten Version des BMW-6-Zylinder-Motors mit 2.000 cm³ Hubraum ausgestattet waren.

Da sowohl Bristol als auch BMW in starkem Maße in der Flugzeugindustrie tätig waren, ist es nicht verwunderlich, daß der Bristol Serie 400 eine besonders aerodynamische Karosserie aufwies, auch wenn sie sich eindeutig an typischen BMW-Design orientierte. Dem 1947 beim Autosalon von Genf vorgestellten Bristol 400 folgte schon bald der 401 mit einem eigenständigen Design und einer aerodynamischen Karosserie; deren von Touring in Mailand entworfene Linien konnten unter Berücksichtigung der im Windkanal gewonnenen Erkenntnisse noch weiter verbessert werden.

Den 2.000-cm³-Motor von Bristol mit der vom BMW 328 bekannten Ventilsteuerung montierte man auch in viele Rennwagen der fünfziger Jahre wie in den Cooper-Bristol F2.

Auf den 401 folgten der 402, ein in kleiner Serie gebautes Cabriolet, und der 403. Der Bristol 450 war dagegen ein Renncoupé, häßlich, aber patent: Es errang Klassen- und Mannschaftssiege in Reims und Le Mans.

Der 404 Coupé, das erste völlig eigenständige Bristol-Modell, hatte einen Kühlergrill, der vom Bristol Brabazon abgeleitet war.

Der 405, der einzige Versuch, den Bristol mit viertürigen Karosserien unternahm, blieb von 1954 bis 1958 in Produktion.

BRISCOE (1915)

Motor: 4 Zylinder in Reihe mit stehenden Ventilen
Bohrung/Hub: 81 mm × 127 mm
Hubraum: 2.680 cm³
Max. Leistung: 24 PS
Getriebe: mechanisch, 3 Gänge
Rahmen: Leiterrahmen
Aufhängung: Starrachsen mit Halbelliptikfedern
Bremsen: Trommelbremsen auf die Hinterräder
Karosserie: Roadster, Tourer
Höchstgeschwindigkeit: nicht bekannt

Briscoe

Bristol 401

BRISTOL 401 (1950)

Motor: 6 Zylinder in Reihe mit hängenden Ventilen
Bohrung/Hub: 66 mm x 96 mm
Hubraum: 1.971 cm^3
Max. Leistung: 85 PS
Getriebe: mechanisch, 4 Gänge
Rahmen: Plattformrahmen mit Kastenträger
Aufhängung: Einzelradaufhängung vorn an Querblattfeder und Querlenkern, Hinterachse als Starrachse mit Torsionsstab
Bremsen: Trommelbremsen
Karosserie: Limousine aus Aluminium
Höchstgeschwindigkeit: 172 km/h

1961 zeigte sich, daß der alte 6-Zylinder-Reihenmotor die Grenzen seiner Leistungsfähigkeit endgültig erreicht hatte, und so übernahm Bristol eine modifizierte Version des Chrysler 8V mit 5.200 cm^3 Hubraum.

Die derzeitige Produktion, die die drei Modelle Beaufighter, Britannia und den Brigand mit V8-Turbomotor umfaßt, wird in Filton hergestellt, und zwar völlig unabhängig von dem Bristol-Airplane-Unternehmen, da die Bristol Car Ltd. inzwischen dem früheren Fahrer des Unternehmens, Antony Crook, gehört.

Bristol 401

Der Bristol 401 hatte eine gefällige, strömungsgünstige Karosserie, von Touring/Mailand entworfen und im Windkanal verfeinert.

In den 401 war eine Version des BMW-6-Zylinder-Motors eingebaut. Dieser Motor wies den vom BMW 328 bekannten Ventiltrieb auf.

Der 401 war mit einem Plattformrahmen mit Kastenträgern ausgestattet. Die Karosserie der Bristol-Limousine wurde aus einem Gitterrohrrahmen mit Aluminium-Beplankung hergestellt.

British Salmson

In den 401 wurden serienmäßig Gürtelreifen eingebaut; Bristol zählt daher zu den Herstellern, die als erste die herkömmlichen Diagonalreifen aufgaben. Obwohl im Wagen fünf erwachsene Personen bequem Platz fanden und außerdem ein sehr geräumiger Kofferraum vorhanden war, machte das Gewicht des Fahrzeugs nur 1.252 kg aus.

1949 baute Bristol einige Exemplare als Cabriolet (Typ 402), während der 403, der 1953 auf den Markt gebracht wurde und auch zahlreiche Verbesserungen an Motor und Aufhängungen aufwies, noch weiterhin die übliche Karosserie des Modells 401 aufmontiert wurde.

BRITISH SALMSON
London, Großbritannien
1934–1939

Die British Salmson Aero Engines Ltd. in Raynes Park war Importeur für das französische Stammhaus in England. So basierten die ersten Automodelle von British Salmson auf dem französischen Modell S 4C, einem schnellen Tourer, der mit zwei obenliegenden Nockenwellen und einem Hubraum vom 1,5 l ausgestattet war.

Im Jahr 1936 stellte das Unternehmen British Salmson den in England konstruierten 20/90 mit einem Motor mit zwei obenliegenden Nockenwellen und einem Hubraum von 2.600 cm^3 vor und konnte damit einen eindeutigen Beweis für seine technische Eigenständigkeit liefern.

Das 14-PS-Modell am Jahresende 1937 und Anfang 1938 erwies sich zwar als weniger brillant, erreichte aber außerdem auch eine Dauergeschwindigkeit von 96 km/h und zeigte eine gute Straßenlage.

Die Produktion des britischen Unternehmens wurde zu Beginn des Zweiten Weltkriegs eingestellt, während die französische Salmson weiterhin bis 1956 Limousinen mit zwei obenliegenden Nockenwellen herstellte; 1956 wurde das Unternehmen von Renault übernommen.

BRITISH SALMSON 20/90 (1936)

Motor: 6 Zylinder in Reihe mit zwei obenliegenden Nockenwellen
Bohrung/Hub: 75 mm x 98 mm
Hubraum: 2.590 cm^3
Max. Leistung: 90 PS
Getriebe: mechanisch, 4 Gänge
Rahmen: Leiterrahmen
Aufhängung: Einzelradaufhängung vorn an Querblattfeder; Hinterachse als Starrachse mit Viertelelliptikfedern
Bremsen: Trommelbremsen
Karosserie: Limousine oder Coupé
Höchstgeschwindigkeit: 145 km/h

BRIXIA-ZÜST
Brescia, Italien
1906–1912

Die Brixia-Züst entstand 1906 als Partnerfirma von Züst, einem auf große Wagen spezialisierten Unternehmen, das sich mit seinen qualitativ hoch-

Brixia-Züst 10 HP

BRIXIA-ZÜST 10 HP (1909)

Motor: 3 Zylinder in Reihe mit stehenden Ventilen und zwei Nockenwellen im Kurbelgehäuse
Bohrung/Hub: 70 mm x 130 mm
Hubraum: 1.495 cm³
Max. Leistung: 10 PS bei 1.000^{-min}
Getriebe: mechanisch, 3 Gänge
Rahmen: Leiterrahmen
Aufhängung: Starrachsen mit Halbelliptikfedern
Bremsen: auf die Hinterräder und das Getriebe
Karosserie: Double Phaéton
Höchstgeschwindigkeit: 60 km/h

wertigen Modellen einen soliden Ruf geschaffen hatte.

Das erste, von der neuen Marke konstruierte Modell war der 14/18 HP mit sehr konventioneller Auslegung: 4-Zylinder-Zweiblock-Motor mit 3.770 cm³ Hubraum, Längsträger, Kraftübertragung mit Kardanwelle. Dieses Fahrzeug wurde mit einigen Verbesserungen (unter anderem wurde auch eine Sportversion daraus entwickelt) bis 1911 hergestellt. 1909 erhielt das Modell einen kleineren Motor mit 2.297 cm³ Hubraum.

Das interessanteste Projekt in der kurzen Geschichte der Brixia-Züst war der 10 HP, eines der wenigen Modelle mit 3-Zylinder-Reihenmotor.

Der Brixia-Züst-10-HP wurde 1909 auf den Markt gebracht; im selben Jahr veranlaßte die Krise auf dem Automobilmarkt die Gesellschafter (darunter die Banca Kuster in Turin), das Unternehmen aufzulösen, was dann 1912 durchgeführt wurde. Das Werk in Brescia übernahm zunächst Züst (bis 1917) und verkaufte es dann an die Officine Meccaniche, früher Miani, Silvestri & C., aus denen dann die O.M. hervorging, weiter.

BROOKE
Lowestoft, Großbritannien
1901–1913

Dieses von J.W. Brooke geleitete Unternehmen in Lowestoft war hauptsächlich im Bereich der Bootsmotoren tätig, wo es dank der ausgezeichneten Qualität seiner Produkte einen ziemlich guten Ruf genoß: 1903 gehörte zu seiner Produktpalette bereits ein Schiffsmotor mit sechs Zylindern, der dann 1906 praktisch unverändert in ein Automobil eingebaut wurde.

Das erste von Brooks gebaute Auto war jedoch schon 1900 auf dem Markt erschienen: Es hatte einen quer eingebauten 3-Zylinder-Reihenmotor. Die charakteristischen Merkmale dieses Modell waren ein Kettenantrieb zwischen Motor und Getriebe, ein Kettengetriebe und ein Kettenantrieb auf die Hinterräder.

1905 folgte der 15/20 PS mit längs eingebautem 4-Zylinder-Motor. 1906 wollte Brooke nur noch ein Modell in Produktion behalten und baute zu diesem Zweck die standardisierte Version mit dem 25/30-PS-Motor mit sechs Zylindern. Bereits 1907 wurde diese Entscheidung revidiert und eine ähnliche Version mit einem 40/60-PS-Motor in Produktion genommen.

Wegen ihres hohen Qualitätsstandards erfreuten sich die Brooke-Modelle sehr bald großer Beliebtheit. Dennoch sank nach und nach bei den Direktoren der Firma das Interesse an der Automobilproduktion, bis sie sich dann 1913 für die endgültige Schließung entschieden.

BROOKE 40 HP (1907)

Motor: 4 Zylinder in Reihe mit stehenden Ventilen
Bohrung/Hub: 108 mm x 120 mm
Hubraum: 6.596 cm³
Max. Leistung: 40 PS (geschätzt)
Getriebe: mechanisch, 4 Gänge
Rahmen: Leiterrahmen
Aufhängung: Starrachsen mit Halbelliptikfedern
Bremsen: Trommelbremsen auf die Hinterräder und auf das Getriebe
Karosserie: nach Auftrag
Höchstgeschwindigkeit: 58 km/h

BROUGH SUPERIOR
Nottingham, Großbritannien
1935–1939

Seit 1921 stellte George Brough in seinem Werk in Nottingham Motorräder her, die aufgrund ihrer hervorragenden Qualität als die „Rolls-Royce der Motorräder" bezeichnet wurden. Die erste Annäherung an die Produktion von Fahrzeugen mit vier Rädern fand 1932 mit der Konstruktion eines Prototypen mit Dorman-Motor statt.

Als man sich definitiv zur Automobilproduktion unter der Marke Brough Superior entschloß, entschied sich jedoch Brough für amerikanische Hudson-Saugmotoren mit sechs oder acht Zylindern. Später beinhaltete das Brough-Superior-Programm auch einen Kompressor als Sonderausstattung. Dieses Modell wurde als „ein Wagen mit beachtlichen Leistungen, mit bester Straßenlage und einer Lenkung, die eine perfekte Kontrolle auch bei leicht erreichbaren, hohen Geschwindigkeiten garantierte" präsentiert. Die patentierte, von Atcherley in Birmingham konstruierte Serienkarosserie war

Brooke

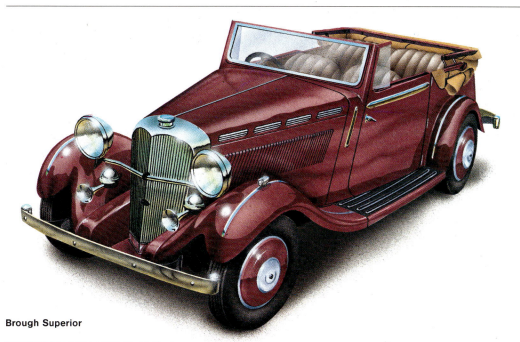

Brough Superior

BROUGH SUPERIOR (1935)

Motor: 6 Zylinder in Reihe mit stehenden Ventilen
Bohrung/Hub: 76,2 mm x 127 mm
Hubraum: 3.455 cm^3
Max. Leistung: 93 PS
Getriebe: mechanisch, 3 Gänge
Rahmen: Leiterrahmen
Aufhängung: Starrachsen mit Halbelliptikfedern
Bremsen: Trommelbremsen mit hydraulischer Betätigung
Karosserie: Limousine, Coupé oder Rennwagen
Höchstgeschwindigkeit: 156 km/h

als Cabriolet ausgelegt; 1936 debütierte ein schneller Zweisitzer, der Alpine Grand Sport, mit Kompressormotor.

1939 entstanden die Komponenten für die Konstruktion von drei Brough Superior mit Lincoln-Zephyr-12-Zylinder-V-Motor. Leider konnte nur ein Modell gebaut werden, bevor der Ausbruch des Krieges die Produktion beendete.

BSA
Birmingham, Großbritannien 1907–1940

Das Unternehmen Birmingham Small Arms begann erst 1907 mit der Produktion von Automobilen.

Originalität war sicher nicht die Stärke der ersten BSA, da das 1908 gebaute Modell eine perfekte Kopie des Itala 40 HP darstellte. Ab 1911 – in diesem Jahr kaufte BSA Daimler – waren die von diesem Unternehmen gebauten Automobile nichts anderes als kleinere Reproduktionen der Daimler mit Schiebermotoren. 1912 engagierte sich BSA jedoch stark in der Entwicklung der Herstellungstechnik und entwarf eine Ganzstahlkarosserie. Mit dem von 1919 bis 1924 2-Zylinder-V-Motor erfolgte eine Wende in der Unternehmenspolitik von BSA, auch wenn die Modelle mit Schiebermotoren weiterhin bis 1926 gebaut wurden. 1931 übernahm BSA die Firma Lanchester und vertrieb eine neu entwickelte Lanchester-Modellreihe als preiswerte Daimler. Eine noch preiswertere Modellreihe, die ebenfalls auf Lanchester-Technik basierte, aber unter der Marke BSA verkauft wurde, folgte 1933. Alle diese Fahrzeuge wurden im Daimler-Werk Coventry hergestellt. 1936 gab die Motorcar Division von BSA die Pkw-Produktion auf.

Inzwischen hatte jedoch die Motorradabteilung von BSA, die BSA Cycles Ltd., ein dreirädriges Cycle Car à la Morgan mit luftgekühltem V2-Motor und Vorderradantrieb entwickelt, das 1930 auf den Markt kam. Das Beezay (aus BSA) genannte Gebilde erhielt 1932 ein viertes Rad (hinten) und 1933 einen wassergekühlten 4-Zylinder-Motor. Dann ver-

BSA SCOUT (1935)

Motor: 4 Zylinder in Reihe mit stehenden Ventilen
Bohrung/Hub: 63 mm x 95 mm
Hubraum: 1.185 cm^3
Max. Leistung: nicht bekannt
Getriebe: mechanisch, 3 Gänge
Rahmen: Leiterrahmen
Aufhängung: Einzelradaufhängung vorn mit Schraubenfedern; Hinterachse als Starrachse mit Halbelliptikfedern
Bremsen: Trommelbremsen
Karosserie: Roadster, Coupé und Saloon
Höchstgeschwindigkeit: nicht bekannt

BSA Scout

schwand Beezay für eine Saison aus dem Produktionsprogramm und kehrte 1935 als Scout zurück. Von 1936 bis 1940 war der Scout der einzige von BSA noch angebotene Personenwagen, nachdem die Dreiräder bereits 1935 aufgegeben worden waren.

BUCCIALI
Courbevoie, Frankreich
1923–1932

1922 begannen die Brüder Angelo und Paul Bucciali in Courbevoie Buc-Motordreiräder zu bauen, wobei sie einen Zweitakter mit 2 Zylindern und 1.340 cm³ verwendeten. 1925 bauten sie ebenfalls unter der Marke Buc ein Automobil mit einem SCAP-Motor mit 1.600 cm³, das in den Versionen Tourisme und Quatre Spéciale mit Kompressor erhältlich war. Im gleichen Jahr konstruierten sie auch ein 6-Zylinder-Modell mit 1.500 cm³ und obenliegender Nockenwelle. Danach gingen die Brüder Bucciali mit 6- und 8-Zylinder-Modellen zum Vorderradantrieb über.

1928 wurde das erste Bucciali-Automobil, der sensationelle TAV (Traction Avant) mit Vorderradantrieb und Continental-Motor mit 6 oder 8 Zylindern vorgestellt. Während der Entwicklungsphase dachte man daran, den TAV mit einem

BUCCIALI DOUBLE HUIT (1932)
Motor: 2 x 8 Zylinder in Reihe (Continental)
Bohrung/Hub: 72 mm x 120 mm
Hubraum: 7.817 cm³
Max. Leistung: 155 PS
Getriebe: mechanisch, 4 Gänge
Rahmen: Niederflur-Leiterrahmen
Aufhängung: Einzelradaufhängung mit elastischen Gummielementen
Bremsen: elektrisch (Eclair) an den Vorderrädern, servounterstützte Trommelbremsen an den Hinterrädern
Karosserie: nach Auftrag
Höchstgeschwindigkeit: nicht bekannt

Automatikgetriebe von Sensaud de Lavaud auszustatten, aber dann entschied man sich doch für ein Schieberädergetriebe, das von den Gebrüdern Bucciali entworfen worden war. Die TAV zeichneten sich durch ihre äußerst schlanke Karosserie und die enormen Aluminiumfelgen aus.

Die Gebrüder Bucciali versuchten erfolglos, eine Zusammenarbeit mit der amerikanischen Peerless zu erreichen, aber vielleicht hat gerade dieser Versuch die Entwicklung des Double Huit mit Vorderradantrieb (1932) inspiriert; dieser Wagen war mit 2 Continental-8-Zylinder-Motoren ausgestattet. Als man jedoch endlich beschloß, das einzige Exemplar, das gebaut wurde, wieder instand zu setzen, entdeckte man, daß im Motorraum nur ein Haufen alter Zeitschriften zu finden war.

Das letzte Bucciali-Modell war ein Prototyp mit einem Voisin-12-Zylinder-Motor.

BUCKLER
Reading, Großbritannien
1949–1962

Derek Buckler baute 1947 seinen ersten Buckler Special mit Gitterrohrrahmen, aber die tatsächliche Produktion im Werk in Reading begann erst 1949 mit dem aerodynamischen Airflow Mark V. Dieses Modell wurde bereits komplett mit Mechanik oder als Bausatz geliefert (in letzterem Fall mußte der Käufer den Wagen vervollständigen und die Mechanikteile von Ford erwerben). Der Umsatz war eher bescheiden; Buckler selbst kontrollierte jede fertiggestellte Einheit und erstellte den entsprechenden Bericht, den er außerdem regelmäßig unterzeichnete.

Für die nachfolgenden Modelle wurden verschiedene Motoren mit einem Hubraum bis zu 2.000 cm³ verwendet, darunter ein von Buckler modifizierter Ford mit 1.172 cm³ und der Coventry-Climax FWA. Das erfolgreichste Modell war der Buckler 90, der nur etwa 454 kg wog. Der Buckler BB mit einem Zentralrohrrahmen, einem Gewicht von ca. 381 kg und einer Höhe von nur 55,8 cm wurde dagegen 1960 bei der Racing Car Show in London der Öffentlichkeit vorgestellt.

Die Produktion wurde 1962 eingestellt, es waren insgesamt etwa 500 Exemplare verkauft worden; zwei Jahre später verschwand auch Buckler Malcolm, der Gründer des Unternehmens.

BUGATTI
Molsheim, Elsaß
1909–1956

Nach zehnjähriger Erfahrung als Automobilkonstrukteur bei verschiedenen Marken wie De Dietrich, Mathis und Deutz baute Ettore Bugatti 1909 ein eigenes Werk in Molsheim bei Straßburg in der Absicht, in kleiner Serie einen Wagen mit Eigenschaften zu produzieren, die denen seines Prototyps Typ 10 ähnelten, den er auf eigene Rechnung konstruiert hatte, als er noch Mitarbeiter bei Deutz in Köln war.

Die Produktion begann mit dem Modell Typ 13, das mit einem 1.327-cm³-Motor mit obenliegender Nockenwelle ausgestattet war. Gleichzeitig entwarf Bugatti auch den Peugeot Bébé. In der Zeit vor dem Krieg beschränkte sich die Bugatti-Palette auf Modelle mit 4-Zylinder-Motoren mit 1.327 cm³ und 5.027 cm³ (letzteres wurde nach dem berühmten Flieger, der das erste Exemplar davon erwarb, Typ Garros benannt).

1913 wurde ein Prototyp mit einem 8-Zylinder-Reihenmotor mit 2.655 cm³, bei dem zwei Vierzylinder zusammengekoppelt waren, gebaut, aber die Produktion des ersten echten Bugatti begann erst 1922 mit dem Typ 30 mit 1.991 cm³. Beim Großen Preis von Lyon von 1924 stellte Ettore den Typ 35 vor, der mit seinem 8-Zylinder-Motor mit 1.991 cm³ die Ausgangsbasis für den 35A (1.991 cm³), den 35T (2.261 cm³) und den 35B (mit Kompressor) sowie für den 39 (1.492 cm³) und den 39A (mit Kompressor) bildete.

Im Bereich der Rennautomobile spielten der Typ 40-Vierzylinder und der Typ 45-Achtzylinder eine herausragende Rolle, während im Bereich der Tourenwagen die Bugatti-Palette den Typ 44 (mit einem 3.000-cm³-Motor) und den Typ 46 (mit einem 5.300-cm³-Motor) umfaßte. Von dem Modell Royale wurde nur etwa ein halbes Dutzend Exemplare gebaut, und sein enormer 8-Zylinder-Motor mit 12.762 cm³ Hubraum wurde anschließend mit besten Resultaten als Antrieb für schnelle Lokomotiven verwendet.

Bei dem Achtzylinder mit 2.261 cm³ für das Rennmodell Typ 51 benutzte Bugatti 1931 zum ersten Mal die Ventilsteuerung mit zwei obenliegenden Nockenwellen. Der Typ 59 war dagegen der letzte große Rennwagen dieser Marke: für ihn wurden Motoren mit 2.800 cm³, 2.900 cm³ und 3.300 cm³ verwendet.

Der Typ 55, ein Sportwagen mit einem 2300-cm³-Motor mit zwei obenliegenden Nockenwellen, legte den Grundstein für den Typ 57, der von 1934 bis zum Ausbruch des Zweiten Weltkriegs in Produktion blieb. Dieses letzte Sport-/Rennmodell mit 3.257 cm³ Hubraum war auch mit Kompressor (unter der Bezeichnung 57S und 57SC) erhältlich und kann als das letzte der Bugatti-Produktion betrachtet werden: nach dem Tod von Bugatti 1947 baute sein Werk nur wenige Exemplare des ebenfalls aus dem 57 entwickelten Typ 101. Danach wurde es von Hispano-Suiza übernommen, das die Fabrik in Molsheim für die Herstellung von Flugzeugkomponenten umrüstete.

Bugatti Typ 13

Der Typ 13 stammte von dem Prototyp des Typ 10 (der Petit Pur Sang genannt wurde) ab, den Ettore Bugatti in seinem Keller in Köln zusammengebaut hatte. Dieser Bugatti, der sich am Design des Isotta-Fraschini Tipo FE orientierte, war eines der ersten kleinen Automobile, das annehmbare Leistungen ohne die typischen Mängel der Dreiräder mit Motor bot.

Die Produktion lief nur sehr zögernd an (1910 wurden davon nur 5 Exemplare gebaut), aber als ein Typ 13 beim Grand Prix von Le Mans 1911 hinter einem Fiat mit einem in der Konzeption gleichen Motor, der jedoch über 10 l Hubraum hatte – Zweiter wurde, wurde der Name Bugatti in einer eher exklusiven Käuferschicht bekannt,

Bucciali TAV

BUGATTI

Bugatti TYP 13

BUGATTI BRESCIA (1921)

Motor: 4 Zylinder in Reihe mit obenliegender Nockenwelle
Bohrung/Hub: 69 mm x 100 mm
Hubraum: 1.496 cm³
Max. Leistung: 40 PS
Getriebe: mechanisch, 4 Gänge
Rahmen: Leiterrahmen
Aufhängung: Vorderachse als Starrachse mit Halbelliptikfedern; Hinterachse als Starrachse mit nach vorn gerichteten Viertelelliptikfedern
Bremsen: Handbremse auf die Hinterräder, Fußbremse auf das Getriebe
Karosserie: zweisitziger Sportwagen
Höchstgeschwindigkeit: 160 km/h

und der Absatz begann beträchtlich zu steigen.

Zusammen mit dem Typ 13 nahm Bugatti zwei daraus entwickelte Modelle, den Typ 15 und den Typ 17, in Produktion. Der Typ 17 war mit paarweise montierten Halbelliptikfedern ausgestattet, um das größere Gewicht der Karosserie auszugleichen.

1914 wurden der Typ 15 und Typ 17 durch den Typ 22 und den Typ 23 ersetzt, während am Typ 13 eine technische Lösung realisiert wurde, die ein typisches Merkmal der Bugatti-Automobile werden sollte: die Hinterradaufhängung mit nach vorn weisender Viertelelliptikfeder.

1921 fuhren die Typ 13 – die mit 16 Ventilen ausgestattet waren und ursprünglich 1914 an dem ausgefallenen Coupé des Voiturettes teilnehmen sollten – beim Großen Preis von Italien mit, wobei sie die Konkurrenten in der den „Kleinen" vorbehaltenen Klasse völlig aus dem Feld schlugen, und von diesem Augenblick an wurden sie „Brescia"-Modell genannt. Der Bugatti mit 16 Ventilen, dessen Kurbelwelle kugelgelagert war, beendete seine glorreiche Laufbahn in der Nachkriegszeit: Es genügt daran zu erinnern, daß die von Amherst Villiers getunten Motoren, die in den von Raymond Mays gesteuerten Wagen (dem Cordon Rouge und dem Cordon Bleu) montiert waren, auf über 6000-min gegenüber den regulären 4500-min kamen.

Der Typ 23 Brescia wurde in Lizenz in Italien, Deutschland und Großbritannien auch in einer Tourenversion gebaut.

Bugatti Typ 35B

Der Typ 35 hatte seinen ersten Auftritt 1924 beim Großen Preis von Lyon, und viele sahen in ihm sofort die höchste Vollendung des Bugatti-Stils: die Klarheit seiner Linien verband ein avantgardistisches Design mit den Erfordernissen höchster Funktionalität.

Vorn finden wir den für Bugatti typischen Hufeisenkühler; ein Rahmen gleicher Festigkeit folgte dem Querschnitt der schlanken Sportwagen-Karosserie.

Der Typ 35 wies auch andere interessante Details auf: Der Motor mit ursprünglich 1.991 cm³, der dann für den Targa Florio von 1926 (bei dem ein Typ 35 siegte) auf 2.292 cm³ erweitert worden war, war ein Achtzylinder auf der Basis von zwei gekoppelten 4-Zylinder-Monoblockmotoren. Außerdem drehte sich die Kurbelwelle auf fünf Hauptlagern.

1926 wurde in dem Modell mit 1.991 cm³ ein Kompressor eingebaut (wie auch schon beim Typ 35C), und ein Jahr danach wurde auch das Modell mit 2.292 cm³ damit ausgestattet, das dann die Bezeichnung

BUGATTI TYP 35B (1925)

Motor: 8 Zylinder in Reihe mit obenliegender Nockenwelle
Bohrung/Hub: 60 mm x 100 mm
Hubraum: 2.262 cm³
Max. Leistung: 135 PS
Getriebe: mechanisch, 4 Gänge
Rahmen: Leiterrahmen
Aufhängung: Vorderachse als Starrachse mit Halbelliptikfedern, Hinterachse als Starrachse mit nach vorn gerichteten Viertelelliptikfedern
Bremsen: Trommelbremsen mit mechanischer Betätigung
Karosserie: zweisitziger Sportwagen
Höchstgeschwindigkeit: 200 km/h

Bugatti TYP 35B

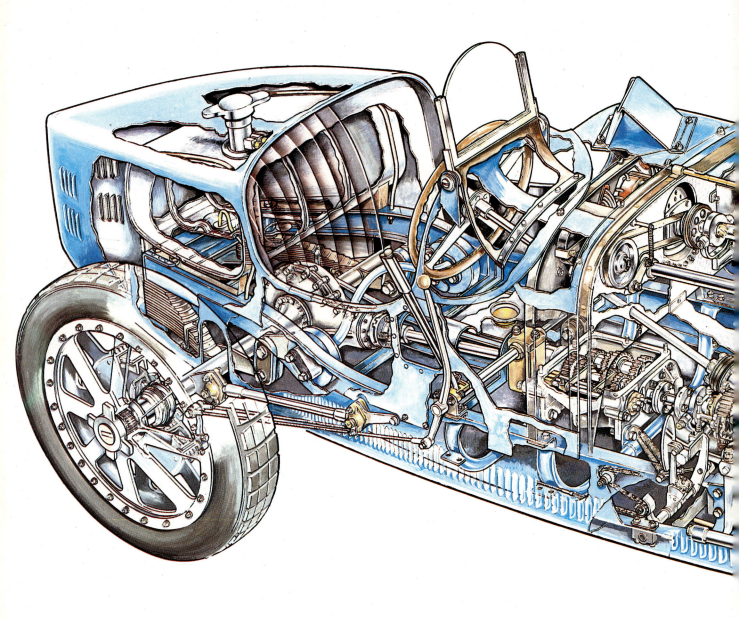

Bugatti Typ 35B (1927)

Motor
Position: vorne, in Längsrichtung
Bauart: wassergekühlter, aus zwei Monoblöcken mit 4 Zylindern zusammengesetzter 8-Zylinder-Reihenmotor mit einer ollengelagerten Kurbelwelle
Hubraum: 2.262 cm³
Bohrung/Hub: 60 mm x 100 mm
Verdichtungsverhältnis: keine Angaben
Ventilsteuerung: eine obenliegende Nockenwelle; 3 Ventile pro Zylinder (2 Einlaß- und 1 Auslaßventil)
Gemischbildung: Zenith- oder Solex-Vergaser mit Roots-Kompressor
Zündanlage: mit Magnet
Max. Leistung: von 130 bis 150 PS

Übertragung
Antrieb: Getriebe vom Motor getrennt
Kupplung: im Öl umlaufende Mehrscheibenkupplung mit Servounterstützung
Getriebe: mechanisch, 4 Gänge
Übersetzungsverhältnis: I) 2,42:1; II) 1,85:1; III) 1,31:1; IV) 1,00:1
Achsgetriebe: Spiralkegelradgetriebe
Übersetzungsverhältnis im Achsgetriebe: von 3,37:1 bis 4,5:1 entsprechend den Anforderungen

Aufhängung
Vorderachse: mit Starrachse und Längsblattfedern
Hinterachse: Starrachse mit nach vorn weisenden Viertelelliptikfedern

Lenkung
System: Schneckenlenkung; eine einzige Lenkraddrehung von Anschlag zu Anschlag

Bremsen
Typ: mit Drahtseil betätigte Trommelbremsen an allen vier Rädern

Räder und Bereifung
Typ: Felgen aus Leichtmetall mit eingebauter Bremstrommel

Karosserie und Rahmen
Typ: Leiterrahmen; zweisitzige Rennwagenkarosserie

Abmessungen und Gewicht
Länge: 3.683 mm
Breite: 1.321 mm
Radstand: 2.400 mm
Vordere und hintere Spurweite: 1.143 mm / 1.194 mm
Gewicht: 750 kg

Leistungen
Höchstgeschwindigkeit: 193 km/h

Der 35B im Aufriß. Die Königswelle, die den Antrieb von der Kurbelwelle zur Nockenwelle überträgt, die 3 Ventile pro Zylinder und das gerippte Gehäuse des Roots-Kompressors sind gut sichtbar. Das Zahnradgetriebe unten am Kühler ist der Kompressorantrieb. Ein weiteres, für Bugatti typisches Detail sind die verkehrten Viertelelliptikfedern an der Hinterradaufhängung. Die Aufmerksamkeit, die Bugatti den Details schenkte, zeigt sich beim Bremspedal, das mit Bremsausgleich ausgestattet wurde, um gleiche Bremswirkung an allen vier Rädern zu erzielen.

BUGATTI

Bugatti Royale

BUGATTI ROYALE (1927)

Motor: 8 Zylinder in Reihe mit obenliegender Nockenwelle
Bohrung/Hub: 125 mm x 130 mm
Hubraum: 12.763 cm³
Max. Leistung: 200 PS
Getriebe: mechanisch, 3 Gänge
Rahmen: Leiterrahmen
Aufhängung: Starrachse mit Halbelliptikfedern; Hinterachse als Starrachse mit nach vorn gerichteten Viertelelliptikfedern und Halbelliptikfedern
Bremsen: Trommelbremsen
Karosserie: nach Auftrag
Höchstgeschwindigkeit: 180 km/h

35B erhielt. Der Typ 35A hat dagegen drei Hauptlager, Speichenräder und eine Spulenzündung. Dieses Modell wurde nach dem berühmten Juwelier Thécla genannt.

In der Version als Saugmotor entwickelte der 2-l-Motor des Typ 35 ca. 90 PS, der 2,3-l-Motor des 35T 120 PS und das Kompressormodell 135 PS.

1930 wurde der Typ 35 – nachdem er mehr als 1.800 Rennen gewonnen hatte – durch den Typ 51 mit Zweinockenwellen-Motor ersetzt.

Bugatti Royale

Obwohl sein Name zu Beginn ein Synonym für kleine Wagen mit hohen Leistungen war, baute Ettore Bugatti um 1930 mit dem Typ 41 Royale ein Automobil ohnegleichen, ein zeitloses Monument technischer Ideale. Sein 12,7-l-Motor leistete etwa 250 PS und war der größte in den zwanziger Jahren in Serienautomobile eingebaute Motor.

Dieser 8-Zylinder-Motor war eine vergrößerte Version des typischen Bugatti-Motors und wies drei Ventile pro Zylinder auf, die von einer obenliegenden Nockenwelle betätigt wurden (für das Einschleifen der Ventile mußte der Motor ausgebaut werden). Das 3-Gang-Getriebe (der höchste Gang war mit einem Overdrive vergleichbar) war an die Hinterachse geflanscht, und das erste Modell hatte ultraleichte Kupplung unter dem Fahrersitz.

Bugatti erklärte, daß er die Produktion von 25 Exemplaren geplant habe, von denen eines für König Alfonso XIII. von Spanien bestimmt war, aber in Wirklichkeit wurden, hauptsächlich wegen der Weltwirtschaftskrise nur sechs Royale verkauft. 1933 nahm Bugatti schnelle, aerodynamische Lokomotiven, die 200 km/h erreichen konnten und von einer Serie von zwei oder sogar vier leicht modifizierten 8-Zylinder-Motoren angetrieben wurden, in Produktion, um die Royale-Motoren zu verwenden.

Bugatti Typ 57

Der 1933 auf dem Autosalon in Paris vorgestellte Typ 57 war das letzte Serienmodell von Bugatti.

Der Typ 57 hatte ein sehr fortschrittlich konzipiertes Fahrgestell, in dem ein 3,3-l-Motor mit zwei obenliegenden Nockenwellen montiert war. Das erste Exemplar wies eine eigenartige Vorderachse auf, die in zwei unabhängig voneinander bewegliche Hälften geteilt war, aber diese ungewöhnliche technische Lösung erwies sich nicht als funktionell, und der Wagen mußte in das Werk zurückkehren, wo die beiden Teile verschweißt wurden.

Angesichts der Tatsache, daß sich die Gesamtproduktion der Bugatti-Automobile auf ca. 6000 Stück belief, stellten die 725 Exemplare des Typ 57 einen beträchtlichen Anteil der Produktion. Insgesamt produzierte Bugatti etwa 40 Exemplare der Sportversion – dem Typ 57S mit kurzem Rahmen – und ungefähr 100 Exemplare der Version Typ 57C, die 1936 mit einem leistungsstarken Kompressormotor auf den Markt gebracht wurde.

1939 kam Jean Bugatti von der Straße ab und verlor das Leben, als er eine modernisierte Version des oben erwähnten Modells testete.

Im Jahr 1947 verstarb auch Ettore Bugatti, und die Produktion des elsässischen Unter-

Bugatti TYP 57

BUGATTI TYP 57 (1933)

Motor: 8 Zylinder in Reihe mit 2 obenliegenden Nockenwellen
Bohrung/Hub: 72 mm x 100 mm
Hubraum: 3.257 cm³
Max. Leistung: 135 PS
Getriebe: mechanisch, 4 Gänge
Rahmen: Leiterrahmen
Aufhängung: Vorderachse als Starrachse mit Halbelliptikfedern; Hinterachse als Starrachse mit Viertelelliptikfedern
Bremsen: Trommelbremsen
Karosserie: nach Auftrag
Höchstgeschwindigkeit: 160 km/h

nehmens konnte nach dem Krieg nicht mehr mit derselben Kontinuität wie zuvor weitergeführt werden; das letzte von Bugatti hergestellte Automobil, ein Spider, verließ 1960 das Werk in Molsheim.

Zu einer Wiederauferstehung der Marke kam es durch die Initiative einiger italienischer Investoren. 1991 wurde der Bugatti EB 110 präsentiert, ein Supersportwagen mit aufwendiger Technik. Der Mittelmotor-Zweisitzer mit Kohlefaser-Karosserie besitzt einen 3,5-l-V12-Motor mit insgesamt 60 Ventilen und vier Turboladern. Er leistet 560 PS, im Evolutionsmodell EB 110 S sogar 600 PS, die per Allradantrieb auf die Straße gebracht werden. Die Höchstgeschwindigkeit beträgt 350 km/h, von 0 auf 100 km/h beschleunigt das Fahrzeug in lediglich 3,4 Sekunden.

BUGATTI & GULINELLI
Ferrara, Italien
1901–1903

Die 1901 von Ettore Bugatti und dem Grafen Gulinelli gegründete Firma beabsichtigte, Sportwagen zu bauen. Der Bugatti-Gulinelli, der 1901 beim Automobilsalon in Mailand vorgestellt wurde und mit einem 4-Zylinder-Motor mit 3.054 cm^3 ausgestattet war, mit dem er auf eine Höchstgeschwindigkeit von 65 km/h kam, gewann den Gran Premio d'onore und den Coppa Città von Mailand für das „vollständig in Italien hergestellte Fahrzeug, das sich unter den ausgestellten als das schnellste erwies und das Schnelligkeit mit Einfachheit, bestem Funktionieren und hervorragender Konstruktion verbindet".

Trotz dieser günstigen Voraussetzungen wurden bis zur Auflösung der Firma 1903 nur wenige Exemplare gebaut.

BUICK
Flint, USA
1903–

Die Buick-Modelle, die von Anfang an mit hängenden Ventilen ausgestattet waren, wiesen nie revolutionäre Lösungen auf, auch wenn sie in der Automobiltechnik bei der Produktion von Großserien stets eine führende Rolle einnahmen. Große Bedeutung hat dieses amerikanische Unternehmen vor allem aufgrund der Tatsache, daß sich aus ihm das Imperium von General Motors entwickelte.

1903 beschloß David Dunbar, ein Wasserbauingenieur und Mechaniker aus Leidenschaft) schottischer Abstammung, in die noch junge Automobilindustrie die 100.000 Dollar zu investieren, die er aus dem Verkauf seines Aktienanteils eines gutgehenden, im Wasserbausektor arbeitenden Unternehmens erhalten hatte. Sein erstes Modell mit 2-Zylinder-Boxermotor mit L-Kopf war der Anfang einer langen Serie von kommerziellen Mißerfolgen, bis der frühere Wasserbauingenieur die Leitung seines Unternehmens verlor, das einen großen Teil seines immensen Vermögens verschlungen hatte.

Bei dem Versuch, die schwierige finanzielle Situation zu überwinden, schloß sich Buick mit den Brüdern Benjamin und Frank Briscoe, wohlhabenden Stahlindustriellen aus Detroit, zusammen. Im Gegenzug für die Finanzierung von 3.500 Dollar verlangten die Gebrüder Briscoe den Abschluß eines Vertrags, nach dem sie die Kontrolle des Unternehmens übernommen hätten, wenn Buick nicht seiner Verpflichtung nachgekommen wäre. Um den Vertrag zu realisieren, wurde die Buick Motor Company gegründet, deren Aktien sich fast vollständig in den Händen der Gebrüder Briscoe befanden, während Buick die (symbolische) Stellung des Präsidenten einnahm.

Wenige Monate waren mehr als ausreichend, um die beiden Industriellen aus Detroit abzuschrecken. Im Sommer 1903 beschlossen sie, ihr Aktienpaket James H. Whiting, dem Direktor der Flint Wagon Work, zu überlassen; dieses Unternehmen war einer der größten Automobilhersteller in Flint (Michigan), wohin dann auch das ganze Buick-Unternehmen verlegt wurde.

Der erste Wagen, ein Double Phaeton mit OHV-Motor, wurde im August desselben Jahres auf den Markt gebracht. Wie von den Gebrüdern Briscoe vorhergesehen, kam das Unternehmen sofort in die roten Zahlen, so daß Whiting die finanzielle Hilfe von William Crapo Durant, einem jungen und hervorragenden Verkäufer, in Anspruch nehmen mußte; dieser hatte seine Fähigkeiten bereits mit der Durant-Dort Carriage Work, einer ebenfalls in Flint angesiedelten Wagenfabrik, unter Beweis gestellt. Das Verhältnis zwischen Durant und Buick war von Anfang an gespannt, so daß sich letzterer entschloß, die Firma zu verlassen, gerade als sie begann, sich mit einer breit gefächerten Palette von Modellen auf dem Markt durchzusetzen. Trotz des Ausscheidens von Buick blieben die beiden Konstrukteure Walter Marr und Eugène Richard in der Firma.

Durants Fähigkeiten als Verkäufer zeigten sich sofort: 1908 wurden 8.800 Buick verkauft, doppelt so viel wie das Jahr zuvor. Außer dem 2-Zylinder-Modell wurden vier andere angeboten, die von drei verschiedenen 4-Zylinder-Reihenmotoren mit 2,7 l, 4,2 bzw. 5,5 l Hubraum angetrieben wurden. Der kleinste davon wurde auf den 1908 herausgebrachten Typ 10 montiert, der das populärste Modell werden sollte. Der Erfolg der Buick wurde durch Charles Nash und Walter Chrysler noch weiter vergrößert, die beiden wurden später als Automobilunternehmer berühmt. Von 1919 bis 1926 stand Buick an vierter Stelle des amerikanischen Markts.

Von 1925 bis 1930 wurde die Palette um 6-Zylinder-Modelle mit 3.100 cm^3 bis 5.400 cm^3 Hubraum erweitert. 1931 wurden die 8-Zylinder-Reihenmotoren eingeführt, die mit wenig Änderungen über 22 Jahre lang in Produktion blieben und die früheren Sechszylinder vollständig ersetzten. Leider litt auch Buick stark unter der damaligen Wirtschaftskrise, und erst 1936 mit dem Antritt des neuen Generaldirektors Harlowe H. Curtice verbesserte sich die Situation spürbar. In jener Zeit entstanden die Modelle Special, Century, Roadmaster und Limited, deren Karosseriedesign von Harley Earl entworfen wurde. 1940 wurden die Super-Modelle vorgestellt.

1948, nach der Unterbrechung durch den Krieg (Buick hatte in dieser Zeit Flugmotoren, Raupenfahrzeuge und Munition hergestellt), wurde der Roadmaster, der erste amerikanische Wagen mit Automatikgetriebe, vorgestellt. 1953 wurde ein Sechszylinder mit 5.277 cm^3 angekündigt, der dann in den Skylark eingebaut wurde; mit diesem Modell feierte das Unternehmen seinen 50. Geburtstag. Mitte dieses Jahrhunderts konnte Buick eine Produktionszahl von insgesamt 7 Millionen Exemplaren aufweisen.

In den folgenden Jahren glich sich die Angebotspalette der amerikanischen Mode an; jedes Jahr wurden einige kleine Veränderungen und alle zwei bis drei Jahre grundlegendere Erneuerungen vorgenommen.

Die Modelle waren jedoch in ihrer Auslegung eher konventionell gehalten. Erst Anfang der achtziger Jahre, als Modelle eingeführt wurden, die mit 4-Zylinder-Motoren von 1,8 l mit Turbolader ausgestattet waren, konnten wieder nennenswerte Neuheiten verzeichnet werden.

BUICK B55 (1914)

Motor: 6 Zylinder in Reihe mit hängenden Ventilen
Bohrung/Hub: 95,25 mm x 127 mm
Hubraum: 5.429 cm^3
Max. Leistung: 48 PS
Getriebe: mechanisch, 3 Gänge
Rahmen: Leiterrahmen
Aufhängung: Starrachsen mit Halbelliptikfedern
Bremsen: an den Hinterrädern
Karosserie: Tourer mit 5 Sitzen
Höchstgeschwindigkeit: keine Angaben

Buick B55

Die großartigen, unbezahlbaren und riesigen Royale erregten Aufsehen und Bewunderung. Ihr Preis, der dem von drei Rolls Royce entsprach, machte sie nur für reiche Kenner erschwinglich; die wenigen, die sich einen Royale leisten konnten, konnten sich damit ein exklusives Transportmittel sichern. Verschiedene, äußerst elegante Karosserien wurden realisiert und auf dem riesigen Rahmen montiert, der mit seiner Stabilität bestens geeignet war, das außergewöhnliche Gewicht und die Länge des Autos sowie das beträchtliche Drehmoment des 12,7-l-Motors bzw. des 14,7-l-Motors des Prototyps zu tragen. Der 142 cm lange Motor wurde mit 23 l Öl geschmiert, mit 48 l Wasser gekühlt und aus einem Tank versorgt, der 190 l Benzin enthielt. Zunächst war bei den Royale das Getriebe an die Hinterachse angeflanscht, wie die Abbildung zeigt; später wurden sie mit einem Automatikgetriebe ausgestattet. Obwohl sie auf dem Markt angeboten wurden, gelang es nicht, die erwarteten Käufer zu finden; heute stellen die Royale ein echtes Vermögen dar und in den wenigen Sammlungen, in die sie aufgenommen wurden, nehmen sie einen Ehrenplatz ein.

Bugatti Royale Typ 41 (1930)

Motor
Bauart: 8 Zylinder in Reihe, wassergekühlt, neun Hauptlager
Hubraum: 12.763 cm^3
Bohrung/Hub: 125 mm x 130 mm
Ventilsteuerung: 3 Ventile pro Zylinder (2 Einlaßventile, 1 Auslaßventil), die von einer obenliegenden Nockenwelle betätigt werden
Gemischbildung: Schebler-Vergaser
Zündanlage: mechanisch, mit Spule und Magnet
Max. Leistung: 275 PS bei (ungefähr) 3.000^{-min}

Übertragung
Antrieb: Übertragung vom Motor über separate Kupplung zum Getriebe (mit Ausgleichsgetriebe kombiniert) *Kupplung:* trockene Einscheibenkupplung
Getriebe: mechanisch, 3 Gänge
Übersetzungsverhältnis: I) 2,08:1; II) 1,00:1; III) 0,727:1
Achsgetriebe: Spiralkegelradgetriebe
Übersetzungsverhältnis im Achsgetriebe: 3,66:1

Aufhängung
Vorderachse: Starrachse (Hohlachse) mit durch die Achse führenden Halbelliptikfedern, Reibungsstoßdämpfer

Hinterachse: Starrachse mit Halbelliptikfedern und Reibungsstoßdämpfern

Lenkung
System: Schneckenlenkung

Bremsen
Typ: mechanisch betätigte Trommelbremsen

Räder und Bereifung
Typ: 24-Zoll-Felgen aus Legierung Rapson-Reifen 6,75 x 36

Karosserie und Rahmen
Typ: Rahmen aus Preßstahl im L-Profil mit zwei äußeren Querträgern; Coupé Napoléon mit 4 Türen

Abmessungen und Gewicht
Radstand: 4.320 mm
Vordere/hintere Spurweite: 1.600 mm/1.600 mm
Gewicht: 3.175 kg

Leistungen
Höchstgeschwindigkeit: ca. 160 km/h
Kraftstoffverbrauch: 40 l/100 km

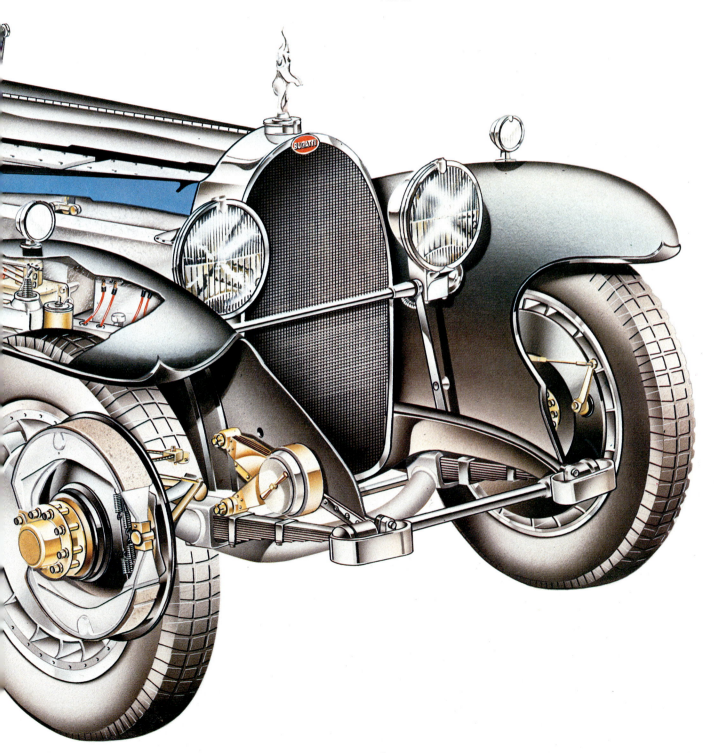

Buick B55

Der 1914 vorgestellte B55 war der erste 6-Zylinder-Wagen von Buick, Konstruktion Walter Marr. Er wog 1.361 kg und hatte einen Radstand von 3,30 m.

Um ihn an die verschiedenen Abstände der Furchen anzupassen, die die Räder der Pferdewagen hinterließen und die im Norden und im Süden der USA unterschiedlich waren, war der Wagen mit einer Spurweite von 1.420 oder 1.520 mm erhältlich.

Für die damaligen Verhältnisse war der B55 ein avantgardistisches Modell: Er war beispielsweise mit einer Batteriezündung, einer Lichtanlage und elektrischem Anlasser sowie links montiertem Lenkrad ausgestattet.

Buick Six

1924 erhielten die Buick-Modelle einen Kühler, der dem von Packard ähnelte, und Vierradbremsen. An der Spitze der Serie, die 4- und 6-Zylinder-Modelle umfaßte, stand der Six, der sich durch seine Ausstattung auszeichnete; dazu gehörten u.a. elektrischer Anlasser und elektrische Lichtanlage, Scheibenwischer, Rückspiegel und Kühlwasserthermometer. Die geschlossenen Versionen (Master Six) waren auch mit einer Heizung ausgestattet.

Buick Riviera Typ T

Buick steht in der General-Motors-Firmen-Hierarchie zwischen Cadillac und Oldsmobile. Das Image ist eher konservativ, mit einem Hang zum Luxus. In den achtziger Jahren hat General Motors, und damit auch

BUICK SIX (1924)

Motor: 6 Zylinder in Reihe mit hängenden Ventilen
Bohrung/Hub: 89 mm x 120 mm
Hubraum: 4.493 cm^3
Max. Leistung: 65 PS
Getriebe: mechanisch, 3 Gänge
Rahmen: Leiterrahmen
Aufhängung: Vorderachse als Starrachse mit Halbelliptikfedern; Hinterachse als Starrachse mit verkehrten Viertelelliptikfedern
Bremsen: Vierradbremsen
Karosserie: Limousine
Höchstgeschwindigkeit: keine Angaben

BUICK RIVIERA TYP T (1984)

Motor: 6-Zylinder-V-Motor mit Turbolader
Bohrung/Hub: 96,5 mm x 86,4 mm
Hubraum: 3.785 cm^3
Max. Leistung: 180 PS
Getriebe: autom., 4 Gänge
Rahmen: selbsttragende Karosserie
Aufhängung: Vorderachse mit Einzelradaufhängung und Torsionsfedern; Hinterachse mit Einzelradaufhängung und Schraubenfedern
Bremsen: Scheibenbremsen an den Vorderrädern, Trommelbremsen an den Hinterrädern; Servobremse
Karosserie: Coupé
Höchstgeschwindigkeit: 188 km/h

Buick Six

Buick Riviera Coupé

Burney Streamliner

BURNEY STREAMLINER (1931)

Motor: 6 Zylinder in Reihe, Heckmotor
Bohrung/Hub: 65 mm x 100 mm
Hubraum: 1.991 cm³
Max. Leistung: 15,7 PS
Getriebe: mechanisch, 4 Gänge, mit Vorwählung
Rahmen: Kastenrahmen
Aufhängung: Einzelradaufhängung mit Querblattfedern vorne und hinten
Bremsen: Trommelbremsen
Karosserie: Limousine
Höchstgeschwindigkeit: 120 km/h

Buick, jedoch einige technische Änderungen vorgenommen, die den Entwicklungsrückstand zur europäischen Autoindustrie zum größten Teil wettmachen konnten. Ein Beispiel ist die neue Generation von Motoren, die über ein modernes, elektronisches Motormanagement verfügen und im Verbrauch die durstigen Triebwerke der Siebziger vergessen lassen.

Neben einem 2,3-l-4-Zylinder-Motor stützt sich Buick heute im wesentlichen auf einen V6, der 3,3 und 3,8 l Hubraum angeboten wird. Dieser Motor treibt die Modelle Century, Regal und LeSabre sowie das Coupé Riviera an und leistet 162 bzw. 172 PS. In der luxuriösen Limousine Park Avenue ist die 3,8-l-Version auch mit Kompressor und einer Leistung von 208 PS lieferbar. Alle 4- und 6-Zylinder-Buicks haben heute Frontantrieb.

Neben diesen Modellen baut Buick wieder einen Roadmaster, diesmal die hauseigene Version des Chevrolet Caprice. Der Roadmaster ist ein typischer Straßenkreuzer mit fünf Metern Außenlänge, einem 5,7-

l-V8-Motor und Heckantrieb. Buick Century und Roadmaster sind darüber hinaus auch in einer „Estate"-Kombi-Version lieferbar.

BURNEY
Maidenhead, Großbritannien
1930–1933

1930 entwarf der britische Flugzeugtechniker Sir Dennistoun Burney einen sechssitzigen Wagen, der mit einem Heckmotor und Einzelradaufhängungen an den vier Rädern ausgestattet war.

Dabei handelte es sich eher um ein Experiment im Hinblick auf die Aerodynamik, was auch dadurch unterstrichen wurde, daß nur wenige Modelle gebaut wurden. Es gingen in der Tat aufgrund eines nachteiligen Defekts nur wenig Aufträge ein (dennoch wurde einer dieser Wagen vom Prince of Wales erworben, was natürlich von der Werbung besonders hervorgehoben wurde): Der Motor überhitzte sich, und die Abgase drangen zum Teil in den Wagenraum ein.

1933 wurden die Pläne für den Wagen von Crossley Motors Ltd. erworben, die erfolglos versuchte, ihn wieder auf den Markt zu bringen.

CADILLAC
Detroit, USA
1902–

Dieses Unternehmen entstand unter dem Namen Henry Ford Company, sein Firmenname sollte sich jedoch bald ändern. Wenige Monate nach der Gründung reichte Ford, der den Posten des Chefingenieurs innehatte, seine Kündigung ein, um die Ford Motor Company zu gründen. Sein Nachfolger wurde Henry Leland, und das Werk überhahm den Namen des Mannes, der 1701 Detroit gegründet hatte, nämlich Antoine de la Mothe Cadillac.

Nachdem Cadillac 1909 sein ursprüngliches 1-Zylinder-Modell aufgegeben hatte, um nur noch Vierzylinder zu produzieren, wurde das Unternehmen 1909 Mitglied der neuen General-Motors-Gruppe. 1912 führte Cadillac die elektrische Beleuchtung und den Elektro-Anlasser ein. Fünf Jahre später kündigten Henry Leland und sein Bruder Wilfred ihre Stellung, um die Lincoln Motor Company zu gründen.

In den zwanziger Jahren baute Cadillac Automobile von hohem technischen Standard, die aber vom ästhetischen Gesichtspunkt nicht besonders attraktiv waren. Unter den technischen Verbesserungen sind die dynamisch ausbalancierte Kurbelwelle (1924), die Vierradbremsen (1924) und das synchronisierte Wechselgetriebe (1929) zu erwähnen. Ein V8-Motor war bereits 1915 eingeführt worden.

Im Januar 1930 wurde der Beginn der serienmäßigen Produktion eines obengesteuerten V16-Motors mit 7,4 l angekündigt, der in den acht darauffolgenden Jahren in 3.863 Luxusautomobile eingebaut wurde. 1938 wurde er durch eine seitengesteuerte V16-Version ersetzt, von der allein 1940 511 Stück produziert wurden. Von 1931 bis 1937 bot Cadillac auch ein Modell mit 12-Zylinder-V-Motor an. In den vierziger Jahren wurde dagegen nur noch der 8-Zylinder-Motor verwendet.

1941 führte Harley Earl, der Leiter der Styling-Abteilung, einen an einen Eierkorb erinnernden Frontgrill ein, während er 1948 die Heckflossen einführte, wobei er vom Leitwerk des Jagdfliegers P-38 Lightning inspiriert wurde; damit leitete er eine Mode ein, deren Einfluß über 20 Jahre lang zu spüren war.

1949 wurden die neuen Cadillac mit V8-Motor mit 5,4 l und kurzem Hub eingeführt, während 1950 in den Modellen 60 Special und 62 das automatische Hydramatic-Getriebe mit 3 Gängen serienmäßig eingebaut wurde (bis dahin war es als Sonderausstattung geliefert worden). Ab 1952 wurden auch die anderen Cadillac-Modelle mit Ausnahme des 75 mit dem Hydramatic-Getriebe ausgestattet.

1953 wurde eine Cabriolet-Version (die nur in wenigen Exemplaren gebaut wurde) auf den Markt gebracht, und die Klimaanlage wurde als Sonderausstattung eingeführt. 1957 wurde das Eldorado-Cabriolet durch den Eldorado Brougham ergänzt, dessen Hauptmerkmale Luftfederung, Doppelscheinwerfer und ein Dach aus rostfreiem Stahlblech waren. Von 1957 bis 1960 wurden davon 904 Stück gebaut.

1967 wurde der Cadillac Eldorado mit einer eher kantigen Karosserie und Vorderradantrieb eingeführt; ab 1970 avancierte er dank seines V8-Motors mit 8,2 l zum größten Serienauto der Welt.

Zu Beginn der Energiekrise führte Cadillac, um gegen den Import europäischer Wagen anzukämpfen, den 5,7-l-Seville, der aus dem Chevy Nova entwickelt worden war, ein und reduzierte 1978 den Hubraum der übrigen Modelle auf „nur" 7 l (im selben Jahr wurde in der Seville der Bordcomputer eingeführt). 1979 kam ein völlig neuer, kürzerer und wendigerer Eldorado auf den Markt, der vom gleichen Motor wie der Seville angetrieben wurde und mit Vorderradantrieb ausgerüstet war.

Anfang der achtziger Jahre versuchte man erfolglos, einen Cadillac mit elektronischer Zylinderabschaltung zu bauen. Im gleichen Zeitraum nahm Cadillac das erste 4-Zylinder-Modell, den Cimarron, in Produktion. Es handelte sich dabei um eine Luxusausführung des GM-Vierzylinders der Serie J.

1984 übernahm Cadillac mit der Einführung der neuen Fleetwoods-Serie den Vorderradantrieb für alle Modelle.

Cadillac V8

Dieses Modell, das unter größter Geheimhaltung von einem Team unter D. McCall White, einem früheren Ingenieur von Napier, entwickelt wurde, konnte trotz eines gewissen Einflusses des De-Dion-V8 von 1910 zahlreiche technische In-

---

CADILLAC V8 (1915)
Motor: 8-Zylinder-V-Motor
Bohrung/Hub: 79,4 mm x 130 mm
Hubraum: 5.152 cm³
Max. Leistung: 70 PS
Getriebe: mechanisch, 3 Gänge
Rahmen: Leiterrahmen
Aufhängung: Vorderachse als Starrachse mit Halbelliptikfedern; Hinterachse als Starrachse mit Viertelelliptikfedern
Bremsen: Trommelbremsen an den Hinterrädern
Karosserie: in 7 Ausführungen
Höchstgeschwindigkeit: 116 km/h

CADILLAC V16 (1930)
Motor: 16-Zylinder-V-Motor mit hängenden Ventilen
Bohrung/Hub: 76,2 mm x 101,6 mm
Hubraum: 7.407 cm³
Max. Leistung: 165 PS
Getriebe: mechanisch, 3 Gänge
Rahmen: Leiterrahmen
Aufhängung: Vorderachse und Hinterachse als Starrachse mit Halbelliptikfedern und hydraulischen Stoßdämpfern
Bremsen: Trommelbremsen
Karosserie: in 54 Ausführungen erhältlich
Höchstgeschwindigkeit: 160 km/h

Cadillac V8

Cadillac V16

CADILLAC ELDORADO BIARRITZ (1984)

Motor: 8-Zylinder-V-Motor mit hängenden Ventilen
Bohrung/Hub: 88 mm x 84 mm
Hubraum: 4.097 cm^3
Max. Leistung: 137 PS
Getriebe: automatisch, 4 Gänge
Rahmen: selbsttragende Karosserie
Aufhängung: Einzelradaufhängung vorn an Querlenker und Torsionsstab; Einzelradaufhängung hinten mit Schraubenfedern und Stabilisator
Bremsen: Scheibenbremsen
Karosserie: Cabriolet
Höchstgeschwindigkeit: 170 km/h

Cadillac Eldorado Biarritz

novationen und Besonderheiten vorweisen. Sein außergewöhnlich steifer Rahmen, die Batteriezündung sowie der elektrische Anlasser verliehen ihm eine klare Überlegenheit gegenüber den anderen Luxusautomobilen der damaligen Zeit. Der Cadillac V8 war auch das erste amerikanische Luxusautomobil, das in beachtlichen Mengen (13.000 Stück im ersten Produktionsjahr) und zu vernünftigen Preisen hergestellt wurde.

1917 wurde bereits das 50.000. Exemplar fertiggestellt, während allmählich die Konkurrenten begannen, den V8-Motor von Cadillac zu kopieren. Dieses Modell beeindruckte auch W.O. Bentley, der damals Flugmotoren konstruierte und es als „einen in vielerlei Hinsicht wirklich außergewöhnlichen und leisen Wagen ... mit einer großen Fahrelastizität auch im höchsten Gang ..." bezeichnete.

Der V8 bewahrte seine ursprünglichen Merkmale bis 1923, als dann der neue Chefingenieur Ernest Seaholm eine ausgewuchtete Kurbelwelle einführte, mit der die typischen, lästigen Vibrationen des alten Motors behoben wurden.

Cadillac V16

Im Januar 1930 stellte Seaholm das Modell 452, das erste Serienmodell mit 16V-Motor, vor. Ein herausragendes Merkmal dieses Motors waren die Ventile, die mittels hydraulischer Stößel gesteuert wurden; dieses System ermöglichte einen besonders leisen Betrieb. Der 452, der mit allen Karosserieversionen des Fleetwood ausgestattet wurde, erlangte einen ausgezeichneten Ruf dadurch, daß er noch bei 110 km/h einen höheren Fahrkomfort als alle anderen amerikanischen Luxusautomobile bot.

CALCOTT 12/24 (1924)

Motor: 4 Zylinder in Reihe mit stehenden Ventilen
Bohrung/Hub: 72 mm x 120 mm
Hubraum: 1.954 cm^3
Max. Leistung: 24 PS (geschätzter Wert)
Getriebe: mechanisch, 4 Gänge
Rahmen: Leiterrahmen
Aufhängung: Vorderachse und Hinterachse als Starrachse mit Halbelliptikfedern
Bremsen: Trommelbremsen
Karosserie: Torpedo und Limousine mit 3 oder 5 Sitzen
Höchstgeschwindigkeit: 88 km/h

Im August 1930 wurde ein Modell mit einem V12-Motor, der aus dem 16-Zylinder-Motor entwickelt worden war, und dem Rahmen des 8-Zylinder-Modells eingeführt, das zusammen mit dem V16 bis 1937 in Produktion blieb. Beide Motoren wurden dann durch einen neuen V16 mit einem größeren Winkel zwischen den beiden Zylinderreihen und Seitenventilen ersetzt, der bis 1940 gebaut wurde.

Cadillac Eldorado

Der Eldorado ist ein Klassiker im Cadillac-Programm. Seit den fünfziger Jahren ist er das amerikanische Luxus-Cabrio schlechthin. Nach vorübergehenden „Schrumpfungsaktionen" in den Achtzigern ist der aktuelle Eldorado wieder fünf Meter lang. Er wird nun auch als Coupé angeboten und ist antriebstechnisch mit der Limousine Seville identisch.

Seit dem Jahre 1993 stehen zwei V8-Motoren zur Wahl: ein 4,9-l-Motor mit 203 PS und der 4,6-l-Northstar-Motor mit 32 Ventilen und 299 PS. Das dritte Frontantriebsmodell im Cadillac-Programm ist der De Ville, der auch als Sixty Special mit Luxus-Ausstattung angeboten wird. Daneben existiert noch der Fleetwood, die große Limousine mit 5,7-l-V8 und klassischem Heckantrieb.

CALCOTT
**Coventry, Großbritannien
1913–1926**

Der konventionelle Calcott wurde von einem Unternehmen in Coventry gebaut, das bereits als Hersteller von Fahr- und Motorrädern bekannt war. Das erste Calcott-Automobil, das kurz vor dem Ausbruch des Ersten Weltkriegs auf den Markt gebracht wurde, wies einen Kühler mit einem Profil auf, das mit dem des Standard fast identisch war; sein Motor mit 1.460 cm^3 leistete 10 PS. Das erste Nachkriegsmodell von 1924 mit der Bezeichnung 10/15 war ähnlich konzipiert.

Calcott 12/24

Cadillac V16 (1930)

Motor
Position: vorn, in Längsrichtung
Bauart: 16-Zylinder-V-Motor (45°)
Hubraum: 7.412 cm^3
Bohrung/Hub: 76,2 mm x 101,6 mm
Verdichtungsverhältnis: 5,5 : 1
Ventilsteuerung: 1 zentrale Nockenwelle, Stößel und Kipphebel; hängende Ventile; hydraulische Stößel
Gemischbildung: 1 Cadillac-Steigstromvergaser pro Zylinderreihe
Zündanlage: mit Spule (1 pro Zylinderreihe)
Max. Leistung: 185 PS bei 3.400^{-min}

Übertragung
Kupplung: trockene Zweischeibenkupplung
Getriebe: in einem Block mit dem Motor; mechanisch, 3 (synchronisierte) Gänge; Übersetzungsverhältnis: I) 3,47 : 1; II) 1,48 : 1; III) 1 : 1
Achsgetriebe: Hypoidgetriebe
Übersetzungsverhältnis im Achsgetriebe: 3,47 : 1 oder 4,07 : 1 oder 4,75 : 1

Aufhängung
Vorderachse: Starrachse mit Halbelliptikfedern und hydraulischen Stoßdämpfern
Hinterachse: Starrachse mit Halbelliptikfedern und hydraulischen Stoßdämpfern

Lenkung
System: Schneckenlenkung

Bremsen
Typ: Trommelbremsen, Unterdruck-Servobremse

Räder und Bereifung
Typ: Speichenfelgen; Reifen 750/19

Karosserie und Rahmen
Typ: Leiterrahmen; Karosserie in 54 Ausführungen erhältlich

Abmessungen und Gewicht
Radstand: 3.759 mm
Gewicht: 2.812 kg

Leistungen
Höchstgeschwindigkeit: 135–160 km/h (je nach Ausführung)
Kraftstoffverbrauch: 28,3 l/100 km

Im Aufriß des V16 kann man unter anderem das Gestänge erkennen, der die vorderen, unteren Scheinwerfer mit der Lenkung verbindet. Dies ermöglichte eine perfekte Ausleuchtung der Straße in Kurven.

Im Oktober desselben Jahres stellte Calcott auf dem Automobilsalon von London den 12/24 PS mit einem 2-l-Motor und besonders sorgfältig ausgearbeitetem Design vor.

1925 versuchte Calcott ohne Erfolg, mit dem Modell 16/50 PS im oberen Marktbereich Fuß zu fassen. 1926 wurde das Unternehmen von Singer übernommen.

CALTHORPE MINOR (1920)

Motor: 4 Zylinder in Reihe mit stehenden Ventilen
Bohrung/Hub: 62 mm x 90 mm
Hubraum: 1.087 cm^3
Max. Leistung: nicht bekannt
Getriebe: mechanisch, 3 Gänge
Rahmen: Leiterrahmen
Aufhängung: Vorderachse und Hinterachse als Starrachse mit Halbelliptikfedern
Bremsen: Trommelbremsen an den Hinterrädern
Karosserie: Sporting 2-seater
Höchstgeschwindigkeit: 97 km/h

CALTHORPE
**Birmingham, Großbritannien
1904–1932**

Der erste Calthorpe, der von G.W. Hands, einem früheren Fahrradhersteller, gebaut wurde, war mit einem Gelenkwellenantrieb und einem Fafnir-Vierzylinder mit 10 PS ausgestattet; zwei Jahre später wurde er durch den 12/14 PS ersetzt, zu dem dann noch der 28/40 hinzukam.

Der 1907 auf den Markt gebrachte 16/20 mit einem 2,8-l-Motor nahm an den Irish Trials von 1908 teil, wo er von Hands selbst gesteuert wurde; im selben Jahr kam ein Calthorpe-Wagen bei der Tourist Trophy auf der Insel Man auf den vierten Platz.

1913 stellte Hands auf der Londoner Autoshow den Minor vor, einen leichten Wagen, der als Zweisitzer und als Viersitzer erhältlich war. Er war mit einem Motor mit 1.094 cm^3 ausgestattet und blieb bis Ende der zwanziger Jahre in Produktion.

1922 zog Hands in die Werkstätten um, in denen Calthorpe-Motorräder hergestellt wurden, um leichte Modelle unter eigenem Namen zu produzieren. Die Calthorpe-Automobilproduktion wurde dagegen im Hauptwerk mit dem Modell 12/20 von 1920 bis 1923 fortgesetzt.

1925 kehrte Hands zum Hauptwerk zurück und brachte gleichzeitig die Pläne für den Hands Six 15/45 mit; aber schon nach zwei Jahren stellte dieses Werk die Produktion ein und wurde zur Reparaturwerkstatt für die Morris-Automobile.

Ab 1927 wurden die Calthorpe-Modelle in immer kleineren Mengen in der Motorradfabrik gebaut. Das letzte Exemplar verließ 1939 die Fabrik.

CARDEN
**Teddington & Ascot, Großbritannien
1912–1925**

Die Produktion des britischen Unternehmens begann

CASE JAY-EYE-SEE (1927)

Motor: 6 Zylinder in Reihe mit stehenden Ventilen
Bohrung/Hub: 85,7 mm x 114,3 mm
Hubraum: 3.958 cm^3
Max. Leistung: 27,3 PS
Getriebe: mech., 3 Gänge
Rahmen: Leiterrahmen
Aufhängung: Vorderachse und Hinterachse als Starrachse mit Halbelliptikfedern
Bremsen: Trommelbremsen
Karosserie: Tourer, Sedan und Limousine
Höchstgeschwindigkeit: nicht bekannt

Calthorpe Minor

Case Jay-Eye-See

im Jahr 1912 mit einem Motordreirad, in das ein Kraftradmotor mit einer Leistung von 5 PS eingebaut wurde.

Nach dem Krieg trat Carden dieses Projekt an die AV ab und zog in die Werkstätten in Ascot um, um mit einem Cacle Car auf den Markt zu kommen: einem Zweisitzer mit liegendem 2-Zylinder-2-Takt-Motor mit 707 cm³ Hubraum.

1923 begann das Unternehmen, das damals die Bezeichnung New Carden annahm, mit der Produktion eines etwas weniger vorsintflutlichen Fahrzeugs, das in Versionen mit einer zweisitzigen oder viersitzigen Karosserie erhältlich war. 1924/25 wurde auch eine Ausführung mit drei Sitzen, der Sheret, angeboten.

CASE
Racine, USA
1910–1927

Bereits 1894 hatte Pierce-Racine einen Automobil-Prototyp konstruiert. Als das Unternehmen von J.I. Case Threshing Machine Company, einem der bekanntesten Landmaschinenhersteller, übernommen wurde, konnte es drei Modelle anbieten: den 25 (3.439 cm³), den 35 (5.114 cm³) und den 40 (5.473 cm³).

1918 brachte Case eines seiner ersten 6-Zylinder-Modelle, das Model U, auf den Markt, der mit einem Continental-Motor mit 4.957 cm³ ausgestattet war und als Sportwagen, Familien-Tourer oder Limousine angeboten wurde. Der Case Model X von 1922 war mit einem seitengesteuerten 6-Zylinder-Motor mit 3.958 cm³ ausgestattet; gleichzeitig wurde auch das Model Y mit vergrößerter Zylinderbohrung und einem Hubraum von 5.328 cm³ angeboten; beide Motoren kamen aus der Continental-Produktion. Das letzte Modell war der Case Jay-Eye-See.

1927 gab Case die Automobilproduktion auf.

CEIRANO
Turin, Italien
1898–1899; 1901–1904; 1904–1905; 1919–1924

Die vier Ceiranos, Giovanni Battista, Giovanni, Matteo und Ernesto, spielten als Techniker und Konstrukteure bei der Gründung der Turiner Automobilindustrie eine entscheidende Rolle.

Giovanni Battista gründete im Oktober 1898 die Kommanditgesellschaft Ceirano & C. Ein Jahr danach wurde ein zweisitziger Kleinwagen mit einem 2-Zylinder-Motor von 663 cm³ vorgestellt.

Da die eingegangenen Aufträge die Möglichkeiten der Kommanditgesellschaft überstiegen, beschloß Giovanni Battista, seine Anlagen, Pläne und Patente an die gerade entstandene Fabbrica Italiana Automobili Torino (aus der dann FIAT entstand) abzutreten, die auch das Personal der Firma übernahm. Ceirano selbst ging als Generalverkaufsagent zu FIAT.

1901 jedoch machte er sich wieder selbständig und gründete zusammen mit seinem Bruder Matteo die F.lli Ceirano. Die neue Firma stellte von 1901 bis 1903 drei Modelle vor: den 5 HP und den 6-8 HP, die mit 1-Zylinder-Motoren ausgestattet waren, und den 16 HP mit einem 4-Zylinder-Motor mit 4.562 cm³.

1903 verließ Matteo Ceirano seinen Bruder und bildete die Matteo Ceirano & C. Die F.lli Ceirano wurde dann aufgelöst, aber im Oktober desselben Jahres gründete Giovanni Battista mit seinem anderen Bruder Giovanni die G.G. F.lli Ceirano. Giovanni verließ jedoch die Firma bald wieder und gründete die Ceirano Giovanni Junior & C. Hauptziel dieses neuen Unternehmens war es, einen sparsamen und zuverlässigen Wagen anzubieten. So wurden der 9 1/2 HP mit 1-Zylinder-Motor, der 12/14 HP mit zwei Zylindern und der 16/20 HP mit vier Zylindern gebaut.

Aber auch bei Junior hielt es Giovanni Ceirano nicht lange aus. Anfang 1905 verließ er die Firma, um 1906 die Scat zu gründen, bei der er bis 1918 blieb. Ein Jahr später gründete er zusammen mit seinem Sohn Giovanni ein neues Unternehmen unter dem Namen Giovanni Ceirano Fabbrica Automobili.

Noch 1919 nahm Ceirano sein erstes Modell, den C1, einen Wagen mit 4-Zylinder-Motor mit 2.297 cm³, in Produktion.

CEIRANO CS (1919)

Motor: 4 Zylinder in Reihe mit stehenden Ventilen
Bohrung/Hub: 75 mm x 130 mm
Hubraum: 2.166 cm³
Max. Leistung: 22,4 PS
Getriebe: mechanisch, 4 Gänge
Rahmen: Leiterrahmen
Aufhängung: Vorderachse und Hinterachse als Starrachse mit Halbelliptikfedern und Reibungsstoßdämpfern
Bremsen: Trommelbremsen an den Hinterrädern
Karosserie: viersitziger Tourenwagen
Höchstgeschwindigkeit: 80 km/h

Ceirano Cs

Unmittelbar auf diese Tourenversion folgten die Sport- und Rennversion, die CS4 (2.483 cm^3) bzw. CS2 (2.950 cm^3) genannt wurden.

1921 und 1922 engagierte man sich unter dem Einfluß von Ernesto stark im Rennsport. Entscheidende Erfolge wurden beim Rennen von Frascati-Rocca di Papa und 1921 auf der Mugello-Rennstrecke, beim Geschwindigkeitsrennen der Sardischen Automobilwoche (erster, zweiter und dritter Platz) und beim Alpenpokal von 1922 (erster Platz) erzielt. 1922 wurde schließlich der Typ 30 Lusso mit sechs Zylindern und 2.995 cm^3 vorgestellt. Mit diesem Modell endete die Produktion der Ceirano Fabbrica Automobili, da sich entscheidende Entwicklungen anbahnten.

Nachdem Giovanni Ceirano 1923 die Mehrheit des SCAT-Aktienpakets erworben hatte, kam es zunächst zur Fusion von Ceirano und SCAT, dann wurde im Dezember 1924 das Unternehmen Ceirano aufgelöst und sein Firmenzeichen mit dem der SCAT verbunden.

CEMSA
Saronno, Italien
1946–1949

Die CEMSA (ursprünglich Costruzioni Elettromeccaniche di Saronno und dann ab 1936 Caproni Elettromeccaniche di Saronno) konzentrierte sich während des Kriegs auf die Produktion von Leichtwaffen.

Nach Kriegsende entwickelte sich CEMSA zum Automobilproduzenten.

Das erste Modell, der CEMSA F 11, hatte einen vor der Vorderachse montierten Boxermotor, Frontantrieb, Getriebe mit Direktgang und Lenkradschaltung, Plattformrahmen und Vorderradeinzelaufhängung mit Querblattfeder. Der Motor war ein Boxermotor mit fast 1.100 cm^3 Hubraum, der 46 PS bei 4.400^{-min} leisten konnte. Der Wagen mit einer Bertone-Karosserie und vier Türen wurde 1947 beim Automobilsalon von Paris ausgestellt.

Von 1948 bis 1949 hatte CEMSA mit einer Reihe von widrigen Umständen zu kämpfen, bevor die industrielle Produktion des Wagens begonnen werden konnte; die maschinellen Ausrüstungen waren jedoch bereits gekauft worden. In wenigen Monaten ging die Firma in Konkurs.

Während der Liquidation des Unternehmens hatte die belgische Firma Minerva, die die Möglichkeit einer Rückkehr zur Automobilproduktion untersuchte, Verhandlungen über den Erwerb der Maschinen und der Herstellungslizenz für den Wagen geführt. Zu Prüfzwecken und für eine Marktuntersuchung wurde sogar einer der Prototypen übernommen, den Minerva 1953 beim Salon von Brüssel vorstellte, ohne das Projekt dann weiterzuführen.

CGV, CHARRON
Puteaux, Frankreich
1901–1930

Charron, Girardot und Voigt, die alle drei auf eine Karriere als Radrennfahrer zurückblicken konnten, begannen ihre Tätigkeit als Autokonstrukteure 1901 mit einem 4-Zylinder-Modell mit 3.300 cm^3 und Kettenantrieb.

1903 konstruierten sie eines der ersten Automobile mit 8-Zylinder-Reihenmotor. Der Rennwagen mit einem Hubraum von 7,2 l hatte kein Wechselgetriebe. Die meisten CGV-Automobile waren mit Kettenantrieb ausgestattet, und erst 1906 brachte CGV das erste Modell mit Gelenkwellenantrieb auf den Markt.

Ebenfalls 1906 zog sich Leonce Girardot aus dem Unternehmen zurück, das dann den Namen Automobiles Charron bekam. Die Charron-Modelle waren nicht gerade reich an technischen Erneuerungen; die einzige erwähnenswerte Verbesserung wurde 1909 eingeführt, als der Kühler weiter nach hinten verlegt und zwischen Motor und Kraftstofftank angebracht wurde. Bei den Modellen mit größerem Hubraum wurden weiterhin armierte Holzrahmen verwendet.

1912 verließ Fernand Charron das Unternehmen, um die Alda zu gründen. 1914, wenige Monate vor dem Ausbruch des Ersten Weltkriegs, stellte Charron ein neues Modell mit einer Leistung von 6 PS und 1.056-cm^3-Motor vor, das Charronette genannt wurde.

Dank der Aufträge, die Charron vom Heer erhielt, war es eines der wenigen französischen Unternehmen, die während des Ersten Weltkriegs in Betrieb blieben. 1919 erweiterte es seine Palette auf sieben Modelle, der Charronette nahm jedoch vom Produktionsvolumen her weiterhin den ersten Platz unter allen Modellen ein.

1920 mußte das Unternehmen sein Angebot auf drei Modelle verringern. 1925 wurde das neue Modell 12/14 PS mit 6-Zylinder-Motor und einem Hubraum von 2.770 cm^3 vorgestellt.

Der Charronette war das einzige Modell, das bis zur Schließung der Firma gebaut wurde.

Cemsa F 11

CEMSA (1947)

Motor: 4-Zylinder-Boxermotor mit hängenden Ventilen
Bohrung/Hub: 72 mm x 67,5 mm
Hubraum: 1.099 cm^3
Max. Leistung: 46 PS
Getriebe: mechanisch, 4 Gänge
Rahmen: Plattformrahmen
Aufhängung: Vorderachse mit Einzelradaufhängung, Schraubenfedern; Hinterachse mit Einzelradaufhängung, Spiralfedern
Bremsen: Trommelbremsen
Karosserie: Limousine
Höchstgeschwindigkeit: 120 km/h

CGV 10 HP (1913)

Motor: 4 Zylinder in Reihe mit stehenden Ventilen
Bohrung/Hub: 65 mm x 120 mm
Hubraum: 1.593 cm^3
Max. Leistung: 10 PS
Getriebe: mechanisch, 3 Gänge
Rahmen: Leiterrahmen
Aufhängung: Starrachse mit Halbelliptikfedern vorn, mit Dreiviertel-Elliptikfedern hinten
Bremsen: an den Hinterrädern
Karosserie: Zweisitzer oder Coupé
Höchstgeschwindigkeit: nicht bekannt

CGV 10 HP

CHADWICK
Philadelphia, USA, 1905–1907
Pittsburg, USA, 1907–1916

1905 entschloß sich Lee Chadwick, ein tüchtiger Ingenieur mit großer Erfahrung im Automobilsektor, sich selbständig zu machen, und eröffnete eine kleine Werkstatt in der Nähe von Philadelphia, wo er seine ersten Fahrzeuge konstruierte, bevor er sich definitiv in Pittsburg niederließ. Von Anfang an war das wichtigste Merkmal der damals recht konventionellen Chadwick-4-Zylinder-Modelle ihre Stabilität; die schlechten Straßen in Pennsylvania machten diese Eigenschaft, die später immer gewahrt wurde, unabdingbar.

1906 wurden die Chadwick mit dem seitengesteuerten 3-Block-6-Zylinder-Motor ausgestattet, mit dessen Hubraum von fast 12 l sie zu den leistungsstärksten amerikanischen Automobilen der damaligen Zeit zählten. Die Zylinderbohrung von 127 mm ermöglichte den Einsatz von Ventilen mit einem Durchmesser von 76,2 mm (die damit einen größeren Durchmesser als der Kolben eines modernen Fahrzeugs mit 1.300 cm³ aufwiesen). Eine der Schwierigkeiten, auf die man bei der Realisierung dieses Motors stieß, war, einen Vergaser mit dem Hubraum angemessenen Ausmaßen zu finden. Neu war auch das Kühlsystem: Jede Gruppe von 2 Zylindern war mit einem Kupfermantel umgeben, in dessen Innerem Wasser zirkulierte. Dieser Motor wurde im Typ 15 von 1906 und mit wenigen Veränderungen auch im Typ 16 von 1907 eingebaut. Im Motor des Typ 19 von 1910 wurden hängende Ansaugventile montiert, während die Auslaßventile weiterhin stehend angebracht waren.

Ein Konstrukteur wie Chadwick konnte sich sicher nicht der Faszination des Rennsports entziehen; so konstruierte er einen speziell für diesen Zweck geeigneten Wagen: Es entstand der Black Bess (nicht zu verwechseln mit dem gleichnamigen Bugatti-Modell), ein zweisitziger Runabout mit 6-Zylinder-Motor. Sein wichtigstes Merkmal war ein Zentrifugalverdichter, mit dem der Motor auf eine Höchstleistung von 120 PS und eine Geschwindigkeit von über 160 km/h kam. Sowohl diese erste Version als auch die nachfolgenden Varianten erzielten zahlreiche Erfolge bei den Rennen.

CHADWICK 60 HP (1907)
Motor: 6 Zylinder in Reihe mit hängenden Ventilen
Bohrung/Hub: 127 mm x 152,4 mm
Hubraum: 11.581 cm³
Max. Leistung: 60 PS
Getriebe: Kettenantrieb, mechanisch, 4 Gänge
Rahmen: Leiterrahmen
Aufhängung: Starrachsen mit Halbelliptikfedern
Bremsen: auf die Hinterräder und das Getriebe
Karosserie: Spider
Höchstgeschwindigkeit: 105 km/h

CHALMERS
Detroit, USA
1908–1924

Chalmers Six

Kurz nachdem Hugh Chalmer 1907 in das Automobilunternehmen Thomas-Detroit, das ein Jahr zuvor von E.R. Thomas, Roy Chapin und Howard Earl Coffin gegründet worden war, eingetreten war, übernahm er dessen Leitung und änderte 1908 den Firmennamen in Chalmers-Detroit um, zwei Jahre später wurde dieser dann auf Chalmers abgekürzt.

Zu den ersten Wagen, die von der neuen Firma hergestellt wurden, zählte das Modell 30 mit einem 4-Zylinder-Motor mit einer Leistung von 30 PS, der in Nachahmung der europäischen Technik den Monoblockmotor auf dem amerikanischen Markt einführte.

Darüber hinaus waren Motor und Getriebe in einem Block montiert. Diese Lösungen machten das Modell 30 zu einem äußerst interessanten Wagen, zu dessen Erfolg auch die Teilnahme an verschiedenen Wettbewerben beitrug.

1915 wurden die 4-Zylinder-Motoren durch Sechszylinder ersetzt, die bereits 1913 mit dem Chalmers Six eingeführt worden waren. Der Ausbruch des Ersten Weltkriegs bremste den Aufstieg des amerikanischen Unternehmens. Um die schwierige Lage zu überwinden, trat Hugh Chalmers, der sich zwar die Stellung als Verkaufsleiter vorbehielt, die Firma an Maxwell ab. Das Markenzeichen Chalmers verschwand 1924 vom Markt.

CHALMERS SIX (1913)
Motor: 6 Zylinder in Reihe mit stehenden Ventilen
Bohrung/Hub: 101,6 mm x 139,7 mm
Hubraum: 6.974 cm³
Max. Leistung: 38,4 PS
Getriebe: mechanisch, 4 Gänge
Rahmen: Leiterrahmen
Aufhängung: Vorderachse und Hinterachse als Starrachse mit Halbelliptikfedern
Bremsen: Innenbackenbremse an den Hinterrädern
Karosserie: Roadster, Coupé, Tourer, Limousine
Höchstgeschwindigkeit: nicht bekannt

Chadwick Great Six

CHANDLER
Cleveland, USA
1913–1929

Chandler war einer der renommiertesten amerikanischen Aufomobilhersteller, der trotz der bescheidenen Größe des Unternehmens über einen vollständigen und autonomen Produktionszyklus verfügte: Meistens stattete Chandler seine Modelle mit einem 6-Zylinder-Motor mit 4.736 cm³ aus eigener Produktion aus. Neben den größeren Modellen wurde von 1919 bis 1925 auch der sparsame Cleveland Six gebaut.

Mitte der zwanziger Jahre führte das Unternehmen Getriebe mit ständig kämmenden Zahnrädern und eine Rahmenzentralschmierung ein. Gegen 1928 zeichneten sich jedoch schwerwiegende wirtschaftliche Probleme ab. 1929 wurde Chandler von Hupmobile übernommen und die Produktion seiner Automobile eingestellt.

CHANDLER SIX (1925)
Motor: 6 Zylinder in Reihe mit stehenden Ventilen
Bohrung/Hub: 89 mm x 127 mm
Hubraum: 4.736 cm³
Max. Leistung: 30 PS
Getriebe: mech., 3 Gänge
Rahmen: Leiterrahmen
Aufhängung: Starrachsen mit Halbelliptikfedern
Bremsen: Bandbremsen
Karosserie: Sport, Limousine, Innenlenker

Chandler Six

CHECKER
Kalamazoo, USA
1923–1982

Checker, ein Unternehmen, das seit 1923 auf dem amerikanischen Markt präsent war, widmete sich mehr als 30 Jahre lang ausschließlich der Herstellung von Taxis.

Erst 1959 begann Checker, Pkw und Kombiwagen zu konstruieren. Die beiden Modelle der ersten Serie, Superba und Marathon genannt, waren zunächst mit Continental Motoren und später mit Chevrolet-6-Zylinder-Reihenmotoren und mit V8-Motoren mit verschiedenen Hubräumen ausgestattet.

Die neuesten Versionen dieser Wagen mit ihrer etwas veralteten, plumpen Silhouette zeigten, daß der amerikanische Automobilhersteller zumindest stilistisch keine wesentlichen Neuerungen seit Beginn der Produktion eingeführt hat.

Im Jahr 1970 hatte der Turiner Karosseriebauer Ghia einen stilistisch moderneren Chekker-Prototypen entworfen, aber in zwölf Jahren schaffte man es nicht, dessen Produktion auch wirklich in Gang zu bringen.

CHENARD & WALCKER
Asnières/Gennevilliers, Frankreich
1901–1946

Ernest Chenard begann 1888 Fahrräder zu bauen; gegen Ende der neunziger Jahre schloß er sich mit dem jungen Henry Walcker zusammen und startete sofort die Produktion von Dreirädern.

Ihr erstes Automobil, das sie 1900 realisierten, war ein Reinfall; die beiden Partner verloren jedoch nicht den Mut und stellten 1901 ein in der Konzeption moderneres Modell vor, das bei einem Verbrauchstest den ersten Platz erreichte.

Ende 1902 kamen der 10 PS und der 14 PS heraus. Letztere

CHECKER (1980)
Motor: 6 Zylinder in Reihe mit hängenden Ventilen
Bohrung/Hub: 98,2 mm x 89,6mm
Hubraum: 4.097 cm³
Max. Leistung: 110 PS
Getriebe: automatisch (Turbo-Hydromatic), 3 Gänge
Rahmen: mit Holmen und Querträgern
Aufhängung: Vorderachse mit Einzelradaufhängung, Querlenker, Schraubenfedern; Hinterachse als Starrachse mit Halbelliptikfedern
Bremsen: Scheibenbremsen an den Vorderrädern, Trommelbremsen an den Hinterrädern
Karosserie: Limousine
Höchstgeschwindigkeit: 145 km/h

Checker Marathon

war mit einer Hinterachse nach dem Prinzip der De-Dion-Achse ausgerüstet. Diese Auslegung blieb bis in die zwanziger Jahre charakteristisch für Chenard & Walcker. Die jährliche Produktion erreichte bald 400 Stück.

1906 erhielt das Unternehmen den Namen Société Anonyme des Anciens Etablissements Chenard et Walcker. Die Produktion wurde in die neuen Anlagen in Gennevilliers verlegt, wo noch im selben Jahr ein Vierzylinder herausgebracht wurde.

1908 führten Chenard & Walcker den 14/15 PS mit 3.020 cm³ ein. Gleichzeitig gründeten sie die Comptoir Automobile, eine Agentur zur Vermietung von Autos mit und ohne Chauffeur, um die wirtschaftliche Krise zu überwinden. Die von der Comptoir Automobile verwalteten Fahrzeuge (einige hundert Stück) waren natürlich von Chenard & Walcker. Auf diese Weise wurden die Absatzschwierigkeiten des Unternehmens in Gennevilliers erheblich reduziert.

Als Walcker 1912 starb, umfaßte die Palette fünf Modelle, die von 7/9 PS mit 1.592 cm³ bis 20 PS mit 5.881 cm³ Hubraum reichten. Ein Jahr später kam ein neues Modell mit einem Sechszylinder mit 4.523 cm³ hinzu.

Nach dem Ersten Weltkrieg nahm das französische Unternehmen die Produktion mit einem 14-PS-Modell mit 3.015 cm³ wieder auf. Ihm folgten ein 12-PS- und 10-PS-Wagen. 1922 wurde ein Modell mit 2.978 cm³ und ein weiteres mit 2.000 cm³ Hubraum und obenliegender Nockenwelle auf den Markt gebracht. Letzteres, das von Lagache und Léonard gefahren wurde, gewann 1923 das erste 24-Stunden-Rennen von Le Mans mit einer Durchschnittsgeschwindigkeit von über 92 km/h.

1924 übernahm Chenard & Walcker die Senechal Company; im selben Jahr wurde ein Modell mit einem 8-Zylinder-Reihenmotor mit 3.945 cm³ herausgebracht. 1925 erschien der „Tank"-Sportwagen, so genannt wegen der alles umschließenden Karosserie mit Ponton-ähnlichen Seitenwänden. Diesem technisch fortschrittlichen Automobil

folgten einige eher mittelmäßige Modelle mit Motoren mit 1.286 cm³ und 1.495 cm³ Hubraum.

1934 wurde der 20 PS V8 auf den Markt gebracht, der auch mit Stromlinienkarosserie erhältlich war. 1935 nahm Chenard & Walcker Modelle mit elektrischem Cotal-Wechselgetriebe und ein Automobil mit 14 PS mit Vorderradantrieb in sein Programm auf.

Gegen Ende der dreißiger Jahre geriet das Unternehmen in eine schwere Krise. Um zu

Chenard & Walker „Tank"

CHENARD & WALCKER TANK (1928)

Motor: 4 Zylinder in Reihe mit wechselgesteuerten Ventilen, F-Kopf
Bohrung/Hub: 69 mm x 100 mm
Hubraum: 1.496 cm³
Max. Leistung: nicht bekannt
Getriebe: mechanisch, 4 Gänge
Rahmen: Leiterrahmen
Aufhängung: Starrachsen mit Halbelliptikfedern
Bremsen: Trommelbremsen
Karosserie: zweisitzige Stromlinienkarosserie und Coupé
Höchstgeschwindigkeit: 120 km/h

überleben, wurden die Aigles-Modelle mit Vorderradantrieb und Citroën-4-Zylinder-Motoren oder Ford-V8-Motoren und Modelle mit Hinterradantrieb und dem Citroën-Traction-Avant-Motor mit 11 PS in Produktion genommen.

1951 wurde die Firma Chenard & Walcker von Peugeot aufgekauft; die Produktion, die sich auf leichte Transportfahrzeuge mit Frontlenkerfahrerhaus beschränkte, ging noch einige Jahre weiter.

Chenard & Walcker „Tank"

Nach dem Sieg von 1923 in Le Mans beschloß Chenard & Walcker, auch an den Wettbewerben der Klasse mit kleinerem Hubraum teilzunehmen, und beauftragte den Ingenieur Touté mit der Planung. Auf diese Weise entstand der „Tank", ein nicht nur in stilistischer Hin-

sicht, sondern auch in der Technik ungewöhnlicher Wagen. Der Motor hatte zum Beispiel überdimensionierte, hängenden Einlaßventile und unverhältnismäßig kleine, stehenden Auslaßventile. Die Überdimensionierung der Bremsen war eine logische Konsequenz des Geschwindigkeitspotentials, das als Rennwagen mit einem Saugmotor 130 km/h und mit einem Kompressormotor 150 km/h erreichen konnte.

Bei ihrem Debüt beim Rennen von Le Mans von 1925 er-

reichten die kleinen Tanks den ersten und zweiten Platz in der Kategorie bis 1.100 cm³ und eroberten so den zwölften und dreizehnten Platz in der Gesamtwertung. Die Tanks konnten sich über ein Jahrzehnt lang ihre Wettbewerbsfähigkeit bei internationalen Automobilrennen bewahren.

CHEVROLET
Detroit, USA
1911

Louis Joseph Chevrolet, der 1878 in La Chaux-de-Fond in der Schweiz geboren wurde, kam in Frankreich in der Auto-

mobilfabrik Mors zum ersten Mal mit der Welt der Technik in Kontakt.

1905 versuchte er sein Glück in Kanada, zog dann in die USA um, wo er von der Fiat America als Testfahrer für Rennwagen eingestellt wurde. Bald wurde er als Rennfahrer berühmt und gewann zahlreiche Rennen, darunter den Vanderbilt-Cup.

1908 wurde er zusammen mit seinem Bruder von dem berühmten Billy Durant, dem Gründer von General Motors, für die Buick-Mannschaft eingestellt. 1911 schuf Durant schließlich eine neue Marke, die Chevrolet genannt wurde.

Louis Chevrolet spielte bei der Planung des ersten Wagens, der seinen Namen trug (Chevrolet Classic Six), eine entscheidende Rolle, aber nach zwei Jahre trat er wegen Meinungsverschiedenheiten aus der Firma aus, wobei er Durant alle Rechte an dem Markenzeichen überließ.

Im Sommer 1913 hatte indessen Chevrolet seine neuen Modelle für 1914 vorgestellt: der Light Six und der berühmte Royal Mail, ein Vierzylinder mit einem neuen OHV-Motor, der von Mason gebaut wurde. Von da an hatte Chevrolet einen enormen kommerziellen Erfolg, und seine Aktien stiegen so weit, daß Durant sie gegen die von GM tauschen und so die Mehrheitskontrolle der Gruppe erlangen konnte.

Der Chevrolet 490 (der 490 Dollar kostete) stellte eine weitere entscheidende Etappe für

CHEVROLET SIX (1912)

Motor: 6 Zylinder in Reihe mit stehenden Ventilen; T-Kopf
Bohrung/Hub: nicht bekannt
Hubraum: 4.900 cm³
Max. Leistung: 50 PS
Getriebe: mechanisch, 3 Gänge
Rahmen: Leiterrahmen
Aufhängung: Starrachsen mit Halbelliptikfedern
Bremsen: nur an den Hinterrädern
Karosserie: Torpedo, 5 Sitze
Höchstgeschwindigkeit: nicht bekannt

Chevrolet Six

CHEVROLET

die Konsolidierung der Marke dar; der Absatz der Chevrolet stieg sprunghaft von 13.600 Stück im Jahre 1915 auf 70.701 Stück im Jahre 1917, bis er 1920 150.226 Stück erreichte. Mit solchen Verkaufszahlen machte Chevrolet sogar Ford die Führung auf dem Markt streitig! In der Zwischenzeit geriet GM erneut in finanzielle Schwierigkeiten, und Durant schied dieses Mal endgültig aus der Gruppe aus.

Um gegen die Vorherrschaft von Ford ankämpfen zu können, beschloß Chevrolet 1923, den 490 durch den Superior zu ersetzen. Auch diese Entscheidung erwies sich als richtig, und im ersten Produktionsjahr gelang es Chevrolet, 480.737 Superior zu verkaufen. Im selben Jahr mußte das Unternehmen jedoch auch einen Mißerfolg hinnehmen: Ein mit einem leichten, luftgekühlten Motor ausgestattetes Versuchsmodell des Superior erwies sich als Desaster. Von den 759 gebauten Modellen wurden nur 100 verkauft, von denen zudem die meisten vom Markt zurückgezogen und vernichtet wurden.

Als 1927 Ford die Produktion des Modells T einstellte, stieg Chevrolet an die Spitze der amerikanischen Rangliste und erreichte zum ersten Mal die Zahl von einer Million produzierter Einheiten. 1928 brachte Chevrolet den International Six mit einem OHV-Motor mit 3,2 l Hubraum auf den Markt.

1933 wurden der Master und der Standard, beide mit beträchtlichen stilistischen Änderungen, eingeführt. Die ganze Palette wurde dann 1937, als der 6-Zylinder-Motor mit 3,5 l eingeführt wurde, modifiziert.

Den Planungen zufolge hätte Chevrolet sofort nach Kriegsende einen Wagen mit kleinem Hubraum zu niedrigen Preisen auf den Markt bringen sollen. Dieses Projekt wurde jedoch verschoben, und bis 1949 wurden weiterhin Modelle aus der Vorkriegsplanung verkauft. 1949 wurden schließlich zwei neue Serien herausgebracht, der Special und der De Luxe, die sich durch moderne stilistische Lösungen auszeichneten, aber noch mit dem nunmehr veralteten Sechszylinder ausgestattet waren. 1950 brachte Chevrolet, der erste unter den Herstellern von „Volkswagen", ein Modell mit automatischem Getriebe auf den Markt.

Das Jahr 1953 kennzeichnete den Beginn einer völlig neuen Richtung im Hinblick auf die bisherigen Modelle der Marke: in jenem Jahr führte Chevrolet das Sportmodell Corvette ein, ein zweisitziges Coupé mit einer Karosserie aus Glasfaser, und einem Blue Flame-Sechszylinder mit 3,8 l Hubraum, ein.

Die vollständig erneuerten Chevrolet von 1955 waren mit dem ersten von Chevrolet selbst gebauten 8-Zylinder-V-Motor ausgestattet. 1957 wurde dieser V8 mit einem Hubraum von 4.637 cm³ und Einspritzung der erste in Serienautos eingebaute Motor, der die Leistung von 60 PS/l überstieg.

1958 ging der Absatz von Chevrolet infolge eines neuen Stylings des Plymouth und der Ford-Modelle stark zurück. 1959 präsentierte dann auch Chevrolet Modelle mit überdimensionierten Heckflossen. Der neue Stil fand jedoch in der Öffentlichkeit keinen Anklang.

1960 wurde das erste Chevrolet-Modell mit selbsttragender Karosserie, der Corvair, eingeführt, der mit einem 6-Zylinder-Boxermotor im Heck und Einzelradaufhängungen ausgestattet war. Der Corvair blieb bis 1970 auf dem Markt.

1962 war indessen eine vollständig überarbeitete und ausgesprochen billige Serie, der Chevy II mit 4- oder 6-Zylinder-Motoren, vorgestellt worden. Später entstand aus dem Chevy II das Modell Nova.

Im Jahre 1963 kam die erste Corvette auf den Markt, die die Zusatzbezeichnung Sting Ray trug. Fünf Jahre später wurde der Name dann zusammengeschrieben und lautete folgerichtig Stingray.

1967 präsentierte Chevrolet – mit durchaus erheblichem Rückstand auf den überaus erfolgreichen Ford Mustang – schließlich den ersten Camaro als Gegenstück. Bereits zu dieser Zeit war der Camaro als Coupé oder Cabrio zu haben und wurde mit einem 3,8-l-6-Zylinder oder einem V8-Motor mit 5,4 l Hubraum gebaut.

Im Jahre 1971 debütierte der Vega, ein für damalige amerikanische Verhältnisse sehr kleines Auto mit 2,3-l-4-Zylinder-Motor. Die im gleichen Jahr vorgestellte Chevette, ebenfalls ein kompaktes Modell, avancierte zum Verkaufsschlager. Der Camaro wurde laufend überarbeitet, die Cabrio-Version durch einen Targa mit sogenanntem T-Dach ersetzt. Der Hubraum wuchs auf 5,7 l.

1979 präsentierte Chevrolet eine ganz neue Baureihe, die Serie X, mit quer eingebauten 4-Zylinder-Motoren und angetriebenen Vorderrädern. Seitdem hielt der Frontantrieb in fast alle Modelle Einzug. Ausnahmen bilden neben der Corvette nur der Camaro, der auch im Jahre 1993 in seiner neuesten Version (3,4-l-V6 mit 162 PS oder 5,7-l-V8, 279 PS) beim Heckantrieb bleibt, und der Caprice price. Obwohl der Caprice – das typische Taxi nicht nur in New York – seit 1990 mit einer aerodynamisch gerundeten Karosserie aufwartet, ist der Straßenkreuzer in technischer Hinsicht (mit angetriebener, blattgefederter Starrachse hinten) immer noch ganz der alte.

Chevrolet Six

1910 schloß sich Billy Durant mit Louis Chevrolet zusammen, um ein neues Automobilmodell zu entwickeln, das unter dem Markenzeichen Chevrolet auf den Markt gebracht werden sollte. Zu diesem Zweck richteten sie eine provisorische Werkstätte in einer kleinen Garage in der Grand River Avenue in Detroit ein. Mit Unterstützung des Ingenieurs Etienne Planche entwarf Chevrolet einen Vierzylinder und anschließend einen Sechszylinder. Für die eigentliche Produktion, die im November 1911 gestartet wurde, wurde dann der 6-Zylinder-Motor verwendet. Auf diese Weise entstand der Chevrolet Classic Six, ein massives und kostspieliges Auto (der Motor mit T-Kopf hatte einen Hubraum von 4,9 l), das mit 2.999 verkauften Einheiten im ersten Jahr große Erfolge erzielte.

Schon damals dachte Durant an die Produktion von kleineren Modellen. Louis Chevrolet, der befürchtete, daß darunter der Ruf der Firma, die seinen Namen trug, leiden könnte, beschloß daraufhin, sich selbständig zu machen. Zunächst konzentrierte er sich auf die Entwicklung von Rennwagen, danach ging er dazu über, Zubehör für Motoren zu fertigen; nach der Wirtschaftskrise kehrte Louis als einfacher Arbeiter zu Chevrolet zurück.

Chevrolet Master Six

CHEVROLET MASTER SIX (1937)

Motor: 6 Zylinder in Reihe mit hängenden Ventilen
Bohrung/Hub: 88,9 mm x 95,25 mm
Hubraum: 3.548 cm³
Max. Leistung: 80 PS
Getriebe: mechanisch, 3 Gänge
Rahmen: Leiterrahmen
Aufhängung: Vorderachse mit Einzelradaufhängung (Dubonnet-Knie; Hinterachse als Starrachse mit Halbelliptikfedern
Bremsen: hydraulische Trommelbremsen
Karosserie: Limousine oder Coupé
Höchstgeschwindigkeit: 130 km/h

Chevrolet Master Six

Die Master Six-Serie, die 1933 auf den Markt gebracht wurde, war das erste Ergebnis

Chevrolet Corvette

CHEVROLET CORVETTE (1984)

Motor: 8 Zylinder in Reihe mit hängenden Ventilen
Bohrung/Hub: 101,6 mm x 88,39 mm
Hubraum: 5.733 cm^3
Max. Leistung: 240 PS
Getriebe: mechanisch, 4 Gänge + Overdrive
Rahmen: Stahlprofilkäfig
Aufhängung: Einzelradaufhängung vorn an Dreieckslenkern, Querblattfeder und Gasstoßdämpfern; Hinterachse mit Halbschwingachsen, Querblattfeder, Längslenkern und Gasstoßdämpfern
Bremsen: Scheibenbremsen
Karosserie: zweisitziges Liftback-Coupé
Höchstgeschwindigkeit: 240 km/h

der grundlegenden Modernisierung, die Harley Earl und seine Mitarbeiter an den bereits antiquierten Chevrolet-Modellen vornahmen. 1934 wurde in einigen von diesen Modellen zunächst eine Dubonnet-Vorderradeinzelaufhängung eingebaut.

Infolge der Verbesserungen, die 1937 am Blue Flame-Sechszylinder (4 Hauptlager und Vergrößerung des Hubraums auf 3,55 l) vorgenommen wurden, stieg die Leistung des Motors auf 85 PS. Der Master Coupé von 1939, mit dem 1940 der damals 29jährige Juan Manuel Fangio seinen ersten Sieg (Rennen Buenos Aires – Lima – Buenos Aires) erzielte, war mit einem solchen modifizierten Blue Flame ausgestattet.

Chevrolet Corvette

Die Corvette, der „einzige amerikanische Sportwagen", kam 1953 zur Welt. Aufsehenerregend war nicht nur die Form der Karosserie, sondern auch ihr Material: Kunststoff. Der erste Motor, ein Reihensechszylinder, leistete 160 PS. Doch bald stieg die Leistung gewaltig an. Schon 1955 wurde der Reihenmotor durch einen 4,3-l-V8 ersetzt, der jetzt auch für den Rennsport eine bessere Basis abgab.

1966 kam dann eine Corvette auf den Markt, die alles bisher Dagewesene in den Schatten stellte: Aus dem Big-Block-Motor mit 7,4 l Hubraum holten die Chevy-Konstrukteure nicht weniger als 425 PS. Damit war der Motor allerdings in jedem Fall schneller als das Fahrwerk, was viele Unfälle zur Folge hatte.

Die immer wieder leicht modifizierte Karosserie wurde 1968 schließlich von einer ganz neu gestalteten Form abgelöst. Diese Serie mit den auffällig geschwungenen vorderen Kotflügeln blieb bis 1982 im Programm. Die Motoren hatten 5,7 oder 7,4 l Hubraum und in den letzten Baujahren auch eine Kraftstoffeinspritzung.

Im Jahre 1983 erschien die dritte Serie der Corvette, die im Prinzip bis heute gebaut wird. Seitdem werden auch die Blattfedern des Fahrwerks ganz aus Kunststoff gefertigt. Die aktuelle Corvette leistet mit dem sogenannten LT1-Motor (5,7 l) 300 PS. Die Sportversion ZR-1 mit vier obenliegenden Nockenwellen bringt es sogar auf sage und schreibe 411 PS.

CHIRIBIRI
Turin, Italien
1910–1928

1910 eröffnete der Venezianer Antonio Chiribiri in Turin eine kleine Werkstätte zur Herstellung von Ersatzteilen und Zubehör für Flugzeuge: auf diese Weise entstand die Torinese Velovoli Chiribiri & C.

Nachdem er sehr bald durch die Qualität seiner Produkte auf sich aufmerksam gemacht hatte, gelang es ihm, einen großen Auftrag zu ergattern: Er sollte 100 Gnome et Rhône-Flugzeugmotoren in Lizenz herstellen. Die Einnahmen aus diesen Arbeiten ermöglichten es Chiribiri und seinen Partnern (Maurizio Ramasotto und Gaudenzio Verga), eine Flugschule zu eröffnen.

Das Interesse von Chiribiri am Automobil erwachte 1914, als Graf Gustavo Brunetta d'Usseaux, ein reicher Grundbesitzer, ihn mit der Konstruktion einer ersten Serie von hundert Exemplaren des Siva, eines billigen Kleinwagens, beauftragte. Leider mußte Chiribiri bereits nach der Fertigstellung des Prototypen auf die Unterstützung des finanziell schwer angeschlagenen Grafen verzichten.

1915 entstand eine zweite Serie von diesem Kleinwagen, die sich von der vorhergehenden durch das größere Fahrgestell und den Motor mit 1.300 cm^3 (Leistung 12 HP) unterschied. Die Produktion dieses Modells wurde, natürlich in geringerem Umfang, auch während des Kriegs fortgesetzt; mit ihr entwickelte sich die Automobilleidenschaft des Venezianers. Aus diesem Grund wurde nach dem Krieg die gesamte Chiribiri-Produktion auf die Konstruktion von Automobilen umgestellt. Die aus den Kriegslieferungen erzielten Gewinne wurden in die neue Automobilproduktion investiert.

1919 wurde auf dem Automobilsalon von Paris der Proto-

CHIRIBIRI TYP MONZA (1923)

Motor: 4 Zylinder in Reihe mit 2 obenliegenden Nockenwellen
Bohrung/Hub: 65 mm x 112 mm
Hubraum: 1.486 cm^3
Max. Leistung: 45 PS
Getriebe: mechanisch, 4 Gänge
Rahmen: Leiterrahmen
Aufhängung: Starrachsen mit Halbelliptikfedern
Bremsen: Trommelbremsen
Karosserie: Sportwagen
Höchstgeschwindigkeit: 120 km/h

Chiribiri Monza

Der Corvette von 1984 ist aufgrund seiner Ausstattung mit querliegenden Einblattfedern aus Kunststoff, wegen seiner Vorderrad- und Hinterradaufhängung und wegen der Lenker aus Aluminiumlegierung wirklich bemerkenswert.

Chevrolet Corvette (1984)

Motor
Position: vorne, in Längsrichtung
Bauart: 8-Zylinder-V-Motor (90°); Kurbelgehäuse und Zylinderköpfe aus Gußeisen; Wasserkühlung mit Zwangsumlauf
Hubraum: 5.733 cm^3
Bohrung/Hub: 101,6 mm x 88,39 mm
Ventilsteuerung: 1 zentrale Nokkenwelle mit Stößel und Kipphebel; 2 Ventile pro Zylinder
Gemischbildung: mit elektronischer Einspritzung
Zündanlage: elektronisch
Max. Leistung: 240 (SAE) PS bei 4.300^{-min}
Max. Drehmoment: 447 Nm (SAE) bei 2.800^{-min}

Übertragung
Antrieb: Getriebe am Motor angeflanscht
Kupplung: trockene Einscheibenkupplung
Getriebe: mechanisch mit 4 Gängen + automatischem Overdrive im II., III. und IV. Gang; Übersetzungsverhältnis: I) 2,88:1; II) 1,91:1; III) 1,33:1; IV) 1:1; RG) 2,78:1
Achsgetriebe: Hypoidgetriebe Übersetzungsverhältnis im Achsgetriebe: 3,07:1

Aufhängung
Vorderachse: Einzelradaufhängung mit Dreieckslenkern, Querblattfeder, Gasstoßdämpfern und Stabilisator
Hinterachse: Halbschwingachsen mit Längslenkern, Querblattfedern, Gasstoßdämpfern und Stabilisator

Lenkung
System: Zahnstangenlenkung
Bremsen: belüftete Scheibenbremse, mit Unterdruck-Servobremse

Räder und Bereifung
Felgen: 16", aus Legierung
Bereifung: 255/50 VR 16

Karosserie und Rahmen
Rahmen: Stahlprofilkäfig mit Karosserie aus Glasfaser
Karosserie: zweisitziges Coupé mit zwei Türen

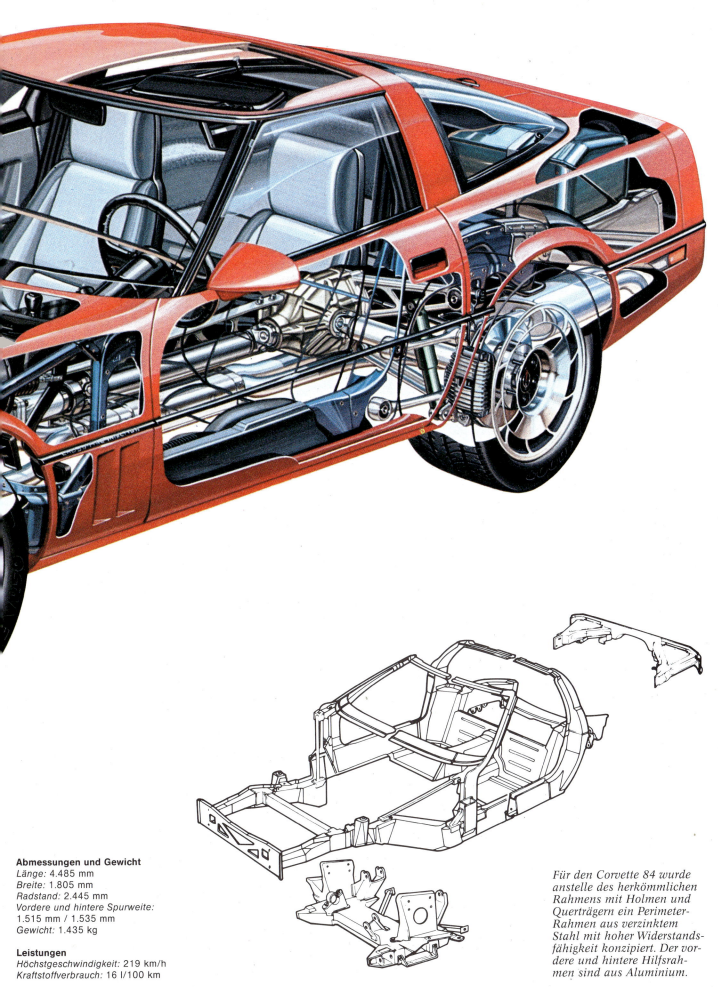

Abmessungen und Gewicht
Länge: 4.485 mm
Breite: 1.805 mm
Radstand: 2.445 mm
Vordere und hintere Spurweite:
1.515 mm / 1.535 mm
Gewicht: 1.435 kg

Leistungen
Höchstgeschwindigkeit: 219 km/h
Kraftstoffverbrauch: 16 l/100 km

Für den Corvette 84 wurde anstelle des herkömmlichen Rahmens mit Holmen und Querträgern ein Perimeter-Rahmen aus verzinktem Stahl mit hoher Widerstandsfähigkeit konzipiert. Der vordere und hintere Hilfsrahmen sind aus Aluminium.

typ des 12 HP ausgestellt, der kurz danach auf den Markt gebracht wurde und bis 1922 in Produktion blieb. Er war mit einem 4-Zylinder-Motor mit 1.593 cm³ Hubraum, der 19 PS bei 2.200^{-min} leisten konnte, und einem 4-Gang-Getriebe ausgestattet, das in einem Block mit dem Differential an der Hinterachse montiert war. Die viersitzige Karosserie war offen.

Das junge Unternehmen entschloß sich, auch bei Automobilrennen zu starten, und bereitete eine kleine Serie des Monza, eines Grand Tourisme mit einem Zwei-Nockenwellen-Motor, vor; letzterer war eine unmittelbare Weiterentwicklung eines Grand-Prix-Wagens. Ada und Amédeo („Deo") Chiribiri (die Söhne von Antonio Chiribiri), Tazio Nuvolari, Gigi Platé und der Engländer Scalese, die den Wagen fuhren, gewannen zahlreiche Rennen.

1922 wurde der 12 HP durch den Roma 5000 ersetzt, der als Touren- und als Sportwagen erhältlich war. Letzterer hatte einen 4-Zylinder-Motor mit 1.500 cm³ und einer Leistung von 25 PS bei 3.200^{-min}, womit er eine Spitzengeschwindigkeit von etwa 100 km/h erreichen konnte.

Im gleichen Jahr wurde der Kleinwagen mit einem 2-Nockenwellen-Motor, dem zweifellos berühmtesten Chiribiri, eingeführt. 1923 wurde auch eine Straßenversion dieses Modells entwickelt, die in zwei Ausführungen erhältlich war: die Normalversion (45 PS bei 3.500^{-min}) und die leistungsstärkere Version (65 PS bei 5.000^{-min}). Zwei Jahre später wurde auch die Kompressorversion (93 PS bei 5.700^{-min}) vorbereitet, die mit einer leichten Rennwagenkarosserie 180 km/h erreichen konnte.

Aufgrund der schweren Wirtschaftskrise, die auch auf Europa lastete, kam die Auto Costruzioni Meccaniche Chiribiri, wie das Unternehmen seit dem Jahr 1925 hieß, in Schwierigkeiten und mußte am 3. September 1929 die Tore schließen. Die Fabrikanlagen von Chiribiri wurden von Lancia übernommen.

CHRISTIE
New York, USA
1904–1910

Trotz einer diskontinuierlichen und mengenmäßig unbedeutenden Produktion kommt John Walter Christie eine besondere Bedeutung im Automobilsektor zu. Er war bereits Anhänger der Verbindung Quermotor/Vorderradantrieb, lange bevor diese technische Lösung 50 Jahre später mit dem Mini populär wurde.

Christie erregte zum ersten Mal im Januar 1904 die öffentliche Aufmerksamkeit dank eines Rennwagens mit einem querstehenden 4-Zylinder-Motor und einer als Vorderachse dienenden Kurbelwelle. Diese Merkmale wurden auch im nachfolgenden Modell, dem Little 60 mit 13.520 cm³ Hubraum, beibehalten. Christie baute einen der ersten Wagen mit zwei Motoren und Vierradantrieb.

1906 wurde der Grand Prix mit 4-Zylinder-V-Motor mit 19.891 cm³ vorgestellt, der ohne Erfolg am Großen Preis des A.C.F. von 1907 teilnahm.

Ab 1909 baute Walter Christie einige Taxis mit Vorderradantrieb und quer angeordneten 4-Zylinder-Motoren. In der Zwischenzeit war die Produktion der Christie-Automobile an die Front Drive Motor Co. in Hoboken (New Jersey) übergegangen, wo sich Walter Christie nach 1910 der Entwicklung von Feuerlösch- und Militärfahrzeugen widmete.

CHRYSLER
Detroit, USA
1924–

1920 verließ Walter Chrysler, der das Amt des Präsidenten von Buick und das des stellvertretenden Direktors von General Motors innegehabt hatte, aufgrund von Meinungsverschiedenheiten mit dem Präsidenten William Durant die amerikanische Unternehmensgruppe; nun war er zwar Millionär, aber arbeitslos.

Es dauerte nicht lange, da erklärte er sich bereit, sich um die vor dem Konkurs stehende Willys-Overland zu kümmern. In kurzer Zeit brachte er sie wieder auf die Beine und ging dann zur Maxwell-Chalmers, die ebenfalls eine solche Rettungsaktion nötig hatte.

Seit langem dachte Chrysler daran, selbst ein Auto zu bauen, in dem er seine persönlichen Vorstellungen im Hinblick auf Mechanik und Komfort realisieren konnte; nun verfügte er über die notwendigen Einrichtungen und ein bereits eingeführtes Verkaufsnetz. Es war vielleicht die letzte Möglichkeit, seinen Traum zu verwirklichen. Ein Treffen mit drei fähigen Ingenieuren, Fred Zeder, Owen Skelton und Carl Breer, beseitigte die letzten Vorbehalte; Chrysler beauftragte sie, „sein" Auto zu entwickeln, und stellte ihnen das alte Chalmers-Werk, das nicht mehr benutzt wurde, zur Verfügung. Die freiwillige Klausur der drei Techniker dauerte ein Jahr, aber als sie Chrysler 1923 das Ergebnis ihrer Mühen vorstellten, war dieser begeistert.

So entstand der Chrysler 70 mit 6-Zylinder-Motor, dessen Erfolg nicht auf sich warten ließ: Es gingen Bestellungen für 50 Millionen Dollar ein.

1926 wurde als Ersatz für das alte Maxwell-Modell der Chrysler mit 4-Zylinder-Motor eingeführt; anschließend wurde die Palette um den luxuriösen Imperial Six erweitert.

Christie Grand Prix

CHRISTIE GRAND PRIX (1907)
Motor: 4-Zylinder-V-Motor, quergestellt über der Vorderachse
Bohrung/Hub: 185 mm x 185 mm
Hubraum: 19.981 cm³
Max. Leistung: 135 PS
Rahmen: Leiterrahmen
Getriebe: mechanisch, 2 Gänge
Aufhängung: unabhängige Radaufhängungen vorn in Hülsenführungen mit Schraubenfedern; Hinterachse als Starrachse mit Längsblattfedern
Bremsen: nur an den Hinterrädern
Karosserie: offener, zweisitziger Sportwagen
Höchstgeschwindigkeit: 193 km/h

CHRYSLER SIX (1924)

Motor: 6 Zylinder in Reihe mit stehenden Ventilen
Bohrung/Hub: 76 mm x 121 mm
Hubraum: 3.293 cm³
Max. Leistung: 75 PS
Getriebe: mechanisch, 3 Gänge
Rahmen: Leiterrahmen
Aufhängung: Starrachsen mit Halbelliptikfedern
Bremsen: Außenbackenbremsen, hydraulisch
Karosserie: Roadster, Limousine, Tourer
Höchstgeschwindigkeit: 113 km/h

Chrysler erlebte einen raschen Aufstieg, und 1928, nach dem Ankauf von Dodge, wurden zwei neue Marken geschaffen: der De Soto und der Plymouth.

1929 schuf Chrysler einen neuen Stil, als er die typische, später oft kopierte Kühlerverkleidung mit vertikalen Rippen auf den Markt brachte. 1931 wurde dagegen ein Kühler, der dem des Cord L29 glich, übernommen, und gleichzeitig zwei neue 8-Zylinder-Reihenmotoren angekündigt: der 3,9-Liter 29/80 PS und der 6,3-Liter Imperial mit 40/125 PS.

Die Modelle von 1932, die mit automatischer Kupplung, Gummi-Motorlagerungen und Freilauf ausgestattet waren, setzten die von Chrysler verfolgte Politik der technischen Innovation fort; diese Politik wurde durch die Einführung des Synchrongetriebes (1933) und des Overdrive mit automatischer Schaltung (1934) noch bestätigt.

Der Airflow von 1934 war der erste Versuch, Stromlinienkarosserien populär zu machen. Aber die Zeit war noch nicht reif dafür, und diese interessante Limousine war ein schwerer kommerzieller Mißerfolg; sie wurde nach nur drei Jahren aus der Produktion genommen. Einige an diesem Wagen realisierte Innovationen wurden jedoch für die Folgemodelle übernommen. Dieselben Konzeptionen, die zum Ende des Airflow beigetragen hatten, waren so der entscheidende Auslöser für die Eroberung des zweiten Platzes auf dem amerikanischen Markt.

1942 wurden alle Chrysler-Modelle grundlegend überarbeitet, und der frühere schmale Kühlergrill ging nun über die ganze Breite des Vorderwagens. Das Modell Town & Country, das in begrenzter Serie hergestellt wurde, hatte Holzrahmen an Seiten und Heck.

Die drei Chrysler-Serien von 1946 (der Sechszylinder C38 mit Seitenventilen, der Achtzylinder C39 und der C40 Imperial) unterschieden sich nur durch die Front- und Innenverkleidung von den Vorkriegsmodellen. Gleichzeitig wurde der Town & Country wieder ins Angebot aufgenommen, während in allen Modellen serienmäßig die Flui-Drive-Übersetzung (ohne Kupplung), die Chrysler 1938 auf den Markt gebracht hatte, erhältlich war.

1949 führte Chrysler anläßlich des 25. Gründungsjahres des Unternehmens einige neue Modelle ein, während er 1951 seinen ersten Hemi-V8-Motor mit hemisphärischen Verbrennungsräumen und hängenden Ventilen vorstellte. Dieser Mo-

tor wurde sofort in die Modelle New Yorker, Saratoga und Imperial sowie in die Rennmodelle von Briggs Cunningham eingebaut.

In den Modellen von 1953, die mit der geschwungenen, einteiligen Frontscheibe stilistisch modernisiert worden waren, baute Chrysler ein automatisches Getriebe (Power Flite) und eine Klimaanlage mit Luftumwälzung ein.

Das von Virgil Exner entworfene Flight-Sweep-Design, das in den Modellen Windsor und New Yorker 8V von 1955 realisiert wurde, gab den Verkäufen, die seit einiger Zeit stagnierten, neuen Aufschwung. Die Serie 300, die nur in begrenzter Stückzahl hergestellt wurde, war eine unmittelbare Weiterentwicklung des New Yorker; dieses Modell wurde einstimmig als das schnellste und leistungsstärkste Serienautomobil der damaligen Zeit betrachtet. 1956 stellte ein Chrysler 300B mit 225 km/h den Weltgeschwindigkeitsrekord bei Straßenwagen auf.

Die typischen Heckflossen erreichten ihre größten Ausmaße bei den Chrysler-Modellen von 1957, die alle mit der automatischen Torque-Flite-Übersetzung mit Druckknopfbedienungen ausgerüstet waren. 1959 wurde der Hemi-Motor durch die neuen Motoren mit 6.276 cm³ und 6.768 cm³ ersetzt; im darauffolgenden Jahr wurden die neuen selbsttragenden Karosserien eingeführt. Ebenfalls 1960 stellte ein Chrysler 300C den neuen Weltgeschwindigkeitsrekord bei Serienautos (283,4 km/h) auf.

Die typische, unverhältnismäßig lange Karosserie der 1965 vorgestellten Modelle wurde bis 1969 beibehalten; in diesem Jahr wurde eine gefälligere Karosserie eingeführt, deren Hauptkennzeichen die ausgeprägte Wölbung der Seitenfenster war.

1971 wurde der luxuriöse Imperial aufgrund von Absatzschwierigkeiten aus der Produktion genommen und dann nach der Energiekrise noch einmal für kurze Zeit wiedereingeführt. 1975 wurde der Cordoba, eine Art „Zweitwagen der gehobenen Klasse" auf den Markt gebracht; er blieb für lange Zeit das kleinste Modell der Chrysler-Palette. 1978 wurde er mit einem neuen „Lean Burn"-Motor (mit Magergemisch) mit 5.211 cm³ ausgestattet; zusätzlich erhielt er außerdem ein elektrisch zu öffnendes Dach.

1978 wurde eine neue Palette von kompakten Modellen mit 6-Zylinder-Motoren mit 3.678 cm³ und 8-Zylinder-V-Motoren mit 5.211 cm³ und 5.899 cm³ eingeführt. Diese neue Serie wurde unter der Bezeichnung Le Baron vorgestellt; mit diesem Namen waren bereits einige Chrysler-Modelle der Vorkriegszeit herausgebracht worden.

Ein Jahr danach wurden die Modelle der Serien New Yorker und Newport um etwa 360 kg „erleichtert", und um die schädlichen Abgasemissionen zu verringern, wurde das „Lean Burn"-System durch eine elektronische Zündung ersetzt, die mit einem ebenfalls elektronisch gesteuerten Vergaser und einem Auspuffkatalysator verbunden war.

In jenem Jahr verzeichnete die Bilanz des Unternehmens einen Verlust von einer Milliarde Dollar und Chrysler war lange Zeit einem wirtschaftlichen Desaster nahe. Der Konkurs wurde dann mit Hilfe einer massiven Intervention der Regierung und einer mutigen Geschäftsaktion verhindert: Alle in Großbritannien und Frankreich arbeitenden Automobilunternehmen, die für Chrysler schon immer in wirtschaftlicher Hinsicht Ballast waren, wurden an den Konzern Peugeot-Citroën verkauft.

Die so „erleichterte" Chrysler Corporation konzentrierte sich sofort darauf, den Vorderradantrieb in ihre herkömmlichen Modelle einzubauen. Die ersten Modelle dieser neuen Generation, die K genannt wurde, waren die Plymouth und Dodge von 1981; innerhalb weniger Monate wurde diese technische Umstellung auch in den Le Baron-Modellen realisiert. Ebenfalls 1981 wurde der Imperial wieder eingeführt, dessen Produktion auf das zweitürige Modell mit V8-Motor mit 5.211 cm³ beschränkt wurde und der auch mit Klappverdeck erhältlich war.

Obwohl 1982 ein Produktionsrückgang von 25% im Vergleich zum Vorjahr zu verzeichnen war, gelang es Chrysler, in diesem Jahr dank der Einführung von zwei Erfolgsmodellen (Le Baron und Dodge 400) wieder auf dem Sektor der Cabriolets Fuß zu fassen.

Schon 1983 hatte Chrysler-Chef Lee Iacocca den Konzern aus der Krise heraus wieder in schwarze Zahlen geführt. Neue, moderne Fahrzeuge mit europäisch-kompakten Abmessungen sorgten für weiteren Erfolg. Ein besonderer Wurf war der Chrysler Voyager, der den Boom bei den Mini-Vans einläutete. Bis heute ist der Voyager, der auch in Dodge- und Plymouth-Versionen angeboten wird, der mit Abstand erfolgreichste Wagen dieser Klasse.

Chrysler Six

CHRYSLER

Auch die Übernahme der Jeep Corporation erwies sich als Glücksgriff. Mit dem Geländewagenboom der achtziger Jahre erlebten Allrad-Fahrzeuge einen enormen Aufschwung. Auch in Deutschland sind der Jeep Wrangler (der Nachfolger des klassischen CJ5-Jeeps) und Cherokee genauso wie der Voyager (der seit 1992 in Österreich gebaut wird) Verkaufsrenner. Seit 1993 bereichert das größere Geländewagen-Modell Grand Cherokee die Angebotspalette.

Chrysler Six (70)

Der Chrysler-6-Zylinder-Motor von 1924 weist zahlreiche technische Neuheiten auf, die während des Ersten Weltkriegs entwickelt worden waren, darunter den Ricardo-Zylinderkopf mit einem Verbrennungsraum mit hohem Kompressionsverhältnis. Um das Potential dieses Motors voll ausschöpfen zu können, wurde der Chrysler Six als erster Großserienwagen mit hydraulisch betätigten Vorderrad- und Hinterradbremsen ausgestattet; der einzige Schönheitsfehler bestand in der Tatsache, daß der Mechanismus auf Außenbacken basierte.

Anläßlich der New York Motor Show von 1924 stellte Chrysler in der Eingangshalle des Hotel Commodore einen Prototypen dieses Modells aus; es gelang ihm damit, eine so große Anzahl von Aufträgen zu erhalten, daß die Produktion ohne irgendwelche wirtschaftlichen Sorgen beginnen konnte.

Der Grundpreis von 1.565 Dollar war aufgrund des Qualitätsniveaus der Chrysler Six voll gerechtfertigt, und innerhalb der ersten zwölf Monate stieg der Absatz auf über 32.000 Stück, was einen Umsatz von ca. 50 Millionen Dollar bedeutete – ein echter Rekord für ein Modell, das erst so kurze Zeit auf dem Markt war. Die Leistungen und die Zuverlässigkeit des Six wurden zudem durch den dritten und vierten Platz, die 1928 in Le Mans erzielt wurden, bestätigt.

Chrysler Airflow

Als die Wirtschaftskrise ihren Höhepunkt erreicht hatte, erwägte Walter Chrysler, die Versuchsabteilung des Unternehmens zu schließen, um die Produktionskosten weiter zu senken. Harold Hicks, ein Konstrukteur, der bereits bei Ford gearbeitet hatte, brachte ihn jedoch wieder von diesem Vorhaben ab. Nachdem er von Hicks erfahren hatte, daß eine Erhöhung der Geschwindigkeit eines Automobils von 134 km/h auf 159 km/h und eine Reduzierung des Kraftstoffverbrauchs allein durch die Veränderung der Karosserieform möglich waren, soll Walter Chrysler ausgerufen haben: „Nun wenn die Forschung zu diesen Ergebnissen führen kann, müssen wir unverzüglich auf diesem Weg weitermachen."

Carl Breer, der die im Windkanal erzielten Ergebnisse analysierte, kam zu der Feststellung, daß das typische Automobil der dreißiger Jahre weniger Luftwiderstand bot, wenn es im Rückwärtsgang fuhr. Auf der Grundlage dieser Schlußfolgerung wurde die Entwicklung eines neu konzipierten Karosserieaufbaus begonnen. Auf diese Weise entstand die Linie der Airflow-Serie, die 1934 vorgestellt wurde.

Die Karosserie des Wagens, die streng den Gesetzen der Aerodynamik folgte, wurde von einem Rahmen aus Stahlrohren, der mit den Holmen verschweißt war, getragen. Dank der Position des Motors lasteten 55% des Gesamtgewichts auf den Vorderrädern, während aufgrund der beachtlichen Länge der Blattfedern die Aufhängungen eine außergewöhnliche Flexibilität garantierten.

Die technischen und stilistischen Lösungen des Airflow erwiesen sich jedoch als zu fortschrittlich für ihre Zeit, und obwohl viele konkurrierende Unternehmen danach auf seine Lösungen zurückgriffen, fand dieses progressive Modell in der breiten Öffentlichkeit keinen Anklang.

Um den Airflow „konventioneller" zu machen, wurden 1936 wesentliche Änderungen vorgenommen. Die schön abgeschlossene, typische Silhouette der Bugpartie wurde durch eine konventionelle Motorhaube in V-Form, die im eindeutigen Widerspruch zu den eleganten, sanften Kurven der Kotflügel und der Stoßstange stand, „ruiniert". Trotz dieses Versuchs stieg der Absatz nicht, und 1937 wurde die Produktion des Airflow eingestellt.

Chrysler Laser/Daytona

Anfang der achtziger Jahre, nachdem die wirtschaftliche Lage saniert worden war, nahm Chrysler die Produktion von Sportmodellen wieder auf und führte den alten und immer noch ruhmvollen Charger wieder ein. Der alte, leistungsstarke V8, der früher verwendet worden war, wurde durch einen 2,2-l-Motor ersetzt, der aus dem in den Modellen der K-Serie verwendeten Motor entwickelt worden war; diese hatten praktisch in der Zeit der schweren Krise das Überleben des Unternehmens gesichert. Auf diese Weise entstanden der Daytona und der Laser (die sich eigentlich nur durch den Namen unterscheiden, die scheinbar dem Charger gleichen, aber technisch völlig neu sind. Wie alle Modelle der derzeitigen Palette sind auch die Laser/Daytona mit Vorderradantrieb ausgestattet und verwenden Komponenten der K-Serie, wie den 4-Zylinder-Motor mit 2.200 cm³ und obenliegender Nockenwelle.

Die Spitzenversionen der Laser/Daytona verfügen über einen Lader, wie übrigens auch die eindrucksvollsten Modelle von Chrysler. Dank des Garret-T3-Turboladers erreichen die Laser/Daytona Turbo eine Leistung von 148 PS (SAE) bei 5.200-min. In diesem Fall dient die Aufladung vor allem dazu, das Motordrehmoment zu erhöhen, das mit seinen 228 Nm eine ausgezeichnete Fahrelastizität gewährleistet. Die Höchstgeschwindigkeit (185 km/h) bleibt im Vergleich zu den entsprechenden europäischen Modellen eher bescheiden. In bezug auf das Fahrver-

---

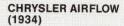

CHRYSLER AIRFLOW (1934)

Motor: 6 Zylinder in Reihe mit stehenden Ventilen
Bohrung/Hub: 85,7 mm x 114,3 mm
Hubraum: 3.956 cm³
Max. Leistung: 97 PS
Getriebe: mechanisch, 3 Gänge + Overdrive
Rahmen: Rohrrahmen
Aufhängung: Starrachsen mit Halbelliptikfedern
Bremsen: Trommelbremsen
Karosserie: Stromlinienlimousine
Höchstgeschwindigkeit: 145 km/h

CHRYSLER DAYTONA TURBO

Motor: 4 Zylinder in Reihe; obenliegende Nockenwelle; 1 Turbolader
Bohrung/Hub: 87,5 mm x 92 mm
Hubraum: 2.213 cm³
Max. Leistung: 148 PS
Getriebe: mechanisch, 5 Gänge
Rahmen: selbsttragende Karosserie
Aufhängung: Einzelradaufhängung vorn (McPherson-System), Schraubenfedern, Stabilisator und hydraulische Stoßdämpfer; Hinterachse als Starrachse mit Längsarmen, Schraubenfedern, Stabilisator und hydraulischen Stoßdämpfern
Bremsen: Scheibenbremsen an den Vorderrädern; Trommelbremsen an den Hinterrädern
Karosserie: viersitziges Coupé mit 3 Türen
Höchstgeschwindigkeit: 185 km/h

Chrysler Airflow

CITROËN

Chrysler Daytona Turbo

halten und die Straßenlage sind die neuen Sportmodelle mit Vorderradantrieb entschieden besser als die vorhergehenden Versionen, die noch das Resultat der alten technischen Schule Amerikas waren; unter anderem verfügen die neuen Modelle über eine genauere und schneller reagierende Lenkung.

CISITALIA
Turin, Italien
1946–1965

Die Compagnia Industriale Sportiva Italia, deren Eigentümer der frühere Rennfahrer Piero Dusio war, begann 1946 mit der Produktion von einsitzigen Rennwagen. Diese ersten Modelle, die Cisitalia D46 genannt wurden, wurden von FIAT-Motoren mit 1.098 cm³ angetrieben, die dank einer ausgeklügelten Technik ca. 60 PS leisteten. Mit einem D46, der von Dusio selbst gefahren wurde, gewann Cisitalia den Coppa Brezzi, der 1946 in Turin ausgetragen wurde.

1947 wurde der 202, ein Zweisitzer, in Produktion genommen, der laut Dusio für „sportliche Männer" bestimmt war, „die einen leichten, geräumigen, wendigen und brillanten Wagen wünschten, der für schnelle Fahrten eingesetzt werden oder mit besten Erfolgsaussichten an nationalen und internationalen Wettbewerben für Sportwagen teilnehmen konnte". Der 202 war mit verschiedenen Karosserien erhältlich: das Spitzenmodell war das Coupé Gran Sport, das von Pininfarina „eingekleidet" worden war; diese Version schuf nicht nur einen eigenen Modestil – der weitgehend von vielen anderen Sportwagenherstellern übernommen wurde

CISITALIA (1947)
Motor: 4 Zylinder in Reihe mit hängenden Ventilen
Bohrung/Hub: 68 mm x 75 mm
Hubraum: 1.088 cm³
Max. Leistung: 55 PS
Getriebe: mechanisch, 4 Gänge
Rahmen: Gitterrohrrahmen
Aufhängung: Einzelradaufhängung vorn mit Querblattfeder und Dreieckslenker; Hinterachse als Starrachse mit Halbelliptikfedern
Bremsen: Trommelbremsen
Karosserie: Coupé
Höchstgeschwindigkeit: 150 km/h

de – sondern wurde auch im New York Metropolitan Museum of Modern Art als Beispiel für eine der besten stilistischen Schöpfungen aller Zeiten ausgestellt. Der Cabriolet Sport war nicht minder gelungen, und 1948 erwarb Henry Ford eines dieser Modelle beim damaligen Importeur der Cisitalia in New York.

Im darauffolgenden Jahr, als Cisitalia dabei war, einen von Porsche entworfenen Rennwagen mit einem 12-Zylinder-Motor und Vierradantrieb zu bauen, verlegte Dusio, dessen finanzielle Mittel aufgebracht waren, die gesamten Aktivitäten nach Argentinien, wo die Produktion von Wagen begann, die unter derselben Marke vertrieben wurden, aber die mechanischen Komponenten der Jeep Willys verwendeten.

1950 versuchte ein weiterer Kapitalgeber mit wenig Glück, die Produktion des Turiner Unternehmens wieder in Gang zu bringen, und auch nach der Rückkehr von Dusio nach Italien (1952) gelang es Cisitalia nicht, die früheren Erfolge zu wiederholen; auch die Erweiterung der Palette um das Coupé mit 1.095 cm³, 1.248 cm³ und 2.760 cm³ Hubraum genügte nicht, um eine kontinuierliche

Cisitalia 202

Produktion zu gewährleisten. Die letzten Cisitalia, die nach einer Unterbrechung von 1958 bis 1961 hergestellt wurden, hatten einen Motor, der vom FIAT-Vierzylinder mit 847 cm³ abgeleitet war. Die Produktion der Cisitalia wurde 1965 endgültig eingestellt.

CITROËN
Paris, Frankreich
1919–

Der Erfolg von André Citroën begann mit den Doppelspiralgetrieben, die er ab 1913 konstruierte. Dieses Spezialgetriebe wurde nicht nur für die Automobilindustrie, sondern auch für den Antrieb von Schiffen einschließlich der Titanic hergestellt.

Einige Jahre zuvor hatte er für das Automobilunternehmen Mors gearbeitet, das unter seiner Leitung seine Produktion verzehnfachen konnte. Während des Kriegs folgte er dem Beispiel der Amerikaner und stellte in großem Umfang serienmäßig Kriegswaffen her; nach Kriegsende übertrug er dieses Produktionskonzept auch auf die Herstellung von Automobilen.

Das erste Citroën-Modell war der 10 HP Typ A, der 1919 vorgestellt wurde und einen seitengesteuerten Motor mit 1.327 cm³ und 18 PS hatte. 1922 wurden zwei neue Modelle, der 10 HP Typ B2 mit 1.452 cm³ und der populärere 5 HP Typ C mit 856 cm³ eingeführt. In jenem Jahr fand auch die legendäre Sahara-Durchquerung mit einer Gruppe von Halbkettenfahrzeugen statt, die auf der Basis der Mechanik des 10 HP Typ B2 entwickelt worden waren.

Der 1925 vorgestellte B 10 war das erste Automobil aus

französischer Produktion mit einer Ganzstahlkarosserie. Das repräsentativste Modell der nachfolgenden C-Serie war zweifellos der Sechszylinder C6 (der 1929 vorgestellt wurde), der mit einem Motor mit 2.442 cm³ und später (mit dem C6F 'CGL') auch mit 2.650 cm³ Hubraum erhältlich war.

1934 stellte Citroën seinen revolutionären 7A Traction Avant vor, dessen Entwicklung so hohe Investitionen erforderte, daß André in Konkurs ging und gezwungen war, seine Firma an Michelin abzugeben.

Zwischen 1934 und 1940 wurde der Traction Avant in 21 verschiedenen Versionen mit 4-Zylinder-Motoren mit 7 und 11 PS und 6-Zylinder-Motoren mit 15 PS gebaut; es war ursprünglich auch ein Modell mit Vorderradantrieb mit einem V8-Motor mit 22 PS vorgesehen, das jedoch nie in Produktion genommen wurde.

Nach dem Zweiten Weltkrieg nahm Citroën den Traction Avant in den Versionen mit 11 und 15 PS wieder in Produktion, während 1949 auf dem Automobilsalon von Paris der außergewöhnliche 2 CV, ein kleines und spartanisches Automobil mit Vorderradantrieb, vorgestellt wurde, dessen luftgekühlter 2-Zylinder-Boxermotor einen Hubraum von nur 375 cm³ hatte.

1954 stattete Citroën den 15 Six H, der eine Vorwegnahme des ein Jahr später präsentierten, berühmten DS 19 darstellte, mit hydropneumatischer Federung aus.

1956 wurde der ID 19, eine einfachere Version des DS, einge führt, während 1961 die Produktion des Ami 6, eine Art 2CV in einer aufwendigeren Ausführung, begonnen wurde. 1967 wurde der DS 21 herausgebracht, und 1968 folgte der Dyane, ebenfalls ein „kleines" Modell mit luftgekühltem 2-Zylinder-Boxermotor.

1968 verließen die ersten Freizeitmodelle das Fließband, darunter der Mehari, ein Geländewagen mit Kunststoff-Karosserie. Das wichtigste Modell des Jahres 1968 bleibt hingegen der GS mit einem 4-Zylinder-Boxermotor. Ebenfalls 1968 übernahm Citroën die Kontrolle über Maserati, und die nachfolgende Zusammenarbeit führte zur Entwicklung des luxuriösen SM, der mit einem 6-Zylinder-V-Motor mit 2670 cm³ und zwei obenliegenden Nockenwellen pro Zylinderreihe aus der Maserati-Produktion ausgestattet war.

1975 wurde der DS durch den CX ersetzt, der in verschiedenen Motorvarianten bis 1989 gebaut wurde. Dann wurde er vom XM abgelöst, der heute die Oberklasse im Citroen-Programm bildet. Der XM ist der erste 6-Zylinder-Citroen nach dem SM.

Der BX wurde 1993 durch den Xantia ersetzt, der nun ein Stufenheck trägt, aber trotzdem über eine Heckklappe verfügt. Wie BX und XM kommt auch im Xantia die hydropneumatische Federung, eine Citroen-Spezialität, zum Einsatz. Unterhalb des Xantia rangiert in der Hierarchie der ZX, ein Kompaktmodell der sogenannten Golf-Klasse. Das Einstiegsmodell ist seit 1986 der AX.

Citroën 5CV Typ C

Die meisten der ersten Citroën-Modelle wurden von Jules Salomon entworfen, aber der kleine 5 CV, der Anfang 1922 auf den Markt gebracht

wurde, war in erster Linie das Werk von Edmond Moyet. Während die Modelle der Serien A und B2 als konventionelle Fahrzeuge betrachtet werden können (deren Erfolg vor allem auf ihre Zweckmäßigkeit zurückzuführen ist), füllte der 5CV eine Lücke in der damaligen Automobilproduktion und schuf eine Verbindung zwischen einem Motorkleinwagen und einem echten leichten Automobil. Die meisten 5 CV, von denen 80.232 Exemplare hergestellt wurden, hatten eine Karosserie mit dem charakteristischen spitzen Heck, das

---

CITROËN 5CV Typ C (1922)

Motor: 4 Zylinder in Reihe mit stehenden Ventilen
Bohrung/Hub: 55 mm x 90 mm
Hubraum: 856 cm³
Max. Leistung: 11 PS
Getriebe: mechanisch, 3 Gänge
Rahmen: Leiterrahmen
Aufhängung: Starrachsen mit Viertelelliptikfeder
Bremsen: an den Hinterrädern und dem Getriebe
Karosserie: Torpedo mit 2 Sitzen
Höchstgeschwindigkeit: 60 km/h

---

scherzhaft als „cul de poule" bezeichnet wurde und in dem der Sitz für den zweiten Beifahrer untergebracht war.

Die hohe Popularität des 5CV war sicher auf seinen niedrigen Preis zusammen mit der hohen Zuverlässigkeit zurückzuführen; auch Opel benutzte die gleichen Konstruktionskonzepte, obwohl das Unternehmen von Citroën nie eine Herstellungslizenz erhalten hatte, und konnte damit in großen Serien produzieren. Die Modelle, die von diesem bekannten deutschen Unternehmen hergestellt wurden, erhielten dagegen wegen der grünen Farbe der Standardausführung den Spitznamen „Laubfrosch".

Citroën Traction Avant

Im Mai 1934 stellte André Citroën sein Meisterwerk, den 7CV Traction Avant, vor, mit dem er zum ersten Mal in einem Mo-

Citroën 5HP TYP C

dell eine ganze Reihe von technischen Lösungen realisiert, die auch heute Gültigkeit haben: Vorderradantrieb, selbsttragende Karosserie nach Budd/USA-Lizenzen, Drehstabfederung, obengesteuerter Motor mit nassen Zylinderlaufbuchsen. Zunächst wollte André dieses Modell auch mit einem automatischen Sensaud de Lavaud-Getriebe ausstatten, aber aufgrund verschiedener technischer Probleme wurde diese Übersetzung im letzten Augenblick durch ein herkömmliches Getriebe ersetzt.

Der ursprüngliche 32-PS-Motor wurde sehr bald als ungenügend eingestuft und durch den 36-PS-Motor mit 1.628 cm³ ersetzt, dem wiederum der 7S (Sport) mit 1.911 cm³ und 46 PS folgte.

Auf dem Automobilsalon von Paris 1934 wurde ein Prototyp ausgestellt, der mit einem V8-Motor mit 22 PS ausgestattet war, aber dieses Modell wurde niemals in Produktion genommen.

Aufgrund der enormen Ausgaben für die Entwicklung des Traction Avant war André Citroën gezwungen, sein Unternehmen dem Reifenhersteller Michelin zu überlassen. Kurze Zeit danach starb André Citroën. Die Entwicklung des Traction Avant ging jedoch weiter: 1938 wurde die 6-Zylinder-Version 15/6 herausgebracht, und nach dem Ende des Zweiten Weltkriegs wurden ca. 250.000 Traction Avant gebaut.

1948 wurde dieses Modell mit dem ersten serienmäßig hergestellten Gürtelreifen, dem Michelin X, ausgestattet. 1957 wurde die Produktion des Traction Avant, der zumindest in Frankreich eine echte Ära verkörperte, eingestellt; ihm folgte der nicht weniger revolutionäre DS 19, dessen erste Exemplare 1955 gezeigt wurden.

Citroën 2CV

Die ersten Vorarbeiten zu dem Projekt, aus dem dann der Citroën 2 CV hervorging, begannen bereits 1936, als der damalige Generaldirektor Pierre Boulanger seine Techniker damit beauftragte, „vier Räder unter einer Art Schirm" zusammenzusetzen, „...die eine Ladung Eier über ein unebenes Feld transportieren könnten, ohne auch nur ein einziges zu zerbrechen..."

Der 2CV, der sich im untersten Sektor des Automobilmarktes ansiedelt, war ursprünglich ohne elektrische Zündung; um ihn in Bewegung zu setzen, mußte man wie bei den heutigen Außenbordmotoren eine Schnur, die um die Riemenscheibe der Kurbelwelle gewickelt war, anziehen; als bekannt wurde, daß die in der Firma angestellten Stenotypisten sich bei dem Versuch, den Prototyp anzulassen, die Fingernägel brachen, wurde diese Lösung zugunsten der herkömmlichen Kurbel wieder aufgegeben.

Nachdem bis Mitte 1939 etwa 250 Prototypen gebaut worden waren, entschloß man sich, dieses Modell anläßlich des Autosalons von 1939 auf den Markt zu bringen; der Ausbruch des Zweiten Weltkriegs machte diese Absicht jedoch zunichte, und die Testfahrten wurden auch während der Besetzung Frankreichs heimlich in den Bergen der Auvergne fortgesetzt. Aufgrund der Erfahrungen, die auf diesem improvisierten Testgelände gemacht wurden, entschied man, eine Luftkühlung (anstelle der Wasserkühlung) und die berühmten Verbundfederungen einzubauen.

Die offizielle Vorstellung des 2CV erfolgte 1948 und rief bei den Fachleuten gegensätzliche Reaktionen hervor, die von der größten Skepsis bis zum lebhaften Interesse reichten. In der Öffentlichkeit wurde der 2CV vor allem wegen des mäßigen Preises, der ihn für fast alle Geldbeutel erschwinglich machte, mit sehr viel Wohlwollen aufgenommen.

Zu Beginn der achtziger Jahre wurde die Produktion des 2CV in die 1902 gegründete Fabrik von Clément de Levallois, verlegt.

Die Produktion sollte 1984 ganz eingestellt werden, um Platz für modernere Fahrzeuge zu schaffen. Das verzögerte sich jedoch noch einige Jahre. Erst 1990 kam für die „Ente", wie der 2 CV liebevoll genannt wurde, das endgültige Aus.

CITROËN 7A TRACTION AVANT (1934)

Motor: 4 Zylinder in Reihe mit hängenden Ventilen
Bohrung/Hub: 72 mm x 80 mm
Hubraum: 1.303 cm³
Max. Leistung: 32 PS
Getriebe: mechanisch, 3 Gänge (II und III synchronisiert)
Rahmen: selbsttragende Karosserie
Aufhängung: Einzelradaufhängung vorn mit längsliegenden Torsionsfedern; Hinterachse mit Einzelradaufhängung mit querliegenden Torsionsfedern
Bremsen: hydraulische Trommelbremsen
Karosserie: Limousine
Höchstgeschwindigkeit: 95 km/h

CITROËN 2CV (1949)

Motor: 2-Zylinder-Boxermotor mit hängenden Ventilen
Bohrung/Hub: 62 mm x 62 mm
Hubraum: 375 cm³
Max. Leistung: 9 PS
Rahmen: Plattformrahmen
Aufhängung: Einzelradaufhängung mit Schraubenfedern, Verbundfederung
Bremsen: Trommelbremsen mit hydraulischer Betätigung
Karosserie: viersitzige Limousine mit 4 Türen
Höchstgeschwindigkeit: 65 km/h

Citroën Traction Avant

Citroën 2CV

CLAN

Citroen XM V6 24V

CITROEN XM V6 24V (1993)

Motor: 6-Zylinder-V-Motor, je eine obenliegende Nockenwelle pro Zylinderreihe, 24 Ventile
Bohrung/Hub: 93 mm x 73,0 mm
Hubraum: 2.975 cm³
Max. Leistung: 147 kW / 200 PS bei 6.000⁻min
Getriebe: mechanisch, 5 Gänge
Rahmen: selbsttragende Karosserie
Aufhängung: Einzelradaufhängung vorne und hinten, hydropneumatische Federung
Bremsen: Scheibenbremsen vorne und hinten
Karosserie: viertürige Limousine
Höchstgeschwindigkeit: 235 km/h

Citroën SM

1970 wurde der SM vorgestellt, der aus der Zusammenarbeit von Citroën und Maserati hervorging. Dieses Modell verfügte über hydropneumatische Federung, Vorderradantrieb, 5-Gang-Getriebe und einen Maserati V6-Motor. Im Vergleich zu Autos aus der gleichen Zeit war der SM sehr luxuriös, zu seiner Serienausstattung gehörten elektrische Fensterheber, die heizbare Heckscheibe und eine stoßabsorbierende Lenksäule. Für den französischen Markt wurde eine Version mit 3-l-Motor und Automatikgetriebe eingeführt.

Die meisten Citroën SM wurden mit einer Coupé-Karosserie mit zwei Türen und vier Sitzen gebaut, während von der Ausführung mit vier Türen derzeit nur noch ein oder zwei Exemplare existieren.

CLAN
Washington, Großbritannien 1971–1974

Die Clan Motor Company wurde von dem ehemaligen Konstrukteur von Lotus, Paul Hassauer, gegründet. Das erste Clan-Modell, der Crusader, hatte abgesehen von dem kantigen und avantgardistischen Design, das stilistische Elemente des Lotus Elite der fünfziger Jahre übernahm, eine Glasfaserkarosserie, die einen geringen Luftwiderstandsbeiwert gewährleistete. Dank seiner schnittigen Form und seines geringen Gewichts (613 kg) konnte der kleine Crusader trotz des kleinen Hubraums seines Motors beachtliche Leistungen erbringen.

Dieses Coupé war – wie auch der Ginetta G 15, sein unmittelbarer Konkurrent – mit einem Motor von Hillman/Sunbeam Imp Sport ausgestattet: 4-Zylinder-Heckmotor mit nur 875 cm³, der 51 PS bei 6.100⁻min leistete und eine Höchstgeschwindigkeit von 160 km/h mit einer Beschleunigung von 0 auf 96 km/h in knapp 13 Sekunden erbrachte. Im Unterschied zum Ginetta G 15, dessen Aufhängungen und Lenkung vom Triumph Spitfire übernommen worden waren, verfügte der Crusader über die einfachere Imp-Vorderachse. Der Crusader war sehr wendig und wurde im Rennsport häufig in Rennen der Klasse 4 eingesetzt.

Die Clan Motor Company ging zum einen infolge der Einführung eines neuen Besteuerungssystems für Autos, zum anderen aufgrund der für die Produktion von sehr kleinen Serien typischen hohen Produktionskosten in Konkurs. Zu Beginn seiner Produktion konnte sich dieses Unternehmen in der Tat auf die Steuerbefreiung stützen, die für Automobile galt, die als Bausatz verkauft wurden, aber als in Großbritannien die VAT (Value Added Tax), die unserer MwSt. entspricht, eingeführt wurde, stieg der Preis des Crusader sprunghaft in die Höhe und verlor damit jeden Vorteil, den er bisher gegenüber den anderen Sportautomobilen aus britischer Produktion hatte. 1973 stellte Clan endgültig seine

Clan Crusader

CLAN CRUSADER (1972)

Motor: 4 Zylinder in Reihe, Heckmotor, 1 obenliegende Nockenwelle
Bohrung/Hub: 68 mm x 60,38 mm
Hubraum: 875 cm³
Max. Leistung: 51 PS
Getriebe: mechanisch, 4 Gänge
Rahmen: aus Stahlblech
Aufhängung: Einzelradaufhängung vorn mit Dreieckslenkern, Schraubenfedern und hydraulischen Stoßdämpfern; Einzelradaufhängung hinten mit Querlenkern, Schraubenfedern und hydraulischen Stoßdämpfern
Bremsen: Scheibenbremsen
Karosserie: aus Glasfaser; zweisitziges Coupé mit 2 Türen
Höchstgeschwindigkeit: 160 km/h

Produktion ein und wurde aufgelöst. Ein in Nordirland gelegenes Unternehmen nahm einige Jahre später die Produktion dieses Modells wieder auf, benutzte jedoch den 4-Zylinder-Boxermotor des Alfa Romeo Alfasud, da der ursprüngliche kleine 4-Zylinder-Reihenmotor nicht mehr hergestellt wurde.

CLAVEAU
Paris, Frankreich
1923–1950

Dem beachtlichen technischen Know-how von Emile Claveau standen immer sein Mangel an Geschäftssinn und die systematische Ablehnung jeglichen Rats von seiten der Mitarbeiter entgegen. Sein Verhalten war durch die Angst begründet, eine Änderung an seinen technischen Konzepten hinnehmen zu müssen. Diese Tatsache verhinderte die Ausweitung seiner Produktion.

Obwohl in der Praxis die Modelle aus seiner Produktion fast automatisch auf der Stufe der Prototypen stehenblieben, versäumte es Emile Claveau nicht, bei jedem Automobilsalon in Paris ein Modell vorzustellen.

Das erste Claveau-Modell mit Heckmotor hatte eine Stromlinienkarosserie und Einzelradaufhängungen an allen Rädern. Am Anfang verwendete Claveau zwei Motorarten: einen luftgekühlten 4-Zylinder-Boxermotor mit 1.478 cm³ und 9 HP mit vielen Bestandteilen aus Aluminiumlegierung (Alpax) und einen 2-Zylinder-Boxermotor mit 7 HP (739 cm³). 1927 stellte Calveau beim Salon von Paris eine Limousine mit selbsttragender Karosserie in einer ausgesprochen aerodynamischen Tropfenform aus. Der Claveau von 1930 hatte eine Stromlinienkarosserie und Vorderradantrieb. Nach dem Krieg wurde ein Prototyp mit V8-Motor mit 2,3 l, 5-Gang-Getriebe und Vorderradantrieb gebaut.

CLEMENT-BAYARD
Levallois Perret, Mézières, Frankreich
1903–1922

Schon bevor Adolphe Clément begann Automobile zu bauen, hatte er mit dem Verkauf von Fahrrädern und Luftreifen ein Vermögen angehäuft. 1899 hatte Clément bereits zusammen mit Gladiator begonnen, Drei- und Vierräder zu bauen, um dann gegen Ende des vergangenen Jahrhunderts zur Konstruktion von zwei leichten Kleinwagen überzugehen; einer dieser Wagen verwendete einen De-Dion-Heckmotor mit 2,5 PS, während der andere mit einem 1-Zylinder-Heckmotor mit 3,5 PS ausgestattet war und noch über eine Drehschemellenkung verfügte. Das zuletzt genannte Modell wurde von dem Konstruktionsbüro der Panhard-Levassor entworfen, das damals unter der Leitung von Adolphe Clément stand, und von dem schottischen Unternehmen Stirlings hergestellt. 1901 wurde die Pa-

CLEMENT-BAYARD 7 PS (1909)

Motor: 2 Zylinder in Reihe mit stehenden Ventilen
Bohrung/Hub: 73 mm x 110 mm
Hubraum: 2.930 cm³
Max. Leistung: 7 PS (geschätzt)
Getriebe: mechanisch, 3 Gänge
Rahmen: Leiterrahmen
Aufhängung: Vorderachse als Starrachse mit Halbelliptikfedern; Hinterachse als Starrachse mit Querblattfeder
Bremsen: Trommelbremsen an den Hinterrädern
Karosserie: Victoria, Limousine und Kastenwagen
Höchstgeschwindigkeit: nicht bekannt

lette um Automobile mit 2-Zylinder-Motoren mit 9 PS und mit 4-Zylinder-Motoren mit 12 oder 16 HP erweitert. Diese Modelle, die in den Gladiator-Werken gebaut wurden, unterschieden sich vor allem durch die Art der Übertragung von den Modellen dieser Marke: Gelenkwellenantrieb bei Clément und Kettenantrieb bei den Gladiator-Modellen.

1903 beschloß Adolphe Clément, sich von Gladiator zu trennen, und begann die Produktion von Automobilen, die dann anstelle des bisher benutzten Markennamens Clément-Gladiator unter der Marke Clément-Bayard vorgestellt wurden (Bayard war der Name eines Ritters des 16. Jahrhunderts, der zur Befreiung von Mézières beigetragen hatte und für den Clément große Bewunderung hegte).

Im Jahr 1904 waren vor Clément-Bayard eine Reihe von Automobilen mit verschiedenen Motoren auf dem Markt, die Palette reichte vom Einzylinder mit 6 PS bis zu den Vierzylindern mit 14, 20 und 27 PS.

1907 variierten Motoren von einem Zweizylinder mit 7/10 PS bis zu einem Vierzylinder mit 50/60 PS. Die Modelle, in die stärkere Motoren eingesetzt wurden, waren mit Kettenantrieb ausgestattet. Das Modell 10/12, das von einem Monoblockmotor mit vier Zylindern angetrieben wurde, verfügte über ein Kühlersystem, das bis 1914 in allen kleineren Modellen eingesetzt wurde.

Nachdem die Produktion von Modellen mit Kettenantrieb eingestellt worden war, wurden 1911 drei Modelle mit 6-Zylinder-Motoren mit 15, 20 und 30 PS eingeführt. Mit dieser Modernisierung erwiesen sich die Clément-Bayard-Automobile gegenüber der britischen Talbot als weit überlegen und wurden unter dem Markenzeichen Clément-Talbot nach Großbritannien exportiert.

Als sich Adolphe Clément Anfang des Ersten Weltkriegs im Jahr 1914 aus dem Geschäft zurückzog, umfaßte das Angebot seiner Firma zwölf Modelle; das kleinste war mit einem 2-Zylinder-Motor mit 12 HP, das größte mit einem 6-Zylinder-Motor mit 30 HP ausgestattet.

Nach dem Krieg begann erneut die Produktion mit einem leichten Auto mit einem 4-Zylinder-Motor und einer Leistung von 8 HP wieder auf; 1922 wurde Clément-Bayard von Citroën übernommen.

CLENET
Santa Barbara, USA
1976–1982

Alain Clénet, ein Techniker französischer Abstammung, war einer der Hersteller von

Clément-Bayard 7 HP

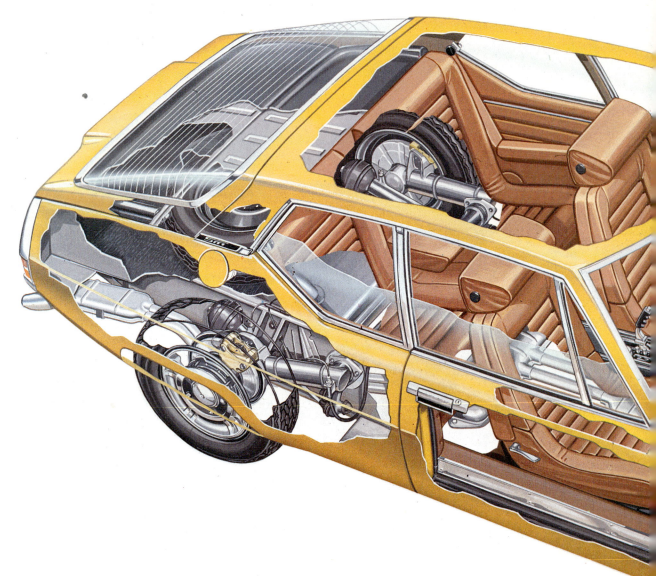

Citroën SM (1973)

Motor
Position: vorne, in Längsrichtung, hinter Vorderachse
Bauart: 6-Zylinder-V-Motor, 90°, wassergekühlt, mit Zylinderköpfen und Motorblock aus Leichtmetall, 4 Hauptlager
Hubraum: 2.670 cm^3
Bohrung/Hub: 87 mm x 75 mm
Verdichtungsverhältnis: 9,0:1
Ventilsteuerung: 2 obenliegende Nockenwellen pro Zylinderreihe, mit Kettenantrieb
Gemischbildung: elektronische Bosch-Einspritzung
Zündanlage: Verteilerzündung
Max. Leistung: 188 PS (DIN) bei 6.250^{-min}
Max. Drehmoment: 236 Nm (DIN) bei 4.000^{-min}

Übertragung
Antrieb: Getriebe in einem Block mit dem Motor, Vorderradantrieb
Getriebe: mechanisch mit 5 Gängen + Rückwärtsgang; Übersetzungsverhältnis: I) 2,91:1; II) 1,94:1; III)1,32:1; IV) 0,97:1; V) 0,76:1; RG) 3,15:1
Achsgetriebe: Schraubenräderantrieb
Übersetzungsverhältnis im Achsgetriebe: 4,375:1

Aufhängung
Vorderachse: Einzelradaufhängung mit Querlenker, hydropneumatische Federung mit hydraulischer Abstützung und Niveauregulierung und Stabilisator
Hinterachse: Einzelradaufhängung mit Längslenker, hydropneumatischer Abstützung und Niveauregulierung und Stabilisator

Lenkung
System: Zahnstangenlenkung mit Servounterstützung entsprechend der Fahrgeschwindigkeit

Bremsen
Typ: Scheibenbremsen an allen vier Rädern (an den Vorderrädern Innenscheibenbremsen), mit Servounterstützung

Räder und Bereifung
Typ: Stahlfelgen 6J x 15 mit Michelin XWX Reifen 205/VR 15

Karosserie und Rahmen
Typ: selbsttragende Stahlblechkarosserie, zweitüriges Coupé

Abmessungen und Gewicht
Länge: 4.910 mm
Breite: 1.830 mm
Radstand: 2.956 mm
Vordere und hintere Spurweite: 1.526 mm / 1.326 mm
Gewicht: 1.490 kg

Leistungen
Höchstgeschwindigkeit: 228 km/h
Kraftstoffverbrauch: 11,2 l/100 km

Der Aufriß zeigt die ungewöhnliche und aufwendige Technik des SM. Der kurze Maserati-Motor wurde in Längsrichtung eingebaut, so daß das Getriebe vorne angebracht und damit die Gewichtsverteilung verbessert werden konnte (bei den meisten Autos mit Vorderradantrieb ist der Motor quer eingebaut). Die hydropneumatische Federung mit Niveauregulierung erfolgt durch eine Pumpe (Antriebswelle zwischen Luftfilter und Zahnstangenlenkung) und vier Hochdruckkugeln (eine pro Rad). Der Fahrkomfort dieses Systems wird als optimal betrachtet. Überdies erlauben die Längslenker-Hinterräder keinerlei Änderung des Radsturzes. Die Scheinwerfer bewegen sich wie bei den Modellen der DS-Serie in die Richtung der Vorderräder; die Zahnstangenlenkung ist oberhalb des Getriebes sichtbar. Der SM beeinflußte in großem Maße die Entwicklung der Limousinen der nachfolgenden CX-Serie.

CLENET (1982)

Motor: 8-Zylinder-V-Motor
Bohrung/Hub: 101,6 mm x 88,9 mm
Hubraum: 5.766 cm^3
Max. Leistung: 147 PS
Getriebe: automatisch, 3 Gänge
Rahmen: Kastenrahmen
Aufhängung: Einzelradaufhängung vorn mit Schraubenfedern; Hinterachse als Starrachse mit Schraubenfedern
Bremsen: Scheibenbremsen an den Vorderrädern, Trommelbremsen an den Hinterrädern
Karosserie: Cabriolet
Höchstgeschwindigkeit: 175 km/h

"Repliken" von historischen Fahrzeugen. Bei der Planung seiner Automobile ließ sich Alain Clénet weitgehend von Karosseriekörper, die ganz aus Stahlblech waren und als Zwei- oder Viersitzer angeboten wurden (letztere Version mit Türen und Stoßstangen von MG), waren auf Spezialrahmen der Lincoln Continental MkV montiert. Als Nachweis der rein handwerklichen Ausführung wurde jeder Clénet (die Jahresproduktion lag bei etwa 125 Stück) mit einer Seriennummer gekennzeichnet, die auf einer an der Karosserie angebrachten Plakette eingekerbt war.

CLULEY
Coventry, Großbritannien
1922–1928

Schon bevor die Clarke, Cluley & Company mit der Automobilproduktion begann, konnte sie auf eine lange Tradition im Fahrradsektor zurückblicken. Die ersten Cluleys hatten seitengesteuerte Motoren mit vier Zylindern und 10 bis 11,9 PS. 1924 wurde auch ein Sechszylinder mit 16/40 PS eingeführt. Das letzte Cluley-Modell blieb ein Prototypen.

CLULEY 10/20 HP (1924)

Motor: 4 Zylinder in Reihe mit stehenden Ventilen
Bohrung/Hub: 65 mm x 110 mm
Hubraum: 1.490 cm^3
Max. Leistung: 20 PS
Getriebe: mechanisch, 3 Gänge
Rahmen: Leiterrahmen
Aufhängung: Starrachsen mit Halbelliptikfedern
Bremsen: an den Hinterrädern
Karosserie: Tourer
Höchstgeschwindigkeit: 74 km/h

CLYNO
Wolverhampton, Großbritannien
1922–1929

Die Produktion der englischen Clyno-Wagen, die von Frank Smith begonnen wurde, war ein Versuch, in den zwanziger Jahren der Vorherrschaft der Morris im Bereich der Kleinwagen Paroli zu bieten. Aufgrund der größeren Wendigkeit und der besseren Straßenlage der Clyno wäre ein Erfolg möglich gewesen, wurde jedoch durch den Mangel an Investitionen, die für ein solches Vorhaben erforderlich sind, verhindert.

Die Clyno Engineering Co. wurde bereits 1909 in Wolverhampton gegründet, aber bis 1922 (in diesem Jahre wurde das erste Auto vorgestellt) wur-

Clénet

den von Mercedes und Jaguar in den dreißiger Jahren gebauten Sportmodellen inspirieren, jedoch ohne daß es ihm gelang, die stilistischen Elemente wiederzubeleben, die den großen Erfolg der Originale bestimmt hatten. Für die Herstellung jeder "Replik", die alle durch große außen montierte Auspuffrohre und Speichenräder auffielen, waren 1.600 Arbeitsstunden erforderlich; dies erklärt ihren Preis, der 1982 etwa 75.000 Dollar betrug. Die

Cluley 10/20 HP

Clyno 10,8 HP

den Motorräder gebaut. Der erste Clyno war ein Wagen, der sich in keiner Weise hervorhob, abgesehen davon, daß er über kein Differential verfügte (dieses Merkmal wies im übrigen eine überraschende Anzahl von leichten und sparsamen Wagen der damaligen Zeit auf). Für den Antrieb sorgte der bekannte und weit verbreitete seitengesteuerte Vierzylinder von Coventry-Climax, während das Getriebe von Clyno selbst gebaut worden war: Für den Preis von 265 Sterling konnte man ein Fahrzeug mit elektrischem Anlasser und elektrischer Beleuchtung bekommen. In der Version von 1924 mit 10,8 HP wurde schließlich das Differential eingeführt; gleichzeitig wurde ein größeres Modell mit einem Motor mit 1 1/2 l Hubraum vorgestellt, das von Clyno konstruiert worden war.

Dank der Tatsache, daß der Vertrieb auf dem britischen Markt und die Exporte der Rootes-Gruppe anvertraut worden waren, stiegen die Verkäufe rasch an und ermöglichten 1924 ein Produktionsvolumen von 150 Wagen pro Woche und 1925 eine Produktion von 350 Wagen pro Woche. Der Erfolg der Marke wurde u. a. den ausgezeichneten, mechanischen Vierradbremsen zugeschrieben, die in jenem Jahr eingeführt worden waren.

Unglücklicherweise beging Clyno den Fehler, mit Morris bei der Preissenkung mithalten zu wollen, ohne dafür genügend Kapital zur Verfügung zu haben. Der Gnadenstoß für Clyno kam 1928, als die Rootes-Gruppe es ablehnte, weiterhin als Verkaufsagent zu fungieren, und überdies das mißglückte Modell 9 HP auf den Markt gebracht wurde. Es handelte sich dabei um einen Kleinwagen, der in der Hoffnung, ihn für 100 Sterling verkaufen zu können, entwickelt worden war; die guten Eigenschaften des Fahrzeugs, das mit einem Gewicht von 610 kg und einem seitengesteuerten Motor mit 951 cm^3 und einer Leistung von 20,5 PS 80 km/h erreichen konnte, kamen aufgrund der mangelhaften Verarbeitung nicht zur Geltung. Das Programm war in zweierlei Hinsicht ein Reinfall: Die sparsamere Century-Version mit einer viersitzigen Karosserie, die mit Kunstleder überzogen war, mußte zu einem Preis von 112,50 Sterling verkauft werden; außerdem hatte das Unternehmen weder die Mittel, um eine ausreichend große Produktion zu ermöglichen, noch um die eigenen Anlagen zu vergrößern.

1929 wurde die Produktion des alten Modells 10,8 HP eingestellt und die ganze Energie auf die Modelle 9 HP und 12 HP konzentriert: Es war das letzte Jahr des Unternehmens, das den nächsten Frühjahr nicht überstand. Mit der Einstellung der Tätigkeit wurde auch die Erprobung des Prototyps eines Modells mit einem sparsamen, seitengesteuerten 8-Zylinder-Motor unterbrochen.

CMN
Mailand, Italien
1919–1923

1919 wurde in Mailand die CMN (Costruzioni Meccaniche Nazionali) gegründet, die die Fabriken von De Vecchi, einem kleinen, wenige Jahre zuvor in Konkurs gegangenen Automobilunternehmen, übernahm. Das erste von der jungen Firma gebaute Automobil war der 15/20 HP, der mit einem seitengesteuerten 4-Zylinder-2-Block-Motor mit 2.297 cm^3 ausgestattet war. Zwei Exemplare der Sportversion dieser Modelle wurden Ugo Sivocci und Enzo Ferrari überlassen und nahmen mit wenig Erfolg an der Targa Florio des gleichen Jahres teil.

1920 wurde die Produktion des 15/20 HP (der vereinfachend 20 HP genannt wurde) den Officine Toscane in Pontedera übergeben, die einige Verbesserungen vornahmen. 1923 wurde der 25 HP, der mit einem 6-Zylinder-Reihenmotor mit fast 3 l Hubraum ausgestattet war, und der Typ 7, ein obengesteuerter Vierzylin-

---

CLYNO 10,8 HP (1927)

Motor: 4 Zylinder in Reihe mit stehenden Ventilen
Bohrung/Hub: 66 mm x 100 mm
Hubraum: 1.368 cm^3
Max. Leistung: 23 PS
Getriebe: mechanisch, 3 Gänge
Rahmen: Leiterrahmen
Aufhängung: Vorderachse als Starrachse mit Halbelliptikfedern; Hinterachse als Starrachse mit Viertelelliptikfedern
Bremsen: Trommelbremsen
Karosserie: Tourer oder Limousine, 2 Sitze
Höchstgeschwindigkeit: nicht bekannt

Cole Aero Eight

der mit 1.940 cm³ und einer Höchstgeschwindigkeit von 125 km/h, vorbereitet.

1923 stellte die CMN die Produktion von Automobilen wieder ein.

COLE
Indianapolis, USA
1909–1925

Die Wagenfabrik von J. J. Cole hatte ihr Debut im Automobilsektor mit typischen amerikanischen Highwheelers: hohe Kutschwagenräder, Unterflur-Boxermotor in der Wagenmitte. Kurz danach ging Cole zur Produktion von größeren, konventionelleren Modellen mit 4-Zylinder- und 6-Zylinder-Motoren über.

1913 stattete Cole zum ersten Mal einige seiner Modelle mit einem elektrischen Anlasser und elektrischer Beleuchtung aus, und zwei Jahre später kündigte er die Konstruktion eines Automobils mit einem von Northway gebauten V8-Motor an. 1916 konzentrierte sich die Produktion von Cole auf ausgesprochen sparsame Modelle, die in den Versionen Roadster, Sport und Tourenwagen erhältlich waren: Alle diese Modelle wurden nur in grauer Lackierung verkauft, denn diese Farbe paßte sich am besten dem Straßenschmutz von damals an.

Mit der Aero-Eight-Serie, die Anfang der zwanziger Jahre auf den Markt gebracht wurde, wurde die Ausstattung weniger spartanisch. Zu den seltsamen Namen, die für die verschiedenen Versionen dieser Serie (Sportsedan, Sportcoupé, Sportosine, Tourosine und Toursedan) verwendet wurden, kam eine weitere – ein wenig exzentrische – Besonderheit hinzu: in alle Modelle mit geschlossener Karosserie wurden achteckige Rückfenster eingebaut. Cole bewies jedoch, daß man auch an technischen Erneuerungen interessiert war; 1924 führte er in den USA Ballonreifen und Luftfederung von Westinghouse ein. Man verzichtete jedoch nie auf extravagante Bezeichnungen: Kurz bevor die Produktion eingestellt wurde, wurden zwei Modelle mit den Namen Aero-Volante und Brouette (Schubkarren) angeboten.

COLOMBO
Mailand, Italien
1922–1924

Nachdem Colombo zunächst als Hersteller von Flugzeugmotoren begonnen hatte, wurde das Unternehmen 1922 auch im Automobilsektor aktiv und präsentierte auf dem Automobilsalon von Mailand eine Art Lastwagen, der sich besonders für den Warentransport auf Kurzstrecken eignete.

Das erste echte Automobil von Colombo debütierte 1923 bei der Mustermesse: der Typ 9 mit einem 4-Zylinder-Monoblockmotor, 1.300 cm³ Hubraum, hängenden Ventilen, obenliegender Nockenwelle und drei Gängen. Das Auto wurde bis 1924 hergestellt; im selben Jahr wurde auch die kleine Firma geschlossen.

CORAT
Turin, Italien
1946

1946 gründete Domenico Cosso in Turin das Unternehmen Corat, um den Lupetta, einen Miniwagen mit 1-Zylinder-Heckmotor mit 250 cm³, zu bauen. Das Projekt scheiterte, und das Unternehmen wurde im gleichen Jahr wieder aufgelöst.

CORBIN
New Britain, Connecticut, USA
1904–1912

Die ersten Corbin-Automobile verwendeten luftgekühlte

COLE AERO EIGHT (1921)

Motor: 8-Zylinder-V-Motor mit stehenden Ventilen
Bohrung/Hub: 88,9 mm x 114,3 mm
Hubraum: 5.677 cm³
Max. Leistung: 39,2 PS (SAE)
Getriebe: mechanisch, 3 Gänge
Rahmen: Leiterrahmen
Aufhängung: Starrachsen mit Längsblattfedern
Bremsen: nur an den Hinterrädern
Karosserie: Limousine, Roadster, Coupé
Höchstgeschwindigkeit: nicht bekannt

CORBIN (1909)

Motor: 4 Zylinder in Reihe; Luft oder Wasserkühlung
Bohrung/Hub: 114,3 mm x 107,9 mm
Hubraum: 4.430 cm³
Max. Leistung: 32 HP
Getriebe: mechanisch, 3 Gänge
Rahmen: Leiterrahmen
Aufhängung: Starrachsen mit Längsblattfedern
Bremsen: nur an den Hinterrädern
Karosserie: Spider
Höchstgeschwindigkeit: nicht bekannt

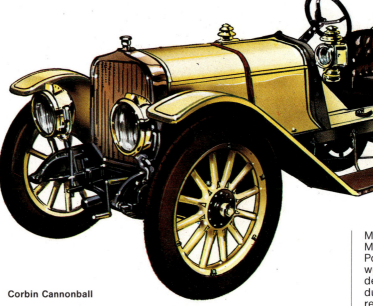

Corbin Cannonball

Motoren: Insbesondere das Modell G von 1906, das High Powered Runabout genannt wurde, war mit einem Vierzylinder mit 24 PS ausgestattet, der durch den von zwei Ventilatoren über den Zylinderköpfen erzeugten Luftstrom gekühlt wurde.

Ab 1908 bot Corbin als Sonderausstattung die traditionelle Wasserkühlung an; das Modell mit 30 HP von 1908 kostete in der luftgekühlten Version weniger als die Version mit Wasserkühlung. Trotz des hohen Qualitätsstandards, das alle seine Modelle aufweisen konnten, stellte Corbin im Jahr 1912 die Produktion von Automobilen ein.

CORD
Auburn, Indiana, USA
1929–1932 und 1935–1937

Im November 1929 kündigte Erret Lobban Cord, der Hauptaktionär der Auburn Automobile Co., das erste amerikanische serienmäßig gebaute Automobil mit Vorderradantrieb an. Es handelte sich um den Cord L-29. Für den Antrieb dieses neuen Modells wurde ein 8-Zylinder-Reihenmotor mit 125 PS ausgewählt; dieser Motor wurde von Lycoming hergestellt, einer Tochtergesellschaft von Cord. Der Cord L-29 wurde in vier Versionen (Limousine mit Innenlenkung, Limousine mit Außenlenkung, Cabriolet und Tourer) hergestellt, die sich alle dank einer mäßigen Gesamthöhe (155 cm) und eines beachtlichen Radstands (348 cm) durch eine besonders schlanke Karosserie auszeichneten.

Trotz des attraktiven Designs war der Absatz des Cord L-29 eher bescheiden, was sicher nicht darauf zurückzuführen war, daß die fortschrittlichen technischen Eigenschaften keinen Anklang gefunden hätten, sondern auf die einfache Tatsache, daß er auf den Markt gebracht wurde, als gerade die Börse in der Wall Street zusammenbrach. 1931 wurden die Preise um ca. 20% gesenkt, um den Verkauf anzukurbeln, aber diese Aktion erzielte nicht den erwünschten Erfolg, und ein Jahr später wurde der L-29 aus der Produktion genommen: Bis zu diesem Zeitpunkt waren 4.429 Stück gebaut worden.

1935 tauchte das Cord-Markenzeichen auf der Motorhaube des modernistischen Modells 810 mit Karosseriedesign von Gordon Buehrig auf. Es war in vier Versionen erhältlich: zwei Limousinen, ein zweisitziger Sportwagen und ein viersitziges Cabriolet. 1937 wurde der 810 durch den 812 ersetzt, auf Anhieb erkennbar an den verchromten Auspuffrohren an beiden Seiten der Motorhaube. Der 812 war mit einem Kompressormotor mit 195 PS ausgestattet.

Trotz ihrer stilistischen Vorzüge (die auch vom New York Museum of Modern Art anerkannt wurden) kam die Gesamtproduktion des Cord 810 und 812 nur auf 2.320 Stück.

CORRE – LA LICORNE
Levallois, Neuilly und Courbevoie, Frankreich
1899–1950

Die Société Française des Automobiles Corre begann ihre Aktivitäten mit der Herstellung von drei- und vierrädrigen Lastwagen und ging dann zur Produktion von Automobilen über, die mit Motoren aus der eigenen Fabrikation ausgestattet waren. 1906 umfaßte die Palette drei Modelle, einen Einzylinder mit 942 cm³ und 8 PS, der von De Dion stammte, einen Zweizylinder mit 1.727 cm³ und einen Vierzylinder mit 2.544 cm³ und 15/20 PS. Im selben Jahr wurde nach dem Tod von M. Corre die Firma in „Corre-La Licorne" umgetauft. Das Modell mit dem 1-Zylinder-Motor mit 8 PS blieb bis 1912 in Produktion; in jenem Jahr wurden alle Corre Modelle mit 4-Zylinder-Motoren ausgerüstet. 1914 wurden neun Modelle mit Motoren von 7 PS bis 25 PS angeboten.

Nach dem Ersten Weltkrieg wurden die Corre-La-Licorne-Werke nach Neuilly verlegt; die nachfolgenden Modelle wurden nur noch unter der Marke „La Licorne" verkauft. Auf das erste Modell aus der Nachkriegsproduktion, das 1919 vorgestellt und von einem sei-

Cord L-29

CORD L-29 (1929)
Motor: 8 Zylinder in Reihe
Bohrung/Hub: 83 mm x 114 mm
Hubraum: 4.894 cm³
Max. Leistung: 125 PS
Getriebe: mechanisch, 3 Gänge
Rahmen: Leiterrahmen
Aufhängung: Einzelradaufhängung vorn mit Viertelelliptikfedern; Hinterachse als Starrachse mit Halbelliptikfedern
Bremsen: Trommelbremsen, die vorderen Bremsen sind an den Seiten des Differentialgetriebes montiert
Karosserie: nach Auftrag
Höchstgeschwindigkeit: 130 km/h

CORRE-LA LICORNE SPORT (1925)
Motor: 4 Zylinder in Reihe mit stehenden Ventilen
Bohrung/Hub: 70 mm x 105 mm
Hubraum: 1.614 cm³
Max. Leistung: nicht bekannt
Getriebe: mechanisch, 4 Gänge
Rahmen: Leiterrahmen
Aufhängung: Starrachsen mit Halbelliptikfeder
Bremsen: nur an den Hinterrädern
Karosserie: zwei oder viersitziger Sportwagen
Höchstgeschwindigkeit: nicht bekannt

Corré-La Licorne

Cord 812 (1937)

Motor
Position: vorne, in Längsrichtung
Bauart: Lycoming-8-Zylinder-V-Motor (90°), mit Wasserkühlung
Hubraum: 4.722 cm^3
Bohrung/Hub: 88,9 mm x 95,2 mm
Verdichtungsverhältnis: 6,5 : 1
Ventilsteuerung: stehende Ventile
Gemischbildung: Doppelfallstromvergaser mit nachgeschaltetem Zentrifugalverdichter
Zündanlage: Einspulenzündung
Max. Leistung: 170 PS bei 4.250^{-min}

Übertragung
Antrieb: auf die Vorderräder Einscheibentrockenkupplung
Getriebe: vor Vorderachse, 4 Gänge, Bendix-Vakuum-Vorwählung
Übersetzungsverhältnis: I) 2,11 : 1; II) 1,36 : 1; III) 0,90 : 1; IV) 0,64 : 1
Achsgetriebe: Schraubenräderantrieb
Übersetzungsverhältnis im Achsgetriebe: 4,3 : 1

Aufhängung
Vorderachse: Einzelradaufhängung an Schubstreben, Querblattfeder und hydraulischen Stoßdämpfern
Hinterachse: Starrachse mit Halbelliptikfedern und hydraulischen Stoßdämpfern

Lenkung
System: Schneckenrollenlenkung

Bremsen
Typ: hydraulisch betätigte Trommelbremsen

Räder und Bereifung
Typ: Felgen: 6,50 + 16 Reifen mit 6 Gewebeschichten

Karosserie und Rahmen
Rahmen: Leiterrahmen
Karosserie: viertürige Limousine

Abmessungen und Gewicht
Länge: 4.800 mm
Höhe: 1.956 mm
Radstand: 3.175 mm
Vordere und hintere Spurweite:
1.422 mm / 1.549 mm
Gewicht: 1.656 kg

Leistungen
Höchstgeschwindigkeit:
ca. 150 km/h
*Beschleunigung von 0 auf
96 km/h:* 20,1 Sek.
Kraftstoffverbrauch: ca. 15,72 l /
100 km

UNTEN *Ein Cord Beverly Sedan 812 von 1937. Außergewöhnlich war die Betonung der Horizontalen besonders bei der Gestaltung der Motorhaube, die versenkbaren Scheinwerfer, die zweiteilige, ausklappbare Windschutzscheibe und der Getriebwulst vor der Motorhaube.*

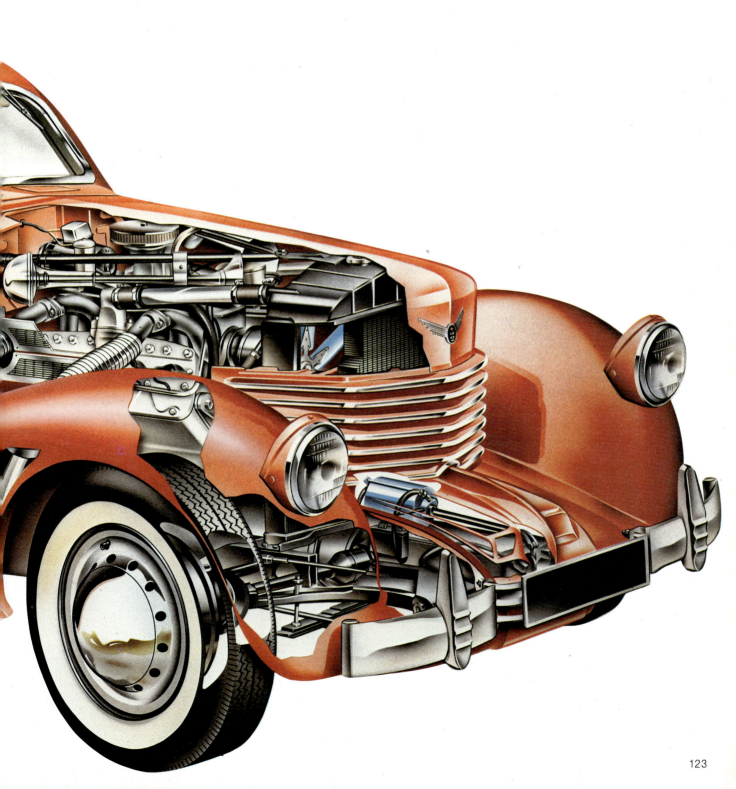

tengesteuerten Ballot-Motor mit 1.244 cm³ angetrieben wurde, folgten zwei weitere Modelle ebenfalls mit Ballot-Motoren: der 9/12 (1.692 cm³) und der 12/15 (2.997 cm³). Anschließend kam noch ein Modell hinzu, das mit einem SCAP-Motor mit 8/10 PS und mit 1.393 cm³ Hubraum ausgestattet war. 1927 brachte Corre einen Sechszylinder mit zwei obenliegenden Nockenwellen und 1.492 cm³ Hubraum auf den Markt; dieses Modell erzielte nicht nur einige Rennerfolge, sondern stellte auch in Montlhéry mit einer Durchschnittsgeschwindigkeit von 129,1 km/h einen Klassenrekord auf. Dennoch schien das Glück Corre verlassen zu haben, obwohl man versuchte, sich mit der Produktion des 5 CV mit 905 cm³ (seit 1928 gebaut) und des 8 CV mit 1.450 cm³ über Wasser zu halten.

Bei Ausbruch des Zweiten Weltkriegs erschienen die Modelle 6 CV und 8 CV, die sich durch ihr Y-förmiges Fahrgestell hervorhoben, aber dies genügte nicht, um die Firma zu retten. 1950 stellte Corre seine Tätigkeit endgültig ein, nachdem ein Jahr zuvor noch der Prototyp 14 CV auf dem Automobilsalon von Paris vorgestellt worden war.

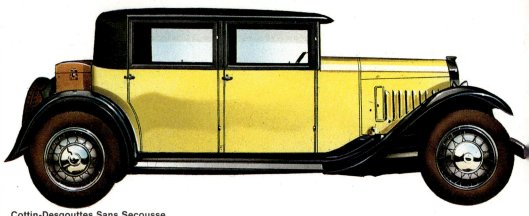
Cottin-Desgouttes Sans Secousse

COTTIN-DES-GOUTTES
Lyon, Frankreich
1904–1933

Die Produktion dieses Unternehmens, dessen Automobile am Anfang als Desgouttes bekannt wurden, begann mit dem Typ A, einem Modell mit 6-Zylinder-Motor mit 45 PS und 9.500 cm³ Hubraum, das 1904 vorgestellt wurde und von dem nur zwei Exemplare gebaut wurden.

Von 1906 bis 1914 widmete sich Cottin-Desgouttes der Produktion von Automobilen mit 4-Zylinder-Motoren: zwei Modelle mit 3.770 cm³ und zwei weitere Modelle mit 4.398 cm³ und 5.027 cm³ Hubraum. Letztere unterschieden sich vom ersten Modell durch die verschiedenen Werte der Bohrung.

Von 1907 bis 1909 wurden auch einige Modelle mit 4-Zylinder-Motoren mit 50 PS (8.620 cm³) und 45/70 PS (10.619 cm³) gebaut, und von 1908 bis 1910 wurde zudem ein Modell mit sechs Zylindern und 3.619 cm³ angeboten. Der Motor dieses Modells war auch in einer Ausführung mit vier Zylindern erhältlich und wurde neben den 4-Zylinder-Motoren von 1906, die ständig modernisiert worden waren, angeboten.

Nach dem Krieg stand die Produktion bei Cottin-Desgouttes bis 1921 still; in diesem Jahr wurde dann der Typ K, der vom Typ DF von 1915 abgeleitet war, vorgestellt. Basierend auf einer Erweiterung des Hubs des Motors Typ K (14/16 PS und 3.216 cm³ Hubraum), wurden zwei Motoren mit mehr Leistung und größerem Hubraum realisiert: der 18/20 PS mit 4.072 cm³ und der 23/25 PS mit 5.026 cm³. 1924 kündigte Cottin-Desgouttes eine neue Serie von Modellen mit zwei verschiedenen Motoren an: einen Stoßstangenmotor mit 2.614 cm³ und den berühmten 2.987-cm³-Motor mit drei Ven-

> **COTTIN-DESGOUTTES-SANS SECOUSSE (1927)**
>
> *Motor:* 4 Zylinder in Reihe mit 3 Ventilen pro Zylinder, hängend
> *Bohrung/Hub:* 80 mm x 130 mm
> *Hubraum:* 2.614 cm³
> *Max. Leistung:* nicht bekannt
> *Getriebe:* mechanisch, 4 Gänge
> *Rahmen:* Leiterrahmen
> *Aufhängung:* Einzelradaufhängung vorn und hinten an Querblattfedern
> *Bremsen:* Trommelbremsen
> *Karosserie:* Tourer
> *Höchstgeschwindigkeit:* nicht bekannt

tilen pro Zylinder. Ein Wagen, der mit einem speziell für Rennen modifizierten Motor dieses Typs ausgerüstet war, gewann den Grand Prix du Tourisme und war Anlaß für die Produktion eines Modells mit dem Namen Grand Prix. Sehr interessant war auch das Modell „Sans Secousse" mit einem Motor mit 2.614 cm³ und Einzelradaufhängung an allen vier Rädern. Das letzte von Cottin-Desgouttes gebaute Automobil war jedoch wesentlich klassischer konzipiert und mit einem seitengesteuerten 6-Zylinder-Motor mit 3.813 cm³ Hubraum ausgestattet.

COVINI FERRUCCIO
Castel S. Giovanni (PC), Italien
1978–

Nachdem der Ingenieur Covini als Hobby einige Prototypen (darunter das Coupé 2+2 Metash, der 1976 auf dem Autosalon von Genf vorgestellt wurde) konstruiert hatte, gründete er 1978 mit seinem Bruder Angelo die „Ferruccio Covini".

Das handwerkliche Unternehmen konzentrierte sich mehr auf Entwicklung und Er-

probung als auf die Produktion. 1978 wurde auch auf dem Internationalen Autosalon von Turin der Soleado vorgestellt: ein Wagen mit Vierradantrieb und einer originellen Karosserie mit auswechselbaren, ebenen Modulteilen. Die Pläne und Patente wurden von dem Motorenhersteller VM in Cento (FE) erworben.

1981 wurde beim Autosalon von Genf der Sirio Turbocooler, eine sportliche, zweisitzige

> **SIRIO TURBOCOOLER (1981)**
>
> *Motor:* 4 Zylinder in Reihe, Diesel mit Turbolader und Intercooler
> *Bohrung/Hub:* 90 mm x 92 mm
> *Hubraum:* 2.393 cm³
> *Max. Leistung:* 130 PS (DIN) bei 4.400⁻ᵐⁱⁿ
> *Getriebe:* 5 Gänge und Rückwärtsgang
> *Rahmen:* Gitterrohrrahmen
> *Aufhängung:* Einzelradaufhängungen mit Lenktrapez und Schraubenfedern
> *Bremsen:* Scheibenbremsen, Zweikreisbremsanlage mit Servobremse
> *Karosserie:* zweisitzige Limousine
> *Höchstgeschwindigkeit:* 205 km/h

Sirio Turbocooler

Kleinlimousine, ausgestellt. Sie war als Versuchsmodell für technische Innovationen gedacht und erreichte als erster Straßenwagen mit Dieselmotor über 200 km/h.

Danach arbeitete Covini am Summit, einem luxuriösen Coupé mit vier Sitzen. Es sollte von einem Serienfahrzeug abgeleitet sein, aber mit einem sehr leistungsstarken Turbodieselmotor mit 4 l Hubraum und einer Overboost-Einrichtung ausgerüstet werden.

CROSSLEY
Manchester, Großbritannien 1904–1937

Nachdem sich die Brüder Crossley ab etwa 1860 die Herstellungslizenz für die Otto & Langen-Motoren gesichert hatten, begannen sie 4-Takt-Stationärmotoren zu bauen. Diese Motoren genossen einen ausgezeichneten Ruf, so daß Jarrott & Letts, die als Automobilhändler bekannt waren und beschlossen hatten, einen englischen Wagen von guter Qualität zu produzieren, die Realisierung dieses Vorhabens Crossley anvertrauten. Jarrott & Letts waren bereits mit verschiedenen De-Dietrich-Wagen und Oldsmobile-Modellen auf dem englischen Markt erschienen.

Das erste Crossley-Modell verfügte über einen 4-Zylinder-Motor mit 22 HP; es war von dem früheren Konstrukteur von Daimler, J. S. Critchley, entwickelt worden. 1906 führte Crossley auch ein 4-Zylinder-Modell mit 40 HP ein.

Die ersten Crossley-Modelle waren alle mit Kettenantrieb ausgerüstet, aber bereits ab 1906 wurde ein 20/26 HP mit Gelenkwellenantrieb in Produktion genommen, und zwei Jahre später wurden die Ketten endgültig aufgegeben. Die Crossley wurden als technologisch fortschrittliche Automobile bekannt; als Beweis dafür genügt es, daran zu erinnern, daß Crossley das erste britische Unternehmen war, das die Vierradbremse einführte.

Das Modell mit 12 HP, das 1909 eingeführt und dessen Leistung bald auf 15 HP erhöht wurde, wurde auch als Sportversion unter der Bezeichnung Shelsley hergestellt. Dieser Wagen war zweifellos eines der aufwendigsten englischen Sportautomobile der damaligen Zeit. Sein Kühler, der die Stilvorgaben von damals berücksichtigte, war formvollendet und harmonierte besonders bei der Torpedoversion vollständig mit dem aufwendigen Design der Karosserie.

Obwohl Crossley über keine lange Erfahrung bei Rennen verfügte, erzielte der Shelsley gute Plazierungen. Wenn man berücksichtigt, daß der 15-HP-Motor, aus dem der des Shelsley entwickelt worden war, für alles andere als Rennen konzipiert war, bedeutete dieser flinke Wagen für Crossley einen wesentlichen Schritt nach vorne.

Darüber hinaus wurden seine Leistungen weder zum Nachteil des weichen Fahrverhaltens noch des geräuscharmen Betriebs des normalen Modells erzielt. Seltsamerweise wurde der Shelsley nach dem Krieg nicht mehr hergestellt.

Mitte des Ersten Weltkriegs wurde das Modell 20/25 HP als offizielles Transportfahrzeug der englischen Luftfahrt ausgewählt, so daß Crossley seine Tätigkeit auch während des Kriegs fortsetzen konnte. Der 20/25 HP wurde in folgenden Ausführungen gebaut: Dienstwagen, leichter Lastwagen und Krankenwagen. Nach dem Krieg wurde dieses Modell, dessen Mechanik (Motor mit 25/30 HP) und Karosserie (Ausstattung mit dem „Stiermaul"-Kühler des Shelsley) modernisiert worden waren, weiterhin bis 1926 produziert.

Die Nachkriegszeit war durch die von T. Wishart entworfenen Modelle geprägt, von denen das erste 1920 auf den Markt gebracht und bis 1925 produziert wurde; es war mit einem Motor mit 3,8 l Hubraum und 19,6 HP ausgestattet. Aus diesem Modell wurde später auch die bekannte Sportversion 20/70 entwickelt.

CROSSLEY SHELSLEY (15 HP) (1913)

Motor: 4 Zylinder in Reihe mit stehenden Ventilen
Bohrung/Hub: 80 mm x 130 mm
Hubraum: 2.613 cm^3
Max. Leistung: nicht bekannt
Getriebe: mechanisch, 4 Gänge
Rahmen: Leiterrahmen
Aufhängung: Vorderachse als Starrachse mit Halbelliptikfedern; Hinterachse als Starrachse mit Halbelliptikfedern und Viertelelliptikfedern
Bremsen: an den Hinterrädern und am Getriebe
Karosserie: Tourer und Coupé mit 4 Sitzen
Höchstgeschwindigkeit: 100 km/h

1921/22 begann Crossley in dem Werk in Gorton den Bugatti Typ 13 in Lizenz zu bauen, aber das Unternehmen wurde aufgegeben, nachdem einige Dutzend Exemplare fertiggestellt worden waren.

1925 baute Crossley den 18/50, sein erstes Modell mit 6-Zylinder-Motor, das den 25/30 ersetzen sollte; zwei Jahre später wurde der Hubraum des 18/50 von 2.200 cm^3 auf 3.200 cm^3 vergrößert. Im Anschluß daran wurden zwei weitere 6-Zylinder-Modelle eingeführt: 1928 der 15,7 l mit 2 l Hubraum und 1931 der 20,9 HP Super Six.

In der ersten Zeit der Wirtschaftskrise begann Crossley mit der Großserienproduktion und brachte 1932 den Ten, ein hauptsächlich aus Fremdteilen bestehendes Modell, auf den Markt, der mit einem Coventry Climax-Motor mit 1.100 cm^3 Hubraum, hängenden Einlaß- und stehenden Auslaßventilen ausgestattet war.

Drei Jahre später überarbeitete der Designer C. F. Beauvais den Ten: So entstand die Regis-Serie mit Coventry-Climax-Motoren von 1.122 cm^3 oder 1.476 cm^3 Hubraum. Aber auch mit dem Regis, der immerhin Niederrahmen und Wilson-Vorwählgetriebe aufwies, gelang kein Verkaufserfolg.

1934 wurde der Crossley-Burney, ein aerodynamisch gestaltetes Automobil mit Heckmotor, auf den Markt gebracht; es war der letzte, mißglückte Versuch, ein technisch innovatives Produkt einzuführen.

1935 beschränkte sich das Angebot von Crossley auf den Regis (Limousine oder Coupé) und auf die Limousine 20,9 HP. 1937 wurde die Automobilproduktion eingestellt.

Crossley 15 HP

CUNNINGHAM
Rochester, New York, USA
1907–1937

Die Produktion dieser Automobile, die einstimmig zu den eindrucksvollsten der gesamten amerikanischen Motorindustrie gezählt werden, begann in denselben Fabriken, in denen die 1842 gegründete Cunningham Son & Co. die gleichnamigen berühmten Pferdekutschen herstellte.

Die ersten von Cunningham gebauten Exemplare von 1908 hatten Elektroantrieb, aber schon bald konzentrierte sich das Unternehmen ausschließlich auf den Bau von Automobilen, die mit Benzinmotoren aus eigener Produktion (mit vier Zylindern) oder mit von Continental gekauften Motoren (mit sechs Zylindern) ausgestattet waren.

1910 begann Cunningham auch die anderen wichtigsten, mechanischen Bestandteile selbst herzustellen, und bis 1915 wurde die Produktion von Automobilen parallel zur Fabrikation von Kutschen betrieben. Nachdem sich Cunningham 1916 ausschließlich auf die Kraftfahrzeugproduktion verlegte, nahm man größere, leistungsstärkere und auch kostspieligere Modelle ins Programm auf; Cunningham war u. a. eines der ersten amerikanischen Unternehmen, das sich auf die Herstellung von V8-Motoren spezialisierte.

In der Zeit des größten Wohlstands, also von 1917 bis 1927, nahmen die Cunningham-Modelle einen der ersten Plätze auf dem amerikanischen Markt für Luxusautos ein. Natürlich wirkte sich die Qualität der Cunningham-Automobile auf den Preis aus, so daß die Limousinen-Modelle oft mehr als 10.000 amerikanische Dollar kosteten. In den meisten Fällen kümmerte sich Cunningham auch um die Fertigung der Karosserien, deren Qualität immer mit dem hohen Niveau, das bei der Mechanik erreicht wurde, mithalten konnte.

1932 verkaufte Cunningham viele der 1931 hergestellten Exemplare als neue Modelle; in diesem Jahr wurde die Automobilproduktion praktisch eingestellt. Von nun an widmete sich das Unternehmen fast ausschließlich der Herstellung von Leichen- und Krankenwagen. Cunningham produzierte jedoch auch noch auf Auftrag Karosserien für verschiedene andere Unternehmen.

Unter dem eigenen Markenzeichen stellte Cunningham daneben eine Anzahl von Town Cars auf Ford-V8-Basis her. Im Jahr 1937 beendete das Unternehmen mit einem dieser Town Cars seine Tätigkeit im Automobilsektor.

CUNNINGHAM
West Palm Beach, USA
1951–1955

Der sportliche und wohlhabende Briggs Swift Cunningham hatte 1940 am Steuer des Bu Merc, einem Wagen mit einem 8-Zylinder-Reihenmotor von Buick und einer Mercedes-SSK-Karosserie, sein Debut im Automobilsport. Nachdem er 1950 das Abenteuer des 24-Stunden-Rennens von Le

Cunningham Boat-tail Speedster

Mans mit zwei Cadillacs versucht hatte, konzentrierte sich Cunningham 1951 auf die Konstruktion des ersten eigenen Prototyps, den C1. Der C1, der unter anderem mit Einzelradaufhängungen an allen Rädern, einem Rohrrahmen und einem Chrysler-V8-Motor mit halbkugelförmigen Verbrennungsräumen ausgestattet war, hatte eine besonders aerodynamische Aluminiumkarosserie mit 2 Sitzen.

Die meiste Energie investierte Cunningham jedoch in den C2, der mit offener oder geschlossener Karosserie angeboten und von einem Firepower-Motor von Chrysler, einem V8 mit 5.426 cm³ und 180 PS, angetrieben wurde. Der C3 wurde zwar aus dem C2 entwickelt, unterschied sich aber von diesem durch die starre Hinterachse, die dem komplizierteren De-Dion-System des Vorläufermodells vorgezogen wurde. Von 1952 bis 1953 stellte Cunningham etwa zehn Exemplare des C3 in der Coupé-Version und ebenso viele in der Cabriolet-Version her.

Der 1952 vorgestellte C4R zeichnete sich neben zahllosen anderen Verbesserungen auch durch einen sehr steifen Rahmen aus, der aus zwei Paaren von Längsträgern bestand; jedes dieser Längsträgerpaare war aus zwei übereinandergelegten Rohren zusammengesetzt, die mittels eines dünnen, vertikal zwischen ihnen angebrachten Stahlblechs miteinander verschweißt waren; Cunningham, der dieses Modell selbst fuhr, kam 1952 bei den 24 Stunden von Le Mans auf den vierten Platz.

Außer dem Coupé C3, das von Michelotti entworfen worden, mit einem 220-PS-Motor

CUNNINGHAM (1926)
Motor: V8-Zylinder-Motor
Bohrung/Hub: 92,25 mm x 127 mm
Hubraum: 6.790 cm³
Max. Leistung: etwa 100 PS
Getriebe: mechanisch, 3 Gänge
Rahmen: Leiterrahmen
Aufhängung: Starrachsen mit Halbelliptikfedern
Bremsen: an den Hinterrädern
Karosserie: Roadster, Sedan, Tourenwagen, Limousine, Landaulett
Höchstgeschwindigkeit: nicht bekannt

CUNNINGNHAM C3 (1952)
Motor: 8-Zylinder-V-Motor (Chrysler)
Bohrung/Hub: 96,8 mm x 92 mm
Hubraum: 5.426 cm³
Max. Leistung: 220 PS
Getriebe: automatisch, 4 Gänge
Rahmen: Rohrrahmen
Aufhängung: Einzelradaufhängung vorn an Querlenkern und Schraubenfedern; Hinterachse als Starrachse mit Halbelliptikfedern
Bremsen: Trommelbremsen
Karosserie: Coupé
Höchstgeschwindigkeit: 233 km/h

Cunningham C4

mit halbkugelförmigen Verbrennungsräumen und einem automatischen Getriebe ausgestattet war, baute Cunningham auch eine andere Straßenversion der Serie C, den C4 mit 200 PS.

Cunninghams kurzes Abenteuer als Automobilkonstrukteur war 1955 zu Ende.

DAF
Eindhoven, Niederlande
1958–1975

Das Unternehmen, das Anfang der zwanziger Jahre von den Brüdern Wim und Hub Van Doorne gegründet wurde, konzentrierte sich zunächst auf die Herstellung von Anhängern für Lastzüge und ging erst 1950, nachdem ein gut funktionierendes Vertriebsnetz in ganz Europa aufgebaut worden war und die Firma durch einen bedeutenden Anstieg der Verkäufe finanziell gestärkt war, zur Produktion von Nutzfahrzeugen über; auch in diesem Sektor erzielte man sehr bald gute Resultate.

Auf dem Autosalon von Amsterdam von 1958 überraschte DAF alle mit seinem ersten Automobil: Es handelte sich um den Daffodil, eine kleine zweitürige Limousine mit luftgekühltem 2-Zylinder-Motor mit 600 cm^3 und Einzelradaufhängung an allen vier Rädern. Das herausragendste Merkmal war das Variomatic-Getriebe, ein ganz stufenloser, mechanischer Schaltautomat. Es bestand aus Keilriemen, die den Kraftfluß zwischen der angetriebenen Hinterachse und dem sich je nach Belastung verändernden Riemenscheibendurchmesser herstellten.

1967 wurde dem Daffodil der DAF 44 zur Seite gestellt: eine elegante Limousine mit einer von Michelotti entworfenen Karosserie, die dank ihres Motors mit 850 cm^3 Hubraum eine Geschwindigkeit von 121 km/h erreichte.

1968 brachte DAF den Typ 55, also sein erstes Modell mit 4-Zylinder-Motor (aus der Renault-Produktion) mit 1.100 cm^3, auf den Markt. 1970 wurde daraus eine Rennversion mit 1.440 cm^3 Hubraum entwickelt, die auf eine Geschwindigkeit von 185 km/h kam; das Variomatic-Getriebe, das die 140-PS-Leistung des Motors auf die Räder zu übertragen hatte, stellte dabei seine große Stabilität unter Beweis.

1973 kam der Typ 66 heraus, der eine De-Dion-Hinterachse hatte und als Limousine, Coupé und Kombiwagen angeboten wurde. Der 66, der mit Motoren mit 1.108 cm^3 und mit 1.289 cm^3 (letzterer war in die Modelle Marathon 1300 eingebaut) erhältlich war, erreichte 129 bzw. 137 km/h.

DAIHATSU
Osaka, Japan
1951–

Am 1. März 1907 trafen sich in Osaka die Herren Dr. Yoshiaki Yasunaga, Leiter der technischen Oberschule, Masahiro Tsurumi, der dort Maschinenbau lehrte, und die Unternehmer Hiroyasu Oko, Masashi Kuwabara und Zenjiro Takeuchi. Sie gründeten die Aktiengesellschaft Osaka Hatsudoki Seizo.

Daf 66

DAF 66 (1973)
Motor: 4 Zylinder in Reihe
Bohrung/Hub: 70 x 72 mm
Hubraum: 1.108 cm^3
Max. Leistung: 47 PS
Getriebe: stufenlose Kraftübertragung durch Variomatic-Keilriemenantrieb
Rahmen: selbsttragende Karosserie
Aufhängung: Einzelradaufhängung vorn, De-Dion-Achse hinten
Bremsen: Scheibenbremsen vorn, Trommelbremsen hinten
Karosserie; zweitürige Limousine, Kombiwagen, Coupé
Höchstgeschwindigkeit: 135 km/h

Dieses Unternehmen wurde im Jahre 1951 in Daihatsu Kogyo umbenannt. Das erste Produkt war ein Industrie-Gasmotor mit nur fünf PS.

1919 begann die Fahrzeugproduktion mit zwei Lkw-Prototypen. Von den zwanziger Jahren an baute das Unternehmen dann zahlreiche Lasten-Dreiräder. Anfang der fünfziger Jahre folgte der erste Personenwagen. Der BEE hatte drei Räder und einen 800-cm^3-Motor mit 18 PS. 1964 wurde dann der vierrädrige Compagno Berlina vorgestellt.

Daihatsu machte sich vor allem als Hersteller von kleinen Nutzfahrzeugen und kompakten Pkws einen Namen. Heute besteht die Modellpalette aus dem Kleinwagen Cuore (1976 erstmals vorgestellt, 1992 neues Modell, wird auch als Opti, Mira und Leeza verkauft), dem Kompaktwagen Charade (1977 präsentiert) und der etwas größeren Limousine Applause. Alle Modelle werden auch mit Allradantrieb angeboten.

1975 erhöhte Volvo seine Anteile an DAF von 33 auf 75 Prozent. Daraufhin wurde der Name der Firma von DAF in Volvo Cars BV, Netherland, umgeändert. Aus dem DAF 66 mit Variomatic-Getriebe wurde auf diese Weise der Volvo 66. Die stufenlose Kraftübertragung bot man später auch im Volvo 340 an, dem kompakten Volvo-Modell, das die ehemaligen DAF-Fahrzeuge im Programm ablöste. Die 3er-Serie wurde zwischen 1988 und 1990 gleitend durch die Volvo-Reihe 440/460 ersetzt, die ebenfalls im ehemaligen DAF-Werk produziert wird.

DAIMLER
Coventry, Großbritannien
1897–

1891 erwarb F.R. Simms die Konzession zum Bau der deutschen Daimler-Motoren in Großbritannien und seinen Kolonien (mit Ausnahme von Kanada). Simms nutzte die Konzession jedoch nicht aus und überließ sie 1895 einer Firma, die von Harry J. Lawson geleitet wurde; dieser bildete im Januar 1896 die Daimler Motor Co. Limited.

Zunächst konzentrierte sich die neue Firma auf den Import von Wagen, die auf dem europäischen Kontinent hergestellt wurden, aber bereits 1897 begann man die Konstruktion eines Wagens mit einem 2-Zylinder-Motor mit 4 HP.

1902 wurde das Angebot auf nur drei Modelle reduziert, darunter war ein 22 HP, zu dessen Käufern auch König Eduard VII. zählte.

Daimler baute bis 1908 große Luxusautomobile mit Motoren mit Kegelventilen und 3,3 bis 10,4 l Hubraum; in jenem Jahr sicherte sich Daimler das Herstellungsrecht für den Knight-Schiebermotor. Daimler baute von 1909 bis 1932 nur Schiebermotoren.

1910 wurde Daimler von der Unternehmensgruppe Birmingham Small Arms (BSA) übernommen; dies führte natürlich zu einer Verschmelzung des Angebots der beiden Unternehmen. Während des Kriegs wurde die Daimler-Produktion besonders diversifiziert, und aus seinem Werk kamen Dienstwagen für den Generalstab des Heers, Lastwagen, Krankenwagen, Flugzeugmotoren, Flugzeuge, Traktoren, Panzerwagen und Munition. 1919, nach Kriegsende, nahm Daimler die Automobilproduktion wieder auf und stellte zwei Modelle mit einem 30-HP-Motor und ein Sondermodell mit 45 HP vor.

1924 wurden die Vierradbremsen sowie die Stahlschieber, die die Motorleistung erhöhten, Standardausrüstung. 1927 wurde der Double Six mit einem 12-Zylinder-V-Motor vorgestellt, und 1930 wurde die hydraulische Kupplung anstelle des konventionellen Schwungrads eingeführt: mit dieser elastischen Verbindung zwischen Motor und Getriebe, die mit dem Wilson-Getriebe mit Vorwähler gekoppelt war, konnten die verschiedenen Gänge mit einer für damalige Zeiten einmaligen Leichtigkeit geschaltet werden.

1931 erwarb Daimler Lanchester, und von dieser Zeit an wurde die Technik von Daimler auch in den Modellen dieses Unternehmens eingesetzt.

Gegen die Mitte der dreißiger Jahre gab auch Daimler

DAIMLER

Daimler Double-Six

die Gaswechselsteuerung mit Schiebern auf. So entstanden ab 1933 Kegelventil-Motoren, u.a. der 8-Zylinder-Reihenmotor mit 4,6 l Hubraum, dem drei andere, ähnliche Motoren, jedoch mit sechs Zylindern folgten; es wurden auch einige Zwölfzylinder gebaut, jedoch mehr um das Ansehen des Unternehmens zu wahren. Gegen Ende der dreißiger Jahre kamen die ersten Daimler und Lanchester mit vorderer Einzelradaufhängung auf den Markt.

Nach dem Zweiten Weltkrieg fuhr Daimler fort, Vorkriegsmodelle zu bauen: den DB 18 und den DE 27 (mit 6-Zylinder-Motoren und 2,5 bzw. 4,1 l Hubraum), sowie ein Modell mit 8-Zylinder-Motor mit 5,5 l.

1950 kam der Sechszylinder mit 3 l Hubraum heraus. Von 1954 bis 1958 wurde der Conquest Century, ein Rennmodell, dessen Motor 100 PS leistete, gebaut. 1953 stellte Daimler den Regency vor, dessen 3-l-Motor in dem Modell Majestic Major von 1960 auf 3,8 l erweitert wurde.

1960 wurde Daimler von Jaguar übernommen. Seitdem sind alle Daimler bis auf wenige Ausnahmen nur leicht modifizierte, in der Ausstattung aufgewertete Jaguar-Modelle. Eine Ausnahme war der Sportwagen SP 250, eine weitere die große Daimler-Limousine. So war der Daimler Double Six, der 1973 vorgestellt wurde, eigentlich ein Jaguar XJ (präsentiert 1968) mit 5,3-l-V12-Motor. Auch vom 4,2-l-Jaguar gab es eine Daimler-Version.

1986 wurden die 6-Zylinder-Varianten bei Jaguar und Daimler vom neuen Modell XJ 40 abgelöst. Der 12-Zylinder blieb noch bis 1993 mit der alten Karosserie im Programm.

Daimler Double Six

Der erste Double Six 50 HP, der 1927 vorgestellt wurde, hatte einen 7,1-l-V12-Motor; später wurde dieser Typ mit Motoren verschiedener Größe ab einem Hubraum von 3,7 l ausgestattet. Auch die Karosserie des Double Six wurde in zahlreichen, oft sehr unterschiedlichen Ausführungen gebaut.

1931 wurde ein neuer Double Six mit zwei verschiedenen Motoren (30/40 HP: 5,3 l; 40/50 HP: 6,5 l) vorgestellt. Wie alle Daimler-Modelle von damals wurde er mit einem Getriebe mit Vorwähler ausgestattet, das mit einer hydraulischen Kupplung verbunden war; die leichte Handhabung dieser Übertragung war außergewöhnlich und wurde erst viele Jahre später durch die Einführung des automatischen Wechselgetriebes überholt.

Daimler Limousine

Die große Daimler-Limousine gehört in jeden Fuhrpark eines britischen Adelshauses. Auch die Queen hat einige der barock geformten Chauffeurswagen. Unter der Vanden-Plas-Karosserie steckt die Technik des ersten Jaguar XJ 6 mit 4,2-l-6-Zylinder-Motor.

DAIMLER DOUBLE SIX (1930)

Motor: 12-Zylinder-V-Schiebermotor
Bohrung/Hub: 81,55 mm x 114 mm
Hubraum: 7.133 cm³
Max. Leistung: 150 HP
Getriebe: mechanisch, 4 Gänge, mit Vorwähler
Rahmen: Leiterrahmen
Aufhängung: Starrachsen mit Halbelliptikfedern
Bremsen: Trommelbremsen
Karosserie: Stadtcoupé, Limousine
Höchstgeschwindigkeit: nicht bekannt

DAIMLER LIMOUSINE (1984)

Motor: 6 Zylinder in Reihe
Bohrung/Hub: 92,07 mm x 106 mm
Hubraum: 4.235 cm³
Max. Leistung: 167 PS
Getriebe: automatisch, 3 Gänge
Rahmen: selbsttragende Karosserie mit zusätzlichem Hilfsrahmen hinten
Aufhängung: Einzelradaufhängung
Bremsen: Scheibenbremsen
Karosserie: Limousine mit 8 Sitzen und 4 Türen
Höchstgeschwindigkeit: 177 km/h

Daimler Limousine

Die Limousine bietet enorm viel Platz im hinteren Passagierabteil und eine edle Innenausstattung. Von 1968 bis 1993 wurde das rollende Wohnzimmer in geringen Stückzahlen gebaut, dann stellte man die Produktion ein.

DAINO
Cremona, Italien
1923–1924

Dieses Unternehmen baute in begrenzter Stückzahl in den Jahren 1923/24 ein einziges Modell mit einem 4-Zylinder-Frontmotor mit 16 PS und 1.460 cm³. Das Modell war außerdem mit Aluminiumkolben, hängenden Ventilen und Bremsen an den Hinterrädern ausgestattet und konnte eine Höchstgeschwindigkeit von 75 km/h erreichen.

DAINOTTI
Pavia, Italien
1922–1923

In der kurzen Zeit seines Bestehens konstruierte Dainotti Alfredo & C in Pavia einige Automobilprototypen mit 8-Zylinder-Motoren, darunter das Modell mit einem 25 PS leistenden 2-Takt-Motor mit 1.493 cm³ Hubraum und das Sportmodell mit 30 PS und 2.031 cm³. Letzteres erreichte eine Geschwindigkeit von 120 km/h.

DANIELS
Reading, Pa, USA
1915–1924

Unter den in Amerika gebauten Luxusautomobilen wurden die Daniels als das Nonplusultra betrachtet. J. B. Daniels, der Gründer der gleichnamigen Firma, begann 1915 selbständig zu arbeiten, nachdem er seine Stellung als Vorstand bei Oakland aufgegeben hatte. Für seine Automobile verwendete Daniels nur 8-Zylinder-V-Motoren, die er anfangs von Herschell-Spillman kaufte und dann ab 1919 selbst herstellte.

Die rundliche Kühlerverkleidung der Daniels-Modelle trug keinerlei Firmenemblem und das einzige Erkennungszeichen war ein D auf den Nabenkappen. Zu den stilistisch gelungensten und charakteristischsten Modellen zählen wohl die Sportwagen Submarine Speedster und Submarine Roadster.

Nachdem 1923 die Kontrolle von einem Konsortium aus Philadelphia übernommen worden war, baute Daniels eine Reihe von viel bescheideneren Innenlenker Limousinen oder Sedan), die im Vergleich zu den Modellen des Vorjahres zu einem wesentlich höheren Preis und einer der Tradition des Unternehmens völlig unangemessenen Qualität verkauft wurden. Daniels mußte daher unausweichlich einen schnellen Rückgang verzeichnen, und 1924 wurde die Produktion eingestellt. Zahlreiche Daniels-Modelle in geschlossener Ausführung wurden von Fleetwood, einem Karosseriebauer, der normalerweise Karosserien für Cadillac herstellte, "eingekleidet".

DARMONT
Courbevoie, Frankreich
1920–1939

R. Darmont begann seine Aktivitäten als Vertreter der Morgan-Dreiräder in Frankreich. Am Ende des Ersten Weltkriegs beschloß er, "Repliken" der Original-Morgan zu bauen, die mit seinem eigenen Namen gekennzeichnet sein sollten.

Die meisten Darmont-Modelle, die mit einem 2-Gang-Getriebe mit Kettenübertragung ausgestattet waren, wurden durch wasser- oder luftgekühlte 2-Zylinder-V-Motoren aus britischer Produktion (Blackburne oder JAP) angetrieben. Diese Wagen erzielten eine Reihe von Erfolgen bei den Bergrennen von Gaillon, La Turbie und Mont Ventoux ebenso wie bei den Langstreckenrennen; bei dem Rennen Paris–Nizza von 1921 belegten sie die ersten drei Plätze.

Obwohl die Produktion von Motordreirädern 1930 eingestellt wurde, setzte Darmont die Motorproduktion bis 1939 fort und baute eine Anzahl von Automobilen mit vier Rädern, die Etoile de France genannt wurden und mit 2-Zylinder-V-Motoren ausgestattet waren.

DARMONT (1920)

Motor: 2-Zylinder-V-Motor mit hängenden Ventilen
Bohrung/Hub: 83,5 mm x 99 mm
Hubraum: 1.084 cm³
Max. Leistung: 40 PS
Getriebe: mechanisch, zwei Gänge ohne Rückwärtsgang
Rahmen: Rohrrahmen aus Stahl
Aufhängung: Einzelradaufhängung vorn in Hülsenführungen; Hinterachse mit Viertelelliptikfeder
Bremsen: Trommelbremsen am Hinterrad
Karosserie: zweisitziger Sportwagen
Höchstgeschwindigkeit: 125 km/h

DARRACQ
Suresnes, Frankreich
1896–1920

Nachdem Alexandre Darracq das Fahrradunternehmen Gladiator gegründet hatte, ent-

Darmont Three-Wheeler

schloß er sich, auch im Automobilsektor aktiv zu werden, überließ sein Unternehmen einem britischen Firmenkonsortium und begann 1896 elektrisch angetriebene Taxis zu bauen. Da seine ersten Produkte wenig Erfolg hatten, beschloß Darracq, sich der Herstellung von Drei- und Vierradfahrzeugen mit Benzinmotor zu widmen.

Danach erwarb er etwas überstürzt die Herstellungspatente von Léon Bollée; das Ergebnis war der Darracq-Bollée, ein Wagen mit 5 PS mit Riemenantrieb, der auf dem Markt keinerlei Erfolg erzielte. Das erste Modell, das die Marke Darracq bekannt machte, wurde 1900 vorgestellt und hatte einen 1-Zylinder-Motor mit einer Leistung von 6,5 HP; ihm folgten sehr bald Modelle mit 2- und 4-Zylinder-Motoren.

1904 entwickelte Darracq ein sehr spezielles Fahrgestell, das aus einer Bodenplattform, die aus einer einzigen Stahlblechplatte gestanzt war, mit den entsprechenden Verstärkungselementen bestand.

1905 nutzte auch Darracq wie viele andere französische Unternehmen die britischen Investitionen, die es ihm erlaubten, sein Angebot, das von einem 8-HP-Einzylinder mit 1.039 cm³ bis zum Sechszylinder mit 50/60 HP und 8.143 cm³ Hubraum reichte, beträchtlich zu erweitern. 1907 lieferte das Unternehmen auf Bestellung einen Rennwagen mit einem 11,5-l-Motor, der Vanderbilt Cup genannt wurde.

1912 wurde eine Reihe von Modellen mit 4-Zylinder-Motoren mit Drehschieberventilen auf den Markt gebracht. Diese Motoren, die sich als völlig unzuverlässig erwiesen, hatten einen Hubraum von 3.969 cm³ (20 HP) und 2.613 cm³ (15 HP); die zuletzt genannte Variante wurde 1913 auf 2.951 cm³ erweitert.

Aufgrund der wirtschaftlichen Verluste, die durch die zahlreichen Mängel der Motoren verursacht wurden, zog Alexandre Darracq es vor, die Leitung seines Unternehmens abzugeben; sie wurde von Owen Clegg übernommen, der 1913 eine Reihe von Modellen herausbrachte, die technisch dem bewährten Rover Twelve glichen und mit 4-Zylinder-Monoblockmotoren mit 2.121 cm³ und 2.971 cm³ Hubraum ausgestattet waren. Diese Modelle erzielten einen beachtlichen Verkaufserfolg, so daß in kurzer Zeit die zuvor heikle fi-

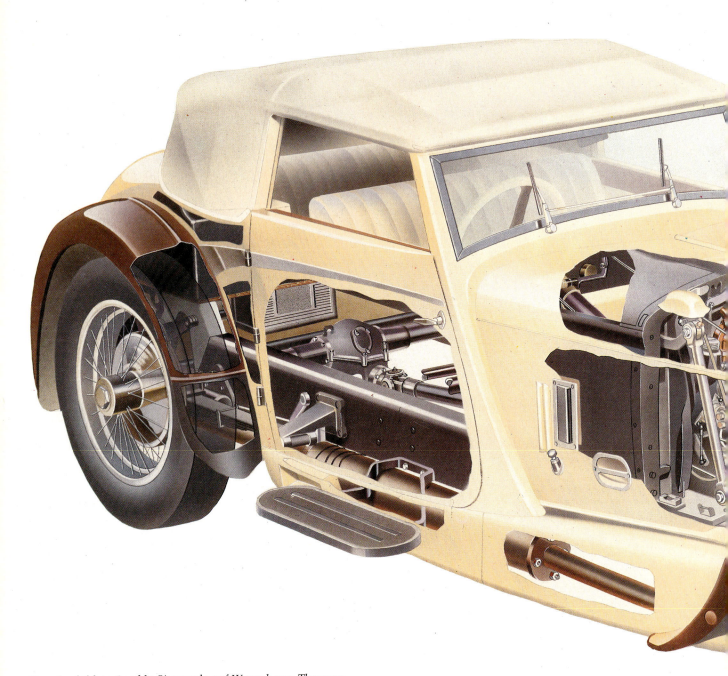

Der abgebildete Double-Six wurde auf Wunsch von Thomson & Taylor in Brooklands erheblich abgeändert. Der Rahmen wurde von Reid Railton neu entworfen, die wichtigsten Änderungen wurden am Motor und an den Aufhängungen vorne und hinten vorgenommen, um eine wesentlich aerodynamischere Karosserie zu erhalten. Es handelt sich wahrscheinlich um den ersten Daimler, der mit einem Wilson-Getriebe mit Vorwähler ausgestattet war; dieses ermöglichte mit der hydraulischen Kupplung und einer einfachen Skalensteuerung ein leichtes Wechseln des Gangs, wie es damals undenkbar war. Dieser Wagen war ursprünglich ein geschlossenes, zweitüriges Coupé, das nach einem Unfall von Corsica, einer britischen, auf das Auswechseln von Karosserien spezialisierten Firma, neu gestaltet wurde und seine jetzige Form erhielt. Er war ursprünglich von dem reichen Schuhfabrikanten Hutchings in Auftrag gegeben worden und muß einiges mehr als die 2.800 Sterling gekostet haben, die damals für den Kauf eines Double Six erforderlich waren. Es ist bekannt, daß Thomson & Taylor zwei Exemplare dieses tiefer gesetzten Typs realisierte, aber über den Verbleib des anderen Exemplars gibt es keine zuverlässigen Informationen. Dieser Wagen, der Anfang der sechziger Jahre bei einem Schrotthändler wiederentdeckt wurde, wurde repariert und fährt wieder; er wurde vom jetzigen Besitzer für 550 Sterling erworben. Er funktioniert noch perfekt und ist ein einmaliges Exemplar der Sportwagen der dreißiger Jahre, seine Motorhaube ist 2,16 m lang, der Abstand zwischen dem vorderen Ende der Aufhängungen und der Windschutzscheibe beträgt 2,74 m (genau die Hälfte der Gesamtlänge des Autos). Während die Double-Six-Limousinen sehr hoch und eindrucksvoll waren, ist dieses Modell so niedrig, daß der Kühler niedriger liegt als die Kotflügel.

Daimler Double Six 50 mit niedrigem Rahmen (1930)

Motor
Position: vorne, in Längsrichtung
Bauart: wassergekühlter 12-Zylinder-V-Motor (60°) mit Aluminiumgehäuse, 4 Zylinderköpfen und Kolben aus Aluminium
Hubraum: 7.133 cm³
Bohrung/Hub: 81,5 mm x 114 mm
Verdichtungsverhältnis: 6:1
Gaswechselsteuerung: Knight-Doppelschieber mit Kettenantrieb durch eine Exzenterwelle
Gemischbildung: zwei Daimler-Steigstromvergaser
Zündanlage: mechanisch mit zwei Spulen und Magneten
Max. Leistung: 150 HP bei 2.480⁻min

Übertragung
Position: Getriebe hinter dem Motor
Kupplung: trockene Einscheibenkupplung
Getriebe: vier Gänge, nicht synchronisiert, mechanisch (auch wenn das abgebildete Auto einen Wilson-Vorwähler mit 4 Gängen und hydraulischer Kupplung aufweist)
Übersetzungsverhältnis: I) 3,23:1; II) 2,08:1; III) 1,56:1; IV) 1,00:1
Achsgetriebe: Schneckenantrieb
Übersetzungsverhältnis: 4,86:1 (andere Verhältnisse möglich)

Aufhängung
Vorderachse: Starrachse mit Halbelliptikfedern und Hartford-Reibungsstoßdämpfern
Hinterachse: Starrachse mit Halbelliptikfedern und Hartford-Reibungsstoßdämpfern

Lenkung
System: Schneckenlenkung

Bremsen
Typ: Trommelbremsen an allen 4 Rädern mit Dewandre-Unterdruck-Servobremse, Handbremse auf die Gelenkwelle

Räder und Bereifung
Typ: Daimler-Speichenräder mit 58 cm Durchmesser, Diagonalreifen: 23 x 7,50

Karosserie und Rahmen
Typ: Leiterrahmen, auf den eine zweitürige, von Corsica gebaute Cabriolet-Karosserie aus Aluminium montiert ist

Abmessungen und Gewicht
Länge: 5.490 mm
Breite: 1.980 mm
Radstand: 3.810 mm
Vordere Spurweite: 1.540 mm
Hintere Spurweite: 1.540 mm
Gewicht: 2.641 kg

Leistungen
Höchstgeschwindigkeit: 160 km/h
Kraftstoffverbrauch: 28,3 l/100 km

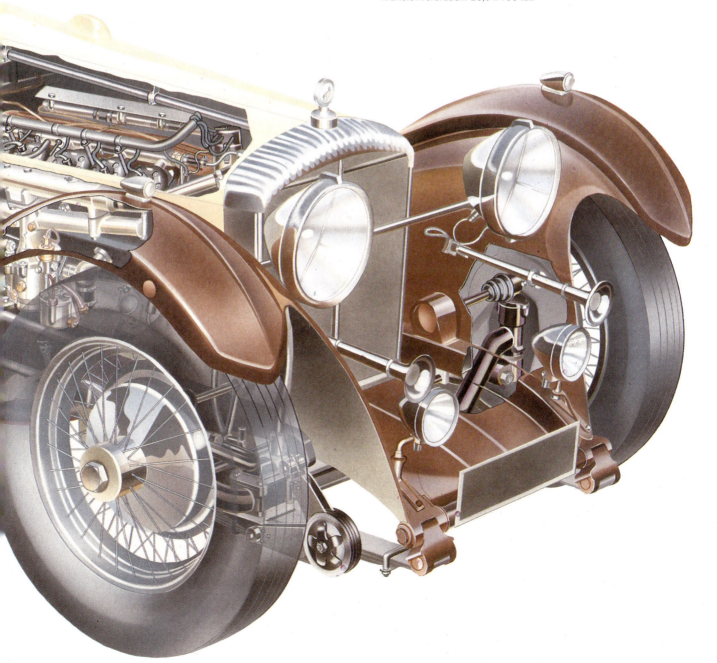

Darracq Torpedo

nanzielle Situation in relativ kurzer Zeit überwunden werden konnte.

1914 hatte Darracq ein Modell mit 4.084 cm³ vorgestellt, das das französische Heer im Ersten Weltkrieg einsetzte; diesem Modell wurde 1919 eine Version zur Seite gestellt, die mit einem modernen 8-Zylinder-V-Motor mit 4.595 cm³ ausgestattet war. Ein Jahr danach verschwand Darracq infolge der Fusion mit der British Sunbeam-Talbot vom französischen Automobilmarkt. Während in Frankreich auf die Kühler der früheren Darracq-Modelle das Talbot-Emblem gestanzt wurde, wurden diese Automobile in Großbritannien noch bis 1939 als Darracq verkauft.

DARRACQ ITALIANA
**Neapel, Italien
1906–1910**

Die Darracq-Automobile aus französischer Produktion waren schon seit langem in Italien verbreitet und beliebt. Daher beschloß die Mutterfirma in Suresnes schließlich im Jahr 1906, die Zollbarrieren zu umgehen und ein eigenes italienisches Unternehmen mit einem Montagewerk zu gründen. Auf diese Weise entstand als italienischer Ableger die Società Italiana Automobili Darracq mit Sitz in Neapel.

Einige Jahre später, als man die Nachteile der Lage im Hinblick auf die Zuliefererindustrie in Norditalien erkannte, wurden mehrere neue Fabriken in Mailand auf einer Fläche von etwa 36.000 m² errichtet – am selben Ort, der später durch A.L.F.A. und Alfa Romeo berühmt wurde.

Die größten Modelle wurden nur auf Bestellung fertig aus Frankreich importiert, während Produktion und Montage in Ita-

---

DARRACQ (1913)

Motor: 4 Zylinder in Reihe mit stehenden Ventilen
Bohrung/Hub: 75 mm x 120 mm
Hubraum: 2.121 cm³
Max. Leistung: nicht bekannt
Getriebe: mechanisch, 4 Gänge
Rahmen: Leiterrahmen
Aufhängung: Starrachsen mit Halbelliptikfedern
Bremsen: Trommelbremsen an den Hinterrädern
Karosserie: Tourer
Höchstgeschwindigkeit: 80 km/h

---

lien es ermöglichten, wettbewerbsfähige Preise zu bieten, und sich fast ausschließlich auf das 2-Zylinder-Modell Typ 8/10 HP und auf eine Serie von „Fiaker"-Modellen mit 4-Zylinder-Motoren des Typs 14/16 HP beschränkten.

Ende 1909 nahm Darracq Italiana aufgrund eines beträchtlichen Rückgangs der Verkäufe das Angebot einer Gruppe von lombardischen Unternehmern an und überließ ihnen die Fabrikationsanlagen von Portello. Die neuen Eigentümer der italienischen Darracq-Werke waren auch gleichzeitig an der Gründung von A.L.F.A. beteiligt.

DAVID
**Barcelona, Spanien
1914–1922 und 1951–1957**

Weil er sich über den fehlenden Schnee während eines wichtigen Schlittenrennens ärgerte, montierte der Spanier José Maria Armangué zunächst Räder, dann einen kleinen Motorradmotor an, um in seinem Rennschlitten, nicht mehr nur talwärts, sondern auch – mit Motorkraft – wieder bergauf fahren zu können. Hieraus sollte sich bald darauf der David entwickeln, der zum bekanntesten Cycle Car in Spanien avancierte.

1914 wurde die Fabrica Nacional de Cyclecars David gegründet, die anfangs den 2-Zylinder-V-Motor von MAG verwendete; später wurden die David-Automobile auch mit Ballot-4-Zylinder-Motoren ausgestattet. Dank ihrer fortschrittlichen Technik (es genügt, die Vorderachsen mit Einzelradaufhängung zu erwähnen) erzielten die David viele Sporterfolge.

Als 1917 Armangué bei einem Flugunfall ums Leben kam, wurde die Leitung der Firma von seinen Mitarbeitern José Maria und Ramon More übernommen. Unter ihrer Lei-

tung beendete das Unternehmen seine Aktivitäten mit der Herstellung von Taxis für die Stadt Barcelona.

Während des spanischen Bürgerkriegs baute David eine Reihe von Automobilen mit Elektroantrieb. In der Zeit von 1951 bis 1957 wurden schließlich noch einige Exemplare von Dreirädern mit 2-Zylinder-2-Takt-Motoren mit 345 cm³ hergestellt.

DB
**Champigny-sur-Marne, Frankreich
1938–1961**

Charles Deutsch und René Bonnet begannen Sondermodelle zu bauen, die mit dem Motor des Citroën Traction Avant ausgestattet waren. Ihre Produktion, die wegen des Ausbruchs des Zweiten Weltkriegs unterbrochen wurde, wurde 1947 mit den gleichen Vorkriegsmodellen wieder aufgenommen, aber sehr bald ging DB dazu über, Panhard-Motoren für das neue Modell Racer 500 einzusetzen. Dieses Modell fand großen Anklang; sehr bald wurde ihm eine etwas größere Ausführung, der Monomille mit 750 cm³ Hubraum, zur Seite gestellt, mit dem Deutsch und Bonnet vergeblich das Einklassen-Rennreglement in Frankreich einführen wollten.

DB konstruierte auch Sportcoupés und Tourenwagen, für die ebenfalls Panhard-Motoren mit einem Hubraum von 610 cm³ bis 1.300 cm³ verwendet wurden und deren ursprünglich aus Leichtmetallegierung gefertigte Karosserie dann ab 1955 aus Glasfaser hergestellt wurde. Ab 1954 war eine Version mit einem Kompressormotor erhältlich, während ein Jahr später auch Scheibenbremsen angeboten wurden.

DAVID (1918)

Motor: 4 Zylinder in Reihe, wassergekühlt, mit stehenden oder hängenden Ventilen, von MAG, Ballot oder Hispano-Suiza
Bohrung/Hub: verschieden
Hubraum: um 1.100 cm³
Max. Leistung: um 10 PS
Getriebe: Kraftübertragung über Riemenscheiben und Riemen
Rahmen: Holzrahmen
Aufhängung: Einzelradaufhängung vorn an zwei Querblattfedern; Hinterachse mit Viertelliptikfedern
Bremsen: Trommelbremsen an den Hinterrädern, beim Sportmodell auch an den Vorderrädern
Karosserie: Sportwagen, mit 2, 3 oder 4 Sitzen
Höchstgeschwindigkeit: 80 km/h

David

Siddeley-Deasy

1951 baute DB Prototypen mit Vierradantrieb, während ein Jahr danach in Versuchen Exemplare mit Heckmotoren von Renault und mit 5-Gang-Getriebe konstruiert wurden.

Die DB-Automobile belegten beim 24-Stunden-Rennen von Le Mans fünf Mal den ersten Platz in der speziellen Leistungswertung und siegten 1954 beim Tourist Trophy.

1961 lösten Deutsch und Bonnet das Unternehmen auf, setzten aber ihre Aktivitäten getrennt fort.

DEASY, SIDDELEY-DEASY
Coventry, Großbritannien
1906–1919

Dieses Unternehmen, das den Namen seines Geldgebers Kapitän J.D. Deasy trug, begann seine Tätigkeit mit einem 4-Zylinder-Modell mit 4,5 l Hubraum, das vom ehemaligen Konstrukteur von Rover, E.W. Lewis, entworfen worden war und einige ungewöhnliche technische Lösungen wie armierter Holzrahmen, Druckumlaufschmierung und Motorbremse aufwies.

1908 umfaßte das Deasy-Angebot zwei große 4-Zylinder-Modelle mit 8.621 cm³ und 11.947 cm³, zu denen ein Jahr später noch das Modell 15 mit 2,9 l Hubraum hinzukam. 1909 kam der JDS mit einem 4-Zylinder-Motor (4.084 cm³) dazu.

Am 7. November 1912 nahm Deasy den Namen Siddeley-Deasy an und stellte kurze Zeit später eine neue Serie vor, die zwei Modelle mit Knight-Scheibenmotoren mit 3.308 cm³ (18/24 HP) und 4.694 cm³ (24/30 HP) und zwei Modelle mit Kegelventil-Motoren von 1.944 cm³ und 3.308 cm³ umfaßte.

1914 kündigte Siddeley-Deasy ein Modell mit einem 6-Zylinder-Schiebermotor mit 4.962 cm³ Hubraum an. Nach dem Krieg schloß sich das Unternehmen mit Armstrong-Whitworth zusammen, woraus sich dann Armstrong-Siddeley formierte.

DE-DION-BOUTON
Puteaux, Frankreich
1883–1932

Ab 1883 bauten die beiden Mechaniker Bouton und Trepardoux in der Firma des Grafen Albert de Dion Dampfwagen und Dampfvoiturettes. Trépardoux entwickelte dabei die De-Dion-Achse, später Merkmal technisch aufwendiger und kostspieliger Automobile.

Nachdem sich De Dion und Bouton entschlossen hatten, Versuche mit Benzinmotoren zu unternehmen, verließ Trepardoux 1894 die Firma in der Überzeugung, daß jede auf diese Art Antrieb verwendete Mühe Zeitvergeudung sei. Die Tatsachen gaben jedoch seinen ehemaligen Partnern recht, die 1895 einen 1-Zylinder-Motor fertigstellten, der bei Drehzahlen von 1.500^{-min} noch funktionieren konnte; dieser Motor wurde in alle von De-Dion-Bouton bis 1901 konstruierten Sport-Zwei- und Dreiräder eingebaut.

De-Dion-Bouton stellte auch eine große Anzahl von Motoren für andere Automobilkonstrukteure her, und in den Jahren nach 1904 fertigte das Werk in Puteaux mehr als 40.000 Motoren.

Ab 1902 wurde in alle Modelle mit Heckmotor (die über ein mit einer einfachen, funktionellen Fliehkraftkupplung verbundenes 2-Gang-Getriebe ver-

SIDDELEY-DEASY (1913)
Motor: 4-Zylinder-Schiebermotor in Reihe
Bohrung/Hub: 80 mm x 130 mm
Hubraum: 2.614 cm³
Max. Leistung: 20 HP
Getriebe: mechanisch, 4 Gänge
Rahmen: Leiterrahmen
Aufhängung: Vorderachse mit Halbelliptikfedern; Hinterachse mit Cantilever-Federn
Bremsen: nur an den Hinterrädern
Karosserie: Tourer, Limousine, Landaulett
Höchstgeschwindigkeit: nicht bekannt

De Dion Bouton 8 HP

DE-DION-BOUTON (1906)

Motor: 2 Zylinder in Reihe, wassergekühlt
Bohrung/Hub: 80 mm x 120 mm
Hubraum: 1.206 cm^3
Max. Leistung: 8 HP
Getriebe: mechanisch, 3 Gänge
Rahmen: Leiterrahmen
Aufhängung: Vorderachse und Hinterachse als Starrachse mit Halbelliptikfedern
Bremsen: an den Hinterrädern und dem Getriebe
Karosserie: Coupé
Höchstgeschwindigkeit: 45 km/h

Delage D8

fügten) ein Antrieb mit 6 PS eingebaut; unmittelbar danach wurde das berühmte Modell K mit Frontmotor und Lüftungsschlitzen, die auf beiden vertikalen Seiten der Motorhaube eingelassen waren, auf den Markt gebracht. 1903 stellte De-Dion-Bouton das Modell S, sein erstes Automobil mit 2-Zylinder-Motor, vor, zu dem zwei Jahre später zwei 4-Zylinder-Modelle mit 15 und 24 PS hinzukamen. Ab Ende 1906 wurde in alle De-Dion-Bouton ein herkömmliches Wechselgetriebe eingebaut.

1910 begann De-Dion-Bouton die Produktion von Modellen mit V8-Motor, während im Jahr danach die De-Dion-Achse aufgegeben wurde. 1913 wurde auch das letzte 1-Zylinder-Modell, der DE 1, aus der Produktion genommen. Die V8-Modelle wurden weiterhin bis 1923 parallel zu den in der Konzeption überholten 4-Zylinder-Modellen hergestellt.

1923 wurde der 12/28 HP vorgestellt, der auf Wunsch mit Vierradbremsen geliefert wurde und mit einem obengesteuerten Motor mit Aluminiumkolben ausgerüstet war. 1927 stellte De-Dion-Bouton nach einer langen Zeit der Krise zeitweise die Produktion ein und erschien jedoch dann mit einem Modell mit 8-Zylinder-Reihenmotor mit 2,5 l Hubraum, zu dem noch ein 4-Zylinder-Modell mit 2 l Hubraum hinzukam, wieder auf dem Markt.

Trotz dieser Neuheiten stagnierten die Verkäufe weiterhin, vor allem weil die 8-Zylinder-Reihenmotoren beim Publikum wenig Anklang fanden. Vergeblich war 1930 der Versuch, diesen Motor durch eine Vergrößerung des Hubraums auf 3 l interessanter zu machen, so daß 1932 die Produktion in dem Werk in Puteaux eingestellt werden mußte; in jenem Jahr wurde das letzte De-Dion-Bouton-Automobil, ein Modell mit 11 HP, gebaut.

Die Produktion von Lastwagen wurde jedoch bis Ende der vierziger Jahre fortgesetzt; danach wurden die Fabriken, die bisher für die Montage dienten, in Reparaturwerkstätten umgewandelt. Gegen Ende der fünfziger Jahre tauchte der Name De-Dion-Bouton noch einmal für kurze Zeit auf Motorrädern mit kleinem Hubraum auf.

DELAGE
Courbevoie, Frankreich
1905–1954

Louis Delage, ein 1874 in Cognac geborener Techniker, begann seine Karriere in der Motorindustrie bei Turgan-Foy in Levallois, danach wechselte er zum Peugeot-Werk nach Paris. Schon immer hatte er den Wunsch gehabt, sich selbständig zu machen, und schon bevor er über eine eigene Werkstätte verfügte (die 1906 mit Hilfe eines Darlehens von 35.000 Francs eröffnet wurde), hatte er Komponenten für andere Konstrukteure gebaut und hatte 1905 sein erstes „eigenes" Automobil, einen leichten Kleinwagen mit einem De-Dion-Motor, fertiggestellt.

Delage machte 1908 von sich reden, als einer seiner Wagen mit einem Causan-1-Zylinder-Motor mit vier Ventilen, Doppelzündung und 1.257 cm^3 Hubraum beim Coupe des Voiturettes siegte. So gelang es Delage 1908, über 300 Wagen zu verkaufen, und 1909 wurde ein Modell mit einem 4-Zylinder-Motor mit 1.460 cm^3 Hubraum und einer Leistung von 9 HP vorgestellt.

1912 bot Delage eine Serie von Modellen mit 4-Zylinder-Motor mit 12 HP und ein Modell mit 6-Zylinder-Motor mit 2.588 cm^3 an. Für den Sportsektor stellte Delage auch schnelle und leistungsstarke Rennwagen her, die sich alle durch ihre fortschrittliche Technik auszeichneten.

DELAGE D8 (1930)

Motor: 8 Zylinder in Reihe mit hängenden Ventilen
Bohrung/Hub: 77 mm x 109 mm
Hubraum: 4.061 cm^3
Max. Leistung: 105 PS
Getriebe: mechanisch, 4 Gänge
Rahmen: Leiterrahmen
Aufhängung: Starrachsen mit Halbelliptikfedern
Bremsen: Trommelbremsen an Vorder- und Hinterrädern
Karosserie: nach Auftrag
Höchstgeschwindigkeit: 130 km/h

Nach dem Krieg stellte Delage die Produktion um und ging von den kleineren und mittleren Modellen, die ihn berühmt gemacht hatten, zu Automobilen der höheren Klassen und mit größerem Hubraum über. Das erste, noch heute bewunderte Exemplar der neuen Generation war das Modell CO von 1919, ein Modell mit 6-Zylinder-Motor mit 4.532 cm^3 Hubraum und 20 HP, aus dem zwei Jahre später durch Weiterentwicklung das Modell CO2 konstruiert wurde.

Während der zwanziger Jahre erzielten die Delage zahlreiche sportliche Erfolge, während im gleichen Zeitraum im Bereich der Tourenwagen der D1 (mit 2.120 cm^3 Hubraum) und der GL (mit einem Motor mit 5.945 cm^3 Hubraum, obenliegender Nockenwelle und einer Leistung von 30 HP) die Spitzenposition innehatten. Auf diese Modelle folgte eine lange Generation von Modellen mit 6-Zylinder-Motoren aus der Delage-Produktion, darunter der DM mit OHV-Motor mit 3.174 cm^3 Hubraum, der aus dem D1 entwickelt worden war, und seine sportliche Version, der DMS.

Im gleichen Zeitraum tauchten auch für kurze Zeit die Modelle DR mit seitengesteuertem 6-Zylinder-Motor mit 2,2 und 2,5 l Hubraum auf. Trotz der zahlreichen sportlichen Erfolge, die mit Modellen mit sehr unterschiedlichen Motoren (darunter die 12-Zylinder-V-Motoren und die 8-Zylinder-Reihenmotoren) erzielt wurden, beschloß Delage erst 1929 selbst einen 8-Zylinder-Motor mit 4.061 cm^3 zu bauen, der dann nach den entsprechenden Änderungen in das Sportmodell D8S eingebaut wurde.

1932 brachte Delage den D6/11 mit 2.100 cm^3 und zwei Jahre später den D8/15 mit 8-Zylinder-Motor mit 2.700 cm^3 Hubraum auf den Markt. 1935 war Delage aufgrund einer schweren finanziellen Krise gezwungen, sein Unternehmen an Delahaye zu verkaufen, aber die Modelle, die produziert wurden, d. h. der D8/100 mit 4.300 cm^3 Hubraum, der D8/120 und der D6/70 mit 2.700 cm^3 Hubraum, behielten weiterhin ihr ursprüngliches Markenzeichen.

Nach dem Krieg wurden auch die Delahaye-Sechszylinder ebenfalls als Delage-Modelle verkauft, beide Unternehmen wurden dann von Hotchkiss übernommen, und ein Jahr später stellten die Unternehmen die Produktion ein, und ihre Marken verschwanden vollkommen von der Bildfläche.

Delage D8

Obwohl der von Maurice Gaultier entworfene Delage D8, der im Oktober 1929 auf dem Automobilsalon von Paris vorgestellt wurde, ein Wagen war, der auf dieselbe Stufe wie der Hispano-Suiza gestellt werden konnte, erzielte er nicht den Erfolg, den er verdient hätte, da er praktisch zum gleichen Zeitpunkt auf den Markt gebracht wurde, als die Weltwirtschaftskrise der dreißiger Jahre begann. Trotz seiner hochwertigen Verarbeitung wurde der D8 zu einem Drittel des Preises des Hispano Suiza verkauft, so daß Gabriel Voisin erklärte, daß er selbst nicht verstehe, wie Delage ein so sorgfältig verarbeitetes Automobil zu einem so niedrigen Preis verkaufen konnte. Delage führte dagegen die Produktion des D8 weiter, mußte aber unausweichlich 1935 den Konkurs erklären, nachdem ungefähr 1.900 Exemplare davon gebaut worden waren.

Der D8 wurde auch in einer sportlichen Ausführung produziert, die D8S genannt und als das beste unter den von Delage gebauten Automobilen bezeichnet wurde. Der D8S kam auf über 160 km/h; zu der damaligen Zeit war dies eine außerordentliche Leistung.

DELAHAYE
**Tours/Paris, Frankreich
1894–1954**

Nachdem Emile Delahaye als Chefingenieur bei einem Unternehmen, das Betriebsmaterial für die Eisenbahn herstellte, gearbeitet hatte, übernahm er 1890 eine Automobilvertragswerkstatt in Tours und begann dann einige Jahre später die Produktion von Automobilen mit Riemenantrieb und 1- und 2-Zylinder-Motoren. 1898 wurde das Unternehmen vergrößert und ein zweites Werk in Paris eröffnet, aber bereits drei Jahre danach zog sich Emile Delahaye zurück und überließ die Leitung des Unternehmens seinen beiden Partnern Desmarais und Morane. 1906 übernahm dann Charles Weiffenbach, der schon seit Jahren für die Produktion verantwortlich war und der die Marke Delahaye auf dem Markt bekannt machte, die Leitung des Unternehmens.

1908 wurde das erste Modell mit einem Monoblockmotor mit vier Zylindern und 9 PS (1.460 cm³) herausgebracht, dem ein Modell mit 12 PS und 2.120 cm³ folgte. Diese beiden Modelle wurden bis zum Ausbruch des Ersten Weltkriegs gebaut ebenso wie der wenig erfolgreiche Typ 44 mit 2.565 cm³, der als das erste serienmäßig hergestellte Automobil mit V6-Motor betrachtet werden kann.

Ab 1909 begann der Export der Delahaye-Automobile nach Großbritannien, und auch das amerikanische Unternehmen White begann die Produktion von einigen Modellen, obwohl es die notwendigen Genehmigungen nicht erhalten hatte. Nach dem Krieg verlegte sich Delahaye vor allem auf die Herstellung von Lastwagen, Traktoren und Motoren für Löschfahrzeuge und begrenzte die Produktion von Automobilen auf einige Modelle, die mit Motoren mit vier Zylindern (1.847 cm³ und 2.950 cm³) und sechs Zylindern (4.426 cm³) ausgestattet waren.

Nach einer kurzen Zeit der Zusammenarbeit mit Chenard-Walcker fand Delahaye seine alte Vitalität wieder und brachte 1934 ein 4-Zylinder-Modell mit 12 HP (2.150 cm³) und ein Superluxe-Modell mit sechs Zylindern und 18 HP (3.200 cm³), das auch in der Sportversion geliefert wurde, heraus. 1935 übernahm Delahaye Delage und entwickelte Modelle, die von letzterem praktisch nur noch das Markenzeichen behielten.

Im selben Jahr stellte Delahaye seine berühmtesten Modelle vor, den Coupe des Alpes mit obengesteuertem 6-Zylinder-Motor mit 3,2 l Hubraum und den 135 mit 3.558 cm³ Hubraum. 1937 kam der V12 auf den Markt, ein Sportwagen, der auch in GP-Rennen eingesetzt wurde.

Nach dem Krieg wurde der 135 wieder in Produktion genommen, und ab 1947 betraute Delahaye den Designer Philippe Charbonneux mit der Aufgabe, das Design von allen Modellen zu überarbeiten und zu vereinheitlichen.

Im Jahr 1948 wurde der 175 (mit 4,5 l Hubraum) auf den Markt gebracht, während 1951 zwei Modelle vorgestellt wurden, mit denen dann die Automobilproduktion des Unternehmens beendet wurde: der 235 (mit 3,5 l) und der Jeep-Delahaye.

1954 wurde Delahaye von Hotchkiss aufgekauft; von die-

Delahaye 135

> **DELAHAYE 135 (1935)**
> *Motor:* 6 Zylinder in Reihe mit hängenden Ventilen
> *Bohrung/Hub:* 84 mm × 107 mm
> *Hubraum:* 3.558 cm³
> *Max. Leistung:* 120 PS
> *Getriebe:* mechanisch, 4 Gänge
> *Rahmen:* Leiterrahmen
> *Aufhängung:* Einzelradaufhängung vorn mit Querblattfeder; Hinterachse als Starrachse mit Halbelliptikfedern
> *Bremsen:* Trommelbremsen an den Vorder- und Hinterrädern
> *Karosserie:* Cabriolet
> *Höchstgeschwindigkeit:* 161 km/h

Delahaye Coupé des Alpes

Delage D8 (1929)

Motor
Position: vorne, in Längsrichtung
Bauart: wassergekühlter 8-Zylinder-Reihenmotor aus Gußeisen; Motorblock und Zylinderkopf mit demontierbaren Zylindern und fünf Hauptlagern
Hubraum: 4.058 cm^3
Bohrung/Hub: 77 mm x 109 mm
Verdichtungsverhältnis: 6,8 : 1
Ventilsteuerung: zwei Ventile pro Zylinder, die von einer seitlichen Nockenwelle mit Stößel und Kipphebel betätigt werden
Gemischbildung: Smith-Barriquand-Vergaser
Zündanlage: Delco-Remy-Spulenzündung
Max. Leistung: 102 PS bei 3.500^{-min}

Übertragung
Antrieb: Getriebe und Kupplung in einem Block mit dem Motor, Hinterradantrieb
Kupplung: trockene Einscheibenkupplung
Getriebe: mechanisch, 4 Gänge; *Übersetzungsverhältnis:* I) 3,5 : 1; II) 2,1 : 1; III) 1,36 : 1; IV) 1,00 : 1
Achsgetriebe: Schraubenräderantrieb
Übersetzungsverhältnis im Achsgetriebe: 3,6 : 1

Aufhängung
Vorderachse: Starrachse mit Halbelliptikfedern und Reibungsstoßdämpfern
Hinterachse: Starrachse mit Halbelliptikfedern und Reibungsstoßdämpfern

Lenkung
System: Schneckenlenkung

Bremsen
Typ: servounterstützte Trommelbremsen an allen vier Rädern

Räder und Bereifung
Typ: Speichenfelgen (46 cm) mit Diagonalreifen (7,00/18)

Karosserie und Rahmen
Typ: Leiterrahmen aus U-Profil-Preßstahl-Trägern; Weymann-Tourer-Karosserie, viersitzig

Abmessungen und Gewicht
Länge: 4.876 mm
Breite: 1.776 mm
Radstand: 3.098 mm
Vordere Spurweite: 1.422 mm
Hintere Spurweite: 1.422 mm
Gewicht: 1.524 kg

Leistungen
Höchstgeschwindigkeit: 129 km/h
Kraftstoffverbrauch: 1 l/4 km

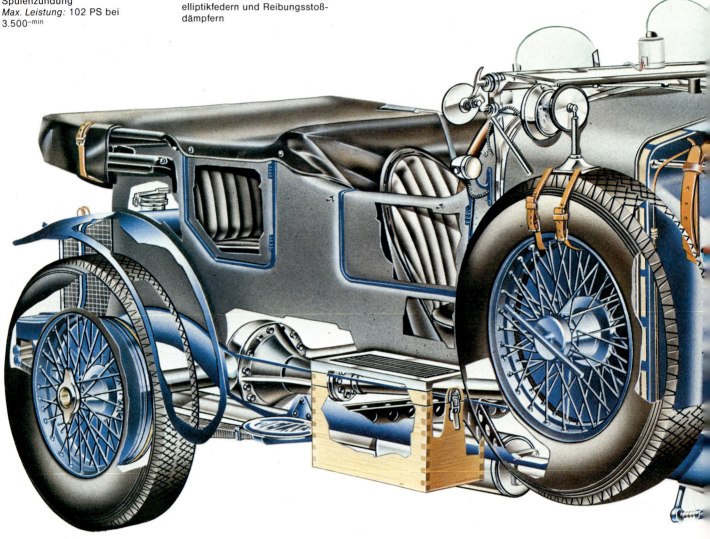

UNTEN *Der Aufriß zeigt die einfache Technik von Motor, Übertragung, Aufhängung und Rahmen des D8. Um Ventilgeräusche zu vermeiden, wirkte die Ventilfeder auf den Kipphebel anstatt auf das Ventil. Auf das Gewicht des Motors ist zum Teil der Einbau von doppelten Reibungsstoßdämpfern an der Vorderachse zurückzuführen, da die Aufhängungen dieses Autos im Hinblick auf höchsten Komfort ausgelegt waren, so daß die Blattfedern nicht besonders steif waren. Der 8-Zylinder-Reihenmotor war sehr elastisch, so daß der D8 wegen seiner Beschleunigung geschätzt wurde ebensowie aufgrund der Tatsache, daß man trotz der hohen Übersetzungsverhältnisse im Achsgetriebe überall im dritten und im vierten Gang fahren konnte. Das hier abgebildete Automobil ist ein D8 aus dem ersten Produktionsjahr, und seine Karosserie ist praktischer und funktioneller als manche der spektakuläreren Limousinen, Coupés, Roadster und Tourer, die später auf das Fahrgestell des D8 montiert wurden und den D8 in der Welt der Sportjournalisten, der Neureichen und des Show-Business so bekannt machten.*

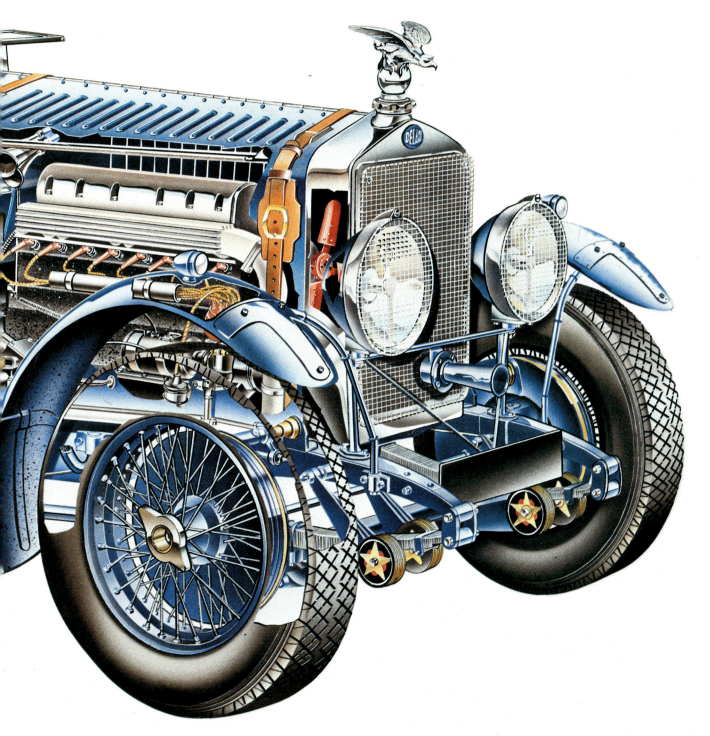

DELAUNAY-BELLEVILLE

sem Zeitpunkt an wurde die Produktion auf Lastwagen beschränkt, und das Markenzeichen blieb nur noch einige Monate bestehen, bevor es durch das Firmenemblem von Hotchkiss ersetzt wurde.

Delahaye 135

Obwohl der 3,5-l-Motor des 135 direkt aus dem Motor entwickelt worden war, mit dem die Delahaye-Lastwagen ausgerüstet waren, wird er als ein Klassiker unter den vor dem Zweiten Weltkrieg gebauten Motoren betrachtet.

Der Delahaye 135, der in zahlreichen Wettbewerben gesiegt hatte Einzelrad-

Delaunay-Belleville SMT

aufhängungen vorn an einer unteren Querblattfeder und zwei oberen Querlenkern. Eine weitere Besonderheit des 135 war das auf Wunsch lieferbare Cotal-Planetengetriebe mit elektrischer Betätigung.

1937 entwickelte Jean François aus dem 135 mit 3,5 l den AV12 mit einem Motor mit 4,5 l Hubraum und De-Dion-Hinterachse.

DELAUNAY-BELLEVILLE
St. Denis, Frankreich
1904–1950

Dieses für seine Dampfkessel bekannte Unternehmen war eines der berühmtesten französischen Industrieunternehmen. Bei seinem Debüt im Automobilsektor stellte es drei Modelle mit 4-Zylinder-Motoren mit 16, 24 und 40 PS vor. Innerhalb kurzer Zeit erwarb sich Delaunay-Belleville hohes Ansehen.

Seine Automobile galten vor dem Ersten Weltkrieg als qualitativ in jeder Beziehung führend. Sehr bald war die rundliche Form seines Kühlers, die

an die berühmten, fast legendären Schiffskessel der Marke Belleville erinnerte, bei allen Automobilanhängern bekannt und beliebt.

In der Zeit vor dem Ersten Weltkrieg stellte Delaunay-Belleville Modelle mit verschiedenen 4-Zylinder-Motoren und nicht weniger als fünf 6-Zylinder-Motoren her, darunter einen Kaiserwagen, der zu Ehren des berühmtesten Käufers, des Zaren von Rußland, SMT (Sa Majesté le Tsar) genannt wurde. Dieses Modell hatte einen druckluftbetriebenen Anlasser, Reifenfüller, Wagenheber und eine Druckluft-Hupe.

Nach dem Ersten Weltkrieg nahm Delaunay-Belleville einige seiner Vorkriegsmodelle wieder in Produktion, aber bereits 1922 wurde der 12 HP mit vier Zylindern und mit einer

DELAUNAY-BELLEVILLE SMT (1909)

Motor: 6 Zylinder in Reihe mit stehenden Ventilen
Bohrung/Hub: 134 mm x 140 mm
Hubraum: 11.846 cm^3
Max. Leistung: 70 PS
Getriebe: mechanisch, 4 Gänge
Rahmen: Leiterrahmen
Aufhängung: Vorderachse als Starrachse mit Halbelliptikfedern; Hinterachse mit Halbelliptikfedern und Querblattfeder
Bremsen: an den Hinterrädern und dem Getriebe
Karosserie: Limousine
Höchstgeschwindigkeit: nicht bekannt

obenliegenden Nockenwelle ausgestattet.

1926 brachte das Unternehmen vollständig neue Modelle, den 14/40 und den 16/60, auf den Markt. In einige Modelle von 1931 wurden auch Motoren amerikanischer Herkunft, wie der 8-Zylinder-Reihenmotor von Continental, eingebaut, der nicht nur weniger Benzin verbrauchte als die französi-

schen Motoren, sondern auch noch wesentlich leiser war.

Nach dem Zweiten Weltkrieg nahm Delaunay-Belleville, bevor es seine Produktion endgültig einstellte, für kurze Zeit den Sechszylinder 2300 in Produktion, der gegen Ende der dreißiger Jahre vorgestellt worden war. Der 2300 war mittlerweile mit der Einführung des Cotal-Wechselgetriebes modernisiert sowie mit einer vollkommen neu entworfenen Verkleidung für den Kühler versehen worden.

DELLA FERRERA
Turin, Italien
1924

Das Turiner Unternehmen Della Ferrera, das seit der Vor-

kriegszeit durch seine Fahrrad- und Motorradproduktion bekannt war, versuchte auch auf dem Automobilsektor Fuß zu fassen. Die erste Produktion war der Prototyp eines Cyclecars, der mit einem 4-Zylinder-2-Taktmotor mit 707 cm^3 Hubraum, einem 4-Gang-Getriebe und einer Vierradbremse ausgestattet war.

Er erreichte eine Höchstgeschwindigkeit von ca. 80 km/h. Das Projekt konnte jedoch niemals industriell verwertet werden.

DELLOW
Birmingham, Großbritannien
1947–1959

Die Bezeichnung Dellow entstand aus der Verbindung der ersten drei Buchstaben der Nachnamen der zwei Unternehmer, K.C. Delingpole und R.C. Lowe, die die Firma gründeten.

Die ersten serienmäßig hergestellten Dellow-Automobile waren nur mit dem Allernotwendigsten ausgestattet – Türen gehörten allerdings nicht dazu. Die Dellow-Automobile besaßen einen A-förmigen Rahmen, der für den Einbau des Ford-Ten-Motors konzipiert war; als Sonderausstattung wurde auch der Wade-Kompressor angeboten.

In der letzten Zeit seines Bestehens gehörten zum Dellow-Angebot auch zwei Modelle mit Vorderradaufhängungen und Schraubenfedern, die MkIII (mit vier Sitzen) und MkV genannt wurden.

Im Jahr 1956 brachte Dellow nach einer Umstrukturierung des Betriebs den MkVI mit Glasfaserkarosserie heraus, der jedoch nicht so gelungen war wie die vorhergehenden Modelle mit Stahlkarosserie. Es wurden nur wenige Exemplare davon gebaut.

DE LUCA DAIMLER
Neapel, Italien
1906–1910

In der zweiten Hälfte des 19. Jahrhunderts gründete der Neapolitaner Carmine de Luca eine Fabrik zur Herstellung von Torpedos und Torpedoabschußrohren, die bis Anfang des 20. Jahrhunderts bereits eine beachtliche Größe erreichte. Um die Produktivität zu steigern, gründeten die Söhne von de Luca mit dem Briten Daimler die De Luca Daimler. Ziel dieses neuen Unternehmens war die lizenzierte Herstellung von Automobilen der britischen Firma.

Dellow Mk III

De Soto Fireflight Convertible

DELLOW MARK II (1952)

Motor: 4 Zylinder in Reihe mit stehenden Ventilen
Bohrung/Hub: 63,5 mm x 92,5 mm
Hubraum: 1.172 cm^3
Max. Leistung: 36 PS
Getriebe: mechanisch, 3 Gänge
Rahmen: Rohrrahmen, A-förmig
Aufhängung: Einzelradaufhängung mit Blattfedern
Bremsen: Trommelbremsen
Karosserie: offen
Höchstgeschwindigkeit: 97 km/h

Aus diesen Gründen wurde die alte Fabrik vergrößert und die Ausrüstung verbessert. De Luca Daimler verwendete zunächst Bauteile aus Großbritannien und begann die Konstruktion von Modellen, die in vier Versionen erhältlich waren: 16/24 HP, 28/40 HP, 32/55 HP und 42/65 HP. Die Motoren, deren Hubraum von 3 bis 10 l reichte, hatten vier Zylinder.

1908 wurde ein originelles Auto vorgestellt, das Auto Mista genannt und von einem Benzinmotor und einem Elektromotor angetrieben wurde. Ein Jahr später stellte Daimler Coventry die Lieferung der technischen Ausrüstung ein, so daß das neapolitanische Unternehmen in eine schwere Krise geriet und 1910 die Produktion einstellen mußte. Aus der De Luca Daimler wurde die Daimler Italiana, aber auch diese neue Firma bestand nur kurze Zeit; schon nach zwei Jahren ging sie im Jahr 1912 in Konkurs und stellte ihre gesamte Produktion ein.

DE SOTO
Detroit, USA
1928–1960

1928, nur vier Jahre nach seiner Gründung, war Chrysler bereits der drittgrößte Automobilhersteller in den USA. In jenem Jahr kündigte die Chrysler die Produktion eines preisgünstigen Modells mit einem seitengesteuerten 6-Zylinder-Motor mit 3,2 l Hubraum an, das unter dem Markenzeichen De Soto in den Handel kommen sollte und mit dem man in einen neuen Marktbereich vordringen wollte. Obwohl der De Soto als sparsame Alternative zu den Chrysler-Modellen entstanden war, verfügte er über einige fortschrittliche technische Lösungen, die immer noch angewandt werden, wie zum Beispiel der auf Gummi-Silentblöcken gelagerte Motor, um die Übertragung von Vibrationen auf den Karosseriekörper zu vermeiden, und die hydraulischen Vierradbremsen.

1930 kam das Modell mit einem 8-Zylinder-Reihenmotor mit 3,5 l Hubraum heraus, seinerzeit der billigste 8-Zylinder-Wagen der Welt. Die De-Soto-Modelle von 1932 erhielten eine Freilauf-Vorrichtung.

1934 wurde das Styling des Airflow auf den De Soto übertragen. Um das Design des Airflow, der bei den Autofahrern keinen Anklang gefunden hatte, gefälliger zu machen, versah man den De Soto 1936 mit einer konventionellen Motorhaube; ein Jahr später wurde die hinten angeschlagene Motorhaube eingeführt sowie die Bugpartie verändert.

DE SOTO FIREFLIGHT (1958)

Motor: 8-Zylinder-V-Motor mit hängenden Ventilen
Bohrung/Hub: 92,1 mm x 84,9 mm
Hubraum: 4.769 cm^3
Max. Leistung: 200 PS
Getriebe: 3 Gänge
Rahmen: Kastenrahmen
Aufhängung: Einzelradaufhängung vorn an Querlenkern und Schraubenfedern; Hinterachse als Starrachse mit Halbelliptikfedern
Bremsen: hydraulische Trommelbremsen
Karosserie: Cabriolet
Höchstgeschwindigkeit: 160 km/h

Die De-Soto-Modelle von 1939, die mit zwei 6-Zylinder-Motoren mit unterschiedlichem Hubraum erhältlich waren, verfügten über Einzelradaufhängungen vorn und über eine Lenkradschaltung. Die Modelle aus der Produktion des Jahres 1941 waren mit einem halbautomatischen Vacumatic-Getriebe erhältlich.

1952 kam zu dem Sechszylinder mit L-Kopf ein Modell mit Chrysler V8-Motor (Firedome) hinzu. Ab der Fireflyte-Serie, die 1955 mit einer leistungsgesteigerten Version des V8-Motors vorgestellt wurde, liefen die 6-Zylinder-Modelle aus. Eine Ausnahme war der Diploma, der ausschließlich für ausländische Märkte bestimmt und eine perfekte Kopie des Plymouth darstellte.

1956 brachte De Soto den Adventurer heraus, der in kleinster Serie gebaut wurde, mit einem V8-Motor mit 5.595 cm^3 und halbkugelförmigen Verbrennungsräumen ausgestattet war und durch eine weiße Karosserie mit goldfarbenen Ornamenten auffiel.

Das Design, das Chrysler Corporation für die Modelle der Flightsweep-Serie auswählte, und die gleichzeitige Einführung von neuen Firesweep-Modellen mit einem V8-Motor mit 5.326 cm^3, die zu einem sehr moderaten Preis verkauft wurden, brachten den Absatz der De-Soto-Modelle außerordentlich in Schwung. Aber bereits ein Jahr später kam es aufgrund eines unglaublichen und bedauerlichen Qualitätsverlusts zu einem großen Verkaufsrückgang. 1959 versuchte man mit der Einführung von zwei neuen V8-Motoren den Absatz wieder anzukurbeln.

Die Verkäufe blieben jedoch so gering, so daß De Soto 1960, knapp ein Jahr nach dem Zusammenschluß mit Plymouth, endgültig die Automobilproduktion einstellte.

Delaunay-Belleville F6 (1909)

Motor
Position: vorne, in Längsrichtung
Bauart: wassergekühlter Motor mit 3 paarweise gegossenen Zylindern
Hubraum: 5.521 cm³
Bohrung/Hub: 98 mm x 122 mm
Ventilsteuerung: mit stehenden Ventilen
Gemischbildung: ein Claudel-Hobson-Steigstromvergaser
Zündanlage: Hochspannungs-Magnetzündung
Max. Leistung: ca. 60 PS

Übertragung
Antrieb: Getriebe separat vom Motor, Hinterradantrieb
Getriebe: mechanisch, 4 Gänge, nicht synchronisiert, manuell
Achsgetriebe: Zahnrad und Ritzel

Aufhängung
Vorderachse: Starrachse mit Halbelliptikfedern
Hinterachse: Starrachse mit Halbelliptikfedern und Querblattfeder

Lenkung
System: Schneckenlenkung

Bremsen
Typ: Trommelbremsen an den Hinterrädern

Räder und Bereifung
Felgen: demontierbare Holzspeichenräder mit Metallfelgen
Bereifung: Reifen von 880 mm x 120 mm, Wulstreifen

Karosserie und Rahmen
Karosserie: Holzgerippe mit Holzbeplankung
Rahmen: Leiterrahmen (U-Profil-Preßstahl)

Abmessungen und Gewicht
Länge: 4.800 mm
Breite: 1.676 mm
Radstand: 3.530 mm
Vordere Spurweite und hintere Spurweite: 1.422 mm/1.447 mm
Gewicht: 2.032 kg (Fahrwerk)

Leistung
Höchstgeschwindigkeit: ca. 90 km/h
Kraftstoffverbrauch: 23,6 l/100 km

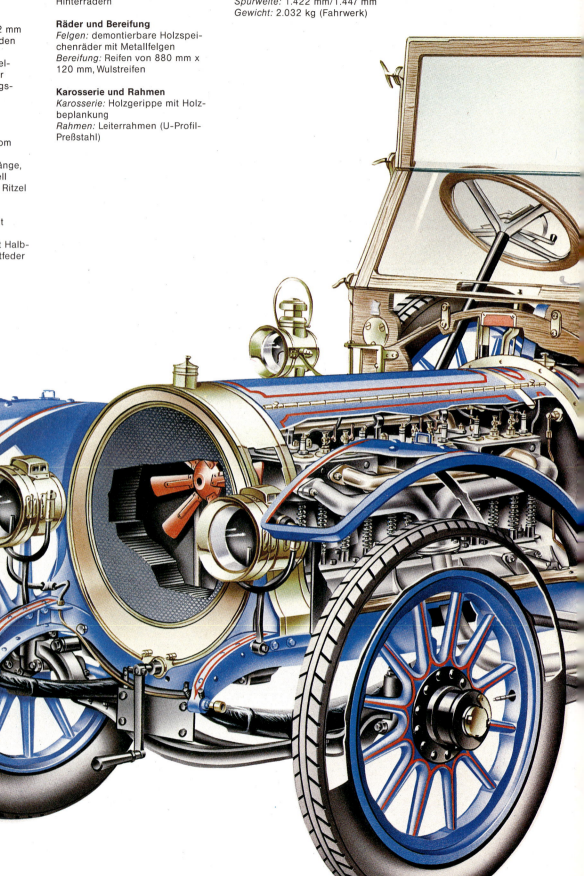

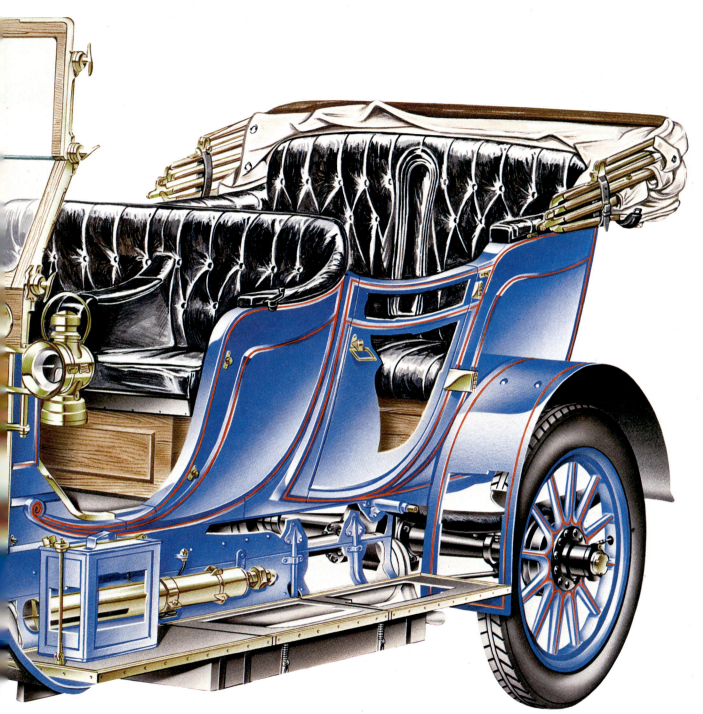

OBEN *Der Delaunay-Belleville wurde für Personen von hohem gesellschaftlichen Rang gebaut, was durch seine Formgebung und Technik unterstrichen wurde. Der Delaunay-Belleville als Ausdruck einer Zeit, in der die Aerodynamik unbekannt war, hatte mit seinen hohen Sitzen und seinem vornehmen Aussehen die Aufgabe, den sozialen Status des Eigentümers hervorzuheben. Technisch gesehen war der Wagen eher konventionell ausgelegt, aber der Delaunay-Belleville war für die Qualität seiner Konstruktion bekannt, da sich die Produktion auf eine geringe Anzahl von Exemplaren beschränkt, die alle fast vollständig von Hand gebaut wurden. Der 6-Zylinder-Motor bestand aus drei Zylinderpaaren; der Vergaser liegt auf der rechten Motorseite und ist mit den links stehenden Einlaßventilen über ein Ansaugrohr zwischen den Zylinderblöcken verbunden.*

DE TOMASO
Modena, Italien
1959–

1955 kam Alejandro de Tomaso, ein junger, von Automobilen begeisterter Argentinier, der bereits auf eine kurze Erfahrung als Journalist zurückblicken konnte, nach Italien, um sein Glück als Rennfahrer zu versuchen. Zwei Jahre lang fuhr er Wagen von Maserati und drei Jahre lang ging er für OSCA an den Start.

Zu seinen wichtigsten Erfolgen zählten der erste Platz beim Leistungsindex des 24-Stunden-Rennens von Le Mans von 1958 und Klassenerfolge, die er beim 12-Stunden-Rennen von Sebring und bei den 1.000 Kilometern von Buenos Aires im selben Jahr erzielen konnte.

1959 gründete er das Unternehmen De Tomaso und begann, Rennwagen zu bauen, die mit OSCA-Motoren ausgestattet waren. Die Modelle zeichneten sich durch originelle technische Lösungen aus, und einige davon setzten sich bei verschiedenen Wettbewerben durch.

Der erste Wagen war ein Formel 2 mit 1,5 l Hubraum, der Ende 1959 vorgestellt wurde. Der Rahmen war aus dem des britischen Cooper entwickelt worden, als Motor wurde ein OSCA-Vierzylinder mit ca. 135 PS eingebaut. Auf ihn folgte ein Formel Junior mit einem entsprechend modifizierten Motor des Fiat 1100.

1962 beschloß De Tomaso, sein Glück mit der Formel 1 zu versuchen. Es wurde ein Einsitzer mit einem Gitterrohrrahmen und einem Alfa-Romeo-Motor mit 1.500 cm³, der von dem Turiner Conrado getunt wurde, gebaut; dieser Wagen wurde jedoch nie endgültig getestet. 1963 beim Automobilsalon von Turin stellte De Tomaso Automobili den Wagen vor, der heute noch als das bedeutendste Modell der damaligen Zeit betrachtet wird: das Vallelunga-Coupé mit Zentralrohrrahmen und mittragendem Motor/Getriebeblock. Das Coupé war mit einem Ford-Corsair-4-Zylinder-Motor mit 1,5 l ausgestattet; die Leistung von 105 PS konnte auf Wunsch auf 135 PS erhöht werden. 1965 beschloß der Argentinier, die eigene Produktion auszuweiten und serienmäßig hergestellte Sportwagen auf den Markt zu bringen.

Es wurde auch ein Versuch mit einem Elektroauto gemacht, das im November 1967 vorgestellt wurde: Der Rowen war ein kleines Modell und nur für den Gebrauch in der Stadt vorgesehen. Er erreichte eine Höchstgeschwindigkeit von 70 km/h bei einer Reichweite von 300 km; der Antrieb wurde durch zwei gleich starke Elektromotoren gesichert, von denen jeder auf eines der Hinterrad wirkte.

Der kommerzielle Erfolg kam jedoch erst 1970 mit der Einführung des Pantera, eines Grand Tourisme mit großem Hubraum. Im selben Jahr wurde nach den Plänen des Ingenieurs Dallara ein Formel-1-Einsitzer gebaut. Er war mit einem Cosworth-V8-Motor ausgestattet und wurde von Piers Courage gefahren; er bestritt erfolgreich einige Rennen der Fahrerweltmeisterschaft.

Nachdem De Tomaso 1972 die Karosseriebauer Ghia und Vignale übernommen und das luxuriöse Coupé Longchamp vorgestellt hatte, wurde das Unternehmen von der Ford Motor Company aufgekauft, die zwei Jahre später die Produktion des Pantera einstellte. Daraufhin kaufte Alejandro de Tomaso die Herstellungsrechte dieses Modells zurück, das auch heute noch eines der repräsentativsten Automobile des Unternehmens darstellt.

De Tomaso Pantera

Der Pantera ist eines des charakteristischen Beispiels für Sportwagen, die ihren technischen und ästhetischen Wert unverändert bewahrt haben. Dieses Modell, das Ende der sechziger Jahre entwickelt wurde, sollte den Mißerfolg des Mangusta ausgleichen, der große Mängel bei der Verarbeitung, den Fahreigenschaften und der Verteilung der Gewichte aufgewiesen hatte.

Der Pantera, der von dem Amerikaner Tom Tjaarda (dieser hatte Giorgetto Giugiaro bei Ghia abgelöst und war Inhaber der Ital Design geworden) entworfen wurde, war anfänglich in den Hallen des Turiner Karosseriebauers hergestellt worden, aber schon bald verlegte man die Produktion in das größere Vignale-Werk. Die Leistungen des Wagens entsprachen in etwa denen der Ferrari-Modelle, aber im Vergleich zu diesen kostete der Pantera nur die Hälfte. Ford, unter dessen Kontrolle das Unternehmen stand, erwartete deshalb einen beachtlichen Verkaufserfolg vor allem auf dem reichen amerikanischen Markt, der gegenüber sportlichen Neuheiten aus Europa und insbesondere aus Italien immer aufgeschlossen war. Leider ließen die Energiekrise Anfang der siebziger Jahre und die damals in Kraft getretenen strengen Umweltschutzauflagen in Italien die Pläne scheitern.

Obwohl dem Pantera der ganz große Erfolg eigentlich versagt geblieben ist, wurde er doch zu einem Sportwagen-Klassiker, der noch heute gebaut wird. 1990 erfolgte eine grundlegende Modernisierung, die Karosserie wurde von Marcello Gandini überarbeitet. Seitdem wird der Pantera von einem 4,9-l-V8 mit 305 PS angetrieben und ist auch als offener Targa lieferbar.

De Tomaso Pantera GP IV

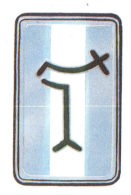

De TOMASO PANTERA
(1974)

Motor: 8-Zylinder-V-Motor mit hängenden Ventilen, Mittelmotor
Bohrung/Hub: 101,6 mm x 89 mm
Hubraum: 5.763 cm³
Max. Leistung: 330 PS
Getriebe: mechanisch ZF-Getriebe mit 5 Gängen
Rahmen: selbsttragende Karosserie aus Stahl
Aufhängung: Einzelradaufhängung vorn und hinten mit Querlenkern und Schraubenfedern
Karosserie: zweisitziges Coupé
Höchstgeschwindigkeit: 260 km/h

DETROIT ELECTRIC
Detroit, USA
1907–1938

Der Detroit Electric war wahrscheinlich das beliebteste und bekannteste amerikanische Auto mit Elektroantrieb. Ab 1920 war es auf Wunsch auch mit einer Frontverkleidung, die ausschließlich ästhetische Funktion besaß, erhältlich. Obwohl die Elektroautos inzwischen überholt waren, fand der Detroit Electric noch eine Zeitlang Anhänger. Die letzten Modelle wurden, als einziges Zugeständnis an die Ästhetik, mit Karosserien von Willy-Overland ausgestattet, obwohl ein Teil der Kunden weiterhin den charakteristischen Stil des ursprünglichen Modells bevorzugte, so daß die Detroit Electric „der alten Art" mit ihren unverwechselbaren Front- und Heckverkleidungen regulär im Angebot blieb, bis 1938 die Produktion eingestellt wurde.

DEUTZ
Köln-Deutz, Deutschland
1907–1911

Die Deutz-Automobile, die alle mit Kettenantrieb und Motoren mit großem Hubraum (4.960 cm³, 6.400 cm³, 9.900 cm³ und 10.500 cm³) ausgestattet waren, wurden in Köln in derjenigen Fabrik hergestellt, die seit 1876/77 den von Nikolaus August Otto entwickelten 4-Takt-Stationär-Motor baute.

Für die Entwicklung der oben genannten Modelle engagierte Deutz einen unternehmungslustigen Italiener, Ettore Bugatti, der alsbald ein eigenes Werk in Molsheim im Elsaß gründete, wo er den kleinen Typ 10 konstruierte. Auch nachdem Bugatti sich selbständig gemacht hatte, arbeitete er weiterhin an der Planung und Entwicklung der Deutz-Modelle mit; sein 5-l-Modell Typ Garros war angeblich als Variante des Deutz Prinz Heinrich konzipiert.

Die Produktion von Deutz war in der letzten Zeit des Bestehens sehr begrenzt.

Deutz Prinz Heinrich

DE VECCHI
Mailand, Italien
1905–1917

1905 wurde in Mailand die De Vecchi, Strada & C. mit einem Gesellschaftskapital von 300.000 Lire und mit Sitz und Werk in der Via Peschiera 2 gegründet. Das erste Modell war der 10/12 HP mit einem 4-Zylinder-Zweiblockmotor, der bis 1908 hergestellt wurde. In diesem Jahr meldete das Unternehmen Konkurs an und wurde in De Vecchi & C. umbenannt. Unter dem neuen Firmennamen begann 1909 die Produktion mit dem Stadtmodell 16/20 HP Typ A mit 2.800 cm³ Hubraum und einer patentierten Achse mit nicht tragenden Halbachsen. Kurz danach wurde der Typ B 20/30 HP mit 4.082 cm³ Hubraum vorgestellt; die Außenbackenbremsen waren neben dem Differential angeordnet.

1911 entwickelte De Vecchi die Monoblockmotoren. In jenem Jahr gehörte zur Angebotspalette, deren Design vollständig überarbeitet worden war, auch ein 16/20 HP Typ D mit einem Motor mit besonders langem Hub (80 mm x 130 mm). Es handelte sich bei diesem Modell um einen typischen Stadtwagen, der in den Versionen mit normalem und mit verlängertem Rahmen erhältlich war. Die Tendenz zu Motoren mit langem Hub zeigte sich auch beim neuen 20/30 HP (100 mm x 140 mm), von dem 1911 zwei Ausführungen gebaut wurden: Die erste Version mit auf einer Seite eingebauten Ventilen war ein Monoblockmotor, die zweite ein Vorläufer des Zweiblockmotors mit 25/35 HP von 1912.

1914 wurden auch die Typen E 20/25 HP und F 25/35 HP angeboten. 1913 stattete man das größte Modell, den Typ C 25/35 HP mit 5.700 cm³, mit einem Monoblockmotor aus.

Von dem Modell 16/20 HP wurde auch eine Sportversion gebaut, die an verschiedenen Wettbewerben teilnahm und 1913 beim Bergrennen Parma-Poggio von Berceto auf den zweiten Platz, bei der Targa Florio desselben Jahres und bei der Targa Florio von 1914 auf den dritten bzw. sechsten Platz in der Gesamtwertung kam.

Nach Eintritt Italiens in den Ersten Weltkrieg ging das Unternehmen zur Kriegsproduktion über und baute Last- und Krankenwagen für das Heer. 1917 stellte es die Automobilproduktion ein. Das Unternehmen wurde in Officine Meccaniche De Vecchi S.A. umbenannt und sollte für den Bau von Flugzeugmotoren umgerüstet werden. 1920 wurde es von CMN aufgekauft.

DEUTZ PRINZ HEINRICH TYP 9C (1909)

Motor: 4 Zylinder in Reihe mit obenliegender Nockenwelle
Bohrung/Hub: 110 mm x 130 mm
Hubraum: 4.940 cm³
Max. Leistung: 35–40 PS
Getriebe: 4 Gänge
Rahmen: Leiterrahmen
Aufhängung: Starrachsen mit Halbelliptikfedern
Bremsen: nur an den Hinterrädern
Karosserie: Tourenwagen
Höchstgeschwindigkeit: 150 km/h

DFP
Courbevoie, Frankreich
1906–1926

Als 1906 Auguste Doriot und Ludovic Flandrin ein eigenes Unternehmen gründeten, konnten beide auf eine langjährige Erfahrung als Mitarbeiter von Peugeot zurückblicken. Zwei Jahre später schlossen sich ihnen auch die beiden Brüder Alexandre und Jules-René Parant an, und von diesem Zeitpunkt an trugen ihre Automobile, die zunächst als Doriot-Flandrin bekannt geworden waren, als Markenzeichen die Abkürzung DFP.

1909 führte DFP das Modell 8/10 HP mit vier Zylindern und 1.847 cm³ Hubraum ein, das neben dem bis 1910 hergestellten 1-Zylinder-Modell mit 1.100 cm³ angeboten wurde. 1911 beschloß DFP, nicht mehr Motoren aus Fremdproduktion zu verwenden, und begann, eigene 4-Zylinder-Motoren mit 2.950 cm³ und 2.001 cm³ Hubraum zu bauen. Ein Jahr danach wurden das Angebot der DFP-Motoren um 4-Zylinder-Motoren mit 1.592 cm³, 1.847 cm³ und 2.412 cm³ sowie um einen 6-Zylinder-Motor mit 3.619 cm³ erweitert, der nur kurze Zeit hergestellt wurde.

Nach dem Krieg nahm DFP die Produktion mit einem Mo-

dell mit 2.001 cm³ Hubraum wieder auf. Leider mußte der französische Automobilhersteller aufgrund großer finanzieller Schwierigkeiten 1926 die Produktion aufgeben.

DIATTO
Turin, Italien
1905–1955

Nachdem das Turiner Unternehmen Fratelli Diatto fast ein

DIATTO

DFP 12/15 HP

DFP 12/15 HP (1913)

Motor: 4 Zylinder in Reihe mit stehenden Ventilen
Bohrung/Hub: 70 mm x 130 mm
Hubraum: 2.001 cm³
Max. Leistung: nicht bekannt
Getriebe: 4 Gänge
Rahmen: Leiterrahmen
Aufhängung: Starrachsen mit Halbelliptikfedern
Bremsen: an den Hinterrädern und am Getriebe
Karosserie: Torpedo
Höchstgeschwindigkeit: 105 km/h

halbes Jahrhundert lang Pferdekutschen gebaut hatte, versuchte es Anfang dieses Jahrhunderts sein Glück auch in dem neuen, vielversprechenden Automobilsektor. Um die Risiken des Unternehmens soweit als möglich einzuschränken, zogen es die Inhaber der Firma vor, sich mit einem französischen Unternehmen zusammenzutun, das bereits über eine beachtliche Erfahrung in diesem Sektor verfügte. Aus diesem Grund wurde im April 1905 von der Ing. Vittorio et Pietro Diatto und der französischen Clément Bayard die Società Diatto – A. Clément gegründet. Ziel der neuen Firma war die Konstruktion von Automobilen unter Clément-Lizenz.

Die Produktion begann ein Jahr später mit einem Planziel von 250 Stück der Modelle 10/12 HP und 20/25 HP, zu denen 1908 der Sechszylinder 24 HP mit 4.086 cm³ hinzukam. 1909 wurde aufgrund der Abspaltung von Clément der Firmenname des Unternehmens in Officina Fonderia Frejus-Vetture Diatto umgeändert; es baute noch im selben Jahr den ersten selbst entwickelten Motor, einen Monoblock mit vier Zylindern. Von 1911 bis 1915 konzentrierte sich die Produktion auf einen „Tipo Unico", der mit einem 4-Zylinder-Motor mit 2.212 cm³ Hubraum ausgerüstet war; später wurde der Hubraum auf 2.413 cm³ erweitert.

Nach Ende des Ersten Weltkriegs änderte Diatto zweimal den Namen: zunächst in Fonderie Officine Frejus Automobili Diatto S.A., dann 1919 in Automobili Diatto S.A. Im darauffolgenden Jahr verlegte das Unternehmen seinen Sitz von Turin nach Rom.

In die gleiche Zeit fiel auch die Entwicklung des Typ 10; er stellte einen verfrühten Versuch dar, mit einem Kleinwagen an die Öffentlichkeit zu treten. Die ursprünglichen Pläne waren von Gnome et Rhône ausgearbeitet worden; dieses Unternehmen übernahm dann auch nach einigen Änderungen am Prototyp die praktische Realisierung des interessanten Autos. Drei Jahre später wurde

DIATTO TYP 20S (1922)

Motor: 4 Zylinder in Reihe mit obenliegender Nockenwelle
Bohrung/Hub: 79,7 mm x 100 mm
Hubraum: 1.996 cm³
Max. Leistung: 75 PS
Getriebe: mechanisch, 4 Gänge
Rahmen: Leiterrahmen
Aufhängung: Starrachsen mit Halbelliptikfedern
Bremsen: Trommelbremsen
Karosserie: zweisitziger Sportwagen
Höchstgeschwindigkeit: 120 km/h

Diatto TYP 20A

1922 auf dem Automobilsalon von Mailand das Modell 20 mit 3-l-Motor ausgestellt, dessen Konstruktionspläne von der Società Veltro di Torino erworben worden waren. Dieses Modell erfreute sich zusammen mit seiner sportlichen Version (20S) bei den Automobilanhängern großer Beliebtheit. Es handelte sich um einen Wagen mit 4-Zylinder-Motor mit 1.996 cm³ und obenliegender Nockenwelle; in der Normalausführung leistete er 40 PS, in der Sportversion S 52 PS.

Leider stand es mit der finanziellen Situation des Unternehmens, trotz des Erfolgs dieser Modelle, nicht zum Besten, so daß man sich zu seiner Schließung entschloß. Zum Glück konnte mit Hilfe von neuen Kapitaleinlagen die Geschäftslage verbessert werden. In der Euphorie der überwundenen Gefahr wurden neue Programme beschlossen, die größere Engagements in Wettbewerben vorsahen und in der Konstruktion eines von Maserati entwickelten Grand-Prix-Modells gipfelten. Dieses war mit einem 8-Zylinder-Reihenmotor mit 2 l Hubraum und Kompressor ausgestattet und nahm mit wenig Glück am Großen Preis von Italien von 1925 teil.

1926 geriet das Unternehmen erneut in finanzielle Schwierigkeiten; dieses Mal wegen der zerrütteten Finanzen der Gebrüder Musso, die zu den Hauptaktionären des Unternehmens zählten. Nachdem man sich einige Jahre am Rande des Konkurses mehr oder weniger über Wasser gehalten hatte, wurde der Betrieb von Carlino Sassi aufgekauft, der versuchte, die Finanzen zu sanieren, indem er die Produktion auf Ersatzteile für Diatto-Fahrzeuge, auf Motorkompressoren, Stromaggregate und Bohrhämmer beschränkte. 1945 wagte das Unternehmen einen zaghaften Versuch, zur Automobilproduktion zurückzukehren, aber die verschiedenen Projekte kamen nicht über die Stufe des Prototypen hinaus. Diatto hörte 1955 auf zu existieren, als es der Veglia SpA einverleibt wurde.

DIXI 3/15 PS WARTBURG (1927)

Motor: 4 Zylinder in Reihe mit stehenden Ventilen
Bohrung/Hub: 56 mm x 76 mm
Hubraum: 743 cm³
Max. Leistung: 15 PS
Getriebe: 3 Gänge
Rahmen: A-förmiger Leiterrahmen
Aufhängung: Vorderachse als Starrachse mit Querblattfedern; Hinterachse als Starrachse mit Viertelelliptikfedern
Bremsen: Trommelbremsen
Karosserie: zweisitziger Sportwagen
Höchstgeschwindigkeit: 100 km/h

DIXI
Eisenach, Deutschland
1904–1928

Die Fahrzeugfabrik Eisenach begann 1898 ihre Aktivitäten im Automobilsektor, als sie unter Verwendung der Basistechnik des französischen Kleinwagens Decauville die Produktion des Wartburg startete. 1903 trennte sich das Werk in Eisenach von dem Mutterhaus Ehrhardt und brachte in dem darauffolgenden Jahr die Dixi-Automobile auf den Markt. Auf das erste Modell mit einem 4-Zylinder-Motor mit 2.815 cm³ folgte bald ein 1-Zylinder-Modell mit 1.240 cm³ und ein Zweizylinder mit 2.468 cm³. Das Spektrum der bis zum Ersten Weltkrieg hergestellten Automobile ging von 1.320 cm³ bis 7.300 cm³ Hubraum.

Das Modell 6/24 PS von 1920 war nichts anderes als eine modernisierte Version des Vorkriegsmodells mit einem von 1.320 cm³ auf 1.568 cm³ erweiterten Hubraum. 1920 wurde Dixi von der Gothaer Waggonfabrik aufgekauft, die vor allem im Eisenbahnsektor tätig war. Mitte der zwanziger Jahre wurden zwei Modelle mit 6-Zylinder-Motoren mit 2.330 cm³ und 3.557 cm³ auf den Markt gebracht. 1927 erwarb das Unternehmen von Austin die Lizenz für die Fabrikation des Modells Seven, geriet jedoch danach in finanzielle Schwierigkeiten. 1928 übernahm BMW das Unternehmen, dessen Modelle unter dem Markenzeichen BMW-Dixi weiterhin produziert wurden.

DKW
Berlin-Spandau, Deutschland
1928–1966

Das erste Motorfahrzeug, das Jörge-Skafte Rasmussen in seinem Werk DKW (Das Kleine Wunder) baute, war ein 2-Takt-Motorrad, das 1919 vorgestellt wurde. 1928 realisierte Rasmussen sein erstes Automobil mit einem 2-Takt-Benzinmotor und rahmenlosem Holzgerippeaufbau.

Das erste vollständig im DKW-Werk hergestellte Automobil war ein 2-Zylinder-Modell mit 584 cm³; 1930 folgten V4-Modelle mit wassergekühltem 2-Takt-Motor mit 780 cm³ Hubraum. Später wurde auch eine Version mit 992 cm³ herausgebracht. 1931 wurden die Modelle mit 2-Takt-Motor mit zwei Zylindern und 490 cm³ bzw. 584 cm³ auch mit Vorderradantrieb angeboten. Diese Antriebsart baute man auch in die nachfolgenden Modelle mit 2-Takt-Motoren mit 684 cm³ bzw. 1.047 cm³ Hubraum ein.

Nach 1945 wurden die Fabriken der DKW-Gruppe, die auf dem Gebiet lagen, das zur Deutschen Demokratischen Republik gehörte, verstaatlicht. Die Produktion der DKW-Modelle mit wassergekühlten 2-Takt-Motoren mit 684 cm³ (mit

DKW Front

DKW FRONT (1937)

Motor: 2 Zylinder in Reihe, 2-Takt-Motor, quergestellt
Bohrung/Hub: 76 mm x 76 mm
Hubraum: 684 cm³
Max. Leistung: 20 PS
Getriebe: 3 Gänge
Rahmen: Mittelrohrrahmen, aus Stahl
Aufhängung: Einzelradaufhängung vorn Querblattfedern; Hinterachse als Starrachse
Bremsen: Trommelbremsen
Karosserie: Cabriolet, Limousine
Höchstgeschwindigkeit: 90 km/h

zwei Zylindern) und 980 cm³ (mit drei Zylindern) wurde jedoch in den Auto-Union-Werken, die 1949 in der Bundesrepublik Deutschland in Düsseldorf und in Ingolstadt errichtet worden waren, fortgesetzt. Für den Auto Union DKW 1000 von 1957 wurde ein neuer 2-Takt-Motor mit drei Zylindern und 980 cm³ verwendet, der in der Normalausführung 44 PS und in der der Sonderausführung 55 PS leistete. Ein Sportmodell wurde auf „Monza" umgetauft, da es auf der gleichnamigen Rennstrecke fünf Weltrekorde aufgestellt hatte.

Aufgrund des für 2-Takt-Motoren typischen, ziemlich hohen Kraftstoffverbrauchs be-

Dixi Roadster

gann DKW die Planung von 4-Takt-Motoren. Aus diesen Versuchen ging die neue Generation der Audi-Modelle hervor. 1958 wurde DKW von Daimler Benz übernommen und dann 1965 an VW weiterverkauft. Im daraufffolgenden Jahr stellte man die Produktion der DKW-Modelle mit 2-Takt-Motoren ein.

DOBELLI
Rom, Italien
1903–1904

Dobelli, eine Mechanikerwerkstatt in Rom, war zu Beginn dieses Jahrhunderts Vertreter der Decauville-Automobile geworden. Das einzige, selbständig konstruierte Modell dieser Firma war ein riesiger Wagen, der nach den Plänen seines Konstrukteurs über 200 km/h erreichen sollte. Dies wurde jedoch nie in die Praxis umgesetzt.

Dieser Wagen war mit einem 4-Zylinder-Motor mit gut 31.000 cm^3 Hubraum (wahrscheinlich der größte Hubraum, der jemals in der Automobilindustrie gebaut wurde) ausgestattet, der eine Leistung von 170 PS ermöglichen sollte.

DOBLE
Emeryville, Kalifornien, USA
1914–1932

Das erste Dampfautomobil, das von Abner Doble serienmäßig gebaut wurde, der Doble-Detroit, wurde von 1915 bis 1917 hergestellt. 1917 wurde die Produktion aufgrund des Ausbruchs des Ersten Weltkriegs unterbrochen und dann etwa sieben Jahre später in dem neuen Werk in Emeryville in Kalifornien wieder aufgenommen. Doble war ein Perfektionist, und folglich blieben die Produktionszahlen auf einem sehr niedrigen Niveau: Die Folge war, daß in der gesamten Produktionszeit nicht mehr als 45 Stück von den Dampfautomobilen gebaut wurden.

Doble Steamer

Hauptproblem aller Dampfwagen war die lange Anwärmzeit beim Starten, die Doble auf eineinhalb Minuten verkürzen konnte. Dank eines effektiven Kondensators konnte der Doble ungefähr 2.400 km bei einem Verbrauch von nur 100 l Wasser zurücklegen; mit den 75 PS, die sein 4-Zylinder-Motor leistete, waren Beschleunigung und Bergsteigefähigkeit gut.

DODGE
Hamtrack, Detroit, USA
1914–

Das Unternehmen wurde von den unternehmungslustigen Gebrüdern Dodge gegründet, die sich als Lieferanten von Motoren und Getrieben für Henry Ford ein Vermögen geschaffen hatten.

Das erste Dodge-Modell, der Dependable, war mit einem 4-Zylinder-Motor mit 3,5 l Hubraum ausgestattet. 1916 übernahm Dodge als eine der ersten amerikanischen Marken die von Budd konstruierten Stahlkarosserien und kam damit im gleichen Jahr auf den vierten Platz auf dem Absatzmarkt; 1920 erreichte das Unternehmen sogar den zweiten Platz direkt hinter Ford.

DOBLE STEAMER (1930)
Motor: liegender, zweifach wirkender Dampfmotor mit 4 Zylindern
Bohrung/Hub: Niederdruckphase: 66,7 mm x 127 mm; Hochdruckphase: 114,3 mm x 127 mm
Max. Leistung: 75 PS
Rahmen: Leiterrahmen
Aufhängung: Starrachsen mit Halbelliptikfedern
Bremsen: nur an den Hinterrädern
Karosserie: Tourer oder Limousine
Höchstgeschwindigkeit: 120 km/h

1920 starben beide Brüder an Lungenentzündung und das Unternehmen ging an ihre Witwen über, die die Leitung Frederick J. Haynes anvertrauten. Dieser hatte bereits den Posten des stellvertretenden Präsidenten und Generaldirektors innegehabt. 1925 wurde Dodge, das bereits ca. 1.000 Automobile pro Tag produzierte, an ein Bankenkonsortium verkauft. 1927 erschien endlich ein neues Modell, der Senior Six, das mit hydraulischen Bremsen ausgestattet war. Ein Jahr später mußte Dodge aufgrund einer übertrieben vorsichtigen Geschäftsführung

fast Konkurs anmelden und wurde an den neuen Stern am amerikanischen Automobilhimmel, Walter Chrysler, verkauft. Unmittelbar danach wurde der inzwischen veraltete Dodge mit vier Zylindern durch den wirtschaftlicheren Victory Six ersetzt. 1930 stellte man ein direkt aus dem Chrysler mit acht Zylindern entwickeltes Modell vor, für das jedoch ein 6-Zylinder-Motor mit 2,6 l ausgewählt wurde. Die ersten wirklich neuen Modelle, die nach dem Zweiten Weltkrieg auf den Markt kamen, waren die Modelle Wayfarer und Meadowbrook und der Coronet von 1949, der das luxuriöseste Auto der ganzen Serie war. Im gleichen Jahr wurden die alten Modelle mit einem 6-Zylinder-Motor mit 3.769 cm^3 entweder mit der Fluidrive-Übertragung oder mit dem neuen, halbautomatischen Gyromatic-Getriebe ausgerüstet. 1953 erschien der Coronet mit V8-Motor mit 3.949 cm^3 und halbkugelförmigen Verbrennungsräumen.

1960 begann Dodge mit den Modellen Matador und Polara die Produktion von Automobilen mit selbsttragender Karosserie; diese technische Lösung verwendete man auch für die Modelle der Zwischenserie Dart. 1961 wurde der Lancer mit 2.785 cm^3 Hubraum vorge-

DODGE CORONET D44 (1953)
Motor: 8-Zylinder-V-Motor mit hängenden Ventilen
Bohrung/Hub: 87,3 mm x 82,5 mm
Hubraum: 3.949 cm^3
Max. Leistung: 140 PS
Getriebe: 3 Gänge
Rahmen: Kasten
Aufhängung: Einzelradaufhängung vorn mit Schraubenfedern und Querlenkern; Hinterachse als Starrachse mit Halbelliptikfedern
Bremsen: Trommelbremsen
Karosserie: Limousine
Höchstgeschwindigkeit: 145 km/h

Dodge Coronet D44

stellt, der 1963 durch die Dart-Modelle mit weniger großen Karosserien ersetzt wurde.

1966 brachte Dodge den Charger heraus — eines der berühmtesten Autos aus der Ära der „Muscle Cars". In das Coupé wurden V8-Motoren zwischen 5,2 und 7,2 l eingebaut. Die schnellste Version mit 6,9-l-High-Performance-Motor und 425 PS beschleunigte von 0 auf 100 km/h in fünf Sekunden.

Auch der Challenger, ein weiteres Coupé mit Big-Block-Motor, das Anfang der Siebziger präsentiert wurde, verhalf der Marke Dodge zu einem sportlichen Image.

Nach der Energiekrise von 1973 wurden die starken Motoren aus dem Programm genommen und die Karosserien deutlich verkleinert. Der Challenger von 1978 besaß nur noch 2,5 l Hubraum.

Heute sind fast alle Dodge-Fahrzeuge im Grunde nur Varianten von Chrysler-Modellen. So wird zum Beispiel der Mini-Van Chrysler Voyager auch als Dodge Caravan verkauft. Eine große Ausnahme ist der 1992 vorgestellte Dodge Viper. Der aufsehenerregende Zweisitzer mit 10-Zylinder-Motor und 406 PS steht wieder in der Tradition von Charger und Challenger.

Dodge Coronet

Der Dodge Coronet D44 von 1953 stand dank seiner hervorragenden Verarbeitung und des Chrysler-V8-Motors mit halbkugelförmigen Verbrennungsräumen an der Spitze der Dodge-Modelle. Leider war das äußere Styling des Coronet, der technisch viel weiter war als die gleichwertigen Chrysler der fünfziger Jahre, etwas vernachlässigt worden.

Dodge Charger

Der Dodge Charger kam 1966 auf den Markt. 1967 erhielt er dank des senkrechten Abschlusses des Hecks, des Heckfensters, des mit dem Kofferraumdeckel abschließenden Spoilers und der versenkbaren Scheinwerfer das Aussehen eines sportlichen Wagens. Seinen Stil übernahmen die Chrysler- und Plymouth-Modelle von 1968.

Der Dodge Charger wurde mit einer Serie von Motoren geliefert, deren Hubraum von 5.211 cm³ bis 7.210 cm³ ging und die in zwei Versionen erhältlich waren: mit dachförmigem oder mit halbkugelförmigem Verbrennungsraum. Auch beim Getriebe konnte der Kunde zwischen dem Handschaltgetriebe und dem Automatikgetriebe wählen. Diese Merkmale, verbunden mit dem ansprechenden Design der Ka-

DODGE CHARGER (1967)

Motor: 8-Zylinder-V-Motor mit hängenden Ventilen
Bohrung/Hub: 109,7 mm x 95,2 mm
Hubraum: 7.210 cm³
Max. Leistung: 350 PS
Getriebe: mechanisch mit 3 oder 4 Gängen oder automatisch mit 3 Gängen
Rahmen: selbsttragender Aufbau
Aufhängung: Einzelradaufhängung vorne und Querlenkerkern und Torsionsstäben; Hinterachse als Starrachse mit Halbelliptikfedern
Bremsen: Scheibenbremsen vorn
Karosserie: Coupé
Höchstgeschwindigkeit: 225 km/h

rosserie, führten den Dodge Charger schnell zum Erfolg. Die gefragteste Version war jene mit dem legendären Motor mit 6,98 l mit halbkugelförmigem Verbrennungsraum, obwohl der V8 mit 7,2 l mit seinen herkömmlichen dachförmigen Zylinderköpfen ein noch höheres Motordrehmoment entwickelte. Das Modell, das mit dem letzteren Motor ausgerüstet war und das nur in der Version R/T („road and track") geliefert wurde, war eines der schnellsten Autos der damaligen Zeit. Als die restriktiven Vorschriften zur Verringerung der Schadstoffemissionen eingeführt waren, wurde der Dodge Charger aufgegeben.

DORA
Genua, Italien
1906–1910

Das Unternehmen wurde 1898 mit dem Ziel gegründet, elektrisches Zubehör herzustellen. Der Firmensitz war in Genua, während sich die Fabriken in Alpignano (Turin) befanden.

Gegen 1906 baute dieses Unternehmen einige Prototypen von Elektrofahrzeugen, die von zwei auf den Hinterrädern montierten Motoren angetrieben wurden. Es standen neun Fahrstufen für Vorwärts- und zwei Fahrstufen für Rückwärtsfahrt zur Verfügung. Die Produktion dieser Modelle wurde jedoch nie in Angriff genommen.

DORT
Flint, Michigan, USA
1915–1924

1886 gab J. Dallas Dort, der zuvor als Angestellter in einem Eisenwarenladen gearbeitet hatte, den Überredungskünsten des unternehmerischen Geschäftsmannes William Cra-

Dort

Dodge Charger

Duesenberg Model J

DORT MODEL 11 (1918)

Motor: 4 Zylinder in Reihe mit stehenden Ventilen
Bohrung/Hub: 90 mm x 127 mm
Hubraum: 3.153 cm³
Max. Leistung: 35 PS (geschätzt)
Getriebe: mechanisch, 3 Gänge
Rahmen: Leiterrahmen
Aufhängung: Starrachse vorn mit Halbelliptikfedern, Starrachse hinten mit Cantilever-Feder
Bremsen: Trommelbremsen nur an den Hinterrädern
Karosserie: Roadster, Tourer, Sedan, Coupé, Sedanett
Höchstgeschwindigkeit: nicht bekannt

po Durant nach und gründete mit diesem ein Unternehmen zur Herstellung von pferdegezogenen Wagen; um die Rechte als gleichberechtigter Partner zu erwerben, investierte er die beachtliche Summe von 1.000 Dollar. Sein mutiges Unterfangen erwies sich als ein ausgesprochen gutes Geschäft, und Durant/Dort wurde in kürzester Zeit einer der größten amerikanischen Wagenhersteller. Es genügt zu erwähnen, daß 15 Werke mit einer Gesamtproduktion von etwa 150.000 Stück pro Jahr zu dem Unternehmen gehörten. Nur zaudernd versuchte das Unternehmen Durant/Dort zunächst auch auf dem Motorsektor Fuß zu fassen. 1903 startete es schließlich die Produktion eines Automobils, das von dem schottischen Wasserbauingenieur David Dunbar Buick entworfen worden war.

Trotz des Erfolgs dieses Unterfangens (das den Ausgangspunkt für die unaufhaltsame Karriere von Durant bei der neuentstehenden General Motors bildete) blieb Dort noch für viele Jahre hartnäckig bei der Wagenherstellung und entschloß sich erst 1915 für die Produktion von Automobilen unter seinem Namen. Diese ersten Dort-Automobile waren mit 4-Zylinder-Motoren mit 2.720 cm³ von Lycoming ausgestattet; aus der Lycoming-Produktion stammte auch der Motor mit 3.146 cm³, der in den Model 11 von 1918 eingebaut wurde.

1920 ging Dort zu einem herkömmlichen Antriebssystem über, und die Verkäufe erreichten in diesem Jahr ihren Höchststand von 30.000 Stück. 1921 wurden die Dort-Modelle umfassend modernisiert, wobei auch der Einbau eines Kühlers mit ausgesprochen kantiger Form vorgenommen wurde. Zwei Jahre später ersetzte man diesen durch einen Kühler mit rundlicher Form und Nickelverkleidung. Im selben Jahr wurde das Angebot um ein Modell mit einem 6-Zylinder-Motor mit 3.205 cm³ erweitert, von dem 1924, dem letzten Produktionsjahr dieses Unternehmens, Dort nur noch die Rahmen herstellte.

DRB
Italien
(1966)

1966 beschlossen Graf Nicolò Donà delle Rose und der Techniker Cesare Bossaglia, einen kleinen „Grand Tourisme" zu konstruieren, der mit einem 2-Takt-Motor mit 1.000 cm³ ausgerüstet werden sollte. Zu diesem Zweck wurde die Marke DRB (nach den Initialen des Grafen) gebildet. Das neue, originelle Modell sollte beim Turiner Automobilsalon des darauffolgenden Jahres ausgestellt werden. Leider ließen schwierige finanzielle Probleme das Vorhaben scheitern, obwohl der Motor fertiggestellt und in einem Simca 1000 auf der Straße getestet worden war. Der 2-Takt-Motor (996 cm³) hatte sechs Zylinder, die Gaswechselsteuerung erfolgte durch drei Drehventile im Kurbelgehäuse. Der Solex-Dreifachvergaser ermöglichte eine Leistung von 75 PS bei 6.800^{-min}. Es war auch eine Version mit 115 PS bei 9.000^{-min} vorgesehen.

DUAL & TURCONI
Mailand, Italien
1899–1901

Das kleine Mailänder Unternehmen wurde 1899 mit dem Ziel gegründet, drei- und vierrädrige Kleinwagen zu bauen, die Ideal genannt wurden und mit Motoren mit 3 HP, einem

DUESENBERG MODEL J (1928)

Motor: 8 Zylinder in Reihe mit 2 obenliegenden Nockenwellen
Bohrung/Hub: 95 mm x 121 mm
Hubraum: 6.876 cm³
Max. Leistung: 265 PS
Getriebe: 3 Gänge
Rahmen: Leiterrahmen
Aufhängung: Starrachsen mit Halbelliptikfedern
Bremsen: Trommelbremsen an den Vorder- und Hinterrädern
Karosserie: nach Auftrag
Höchstgeschwindigkeit: 185 km/h

2-Gang-Getriebe und einem Riemenantrieb ohne Differential ausgerüstet waren. Die Höchstgeschwindigkeit betrug etwa 30 km/h. Nach der Vorstellung seiner Modelle auf dem Automobilsalon von 1901 verschwand Dual & Turconi wieder vom Automobilmarkt.

DUESENBERG
Indianapolis, USA
1920–1937

Die Brüder Fred und August Duesenberg begannen 1913 Rennwagen und Motoren unter dem eigenen Markenzeichen zu bauen. Nach kurzer Zeit, d. h. während des Ersten Weltkriegs beteiligten sie sich an der Entwicklung des wenig gelungenen Bugatti-Flugzeugmotors mit 16 Zylindern in U-Anordnung. Ende 1916 brachten sie das Modell A, das erste amerikanische Serienauto mit 8-Zylinder-Reihenmotor, auf den Markt, das überdies eines der ersten mit hydraulischen Vorderradbremsen ausgerüsteten Automobile war. Das Modell A blieb bis 1926 in Produktion; in diesem Jahr übernahm E.L. Cord die Kontrolle über Duesenberg, seine Gründer aber wirkten weiterhin in dem Unternehmen aktiv mit. Zunächst ersetzte Cord das Modell A durch das Modell X (es ist interessant festzustellen, daß diese Modelle niemals offiziell so benannt wurden und daß das Modell A vom Publikum und nicht vom Konstrukteur so getauft wurde).

Das Modell X war in der Technik mit dem Vorläufermodell identisch, hatte aber ein klareres, eindrucksvolleres Design und stellte eine Übergangslösung dar, bis die Brüder Fred und August die Entwicklung

Du Pont Modell G

des „aufwendigsten Autos der Welt", des Duesenberg Modells J, beendet hatten.

Dieses Modell, das 1928 vorgestellt wurde, hatte einen 8-Zylinder-Reihenmotor mit 6.876 cm³ Hubraum, der von Lycoming (ein weiteres Unternehmen, das zur Cord-Gruppe gehörte) gebaut, aber von den Gebrüdern Duesenberg entworfen worden war. Dieser Motor, der sich klar von der klassischen amerikanischen Produktion abhob, hatte vier Ventile, die durch zwei obenliegende Nockenwellen betätigt wurden, und halbkugelförmige Verbrennungsräume, die durch maschinelle Verarbeitung direkt aus dem Block gearbeitet wurden. Jedes Fahrgestell des Modells J wurde einer 500-Meilen-Testfahrt auf der Rennstrecke von Indianapolis unterzogen, danach wurde es renommierten Karosseriebauern übergeben, die die Sonderanfertigung der Karosserien übernahmen. Die meisten Exemplare wurden komplett mit einer Karosserie geliefert, die von Duesenberg erprobt und in renommierten Werken wie Le Baron, Murphy und Bohmann & Schwartz gefertigt wurden. Die normalen Modelle kosteten mehr als ein Rolls-Royce oder ein Hispano-Suiza, und jene, die von europäischen Karosseriebauern (Letourneur et Marchand, Guerney Nutting, Barker und Weymann) „eingekleidet" wurden, waren noch teurer. Neben dem fast übertriebenen Luxus boten die Duesenberg-Wagen gleichzeitig für Wagen dieser Art unerreichbare Leistungen, wie zum Beispiel die Höchstgeschwindigkeit von 187 km/h.

Zur reichen Ausstattung des Modells J gehörte auch ein Instrument, das als der erste Bordcomputer betrachtet werden kann; es handelte sich um eine einem Stundenzähler ähnliche Vorrichtung. Diese wurde von der Welle der Kraftstofförderpumpe angetrieben und brachte mit Hilfe von 24 Serien von Planetenradgetrieben Kontrollampen zum Aufleuchten, die anzeigten, wann der nächste Ölwechsel nötig war, oder zur Überprüfung des Elektrolytstands in der Batterie (ca. alle 2.200 km) aufforderte. Dasselbe Instrument setzte auch alle 120 km eine Bijur-Pumpe in Gang, die für die Schmierung aller Schmierstellen des Rahmens sorgte.

Duesenberg gelang es auch, die Weltwirtschaftskrise heil zu überstehen, und 1932 bewies das Unternehmen sein Selbstvertrauen, als der SJ, ein Modell, das in der Ausführung mit Kompressormotor (mit einer Leistung von 320 PS) eine Höchstgeschwindigkeit von etwa 210 km/h erreichte, auf den Markt gebracht wurde. 1937 brach jedoch Cord Corporation zusammen, und jene, die die Konkursmasse erwarben, beschlossen, die Automobilproduktion einzustellen und setzten so dem glorreichen Unternehmen ein Ende.

DU PONT
Moore-Pennsylvania, USA
1920–1932

E. Paul du Pont war ein vermögender Industrieller, dessen Unternehmenspolitik zum Ziel hatte, Automobile in geringer Anzahl, aber von hoher Qualität zu produzieren. Während der zwölf Jahre seines Bestehens stellte das Unternehmen nur 537 Luxusautomobile her. Das erste Modell, das 1920 vorgestellt und Model B genannt wurde, war mit einem seitengesteuerten 4-Zylinder-Motor mit 4,1 l Hubraum aus eigener Produktion ausgestattet. Unmittelbar danach brachte Du Pont ein Modell mit einem 6-Zylinder-Motor von Herschell-Spillman auf den Markt, während für das Modell D, vorgestellt 1925, ein 6-Zylinder-Motor von Wisconsin verwendet wurde.

Das berühmteste Modell von Du Pont war das Modell G

DU PONT MODEL G (1929)

Motor: 8 Zylinder in Reihe mit stehenden Ventilen (Continental)
Bohrung/Hub: 85,7 mm x 114,3 mm
Hubraum: 5.275 cm³
Max. Leistung: 114 PS
Getriebe: mechanisch, 4 Gänge
Rahmen: Leiterrahmen
Aufhängung: Starrachsen mit Schraubenfedern und Halbelliptikfedern
Bremsen: Trommelbremsen an den Vorder- und Hinterrädern
Karosserie: Speedster oder auf Wunsch
Höchstgeschwindigkeit: 160 km/h

DÜRKOPP (1901)

Motor: 2 Zylinder in Reihe mit stehenden Auslaßventilen und hängenden (automatischen) Einlaßventilen
Bohrung/Hub: 82 mm x 100 mm
Hubraum: 1.056 cm³
Max. Leistung: 10 HP
Getriebe: 4 Gänge
Rahmen: armierter Holzrahmen
Aufhängung: Starrachsen mit Halbelliptikfedern
Bremsen: an den Hinterrädern und am Getriebe
Karosserie: offen, mit 4 Sitzen
Höchstgeschwindigkeit: nicht bekannt

Durkopp

Duesenberg Model J (1928)

Motor
Position: vorne, in Längsrichtung
Bauart: wassergekühlter 8-Zylinder-Reihenmotor mit im Block gegossenem Kurbelgehäuse und Zylindern; 5 Hauptlager
Hubraum: 6.876 cm^3
Bohrung/Hub: 95,25 mm x 120,65 mm
Verdichtungsverhältnis: 5,2 : 1
Ventilsteuerung: 4 Ventile pro Zylinder, die von 2 obenliegenden, durch 2 Ketten betätigte Nockenwellen gesteuert werden; doppelte Rückholfedern der Ventile; Durchmesser der Einlaßventile: 38 mm, der Auslaßventile: 47,5 mm
Gemischbildung: mit einem Schebler-Zweifachvergaser (38 mm)
Zündanlage: Zündverteiler mit 6-Volt-Anlage
Max. Leistung: 265 PS bei 4.200^{-min}

Übertragung
Antrieb: Getriebe hinter dem Motor mit Reaktionsrohr auf die Hinterachse
Kupplung: Zweischeibenkupplung
Getriebe: mechanisch, 3 Gänge
Achsgetriebe: Schraubenkegelradgetriebe
Übersetzungsverhältnis im Achsgetriebe: 3,0 : 1 (auf Wunsch: 3,78 : 1, 4,0 : 1, 4,3 : 1, 4,7 : 1)

Aufhängung
Vorderachse: Starrachse mit Halbelliptikfedern mit einer Länge von 104 cm
Hinterachse: Starrachse mit Halbelliptikfedern mit einer Länge von 157 cm

Lenkung
System: Schneckenlenkung mit Finger; Verhältnis 18 : 1

Bremsen
Typ: gerippte Trommelbremsen an allen 4 Rädern, hydraulisch betätigt; Handbremse wirkt auf eine auf das Getriebe montierte Trommel

Räder und Bereifung
Felgen: verchromte Speichenräder
Bereifung: Weißbandreifen: 7,80 x 17

Karosserie und Rahmen
Karosserie: Stahlblech-Karosserie nach Wunsch, Leiterrahmen aus U-Profil-Preßstahl, gekröpft

Abmessungen und Gewicht
Radstand: 3.619 mm
Vordere Spurweite: 1.425 mm
Hintere Spurweite: 1.425 mm
Gewicht: 2.390 kg

Leistungen
Höchstgeschwindigkeit: 186 km/h
Kraftstoffverbrauch: ca. 21–26 l/100 km

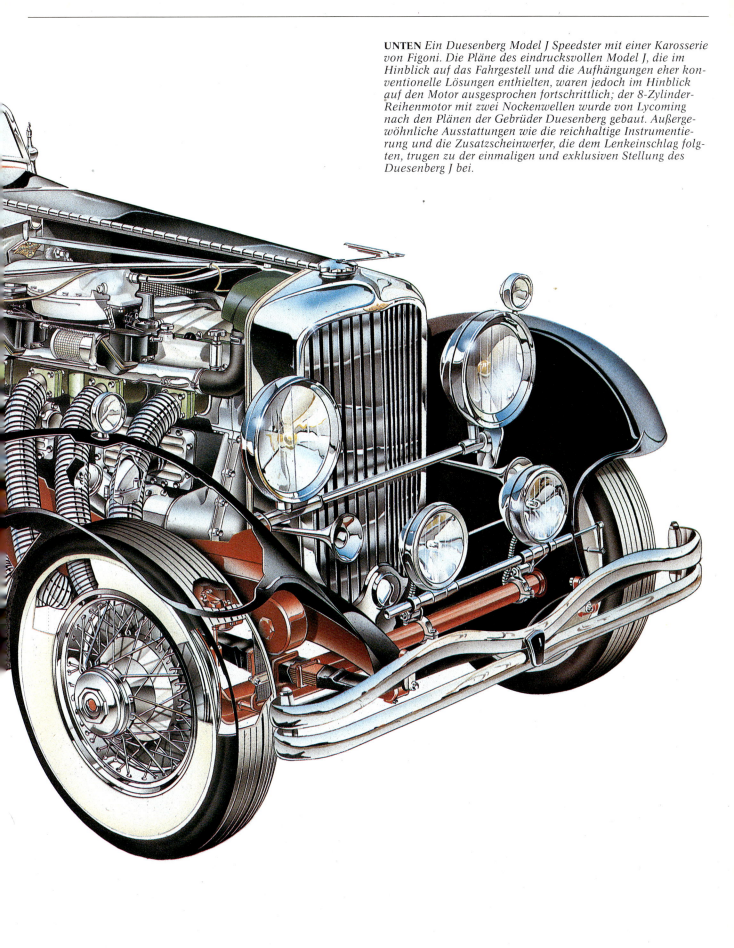

UNTEN *Ein Duesenberg Model J Speedster mit einer Karosserie von Figoni. Die Pläne des eindrucksvollen Model J, die im Hinblick auf das Fahrgestell und die Aufhängungen eher konventionelle Lösungen enthielten, waren jedoch im Hinblick auf den Motor ausgesprochen fortschrittlich; der 8-Zylinder-Reihenmotor mit zwei Nockenwellen wurde von Lycoming nach den Plänen der Gebrüder Duesenberg gebaut. Außergewöhnliche Ausstattungen wie die reichhaltige Instrumentierung und die Zusatzscheinwerfer, die dem Lenkeinschlag folgten, trugen zu der einmaligen und exklusiven Stellung des Duesenberg J bei.*

Speedster, das 1929 vorgestellt wurde und mit einem 8-Zylinder-Reihenmotor mit 5,3 l von Continental ausgestattet war. Das Modell G mit seiner charakteristischen Kühlerverkleidung wurde serienmäßig mit den außergewöhnlichen Woodlite-Scheinwerfern geliefert; seine Motorleistung von 114 PS, konnte auf 140 PS gesteigert werden.

DÜRKOPP
**Bielefeld, Deutschland
1898–1927**

Dürkopp stellte ursprünglich Fahrräder, Kugellager, Motorräder und Nähmaschinen her. Seine Karriere als Hersteller von Automobilen begann das Unternehmen mit einem 2-Zylinder-Modell, das von den Panhard-Automobilen inspiriert war. 1902 wurde das Angebot um 4-Zylinder-Modelle erweitert, die im Ausland unter der Marke Canello-Dürkopp verkauft wurden.

D'YRSAN K SPORT (1929)

Motor: 4 Zylinder in Reihe mit hängenden Ventilen und Kompressor
Bohrung/Hub: 62 mm x 90 mm
Hubraum: 1.088 cm³
Max. Leistung: 55 PS
Getriebe: mechanisch, 3 Gänge
Rahmen: Leiterrahmen
Aufhängung: Einzelradaufhängung vorn an Blattfedern; Hinterachse mit Viertelelliptikfedern
Bremsen: Trommelbremsen an den Vorder- und Hinterrädern
Karosserie: offener Sportwagen mit zwei Sitzen
Höchstgeschwindigkeit: 145 km/h

Zwei Jahre später drang Dürkopp auch in den Bereich der Sechszylinder vor, und schon 1905 wurde der erste Prototyp mit acht Zylindern hergestellt.

Bekannt wurde die Marke jedoch durch ihre massiven 4-Zylinder-Modelle, die aus dem speziell für die Teilnahme am Kaiserpreis von 1907 konstruierten Modell 70 PS mit 7,2 l Hubraum entwickelt worden waren.

1909 übernahm Dürkopp Oryx. Dieses Unternehmen fuhr dennoch bis zum Ausbruch des Ersten Weltkriegs fort, auf eigene Rechnung seine kleinen Automobile zu bauen. In den zwanziger Jahren konstruierte Dürkopp den P 8, der auch als Sportwagen und mit Kompressor erhältlich war.

1927 stellte Dürkopp die Produktion von Automobilen ein.

D'YRSAN
**Asnières, Frankreich
1923–1930**

Ohne wie die meisten Dreiradfahrzeuge anderer Marken die technischen Schemata der britischen Morgan zu imitieren, zählten die D'Yrsan zu den besten Sportdreirädern. Diese Fahrzeuge, deren Markenname aus einigen Buchstaben des Namens ihres Konstrukteurs Marquis Raymond Siran de Cavanac gebildet wurde, waren vollständig in Frankreich entwickelt worden. Dies erklärt auch die Tatsache, daß sie anstelle des herkömmlichen V-Motors der Motorräder mit den zuverlässigeren 4-Zylinder-Motoren mit 750 cm³ und 1.100 cm³ Hubraum, die von Ruby und von SCAP gebaut wurden, ausgestattet waren.

Ab 1928 bot D'Yrsan auch ein Modell mit vier Rädern an, das Kappa genannt wurde und mit einem Rahmen ausgestattet war, der unter den Achsen und dem außenmontierten Auspuffrohr hindurchführte. Für den Kappa wurde ein Ruby-Motor mit 1.088 cm³ Hubraum und einem Cozette-Kompressor verwendet.

D'Yrsan stellte daneben auch Motorräder her, aber wie für viele andere Unternehmen der Automobilindustrie bedeutete die Weltwirtschaftskrise schließlich das Ende.

EDSEL
**Detroit, USA
1958–1960**

Die Gründung dieser neuen Marke der Ford-Gruppe wurde mit einer großen Werbekampagne angekündigt. Die Edsel-Produktion sollte die Marktlücke zwischen den Ford- und den Lincoln-Automobilen schließen. Unglücklicherweise hatten sich in der Zeit zwischen der Erstellung der Marktstudie und der Einführung der Marke die Markttendenzen erheblich verschoben; aus diesem Grund und auch wegen seines gewöhnungsbedürftigen Designs fand der Edsel nicht den erhofften Anklang bei den Käufern und wurde sehr bald zu einem kommerziellen Fiasko. In nur zwei Jahren verursachte Edsel für Ford einen Verlust von 250 bis 300 Mio. Dollar.

EDSEL CITATION (1958)

Motor: 8-Zylinder-V-Motor
Bohrung/Hub: 106.7 mm x 93,9 mm
Hubraum: 6.719 cm³
Max. Leistung: 345 PS
Getriebe: automatisch mit Druckknopfschaltung
Rahmen: Perimeter-Rahmen
Aufhängung: Einzelradaufhängung vorn mit Querlenkern und Schraubenfedern; Hinterachse als Starrachse mit Halbelliptikfedern
Bremsen: Trommelbremsen an den Vorder- und Hinterrädern, mit automatischer Regulierung
Karosserie: Sedan
Höchstgeschwindigkeit: 161 km/h

Edsel Citation

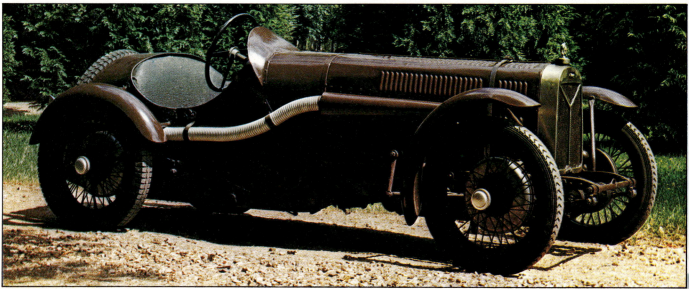

D'Yrsan Sport K

EHP

EHP (1926)

Motor: 4 Zylinder in Reihe mit hängenden Ventilen
Bohrung/Hub: 64 mm x 93,6 mm
Hubraum: 1.203 cm³
Max. Leistung: nicht bekannt
Getriebe: mechanisch, 3 Gänge
Rahmen: Leiterrahmen
Aufhängung: Vorderachse als Starrachse mit Halbelliptikfedern; Hinterachse als Starrachse mit Viertelelliptikfedern
Bremsen: Trommelbremsen an den Hinterrädern
Karosserie: offen, Sportwagen oder Coupé, 2/3 Sitze
Höchstgeschwindigkeit: 90 km/h

Dennoch bot das Edsel-Programm eine reichhaltige Auswahl; es wurden vier Serien mit insgesamt 18 unterschiedlichen Modellen gebaut, die von den sparsamen Ranger und Pacer (beide mit 8-Zylinder-V-Motoren mit 5.916 cm³) bis zu den zu mittleren bis hohen Preisen verkauften Corsair- und Citation-Modellen mit V8-Motor mit 6.719 cm³ reichten.

1960 beschränkte Edsel sein Programm auf die Ranger-Serie und überarbeitete gleichzeitig das Design seiner Modelle, so daß diese schließlich zu einer Art Ford wurden, die eine Frontverkleidung vom Typ des Pontiac erhielten. Edsel produzierte bis 1959.

EHP
Courbevoie, Frankreich
1921–1929

EHP (Etablissements Henry Precloux) begann seine Aktivitäten mit der Konstruktion eines sportlichen Kleinwagens mit vorderen Querblattfedern und Ruby-Motoren mit 903 cm³ und 1.094 cm³ Hubraum.

Die ersten EHP-Modelle wurden in Lizenz auch von LORYC, einem Unternehmen mit Sitz in Palma de Mallorca, gebaut. Nach 1924 nahm EHP ein Modell mit einem CIME-Motor mit 1.203 cm³ in Produktion, das sich durch die Vorderachse mit Halbelliptikfedern klar von den vorhergehenden Modellen unterschied. EHP, dessen Markenzeichen inzwischen bekannt geworden war, nahm von 1925 bis 1928 an den Rennen in Le Mans teil. Für die Teilnahme an seinem ersten Geschwindigkeitsrennen konstruierte EHP ein Modell mit 1.500 cm³ Hubraum und obenliegender Nockenwelle, den später ein seitengesteuerter 6-Zylinder-Motor (1.792 cm³) von CIME ersetzte.

EHRHARDT, EHRHARDT-SZAWE
Zella-St. Blasii/Düsseldorf, Deutschland
1905–1925

Nachdem sich der Betrieb von Heinrich Erhardt von dem Unternehmen Wartburg abgetrennt hatte, begann sein Sohn Gustav hochwertige und verhältnismäßig kostspielige Automobile mit 2- und 4-Zylinder-Motoren zu bauen. Das größte Ehrhardt-Automobil, ein Vierzylinder mit 7.956 cm³, eine Weiterentwicklung des Rennmodells, das 1907 am Kaiserpreis teilnahm, wurde 1913 als erstes deutsches Auto mit Vierradbremsen ausgestattet.

Ab 1918 nahm Ehrhardt zwei Luxusmodelle mit 4-Zylinder-Motor (40 PS) und 6-Zylinder-Motor (55 PS) mit obenliegenden Nockenwellen in Produktion.

Als Szabo & Wechselmann ihr Werk in Berlin-Reinickendorf schlossen, führte Ehrhardt die Produktion des Szawe 10/50 PS in kleiner Serie fort, für den er einen 6-Zylinder-Motor mit 2.570 cm³ und obenliegender Nockenwelle verwendete.

Schließlich ging Ehrhardt zur Produktion der Amilcar-Modelle über und setzte so seine Aktivitäten bis 1927 fort.

EIA
Mailand, Italien
1928

Das lombardische Unternehmen Economica Industria Au-

EHRHARDT-SZAWE (1920)

Motor: 6 Zylinder in Reihe mit obenliegender Nockenwelle
Bohrung/Hub: 83 mm x 118 mm
Hubraum: 2.570 cm³
Max. Leistung: 50 PS
Getriebe: 4 Gänge, mit Vorwähler
Rahmen: Leiterrahmen, aus gepreßtem Profilstahl
Aufhängung: Starrachsen mit Halbelliptikfedern
Bremsen: Trommelbremsen an den Hinterrädern
Karosserie: nach Auftrag
Höchstgeschwindigkeit: 113 km/h

Ehrhardt

Elizalde Cabriolet

ELIZALDE TYP 48 (1920)
Motor: 8 Zylinder in Reihe mit hängenden Ventilen (4 pro Zylinder)
Bohrung/Hub: 90 mm x 160 mm
Hubraum: 8.143 cm³
Max. Leistung: 60 PS
Getriebe: mechanisch, 4 Gänge
Rahmen: Leiterrahmen
Aufhängung: Vorderachse als Starrachse mit Halbelliptikfedern; Hinterachse als Starrachse mit Auslegerfeder
Bremsen: Trommelbremsen an den Vorder- und Hinterrädern, mit Servounterstützung vorn
Karosserie: nach Auftrag
Höchstgeschwindigkeit: 129 km/h

tomobili (EIA) stellte 1928 den Prototypen eines Kleinwagens mit rein zweckgebundenen Eigenschaften vor. Das Auto sollte serienmäßig in Zusammenarbeit mit zahlreichen italienischen Unternehmen gebaut werden. Der Wagen von EIA wurde jedoch nie in Produktion gefertigt.

ELIZALDE
Barcelona, Spanien
1914–1928

1909 eröffnete Arturo Elizalde Rouvier in Barcelona einen Betrieb, der neben der Reparatur von Automobilen auch den Verkauf der französischen Delahaye betrieb und Ventile für Motoren, Zahnräder, Antriebswellen und Stoßdämpfer herstellte. In der Folgezeit begann Elizalde einen Wagen der gehobenen Klasse zu entwickeln, für den nur Komponenten aus spanischer Produktion verwendet wurden.

1914 kam die erste Serie der Elizalde-Automobile auf den Markt.

Infolge des frühen Todes von Arturo Elizalde ging die Leitung des Unternehmens an seine Witwe Carmen über. Unmittelbar danach wurde eine Sportversion mit 25 PS, die Reina Victoria benannt wurde, entwickelt und auf den Markt gebracht. Dieses Modell war nicht nur mit einer elektrischen Lichtanlage ausgestattet, sondern wies eine wichtige technische Neuheit, die Vierradbremsen, auf.

Das erste Elizalde-Modell, der Typ 26 mit 15/20 HP, blieb drei Jahre lang ohne wesentliche Änderungen in Produktion, und erst 1917 wurde der Hubraum seines Motors von 2.297 cm³ auf 2.676 cm³ erweitert. 1920 stellte Elizalde das Modell 28, einen 19/30 HP mit einem obengesteuerten 4-Zylinder-Motor mit 3.817 cm³ Hubraum, vor. Bis 1927 wurden Modelle gebaut, die diesem sehr ähnlich waren, jedoch mit einem Motor mit 18/25 HP und 3.405 cm³ ausgestattet waren.

1920 wurden die bis zu diesem Zeitpunkt gebauten Elizalde-Modelle von dem großartigen Typ 48 mit 50/60 HP, einem der ersten serienmäßig hergestellten Automobile mit 8-Zylinder-Motor, gänzlich in den Schatten gestellt. Der Typ 48 hatte einen Motor mit 8.143 cm³ Hubraum und vier Ventile pro Zylinder sowie einen Doppelvergaser, und er war mit einem Rahmen mit einem Radstand von 3.528 mm Länge ausgestattet. Die Pumpe zum Aufblasen der Reifen, die Bestandteil des Motors war, konnte auch als Staubsauger für die Reinigung des Wageninnenraums benutzt werden.

Von 1924 bis 1927 baute Elizalde den Gran Sport, der dank seines 8-Zylinder-Reihenmotors mit 5.181 cm³ eine Geschwindigkeit von 161 km/h erreichen konnte. Außer den Automobilen stellte das Unternehmen auch Lastwagen und Flugzeugmotoren her.

ELVA
Bexhill-on-Sea, Großbritannien
1955–1968

Die Bezeichnung Elva rührt von der Transkription der französischen Aussprache des Satzes „Elle va" (d. h. „es fährt") her; der Gründer dieses Automobilunternehmens war Frank Nichols.

Von 1955 bis 1958 konstruierte Elva zahlreiche Sport- und Rennmodelle, in die am Anfang die Ford-Ten-Motoren eingebaut wurden, die jedoch mit Weslake-Zylinderkopf mit hängenden Ventilen anstelle der ursprünglichen Motorsteuerung mit Seitenventilen versehen wurden. Danach entschied man sich jedoch für den Coventry-Climax-Motor mit 1.100 cm³.

Danach entwarf Nichols in außergewöhnlich kurzer Zeit den Elva Courier, für dessen Prototyp der Motor des BMC Serie B und ein Rohrrahmen mit einer Aluminiumkarosserie verwendet wurden; bei der Serienproduktion des Elva Courier verwendete man jedoch eine Glasfaser-Karosserie.

1961 wurde Elva umstrukturiert. 1963 übernahm die Trojan-Gruppe, die bereits seit 1962 den Courier in Lizenz herstellte, den ELVA. Im gleichen Jahr brachte man den Sebring, ein Sport- und Rennmodell, auf den Markt.

Im Jahr 1966 trat Trojan die Herstellungsrechte für den Elva Courier an Ken Sheppard Customised Sports Cars in Radlett (Herts) ab. Auch diese Firma hatte erhebliche Schwierigkeiten auf dem Markt, und nach einer unregelmäßigen und mengenmäßig beschränkten Produktion trat sie 1969 die noch im Lager vorhandenen Produktionsteile an Tony Ellis in Windsor ab. Ellis versuchte, Elva ein neues Image zu geben und stellte den Cougar, ein Coupé mit einem Ford-V6-Motor mit 3 l, vor.

Von den 2.000 Elva waren der Courier und der 160XS am bekanntesten. Letzterer, ein Coupé, war aus dem Elva Mk 8 entwickelt worden. Der von Trevor Fiore entworfene 160 XS mit einem 2-l-BMW-Motor ging niemals in Produktion.

ELVA COURIER (1960)
Motor: 4 Zylinder in Reihe (MGA)
Bohrung/Hub: 73 mm x 89 mm
Hubraum: 1.489 cm³
Max. Leistung: 70 PS
Getriebe: 4 Gänge
Rahmen: Rohrrahmen aus Stahl
Aufhängung: Einzelradaufhängung vorn mit Doppelquerlenkern; Hinterachse als Starrachse mit Doppellängslenkern und Panhardstab
Bremsen: Trommelbremsen an den Vorder- und Hinterrädern
Karosserie: zweisitziger Sportwagen
Höchstgeschwindigkeit: 177 km/h

Elva Courier

EMANUEL
Turin, Italien
1898–1904

Das Piemonteser Unternehmen wurde 1898 von dem Ingenieur Emanuele Rosselli gegründet, der Motoren für Autos, Motorräder und kleine Hilfsmotoren für Fahrräder entwickelte und konstruierte. Um 1900 konstruierte Emanuele Rosselli einen 2-Zylinder-V-Motor für Automobile, Schiffe und stationäre Anlagen.

Dieser 2-Zylinder-Motor, Optimus genannt, wurde in mehreren Versionen hergestellt und in einige, von Rosselli selbst entworfene Kleinwagen eingebaut. Ein Exemplar dieses Motors in der Ausführung mit 1.075 cm^3 Hubraum ist im Museo dell'Automobile in Turin aufbewahrt.

1904 wurde das kleine Unternehmen wieder geschlossen.

ENFIELD-ALLDAY
Sparkbrook, Großbritannien
1919–1925

Die Enfield Cycle Company in Redditch, die bereits durch die Herstellung von Fahrrädern und verschiedenen Waffen bekannt war, begann 1900, Motorräder und Vierräder und dann 1904 die ersten Automobile zu bauen.

Im Jahr 1908 übernahm dann die Onions Pneumatic Engineering Company in Birmingham, eine im 16. Jahrhundert gegründete Firma, die 1898 bereits ein eigenes Motorfahrzeug konstruiert hatte, Enfield – zu einem Zeitpunkt, zu dem das Unternehmen finanzielle Probleme hatte.

Obwohl beide Unternehmen sehr ähnliche Produktionsprogramme hatten, erfolgte die eigentliche Zusammenlegung der Produktionsanlagen erst am Ende des Ersten Weltkriegs mit der Marke Enfield-Allday.

Dieses englische Automobil war der kühne Versuch, die während des Kriegs erworbenen technischen Kenntnisse auf Automobile im Zivilsektor anzuwenden; aus diesem Grund nahm A.W. Reeves für den Entwurf des Enfield-Allday Abstand von den traditionellen Konstruktionen der damaligen Zeit und entschied sich für einen Zentralrohrrahmen mit luftgekühltem 5-Zylinder-Stern-Schiebermotor von 1,5 l Hubraum. Dieses Modell, das The Bullet genannt wurde, hatte drei Sitze und war in der Herstellung viel zu teuer.

In kommerzieller Hinsicht erwies sich dieser erste Enfield-Allday somit als ein Fehlschlag, so daß davon insgesamt nicht mehr als vier Exemplare gebaut wurden.

Daraufhin wurde überstürzt ein herkömmlicher, wassergekühlter Vierzylinder mit 1,5 l Hubraum vorbereitet, der 10/20. Auch von diesem Modell und ebenso von der mit dem 10/20 fast identischen Version 12/30 wurden insgesamt nur etwa hundert Exemplare gebaut.

ENFIELD-ALLDAY 10/20 (1922)

Motor: 4 Zylinder in Reihe, hängende Ventile, 2 Einlaßventile pro Zylinder
Bohrung/Hub: 69 mm x 100 mm
Hubraum: 1.496 cm^3
Getriebe: mechanisch, 4 Gänge
Rahmen: Leiterrahmen
Aufhängung: Vorderachse als Starrachse mit Halbelliptikfedern; Hinterachse als Starrachse mit Auslegerfeder
Bremsen: Trommelbremsen an den Vorder- und Hinterrädern und eine Getriebebremse
Karosserie: Sportwagen oder Limousine
Höchstgeschwindigkeit: 150 km/h

Erskine Sedan

ERSKINE
South Bend, Indiana, USA
1926–1930

Dieses Automobilwerk übernahm den Nachnamen des Präsidenten von Studebaker, Albert R. Erskine. Die Erskine-Modelle, die im Vergleich zu den typisch amerikanischen Wagen ungewöhnlich knappe Ausmaße aufwiesen, verfügten über seitengesteuerte 6-Zylinder-Motoren mit 2.394 cm^3 Hubraum und wurden daher auch als Autos mit „europäischem" Einschlag bezeichnet.

Zum Leidwesen seiner Konstrukteure nahmen die amerikanischen Käufer diese Bezeichnung zu wörtlich, was zur Folge hatte, daß der Absatz auf ausländischen Märkten eindeutig die Verkäufe in den USA überstieg.

Die 1926 in Europa vorgestellten Prototypen unterschieden sich durch zwei Merkmale, die jedoch nicht in die Serienproduktion übernommen wurden: Zum einen wiesen sie Speichenräder mit abmontierbaren Felgen und zum anderen eine elektrische Kraftstofförderpumpe auf. Die Erskine-Modelle, die regulär zum Verkauf angeboten wurden, waren dagegen mit Holzspeichenrädern und mit einer

ERSKINE CUSTOM SEDAN (1927)

Motor: 6 Zylinder in Reihe mit stehenden Ventilen
Bohrung/Hub: 66,7 mm x 114,3 mm
Hubraum: 2.394 cm^3
Max. Leistung: 40 PS (geschätzt)
Getriebe: mechanisch, 3 Gänge
Rahmen: Leiterrahmen
Aufhängung: Starrachsen mit Halbelliptikfedern
Bremsen: Trommelbremsen an den Vorder- und Hinterrädern
Karosserie: Tourer oder Sedan
Höchstgeschwindigkeit: 104 km/h

Unterdruck-Kraftstofförderpumpe ausgestattet.

1928 wurde das Modell Royal vorgestellt, das von einem Motor mit auf 2.619 cm^3 erweitertem Hubraum angetrieben wurde und ein Jahr später ein völlig neues Design erhielt.

Ab 1930 wurden die Erskine-Modelle nochmals vergrößert, und der Motor erhielt einen Hubraum von 3,4 l. Der Preis unterschied sich jedoch kaum von dem des kleineren und spartanischer ausgestatteten Studebaker; dies trat im Mai 1930 ganz offen zu Tage, als man die amerikanische Firma schließlich auf Studebaker Six umtaufte.

Enfield-Allday

ESPAÑA
Barcelona, Spanien
1917–1928

Zeugnissen von damals zufolge hatte Felipe Battlo y Godo trotz seiner Ausbildung im Textilsektor eine unwiderstehliche Vorliebe für das Automobilwesen, so daß seine Familie beschloß, ihn dennoch zu unterstützen.

Der von Felipe Godo entwickelte Prototyp, der 8–10 PS, der unter der Bezeichnung España in Produktion ging, war mit einem französischen 4-Zylinder-Motor mit 1.847 cm³ ausgestattet, der von Altos gebaut wurde. Davon wurden 34 Serien mit je 25 Exemplaren produziert; die meisten davon (in der Torpedo-Version mit vier Sitzen) wurden an die spanische Luftwaffe geliefert, während die restlichen als Taxis verkauft wurden. Außer diesem Modell baute España einige Einzelexemplare mit 4- oder 6-Zylinder-Motoren, darunter den España 3 mit 4-Zylinder-Motor mit 3.690 cm³ Hubraum und hängenden Ventilen sowie einem Wechselgetriebe mit vier Vorwärtsgängen. Von dem España 3 wurden nur zwei Exemplare gefertigt.

Der España 4, von dem nur ein Exemplar hergestellt wurde, hatte einen 4-Zylinder-Motor mit 4,5 l Hubraum und 16 Ventilen; darüber hinaus wurde auch ein Modell mit einem 6-Zylinder-Motor gefertigt.

1928 kam das Unternehmen in finanzielle Schwierigkeiten; um die fabrikneuen Automobile verkaufen zu können, verpflichtete man sich, die Gebrauchtwagen der neuen Kunden zurückzunehmen.

Innerhalb eines kurzen Zeitraums hatte man etwa 300 praktisch unverkäufliche Wagen im Besitz. Daraufhin schloß sich España mit einem anderen Hersteller von Automobilen gehobener Qualität, Ricart y Perez, zusammen, dessen damaliger Chefkonstrukteur, Wilfredo Pelayo Ricart y Medino, 20 Jahre später, als er den Pegaso entwarf, höchste Berühmtheit erlangte.

Im Jahr 1929 wurde der Ricart-España, ein 4,2-l-Modell von höchster Qualität, vorgestellt, das bei einflußreichen Kunden großen Anklang fand. Aber dennoch gelang es dem Unternehmen nicht, das nötige Kapital aufzutreiben, um die Automobilproduktion fortsetzen zu können.

ESPAÑA 2 8/10 PS (1920)

Motor: 4 Zylinder in Reihe
Bohrung/Hub: 70 mm x 120 mm
Hubraum: 1.847 cm³
Max. Leistung: 30 PS
Getriebe: 4 Gänge
Rahmen: Leiterrahmen
Aufhängung: Vorderachse als Starrachse mit Halbelliptikfedern; Hinterachse als Starrachse mit doppelten Auslegerfedern
Bremsen: nur an den Hinterrädern
Karosserie: Torpedo
Höchstgeschwindigkeit: 75 km/h

Essex Super Six

ESSEX
Detroit, USA
1918–1932

Der beachtliche Erfolg der Essex-Modelle von Hudson war nicht nur auf den moderaten Verkaufspreis zurückzuführen, sondern auch auf die Tatsache, daß dieses amerikanische Unternehmen als erstes eine Innenlenker-Limousine mit zwei Sitzen, die in großer Stückzahl und daher auch äußerst kostengünstig produziert wurde, auf den Markt brachte.

Den in die ersten Modelle eingebauten 4-Zylinder-Motor mit 2,9 l, ersetzte 1924 ein 6-Zylinder-Motor mit 2,1 l.

Der Hubraum wurde später auf 2,5 l erweitert (Super Six).

ESSEX SUPER SIX (1929)

Motor: 6 Zylinder in Reihe mit stehenden Ventilen
Hubraum: 2.500 cm³
Max. Leistung: 55 PS
Getriebe: mechanisch, 3 Gänge
Rahmen: Leiterrahmen
Aufhängung: Starrachsen mit Halbelliptikfedern
Bremsen: an Vorder- und Hinterrädern
Karosserie: Tourer oder Sedan
Höchstgeschwindigkeit: 96 km/h

Im Jahr 1930 führte Essex den Challenger, ein weiteres Modell mit 6-Zylinder-Motor mit 18,2 PS, ein. Dieses Modell konnte die Beliebtheit der Marke beim Publikum noch enorm steigern.

1932 nahm Essex ein neues Modell mit einem 6-Zylinder-Motor mit 3,2 l Hubraum in die Produktion auf. Dieses neue Modell war mit einem Spitzkühler und mit einer Startautomatik ausgerüstet; im Laufe des darauffolgenden Jahres sollte die Marke Essex endgültig durch Hudson Terraplane ersetzt werden.

EXCALIBUR
Milwaukee, Wisconsin, USA
1964-

1964 begann Brooks Stevens in den USA die Produktion des Excalibur SS, der die Mode der dreißiger Jahre wiederaufnahm und sich am Mercedes SSK orientierte.

Stevens wählte für den Wagen den Rahmen des Studebaker Lark vielleicht nicht so sehr wegen der moderneren Konzeption als wegen der Tatsache, daß das Unternehmen Studebaker die gesamte Produktion eingestellt hatte und es daher möglich war, das übriggebliebene Material günstig zu erwerben. Schon bald zeigte dieser Rahmen jedoch große Stabilitätsmängel; Stevens entwarf daraufhin einen vollständig neuen Rahmen, der speziell für den Einbau der technischen Komponenten von Chevrolet konzipiert war. Der Excalibur, einer der ersten Nachbauten von alten Modellen, überlebte viele seiner Nachahmer; derzeit wird die vierte Serie produziert. Die ersten Excalibur erreichten den Angaben zufolge eine Höchstgeschwindigkeit von 257 km/h; aufgrund der Emissionsvorschriften wurden die Leistungen seines 5-l-Motors den neuen Gegebenheiten angepaßt: Das Modell von 1985 überschreitet die Geschwindigkeit von 177 km/h nicht mehr.

Das Excalibur-Programm umfaßt zwei Grundmodelle Den Excalibur der Serie V und das neue, 1992 vorgestellte Sportmodell Excalibur 100. Die Serie V wird in vier Versionen gebaut: als Phaeton, Roadster

Excalibur Roadster

Touring Sedan und als Grand Limousine mit über fünf Metern Radstand. Alle werden vom gleichen 5,7-l-Chevrolet-Motor angetrieben, der 304 PS leistet und den Excalibur 100 auf 235 km/h beschleunigt.

Nachdem 1991 und dann nur ein Jahr später ein zweites Mal der Besitzer des Unternehmens wechselte, ruht die Produktion derzeit.

EXCELSIOR
Brüssel, Belgien
1903–1932

Ende 1903 gründete Arthur de Coninck die Compagnie Nationale Excelsior und im Januar des darauffolgenden Jahres begann er, leichte Automobile, die mit Aster-Motoren ausgerüstet waren, in kleiner Serie zu produzieren.

1905 wurden drei neue Modelle vorgestellt, die alle mit Stahlrahmen von Arbel und mit Motoren mit 16, 22 und 30 PS ausgestattet waren. 1907 wurde das Unternehmen umstrukturiert und in ein größeres Gebäude verlegt, wo die Produktion des ersten Modells mit ausschließlich von Excelsior hergestellten Konstruktionsteilen einschließlich des 4-Zylinder-Motors mit 12/20 PS in Angriff genommen wurde. Ab 1910 war dieses Modell auch mit einer Automatik erhältlich, die für die Schmierung aller beweglichen Teile sorgte, so daß nur noch das wöchentliche Nachfüllen des Öls im Reservetank per Hand gemacht werden mußte.

1911 führte Excelsior den Adex D-6 ein, der von einem Motor mit sechs Zylindern und 4.426 cm³ Hubraum angetrieben wurde und von Anfang an wegen seines Fahrkomforts, seiner Ausdauer und seiner Straßenlage geschätzt wurde. Die belgische Königsfamilie erwarb bereits vor dem Ersten Weltkrieg den ersten Excelsior; und, um das Ansehen zu unterstreichen, wurde der Typ F von 1914, der ebenfalls mit einem Motor mit sechs Zylindern, aber mit einem Hubraum von 5.344 cm³ ausgestattet war, „Roi des Belges" genannt.

Der Adex D-6 blieb bis 1920 in Produktion; in diesem Jahr brachte de Coninck ein neues Modell, das aus dem D-6 entwickelt worden war, aber einen Hubraum von 4.766 cm³ hatte, auf den Markt. Die Einführung eines vollständig neuen Automobils mußte verschoben werden, da die deutsche Besatzung einen Großteil der Ausrüstung beschlagnahmte.

1921 wurde der prachtvolle Albert I Excelsior C mit einem 6-Zylinder-Motor mit 5.332 cm³, obenliegender Nockenwelle, einem Weber-Dreifachvergaser und selbstausgleichender Vierradbremse vorgestellt. 1925 entschied sich Excelsior für ein Programm mit nur drei Modellen, die alle mit Motoren mit 5.350 cm³, aber in verschiedenen Fertigungsstandards geliefert wurden. Ende 1926 kamen zwei verbesserte Versionen des Alex-C auf den Markt, die beide mit einem Rahmen mit kurzem oder mit langem Radstand erhältlich waren: der Tourisme (mit nur einem Vergaser) und der Sport (mit dreifachem Vergaser).

Dem massiven Import von amerikanischen Wagen nach Belgien konnten die Excelsior-Modelle nicht standhalten, die in kleiner Serie gebaut wurden und daher teurer waren. So ging 1927 das Unternehmen an Imperia, das unter der Leitung von Van Roggen versuchte, die General Motors Belgien zu etablieren.

Die Excelsior-Produktion wurde bereits nach kurzer Zeit beendet, auch wenn in einer Werkstätte in Lüttich noch weiterhin einige Exemplare des Albert I Excelsior auf Bestellung gebaut wurden.

EXCALIBUR IV SERIE (1984)

Motor: 8-Zylinder-V-Motor mit hängenden Ventilen
Bohrung/Hub: 94,9 mm x 88,4 mm
Hubraum: 4.999 cm³
Max. Leistung: 155 PS
Getriebe: automatisch, 4 Gänge
Rahmen: Kastenrahmen
Aufhängung: Einzelradaufhängung vorn mit Querlenkern und Schraubenfedern; Einzelradaufhängung hinten mit Längs- und Querlenkern und Querblattfeder
Bremsen: Scheibenbremsen vorn und hinten
Karosserie: Roadster oder Phaeton
Höchstgeschwindigkeit: 177 km/h

EXCELSIOR ADEX C (1922)

Motor: 6 Zylinder in Reihe mit obenliegender Nockenwelle
Bohrung/Hub: 90 mm x 140 mm
Hubraum: 5.332 cm³
Max. Leistung: 110 PS
Getriebe: mechanisch, 4 Gänge
Rahmen: Leiterrahmen
Aufhängung: Starrachsen mit Halbelliptikfedern
Bremsen: Trommelbremsen an den Vorder- und Hinterrädern
Karosserie: nach Auftrag
Höchstgeschwindigkeit: 140 km/h

Excelsior Adex C

FACCIOLI
Turin, Italien
1902–1908

1891 ließ Aristide Faccioli einen Benzinmotor patentieren, der in Automobile eingebaut werden konnte. Seine technische Konzeption zog die Aufmerksamkeit von Giovanni Battista Ceirano auf sich, der, 1898, als er dabei war, in Turin das gleichnamige Automobilwerk zu gründen, einen geeigneten Konstrukteur suchte, dem er die technische Leitung übertragen konnte. Faccioli übernahm den Posten und baute ein Jahr später den Kleinwagen Welleyes mit einem 2-Zylinder-Boxermotor mit 663 cm³. Im Juli desselben Jahres wurden Anlagen, Patente und technisches Personal der Ceirano von der gerade entstehenden Fabbrica Italiana Automobili Torino übernommen, und der erste Fiat war in der Tat eine verbesserte Version des Welleyes.

Die Unternehmenspolitik der neuen Firma, die sich auf die Serienproduktion stützte, stand im Widerspruch zu dem vorrangigen Interesse von Aristide Faccioli am reinen Experimentieren, so daß dieser 1901 die Leitung dem Ingenieur Enrico überließ.

Obwohl Faccioli weiterhin bis 1905 mit Fiat zusammenarbeitete, gründete er 1902 die Ing. A. Faccioli & C., um Automobil- und Schiffsmotoren zu bauen. 1905 kamen dann einige Wagen mit 12, 16 und 24 HP und Omnibusse für den öffentlichen Verkehr dazu. Wenige Monate später wurde der Firmenname in Società Ing. Aristide Faccioli umgeändert. Die Produktion des Unternehmens beschränkte sich indessen auf einige Versuchsmodelle mit 1-Zylinder-Motor und 9 HP oder 4-Zylinder-Motor mit 12 HP.

1906 wurde das Unternehmen aufgelöst und unmittelbar darauf als Società Faccioli Ferro Rampone neu gegründet; es konzentrierte sich auf die Herstellung von Kühlern und auf die Verbesserung der bereits existierenden, von Faccioli konstruierten Motoren.

Nach der endgültigen Auflösung der Firma ging Faccioli 1908 zu SPA, wo er sich ausschließlich mit der Flugzeugentwicklung beschäftigte.

FACEL VEGA
Paris, Frankreich
1954–1964

Vor dem Ersten Weltkrieg gründete Jean Daninos Les Forges et Ateliers de Construction de l'Eure et Loire, ein Unternehmen, das technische Konstruktionen verschiedenster Art, darunter die Karosserien für Simca, Ford und Panhard, fertigte. Als Panhard begann, auch die Karosserien selbst zu bauen, beschloß Daninos, eigenständig ein Luxusauto zu konstruieren, das im Juli 1954 in dem Pariser Werk unter dem Namen Facel Vega vorgestellt wurde.

Für die ersten Exemplare dieses Modells wurde ein V8-Motor mit 4,5 l aus der Chrysler-Produktion verwendet, aber schon bald ging man zu Motoren mit größerem Hubraum (5,8 l und 6,3 l) über, die ebenfalls von Chrysler stammten.

1957 stellte Daninos ein Renommiermodell mit längerem Radstand und einer viertürigen

Karosserie ohne Mittelpfosten vor, das sehr schön anzusehen, aber im Hinblick auf die Stabilität der Konstruktion weniger zufriedenstellend war; so traten in der ganzen Zeit, in der es gebaut wurde, Probleme beim Schließen der Türen auf. Das ursprüngliche, FV benannte Modell wurde 1958 durch den HK500 ersetzt, der eine neu entworfene Karosserie und einen größeren Motor hatte; letzterer ermöglichte eine schnellere Beschleunigung und eine Höchstgeschwindigkeit von 235 km/h.

1960 stellte Facel Vega ein kleineres Modell, den Facela, vor, der mit einem 4-Zylinder-Motor mit 1.600 cm³ Hubraum und zwei Nockenwellen ausgestattet war, der von den Technikern von Facel zwar entworfen, aber von Pont-à-Mousson gebaut worden war. Von diesem Unternehmen kaufte Daninos auch die nicht allzu zuverlässigen Wechselgetriebe, die in seine Automobile eingebaut wurden. Um die größten Mängel des Getriebes zu beheben, waren zwei Jahre nötig, aber leider zeigten auch die Motoren erhebliche Mängel, was bei den Kunden Mißtrauen erweckte. Als man im Jahr 1962 beschloß, den eigenen Motor durch einen zuverlässigeren Volvo-Motor mit 1.800 cm³ Hubraum zu ersetzen, war es bereits zu spät. Noch im selben Jahr meldete das Unternehmen Konkurs an und wurde von SFERMA übernommen, das ohne Erfolg versuchte, den Facel 6 mit einem Healey-3000-Motor auf den Markt zu bringen. Im September 1964 verschwand der Facel endgültig vom Markt.

FADIN
Mailand, Italien
1924–1926

Mit der Marke Fadin begann das Mailänder Werk des Ingenieurs L. Trubetzkoj 1924 seine Aktivitäten im Automobilsektor, indem es französische Derby-Kleinwagen in Lizenz baute. Im darauffolgenden Jahr wurde ein Wagen vorgestellt, der mit einem seitengesteuerten Chapuis-Dornier-8/12-HP mit vier Zylindern und 960 cm³ Hubraum ausgestattet war. Darüber hinaus war die sportliche Version (10/14 HP) mit hängenden Ventilen, höherer Leistung und 1.094 cm³ Hubraum erhältlich. Die Normalversion erreichte eine Höchstgeschwindigkeit von 80 km/h und das Sportmodell 120 km/h.

Die ohnehin geringe Produktion von Fadin wurde 1926 vollständig eingestellt.

FAFNIR
Aachen, Deutschland
1908–1926

Bevor Fafnir begann, Automobile unter dem eigenen Markenzeichen zu bauen, konnte das Unternehmen bereits auf eine lange Tradition als Hersteller von Motoren für Motorräder und Fahrzeuge mit vier Rädern zurückblicken. Der Verkaufserfolg, den die mit seiner Motoren ausgestatteten Automobile erzielten, veranlaßte Fafnir, selbst entwickelte Autos zu bauen. 1908 brachte Fafnir eine Reihe von Modellen auf den Markt, die mit seinem ursprünglichen Vierzylinder mit 1.520 cm³ und mit 2.496 cm³ Hubraum ausgestattet waren und Besonderheiten wie die Druckschmierung, den Inngangschalthebel und den tief gelegenen Schwerpunkt aufwiesen.

Die Automobile dieser Marke gehörten stets zur technischer Avantgarde und erzielten in den frühen zwanziger Jahren in denen sie von Caracciola Uren, Muller, Hirth und Utermöhle gefahren wurden, zahlreiche internationale sportliche Erfolge.

Der letzte Fafnir war der 471 der von 1923 bis 1926 gebaut wurde und mit einem Heck das wie ein Flugzeugrumpf geformt war, und flachen Kotflügeln eine überraschend fortschrittliche, aerodynamische Silhouette hatte. In der Stan

---

FACEL VEGA (1954)
Motor: Chrysler Firedome
Bohrung/Hub: 92 mm x 85 mm
Hubraum: 4.528 cm³
Max. Leistung: 180 PS
Getriebe: mechanisch, 4 Gänge oder Automatik
Rahmen: Rohrrahmen mit tragender Karosserie
Aufhängung: Vorderachse mit Einzelradaufhängung, Querlenkern und Schraubenfedern; Hinterachse als Starrachse mit Halbelliptikfedern
Bremsen: vorne und hinten Trommelbremsen
Karosserie: Coupé
Höchstgeschwindigkeit: 200 km/h

Facel Vega

FAFNIR 471 (1923)

Motor: 4 Zylinder in Reihe mit hängenden Ventilen
Bohrung/Hub: 71 mm x 125 mm
Hubraum: 1.980 cm³
Max. Leistung: 50 PS (80 PS bei der Kompressorversion)
Getriebe: mechanisch, 4 Gänge
Rahmen: Leiterrahmen
Aufhängung: Starrachsen mit Halbelliptikfedern
Bremsen: vorne und hinten Trommelbremsen
Karosserie: zweisitziger Sportwagen
Höchstgeschwindigkeit: 140 km/h

Fafnir 471

dardausführung entwickelte der Motor eine Leistung von 50 PS bei 2.500⁻ᵐⁱⁿ, der 471K dagegen leistete gut 80 PS.

FAIRTHORPE
Denham, Großbritannien
1954–1981

Das Unternehmen Fairthorpe, das von dem Ass der britischen Luftwaffe, Donald Bennett, gegründet wurde, begann seine Automobilproduktion in Chalfont St. Peter mit dem Atom, einem Modell mit einer ungewöhnlichen Karosserie aus Kunststoff und einem BSA-Heckmotor mit 250 cm³ oder 350 cm³. Dem Atom folgte ein Modell mit Frontmotor mit 650 cm³ Hubraum, das 1957 durch den Electron Minor ersetzt wurde; letzterer war mit einem Standard 8 ausgerüstet, mit dem er eine Höchstgeschwindigkeit von 121 km/h erreichte.

1958 wurde der Coventry Climax mit 1.100 cm³ fertiggestellt, aber auf der Suche nach einem Motor mit stärkerer Leistung montierte Fairthorpe schließlich auf das Electron-Fahrgestell den Ford-Zephyr-Motor mit 2.500 cm³. Von dieser absurden Version, die Zeta genannt wurde, wurden nur 14 Exemplare gebaut. Größeren Erfolg erzielte dagegen der Rockette, der mit einem leistungsstarken Triumph-Vitesse-Motor mit 1.596 cm³ Hubraum ausgestattet war.

Das Fairthorpe-Werk wurde zunächst nach Gerards Cross, später dann nach Denham verlegt, wo man mit der Herstellung von Grand-Tourisme-Wagen begann.

Diese Automobile mit der Bezeichnung TX hatten kreuzweise verbundene hintere unabhängige Radaufhängungen, die dazu dienten, einen negativen Sturz bei Kurvenfahrt zu erzielen.

Das Coupé TX-GT mit Abreißheck hatte eine stabile Glasfaserkarosserie und wurde (wie im übrigen alle Modelle der Serie TX) von einem Triumph-GT6-Motor mit 2 l Hubraum angetrieben.

Aus dem TX-GT wurde der TX-S, eine leichtere Version mit zwei Türen, entwickelt, aus dem wiederum der TX-SS mit Einspritzmotor entstand. Die Serie Electron wurde in den sechziger Jahren aus der Produktion genommen. Die letzten zwei Fairthorpe-Modelle waren der TX-S 1500 mit dem Motor des Triumph Spitfire und der schnelle TX-S 2000 mit dem TR7-Motor.

FAIRTHORPE TX-S 2000 (1968)

Motor: 6 Zylinder in Reihe mit hängenden Ventilen
Bohrung/Hub: 90,3 mm x 78 mm
Hubraum: 1.998 cm³
Max. Leistung: 127 PS
Getriebe: 4 Gänge
Rahmen: Doppelrohrrahmen mit Traversen
Aufhängung: Einzelradaufhängung vorn mit Querlenkern und Schraubenfedern; Einzelradaufhängung hinten mit Querblattfeder und Querlenkern
Bremsen: Scheibenbremsen an den Vorderrädern; Trommelbremsen an den Hinterrädern
Karosserie: Coupé, aus Glasfaser
Höchstgeschwindigkeit: 190 km/h

FARMAN
Billancourt, Frankreich
1920–1931

Die drei in Paris geborenen Gebrüder Farman (Dick, Maurice und Henry) waren bereits als Radsportmeister bekannt, als sie beschlossen, in der Automobilindustrie aktiv zu werden, und sich zunächst auf die Herstellung von Motoren für andere Unternehmen konzentrierten. Maurice und Henry waren auch als Piloten und Flugzeugkonstrukteure sehr erfolgreich. Henry Farman war der erste Mensch der Welt, der in einem Flugzeug einen Kilometer zurücklegte.

Nach dem Krieg fuhren die Farman-Brüder fort, Fahrzeuge und Flugzeugmotore zu bauen. Sie leiteten eine der ersten Fluggesellschaften Europas, die General Air Transport Company. Aufgrund der positiven Entwicklung ihrer Geschäfte beschlossen die Brüder, die selben Anlagen, in denen die Flugzeuge gebaut wurden, auch für die Konstruktion eines „absolut perfekten" Luxusautos zu verwenden. Für diesen Wagen verwendeten sie einen 6-Zylinder-Reihenmotor mit 6.597 cm³ mit obenliegender Nockenwelle, der typische Merkmale der Flugmotoren übernahm: Die Stahlzylinder waren mit einem Stahlmantel verschweißt, in dem das Kühlwasser zirkulierte; bei späteren Motoren bestanden Motorblock und Ölwanne zusätzlich aus Aluminium.

Der beim Automobilsalon von 1923 in London ausgestellte Farman A6 war ein Tourenwagen mit verjüngtem Heck und einem vollständig aerodynamisch ausgelegten Unterbau. Dieses Modell hatte ein mechanisches 4-Gang-Getriebe, ein Lenksystem mit doppeltem Lenkgestänge und eine ungewöhnliche Federung mit Querblattfeder und mit zwei Auslegerfedern jeweils vorn und hinten.

Fairthorpe TX-S 2000

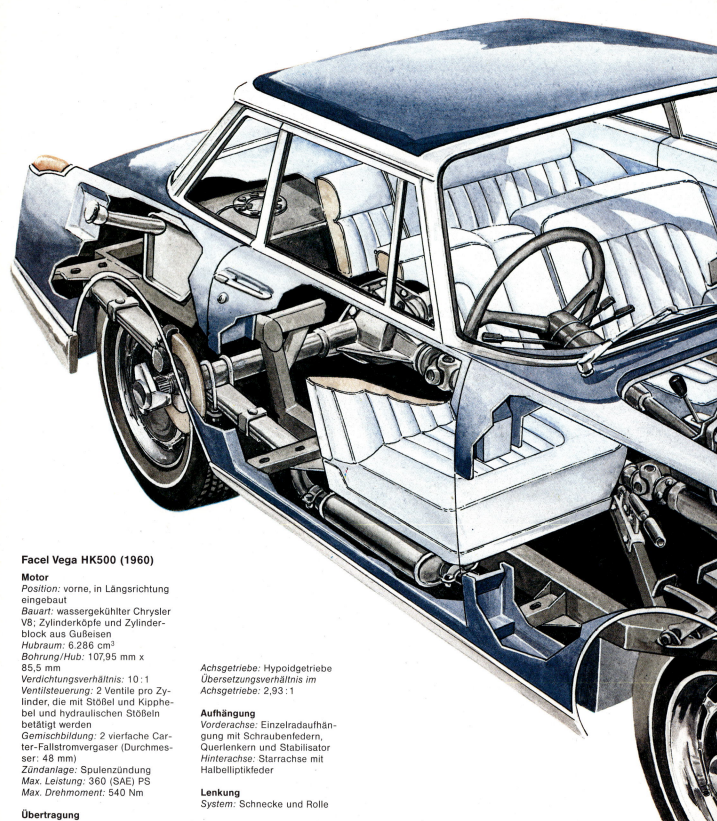

Facel Vega HK500 (1960)

Motor
Position: vorne, in Längsrichtung eingebaut
Bauart: wassergekühlter Chrysler V8; Zylinderköpfe und Zylinderblock aus Gußeisen
Hubraum: 6.286 cm^3
Bohrung/Hub: 107,95 mm x 85,5 mm
Verdichtungsverhältnis: 10:1
Ventilsteuerung: 2 Ventile pro Zylinder, die mit Stößel und Kipphebel und hydraulischen Stößeln betätigt werden
Gemischbildung: 2 vierfache Carter-Fallstromvergaser (Durchmesser: 48 mm)
Zündanlage: Spulenzündung
Max. Leistung: 360 (SAE) PS
Max. Drehmoment: 540 Nm

Übertragung
Antrieb: hinter dem Motor angebrachter Kupplung-Getriebe-Block, Hinterradantrieb
Kupplung: trockene Einscheibenkupplung
Getriebe: mechanisch mit 4 (synchronisierten) Gängen; Übersetzungsverhältnis: I) 3,45:1; II) 1,96:1; III) 1,37:1; IV) 1:1; oder automatisches Chrysler-Getriebe mit Planetengetriebe und 3 Gängen
Achsgetriebe: Hypoidgetriebe
Übersetzungsverhältnis im Achsgetriebe: 2,93:1

Aufhängung
Vorderachse: Einzelradaufhängung mit Schraubenfedern, Querlenkern und Stabilisator
Hinterachse: Starrachse mit Halbelliptikfeder

Lenkung
System: Schnecke und Rolle

Bremsen
Typ: Vierrad-Scheibenbremsen

Räder und Bereifung
Felgen: aus Leichtmetall mit Zentralverschluß
Bereifung: Michelin-Gürtelreifen, 6,70-15

Karosserie und Rahmen
Rohrrahmen mit verschweißter Karosserie

Abmessungen und Gewicht
Länge: 4.797 mm
Breite: 1.803 mm
Radstand: 2.867 mm
Vordere und hintere Spurweite: 1.410 mm/1.460 mm
Gewicht: 1.829 kg

Leistungen
Höchstgeschwindigkeit: 225,3 km/h
Kraftstoffverbrauch: 18 l/100 km

FARMAN A6B (1923)

Motor: 6 Zylinder in Reihe mit obenliegender Nockenwelle
Bohrung/Hub: 100 mm x 140 mm
Hubraum: 6.597 cm³
Max. Leistung: 40 PS
Getriebe: 4 Gänge
Rahmen: Leiterrahmen
Aufhängung: Starrachsen mit 1 Querblattfeder und 2 Auslegerfedern jeweils an der Vorder- und der Hinterachse
Bremsen: Trommelbremsen an den Vorder- und Hinterrädern
Karosserie: nach Auftrag
Höchstgeschwindigkeit: 130 km/h

Farman A6B

1927 wurde dann ein Modell mit größeren Ausmaßen, der NF, mit einem Motor mit 7.089 cm³ vorgestellt. Die Gebrüder Farman verzichteten auf eine Produktionssteigerung, um den hohen Qualitätsstandard wahren zu können. Das bedeutete natürlich, daß von all ihren Modellen nur wenige Exemplare gebaut werden konnten. Der Verkaufspreis war darüber hinaus im Vergleich zu den entsprechenden Modellen von damals relativ hoch.

FAS
Turin, Italien
1906–1912

Die FAS (Fabbrica Automobile Standard) wurde im Frühjahr 1906 in Turin ins Leben gerufen.

Die Produktion beschränkte sich auf ein einziges Modell, den Standard, mit einem Motor mit vier Zylindern und einer Leistung von 20 HP bei 1.200^{-min}, 2.495 cm³ Hubraum, zwei Nockenwellen im Kurbelgehäuse und einem Getriebe mit vier Gängen und einem Rückwärtsgang.

Die FAS, die sich bereits 1907 in einer schwierigen finanziellen Situation befand, überlebte bis 1912. In jenem Jahr wurden die Fabriken von Michele Ansaldi gekauft, der die Produktionsanlagen anschließend ausschließlich zur Herstellung von Artilleriegerätschaft umrüstete.

FAST
Turin, Italien
1919–1925

1913 gründete Arturo Concaris in Turin die FIMA (Fabbrica Italiana Motori Aviazione), ein großes Werk, das sich 1916 auf die Reparatur der Motoren von Gnôme et Rhone und Hispano-Suiza und auf die Herstellung von Ersatzteilen spezialisierte. Nach dem Krieg beschloß Concaris, sich dem Automobilsektor zuzuwenden, und gründete im Jahr 1919 die FAST (Fabbrica Automobili Sport Torino). Concaris' erstes Werk war der Tipo Uno, ein Sportwagen mit vier Zylindern mit 2.991 cm³ Hubraum, hängenden Ventilen und obenliegender Nockenwelle, drei Vorwärtsgängen, Kurbelwanne, Pleuelstange und Kolben aus Aluminium und einer Leistung von 80 HP bei 4.500^{-min}. Die zwei- oder dreisitzige, niedrige

FAST DUE S (1923)

Motor: 4 Zylinder in Reihe mit obenliegender Nockenwelle
Bohrung/Hub: 84 mm x 135 mm
Hubraum: 2.991 cm³
Max. Leistung: nicht bekannt
Getriebe: mechanisch, 4 Gänge
Rahmen: Leiterrahmen
Aufhängung: Starrachsen mit Halbelliptikfedern
Bremsen: vorne und hinten Trommelbremsen
Karosserie: Coupé de Ville
Höchstgeschwindigkeit: 120 km/h

und schlanke Karosserie wies einen Kühler auf, der 5 cm hinter der Vorderachse lag. Die Teilnahme an sportlichen Wettbewerben war von einigem Erfolg gekrönt. Beim Parma-Poggio von Berceto von 1920 erreichten Caberto Conelli und Eugenio Beria d'Argenta mit einem FAST den ersten bzw. zweiten Platz in ihrer Kategorie.

Bereits 1922 sah sich das Unternehmen mit finanziellen Schwierigkeiten konfrontiert, und bereits 1923 war Concaris gezwungen, es an den Ingenieur Alberot Orasi zu verkaufen. Der Firmenname wurde in FAST di Ing. Orasi umgeändert, und die Produktion umfaßte nun nicht mehr nur Sportwagen, sondern auch Tourenwagen. Es wurden zwei Modelle entwickelt, der Tipo Due T und Tipo Due S, die dem Tipo Uno nicht unähnlich waren.

Gastone Gastaldetti erreichte mit einem Due S bei dem Bergrennen Biella-Oropa von 1924 den ersten Platz, und bei der Targa Florio desselben Jahres kamen alle von dem Unternehmen angemeldeten Wagen am Ziel an.

Fast Due S

Die Erfolge in den Wettbewerben genügten nicht, um den Absatz zu steigern. 1925 mußte FAST infolge einer schweren Krise die Werkstore schließen.

FERMI
Treviso, Italien
1949

1949 bauten die Officine Meccaniche Fermi in Treviso in einem Versuch einen Kleinwagen mit 4-Zylinder-Motor mit 358 cm³, der eine Leistung von 14 PS bei 4.200⁻min entwickelte. Dieser Kleinwagen, der Lucertola genannt und im selben Jahr mit einer zweisitzigen Karosserie auf der Messe von Verona ausgestellt wurde, kam niemals in Serienproduktion.

FEROLDI
Turin, Italien
1911–1913

Das Vergaserwerk wurde 1911 von dem Ingenieur Enrico Feroldi in Turin gegründet. Um 1913 wandte sich Feroldi der Konstruktion von Automobilen zu und baute ein 4-Zylinder-Modell, das sich stilistisch am Fiat Zero orientierte. Der Motor hatte einen Hubraum von 3.306 cm³ und entwickelte eine Leistung von etwa 30 PS bei 2.000⁻min. Die Kraftstoffversorgung übernahm natürlich ein patentierter Feroldi-Vergaser. Das Wechselgetriebe hatte vier Gänge und einen Rückwärtsgang, die Übertragung erfolgte mittels Kardanwelle, während die Bremsen nur auf die Hinterräder wirkten. Die einzige Besonderheit der Konstruktion stellte das Armaturenbrett dar, das im Gegensatz zu den anderen Automobilen nicht aus Holz bestand, sondern aus Aluminium gegossen war. Die Produktion der Vierzylinder wurde kurze Zeit später eingestellt. Für das Unternehmen, das weiterhin Vergaser herstellte, hatte der Versuch jedoch keine negativen Folgen.

FERRARI
Maranello, Italien
1946-

Enzo Ferrari, der 1898 in Modena geboren wurde, zeichnete sich schon in der Jugend als Rennfahrer aus. Er begann diese Karriere am Ende des Ersten Weltkriegs, als er Mitglied des CMN-Teams wurde. 1920 wurde er von Alfa Romeo als Fahrer und Testfahrer eingestellt; neun Jahre später gründete er die Scuderia Ferrari, deren Hauptzweck zwar die Wartung der Rennwagen der Alfa-Romeo-Kunden war, die aber unter dem Markenzeichen und mit der technischen Unterstützung des Mailänder Unternehmens Autos änderte und umbaute. Von Anfang an war das „springende Pferd", das Francesco Baracca, das As der italienischen Luftfahrt, in zahlreichen Luftduellen berühmt gemacht hatte, das Kennzeichen der Scuderia.

Die Verbindung mit Alfa Romeo bestand bis 1938. Zwei Jahre später, nachdem er die Auto Avio Costruzioni gegründet hatte (deren Hauptzweck die Herstellung von Werkzeugmaschinen war), baute Ferrari sein erstes Modell, den 815 (die erste Ziffer gab die Anzahl der Zylinder an, die andern zwei den Hubraum), dem er jedoch noch nicht seinen Namen geben konnte, da er praktisch noch an Alfa Romeo gebunden war. 1940 nahm der 815, ein 8-Zylinder-Modell mit 1,5 l Hubraum, der von Alberto Ascari und Loratio Rangoni gefahren wurde, an den Mille Miglia teil, ohne jedoch überhaupt ans Ziel zu kommen.

Beim Ausbruch des Zweiten Weltkriegs wurde die Auto Avio Costruzioni nach Maranello, einem etwa 20 km von Modena entferntem Dorf, verlegt. Das Werk, das 1944 und 1945 bombardiert wurde, wurde 1946 umstrukturiert und auf die Automobilproduktion umgestellt. So entstand offiziell das Unternehmen Ferrari, dessen erstes Modell der 125 GT (12-Zylinder-V-Motor, 1.497 cm³, 72 PS) den Anfang einer langen Serie von Rennwagen verschiedenster technischer Konzeption darstellte, die auf allen Rennstrecken der Welt erfolgreich waren.

Auf den 125 GT folgten der 125 S, der 159 S und der 166. (Der 125 S wurde bei dem Rennen vom 11. Mai auf der Rennstrecke von Piacenza von Franco Cortese gefahren: Drei Runden vor dem Ziel war er gezwungen aufzugeben, nachdem er das Rennen die ganze Zeit angeführt hatte. Die Revanche folgte jedoch mit dem Sieg beim Grand Prix von Rom und auf der Rennstrecke von Vercelli.) Alle diese Modelle waren mit einem V12-Motor mit einer obenliegenden Nockenwelle pro Zylinderreihe ausgestattet; diese von dem Ingenieur Gioacchino Colombo entwickelte Konstruktion sollte ein Kennzeichen für alle Ferrari-Modelle werden.

1948 entstand der 124 F.1, der erste Grand-Prix-Einsitzer des Unternehmens in Maranello. Im selben Jahr wurde die technische Leitung von Aurelio Lampredi übernommen. Zu seinen ersten Arbeiten zählte die vollständige Umgestaltung des 125 F.1, der mit einem Roots-Zweistufenkompressor, einem Zylinderkopf mit zwei Nockenwellen (die Leistung stieg von 230 auf 280 PS) und einer De-Dion-Hinterachse ausgestattet wurde.

Allmählich gelangte Ferrari an die Grenzen des damals zugelassenen Hubraums, als er einen 12-Zylinder-V-Motor (60°) mit 3.322 cm³ (300 PS), dann einen mit 4.101 cm³ (335 PS) und schließlich einen Motor mit 4.493 cm³ (350 PS) baute; diese Modelle wurden 275 F.1, 340 F.1 bzw. 375 F.1 genannt. Mit dem zuletzt genannten Modell gelang es Ferrari zum ersten Mal, die erfolgsverwöhnten Alfa Romeo zu schlagen: Am 14. Juli 1951 siegte der Argentinier Froilan Gonzales beim Großen Preis von Großbritannien in Silverstone. In der Zwischenzeit war Ferrari durch die Siege des 166 S (1.995 cm³, 150 PS) bei der Mille Miglia von 1948 (mit Clemente Biondetti) und des 166 MM beim 24-Stunden-Rennen von Le Mans (mit Luigi Chinetti) berühmt geworden.

Im Hinblick auf die Rennen wurde in den Jahren 1951/52 der 500 F.2 gebaut, der mit einer langen Tradition des Hauses Ferrari brach: Er war anstelle eines 12- mit einem 4-Zylinder-Motor ausgestattet.

Obwohl dieses Modell nicht leistungsstärker und leichter als der F.2 war, repräsentierte er zweifellos den brillantesten Einsitzer, der an der neu geschaffenen Fahrerweltmeisterschaft teilnahm. Aufgrund des niedrigen Kraftstoffverbrauchs, der hervorragenden Bremsen und eines allgemein ausgewogenen Fahrverhaltens, das durch die verringerte Abnutzung der Reifen unter Beweis gestellt wurde, konnte der Wagen den gesamten Großen Preis ohne Zwischenstops an den Boxen bestreiten. In den Jahren 1952 und 1953 gewannen Alberto Ascari und sein 500 F.2 16 Rennen und zwei Weltmeistertitel.

Im kommerziellen Sektor entstand damals unter anderem der 375 Americana, der erste von Pininfarina für Ferrari konstruierte Wagen, auf den der 500 Mondial (2.000 cm³) und der 750 Monza folgten; der erstere erhielt 1956 den bezeichnenden Namen Testarossa (roter Kopf), da einige Zylinderköpfe des Motors rot lackiert waren.

In der Zwischenzeit mußte das Unternehmen in Maranello, das Rennen vom Typ der Mille Miglia und des 24-Stunden-Rennens in Le Mans beherrschte, bittere Enttäuschungen mit seinen F.1-Einsitzern, dem Squalo und dem Supersqualo, erleben. Diese Situation änderte sich schlagartig, als Lancia dem Unternehmen seine neuesten und in gewissem Sinne revolutionären D50 überließ, die mit dem Zeichen des „springenden Pferdes" 1956 mit Fangio als Fahrer die Weltmeisterschaft gewannen.

Leider ist die Geschichte von Ferrari dermaßen komplex, daß der zur Verfügung stehende Platz kaum ausreicht, um die bedeutendsten Etappen und Modelle aufzuzählen. Ab 1960 wurden zum Beispiel in die Rennmodelle Mittelmotoren eingebaut, während die Straßenversionen (wie der 375 GTB und der 330 GT) weiterhin mit den Frontmotoren ausgestattet waren.

Einer der klassischen Ferrari war der 365 GTB/4 mit einem 12-Zylinder-Motor mit doppelter Nockenwelle und 4,4 l. Er war eines der letzten großen Modelle mit Frontmotor, der eine Höchstgeschwindigkeit von 280 km/h erreichte. Auf den 365 GTB 4 folgten die 308 GTB/GTS mit Mittelmotor und doppelter, obenliegender Nockenwelle und die Ferrari 400. Alle erhielten Karosserien von Pininfarina.

1966 hatte Enzo Ferrari inzwischen Dino, ein eigenständiges Unternehmen, gegründet. Dino war der Rufname des Ingenieurs Alfredino Ferrari, dem einzigen Sohn des Unternehmers aus Maranello. Er war ein vielversprechender Konstrukteur (er hatte ausgezeichnete V6-Motoren entworfen, deren überzeugter Befürworter er war), der leider 1956 sehr jung an einer unheilbaren Krankheit starb. In den nachfolgenden Jahren erwies sich seine Konzeption als richtig, und die aus seinen Plänen entwickelten Motoren erzielten viele Siege.

Die endgültige Einführung der Marke Dino erfolgte 1965, als die Internationale Sportkommission beschloß, daß ab 1967 der Hubraum für die F.2 1.500 cm³ betragen sollte. Es gab jedoch genaue Einschränkungen: Der Motor durfte nicht mehr als sechs Zylinder haben und mußte von einem Motor abgeleitet sein, der in einen in der Kategorie GT zugelassenen Wagen eingebaut war. Ferrari beabsichtigte damals, einen Rennprototypen zu bauen, aus dem ein Serienmodell entwickelt werden und so die Konstruktion eines Motors für die F.2 ermöglicht werden sollte.

FERRARI

Ferrari 166

FERRARI 166 (1948)

Motor: 12-Zylinder-V-Motor
Bohrung/Hub: 60 mm x 58,8 mm
Hubraum: 1.995 cm^3
Max. Leistung: 140 PS (Version Mille Miglia)
Getriebe: 5 Gänge
Rahmen: Rohrrahmen aus Stahl
Aufhängung: Einzelradaufhängung mit Querlenkern und Querblattfeder vorn; Starrachse mit Halbelliptikfedern und Längslenker hinten
Bremsen: Trommelbremsen
Karosserie: zweisitziger Sportwagen
Höchstgeschwindigkeit: 180 km/h

FERRARI 250 GT LUSSO (1964)

Motor: 4-Zylinder-V-Motor
Bohrung/Hub: 73 mm x 58,8 mm
Hubraum: 2.953 cm^3
Max. Leistung: 250 PS
Getriebe: 4 Gänge
Rahmen: Ovalrohrrahmen
Aufhängung: Einzelradaufhängung mit verschieden langen Querlenkern und Schraubenfedern vorn; Starrachse mit Halbelliptikfedern hinten
Bremsen: Scheibenbremsen
Karosserie: zweisitziger Sportwagen
Höchstgeschwindigkeit: 240 km/h

Auf diese Weise entstand der Dino 166 S, das erste Modell dieser Marke, unter der bisher nur Motoren gefertigt worden waren. Auf diesem Modell mit einem von 1.600 auf 2.000 cm^3 erweiterten Hubraum und einer Spider-Karosserie (das Modell wurde daher offiziell 206 S benannt) gewann Lodovico Scarfiotti die europäische Meisterschaft im Bergrennen.

Um die Produktion von 500 Exemplaren zu ermöglichen, die für die Zulassung in der Kategorie GT erforderlich waren, schloß Ferrari einen Handelsvertrag mit Fiat: Ferrari sollte die Pläne für den Motor liefern, während das Turiner Unternehmen in möglichst kurzer Zeit die notwendigen 500 Stück bauen sollte.

1969 wurde Ferrari in das Fiat-Imperium eingegliedert. Enzo Ferrari behielt aber bis zu seinem Tod 1992 die Führung des Unternehmens.

Der 1971 als Prototyp vorgestellte 512 BB mit 12-Zylinder-Boxermotor wurde 1973 in Produktion genommen. Er wurde 1984 durch den neuen Testarossa ersetzt, dieser 1992 überarbeitet und in 512 TR umbenannt. Der Boxermotor leistet in der 1993er-Version 428 PS und verhilft dem über 300.000 Mark teuren Supersportwagen zu einer Höchstgeschwindigkeit von 314 km/h.

Daneben gab und gibt es drei weitere Baureihen: Neben dem 1980 präsentierten Mondial – ein 2+2-sitziges V8-Mittelmotorcoupé oder Cabrio – baut Ferrari eine zweisitzige Mittelmotorbaureihe (zunächst als 308, dann 328, seit 1989 das neue Modell 348 ts und tb, alle mit V8-Motoren), die als Nachfolger der Dino-Reihe gelten darf, und ein Coupé mit V12-Frontmotor.

1993 wurde als Nachfolger des 412 ein ganz neues Coupé mit vorn eingebautem V12-Triebwerk vorgestellt: der 456 GT. Der von Pininfarina hinreißend gestylte 2+2-Sitzer hat nun 5,5 l Hubraum und 442 PS. Er erreicht damit eine Spitze von über 300 km/h.

Ferrari 166

Der Ferrari 166, der ab 1948 angeboten wurde, war damals höchstwahrscheinlich das am weitesten entwickelte Sportmodell mit Saugmotor. Auf seinen leichten Rahmen wurden unter anderem Karosserien von Ghia, Touring und Farina montiert.

In den ersten zwei Jahren nach seiner Einführung erzielte der Ferrari 166 außergewöhnlich viele Erfolge: Zweimal hintereinander siegte er beim Mille Miglia und beim Targa Florio und erzielte zahlreiche Siege in der Kategorie der Sportwagen und in den Formel-B-Rennen. 1949 gewann ein 166, der von Luigi Chinetti gefahren wurde, zum ersten Mal in der Geschichte von Ferrari das 24-Stunden-Rennen von Le Mans.

Der Motor des 166 war in vier verschiedenen Versionen erhältlich: als Sport (89 PS), Inter (108 PS), Mille Miglia (140 PS) und F2 (155 PS). Während die Versionen Sport und Inter mit 80-OZ-Benzin funktionierten, benötigte der 166 Mille Miglia eine Mischung von Benzin, Benzol und Äthylalkohol.

Ferrari 250 GT

Der 250 GT von 1954 legte den Konstruktionsstil fest, der bis zum Daytona von 1968 beibehalten wurde; dieser war das letzte Ferrari-Automobil mit V12-Frontmotor. 1956 wurde der von Colombo entworfene V12-Motor auf 3 l vergrößert, und er erwies sich, obwohl die ursprüngliche Ventilsteuerung mit einer Nockenwelle pro Zylinderreihe beibehalten wurde, vor allem in der Rennversion GTO (Gran Turismo Omologato) als sehr leistungsstark. Der Ferrari 250 GTO mit seinem 300-PS-Motor und der Leichtmetall-Karosserie war die Rennversion des GT Berlinetta mit kurzem Radstand von 1960–61. Die Straßenversion des GTO repräsentierte der wunderschöne Berlinetta Lusso, der mit einer Karosserie von Pininfarina ausgestattet war und 1962 beim Automobilsalon von Paris vorgestellt wurde. Obwohl dieses Modell wesentlich weniger leistungsstark als der GTO (250 PS statt 300 PS) und schwerer war (1.360 kg).

Ferrari 250 GT

164

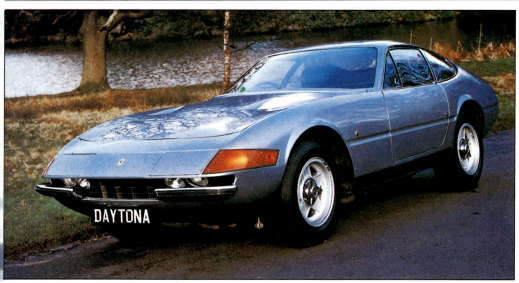

Ferrari 365 GTB Daytona

kam es auf über 240 km/h und konnte mit Leichtigkeit beim Start aus dem Stand 400 m in 16 Sekunden zurücklegen.

Die technische Ausführung des GT war mit einem 4-Gang-Getriebe, Hinterradantrieb und starrer Hinterachse sowie einem separaten Rahmen eher konventionell. Der 250 GT wurde 1963 durch den moderneren 275 GTB ersetzt.

Ferrari 365 GTB Daytona

Der 1968 beim Automobilsalon von Paris vorgestellte Daytona trug den Namen der amerikanischen Rennstrecke in Florida, auf der Ferrari einen großartigen Sieg verbucht hatte. Der 365 GTB war das letzte Modell der Serie 275 GTB, von der er die Einzelradaufhängungen an allen vier Rädern und das mit dem Differential verblockte Getriebe übernahm; der Motor war dagegen ein V12 mit größerem Hubraum (4.390 cm³) und einer Ventilsteuerung mit zwei obenliegenden Nockenwellen je Zylinderreihe. Die Kraftstoffversorgung des Motors aus Siluminlegierung erfolgte durch sechs Weber-Zweifachvergaser. Der Motor hatte eine Leistung von 352 PS, wodurch der Daytona eine Geschwindigkeit von 282 km/h erreichte und in 5,7 Sekunden auf 100 km/h beschleunigen konnte (400 m wurden aus dem Stand in nur 13,7 Sekunden zurückgelegt).

Ferrari Berlinetta Boxer

Der Boxer wurde 1971 kurz vor Eröffnung des Automobilsalons von Turin vorgestellt und zwei Jahre später in Produktion genommen. Mit seinem 12-Zylinder-Boxer-Mittelmotor durchbrach er die Tradition der großen Ferrari, die bis dahin einen V12-Frontmotor hatten. Obwohl er den gleichen Hubraum (4,4 l) wie der Daytona, mit dem er viele Gemeinsamkeiten hatte, aufwies, stellte der Boxermotor mit seinen vier Nockenwellen, die durch einen Zahnriemen anstelle der herkömmlichen Kette gesteuert wurden, eine bedeutende Neuheit dar. Die Position des 5-Gang-Getriebes, das hinten am Motor geflanscht war, hatte einen eher hohen Schwerpunkt und eine auf die Hinterachse konzentrierte Gewichtsverteilung zur Folge, wodurch sich die Vorteile des Mittelmotors reduzierten.

1976 wurde der BB 512, ein überarbeiteter und verbesserter Boxer mit einem auf 5 l er-

---

FERRARI 365 GTB/4 DAYTONA (1971)

Motor: 12-Zylinder-V-Motor mit 4 obenliegenden Nockenwellen
Bohrung/Hub: 81 mm x 71 mm
Hubraum: 4.390 cm³
Max. Leistung: 352 PS
Getriebe: an der Hinterachse montiertes mechanisches 5-Gang-Getriebe
Rahmen: Gitterrohrrahmen
Aufhängung: Einzelradaufhängung vorn und hinten mit verschieden langen Querlenkern, Teleskop-Stoßdämpfern, Schraubenfedern und Stabilisatoren
Bremsen: Scheibenbremsen vorne und hinten
Karosserie: Coupé aus Stahl
Höchstgeschwindigkeit: 280 km/h

FERRARI BB 512i BOXER (1984)

Motor: 12-Zylinder-Boxermotor mit 4 obenliegenden Nockenwellen
Bohrung/Hub: 82 mm x 78 mm
Hubraum: 4.942 cm³
Max. Leistung: 340 PS
Getriebe: mechanisch, 5 Gänge
Rahmen: Gitterrohrrahmen
Aufhängung: Einzelradaufhängung vorn und hinten mit verschieden langen Querlenkern, Schraubenfedern und Stabilisatoren
Bremsen: Scheibenbremsen vorne und hinten
Karosserie: Coupé aus Stahl
Höchstgeschwindigkeit: 275 km/h

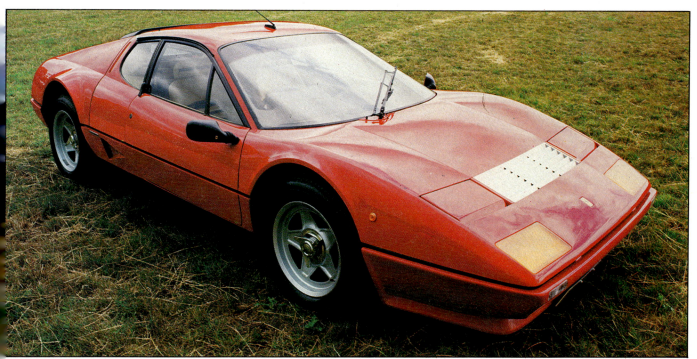

Ferrari Berlinetta Boxer

OBEN *Der Aufriß des Ferrari 250 GTO läßt den Rohrrahmen des Wagens, die von Scaglietti aus Aluminium gefertigte Karosserie, und die wichtigsten mechanischen Teile erkennen. Hervorzuheben ist die Vorderachse mit zweifachen Schraubenfedern.*
RECHTS *Der abgebildete V12-Motor (60°), der von dem Ingenieur Colombo entworfen wurde, hatte 3 l Hubraum mit ca. 290 PS und ermöglichte beachtliche Leistungen, wie die zahllosen Rennsiege beweisen. Der GTO, der letzte Sportwagen mit Frontmotor, war und ist immer noch ein herausragendes Beispiel für außergewöhnliche Technik und Stil.*

Ferrari 250 GTO (1962)

Motor
Position: vorne in Längsanordnung
Bauart: 12-Zylinder-V-Motor (60°), mit Motorblock und Zylinderköpfen aus Leichtmetallegierung; 7 Hauptlager
Hubraum: 2.953 cm³
Bohrung/Hub: 73 mm x 58,8 mm
Verdichtungsverhältnis: 9,5 : 1
Ventilsteuerung: 1 obenliegende Nockenwelle pro Zylinderreihe, die mittels Kette betätigt wird; V-förmig (60°) hängende Ventile
Gemischbildung: 6 Zweifachvergaser vom TYP Weber 38 DCN
Zündanlage: 2 Magneti-Marelli-Zündverteiler
Max. Leistung: 290 PS bei 7.500⁻min
Max. Drehmoment: 343 Nm bei 5.500⁻min

Abmessungen und Gewicht
Länge: 4.445 mm
Breite: 1.600 mm
Radstand: 2.400 mm
Vordere/hintere Spurweite: 1.351 mm/1.346 mm
Gewicht: 1.000 kg

Leistungen
Geschwindigkeit und Kraftstoffverbrauch variieren entsprechend dem Übersetzungsverhältnis im Achsgetriebe

Lenkung
System: mit Schnecke und Lenkfinger

Bremsen
Typ: Scheibenbremsen an den Vorder- und Hinterrädern

Räder und Bereifung
Felgen: 15-Zoll-Speichenfelgen von Borrani;
Bereifung: Dunlop-Reifen R6 6,00 x 15 vorn und 7,00 x 15 hinten

Karosserie und Rahmen
Karosserie: zweisitziges Coupé aus Aluminium mit 2 Türen (Karosserie von Scaglietti)
Rahmen: Rohrrahmen mit ovalem und rundem Profil;

Übertragung
Antrieb: Kupplung und Getriebe in einem Block mit dem Motor
Kupplung: trockene Einscheibenkupplung
Getriebe: mechanisch mit 5 synchronisierten Gängen. Übersetzungsverhältnis: I) 3,11 : 1; II) 2,05 : 1; III) 1,50 : 1; IV) 1,21 : 1; V) 1,03 : 1
Achsgetriebe: spiralverzahnt, Sperrdifferential
Übersetzungsverhältnis im Achsgetriebe: 8 nach Wahl (4,85 : 1; 4,57 : 1; 4,25 : 1; 4 : 1; 3,89 : 1; 3,77 : 1; 3,66 : 1; 3,55 : 1)

Aufhängung
Vorderachse: Einzelradaufhängung, Doppel-Querlenker, Schraubenfedern, hydraulische Stoßdämpfer mit zusätzlichen Schraubenfedern, Stabilisator
Hinterachse: Starrachse, Doppel-Längslenker, Torsionsstabilisator, Längsblattfedern, Stoßdämpfer mit zusätzlichen, koaxialen Schraubenfedern

weiteren Hubraum, vorgestellt. Der BB 512 zeichnete sich durch eine größere Spurweite, vergrößerte Außenmaße und breitere Reifen aus. 1981 wurden statt der Weber-Dreifachvergaser die Bosch-Kraftstoffeinspritzung K Jetronic und Michelin-TRX-Niederquerschnittreifen eingeführt. Die neue Version erhielt die Bezeichnung 512i (d. h. mit Einspritzung).

Ferrari Testarossa

Dieses neue, 1984 vorgestellte Modell, das den BB 512 ablöste und wie der berühmte Sport- und Rennwagen der 50er Jahre genannt wurde, ist eine gelungene Verbindung zwischen dem unnachahmlichen Stil des Unternehmens und den modernen Konstruktionskonzeptionen. Die auffälligen Rippen an den Seiten leiten die Luft zu den Kühlern, die hinter dem Wagenraum eingebaut sind, während der typische Frontgrill die Luftzufuhr für die Klimaanlage und die Kühlung der vorderen Bremsscheiben ermöglicht. Trotz der beachtlichen Außenmaße des Testarossa war es dank der Mittelposition der Kühler möglich, den Frontquerschnitt zu reduzieren und mehr Raum für die Passagiere und das Gepäck zu schaffen. Im Vergleich zum BB 512 ist der Testarossa um 71 kg leichter. Die Karosserie von Leopoldo Fioravanti (Pininfarina) ist aus Aluminium (außer Stahltüren und Innenraum).

Obwohl der Motor des Testarossa den gleichen Hubraum wie der des BB 512 hat, ist er eine verbesserte Version des 12-Zylinder-Boxermotors mit 3 l Hubraum, vier Ventilen pro Zylinder und vier obenliegenden Nockenwellen, und er befähigt den Testarossa, in weniger als fünf Sekunden von 0 auf 100 km/h zu beschleunigen.

FERRO
Genua, Italien
1935

1935 versuchte sich das Genueser Unternehmen Ferro in der Konstruktion von Automobilen. Es baute einen Kleinwagen mit drei Rädern und ausgesprochen kleinen Abmessungen (ein Chassis mit einem Radstand von 2 m), der mit einem 4-Zylinder-Motor mit 650 cm³ ausgerüstet war. Dieser Kleinwagen blieb der einzige Versuch von Ferro und wurde kommerziell nicht ausgewertet, da die Firma ihre Tätigkeit einstellte.

FIAL
Legnano, Italien
1906–1909

Dieses Unternehmen, das 1906 unter dem Namen Fabbrica Italiana Automobili Legnano (FIAL) gegründet wurde, hatte die Absicht, Automobile und Schiffsmotoren zu bauen.

Obwohl man mit ehrgeizigen Programmen und fähigen Mitarbeitern startete, mußte die Produktion des einzigen Modells wegen seines geringen Erfolgs bald eingeschränkt werden. Der Typ A 6/8 HP, von dem ein Exemplar, wahrscheinlich das einzige noch existierende Modell, im Museo dell'Automobile in Turin aufbewahrt wird, war mit einem 2-Zylinder-Motor mit 1.135 cm³ Hubraum ausgestattet.

Nach nur zweijähriger Tätigkeit meldete FIAL 1908 Konkurs an und wurde ein Jahr später von dem Unternehmen Ferrario & Rosa übernommen, das die Produktion auf andere Bereiche umstellte.

FIAM
Turin, Italien
1924–1927

Die Fabbrica Italiana Automobili e Motori wurde 1924 in Turin von dem Ingenieur Peano gegründet. Die Produktion beschränkte sich auf ein einziges Modell, das 1924 bei der Messe in Mailand vorgestellt wurde. Es handelte sich um einen Kleinwagen mit einem Zweitaktmotor mit zwei Zylindern und 706 cm³ Hubraum. 1925 wurde eine neue Serie dieses Kleinwagens mit einem veränderten Rahmen auf den Markt gebracht, der mit vier verschiedenen Karosserien erhältlich war: als Innenlenker, dreisitziger Torpedo, Sportwagen oder zweisitziger Spider.

Die Herstellungslizenz war inzwischen dem ungarischen Unternehmen Manfred Weiss überlassen worden, das davon Gebrauch machte, bis FIAM 1927 die gesamte Geschäftstätigkeit einstellte.

FIAT
Turin, Italien
1899-

Die Anfänge von Fiat gehen auf das Jahr 1898 zurück, in dem Giovanni Battista Ceirano mit einer Gruppe von Turiner

Ferrari Testarossa

Geschäftsleuten einen Vertrag schloß, der die Konstruktion eines Automobilprototypen zum Ziel hatte. Ceirano hatte bis dahin in einer kleinen Werkstätte

in der Nähe des Hauses des bereits einflußreichen Industriellen Giuseppe Lancia die Welleyes-Fahrräder hergestellt.

Das erste Welleyes-Automobil, das von Aristide Faccioli entworfen und im März 1899 vorgestellt wurde, hatte einen 2-Zylinder-Motor mit 663 cm³ Hubraum und ein 2-Gang-Getriebe. Nach nur vier Monaten wurde die Firma Ceirano von der F.I.A.T., Fabbrica Italiana Automobili Torino, die von Giovanni Agnelli, Graf Carlo Biscaretti di Ruffia und Emanuele Bricherasio geleitet wurde, aufgekauft. F.I.A.T. übernahm nicht nur die Produktionsanlagen, sondern sicherte sich auch einen Teil der Mitarbeiter von Welleyes; darunter befanden sich Vincenzo Lancia, der Sohn von Giuseppe Lancia, Felice Nazzaro und Faccioli, der den ersten F.I.A.T. schuf, für den er das Design des Welleyes ein wenig nachahmte, jedoch einen Boxermotor mit 3,5 PS verwendete.

1901 machte die Direktion von F.I.A.T. Druck auf Faccioli, damit er ein Modell mit Frontmotor entwerfe, aber dieser verzichtete auf seinen Posten und wurde von dem Ingenieur Enrico abgelöst; letzterer stellte 1902 ein Modell mit 4-Zylinder-Motor und 4,2 l Hubraum vor, dessen Konzeption von den Mercedes-Modellen beeinflußt war.

1904 wurde der mit Eisen verstärkte Holzrahmen durch einen Stahlrahmen ersetzt und die Übertragung mit einer Federbandkupplung ausgestattet, wie sie auch die Mercedes-Modelle aufwiesen. Es wurde damals nur eine beschränkte Zahl von diesem F.I.A.T.-Luxusmodell hergestellt; das Modell 60PS von 1905 war mit einem 4-Zylinder-Motor mit 10.082 cm³ und einer wassergekühlten Getriebebremse ausgestattet.

FERRARI TESTAROSSA (1984)

Motor: 12-Zylinder-Boxermotor mit 4 obenliegenden Nockenwellen
Bohrung/Hub: 82 mm x 78 mm
Hubraum: 4.942 cm³
Max. Leistung: 390 PS
Getriebe: hinten montiertes 5-Gang-Getriebe, mit einem Sperrdifferential gekoppelt
Rahmen: Gitterrahmen mit Stahlrohren
Aufhängung: Einzelradaufhängung mit Querlenkern, Schraubenfedern und Stabilisatoren
Bremsen: belüftete Scheibenbremsen vorn und hinten
Karosserie: zweisitziges Coupé
Höchstgeschwindigkeit: 290 km/h

Ende 1906 fielen die Punkte zwischen den einzelnen Buchstaben des Markennamens weg; von da an wurde „Fiat" als Firmenname verwendet. Ein Jahr später präsentierte Fiat sein erstes Modell mit sechs Zylindern (11.034 cm^3), das mit einem Druckluftanlasser ausgestattet war. Das erste Fiat-Modell, das große Verbreitung fand, war der Typ Zero mit einem Motor mit 1.846 cm^3, der 1912 vorgestellt wurde. Unmittelbar nach dem Ersten Weltkrieg wurde der Typ 501, der von Cavalli entwickelt worden war, auf den Markt gebracht; dieses Modell, dessen Produktion 1926, nachdem über 45.000 Stück davon hergestellt worden waren, eingestellt wurde, war mit einem 4-Zylinder-Motor mit 1,5 l ausgestattet. Neben diesem weit verbreiteten Modell baute Fiat auch den Super Fiat, ein äußerst luxuriöses Automobil mit einem V12-Motor mit 6,8 l, das einer der wenigen Mißerfolge dieses Unternehmens war: Von 1921 bis 1923 wurden davon nur 30 Exemplare hergestellt. Danach wiederholte Fiat seinen Versuch, im Sektor der Luxusautomobile Fuß zu fassen; dieses Mal jedoch mit einem kleineren Modell (6-Zylinder-Motor mit 4,8 l), das Typ 519 genannt wurde, mit einer hydromechanischen Servobremse ausgestattet war und bis 1929 gebaut wurde.

1925 stellte Fiat den 509, ein moderneres, leichtes Automobil mit einem Motor mit 990 cm^3 Hubraum und obenliegender Nockenwelle und Flachkühler vor. 1929 wurde der 509 durch den Typ 514 ersetzt (1.440 cm^3 Hubraum), der sich jedoch als Fehlschlag erwies (obwohl NSU davon die Herstellungslizenz erworben hatte).

Gegen Ende der zwanziger Jahre baute Fiat den Typ 525 und den Typ 521 mit 6-Zylinder-Motoren mit 3.740 bzw. 2.516 cm^3; der Typ 521 war das erste Fiat-Modell mit hydraulischen Bremsen.

1932 machte Fiat einen großen Schritt nach vorne, als es den Typ 508 Balilla vorstellte; der Name bezog sich eindeutig auf die Organisation, an deren Spitze die faschistische Jugend Italiens von damals stand. Der Balilla hatte einen 4-Zylinder-Motor mit 995 cm^3 Hubraum und hängenden Ventilen, der in der Tourenversion 25 PS und in der sportlicheren Version 36 PS entwickelte; letztere Version war gewöhnlich mit einer eleganten Karosserie von Ghia ausgestattet. Der Balilla wurde in Lizenz auch von NSU in Deutschland, Walter in der Tschechoslowakei, Polski-Fiat in Polen und von Simca in Frankreich, das eine sehr schnelle, von Gordini entwickelte Version auf den Markt brachte, hergestellt.

Für das Modell 1500 von 1936 verwendete Fiat einen Zentralrohrrahmen in Verbindung mit einer aerodynamischen Karosserie und Dubonnet-Einzelradaufhängungen an den Vorderrädern. Gegen Ende 1936 stellte das Turiner Unternehmen den Typ 500, den unvergeßlichen Topolino, vor, der mit einem winzigen, vorne eingebauten 4-Zylinder-Motor mit 570 cm^3, einem relativ moderaten Kraftstoffverbrauch und dennoch beachtlichen Leistungen (Höchstgeschwindigkeit 88 km/h) aufwarten konnte. Dieser technisch fortschrittliche Zweisitzer (Einzelradaufhängung an den Vorderrädern, hydraulische Bremsen, Synchrongetriebe) wurde bald zu einem Verkaufsschlager, der ohne große Änderungen bis 1948 in Produktion war.

1937 wurde der 1100 vorgestellt, der praktisch ein technisch fortschrittlicherer 508 war (u.a. verfügte er über Einzelradaufhängungen an den Vorderrädern) und hervorragende Leistungen sowohl im Hinblick auf das Fahrverhalten als auch auf die Höchstgeschwindigkeit (113 km/h) zeigte. In der Zeit, in der diese kleinen Modelle gebaut wurden, war das 6-Zylinder-Modell mit 2.852 cm^3 der größte Fiat, der angeboten wurde.

Nach dem Zweiten Weltkrieg brachte Fiat keine großen Neuheiten heraus. Bis 1950 war die Einführung des 1400 mit überquadratischem Motor (82 x 66 mm) und selbsttragender Karosserie die einzige erwähnenswerte Innovation. 1952 kam der hervorragende V8 ins Angebot, der in kleiner Serie hergestellt wurde. Er war mit einem 8-Zylinder-V-Motor mit 2 l Hubraum ausgestattet und von den damals berühmtesten Karosseriebauern von Turin „eingekleidet" worden; Ghia z.B. konstruierte für den V8 50 Karosserien. 1953 kam der Nuova 1100 mit selbsttragender Karosserie heraus. 1955 wurde die letzte Serie des Topolino, der 500 C mit obengesteuertem Motor, durch den 600 ersetzt. Der Motor dieses Modells war im Heck der selbsttragenden Karosserie eingebaut. Von dieser beliebten Limousine mit nur 633 cm^3 Hubraum wurden in den sechziger Jahren über eine Million Stück verkauft.

Das 2-Zylinder-Modell Nuova 500 von 1957 hatte einen obengesteuerten Motor mit 499 cm^3 Hubraum; bis 1972 wurden davon über drei Millionen Stück produziert, dann folgte das Modell 126. Auch der 850, der in der Konzeption dem Nuova 500 und dem 600 glich, hatte einen 4-Zylinder-Reihenmotor, der hinter dem Wagenraum eingebaut war.

Der beliebte 124 von 1966 mit Motoren mit 1.197 cm^3 oder 1.438 cm^3 Hubraum legte den Grundstein für die umfangreiche Produktion von Fiat-Automobilen in den Ostblockländern, die die Herstellungslizenz dafür erwarben. Ebenfalls 1966 wurden der Dino Spider und das Dino Coupé vorgestellt, die im Hinblick auf Preis und Klasse genau das Gegenteil zu den bisher genannten Limousinen waren; es genügt zu erwähnen, daß der Motor dieser Sportwagen, der Dino V6

FIAT 501 (1919)

Motor: 4 Zylinder in Reihe mit stehenden Ventilen
Bohrung/Hub: 65 mm x 110 mm
Hubraum: 1.460 cm^3
Max. Leistung: 23 PS
Getriebe: mechanisch, 4 Gänge
Rahmen: Leiterrahmen
Aufhängung: Vorder- und Hinterachse als Starrachse mit Halbelliptikfedern
Bremsen: Trommelbremsen nur an den Hinterrädern
Karosserie: Sportwagen, Tourer oder Limousine
Höchstgeschwindigkeit: ca. 80 km/h

mit zwei Nockenwellen und 1.987 cm^3 Hubraum, von Ferrari entworfen wurde.

1967 stellte man den 125, eine Limousine mit 4-Zylinder-Motor mit zwei obenliegenden Nockenwellen und 1.608 cm^3 Hubraum vor; parallel dazu wurde für einige Zeit der 1500L (1.481 cm^3), der 1800B (1.795 cm^3) und der 2300 (2.279 cm^3) angeboten. 1969 übernahm Fiat die Unternehmen Lancia und Ferrari und zwei Jahre später Abarth. 1971 brachte Fiat den 127 mit Vorderradantrieb, einem quer stehenden 4-Zylinder-Motor mit hängenden Ventilen und 903 oder 1.049 cm^3 Hubraum auf den Markt. Das zweite Fiat-Modell mit Vorderradantrieb war der 128, der mit 1.116 cm^3 oder 1.290 cm^3 Hubraum erhältlich war.

Der 124 wurde durch den 131 Mirafiori (so wird das Fiat-Hauptwerk genannt) ersetzt. Diese Limousine mit modernerem Design wurde mit Motoren mit 1.297 cm^3 oder 1.585 cm^3 angeboten; sie wies daher entsprechend der Ausstattung unterschiedliche Leistungen auf. Auch als Abarth-Version mit einem Abarth-Motor mit zwei Nockenwellen, Einzelradaufhängung an den Hinterrädern und 5-Gang-Getriebe war dieser Wagen erhältlich; in der Rennausführung kam der 131 Abarth auf über 233 km/h.

Nachdem Fiat bewußt geworden war, daß sich in der Öffentlichkeit das Bild des „Volkswagens" änderte, entwickelte man den 132 mit einem 4-Zylinder-Motor mit zwei Nockenwellen und 1.585/1.995 cm^3.

Der zweisitzige Sportwagen X1/9, der 1973 vorgestellt wurde, unterschied sich von der klassischen Auslegung vor allem durch den Mittelmotor. 1978 erweiterte man den Motor des X1/9 von 1.290 cm^3 auf 1.498 cm^3.

Gleichzeitig entwickelte man ein neues Einsteiger-Auto mit Frontantrieb und einer originellen Guigiaro-Karosserie.

Fiat 501

FIAT

1980 stellte Fiat den Panda, einen neuen Kleinwagen mit ausgesprochen kantigen Linien und zwei verschiedenen Motorversionen, vor: den Panda 30 mit luftgekühltem 2-Zylinder-Motor mit 652 cm³ und den Panda 45 mit einem 4-Zylinder-Motor mit 903 cm³ Hubraum. Später wurde die Panda-Serie um eine Variante mit vier angetriebenen Rädern erweitert.

Im Januar 1983 stellte Fiat den Uno, das Ergebnis der größten Investition seiner Geschichte (1.000 Mrd. Lire), vor.

1984 folgte der Regata, eine Stufenheck-Version des Ritmo. Er ersetzte den Mirafiori. Ein Jahr später stellte Fiat als Ersatz für den veralteten 132, der immer noch eine angetriebene hintere Starrachse aufwies, die Limousine Croma vor. Der Croma mit Frontantrieb entstammte einer Zusammenarbeit von Fiat, Lancia und Saab. Seine Bodengruppe ist praktisch identisch mit der des Lancia Thema und des Saab 9000.

Als Antrieb kamen 4-Zylinder-Reihenmotoren zum Einsatz, im Spitzenmodell auch mit Turbolader und 153 PS. Ein leistungsstarker Turbodiesel ist ebenfalls im Programm. Dagegen blieb der V6-Motor dem Lancia Thema vorbehalten.

Der kompakte Ritmo wurde 1989 durch den eigenwillig gestylten Tipo ersetzt. Die Stufenheckversion Tempra folgte mit zwei Jahren Verspätung. Der Tempra ist auch mit Kombikarosserie lieferbar.

1993 präsentierte Fiat den neuen Cinquecento, einen Kleinwagen mit sehr geringen Ausmaßen. Sein Name spielt auf die lange Kleinwagentradition von Fiat an.

Fiat 501

Der Typ 501, der von dem früheren Rechtsanwalt Carlo Cavalli entworfen wurde, war das erste italienische Auto, das in wirklich großer Serie hergestellt wurde. Der 501 hatte einen äußerst stabilen Rahmen und war ein sehr billiges und konventionelles Fahrzeug mit einem seitengesteuerten Motor mit drei Hauptlagern. Die Entscheidung für das 4-Gang-Getriebe mit einem ausgesprochen kurzen ersten Gang und das Kühlsystem des eher überdimensionierten Motors war sicher durch die hügelige Lage Turins beeinflußt worden.

Während der fünf Jahre, in denen der 501 hergestellt wurde, hatte man an ihm nur wenige Änderungen vorgenommen; 1921 wurde die sportliche Version 501S vorgestellt, und 1923 führte man die Vierradbremse ein. 1924 wurde der 502, eine Variante mit langem Radstand, in den Handel gebracht. 1926 stellte Fiat die Produktion des leichten und zuverlässigen 501 ein, von dem über 45.000 Stück verkauft worden waren.

Fiat 509

Die Einführung dieses Kleinwagens im Jahre 1924 erregte so großes Aufsehen, daß man sie als „ein historisches Ereignis für Italien" bezeichnen kann. Der 509 verfügte über einen Motor mit 990 cm³ und obenliegender Nockenwelle, und seine Vierradbremsen waren außerordentlich wirksam. Der Motor mit nur zwei Hauptlagern erwies sich ein wenig als Achillesferse; um seine Zuverlässigkeit zu steigern, wurde daher in den 509A von 1926 ein verbessertes Schmiersystem eingebaut.

Die Sportversion, der 509S, wies einen Motor von etwas höherer Leistung auf, mit dem das Modell aber nur auf eine Höchstgeschwindigkeit von 96 km/h kam und somit nicht hielt, was die gefällige, zweisitzige Karosserie mit verjüngtem Heck versprach. Danach wurden auch etwas leistungsstärkere Varianten gebaut: der 509 Sport Monza, der 105 km/h erreichen konnte, und der äußerst seltene 509MM mit niedrigem Rahmen und Kompressormotor, der eine Geschwindigkeit von 129 km/h erreichte.

Die Produktion dieses leichten Automobils wurde 1929 eingestellt, nachdem etwa 90.000 Exemplare davon gebaut worden waren.

Fiat 508S Balilla Sport

Bis 1933 hatte sich Fiat selten an die Produktion von Sportmodellen gewagt, und in

Fiat 509 Spider

FIAT 509 (1925)

Motor: 4 Zylinder in Reihe mit obenliegender Nockenwelle
Bohrung/Hub: 75 mm x 97 mm
Hubraum: 990 cm³
Max. Leistung: 20 PS
Getriebe: mechanisch, 3 Gänge
Rahmen: Leiterrahmen
Aufhängung: Starrachsen mit Halbelliptikfedern
Bremsen: Vierradbremsen
Karosserie: Sportwagen, Spider, Tourer, Cabriolet oder Sedan
Höchstgeschwindigkeit: ca. 80 km/h

FIAT 508S BALILLA SPORT (1933)

Motor: 4 Zylinder in Reihe mit hängenden Ventilen
Bohrung/Hub: 65 mm x 75 mm
Hubraum: 995 cm³
Max. Leistung: 35 PS
Getriebe: mechanisch, 4 Gänge
Rahmen: Leiterrahmen
Aufhängung: Vorder- und Hinterachse als Starrachse mit Halbelliptikfedern
Bremsen: Trommelbremsen an den Vorder- und Hinterrädern
Karosserie: zweisitziger Sportwagen
Höchstgeschwindigkeit: ca. 120 km/h

Fiat 508S Balilla Sport

den wenigen Fällen, in denen dies geschah, beschränkte man sich auf Wagen, die Sportlichkeit eher im Optischen als im Technischen aufwiesen. Dies änderte sich mit dem 508S, einer wunderschönen Sportversion des beliebten Balilla. Die kleine, zweisitzige Karosserie des 508S, mit ihren geschwungenen Kotflügeln und der Finne auf dem Heck, hatte verdientermaßen großen Erfolg. Dank seiner guten Leistungen wurde das Modell von verschiedenen Sportfahrern nicht nur in Italien, sondern auch in Großbritannien, Frankreich, Deutschland und Polen gefahren. Die ersten 508S waren mit einem seitengesteuerten Motor ausgestattet, aber bereits beim Mille Miglia von 1933 wurde ein Balilla Sport mit einem obengesteuerten Motor, der eigens von Siata "getunt" worden war, Dritter in der Klasse bis zu 1.100 cm³ Hubraum; ab 1934 baute man den obengesteuerte Motor serienmäßig ein. Der 508S war auch in den Varianten Spyder Normale mit sehr langen, geschwungenen Vorderkotflügeln, Spyder Corsa und Berlinetta Aerodinamica erhältlich.

Fiat Topolino

Der von Franco Fessia entwickelte Fiat 500 war ein kleines und außergewöhnliches Auto mit reduziertem Kraftstoffverbrauch (bei gleichmäßiger Fahrtgeschwindigkeit lag der Verbrauch bei 5,3 l/100 km) und einer fortschrittlichen Technik: Erwähnt seien z. B. die Einzelradaufhängung an den Vorderrädern und der X-Rahmen mit Erleichterungslöchern. Sein winziger 4-Zylinder-Motor befand sich am vorderen Ende des Rahmens. Der Motor-/Kupplung-/Getriebeblock war mit einem Träger aus Preßstahl, der auch als Versteifungsquerträger der Holme diente, am Rahmen befestigt.

Die Schiebefenster gewährten eine ausreichende Innenbreite, und im hinteren Teil des Wagenraums war genug Platz für Gepäck oder Kinder. Wegen seiner geringen Ausmaße und des sympathischen Designs wurde der Fiat 500 "Topolino" (Mäuschen) genannt.

Nach dem Zweiten Weltkrieg brachte Fiat den 500B auf den Markt, der dank seines obengesteuerten Motors eine Leistungssteigerung um 3,5 PS vorzeigen konnte. Der Topolino wurde auch in Frankreich von Simca hergestellt. In Italien wurde er bis 1955 produziert.

Fiat 600

Während einer Vorstandssitzung von Fiat in den ersten Tagen des Jahres 1951 wurde beschlossen, den nunmehr überholten Topolino durch ein moderneres Modell zu ersetzen, das eine Motorisierung der Italiener in großem Maßstab ermöglichen sollte. Bei dieser Gelegenheit wurden die Hauptmerkmale festgelegt: eine Geschwindigkeit nicht unter 85 km/h; Wagenraum für 4 Personen; Gesamtgewicht ca. 450 kg, 200 kg sollten die mechanischen Bestandteile wiegen.

Der neue Fiat erhielt einen (zumindest für damals) technisch sehr fortschrittlichen und sehr leichten Motor. Um die Stabilität und Wirtschaftlichkeit

---

FIAT TOPOLINO (1936)
Motor: 4 Zylinder in Reihe mit stehenden Ventilen
Bohrung/Hub: 52 mm x 67 mm
Hubraum: 569 cm³
Max. Leistung: 13 PS
Getriebe: 4 Gänge
Rahmen: X-förmiger Profilrahmen
Aufhängung: Einzelradaufhängung vorn mit Querlenkern und Querblattfedern; Starrachse hinten mit Halbelliptikfedern
Bremsen: Trommelbremsen an den Vorder- und Hinterrädern
Karosserie: zweisitzige Cabrio-Limousine
Höchstgeschwindigkeit: 88 km/h

Fiat Topolino

FIAT 600 (1955)
Motor: 4 Zylinder in Reihe mit hängenden Ventilen, Heckmotor
Bohrung/Hub: 60 mm x 56 mm
Hubraum: 633 cm³
Max. Leistung: 21,5 PS bei 4.600-min
Getriebe: mechanisch, 4 Gänge
Rahmen: selbsttragender Aufbau
Aufhängung: Einzelradaufhängung vorn mit Querblattfeder, Querlenker und hydraulischen Stoßdämpfern; Einzelradaufhängung hinten mit Längslenkern, Schraubenfedern und hydraulischen Stoßdämpfern
Bremsen: Trommelbremsen
Karosserie: viersitzige Limousine mit zwei Türen
Höchstgeschwindigkeit: 95 km/h

Fiat 600

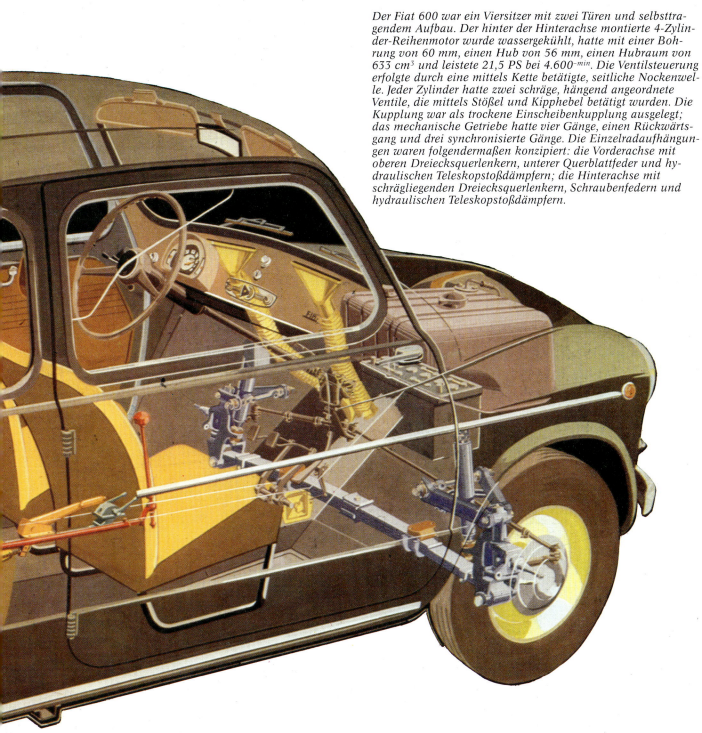

Der Fiat 600 war ein Viersitzer mit zwei Türen und selbsttragendem Aufbau. Der hinter der Hinterachse montierte 4-Zylinder-Reihenmotor wurde wassergekühlt, hatte mit einer Bohrung von 60 mm, einen Hub von 56 mm, einen Hubraum von 633 cm³ und leistete 21,5 PS bei 4.600^{-min}. Die Ventilsteuerung erfolgte durch eine mittels Kette betätigte, seitliche Nockenwelle. Jeder Zylinder hatte zwei schräge, hängend angeordnete Ventile, die mittels Stößel und Kipphebel betätigt wurden. Die Kupplung war als trockene Einscheibenkupplung ausgelegt; das mechanische Getriebe hatte vier Gänge, einen Rückwärtsgang und drei synchronisierte Gänge. Die Einzelradaufhängungen waren folgendermaßen konzipiert: die Vorderachse mit oberen Dreiecksquerlenkern, unterer Querblattfeder und hydraulischen Teleskopstoßdämpfern; die Hinterachse mit schrägliegenden Dreiecksquerlenkern, Schraubenfedern und hydraulischen Teleskopstoßdämpfern.

Fiat 600 Limousine (1955)

Motor
Position: hinten in Längsrichtung
Bauart: wassergekühlter 4-Zylinder-Reihenmotor
Hubraum: 633 cm³
Bohrung/Hub: 60 mm x 56 mm
Ventilsteuerung: eine seitliche Nockenwelle mit Stößel und Kipphebel; 2 Ventile pro Zylinder
Gemischbildung: mit Weber-Vergaser 22 IM
Zündanlage: mit Zündverteiler
Max. Leistung: 21,5 PS bei 4.600^{-min}
Max. Drehmoment: 38 Nm bei 2.800^{-min}

Übertragung
Antrieb: Getriebe an den Motor angeblockt
Kupplung: trockene Einscheibenkupplung
Getriebe: mechanisch mit 4 Gängen und Rückwärtsgang (II., III. und IV. Gang synchronisiert)
Achsgetriebe: Schraubenrädergetriebe
Übersetzungsverhältnis im Achsgetriebe: 5,375 : 1

Aufhängung
Vorderachse: Einzelradaufhängung, obere Querlenker, untere Querblattfeder, hydraulische Stoßdämpfer
Hinterachse: Einzelradaufhängung, Querlenker, Schraubenfedern, hydraulische Stoßdämpfer

Lenkung
System: Schraubenlenkung mit Lenkschraube und Lenksegment

Bremsen
Typ: Trommelbremsen an allen vier Rädern

Räder und Bereifung
Felgen: Stahlfelgen
Bereifung: Reifen 5,20-12

Karosserie und Rahmen
Karosserie: selbsttragend Rahmen: zweitürige Limousine

Abmessungen und Gewicht
Länge: 3.215 mm
Breite: 1.380 mm
Radstand: 2.000 mm
Höhe: 1.405 mm
Vordere Spurweite und hintere Spurweite: 1.144 mm und 1.154 mm *(Leer)Gewicht:* 585 kg

Leistungen
Höchstgeschwindigkeit: 95 km/h
Kraftstoffverbauch: durchschnittlich 5,7 l/100 km

FIAT

zu erhöhen, wurde er mit möglichst wenig Einzelteilen gebaut: Man arbeitete z.B. den Ansaugkrümmer direkt in den Guß des Zylinderkopfs ein, und die Montage des Vergasers geschah demzufolge direkt darüber. Außergewöhnlich war auch die Vorderachse mit Einzelradaufhängungen und einer Querblattfeder.

Der neue Kleinwagen wurde am 10. März 1955 beim Automobilsalon in Genf vorgestellt: Er war nur 3,21 m lang und hatte einen Motor mit 633 cm^3, der 21,5 PS bei 4600^{-min} leistete. Die Höchstgeschwindigkeit betrug 95 km/h. Ein Jahr später wurde auch die Version mit Klappverdeck und der sehr beliebte „Multipla", ein Pkw-Frontlenker mit vier Türen, vorgestellt. Bis 1958 lief die Produktion des 600 in vier Serien; für die fünfte Serie wurde die Leistung auf 24,5 PS erhöht. Im Juli 1960 kam der 600 D mit einem Motor mit 767 cm^3 Hubraum und 32 PS sowie seitlichen Ausstellfenstern auf den Markt.

1970 erfolgte die Produktionseinstellung des Fiat 600, nachdem davon 2.590.000 Stück, darunter 110.000 in den Versionen Multipla und D Multipla, hergestellt worden waren.

Fiat Nuova 500

Der Nuova 500 wurde im Sommer 1957 vorgestellt und sollte einige der typischen Merkmale des berühmten 500 Topolino aufweisen, wie z.B. den zweisitzigen Innenraum. Natürlich war die Technik des Nuova 500 ausgesprochen modern; u.a. verwendete Fiat zum ersten Mal einen luftgekühlten 2-Zylinder-Heckmotor mit 479 cm^3 Hubraum und einer Leistung von 13 PS bei 4.000^{-min} (die Höchstgeschwindigkeit betrug 85 km/h).

Leider war, wider allen Erwartungen des Unternehmens, das Echo auf das neue Modell in der Öffentlichkeit eher enttäuschend, so daß bereits im Herbst desselben Jahres zum Autosalon von Turin eine verbesserte Version vorgestellt wurde. Die Leistung stieg auf 15 PS und die Geschwindigkeit auf fast 90 km/h; auch an der Karosserie wurden zahlreiche Änderungen vorgenommen: Blendschutz, feststellbare, seitliche Ausstellfenster, Abblendschalter am Lenkrad, gepolsterte Rücksitze und Nabendeckel an den Rädern. Neben dieser Version wurde eine Zeitlang auch noch eine „billigere" Version mit einem 15-PS-Motor und der urspünglichen Karosserie angeboten.

Mitte 1958 wurde der 500 Sport präsentiert: 499,5 cm^3, 21,5 PS, 105 km/h, zweifarbige Karosserie. Zwei Jahre später folgte der D 500, der mit dem gleichen Motor wie der Sport,

Fiat Nuova 500

aber nur mit einer Höchstgeschwindigkeit von 95 km/h, ausgestattet war. Im März 1965

FIAT NUOVA 500 (1957)

Motor: 2 Zylinder in Reihe, luftgekühlt, im Heck
Bohrung/Hub: 66 mm x 70 mm
Hubraum: 479 cm^3
Max. Leistung: 13 PS bei 4.000^{-min}
Getriebe: mechanisch, 4 Gänge
Rahmen: selbsttragender Aufbau
Aufhängung: Einzelradaufhängung vorn mit Querblattfeder und hydraulischen Stoßdämpfern; Einzelradaufhängung hinten mit Schraubenfedern und hydraulischen Stoßdämpfern
Bremsen: Trommelbremsen
Karosserie: zweisitzige Limousine mit 2 Türen
Höchstgeschwindigkeit: 85 km/h

wurde dann der 500 F mit zwei vorne angeschlagenen Türen eingeführt. Bedeutendere, vor allem ästhetische Änderungen wie z.B. die Stoßstangen mit Horn, eine Instrumentierung wie bei Fiat 850 und die Gürtelreifen nahm man dagegen an der Version Lusso (September 1968) vor.

1972 stellte Fiat auf dem Automobilsalon von Turin den 126, den designierten Nachfolger des 500, vor. Der 500 wurde weiterhin in der Version R mit einem 18-PS-Motor mit 594 cm^3 und vereinfachter Innenausstattung angeboten. Am 1. August 1975 wurde schließlich der Nuova 500 endgültig aus der Produktion genommen, nachdem fast vier Millionen Exemplare davon gebaut worden waren.

Fiat 124 Sport Spider

Auf dem Turiner Automobilsalon von 1966 präsentierte Fiat den Sport Spider, die erste

FIAT 124 SPORT SPIDER (1984)

Motor: 4 Zylinder in Reihe mit zwei obenliegenden Nockenwellen
Bohrung/Hub: 8 mm x 71,5 mm
Hubraum: 1.438 cm^3
Max. Leistung: 90 PS
Getriebe: mechanisch, 5 synchronisierte Gänge
Rahmen: selbsttragende Karosserie
Aufhängung: Einzelradaufhängung vorn mit Schraubenfedern, Querlenkern und Stabilisatoren; Starrachse Hinten mit Längslenkern, Panhardstab und Schraubenfedern
Bremsen: Scheibenbremsen an den Vorder- und Hinterrädern
Karosserie: zweisitziger Sportwagen
Höchstgeschwindigkeit: 173 km/h

offene Version des beliebten 124. Das neue Modell mit einer von Pininfarina entworfener und gefertigten Karosserie hatte einen 4-Zylinder-Motor mit 1.438 cm^3 Hubraum und zwei Nockenwellen, ein mechanisches 5-Gang-Getriebe und eine starre Hinterachse.

Drei Jahre später wurde das Design zum Teil überarbeitet das Resultat: die Vorderhaube mit zwei auffälligen Ausbuchtungen und eine neue Frontverkleidung. Die Ausbuchtungen waren durch den Einbau des 110-PS-Motors mit 1.608 cm^3, der aus dem des 125 Special entwickelt worden war, not-

Fiat 124 Sport Spider

174

Fiat 127

FIAT 127 (1971)
Motor: 4 Zylinder in Reihe mit hängenden Ventilen
Bohrung/Hub: 65 mm x 68 mm
Hubraum: 903 cm³
Max. Leistung: 47 PS bei 6.200‑min
Getriebe: mechanisch, 4 Gänge
Rahmen: selbsttragender Aufbau
Aufhängung: Einzelradaufhängung vorn mit Federbein, Schraubenfedern, hydraulischen Stoßdämpfern und Stabilisator; Einzelradaufhängung hinten mit Querlenkern, Dämpferbein, Querblattfeder und hydraulischen Stoßdämpfern
Bremsen: Scheibenbremsen an den Vorderrädern
Karosserie: zweitürige Limousine mit 5 Sitzen
Höchstgeschwindigkeit: 140 km/h

wendig geworden. Kleine Änderungen nahm man auch am Kühlsystem vor; die Bremsen wurden verstärkt, um sie an die höheren Leistungen anzupassen.

Andere, einschneidendere Änderungen erfolgten im August 1972, als der Spider neben dem 1.600-cm³-Motor auch mit einem 1,8-l-Motor mit 118 PS (185 km/h) zum Verkauf angeboten wurde. Das Modell fand vor allem bei den Jugendlichen großen Anklang (u.a. nahm Fiat ab Anfang der siebziger Jahre mit dem 124 Abarth-Spider, der bei zahlreichen Wettbewerben erfolgreich war, wieder an den Rennen teil). Aufgrund der schweren Energiekrise, die den Westen 1974 traf, behielt man den Spider für den reichen, amerikanischen Markt vor, wo er eine „zweite Jugend" erlebte. Um die Technik an die strengen amerikanischen Vorschriften im Bereich der Abgasemission anzupassen, erhielt der Spider 1978 einen schadstoffarmen Motor mit 2.000 cm³ und einer Leistung von 87 PS(SAE), den nach einigen Monaten ein 2-l-Einspritzmotor ersetzte.

1982 zog sich Fiat vom amerikanischen Markt zurück, und der Spider war folglich wieder auf dem europäischen Markt erhältlich. Sein Name wurde jedoch in Spidereuropa umgeändert; zudem wurde er nunmehr unter der Marke Pininfarina vertrieben.

Fiat 127

Im Frühjahr 1971 präsentierte Fiat den 127, eine zweitürige Limousine, die den 850 ersetzen sollte. Das Modell wurde sofort ein Verkaufserfolg, so daß bereits nach drei Jahren mehr als 1 Million Stück produziert worden waren.

Das neue Modell aus Turin übernahm den zunächst mit dem Autobianchi Primula und dann mit dem 128 erprobten Vorderradantrieb; vom 128 erbte es auch die Aufhängungen, Bremsen und Lenkung, den Motor mit 903 cm³ und 47 PS vom 850 Sport.

Genau ein Jahr später stellte Fiat auf dem Automobilsalon von Genf die Version mit drei Türen vor, die sich durch die zusätzliche Heckklappe von der vorhergehenden Version unterschied. 1977 wurde das Programm geändert und durch die Einführung neuer Motoren erweitert: Zum Motor mit 903 cm³ kam der 50-PS-Motor mit 1.050 cm Hubraum, der danach auf 70 PS gesteigert und 1978 in den Sport (160 km/h) eingebaut wurde.

Im April 1980 präsentierte man dem Publikum die Version C mit 5 Türen, die aus der viertürigen Version entwickelt worden war und ab 1976 von dem spanischen Unternehmen Seat gebaut wurde. Im selben Jahr stellte Fiat eine weitere wichtige Variante vor: den Panorama, ein aus dem Modell 147 entwickelter Kombiwagen (d.h. ein 127, der in Brasilien im Werk von Belo Horizonte gebaut wurde). Die wichtigsten Unterschiede im Vergleich zur Limousine wiesen die Aufhängungen, der Kühler, das Übersetzungsverhältnis im Achsgetriebe, die Bremsen und der Benzintank auf.

Eine weitere, entscheidende Etappe in der Geschichte dieses Modell stellte das Jahr 1981 dar, in dem die Dieselversion mit einem 45-PS-Motor mit 1.301 cm³ eingeführt wurde. Für den Wagenkörper verwendete man den aus der zweiten Serie des 147. Gegen Ende des Jahres erfolgte eine teilweise Änderung des Programms: Das Styling der Karosserie wurde überarbeitet, an den mechanischen Komponenten (vor allem am Vergaser und am Getriebe und an der Kupplung) wurden geringfügige Modernisierungen vorgenommen.

Mit fünf Millionen Stück ist der 127 das am häufigsten verkaufte Fiat-Modell.

Fiat Ritmo

Der Ritmo, vorgestellt auf dem Turiner Automobilsalon 1978, stach sofort durch sein originelles Design hervor. Er wurde zu Beginn mit einer drei- oder fünftürigen Karosserie,

FIAT RITMO 60 (1978)
Motor: 4 Zylinder in Reihe mit obenliegender Nockenwelle, quergestellt
Bohrung/Hub: 80 mm x 55,5 mm
Hubraum: 1.116 cm³
Max. Leistung: 60 PS bei 5.800‑min
Getriebe: mechanisch, 4 Gänge
Rahmen: selbsttragende Karosserie
Aufhängung: Einzelradaufhängung vorn mit Federbein, Querlenker, Zugstreben und hydraulischen Stoßdämpfern; Einzelradaufhängung hinten mit Querlenker, Dämpferbein, Querblattfeder und hydraulischen Stoßdämpfern
Bremsen: Scheibenbremsen an den Vorderrädern
Karosserie: Limousine mit 3-5 Türen und 5 Sitzen
Höchstgeschwindigkeit: 145 km/h

Fiat Ritmo

mit einem 4- oder 5-Gang-Getriebe und Motoren mit 1,1, 1,3 oder 1,5 l Hubraum angeboten. Als Sonderausstattung konnte für die Version mit 1,5 l ein automatisches Volkswagen-Getriebe mit drei Gängen erworben werden. Ein Jahr später erweiterte die Einführung des Ritmo 60, der mit einem in Brasilien gebauten Motor mit 1.050 cm^3 ausgestattet war, die Angebotspalette erheblich. In derselben Zeit wurde die Fiat-Limousine in den USA unter dem Namen Strada verkauft.

Diesel-Modell mit einem 4-Zylinder-Motor mit 1,7 l Hubraum angeboten. 1981 folgte der Super, (1.300 cm^3 und 1.500 cm^3), der sich durch eine bessere Verarbeitung, komplettere Ausstattung und höhere Leistung auszeichnete. Ebenfalls 1981 wurde der Ritmo Abarth 125 TC (später 130 TC) präsentiert, der mit einem 2-l-Motor mit einer Leistung von 125 PS und einer Höchstgeschwindigkeit von 190 km/h aufwarten konnte.

Zur Ritmo-Serie gehörten folgende Modelle: 60 L, 60 CL,

des 128 Coupé entwickelt worden war, gestattete nicht zuletzt dank der verringerten Abmessungen der Bertone-Karosserie ausgezeichnete Fahrleistungen.

Dieses Automobil mit kantigen Linien und versenkbaren Scheinwerfern wurde bald ein Klassiker unter den neueren Sportmodellen, und die Anhänger eines sportlichen Fahrstils waren sofort von dem herausnehmbaren Dachteil und vor allem von der außergewöhnlichen Straßenlage begeistert.

FIAT TEMPRA 2.0 (1993)

Motor: 4 Zylinder in Reihe, zwei obenliegende Nockenwellen
Bohrung/Hub: 84 mm x 90 mm
Hubraum: 1.995 cm^3
Max. Leistung: 85 kW / 115 PS bei 5.750^{-min}
Getriebe: mechanisch, 5 Gänge oder 4-Gang-Automatik
Rahmen: selbsttragende Karosserie
Aufhängung: Einzelradaufhängung vorne und hinten, vorne an McPherson-Federbeinen, hinten an Längslenkern, Stabilisator vorne und hinten
Bremsen: Scheibenbremsen vorne und hinten
Karosserie: viertürige Limousine
Höchstgeschwindigkeit: 195 km/h

Fiat X1/9

Der Motor verfügte über 1.500 cm^3 Hubraum; seine Leistung war wegen der von den amerikanischen Vorschriften geforderten Abgasentgifter reduziert: der Motor erbrachte nur eine Leistung von 65 PS bei 5.100^{-min}, was jedoch für eine Höchstgeschwindigkeit von 150 km/h (mit Automatikgetriebe) ausreichte.

Um den Anforderungen des Marktes gerecht zu werden, wurde im Februar 1980 das

FIAT UNO (1983)

Motor: 4 Zylinder in Reihe mit hängenden Ventilen, quergestellt
Bohrung/Hub: 65 mm x 68 mm
Hubraum: 903 cm^3
Max. Leistung: 45 PS bei 5.600^{-min}
Getriebe: mechanisch, 5 Gänge
Rahmen: selbsttragende Karosserie
Aufhängung: Einzelradaufhängung vorn mit Federbeinen und Querlenkern und hydraulischen Stoßdämpfern; Einzelradaufhängung hinten mit Längslenkern und Schraubenfedern
Bremsen: Scheibenbremsen an den Vorderrädern
Karosserie: Limousine mit 3 – 5 Türen und 5 Sitzen
Höchstgeschwindigkeit: 140 km/h

60 Energy Saving (mit verringertem Kraftstoffverbrauch), 60 S, 70 CL Automatica, 70 S, 100 S, 130 Abarth TC, Diesel L und schließlich der Diesel CL; nicht zu vergessen der Regata, der im Jahr 1983 auf den Markt kam; diese viertürige Limousine war aus dem Ritmo entwickelt worden.

Fiat X1/9

Mit dem X1/9 wagte Fiat den mutigen Versuch, die Konzeption des Mittelmotors in der Großserienproduktion einzuführen. Der Motor, der aus dem

Als Fiat Anfang der achtziger Jahre beschloß, die Produktion des X1/9 einzustellen, kamen weiterhin ununterbrochen Anfragen, so daß sich Bertone entschloß, die Produktion auf eigene Faust fortzusetzen.

Fiat Uno

Nach einer Zeit der Krise, die die Position von Fiat auf dem europäischen Markt geschwächt hatte, gewann das Unternehmen im Januar 1983 das verlorene Terrain zurück, als der internationalen Presse der Uno, die neue Limousine

mit kleinem/mittlerem Hubraum vorgestellt wurde. Es handelte sich um einen modernen Wagen mit einer ausgesprochen keilförmigen Linie, der dann in den beiden Versionen mit drei oder fünf Türen angeboten wurde.

Der Uno ist in der Klasse der Kompaktautos bis heute äußerst erfolgreich, besonders in Italien. Zeitweise war jedes drit-

FIAT X1/9 (1973)

Motor: 4 Zylinder in Reihe mit obenliegender Nockenwelle, quergestellt, Mittelmotor
Bohrung/Hub: 86 mm x 55,5 mm
Hubraum: 1.290 cm^3
Max. Leistung: 75 PS
Getriebe: 4 Gänge
Rahmen: selbsttragende Karosserie
Aufhängung: Einzelradaufhängungen mit McPherson-Federbeinen und Querlenkern
Bremsen: Scheibenbremsen
Karosserie: zweisitziger Sportwagen
Höchstgeschwindigkeit: 169 km/h

Fiat Uno

Fiat Tempra

te in Italien neu zugelassene Auto ein Uno.

Der 900-cm³-Stoßstangenmotor der einfachsten Version – er stammte noch aus dem Vorgänger 127 – wurde 1985 durch das sogenannte FIRE-Triebwerk mit 1,0 l Hubraum ersetzt. Die Abkürzung steht für „Fully Integrated Robotized Engine" und bezeichnet die vollautomatische Fertigung des Motors.

Daneben kamen verschiedene Otto- und Dieselmotoren zum Einsatz. Die sportlichste Version – der Uno Turbo mit zunächst 100, seit der Überarbeitung der Reihe 1989 sogar ganzen 114 PS – erreicht eine Spitze von über 200 km/h und beschleunigt von 0 auf 100 in acht Sekunden.

Fiat Tempra

Der zum Modelljahr 1991 eingeführte Fiat Tempra basiert auf dem Tipo. Statt des kompakten hinteren Abschlusses mit Heckklappe besitzt der Tempra einen echten Kofferraum, was ihm gegenüber dem Tipo, dessen Gepäckraum eingeschränkt ist, einen deutlichen Vorteil verschafft.

Technisch unterscheiden sich die beiden Fahrzeuge nur geringfügig. Dem Antrieb dienen 4-Zylinder-Reihenmotoren mit 1,4 bis 2,0 l Hubraum. Das Einstiegsmodell leistet 71 PS, die Spitzenversion mit 2-l-Triebwerk 115 PS. Damit beschleunigt der rund 1.200 kg schwere Wagen in 10,5 Sekunden von 0 auf 100 km/h. Ergänzend sind zwei Diesel mit 1,7 und 1,9 l Hubraum und 65 bis 90 PS (Turbodiesel) im Programm.

Der Tempra wird als regulärer Nachfolger des Regata auch in einer Kombiversion angeboten, Station Wagon genannt. Der Tempra Station zeichnet sich durch ein im hinteren Bereich leicht erhöhtes Dach aus und bietet damit einen großen Laderaum. Der Station wird seit 1992 auch mit permanentem Allradantrieb angeboten.

FIDES
Rom, Italien
1905–1911

Die Società Fides-Fabbrica Automobili Marca Brasier, die 1905 in Rom entstand, konzentrierte sich fast ausschließlich auf die lizenzierte Herstellung von Automobilen, die in Frankreich von Henri Brasier entwickelt wurden.

Trotz der großen Hoffnungen seiner Gründer und trotz des Anklangs, den das Unternehmen beim Turiner Automobilsalon von 1906 und 1907 fand, gelang es ihm nie, sich auf dem Markt durchzusetzen. Um die schwere Krise zu überwinden, wurde 1908 Giovanni Enrico, ein fähiger Techniker, der bis 1907 erfolgreich bei Fiat gearbeitet hatte, in den Verwaltungsrat berufen. Aufgrund seiner Mitarbeit und seiner finanziellen Unterstützung wurde das Unternehmen in Fides Fabbrica Automobili Brevetti Enrico umbenannt; 1909 stellte man die Produktion der Brasier-Modelle ein, um selbst entworfene, neue Automobile zu bauen.

1911 wurde Fides aufgrund des bescheidenen Geschäfts und des plötzlichen Todes von Giovanni Enrico im Jahr 1909 aufgelöst; das Turiner Werk kaufte Lancia auf.

FIGARI
Mailand, Italien
1925

In Zusammenarbeit mit einem Dozenten des Polytechnikums in Mailand entwarf der Ingenieur Figari 1923 ein Automobil mit einen Zweitaktmotor mit vier Zylindern, 837 cm³ Hubraum und einer Leistung von 24/30 PS. Zu den Merkmalen dieses Wagens zählte ein originelles Aufladungssystem, ein Patent von Figari, das nicht den üblichen volumetrischen Kompressor verwendete.

Trotz der guten Leistungen kam dieses Modell, das 1925 realisiert wurde, nicht über die Stufe des Prototypen hinaus und wurde somit auch nie serienmäßig gebaut.

FIGINI
Mailand, Italien
1898–1919

1898 gründete Luigi Figini in Mailand eine Firma für technische Konstruktionen, deren Produktion sich zunächst auf Fahrräder mit Motor und Motorräder beschränkte und die dann ab 1900 auch auf Automobile ausgedehnt wurde. Das erste Figini-Automobil war ein Viersitzer mit einem Stahlrohrrahmen und einem 4-Zylinder-Motor mit 4 HP. Danach folgten ein Spider und zwei Tonneau mit 2-Zylinder-Motoren mit einer Leistung von 6 und 8 HP.

Offiziell wurden 1913 die letzten Modelle (mit Motoren mit 12 bis 50 HP) gebaut, aber 1919 tauchte der Name Figini nochmals beim Mailänder Automobilsalon auf, wo man einen sehr interessanten Prototypen vorstellte. Dieses Modell wurde jedoch nie produziert.

FIMER
Mailand, Italien
1947

1947 konstruierte die Fabbrica Italiana Motoveicoli e Rimorchi (FIMER) in Mailand einige Exemplare eines Zweisitzers mit einem 2-Takt-Motor mit zwei Zylindern und 250 cm³ Hubraum. Das FIMER-Projekt hatte jedoch nur mäßigen Erfolg und wurde noch im selben Jahr wieder eingestellt.

FLAG
Genua, Italien
1905–1907

Die 1905 gegründete Fabbrica Ligure di Automobili Ge-

Florentia 10 HP

nova (FLAG) baute einige Jahre lang 4-Zylinder-Modelle mit Leistungen zwischen 16 und 70 PS mit 2-Block-Motoren. 1906 plante FLAG, die Modelle des britischen Automobilunternehmens Thornycroft in London in Lizenz zu bauen, aber es traten große technische und organisatorische Probleme auf, so daß FLAG 1907 Konkurs anmelden mußte. Das Unternehmen wurde von SPA aufgekauft.

FLIRT
**Turin, Italien
1913–1914**

Beim Pariser Automobilsalon von 1913 wurde ein Sportwagen mit einem Motor mit 2.724 cm³ und zwei Nockenwellen sowie einer Höchstgeschwindigkeit von 100 km/h vorgestellt, der von dem Turiner Ingenieur Pestalozzi konstruiert worden war. Der Markenname setzte sich aus den Anfangsbuchstaben des bekannten lateinischen Zitats „Fortis levis iucunda rapida transeat" (Fahre kraftvoll, leicht, fröhlich, schnell) zusammen.

Trotz des Interesses von seiten der Öffentlichkeit wurde das Unternehmen nach nur einem Jahr schon wieder aufgegeben.

FLORENTIA
**Florenz, Italien
1903–1910**

Das Unternehmen, das am 11. März 1903 in Florenz gegründet wurde, begann seine Produktion mit einem 10-HP-Modell, einem Kleinwagen mit einem 2-Zylinder-Motor mit 1.400 cm³ und einer Spitzengeschwindigkeit von 55 km/h. Zu den wichtigsten technischen Charakteristika zählten u. a. ein 3-Gang-Getriebe mit Rückwärtsgang und ein Kardanantrieb.

Die Vorstellung eines Rennmodells mit 20 HP beim Turiner Automobilsalon von 1904 stellte einen ersten Versuch des Unternehmens dar, auch im internationalen Sportwagensektor Fuß zu fassen.

Dieses Modell nahm jedoch nie an Rennen teil. Gegen Ende des Jahres begann Florentia, in Lizenz Rochet-Schneider-Autos zu bauen. Damit gelang es, die Produktion und die Gewinne zu steigern.

Ende 1906 erfolgte der Beschluß, die Produktion der Rochet-Schneider-Automobile einzustellen und stattdessen selbst entwickelte Modelle (mit 10 HP, 18 HP und 28 HP) zu fertigen. Leider verschlechterte sich die finanzielle Situation des Unternehmens in Florenz zunehmend, so daß es 1910 aufgelöst wurde.

FN
**Lièges, Belgien
1899–1939**

Ursprünglich war FN als Rüstungsunternehmen bekannt; 1896 wurde es jedoch von einer Gruppe deutscher Unternehmen übernommen, die vorhatte, ihre Aktivitäten auf den Automobilsektor auszudehnen. Nachdem ein französisches Vierrad und ein amerikanisches Auto mit Elektroantrieb

FN 1300 (1923)
Motor: 4 Zylinder in Reihe mit hängenden Ventilen
Bohrung/Hub: 65 mm x 100 mm
Hubraum: 1.327 cm³
Max. Leistung: 35 PS
Getriebe: mechanisch, 3 Gänge
Rahmen: Leiterrahmen
Aufhängung: Vorder- und Hinterachse als Starrachse mit Halbelliptikfedern
Bremsen: Trommelbremsen an den Vorder- und Hinterrädern
Karosserie: Sportwagen, Torpedo oder Limousine
Höchstgeschwindigkeit: 113 km/h

getestet worden waren, stellte FN im März 1899 eine Voiturette mit einem wassergekühlten 2-Zylinder-Motor mit 2,5 PS und einem 2-Gang-Getriebe vor. Bis zum Frühjahr des Jahres 1900 wurde von diesem Modell, das, nur wenig verändert, mit einem stärkeren Motor (3,5 PS) in Produktion ging, eine Serie von 100 Exemplaren gebaut. Auf den Erfolg dieses ersten Modells hin entwarf FN eine Version mit 4,5 PS; von dieser Variante wurden 280 Exemplare gebaut.

1901 konstruierte FN ein „Monster" mit 100 PS und Mixte-Antrieb (Benzinmotor und Elektromotor). Ein Jahr später übernahm FN die Agentur, die in Belgien für den Vertrieb der De-Dion-Bouton-Automobile zuständig war, und unterbrach die Produktion seiner Modelle. 1905 schloß FN mit La Locomotrice einen Vertrag über die lizenzierte Herstellung der Produkte der französischen Firma Rochet-Schneider, 1908 nahm jedoch das Unternehmen wieder die Produktion von eigenen Modelle auf; u. a. stellte es den beeindruckenden 30/40 PS mit 6,9 l vor, von dem 125 Exemplare gebaut wurden.

1909 wurde in das Sparmodell 14/18 PS, das 1906 vorgestellt worden war, ein Motor mit 2.100 cm³ anstelle des ursprünglichen 2-l-Motors eingebaut. Neben dem 14/18 PS bot FN auch technisch bewährte, leichte Automobile an wie die Modelle 8/10 PS, 8/12 PS und die größeren und leistungsstärkeren 14/18 PS und 16/24 PS.

Die Automobilherstellung wurde durch den Ersten Weltkrieg unterbrochen und dann

FN 1300 Sport

1920 mit einer Serie, die jedoch an die Modelle von 1914 anknüpfte, wieder aufgenommen. Der erste neue FN der Nachkriegszeit war der 25 PS (3.800 cm³), der im Oktober 1920 auf dem Automobilsalon in London vorgestellt wurde. Der bekannteste FN der zwanziger Jahre war ein Modell mit einem obengesteuerten Motor mit 1.300 cm³, der zusammen mit den beiden aus ihm entwickelten Versionen mit 1.400 cm³ und 1.625 cm³ bis 1933 gebaut wurde.

Von 1930 bis 1935 wurde der 832, ein Modell im Stil der amerikanischen Automobile, verkauft. Dieser Wagen hatte einen 8-Zylinder-Reihenmotor mit 3,2 l und ein 4-Gang-Getriebe, die Lenkung wurde nach Wahl rechts oder links eingebaut. 1933 ersetzte man die alten Modelle mit 1.625 cm³ durch den 2-l-Prince-Baudouin, den ersten FN mit einer

Ganzstahlkarosserie. Im Dezember 1934 präsentierte das Unternehmen den Prince Albert, der nach Wahl mit einem Motor mit 2,2 l oder 3,8 l geliefert wurde und auch in der Version als „Surprofile"-Limousine erhältlich war.

Die Produktion der FN-Automobile wurde 1935 eingestellt, als Belgien in der Absicht, die Errichtung von amerikanischen Automobilwerken im eigenen Lande zu fördern, mit den Vereinigten Staaten einen Vertrag schloß, der die Importsteuern für Kfz-Bauteile drastisch senkte.

FOD
**Turin, Italien
1924–1927**

Die Firma Fonderie Officine De Benedetti, die sich auf Leichtmetallguß spezialisiert hatte, stellte 1924 unter der Marke FOD ein komplettes Automobil vor, für dessen Vertrieb das Unternehmen umstrukturiert und in Società Anonima Fonderie Officine de Benedetti-Fabbrica Vetturette FOD umbenannt wurde.

Für das von dem Turiner Unternehmen angebotene Modell verwendete man weitgehend Leichtmetallegierungen: Es war kaum mehr als ein „Cyclecar", hatte sehr einfache Aufhängungen und war mit einem 4-Zylinder-Motor von nur 565 cm³ und hängenden Ventilen ausgestattet. Das Modell besaß ein höhenverstellbares Lenkrad und ein Motorgehäuse, das den vorderen Rahmenkopf bildete. Der FOD wurde mit verschiedenen Karosserien, z.B. als Spider oder zweitürige Limousine angeboten.

Das Turiner Unternehmen beteiligte sich an zahlreichen Rennen, bei denen der Inhaber der Firma, der Ingenieur de Benedetti häufig selbst an den Start ging. 1926 wurde mit SAM in Legnano ein Vertrag geschlossen; dieses Unternehmen sollte die Rahmen montieren und die Karosserien der FOD-Kleinwagen fertigen. Gerade zu jener Zeit begannen die ersten finanziellen Schwierigkeiten, da das Publikum das Interesse an diesen Kleinwagen verlor. 1927 wurde das Unternehmen aufgelöst.

FORD
**Detroit, USA
Dagenham, Großbritannien
Köln, Deutschland
1903-**

Henry Ford, der Sohn eines Landwirts, nahm sich schon in seiner frühesten Jugend vor, eine Maschine zu erfinden, die die mühevolle Arbeit auf den Feldern für den Menschen erleichtern sollte. 1893, als er noch Mitarbeiter der Edison Illuminating Company in Detroit war, konstruierte Henry einen primitiven Verbrennungsmotor, wobei er sich mit den wenigen Informationen über Motoren behalf, die damals in den Zeitschriften veröffentlicht wurden. Drei Jahre später baute er bereits ein kleines Versuchsvierrad. Nach mehreren vergeblichen Anläufen, ein eigenes Automobilunternehmen zu gründen (aus der Henry Ford Company, die er 1902 gründete, entstand nach seinem Ausscheiden Cadillac), war Henry Ford das Glück schließlich hold, als er am 24. Juni 1903 die Ford Motor Company gründete.

Fords Wunsch, „ein Automobil für die großen Massen" zu konstruieren, wurde mit den ersten 2-Zylinder-Modellen, die A, C und F genannt wurden, Wirklichkeit. Die Kapitalgeber zwangen jedoch Ford, aufwendigere Modelle zu bauen, und so entstanden die Modelle B mit vier Zylindern und K mit sechs Zylindern. Der magere Erfolg dieser Modelle überzeugte Ford, daß es für seinen Geschäftserfolg besser wäre, wenn er sich von den „Ratschlägen" der Kapitalgeber unabhängig machte. Die Einführung des Model N (4-Zylinder-Motor mit 15 PS) brachte Ford den ersten echten Erfolg. Dieses preisgünstige Automobil mit einer Karosserie, die auf das Wesentlichste beschränkt war (nur die teureren Versionen R und S hatten eine komplette Karosserie), bildete die Ausgangsbasis für den unsterblichen Ford Model T, der im Oktober 1908 auf den Markt kam. Der Model T, der bis 1927 gebaut wurde, hatte weiterhin ein Planeten-2-Gang-Getriebe, das mittels Pedal betätigt wurde, und eine Bremsanlage, die nur auf die Hinterräder wirkte. Dennoch wurde eine außergewöhnlich hohe Zahl von Exemplaren des Model T verkauft, den man als das Automobil bezeichnete, „das die ganze Welt mit Rädern ausgerüstet hat". Dank des Erfolgs des Model T konnte Henry Ford die Anteile von allen anderen Aktionären aufkaufen. Insgesamt wurden von dem Model T 16 Millionen Stück verkauft.

Das Modell, das auf den Model T folgen sollte, stellte für Ford eine neue Ausgangsbasis dar; es wurde daher Model A genannt. Dieses Automobil, das technisch weitgehend auf dem neuesten Stand war (Vierradbremsen und 3-Gang-Zahnradwechsel-Getriebe), setzte in der Serienproduktion von Automobilen in einigen Bereichen neue Maßstäbe: Es war z.B. das erste in großer Stückzahl hergestellte Auto mit einer Windschutzscheibe aus Sicherheitsglas und hydraulischen Stoßdämpfern. 1929 wurde das Model A zudem als erstes in großer Serie gefertigtes Automobil in der Ausfüh-

FORD MODEL T (1926)

Motor: 4 Zylinder in Reihe mit stehenden Ventilen
Bohrung/Hub: 95 mm x 101 mm
Hubraum: 2.864 cm³
Max. Leistung: 22 PS
Getriebe: Planeten-2-Gang-Getriebe, das mittels Pedal betätigt wurde
Rahmen: Leiterrahmen
Aufhängung: Vorder- und Hinterachse als Starrachsen mit querliegenden Halbelliptikfedern
Bremsen: nur an den Hinterrädern
Karosserie: Tourer, Torpedo, Coupé, Sedan
Höchstgeschwindigkeit: 72 km/h

Ford Model T

rung als Kombiwagen angeboten, der unmittelbar aus dem Grundmodell entwickelt worden war. Der Erfolg des Model A ließ nicht auf sich warten: In den ersten 16 Monaten wurden über eine Million Exemplare verkauft. Dieser Rekord blieb bis zur Einführung des Escorts im Jahre 1980 ungeschlagen. Im Frühjahr 1932 wurde das Model A durch das 4-Zylinder-Model AB (das dann offiziell Model B genannt wurde) und vor allem durch den 18F V8 abgelöst, der auf den gleichen Rahmen wie das Modell B montiert wa, aber offensichtliche Mängel am Bremssystem aufwies. Trotz der zahlreichen Schwierigkeiten, mit denen die ersten Exemplare zu kämpfen hatten, trug der V8 in entscheidender Form zur Entwicklung des amerikanischen Unternehmens bei. Zu Beginn der dreißiger Jahre zeigte sich allmählich, daß die für den amerikanischen Markt entworfenen Modelle kaum für den europäischen Markt geeignet waren. Ford sah sich deshalb gezwungen, ein neues, kleineres Automobil zu entwickeln, um sein neues britisches Werk in Dagenham vor dem Konkurs zu retten. Von Oktober 1931 bis Februar 1932 baute man einen Prototypen mit 993 cm³, der Model Y genannt wurde. Nach zahlreichen Änderungen am Prototypen, die von den Händlern und vom Publikum im Rahmen einer Umfrage vorgeschlagen wurden, begann im August 1932 die Produktion des Model Y. Zusammen mit dem Model C mit 1.172 cm³ (der 1934 vorgestellt wurde) stellte das Model Y in den darauffolgenden 30 Jahren einen Bezugspunkt für die gesamte europäische Ford-Produktion dar. In Europa wurde außer dem V8 mit 3,2 l auch eine Variante mit 2,2 l angeboten.

In der amerikanischen Produktion war dagegen der V8 mit 3,6 l während der dreißiger Jahre das Spitzenmodell. 1942 stellte Ford mit diesem Modell, dessen Motor auf den neuesten Stand gebracht wurde, die Weichen für die Produktion der Nachkriegszeit (der vor dem Krieg verwendete V8 wurde durch einen Mercury mit 3.916 cm³ ersetzt). In Europa hielt sich der V8 noch lange auf dem Markt; 1947 wurde in Dagenham die Produktion einer modernisierten Variante, des V8 Pilot, begonnen.

Ab 1949 erhielten die amerikanischen Ford längere und niedrigere Karosserien und Einzelradaufhängungen vorn mit Schraubenfedern.

Ab 1952 war der Basismotor für die in Amerika hergestellten Modelle der neue Sechszylinder mit kurzem Hub und 3.654 cm³, der bis 1964 gebaut wurde. 1954 ging auch ein obengesteuerter V8 mit 3.917 cm³ in Produktion. Die Modellpalette von 1955 kennzeichnete mit der Einführung von Panorama-Windschutzscheiben und der Lackierung in zwei Farbtönen eine Wende im Ford-Stil. Unter den neuen Modellen sei der Thunderbird, ein Zweisitzer, erwähnt, der von Anfang an ein großer Erfolg war.

Während die 1957 vorgestellte Modellpalette für Amerika sehr umfangreich war (u.a. gehörten die Modelle Custom, Custom 300, Fairlane und Fairlane 500 sowie eine Reihe von Motoren von 4.457 cm³ bis 5.113 cm³ dazu), blieb das Ford-Angebot für Europa sehr beschränkt. Nach dem Zweiten Weltkrieg nahm Ford in seinem französischen Werk den kleinen Vedette (V8-Motor mit 2,2 l) in Produktion, aber 1954 wurden sowohl die Pläne als auch die Maschinen für die Produktion an Simca verkauft. Die übrigen in Europa gebauten Ford-Modelle waren in ihrer Technik sehr konventionell, und während der gesamten fünfziger Jahre verwendeten die in Großbritannien und Deutschland hergestellten, kleineren Modelle den seitengesteuerten 1,2-l-Motor. Bei den Modellen mit größerem Hubraum hatte der Ausbruch des Zweiten Weltkriegs die bis dahin vorhandene Abstimmung der technischen Entwicklung in den Ford-Niederlassungen Deutschlands und Großbritanniens unterbunden. Bis zur Gründung der Ford Europa im Jahr 1967 zogen es die britischen und die deutschen Unternehmen vor, ihre Entwicklungsprogramme getrennt voneinander mit dem Stammhaus abzustimmen. Die bedeutendsten Modelle dieser Zeit waren in Deutschland die verschiedenen Taunus-Modelle; für die britische Produktion hingegen sind der 105E Anglia (obengesteuerter Motor, 4-Gang-Getriebe und Heckfenster, das im Vergleich zu herkömmlichen Modellen in die entgegengesetzte Richtung geneigt war), der Cortina und der GT40, ein in Kleinstserie gebauter Sportwagen, zu erwähnen.

In den USA war der Ford Mustang, ein 1964 vorgestellter Sportwagen von ausgeprägter Individualität, zweifellos eines der erfolgreichsten Ford-Modelle. Dieser Zweisitzer hatte in der Standardausführung einen 6-Zylinder-Motor mit 2.786 cm³, auf Wunsch wurde er auch in drei verschiedenen Versionen des V8-Motors mit 4.736 cm³ geliefert. Schon zwei Jahre nach seiner Einführung konnte Ford den Verkauf des einmillionsten Mustang feiern.

Die Vereinheitlichung der in Europa hergestellten Modelle setzte ab 1968 mit dem Escort und dem Capri ein.

Mit dem 1976 vorgestellten Fiesta kehrte Ford zum Vorderradantrieb zurück, von Ford-Deutschland bei den Taunus 12M/15M-Modellen bereits von 1962 bis 1970 angewendet. Mit dem Fiesta begann das neue Werk in Valencia in Spanien seine Produktion. 1974 wurden alle amerikanischen Ford-Modelle mit Scheibenbremsen ausgestattet.

1978 wurde der Maverick durch den Fairmont, ein Modell im europäischen Stil, ersetzt; ebenfalls 1978 begann der Import der in Europa hergestellten Fiesta 1600 nach Amerika. Anfang der achtziger Jahre kennzeichnete eine größere Einheitlichkeit die amerikanischen und europäischen Modelle, wobei das typische Design des Alten Kontinents eindeutig vorherrschte. Der Escort mit Vorderradantrieb, der 1980 auf den Markt kam und auf beiden Seiten des Atlantiks hergestellt wurde, erzielte in nur 13 Monaten 1 Mio. verkaufte Exemplare; damit brach er den Rekord des Model A. Die Einführung des europäischen Sierra und des amerikanischen Tempo im Jahre 1982 ist ein Beweis für die beachtlichen Anstrengungen, die Ford im Streben nach einem aerodynamischen Stil unternahm. Die Zusammenarbeit zwischen dem Stammhaus und den eu-

Ford Model A

FORD MODEL A (1930)

Motor: 4 Zylinder in Reihe mit stehenden Ventilen
Bohrung/Hub: 98,4 mm x 108 mm
Hubraum: 3.285 cm³
Max. Leistung: 40 PS
Getriebe: 3 Gänge
Rahmen: Leiterrahmen
Aufhängung: Vorder- und Hinterachse als Starrachse mit querliegenden Halbelliptikfedern
Bremsen: mechanisch betätigte Trommelbremsen an den Vorder- und Hinterrädern
Karosserie: Tourer, Coupé, Torpedo, Sedan
Höchstgeschwindigkeit: 97 km/h

ropäischen Tochterfirmen erhielt 1985 neue Impulse, als Ford die Fertigung der Karosserie für den Sierra XR4, eine Limousine mit europäischer Technik, Karmann anvertraute.

Ford Model T

Im Oktober 1908 wurde der Model T vorgestellt, dessen Hauptmerkmale Henry Ford selbst festlegte; diese wurden dann von dem ungarischen Konstrukteur Joseph Galamb mit der Unterstützung des fähigen Technikers Childe Harold Wills, der das Markenzeichen von Ford entworfen hatte, realisiert. Der Ford T, der für die Straßen des ländlichen Amerikas bestimmt war, zeichnete sich durch einen beträchtlichen Abstand zwischen Boden und Fahrzeug aus, und trotz seines moderaten Herstellungspreises wurden die besten, damals verfügbaren Materialien verwendet. Sein Rahmen z.B. zeichnete sich

Ford V8

durch große Stabilität aus, was die Verwendung von Vanadiumstahl bewirkte. Herausragend im Zusammenhang mit dem Ford T war jedoch die Herstellung am Fließband (ab Dezember 1913). Die Einführung des Fließbandes in die Automobilindustrie ist die eigentliche Pionierleistung Henry Fords und seiner Manager.

Von 1908 bis 1927 produzierte Ford ca. 16 Millionen Exemplare des Model T.

Ford Model A

Wegen der Unverkäuflichkeit des inzwischen technisch veralteten T-Modells war Henry Ford im Sommer 1927 gezwungen, die Produktion des Model T einzustellen und für einige Monate das Werk zu schließen, weil das Nachfolgermodell noch nicht produktionsreif war.

Sein Sohn Edsel sollte schließlich bei der Entwicklung des Model A, der sich gegenüber dem Model T als sehr modern erwies, eine entscheidende Rolle spielen. Es wurden Vierradbremsen eingebaut, und nach einem Unfall bei einer Testfahrt traf Ford eine weitere mutige Entscheidung: In das Model A sollten serienmäßig Windschutzscheiben aus Sicherheitsglas eingebaut werden. Ein weiterer technischer Fortschritt waren die hydraulischen Stoßdämpfer.

Obwohl das Modell in relativ kurzer Zeit entwickelt worden war, erwies es sich komfortabler als der Model T, und in nur 16 Monaten nach seiner Einführung im Dezember 1927 waren bereits über eine Million Stück davon verkauft worden.

Allerdings war dem Model A aufgrund der Weltwirtschaftskrise kein so langes Leben wie dem Model T vergönnt; seine Produktion wurde im Frühjahr 1932 eingestellt und durch den V8 abgelöst, der, in der Version mit 4-Zylinder-Motor des Model AB, innerhalb des Unter-

---

FORD V8 (1932)

Motor: 8-Zylinder-V-Motor mit stehenden Ventilen
Bohrung/Hub: 77,8 mm x 95,25 mm
Hubraum: 3.622 cm³
Max. Leistung: 65 PS
Getriebe: mechanisch, 3 Gänge
Rahmen: Leiterrahmen
Aufhängung: Vorder- und Hinterachse als Starrachse mit Querblattfedern
Bremsen: mechanisch betätigte Trommelbremsen an den Vorder-und Hinterrädern
Karosserie: Tourer, Coupé, Torpedo, Vittoria, Sedan
Höchstgeschwindigkeit: 120 km/h

---

nehmens lediglich als verbesserte Version des Model A betrachtet wurde.

Ford V8

Der V8 war die Realisation einer fixen Idee von Henry Ford, nämlich ein Automobil mit einem 8-Zylinder-Motor zu bauen. Die endgültige Entscheidung, ein 8-Zylinder-Modell zu konstruieren, wurde getroffen, als die Notwendigkeit, ein Ersatzmodell für den Model A zu finden, klar zutage trat.

Während des Winters 1930/31 wurden im geheimen 20 Versuchsautos mit 8-Zylinder-Motoren gebaut. Als die Weltwirtschaftskrise begann, mußte das Programm vorübergehend unterbrochen werden. Im Frühjahr 1931 wurde der Model A daher mit dem 4-Zylinder-Modell AB „modernisiert", aber Henry Ford war trotz der wieder gestiegenen, beachtlichen Produktionszahlen nicht zufrieden und beschloß, das Projekt des 8-Zylinder-Modells wiederaufzunehmen. Die Konstrukteure von Ford hatten inzwischen alle V8-Motoren, die in den letzten Jahren in den USA auf den Markt gekommen waren, untersucht und dabei ein wahres Wunder vollbracht, indem sie die komplexe Technik eines solchen Motors mit den Anforderungen eines in großer Serie gefertigten Autos in Einklang brachten. Natürlich traten noch einige Mängel auf, und viele Komponenten wurden während der ersten Monate geändert. Der ursprüngliche Rahmen konnte mit den sportlichen Leistungen des starken Motors nicht mithalten, und auch das Bremssystem funktionierte nicht einwandfrei. 1933 wurden sowohl die Karosserie als auch der Rahmen des V8 überarbeitet. Der Motor des V8 blieb ohne wesentlichen Änderungen jahrzehntelang in Produktion und erreichte eine größere „Langlebigkeit" als der Model T. Der letzte Personenwagen, in den der V8-Motor eingebaut wurde, war der Simca Vedette 1961 ex Ford/F Vedette.

Ford Thunderbird

Der Prototyp des Thunderbird wurde im Februar 1954 bei der Auto Show in Detroit vorge-

---

FORD THUNDERBIRD (1954)

Motor: 8-Zylinder-V-Motor mit stehenden Ventilen
Bohrung/Hub: 96,52 mm x 87,37 mm
Hubraum: 5.113 cm³
Max. Leistung: 225 PS
Getriebe: 3-Gang-Getriebe mit Overdrive
Rahmen: Leiterrahmen
Aufhängung: Vorderachse mit Einzelradaufhängung und Schraubenfedern; Hinterachse als Starrachse mit Halbelliptikfedern
Bremsen: Trommelbremsen an den Vorder- und Hinterrädern
Karosserie: zweisitziger Sportwagen
Höchstgeschwindigkeit: 187 km/h

Ford Thunderbird

stellt. Der erste serienmäßig hergestellte Thunderbird verließ am 9. September 1954 das Werk in Dearborn. Die Wagen wurde zunächst mit einem elektrisch betätigten Klappverdeck aus Hanfleinwand für die Schönwettersaison und einem abmontierbaren, starren Dach für schlechtes Wetter geliefert. 1956 erhielt das starre Dach die Thunderbird-typischen ovalen Seitenfenster.

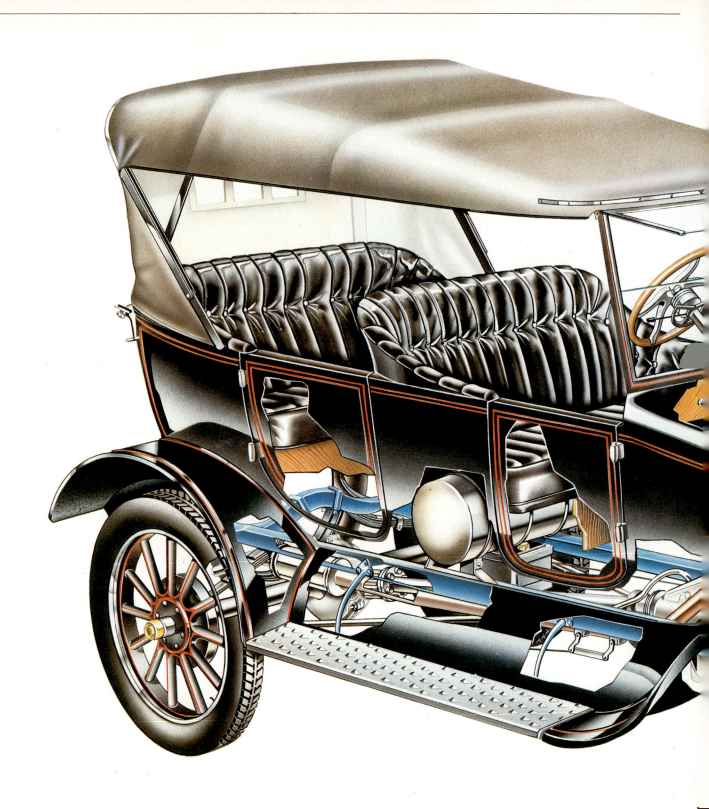

OBEN *Der Ford Model T (oder „Tin Lizzie", wie er im Volksmund genannt wurde) weist auch für die damalige Zeit (1908) eine äußerst einfache Konstruktion auf. Ungewöhnlich war das Planetengetriebe mit fußbetätigter Gangschaltung. Die Achsaufhängungen an Querblattfedern machten Reaktionsstreben an Vorder- und Hinterachse erforderlich. Auf gerader Strecke waren die Leistungen dieses Systems mit denen der damals üblichen Aufhängungen mit Halbelliptikfedern, die in Längsrichtung an jedem Achsende angebracht waren, durchaus vergleichbar. Problematisch wurde das Verhalten der Aufhängungen wegen des geringen Widerstands gegen Schlingerbewegungen und wegen der verringerten Richtungsstabilität bei Kurvenfahrten. Der Motor war wegen der geringen Durchmesser der Ansaug- und Auspuffkrümmer und des unterdimensionierten Vergasers nicht besonders leistungsstark. Die Tatsache jedoch, daß der Motor gedrosselt war, machte ihn sehr zuverlässig und dauerhaft, auch wenn der heutige Autofahrer eher den Eindruck gewinnt, daß die Wartung des Motors und des Getriebes beunruhigend oft erforderlich waren. Die enorme Verbreitung, die der Ford T damals erfuhr, garantierte, daß neue oder gebrauchte Ersatzteile leicht und zu niedrigen Preisen erhältlich waren. Die außergewöhnliche Funktionalität des Ford T und seine Zuverlässigkeit machten ihn zu einem der ausdrucksvollsten Beispiele der Technik der zwanziger Jahre.*

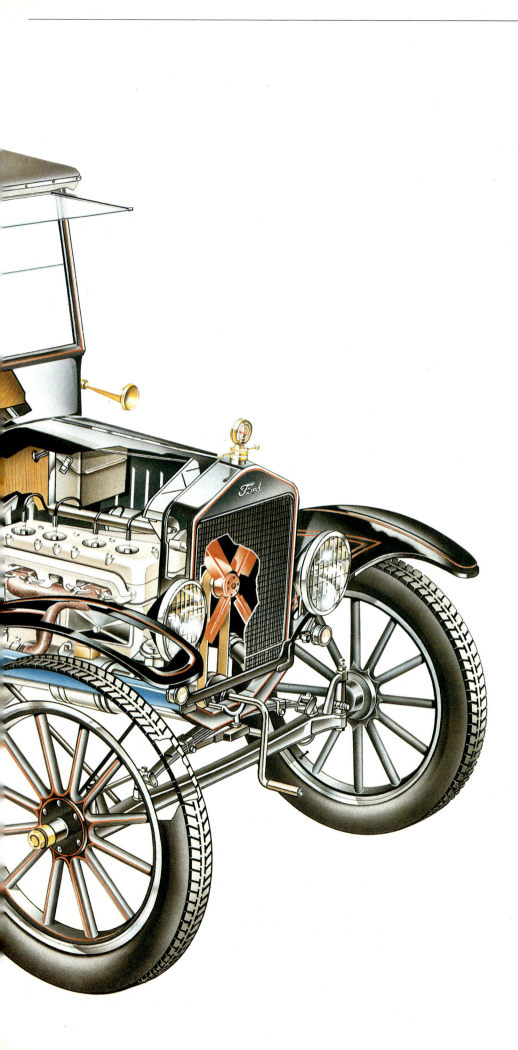

Ford Model T (1908)

Motor
Position: vorne, in Längsrichtung
Bauart: 4-Zylinder-Reihenmotor
Hubraum: 2.895 cm³
Bohrung/Hub: 95,25 mm x 101 mm
Verdichtungsverhältnis: 4,5 : 1
Ventilsteuerung: 2 seitlich stehende Ventile pro Zylinder
Gemischbildung: Holley-Steigstromvergaser
Zündanlage: Schwungmagnetzündung mit Unterbrecher (Trembleur)
Max. Leistung: 20 PS bei 1.800^{-min}

Übertragung
Antrieb: Kupplung und Getriebe in einem Block mit dem Motor
Kupplung: Mehrscheibenkupplung
Getriebe: mechanisch mit 2 Gängen und Planetenradgetriebe
Übersetzungsverhältnis: I) 2,74 : 1; II) 1,00 : 1
Achsgetriebe: Kegelradgetriebe
Übersetzungsverhältnis im Achsgetriebe: 3,64 : 1

Aufhängung
Vorderachse: Starrachse mit querliegender Halbelliptikfeder und Reaktionsstreben
Hinterachse: Starrachse mit querliegender Halbelliptikfeder und Reaktionsstreben

Lenkung
System: Schraubenlenkung (1,25 Umdrehungen von Anschlag zu Anschlag)

Bremsen
Typ: mechanische Bremsen; mit Fußpedal betätigte Bandbremse auf Getriebe; mit Handhebel betätigte Innenbackenbremse an den Hinterrädern

Räder und Bereifung
Felgen: fest montierte Speichenräder aus Holz
Bereifung: Wulstreifen, 30 x 3 1/2 (76 cm x 9 cm)

Karosserie und Rahmen
Karosserie: separate Karosserie, die mit Schrauben am Rahmen befestigt wird.
Rahmen: Leiterrahmen aus Vanadiumstahl mit vorderem und hinterem Querträger

Abmessungen und Gewicht
Länge: 3.556 mm
Breite: 1.676 mm
Radstand: 2.553 mm
Vordere Spurweite und hintere Spurweite: 1.448 mm und 1.461 mm
Gewicht: 698,5 kg

Leistungen
Höchstgeschwindigkeit: 67,5 km/h
Kraftstoffverbrauch: 14 l/100 km

FORD

Ford Mondeo

FORD MUSTANG (1966)
Motor: 8-Zylinder-V-Motor mit hängenden Ventilen
Bohrung/Hub: 101,6 mm x 72,9 mm
Hubraum: 4.736 cm³
Max. Leistung: 210 PS
Getriebe: manuell, mit 3 oder 4 Gängen oder automatisch
Rahmen: selbsttragende Karosserie
Aufhängung: Vorderachse mit Einzelradaufhängung, Querlenkern und Schraubenfedern; Hinterachse als Starrachse mit Halbelliptikfedern
Bremsen: Trommelbremsen
Karosserie: Cabriolet, Coupé
Höchstgeschwindigkeit: 177 km/h

FORD MONDEO 2.0i (1993)
Motor: 4 Zylinder in Reihe, zwei obenliegende Nockenwellen, 16 Ventile
Bohrung/Hub: 84,8 mm x 88,0 mm
Hubraum: 1.988 cm³
Max. Leistung: 100 kW / 136 PS bei 6.000⁻ᵐⁱⁿ
Getriebe: mechanisch, 5 Gänge oder 4-Gang-Automatik, Frontantrieb
Rahmen: selbsttragende Karosserie
Aufhängung: Einzelradaufhängung vorne und hinten
Bremsen: Scheibenbremsen vorne und hinten
Karosserie: viertürige Limousine
Höchstgeschwindigkeit: 204 km/h

Ford Mustang

Die Thunderbird-Serie blieb über 30 Jahre lang in Produktion, die repräsentativeren Modelle waren allerdings jene, die von 1955 bis 1957 gebaut wurden; in diesem erfolgreichen Zeitraum belief sich die Gesamtproduktion der Thunderbirds auf 54.000 Stück.

Ford Mondeo

Der 1993 präsentierte Ford Mondeo ist der Nachfolger des Sierra und damit in Deutschland letztlich der Nachfahre der erfolgreichen Taunus-Modelle der fünfziger, sechziger und siebziger Jahre. Im Gegensatz zum Sierra werden beim Mondeo die Vorderräder angetrieben. Damit ist die 1985 eingeführte Scorpio-Limousine (in Großbritannien „Granada") der einzige Ford mit Heckantrieb. Für Vortrieb sorgen Vierventil-4-Zylinder mit 1,6 bis 2,0 l Hubraum und 90 bis 136 PS sowie ein 2,5-l-V6 mit 170 PS. Dazu kommt ein Turbodiesel.

Der Mondeo ist das erste „Weltauto" von Ford, denn er wird international in identischer Form gebaut und überall unter gleichem Namen verkauft.

Ford Mustang

Unter den nach dem Krieg gebauten Autos nimmt der Ford Mustang, der im Mai 1964 eingeführt wurde, zweifellos eine Spitzenstellung ein.

Dank seiner Linie, bei deren Planung eher auf Absatzfähigkeit als auf Funktionalität geachtet wurde, erfreute sich der Mustang 2+2 sofort äußerster Beliebtheit, und innerhalb eines Jahres nach seiner Einführung waren 400.000 Stück verkauft. Beim Motor konnten die Käufer am Anfang zwischen einem 6-Zylinder-Reihenmotor mit 2.786 cm³ und dem V8 mit 4.260 oder 4.736 cm³ wählen.

Der V8 mit größerem Hubraum war in verschiedenen Ausrüstungen erhältlich, und wurde, wie es vorauszusehen war, schließlich serienmäßig in den Ford Mustang eingebaut. Dank dieser großen Auswahl konnte der Sportwagen als ein maßgefertigtes Auto betrachtet werden; die Palette reichte vom alltagstauglichen Convertible bis zu der Variante mit höchsten Leistungen (210 km/h).

Ein Rennmodell durfte natürlich dabei nicht fehlen: Der 350 GT (die Zahl 350 gab die Motorleistung an) wurde speziell von Shelby getunt, wobei einige Teile des Cobra-Achtzylinders verwendet wurden.

FRANCO (1907)
Motor: 4 Zylinder in Reihe mit stehenden Ventilen
Bohrung/Hub: 110 mm x 130 mm
Hubraum: 4.942 cm³
Max. Leistung: 50 PS
Getriebe: 4 Gänge, mit Kettenantrieb
Rahmen: Leiterrahmen
Aufhängung: Vorder- und Hinterachse als Starrachse mit Halbelliptikfedern
Bremsen: nur an den Hinterrädern
Karosserie: Torpedo-Sport mit 2 oder 4 Sitzen
Höchstgeschwindigkeit: 105 km/h

Franco

Franklin Airman

FRANCO
**Sesto San Giovanni, Italien
1908–1912**

Der Name von Attilio Franco wurde Anfang des Jahrhunderts durch den Sieg seines Wagens bei der Targa Florio, dem schwierigsten Straßenrennen der damaligen Zeit, bekannt. Franco gab 1908 sein Debüt als Konstrukteur auf dem Automobilsalon von Turin, wo er einen Prototypen vorstellte, den er in seiner Werkstatt in der Via Aleardi in Mailand gebaut hatte. Nur wenige Exemplare kamen danach aus dieser kleinen Werkstatt. Erst 1910, nachdem er in eine größere Fabrik in Sesto San Giovanni umgezogen war, steigerte Attilio Franco die Produktion. Trotz der sorgfältigen Ausführung und der gefälligen, sportlichen Linie blieb der Absatz dieser Marke immer ziemlich gering, und das Angebot umfaßte nur das einzige 35/50-PS-Modell mit Kettenantrieb.

1909 nahm ein Rennwagen von Franco, der von Cariolato gefahren wurde, an der Targa Florio teil, aber dieser Wagen mit einem 6,8-l-Motor erreichte nicht das Ziel. Im darauffolgenden Jahr ging dieser Wagen mit Cariolato als Fahrer erneut an den Start und gelangte diesmal als Sieger ans Ziel, nachdem er die 277 km mit einer Durchschnittsgeschwindigkeit von 46,8 km/h zurückgelegt hatte. Dabei ist anzumerken, daß diese Targa Florio besonders schwierig war: Nur zwei der angemeldeten Wagen erreichten das Ziel (auf den zweiten Platz kam de Prosperis mit einem Sigma). Die Durchschnittsgeschwindigkeit des Franco-Wagens war fast genauso hoch wie die des Fiat, der 1907 dieses Rennen gewonnen hatte, und lag unter der des Peugeot der in der Kategorie „Voiturette" gesiegt hatte.

FRANKLIN AIRMAN SIX SERIES 19 (1933)

Motor: 6 Zylinder in Reihe, luftgekühlt, hängende Ventile
Bohrung/Hub: 88,9 mm x 120,65 mm
Hubraum: 4.490 cm³
Max. Leistung: 100 PS
Getriebe: 3 Gänge
Rahmen: Leiterrahmen (Stahl)
Aufhängung: Starrachse mit Halbelliptikfedern vorn und hinten
Bremsen: Trommelbremsen an den Vorder- und Hinterrädern
Karosserie: Zweisitzer, Coupé, Tourer, Sedan
Höchstgeschwindigkeit: 113 km/h

FRANKLIN
**Syracuse, USA
1902–1934**

H. H. Franklin, Besitzer eines gutgehenden Unternehmens, das Spritzgußerzeugnisse herstellte, lernte 1901 John Wilkinson kennen, der einen luftgekühlten Motor entworfen hatte, und beschloß, sich auf die Konstruktion von Automobilen mit eben diesem Motor zu spezialisieren. Die ersten Franklin-Automobile hatten einen obengesteuerten 4-Zylinder-Motor, der querstehend eingebaut war, aber bereits 1905 wurde das Spektrum um andere Modelle mit der typischen zylinderförmigen Haube und 4- und 6-Zylinder-Reihenmotoren erweitert. Der Sechszylinder, der von Anfang an mit sieben Hauptlagern (diese Eigenschaft wiesen alle für die Franklin-Modelle verwendeten 6-Zylinder-Motoren auf) ausgestattet war, konnte mit technisch besonders fortschrittlichen Merkmalen aufwarten. 1907 führte Franklin eine automatische Zündverstellung ein, und ab 1912 stattete er alle Modelle mit Druckumlaufschmierung aus und ersetzte den charakteristischen Bug durch eine Haube mit „Krokodilsmaul".

Ab 1928 erhielten die Franklin-Automobile Stahlrahmen anstelle von Holzrahmen. Um den steten Rückgang der Verkäufe zu bremsen, nahm Franklin verschiedene Sondermodelle in Produktion. Dennoch blieben die Verkäufe 1931 bei einer Zahl von 2.851 Stück stehen, d. h. bei etwa einem Viertel dessen, was 1926 verkauft worden war. 1932 stellte Franklin noch einen V12 vor, der 153 km/h erreichte. Sein Preis war allerdings überhöht. Das letzte Franklin-Modell war der Olympic von 1935, ein preiswerter Sechszylinder, dessen mechanische Komponenten mit Ausnahme des Motors von Reo gefertigt wurden.

FRAZER NASH
**Kingston/Isleworth, Großbritannien
1924–1960**

Die Anfänge von Frazer Nash gehen auf das Jahr nach der Schließung der GN zurück. Damals schloß sich Archie Frazer Nash mit F. N. Picket zusammen; letzterer war durch die Wiederverwendung nicht explodierter Geschosse, die sich in den Munitionslagern in der Umgebung von Boulogne befanden, reich geworden. Am Anfang baute dieses neugegründete Unternehmen für kurze Zeit Motorwagen, für die die Komponenten von GN verwendet wurden, sowie leichte Kleinwagen, die im Prinzip nichts anderes waren als Deemster, in die ein anderer Kühler eingebaut wurde. Der Verkauf beider Fahrzeuge erfolgte jedoch unter der Marke Frazer Nash.

Aber schon nach kurzer Zeit beschlossen Frazer und Pickett, echte Automobile zu bauen, wobei sie sich auf kleine Produktionseinheiten beschränkten. Auf diese Weise entstand der erste echte Frazer Nash mit Kettengetriebe und einem Plus-Power-Motor mit 1,5 l. Obwohl dieses Modell Leistungen bot, die mit denen anderer ähnlicher Sportwagen vergleichbar waren, wurde es zu einem um etwa 60% niedrigeren Preis angeboten.

Nachdem Power-Plus die Produktion eingestellt hatte, wurden Motoren von British Anzani verwendet. Auch dieses Unternehmen geriet bald in große Schwierigkeiten und stand zweimal in einem Jahr unter der Aufsicht des Konkursverwalters. Seine Auflösung wurde nur dank der Bürgschaft von Eric Burt, dem Besitzer des Bauunternehmens Mowlem, verhindert. Schließlich wurden die Produktionsanlagen von British Anzani in eine der Werkshallen von Frazer Nash verlegt.

Als 1928 die Leitung der Frazer Nash von Archie Frazer-Nash an Richard Plunkett-Greene und dann an H. J. Aldington überging, beschloß man die seitengesteuerten Anzani-Motoren durch obengesteuerte Motoren von Meadows zu ersetzen (ab diesem Zeitpunkt begann British Anzani die Produktion von Betonmischern und Bohrhämmern). Von da an wurden die Frazer Nash nur nach Vorbestellung gebaut. Die ersten Jahre nach 1930 nahm der TT Replica, ein aus dem Frazer Nash Boulogne II entwickeltes Modell, den größten Teil der Automobilproduktion ein. Die meisten TT erhielten Meadows-Motoren; ihr Kühler war mit einer Steinschutzabdeckung verkleidet, und in die Motorhaube war eine doppelte Rippenreihe eingelassen. Das Heck hatte eine badewannenähnliche Form, und die Fahrertür fehlte zugunsten einer durchgehenden Seitenwand.

1933 wurde ein Blackburne Sechszylinder mit zwei obenliegenden Nockenwellen und 1.667 cm³ Hubraum eingeführt. Ab 1934 fand auch ein Vierzylinder mit 1,5 l und einer obenliegenden Nockenwelle Verwendung, der in den Frazer-Nash-Fabriken gefertigt wurde. der-Motor mit 2,6 l und danach mit 3,2 l Hubraum angeboten. Der letzte öffentliche Auftritt von Frazer Nash fand 1959 beim Automobilsalon von London statt. Ein Jahr später stellte das Unternehmen die Produktion ein und übernahm die Vertretung von Porsche.

Frazer Nash TT Replica Shelsley

Der TT Replica oder Shelsley, der aus der Grundmechanik des „offiziellen", für den Tourist Trophy von 1931 vorbereiteten Wagen entwickelt wurde, war sicher eines der bedeutendsten Frazer Nash-Modelle mit Kettenantrieb. Zunächst unter der Bezeichnung Boulogne II bekannt, wurde er bald in TT Replica umbenannt.

Dieses interessante Modell hatte eine Stahlblechkarosserie. „Da es sich um ein Automobil handelt, das nach Auftrag gefertigt wird, können die allgemeinen Charakteristika so variiert werden, daß sie den individuellen Anforderungen des Käufers entsprechen", verhieß der Hersteller in seiner Werbekampagne. Und in der Tat waren für den TT Replica oder Shelsley Motoren von Anzani, Mercedes, Blackburne und Frazer-Nash erhältlich.
Die Produktion des TT Replica wurde 1938 nach 90 Exemplaren eingestellt.

Frazer Nash TT Replica

Dieser von Albert Gough entwickelte Motor wurde sowohl in die Shelsley als auch in die TT Replica eingebaut.

1934 begann H. J. Aldington, in Großbritannien BMW-Automobile einzuführen. Ab diesem Zeitpunkt schienen die Fraser Nash mit ihrem typischen Kettenantrieb überholt; sie wurden aber dennoch bis 1939 – wenn auch in immer kleineren Mengen – hergestellt.

Nach dem Zweiten Weltkrieg wurde der 2-l-Motor des BMW 328, der von den Gebrüdern Aldington in Zusammenarbeit mit der Bristol Aeroplane Company modernisiert worden war, in die Frazer-Nash-Modelle eingebaut.

Der Le Mans Replica, der so genannt wurde, weil ein Frazer Nash bei dem klassischen Zeitrennen dritter geworden war, stellte eine Weiterentwicklung des Modells „High Speed" von 1948 dar. Mitte 1954 wurde der Sebring vorgestellt, der wiederum aus der Rennversion der Serie MkII entwickelt worden war. Der Sebring, dessen Motor im Vergleich zu den früheren Frazer Nash weiter hinten in einer tieferliegenden Position eingebaut wurde, hatte eine breitere Karosserie und kam auf eine Höchstgeschwindigkeit von 225 km/h.

Ab 1956 wurden die Frazer Nash mit einem BMW-8-Zylin-

Frazer Nash Le Mans Replica

Dieses Modell verdankt seinen Namen dem Rennen von Le Mans, wo 1949 ein Frazer Nash „High Speed", Baujahr 1948 mit modifizierten BMW 328-Motor, den dritten Platz erreichen konnte.

FRAZER NASH TT REPLICA (1934)

Motor: 4 Zylinder in Reihe mit obenliegender Nockenwelle (Frazer-Nash-Motor)
Bohrung/Hub: 69 mm x 100 mm
Hubraum: 1.496 cm³
Max. Leistung: 60 PS
Getriebe: 4 Gänge, Kettenantrieb mit Klauenkupplung
Rahmen: Leiterrahmen
Aufhängung: Vorderachse als Starrachse mit Viertelelliptikfedern; Hinterachse als Starrachse mit Viertelelliptikfedern
Bremsen: mechanisch betätigte Trommelbremsen an den Vorder-und Hinterrädern
Karosserie: Zweisitzer
Höchstgeschwindigkeit: 145 km/h

FRAZER NASH LE MANS REPLICA (1950)

Motor: 6 Zylinder in Reihe mit hängenden Ventilen (BMW-328-Motor)
Bohrung/Hub: 66 mm x 96 mm
Hubraum: 1.971 cm³
Max. Leistung: 140 PS
Getriebe: manuell, 4 Gänge
Rahmen: Rohrrahmen aus Stahl
Aufhängung: Vorderachse mit Einzelradaufhängung, Querlenkern und Querblattfeder; Hinterachse mit Torsionsfeder, mit A-förmigen Hilfsrahmen oder De-Dion-Achse (ab 1953)
Bremsen: hydraulische Trommelbremsen an den Vorder- und Hinterrädern
Karosserie: zweisitziger Sportwagen
Höchstgeschwindigkeit: 209 km/h

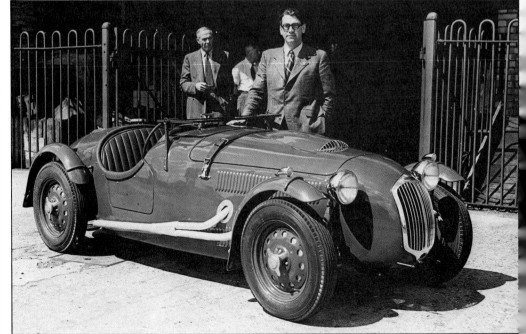
Frazer Nash LeMans Replica

Gaggenau Prinz Heinrich

GAGGENAU PRINZ HEINRICH (1908)

Motor: 6 Zylinder in Reihe mit obenliegender Nockenwelle
Bohrung/Hub: 110 mm x 165 mm
Hubraum: 6.272 cm³
Max. Leistung: 95 PS
Getriebe: 4 Gänge, Kettenantrieb
Rahmen: Leiterrahmen
Aufhängung: Vorder- und Hinterachse als Starrachse mit Halbelliptikfedern
Bremsen: Trommelbremsen nur an den Hinterrädern
Karosserie: zwei- oder viersitziger Sportwagen
Höchstgeschwindigkeit: nicht bekannt

Ein dem Le Mans Replica sehr ähnliches Rennmodell, das von Franco Cortese gefahren wurde, siegte 1951 bei der Targa Florio und war damit das einzige britische Auto, das jemals dieses harte Rennen in Sizilien gewann. Der Le Mans war ein eher leichter Wagen mit ausgezeichneter Straßenlage; auf ihm gewann der Rennfahrer Stirling Moss 1951 die British Empire Trophy auf der Insel Man, bei der ein weiterer Frazer Nash zweiter wurde.

Der Le Mans MkII Replica mit einer Glasfaserkarosserie, der 1952 dem Rennfahrer Ken Wharton anvertraut wurde, konnte die großen internationalen Siege des Vorläufermodells nicht wiederholen. Das Le-Mans-Modell erwies sich aber als sehr nützlich für die Entwicklung des leistungsstarken Sebring, der 1954 auf den Markt kam.

FRERA
**Mailand, Italien
1905–1913**

Am 9. November 1905 entstand in Mailand die Frera Corrado & C., deren Ziel die Konstruktion und der Verkauf von Automobilen, Fahrrädern und Motorrädern war. Die Aktivitäten des Unternehmens konzentrierten sich vor allem auf die Produktion des Il Piccolo, einen Kleinwagen mit einem luftgekühlten 2-Zylinder-Motor. 1913 schloß Frera die Fabriktore für immer.

FUSI-FERRO
**Mailand, Italien
1948**

Die gesamte Tätigkeit des Mailänder Unternehmens beschränkte sich auf die Vorstellung des Aurora 8 auf dem Automobilsalon in Mailand.

Der Prototyp hatte einen seitengesteuerten 8-Zylinder-Reihenmotor von nur 1.086 cm³, der 60 PS bei 6000⁻ᵐⁱⁿ leisten sollte. Ungewöhnlich waren auch unabhängige Radaufhängungen mit Schraubenfedern, die strömungsgünstige Karosserie für sechs Fahrgäste, das Mittenlenkrad und ein Plexiglasdach, das mit einer Blende elektrisch verdunkelt werden konnte.

GAGGENAU
**Gaggenau, Deutschland
1905–1911**

Das Werk von Theodor Bergmann begann seine Produktion 1895 unter der Marke Orient Express. 1903 verschwand Orient Express von der Bildfläche, und Bergmann nahm den Liliput in Produktion. Dieses Modell mit 1-Zylinder-Motor mit 567 cm³ wurde von Willy Seck entwickelt und war in der damaligen Zeit das billigste Auto Deutschlands. Die Automobilproduktion wurde zwar 1905 von der Bergmann-Gruppe abgetrennt, aber der Liliput bis 1907 weiterhin gebaut. Die danach produzierten Autos wurden als Gaggenau oder SAF (nach den Initialen der Süddeutschen Automobilfabrik) bekannt.

Nach 1906 konstruierte Gaggenau leistungsstarke 4-Zylinder-Motoren (mit obenliegenden Nockenwellen, paarweise gegossenen Zylindern und Königswellen ausgestattet) mit 35 PS (4.991 cm³ Hubraum) und mit 60 PS (8.830 cm³ Hubraum).

Das darauffolgende Modell Prinz Heinrich von 1908/09 besaß einen 6,3-l-Motor mit einer dreifach gelagerten Kurbelwelle (zwei Kugel- und ein Gleitlager) und eine Druckumlaufschmierung. Der Prinz Heinrich war das erste deutsche Automobil, das mit Zylindern aus einer Leichtmetallegierung und mit angeschraubten Laufbuchsen ausgestattet war.

Die Gaggenau-Automobile nahmen an zahlreichen sportlichen Wettbewerben, wie dem Kaiserpreis und der Prinz-Heinrich-Fahrt, teil. Zum ersten Mal in der Geschichte des Automobils führte 1909 ein Gaggenau in einer 630 Tage dauernden, beschwerlichen Fahrt die Durchquerung Afrikas durch. Das Gaggenau-Werk stellte daneben auch noch Rennautos und Flugzeugmotoren her.

Als Gaggenau von Georg Wyss gekauft wurde, verlagerte sich das Hauptgewicht der Produktion auf Lastwagen, während die Automobilherstellung nur noch in sehr beschränktem Maße weitergeführt wurde. Ab 1907 arbeitete Gaggenau mit Benz in Mannheim zusammen.

Im Jahr 1910 kaufte Benz den gesamten Besitz von Gaggenau; der große deutsche Automobilhersteller verwendete die Anlagen von nun an für die Herstellung der Benz-Nutzfahrzeuge.

GENERAL (1902)

Motor: 4 Zylinder in Reihe mit stehenden Ventilen
Bohrung/Hub: 110 mm x 120 mm
Hubraum: 4.562 cm³
Max. Leistung: 40 HP
Getriebe: mechanisch, 4 Gänge, Kettenantrieb
Rahmen: Leiterrahmen
Aufhängung: Vorder- und Hinterachse als Starrachse mit Halbelliptikfedern
Bremsen: Bandbremsen nur an den Hinterrädern
Karosserie: zweisitziger Rennwagen
Höchstgeschwindigkeit: 113 km/h

General 40 HP

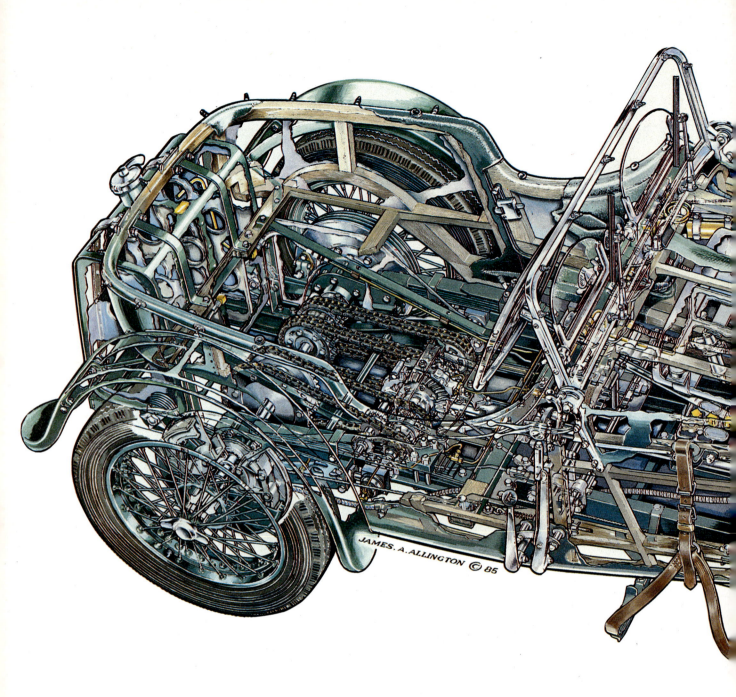

Frazer Nash TT Replica (1934)

Motor
Position: vorne, in Längsrichtung
Bauart: 4 Zylinder in Reihe, wassergekühlt (Frazer-Nash-Motor)
Hubraum: 1.496 cm³
Bohrung/Hub: 69 mm x 100 mm
Verdichtungsverhältnis: 8,5 : 1
Ventilsteuerung: eine obenliegende, mittels Kette betätigte Nockenwelle; 2 hängende Ventile pro Zylinder
Gemischbildung: 2 SU-Vergaser mit 2 volumetrischen Centric-Kompressoren
Zündanlage: Batteriezündung mit Zündverteiler
Max. Leistung: 105 PS bei 5.600⁻min

Übertragung
Antrieb: über Kupplung und Kettengetriebe auf die Hinterräder
Kupplung: trockene Einscheibenkupplung
Getriebe: 4-Gang-Getriebe mit R-Gang an Hinterachse, mit außen angebrachtem Schalthebel. Übersetzungsverhältnis: I) 3,56 : 1; II) 2,1 : 1; III) 1,33 : 1; IV) 1,08 : 1
Achsgetriebe: Kegelradgetriebe
Übersetzungsverhältnis im Achsgetriebe: 3,5 : 1, kein Differential

Aufhängung
Vorderachse: Starrachse mit Cantileverfedern (Längsblattfedern) und Reibungsstoßdämpfern
Hinterachse: Starrachse mit Viertelelliptikfedern und Reibungsstoßdämpfern

Lenkung
Sytem: Schneckenlenkung

Bremsen
Typ: Trommelbremsen vorn und hinten

Räder und Bereifung
Felgen: Rudge-Whitworth-Speichenräder mit Zentralverschluß
Bereifung: Reifen 450 x 19

Karosserie und Rahmen
Karosserie: offener Zweisitzer mit Stahlblechbeplankung
Rahmen: Leiterrahmen

Die Abbildung zeigt die Details des Frazer Nash TT Replica ab 1934 (Cantilever- statt Viertelelliptikfedern vorn). Bemerkenswert ist das Kettengetriebe, das von Frazer Nash noch verwendet wurde, lange nachdem alle anderen Automobilhersteller schon Zahnrad-Wechselgetriebe übernommen hatten. Der Motor mit obenliegender Nockenwelle war von Frazer Nash entwickelt und unter der Bezeichnung „Gough" (nach dem Namen des Konstrukteurs Albert Gough) bekannt geworden.

Abmessungen und Gewicht
Länge: 3.327 mm
Breite: 1.498 mm
Radstand: 2.565 mm
Vordere Spurweite und hintere Spurweite: 1.250 mm und 1.041 mm
Gewicht: 838 kg

Leistungen
Höchstgeschwindigkeit: 169 km/h
Kraftstoffverbrauch: 16,6 l/100 km

GALLIA
**Turin, Italien
1905–1907**

Die Società Italiana Vetture Elettriche Gallia, die im Juli 1905 in Turin gegründet wurde, erwarb von der französischen Electrique die Patente für den Bau der Gallia und Galliette-Automobile.

Das Gallia-Modell hatte zwei Motoren ohne Differential, das Galliette-Modell war mit nur einem Motor und einer Kardanwelle ausgestattet. Das Unternehmen wurde bereits zwei Jahre nach seiner Gründung wieder geschlossen.

GALLOWAY
**Tongland/Heathall, Schottland
1921–1928**

Der Galloway, ein leichtes Automobil der Arrol-Johnston-Gruppe wurde in seinem ersten Werk in Tongland (Kirkcubright) fast ausschließlich von weiblichen Fachkräften zusammengebaut, was für die damalige Zeit sehr außergewöhnlich war. Die Produktionsleitung wurde Miss Dorothee Pullinger, der Schwester des Automobilkonstrukteurs T.C. Pullinger, anvertraut.

Der Galloway 10/20 PS hatte einen seitengesteuerten 4-Zylinder-Motor mit 1.528 cm^3 und wurde bis 1925 gebaut. Sein Nachfolger war das 12-PS-Modell mit obengesteuertem Motor. Seltsamerweise waren die hinteren Viertelelliptikfedern nach außen gespreizt, was nach Ansicht des Konstrukteurs die Straßenlage verbesserte.

1923 wurde die Produktion von Tongland nach Heathall (Dumfries) verlegt.

GARANZINI
**Mailand, Italien
1925**

Garanzini betätigte sich nur knapp ein Jahr lang als Automobilproduzent. Nachdem sich das Unternehmen bereits einen guten Ruf im Motorradsektor geschaffen hatte, wurde 1925 ein Prototyp eines Kleinwagens konstruiert.

Der Wagen war mit schwenkbaren Scheinwerfern und einem originellen Lenksystem ausgestattet und verfügte über Einzelradaufhängungen und einen Rohrrahmen aus Stahl. Der obengesteuerte Motor mit vier Zylindern und 1,2 l Hubraum leistete 10 HP. Das mechanische Wechselgetriebe hatte vier Gänge. Dieses Projekt von Garanzini wurde jedoch nicht weiterverfolgt.

Georges Irat 1100 cm^3 Roadster

GEORGES IRAT SPORT (1935)

Motor: 4 Zylinder in Reihe (Ruby-Motor)
Bohrung/Hub: 60 mm x 70 mm
Hubraum: 1.100 cm^3
Max. Leistung: 50 PS
Getriebe: mechanisch, 4 Gänge
Rahmen: Leiterrahmen
Aufhängung: Vorderachse mit Einzelradaufhängung; Hinterachse als Starrachse mit Halbelliptikfedern
Bremsen: servounterstützte Vierradbremsen
Karosserie: Sportwagen
Höchstgeschwindigkeit: nicht bekannt

GEDDES
**Lucca, Italien
1942**

1942 konstruierte der Leutnant Giorgio Geddes mit Unterstützung eines Kollegen einen aerodynamischen Kleinwagen, der auf den Namen „Rondinello" getauft wurde. Das Modell besaß einen hochfrisierten Motor mit 1.100 cm^3 Hubraum; der Zylinderkopf hatte zwölf Ventile. Der „Rondinello" kam nie über die Stufe des Prototypen hinaus.

GENERAL
**London/Mitcham, Großbritannien
1902–1903, 1903–1905**

Das interessanteste und eigenartigste Modell, das von der General Motor Car Company in London hergestellt wurde, war zweifellos der 40-HP-Rennwagen aus dem Jahr 1902.

Ein Hauptmerkmal des HP 40 war seine spitz zulaufende Kühlerverkleidung. Leider brachte dieses Modell bei weitem nicht die Leistungen, die sein aggressives Äußeres zu versprechen schien.

Nach diesem mißglückten Experiment ging General dazu über „orthodoxere", für das Publikum akzeptablere Automobile mit Aster- oder Buchet-Motoren mit 6,5 oder 12 HP Leistung zu bauen.

1905 wurden die General-Modelle nur noch mit Buchet-Motoren, jedoch dann mit etwas höheren Leistungen, die zwischen 30 und 40 HP lagen, ausgestattet.

RICHARD-BRASIER GORDON BENNET (1904)

Motor: 4 Zylinder in Reihe
Bohrung/Hub: 150 mm x 140 mm
Hubraum: 9.896 cm^3
Max. Leistung: 85 HP
Getriebe: mechanisch, 4 Gänge, Kettenantrieb
Rahmen: Leiterrahmen
Aufhängung: Starrachsen mit Halbelliptikfedern
Bremsen: Trommelbremsen nur an den Hinterrädern
Karosserie: zweisitziger Rennwagen
Höchstgeschwindigkeit: 130 km/h

Richard-Brasier Gordon Bennett

Germain 14 HP

GEORGES IRAT
Chatou/Neuilly/Levallois, Frankreich
1921–1946

Georges Irat begann seine Laufbahn als Konstrukteur von Automobilen, die von einem obengesteuerten 4-Zylinder-Motor mit 1.990 cm³ aus der eigenen Produktion angetrieben wurden.

1923 und 1925 setzten sich die Automobile von Georges Irat beim Circuit des Routes Pavées durch; 1926 konnte ein anderes Georges-Irat-Modell bei dem gleichen Rennen den dritten Platz erreichen.

1929 wurde das Unternehmen von Chatou nach Neuilly verlegt, wo die Produktion von Luxus-Automobilen mit amerikanischen Lycoming-Motoren mit sechs und acht Zylindern begonnen wurde. 1934 übernahm Ruby teilweise die Firma, wobei die Produktion in das Werk, das Ruby in Levallois besaß, verlegt wurde. Dort entstand der berühmteste Irat: ein erschwinglicher Roadster mit Vorderradantrieb und einem Ruby-Motor; auf ihn folgte 1939 ein ähnlich konzipiertes Modell mit einem Citroën-Motor. Nach dem Krieg stellte Irat einen Prototypen mit einem 2-Zylinder-Boxermotor mit 1.100 cm³ Hubraum und einer Karosserie aus Magnesiumlegierung vor. Dieses Modell ging jedoch nie in Produktion.

GEORGES RICHARD RICHARD-BRASIER
Ivry-Port, Frankreich
1897–1905

Die ersten von Georges Richard gebauten Automobile

GERMAIN CHAINLESS 14/20 (1905)
Motor: 4 Zylinder in Reihe mit stehenden Ventilen
Bohrung/Hub: 92 mm x 110 mm
Hubraum: 2.929 cm³
Max. Leistung: 20 HP
Getriebe: mech., 4 Gänge
Rahmen: Leiterrahmen
Aufhängung: Starrachsen mit Halbelliptikfedern
Bremsen: Trommelbremsen nur an den Hinterrädern
Karosserie: nach Auftrag
Höchstgeschwindigkeit: 97 km/h

GILBERN INVADER (1969)
Motor: 6-Zylinder-V-Motor mit hängenden Ventilen
Bohrung/Hub: 97,3 mm x 72,4 mm
Hubraum: 2.995 cm³
Max. Leistung: 144 PS
Getriebe: mechanisch, 4 Gänge
Rahmen: Gitterrahmen mit Kastenelementen
Aufhängung: Vorderachse mit Einzelradaufhängung an Schraubenfedern und Doppelquerlenkern; Hinterachse als Starrachse mit Längslenkern und Panhardstab
Bremsen: Scheibenbremsen an den Vorderrädern, Trommelbremsen an den Hinterrädern
Karosserie: zweitüriges Coupé aus Glasfaser
Höchstgeschwindigkeit: 193 km/h

Gilbern Invader

waren getreue Kopien der deutschen Benz-Modelle mit Übertragung der Lenkkräfte durch Kette und Hinterradantrieb über Riemen.

Ab 1900 begann das Werk von Georges Richard, in Lizenz die Modelle der belgischen Marke Vivinus zu bauen. 1901 stellte es einen Kleinwagen mit Kettenantrieb vor. 1902 schloß sich Georges Richard mit dem Konstrukteur Brasier zusammen und begann größere Automobile mit Gelenkwellen- oder Kettenantrieb unter der Marke Richard-Brasier herzustellen.

Diese Phase fand ihren Höhepunkt in der Produktion von äußerst aufwendigen Rennmodellen, die alle aus den Tourenwagen entwickelt und mit einem Motor ausgestattet wurden, der weitgehend auf Rennbooten getestet worden war.

Eines dieser technisch ausgefeilten Rennmodelle gewann in den Jahren 1904 und 1905 die Gordon-Bennett-Trophäe und machte damit seinen Hersteller weltberühmt.

1905 schied Georges Richard aus dem Unternehmen aus und gründete die Unic, während sein früheres Unternehmen den Namen Brasier beibehielt.

GERMAIN
Monceau-sur-Sambre, Belgien
1897–1914

Das Unternehmen Germain wurde 1873 gegründet und konzentrierte sich in den ersten Jahren auf die Produktion von Schienenfahrzeugen. 1897 weitete es seine Aktivitäten auf den Automobilsektor aus und nahm den Phoenix-Zweizylinder 6 HP von Daimler in Produktion, der auch als Daimler-Belge vertrieben wurde.

1900 erweiterte das Unternehmen die Produktpalette um ein Modell mit einem 4-Zylinder-Motor mit 12 HP. 1901 begann Germain in Lizenz Panhard-Automobile zu bauen.

Auf dem Pariser Automobilsalon von 1903 stellte Germain schließlich die ersten selbst entworfenen Modelle, den 16/22 HP (3.685 cm^3), den 24/32 HP (5.401 cm^3) und den 35/45 HP (9.852 cm^3), vor. Abgesehen von der sorgfältigen Verarbeitung zeichneten sich diese Modelle durch die Doppelzündung, ein 4-Gang-Wechselgetriebe und hohe Leistungen aus. 1905 wurde der Germain Chainless mit Wellenantrieb, einem Motor mit 2.929 cm^3 und einem charakteristischen, ovalen Kühler vorgestellt. Beim Großen Preis von Frankreich im Jahr 1907 nahm Germain mit drei Wagen mit 3,7-l-Motor teil. Im darauffolgenden Jahr gingen beim gleichen Rennen drei leistungsstärkere Modelle (70/80 HP) von Germain an den Start. Einen dieser Wagen kaufte dann Prinz Albert von Belgien, der ihn zu einem Tourenwagen umbauen ließ.

Im Januar 1907 stellte Germain der Öffentlichkeit sein erstes 6-Zylinder-Modell, den 60 HP mit 8.822 cm^3, vor, das zwei Jahre später durch ein anderes 6-Zylinder-Modell mit 3.834 cm^3 Hubraum und einer kugelgelagerten Kurbelwelle ersetzt wurde. Kurze Zeit später stellte Germain die Produktion von 6-Zylinder-Modellen endgültig ein. Die Angebotspalette von 1909 war wesentlich umfangreicher und reichte vom 14/20 HP mit 4-Zylinder-Motor mit 2.925 cm^3 bis zum riesigen 70/80 HP mit 12.454 cm^3. Ab 1912 wurde die Druckumlaufschmierung in allen Modellen verwendet. Zu dem damaligen Germain-Angebot gehörten auch ein Wagen mit einem Motor mit obenliegender Nockenwelle und 15 HP und zwei Modelle mit Knight-Schiebermotoren mit 20 bzw. 26 HP, die GCK bzw. SDK genannt wurden. Nach Ende des Ersten Weltkriegs kehrte Germain

Ginetta G4

nicht mehr zur Automobilproduktion zurück. Das Unternehmen baute lediglich noch einige Wagen mit alten Komponenten zusammen. Statt dessen nahm Germain die Produktion von Schienenfahrzeugen wieder auf, versuchte aber hin und wieder, auf dem Sektor der Straßenfahrzeuge erneut Fuß zu fassen. 1937 wurde ein Lastwagen mit 5 t und Dieselmotor vorgestellt, und nach dem Zweiten Weltkrieg baute man einige Dampffahrzeuge.

GILBERN
Llantwit, Wales
1958–1977

Der Markenname Gilbern wurde aus den ersten Buchstaben der Gründer des Unternehmens, dem Deutschen Bernhard Friese, ehemaliger Kriegsgefangener und Mitarbeiter einer Firma, die Glasfaserprodukte herstellte, und dem früheren Metzger Giles Smith, gebildet. Die beiden Partner bauten ihr erstes Modell in einer Garage hinter der Metzgerei und begannen dann 1959 die Produktion in kleinen Serien in einem Werk in Llantwit. Im ersten Jahr seiner Tätigkeit beschränkte sich das Unternehmen Gilbern darauf, elf Exemplare eines Coupé 2+2 zu bauen, das eine Reihe von BMC-Komponenten aufwies. Ab 1962 wurde die Produktion auf einen Wagen pro Woche gesteigert, und man entschied sich zugleich, als Standardmotor den Vierzylinder mit 1.622 cm^3 von MGA einzusetzen. In vielen Fällen wurden die Gilbern-Automobile im Bausatz verkauft. Der Kunde brauchte nicht das hochbesteuerte, fertig zusammengesetzte Auto zu kaufen und sparte sich so erhebliche Kosten.

1966 kam das neue Modell Genie auf den Markt, das von einem Ford-6-Zylinder-V-Motor angetrieben wurde. Beim schnellen Fahren zeigte dieses Modell jedoch eine ausgeprägte Neigung zum Übersteuern. Um diesen Mangel zu beheben, mußte die Geometrie der Aufhängungen vollständig überarbeitet werden. Dank einer Höchstgeschwindigkeit von 193 km/h und einer für damals recht beachtlichen Beschleunigung war der Genie sicher ein ausgezeichnetes, wenn auch nicht sehr sparsames Auto. Der Absatz ließ dann auch sehr zu wünschen übrig, und im April 1968 wurde Gilbern schließlich von Ace Holdings in Cardiff aufgekauft. Kurze Zeit später wurde letzteres Unternehmen wiederum von der Mecca-Gruppe übernommen. Das letzte Gilbern-

GINETTA G5 (1965)

Motor: 4 Zylinder in Reihe mit hängenden Ventilen
Bohrung/Hub: 80,97 mm x 72,75 mm
Hubraum: 1.498 cm^3
Max. Leistung: 90 PS
Getriebe: mechanisch, 4 Gänge
Rahmen: Gitterrohrrahmen
Aufhängung: Einzelradaufhängung vorn an Schraubenfedern und Querlenkern; Hinterachse als Starrachse mit Schräglenkern
Bremsen: Scheibenbremsen an den Vorderrädern, Trommelbremsen an den Hinterrädern
Karosserie: zweisitziger Sportwagen aus Glasfaser
Höchstgeschwindigkeit: 193 km/h

Modell war der Invader MkIII, ein gut ausgestatteter Grand Tourisme, der von einem Ford-Motor angetrieben wurde. Als auch für die im Bausatz angebotenen Automobile die Mehrwertsteuer und zudem noch neue Sicherheitsvorschriften eingeführt wurden, stand Gilbern vor unüberwindlichen Problemen. Die Ölkrise bedeutete schließlich das endgültige Aus für das Unternehmen. Um die obengenannten Schwierigkeiten zu überwinden, wurde eine finanzielle Rettungsaktion unternommen, die aber nicht genügte, um das Unternehmen vor der endgültigen Schließung zu bewahren.

GINETTA
Woodbridge/Witham, Großbritannien
1957–

Mit der Mechanik des Wolseley-Hornet als Ausgangsbasis gelang es den vier Gebrüdern Walklett, einen originellen Prototypen zu entwickeln, den sie Ginetta G1 tauften. Zufrieden mit ihrem ersten Versuch beschlossen sie, eine eigene Automobilfabrik zu gründen, in der 1957 das erste Exemplar des G2 produziert wurde.

Äußerlich glich der G2 dem Sportwagen von Lotus, er hatte einen Gitterrohrrahmen und einen Ford-Motor mit 1.172 cm³. Ihm folgte 1959 der G3, ein Coupé mit Glasfaserkarosserie und Ford-Motor, der im Bausatz zum Verkauf angeboten wurde.

Bei der Racing Car Show von 1961 wurde der G4 vorgestellt, dessen Rahmen dem des G3 glich, der aber in der Standardausführung mit einem leistungsstarken Ford-Anglia-Motor (997 cm³) und in der Sonderausführung mit einem Ford-Classic-Motor (1.340 cm³) angeboten wurde.

1962 wurden die Produktionsanlagen von Ginetta nach Witham in Essex verlegt. Von dort kam im darauffolgenden Jahr der G5, eine Weiterentwicklung des G4 mit einem Cortina-Motor mit 1.498 cm³; dieser Motor wurde später auch in den G4 eingebaut. In der gleichen Zeit erzielte ein zum Rennwagen umgerüsteter G4, der G4R genannt wurde und mit Scheibenbremsen und Einzelradaufhängungen an der Hinterachse ausgestattet war, einige Rennerfolge; dies konnte die Verkaufsrate des G4-Standardmodells, von dem insgesamt 500 Stück gebaut wurden, beträchtlich steigern, bis 1967 die Einstellung seiner Produktion erfolgte.

Nach 1967 konzentrierte sich Ginetta auf die Produktion einer umfangreichen Serie von Renn- und Straßenmodellen, darunter den G6 (mit DKW-3-Zylinder-Motor), den G10 mit einem Ford-8-Zylinder-V-Motor mit 4,7 l, den G11, der dem G10 glich, aber mit einem MGB-Motor ausgestattet war, und den G12, ein Renncoupé mit Mittelmotor, das mit einem 1-l-Motor von Cosworth oder dem Lotus-Cortina auf den Markt kam. Der erfolgreichste Ginetta von damals war sicher der G15 mit Frontmotor; von diesem Modell, das mit einem Motor von Hillman Imp ausgestattet war, wurden mehr als 800 Stück gebaut. Auf den G15, dessen Produktion 1974 eingestellt wurde, folgte unmittelbar der neue G21.

Für kurze Zeit verlegte Ginetta die Produktion nach Suffolk, Ende der sechziger Jahre kehr-

GLADIATOR 12/14 (1907)

Motor: 4 Zylinder in Reihe mit stehenden Ventilen
Bohrung/Hub: 80 mm x 110 mm
Hubraum: 2.212 cm³
Max. Leistung: 15,9 HP
Getriebe: mechanisch, 4 Gänge
Rahmen: Leiterrahmen
Aufhängung: Vorder- und Hinterachse als Starrachse mit Halbelliptikfedern
Bremsen: Trommelbremsen nur an den Hinterrädern
Karosserie: nach Auftrag
Höchstgeschwindigkeit: 64 km/h

te man jedoch wieder ins Werk nach Witham zurück, wo man eine modernisierte Version des G15 in Produktion nahm, ohne jedoch die Entwicklung des neuen Modells G23, eines Sportwagens mit Glasfaserkarosserie und einem Ford-Motor mit 2,8 l Hubraum und Kraftstoffeinspritzung, zu vernachlässigen. Anfang der achtziger Jahre wurde auch der G4 wieder mit Erfolg auf den Markt gebracht.

GLADIATOR
Pré-St. Gervais, Puteaux, Frankreich
1896–1920

Der erste Gladiator, der 1896 gebaut wurde, war ein Kleinwagen mit einer sehr einfachen Mechanik, einem 1-Zylinder-Motor mit 4 HP, Fahrradreifen und einer Stangenlenkung.

Noch vor der Jahrhundertwende ging Gladiator dazu über, komplexere Automobile mit Aster-Motoren mit 2 1/2 HP und 3 1/2 HP, 2-Gang-Getriebe und Kettenantrieb zu konstruieren. 1901 wurden zwei weitere Modelle angeboten, die ebenfalls mit Aster-Motoren ausgestattet waren, jedoch eine Leistung von 6,5 HP bzw. 12 HP aufwiesen. Das 12-HP-Modell verfügte über einen Holzrahmen mit Verstärkungselementen aus Stahl.

1903 wurden zwei Modelle auf den Markt gebracht, deren Motoren von Gladiator selbst konstruiert worden waren und über 2,1 l bzw. 2,7 l Hubraum verfügten. Beide Motoren hatten stehende Ventile. Zwei Jahre später stellte Gladiator ein 28-PS-Modell mit 4 l Hubraum vor, bot aber auch weiterhin die kleineren Modelle mit Aster-Motoren an.

Im Jahr 1906 wurde das Angebot nochmals erweitert, auch wenn viele der neuen Modelle den Clément-Automobilen sehr ähnelten. Während in die Gladiator-Modelle mit Ausnahme des 12/14 HP mit 4-Zylinder-Motor ein Kettenantrieb eingebaut war, waren die Clément-Modelle mit Wellenantrieb ausgestattet.

1908 umfaßte das komplette Angebot der Gladiatorproduktion die 4-Zylinder-Modelle 18/24 HP und 40 HP, den Sechszylinder 60 HP und eine Reihe von weiteren 4-Zylinder-Modellen mit 2,2 bis 6,3 l Hubraum. Alle Modelle dieser Palette mit Ausnahme jener mit kleinerem Hubraum waren mit einem Kettenantrieb ausgestattet.

1909 wurde Gladiator von Vinot et Deguingand aufgekauft und nach Puteaux verlegt. Ab diesem Zeitpunkt waren die Gladiator-Automobile sowohl in der Technik als auch im Hinblick auf den Preis praktisch mit denen identisch, die von Vinot gebaut wurden.

Das Gladiator-Angebot von 1914 umfaßte 4-Zylinder-Modelle mit 1,7 und 4,1 l Hubraum. 1920 kamen die Modelle 12 HP und 15/20 HP auf den Markt, aber schon nach kurzer Zeit wurden die letztgenannten Modelle in das Angebot von Vinot eingegliedert.

Gladiator 12/14 HP

Glas 2600 V8

GLAS
**Dingolfing, Deutschland
1955–1966**

Bevor die Hans Glas GmbH begann, Straßenfahrzeuge zu bauen, hatte sie sich bereits als Hersteller von landwirtschaftlichen Maschinen einen soliden Ruf geschaffen. Das erste Ergebnis der neuen Aktivitäten war der Motorroller Goggo, der 1951 auf den Markt kam und bis 1954 gebaut wurde. Im darauffolgenden Jahr wagte sich Glas mit dem Goggomobil, einen Miniwagen mit einen 2-Takt-Motor mit zwei Zylindern und 247 cm³ Hubraum, auch an die Produktion von Vierradfahrzeugen.

1958 wurden die ersten größeren Glas-Autos, die Limousinen Isar T600 und T700 mit Boxermotoren mit hängenden Ventilen und 584 cm³ bzw. 688 cm³ Hubraum, auf den Markt gebracht.

Im Jahr 1961 machte Glas mit dem S 1004 einen weiteren Schritt nach vorne. Dieses neue Auto hatte einen 4-Zylinder-Motor mit anfänglich 992 cm³ Hubraum, der dann schrittweise auf 1.189 cm³, auf 1.290 cm³ und schließlich auf 1.682 cm³ erweitert wurde. Dieser 4-Zylinder-Motor ist von besonderer Bedeutung, da er als einer der ersten Motoren mit Zahnriemen für die Steuerung der obenliegenden Nockenwelle gilt.

Unvergeßlich sind die Glas-Automobile auch wegen des schönen Designs der von Frua entworfenen Karosserien.

Aufgrund der Modellvielfalt geriet Glas allmählich in ernste finanzielle Schwierigkeiten; und die Einführung des 2600 im Jahr 1966 trug sicher nicht zur Verbesserung der Situation bei. Dieses Modell, das technisch besonders weit entwickelt war (De-Dion-Hinterachse; V8-Motor mit 2.580 cm³ Hubraum, für den zwei Motorblöcke des 4-Zylinder-Motors des 1300 GT zu einem Monoblock gekoppelt wurden; eine obenliegende, durch Zahnriemen gesteuerte Nockenwelle pro Zylinderreihe), hatte eine ausgewogene Karosserie, die als Sportcoupé mit 4 Sitzen konzipiert und von Frua entworfen worden war.

Die Herstellungskosten des 2600 waren jedoch sehr hoch, und das Unternehmen war Ende 1966 gezwungen, das Kaufangebot von BMW anzunehmen. Nachdem BMW die finanzielle Kontrolle über Glas gewonnen hatte, wurde die Angebotspalette drastisch reduziert, nur zwei Modelle, der 1700 GT und der 2600, wurden weiterhin gebaut.

GN GRAND PRIX (1913)
Motor: 2-Zylinder-V-Motor mit hängenden Einlaß- und stehenden Auslaßventilen
Bohrung/Hub: 84 mm x 98 mm
Hubraum: 1.086 cm³
Max. Leistung: 10 HP
Getriebe: 4-Gang-Getriebe mit Kettenantrieb (Zahnkupplung) und Kettenantrieb
Rahmen: aus Eschenholz, mit Holmen und Versteifungsquerträgern
Aufhängung: Vorder- und Hinterachse als Starrachse mit Viertelelliptikfedern
Bremsen: Trommelbremsen nur an den Hinterrädern
Karosserie: zweisitziger Sportwagen
Höchstgeschwindigkeit: 97 km/h

1969 verschwanden schließlich alle Glas-Modelle aus dem Angebot von BMW.

GLISENTI
**Brescia, Italien
1900**

Nachdem sich Glisenti einen soliden Ruf als Hersteller von Artillerieausrüstung geschaffen hatte, stürzte sich das Unternehmen 1900 in das Abenteuer Automobil. Leider beschränkten sich seine Aktivitäten in diesem Sektor auf den Bau einiger zweisitziger Kleinwagen, die mit einem Bernardi-Motor mit 3 HP ausgestattet waren.

GN
**Hendon/Wandsworth, Großbritannien
1910–1925**

Ron Godfrey und Archie Frazer-Nash, zwei Ingenieure und blutige Anfänger, lernten sich

GLAS 2600 V8 (1966)
Motor: 8-Zylinder-V-Motor mit zwei obenliegenden Nockenwellen
Bohrung/Hub: 75 mm x 73 mm
Hubraum: 2.580 cm³
Max. Leistung: 150 PS
Getriebe: mechanisch, 4 Gänge
Rahmen: selbsttragende Karosserie
Aufhängung: Einzelradaufhängung vorn an Querlenkern und Schraubenfedern; Hinterachse: De-Dion-Achse an Dreiblatt-Halbfedern, Panhardstab
Bremsen: Scheibenbremsen an den Vorder- und Hinterrädern
Karosserie: Coupé, 2+2 Sitze
Höchstgeschwindigkeit: 195 km/h

1905 kennen und beschlossen sofort, sich zusammenzutun und ein eigenes Fahrzeug mit Motor zu konstruieren. Das Ergebnis war ein Fahrzeug mit einem alles andere als vertrauenerweckenden Äußeren, dessen Motor, ein Clément-Motorradmotor, nicht gerade ein Ausbund an Leistung war. Auf diesen Prototypen folgten weitere, bis 1909 Frazer-Nash einen sportlichen Kleinwagen mit Motor baute, der damals beträchtliches Aufsehen erregte und für den sogar drei Bestellungen eingingen. Um diese ersten Kunden zufrie-

GN Grand Prix

Gobron-Brillie

denzustellen, schlug Frazer-Nash Godfrey wieder eine Zusammenarbeit vor, und sie begannen in ihrer Werkstatt, Kleinwagen in ausgesprochen einfacher Verarbeitung herzustellen.

Diese ersten GN (diese Bezeichnung wurde aus den Anfangsbuchstaben von Godfrey und Nash gebildet) hatten einen Holzrahmen, ein Lenksystem mit Ritzel und Seil und wurden von einem 2-Zylinder-V-Motor mit 1.100 cm³ von JAP oder Antoine angetrieben. 1911 entwickelte GN, dank der Unterstützung durch einen Kunden, einen eigenen Motor, für den Zylinderlaufbuchsen von Peugeot in V-Anordnung (90°) und, ab 1912, hängende Einlaß- und stehende Auslaßventile verwendet wurden. Das 2-Gang-Getriebe der ersten Modelle mit Zahnkupplung und Kettenantrieb wurde durch einen Riemenmechanismus ersetzt.

Diese GN-Modelle zeichneten sich nicht nur durch eine gute Straßenlage aus, sondern waren zudem leicht zu lenken und boten dank ihres geringen Gewichts (das zweisitzige Grundmodell wog knapp über 327 kg) auch ausgezeichnete Leistungen.

Später wurde auch das Getriebe mit drei (oder vier) Vorwärtsgängen und Rückwärtsgang eingeführt. 1916 entwickelte ein Mitarbeiter des Unternehmens, Sheret, ein Kettengetriebe. Die nach dem Ersten Weltkrieg gebauten Modelle waren mit diesem Getriebe ausgestattet und hatten zudem einen Rahmen aus Stahl und ein übliches Lenkgetriebe.

Nachdem GN die British Grégoire übernommen hatte, wurde das Unternehmen nach Wandsworth verlegt, wo man mit 500 Mitarbeitern bald eine Wochenproduktion von 58 Stück erreichte. In dieser Zeit wirkte sich die starke Nachfrage nach einigen getunten Modellen wie dem Legère und dem Vitesse mit einem Motor mit 1.087 cm³ Hubraum und obenliegender Nockenwelle positiv auf die Auftragslage aus.

Mit dem Ende des Wirtschaftsbooms, der die unmittelbare Nachkriegszeit prägte, nahmen die Aufträge drastisch ab, und 1920 wurde GN unter die Aufsicht des Konkursverwalters gestellt. Zwei Jahre später gaben Godfrey und Frazer-Nash die von ihnen gegründete Firma endgültig auf.

Bei dem Versuch, die Produktion von komfortableren Autos in Gang zu bringen, förderten die neuen Direktoren die Entwicklung einer Limousine mit wassergekühltem 4-Zylinder-Motor von Anzani oder DFP. Aber dadurch schwand die Faszination der früheren sportlichen GN, und noch bevor die Produktion richtig anlief, wurde das Unternehmen geschlossen.

GOBRON-BRILLIE 40/60 HP (1906)

Motor: 4 Zylinder in Reihe mit obenliegender Nockenwelle
Bohrung/Hub: 110 mm x 200 mm
Hubraum: 7.603 cm³
Max. Leistung: 60 HP
Getriebe: 4 Gänge
Rahmen: Leiterrahmen
Aufhängung: Vorder- und Hinterachse als Starrachse mit Halbelliptikfedern
Bremsen: 2 Getriebebremsen
Karosserie: Rennwagen
Höchstgeschwindigkeit: 113 km/h

GORDINI LE MANS SPORT (1955)

Motor: 8 Zylinder in Reihe mit zwei obenliegenden Nockenwellen
Bohrung/Hub: 78 mm x 78 mm
Hubraum: 2.982 cm³
Max. Leistung: 265 PS
Getriebe: manuell, 5 Gänge
Rahmen: Rohrrahmen
Aufhängung: Einzelradaufhängung vorn und hinten an Querlenkern, Torsionsfedern und Torsionsstab
Bremsen: Scheibenbremsen
Karosserie: zweisitziger Sportwagen
Höchstgeschwindigkeit: 200 km/h

GNESUTTA
Mailand, Italien
1900

Die Officina Meccanica E. Gnesutta, die bereits wegen ihrer Produkte im Motorrad- und im Reifensektor bekannt war, stellte Anfang des Jahrhunderts einen interessanten, von Adolfo Schleghel entworfenen Prototypen eines Automobils vor, der mit einem 2-Zylinder-Motor von Welleyes ausgestattet war. Entgegen den Ankündigungen seiner Urheber wurde das Projekt nicht weiterverfolgt.

GOBRON-BRILLIÉ
Boulogne-sur-Seine/Levallois, Frankreich
1898–1930

1898 schloß sich der Industrielle Gustave Gobron mit dem Ingenieur Eugène Brillié

Gordini Le Mans Sport

zusammen, der einen Gegenkolbenmotor konstruiert hatte.

Am Anfang arbeiteten die beiden Partner in Paris, wo sie Automobile mit Heckmotor herstellten, aber schon 1900 beschlossen sie, nach Boulogne-sur-Seine zu gehen. Aus der dortigen Fabrik kamen 75 bis 100 Automobile pro Jahr. 1901 wurden auch Modelle mit Frontmotor eingeführt, und bis 1906 verwendete Gobron-Brillié in fast allen Modellen Stahlrohrrahmen und 2-Zylinder-Motoren mit 2.290 cm³ oder 4-Zylinder-Motoren mit 4.580 cm³. Den größten Erfolg erzielte das Unternehmen am 17. Juli 1904 in Ostende: Ein Gobron-Brillié mit einem 15-l-Motor, der von Rigolly gefahren wurde, legte den fliegenden Kilometer mit durchschnittlich 166,6 km/h zurück und überschritt damit zum ersten Mal die Schwelle von 100 Meilen pro Stunde.

Ende 1903 schied Brillié aus der Firma, aber bis zum Ersten Weltkrieg wurden die Automobile weiterhin Gobron-Brillié genannt.

Ab 1904 begann Gobron-Brillié konventionellere, seitengesteuerte Motoren zu bauen; gleichzeitig führte es den Rahmen aus Profilstahl ein. 1906 umfaßte das Angebot von Gobron-Brillié den 24/35 PS mit vier Zylindern, den 40/60 PS mit vier Zylindern und Hubraum von insgesamt 7,6 l und den 60/75 PS mit einem 6-Zylinder-Motor und über 11 l Hubraum.

Nach dem Ersten Weltkrieg verlegte Gobron die Maschinen in das neue Werk in Levallois, wo er 1922 die Produktion des außergewöhnlichen 25 CV mit Gegenkolben-Schiebermotor, Motorbremse und drei Vergasern begann.

Dieses 6-Zylinder-Modell war nicht einmal ein Jahr in Produktion, als es durch ein Modell mit einem Chapuis-Dornier-Motor mit 1.495 cm³ ersetzt wurde.

Auch dieses neue Modell stieß auf erhebliche Absatzschwierigkeiten. Der Versuch, es unter dem Namen Stabilia zu vermarkten, blieb ebenfalls erfolglos.

Für sein letztes Modell verwendete Gobron-Brillié seitengesteuerte Motoren mit 1.327 cm³ oder 1.500 cm³ Hubraum; die Variante mit dem größeren Hubraum war mit einem Cozette-Kompressor ausgestattet, und Gobron-Brillié verkaufte sie unter dem Namen Turbo-Sport.

GORDINI
Paris, Frankreich
1936–1957

Es wird erzählt, daß Amédée Gordini, ein gebürtiger Italiener, auf einer Frankreichreise sein ganzes Geld in einer Nacht verpraßte, so daß er die Heimreise nicht mehr antreten konnte. Daher arbeitete er 1936 als Tuner, und dank seiner Fähigkeit, unerwartete Leistungen aus den zahmsten Motoren herauszuholen, erhielt er sehr bald den Beinamen „Le sorcier" (der Hexenmeister).

In den dreißiger Jahren begann Gordini spezielle Rennmodelle entweder als Zweisitzer oder als Einsitzer zu konstruieren, wobei er die Basismechanik von Fiat-Simca verwendete. 1951 präsentierte Gordini sein erstes „eigenes" Auto, aber von da an begannen sich finanzielle Schwierigkeiten abzuzeichnen, die eine konstante Begleiterscheinung in seinem Unternehmen wurden. Gordini baute Rennmodelle mit 1.500 cm³ und 2 und 3 l Hubraum. Sein Sportmodell mit 2,3 l, das er beim Pariser Automobilsalon 1952 ausstellte, wurde allerdings nie serienmäßig produziert.

Beim Rennen von Le Mans erreichte 1953 ein Gordini-Coupé mit einem 2,5-l-Motor den sechsten Platz; im selben Jahr wurde ein Sport/Rennmodell mit 8-Zylinder-Reihenmotor und 3 l Hubraum vorgestellt, das jedoch schwere Mängel im Fahrverhalten aufwies. Gordini schloß 1957 seine Werkstatt in Paris, um technischer Berater bei Renault zu werden. So entstand eine lange Reihe von Sondermodellen, die aus den Serienautos von Renault entwickelt wurden. Es war jedoch unvermeidlich, daß Gordinis Kreativität von der kommerziell ausgerichteten Politik Renaults eingeschränkt wurde.

GRÄF & STIFT
Wien, Österreich
1907–1938

Versucht man die Ursprünge dieses Unternehmens zu ergründen, stößt man unweigerlich auf die Brüder Karl, Franz und Heinrich Gräf, drei erfahrene Techniker, die hartnäckig die Urheberschaft eines Kleinwagens mit De-Dion-Motor und Vorderradantrieb, der nach ihren Angaben bereits 1897 gebaut wurde, aber über die Stufe des Prototypen nie hinauskam, für sich in Anspruch nahmen.

1902 schloß sich Willy Stift, ein Unternehmer, der vorher mit

Gräf & Stift 28/32 HP

dem Automobilhersteller Celeritas zusammengearbeitet hatte, den Gebrüdern Gräf an. Ab 1902 baute diese neue Firma etwa fünf Jahre lang Automobile für Arnold Spitz, einen der größten Verkaufsagenten in Wien, der sie unter dem eigenen Namen vertrieb. Das erste Exemplar mit der offiziellen Bezeichnung Gräf & Stift wurde 1907 verkauft.

Stifts Traum war es, große Automobile von höchster Qualität zu bauen, ohne an Produktionskosten zu sparen. Aus diesem Grund wurden die Autos dieser Marke schließlich die österreichischen Rolls-Royce genannt. Nach 1908 verlagerte man den Schwerpunkt der Produktion auf die großen 4-Zylinder-Modelle mit 4.240 cm³, 5.880 cm³, 7.320 cm³ und 7.684 cm³. Der 28/32 HP mit einem 5,9-l-Motor ging in die Geschichte ein, da in diesem Wagen der Erzherzog Ferdinand und seine Frau Sofia in Sarajewo ermordet wurden; bekanntlich war dieser Mord das auslösende Moment des Ersten Weltkriegs. 1921 brachten Gräf & Stift den fantastischen SP4, ein Modell mit 6-Zylinder-Motor mit 7.745 cm³ Hubraum und obenliegender Nockenwelle, das eine Höchstgeschwindigkeit von 145 km/h erreichen konnte, auf den Markt. 1922 wurde ein neues Modell mit 1.940 cm³ vorgestellt, und aus der Weiterentwicklung des SP4 ging der SP5 hervor, den das Unternehmen 1927 mit einem 5-l-Motor dem Publikum präsentierte.

Aus dem SP5 wurde wiederum der SP8, ein Luxusmodell, entwickelt; sein 8-Zylinder-Motor mit 5.993 cm³ und obenliegender Nockenwelle, Motor-

---

GRÄF & STIFT 28/32 HP (1910)

Motor: 4 Zylinder in Reihe mit stehenden Ventilen
Bohrung/Hub: 115 mm x 140 mm
Hubraum: 5.880 cm³
Max. Leistung: 28 HP
Getriebe: manuell, 4 Gänge
Rahmen: Leiterrahmen
Aufhängung: Vorder- und Hinterachse als Starrachse mit Halbelliptikfedern
Bremsen: Trommelbremsen nur an den Hinterrädern
Karosserie: nach Auftrag
Höchstgeschwindigkeit: 75 km/h

Graham-Paige Straight Eight

gehäuse aus Silizium- und Aluminiumlegierung und Zylinderlaufbuchsen aus Gußeisen, entwickelte eine Leistung von gut 125 PS bei 3000^{-min}.

Nachdem 1938 die Automobilproduktion eingestellt worden war, konzentrierte sich Gräf & Stift auf die Herstellung von Transportfahrzeugen und kehrte damit zu dem Sektor zurück, in dem es bereits während des Ersten Weltkriegs tätig gewesen war.

GRAHAM-PAIGE
Detroit, USA
1928–1945

Die drei Brüder Robert, Ray und Joseph Graham übernahmen 1928 die Firma Paige-Detroit und setzten die Produktion des schon alten Modells der Vorgänger 8-85 Straightaway Eight mit einem Lycoming-Motor fort.

GRAHAM-PAIGE (1935)

Motor: 8 Zylinder in Reihe mit stehenden Ventilen
Bohrung/Hub: 82,5 mm x 101,5 mm
Hubraum: 4.350 cm³
Max. Leistung: 140 PS (Variante mit Zentrifugalkompressor)
Getriebe: manuell, 3 Gänge
Rahmen: Leiterrahmen
Aufhängung: Vorder- und Hinterachse als Starrachse mit Halbelliptikfedern
Bremsen: Trommelbremsen an den Vorder- und Hinterrädern
Karosserie: Limousine
Höchstgeschwindigkeit: 153 km/h

Schon kurze Zeit später wurden aber außer diesem Wagen drei weitere Modelle mit Continental-Motoren mit 3.128 cm³, 2.666 cm³ oder 4.740 cm³ hergestellt. Die Herstellung dieser Modelle erfolgte für kurze Zeit auch in dem Werk in Berlin, bevor dieses aufgrund der Wirtschaftskrise Ende der zwanziger Jahre stillgelegt wurde. Zu dem Zeitpunkt, als der Eigentümer des Unternehmens wechselte, stand Graham-Paige aufgrund seines Produktionsvolumens noch an zwölfter Stelle der amerikanischen Unternehmen; von da an ging jedoch sein Marktanteil stetig zurück.

Die Blue Streak-Modelle von 1932 mit pointierter Kühlermaske und herumgezogenen Kotflügeln legten den Grundstein einer stilistischen Eigenheit, die von vielen Herstellern kopiert wurde, diese reichte jedoch nicht aus, um die Produktion wieder anzukurbeln. Der leistungsstarke Motor des Custom Eight von 1934 mit 4.350 cm³ Hubraum und einem Zentrifugalkompressor stellte das Herz der Sportlimousinen dar.

Nach 1936 konzentrierte sich die Produktion von Graham-Paige auf die Modelle Crusader und Cavalier (mit 6-Zylinder-Motoren mit 2.780 bzw. 3.679 cm³), während die veraltete Ausrüstung für die Herstellung des Special Six an Nissan verkauft wurde.

GRÉGOIRE 16/24 HP (1913)

Motor: 4 Zylinder in Reihe mit stehenden Ventilen
Bohrung/Hub: 80 mm x 160 mm
Hubraum: 3.217 cm³
Max. Leistung: 24 HP
Getriebe: 4 Gänge
Rahmen: Leiterrahmen
Aufhängung: Vorderachse als Starrachse mit Halbelliptikfedern; Hinterachse als Starrachse mit Halbelliptikfedern und Viertelelliptikfedern
Bremsen: Trommelbremsen an den Hinterrädern
Karosserie: nach Auftrag
Höchstgeschwindigkeit: 80 km/h

Im Jahr 1937 stellte Graham ein neues Modell mit 6-Zylinder-Kompressor-Motor vor; im darauffolgenden Jahr kam das 3,5-l-Modell ebenfalls mit sechs Zylindern auf den Markt.

Wegen seines sonderbaren „Haifischmaulbugs" stieß dieses auf ein zwiespältiges Echo. Als Sonderausstattung wurden für den 3,5-l-Wagen ein Vacumatic-Getriebe und Overdrive angeboten.

Das letzte Modell von Graham-Paige war der Graham Hollywood mit Cord 810/812-Karosserie und Hupmobile-Rahmen. 1945 übernahm der Automobilproduzent Kaiser-Frazer das Werk.

GRÉGOIRE
Poissy, Frankreich
1903–1923

Für seine ersten Automobile verwendete Grégoire Motoren mit einem Zylinder (8 HP), zwei

Grégoire

Zylindern (12 HP) und vier Zylindern (20 HP). Innerhalb kurzer Zeit konzentrierte sich die Produktion dieses Unternehmens auf kleine Wagen von hoher Qualität; der bekannteste darunter war zweifellos das 8-CV-Modell mit zwei Zylindern, das 1905 auf den Markt gebracht und bis 1912 gebaut wurde. Im gleichen Zeitraum umfaßte das Angebot von Grégoire außerdem einen Vierzylinder mit 15 CV und den Sechszylinder mit 18/24 CV, der 1909 vorgestellt und wegen seiner Unverwüstlichkeit berühmt wurde.

1911 begann Grégoire Versuche mit Motoren mit halbkugelförmigen Verbrennungsräumen und obenliegender Nockenwelle; 1912 verließen einige mit diesen Motoren ausgestattete Rennmodelle den Prüfstand. Auf der Basis des Rahmens des 16/24 CV und des 3.217-cm³-Motors baute Grégoire eine Reihe von strömungsgünstigen Zweisitzern und Limousinen; vor allem die letzteren zeugten mit ihren außergewöhnlichen technischen Lösungen und dem Design ihrer Karosserie vom hohen Können der Konstrukteure. Das Modell 14/20 CV von 1913 diente als Ausgangsbasis für die Nachkriegsproduktion; 1921 wurde sein Motor mit hängenden Ventilen ausgestattet. Der 1919 vorgestellte Grégoire-Campbell war im Grunde ein Bignan-Sport, der jedoch im Grégoire-Werk zusammengebaut wurde.

Der Gründer der Firma, M. Grégoire starb 1923, sein Unternehmen überlebte ihn nur um wenige Monate.

GRÉGOIRE
Asnières, Frankreich
1945–1962

Jean A. Grégoire war einer der ersten französischen Konstrukteure, der die Vorteile des Vorderradantriebs erkannte und bereits 1920 mit seinem Tracta seine Überzeugung in die Realität umsetzte. Nach dem Zweiten Weltkrieg begann Grégoire die Produktion von Automobilen unter eigenem Namen; sein erster Prototyp, der 1945 fertiggestellt wurde, hatte einen 2-Zylinder-Boxermotor mit 600 cm³ Hubraum; er sollte in Großbritannien unter der Marke Kendall produziert werden. Dieser Plan wurde nicht verwirklicht, dennoch diente Grégoires erstes Werk als Ausgangsbasis für den berühmten Dyna Panhard.

Das Grégoire-2-l-Modell mit 4-Zylinder-Boxermotor wurde von Hotchkiss-Grégoire gebaut; auf der mechanischen Grundlage dieses Modells konstruierte Grégoire einen Sport-Spider, der unter der Marke Grégoire von 1956 bis 1962 verkauft wurde.

Nachdem Grégoire einen Wagen mit SOCEMA-Gasturbine und Hinterradantrieb, der 1952 auf dem Automobilsalon von Paris ausgestellt wurde, entworfen hatte, stellte er auch einen Prototypen mit Elektroantrieb vor. Die an seinen Prototypen verwendeten Schraubenfedern mit progressiver Federkennung fanden wenig später Eingang in den allgemeinen Automobilbau.

GRÉGOIRE SPORT (1956)
Motor: 4-Zylinder-Boxermotor (mit hängenden Ventilen) mit Kompressor
Bohrung/Hub: 90 mm x 86 mm
Hubraum: 2.188 cm³
Max. Leistung: 130 PS
Getriebe: manuell, 5 Gänge (5. Gang als Schongang)
Rahmen: Spritzguß aus Leichtmetall
Aufhängung: Einzelradaufhängung vorn an Querlenkern, hinten an Längsschwingen und Schraubenfedern
Bremsen: Scheibenbremsen vorn, Trommelbremsen hinten
Karosserie: dreisitziger Sportwagen aus Aluminium
Höchstgeschwindigkeit: 193 km/h

Grégoire Sport

GUY
Wolverhampton, Großbritannien
1919–1929

Die Aktivitäten von Guy Motors auf dem Kraftfahrzeugsektor gehen bis auf das Jahr 1914, dem Beginn der Produktion von Fahrzeugen für den Warentransport. 1919 beschloß Guy, auf den Markt der Luxusautomobile vorzudringen, und wählte für sein erstes Modell einen 8-Zylinder-V-Motor mit 4 l Hubraum, 60 PS, abnehmbaren Zylinderköpfen und stehenden Ventilen. Der Rahmen zeichnete sich durch automatische Schmierung aus, interessant insofern, als die Drucköl-pumpe vom Lenkgetriebe beaufschlagt wurde. 1922 wurde ein billigeres Modell realisiert, das mit 4-Zylinder-Motoren mit 2 oder 2,5 l Hubraum geliefert wurde.

Auf der Olympia-Show im Jahre 1923 wurde ein neues

Guy V8

GUY (1919)
Motor: 8-Zylinder-V-Motor mit stehenden Ventilen
Bohrung/Hub: 72 mm x 120 mm
Hubraum: 3.909 cm³
Max. Leistung: 20 HP
Getriebe: manuell, 4 Gänge
Rahmen: Leiterrahmen
Aufhängung: Vorder- und Hinterachse als Starrachse mit Halbelliptikfedern
Bremsen: Trommelbremsen nur an den Hinterrädern
Karosserie: nach Auftrag
Höchstgeschwindigkeit: 96 km/h

GWK 10,8 HP

Modell ausgestellt; es wurde 13/36 genannt und von einem 4-Zylinder-Motor angetrieben, für den praktisch eine Zylinderreihe des V 8 verwendet wurde.

Da der Ausflug in den Automobilsektor nicht die gewünschten Ergebnisse brachte, gab das Unternehmen 1929 die Produktion von Automobilen auf und kehrte zur Herstellung von Lastkraftwagen zurück.

GWK
Datchet/Maidenhead, Großbritannien
1911–1931

Das erste Ergebnis der Zusammenarbeit von Grice, Wood und Keiller war ein Cycle Car mit einem 2-Zylinder-Heckmotor von Coventry-Simplex und einem Reibradgetriebe. 1914 wurde die Produktion von Datchet nach Maidenhead verlegt, wo über 1.000 Stück dieses Modells gebaut wurden. Die ersten GWK erreichten eine Geschwindigkeit von 56 km/h.

Nach dem Ersten Weltkrieg wurde der 2-Zylinder-Motor noch für kurze Zeit verwendet, aber sehr bald durch einen 4-Zylinder-Motor mit 1.368 cm³ Hubraum ersetzt,

GWK 10, 8 HP (1923)
Motor: 4 Zylinder in Reihe mit stehenden Ventilen
Bohrung/Hub: 66 mm x 100 mm
Hubraum: 1.368 cm³
Max. Leistung: 23 PS
Übertragung: Reibradgetriebe
Rahmen: Leiterrahmen
Aufhängung: Vorder- und Hinterachse als Starrachse mit Viertelelliptikfedern
Bremsen: Trommelbremsen nur an den Hinterrädern
Karosserie: Tourer mit 2 oder 4 Sitzen oder Coupé
Höchstgeschwindigkeit: 72 km/h

der von Coventry-Simplex hergestellt wurde.

1924 begann man in die GKW-Modelle einen 1,5-l-Motor einzubauen, aber nur zwei Jahre später verschwand diese Marke vom Markt. Schon 1920 hatte sich Grice in der Absicht, ein dem GWK ähnliches Modell zu konstruieren, das Unit genannt werden sollte, aus dem Unternehmen zurückgezogen. Zehn Jahre später versuchte Grice erfolglos, die Marke, zu deren Gründern er gehört hatte, wieder einzuführen.

GWYNNE
Chiswick, Großbritannien
1922–1929

Gwynne Engineering hatte sich bereits einen beachtlichen Ruf als Hersteller von Kreiselpumpen geschaffen, als das Unternehmen – nach Erfahrungen auf dem Sektor der Flugzeugmotoren während des Ersten Weltkriegs – das Werk Albert übernahm, das bereits Gwynne-Motoren für seine Automobile verwendet hatte. Ab 1923 wurden die Albert-Modelle unter der Markenbezeichnung Gwynne-Albert vertrieben. Die eigentliche Produktion von Gwynne-Automobilen begann 1922 mit dem Eight, einem Modell, dessen Konzeption stark von einem spanischen Kleinwagen, dem von Arturo Elizalde entworfenen Victoria, beeinflußt war.

Zu Beginn hatte der Gwynne Eight einen obengesteuerten 4-Zylinder-Motor mit 950 cm³, später wurde aber auch das Modell Ten mit 1.247 cm³ Hub-

Gwynne 8 HP Sport

raum angeboten. Daneben wurde auch eine sportliche Variante des Eight, der Sport Eight, entwickelt, der von einem Motor mit 1.021 cm³ Hubraum angetrieben wurde. Auf einen Rahmen des Eight wurde überdies auch eine sehr kleine Feuerwehrspritze montiert. Die Gwynne-Automobile waren sehr laut und alles andere als komfortabel, boten jedoch gute Leistungen bei einem niedrigen Kraftstoffverbrauch, und das alles zu sehr vernünftigen Preisen; es darf jedoch nicht vergessen werden, daß um die Mitte der zwanziger Jahre andere Unternehmen Modelle herausbrachten, die billiger und bequemer waren.

GWYNNE SPORT (1924)
Motor: 4 Zylinder in Reihe mit hängenden Ventilen
Bohrung/Hub: 57 mm x 100 mm
Hubraum: 1.021 cm³
Max. Leistung: 25 PS
Getriebe: mechanisch, 3 Gänge
Rahmen: Leiterrahmen
Aufhängung: Vorder- und Hinterachse als Starrachse mit Halbelliptikfedern
Bremsen: Trommelbremsen nur an den Hinterrädern
Karosserie: zweisitziger Sportwagen
Höchstgeschwindigkeit: 105 km/h

HAMPTON
King's Norton/Stroud, Großbritannien
1911–1933

Dieses Unternehmen entstand in Hampton-in-Arden, einem Ort in Warwickshire, dessen Name für die Markenbezeichnung verwendet wurde. Am Anfang kümmerte sich Hampton lediglich um den Vertrieb von Motorfahrzeugen, aber schon 1912, nachdem das Unternehmen nach Lifford Mills (King's Norton – Birmingham) verlegt worden war, begann es, selbst Autos herzustellen: Sein erstes Modell war der Zwölfzylinder 12/16 HP mit 1.726 cm³ Hubraum. 1914 beschloß man, sich auch auf die Produktion von Kleinwagen zu spezialisieren, da dieser Fahrzeugtyp zu diesem Zeitpunkt noch in Mode zu sein schien. Für dieses Fahrzeug, das zunächst für kurze Zeit mit einem Zweitaktmotor mit zwei Zylindern ausgestattet wurde, verwendete Hampton später Motoren von Precision und Chapuis-Dornier.

Nach dem Krieg wurde das Werk nach Stroud in Gloucestershire verlegt; aus dieser

HANOMAG

Hampton 14 HP

HAMPTON 14 HP (1925)
Motor: 4 Zylinder in Reihe mit hängenden Ventilen
Bohrung/Hub: 75 mm x 120 mm
Hubraum: 2.122 cm³
Max. Leistung: 40 PS
Getriebe: mechanisch, 3 Gänge
Rahmen: Leiterrahmen
Aufhängung: Vorderachse als Starrachse mit Halbelliptikfedern; Hinterachse als Starrachse mit Halbelliptikfedern und Viertelelliptikfeder
Bremsen: Trommelbremsen an den Vorder- und Hinterrädern
Karosserie: Zweisitzer, Tourer oder Coupé
Höchstgeschwindigkeit: 97 km/h

neuen Fabrik kam 1919 das erste Exemplar des 10/16 HP. Dieses Modell war ursprünglich mit einen Dorman-Motor mit 1.496 cm³ Hubraum ausgestattet und erhielt später einen Motor mit 1.795 cm³ Hubraum. Anfang der zwanziger Jahre produzierte das Unternehmen sechs Fahrzeuge pro Woche, die dank einiger sportlicher Erfolge ohne Probleme verkauft wurden.

1923 brachte Hampton das Modell 9/21 HP (1.247 cm³) auf den Markt, für das zum ersten Mal ein Motor von Meadows verwendet wurde. In den Jahren 1920, 1924 und 1927 wurde das Unternehmen, das ununterbrochen mit großen finanziellen Schwierigkeiten zu kämpfen hatte, vollkommen umstrukturiert.

HANOMAG KOMMISS-BROT (1925)
Motor: 1-Zylinder-Motor mit hängenden Ventilen
Bohrung/Hub: 80 mm x 100 mm
Hubraum: 503 cm³
Max. Leistung: 10 PS
Getriebe: mechanisch, 3 Gänge
Rahmen: Leiterrahmen
Aufhängung: Vorder- und Hinterachse als Starrachse mit Schraubenfedern
Bremsen: an der Hinterachse
Karosserie: Coupé oder Cabriolet mit 2 Sitzen
Höchstgeschwindigkeit: 64 km/h

1925 wurde ein 14-HP-Modell eingeführt, dem bald ein Modell mit 12 HP folgte. 1928 brachte Hampton ein vollständig neues Modell auf den Markt, den 15/45 HP mit einem 6-Zylinder-Motor mit 1.683 cm³ Hubraum; im selben Jahr wurde auch das Modell mit 9 HP wieder in Produktion genommen.

1929 stellte Hampton auf der Motor Show von London ein weiteres 6-Zylinder-Modell (3 l) vor; in diesem Jahr wurden etwa 25 Wagen pro Monat gefertigt. 1930 versuchte Hampton eine erneute, noch größere finanzielle Krise zu vermeiden und bestellte bei Röhr, einer deutschen Firma, die ebenfalls mit großen Liquiditätsschwierigkeiten zu kämpfen hatte, 100 8-Zylinder-Reihenmotoren und eine große Anzahl von Rahmen aus Stahlblech. Es wurden zwei Modelle mit 8-Zylinder-Reihenmotoren gebaut, für die abwechselnd die von Röhr gekauften Rahmen und Rahmen aus der eigenen Produktion verwendet wurden. In der Zwischenzeit entwickelten die Konstrukteure von Hampton ein Getriebe ohne Zahnräder sowie ein neues Modell mit 12 PS und 1.196 cm³ Hubraum.

Ende des Jahres 1931 verzichtete man auf den Röhr-Motor, und Hampton reduzierte seine Angebotspalette auf das Modell mit 16 PS. Ende des Jahres 1932, nach einer weiteren finanziellen Krise, wurde die Produktion eingestellt.

HANOMAG
Hannover, Deutschland
1924–1939

Der Hanomag-Einzylinder mit dem wassergekühlten Motor mit 10 PS und 503 cm³ Hubraum war sicher das erste Auto, das für jeden Deutschen erschwinglich war. Um den Motor des sogenannten „Kommißbrot" anzulassen, mußte man einen Hebel zwischen den beiden Sitzen betätigen.

Dieses 1-Zylinder-Modell, bei dessen Entwicklung Sparsamkeit das oberste Gebot war, war dennoch gelungen und für die holprigen und schlecht ausgebauten Straßen der gebirgigen Gegenden besonders geeignet; trotz der geringen Motorleistung nahm der Kommißbrot auch an diversen Rennen teil.

1928 beschloß Hanomag, den Kommißbrot durch ein anderes, konventionelleres Modell mit einem 4-Zylinder-Motor mit 745 cm³ Hubraum zu ersetzen.

Anfang der dreißiger Jahre präsentierte Hanomag die Modelle Garant und Kurier, zwei Kleinwagen mit einem obengesteuerten 4-Zylinder-Motor mit 1.089 cm³ Hubraum. Gleichzei-

Hanomag Kommißbrot

tig kamen weitere Modelle mit 4-Zylinder-Motoren mit 896 cm³, 1.299 cm³ oder 1.494 cm³ Hubraum auf den Markt.

Ab 1934 wurde der Sturm mit einem obengesteuerten 6-Zylinder-Motor mit 2.241 cm³ Hubraum gebaut, während ab 1937 der Hanomag Rekord mit einem 4-Zylinder-Dieselmotor mit 1.910 cm³ angeboten wurde; beide Modelle wurden 1939 aus der Produktion genommen. Die Hanomag-Modelle der dreißiger Jahre zeichneten sich durch besonders aerodynamische Karosserien aus; als Beweis dazu mag erwähnt werden, daß eine Limousine von 1939, trotz der bescheidenen Leistung ihres Motors mit 1.300 cm³ Hubraum (32 PS), eine Geschwindigkeit von 113 km/h erreichte.

Während des Zweiten Weltkriegs baute Hanomag Automobile für die deutsche Wehrmacht.

Nach dem Krieg stellte das Unternehmen den Partner mit einem 2-Takt-Motor mit drei Zylindern und 697 cm³ Hubraum vor; dieses Modell wurde jedoch nie in Produktion genommen.

HANSA

Varel/Bielefeld, Deutschland 1905–1939

Die Hansa Automobil Gesellschaft, die von August Sporkhorst und Dr. Robert Allmers gegründet wurde, begann ihre Aktivitäten mit der Produktion von Automobilen, die sich an dem französischen Stimula orientierten. Das Unternehmen baute auch Modelle, die unter der Marke HAG verkauft wurden und mit De-Dion-1-Zylinder-Motoren (720 oder 1.050 cm³) oder 2-Zylinder-Motoren (1.360 cm³) ausgestattet waren. Daneben verwendete Hansa auch Fafnir-Motoren mit 1.410 cm³ Hubraum, sowie einen Motor aus eigener Produktion, den 6/14 PS.

Ab 1910 baute Hansa in Lizenz RAF-Automobile und übernahm 1913 das Automobilunternehmen Westfalia, das seinen Sitz in Bielefeld hatte; bis 1914 wurden gleichzeitig sowohl die Hansa-Modelle als auch die typischen Westfalia-Automobile hergestellt. 1914 entstand nach dem Zusammenschluß von Hansa und Lloyd in Bremen Hansa-Lloyd, während unter der Marke Hansa weiterhin Modelle mit Motoren mit 1.550 cm³ bis 3.815 cm³ Hubraum hergestellt wurden. Die oben genannten Modelle erlangten wegen ihrer sorgfältigen Verarbeitung und ihrer fortschrittlichen technischen Lösungen einen ausgezeichneten Ruf. 1920 schlossen sich Hansa-Lloyd, NAG und Brennabor zur GDA (Gemeinschaft Deutscher Automobilfabriken) zusammen. In dieser neuen Gruppe spezialisierte sich Hansa-Lloyd vor allem auf die Produktion größerer Modelle, erwähnt seien das Modell H von 1923, eine große Limousine, die sowohl mit einem 4-l-Motor als auch mit dem Trumpf-As-Motor angeboten wurde. Der Trumpf-As war der erste 8-Zylinder-Reihenmotor, der in Deutschland hergestellt wurde, und hatte von Anfang an eine obenliegende Nockenwelle und ein Motorgehäuse aus Leichtmetall (Silumin). Ursprünglich hatte er einen Hubraum von 4,5 l, dieser wurde dann aber auf 5,2 l erweitert. Danach brachte Hansa ein Modell mit einem seitengesteuerten 4-Zylinder-Motor mit 2.063 cm³ Hubraum und einer Leistung von 36 PS, sowie größere Modelle mit 6- und 8-Zylinder-Motoren von Continental (3.262 cm³, 3.996 cm³ und 4.324 cm³) auf den Markt.

1929 wurde Hansa-Lloyd von Borgward-Goliath übernommen. Die Hansa-Produktion wurde daraufhin in das Werk in Bremen verlegt, wo 1930 zwei Modelle mit 4-Zylinder-Motoren (2.098 cm³ und 3.253 cm³) und ein Modell mit einem seitengesteuerten Sechszylinder mit 2.577 cm³ Hubraum entstanden; diesen schlossen sich zwei Modelle mit obengesteuertem Motor mit 1.088 cm³ bzw. 1.640 cm³ Hubraum an, die direkt von Hansa gebaut wurden.

1934/35 wurde ein Zweizylinder in Produktion genommen, mit dem die Konstruktionspläne eines früheren, nur für kurze Zeit und in kleiner Serie hergestellten Modells wiederverwendet wurden und

Hansa Telegram

HANSA TELEGRAM TYP A 6/18 PS (1912)

Motor: 4 Zylinder in Reihe mit stehenden Ventilen
Bohrung/Hub: 74 mm x 90 mm
Hubraum: 1.555 cm³
Max. Leistung: 18 PS
Getriebe: mechanisch, 4 Gänge mit direktem Gang
Rahmen: Leiterrahmen
Aufhängung: Starrachsen mit Halbelliptikfedern
Bremsen: Trommelbremsen an den Hinterrädern
Karosserie: nach Wahl
Höchstgeschwindigkeit: 70 km/h

HAYNES LIGHT TWELVE (1916)

Motor: 12-Zylinder-V-Motor mit stehenden Ventilen
Bohrung/Hub: 69,9 mm x 127 mm
Hubraum: 5.839 cm³
Max. Leistung: 50 HP (geschätzt
Getriebe: mechanisch, 3 Gänge
Rahmen: Leiterrahmen
Aufhängung: Starrachsen mit Halbelliptikfedern
Bremsen: nur an den Hinterrädern
Karosserie: viersitzig, Sedan, Tourencoupé und Stadtwagen
Höchstgeschwindigkeit: 105 km/h

Haynes Light Twelve

HE 14/40

dessen Motor sich von seinem Vorläufer vor allem durch den größeren Hubraum (498 cm³ statt 348 cm³) unterschied. In den zwei folgenden Jahren wurden zwei Modelle mit einem obengesteuerten 6-Zylinder-Motor mit 3.485 bzw. 1.962 cm³ Hubraum eingeführt. Nach 1937 wurden die im Hansa-Werk hergestellten Automobile als Borgward verkauft.

Die Produktion der Hansa-Automobile wurde 1939 durch den Zweiten Weltkrieg beendet.

HAYNES-APPERSON/HAYNES
Kokomo, USA
1898–1925

Elwood Haynes, der geniale Metallarbeiter, der den rostfreien Stahl erfand, beendete 1894 die Konstruktion seines ersten Automobils. Obwohl es sich um einen Prototypen handelte (die Serienproduktion begann erst vier Jahre später, versuchte er jahrelang mit wenig Erfolg, die Anerkennung seines Modells als erstes amerikanisches Automobil durchzusetzen.

Die ersten Serienmodelle von Haynes-Apperson hatten eine Stangenlenkung und wurden von einem hinten montierten 2-Zylinder-Boxermotor angetrieben. Obwohl sich die Gebrüder Apperson bereits 1902 selbständig machten, wurden die Modelle bis 1904 unter der Marke Haynes-Apperson vertrieben. Der 2-Zylinder-Boxermotor mit 12 HP, mit dem die ersten Modelle ausgestattet waren, wurde zwar auch nach 1904 noch weiter verwendet; von diesem Zeitpunkt an wurden die Motoren jedoch mehr und mehr im Bug eingebaut.

1905 wurde ein 4-Zylinder-Reihenmotor mit 35/40 HP eingeführt, der das Ende der 2-Zylinder-Motoren kennzeichnete. Von 1906 bis 1914 basierte die Haynes-Palette auf großen 4-Zylinder-Modellen mit paarweise gegossenen Zylindern; 1914 wurde das erste 6-Zylinder-Modell eingeführt, das Modell 27 genannt wurde. Wie seine Vorgänger mit vier Zylindern hatte auch der Model 27 (mit einem Hubraum von 7.763 cm³) paarweise gegossene Zylinder, während das Getriebe mit einer elektrischen Schaltung ausgestattet war.

1916 wurde die Palette um einen V12-Motor mit 5.839 cm³ Hubraum erweitert, der sich aus zwei Blöcken mit 6 Zylindern zusammensetzte, die in einem Winkel von 60° zueinander standen. Haynes beendete seine Aktivitäten mit dem Modell 60, einem viersitzigen Coupé mit einem Sechszylinder mit 5.291 cm³ Hubraum.

1925 wurde die Produktion von Haynes-Apperson gänzlich eingestellt.

HE 14/40 (1922)
Motor: 4-Zylinder in Reihe mit stehenden Ventilen
Bohrung/Hub: 75 mm x 120 mm
Hubraum: 2.121 cm³
Max. Leistung: 40 PS
Getriebe: mechanisch, 4 Gänge
Rahmen: Leiterrahmen
Aufhängung: Vorderachse und Hinterachse als Starrachse mit Halbelliptikfeder, hinten zusätzlich mit Viertelelliptikfeder
Bremsen: Trommelbremsen an den Vorder- und Hinterrädern
Karosserie: viersitziger Tourer
Höchstgeschwindigkeit: 114 km/h

HE
Reading, Großbritannien
1920–1931

Die Herbert Engineering, die am Anfang von Herbert Merton finanziert wurde, fiel durch die ausgeprägte Individualität ihres Sportmodells auf, das von R.J. Sully entworfen worden war. Dieses Automobil hatte einen typischen ovalen Kühler und zumindest die älteren Modelle zeichneten sich durch eine gelungene dreisitzige Karosserie aus. Das erste Automobil aus der HE-Produktion war ein Tourer mit einem seitengesteuerten 4-Zylinder-Motor mit 1.795 cm³ Hubraum, auf den 1920 das Modell 13/30 HP mit 1.982 cm³ Hubraum folgte.

1922 wurde das erste Sportmodell, der 14/40, vorgestellt, der auf den entsprechend verkürzten Rahmen des Tourer montiert wurde. Der 14/40 hatte eine Doppelzündung, einen getunten Motor (mit einer auf 75 mm erweiterten Bohrung und 2.121 cm³ Hubraum), eine Druckschmierung und ein Getriebe mit eng gestuften Übersetzungsverhältnissen.

Ab 1923 erhielt der Motor des Modells 13/30 die gleiche Bohrung wie der des 14/40. Im Laufe des Jahres 1926 begann HE die Produktion von 6-Zylinder-Modellen, um sich der damaligen Mode anzupassen; er verwendete dafür einen seitengesteuerten 2,3-l-Motor. Der 2,3-l-Motor wurde auch in einem Sportwagen angeboten. 1928 stellte HE die Produktion von 4-Zylinder-Modellen ein.

Das letzte Modell von HE war der Sechszylinder mit 1,5 l Hubraum, der 1930 auf den Markt gebracht wurde und an Vorder- und Hinterachse mit Viertelelliptikfedern ausgestattet war.

HEALEY
Warwick, Großbritannien
1946–1953

Dank seines ausgezeichneten Rufs als begabter Fahrer und erfahrener Techniker wurde Donald Healey während seiner Zeit als Mitarbeiter von

HEALEY SILVERSTONE (1949)
Motor: 4 Zylinder in Reihe mit hängenden Ventilen (Riley)
Bohrung/Hub: 80,5 mm x 120 mm
Hubraum: 2.443 cm³
Max. Leistung: 104 PS
Getriebe: mechanisch, 4 Gänge
Rahmen: Leiterrahmen
Aufhängung: Einzelradaufhängung vorn an Querlenkern und Schraubenfedern; Hinterachse als Starrachse mit Halbelliptikfedern und Panhardstab
Bremsen: Trommelbremsen an den Vorder- und Hinterrädern
Karosserie: zweisitziger Sportwagen
Höchstgeschwindigkeit: 177 km/h

Healey Silverstone

Triumph die Verantwortung für die Modelle Gloria und Dolomite übertragen. Ende der dreißiger Jahre wechselte Healey zu Humber, ohne jedoch die Hoffnung aufzugeben, eines Tages ein Auto zu konstruieren, das seinen Namen tragen würde. Nach dem Zweiten Weltkrieg gründete er in Warwick die Donald Healey Motor Company und begann im Oktober 1946 die Produktion der Limousine Healey Elliot und des Sportwagens Westland; für diese Modelle verwendete er obengesteuerte Riley-Motoren.

Das Elliot-Modell, das unter anderem durch eine aerodynamische Karosserie aus Aluminium auffiel, fand sofort bei den Käufern Anklang, und die zahlreich eingehenden Bestellungen machten eine Vergrößerung der Produktionsanlagen erforderlich. Nachdem Healey verschiedene sportliche Erfolge erzielt hatte, wurde 1949 der Silverstone, ein zweisitziger Sportwagen, auf den Markt gebracht; dieses Modell, von dem 105 Stück gebaut wurden, war unter den Teilnehmern der englischen Clubrennen sehr beliebt. Der Nash-Healey, der nur für das Ausland bestimmt war, hatte einen obengesteuerten 6-Zylinder-Motor mit 3,8 l Hubraum von Nash; er wurde 1950, also in dem Jahr, in dem er auf den Markt kam, auf der Rennstrecke von Le Mans vierter. Insgesamt wurden 253 Nash-Healey-Automobile gebaut. Doch erst durch die Einführung eines zweisitzigen Sportwagens mit einem 2,7-l-Motor von Austin machte Healey auf der Beliebtheitsskala einen gewaltigen Sprung nach vorne; danach baute Austin baute den Austin-Healey 100.

HERMES
Rom, Italien
1906–1908

Unter Beteiligung des belgischen Unternehmens Métallurgique wurde 1906 in Rom die Hermes Italiana S.A. gegründet, die nur zwei Jahre bestand und ein einziges Modell, den Tipo Unico baute. Das Modell, das 1907 auf dem Automobilsalon von Paris vorgestellt wurde, hatte einen 4-Zylinder-Motor mit 3.770 cm³ und 35 HP bei 1.500^{-min}; das Getriebe hatte vier Gänge und einen Rückwärtsgang, die Übertragung erfolgte mittels Kette. Hermes produzierte bis 1908.

HILLMAN
Coventry, Großbritannien
1907–1976

Nachdem William Hillman lange Zeit als Hersteller von Fahrrädern tätig gewesen war, beschloß er, sein Glück auch im Automobilsektor zu versuchen; sein Debut erfolgte im großen Stil, da er die Entwicklung seines ersten Modells, das bei der Tourist Trophy von 1907 teilnehmen sollte, Louis Coatalen anvertraute. Leider wurde dieses erste Hillman-Modell in einen Unfall verwickelt, der eine weitere Teilnahme am Rennen unmöglich machte. Da sich Hillman danach nicht mehr auf die Mitarbeit von Coatalen stützen konnte, der zu Sunbeam gewechselt war, begann man die Produktion einer ganz und gar konventionellen Serie, zu der unter anderem ein Modell mit 4-Zylinder-Motor mit 6,4 l Hubraum und eines mit 6-Zylinder-Motor mit 9,7 l Hubraum gehörten. 1909 wurde das Modell 12/16 HP vorgestellt. Das erste wirklich erfolgreiche Hillman-Modell war der 9 HP, ein Vierzylinder mit 1.357 cm³ Hubraum, der Anfang der zwanziger Jahre gebaut wurde; das Modell, dessen Motor in der Folgezeit auf 1,6 l erweitert wurde, wurde schließlich 1925 aus der Produktion genommen.

1926 wurde das Modell 14 HP eingeführt. Zwei Jahre später wurde Hillman von den Gebrüdern Rootes übernommen, die sich bereits vorsorglich um den Vertrieb im Ausland gekümmert hatten.

Der Wizard mit 6-Zylinder-Motor, der 1931 vorgestellt wurde, erwies sich als wahres Desaster, aber bereits im darauffolgenden Jahr sollte sich Hillman als eine der großen Automobilmarken einen Namen machen; 1932 wurde der Minx mit 1.185 cm³ Hubraum eingeführt. Im darauffolgenden Jahr wurde der Minx von A. G. Booth, einem Konstrukteur, der zuvor mit Clyno und mit AJS zusammengearbeitet hatte, grundlegend überarbeitet; ebenfalls 1932 entwarf Booth eine Sportversion, die Aero Minx genannt wurde.

Der Hillman Minx von 1935 war das erste britische Automobil mit kleinem Hubraum, das mit einem Wechselgetriebe mit vier synchronisierten Gängen ausgestattet war. Unter den 6-Zylinder-Modellen der dreißiger Jahre war auch der Hillman Hawk, aber dieses Modell wurde nur bis 1939 gebaut, so daß im Angebot dieser Marke nur der Vierzylinder Minx und der 14 HP blieben. Der Minx wurde auch nach dem Krieg noch gebaut und erhielt 1949 eine Pontonk-Karosserie. Im

Hillman Aero Minx

darauffolgenden Jahr wurde sein Motor auf 1.265 cm³ erweitert, aber bis 1955 wurden stehende Ventile, wie übrigens auch beim zweiten Vierzylinder mit 1.390 cm³ beibehalten. Der Minx blieb bis 1970 in Produktion, aber in der Zwischenzeit wurde sein Motor nochmals auf 1.725 cm³ erweitert.

Anfang der sechziger Jahre errichtete Hillman ein neues Werk in Linwood in Schottland, in dem 1963 das erste Hillman-Heckmotorauto gebaut wurde: Der Imp, ein sehr kompaktes 4-Zylinder-Modell, wurde von einem ganz aus Aluminium gefertigten Motor mit 875 cm³

HILLMAN AERO MINX (1934)

Motor: 4 Zylinder in Reihe mit stehenden Ventilen
Bohrung/Hub: 63 mm x 95 mm
Hubraum: 1.185 cm³
Max. Leistung: 37 PS
Getriebe: mechanisch, 4 Gänge
Rahmen: Leiterrahmen
Aufhängung: Starrachsen mit Halbelliptikfedern
Bremsen: Trommelbremsen an den Vorder- und Hinterrädern
Karosserie: Sportwagen, Tourer oder Limousine
Höchstgeschwindigkeit: 113 km/h

Hubraum und hängenden Ventilen von Coventry-Climax angetrieben.

Trotz der zahlreichen, technischen Raffinessen (an allen vier Rädern Einzelradaufhängungen), blieben die Verkäufe weit unter dem Plansoll, wodurch Hillman in eine verhängnisvolle finanzielle Krise geriet. 1964 ging daher die Mehrheit des Aktienkapitals, die sich in den Händen der Gebrüder Rootes befand, an die American Chrysler Corporation. Ein Ergebnis dieser Umstrukturierung war der Avenger, ein Modell mit 1.294 cm³ Hubraum, das 1970 vorgestellt wurde. Aber das typische, wenn nicht einmalige Erscheinungsbild der Hillman-Automobile wurde schließlich durch Chrysler verdrängt, so daß 1976 auch die Markenbezeichnung Hillman der der neuen Eigentümer weichen mußte. Nach knapp zwei Jahren wurde British Chrysler an die Peugeot-Citroën-Gruppe abgetreten.

HISPANO-SUIZA
Barcelona, Spanien
Paris, Frankreich
1904–1944

Um mit Cuadra, einem Elektro-Bus-Hersteller, zusammenarbeiten zu können, verließ der Ingenieur Marc Birkigt Ende des vergangenen Jahrhunderts seine Schweizer Heimat und zog nach Barcelona. In kurzer Zeit überredete er seine Arbeitgeber, ihm die Aufgabe zu übertragen, das Unternehmen so umzustrukturieren, daß Spanien bald zu den Ländern zählen sollte, die über eine Automobilserienproduktion verfügten.

Auf diesem Sektor erreichte das Unternehmen jedoch keine hohen Produktionszahlen; 1901 waren die Direktoren des Unternehmens, das sich in

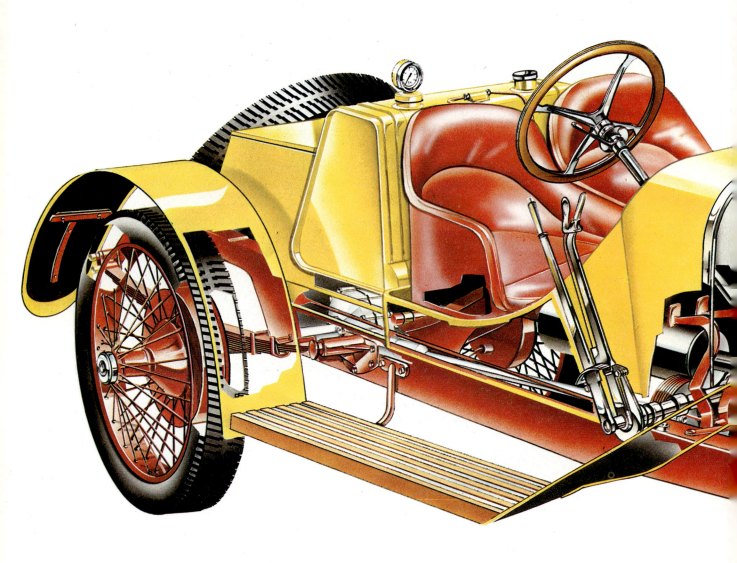

Hispano-Suiza 15T Alfonso XIII (1912)

Motor
Position: vorne, in Längsrichtung
Bauart: wassergekühlter 4-Zylinder-Reihenmotor, Motorgehäuse aus Gußeisen, drei Hauptlager
Hubraum: 3.619 cm³
Bohrung/Hub: 80 mm x 180 mm
Ventilsteuerung: 2 Ventile pro Zylinder, T-förmiger Zylinderkopf (stehende Ventile)
Gemischbildung: Hispano-Suiza-Dreidüsenvergaser, hinten eingebauter Kraftstofftank (unter Druck)
Zündanlage: Bosch-HT-Magnetzündung
Max. Leistung: 63 HP bei 2.300⁻min

Übertragung
Antrieb: Getriebe an den Motor angeblockt
Kupplung: Trockenkupplung mit 42 Metallscheiben
Getriebe: mechanisch, 3 Gänge
Achsgetriebe: Kegelradgetriebe mit Geradverzahnung
Übersetzungsverhältnis im Achsgetriebe: 3,0 : 1 oder 3,25 : 1

Aufhängung
Vorderachse: Starrachse mit Halbelliptikfedern
Hinterachse: Starrachse mit Halbelliptikfedern

Lenkung
System: Schneckenlenkung mit Lenksegment; 1,25 Umdrehungen des Lenkrads von Anschlag zu Anschlag

Bremsen
Typ: mit Handhebel betätigte Hinterrad-Trommelbremsen; über Fußpedal betätigte Getriebebremse

Räder und Bereifung
Typ: abnehmbare Rudge-Whitworth-Speichenräder; Wulstreifen

Karosserie und Rahmen
Typ: U-Profil-Stahlblechrahmen; Karosserie nach Auftrag

Abmessungen und Gewicht
Radstand: 2.650 mm oder 3.000 mm
Vordere Spurweite und hintere Spurweite: 1.220 mm/1.295 mm
Gewicht des Rahmens: 660 kg oder 710 kg

Leistungen
Höchstgeschwindigkeit: 125 km/h
Kraftstoffverbrauch: 16–17 l/100 km

UNTEN *Der Hispano-Suiza Alfonso XIII spiegelte die Eigenschaften der windschlüpfrigen amerikanischen Spider wider, da er im wesentlichen aus einem Rahmen mit einer ausgesprochen schmucklosen Karosserie bestand und trotz der nicht gerade außergewöhnlich hohen PS-Zahl des Motors ausgezeichnete Leistungen bringen konnte. Der Alfonso XIII war aus einem erfolgreichen Rennwagen entwickelt worden. Trotz der scheinbaren Einfachheit der Vorderachse, die nur durch Blattfedern mit dem Rahmen verbunden war, zeichnete sich die Lenkung dank der begrenzten, ungefederten Massen durch Präzision und Sensibilität aus, wozu auch das Fehlen von Bremsen an den Vorderrädern beitrug.*

HISPANO-SUIZA

Hispano-Suiza Alfonso XIII

schwerer finanzieller Krise und in harter Auseinandersetzung mit der Arbeiterschaft befand, gezwungen, Konkurs anzumelden. Sir J. Castro, der sich durch den enormen Kredit, den er dem vom Konkurs bedrohten Unternehmen gewährt hatte, alle Unternehmensbereiche von Cuadro aneignen konnte, nahm die Konstruktion von Automobilen, die daraufhin seinen Namen erhielten, wieder auf. Auch dieses Mal erreichte die Produktion keine nennenswerten Zahlen, und der Mangel an Liquidität führte zur Stillegung der Montageabteilungen. An diesem Punkt schaltete sich Damien Mateu ein; er übernahm die Leitung des Unternehmens und gründete HISPANO SUIZA Fábrica de Automóvils. Nach den Plänen des neuen Eigentümers sollten sich unter dieser Marke das technische Genie der Schweizer und spanisches Kapital miteinander verbinden. Am Anfang fuhr man fort, das von Castro eingeführte 4-Zylinder-Modell zu bauen, das jedoch schon als Hispano-Suiza gekennzeichnet wurde.

Anläßlich des Pariser Automobilsalons von 1906 stellte das neue Unternehmen zwei Vierzylinder mit 3,8 l und 7,4 l Hubraum vor. Im darauffolgenden Jahr wurden zudem zwei Varianten mit sechs Zylindern und großem Hubraum eingeführt.

Für den Coupe des Voiturettes von 1910 wurde ein spezielles Rennmodell entworfen, aus dem der berühmte Sportwagen Alfonso XIII, entwickelt wurde, der das Unternehmen über die

HISPANO-SUIZA ALFONSO XIII (1912)

Motor: 4 Zylinder in Reihe mit stehenden Ventilen
Bohrung/Hub: 80 mm x 180 mm
Hubraum: 3.619 cm³
Max. Leistung: 64 PS
Getriebe: manuell, 4 Gänge
Rahmen: Leiterrahmen
Aufhängung: Starrachsen mit Halbelliptikfedern
Bremsen: Trommelbremsen nur an den Hinterrädern
Karosserie: nach Auftrag
Höchstgeschwindigkeit: 120 km/h

Landesgrenzen hinaus berühmt machte. 1911 beschloß Hispano Suiza infolge der enthusiastischen Reaktion, die das Modell hervorrief, ein Montagewerk in Levallois-Perret in der Nähe von Paris zu errichten, um die anspruchsvolle französische Kundschaft besser bedienen zu können.

1914 wurde die Produktion in die größeren Anlagen in der Nähe von Bois-Colombes verlegt; dieses französische Tochterunternehmen entwickelte das Modell H6 (1919), das zum Maßstab der Luxusklasse wurde (Motor aus Leichtmetallegierung mit obenliegender Nockenwelle und 6.597 cm³ Hubraum). Von diesem Modell abgeleitet war das Sportmodell Boulogne, das 1924 auf den Markt gebracht wurde.

Während der größte Teil des H6 in dem Werk in Bois-Colombes gebaut wurde, fertigte das Werk in Barcelona eine begrenzte Anzahl der T 41-Modelle; ab 1928 wurde dieses Modell mit einem 8-l-Motor ausgestattet und von diesem Zeitpunkt an T 56 genannt. Das am wenigsten gelungene Modell, das im spanischen Werk gebaut wurde, war vielleicht der T 49, ein Automobil mit einem 6-Zylinder-Motor mit 3.750 cm³ Hubraum und einer Leistung, die alles andere als Begeisterung hervorrufen konnte. Aus dem Werk in Barcelona kamen auch der T 30 (obengesteuerter 4,7-l-Motor), der von 1914 bis 1924 produziert wurde, der T 16 (1921 bis 1924) und der T 48 (2.500 cm³ Hubraum).

1930 übernahm Hispano-Suiza Ballot; daraufhin wurde die Produktion des Modells 4.580 cm³ Junior mit sechs Zylindern in die Fabriken von Ballot verlegt. Auf dem Pariser Automobilsalon von 1931 stellte Hispano-Suiza den Typ 68 vor und demonstrierte damit größte Gleichgültigkeit gegenüber der Wirtschaftskrise, die damals Europa erschütterte; aus diesem Modell, das von einem 12-Zylinder-V-Motor mit 9.425 cm³ Hubraum angetrieben wurde, entstand der außergewöhnliche Typ 68, der mit einem auf 11.310 cm³ vergrößerten Motor ausgestattet war. 1934 wurde der K 6 vorgestellt, der im Grunde ein Typ 68 mit einem 6-Zylinder-Motor war. Von 1932 bis 1943 wurde in dem Werk in Barcelona eine Serie von 6-Zylinder-Modellen gebaut, die mit dem T 6 0RL von 1934, einem technisch recht fortschrittlichen Modell (servounterstützte, hydraulische Lockheed-Bremsen, Getriebeschalthebel zwischen den Vordersitzen), mit fast deprimierendem Äußeren abgeschlossen wurde.

Trotz zahlreicher Probleme gelang es Hispano-Suiza in Barcelona, die schwierige Situation des spanischen Bürgerkriegs zu überstehen, und bis in die vierziger Jahre, d. h. bis zu dem Zeitpunkt, an dem das Unternehmen von Pegaso übernommen wurde, baute man weiterhin Modelle mit 6-Zylinder-Motoren mit kleinem Hubraum. Das französische Tochterunternehmen der Hispano-Suiza hatte dagegen bereits 1934 aufgehört, Automobile zu konstruieren und war zur lukrativeren Produktion von Waffen und Flugzeugmotoren übergegangen.

Alfonso XIII

Die Ausgangsbasis des Hispano-Suiza Typ 15 T war das Rennmodell, das am Coupé des Voiturettes von 1910 teilnahm und dessen Motor gänzlich ungewohnte Ausmaße hatte (65 mm Bohrung x 200 mm Hub). Bevor dieser Motor für Straßenmodelle verwendet wurde, korrigierte Birkigt dieses Mißverhältnis und veränderte die genannten Werte auf 80 mm x 180 mm. So entstand eines der ersten großen Sportautomobile; es erhielt den Namen des Königs von Spanien, Alfonso XIII.

Hispano-Suiza H6

Die ersten Serien des Alfonso XIII waren mit einem 3-Gang-Getriebe ausgestattet, später kam jedoch noch ein vierter Gang dazu; auch die ursprüngliche Mehrfachscheibenkupplung aus Stahl wurde später durch eine Kegelkupplung mit Lederüberzug in der Reibungszone ersetzt.

Hispano-Suiza H6

Während des Ersten Weltkriegs hatte Birkigt an der Entwicklung von Flugzeugmotoren mitgearbeitet, und viele der technischen Lösungen, die für den H 6 von 1919 gewählt wurden, waren von diesen Erfahrungen beeinflußt. Der Motor des H 6, ein 6-Zylinder-Monoblock mit obenliegender Nokkenwelle, erwies sich sofort als so leistungsstark, daß eine Vierradbremse mit Servobremse für eine den hohen Geschwindigkeiten angepaßte Bremsleistung unerläßlich war.

André Dubonnet fuhr 1921 mit diesem Automobil beim Coupe Boillot in Boulogne zum Sieg und wiederholte danach diesen Erfolg mit einem 8-l-Prototyp, der aus dem Modell H 6 entwickelt worden war. Die Karosserie des H 6 konnte nach Wunsch bestellt werden. Der H 6 wurde sehr bald ein Symbol für Schnelligkeit und Prestige und fand bei allen wohlhabenderen Schichten großen Anklang. Von 1924 bis 1927 baute die bekannte Automobilfirma Skoda den H 6 in Lizenz auch in der Tschechoslowakei, während er in Frankreich ohne große Änderungen bis 1934 in Produktion blieb.

Hispano-Suiza Typ 68

Der Typ 68, der 1931 auf dem Automobilsalon in Paris vorgestellt wurde, unterschied sich vor allem durch die Motorsteuerung mit hängenden Ventilen erheblich von den typischen Eigenschaften der vorherigen Modelle.

Sein leistungsstarker 12-Zylinder-V-Motor war sehr kompakt, seine Technik stark durch jene Motoren beeinflußt, die seit einiger Zeit in Flugzeuge eingebaut wurden; das Motorgehäuse bestand aus Aluminiumguß mit verschraubten Laufbuchsen. Weitere technische Raffinessen waren die natriumgekühlten Auslaßventile und die neunfach gelagerte Kurbelwelle. Der Typ 68 besaß außerdem Pleueldeckel mit Schwalbenschwanzzentrierung, die mit genieteten Bolzen befestigt waren.

Der Suiza Typ 68 wurde mit vier verschieden langen Rahmen geliefert: 3.429, 3.658, 3.810 oder 4.115 mm. Aber auch bei den Varianten mit längerem Radstand blieb den Passagieren nicht gerade außergewöhnlich viel Platz. Aus der Weiterentwicklung des Typ 68 ging der Typ 68 bis mit einem auf 11.310 cm³ erweiterten Hubraum hervor.

Wie auch beim Bugatti Royale wurde der Motor des Hispano-Suiza Typ 68 damals für einige schnelle Lokomotiven verwendet.

HISPANO-SUIZA H6 (1920)

Motor: 6 Zylinder in Reihe mit obenliegender Nockenwelle
Bohrung/Hub: 100 mm x 140 mm
Hubraum: 6.597 cm³
Max. Leistung: 100 PS
Getriebe: manuell, 3 Gänge
Rahmen: Leiterrahmen
Aufhängung: Starrachsen mit Halbelliptikfedern
Bremsen: Trommelbremsen an den Vorder und Hinterrädern (mit Servobremse)
Karosserie: nach Auftrag
Höchstgeschwindigkeit: 137 km/h

HISPANO-SUIZA TYP 68 (1932)

Motor: 12-Zylinder-V-Motor mit hängenden Ventilen
Bohrung/Hub: 100 mm x 100 mm
Hubraum: 9.425 cm³
Max. Leistung: 220 PS
Getriebe: manuell, 3 Gänge
Rahmen: Leiterrahmen
Aufhängung: Starrachsen mit Halbelliptikfedern
Bremsen: Trommelbremsen an den Vorder- und Hinterrädern (mit Servobremse)
Karosserie: nach Wahl
Höchstgeschwindigkeit: 174 km/h

HONDA
Tokio, Japan
1962–

Nachdem Honda seine Position als Motorradhersteller gefestigt hatte, beschloß das Unternehmen, sich auch im Automobilsektor zu engagieren. Für sein Debüt stellte Honda auf dem Automobilsalon von Tokio den S 500 Sport vor, einen Kleinstwagen, der mit einem Motor mit obenliegender Nokkenwelle und 360 cm³ oder 500 cm³ Hubruam angeboten wurde.

Innerhalb kurzer Zeit wurde der Motor dieses winzigen Sportwagens zunächst auf 600 cm³, dann auf 800 cm³ Hubraum erweitert. Die letztere Motorversion, die in das Honda-Modell S 800 eingebaut wurde, erreichte eine Umdrehungszahl von 11.000^{-min}.

1966 wurden die Modelle mit 360 cm³ und 500 cm³ Hubraum auch als Limousinen angeboten; drei Jahre später wurde der Honda 1300 vorgestellt, ein Modell mit 4-Zylinder-Motor, Vorderradantrieb, Motorgehäuse und Zylinderkopf aus Aluminium und obenliegender Nockenwelle.

1973 kam der erste Civic auf den Markt, der bis heute in der neuesten Generation, die 1991 vorgestellt wurde, eines der erfolgreichsten Kompaktautos ist.

Auf ihn folgte der Accord, ebenfalls ein Millionenseller,

Hispano-Suiza TYP 68

Honda S 800

der in den Vereinigten Staaten das meistverkaufte Auto des Jahres 1991 war. Das Topmodell ist der Legend, eine Oberklasse-Limousine, die auch als Coupé gebaut wird.

Heutzutage ist Honda einer der bedeutendsten Automobilhersteller der Welt. Mit der speziell für den amerikanischen Markt gegründeten Luxus-Marke Acura und einer großen Modellpalette vom Kleinwagen Today bis zum Sportwagen NSX ist der Hersteller in allen Fahrzeugklassen vertreten. Honda produziert inzwischen auch in Europa und den USA.

Mit zu diesem durchaus beachtlichen Erfolg beigetragen hat auch das sportliche Engagement der Firma, das mit einer Formel-1-Weltmeisterschaft belohnt wurde.

Honda S 800

Der S 800 kann als Höhepunkt der Serienproduktion von kleinen Sportwagen betrachtet werden, deren Technik von den langjährigen Erfahrungen profitierte, die Honda im Motorradsektor gesammelt hatte. Dieses Modell wies jedoch nahezu gegensätzliche Elemente auf: Dem aufwendigen Motor mit 791 cm³ Hubraum (obenliegende Nockenwelle, Kurbelwelle auf Wälzlagern), der sehr hohe Drehzahlen erreichte, stand eine typische, von der englischen Schule beeinflußte, sehr schwere und überholte Karosserie mit separatem Rahmen gegenüber. Dieser Rahmen trug zu dem Gewicht von 700 kg bei, das für ein Auto von so bescheidener Größe wirklich zu hoch war. Dieses Handicap machte die Vorteile des technisch sehr fortschrittlichen Antriebs (das Motorgehäuse, die Zylinderköpfe und das Getriebe waren vollständig aus Aluminium) und der geringen Größe der anderen mechanischen Teile (wie zum Beispiel die ausgesprochen kleinen Stoßdämpfer der Vorderradaufhängung mit Torsionsstab) fast gänzlich zunichte.

Honda NSX

Mit dem 1989 präsentierten NSX demonstrierte Honda, daß auch ein japanischer Hersteller durchaus einen Sportwagen vom Schlag eines Ferrari bauen kann. Der NSX vereint die Erfahrung, die Honda in der Formel 1 sammeln konnte, mit der Perfektion eines Großserienherstellers. Unter der ganz aus Aluminium gefertigten Karosserie steckt hochkarätige Technik. Die Radaufhängungen wurden direkt aus dem Rennsport abgeleitet. Das Fahrverhalten des NSX ist perfekt.

Als Mittelmotor wurde ein besonderes 8-Zylinder-V-Triebwerk mit vier obenliegenden Nockenwellen und 32 Ventilen konstruiert. Der Motor verfügt über das sogenannte VTEC-System, das die Steuerzeiten variabel regelt. Dadurch entwickelt der Motor trotz der enormen spezifischen Leistung von fast 100 PS pro Liter ein beachtenswert gutes Durchzugsvermögen aus niedrigen und mittleren Drehzahlen.

HORCH
Köln/Reichenbach/Zwickau, Deutschland
1899–1939

Bevor August Horch ein eigenes Unternehmen in Köln-Ehrenfeld gründete, arbeitete er drei Jahre als Konstrukteur bei Benz (von 1896 bis 1899). Sein erstes Automobil hatte einen Gelenkwellenantrieb und einen 2-Zylinder-Motor mit 5 PS; darauf folgte ein anderes Modell, wieder ein Zweizylinder, dessen Motor aber schon 10 PS leistete.

1902 wurden die Produktionsanlagen nach Reichenbach verlegt, dort wurde ein Jahr später das erste Exemplar eines 4-Zylinder-Modells mit

---

HONDA S800 (1967)

Motor: 4 Zylinder in Reihe mit zwei obenliegenden Nockenwellen
Bohrung/Hub: 60 mm x 70 mm
Hubraum: 791 cm³
Max. Leistung: 70 PS
Getriebe: manuell, 4 Gänge
Rahmen: Leiterrahmen
Aufhängung: Einzelradaufhängung vorn mit Querlenkern und Torsionsstabfeder; Hinterachse als Starrachse mit Längslenkern und Schraubenfedern
Bremsen: Scheibenbremsen an den Vorderrädern; Trommelbremsen an den Hinterrädern
Karosserie: zweisitziges Cabriolet oder Coupé
Höchstgeschwindigkeit: 151 km/h

HONDA NSX (1989)

Motor: 8-Zylinder-V-Motor, vier obenliegende Nockenwellen, 32 Ventile, VTEC-System
Bohrung/Hub: 90 mm x 78 mm
Hubraum: 2.977 cm³
Max. Leistung: 201 kW / 274 PS bei 7.300 min⁻¹
Getriebe: mechanisch, 5 Gänge oder 4-Gang-Automatik
Rahmen: selbsttragende Aluminium-Karosserie
Aufhängung: Einzelradaufhängung vorne und hinten
Bremsen: innenbelüftete Scheibenbremsen vorne und hinten
Karosserie: zweisitziger Sportwagen
Höchstgeschwindigkeit: 270 km/h

Honda CRX Coupé

Horch V12

Gelenkwellenantrieb fertiggestellt. 1904 zog Horch nach Zwickau in Sachsen, wo er die Produktion des Modells 18/22 PS begann; für dieses neue Modell wurde ein 4-Zylinder-Motor verwendet, während man für den 35/40 PS, der 1905 vorgestellt wurde, einem Motor mit 5.800 cm³ Hubraum den Vorzug gab. Bei diesem Modell waren alle Kardangelenke gekoppelt und selbstschmierend. Die Horch-Automobile waren für ihre vollständige Verkleidung des Unterbodens bekannt, die die verschiedenen mechanischen Elemente vor Schmutz und Spritzwasser schützte.

1907 brachte Horch sein erstes 6-Zylinder-Modell (7.800 cm³ Hubraum und 65 PS Leistung) auf den Markt. Dieses Modell erzielte jedoch nicht den erhofften Erfolg, was die Entscheidung Horchs, sein Unternehmen zu verlassen und Audi zu gründen, mit beeinflußte.

Von den sportlichen Erfolgen der Horch-Automobile sei der erste Platz bei der Herkomer-Fahrt von 1906 erwähnt, den Dr. Stoess mit dem Modell 18/22 erreichte. Die Einführung des harmonischen Übergangs zwischen Motorhaube und Aufbau (Torpedo), entwickelt von der Kathe-Karos-Serie/Halle, für die Horch-Modelle für die Prinz-Heinrich-Fahrt von 1908 ermöglichte höhere Geschwindigkeiten und wurde weltweit übernommen. Die ausgezeichneten Ergebnisse, die man auf den Rennstrecken erzielte, führten zu einem beachtlichen Anstieg der Verkäufe. Unter den zahlreichen Modellen, die damals in Zwickau gebaut wurden, waren auch Vierzylinder mit sieben verschiedenen Hubräumen: 1.588, 2.080, 2.608, 3.175, 4.700, 6.395 und 8.440 cm³, jeweils in der für Horch und später Audi typischen Auslegung mit stehenden Auslaß- und hängenden Einlaßventilen.

Danach befanden sich auch Knight-Schiebermotoren im Versuch, wurden aber nicht fertiggestellt. Nach dem Ausscheiden von August Horch übernahm Georg Paulmann die Leitung der Entwicklung; unter seiner Ägide wurde die Produktion des Modells 2.582 cm³ Pony gestartet. Nach dem Krieg umfaßte die Produktion von Horch weiterhin eine breite Skala von Modellen, und 1921 wurden auf der Automobilausstellung von Berlin die Modelle 8/24 PS, 10/30 PS, 15/45 PS, 18/55 PS, 25/60 PS und 33/80 PS ausgestellt. 1923 sicherte sich das Werk die Mitarbeit von Paul Daimler und präsentierte ein Jahr später den 10/50 PS, ein Modell mit 4-Zylinder-Motor mit obenliegender Nockenwelle und 2.630 cm³ Hubraum, das in großer Stückzahl produziert wurde.

1926 konstruierte Paul Daimler ein Modell mit einem 8-Zylinder-Reihenmotor mit zwei obenliegenden Nockenwellen und 3.132 cm³ Hubraum; dieser Motor wurde für die nachfolgenden Modelle auf 3.378 cm³ und später auf 3.950 cm³ Hubraum erweitert; letztere Ausführung leistete 80 PS bei 3.200^{-min}.

Ende der zwanziger Jahre verließ Daimler das Unternehmen; sein Posten wurde von Fritz Fiedler übernommen. Unter der technischen Leitung von Fiedler wurde eine Reihe von Modellen mit 8-Zylinder-Reihenmotoren mit einer obenliegenden Nockenwelle und 3 bis 5 l Hubraum entwickelt.

Anfang der dreißiger Jahre begann die Produktion eines Prestigewagens mit einem seitengesteuerten 12-Zylinder-V-Motor, der 120 PS leisten konnte. Obwohl Horch nunmehr seine Position im Sektor der Luxusautomobile gefestigt hatte, bot das Unternehmen seine Modelle weiterhin zu niedrigeren Preisen als die Konkurrenz an. 1933 wurde eine ganze Serie von Modellen mit 8-Zylinder-V-Motoren mit 3.004, 3.227, 3.517 und 3.823 cm³ Hubraum eingeführt.

Die Produktion des Unternehmens Horch umfaßte auch das Modell 850, dessen 8-Zylinder-Reihenmotor mit obenliegender Nockenwelle 4.946 cm³ Hubraum hatte und 100 PS bei 3.400^{-min} entwickelte; die modifizierte Version, der 951 A, erreichte 120 PS bei gleichen Drehzahlen. Von 1933 bis 1939 wurden in der Fabrik in Zwickau auch die Grand-Prix-Modelle Auto Union gebaut.

Nach dem Zweiten Weltkrieg wurde die Produktion von Horch unterbrochen. 1946 versuchte man, das Werk in Zwikkau wieder in Betrieb zu nehmen. Der Ort befand sich jedoch nunmehr in der DDR, die Auto Union AG wurde entschädigungslos enteignet und in den sogenannten „Volkseigenen Betrieb" VEB Sachsenring-Automobilwerke umbenannt.

HORCH V12 (1931)

Motor: 12-Zylinder-V-Motor mit hängenden Ventilen
Bohrung/Hub: 80 mm x 100 mm
Hubraum: 6.032 cm³
Max. Leistung: 120 PS
Getriebe: manuell, 4 Gänge
Rahmen: U-Profil-Niederrahmen
Aufhängung: Vorder- und Hinterachse als Starrachse mit Halbelliptikfedern und Reibungsstoßdämpfern
Bremsen: Trommelbremsen an den Vorder- und Hinterrädern
Karosserie: nach Auftrag
Höchstgeschwindigkeit: 145 km/h

HORSTMAN
**Bath, Großbritannien
1914–1929**

Bevor sich Sydney Horstman in der Produktion von Automobilen versuchte, hatte er eine Garage in Bath betrieben. Für sein erstes Modell verwendete Horstmann einen selbst konstruierten Motor, einen Vierzylinder mit 1 l Hubraum, demontierbarem Zylinderkopf und horizontal angeordneten, hängenden Ventilen. Dieser Motor war in den Rahmen integriert, während das Getriebe in einem Block mit der Hinterachse montiert war.

Nach dem Ersten Weltkrieg wurde das Unternehmen in Horstman umgetauft, da das

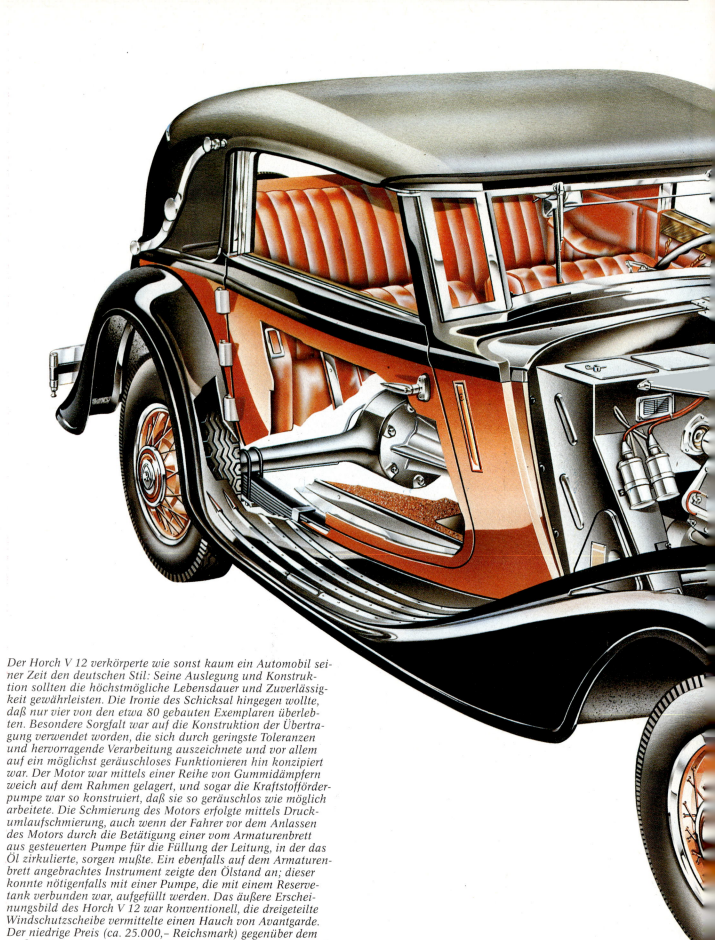

Der Horch V 12 verkörperte wie sonst kaum ein Automobil seiner Zeit den deutschen Stil: Seine Auslegung und Konstruktion sollten die höchstmögliche Lebensdauer und Zuverlässigkeit gewährleisten. Die Ironie des Schicksal hingegen wollte, daß nur vier von den etwa 80 gebauten Exemplaren überlebten. Besondere Sorgfalt war auf die Konstruktion der Übertragung verwendet worden, die sich durch geringste Toleranzen und hervorragende Verarbeitung auszeichnete und vor allem auf ein möglichst geräuschloses Funktionieren hin konzipiert war. Der Motor war mittels einer Reihe von Gummidämpfern weich auf dem Rahmen gelagert, und sogar die Kraftstofförderpumpe war so konstruiert, daß sie so geräuschlos wie möglich arbeitete. Die Schmierung des Motors erfolgte mittels Druckumlaufschmierung, auch wenn der Fahrer vor dem Anlassen des Motors durch die Betätigung einer vom Armaturenbrett aus gesteuerten Pumpe für die Füllung der Leitung, in der das Öl zirkulierte, sorgen mußte. Ein ebenfalls auf dem Armaturenbrett angebrachtes Instrument zeigte den Ölstand an; dieser konnte nötigenfalls mit einer Pumpe, die mit einem Reservetank verbunden war, aufgefüllt werden. Das äußere Erscheinungsbild des Horch V 12 war konventionell, die dreigeteilte Windschutzscheibe vermittelte einen Hauch von Avantgarde. Der niedrige Preis (ca. 25.000,– Reichsmark) gegenüber dem großen Mercedes (ca. 45.000,– Reichsmark) und dem Maybach V12 (ca. 35.000,– Reichsmark jeweils Cabriolet) wäre ein Kaufargument gewesen, nicht aber die zu niedrige Motorleistung und die mangelnde Zuverlässigkeit.

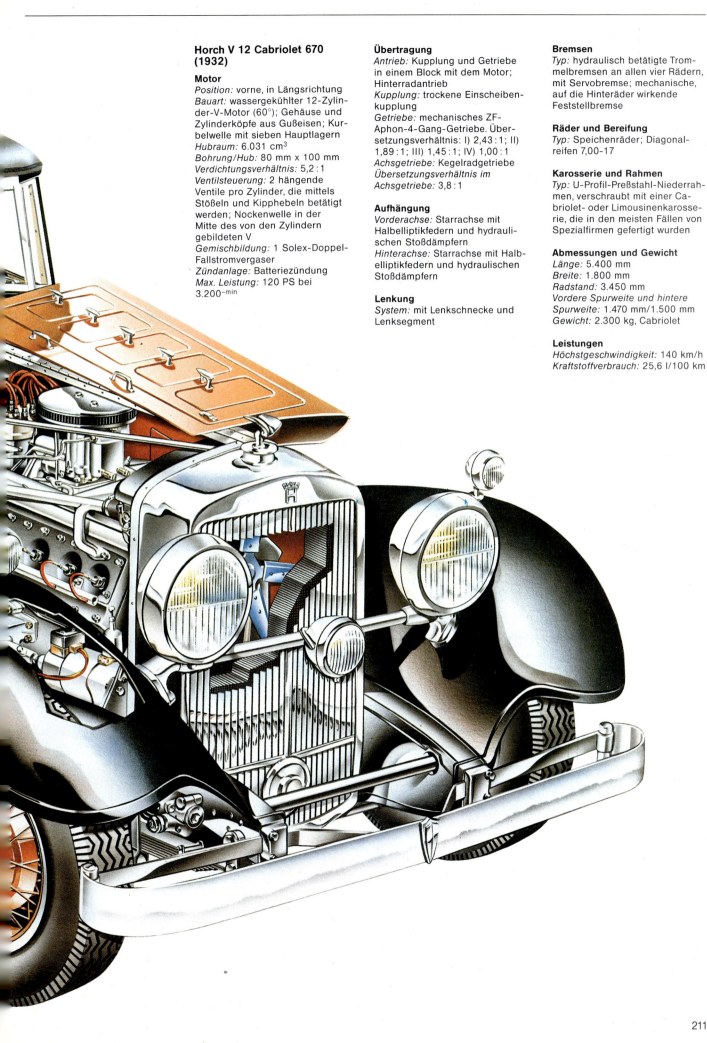

Horch V 12 Cabriolet 670 (1932)

Motor
Position: vorne, in Längsrichtung
Bauart: wassergekühlter 12-Zylinder-V-Motor (60°); Gehäuse und Zylinderköpfe aus Gußeisen; Kurbelwelle mit sieben Hauptlagern
Hubraum: 6.031 cm^3
Bohrung/Hub: 80 mm x 100 mm
Verdichtungsverhältnis: 5,2 : 1
Ventilsteuerung: 2 hängende Ventile pro Zylinder, die mittels Stößeln und Kipphebeln betätigt werden; Nockenwelle in der Mitte des von den Zylindern gebildeten V
Gemischbildung: 1 Solex-Doppel-Fallstromvergaser
Zündanlage: Batteriezündung
Max. Leistung: 120 PS bei 3.200-min

Übertragung
Antrieb: Kupplung und Getriebe in einem Block mit dem Motor; Hinterradantrieb
Kupplung: trockene Einscheibenkupplung
Getriebe: mechanisches ZF-Aphon-4-Gang-Getriebe. Übersetzungsverhältnis: I) 2,43 : 1; II) 1,89 : 1; III) 1,45 : 1; IV) 1,00 : 1
Achsgetriebe: Kegelradgetriebe
Übersetzungsverhältnis im Achsgetriebe: 3,8 : 1

Aufhängung
Vorderachse: Starrachse mit Halbelliptikfedern und hydraulischen Stoßdämpfern
Hinterachse: Starrachse mit Halbelliptikfedern und hydraulischen Stoßdämpfern

Lenkung
System: mit Lenkschnecke und Lenksegment

Bremsen
Typ: hydraulisch betätigte Trommelbremsen an allen vier Rädern, mit Servobremse; mechanische, auf die Hinterräder wirkende Feststellbremse

Räder und Bereifung
Typ: Speichenräder; Diagonalreifen 7,00-17

Karosserie und Rahmen
Typ: U-Profil-Preßstahl-Niederrahmen, verschraubt mit einer Cabriolet- oder Limousinenkarosserie, die in den meisten Fällen von Spezialfirmen gefertigt wurden

Abmessungen und Gewicht
Länge: 5.400 mm
Breite: 1.800 mm
Radstand: 3.450 mm
Vordere Spurweite und hintere Spurweite: 1.470 mm/1.500 mm
Gewicht: 2.300 kg, Cabriolet

Leistungen
Höchstgeschwindigkeit: 140 km/h
Kraftstoffverbrauch: 25,6 l/100 km

doppelte n am Ende des Namens zu deutsch klang. Nach der Umstrukturierung des Unternehmens begann man die Produktion von Modellen mit Motoren von Coventry-Simplex mit 1.368 cm^3 oder 1.498 cm^3 Hubraum.

Um seinen Automobilen einen größeren Bekanntheitsgrad zu verschaffen, beschloß Sydney Horstmann, sich auf dem Gebiet des Rennsports zu versuchen. Nach einigen Vortests, die in Brooklands mit einem Prototyp eines seitengesteuerten Kompressormotors von Anzani durchgeführt wurden, nahmen die Horstman-Automobile an einigen Pistenrennen über die Distanz von 200 Meilen teil, die von 1921 bis 1923 veranstaltet wurden. Einige der Rennmodelle, die für die Nutzung auf der Straße adaptiert wurden, standen unter der Bezeichnung Sport und Super Sport im Angebot.

1923 entschied man sich für einen Anzani mit 1,5 l als Standardmotor, während im darauffolgenden Jahr als Sonderausstattung auch ein Coventry-Simplex mit 1.100 cm^3 angeboten wurde. Ebenfalls 1924 wurde das in einem Block mit dem Motor montierte Getriebe eingeführt. 1925 übernahm Horstman als erster britischer Hersteller die hydraulischen Lockheed-Bremsen für seine Modelle. 1925 wurde Horstman in Liquidation gestellt, nachdem man zuvor beträchtliche Investitionen in die Entwicklung von einträglicheren Modellen eingebracht hatte.

Offiziell blieb Horstman mit dem 11 PS Anzani und den alten 9/25-PS-Modellen bis 1929 auf dem Markt, aber in Wirklichkeit war der Absatz in den letzten Jahren gering.

HOTCHKISS
Paris, Frankreich
1903–1954

Der aus Connecticut stammende Benjamin Hotchkiss wanderte 1897 nach Frankreich aus, begann aber erst 1902 mit der Herstellung von eigenen Automobilen. Der erste Hotchkiss, ein Vierzylinder mit 17 PS und rundlichem Kühler, wurde von Terrasse, einem ehemaligen Mitarbeiter von Mors, mit der Unterstützung von Achille Fournier entwickelt.

1906 kam ein zweites Modell mit einem 6-Zylinder-Motor mit 7,4 l Hubraum hinzu.

1909 drang Hotchkiss mit der Einführung des 2,2-l-Modells in den Sektor der leichten Automobile von hoher Qualität vor. 1910 wurden in Fortsetzung dieser Strategie drei 4-Zylinder-Modelle (der 12/16, der 16/20 und der 20/30) und zwei 6-Zylinder-Modelle, der 20/30 und der 40/50, vorgestellt.

Nach dem Ersten Weltkrieg versuchte sich Hotchkiss auch im Sektor der Superluxusautomobile, und konstruierte den Prototyp Typ AK mit hydraulisch betätigten Vierradbremsen und einem 6,6-l-Motor mit hängenden Ventilen.

In dieser Zeit verlegte Hotchkiss sein Werk in ein neues, speziell für die Fabrikation von Autos konzipiertes Gebäude. Fünf Jahre lang (von 1923 bis 1928) ging aus diesem Werk nur der Typ AM hervor, ein ziemlich fortschrittliches Modell mit 2,2 l Hubraum. Am Anfang war der Motor des AM mit stehenden Ventilen ausgestattet, 1926 ging man jedoch dazu über, oben gesteuerte Ventile zu verwenden. 1926 stellte Hotchkiss ein neues 6-Zylinder-Modell, den AM 80, vor, der die Basis für alle anderen 6-Zylinder-Modelle bildete, die gebaut wurden, bis das Unternehmen seine Produktion einstellte. 1933 wurde das Sportmodell AM 80S mit 3,5 l Hubraum vorgestellt; er war aus dem Modell entwickelt worden, das 1932 die Rallye Monte Carlo gewonnen hatte (bei diesem Rennen siegte Hotchkiss übrigens auch in den Jahren 1933, 1934, 1939, 1949 und 1950). Auch das Modell Paris-Nice von 1834 verdankt seinen Namen dem Sieg eines Hotchkiss-Automobils bei diesem klassischen Rennen.

1937 schloß sich Hotchkiss mit Amilcar zusammen, und aus der darausfolgenden Zusammenarbeit entstand der Amilcar-Compound; dieses von Grégoire entwickelte Mo-

---

HRG 1,5 Liter (1939)

Motor: 4 Zylinder in Reihe mit hängenden Ventilen (Meadows)
Bohrung/Hub: 69 mm x 100 mm
Hubraum: 1.496 cm^3
Max. Leistung: 58 PS
Getriebe: mechanisch, 4 Gänge
Rahmen: Leiterrahmen
Aufhängung: Vorderachse als Starrachse mit Viertelelliptikfedern; Hinterachse als Starrachse mit Halbelliptikfedern
Bremsen: Trommelbremsen vorn und hinten
Höchstgeschwindigkeit: 129 km/h

HOTCHKISS PARIS-NICE (1934)

Motor: 6 Zylinder in Reihe mit hängenden Ventilen
Bohrung/Hub: 86 mm x 100 mm
Hubraum: 3.485 cm^3
Max. Leistung: 115 PS
Getriebe: manuell, 4 Gänge
Rahmen: Leiterrahmen
Aufhängung: Vorder- und Hinterachse als Starrachse mit Halbelliptikfedern
Bremsen: Trommelbremsen an den Vorder- und Hinterrädern
Karosserie: Tourer
Höchstgeschwindigkeit: 150 km/h

Hotchkiss AM Tourer

HRG 1,5 Liter

Hudson Hornet

dell erreichte jedoch nie eine nennenswerte Produktion. Nach dem Krieg wurde das Modell 686 in Produktion genommen, auf das 1949 ein neues 4-Zylinder-Modell mit 13 PS folgte.

1952 konstruierte Hotchkiss eine begrenzte Anzahl von Hotchkiss-Grégoire (2-l-Boxermotor und Vorderradantrieb) und das Modell 3,5 mit 6 Zylindern; es wurde ab 1949 mit vorderen Einzelradaufhängungen gebaut.

Nachdem der Versuch eines Zusammenschlusses mit Peugeot gescheitert war, unterzeichnete Hotchkiss einen Kooperationsvertrag mit Delahaye; 1954 schließlich schloß das Unternehmen seine Tore.

HRG
**Tolworth, Großbritannien
1936–1956**

Der Name dieses Unternehmens wurde aus den Anfangsbuchstaben der Nachnamen der drei Gründer gebildet: E.A. Halford, G.H. Robins und H.R. Godfrey; letzterer hatte bereits bei der Gründung von GN mitgewirkt. Die HRG-Automobile, deren Konzeption stark von der Technik der Frazer-Nash-Modelle beeinflußt war (eine der wenigen Unterschiede bestand in der Übertragung, die bei den HRG mittels Teller und Kegelrad, nicht mittels Kette erfolgte), hatten anfänglich obengesteuerte 4-Zylinder-Motoren mit 1.496 cm³ Hubraum, die von Meadows stammten und mit der Bezeichnung 4ED gekennzeichnet wurden. Die Vorderachse war mit Halbelliptikfedern ausgestattet. Die Höchstgeschwindigkeit lag bei 145 km/h.

1939 verwendete HRG auch Singer-Motoren mit 1.100 cm³ Hubraum und obenliegender Nockenwelle; da die Lieferungen von Meadows ausblieben, wurde danach ein weiterer Singer-Motor mit 1,5 l Hubraum eingesetzt. Nach dem Krieg nahm HRG das Modell Aerodynamic in Produktion, das von einem 1.496-cm³-Motor angetrieben wurde und mit einer eigens von Marcus Chambers und R. de Yarburgh-Bateson entwickelten schlanken Karosserie ausgestattet war. Der Aerodynamic wurde bis 1950 hergestellt.

Seltsamerweise blieb das alte, im Stil der dreißiger Jahre ausgestattete HRG-Modell, das immer noch von dem 1,5-l-Motor von Singer angetrieben wurde, bis 1953 in Produktion. Obwohl dieser Motor bei den von Singer gebauten Autos bereits ab 1949 durch den SM 1500 ersetzt wurde, verwendete HRG ihn erst viel später, nachdem man ihn zudem noch modifiziert hatte, um einen Hubraum unter 1.500 cm³ zu erhalten.

1955 startete HRG das letzte Projekt mit der Einführung eines Modells mit einem Rohrrahmen, Einzelradaufhängungen und Scheibenbremsen. Der Motor mit zwei obenliegenden Nockenwellen hatte den gleichen Motorblock wie auch der SM 1500 und leistete 108 PS gegenüber den 55 PS der Normalausführung. Wenige Monate später wurde Singer von Rootes übernommen, wodurch die weitere Entwicklung dieses Modells verhindert wurde. 1956 stellte HRG die Automobilproduktion ein, auch wenn die Firma noch weiter bestehen blieb.

1965 stellte das Unternehmen den Prototypen eines Sportwagens mit aerodynamischer Karosserie vor.

HUDSON
**Detroit, USA
1909–1957**

Diese Marke trug den Namen von J.L. Hudson, dem Besitzer einer Ladenkette. Dank der guten Eigenschaften seines ersten Modells (eines Vierzylinders mit 2.534 cm³ Hubraum, genannt Model 20), war das Unternehmen in kürzester Zeit erfolgreich und erreichte bis Ende 1910 den 17. Platz auf dem Absatzmarkt der USA.

1912 – im selben Jahr starb J.L. Hudson – wurde der erste Sechszylinder vorgestellt, der Model 6-54 mit 6 l Hubraum. 1914 war das Hudson-Unternehmen nach den Erklärungen seiner Direktoren der weltweit größte Hersteller von 6-Zylinder-Motoren. Das 4-Zylinder-

HUMBER SNIPE (1933)
Motor: 6 Zylinder in Reihe mit stehenden Ventilen
Bohrung/Hub: 80 mm x 116 mm
Hubraum: 3.494 cm³
Max. Leistung: 75 PS
Getriebe: mechanisch, 4 Gänge
Rahmen: Leiterrahmen
Aufhängung: Vorder- und Hinterachse als Starrachse mit Halbelliptikfedern
Bremsen: Trommelbremsen vorn und hinten
Karosserie: Limousine, Sportlimousine, Pullman-Limousine
Höchstgeschwindigkeit: 129 km/h

HUDSON HORNET (1954)
Motor: 6 Zylinder in Reihe mit stehenden Ventilen
Bohrung/Hub: 96,8 mm x 114,3 mm
Hubraum: 5.048 cm³
Max. Leistung: 160 PS
Getriebe: mechanisch, 3 Gänge
Rahmen: selbsttragende Karosserie
Aufhängung: Einzelradaufhängungen vorn mit Schraubenfedern; Hinterachse als Starrachse mit Halbelliptikfedern
Bremsen: Trommelbremsen vorn und hinten
Karosserie: Sedan
Höchstgeschwindigkeit: 160 km/h

Humber Snipe

Modell, das nach einer Erweiterung des Hubs einen Hubraum von 4.324 cm³ hatte, wurde 1916 aus der Produktion genommen; im selben Jahr beschloß Hudson, die Mechanik seiner Modelle zu vereinheitlichen, und baute nur noch einen einzigen Rahmen, der mit dem Super-Six mit 4.730 cm³ ausgestattet wurde und mit den verschiedensten Karosserien erhältlich war.

1929 erreichte die Hudson-Essex-Gruppe den dritten Platz in der Rangliste des amerikanischen Händlerverbands, konnte aber in den darauffolgenden Jahren diesen Platz nicht halten.

1930 wurde ein neues Modell mit einem 8-Zylinder-Reihenmotor vorgestellt, das bis 1954 hergestellt wurde; der Sechszylinder wurde dagegen nur bis 1931 gebaut.

Von 1934 (in diesem Jahr wurden die Essex-Modelle aus der Produktion genommen) bis 1938 waren sich die Hudson- und Terraplane-Modelle in ihrer Technik und Konstruktion sehr ähnlich. 1935 wurde das elektrisch geschaltete Wechselgetriebe angeboten, während 1936 eine mechanische Notvorrichtung, die die Bremsen bei einem Ausfall der Hydraulikanlage betätigte, auf den Markt kam. Die Produktion des 1942 eingeführten Modells wurde auch nach dem Zweiten Weltkrieg fortgesetzt, ab 1948 mit einem selbsttragenden Aufbau, der aufgrund des im Vergleich zu den Schwellern wesentlich niedrigeren Bodens „step-down" genannt wurde. Im selben Jahr wurden auch Einzelradaufhängungen und Schraubenfedern eingeführt. Damals gehörten zur Angebotspalette von Hudson, die fünf verschiedene Serien umfaßte, der wirtschaftliche Pacemaker ebenso wie der kostspielige Commodore Eight mit einem 6-Zylinder-Motor mit 4.293 cm³ oder einem Achtzylinder mit 4.162 cm³ Hubraum.

Das Modell Hornet war trotz seines technisch überholten 6-Zylinder-Motors mit 5.045 cm³ Hubraum in allen Rennen für Serienautomobile, die zwischen 1951 und 1954 ausgetragen wurden, praktisch unschlagbar; dies genügte aber nicht, um dem Absatz genügend Auftrieb zu verleihen, der ab 1950 in beängstigendem Ausmaß zurückging. Auch die kompakten Jet-Modelle brachten nicht den erhofften Erfolg. 1954 gründete Hudson mit Nash die American Motors. Eine Zeitlang wurden für die Hudson-Automobile die gleichen Karosserien wie für die Nash-Modelle verwendet. Nach dem oben erwähnten Vertrag ging die Führungsrolle von Hudson an die Hornet Custom Hollywood über, die den Packard-V8-Motor baute. 1956 wurde dieser Motor durch den neuen V8 mit 180 PS von AMC ersetzt, während das kleinere Modell Wasp den alten 6-Zylinder-Motor mit 3.310 cm³ von Hudson erhielt.

Ende 1957 wurde auf eine Entscheidung der Direktoren von American Motors hin die Marke Hudson aufgegeben.

HUMBER
Coventry/Beeston, Großbritannien
1898–1976

Thomas Humber begann seine Laufbahn als Unternehmer 1868, als er eine eigene Fahrradfabrik gründete. In der Folgezeit gehörte sein Unternehmen zu dem geplanten Automobil-Imperium des H.J. Lawson und mußte deshalb das erfolglose Motordreirad von Pennington bauen.

Das erste echte Humber-Automobil war ein Kleinwagen, der 1901 vorgestellt wurde und auf den zwei Jahre später der kleine Humberette folgte, ein Modell mit einem Rohrrahmen und einem 1-Zylinder-Motor mit 5 PS. 1902 kam ein 4-Zylinder-Modell mit 12 PS heraus, dem sich 1903 ein 3-Zylinder-Modell mit 9 PS und ein weiterer Vierzylinder mit 20 PS anschlossen. Nachdem die Produktion von 2-Zylinder-Modellen aufgegeben worden war, beschränkte sich das Humber-Angebot nach 1905 auf die Modelle 10/12 HP und 16/20 HP.

1907 wurde die Humber-Palette um einen neuen 15 HP erweitert. 1908 beschloß Humber, die Produktion der 2-Zylinder-Modelle wiederaufzunehmen. 1913 wurde der neue Humberette eingeführt, der von einem V2-Motor mit Luftkühlung angetrieben wurde.

Während der zwanziger Jahre schufen sich die Humber-Automobile wegen ihrer Stabilität und Zuverlässigkeit einen ausgezeichneten Ruf. Technisch gesehen waren die Autos eher konventionell konzipiert; erst 1922 wurde die SV-Bauart zugunsten hängender Einlaß- und stehender Auslaßventile aufgegeben. Das Modell 8/18, ein leichter Wagen, der 1923 vorgestellt worden war und von einem Motor mit nur 985 cm³ Hubraum angetrieben wurde, wog nur 610 kg. Der nachfolgende 9/20 behielt zwar die Form des 8/18, wurde aber beträchtlich vergrößert.

1930 übernahmen die Gebrüder Rootes die Kontrolle über Humber, und kurz danach wurden zwei neue 6-Zylinder-Modelle vorgestellt, der 16/50 mit 2,1 l und der robuste Snipe mit 3,5 l Hubraum.

Hupmobile Eight

HUPMOBILE EIGHT (1933)

Motor: 8 Zylinder in Reihe mit stehenden Ventilen
Bohrung/Hub: 77,8 mm x 129 mm
Hubraum: 4.470 cm³
Max. Leistung: 30,1 PS
Getriebe: mechanisch, 3 Gänge
Rahmen: Leiterrahmen
Aufhängung: Vorder- und Hinterachse als Starrachse mit Halbelliptikfedern
Bremsen: Trommelbremsen vorn und hinten
Karosserie: Limousine, Coupé
Höchstgeschwindigkeit: 130 km/h

1932 gab Humber die Motorsteuerung mit hängenden Einlaßventilen und stehenden Auslaßventilen auf, während im darauffolgenden Jahr ein 4-Zylinder-Modell mit 1,7 l Hubraum und 12 PS Leistung eingeführt wurde. Bei Ausbruch des Zweiten Weltkriegs stützte sich die Humber-Produktion ausschließlich auf 6-Zylinder-Modelle.

Der Super Snipe (4,1 l) und andere daraus entwickelte Versionen wurden vom britischen Heer als Dienstwagen eingesetzt.

Nach dem Krieg wurden neben den großen seitengesteuerten Sechszylindern auch der Hawk mit einem Hillman-Vierzylinder mit 2 l in Produktion genommen. 1953 wurde schließlich die Motorsteuerung mit hängenden Ventilen in den Motor des Super Snipe und des Pullman eingesetzt, während der Motor des Hawk bis 1954 weiterhin mit Seitenventilen arbeitete.

Nachdem die Produktion des Super Snipe für kurze Zeit unterbrochen worden war, wurde er mit einem neuen 2,7-l-Motor, der später auf 3 l erweitert wurde, 1959 wieder ins Programm aufgenommen. Nachdem die ins Wanken geratene Rootes-Gruppe 1964 von Chrysler übernommen worden war, blieb von den vielen Humber-Modellen nur noch der Sceptre, praktisch eine etwas verbesserte Version des Hillman Minx mit einem 4-Zylinder-Motor mit 1,7 l Hubraum, im Angebot. Nachdem das Styling mehrmals geändert worden war, wurde der Sceptre schließlich 1976 aus der Produktion genommen.

HUPMOBILE
Detroit/Cleveland, USA
1908–1940

Das erste Modell dieser Marke wurde von Bobby Hupp mit Unterstützung von E.A. Nelson entwickelt. Es handelte sich um einen Runabout mit einem 2,8-l-Motor und einem Zweigang-Schubwechsel-Getriebe, der zu einem Preis von 750 Dollar als Alternative zum Ford Model T angeboten wurde. Dieser erste Hubmobile wurde in kürzester Zeit zu einem Erfolg, und mit einer Gesamtzahl von 12.000 verkauften Exemplaren eroberte er einen Marktanteil von 7,5% in seinem Sektor.

1911 verließ Bobby Hupp das Unternehmen, um die RCH zu gründen. Ab diesem Jahr wurde das 3-Gang-Getriebe eingeführt; der ursprüngliche Hupmobile blieb jedoch, wenn auch mit einigen Veränderungen, bis 1925 in Produktion; in diesem Jahr wurde er durch die 6-Zylinder-Modelle mit 3,2 l Hubraum ersetzt.

Während der Wirtschaftskrise zu Beginn der dreißiger Jahre gingen die Verkäufe von 50.000 auf 18.000 Stück pro Jahr zurück. Kurze Zeit später wurde eine völlig überarbeitete Serie eingeführt, die technisch modernisiert und zudem gut ausgestattet war. Die vom aerodynamischen Standpunkt aus gut gelungenen Karosserien hatten eine charakteristische, D-förmige Windschutzscheibe. Den Firmenplänen zufolge war auch ein Modell mit Vorderradantrieb vorgesehen, das jedoch nie in Produktion genommen wurde.

1936 reduzierte Hupmobile sein Angebot auf die 6-Zylinder- (4 l) und 8-Zylinder-Modelle (5 l), die serienmäßig mit Aluminiumfelgen ausgestattet waren. Im Sommer 1936 wurden die Hupmobile-Fabriken für einige Monate geschlossen; als die Produktion wieder aufgenommen wurde, wurden bei den 8-Zylinder-Modellen ein automatischer Overdrive eingeführt.

Die letzten Hupmobile-Automobile tauchten 1939 auf: Es handelte sich um Modelle mit Hinterradantrieb, deren Karosserie mit den Formen des Cord 810 gefertigt worden war.

HYUNDAI
Seoul, Südkorea
1947–

Als Reparaturbetrieb für Lkws und Pkws gründete Chung Ju Yung 1947 die Firma Hyundai. Heute zählt der Hyundai-Konzern zu den größten Industrieunternehmen der Welt und ist unter anderem in den Bereichen Chemie, Elektronik, Stahl und Schiffsbau tätig. 1967 wurde die Hyundai Motor Company gegründet, die in Ulsan – heute einem der größten Automobilwerke der Welt – mit der Produktion von Personenwagen, Lastwagen und Bussen begann.

Die aktuelle Modellpalette des koreanischen Herstellers umfaßt vier Modelle, die mit Komponenten von Mitsubishi (an Hyundai beteiligt) gebaut werden: den Pony, einen Kompaktwagen, der auch als Excel verkauft wird; den Lantra (oder Elantra), ein Mittelklassemodell mit Frontantrieb; den Sonata, eine Limousine mit 4- und 6-Zylinder-Motoren; das S-Coupé, ein kompaktes Sportmodell, das seit 1992 auch mit einem Turbomotor ausgerüstet ist.

IENA
Lodi, Italien
1922–1925

Die IENA (Industria Economica Nazionale Automobili) die 1922 in Lodi vor den Toren Mailands entstand, widmete sich drei Jahre lang der Produktion von Cyclecars, die alle mit Chapuis-Dornier-Motoren mit 750 oder 1.100 cm³ Hubraum ausgestattet waren. 1925 stellte die Firma in Lodi ihre Produktion ein.

Imperia 11/22 HP

IMPERIA
Lüttich/Nessonvaux, Belgien
1906–1948

Das Unternehmen Imperia wurde 1906 von Adrien Piedboeuf gegründet. Sein erstes Modell, der Vierzylinder Piedboeuf 24/30, wurde hauptsächlich von den Verwandten und Freunden des Neulings im Automobilsektor gekauft. 1908 verlegte Piedboeuf die Anlagen von Lüttich nach Nessonvaux in die Hallen, die zuvor Pieper gehört hatten. Die Produktion im neuen Werk begann mit einer Serie von drei Modellen, die von dem deutschen Ingenieur Paul Henze entwickelt worden waren, der später das Sportmodell Simson-Supra entwickelte und den Steiger der zwanziger Jahre; diese Imperia-Modelle, der 16/20 HP, der 24/30 HP und 50/60 HP, hatten einen Hubraum von 3 bzw. 4,9 bzw. 9,9 l.

1909 wurde die Produktion eines Modells begonnen, dessen Monoblockmotor mit 1.764 cm³ und L-Kopf 12 PS leistete. Für die damalige Zeit außergewöhnlich war das an den Motor angeblockte 3-Gang-Getriebe. Ebenfalls 1909 wurde der inzwischen veraltete 24/30 HP durch ein neues Modell mit Gelenkwellenantrieb und 28 PS ersetzt. 1910 übernahm Imperia Springuel, und von da an wurden die Modelle aus dem Springuel-Werk unter der Marke Springuel-Imperia vertrieben. Das gelungenste von allen Springuel-Imperia-Modellen war zweifellos der 28/35 HP von 1914 mit einem eleganten Spitzkühler und einem raffinierten ioe-Motor.

Ab Ende 1912 trugen die Wagen, die aus der Fabrik in Nessonvaux kamen, das Markenzeichen Imperia-Abadal. Auch die beiden Sportversionen 15/22 und 20/26 waren in Wirklichkeit nichts anderes als Abadal-Modelle.

Während des Ersten Weltkriegs unterbrach Imperia alle Aktivitäten; nach dem Waffenstillstand wurde das Unternehmen von Mathieu van Roggen aufgekauft. Von diesem Zeitpunkt an ging die Produktion allmählich zurück, und ab Ende 1919 bis Anfang 1923 wurden nur 200 Autos gefertigt, die alle als Imperia-Abadal auf den Markt kamen. 1921 führte Imperia einen Wagen mit einem 8-Zylinder-Reihenmotor mit 5.630 cm³ Hubraum und obenliegender Nockenwelle ein.

IMPERIA 11/11 HP (1924)
Motor: 4 Zylinder in Reihe mit Schieberventilen
Bohrung/Hub: 66 mm x 80 mm
Hubraum: 1.094 cm³
Max. Leistung: 27 PS
Getriebe: mechanisch, 4 Gänge
Rahmen: Leiterrahmen
Aufhängung: Starrachsen mit Halbelliptikfedern an Vorder- und Hinterachse
Bremsen: Trommelbremsen vorn und hinten, mit einer Servobremse, die von der Getriebebremse gesteuert wird
Karosserie: Tourer oder Limousine
Höchstgeschwindigkeit: 80 km/h

Der Imperia-Abadal mit einem 4-Zylinder-Motor mit 3 l Hubraum wurde trotz der hohen Leistungen (145 km/h Höchstgeschwindigkeit) nur für kurze Zeit hergestellt, da den Direktoren des Unternehmens allmählich bewußt wurde, daß die Zeit der in kleiner Serie gefertigten, kostspieligen Autos vorbei war. So wurde das Modell durch einen billigeren Vierzylinder mit 1.000 cm³ Hubraum ersetzt, der als Imperia-Tili bekannt wurde. Nachdem 1924 der Hubraum des Imperia-Tili auf 1.100 cm³ erhöht worden war, wurde dieser in 11/22 HP umbenannt.

Gegen Ende des Jahres 1927 wurde ein Sechszylinder mit 1.624 cm³ Hubraum vorgestellt; 1929 wurde der Hubraum auf 1.800 cm³ erweitert. 1930 wurde der Super Sport mit sechs Zylindern und drei Vergasern hergestellt. Die „Rennversion" (161 km/h) hatte einen Vergaser pro Zylinder.

Aufgrund von finanziellen Problemen mußte Imperia 1931 seine Produktion einschränken. Ab 1934 nahm das belgische Unternehmen die Lizenzproduktion des Adler Trumpf Junior und des Trumpf auf. Sie wurden nach der Übernahme durch Imperia 1936 als Minerva-Imperias vertrieben.

Während des Krieges wurden die Imperia-Werke von den Deutschen besetzt; nach dem Zweiten Weltkrieg stellte Imperia 1948 wegen finanzieller Schwierigkeiten die Automobilproduktion ein.

INNOCENTI
Mailand, Italien
1960–

Die Geschichte von Innocenti als Automobilhersteller begann 1960, aber sein Name war bereits vor dem Zweiten Weltkrieg durch seine Gerüsteherstellung bekannt.

Nach dem Krieg stand der Toskaner Ferdinando Innocen-

INNOCENTI

Innocenti IM3

INNOCENTI IM3 (1963)

Motor: 4 Zylinder in Reihe mit hängenden Ventilen
Bohrung/Hub: 64,58 mm x 83,72 mm
Hubraum: 1.098 cm³
Max. Leistung: 58 PS
Getriebe: mechanisch, 4 Gänge
Rahmen: selbsttragende Karosserie
Aufhängung: Einzelradaufhängung vorn und hinten an elastischen Elementen und Flüssigkeitsstoßdämpfern aus Gummi
Bremsen: Scheibenbremsen an den Vorderrädern, Unterdruck-Servobremse
Karosserie: fünfsitzige Limousine
Höchstgeschwindigkeit: 145 km/h

ti, der Gründer der Firma, vor einem halbzerstörten Werk. Um die Produktion wieder beginnen zu können, mußte Innocenti die Aktien, die er besaß, an Dalmine, den größten italienischen Röhrenhersteller, zurückgeben; das Geld, das er dafür erhielt, verwendete er, um eine Art Motorroller zu konstruieren. Auf diese Weise entstand die berühmte Lambretta, die für viele in Italien und in den anderen vom Krieg erschütterten Länder das erste Individualtransportmittel darstellte.

Innocenti wandte sich auch anderen Industriesektoren wie der Schwermechanik und schließlich der Automobilindustrie zu. Das erste Modell wurde 1960 (in Lizenz) gebaut; es handelte sich um den A 40 von BMC. Damit begann die Zusammenarbeit mit dem britischen Unternehmen, die die gesamte künftige Entwicklung beeinflußte. Der A 40 war das erste Exemplar einer Familienlimousine mit Abreißheck, die mit einer konventionellen, aber sehr robusten Technik (4-Zylinder-Motor mit 948 cm³) ausgestattet war.

Das zweite Innocenti-Modell war der 950 Spider mit einer von Ghia entworfenen Karosserie. Die Technik war die gleiche wie beim A 40, wobei jedoch die Leistung durch den Einbau von zwei Vergasern von 40 auf 50 PS gesteigert worden war. Bis 1968 wurden davon zusammen mit der Coupé-Version 7.651 Stück gebaut.

Eine weitere, entscheidende Etappe in der technischen Entwicklung des Unternehmens in Lambrate war der IM3 von 1963 mit Vorderradantrieb, Quermotor mit 1.098 cm³ Hubraum und 58 PS, Scheibenbremsen und Hydrolastic-Aufhängungen; es erreichte eine Höchstgeschwindigkeit von 145 km/h. Leider beeinträchtigten die zahlreichen Probleme mit der Zuverlässigkeit des Wagens stark die Verkäufe.

Eine weitere entscheidende Etappe in der Geschichte von Innocenti war die Produktion der italienischen Version des Mini, der 1965 auf dem Automobilsalon von Turin vorgestellt wurde. Die zahlreichen sportlichen Erfolge des Mini Cooper förderten seinen Absatz. Insgesamt wurden über 300.000 Stück verkauft.

Leider verlor das Unternehmen in Lambrate mit dem Tod von Ferdinando Innocenti im Juni 1966 seinen fähigsten Mann, wodurch eine schwere Krise ausgelöst wurde, die noch heute andauert. Die dramatischen Gewerkschaftskämpfe 1969/70 verschlimmerten die Situation des Unternehmens noch, die sich auch nicht besserte, als es 1972 von der British Leyland, die den Firmennamen in Leyland Innocenti änderte, gekauft wurde.

1976 ging Innocenti in den Besitz der DeTomaso-Gruppe über, seit 1990 gehört das Unternehmen zum Fiat-Konzern. Als Nachfolger des englischen Lizenz-Minis wurde dann 1974 der Innocenti 90 / 120 vorgestellt. Der kantige Kleinwagen mit Bertone-Karosserie basierte technisch auf dem Mini, wurde aber später auf japanische Antriebstechnik mit 3-Zylinder-Motoren von Daihatsu umgestellt. Erfolgreich war auch die Diesel-Version.

Nach dem Produktionsende kam kein echter Nachfolger mehr. Der Name Innocenti fand sich statt dessen auf dem Zastava Yugo aus ehemaliger jugoslawischer Produktion wieder, der in Italien verkauft wurde. Daneben heißt in Italien auch die Kombiversion des Fiat Duna/Elba (gebaut in Brasilien) Innocenti.

INNOCENTI MINIDIESEL (1984)

Motor: 3-Zylinder-Dieselmotor (Daihatsu) mit obenliegender Nockenwelle
Bohrung/Hub: 76 mm x 73 mm
Hubraum: 993 cm³
Max. Leistung: mechanisch, 5 Gänge
Rahmen: selbsttragender Aufbau
Aufhängung: Vorderachse mit Einzelradaufhängung (McPherson-Schema), Schraubenfedern und hydraulischen Stoßdämpfern; Hinterachse mit Einzelradaufhängung, Querblattfeder und hydraulischen Stoßdämpfern
Bremsen: Scheibenbremsen an den Vorderrädern
Karosserie: Limousine, 5 Sitze, 3 Türen
Höchstgeschwindigkeit: 125 km/h

Innocenti Minidiesel

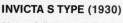

INVICTA
**Turin, Italien
1903–1906**

Nachdem Carlo Mantovani die Anlagen der Firma Bender & Martiny, die Einzelteile aus Frankreich und Deutschland montierte, aufgekauft hatte (bis dahin technischer Leiter), gründete er 1903 in Turin eine Firma zur Herstellung von Motorrädern, Zweirädern und, 1906, von Automobilen.

Das einzige Modell, das im Stabilimento Meccanico Mantovani Carlo & C. hergestellt wurde, war der Invicta 6/8 HP und 10/12 HP (beide mit Kettenantrieb). Zur Serienproduktion und Vermarktung kam es jedoch nicht.

INVICTA
**Cobham/Chelsea/Virginia Water, Großbritannien
1924–1938, 1946–1950**

Noel Macklin, der maßgeblich an der Gründung und Entwicklung der Eric Campbell und der Silver Hawk beteiligt war, beschloß das Abenteuer allein zu wagen. Die Garage eines Hauses in Cobham, Surrey, wurde zur Autowerkstatt. 1924 baute er die ersten drei Invicta, alle mit 2,5-l-Coventry-Climax-Motor. In der nun folgenden Probephase wies der Motor jedoch einige Mängel auf, so daß für die Serienproduktion, die in einer geräumigen Fabrik in Cobham anlief, ein 2,6-l-Meadows-Motor eingesetzt wurde. Auf dem Londoner Autosalon von 1928 wurde ein Modell mit einem 4,5-l-Meadows-Motor und einer Leistung von 100 HP vorgestellt. 1929 erschien das Super-Luxus-Modell NLC, ein Nachfolger des 4-l-Modells, jedoch mit völlig neu konstruierter Karosserie. Die Herstellerfirma sah in ihrem Modell den Konkurrenten des Rolls-Royce 20/25, doch war der Zeitpunkt für die Vermarktung eines teuren Luxusmodells denkbar ungünstig. Invicta brachte daher 1930 das Modell High Chassis Type A heraus, das dem NLC in der Technik ähnelte, jedoch weitaus weniger Zubehör aufwies und damit um einiges billiger angeboten werden konnte. Neben dem Modell Type A stand auch das Modell Type S auf der Lieferliste der Invicta. Es verfügte über einen unveränderten 4,5-l-Motor, wobei die Hinterachse unter den Blattfedern verlief. Der Typ S erreichte eine Höchstgeschwindigkeit von 100 Meilen pro Stunde (= 160 km/h). Obwohl dieser Invicta eines der meist geschätzten Sportwagenmodelle seiner Zeit war, brachte ihn die Wirtschaftskrise um den wohlverdienten Erfolg. 1932 stellte Invicta das Modell 12/45 mit 1,5-l-Blackburne-Motor und obenliegender Nockenwelle vor.

Aber weder dieses noch das im darauffolgenden Jahr vorgestellte Modell 12/90 mit Ladermotor erlangte den erwünschten kommerziellen Erfolg.

Zwischenzeitlich hatte Noel Macklin, der nun auch Teilhaber von Railton war, seine Eigentumsanteile an der Invicta abgestoßen. Das Werk in Cobham stellte die Produktion ein.

Nach dem Zweiten Weltkrieg erschien der Name Invicta erneut mit dem Modell Black Prince. Es verfügte über eine außergewöhnliche Technik: 3-l-Meadows-Motor mit zwei obenliegenden Nockenwellen und zwei Kerzen pro Zylinder, hydraulischem Brockhouse-Drehzahl-Drehmomentwandler statt eines Getriebes und Einzelradaufhängung auf Drehstabfedern.

Die Produktion des Black Prince wurde im Jahre 1949 eingestellt. 1950 wurde die Invicta an die AFN Ltd. verkauft, die Herstellerfirma des berühmten Frazer Nash.

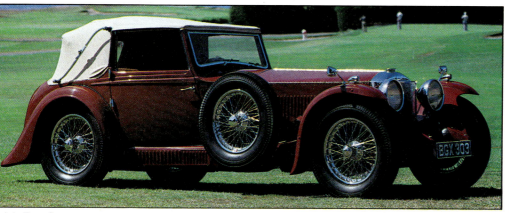

Invicta Type S

INVICTA S TYPE (1930)

Motor: 6 Zylinder in Reihe mit hängenden Ventilen
Bohrung/Hub: 88,5 mm x 120,6 mm
Hubraum: 4.467 cm³
Max. Leistung: 140 PS
Getriebe: mechanisch, 4 Gänge
Rahmen: Leiterrahmen
Aufhängung: Starrachse mit Halbelliptikfedern über starrer Hinterachse, hydraulische oder Reibungsstoßdämpfer
Bremsen: Trommelbremsen
Karosserie: Drophead Coupé mit 2 oder 4 Sitzen
Höchstgeschwindigkeit: 160 km/h

IRIS
**Willesden, Großbritannien
1905–1915**

Das erste Iris-Modell verfügte noch über Kettenantrieb, während kurz darauf der Wellenantrieb eingeführt wurde. Anfangs waren die Modelle 25/30 HP (4.482 cm³), beide mit 4-Zylinder-Motor, auf dem Markt. 1907 wurde die Palette um ein 6-Zylinder-Modell mit 7.310 cm³ erweitert.

Bis zum Ausbruch des Ersten Weltkriegs baute die Firma Iris Modelle mit 15, 25 und 35 HP sowie ein 6-Zylinder-Modell mit 40 PS. 1915 wurde die Produktion eingestellt.

ISO (ISETTA)
**Mailand, Italien
1953–1976**

Iso begann die Produktion unter dem Eigentümer Renzo Rivolta in den Nachkriegsjahren mit Zweitakt-Scootern und Motorrädern. 1953 kam die Isetta heraus, ein ungewöhnlicher Kleinwagen, der sich zur Zeit der Ölkrise, die durch die

---

IRIS 40 HP (1908)

Motor: 6 Zylinder in Reihe mit stehenden Ventilen
Bohrung/Hub: 108 mm x 133 mm
Hubraum: 7.310 cm³
Max. Leistung: 43 PS
Getriebe: mechanisch, 3 Gänge
Rahmen: Leiterrahmen
Aufhängung: Starrachsen mit Halbelliptikfedern
Bremsen: Trommelbremsen an den Hinterrädern
Karosserie: nach Wunsch des Kunden
Höchstgeschwindigkeit: 80 km/h

Iris 40 HP

ISOTTA-FRASCHINI

Schließung des Suez-Kanals hervorgerufen wurde, großer Beliebtheit erfreute. Auch sein Doppelkolben-2-Takt-Motor mit 236 cm³ war nicht alltäglich. Die Isetta wurde in mehreren Ländern auf Lizenzbasis gebaut: in Deutschland von BMW, in Belgien von Pilette, in Frankreich von VELAM und in Großbritannien von Isetta G.B.

Im Gegensatz dazu erschien ab 1962 ein amerikanischer GT-Wagen: der ISO Rivolta und der Grifo (1963), beide mit Chevrolet-V8-Motoren und Karosserien von Bertone. Das Rivolta-Coupé mit seinen 5.259 cm³ Hubraum konnte 225 km/h erreichen. Der Rivolta wurde durch den Lele ersetzt. Obwohl sie den typischen Bertone-Stil verkörperte, war die Karosserie des Lele als Viersitzer ausgelegt. 1967 wurde der Fidia mit einer von Ghia entworfenen Karosserie vorgestellt. Dieses Modell hatte jedoch nicht den erhofften Erfolg.

Nach dem Tod von Enzo Rivolta Ende der sechziger Jahre ging es endgültig bergab. Der von Bizzarini entworfene Varedo mit Mittelmotor war ein Mißerfolg. Der Sohn von Enzo konnte die Firma schließlich nicht mehr retten.

Isotta-Fraschini Tipo 8

ISOTTA-FRASCHINI

Mailand, Italien
1900–1949

Die Isotta-Fraschini wurde von Cesare Isotta und den drei Brüdern Vincenzo, Oreste und Antonio Fraschini gegründet. Anfangs befaßte sich diese Firma nur mit dem Vertrieb von Renaults mit De-Dion-Motor von Mors und von Pieper. Später war die Firma auch für die Montage von Renault-Automobilen verantwortlich.

1902 umfaßte das Angebot zwei Kleinwagen und einen 2,2-l-Wagen. 1903 wurde das erste Modell mit einer ausschließlich bei Isotta hergestellten Technik vorgestellt. Es

ISOTTA-FRASCHINI TIPO 8 (1919)

Motor: 8 Zylinder in Reihe mit hängenden Ventilen
Bohrung/Hub: 85 mm x 130 mm
Hubraum: 5.898 cm³
Max. Leistung: 80 PS
Getriebe: mechanisch, 3 Gänge
Rahmen: Leiterrahmen
Aufhängung: Starrachsen mit Halbelliptikfedern
Bremsen: Trommelbremsen
Karosserie: nach Wunsch
Höchstgeschwindigkeit: 140 km/h

war von Giuseppe Stefanini entworfen worden und verfügte über einen 4-Zylinder-24-HP-Motor. Ab 1905 hatte Stefanini einen jungen Assistenten, den Ingenieur Giustino Cattaneo, der bald seinen Lehrmeister übertrumpfte. Eines der ersten Projekte, das in Zusammenarbeit mit Cattaneo entstand, war der Tipo D, ein Rennwagen, der 1905 am Florio-Cup teilnahm. Sein Motor mit obenliegender Nockenwelle leistete 120 HP aus dem enormen Hubraum von 17.203 cm³.

1908 entwickelte Stefanini das Modell Tipo FE, ein leichtes Auto mit Blockmotor, 1.207 cm³ und modernster Technik (unter anderem eine obenliegende Nockenwelle). Von diesem Motor stammt der Tipo FENC ab, dessen Hubraum auf 1.327 cm³ erhöht worden war.

Vor dem Ersten Weltkrieg produzierte Isotta-Fraschini hauptsächlich 4-Zylinder-Modelle mit bis zu 11.305 cm³ Hubraum. Besonders interessant war der Tipo KM (1911–1914), ein Sportwagen mit obenliegender Nockenwelle, vier Ventilen pro Zylinder, 140 HP Leistung und Vorderradbremsen, die von Oreste Fraschini entwickelt worden waren.

Nach dem Ersten Weltkrieg stellte Ingenieur und Chefstrukteur Cattaneo „sein" Modell, den Tipo 8, vor, der Welt erstes in Serie gefertigtes Automobil mit 8-Zylinder-Motor und hängenden Ventilen (5.623 cm³). 1924 folgte ihm der Tipo 8A (7.372 cm³) und 1926 der Sportwagen Tipo 8ASS (Super Spinto). Der SS verfügte über maximal 130–150 PS, gegenüber den 110–120 PS des Tipo 8A.

In den Nachkriegsjahren versuchte Isotta-Fraschini erneut auf dem Automobilmarkt Fuß zu fassen, indem sie Aurelio Lampredi und seinem Können die Konstruktion eines neuen Prestigemodells anvertraute. 1948/49 wurde der Monterosa mit V8-Mittelmotor, 120 PS und 2,5-l-Hubraum (später erhöht auf 3,4 l) vorgestellt. Dieses extravagante Modell, das seiner Zeit vielleicht etwas zu sehr voraus war, wurde nie in Serie gefertigt.

ISUZU

Tokio, Japan
1937–

Isuzu ist einer der ältesten japanischen Autohersteller. Die 1937 gegründete Firma geht auf eine seit 1918 bestehende Zusammenarbeit des englischen Herstellers Wolseley mit der Tokyo Ishikawajima Ship Building and Engineering Company zurück. Daraus entstand der Pkw Sumida. „Isuzu", nach dem gleichnamigen Fluß, hieß ein Wagen erstmals 1934. 1937 wurde schließlich die Tokyo Automobile Industries Company gegründet, die 1949 in Isuzu Motors umbenannt wurde.

Heute gehört Isuzu zum Hitachi-Konzern. General Motors ist an Isuzu beteiligt, was sich in einer vielfältigen Zusammenarbeit ausdrückt. So werden die Isuzu-Coupés Gemini und Pa Nero in den USA als Geo Storm verkauft (Geo ist eine neue GM

ISO GRIFO (1965)

Motor: V8-Zylinder mit hängenden Ventilen
Bohrung/Hub: 101,6 mm x 82,6 mm
Hubraum: 5.359 cm³
Max. Leistung: 260 HP
Getriebe: mechanisch, 4 Gänge
Rahmen: Plattformrahmen
Aufhängung: vorne Querlenker mit Schraubenfedern; hinten De-Dion-Achse, Schraubenfedern und Teleskopstoßdämpfer
Bremsen: Scheibenbremsen
Karosserie: Coupé (Bertone)
Höchstgeschwindigkeit: 220 km/h

Iso Grifo

ITALA
**Turin, Italien
1904–1933**

Itala war eine der vielen von der Familie Ceirano ins Leben gerufenen Automobilmarken. Diesmal, im Frühling 1904, war Matteo Ceirano der Initiator, zusammen mit Guido Bigio, Angelo Moriondo, Leone Fubini und Giovanni Carenza. Dank des Eingriffes eines genuesischen Finanzkonsortiums wurde Itala im September 1904 von Grund

ITALA GRAND PRIX (1907)

Motor: 4 Zylinder in Reihe mit T-förmigem Zylinderkopf
Bohrung/Hub: 175 mm x 150 mm
Hubraum: 14.431 cm^3
Max. Leistung: 120 HP
Getriebe: mechanisch, 4 Gänge
Rahmen: Leiterrahmen
Aufhängung: Starrachsen mit Blattfedern und Reibungsstoßdämpfern
Bremsen: Trommelbremsen an den Hinterrädern
Karosserie: Rennwagen
Höchstgeschwindigkeit: 164 km/h

auf umstrukturiert; gleichzeitig übernahm Guido Bigio die Funktion des Generaldirektors. Im Jahr darauf verließ Matteo Ceirano die Firma und gründete die SPA. Von nun an widmete sich die Itala mit großem Erfolg der Entwicklung von Rennwagen. 1905 wurde Alberto Balocco Leiter der Entwicklungsabteilung, wodurch der Ruhm der Itala nicht nur im Bereich der Rennwagen, sondern auch bei den geräumigen Luxuslimousinen modernster Technik begann. Bei den Rennwagen verwendete die Itala Abkömmlinge des alten 4-Zylinder-Motors mit bis zu 16.666 cm^3.

Königin Margherita, eine neue Anhängerin dieser Marke, besaß mehrere Itala-Limousinen. 1907, nachdem Itala das halsbrecherische Rennen Peking–Paris gewonnen hatte, wurde die Firma auch über die Grenzen hinaus in der ganzen Welt bekannt. Die Itala-Wagen verfügten über Wellenantrieb, im Gegensatz zum Kettenantrieb der meisten anderen Sportwagen. Balocco gab dem Druck seines Assistenten Giacomo Retti, einem Verfechter der Drehschieber, nach und stimmte der Entwicklung eines

auf den Markt. Sie verfügten über 4-Zylinder-Motoren mit 2.612 cm^3 (später erhöht auf 2.811 cm^3) und 6-Zylinder-Motoren mit 4.423 cm^3.

Im Jahre 1923 wurde die ohnehin schon prekäre Finanzlage von Itala unhaltbar, so daß der Konkursverwalter eingeschaltet werden mußte, der ein Jahr später Giulio Cesare Cappa die technische Leitung der Firma übergab. Unter dessen Leitung wurden der Tipo 61 mit einem 6-Zylinder-Motor, 1.991 cm^3 und hängenden Ventilen sowie verschiedene Rennwagen mit Hinterradantrieb entwickelt. Die Rennwagen waren außerdem mit einem leistungsstarken V12-Motor (1.094 oder 1.450 cm^3 Hubraum) und Roots-Kompressoren ausgerüstet. Sie nahmen jedoch nie an einem Rennen teil.

Itala Grand Prix

solchen Motors zu. Dieses Modell (V8-Motor mit 8.336 cm^3) wurde 1911 auf dem Automobilsalon von Turin vorgestellt, war jedoch nicht erfolgreich. Während des Ersten Weltkriegs rief Itala, zusammen mit anderen Firmen unter der Schirmherrschaft der SCAT, ein Finanz- und Technologiekonsortium ins Leben, das unter anderem auch für die Lizenzherstellung des Hispano-Suiza verantwortlich war.

Nach Kriegsende stand die Firma, die enorme Summen in die Umstellung ihrer Produktion auf Flugzeugmotoren gesteckt hatte, ohne Kunden da. 1919 lief die Produktion der Vorkriegsmodelle wieder an. Im darauffolgenden Jahr kamen aber wieder neue Itala-Modelle

Itala 35/45 PS

Im Februar 1907 hatte die Pariser Zeitung Le Matin die Idee, eine Rallye auf der Strecke Peking–Paris durchzuführen. Am Start in Peking standen am 10. Juni des gleichen Jahres zwei De Dion, ein Spyker, ein 3-Takt-Contal und eine Itala-Reiselimousine 35/45 PS. Am Steuer dieses Itala, den man mit einem extra großen Kraftstofftank ausgerüstet hatte, saß Prinz Scipione Borghese.

Für den Nachschub von Kraftstoff war gesorgt: Borghese konnte sich auf ein Heer von Trägern verlassen, die mit vollen Kanistern auf ihrem Rücken über viele Berge bis in die mongolische Ebene ritten. Der Itala durchquerte ganz Asien und meisterte alle Schwierigkeiten. Einmal stürzte sogar eine Brücke unter seinem Gewicht ein, ohne daß er deswegen die Führungsposition verlor. Trotz eines gebrochenen Rades, das von einem russischen Handwerker wieder repariert wurde, erreichte der Itala Paris drei Wochen vor dem Zweitplazierten. Auf den mehr als 16.000

km dieser mörderischen Strecke wurde der Itala auf den schwierigsten Abschnitten oft von Kamelen gezogen oder war gezwungen, auf die Eisenbahn auszuweichen. Der Siegerwagen steht heute im Biscaretti-Museum in Turin neben einem Itala aus dem Besitz der italienischen Königin Margherita.

Um die Leistungsfähigkeit damaliger Autos zu beweisen, schrieb die Pariser Zeitung Le Matin die Langstreckenfahrt Peking–Paris aus. Von den zahlreichen Meldungen blieben bis zum Start fünf übrig: am 10.7.1907 verließen ein italienischer Itala (4 Zylinder, 40 PS), zwei französische De-Dion-Bouton (2 Zylinder, 10 PS) und ein Contal-Dreirad (1 Zylinder Zweitakt, 6 PS) und ein holländischer Spyker (4 Zylinder, 15 PS) Peking. Sieger wurde Prinz Scipione Borghese auf Itala, der nach über 15.000 km Fahrt am 10.8.1907 als erster in Paris eintraf.

Der vom ehemaligen Fiat-Ingenieur Giulio Cesare Cappa entworfene Tipo 61 war mit seinem 2-l-6-Zylinder-Motor ein schneller Renner in bester europäischer Tradition. Schon 1926 erhielt er ein 4-Gang-Getriebe und servounterstützte Bremsen, 1928 einen modifizierten Motor mit zwei obenliegenden Nockenwellen. Hieraus leitete Itala den 65 Sport ab, bis 1934 im Angebot.

ITALIA
**Bologna, Italien
1907–1908**

Italia sollte das Markenzeichen für Autos aus der 1907 in Bologna gegründeten Automobilfabrik Gallottini & Sohn werden. Es ist jedoch nicht bekannt, ob dort jemals Automobile hergestellt wurden. Sicher ist nur, daß die Firma 1908 ihren Sitz nach Ferrara verlegte, wo sich ihre Spur verlor.

ISOTTA-FRASCHINI
TIPO 8

Motor
Position: Frontmotor, längs
Bauart: 8 Zylinder in Reihe
Hubraum: 5.898 cm³
Bohrung/Hub: 85 mm x 130 mm
Verdichtungsverhältnis: 5:1
Ventilsteuerung: durch Stößelstangen und Kipphebel
Gemischaufbereitung: 2-Zenith-Steigstromvergaser
Zündanlage: Bosch HT Magnet-Zündanlage
Max. Leistung: 80 PS bei 2.200-min

Übertragung
Kupplung: Mehrscheibenkupplung
Getriebe: mechanisch, 3 Gänge
Übersetzungsverhältnis: I) 3,37:1; II) 1,91:1; III) 1,00:1
Kraftübertragung: Kegelradgetriebe
Übersetzungsverhältnis an der Achse: 3,75:1

Aufhängung
Vorderachse: Starrachse mit Halbelliptikfedern
Hinterachse: Starrachse mit Halbelliptikfedern

Lenkung
System: Schneckenlenkung

Räder und Bereifung
Felgen: Rad mit entfernbaren Stahlfelgen oder Stahlscheibenrad
Bereifung: 835 x 135

Karosserie und Rahmen
Rahmen: Leiterrahmen
Karosserie: nach Wunsch

Abmessungen und Gewicht
Länge: 4.980 mm
Breite: 1.575 mm
Radstand: 3.700 mm
Vordere und hintere Spurweite: 1.410 mm/1.410 mm
Gewicht: 1.575 kg (nur Rahmen)

Leistung
Höchstgeschwindigkeit: 130 km/h
Kraftstoffverbrauch: 17,6 l/100 km

UNTEN *Eine detaillierte Abbildung des Isotta-Fraschini Tipo 8 von Rodolfo Valentino. Sowohl die von Fleetwood hergestellte Karosserie „Coupé de ville" als auch der Rahmen waren herkömmlicher Bauart. Der Rahmen war sehr robust und sowohl vorne als auch hinten mit Halbelliptikfedern ausgestattet. Der Motor war weltweit der erste in Serie gefertigte Reihen-8-Zylinder. Obwohl Isotta-Fraschini über große Erfahrung in der Konstruktion von Flugzeugmotoren verfügte, entschied sich die Firma für die einfachere und leisere Motorsteuerung mit hängenden Ventilen, die durch Stößelstangen und Kipphebel betätigt werden.*

JAGUAR
**Coventry, Großbritannien
1945–**

Nach dem Krieg war die Markenbezeichnung SS fast überall verboten. Im Falle der SS Car Company mit Sitz in Coventry, also der englischen Stadt, die am meisten unter dem Krieg gelitten hatte, war der Namenswechsel unumgänglich. Die Wahl fiel auf einen Namen, der bei diesem Autohersteller nicht neu war: der Name Jaguar war schon vorher für eine Modellreihe verwendet worden, die die ehemalige Car Company 1935 vorgestellt hatte. Die Modelle der Nachkriegszeit hatten nicht nur den gleichen Namen, sondern waren auch sonst von ihren Vorgängern aus dem Jahre 1935 nicht zu unterscheiden. Der neue Jaguar war in drei Ausführungen erhältlich: als 1,8-l-Vierzylinder oder als 2,7- und 3,5-l-Sechszylinder.

Der erste große Schritt nach vorn war der Sportwagen XK120, der 1949 auf der Motor Show in London vorgestellt wurde. Der Motor des XK120, eine interessante Konstruktion mit 3,4 l und zwei obenliegenden Nockenwellen, war von William Heynes, unterstützt von Wally Hassan und Claude Baily, entwickelt worden. Ebenfalls 1949 erschien der MK V, eine Limousine mit kopfgesteuertem 6-Zylinder-Motor, unabhängiger Vorderradaufhängung, hydraulischen Bremsen und in die Kotflügel eingelassenen Scheinwerfern. Der XK-Motor wurde aber erst 1951 zum ersten Mal in eine Limousine eingebaut, nämlich in den MK VII, ab 1957 in den MK VIII und ab 1959 in den MK IX. 1951 stellte Jaguar das Modell Typ C vor, ebenfalls mit XK120-Motor, der im Rahmen untergebracht war. Dieser bestand aus einem Rohrrahmen mit profilierten Stahlplatten. Für dieses besondere Automobil, das hauptsächlich für Rennen gedacht war und nur in beschränkter Stückzahl hergestellt wurde, hatte man die Leistung auf 200 PS erhöht, gegenüber den 160 PS der XX-Standardausführung. Der Typ C gewann 1951 und 1953 das Rennen von Le Mans und war zudem der erste Jaguar mit Scheibenbremsen. Diese wurden serien-

mäßig auch in den 1954er Rennwagen Typ D eingebaut.

1956 trug Jaguar zu einem entscheidenden Wandel im Bereich der Limousinen bei. Es wurde eine neue Modellreihe vorgestellt, für die Jaguar noch einmal den so erfolgreichen XK-Motor, erst in 2,4 l, dann in der ursprünglichen 3,4-l-Ausführung. 1955 hatte ein D-Typ-Werkswagen das Rennen von Le Mans gewonnen; auch 1956 und 1957 gewann ein Typ D dieses Rennen, doch diese beiden fuhren für den Rennstall Ecurie Ecosse und nicht, wie noch 1955, für den eigenen Rennstall. Basierend auf dem Typ D-Rennwagen entwickelte Jaguar eine Limousine, die insbesondere für den US-amerikanischen Markt bestimmt war und sich XKSS nannte. Dieses Modell schien eine wirklich glorreiche Zukunft vor sich zu haben, doch mußte die XKSS-Produktion im Februar 1957 infolge eines verheerenden Brandes im Werk Coventry eingestellt werden.

Aufgrund der großen Brandschäden entschloß sich Jaguar dazu, jegliche direkte Beteiligung an Autorennen einzustellen. Die Jaguar-Tradition, d. h., die im Bereich des Rennsports gesammelten Erfahrungen auf Limousinenmodelle zu übertragen, hatte ihren Höhepunkt schon 1956 erreicht, als das 3,8-l-Modell vorgestellt wurde. Von 1960 an erschienen die Jaguar-MK2-Modelle außer in den schon bekannten 2,4- und 3,4-l-Ausführungen auch mit 3,8-l-Motor. Trotz des Kaufs von Daimler (1960), Guy Motors (1961) und Coventry-Climax Motors (1963) und der Fusion mit der British Motor Corporation (Mitte der sechziger Jahre) veränderte sich das Äußere der Automobile nicht.

Geleitet wurde die Firma nach wie vor von Sir William Lyons, den man fast schon ihren Patriarchen nennen darf und der auch nach seiner Pensionierung Anfang der siebziger Jahre bis zu seinem Tod noch weitere zehn Jahre als „Graue Eminenz" galt. Die 3,4- und 3,8-l-Modelle des Jahres 1964, die die Bezeichnung S trugen, stachen aufgrund der unabhängigen Hinterradaufhängung hervor, womit man das System der MKX-Modelle von 1962 wieder aufnahm.

Mit der Vorstellung des Sportwagens Typ E (1962), einem direkten Abkömmling des Typ D, erlangte Jaguar einen seiner größten Erfolge. 1965 wurden sowohl der Jaguar E auch der MKX in der 4,2-l-Ausführung mit dem alten XK-Motor ausgerüstet. Mit der erneuten Hubraumerhöhung erreichte dieser Motor seine Grenzen und, wie vorauszusehen war, lag die Höchstdrehzahl unter der der Modelle mit geringerem Hubraum. 1971 wurde zusätzlich zur 4,2-l-Li-

JAGUAR XK120 (1948)

Motor: 6 Zylinder in Reihe mit zwei obenliegenden Nockenwellen, halbkugelförmigem Brennraum und Zylinderblock aus Gußeisen
Bohrung/Hub: 83 mm x 106 mm
Max. Leistung: 160 PS
Getriebe: mechanisch, 4 Gänge
Rahmen: Leiterrahmen
Aufhängung: Vorderräder unabhängig mit Querlenkern und Drehstabfedern; hinten Starrachse mit halbelliptischer Blattfederung
Bremsen: Trommelbremsen
Karosserie: Roadster, Coupé oder Coupé mit Schiebedach
Höchstgeschwindigkeit: 203 km/h

JAGUAR TYP E (1961)

Motor: 6 Zylinder in Reihe mit zwei obenliegenden Nockenwellen
Bohrung/Hub: 87 mm x 106 mm
Hubraum: 3.781 cm^3
Max. Leistung: 265 PS
Getriebe: mechanisch, 4 Gänge
Rahmen: selbsttragende Karosserie mit zusätzlichem Rahmen
Aufhängung: Einzelradaufhängung; vorne Drehstabfedern und Querlenker; hinten Querlenker und Schrankenfedern
Bremsen: an den Vorderrädern Scheibenbremsen; an den Hinterrädern Scheibenbremsen neben dem Differential
Karosserie: Spider oder Coupé
Höchstgeschwindigkeit: 240 km/h

Jaguar XK 120

mousine ein V12-Motor mit 5.343 cm³ eingeführt, der dann 1974 den nicht mehr zeitgemäßen 6-Zylinder-Motor des Typ E ersetzte.

In der Zwischenzeit hatte Jaguar den XJ auf den Markt gebracht, eine herausragende viertürige Limousine mit einem 2,8- oder 4,2-l-Motor, auch ein Nachfolger des alten 6-Zylinder-Motors mit zwei obenliegenden Nockenwellen. Denkt man an seine Vorzüge, so ist es nicht verwunderlich, daß der XJ zum Auto des Jahres 1969 gewählt wurde. 1971 kam der XJ12 auf den Markt. Er war mit einem 5,3-l-V12-Motor ausgerüstet. Mit diesem Modell errang Jaguar noch einmal die gleiche Anerkennung wie drei Jahre zuvor mit dem XJ. Die 2,8-l-Modelle wurden vom englischen Markt genommen, wäh-

Jaguar XK120

Der XK120 wurde auf der Earl's Court Show 1948 vorgestellt, wo er sofort allgemeine Zustimmung fand. Nach den Plänen des Herstellers sollten nur 200 Stück hergestellt werden, die insbesondere kurz vor der Vorstellung der neuen Limousine MK VII die Aufmerksamkeit der Öffentlichkeit auf sich ziehen sollten. Der Motor des MK VII war ebenfalls ein 6-Zylinder-Motor mit zwei obenliegenden Nockenwellen. Die Bestellungen für den XK1210 waren jedoch so zahlreich, daß William Lyons entschied, ihn in Serie fertigen zu lassen. Die ersten 200 Modelle hatten ein Holzgerippe mit Aluminiumbeplanung, während für die Serienproduktion eine Karosserie aus Preßstahl verwendet wurde. Eine Veränderung des Aussehens gegenüber dem faszinierenden Originalmodell wagte man jedoch nicht.

Als alles bereit war für eine große Serienproduktion, erweckte ein außergewöhnlicher Rekord in dem belgischen Autodrom Jabbeke das Interesse der Öffentlichkeit. Ein Jaguar erreichte dort die Höchstgeschwindigkeit von 214 km/h. Die glorreiche sportliche Karriere dieses Modells begann jedoch in Silverstone. Auf dieser Rennstrecke gewann ein anderer XK120 in der Klasse der Tourenwagen das Einstunden-Rennen. Dieser Sportwagen erwies sich auch für Rallyes als geeignet, besonders wenn er von Jan Appleyard gelenkt wurde. Den größten Beweis seiner herausragenden Klasse lieferte der XK120 im Jahre 1953, ebenfalls auf der Rennstrecke von Jabbeke. Der Jaguar-Chefingenieur Norman Dewis fuhr schneller als 227 km/h (hierzu wurde die Karosserie nach Spider-Art leichter gemacht und der Fahrersitz mit einer halbkugelförmigen Kuppel überdacht). Im Herbst 1954, nachdem mehr als 12.000 Stück dieses Modells hergestellt worden waren, wurde der XK120 durch den neuen XK140 ersetzt. Dieser verfügte in den letzten Jahren über einen sehr leistungsstarken Motor, der dank der Verwendung des Zylinderkopfes des Typ C bis zu 210 PS erreichte gegenüber den 190 PS der Standardausführung.

Jaguar Typ E

Das im Jahre 1961 vorgestellte Modell nahm den Platz des XK 150 ein. Seine wunderschöne Karosserie verriet eindeutig seine Abstammung vom Typ D, der Mitte der fünfziger Jahre in Le Mans startete. Sein Kaufpreis war im Verhältnis zu seiner Leistung (mehr als 240 km/h Höchstgeschwindigkeit) relativ gering. 1965 wurde der ursprüngliche Hubraum (3,8 l) auf 4,2 l erhöht, was ein höheres Drehmoment bei gleicher Höchstleistung und eine Reduzierung der Drehzahlen und somit eine größere Sicherheit ermöglichte.

Als die zweite Modellreihe auf den Markt kam, erweiterte sich die Palette um eine 2+2-Ausführung mit hochgesetztem Dach. Die Tatsache, daß dieses Modell auch mit Automatikgetriebe erhältlich war, trug indirekt der Meinung Rechnung, daß der Typ E auch für ältere Kunden geeignet sei. Aufgrund der immer strenger werdenden Abgasbestimmungen hatte der 6-Zylinder-Motor mittlerweile etwas an Glanz verloren. Um sein sportliches Image wieder etwas aufzupolieren, wurde der Typ E anläßlich der Vorstellung der dritten Serie auch mit V12-Motor angeboten. 1974 wurde die 6-Zylinder-Ausführung vom Markt genommen. Außerdem wurde die Produktion des Coupés und des 2+2-Modells eingestellt, so daß im letzten Jahr der Produktion nur noch der Roadster übrigblieb.

Der Jaguar E war keineswegs nur ein Boulevard-Sportwagen. Schon einen Monat nach Serienbeginn, im April 1961, siegte Graham Hill auf dem Oulton Park Circuit. Auch in Reims, Brands Hatch und Silverstone siegte Jaguar. Beachtenswert auch der 1. Preis beim bolivianischen Gran Premion Nacional 1966, ein sehr hartes 2.000-km-Rennen, das jährlich vom bolivianischen Automobilclub in den Anden veranstaltet wird. In jenem Jahr gewann Dr. Jorge Burgoa in weniger als 20 Stunden überlegen.

Jaguar TYP E

end das Coupé und die Limousine mit großem Radstand hinzukamen.

Der E-Typ wurde im Jahre 1975 schließlich ganz aus dem Programm genommen und durch das Modell XJS ersetzt. Elf Jahre später wurde die XJ-Limousine, mittlerweile in der dritten Generation, vom neuen XJ 40 abgelöst. Der Neue behielt die klassisch-schöne Form des Vorgängers bei, hatte jedoch deutlich gestrafftere und klarere Linien. Er wurde mit einem neuen 3,6-l-Motor vorgestellt, der zuvor schon im XJS-Coupé zum Einsatz gekommen war. Zusätzlich dazu erschien eine 2,9-l-Version. Im Jahre 1989 wurde der 3,6 auf 4 l vergrößert, 1990 kam eine 3,2-l-Variante als Ersatz für den 2,9. Der 12-Zylinder-Jaguar wurde dann noch bis 1993 in der alten Karosserieform weitergebaut. Dann präsentierte Jaguar endlich den neuen XJ 12 mit 6,0 l Hubraum und 318 PS in der seit 1986 aktuellen Karosserie.

1964 wurde mit dem E-Typ Lightweight eine speziell für den Rennsport gedachte Variante angeboten. Der 3,8-l-Leichtmetallmotor leistete 324 SAE-PS und konnte wahlweise mit einem 5-Gang-Getriebe geliefert werden; die Hardtop-Coupé-Karosserie war aus Leichtmetall gefertigt. Je nach Hinterachs-Untersetzung konnten mit dem Lightweight bis 282 km/h erreicht werden.

Zum Bedauern der PS-gewohnten Jaguar-Enthusiasten mußte jedoch das Werk ab 1967 Sicherheits- und Abgasvorschriften der amerikanischen Legislative berücksichtigen, die sich auf das Fahrzeuggewicht und vor allem auf die Motorleistung auswirkten. Schließlich leistete der 6-Zylinder-Motor in der US-Ausführung, die aus Rationalisierungsgründen dann auch für Europa-Wagen verwendet wurde, nur noch 177 PS – „kid's stuff" im Vergleich zu den 265 Original-PS.

223

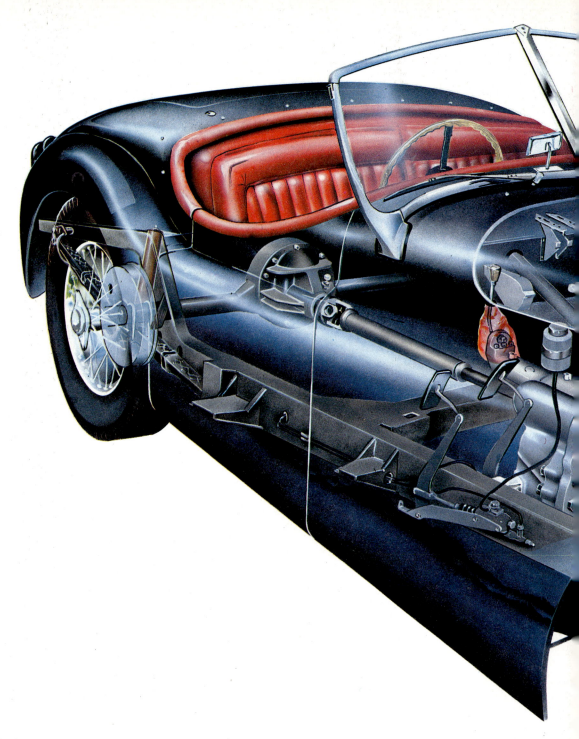

Jaguar XK120 (1948)

Motor
Position: vorne, längs eingebaut
Bauart: 6 Zylinder in Reihe mit zwei obenliegenden Nockenwellen, Kurbelgehäuse und Zylinderblock aus Gußeisen, Zylinderkopf aus Leichtmetallegierung; Kurbelwelle siebenmal gelagert
Hubraum: 3.442 cm^3
Bohrung/Hub: 83 mm x 106 mm
Verdichtungsverhältnis: 7,8 : 1 oder 9,0 : 1
Ventilsteuerung: zwei Ventile pro Zylinder, die im 70°-Winkel hängen, halbkugelförmiger Brennraum, zwei Nockenwellen mit Kettenantrieb
Gemischaufbereitung: 2-SU-H6-Vergaser
Zündanlage: mechanisch mit Zündspule und Zündverteiler
Max. Leistung: 160 PS bei 5.000^{-min}

Übertragung
Antrieb: Getriebe und Kupplung in einem Block mit dem Motor; Hinterradantrieb
Kupplung: Einscheibentrockenkupplung
Getriebe: mechanisch, 4 Gänge
Übersetzungsverhältnis: I) 3,37 : 1; II) 1,98 : 1; III) 1,37 : 1; IV) 1,00 : 1
Achsgetriebe: Kegelrad mit Hypoidverzahnung
Übersetzungsverhältnis im Achsgetriebe: 3,64 : 1

Aufhängung
Vorderachse: unabhängige Radaufhängung mit Doppelquerlenker; längs eingebaute Drehstabfedern und Teleskopstoßdämpfer
Hinterachse: Starrachse mit Halbelliptikfedern und Stoßdämpfern

Lenkung
System: Burman-Schneckenlenkung

Bremsen
Typ: Trommelbremsen für alle vier Räder

Räder und Bereifung
Felgen: 16-Zoll-Felgen
Bereifung: Dunlop-Road-Speed-Diagonalreifen 600 x 16

Karosserie und Rahmen
Rahmen: Leiterrahmen
Karosserie: Roadster mit zwei Türen, Zweisitzer (anfangs aus Aluminium, dann aus Stahl)

Abmessungen und Gewicht
Länge: 4.419 mm
Breite: 1.562 mm
Radstand: 2.591 mm
Vordere und hintere Spurweite: 1.295 mm/1.270 mm
Gewicht: 1.321 kg

Leistung
Höchstgeschwindigkeit: 200 km/h
Beschleunigung von 0 auf 100 km/h: 11 Sekunden
Kraftstoffverbrauch: 12,4 l/100 km

UNTEN *Im Verhältnis zu seinem Preis bot der Jaguar XK120 eine Leistung, die ihm zusammen mit seiner außerordentlichen Eleganz auf dem Automobilmarkt die Führungsposition gegenüber der Konkurrenz sicherte. Anfangs sollte er nur in geringer Stückzahl gefertigt werden, wobei eine Aluminiumkarosserie und veraltete Montagetechniken verwendet wurden. Die große Resonanz seitens der Öffentlichkeit machte jedoch eine weitaus größere Produktion notwendig, bei der selbstverständlich eine Karosserie aus Stahlblech verwendet wurde. Abgesehen vom hervorragenden 6-Zylinder-Motor und dem phantastischen Aussehen kann man den XK nicht als technisch besonders weit entwickelt bezeichnen. Die Hinterradaufhängung bestand z. B. aus einer Starrachse mit Halbelliptikfedern, die Bremsanlage reichte gerade so für die hohen Geschwindigkeiten des Autos.*

JENSEN
West Bromwich, Großbritannien, 1936–1976

Die Brüder Alan und Richard Jensen gaben ihr Debüt als Konstrukteure, indem sie einen gebrauchten Austin Seven der zwanziger Jahre umbauten. Das ansehnliche Ergebnis dieser Aktion erregte das Interesse des Standard-Direktors, der ihnen schließlich die Aufgabe anbot, den Standard Nine umzubauen, um aus ihm einen serienfertigen Sportwagen zu machen.

Auf ihren großen Erfolg gestützt, machten sich die beiden Brüder selbständig. Sie spezialisierten sich auf den Umbau von Ford- und Morris-Rahmen und begannen im Auftrag der Bristol Street Garages eine sportliche Reiselimousine mit dem Namen Mistral zu produzieren.

Das erste Modell, das den Namen Jensen trug, hatte einen 3,6-l-V8-Ford-Motor und eine 2-Gang-Hinterachse, Fabrikat Columbia. Später wurde dieses Modell unter dem Namen Typ S auch mit Ladermotor sowie mit verschiedenen anderen Motoren, unter anderem auch einem V12-Lincoln-Zephyr-Motor, einem 2,2-l-V8-Ford-Motor oder mit einem 8-Zylinder-Nash-Motor angeboten.

Während des Kriegs hielten sich die Jensen über Wasser, indem sie außer der Pkw-Produktion auch Lastkraftwagen herstellten. Die Firma, die schon auf bessere Zeiten hoffte, hatte für das Kriegsende ein neues Modell mit der Bezeichnung PW geplant. Es sollte über einen entsprechend veränderten 3,8-l-Meadows-Reihenmotor mit acht Zylindern verfügen. Der PW wurde der Öffentlichkeit zum ersten Mal im Hyde-Park anläßlich der Jubiläumsfeierlichkeiten der englischen Automobilindustrie im Jahre 1946 vorgestellt.

Austin kopierte den PW, und um einen Rechtsstreit zu vermeiden, kam man überein, daß Jensen ein Sportwagenmodell des A40 bauen sollte, sich im Gegenzug jedoch verpflichtete, eine bestimmte Anzahl Austin 4-l-Motoren zu kaufen. Eingebaut wurde dieser Motor zum ersten Mal in einen Interceptor, der im Jahre 1950 erschien, um den PW zu ersetzen; später fand dieser Motor auch unter der Motorhaube des 541 Platz, einer großen Limousine mit Glasfaserkarosserie aus dem Jahr 1954.

Ende 1956 war Jensen einer der ersten englischen Automobilhersteller, der alle vier Räder mit Scheibenbremsen ausstattete. Nach langen Verhandlungen wurde Jensen ein Teil des Norcros-Konzerns, einige Jahre später verließen ihn die Gebrüder Jensen jedoch wieder. Für den CV8 des Jahres 1963, einer Sportlimousine mit hervorragender Technik und ausgezeichneter Leistung (212 km/h Höchstgeschwindigkeit), verwendete Jensen einen amerikanischen Motor, nämlich den 5,9-l-V8-Chrysler-Motor. Auf der Londoner Motor Show von 1959 wurde der CV8 FF mit Vierradantrieb vorgestellt, der dann auch den Don Safety Award gewann.

1966 wurde der CV8 vom neuen spektakulären Interceptor, der von Kevin Beatty entwickelt worden war, in den Schatten gestellt. Die Karosserie stammt von Vignale, wurde jedoch in West Bromwich gefertigt. Dieses neue Modell von Jensen mit einem 6,3-l-Chrysler-Motor erschien 1967 auch mit Vierradantrieb.

Im Jahre 1968 verkaufte der Norcros-Konzern Jensen an William Brandt; unter dieser neuen Geschäftsleitung wurde Kjeil Ovale Präsident der Jensen, Donald Healey wurde ihr Leiter. 1972 erschien ein neues Sportwagenmodell mit dem Namen Jensen-Healey. Es hatte einen 4-Zylinder-Vauxhall-Motor mit einem einzigen Zylinderblock.

Der modifizierte Jensen-Healey wurde den Erwartungen seiner Konstrukteure nicht gerecht, und obwohl eine GT-Ausführung angeboten wurde, mußte die Firma ihre Tore schließen. Mitte der achtziger Jahre begann Jensen erneut mit der Produktion einiger Interceptors.

Jensen Interceptor

Die Karosserie des Interceptor von 1966 war von Touring entwickelt worden, die Werkzeuge für ihre Herstellung (Gesenke und Schablonen) wurden jedoch von Vignale geliefert. Da der damalige Chefkonstrukteur Kevin Beatty die Entfernung zwischen dem Mailänder Karosseriebauer und dem Sitz der Jensen für zu groß hielt, wurden die obengenannten Werkzeuge nach West Bromwich verlagert, so daß dort nun auch die Karosserie hergestellt werden konnte. Das Paradestück der Interceptor-Reihe war das Modell FF, das dank seines Vierradantriebs (ermöglicht durch das Ferguson-System) und seines ABS-Systems wieder einmal das Interesse der Firma Jensen an technischen Neuerungen zeigte. Der Jensen Interceptor wurde nur 320mal gebaut.

JORDAN
Cleveland, USA 1916–1931

Um einen handfesten Beweis dafür zu liefern, daß der Automobilmarkt noch lange nicht

Jensen Interceptor FF

JENSEN INTERCEPTOR (1974)
Motor: V8-Zylinder mit hängenden Ventilen
Bohrung/Hub: 109,77 mm x 95,2 mm
Hubraum: 7.212 cm³
Max. Leistung: 300 PS
Getriebe: automatisch, 3 Gängen
Rahmen: Leiterrahmen
Aufhängung: Vorderräder unabhängig mit Querlenker und Schraubenfedern; hinten Starrachse mit Halbelliptikfedern aus Panhard-Stahl
Bremsen: Scheibenbremsen mit Bremskraftverstärker an den Vorder- und Hinterrädern
Karosserie: zweitüriges Coupé oder Cabriolet
Höchstgeschwindigkeit: 217 km/h

gesättigt war, lieh sich Edward S. Jordan, ehemaliger Journalist und PR-Fachmann, von seinen Freunden 300.000 Dollar. Dem Vertrauen, das man in ihn gesetzt hatte, wurde er durchaus gerecht, indem er eines der besten Autos auf den Markt brachte, das je in Amerika gebaut wurde. Er blieb den Continental-Motoren stets treu, angefangen beim Sechszylinder mit 4.966 cm³. Das bekannteste Jordan-Modell war der Playboy aus dem Jahre 1921, der mit Hilfe einer der berühmtesten Werbekampagnen der Automobilwirtschaft vermarktet wurde.

Die Autos von Edwards Jordan waren von 1924 an mit hydraulischen Bremsen an allen vier Rädern versehen. 1925 wurde das erste Modell mit 8-Zylinder-Reihenmotor und 4.408 cm³ vorgestellt. 1927 kam die Serie „Custom" mit 6-Zylinder-Motor und 3.259 cm³ sowie Schneckenradantrieb auf den Markt.

1930, einige Monate bevor Jordan von der Wirtschaftskrise erschüttert wurde, erschien das Modell Speedway Eight mit 5.277 cm³, das aufgrund seines enormen Kaufpreises nur wenige Abnehmer fand.

JOWETT
Idle Bradford, Großbritannien 1905–1954

1905 stellten die Brüder William und Benjamin Jowett zwei Prototypen ihres ersten Autos fertig. Die Produktion dieses Zweisitzers mit Lenkstange begann jedoch erst 1910, da die Brüder Jowett bis dahin, zusammen mit Alfred Angus Scott, Motorräder entwickelten.

Erst nachdem A.A. Scott sich selbständig gemacht hatte, beschlossen die Brüder Jowett eine eigene Fabrik zu eröffnen um die Produktion ihres Autos aufzunehmen.

Die Jowetts verwendeten stets Boxermotoren: für das Modell aus dem Jahre 1910 wurde z.B. ein 2-Zylinder-Motor mit 816 cm³ verwendet. Da die Jowetts von Anfang an erfolgreich waren, gab es für sie keinen Grund, ihre Autos zu verändern. Erst nach dem Ersten Weltkrieg wurde die Lenkstange durch das praktischere Lenkrad ersetzt.

Die ersten Jowett-Nachkriegsautos erschienen im Mai 1920. Der Hubraum war auf 907 cm³ erhöht worden, um die 7 PS voll ausschöpfen zu können, die aus steuerlichen Gründen

Jordan 25 HP

nicht überschritten werden durften. Der erste Jowett-Viersitzer, der Long Four, erschien 1923; im Jahr darauf kam ein kürzeres Modell auf den Markt, bei dem jeweils zwei der vier Sitze Lehne an Lehne angeordnet waren. 1926 wurde die erste Limousine entwickelt.

Die Jowetts waren für ihren kleinen, aber leistungsstarken Motor bekannt, doch waren sie den vergleichbaren Modellen anderer Hersteller um mindestens fünf Jahre hinterher. So wurden z.B. Hinterradbremsen erst im Modell des Jahres 1929 eingebaut. Gleiches gilt auch für die Jowett-Motoren: erst 1929 wurde beim 2-Zylinder-Modell der feste Zylinderkopf durch einen abnehmbaren ersetzt.

1933 kam das aerodynamische Modell Jestrel auf den Markt. Schon nach wenigen Monaten wurde von diesem Modell eine Sportausführung mit 4-Gang-Getriebe vorgestellt, nämlich der Weasel mit zwei Vergasern. Mitte der dreißiger Jahre begann Ben Jowett mit der Entwicklung neuer Motoren. Binnen kurzer Zeit stellte er drei Prototypen eines 4-Zylinder-Motors mit vollautomatischem Getriebe her. Bei der Serienproduktion setzte man jedoch auch weiterhin auf die typischen Merkmale: so verfügte z.B. der Ten aus dem Jahre 1936 über einen konventionell eingebauten Boxermotor genauer gesagt handelte es sich um einen 4-Zylinder-Motor mit 1.166 cm³).

1940 zogen sich die Brüder Jowett aus dem Geschäft zurück. Die Leitung übernahm Calcott Railly, der schon 1942 mit der Planung der Nachkriegsmodelle begann. So wurde bereits 1946 der neue Javelin vorgestellt. Dieses von Gerald Palmer entworfene Auto ähnelte von hinten gesehen dem Lincoln-Zephyr und hatte, dank seiner Radaufhängung mit Drehstabfedern, eine ausgezeichnete Straßenlage.

1950 erschien ein Modell aus der Feder des ehemaligen Auto-Union-Konstrukteurs Eberan von Eberhorst. Dieses Modell mit Gitterrahmen nahm

JOWETT JAVELIN (1946)

Motor: 4-Zylinder-Boxermotor mit hängenden Ventilen
Bohrung/Hub: 72,5 mm x 90 mm
Hubraum: 1.486 cm³
Max. Leistung: 50 PS
Getriebe: mechanisch, 4 Gänge
Rahmen: selbsttragende Stahlkarosserie mit kleinem zusätzlichen Rahmen
Aufhängung: unabhängige Vorderradaufhängung mit Querlenkern und Drehstabfedern; hinten Starrachse mit Drehstabfedern
Bremsen: Trommelbremsen, teils mechanisch, teils hydraulisch betätigt, an Vorder- und Hinterrädern
Karosserie: Limousine mit Steilheck
Höchstgeschwindigkeit: 132 km/h

JORDAN MX SERIES (1924)

Motor: 6 Zylinder in Reihe mit hängenden Ventilen
Bohrung/Hub: 100 mm x 120,7 mm
Hubraum: 5.686 cm³
Max. Leistung: 26,33 PS (geschätzt)
Getriebe: mechanisch, 3 Gänge
Rahmen: Leiterrahmen
Aufhängung: Starrachse mit Halbelliptikfedern an Vorder- und Hinterrädern
Bremsen: Trommelbremsen, die nur auf Hinterräder wirken
Karosserie: Touring, Playboy, Blue-Boy, Limousine
Höchstgeschwindigkeit: 120 km/h

1950 am Rennen von Le Mans teil und wurde erster seiner Klasse. Für 1952 hatte die Firma die Produktion eines Sportwagens mit Glasfaserkarosserie vorgesehen, der R4 heißen sollte. 1954 mußte Jowett die Produktion jedoch wegen wirtschaftlicher Schwierigkeiten einstellen. Bis dahin waren mehr als 30.000 Javelin gebaut worden.

JUNIOR
Turin, Italien
1905–1909

Die Giovanni Ceirano Junior & C. nannte sich ab 1905 Junior Fabbrica Italiana Automobili.

Das erste wirklich neue Modell dieses Autoherstellers war der 18/24 HP, der 1906 auf dem Mailänder Automobilsalon vorgestellt wurde. Aufgrund wirtschaftlicher Schwierigkeiten arbeitete die Junior ab 1906 mit der Mailänder OTAV zusammen. Diese Zusammenarbeit sah die gemeinsame Vermarktung vor. Zusätzlich baute man in England die Junior & OTAV Cars Limited auf. Junior überlebte das Jahr 1909 jedoch nicht.

KAISER
Willow Run, USA
1946–1955

Henry J. Kaiser, ein erfahrener Schiffbauer, bewies eine gehörige Portion Mut, als er sich mit dem Leiter der fast bankrotten Firma Graham Paige, Joe Frazer, zusammentat. Ihr Ziel war es, das alles erstickende Monopol von General Motors, Ford und Chrysler zu durchbrechen, welches diese in der US-amerikanischen Automobilindustrie aufgebaut hatten. Als erstes kauften die beiden Geschäftspartner das Werk in Willow Run, das während des Krieges von Ford zur Serienherstellung der berühmten Liberator-Bomber errichtet worden war. Als nächstes beauftragten sie Howard Darrin, zwei Automobile zu entwickeln: den wirtschaftlichen Kleinwagen Kaiser und das Luxusmodell Frazer.

1946 wurde der erste Kaiser-Prototyp, gespickt mit technischen Neuerungen wie z.B. Einzelradaufhängung (mit Drehstabfedern) und Hinterradantrieb, fertiggestellt.

In der Serienproduktion bediente man sich jedoch der herkömmlichen Technik. So hatten die in Serie gefertigten Kaiser einen Kastenrahmen, unabhängig aufgehängte Vorderräder mit Schraubenfedern und einen Hinterradantrieb mit starrer Hinterachse. Als Motor wählte man einen 6-Zylinder-Continental mit L-förmigem Zylinderkopf und 100 PS. Die Zeit war besonders günstig für die Vorstellung neuer Modelle, so daß die Kaiser-Frazer sich anfangs großer Beliebtheit erfreuten. Im Jahre 1949 hatte diese

Jowett Javelin

Jensen Interceptor

Motor
Position: Frontmotor, längs eingebaut
Bauart: 8-Zylinder-V-Motor, Block und Zyl.-Köpfe aus Gußeisen; Wasserkühlung im Zwangsumlauf
Hubraum: 6.276 cm³
Bohrung/Hub: 108 mm x 86 mm
Verdichtungsverhältnis: 10:1
Ventilsteuerung: eine zentrale Nockenwelle (mit Kettenantrieb); Stößelstangen und Kipphebel; hängende Ventile
Gemischbildung: Fallstrom-Mehrfachvergaser Carter AFB
Zündanlage: mit Zündverteiler
Max. Leistung: 325 PS (SAE) bei 4.600⁻ᵐⁱⁿ
Max. Drehmoment: 575,8 Nm (SAE) bei 2.800⁻ᵐⁱⁿ

Übertragung
Antrieb: Hinterradantrieb; selbstsperrendes Differential
Getriebe: automatisches Chrysler-Torquefite-3-Gang-Getriebe und Rückwärtsgang
Übersetzungsverhältnis: I) 2,45:1; II) 1,45:1; III) 1:1; Rückwärtsgang: 2,20:1
Achsgetriebe: Kegelrad mit Hypoidverzahnung
Übersetzungsverhältnis im Achsgetriebe: 3,07:1

Aufhängung
Vorderachse: unabhängig aufgehängte Vorderräder, Schraubenfedern, Stabilisatoren, hydraulische Stoßdämpfer
Hinterachse: Starrachse mit Halbelliptikfedern und hydraulischen Stoßdämpfern

Lenkung
System: Zahnstangenlenkung

Bremsen
Typ: Scheibenbremsen mit Saugluft-Bremskraftverstärker

Räder und Bereifung
Felgen: aus 5J-Stahl
Bereifung: 6,70-15

Karosserie und Rahmen
Karosserie: zweitüriges Coupé mit 4 Sitzen
Rahmen: Leiterrahmen

Abmessungen und Gewicht
Länge: 4.770 mm
Breite: 1.750 mm
Radstand: 2.670 mm
Vordere und hintere Spurweite: 1.420 mm/1.440 mm
Gewicht: 1.590 kg

Leistung
Höchstgeschwindigkeit: 225 km/h
Kraftstoffverbrauch: 16 l/100 km

Obwohl der Motor des Interceptor vorne untergebracht war, war er doch recht weit zurückgezogen. Die günstige Gewichtsverteilung (50/50) gewährleistete trotz der recht einfachen Hinterradaufhängung mit Starrachse und Blattfedern gute Fahreigenschaften.

Kaiser-Darrin

Marke schon fünf Prozent des amerikanischen Marktes erobert. Zu diesem Zeitpunkt umfaßte die Modellpalette auch zwei Modelle, die ihrer Zeit weit voraus waren. Sie besaßen vier Türen und eine zusätzliche Heckklappe. Bei diesen Modellen handelte es sich um den Traveler und den Vagabond. An der Spitze der Palette stand ein Cabriolet mit elektrisch zu öffnendem Dach. Dieses Modell gab es auch in einer Ausführung mit Hardtop.

1950 verzeichnete Kaiser trotz 14.000 verkaufter Autos ein Defizit von 13 Millionen Dollar. Um diese schwierige Lage meistern zu können, wurden die 1951er Modelle schon ab März 1950 angeboten. Diese neuen Kaiser waren vom Aussehen her sehr attraktiv, weil sie sehr niedrig lagen und eine große Fensterfläche aufzuweisen hatten. Es wurden zwei Modelle der gehobenen Klasse angeboten: der Kaiser Standard und der Kaiser de Luxe. Die Klasse der wirtschaftlicheren Modelle mit dem Namen Henry J. umfaßte Kleinwagen, die mit Willys Jeep- und 6-Zylinder-Reihenmotor erhältlich waren. Keines der Henry J.-Modelle konnte jedoch auf dem Markt Fuß fassen. Die 1951er Kaiser zeichneten sich durch einen hohen Sicherheitsstandard aus: z.B. konnte die herzförmige Windschutzscheibe schon bei einem Aufprall von 16 kg aus ihrer Halterung springen.

1952 wurde die Frazer-Produktpalette deutlich reduziert, so daß in der Luxusklasse nur der Frazer Manhattan übrig blieb. Im gleichen Jahr brachte Kaiser die drei neuen Modelle de Luxe, Virginian und Special auf den Markt.

1953 erschien der luxuriöse Kaiser Hardtop Dragon mit Hydramatic-Kraftübertragung, gold beschlagenen Außenverkleidungen und luxuriöser Innenausstattung. Um wirtschaftlichen Schwierigkeiten aus dem Weg zu gehen, schloß sich Kaiser mit Willys zusammen, wodurch der Kaiser-Darrin, ein Zweisitzer-Sportwagen mit Glasfaserkarosserie und seitlichen Schiebetüren, geboren wurde. Die Verkaufszahlen sanken jedoch immer weiter, so daß die Produktion nach Argentinien verlagert wurde, wo die Firma unter dem Namen Carabela arbeitete.

KING V8 (1924)

Motor: V8 mit hängenden Ventilen
Bohrung/Hub: 76,2 mm x 127 mm
Hubraum: 4.633 cm³
Max. Leistung: 28,8 HP (geschätzt)
Getriebe: mechanisch, 3 Gänge
Rahmen: Leiterrahmen
Aufhängung: vorne und hinten Starrachsen, Halbelliptikfedern hinten, Viertelelliptikfedern vorne
Bremsen: wirken nur auf Hinterräder
Karosserie: Tourer, Coupé
Höchstgeschwindigkeit: nicht bekannt

KAISER-DARRIN (1953)

Motor: 6 Zylinder in Reihe
Bohrung/Hub: 84,1 mm x 111 mm
Hubraum: 3.706 cm³
Max. Leistung: 118 PS
Getriebe: mechanisch, 4 Gänge
Rahmen: Leiterrahmen
Aufhängung: unabhängig aufgehängte Vorderräder mit Querlenkern und Schraubenfedern; hinten Starrachse mit Halbelliptikfedern
Bremsen: hydraulische Trommelbremsen an den Vorder- und Hinterrädern
Karosserie: Roadster mit Glasfaserkarosserie
Höchstgeschwindigkeit: nicht bekannt

KING
**Detroit/Buffalo, USA
1910–1924**

Das erste von Charles Brady King entwickelte Auto sah man schon 1896 auf Detroits Straßen. 1902 gründete King mit der Hilfe des ehemaligen Oldsmobile-Angestellten Jonathan Dexan Maxwell die Northern Manufacturing Company. Das erste Northern-Modell war ein Einzylinder, der vom Hersteller als „leise" definiert wurde.

Nachdem er sich 1910 selbständig gemacht hatte, begann King mit der Produktion eines 5,4-l-Motors mit 36 PS. Bei diesem Modell bildeten Motor und Getriebe einen Block, außerdem umfaßte es 14 patentierte technische Neuerungen, unter anderem auch eine Vorderachse aus Preßstahl. 1914 wurde erstmals bei zwei Modellen ein V8-Motor mit 26 oder 29 PS eingebaut. 1916, als nur noch Modelle mit 8-Zylinder-Motor angeboten wurden, erreichte die Produktion ihren Höchststand von 3.000 Autos.

Die Inflation hatte verheerende Folgen für die Verkaufszahlen der King. Im Jahre 1923 wurden jährlich nur noch 240 Autos verkauft. Aus diesem Grunde zog King in eine kleinere Fabrik um, die sich in Buffalo im Staate New York befand, mußte jedoch 1924 die Produktion ganz einstellen.

KISSEL
**Hartford, USA
1906–1931**

Ab 1913 wurden alle Modelle mit elektrischem Anlasser und Scheinwerfern ausgestattet. 1917 hielt Kissel den Zeitpunkt für gekommen, sich ein weniger konservatives Image zu geben, und brachte die neue Serie 100 Point Six heraus. Für kurze Zeit bot Kissel auch ein Modell mit V12-Widely-Motor an. Im Jahre 1918 wurde dann der Silver Special Speedster vorgestellt.

Wegen ihrer gelben Farbe und den Chromzierleisten bekam der Silver Special Speedster den Spitznamen „Gold Bug" (goldener Käfer). Neben dem Gold Bug wurden auch die Ausführungen Limou-

King Touring

sine, Stadtlimousine, Torpedo und Coupé außer Serie gefertigt. 1924 waren die Kissel auch mit verändertem 8-Zylinder-Lycoming-Motor und hydraulischen Lockheed-Außenbackenbremsen erhältlich.

1929 erschien der schnelle White Eagle, der über sechs oder acht Zylinder, hydraulische Innenbackenbremsen, d.h., die Bremsbacken befinden sich innerhalb der Bremstrommel, verfügte.

1930 schlossen sich Kissel und Moon zur New Era Motors zusammen, welche den Ruxton mit Vorderradantrieb produzierte. 1931 stellte Kissel seine Produktion endgültig ein.

LADA
**Togliatti, Rußland
1970–**

Unter Fiat-Leitung begann 1966 in Togliatti an der Wolga der Bau eines gewaltigen Automobilwerks, das heute 120.000 Menschen beschäftigt. 1970 rollte der erste Wagen vom Band, eine Lizenzausgabe des Fiat 124, die heute noch gebaut und im Export als „Lada" oder „Shiguli" verkauft wird. Die Ausführungen VAZ 2105 und 2107 besitzen eine modernisierte Karosserie, aber konventionelle Technik mit angetriebener Starrachse hinten. Die 4-Zylinder-Motoren (1,2 bis 1,6 l) leisten 60 bis 78 PS.

Dazu kamen Ende der siebziger Jahre der Geländewagen Niva und 1986 schließlich noch der Samara, ein Fahrzeug mit Frontantrieb.

LAGONDA
**Staines/Feltham/
Newport Pagnell,
Großbritannien
1905–1963; 1978–**

Wilburn Gunn, gebürtiger Amerikaner schottischer Herkunft, verlebte seine Kindheit in Ohio. Ende des letzten Jahrhunderts wanderte er nach England aus, wo er sich der Konstruktion eines Dampfschiffes widmete. Danach baute er im Keller seines Hauses in Staines, Middlesex, Motorräder, die er in Anlehnung an den indianischen Namen für das kleine Tal, nahe der Großen Seen, Lagonda nannte.

Ende 1904 begann Gunn mit der Hilfe des Ingenieurs A.H. Cranmer kleine dreirädrige Autos mit 2-Zylinder-Motor zu entwickeln. Drei Jahre später ging er auf vierrädrige Fahrzeuge mit 4-Zylinder-Motoren (20 HP) und 6-Zylinder-Motoren (30 HP) über. 1913 wandte Gunn sich von den 20- und 30-HP-Motoren ab, um sich einem ganz neuen Modell zu widmen. So entstand der 11,1-HP, ein Auto mit 1.100-cm³-Motor in einem Block mit dem Getriebe. Ein weiteres, äußerst modernes Merkmal dieses Modells war die selbsttragende Karosserie. Wilburn Gunn starb 1920, also in dem Jahr, in dem aus dem 11,1-HP zum 11,9-HP wurde.

Ende 1926 brachte Lagonda das 2-l-Modell 14/60 auf den Markt, das in der darauffolgenden Speed-Model-Ausführung über zwei Nockenwellen verfügte, die etwas erhöht im Kurbelgehäuse gelagert waren. Sie betätigten die Ventile mittels L-förmiger Kipphebel, was jedoch sehr große Ein- und Auslaßrohre erforderte.

Lagonda produzierte ebenfalls einen 2,6-l-6-Zylinder-Motor (gesteuert durch Stößelstangen und Kipphebel) unter dem Namen 16/65, dessen Hubraum bald auf 3,2 l erhöht wurde. In dieser Ausführung wurde der Motor auch in den Selector Special des Jahres 1931 eingebaut. Es handelte sich um ein Auto mit halbautomatischem Maybach-Getriebe mit acht Vorwärts- und vier Rückwärtsgängen. 1935 verfügte der alte 16/65 sogar über 3,6 l Hubraum. 1933 wurde die 2-l-Ausführung durch den neuen 16/80 mit 6-Zylinder-Crossley-Motor (1.991 cm³) ersetzt. Der 16/80 wurde nur bis 1935 hergestellt. 1934 kam der Rapier auf den Markt, ein interessanter Sportwagen mit 1.100 cm³ Hubraum und zwei Nockenwellen. Im gleichen Jahr begann Lagonda, den 4,5-l-6-Zylinder-Meadows-Motor einzusetzen.

1935 wurde die finanziell ruinierte Lagonda von Alan Good aufgekauft. Als erstes entließ der neue Geschäftsführer Rapier und machte W.O. Bentley zum neuen technischen Leiter. Aufgrund der von Bentley entworfenen Verbesserungspläne wurde der M45 mit Meadows-Motor etwas weniger sportlich gestaltet und erhielt den Namen LG45. Er wurde zusammen mit dem LG6 von 1935 bis 1941 produziert. Der Rahmen des LG6 (mit unabhängig aufgehängten Hinterrädern, Drehstabfedern und hydraulischen Bremsen) wurde auch für das Modell mit 4,5-l-V12-Motor und kleinem Radstand des Jahres 1937 verwendet. Nach dem Krieg wurde Lagonda vom David Brown-Konzern aufgekauft. Dank dieses Kaufes konnte Brown für den Aston Martin DB2 des Jahres 1950 den von Bentley entworfenen 2,6-l-6-Zylinder-Motor verwenden.

Auch unter der neuen Leitung lief die Produktion der Lagonda-6-Zylinder-Modelle weiter, bis der Hubraum dieses Motors 1954 auf 2.922 cm³ erhöht wurde. Im gleichen Jahr wurde auch ein Lagonda Sport-/Rennwagen entwickelt, indem man den Rahmen des Aston Martin DB35 mit einem 4,4-l-V12-Motor verband.

1958 wurde die Produktion der Lagonda-Fahrzeuge vorübergehend eingestellt, nachdem die vereinte Firma Aston Martin-Lagonda nach Newport Pagnell ins ehemalige Tickford-Werk umgezogen war. Erst 1961 erschien das Lagonda-Emblem wieder auf dem wenig erfolgreichen Rapide, der mit Aston-Martin-6-Zylinder-Motor ausgerüstet war und bis 1963 gebaut wurde. 1964 folgte ein viertüriges Lagonda-Modell.

Seit 1978 führt die aufsehenerregend kantige Aston-Martin-Limousine, die in kleinsten Stückzahlen produziert wird, den Namen und die Tradition der Marke Lagonda fort.

Lagonda 4,5 Liter

Der 1933 erschienene 4,5-l-Meadows-Motor des Lagonda M45 wurde, mit Ausnahme einiger Änderungen zur geringfügigen Erhöhung der Leistung, von Invicta schon seit 1928 verwendet. Bei der Tourist Trophy des Jahres 1934, d.h. dem ersten Rennen, an dem der 4,5-l-Lagonda teilnahm, kam er auf den vierten Platz. Ein Jahr danach gewann er das 24-Stunden-Rennen von Le Mans mit einem Stundendurchschnitt von 124 km. Der M45-Rennwagen, der mit dem 4,5-l-Standardmotor und dem Rahmen des 3,5-l-Modells (durch einen kleineren Radstand gekennzeichnet) ausgerüstet war, bildete die Grundlage für den M45R Rapide. Ein direkter Abkömmling des M45 war der LG45. 1937 erhielt das Grundmodell einen Meadows-III-Motor mit Querstromkopf und 130 PS (der Rapide mit kurzem Rahmen verfügte über 150 PS).

1938 wurde das Modell LG6 mit tiefliegender Karosserie, unabhängiger Vorderradaufhängung, hinten freiliegenden Blattfedern und hydraulischen Bremsen ausgestattet. Dieses letzte Modell mit seiner eleganten Karosserie ist eher eine schnelle Limousine, die man mit Eleganz und Komfort zum Zwecke des Fahrens gebaut hatte, als ein Sportwagen.

KISSEL WHITE EAGLE (1920)

Motor: 8 Zylinder in Reihe
Bohrung/Hub: 82,5 mm x 114 mm
Hubraum: 4.881 cm³
Max. Leistung: 95 PS
Getriebe: mechanisch, 3 Gänge
Rahmen: Leiterrahmen
Aufhängung: vorne und hinten Starrachse mit Halbelliptikfedern
Bremsen: Trommelbremsen an den Vorder- und Hinterrädern
Karosserie: Limousine, Sedan, Coupé/Spider, Coupé mit Hardtop, Limousine mit 7 Sitzen, Speedster, Tourster
Höchstgeschwindigkeit: 145 km/h

Kissel White Eagle

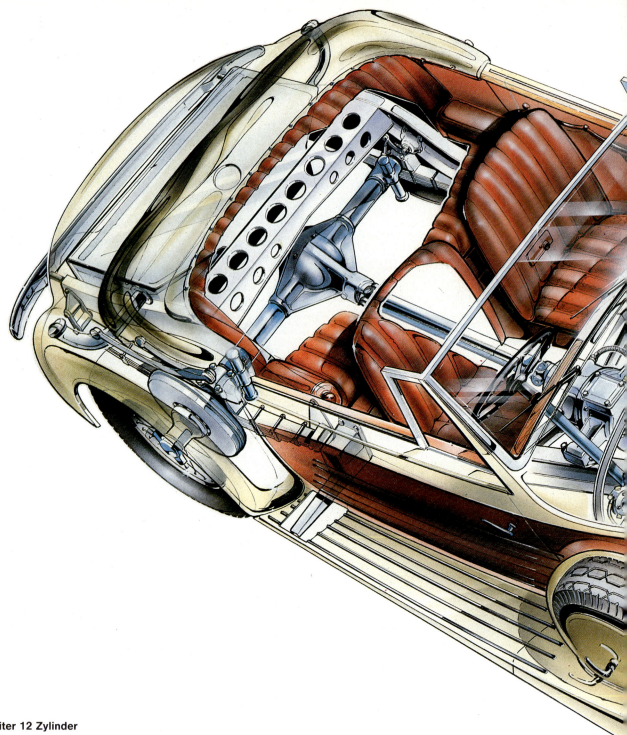

Lagonda 4,5 Liter 12 Zylinder (1938)

Motor
Position: Frontmotor, längs
Bauart: V12 Zylinder in 60° angeordnet, wassergekühlt, Kurbelgehäuse aus Gußeisen
Hubraum: 4.480 cm^3
Bohrung/Hub: 75 mm x 84,5 mm
Verdichtungsverhältnis: 7,5 : 1
Ventilsteuerung: 2 hängende Ventile pro Zylinder, betätigt durch eine obenliegende Nockenwelle pro Zylinderblock
Gemischbildung: 2 SU-Fallstromvergaser
Zündanlage: mit Zündspule und 2 Delco-Zündverteiler
Max. Leistung: 175 PS (SAE) bei 5.500^{-min}
Max. Drehmoment: 281,5 Nm bei 2.000^{-min}

Übertragung
Antrieb: Getriebe hinter Motor, Hinterradantrieb
Kupplung: Einscheibentrockenkupplung
Getriebe: mechanisch, 4 Gänge
Übersetzungsverhältnis: I) 3,25 : 1; II) 67 : 1; III) 1,25 : 1; IV) 1,00 : 1
Achsgetriebe: Kegelrad mit Hypoidverzahnung
Übersetzungsverhältnis im Achsgetriebe: 4,45 : 1

Aufhängung
Vorderachse: unabhängig mit Querlenkern gleicher Länge und Drehstabfedern
Hinterachse: Starrachse mit Halbelliptikfedern

Lenkung
System: Schneckenlenkung

Bremsen
Typ: Trommelbremsen an den Vorder- und Hinterrädern, hydraulisch betätigt mit Tandemhauptzylinder

Räder und Bereifung
Felgen: 46 cm
Bereifung: Diagonalreifen 6,5 x 18

Karosserie und Rahmen
Karosserie: getrennt vom Rahmen, verschiedene Ausführungen
Rahmen: X-förmiger Leiterrahmen

Abmessungen und Gewicht
Länge: 5.232 mm
Breite: 1.829 mm
Radstand: 3.353 mm
Vordere und hintere Spurweite: 1.524 mm / 1.524 mm
Gewicht: 1.981 kg

Leistung
Höchstgeschwindigkeit: 175 km/h
Beschleunigung von 0 auf 100 km/h: 14 Sekunden
Kraftstoffverbrauch: ca. 25 l/100 km

UNTEN *In vielen Punkten folgte Lagonda dem klassischen Schema, das damals in Mode war. Die Verwendung der Einzelradaufhängung mit Drehstabfedern an der Vorderachse (in der Abbildung sichtbar) stellten für diese Art von Automobil gewagte Neuerungen dar. Ein weiteres außergewöhnliches Merkmal war das hinter dem Motor, getrennt von ihm, untergebrachte Getriebe. Es war mit dem Motor durch eine kleine Welle verbunden. Der X-Rahmen war sehr robust, was für ein sehr schnelles und schweres Auto wichtig war. Die Abbildung zeigt, daß im vermeintlichen Radkasten eine hydraulische Vorrichtung zum Tiefsetzen des Autos gelagert ist. Sie befindet sich an beiden Enden der Hinterachse und zwischen den Querlenkern der Vorderachse.*

Lagonda 4,5 Liter

Lagonda V12

Sowohl der Rahmen als auch der Stil der Karosserie orientierten sich am Vorläufermodell LG6. Dieser Lagonda mit 4,5-l-V12-Motor und je Zylinderkopf einer durch eine Kette betätigte Nockenwelle hätte bestimmt eine große Zukunft vor sich gehabt, wäre seine Weiterentwicklung nicht durch den Krieg unterbrochen worden. Das Sportwagenprogramm hingegen lief weiter; einige entsprechend veränderte V12-Motoren (größeres Verdichtungsverhältnis, Kraftstoffzufuhr durch vier Vergaser und eine Höchstleistung von 225 PS) wurden auf Rapide-Rahmen gesetzt und nahmen 1939 am Rennen von Le Mans teil. Sie belegten hinter dem Bugatti Tipo 57 und dem Delage D6 einen ausgezeichneten dritten und vierten Platz.

Insgesamt sind nur etwa 2.000 Exemplare vom Lagonda V12 gebaut worden. Er war das letzte Meisterwerk W.O. Bentleys und gilt hinsichtlich Technik, Fahreigenschaften und Formgebung als eines der

klassischen Automobile der dreißiger Jahre schlechthin.

LAMBERT
Macon/Reims/Giromagny, Frankreich
1926–1954

Germain Lambert war ein hartnäckiger und einfallsreicher Konstrukteur von kleinen Sportwagen, die jedoch nie so recht auf dem Markt Fuß fassen konnten. Der Autohersteller Lambert begann in Macon mit der Konstruktion eines Autos von 1.100 cm³ mit Einzelradaufhängung und Blattfederung, das er Sans Choc (ohne Rütteln) nannte. 1931 wurde die Fabrikation nach Reims verlegt.

Von 1931 bis 1936 widmete sich Lambert der Herstellung kleinster Automobile mit Hinterradantrieb, 1-Zylinder-Motor und 2 oder 4,5 PS mit der Bezeichnung Baby Sans Choc. Während des Krieges baute Lambert Spider-Modelle mit Elektromotoren. 1948 verlegte die Firma ihren Sitz nach Giromagny. In der neuen Fabrik begann die Produktion von Automobilen mit Hinterradantrieb.

Das Nachkriegsangebot umfaßte drei Modelle namens Grand Sport, Grand Luxe und Modèle Course (mit zwei Vergasern und Rennwagenkarosserie). 1952 wurde ein Coupé mit aerodynamischer Ponton-Karosserie vorgestellt. Es wur-

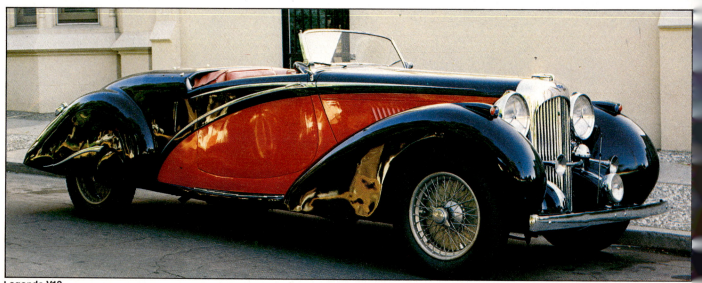

Lagonda V12

LAGONDA 4,5 LITER (1933)

Motor: 6 Zylinder in Reihe mit hängenden Ventilen
Bohrung/Hub: 88,5 mm x 120,6 mm
Hubraum: 4.453 cm^3
Max. Leistung: 115 PS
Getriebe: mechanisch, 4 Gänge
Rahmen: Leiterrahmen
Aufhängung: Starrachsen mit Halbelliptikfedern
Bremsen: Trommelbremsen an den Vorder- und Hinterrädern
Karosserie: Tourer mit offenem Aufbau
Höchstgeschwindigkeit: 153 km/h

den jedoch nur wenige Autos dieser Art produziert.

LAMBORGHINI
Sant' Agata Bolognese, Italien
1963–

Bevor Ferruccio Lamborghini zur Produktion von Automobilen überging, hatte er sich schon den Ruf eines soliden Traktorkonstrukteurs erworben. Eigentlich erwachte sein Interesse an Automobilen schon weit vor 1963. Von Jugend an – der Zweite Weltkrieg war gerade vorüber – widmete er sich, fast aus Zeitvertreib, dem Bau einiger Sportwagen und veränderte hierfür Teile von Fiat-Serienwagen.

Nachdem er erkannt hatte, daß auf dem Markt kein wirklich exklusiver Sportwagen großen Hubraums angeboten wurde, stellte Lamborghini Giotto Bizzarrini und Gianpaolo Dallara ein und beauftragte sie mit dem Bau eines außergewöhnlichen Autos. Was den Motor anbelangte, so tat Bizzarrini nichts anderes, als die alten Konstruktionspläne eines von ihm entworfenen V12-Motors wieder hervorzuholen und den

LAGONDA V12 (1939)

Motor: V12 mit einer obenliegenden Nockenwelle pro Zylinderblock
Bohrung/Hub: 75 mm x 84,5 mm
Hubraum: 4.480 cm^3
Max. Leistung: 175 PS
Getriebe: mechanisch, 4 Gänge
Rahmen: X-förmiger Leiterrahmen
Aufhängung: Vorderräder unabhängig mit Drehstabfeder; hinten Starrachse mit Halbelliptikfedern
Bremsen: Trommelbremsen
Karosserie: Cabriolet oder Limousine
Höchstgeschwindigkeit: 170 km/h

Hubraum zu erhöhen. Dallara entwarf seinerseits ex novo einen Rohrrahmen mit Einzelradaufhängung. Was die Karosserie anbelangte, so wählte Lamborghini, nachdem er unabhängig voneinander entwickelte Pläne von Ghia, Scaglione, Zagato und Touring ausgewertet hatte, den Touring-Entwurf. Die ersten Exemplare verließen 1964 die Fabrik.

Lamborghini mußte lange auf ein außergewöhnliches Modell warten; doch 1966 wurde der Miura vorgestellt. Das Verdienst, den Stil dieses einzigartigen Coupés mit V12-Motor und 3.929 cm^3 kreiert zu haben, wurde Giorgetto Giugiaro zugeschrieben, der damals für stilistische Fragen bei Bertone

verantwortlich war. In Wahrheit jedoch wurde dieser Entwurf größtenteils von einem seiner Assistenten vorangetrieben. 1967 wurde ein extravaganter Prototyp mit 6-Zylinder-Heckmotor fertiggestellt (unter anderem hatte er Türen in Form eines Möwenflügels). Es nannte sich Marzal. Obwohl dieses Modell nie hergestellt wurde, war es doch von Bedeutung, da einige seiner stilistischen Merkmale beim Espada wieder aufgegriffen wurden. Es handelte sich hierbei um ein Modell mit Bertone-Karosserie und einem 4-l-V12-Heckmotor.

1970/71 brachte Lamborghini den Urraco P250 mit Mittelmotor auf den Markt. Für dieses Modell wählte man einen 8-Zylinder-Motor mit 2.463 cm^3. Im gleichen Zeitraum produzierte die Fabrik in Sant'Angata Bolognese den vom Pech verfolgten Jarama 400 GT, der ebenfalls mit V12-Motor ausgerüstet war. Während der Jarama ein 2+2-Sitzer war, kann man den Espada 400 GT als echten Viersitzer bezeichnen. Der Miura (der in der endgültigen Ausführung mit dem Namen P400SV über 385 PS verfügte) wurde durch den Countach LP400 und 400S ersetzt. Der Countach hatte einen 12-Zylinder-Mittelmotor und eine von Bertone entworfene Karosserie.

Mittlerweile wurde der Urraco mit drei verschiedenen Hubräumen (1.994, 2.463 und 2.996 cm^3) angeboten. Das Modell mit dem größten Hubraum und einem V8-Motor erreichte 260 PS. In der zweiten Hälfte der siebziger Jahre wurde der Urraco durch den Silhouette ersetzt. Bis 1979, als dieses Modell wegen einer Finanzkrise aus der Produktion genommen werden mußte, war nur eine geringe Stückzahl gebaut worden. 1980 wurde der Jalpa vorgestellt, der in seiner Technik dem Silhouette ähnelte.

Das Schweizer Finanzunternehmen, von dem Lamborghini 1974 aufgekauft worden war, trat im Jahre 1981 an die Familie Mimran ab. Unter neuer Geschäftsleitung wurde die Produktion des Countach und des Jalpa mit drei Wagen pro Woche wieder aufgenommen, während die Forschungsabteilung den LMA, einen Geländewagen mit 7-l-V12-Motor und 400 PS, entwickelte.

Lamborghini Miura

Der Miura, der seinen Namen einer spanischen Kampfstierrasse verdankt, wurde von Gianpaolo Dallara, seinem Assistenten Stanzini und dem Leiter der Forschungsabteilung, Bob Wallace, entwickelt. Was die Namensgebung be-

trifft, so darf man nicht vergessen, daß Ferruccio Lamborghini im Sternzeichen des Stieres geboren war, und daß das Wappen der Lamborghinis einen zum Kampf bereiten Stier zeigt.

Ein Vorführrahmen des Miura wurde 1965 auf dem Automobilsalon in Turin ausgestellt. Um den Radstand dieses Coupés so gering wie möglich zu halten, war der V12-Motor diagonal, kurz vor den Hinterrädern, eingebaut worden.

Mit der Entwicklung seiner faszinierenden Karosserie, die in der Fabrik von Bertone gefertigt wurde, hatte Giugiaro begonnen, doch wurde sie, nachdem er zu Ghia übergewechselt war, von Marcello Gandini fertiggestellt.

Die ersten Serienwagen erschienen 1965 und verfügten über einen Weber-Mehrfachvergaser. Aufgrund der ungewöhnlichen Position des Motors (diagonal zur Fahrtrichtung) verursachte diese Art von Vergaser, die eigentlich für Motoren ausgelegt war, deren Kurbelwelle parallel zur Längsachse des Fahrzeuges verläuft, bei Vollbremsungen einen zeitweiligen Kraftstoffmangel. Dank des sehr robusten einteiligen Rahmens (der etwas dem Ford GT40 ähnelte) bewies der Miu-

LAMBERT MODÈLE COURSE (1951)

Motor: 4 Zylinder in Reihe mit hängenden Ventilen
Bohrung/Hub: 62 mm x 90 mm
Hubraum: 1.087 cm^3
Max. Leistung: 50 PS
Getriebe: mechanisch, 4 Gänge
Rahmen: Rohrrahmen
Aufhängung: vorne und hinten Starrachse mit Halbelliptikfedern
Bremsen: Trommelbremsen an den Vorder- und Hinterrädern
Karosserie: Sport-Zweisitzer oder Coupé
Höchstgeschwindigkeit: 160 km/h

Lambert

LAMBORGHINI

Lamborghini Miura

LAMBORGHINI MIURA (1968)

Motor: V12 mit 2 obenliegenden Nockenwellen pro Zylinderblock
Bohrung/Hub: 82 mm x 62 mm
Hubraum: 3.929 cm³
Max. Leistung: 350 PS
Getriebe: mechanisch, 5 Gänge
Rahmen: selbsttragende Karosserie
Aufhängung: Einzelradaufhängung mit Querlenker, vorne und hinten Schraubenfedern
Bremsen: Scheibenbremsen
Karosserie: Coupé aus Aluminium oder Stahl
Höchstgeschwindigkeit: 273 km/h

ra sofort seine ausgezeichnete Straßenlage.

1986, nachdem Dallara zu De Tomaso gegangen war, übernahm Stanzini die Verantwortung für die Entwicklung. Er beendete 1970 die Entwicklung des Miura S, der einen Kilometer aus dem Stand in 24,4 Sekunden zurücklegte, wobei er in der Endphase 219 km/h erreichte. Dank seiner 370 PS konnte der Miura S Spitzengeschwindigkeiten von 282 km/h erreichen. Die Weiterentwicklung des Miura war damit jedoch noch nicht abgeschlossen. Bob Wallace entwarf den Jota, eine Art „Super Miura" mit 440 PS, von dem nur neun Stück produziert wurden. Die ganze Erfahrung, die man bei der Anpassung des Rahmens an die hohe Leistung des Jota gesammelt hatte, wurde auf den Miura SV (V stand für „veloce" = schnell) übertragen, der 1971 in Genf vorgestellt wurde. Der SV verfügte über eine neuartige Verbindung von Ölwanne und Achsgehäuse, die im Gegensatz zu vorherigen Modellen das Schmiermittel des Motors von dem der Einheit Achsantrieb/Ausgleichsgetriebe trennte. Außerdem brachte der Motor des Miura SV in seiner Sportwagenausführung eine Leistung von 385 PS, was einer Höchstgeschwindigkeit von 289 km/h entsprach. Man schätzt, daß vom Miura insgesamt nur ca. 800 Stück hergestellt worden sind.

Lamborghini Countach

Die kanten- und kurvenreiche Karosserie des Countach wurde von Gandini entwickelt, während die Technik von Stanzini stammte. Dieses Auto, bei dem man keine Kompromisse gemacht hatte, war ein „supercar" à la Ferruccio Lamborghini. Nach zweijähriger Erprobungsphase wurde der Countach schließlich in die Produktion aufgenommen. Im Gegensatz zum Miura verfügte er über einen längs eingebauten Motor. Sein Prototyp hatte einen eigens entworfenen 5-l-Motor, doch kehrte man für die Serienproduktion zum altbewährten 4-l-Motor in Leichtmetallegierung zurück, der bei Lamborghini als Mittelmotor verwendet wurde. Ein weiteres Merkmal der ersten Fabrikate war der Periskop-Rückspiegel.

Mitte 1974 lief die Produktion des Countach auf vollen Touren. Da die Leistung des Originalmodells jedoch für unzureichend gehalten wurde, stellte man 1977 das S-Modell vor, das die neue Technologie im Bereich der Bereifung und der Radaufhängung voll ausschöpfen sollte und alle Erfahrungen, die Lamborghini bei seiner kurzen Mitarbeit an der Entwicklung des BMW M1 gesammelt hatte, auf sich vereinte. Als Sonderausstattung mit Aufpreis war für dieses Modell ein auffälliger Heckspoiler mit einstellbarem Neigungswinkel zur Veränderung des Anpreßdrucks erhältlich. Seine Abmessungen waren jedoch so übertrieben, daß der Heckspoiler in einigen Ländern verboten wurde, da er gefährlich weit herausragte.

1981 wurde der Hubraum des Countach auf 5 l erhöht (genauer gesagt auf 5.167 cm³), hauptsächlich um das Drehmoment bei geringer Drehzahl zu verbessern. Die Höchstgeschwindigkeit blieb bei 306 km/h.

1984 erhielt der Countach einen Vierventilmotor mit noch mehr Hubraum und Leistung. Erkennbar war der stärkere Motor am Zusatz S in der Typenbezeichnung. Drei Jahre später wurde das Unternehmen von Chrysler übernommen.

Auf der Technik des Countach S basiert auch das neue Modell Diablo, das 1990 zum ersten Mal präsentiert wurde. Der Diablo führt die aggressive Karosserielinie weiter. Unter dem Blech wurde der V12 nochmals verbessert. Er hat jetzt 5,7 l Hubraum und 492 PS. Damit erreicht der Wagen eine Spitze von 325 km/h. In der Version Diablo VT besitzt das Fahrzeug jetzt sogar einen permanenten Allradantrieb.

LAMBORGHINI COUNTACH (1985)

Motor: V12 mit 4 Ventilen pro Zylinder, 2 Nockenwellen pro Zylinderblock, Motor- und Zylinderblock aus Leichtmetall
Bohrung/Hub: 85,5 mm x 75 mm
Hubraum: 5.167 cm³
Max. Leistung: 455 PS
Getriebe: mechanisch, 5 Gänge
Rahmen: Rohrrahmen
Aufhängung: Einzelradaufhängung mit Querlenkern, Schraubenfedern vorne und hinten (Hinterachse mit 4 Stoßdämpfern)
Bremsen: Scheibenbremsen
Karosserie: Coupé
Höchstgeschwindigkeit: 306 km/h

Lamborghini Countach Quattrovalvole

Lanchester Twin-Cylinder

LANCHESTER
Coventry, Großbritannien
1895–1956

1894 begann Frederick Lanchester, unterstützt von seinem jüngeren Bruder George, mit der Entwicklung eines Automobils, das den ersten Schritt in Richtung seines Endziels, den Bau eines Motorflugzeuges, darstellen sollte. Das von Lanchester entworfene Modell war jedoch weitaus mehr als nur ein einfacher „Übergangsgegenstand": es war das erste vierrädrige englische Automobil und außerdem das erste wirklich erfolgreiche mit Dunlop-Bereifung. Der erste Lanchester wurde Anfang 1895 fertiggestellt. Er verfügte über einen luftgekühlten 1-Zylinder-Motor, der durchaus nicht herkömmlich war. Um eine bessere Gewichtsverteilung und damit eine regelmäßige Funktion zu erreichen, hatte Lanchester eine Motorsteuerung mit Pleuelstangen, die an gegenläufige Wellen angreifen, entwickelt. Dieser Motor war jedoch nicht leistungsstark genug, so daß eine 2-Zylinder-Ausführung, die außer zwei Kurbelwellen auch sechs Pleuelstangen benötigte, gebaut wurde. Für diesen Prototyp wurde zum erstenmal der berühmte Lanchester-Bürstenvergaser verwendet, der es ermöglichte, auch bei Kraftstoffen verschiedener Dichte ein annehmbares stöchiometrisches Verhältnis zu erreichen. Bis 1914 wurden alle Lanchester mit diesem Vergaser ausgestattet. Schon in der 1-Zylinder-Ausführung war der Lanchester-Motor einer der modernsten seiner Zeit, z.B. funktionierte das Ansaugventil mechanisch und nicht mit Unterdruck. Auch der 2-Zylinder-Motor brachte eine technische Neuerung, derer sich später auch andere Konstrukteure bedienten. Das Öffnen und Schließen der beiden Kraftstoffleitungen, die in eine einzige Vergaserkammer mündeten, erfolgte durch ein einziges scheibenförmiges Ventil, das hin- und herbewegt wurde. Das von Lanchester gebaute Achsgetriebe verwendete ein Schneckenrad und hatte nach Herstellerangabe einen Gesamtwirkungsgrad von 97,6%.

Ein weiteres typisches technisches Merkmal war die Lenkung. Sie bestand aus einer außerhalb der Karosserie liegenden vertikalen Lenksäule und einer nach vorne gebogenen Lenkstange.

Die ersten seriengefertigten Lanchester waren die Twin Cylinder, die über einen luftgekühlten Motor mit 4.034 cm³ verfügten. 1902 wurde die zuverlässigere wassergekühlte Ausführung vorgestellt.

1904 brachte Lanchester sein erstes 4-Zylinder-Modell mit kleinem Radstand, 2.471 cm³ und 20 HP heraus. Zu diesem Zeitpunkt nahmen die finanziellen Schwierigkeiten der Lanchester solche Ausmaße an, daß Frederick Lanchester infolge einer unumgänglichen Umstrukturierung die Leitung seiner Firma abgeben mußte. 1907 wurde das runde Lenkrad als Sonderausstattung angeboten, während vier Jahre später die Lenkstange ganz aufgegeben wurde.

Der erste 6-Zylinder-Lanchester, der 1906 erschien, hatte 28 HP. Vier Jahre später kam ein weiteres 6-Zylinder-Modell hinzu, das 3.295 cm³ und 38 HP hatte.

LANCHESTER TWIN CYLINDER (1904)

Motor: 2-Zylinder-Boxermotor, wasser- oder luftgekühlt
Bohrung/Hub: 133,4 mm x 144,5 mm
Hubraum: 4.034 cm³
Max. Leistung: 22 HP
Getriebe: Planeten mit 2 Gängen
Rahmen: Längsträger aus Aluminiumblech mit Versteifungen aus geformtem Stahl
Aufhängung: Viertelelliptikfedern
Bremsen: auf der Antriebswelle, Scheibenbremse für den Notfall
Karosserie: Victoria-Landaulet
Höchstgeschwindigkeit: 65 km/h

Von 1910 an vertraute Frederick Lanchester, der sich immer mehr mit Flugzeugen beschäftigte, die Verantwortung für den Automobilbereich seinem Bruder George an. 1914 beauftragte die Firmenleitung George mit der Konstruktion des Sporting Forty, einem eher traditionellen Modell, das durch eine langgezogene Motorhaube gekennzeichnet war. Der Krieg verhinderte die Produktion großer Stückzahlen dieses Modells.

Der Rahmen des Forty diente jedoch als Grundlage für das 40-HP-Modell mit obenliegender Nockenwelle und 6.178 cm³, welches 1919 vorgestellt wurde. Es unterschied sich grundlegend von den Vorkriegsmodellen und wurde zum hartnäckigen Konkurrenten des Rolls-Royce 40/50 HP, obwohl es nie ganz an dessen Verkaufszahlen und seine Beliebtheit herankam.

Anläßlich der Southport Rallye wurde der 8-Zylinder-Reihenmotor mit 4.440 cm³ und obenliegender Nockenwelle vorgestellt, der auch das letzte echte Lanchester-Modell war. 1931 wurde Lanchester von Daimler aufgekauft, und die Modelle, die von nun an unter dem Markenzeichen Lanchester auf den Markt kamen, waren nichts anderes als Daimler-Modelle mit ausgetauschtem Kühler. Der Lanchester Ten aus dem Jahre 1932, der allmählich auf den neuesten Stand gebracht wurde (z.B. durch unabhängige Vorderradaufhängung und Briggs-Karosserie, die der des Ford Pilot ähnelte), wurde bis in die Mitte der vierziger Jahre produziert. 1952 erschien der Lanchester Fourteen, dessen Rahmen auch für den Dauphin, ein anderes Lanchester-Modell mit 6-Zylinder-Daimler-Motor und Hooper-Karosserie, zur Fabrikation verwendet wurde.

Der letzte Lanchester, der Sprite 1,6 des Jahres 1956, der mit Hobbs-Automatikgetriebe ausgerüstet war, blieb nur für kurze Zeit in der Produktion.

Lanchester Twin Cylinder

Der Twin Cylinder mit luftgekühltem 10-HP-2-Zylinder-Motor war das erste seriengefertigte Lanchester-Modell. Das Planetengetriebe verfügte über drei Gänge, während das eigens von Lanchester gebaute Achsgetriebe aus einem Schneckenrad bestand. Ab 1903 wurde eine Reservebremsanlage als Sonderausstattung mit Aufpreis angeboten. Es handelte sich um einen Zusatz zu den Trommelbremsen, der auf der Antriebswelle montiert war. Diese zweite Bremsanlage bestand anfangs aus Stahlscheiben und Kupferelementen, welche von einem mechanischen Bremssattel betätigt wurden. Das Material nutzte sich jedoch auf den damals schlechten Straßen sehr schnell ab, so daß für die Nachfolgemodelle auch die Reservebremsanlage mit traditionellen Trommelbremsen ausgerüstet wurde.

Schon seit Beginn der Serienproduktion hatten alle Lanchester den Vorteil, daß sowohl die technischen als auch die Bestandteile der Karosserie völlig kompatibel waren. Ab 1902 wurde der Twin Cylinder mit wassergekühltem 12-HP-Motor ausgerüstet, während in den zwei darauffolgenden Jahren Modelle mit noch leistungsstärkerem Motor, d.h. einer luftgekühlten 16-HP- und einer wassergekühlten 18-HP-Ausführung, auf den Markt kamen. Sie lieferten jedoch keine zufriedenstellenden technischen Ergebnisse.

Lanchester 40 HP

Während der Rahmen des Lanchester 40 HP, der nach dem Krieg erschien, sich nicht von dem des Lanchester Sporting Fourty des Jahres 1914 unterschied (wenn auch entsprechend verändert), so war der Motor von Grund auf neu gebaut worden. Der ausgewogene Motor des 40 HP, der deutlich von den Flugzeugmotoren jener Zeit beeinflußt war, hatte schräg hängende Ventile, die von einer obenliegenden Nockenwelle betätigt wurden. Diese wurde ihrerseits von einer vertikalen Welle angetrieben, die direkt mit einem konischen Zahnrad auf dem hinteren Ende der Kurbelwelle verbunden war. Diese Königswelle war ebenfalls mit einer kurzen horizontalen Welle verzahnt, die die Wasserpumpe und den Magneten antrieb. Eine Vorgelegewelle im hinteren Teil des Motors steuerte mittels zwei weiterer konisch verzahnter, vertikaler Wellen den Dynamo und den Startermotor. Dieses ungewöhnliche System war aus Platzgründen ausgewählt worden. Auch die Karosserie dieses Modells war recht ungewöhnlich. Sie bestand aus einer Aluminiumverkleidung, die im Autogenverfahren mit dem tragenden Aluminiumrahmen verschweißt wurde. Der Lanchester 40 HP war eines der schicksten Automobile, das Anfang der zwanziger Jahre gebaut wurde, und verfügte außerdem über eine sorgfältig geplante Innenausstattung.

LANCIA
Turin, Italien
1906–

Vincenzo Lancia, Sohn eines reichen Seifenherstellers, begann 1898 seine Ausbildung bei Ceirano. Diese Firma wurde zwei Jahre später von Fiat gekauft, so daß Lancia nun für die junge Turiner Autofabrik arbeitete. Bis 1908 fuhr der ausgezeichnete Rennfahrer Lancia mit Fiat-Automobilen Rennen, obwohl er schon 1906 eine eigene Fabrik gegründet hatte.

1907 sah sich Lancia wegen eines Brandes, der schwere Schäden an der Fabrik anrichtete, gezwungen, die Produktion vorübergehend einzustellen. 1908 stellte Vincenzo Lancia den Alpha mit einem 2.543-cm^3-Motor vor. Im gleichen Jahr erschien ebenfalls der Dialpha (3.815 cm^3), von dem nur 23 Stück hergestellt wurden, gegenüber den 108 des Alpha. Lancia benannte seine Automobile auch weiterhin nach dem griechischen Alphabet und kündete 1909 den Beta (3.117 cm^3) an, dem ein Jahr später der Gamma (3.460 cm^3) folgte. 1911 kamen der Delta (4.082 cm^3) und der Didelta auf den Markt. Letzterer war eigens für Rennzwecke gebaut worden. Im Jahr darauf wurden sie durch zwei ähnliche namens Epsilon und Zeta ersetzt.

Der Eta mit seinen 4.082 cm^3 aus dem Jahre 1913 war das erste Lancia-Modell, bei dem elektrische Scheinwerfer als Sonderausstattung angeboten wurden. 1914 kam der Theta mit 4.939 cm^3 auf den Markt. Er war vermutlich das erste europäische Modell, das serienmäßig mit elektrischen Scheinwerfern und elektrischer Zündanlage ausgerüstet war.

Das erste Lancia-Nachkriegsmodell war der Kappa, der eigentlich nichts anderes als eine Weiterentwicklung des

Theta war, jedoch mit abnehmbarem Zylinderkopf. Der Motor mit zwölf Zylindern, die in einem spitzen Winkel angeordnet waren, verfügte über 6.032 cm^3. Er wurde auf dem Pariser Autosalon von 1919 vorgestellt, ging jedoch nie in Produktion. Dieses Modell verfügte über eine recht merkwürdige Hinterradaufhängung mit halbelliptischer Blattfederung und Auslegerfedern. Diese waren durch bewegliche Kabel mit der Achse verbunden. Der Kappa wurde durch den Dikappa ersetzt, der über einen Motor mit hängenden Ventilen verfügte. Später entstand aus der Verbindung des Dikappa und einem V8-Motor (4.595 cm^3) mit obenliegender Nockenwelle der Trikappa. Er war ein Vorläufer des berühmten Lambda, der 1922 vorgestellt wurde und über einen 4-Zylinder-Motor (die Zylinder waren in einem spitzen Winkel angeordnet) mit 2.120 cm^3 verfügte. Außerdem hatte er eine unabhängige Vorderradaufhängung mit Federbein und eine halb selbsttragende Karosserie. Obwohl dieses Modell von seinem Konstrukteur nie als Sportwagen geplant gewesen war, wurde es durch seine hohen Geschwindigkeiten und seine guten Fahreigenschaften doch als solcher betrachtet. 1926, gleichzeitig mit der Vorstellung der siebten Serie, wurde der Lambda mit einem 2.370-cm^3-Motor ausgerüstet. 1928/29 wurde der Hubraum im Rahmen der achten Serie auf 2.570 cm^3 erhöht. Ende 1929 brachte Lancia den luxuriösen Dilambda mit traditioneller Technik, V8-Motor, hängenden Ventilen und 3.960 cm^3 auf den Markt. Davon wurden 1.700 Stück hergestellt.

1931 wurde der Lambda, der mittlerweile die neunte Serie mit mehr als 13.000 Stück erreicht hatte, vom Artena (V4-Motor mit 1.925 cm^3 und obenliegender Nockenwelle) und vom Astura (mit V8-Motor, 2.605 cm^3, die bei den letzten Fabrikaten auf 2.972 cm^3 erhöht wurden) ersetzt. 1932 erschien ein anderer Lancia mit selbsttragender Karosserie, der für seine gute Straßenlage berühmt wurde: der Augusta mit 1.196 cm^3. Nach dem Vorbild des Augusta konstruierte Vincenzo Lancia 1937, kurz vor seinem Tod, den Aprilia, ebenfalls mit selbsttragender Karosserie. Ein direkter Abkömmling des Aprilia war der 1939 auf den Markt gebrachte Ardea mit einem Motor von nur 903 cm^3. Dieser Lancia wurde bis 1953 gebaut, während sein größerer Bruder schon drei Jahre früher aus der Produktion genommen wurde. 1950 wurde der Aprilia durch den Aurelia, der von Vittorio Jano entwickelt worden war und anfangs über einen V6-Motor mit 1.754 cm^3 verfügte, ersetzt. Danach wurde sein Hubraum erst auf 1.991 cm^3, dann auf 2.261 cm^3 und 2.451 cm^3 erhöht.

Die GT-Ausführung des Aurelia stellte außerdem die Grundlage für die folgenden Sport-/Rennwagenmodelle D23 und D24 dar, in die Motoren mit zwei obenliegenden Nockenwellen und respektiven 2.693 und 2.983 cm^3, in einigen Fällen auch ein Ladermotor, eingebaut wurden. 1953 entwickelte der Sohn Vincenzo Lancias, Gianni Lancia (der schon mit Jano beim Entwurf des Aurelia GT aus dem Jahre 1950 zusammengearbeitet hatte) den Appia (V4-Motor mit 1.091 cm^3). Obwohl diese Modelle erfolgreich waren, hatte Lancia erneut erhebliche finanzielle Probleme, so daß Gianni Lancia nach einigen Jahren beschloß, seine Firma an Fiat zu verkaufen.

1956 wurde der Aurelia durch den Flaminia ersetzt, der mit einer modernisierten Ausführung des 2.458-cm^3-Motors des Aurelia GT ausgestattet war. 1961 kehrte Lancia seiner sonst so traditionellen Technik den Rücken und stellte mit dem Flavia vor, ein Auto mit Vorderradantrieb, das von Antonio Fessia, dem berühmten Konstrukteur des Fiat Topolino, entworfen worden war. Für den Flavia wurde ein Boxermotor mit ursprünglich 1.498 cm^3 ausgewählt, die drei Jahre später auf 1.798 cm^3 Hubraum erhöht wurden.

1964 wurde der Appia vom Markt genommen. Seine Rolle als kleinstes Modell der Lancia-Reihe übernahm der Fulvia, ebenfalls mit Vorderradantrieb ausgestattet. Anfangs verfügte

---

LANCHESTER 40 HP (1925)

Motor: 6 Zylinder in Reihe mit obenliegender Nockenwelle
Bohrung/Hub: 101,6 mm x 127 mm
Hubraum: 6.178 cm^3
Max. Leistung: 95 PS
Getriebe: Planetengetriebe, 3 Gänge
Rahmen: Leiterrahmen
Aufhängung: vorne Starrachse mit Halbelliptikfedern, hinten Starrachse mit Auslegerfeder
Bremsen: Trommelbremse, wirkt auf Antriebswelle und Hinterräder
Karosserie: nach Wunsch
Höchstgeschwindigkeit: 125 km/h

Lanchester 40 HP

Lancia Lambda

er über einen 1.100-cm³-Motor, der Ende der sechziger Jahre auch mit 1.216 cm³ oder 1.298 cm³ erhältlich war. 1972 kam der Beta auf den Markt, ein Modell mit zwei obenliegenden Nockenwellen, das mit 1.298 cm³, 1.585 cm³ oder 1.995 cm³ in zwei Serien angeboten wurde. Neben dem Beta blieb auch der Gamma in der Produktion, eine Limousine mit 4-Zylinder-Boxermotor, obenliegender Nockenwelle und entweder 1.999 oder 2.484 cm³.

In der Mitte der siebziger Jahre dominierte der Lancia Stratos auf den Rallyepisten der Welt. Das kompakte Mittelmotorcoupé mit dem V6-Motor des Ferrari Dino war speziell für den Sporteinsatz konstruiert und zu seiner Zeit absolut unschlagbar. Es wurde abgelöst vom Lancia Rallye, der ähnlich erfolgreich war. In den achtziger Jahren übernahm dann der Delta das Erbe der Vorgänger und führte die Marke zu neuen Höhepunkten. Der Delta HF Integrale mit Allradantrieb war fünf Jahre lang hintereinander Rallye-Weltmeister.

Der sportliche Erfolg übertrug sich auch auf die Serienmodelle von Lancia. Das Basisauto für den Rallye-Wagen, der Delta, verkaufte sich seit 1979 vor allem in seinem Herstellungsland Italien sehr gut. 1993 wurde er von einem gleichnamigen Nachfolger abgelöst. In der Modellpalette unterhalb des Delta steht seit dem Jahre 1986 der Y10, ein fortschrittlich gestylter Kleinwagen mit extrem steilem Heck. Lancia Beta und Trevi wurden 1985 aus dem Programm genommen. Als Nachfolger der Gamma-Limousine präsentierte Lancia 1984 den Thema. Der große Lancia mit Frontantrieb ist prinzipiell mit dem Fiat Croma (Lancia gehört seit 1969 zum Fiat-Konzern) baugleich, besitzt aber neben Vier- auch Sechszylindermotoren. In der Hierarchie zwischen Delta und Thema steht seit 1989 der Dedra, eine kompakte Limousine mit eigenwilliger Form.

Lancia Lambda

Dieses Modell, das man zweifellos als Meilenstein bezeichnen kann, war ein Kondensat neuester technischer Errungenschaften. Der Lambda verfügte über eine selbsttragende Karosserie, eine unabhängige Vorderradaufhängung mit Federbein und einen V4-Motor, wobei die Zylinder in einem engen V angeordnet waren. Der erste Entwurf für den Lambda stammt aus dem Jahr 1919, der erste Prototyp ging 1921 in die Probephase. Die Serienproduktion begann erst 1922. Zwischen 1922 und 1932 sind, untergliedert in neun Serien, insgesamt 13.000 Lambdas hergestellt worden. Das Originalmodell hatte einen Motor mit 2.120 cm³ und ein 3-Gang-Getriebe, das von der dritten Serie an durch ein 4-Gang-Getriebe ersetzt wurde. Später wurde der Motor erst auf 2.370 cm³ (siebte Serie) und dann auf 2.570 cm³ (achte Serie) gebracht. Anläßlich der Vorstellung der siebten Serie wurde die Karosserie grundlegend verändert: Das Schott zwischen Motor- und Fahrerraum sowie die Seitenwände der Karosserie gehörten nicht mehr zum selbsttragenden Teil, was den Bau neuer Karosserien erleichterte.

Lancia Dilambda

Trotz seines Namens war der Dilambda keinesfalls eine Weiterentwicklung des Lambda. Sein Motor war vielmehr ein Abkömmling des alten Trikappa, während der Rahmen traditioneller gestaltet worden war und somit auch die Montage der vom Käufer gewünschten Karosserie erleichterte. Der 8-Zylinder-Motor mit engem Winkel verfügte auch bei niedriger Drehzahl über ein ausgezeichnetes Drehmoment. Das ermöglichte dem zwei Tonnen schweren Dilambda auch ein Anfahren im vierten Gang. Aufgrund seines Gewichts war der Dilambda mit seinen 3.960 cm³ nicht viel schneller als der Lambda, der in seiner Originalausführung über etwas mehr als die Hälfte des genannten Hubraums verfügte. Offiziell wurde die Serienproduktion des Dilambda 1933 eingestellt, aber auf Bestellung war er noch weitere vier Jahre erhältlich.

Lancia Aprilia

Kurz vor seinem Tode entwickelte Vincenzo Lancia den Aprilia, der 1937 vorgestellt wurde. Mit diesem Automobil wurden verschiedene technische Neuerungen eingeführt: z.B. die selbsttragende Karosserie. Auch die Verwendung eines Leichtmetallmotors war für jene Zeiten ungewöhnlich.

Der Aprilia, der sofort für seine Schnelligkeit und ausgezeichnete Straßenlage berühmt wurde, blieb, von einer

---

LANCIA LAMBDA (1922)
Motor: V4 mit obenliegender Nockenwelle
Bohrung/Hub: 75 mm x 120 mm
Hubraum: 2.120 cm³
Max. Leistung: 49 PS
Getriebe: Schaltgetriebe, 3 Gänge
Rahmen: halb-selbsttragende Karosserie mit ingetrierten Schotten und Seitenwänden
Aufhängung: vorne unabhängig mit Federbein; hinten Starrachse mit Halbelliptikfedern
Bremsen: Trommelbremsen an den Vorder- und Hinterrädern
Karosserie: offener Aufbau
Höchstgeschwindigkeit: 116 km/h

LANCIA DILAMBDA (1930)
Motor: V8 mit hängenden Ventilen
Bohrung/Hub: 79,4 mm x 100 mm
Hubraum: 3.960 cm³
Max. Leistung: 100 PS
Getriebe: Schaltgetriebe, 4 Gänge
Rahmen: Leiterrahmen
Aufhängung: vorne unabhängige Aufhängung mit Federbein; hinten Starrachse mit Halbelliptikfedern
Bremsen: Trommelbremsen an den Vorder- und Hinterrädern
Karosserie: nach Wunsch
Höchstgeschwindigkeit: 129 km/h

Lancia Dilambda

Lancia Lambda (achte Serie, 1928)

Motor
Position: Frontmotor, längs
Bauart: (Tipo 79) 4-Zylinder in engem Winkel, Laufbuchse aus Gußeisen in Leichtmetall-Zylinderblock, Zylinderkopf aus Gußeisen, Wasserkühlung
Hubraum: 2.570 cm^3
Bohrung/Hub: 82,55 mm x 120 mm
Verdichtungsverhältnis: 5,15 : 1
Max. Leistung: 69 PS bei 3.500^{-min}

Übertragung
Antrieb: Getriebe und Kupplung getrennt im hinteren Teil des Motors
Kupplung: Mehrscheibentrockenkupplung
Getriebe: mechanisch, 4 Gänge
Übersetzungsverhältnis: I) 3,19 : 1; II) 1,89 : 1; III) 1,44 : 1; IV) 1,00 : 1
Achsgetriebe: Kegelrad
Übersetzungsverhältnis im Achsgetriebe: 4,45 : 1

Aufhängung
Vorderachse: mit Lancia-Federbein und integriertem hydraulischen Stoßdämpfer; Schraubenfedern liegen konzentrisch zu den Federbeinen
Hinterachse: Starrachse mit Halbelliptikfedern und Hartford-Reibungsstoßdämpfer
Lenkung: Segmentlenkung

Bremsen
Typ: Innenbackenbremse, Bremstrommel aus Stahl, außen mit Kühlrippen

Räder und Bereifung
Felgen: Felgenrad
Bereifung: Michelin Bibendum 14 x 50

Karosserie und Rahmen
Karosserie: Tourer oder nach Wunsch

Abmessungen und Gewicht
Länge: 4.573 mm
Breite: 1.670 mm
Radstand: 3.420 mm
Vordere und hintere Spurweite: 1.400 mm/1.432 mm
Gewicht: 1.117 kg

Leistung
Höchstgeschwindigkeit: 120 km/h
Kraftstoffverbrauch: 14–15 l/100 km

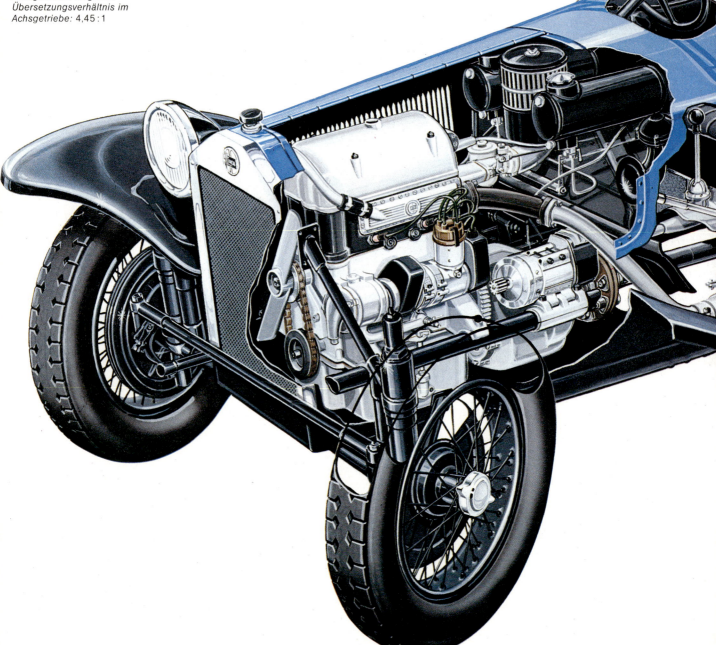

Diese Abbildung zeigt einen Lambda der achten Serie. Unten eine Abbildung des Rahmens aus gepreßtem Stahlblech, der die selbsttragende Karosserie bildet.

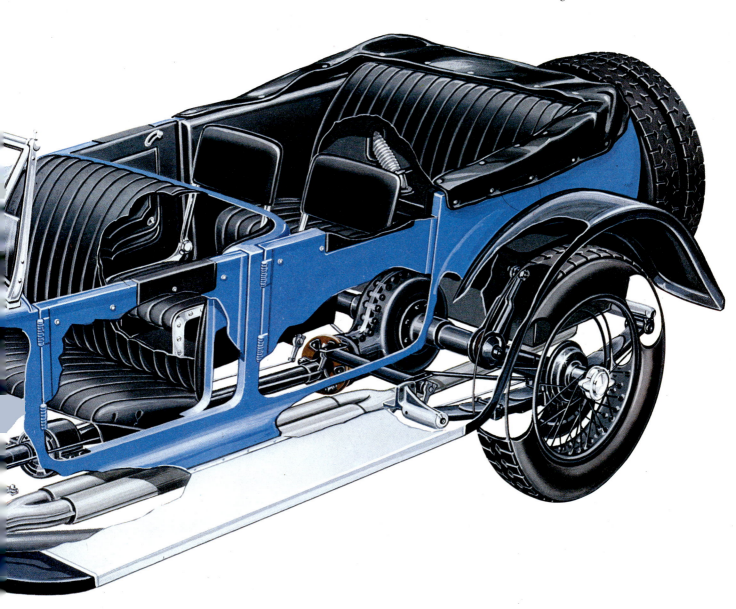

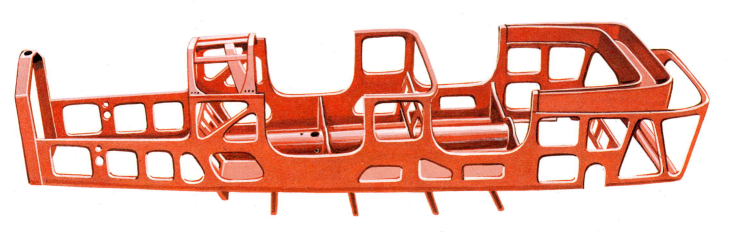

Lancia Aprilia

LANCIA APRILIA (1937)
Motor: V4 mit obenliegender Nockenwelle
Bohrung/Hub: 72 mm x 83 mm
Hubraum: 1.352 cm³
Max. Leistung: 47,8 PS
Getriebe: 4-Gang-Schaltgetriebe
Rahmen: selbsttragende Karosserie
Aufhängung: Vorderräder unabhängig, Federbein mit Teleskopstoßdämpfer; hinten Starrachse mit quer- und längsliegenden Blattfedern und Drehstabfeder
Bremsen: Trommelbremsen
Karosserie: Limousine und Coupé
Höchstgeschwindigkeit: 129 km/h

Hubraumerhöhung auf 1.486 cm³ im Jahre 1938 abgesehen, unverändert bis 1950 in der Produktion. In den Nachkriegsjahren bauten viele Karosseriebauer, unter ihnen auch Ghia, für den Aprilia Sonderkarosserien.

Lancia Flavia

Der im Jahre 1960 vorgestellte Flavia war das erste Lancia-Modell mit Hinterradantrieb. Der Originalentwurf für den Flavia stammt vom Ingenieur Antonio Fessia, der auch den Fiat 500 Topolino entwickelt hatte. Viele der Flavia-Entwürfe hatten ein anderes von Fessia entwickeltes Auto zum Vorbild, nämlich den Cemsa-Caproni F11 aus dem Jahre 1947.

Der Flavia mit seiner tiefliegenden und eckigen Karosserie und den vier Frontscheinwerfern erreichte eine Höchstgeschwindigkeit von 145 km/h, was für seine 1.500 cm³ eine ganze Menge war. Die 1,8-l-Ausführung, die zum ersten Mal auf der Internationalen Automobilausstellung in Frankfurt im Jahre 1953 vorgestellt wurde, konnte sogar eine Geschwindigkeit von 161 km/h erreichen.

Unter den vielen Sonderkarosserien, die für den Flavia entwickelt wurden, sei besonders an das Pininfarina-Coupé, den Vignale-Cabriolet und die federleichte Zagato-Rennwagenkarosserie erinnert.

Lancia Stratos

Der Stratos, der eigens entwickelt worden war, um den Fulvia im Rallyesport abzulösen, hatte anfangs einen 2-l-Fiat/Lancia-Motor. Um die Leistung zu erhöhen, wurde er auch in der Serienproduktion bald vom Ferrari Dino 246 abgelöst.

Die Entwicklung des Lancia Stratos wurde größtenteils von Gianpaolo Dallara vorangetrieben, der sich schon durch die Konstruktion des Lamborghini Miura und des De Tomaso Pantera einen Namen gemacht hatte.

Um die Rennzulassung zu erhalten, hätte Lancia mindestens 500 Stück herstellen müssen, man weiß jedoch nicht genau, ob diese Zahl jemals erreicht wurde. Sicher ist, daß viele der schon fertigen Autos bei einem Einsturz der Turiner Lagerhalle, in der auch die Einzelteile lagerten, völlig zerstört wurden.

Bevor der Stratos von der Ende der siebziger Jahre beginnenden Energiekrise vom Markt verdrängt wurde, hatte er im Rallyesport eine dominierende Rolle gespielt und wurde dreimal Rallye-Weltmeister (1974, 1975, 1976). Bis er 1978 vom Markt genommen wurde, hatte der Lancia Stratos auch erfolgreich an Straßen- und Langstreckenrennen für Sportwagen teilgenommen.

Der schnelle und faszinierende Stratos ist einst von einem seiner begeisterten Besitzer als „eines der am schlechtesten gebauten, aber schönsten Autos der Welt" bezeichnet worden.

LANCIA FLAVIA (1960)
Motor: 4-Zylinder-Boxermotor mit obenliegender Nockenwelle
Bohrung/Hub: 82 mm x 71 mm
Hubraum: 1.500 cm³
Max. Leistung: 90 PS
Getriebe: 4 Gänge
Rahmen: selbsttragende Karosserie
Aufhängung: Vorderräder unabhängig mit Halbelliptikfedern
Bremsen: Scheibenbremsen
Karosserie: Limousine, Coupé oder Cabriolet
Höchstgeschwindigkeit: 145 km/h

LANCIA STRATOS (1975)
Motor: V6 mit zwei obenliegenden Nockenwellen pro Zylinderblock
Bohrung/Hub: 92,5 mm x 60 mm
Hubraum: 2.418 cm³
Max. Leistung 190 PS
Getriebe: Schaltgetriebe
Rahmen: mit selbsttragendem Mittelaufbau
Aufhängung: Vorderräder unabhängig an Querlenkern und Schraubenfedern; Hinterräder unabhängig mit McPherson-Federbein
Bremsen: Scheibenbremsen
Karosserie: aus Glasfaser, von Bertone
Höchstgeschwindigkeit: 230 km/h

Lancia Flavia

Lancia Stratos

LANZA
**Turin, Italien
1898–1903**

Die Automobilfabrik Michele Lanza war eine der ersten italienischen Firmen, die sich – auf handwerklicher Basis – dem Bau von Automobilen widmete. Obwohl sie offiziell erst 1898 gegründet wurde, begann ihre Produktion schon 1895, als die Turiner Martina-Werkstätten einen Sechssitzer-Wagonette entwickelten. Der Entwurf stammte von Michele Lanza und Giuseppe Stefanini (später Konstrukteur bei Isotta-Fraschini).

Dieses „Automobil" (das erste vierrädrige, das in Italien gebaut wurde) war nicht viel mehr als ein Karren mit einer rudimentären Lenk- und Bremsanlage. Obwohl dieses Modell keinen Erfolg hatte, ließ sich Lanza nicht entmutigen und ließ schon ein Jahr danach von den Martina-Werkstätten eine weiterentwickelte Ausführung herstellen.

Im Jahre 1898 gründete er dann die Automobilfabrik Michele Lanza, die aufgrund der wechselnden Interessen des Gründers nur wenige Automobile herstellte und 1903 geschlossen wurde.

LASALLE
**Detroit, USA
1927–1940**

Harley Earl, ein Karosseriedesigner, erlangte seinen ersten großen Erfolg bei General Motors mit dem LaSalle des Jahres 1927. Dieses Auto, das ein wenig den Hispano-Suiza nachahmte, sollte eine wirtschaftliche Alternative zum teuren Cadillac sein. Der LaSalle hatte einen 5-l-V8-Motor und wurde ab 1929 wie alle Modelle des großen amerikanischen Konzerns mit Windschutzscheibe, verchromten Zierleisten und Synchrongetriebe ausgestattet.

Der Hubraum des LaSalle-Motors wurde nach und nach auf 5,4, 5,6 und 1930 auf 5,7 l erhöht. Mit dem ersten LaSalle-Modell verfolgte General Motors auch den Zweck, die Reaktion der Öffentlichkeit auf bestimmte stilistische Merkmale zu testen. Auch das 1934 vorgestellte Nachfolgemodell wurde dazu benutzt, die Erfolgschancen einer Karosserie mit „turmartigem" Fahrgastraum auszuloten.

Während der ersten drei Jahre war dieses zweite LaSalle-Modell mit 8-Zylinder-Reihenmotor ausgerüstet, der 1930 durch einen V8-Motor ersetzt wurde. Ab 1937 bekamen auch die LaSalle Buick- oder Oldsmobile-Karosserien. 1940 wurde die Produktion eingestellt.

LASALLE (1930)
Motor: V8 mit seitlich stehenden Ventilen
Bohrung/Hub: 86 mm x 110 mm
Hubraum: 5.840 cm³
Max. Leistung: 95 PS
Getriebe: mechanisch, 3 Gänge
Rahmen: Leiterrahmen
Aufhängung: Starrachsen mit Halbelliptikfedern
Bremsen: Trommelbremsen
Karosserie: Spider, offener Aufbau, Limousine
Höchstgeschwindigkeit: 120 km/h

LAURIN & KLEMENT
**Mlada Boleslav, Tschechoslowakei
1906–1928**

Die Aktivitäten dieser Firma im Bereich des Automobilbaus gehen auf das Jahr 1899 zurück, in dem sie im damals unabhängigen Böhmen eine der ersten osteuropäischen Motorradfabriken gründete.

1906 gab die Laurin & Klement ihr Debüt auf dem Automobilmarkt, indem sie zwei Modelle mit V2-Motor und 7 bzw. 9 HP vorstellte. Für die Nachfolgemodelle wurden Motoren mit vier, sechs oder acht Zylindern verwendet. Obwohl es sich bei dem Laurin & Klement 3 HP (mit 4-Takt-V2-Motor) um eine einfache Motorkutsche handelte, war es doch das erste vierrädrige Auto, das in der k.u.k.-Monarchie konstruiert und gebaut wurde.

Laurin & Klement Eight

LAURIN & LEMENT (1907)
Motor: 2 Zylinder in Reihe
Bohrung/Hub: 90 mm x 110 mm
Hubraum: 1.400 cm³
Max. Leistung: 10 HP
Getriebe: mechanisch, 3 Gänge
Rahmen: Leiterrahmen
Aufhängung: Starrachsen mit Halbelliptikfedern
Bremsen: Trommelbremsen an den Hinterrädern
Karosserie: offener Aufbau
Höchstgeschwindigkeit: 60 km/h

1907 erschien der Eight, der über einen 8-Zylinder-Motor mit 1.400 cm³ verfügte und vom Chefkonstrukteur der L & K, Resler, entwickelt worden war. Er fuhr ihn dann auch persönlich bis zu dem Gebäude, in dem der Pariser Automobilsalon abgehalten wurde. Sofort wurde dieses Auto als „ein wahres Juwel der Ingenieur-

LaSalle Coupé

LEA-FRANCIS

Lea-Francis Hyper TT

LEA-FRANCIS S-TYPE HYPER (1928)

Motor: 4-Zylinder-Reihenmotor mit hängenden Ventilen und Cozette-Lader
Bohrung/Hub: 69 mm x 100 mm
Hubraum: 1.496 cm³
Max. Leistung: 61 PS
Getriebe: mechanisch, 4 Gänge
Rahmen: Leiterrahmen
Aufhängung: Starrachse mit Halbelliptikfedern
Bremsen: Trommelbremsen mit Bremskraftverstärker
Karosserie: offener Aufbau
Höchstgeschwindigkeit: 145 km/h

kunst" bezeichnet. Mittlerweile hatte die Firma ihre Produktion auf Lastwagen und Autobusse ausgeweitet. Laurin & Klement hatte fast auf der ganzen Welt Geschäftsstellen und hatte auch bei vielen Rennen Erfolg.

1913 kaufte K & L die Automobilfabrik RAF und damit auch die Erlaubnis, den Knight-Schiebermotor zu bauen. So kam zu der ohnehin schon umfangreichen Palette der Modelle mit stehenden Ventilen und bis zu 3,8-l-Hubraum auch ein 3,3- und ein 4,7-l-Schiebermotor. Gleichzeitig verstärkte Laurin & Klement sein Engagement im Bereich der Flugzeugmotoren. 1925 kaufte Karl Loevenstein, der schon Besitzer der Waffenfabrik Skodovy-Zavody war, auch die Firma Mlada Boleslav und gründete damit den Skoda-Konzern.

LEA-FRANCIS
Coventry, Großbritannien
1904–1906; 1920–1935; 1937–1953; 1960–1961

Nachdem R.H. Lea einige Zeit Angestellter der Firma Singer Cycle Company gewesen war, tat er sich 1895 mit G.J. Francis zusammen und gründete eine Fahrradfabrik. Das erste Lea-Francis-Automobil wurde von Alex Craig entworfen und 1904 fertiggestellt. Von 1906 bis 1911 beschränkte sich die Firma auf die Produktion von Fahrrädern und ging später zu Motorrädern über. 1920 wurde die Automobilproduktion wieder aufgenommen. Dieser Neubeginn war jedoch nicht vom Erfolg gekrönt, und die beiden neuen schwerfälligen Modelle (der 11,9 HP und der 13,9 HP) erwiesen sich als schwer verkäuflich. Um die wirtschaftlichen Schwierigkeiten zu meistern, schloß sich die Lea-Francis mit Vulcan, einer anderen kleinen Automobilfabrik, zusammen.

Dank dieses Zusammenschlusses standen der Lea-Francis nun die Meadows-Motoren zur Verfügung, die von nun an für viele Jahre zum typischen Merkmal dieser Firma wurden. Das erste nach dem

Zusammenschluß produzierte Modell war der D-Typ, dessen Karosserie dem C-Typ ähnelte, der jedoch über einen Meadows-Motor mit hängenden Ventilen und 1.247 cm³ verfügte. Ende 1924 wurde der D-Typ zum E-Typ weiterentwickelt, der nicht mehr wie sein Vorgänger mit 3-Gang-, sondern mit 4-Gang-Getriebe ausgerüstet war. Mitte 1925 wurde der Sportwagen 12/40 vorgestellt, der erste Lea-Francis mit einem 1.496-cm³-Meadows-Motor. Dieses Modell wurde bis 1935 produziert. Dank seiner großen Stabilität wurde der 1.496-cm³-Motor, Ausführung 4ED, auch als Ladermotor gebaut, indem 1928 der normale Motor mit einem Cozette-Verdichter versehen wurde und unter die Motorhaube des S-Type Hyper Sport kam. Dieser Lea-Francis war das erste von einem englischen Autohersteller seriengefertigte Automobil mit Ladermotor. In diesem Zeitraum war die Produktpalette der Lea-Francis (die auch die Vulcan-Produkte umfaßte) sehr groß, was auch der Hauptgrund für die kommenden Schwierigkeiten sein sollte.

1930 wurde auf dem Londoner Automobilsalon ein Modell mit 2-l-6-Zylinder-Motor und obenliegender Nockenwelle mit dem Namen Asso di Spade (Schwerter-As) vorgestellt. Dieser Name geht auf die besondere Form des Kurbelgehäuses zurück. Einige Wochen später mußte die Lea-Francis Konkurs anmelden. Der Konkursverwalter konnte die Produktion jedoch bis 1935 aufrechterhalten. 1937 wurde diese Firma in Lea-Francis Engineering (1937) LTD. umbenannt. Gleich darauf wurden zwei neue Modelle mit 1,5- bzw. 1,6-l-Motor vorgestellt. Die Motoren waren von Hugh Rose, einem der Besitzer der neugegründeten Firma, entwickelt worden. Er hatte vorher schon den Riley 12/4 konstruiert, und eine Ähnlichkeit des neuen Lea-Francis-Motors mit dem Riley-Motor war nicht zu leugnen. Der neue Motor verfügte über zwei höher gelegte, seitliche Nockenwellen, die die Ventile mittels vertikaler Stößelstangen steuerten.

Das Glanzstück der Nachkriegszeit war der 14 HP mit 1,6 l, der ab 1948 auch als Sportwagen mit leistungsstärkerem Motor hergestellt wurde. 1950 brachte Lea-Francis den neuen 18 HP auf den Markt, der über einen 2,5-l-Motor und eine Vorderradaufhängung mit Drehstabfedern, die auch schon in den 14 HP eingebaut worden war, verfügte. Aber auch dieses neue Modell konnte die schwierige wirtschaftliche Situation nicht verbessern, so daß Lea-Francis die Produktion 1953 unterbrach.

1960 versuchten einige Sponsoren, die Produktion der Firma erneut anlaufen zu lassen. Der Versuch schlug jedoch gleich fehl, da ihr neues Modell (der Lea-Lynx mit Zephyr-Motor und einer unglücklich gewählten, dem Ford ähnelnden Karosserie) keinen Käufer fand.

LEON LAISNE (1930)

Motor: 6 Zylinder in Reihe mit hängenden Ventilen
Bohrung/Hub: 90 mm x 100 mm
Hubraum: 3.015 cm³
Max. Leistung: 70 PS
Getriebe: mechanisch, 4 Gänge
Rahmen: Einzelradaufhängung an Lenkern, Schraubenfedern und hydraulische Stabilisatoren
Bremsen: Trommelbremsen
Karosserie: offener Aufbau oder Limousine
Höchstgeschwindigkeit: 115 km/h

Harris-Leon Laisne Tourer

244

Leyland Eight

LENTZ
**Mailand, Italien
1906–1908**

Die Mailänder Firma Lentz wurde 1906 gegründet und hätte Oria-Automobile produzieren sollen. Aus eben diesem Grund wurden auf dem Mailänder Automobilsalon von 1907 zwei neu konstruierte Rahmen mit 4-Zylinder-Motoren (zwei Zylinderblöcke) und Kardanwellen vorgestellt.

Zu einer Serienproduktion dieses Typs kam es nicht.

LEONE
**Turin, Italien
1949–1950**

Leone war eine kleine Turiner Werkstatt, die für zwei Jahre, von 1949 bis 1950, Sportwagen mit Fiat-Technik baute und im Rennsport einige Erfolge verzeichnete. Zu ihren typischen Merkmalen gehörte der 1.100-cm³-Motor und der Rohrrahmen.

LEON LAISNE
**Lille/Nantes, Frankreich
1920–1937**

Diese Firma war gegründet worden, um eine neue Art der Aufhängung zu vermarkten, so daß die Produktion der Leon Laisne bewußt gering gehalten wurde. Dies änderte sich jedoch, als der Engländer Harris 1937 zur Leon Laisne stieß, die ab sofort Harris-Leon Laisne hieß.

Das erste Automobil dieses Markenzeichens verfügte über ein wirklich einzigartiges Merkmal: die vier Räder waren nicht wie üblich an Achsen aufgehängt, sondern an Längslenkern, die mit den Enden der Rohr-Längsträger des Rahmens verbunden waren. Diese Lenker beaufschlagten Schraubenfedern und hydraulische Stabilisatoren. Stieß das Rad auf ein Hindernis, wurde der Kolben gegen den Längsträger gedrückt und stieß dabei auf den Widerstand seiner Gummifüllung. Diese neue Technik übernahm so auf ganz einfache Weise die Funktion der sonst üblichen Federn.

Für die ersten Harris-Leon Laisne wurde ein CIME-Motor mit 12 HP verwendet, der von einem 8-Zylinder-SCAP-Motor abgelöst wurde. Zuletzt wurde ein 6-Zylinder-Hotchkiss-Motor verwendet.

1932 wurde ein neues Modell mit Vorderradantrieb und 4-Zylinder-Motor (1.231 cm³) produziert. Ein Jahr später wurde er durch den 6-Zylinder-Standard-Motor mit 12 HP ersetzt. Die Produktion wurde 1937 eingestellt.

LEYAT HELICA (1921)
Motor: Anzani V2 mit stehenden Ventilen
Bohrung/Hub: 85 mm x 87 mm
Aufhängung: Halbelliptikfedern
Hubraum: 984 cm³
Max. Leistung: 30 PS
Übertragung: vierblättriger Propeller direkt auf die Kurbelwelle aufgepreßt
Rahmen: Trägerstruktur aus Holz
Aufhängung: vorne Viertelelliptikfedern; Hinterachse mit Karosserie verbunden
Bremsen: Trommelbremsen an den Vorderrädern
Karosserie: Tandem offen oder geschlossen
Höchstgeschwindigkeit: 80 km/h

LEYAT
**Meursault/Paris, Frankreich
1913–1927**

Marcel Leyat beschloß, sich neben seiner 1911 begonnenen Tätigkeit als Pilot auch der Konstruktion von Autos zu widmen und baute 1913 den Helicocycle, ein ungewöhnliches Gefährt auf Rädern mit Propellerantrieb. Ein Jahr darauf stellte Leyat den interessanten Kleinwagen Helica vor, den ein vierblättriger Propeller, der an der Kurbelwelle eines V2-Motors befestigt war, antrieb. Die Lenkung übernahmen die Hinterräder.

Die ersten seriengefertigten Helica, die sofort nach dem Krieg herauskamen, hatten einen 2-Zylinder-ABC-Boxermotor. Danach zog es Leyat vor, V2-Motoren und 3-Zylinder-Motoren der Firma Anzani zu verwenden.

LEYLAND
**Leyland, Großbritannien
1920–1923**

LEYLAND EIGHT (1920)
Motor: 8 Zylinder in Reihe mit obenliegender Nockenwelle
Bohrung/Hub: 89 mm x 146 mm
Hubraum: 7.266 cm³
Max. Leistung: 110 PS
Getriebe: mechanisch, 4 Gänge
Rahmen: Leiterrahmen
Aufhängung: vorne Starrachse mit Halbelliptikfedern; hinten Starrachse mit Viertelelliptikfedern
Bremsen: Trommelbremsen
Karosserie: an den Hinterrädern offener Aufbau, Coupé oder Limousine
Höchstgeschwindigkeit: 145 km/h

Leyland Motors war einer der ältesten englischen Autohersteller. Der erste von ihm gebaute Dampf-Lastwagen stammte schon aus dem Jahr 1897. Wie die Firma Guy und viele andere Firmen, die ihre Aktivität mit dem Bau von Lastkraftwagen begannen, beschloß auch Leyland, sich dem einträglicheren Geschäft mit Luxusautomobilen zu widmen, deren Markt ebenfalls von der Nachkriegseuphorie geprägt und damit sehr vielversprechend war. Der Leyland Eight

Leyat Helica

von 1920, der von Godfrey Parry Thomas und Reid Rallton entworfen wurde, war das erste in England seriengefertigte Automobil mit 8-Zylinder-Reihenmotor; gleichzeitig war es aber auch das teuerste Auto Englands. Die ersten Exemplare des Eight verfügten über 6.967 cm^3, bei den Nachfolgemodellen wurde der Hub auf 7.266 cm^3 vergrößert.

Der Leyland Eight war eines der luxuriösesten Autos, das während der zwanziger Jahre auf dem englischen Markt erhältlich war: die Bremsen mit Bremskraftverstärkern, die Aufhängung mit Drehstabfedern, der Zylinderkopf mit halbkugelförmigem Brennraum, die schräg hängenden Ventile mit Rückhollasche; all dies waren technische Neuerungen gegenüber dem Rolls-Royce 40/50 HP, der schon 1906 entworfen worden war.

Parry Thomas entwarf auch einige Eight-Rennwagen, unter ihnen der Leyland-Thomas N1, der recht hohe Geschwindigkeiten erreichte.

LINCOLN
Detroit, USA
1920–

Nachdem Henry Leland Cadillac verlassen hatte, probierte er sich erneut als Automobilkonstrukteur und eröffnete zusammen mit seinem Bruder Wilfred eine neue Fabrik, die er zu Ehren des amerikanischen Präsidenten, der während seiner Kindheit lebte, Lincoln nannte. Dem unbestreitbaren technischen Wert der ersten Lincoln-Modelle standen jedoch stilistisch mittelmäßige Karosserien gegenüber. Sie wurden von Angus Woodbridge, einem Schwager Lelands, der vorher in der Textilbranche gearbeitet hatte, entworfen. Mit Ausnahme des Motors (ein 5,8-l-V8-Motor), der direkt bei Lincoln gebaut wurde, wurde der Rest der Einzelteile von Zulieferern gekauft. Nach nur zwei Jahren stand Lincoln aufgrund von Steuerschulden am Rande des Bankrotts. Die Brüder Leland baten Henry Ford um Hilfe, der letztendlich ihre Fabrik ganz aufkaufte. Nach kurzer Zeit wurden die Brüder Leland wegen Meinungsverschiedenheiten mit Ford gezwungen, die Leitung ihrer Firma ganz zu verlassen. Von nun an wurde Lincoln von Edsel Ford geleitet.

Dank seiner enormen Beschleunigung war der Lincoln V8 das Lieblingsauto von Gangstern und Polizei. Um der Polizei einen Vorteil zu verschaffen, wurde 1924 der Lincoln „Polizia" entwickelt, der mit Hinterradbremsen (in der normalen Serienproduktion wurde diese Neuerung erst 1927 eingeführt) ausgestattet war. 1928

Lincoln KB

wurde der Hubraum des V8 auf 6,3 l erhöht, während in das Modell KB aus dem Jahre 1932 ein V12-Motor kam.

Die Verkaufszahlen des KB waren nicht gerade ermutigend, so daß Lincoln 1936 beschloß, das Glück auf dem Gebiet der wirtschaftlicheren Automobile zu versuchen. Die Firma stellte den Lincoln-Zephyr mit einer sehr aerodynamischen, von John Tjaarda entwickelten Karosserie vor.

Dieser strategische Zug erwies sich in der Tat als Volltreffer, denn von den 18.994 verkauften Lincolns waren 17.715 Zephyrs. Die Technik des Zephyr diente Edsel Ford auch als Grundlage für den Lincoln Continental, einem tiefliegenden und langgezogenen Coupé, das im März 1939 vorgestellt wurde. Als Amerika 1941

in den Zweiten Weltkrieg eingriff, wurde die Produktion des Zephyr endgültig eingestellt.

Nach dem Krieg wurde die Produktion des Lincoln und des Lincoln Continental wieder aufgenommen. Sie verfügten immer noch über einen V12-Motor mit stehenden Ventilen und 4.998 cm^3, der auch schon vor dem Krieg verwendet wurde. Die Continental-Produktion wurde 1948 eingestellt. Continental tauchte jedoch 1956 als Name einer eigenständigen Firma wieder auf. Der Lincoln Cosmopolitan aus dem Jahr 1949 hatte eine neue, sehr langgezogene Karosserie und einen V8-Motor mit stehenden Ventilen und 5.555 cm^3 Hubraum. Der Cosmopolitan aus dem Jahr 1952 war ästhetisch

LINCOLN KB (1932)

Motor: V12 mit stehenden Ventilen
Bohrung/Hub: 82 mm x 114 mm
Hubraum: 7.238 cm^3
Max. Leistung: 150 PS
Getriebe: mechanisch, 3 Gänge
Rahmen: Leiterrahmen
Aufhängung: vorne und hinten Starrachse mit Halbelliptikfedern
Bremsen: Trommelbremsen an den Vorder- und Hinterrädern
Karosserie: nach Wunsch
Höchstgeschwindigkeit: 129 km/h

und technisch stark verändert (der alte V8-Motor war durch einen ähnlich gebauten, jedoch mit 5.203 cm^3 und hängenden Ventilen ersetzt worden) und war das einzige Lincoln-Modell, das den Kunden bis 1956 angeboten wurde. Es wurde in fünf verschiedenen Ausführungen angeboten.

1956 erneuerte Lincoln seine Modellpalette noch einmal völlig und brachte sehr lange und tiefliegende Modelle heraus, die von einem V8-Motor mit 6.030 cm^3 angetrieben wurden. Die Führungsrolle übernahm das Modell Premier. Schon ein Jahr später wurden die Lincoln stilistisch verändert; die Front der neuen Karosserie verfügte auf beiden Seiten über zwei übereinanderliegende Scheinwerfer, während am Heck zusätzlich sehr auffällige dünne Flossen angebracht wurden.

Nach 1957 übernahm der Continental, der nach kurzer Zeit der Selbständigkeit wieder zu Lincoln gehörte, erneut die Führungsrolle. Die Lincoln des Jahres 1958 hatten breitere, tiefliegendere und längere (über 579 cm^3) Karosserien. Um ihre nicht unbedeutende Masse von 2.235 kg vorwärtsbewegen zu können, wurde ein V8-Motor mit 7.037 cm^3 ausgewählt. Drei Jahre später änderte Lincoln noch einmal die Taktik und baute kompaktere Modelle, die sich am Continental MKII von 1956/57 orientierten, einer viertürigen Limousine oder Cabriolet. Es war das erste von einer amerikanischen Firma hergestellte viertürige Cabriolet und wurde bis 1967 produziert. Sein Stil wurde bis auf wenige Änderungen auch vom neuen Continental MKIII übernommen, der von 1966 bis 1969 produziert wurde.

1970 wurden die Lincoln, zumindest was die Technik anbelangte, grundlegend verändert, was hauptsächlich auf die Verwendung von Ford-Einzelteilen zurückzuführen ist. Auch die Karosserie wurde entscheidend verbessert: Motorhaube in Form eines Sarges, kleinere Kühlerrippen und versenkbare Frontscheinwerfer. Die Produktpalette des Jahres 1970 umfaßte ein zweitüriges Coupé, eine viertürige Limousine und eine Stadtlimousine sowie ein Coupé für Kurzstrecken.

Unabhängig von der Karosserie hatten alle obengenannten Lincoln einen V8-Motor mit 7.538 cm^3.

Diese Modellreihe blieb während eines ganzen Jahrzehnts unverändert, auch wenn der Hubraum 1979 aus Spargründen auf „nur" 6.555 cm^3 herabgesetzt wurde. 1977 kam der Lincoln Versailles hinzu, ein Abkömmling des Mercury Monarch.

1980 kam die sechste Reihe des Continental MK auf den Markt. 1984 umfaßte die Produktion dieses Automobilherstellers drei Modellreihen: Continental/Designer, die aus den Modellen Continental, Va-

Lincoln Continental

lentino und Givenchy bestand; Town Car/Signature/Designer, Modelle mit eckiger Karosserie und luxuriösem Zubehör; MK VII, mit aerodynamischer Karosserie und elektronisch gesteuertem Modell und Radaufhängung; zu dieser Modellreihe gehörte auch ein Sport Coupé.

Lincoln KB

1932, also im gleichen Jahr, in dem Ford mit der Verwendung von V8-Motoren begann, stellte Lincoln den ersten Zwölfzylinder vor. Mit diesem Modell namens KB gehörte Lincoln zu jenem engen Kreis amerikanischer Autohersteller, die derartige Motoren verwendeten. Lincoln gesellte sich damit zu Auburn, Cadillac, Franklin, Packard und Pierce-Arrow. Der KB hatte eine enorme Beschleunigung.

Die Verkaufszahlen des KB und seines kleineren Bruders KA wurden jedoch den Erwartungen nicht gerecht, so daß 1934 ein K-Modell angeboten wurde, dessen 6,8-l-Motor ein Kompromiß zwischen den Motoren der beiden vorhergehenden Modelle war. Obwohl der K in 21 Ausführungen angeboten wurde, war auch er nicht sonderlich erfolgreich. Im Laufe der Jahre verschlechterte sich die Situation weiter, und da in den letzten beiden Verkaufsabschnitten nur 120 K einen Abnehmer fanden, wurde seine Produktion 1940 eingestellt.

Lincoln Continental

Anfang der dreißiger Jahre hatte Edsel Ford ein Zentrum für Design gegründet, das unter der Leitung von Eugène Grégoire, einem Ex-Designer von Jachten, neue Karosserien entwickeln sollte. Schon im ersten Jahr seiner neuen Tätigkeit stellte Grégoire die Entwürfe der ersten Automobile einer Reihe von Sportwagen fertig, die Continental heißen und mit dem Markenzeichen Edsel versehen werden sollten. Trotz des Nachdrucks des begabten Designers wurde keine seiner Karosserien als für die Serienproduktion geeignet angesehen. Als die neue von John Tjaarda entworfene Zephyr-Reihe auf den Markt kam, versuchte Grégoire die Verantwortlichen bei Edsel Ford davon zu überzeugen, daß man auf der Grundlage des Lincoln Coupé ein Sondermodell entwickeln könnte. Indem er einzig und allein die Karosserie ca. 20 cm tiefer legte, erhielt Grégoire ein sehr elegantes Coupé, das anfangs von

LINCOLN Mk VII LSC (1984)
Motor: V8 mit hängenden Ventilen
Bohrung/Hub: 101,6 mm x 76,2 mm
Hubraum: 4.950 cm³
Max. Leistung: 140 PS
Getriebe: automatisch, 3 Gänge
Rahmen: selbsttragende Karosserie
Aufhängung: Vorderräder unabhängig mit McPherson-Federbein, hinten Starrachse mit Längslenkern; elektronisch gesteuerte Luftfederung
Bremsen: Scheibenbremsen an den Vorder- und Hinterrädern
Karosserie: fünfsitzige Limousine
Höchstgeschwindigkeit: 160 km/h

den Verantwortlichen nur als gut gelungenes Übungsstück betrachtet wurde. Als Grégoire mit dem Prototyp seines Autos nach Florida in die Ferien fuhr, stieß er auf so großen Enthusiasmus, daß er bei seiner Rückkehr etwa 200 Bestellungen mitbrachte. So verließen im Oktober 1939 die ersten seriengefertigten Lincoln Continental die Fabrik.

Eines der typischsten Stilmerkmale dieses ersten Continentals war die ungewöhnliche Form des Kofferraums. Er war am hinteren Teil so geformt, daß er das vertikal stehende Ersatzrad aufnehmen konnte. Auch die modernen Lincoln haben, wenn auch weniger ausgeprägt und ohne einem Zweck zu dienen, eine ungefähr vergleichbare Heckform.

Der berühmte amerikanische Architekt Frank Lloyd Wright bezeichnete den Continental als eines der schönsten Automobile. 1951, drei Jahre nachdem die Produktion des Lincoln Continental eingestellt worden war, zog er zusammen mit nur sieben weiteren Automobilen in das New Yorker Metropolitan Museum of Modern Art ein, da man ihn für ein wahres Kunstwerk hielt.

Lincoln Mk VII

Der Mark VII stellte eine echte Revolution auf dem amerikanischen Markt für Luxusautos

LINCOLN CONTINENTAL (1939)
Motor: V12 mit stehenden Ventilen
Bohrung/Hub: 70 mm x 95 mm
Hubraum: 4.378 cm³
Max. Leistung: 110 PS
Getriebe: mechanisch, 3 Gänge
Rahmen: selbsttragende Karosserie
Aufhängung: Starrachsen mit Querblattfedern
Bremsen: Trommelbremsen an den Vorder- und Hinterrädern
Karosserie: Coupé, Cabriolet
Höchstgeschwindigkeit: 145 km/h

dar. Diese aerodynamische und elegante Limousine verfügte über eine Radaufhängung mit Luftfederung und elektronischer Steuerung, die in Zusammenarbeit mit Goodyear entwickelt wurde. Dank dieses Systems, das hauptsächlich aus vier „Luftfedern", einem Verdichter, drei Sensoren und einem kleinen Rechner besteht, ist es möglich, das Fahrzeugniveau auch bei wechselnder Belastung konstant zu halten. Die Wahl einer so revolutionären Federung wurde getroffen, weil man den gleichen Fahrkomfort mit besseren Fahreigenschaften im Vergleich zu den größeren Lincoln erzielen wollte.

Der Mark VII wurde auf Bestellung auch mit dem 6-Zylinder-Turbodiesel von BMW gebaut. Die Stückzahlen blieben jedoch gering.

Wohl wichtiger als Luftfederung, Formgebung und Dieselmotor war jedoch das vierradgeregelte Antiblockier-System (von Teves, Frankfurt), mit dem der Lincoln Mk VII als erstes amerikanisches Serienauto ausgerüstet wurde (1984).

1992 wurde der Continental Mark VII vom Mark VIII ersetzt. Er hat eine aerodynamischer geformte Karosserie und einen neuen 4,6-l-Alu-Motor mit vier obenliegenden Nockenwellen, 32 Ventilen und 284 PS.

Lincoln Mk VIII LSC

LOCOMOBILE
Bridgeport, USA
1899–1929

Locomobile wurde von Amzi Lorenzo Barber, einem mächtigen Industriellen, der ein leichtes, von den Brüdern Stanley entworfenes Automobil mit Dampfmotor in Serie fertigen wollte, gegründet.

Nachdem Locomobile feststellen mußte, daß ihr Dampfauto, welches zwar anfangs von vielen Konkurrenten kopiert wurde, nicht praktisch und stabil genug war, um ein Dauererfolg zu werden, begann man 1902 mit der Produktion von Modellen mit Verbrennungsmotoren. Dies erwies sich als kluge Entscheidung. Schon der erste, von A.L. Riker entworfene 4-Zylinder-Benziner hatte einen solchen Erfolg, daß sich die Verantwortlichen von Locomobile dazu entschlossen, ab 1903 die Produktion von Dampfautos ganz aufzugeben. Locomobile verschaffte sich einen Namen als Herstellerfirma teurer und großer Autos, wie dem 2-Zylinder-Modell Type C 9/12 HP (1903) und dem Vierzylinder Type D 18/20 HP, der einen Kettenantrieb hatte und sich stilistisch an Mercedes orientierte. Auf diese beiden Modelle folgten der Type E 15/20 HP, der Type F 40/45 HP und der Type H 30/35 HP von 1905/06. Außerdem brachte Locomobile auch ein Pendant zu seinem Rennwagen Gordon Bennet mit 17,7 l heraus. 1911 erschien das langlebigste Modell, nämlich der Sechszylinder Model 48, der bis 1929, also dem letzten Lebensjahr von Locomobile, produziert wurde.

1920 war Locomobile für kurze Zeit Teil der Hare's Motors und arbeitete so auch mit zwei weiteren Firmen dieses Konzerns, Mercer und Crane-Simplex, zusammen. Drei Jahre später wurde Locomobile Teil des Finanzimperiums von Billy Durant, wonach sie zwei neue Modelle, und zwar den Junior Eight aus den Jahren 1925 bis 1927 und den luxuriösen Model 90 auf den Markt brachte. Gleichzeitig lief auch die Produktion des wirtschaftlicheren Flint-Six weiter.

Das letzte Modell dieses Herstellers war der Model 88 mit einem 4,9-l-8-Zylinder-Lycoming-Reihenmotor.

Locomobile Steamer

Der Steamer war ein Dampfauto, das Anfang dieses Jahrhunderts relativ erfolgreich war. Wenn man mit dem Dampf im Kessel richtig umging, konnte er, wenn auch nur auf kurzen Strecken, seine normale Reisegeschwindigkeit von 32 km/h verdoppeln. Diese kurzzeitige Leistungserhöhung erwies sich besonders bei steilen Steigungen, die für viele andere Kleinwagen der damaligen Zeit ein großes Hindernis darstellten, als sehr nützlich.

Locomobile 48

Dieses Modell mit 6.982 cm³ (später erhöht auf 8,6 l) wurde 1911 auf den Markt gebracht. Es war mit vielen verschiedenen Karosserien (die schönsten unter ihnen waren die Sportif und die Gunboat-Roadster, die während des Ersten Weltkriegs verkauft wurden) erhältlich und kann in vielerlei Hinsicht als das amerikanische Pendant zum ebenso großen Renault 45 betrachtet werden. Wie er richtete sich auch der Locomobile 48 an eine finanzstarke Kundschaft.

LORRAINE-DIETRICH
Lunéville/Niederbronn
Argenteuil, Frankreich/
Deutschland
1897–1935

Die Société Lorraines des Anciens Etablissements de Dietrich & Cie war Teil der ältesten französischen Industrieunternehmen, das im 17. Jahrhundert in Niederbronn, nahe Straßburg, gegründet worden war und sich Mitte des 19. Jahrhunderts auf den Bau von Fahrzeugen spezialisiert hatte.

Nach dem Deutsch-Französischen Krieg von 1870 und dem darauffolgenden Anschluß Elsaß-Lothringens an Deutschland befand sich Niederbronn nun auf deutschem Gebiet, so daß De Dietrich & Cie die Gründung einer Filiale in Lunéville, einem Ort, der sich 24 km von der neuen Grenze entfernt auf französischem Gebiet befand, beschloß. Dieses neue Werk nahm seine Tätigkeit 1897 auf.

1902 wurde Ettore Bugatti Mitglied des Konstrukteurteams von Niederbronn; er konstruierte ein Modell mit vier Zylindern und 5.304 cm³ sowie einen Rennwagen mit 50 PS. 1904 stellte das Werk in Niederbronn seine Automobilproduktion ein.

Aufgrund von Meinungsverschiedenheiten zwischen Adrien de Turckheim, dem damaligen Leiter der Fabrik in Lunéville, und Eugène de Dietrich, der das Werk in Niederbronn leitete, beschloß man, das Aktienkapital zu erhöhen, so daß zwei getrennte Gesellschaften, De Dietrich und Lorraine, entstehen konnten.

Die De-Dietrich-Modelle waren sorgfältig gebaut, jedoch stilistisch etwas aus der Mode. Sie waren z.B. immer noch mit dem überholten Kühler mit Kühlschläuchen ausgerüstet, der schon aus dem Jahre 1905 stammte. Trotz ihres altmodischen Aussehens bewies sich die technische Qualität der De Dietrich wiederholt auf den Rennstrecken.

Zwischen 1905 und 1908 wurden auch einige höchst luxuriöse und kostspielige Automobile mit sechs Rädern hergestellt. Um die Eisenbahnwagenherstellung in Lunéville erhöhen zu können, mußte auch der Platz in Anspruch genommen werden, der vorher von den Montageanlagen für die Straßenfahrzeugproduktion beansprucht wurde. Die gesamte Automobilproduktion wurde aus diesem Grund nach Argenteuil in die Nähe von Paris verlegt.

1908 nahm die Firma den neuen Namen Lorraine-Dietrich an und begann eine expansionistische Unternehmenspolitik, in deren Rahmen sie die Aktienmehrheit von Isotta-Fraschini und das Werk der englischen Firma Artel in Birmingham kaufte.

Diese ehrgeizigen Unternehmen erwiesen sich jedoch als viel zu kostspielig, so daß die Lorraine-Dietrich 1909 zum erneuten Verkauf gezwungen

---

LOCOMOBILE STEAMER (1902)

Motor: Dampfmotor mit 2 Zylindern
Bohrung/Hub: 63,5 mm x 89,9 mm
Max. Leistung: 6,5 PS
Getriebe: direkte Übertragung auf die Hinterachse mittels Kettenantrieb
Rahmen: Stahlrohrrahmen
Aufhängung: Starrachsen; vorne und hinten Blattfedern
Bremsen: Bandbremsen, wirken auf Differential
Karosserie: Zwei- oder Viersitzer
Höchstgeschwindigkeit: 77 km/h

Locomobile Steamer

Locomobile 48

> **LOCOMOBILE 48 (1918)**
> *Motor:* 6 Zylinder in Reihe mit stehenden Ventilen
> *Bohrung/Hub:* 114,3 mm x 139,7 mm
> *Hubraum:* 8.599 cm³
> *Max. Leistung:* 90 PS
> *Getriebe:* mechanisch, 4 Gänge
> *Rahmen:* Leiterrahmen
> *Aufhängung:* vorne Starrachse mit Halbelliptikfedern; hinten Starrachse mit Halbelliptikfeder und Auslegerfeder
> *Bremsen:* Trommelbremsen nur an den Hinterrädern
> *Karosserie:* Sportif, Turismo, Limousine, Cabriolet
> *Höchstgeschwindigkeit:* 113 km/h

war. Im selben Jahr umfaßte die Produktion ein Automobil mit 11.460 cm³ sowie eine ganze Reihe von 4-Zylinder-Modellen, die vom kleinen 12 HP mit 2.120 cm³ bis zum riesigen 60 HP mit 12.053 cm³ reichte. Außerdem wurde noch ein Zweizylinder mit 10 HP und 1.060 cm³ hergestellt.

Als das Elsaß nach dem Ersten Weltkrieg wieder zu Frankreich gekommen war, wurde die technische Leitung von Lorraine-Dietrich von Marius Barbarou, vorher bei Delaunay Belleville, übernommen.

Sein erster Entwurf war der 15 HP, ein Modell mit 6-Zylinder-Motor, hängenden Ventilen und 3.446 cm³, das für viele Jahre auf der Lieferliste blieb. Außerdem wurden der 12 HP mit hängenden Ventilen und 2.297 cm³ und der 30 HP mit 6.107 cm³ angeboten. 1932 wurde ein neues Modell, das den alten 15 HP ersetzen sollte, produziert. Es handelte sich um den 20 HP mit 6-Zylinder-Motor, seitlich stehenden Ventilen und 4.086 cm³. Dieses letzte Modell war jedoch ein totaler Mißerfolg, so daß 1935 jegliche Tätigkeit auf dem Automobilsektor eingestellt wurde.

LORRAINE-DIETRICH 15 HP (1924)
Motor: 6 Zylinder in Reihe mit hängenden Ventilen
Bohrung/Hub: 75 mm x 130 mm
Hubraum: 3.446 cm³
Max. Leistung: 80 PS
Getriebe: mechanisch, 3 Gänge
Rahmen: Leiterrahmen
Aufhängung: vorne Starrachse mit Halbelliptikfedern; hinten Starrachse mit Viertelelliptikfedern
Bremsen: Trommelbremsen (Typ Perrot) an den Vorder- und Hinterrädern
Karosserie: offener Aufbau oder Limousine
Höchstgeschwindigkeit: 140 km/

LOTUS
**Hornsey/Cheshunt/Hethel, Großbritannien
1952–**

Anthony Colin Bruce Chapman, ein ebenso junger wie talentierter Ingenieur, begann seine Karriere als Automobilbauer im Jahre 1947, als er auf der Grundlage der Technik des Austin Seven 750 wirklich gut gelungene Spezialmodelle zusammenbaute. Aufgrund des Erfolges seiner Modelle beschloß er, 1952 die Lotus Engineering zu gründen.

Das erste seriengefertigte Erfolgsmodell dieser Marke, der Lotus 6, wurde im Baukasten vertrieben. Trotz der quantitativ beschränkten Produktion (insgesamt ungefähr 100 Stück) errang der Lotus 6 zahlreiche Erfolge, auch bei Bergrennen. Der von Frank Costin entwickelte Lotus 8 stach hauptsächlich wegen seiner aerodynamischen Sportkarosserie hervor. Dieses Modell war nicht nur die Grundlage für seine Nachfolger Mk 9 und Mk 10, an ihm orientierte sich auch der Mk 11, ein Rennwagen, der in seiner Klasse auch das Rennen von Le Mans gewann.

1957 produzierte Lotus sein erstes, ausschließlich für Rennen gedachtes Auto. Mit dem Mk 12 begann eine äußerst erfolgreiche Rennsportkarriere, in deren Verlauf Lotus mehrmals den Weltmeistertitel der Konstrukteure errang. Titel und

erste Preise erreichte Colin Chapman dabei nicht in erster Linie durch Leistungssteigerung, sondern durch Leichtbau und neuartige Fertigungsverfahren. Nicht selten, so warfen ihm Konkurrenten vor, mißachtete er elementare Sicherheitsregeln zugunsten fortschrittlicher Technik und verwendete u.a. „unterdimensionierte" Bauteile, z.B. filigrane Radaufhängungen. Festzuhalten bleibt jedoch, daß Chapman beträchtlich zur Weiterentwicklung des Grand-Prix-Rennwagens beigetragen hat.

Ein Beispiel dafür ist der Lotus 25 von 1961, dem bis dahin schlanksten und niedrigsten F1-Rennwagen. Beim Lotus 25 hatte Chapman den Gitterrohrrahmen des nur wenige Wochen vorher herausgebrachten Lotus 24 durch eine vom Flugzeugbau bekannte Monocoque-(Schalen-)Konstruktion ersetzt. Dadurch konnte das Gewicht um etwa 20 kg verringert und die für Straßenlage und Handling wichtige Verwindungssteife erhöht werden. Inzwischen (1957) war der Elite mit einer aerodynamischen und sehr eleganten Karosserie aus Fiberglas auf dem Markt.

Nachdem die Produktion des Elite 1961 eingestellt worden war, wurde der Elan, ein Zweisitzer mit X-Rahmen, vorgestellt. Der Motor des Elan, der über zwei obenliegende Nockenwellen verfügte, kam auch in den Lotus-Cortina, von Lotus anfangs für Ford produziert.

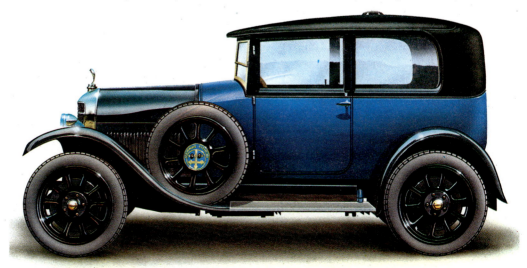

Lorraine-Dietrich 15 HP

LOTUS

Die ersten Lotus-Cortina wurden im Werk von Cheshunt, Hertfordshire, produziert, wohin Lotus Ende der fünfziger Jahre gezogen war. Später baute Lotus ein weiteres Werk in Hethel (Norfolk), wo 1966 die Produktion des Europa, eines Mittelmotor-Coupés mit dem Motor des Renault 16, begann. Der Europa wurde später auch in TwinCam-Version mit Lotus-Motor angeboten.

1967 kam der Elan +2 ins Programm, ein 2+2-Sitzer, der vom 1961er Elan abgeleitet worden war. Anfang der Siebziger startete die Elite, ein komfortbetontes Sportcoupé mit Vierventilmotor. Ihm folgte der Eclat, ebenfalls mit Frontmotor, der 1982 vom Excel abgelöst wurde. 1980 stellte Lotus den Esprit mit Mittelmotor und keilförmiger Karosserie vor. Der Esprit ist bis heute im Programm.

1982 starb Firmengründer Colin Chapman. Das Unternehmen ging 1986 in den Besitz von Ford über. Ein neuer Elan mit japanischem 4-Zylinder-Turbomotor, der 1990 präsentiert wurde, war ein Flop. Die Produktion wurde 1993 schließlich eingestellt.

Lotus XI

Der Lotus XI mit seiner wunderschönen und aerodynamischen, von Frank Costin entwickelten Karosserie wurde ab 1955 im Werk von Hornsey gebaut. Dieses Modell wurde in drei Ausführungen angeboten: Modell Le Mans mit einem 1,1- oder 1,5-l-Coventry-Climax-Motor, De-Dion-Hinterachse, Scheibenbremsen und verschiedenen Übersetzungsverhältnissen im Achsgetriebe; Modell Club mit starrer Hinterachse, Trommelbremsen und Coventry-Climax-Motor mit geringerem Hubraum; Modell Sport, wirtschaftlicher und kleiner, mit Ford-Ten-Motor und seitlich stehenden Ventilen.

Der niedrige c_w-Wert dieses Modells zeigte sich in Monza, wo ein Modell XI-Tourenwagen, der lediglich über eine Plexiglaskuppel über dem Fahrersitz verfügte, eine Runde mit

Lotus XI

230 km/h zurücklegte und in einer Stunde 221 km fuhr. Um die erheblichen Aerodynamik-Kenntnisse Costins noch mehr herauszustellen, denke man nur daran, daß der Lotus XI bei einer Geschwindigkeit von 161 km/h im Durchschnitt nicht weniger als 11,5 km mit einem Liter fuhr. 1957 wurde die alte Gelenk-Vorderachse, ein typisches Merkmal der ersten Lotus-Modelle, durch eine Radaufhängung mit Querlenkern ersetzt, die die Stabilität und die Fahreigenschaften deutlich verbesserte. 1985 wurde der Westfield, ein Duplikat des Lotus XI mit Glasfaserkarosserie, der Öffentlichkeit vorgestellt.

Lotus Elite

Als Colin Chapman beschloß, ein Modell mit geschlossener Karosserie zu bauen, war er sich wohl bewußt, daß die Kosten für die Pressen, die zur Produktion einer Stahlkarosserie nötig sind, zu hoch gewesen wären, und daß auch eine handgeformte Karosserie aus Leichtmetall nicht viel wirtschaftlicher gewesen wäre. Es blieb also nur noch die Möglichkeit, Glasfaser einzusetzen. Chapman sprach sich daher für ein mit der Radaufhängung und der Motorlagerung verbundenes Trägergerüst aus, auf das dann die Verkleidungen geklebt wurden. Der Lotus Elite war also das erste Automobil mit selbsttragender Glasfaserkarosserie. Als er 1957 auf der London Motor Show vorgestellt wurde, war der Elite der einzige in England hergestellte Sportwagen mit obenliegender Nockenwelle. Merkwürdigerweise war sein Coventry-Climax-Leichtmetallmotor ursprünglich für eine tragbare Feuerwehrpumpe entwickelt worden. Dieses Modell, von dem insgesamt nur 988 Stück hergestellt wurden, war eigentlich als Sportwagen gedacht, doch aufgrund seiner Fahreigenschaften wurde er unweigerlich zum Rennwagen. Die Elite erreichten den ersten und den zweiten Platz ihrer Klasse in Le Mans 1961–1963.

Die Herstellungskosten für den Lotus Elite stiegen immer mehr, und als 1962 beschlossen wurde, ein Modell mit offener Karosserie für die ausländischen Märkte zu bauen, entschied sich Chapman, den Elan mit getrenntem Rahmen zu bauen.

Lotus Europa

Dieses Modell, das im Dezember 1966 vorgestellt wurde, war ursprünglich nur für die ausländischen Märkte bestimmt. Es verfügte über den gleichen Motor wie der Renault 16 mit Vorderradantrieb, jedoch war er um 180° gedreht und als Heckmotor eingebaut. All dies verlieh dem Europa eine Straßenlage und Fahreigenschaften, die eines Rennwagens würdig waren, und auch sein Rahmen war für Motoren mit mehr als nur 1.470 cm³ ausgelegt. 1969, anläßlich des Erscheinens der zweiten Serie, verlor der Europa eines seiner typischen Merkmale, die selbsttragende Karosserie, und gleichzeitig wurde für den amerikanischen Markt ein Motor mit 1.565 cm³ eingeführt. 1971 wurde der Europa Twin-Cam vorgestellt, der über einen Motor mit zwei Nockenwellen und 1.558 cm³ verfügte. Ein Jahr später ging man zum Leichtmetallmotor „Big Valve" (der schon in den Elan Sprint eingebaut wurde) über und verband ihn mit einem Renault-5-Gang-Getriebe. Diese neue Ausführung nannte man Europa Special.

Lotus Esprit

Die ersten stilistischen Entwürfe für den Esprit beruhten auf Vorschlägen von Giorgetto Giugiaro, welche die Verwendung eines dem Europa sehr ähnlichen, wenn auch etwas größeren Rahmens vorsahen.

Der Esprit wurde 1972 in Turin vorgestellt, doch während der drei Jahre zwischen der Vorstellung des Prototyps und dem Produktionsbeginn wurde der Originalentwurf entscheidend verbessert (Lagerung der

---

LOTUS XI (1958)

Motor: 4 Zylinder in Reihe mit obenliegender Nockenwelle
Bohrung/Hub: 72,4 mm x 66,6 mm
Hubraum: 1.098 cm³
Max. Leistung: 84 PS
Getriebe: 4 Gänge
Rahmen: Rohrrahmen
Aufhängung: Vorderräder unabhängig mit Querlenkern und Schraubenfedern; De-Dion-Hinterachse
Bremsen: Scheibenbremsen
Karosserie: Sportzweisitzer
Höchstgeschwindigkeit: 201 km/h

LOTUS ELITE (1962)

Motor: 4 Zylinder in Reihe mit obenliegender Nockenwelle
Bohrung/Hub: 76,2 mm x 66,6 mm
Hubraum: 1.216 cm³
Max. Leistung: 80 PS
Getriebe: mechanisch, 4 Gänge
Rahmen: selbsttragende Karosserie
Aufhängung: Vorderräder unabhängig mit Querlenkern und Schraubenfeder; Hinterachse mit Chapman-Federbein
Bremsen: Scheibenbremsen
Karosserie: Coupé
Höchstgeschwindigkeit: 193 km/h

Lotus Elite

Lotus Europa

LOTUS EUROPA (1967)
Motor: 4 Zylinder in Reihe mit hängenden Ventilen
Bohrung/Hub: 76 mm x 81 mm
Hubraum: 1.470 cm^3
Max. Leistung: 82 PS
Getriebe: 4 Gänge
Rahmen: Zentralrohrrahmen
Aufhängung: Vorderräder unabhängig mit Querlenkern und Schraubenfedern; Hinterachse mit Chapman-Federbein
Bremsen: Scheibenbremsen an den Vorderrädern, Trommelbremsen an den Hinterrädern
Karosserie: Coupé
Höchstgeschwindigkeit: 179 km/h

LOTUS ESPRIT S (1980)
Motor: 4 Zylinder in Reihe mit zwei obenliegenden Nockenwellen
Bohrung/Hub: 93,5 mm x 76,2 mm
Hubraum: 2.174 cm^3
Max. Leistung: 160 PS
Getriebe: mechanisch, 4 Gänge
Rahmen: selbsttragende Karosserie
Aufhängung: Vorderräder unabhängig mit Querlenkern und Schraubenfedern; Hinterräder unabhängig mit Längslenkern
Bremsen: vorne und hinten Scheibenbremsen
Karosserie: Coupé aus Glasfaser
Höchstgeschwindigkeit: 222 km/h

Hinterradaufhängung mit Dreiecks-Versteifungen, Verkleidungen der Karosserie in anderer Form, Lotus-907-Motor aus Leichtmetall mit zwei obenliegenden Nockenwellen). Bei dem Motor handelte es sich um den gleichen, der drei Jahre zuvor für den vom Pech verfolgten Jensen-Healey verwendet wurde. Das Getriebe der endgültigen Ausführung, ein Citroën-5-Gang-Schaltgetriebe, war identisch mit dem Maserati-Merak-Getriebe.

Anfangs hatte der Esprit nicht den erhofften Erfolg, doch wurde 1978 trotzdem eine zweite Serie (S2) vorgestellt. Anläßlich des Genfer Autosalons 1980 stellte Lotus eine Ausführung mit Ladermotor vor, den Turbo Esprit, der mit der 2,2-l-Ausführung des Sechzehnventilers Lotus 907 ausgerüstet war. Dieser Motor, der für den Sunbeam Lotus entwickelt worden war, konnte dank seines Turboladers Garett AI Research eine Höchstleistung von 210 PS erreichen.

Im gleichen Jahr wurde ein weiterer Esprit, auch dieser mit 2,2-l-Motor, jedoch ohne Turbolader, vorgestellt. Er hieß S 2.2. Dieses Modell konnte von 0 auf 96 km/h in 6,7 Sekunden beschleunigen, die sportlichere Ausführung Turbo Esprit in nur 5,6 Sekunden.

LOZIER
Plattsburg/Detroit, USA
1905–1917

Die Lozier begann ihre Tätigkeit als Fahrradfabrik. Der erste schüchterne Versuch, auf dem Automarkt Fuß zu fassen, geht auf das Jahr 1900 zurück, als George A. Burrell, Leiter der Filiale in Toledo, eine Motorkutsche mit drei Rädern baute. 1900 zog sich H.A. Lozier Senior ins Privatleben zurück. Sein Sohn E.R. Lozier tat sich mit Burrell zusammen und gründete in Toledo die Lozier Motor Company. Die Produktion lief jedoch in dieser neuen Firma erst fünf Jahre später an, als Lozier, nach Plattsburg (New York) umgezogen, das neue Modell 40 HP vorstellte.

Diese ersten Modelle vermittelten ein sehr sportliches Bild. Die ersten Lozier mit Gelenkwellenantrieb erschienen 1907. Das berühmteste unter den ersten Lozier-Modellen ist si-

Lotus Esprit Turbo

Lotus Elite Serie 2 (1962)

Motor
Position: Frontmotor, längs eingebaut
Bauart: Coventry-Climax, 4 Zylinder in Reihe, Wasserkühlung
Hubraum: 1.216 cm³
Bohrung/Hub: 76,2 mm x 66,6 mm
Verdichtungsverhältnis: 10 : 1
Ventilsteuerung: eine obenliegende Nockenwelle
Gemischbildung: zwei Querstromvergaser SU H4
Zündanlage: mit Zündverteiler
Max. Leistung: 80 PS (DIN) bei 6.100^{-min}
Max. Drehmoment: 102 Nm (DIN) bei 4.750^{-min}

Übertragung
Kupplung: Einscheibentrockenkupplung
Getriebe: 4-Gang-Synchrongetriebe mit Rückwärtsgang
Übersetzungsverhältnis: I) 3,67 : 1; II) 2,20 : 1; III) 1,32 : 1; IV) 1 : 1; RG) 3,67 : 1
Achsgetriebe: Kegelrad mit Hypoidverzahnung
Übersetzungsverhältnis im Achsgetriebe: 4,55 : 1

Aufhängung
Vorderachse: Vorderräder unabhängig mit Dreieckslenkern, Schraubenfedern, Stabilisatoren und hydraulischen Stoßdämpfern
Hinterachse: Doppelgelenkachse, Längslenker, Schraubenfedern, hydraulische Stoßdämpfer

Lenkung
System: Zahnstangenlenkung

Bremsen
Bauart: Scheibenbremsen

Räder und Bereifung
Felgen: 15 Zoll
Bereifung: 4,80 x 15

Rahmen und Karosserie
Rahmen: selbsttragende Monocoque-Karosserie aus Fiberglas
Karosserie: zweitüriges und zweisitziges Coupé

Abmessungen
Länge: 3.810 mm
Breite: 1.470 mm
Höhe: 1.170 mm
Radstand: 2.230 mm
Vordere und hintere Spurweite: 1.180 mm/1.190 mm
Gewicht: 572 kg

Leistung
Höchstgeschwindigkeit: 193 km/h (mehr als 200 km/h bei getuntem Motor)

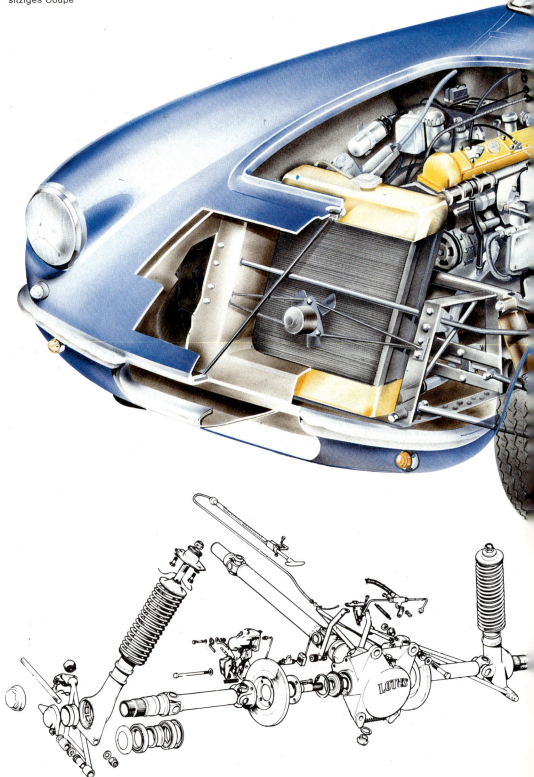

RECHTS *Die veränderte Radaufhängung der Serie 2 mit der unteren Längslagerung in Form eines A, um so eine bessere Radstellung zu ermöglichen.*

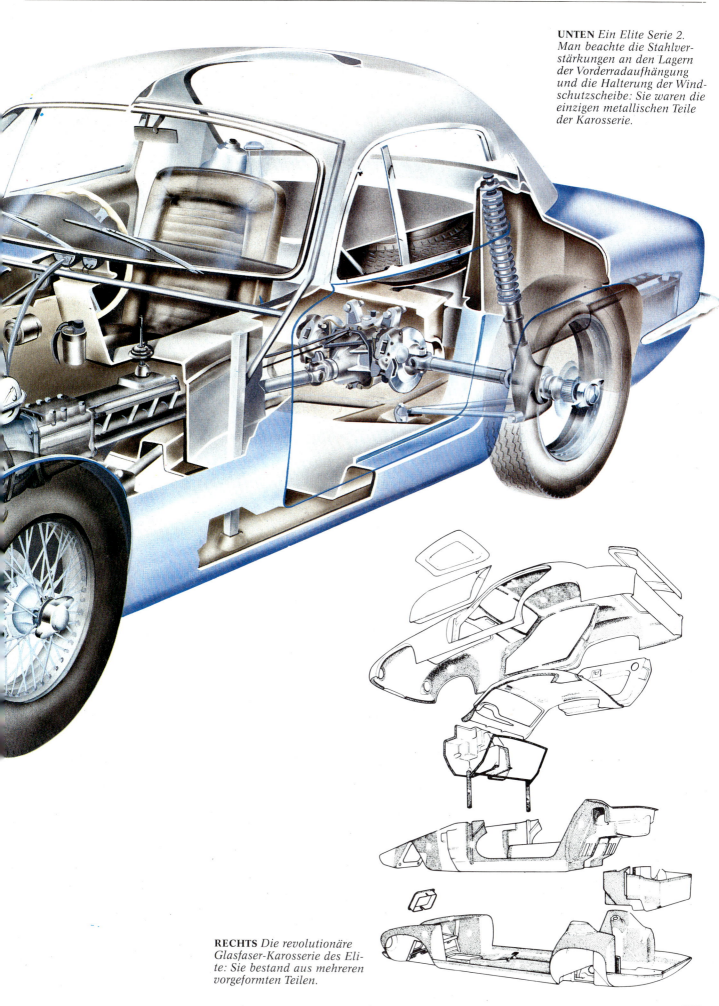

UNTEN *Ein Elite Serie 2. Man beachte die Stahlverstärkungen an den Lagern der Vorderradaufhängung und die Halterung der Windschutzscheibe: Sie waren die einzigen metallischen Teile der Karosserie.*

RECHTS *Die revolutionäre Glasfaser-Karosserie des Elite: Sie bestand aus mehreren vorgeformten Teilen.*

LOZIER BRIARCLIFF SIX (1909)

Motor: 6 Zylinder in Reihe mit stehenden Ventilen
Bohrung/Hub: 101,6 mm x 139,7 mm
Hubraum: 9.083 cm^3
Max. Leistung: 50 PS
Getriebe: mechanisch, 4 Gänge
Rahmen: Leiterrahmen
Aufhängung: Starrachsen mit Halbelliptikfedern
Bremsen: Trommelbremsen, wirken nur auf Hinterräder
Karosserie: sportlicher Viersitzer mit offenem Aufbau
Höchstgeschwindigkeit: 137 km/h

Lozier

cherlich der Briarcliff Kombi, der diesen Namen der Teilnahme Loziers am Briarcliff Trophy Race von 1908 zu verdanken hat. Der Briarcliff war mit einem 7.450-cm^3-Motor (vier Zylinder) erhältlich. 1910 verlagerte Lozier die Produktion nach Detroit, wo die Herstellung der beiden neuen Modelle begann, und zwar mit dem 77 (sechs Zylinder, zweiteiliger Zylinderblock und 6.378 cm^3) und dem 84 (mit einteiligem Zylinderblock, vier Zylindern und 6.044 cm^3). Im Jahre 1917 wurde die Produktion schließlich endgültig eingestellt.

LUX
Turin, Italien
1906–1907

1905 wurde in Turin ein Auto mit 2-Zylinder-Heckmotor, 4-Gang-Getriebe und Kettenantrieb gebaut. Dieses von Eugenio Paschetta, der bereits für seine Fahrräder bekannt war, gebaute Modell erhielt den Namen Lux.

Um seine Erfindung voll ausschöpfen zu können, gründete Paschetta am 10. März 1906 die Lux Automobil- und Zweiradfabrik.

Im Juni 1907 wurde ein Abkommen mit der französischen Firma Décauville geschlossen. Aufgrund einer Krise auf dem Automobilsektor trat das Abkommen jedoch nie in Kraft, so daß sich Lux Ende 1907 darauf beschränken mußte, Fahrräder und das entsprechende Zubehör herzustellen.

MAGGIORA
Padua, Italien
1905

Maggiora versuchte 1905, auf dem Automarkt Fuß zu fassen, indem sie einige wirtschaftliche Autos mit Laurin & Klement-Motoren und italienischem Rahmen baute. So ent-

MARCOS 1800 (1965)

Motor: 4 Zylinder in Reihe mit hängenden Ventilen
Bohrung/Hub: 84,1 mm x 80 mm
Hubraum: 1.778 cm^3
Max. Leistung: 114 PS
Getriebe: mechanisch, 4 Gänge und Overdrive
Rahmen: selbsttragende Karosserie aus Sperrholz
Aufhängung: Vorder- und Hinterräder unabhängig mit Querlenkern und Schraubenfedern
Bremsen: Scheibenbremsen vorne und hinten
Karosserie: Coupé
Höchstgeschwindigkeit: 187 km/h

standen der A4 HP und der B8. Doch schon im November desselben Jahres wurde die Produktion eingestellt.

MAJOCCHI
Mailand, Italien
1898–1906

Nachdem sie bis 1898 Erfahrung mit ausländischen Produkten gesammelt hatten, bauten die Werkstätten Gebrüder Majocchi 1900 den Aquina, ein dreirädriges Fahrzeug mit 1-Zylinder-Motor (über dem Vorderrad montiert) und 1,5 HP. Um ihre Aktivitäten zu verstärken, wurde die Firma 1906 zu einer Aktiengesellschaft umformiert. Darüber hinaus wurden jedoch keine Automobile mehr produziert.

MANTOVANI
Turin, Italien
1903–1906

Carlo Mantovani gründete 1903 eine Werkstatt zum Bau von Automobilen, Motorrädern und Fahrrädern.

Nachdem sich die Produktion anfangs auf Fahrräder und Motoren beschränkt hatte, wurde 1906 der Kleinwagen Invicta herausgebracht, der in den Ausführungen 6/8 HP (zwei Zylinder, drei Gänge und Kettenantrieb) und 10/12 HP (vier Zylinder in zwei Zylinderblöcken, drei Gänge und Kettenantrieb) angeboten wurde. Die Automobilserienproduktion wurde jedoch nicht fortgesetzt.

MARCHAND
Piacenza, Italien
1898–1906

Nach anfänglichen Erfahrungen im Bau von Fahrrädern (die in einer Mailänder Werkstatt gebaut wurden), begannen die Brüder Marchand in Piacenza mit dem Lizenzbau von Décauville-Automobilen. Unter ihren Mitarbeitern war auch Giuseppe Merosi, zukünftiger Konstrukteur bei Alfa Romeo. Anfang des Jahrhunderts wurden die Marchand 10 HP und 12/16 HP gebaut. Sie verfügten über einen Motor mit vier einzeln stehenden Zylindern, 5.429 cm^3 und Kettenantrieb. 1909 wurde die Produktion eingestellt.

MARCOS
Luton/Bradford-on-Avon/Westbury, Großbritannien
1958–1971; 1981–

Das erste Modell dieser Firma, deren Name aus den Anfangssilben der Firmengründer gebildet wurde, nämlich Jem Marsh und Frank Costin, orientierte sich hauptsächlich an der Flugzeugtechnik. So bestanden ihre Karosserien z.B. aus einer Trägerstruktur aus Sperrholz (sehr leicht, aber ebenso drehfest), die mit Glasfaserplatten verkleidet wurde.

Offiziell begann die Tätigkeit der Marcos Cars 1958, ein Jahr danach zogen Marsh und Costin nach Bradford-on-Avon (in Wiltshire). Aus diesem Werk kam 1964 der erste attraktive Marcos Volvo. Es wurden auch drei Ford-Motoren montiert: der 1,6 l mit Stößelstangen und Kipphebeln, der V4 mit 2 l und der V6 mit 3 l.

Marcos 1800

Mit der Einführung des Volvo-3-l-Motors wurde die Trägerstruktur aus Holz von einem preiswerteren Rahmen aus ekkigen Stahlrohren ersetzt. 1965 brachte Marcos auch den recht erfolgreichen Mini-Marcos auf den Markt. 1970 zog Marcos in ein größeres Werk nach Westbury/Wiltshire um, wo die Produktion des Mantis begann. Mit diesem Modell hoffte man, auf dem amerikanischen Markt besser Fuß fassen zu können, aber gerade zu diesem Zeitpunkt führten die Amerikaner strengere Bestimmungen ein, die die Vermarktung des Mantis verhinderten, was unweigerlich die Schließung der Firma Marcos nach sich zog.

1981 nahm die Firma Marsh die Produktion des Modells mit

MARENDAZ 15/90 (1935)
Motor: 6 Zylinder in Reihe mit stehenden Ventilen
Bohrung/Hub: 65 mm x 100 mm
Hubraum: 1.991 cm³
Max. Leistung: 90 HP
Getriebe: mechanisch, 4 Gänge
Rahmen: Leiterrahmen
Aufhängung: vorne Starrachse mit Halbelliptikfedern; hinten Starrachse mit Viertelelliptikfedern
Bremsen: Trommelbremsen
Karosserie: Sport, Zwei- oder Viersitzer
Höchstgeschwindigkeit: 135 km/h

3-l-Ford-Motor wieder auf. Danach folgte der Marcos Mantula mit einem Rover-V8-Triebwerk, der seit 1992 auch als Cabrio gebaut wird.

MARENDAZ
London/Maidenhead, Großbritannien
1926–1936

Hauptmann D.M.K. Marendaz war lange Teilhaber der Firma Marseal, die leichte Automobile produzierte, beschloß aber dann, sich selbständig zu machen. Mitte der zwanziger Jahre stellte er einen kleinen, attraktiven Sportwagen fertig, der über einen Bentley-Kühler und außenliegende, flexible Auspuffrohre verfügte. Die ersten Marendaz Special, die fast alle mit einem Anzani-1,5-l-Motor mit seitlich stehenden Ventilen ausgerüstet waren, ließen 11/55 HP als Saug-, 11/20 HP als Ladermotor. Als die Produktion dieser eleganten Sportwagen 1932 nach Maidenhead verlagert wurde, bot Marendaz auch das Modell 13/70 an, ein kleiner Sechszylinder mit 1.900 cm³. Ein Jahr darauf kam der Marendaz Special 17/97 mit einem 2,5-l-Motor dazu. 1935 erschien ein weiteres 2-l-Modell mit 6-Zylinder-Coventry-Climax-Motor, das auch mit Ladermotor erhältlich war. 1936 wurde die Produktion eingestellt.

MARENGO
Genua, Italien
1907–1909

Die recht kurzlebige Genueser Firma. S.A. Automobili Marengo nahm ihre Tätigkeit offiziell am 16. März 1907 auf, indem sie der Öffentlichkeit einige 1- und 2-Zylinder-Modelle mit 8/10 HP, Kettenantrieb und zwei- oder viersitziger Karosserie vorstellte.

Im Jahre 1909 wurde auch ein Luxusmodell mit vier Zylindern in zwei Zylinderblöcken und 1.300 cm³ Hubraum eingeführt, das aber immer noch über den mittlerweile nicht mehr ganz aktuellen Kettenantrieb verfügte.

MARINO
Padua, Italien
1923–1930

Luigi Marino, Besitzer einer Werkstatt in Padua, begann

Marendaz 15/90

MARLBOROUGH-THOMAS (1923)
Motor: 4 Zylinder in Reihe mit zwei obenliegenden Nockenwellen
Bohrung/Hub: 70 mm x 97 mm
Hubraum: 1.493 cm³
Max. Leistung: nicht bekannt
Getriebe: mechanisch, 4 Gänge
Rahmen: Leiterrahmen
Aufhängung: vorne und hinten Starrachse mit Drehstabfedern und Reibungsstoßdämpfern
Bremsen: Trommelbremsen
Karosserie: Sport, aerodynamisch mit 2 Sitzen
Höchstgeschwindigkeit: 120 km/h

seine Tätigkeit als Konstrukteur 1923, indem er ein Modell mit 1,5-l-Motor baute. Da seine Initiative Erfolg hatte, stellte er ein Jahr darauf ein Modell in drei Ausführungen (normal, Sport und Grand Sport) vor, das über einen Cime-Motor verfügte, der auch in einer Version als Ladermotor erhältlich war.

Die Marino stachen bei vielen Rennen, auch im Ausland, hervor. 1930 wurden die Marino-Werkstätten in Padua aber an einige Personen vermietet, die an der Fortsetzung der Automobilproduktion überhaupt nicht interessiert waren, so daß nur noch die Werkstätte weitergeführt wurde.

MARLBOROUGH
Aubervilliers, Frankreich
London und Weybridge, Großbritannien
1906–1926

Die ersten Automobile dieses Herstellers wurden in London gefertigt, der Rahmen und der Motor wurden jedoch in Frankreich von Malicet & Blin produziert. Anläßlich der ersten offiziellen Vorstellung im Rahmen des Olympia-Automobilsalons des Jahres 1906 zeigte Marlborough die Modelle 8 HP (Einzylinder), 10/12 HP (Zweizylinder) und 14 HP (Vierzylinder). 1909 wurde die Firma von T.B. André (der für den Bau der Hartford-Reibungsstoßdämpfer berühmt werden sollte) aufgekauft. Von diesem Moment an kamen auch die Einzelteile der Marlborough aus England. Die ersten Marlborough hatten einen Kühler und eine Motorhaube in Zylinderform. 1912, als der leichte 8/10 HP mit 1.094 cm³ herauskam, wurde schon ein V-förmiger Kühler verwendet. Nach dem Ersten Weltkrieg wurde ein Modell mit Cime-Motor und 1.087 cm³ auf den Markt gebracht, das dann auch in einigen Sportausführungen mit einem British Anzani- oder Coventry-Climax-Motor angeboten wurde. Der letzte Marlborough, ein 2-l-6-Zylinder mit Bremsen an allen vier Rädern, wurde 1925 angekündigt, ging jedoch nie in Produktion, da der Hersteller sich schon nach wenigen Monaten vom Markt zurückziehen mußte.

Das interessanteste Modell war der Marlborough-Thomas, 1923/24 von T.B. André und Parry Thomas privat in einer Werkstatt von Brooklands hergestellt. Sein von Thomas entworfener und von Peter Hooker Co. gebauter Motor war ein Vierzylinder mit 1.493 cm³ und zwei obenliegenden Nockenwellen.

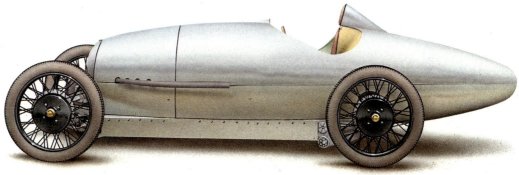
Marlborough-Thomas

MARMON
**Indianapolis, USA
1902–1933**

Die Nordyke & Marmon Company wurde 1851 gegründet, doch gab sie ihr Debüt auf dem Automobilmarkt erst 1902. Es handelte sich um ein Modell mit V4-Motor, Druckumlaufschmierung und Luftkühlung, das von Howard Marmon selbst entwickelt wurde. 1908 kam ein V8-Modell mit 60 PS Leistung auf den Markt.

1909 erneuerte Marmon seine Produktpalette und brachte zwei neue, große Modelle mit 4-Zylinder-Motor, 40/45 HP und 50/60 HP auf den Markt. Ab 1911 stand nur das Modell 32 auf der Verkaufsliste, das mit einem 5,2-l-Motor und einem an der Hinterachse angeflanschten Getriebe ausgestet war. Der Marmon Wasp, der eigens für Rennen gebaut wurde und über einen 6-Zylinder-Motor verfügte, gewann im ersten Jahr seiner Produktion das erste 500-Meilen-Rennen von Indianapolis. 1914 kamen der Marmon 32 mit vier Zylindern und 5.213 cm^3 Hubraum und der 48 mit sechs Zylindern und 9.383 cm^3 Hubraum heraus. Zwei Jahre später erschien der 34, der dank seines 6-Zylinder-Motors mit hängenden Ventilen und 5.565 cm^3 technisch höher entwickelt war. Der 34, der natürlich immer weiterentwickelt wurde, blieb für elf Jahre auf der Verkaufsliste, auf der außerdem noch der weniger gelungene Little Marmon mit 8-Zylinder-Reihenmotor und 3.115 cm^3 Hubraum stand.

Von 1928 bis 1931 produzierte Marmon nur 8-Zylinder-Modelle, wie z.B. ein Modell mit dem Markenzeichen Roosevelt, das zu einem erschwinglichen Preis angeboten wurde. 1931 wurde ein V16-Leichtmetallmotor mit 8.064 cm^3 angeboten. Ein Jahr darauf wurde dieses Modell auch mit acht Zylindern ausgerüstet. Es setzte sich jedoch nicht durch. Im gleichen Jahr wurde auch ein Prototyp mit einem Zentralrohrrahmen und V12-Motor fertiggestellt, doch noch bevor er in Serie gefertigt werden konnte, zog sich Marmon vom Pkw-Sektor zurück, um sich vollkommen auf den Bau von Lkws zu beschränken.

MARTINI
**Frauenfeld/St. Blasien, Schweiz
1897–1934**

Diese Firma, die 1860 von Friedrich de Martini gegründet wurde, produzierte anfangs Waffen. 1897 wurde auf Initiative des Sohnes des Firmengründers ein Automobil mit 2-Zylinder-Heckmotor und Zündanlage mit Zündkerzen gebaut. 1899 entstand der erste Martini mit Frontmotor. Nach der Herstellung einiger Versuchsmodelle wurden 1902 schließlich 30 Serienwagen mit V4-Motor produziert.

1902 begann Martini in St. Blasien den Lizenzbau der Rochet-Schneider, von denen 1903 100 Stück und im Jahr darauf 130 Stück gefertigt wurden. 1906 verließen zwei neue Modelle, der 20/24 und der 30/40, das Werk Martinis, das mittlerweile von einem Konsortium englischer Firmen aufgekauft worden war.

Marmon V16 Convertible

MARMON V16 (1932)
Motor: V16 mit hängenden Ventilen
Bohrung/Hub: 82,5 mm x 101,9 mm
Hubraum: 8.699 cm^3
Max. Leistung: 200 PS
Getriebe: mechanisch, 3 Gänge
Rahmen: Leiterrahmen
Aufhängung: Starrachsen mit Halbelliptikfedern
Bremsen: Trommelbremsen
Karosserie: Limousine oder Cabriolet
Höchstgeschwindigkeit: 160 km/h

1908 gelangte Martini in die Hände einer Schweizer Finanzgesellschaft. Von nun an konzentrierte sich die Produktion auf Autos mit 4-Zylinder-Motor. 1908 wurden außerdem Kleinwagen mit 1.087 cm^3 gebaut.

1913 brachte Martini einen 25 HP mit Schiebermotor auf den Markt. Im Jahr darauf wurde der 12 Sport mit 2.614 cm^3 vorgestellt. Der Motor dieses technisch hochentwickelten Modells hatte vier Ventile pro Zylinder, die mittels einer obenliegenden Nockenwelle gesteuert wurden, und einen halbkugelförmigen Brennraum. Zu diesem Zeitpunkt reichte die Produktion von einem Vierzylinder mit 1.357 cm^3 bis zum 18 HP mit 3.563 cm^3. 1921 kam der FN mit 1.845 cm^3 Hubraum, das erste Martini-Nachkriegsmodell, auf den Markt. 1923 begannen die Lieferungen der Martinelli, kleiner Autos mit 1.800 cm^3, die vom Schweizer Heer bis zum Zweiten Weltkrieg benutzt wurden.

1924 wurde Martini vom Schweizer Ingenieur Steiger aufgekauft. Die Produktion, bedingt durch die sinkenden Exporte, ging drastisch zurück. 1926 wurde ein Modell mit 3,1-l-6-Zylinder-Motor vorgestellt, das nicht erfolgreich war. 1929 wurden zwei 6-Zylinder-Modelle mit 15 oder 20 PS angeboten. 1930 zog es Martini vor, ein deutsches Automobil, nämlich den Sechszylinder Wanderer, auf Lizenzbasis zu bauen. Aber der Schweizer Automobilmarkt nahm auch dieses Modell nicht mit Enthusiasmus auf, so daß Martini Anfang 1931 ein neues, selbst entwickeltes Modell, den Typ NF 4,4 l mit sechs Zylindern, vorstellte. 1934 mußte die Firma nach 2.000 Wagen Konkurs anmelden.

MASERATI
**Bologna/Modena, Italien
1926–**

Die Familie Maserati bestand aus sechs Brüdern: Alfieri, Bindo, Carlo, Ettore, Ernesto und Marco. Letzterer widmete sich der Kunst, während Carlo nach einer Karriere als Fahrer von Rennwagen und Rennrädern 1910 starb. Alfieri und Bindo hingegen arbeiteten für die Isotta-Fraschini. 1914 beschloß Alfieri, eine eigene Werkstatt in der Nähe von Bologna aufzumachen. Bald darauf schlossen sich ihm seine jüngeren Brüder an.

Während des Ersten Weltkriegs widmeten sich die vier Brüder der Herstellung von Zündkerzen. Anfang der zwanziger Jahre begann Ernesto mit

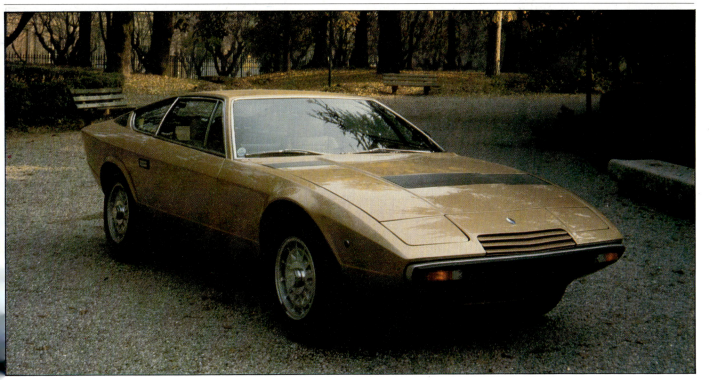

Maserati Khamsin

einem Auto, das er mit einem 4-Zylinder-Motor ausgerüstet hatte, Rennen zu fahren. Diesen Motor erhielt er, indem er von den V8-Flugzeugmotoren der Isotta-Fraschini einen Zylinderblock entfernte. Die Maserati widmeten sich dann der Weiterentwicklung und nahmen für Diatto an Rennen teil. Im Rahmen dieser Zusammenarbeit bauten sie 1925 zwei Grand Prix mit einem 2-l-Motor. Da die Firma Diatto sich im gleichen Jahr aus dem Rennsport zurückzog, kauften die vier Brüder beide Autos. Mit diesen ehemaligen Diatto-Motoren, deren Hubraum jedoch auf 1,5 l reduziert worden war, wurden die ersten beiden „echten" Maserati gebaut. Sie trugen das Wappen von Bologna, den Dreizack, der auf dem Kühler angebracht wurde. Alfieri Maserati gewann 1926 damit die Florio-Plakette.

Von diesem Erfolg konnte Maserati seinen guten Ruf als Rennwagenfabrik verbessern. Es wurden Modelle mit vier, sechs, acht und 16 Zylindern mit einem Hubraum von 1.088 cm³ bis zu 4.995 cm³ gebaut. In den dreißiger Jahren begann auch die Produktion von Straßenfahrzeugen, die jedoch mit entsprechend veränderten Rennwagenmotoren ausgerüstet waren. Vom 16-Zylinder-Rennwagen stammt z.B. ein Modell mit zwei parallel montierten 8-Zylinder-Motoren, deren Kurbelwellen durch Zahnräder verbunden waren. Der Tod Alfieris im Jahre 1932 war ein schwerer Schlag für Maserati. Die Firmenleitung ging nach fünf Jahren an Omer und Adolfo Orsi. 1941 wurden die Produktionsanlagen nach

Modena, der Geburtsstadt der neuen Inhaber, verlegt. Bis 1947, als ihr Arbeitsvertrag auslief, arbeiteten die drei Brüder weiter mit „ihrer" Firma zusammen. Gleich darauf machten sie sich wieder selbständig und gründeten die OSCA. Während der letzten Monate bei Maserati hatten sie den A6G, einen Sportwagen mit 1,5 oder 2 l, der vom Rennwagen 6CM abstammte, gebaut.

Auch in den Nachkriegsjahren beschäftigte sich Maserati hauptsächlich mit der Produktion von Rennwagen, wobei der berühmteste unter ihnen zweifellos der 250F war, der 1953 von Gioacchino Colombo entwickelt wurde und bis 1958 von solch hervorragenden Piloten wie Moss, Hawthorn oder Fangio gefahren wurde. In diesem Jahr beschloß Omer Orsi, sich aus dem Rennsport zurückzuziehen und die Produktion auf hochklassige Sportwagen mit 6-Zylinder-Motor, 300 PS und 3.485 cm³ zu beschränken. Trotz des Rückzugs der Werks-

wagen setzten einige private Piloten ihre Erfolge auf Maserati-Sport-/Rennwagen mit 1.994 oder 2.890 cm³ (wie z.B. dem berühmten Birdcage) bis Anfang der sechziger Jahre fort.

Die Produktion von Sportwagen wurde mit dem 5000GT aus dem Jahre 1959 fortgeführt, der über eine Höchstgeschwindigkeit von 274 km/h verfügte. Ihm folgte der Quattroporte (Viertürer) des Jahres 1963. 1967 wurden der Mistral und der Sebring vorgestellt, die beide mit einem 4-l-6-Zylinder-Motor ausgerüstet waren. Kurz danach wurde der Mistral vom Ghibli (Sportwagen, 280 km/h) ersetzt.

1969 kaufte Citroën für ungefähr eine Milliarde Lire (ungefähr 40 Millionen Mark) die Mehrheitsrechte von Maserati. Von nun an wurden im Werk von Modena über mehrere Jahre hinweg 2,5 Autos pro Tag gebaut, einschließlich der Limousine Citroën Maserati SM.

Nachdem Citroen in eine Krise geraten war und deshalb das Maserati-Werk schließen wollte, sprang Alejandro DeTomaso ein und rettete den Hersteller im wahrhaft letzten Moment. Auf seine Initiative hin entstand nun der Biturbo, der 1982 den Grundstein für den Wiederaufstieg der Marke Maserati legte. Der Bau der Modelle Merak (2,0-l-V6), Khamsin und der der berühmten Bora wurde genauso wie der der Quattroporte-Limousine (alle mit V8-Motoren ausgerüstet) eingestellt.

Aus dem Biturbo entwickelte Maserati kontinuierlich neue Typen: Bald kamen ein 2,5-l, eine viertürige Limousine, der offene Spyder und 1987 schließlich ein 2,8-l-Modell zur Produktion.

MASERATI KHAMSIN (1972)

Motor: V8 mit 2 obenliegenden Nockenwellen pro Zylinderblock
Bohrung/Hub: 93,9 mm x 89 mm
Hubraum: 4.930 cm³
Max. Leistung: 280 PS
Getriebe: mechanisch, 5 Gänge
Rahmen: Rohrrahmen
Aufhängung: Einzelradaufhängung mit Querlenkern, Schraubenfedern und Stabilisatoren vorne und hinten
Bremsen: Scheibenbremsen
Karosserie: Coupé 2+2
Höchstgeschwindigkeit: 258 km/h

Seit 1991 heißt der Biturbo Maserati 2.24 oder 4.24 (je nach Zahl der Türen) und besitzt 225 bis 240 PS.

Parallel dazu entwickelte Maserati echte Sportversionen des Biturbo. So wurde 1989 der Shamal vorgestellt, ein Hochleistungscoupé mit 3,2-l-V6-Motor und zwei Turboladern, 32 Ventilen und 326 PS. 1992 folgte der neue Ghibli, ein luxuriöses Coupé mit 305 PS aus nur zwei Litern Hubraum.

Maserati Khamsin

Dieses Modell, das den Ghibli (seine Karosserie wurde von Giugiaro entworfen und von Ghia gebaut) ersetzen sollte, wurde zur Zeit der Ölkrise vorgestellt; der Khamsin meisterte diese schwierige Lage jedoch und errang den Ruf eines Autos mit sehr guten Fahreigenschaften und guter Straßenlage. Den Citroën-Einfluß bei Maserati

MASERATI

Maserati Bora

MASERATI BORA (1974)

Motor: V8 mit 2 obenliegenden Nockenwellen pro Zylinderblock
Bohrung/Hub: 93,9 mm x 85 mm
Hubraum: 4.719 cm³
Max. Leistung: 310 PS
Getriebe: mechanisch, 5 Gänge
Rahmen: Rohrrahmen
Aufhängung: Einzelradaufhängung mit Querlenkern, Schraubenfedern und Stabilisatoren vorne und hinten
Bremsen: Scheibenbremsen
Karosserie: Sportcoupé-Zweisitzer
Höchstgeschwindigkeit: 265 km/h

erkennt man beim Khamsin daran, daß er über eine Hydraulik verfügte, die nicht nur die Bodenfreiheit verändern konnte, sondern auch als Hilfskraft für die Bremsen, für die Sitzstellung und für die Ausrichtung der Frontscheinwerfer diente. Nachdem Ghia von Ford gekauft worden war, mußte sich Maserati einen neuen Karosseriebauer suchen und beauftragte Bertone mit der Karossierung des Khamsin.

Maserati Bora

Dieses 1971 erschienene Modell markierte eine wichtige Zeitspanne im Leben der Maserati. Es war das erste Modell, das einen von Maserati selbst hergestellten Mittelmotor hatte.

Wie schon bei vielen anderen italienischen Superautos war auch der aggressive Stil des Bora von Giorgetto Giugiaro entworfen worden. Der Motor dieses Modells, der mittlerweile erprobte Maserati-V8-Motor mit 4.719 cm³ und zwei obenliegenden Nockenwellen pro Zylinderblock, war längs eingebaut. Um Platz für die Halbachsen zu schaffen, wurde die Einheit Federung-Stoßdämpfer der Hinterradaufhängung (es handelte sich um Doppel-Querlenker) über dem oberen Querlenker gelagert.

Der Bora war ein echtes Superauto, das von 0 auf 95 km/h in 6,9 Sekunden beschleunigen konnte, jedoch auch sehr teuer und stets durstig war. Deswegen führte Maserati 1972 den Merak ein, der seinem größeren Bruder von der Technik her glich, jedoch einen kleineren und damit sparsameren V6-Motor hatte. Der Bora wurde 1980 aus der Produktion genommen und machte damit den Weg frei für den Merak.

Maserati Biturbo

Als Alejandro De Tomaso 1975 gerade bei Maserati eingestiegen war, nahm er das Ziel in Angriff, eine weniger exklusive Kundschaft anzusprechen. Der 1982 vorgestellte Biturbo war eines der ersten Modelle, das diesem Leitsatz folgte. Trotz der weitaus geringeren Abmessungen des Biturbo orientiert sich sein Aussehen

MASERATI BITURBO (1984)

Motor: V6 mit obenliegender Nockenwelle und 2 Turboladern
Bohrung/Hub: 82 mm x 63,5 mm
Hubraum: 1.996 cm³
Max. Leistung: 180 PS
Getriebe: mechanisch, 5 Gänge
Rahmen: selbsttragende Karosserie
Aufhängung: Einzelradaufhängung mit McPherson-Federbein
Bremsen: Scheibenbremsen an den Vorder- und Hinterrädern
Karosserie: Coupé
Höchstgeschwindigkeit: 210 km/h

Maserati Biturbo

am Quattroporte, einer Limousine, die noch über viel ästhetisches Charisma verfügte. Der Name Biturbo ist auf die Tatsache zurückzuführen, daß jeder Zylinderblock des V6-Motors mit obenliegender Nockenwelle über einen Turbolader verfügt. Dank der drei Ventile pro Zylinderkopf konnte die 2-l-Ausführung 180 PS erreichen.

Durch die Einführung des Biturbo 425 wurde das Interesse für dieses Modell erneut erhöht. Auch er verfügte über einen V6-Motor, jedoch mit 2.491 cm³, so daß er 10 PS mehr aufwies.

MATHIS
**Straßburg, Deutschland/ Frankreich
1905–1950**

Schon Anfang des Jahrhunderts war Emile E.C. Mathis eine der großen Persönlichkeiten auf dem Fahrzeug-Sektor im elsässischen Straßburg. Er importierte und vertrieb Automobile der Marken Fiat, De Dietrich und Panhard-Levassor. Seine ersten Erfahrungen im Automobilbau sammelte er mit der Konstruktion des Hermes, auch Hermes-Symplex genannt, welchen der junge Ettore Bugatti für ihn entwickelt hatte. Gleich darauf widmete sich Mathis mit einer Stoewer-Lizenz dem Bau von Modellen mit 2.025 oder 2.253 cm³, die vom Rennfahrer Esser entwickelt worden waren.

Das erste echte Mathis-Modell, der Babylette, erschien 1913. Es handelte sich um einen einfachen, aber harmonischen Kleinwagen mit 951 cm³, der ein bißchen den Stil des Bugatti 13 nachahmte. Vor 1914 baute Mathis verschiedene Modelle, unter ihnen den Baby mit Motorgetriebeeinheit und 1.327 oder 1.406 cm³, zwei Modelle mit 2-Zylinder-Motor, seitlich stehenden Ventilen und 1.850 bzw. 3.453 cm³, und den 4,4-l-Mathis-Knight mit Schiebermotor.

Mathis Emysix

MATHIS EMYSIX (1928)
Motor: 6 Zylinder in Reihe mit stehenden Ventilen
Bohrung/Hub: 63,3 mm x 100 mm
Hubraum: 1.829 cm³
Max. Leistung: 35 PS
Getriebe: mechanisch, 4 Gänge
Rahmen: Leiterrahmen
Aufhängung: Starrachse mit Halbelliptikfedern
Bremsen: Trommelbremsen an den Vorder- und Hinterrädern
Karosserie: Coupé oder Limousine
Höchstgeschwindigkeit: 105 km/h

Nach dem Krieg wurde das Elsaß wieder französisch, und bald war die Produktion der kleinen Mathis so groß, daß sie auf dem vierten Platz der französischen Automobilhersteller standen.

1921 brachte Mathis den SB mit V-förmigem Kühler und 1,5-l-Motor mit hängenden Ventilen auf den Markt. Er stammte direkt von jenem Motor mit obenliegender Nockenwelle ab, der das Rennwagenmodell antrieb. Der Mathis 750, ein sehr spartanisches Modell (es verfügte weder über Kontrollanzeigen noch über ein Ausgleichsgetriebe) mit 760 cm³, entwickelte sich zum Konkurrenten des Citroën SHP.

MATRA BAGHEERA (1974)
Motor: 4 Zylinder in Reihe mit hängenden Ventilen, quer eingebaut
Bohrung/Hub: 76,7 mm x 78 mm
Hubraum: 1.442 cm³
Max. Leistung: 84 PS
Getriebe: mechanisch, 4 Gänge
Rahmen: selbsttragende Karosserie
Aufhängung: vordere Einzelradaufhängung mit Querlenkern und Drehstäben, hintere Einzelradaufhängung mit Längslenkern und Drehstäben
Bremsen: Scheibenbremsen
Karosserie: Coupé, dreisitzig, Glasfaserkarosserie
Höchstgeschwindigkeit: 190 km/h

Die Typenvielfalt zwang Mathis 1927 zu einer Rationalisierung, so daß nur noch das Modell MY mit 1,2-l-4-Zylinder-Motor und stehenden Ventilen sowie der etwas später erschienenen Emysix umfaßte. Diese beiden Modelle bildeten die Grundlage für alle anderen in den dreißiger Jahren produzierten Mathis-Modelle. Unter ihnen waren 1930 auch zwei 6-Zylinder-Modelle mit 2,4 und 4,1 l, denen 1931 zwei kurzlebige 8-Zylinder-Modelle folgten.

1933 erschien das modernste Modell, der Emyquatre mit unabhängiger Vorderradaufhängung und Synchrongetriebe. Nachdem Mathis den Emyhuit, beinahe ein Zwillingsmodell des Emyquatre, vorgestellt hatte, wurde ein Vertrag mit Henry Ford geschlossen, der vorsah, daß in der Straßburger Fabrik der Ford V8 gebaut und unter dem Markenzeichen Matford vertrieben werden sollte. Die Beziehungen zwischen Ford und Mathis waren jedoch so, daß sie gleich nach Kriegsende abgebrochen wurden.

Für die Nachkriegsjahre hatte Mathis die Produktion eines Motorrades mit aerodynamischer Karosserie und eines Automobils mit Vorderradantrieb und 2,8-l-6-Zylinder-Boxermotor angekündigt. Beide kamen jedoch nicht über die Entwicklungsphase hinaus.

MATRA
**Romorantin, Frankreich
1965–1984**

Die Matra (Mécanique-Aviation-Traction) ging aus der CAPRA hervor, einem Konsortium kleiner Betriebe, das vor dem Krieg gegründet wurde und anfangs auf dem Flugzeugsektor tätig war. Dieses Konsortium nannte sich ab 1942 Matra und wurde nach dem Krieg eine der führenden Firmen im Bereich

Matra Simca Bagheera

Maserati Bora (1972)

Motor
Position: Mittelmotor, längs eingebaut
Bauart: V8, wassergekühlt, Zylinderblock und -kopf aus Leichtmetall, 5 Kurbelwellen-Hauptlager
Hubraum: 4.719 cm³
Bohrung/Hub: 93,9 mm x 85 mm
Verdichtungsverhältnis: 8,5:1
Ventilsteuerung: 2 Ventile pro Zylinder, gesteuert durch 2 obenliegende Nockenwellen mit Kettenantrieb für jeden Zylinderblock
Gemischbildung: 4 Weber-42-DCNF-Vergaser
Zündanlage: mit Zündverteiler
Max. Leistung: 295 PS bei 6.000^{-min}
Max. Drehmoment: 461 Nm

Übertragung
Antrieb: Getriebe hinter Motor, Hinterradantrieb
Kupplung: Einscheibentrockenkupplung
Getriebe: ZF-5-Gang-Schaltgetriebe
Übersetzungsverhältnis: I) 2,580:1; II) 1,520:1; III) 1,040:1; IV) 0,850:1; V) 0,740:1
Achsgetriebe: Schneckenrad mit Hypoidverzahnung
Übersetzungsverhältnis im Achsgetriebe: 3,770:1

Aufhängung
Vorder- und Hinterachse: Einzelradaufhängung mit Doppel-Querlenkern, Schraubenfedern, Stabilisatoren und Teleskopstoßdämpfern

Lenkung
System: Zahnstangenlenkung

Bremsen
Typ: alle 4 Räder mit Scheibenbremsen, Bremskraftverstärker 13-Räder und Bereifung
Felgen: Leichtmetallfelgen 7,5 x 15
Bereifung: Michelin-Radialreifen 215/70 x 15

Karosserie und Rahmen
Rahmen: selbsttragende Karosserie; quadratische Rohre als Zusatzrahmen von Motor und Kraftübertragung

Karosserie: Sportcoupé, Zweitürer, Zweisitzer

Abmessungen und Gewicht
Länge: 4.330 mm
Breite: 1.770 mm
Radstand: 2.590 mm
Vordere und hintere Spurweite: 1.470 mm/1.440 mm
Gewicht: 1.400 kg

Leistung
Höchstgeschwindigkeit: 265 km/h
Beschleunigung von 0 auf 100: 6,5 sek.
Kraftstoffverbrauch: 25 l/100 km

UNTEN *Im Bereich der Sportwagen mit Mittelmotor war der Maserati Bora eines der schönsten von Giugiaro entworfenen Modelle. Es zeichnet sich besonders durch seine Eleganz und die hohe Aerodynamik der Karosserie aus. Sein cw-Wert war für die damalige Zeit hervorragend. Außerdem war der Bora viel geräumiger als seine Konkurrenten. Obwohl er eine selbsttragende Karosserie hatte, verfügte er über einen Zusatzrahmen für Motor und Kraftübertragung, womit auch sein hohes Gewicht zu erklären ist. Obwohl Motor und Kraftübertragung aus Leichtmetall waren, erreichte der Bora ein Gewicht von 1.400 kg. Vor der Energiekrise waren Gewicht und Kraftstoffverbrauch, letzterer lag bei ca. 25 l/100 km, nicht von besonderer Bedeutung, sie führten jedoch zur Entwicklung des leichteren und sparsameren Merak mit V6-Motor.*

gelenkter Raketen. 1965 übernahm Matra, mittlerweile zu einem der größten französischen Weltraumforschungszentren gewachsen, die Förderung der Automobile René Bonnet mit Renault-Motoren, und nahm von da an auch an Sportveranstaltungen teil.

Der erste Straßensportwagen von Matra war der skurril geformte 530 mit V4-Motor von Ford, der allerdings nur wenige Käufer fand. Nach dem Zusammenschluß mit Chrysler folgte das Modell Bagheera, ein Sportcoupé mit Simca-Motor und Kunststoff-Karosserie. Ende der Siebziger erschien dann der Matra-Simca Rancho, eine Kombilimousine, die optisch an einen Geländewagen erinnerte. 1980 folgte auf den glücklosen Bagheera, der sich durch seine Reparaturanfälligkeit einen sehr schlechten Ruf erworben hatte, der Murena mit Mittelmotor, der wie der Rancho bis 1984 gebaut wurde. Seitdem wird im Matra-Werk der Renault Espace produziert.

MAYBACH
Friedrichshafen, Deutschland
1921–1941

1907 tat sich Wilhelm Maybach, ein ausgezeichneter Konstrukteur, der den ersten Original-Mercedes entwickelt hatte und sich gerade aus der Daimler-Motoren-Gesellschaft zurückgezogen hatte, mit seinem alten Freund Graf Ferdinand von Zeppelin zusammen, um Motoren für Luftschiffe zu entwickeln. 1912 zogen Zeppelin und Maybach nach Friedrichshafen um, wo sie die Produktion der von Wilhelms Sohn Karl entworfenen Flugzeugmotoren aufnahmen. Als die deutsche Industrie nach dem Ersten Weltkrieg keine Flugzeugmotoren mehr bauen durfte, verlegte sich Maybach auf den Automobilmotorenbau und stellte einen 6-Zylinder-Motor mit 5.738 cm^3 und stehenden Ventilen vor. Da dieser Motor nur einen Abnehmer fand, nämlich den niederländischen Hersteller Spyker, baute Maybach 1921 ein ganzes Automobil, den W3. Karl Maybach war davon überzeugt, daß ein Auto so einfach wie möglich zu bedienen sein sollte, und deshalb wählte er für sein erstes Modell ein Getriebe mit nur zwei Gängen, die mit dem Pedal gewählt wurden. Der W3 war auch eines der ersten deutschen Serienfahrzeuge, die über Bremsen an allen vier Rädern verfügten. Der W5 aus dem Jahr 1926 hatte einen Motor mit hängenden Ventilen und 6.995 cm^3, der eine Geschwindigkeit von fast 121 km/h ermöglichte.

Maybach beschloß 1929, den 6-Zylinder-Motor durch einen V12-Motor mit 6.922 cm^3 zu ersetzen. Er wurde zum ersten Mal in den DS7 eingebaut. Ein Jahr darauf wurde ein Nachfahre des DS7 mit dem Namen Zeppelin vorgestellt.

1931 kam der DS8 auf den Markt, der immer noch über einen V12-Motor verfügte, dessen Hubraum betrug jetzt jedoch 7.977 cm^3. Kurze Zeit danach wurde der DS7 aus der Produktion genommen. Um die Basis ihrer Produktion zu vervollständigen, stellte Maybach den DSH, einen Sechszylinder mit 5,2 l, vor. Das 5-Gang-Getriebe, das in den DS8 eingebaut worden war, wurde 1938 durch ein 7-Gang-Getriebe ersetzt. Einige DSH verfügten über eine aerodynamische Karosserie, die später auch für die SW-Reihe verwendet wurde. Diese Reihe umfaßte den SW35 (Baujahr 1935/36 mit 3.435 cm^3), den SW38 (Baujahr 1937/39 mit 3.790 cm^3) und den SW42 (Baujahr 1939/41 mit 4.199 cm^3).

MAZDA
Hiroshima, Japan
1960–

Die Firma Toyo Kogyo, die 1920 gegründet worden war, verarbeitete zuerst Kork. Mitte der zwanziger Jahre begann die Produktion von Motorrädern, und 1930 wurden die ersten Exemplare eines dreirädrigen Lastwagens fertiggestellt. Schon Ende der dreißiger Jahre entwickelte die Firma einige Auto-Prototypen, ihr Debüt auf dem Automobilsektor gab sie jedoch erst 1960, als das Coupé R-360 vorgestellt wurde. 1962 führte Mazda (so heißt die Firma auf den westlichen Märkten) die Modellreihe Carol ein, die sich stilistisch am gleichzeitig erschienenen Ford Anglia orientierte. Insbesondere gilt dies für den Carol 360, eine zweitürige Limousine. Der Carol 600 war viertürig.

1964 wurden der Kombi Pick-up und die Kombi-Limousine vorgestellt. 1965 erschien dann der Mazda 1000, während 1966 der 1500 in die Produktion ging. Ein Jahr später wurde das interessanteste Modell des Jahrzehnts, der R-100 mit Wankelmotor, vorgestellt. In den folgenden Jahren stieg das Interesse von Mazda für diese Art von Motor. 1970 erschien der RX-2, während 1977 viele Modelle bis 1.800 cm^3 außer mit dem traditionellen Hubkolbenmotor auch mit einem ausgereiften Wankelmotor angeboten wurden. 1978 war das leistungsstärkste Modell der Cosmo AP Limited Coupé mit 135 PS und 190 km/h.

1979 wurde der Mazda RX-7, ein neuer Sportwagen mit Wan-

MAYBACH ZEPPELIN (1930)

Motor: V12 mit hängenden Ventilen
Bohrung/Hub: 92 mm x 100 mm
Hubraum: 7.977 cm^3
Max. Leistung: 200 PS
Getriebe: 5-Gang-Schaltgetriebe mit Unterdruck-Servobedienung
Rahmen: Leiterrahmen
Aufhängung: Starrachsen mit Halbelliptikfedern
Bremsen: Trommelbremsen
Karosserie: nach Wunsch
Höchstgeschwindigkeit: 160 km/h

Maybach Zeppelin

Mazda RX-7

kelmotor, vorgestellt. Ein Jahr später erschien der 323, eine 2-l-Limousine mit Hinterradantrieb und einem sehr leichten Motor mit einer obenliegenden Nockenwelle sowie einem hohen Wirkungsgrad.

Der 323 wurde 1985 und 1989 jeweils durch eine neue Generation ersetzt und dabei auf Frontantrieb umgestellt. Auch der Mazda 626, das größere Mittelklassemodell, besitzt seit 1987 angetriebene Vorderräder. Beide Modellreihen sind international sehr erfolgreich. Das größte Mazda-Modell, der 929, wurde 1991 durch den Sentia ersetzt. Wie der Vorgänger hat auch der sehr luxuriöse Sentia V6-Motoren und Heckantrieb.

Daneben hat sich Mazda einen Namen als Sportwagenhersteller gemacht. Neben dem RX-7, der immer weiter entwickelt wurde und seit 1991 255 PS leistet, baut Mazda die Sportcoupés MX-3 und MX-6 sowie den 1989 vorgestellten MX-5 Miata, einen Roadster, der dem Lotus Elan von 1961 nachempfunden ist und weltweit ein Riesenerfolg wurde.

McFARLAN
**Connersville, Indiana, USA
1910–1928**

1856 gründete John B. McFarlan eine Kutschenfabrik. Aufgrund der Entscheidung seines Enkels Harry wurde die Produktion 1909 auch auf den Automobilsektor ausgedehnt. Alle Modelle dieser Marke waren große, teure und eindrucksvolle Automobile. Bei den ersten Modellen experimentierte man mit Motoren verschiedener Marken, angefangen beim 6-Zylinder-Brownellmotor mit 4.058 cm^3. Neben diesem Motor mit dem Namen Little Six wurde ab 1911 auch der Big Six mit hängenden Ventilen und 6.177 cm^3 eingesetzt.

1912 kamen zwei neue Modelle auf den Markt: der 40/50 HP mit 6.177 cm^3 und der 55/60 HP. Gleichzeitig führte McFarlan als Serienausstattung auch einen druckluftbetriebenen Startermotor ein. Im Jahr darauf

MAZDA RX-7 (1992)
Motor: Zweischeiben-Kreiskolbenmotor, zwei Turbolader
Kammervolumen: 654 cm^3,
(Hubraumäquivalent 2.616 cm^3)
Max. Leistung: 187 kW / 255 PS bei 6.500^{-min}
Getriebe: mechanisch, 5 Gänge oder 4-Gang-Automatik
Rahmen: selbsttragende Karosserie
Aufhängung: Einzelradaufhängung vorne und hinten
Bremsen: Scheibenbremsen vorne und hinten
Karosserie: zweitüriger Sportwagen
Höchstgeschwindigkeit: 250 km/h

McFARLAN TV (1920)
Motor: 6 Zylinder in Reihe mit 24 Ventilen, 2 Zylinderblöcke
Bohrung/Hub: 114,3 mm x 152,4 mm
Hubraum: 9.382 cm^3
Max. Leistung: 120 PS
Getriebe: mechanisch, 4 Gänge
Rahmen: Leiterrahmen
Aufhängung: vorne und hinten Starrachse mit Halbelliptikfedern
Bremsen: nur an Hinterrädern
Karosserie: nach Wunsch
Höchstgeschwindigkeit: 120 km/h

McFarlan TV Roadster

Maybach Zeppelin V12 Cabriolet (1934)

Motor
Position: Frontmotor, längs eingebaut
Bauart: V12-Zylinder in 60°, hängende Ventile; Zylinderblöcke aus Leichtmetall (Silumin), Laufbuchsen aus Gußeisen, 8 Kurbelwellen-Hauptlager
Hubraum: 7.977 cm^3
Bohrung/Hub: 92 mm x 100 mm
Verdichtungsverhältnis: 5,6 : 1
Ventilsteuerung: 2 hängende Ventile pro Zylinderkopf, betätigt durch eine einzige zentrale Nokkenwelle mittels Stößelstangen und Kipphebeln
Gemischbildung: 2 Solex-Doppel-Steigstromvergaser
Zündanlage: Batterie und Zündverteiler
Max. Leistung: 200 PS bei 3.200^{-min}

Übertragung
Antrieb: Kupplung und Getriebegehäuse in einem Block mit dem Motor
Kupplung: 2-Scheiben-Trockenkupplung
Getriebe: mechanisch, 5-Gang-Vorwählgetriebe
Achsgetriebe: Kegelrad
Übersetzungsverhältnis im Achsgetriebe: 3,58 : 1 oder 3,21 : 1

Aufhängung
Vorder- und Hinterachse: Starrachsen mit Halbelliptikfedern und Stoßdämpfern

Lenkung
System: Schraubenspindel

Bremsen
Typ: Trommelbremsen an allen 4 Rädern mit Bremskraftverstärker

Räder und Bereifung
Felgen: Räder mit 51 cm Durchmesser
Bereifung: Lkw-Reifen 7,0/7,5 x 20

Abmessungen und Gewicht
Länge: 5.486 mm
Breite: 1.753 mm
Radstand: 3.734 mm
Vordere und hintere Spurweite: 1.473 mm/1.473 mm
Gewicht: 2.110 kg

Leistung
Höchstgeschwindigkeit: 160 km/h
Kraftstoffverbrauch: 27,7 l/100 km

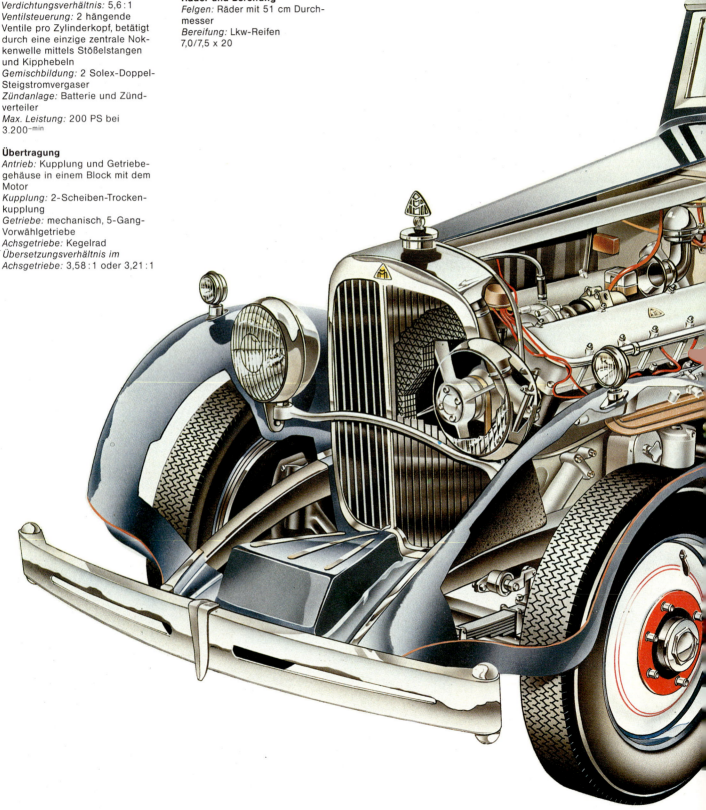

Ein Querschnitt durch einen Maybach Zeppelin V12 mit Graber-Cabriolet-Karosserie aus dem Jahr 1934. Man sagt, daß diese majestätischen Automobile, deren Rahmen eine Länge von 3,73 m hatten, über Abmessungen verfügten, die in der Straßenverkehrsordnung nicht vorgesehen waren, so daß ihr Fahrer einen Autobus-Führerschein besitzen mußte! Die Kraftübertragung hatte ein mit Saugluft betätigtes Getriebe, das über fünf Vorwärtsgänge verfügte. Man mußte nur den gewünschten Gang wählen, der dann automatisch geschaltet wurde, wenn man den Fuß vom Gaspedal nahm. Außerdem gab es zwei Rückwärtsgänge. Das Emblem dieses Modells war ein Zeppelin, mit dem die enge Beziehung der Maybach zu Luftschiffen unterstrichen werden sollte.

McLAUGHLIN

kündigte die Firma an, nicht mehr jedes Jahr neue Modelle auf den Markt bringen zu wollen, sondern daß sie drei neue Modellreihen herstellen würde: den S (6.177 cm^3), den T (7.412 cm^3) und den M (7.817 cm^3).

1914 wurden die S- und M-Modelle aus der Produktion genommen. Gleichzeitig beschloß McFarlan, das Lenkrad links anzubringen. Die Serie X wurde mit dem gleichen Rahmen wie der T ausgestattet und verfügte über 9.382 cm^3 und elektrischen Startermotor.

Der 1916 vorgestellte Ninety, dessen Motor dem der Serie X ähnelte, wurde mit für die damalige Zeit unüblichem Zubehör angeboten: z.B. konnte das Lenkrad geneigt werden, und seine Grifffläche war elektrisch beheizt, die Gänge wurden mit Hilfe eines Knopfdrucks elektrisch betätigt. 1923, als die Serie TV (Twin Valve) vorgestellt wurde, kam der erste, allein von McFarlan entwickelte und gebaute Motor heraus. Es handelte sich um einen enormen 6-Zylinder-Motor mit 9.382 cm^3 und 24 Ventilen. Die Serie TV war in 11 verschiedenen Ausführungen erhältlich. Das teuerste Modell, das Knickerbocker Cabriolet, war ein geräumiges Stadtmodell.

1924 stellte der Hersteller aus Connersville das wirtschaftlichste Modell, den SV (Single-Valve) mit einem 6-Zylinder-Visconsin-Motor und 4.397 cm^3 vor. Dieses Modell errang jedoch nicht den erhofften Erfolg und wurde 1926 von der Lieferliste genommen. Im gleichen Jahr begann die Produktion der Serie Eight-In-Line, mit einem von Lycoming gebauten 8-Zylinder-Reihenmotor und 4.893 cm^3. Diese Serie wurde, genau wie die TV, bis zur Schließung von McFarlan hergestellt. Obwohl sie wirtschaftlicher waren als ihre Vorgänger, errangen auch die 1926er Modelle keinen ausreichenden Erfolg, so daß die Firma die Produktion einstellen mußte.

McLAUGHLIN
Ottawa, Kanada
1908-1922

Nach vierzigjähriger Tätigkeit im Kutschwagenbau schloß die McLaughlin Carriage Company, die schon 1867 gegründet worden war, einen vorteilhaften Vertrag mit General Motors, der es ihr ermöglichte, über General Motors-Motoren und Buick-Technik zu verfügen. So stellte die Firma 1908 in Ottawa 200 Stück ihres ersten Automobils fertig, das sich an seinem Zeitgenossen, dem 4-Zylinder-Buick, orientierte. In den folgenden Jahren lief das Geschäft sehr gut, so daß 1922, im letzten Jahr der Produktion, die Rekordzahl von 15.000 Stück

McLaughlin

McLAUGHLIN (1920)
Motor: 6 Zylinder in Reihe mit hängenden Ventilen
Bohrung/Hub: 86 mm x 116 mm
Hubraum: 4.043 cm^3
Max. Leistung: 18 PS
Getriebe: mechanisch, 3 Gänge
Rahmen: Leiterrahmen
Aufhängung: Starrachsen mit Halbelliptikfedern
Bremsen: Trommelbremsen an den Hinterrädern
Karosserie: Cabriolet oder Limousine
Höchstgeschwindigkeit: 80 km/h

erreicht war. Die McLaughlin waren bekannt für ihre akkurate Konstruktion, die bestimmt besser war als die der amerikanischen Buick. Neben den Buick-4- und Buick-6-Zylinder-Abkömmlingen gab es auch Modelle, die sich am Chevrolet und am Oakland-6-Zylinder orientierten.

Ab 1918 wurde McLaughlin völig von General Motors geleitet, so daß die McLaughlin-Modelle ab 1923 unter dem Namen McLaughlin-Buick vermarktet wurden.

MELDI
Turin, Italien
1927–1933

Giuseppe Meldi war ein Turiner Mechaniker, der sich auf den Bau von Seitenwagen spezialisiert hatte. Vom Automobilfieber angesteckt, beschloß er 1927, ein „cyclecar" zu bauen. Typisch für dieses Fahrzeug waren der Rohrrahmen und die Vorderradaufhängung.

MENON
Treviso, Italien
1897–1902

Menon ist einer der ältesten italienischen Autohersteller. Nach seiner anfänglichen Tätigkeit auf dem Fahrradsektor (sie begann 1875) stellte Carlo Menon aus Treviso 1897 ein Automobil fertig, das von einem 1-Zylinder-De-Dion-Boulon angetrieben wurde. Es handelte sich um einen luftgekühlten Frontmotor, der 1,25 HP lieferte.

Einige Jahre später wollte Menon einen eigenen Motor entwickeln. So entstand ein Modell mit einem 1-Zylinder-Motor, 490 cm^3 und 4/6 HP, wodurch es 40 km/h erreichte. Trotz Erfolgen bei Ausstellungen und Wettbewerben wurde die Produktion eingestellt.

MENTASCHI
Lambrate (Mailand), Italien
1924

Mentaschi war ein kleiner Handwerksbetrieb mit Sitz in Lambrate, einem Stadtteil von Mailand. 1924 stellte die Firma ein kleines, zweisitziges Elektroauto vor, das 1,5 PS lieferte. Es sollte angeblich 80–90 km mit einer Batterie fahren und 25 km/h erreichen können. Dieses Fahrzeug, das im gleichen Jahr auf dem Mailänder Automobilsalon vorgestellt wurde, ging jedoch nie in Produktion.

MERCEDES
Cannstatt, Deutschland
1901–1926

Während des letzten Jahrzehnts des 19. Jahrhunderts war der Botschafter der k. u. k. Monarchie in Nizza, Emile Jellinek, auch Leiter der örtlichen Daimler-Vertretung. Aufgrund der hervorragenden Verkaufszahlen gelang es ihm, den Konstrukteur von Daimler, Wilhelm Maybach, davon zu überzeugen, ein noch leistungsstärkeres Modell zu bauen. So konnte er 1899 den Vierzylinder 24 HP Phoenix-Daimler vorstellen. Dieses Modell wies jedoch große fahrwerkstechnische Mängel auf, so daß Jellinek ein neues Modell in Auftrag geben mußte, das 1901 fertiggestellt wurde und über viele technische Neuerungen verfügte. Jellinek nannte dieses Modell nach seiner Tochter Mercedes.

Der erste Mercedes mit dem Namen 35 PS hatte einen 4-Zylinder-Motor mit 5.913 cm^3. Er stellte die Grundlage für alle danach in Europa und Amerika produzierten Modelle dar. Die Daimler Motoren Gesellschaft übernahm das Markenzeichen Mercedes für alle hergestellten Modelle. So wurde z.B. die Reihe, die vom 35 PS abstammte, Mercedes-Simplex genannt. Zu den berühmtesten Mercedes-Simplex gehörten der 18/22 PS, der 40/45 PS (6.785 cm^3) und der 60 PS von 1902. Dieser konnte dank seines Motors mit 9.235 cm^3 90 km/h schnell fahren.

Die Mercedes-Modelle errangen auch viele Erfolge im

MERCEDES-BENZ

MERCEDES 60 PS (1903)

Motor: 4 Zylinder in Reihe mit hängendem Ein- und stehendem Auslaßventil
Bohrung/Hub: 140 mm x 150 mm
Hubraum: 9.235 cm^3
Max. Leistung: 60 PS
Getriebe: mechanisch, 4 Gänge
Rahmen: Leiterrahmen
Aufhängung: vorne und hinten Starrachsen mit Halbelliptikfedern
Bremsen: Trommelbremsen, wirken auf die Hinterräder und die Kraftübertragung
Karosserie: nach Wunsch
Höchstgeschwindigkeit: 90 km/h

Mercedes 60 PS

Rennsport. Sie dominierten einige internationale Rennen, die vor dem Ersten Weltkrieg ausgetragen wurden. Vor dem Krieg standen auf der Lieferliste von Mercedes, auch Lieblingsmarke des Kaisers, große Limousinen, deren Hubraum von 1.570 cm^3 bis 9.575 cm^3 reichte. Einige unter ihnen verfügten über Knight-Schiebermotoren. Insbesondere das Modell Mercedes-Knight mit 4.055 cm^3 blieb bis 1923 in Produktion. Unter den Nachkriegsmodellen war auch der Sechszylinder mit hängenden Ventilen und 7.250 cm^3, der als Grundlage für die von Paul Daimler durchgeführten Experimente mit Ladermotoren genommen wurde. 1921/22 begann Mercedes mit der Serienproduktion von Kompressor-Modellen, die mit recht kleinen Motoren ausgerüstet waren.

1923 übernahm Ferdinand Porsche die Leitung der Entwicklungsabteilung. Kurz darauf, auf alle Fälle vor der Fusion Daimlers mit Benz im Jahre 1926, begann die Produktion des Modells 24/100/140 PS, welches einen 6-Zylinder-Motor mit 6.240 cm^3 und 100 PS hatte. Auf dieser Grundlage entwickelte Porsche den K (Kompressor), der mit eingeschaltetem Turbolader 140 PS erreichte.

Mercedes 60 PS

Dieses Modell wurde 1903 anläßlich der „Sieben Tage von Nizza" vorgestellt, wo es sofort einige Wettbewerbe gewann. Der 60 PS wurde schnell zum Traumauto aller Sportwagenfahrer, doch aufgrund seines enormen Kaufpreises blieb er nur wenigen Glücklichen vorbehalten. Eines der typischen technischen Merkmale war das Einlaßventil mit veränderbarem Öffnungswinkel.

Mercedes 24/100/140 PS

Die ersten Sportwagen mit Ladermotor, die Ferdinand Porsche für Mercedes entwickelte, waren der Mercedes 400 mit 3.920 cm^3 und der Mercedes 630 mit 6.240 cm^3. Letzterer war besser unter dem Namen 24/100/140 PS bekannt, wobei die erste Zahl für die versteuerten PS, die zweite für die Höchstleistung ohne Kompressor und die dritte für die Höchstleistung mit Kompressor stand. Dieses Modell, das ab 1924 verkauft wurde, zeigte bald, daß Porsche viel erfolgreicher im Bau von Motoren als im Bau von Rahmen war. Die Fahreigenschaften und die Straßenlage dieses Autos waren den hohen Geschwindigkeiten nicht angepaßt. Sie waren einem Leichtmetallmotor, der eine Einheit mit dem Getriebegehäuse bildete und über eine obenliegende Nockenwelle sowie zwei Zündanlagen verfügte, zu verdanken.

MERCEDES-BENZ
Stuttgart-Untertürkheim, Deutschland
1926–

Nach der Fusion von Daimler und Benz konnten beide auf die Erfahrung und das technische Wissen eines Teams von Konstrukteuren zählen, an dessen Spitze Ferdinand Porsche stand und zu dem auch Männer zählten wie Hans Nibel

MERCEDES 24/100/140 (1924)

Motor: 6 Zylinder in Reihe mit obenliegender Nockenwelle
Bohrung/Hub: 94 mm x 150 mm
Hubraum: 6.240 cm^3
Max. Leistung: 100 PS (140 PS bei eingeschaltetem Kompressor)
Getriebe: mechanisch, 4 Gänge
Rahmen: Leiterrahmen
Aufhängung: Starrachsen mit Halbelliptikfedern vorne und Auslegerfeder hinten
Bremsen: Trommelbremsen an den Vorder- und Hinterrädern
Karosserie: mit offenem Aufbau oder Limousine
Höchstgeschwindigkeit: 124 km/h

Mercedes 24/100/140

und Fritz Nallinger, die alle drei schon vorher zur technischen Leitung der Daimler-Benz gehörten. Trotzdem waren die ersten Mercedes-Benz-Modelle recht uninteressante Sechszylinder mit seitlich stehenden Ventilen. Obwohl davon nur eine geringe Stückzahl hergestellt wurde, war der Sechszylinder-Rennwagen (mit Ladermotor und obenliegender Nockenwelle) weitaus interessanter. Bei diesem von Porsche 1926 entwickelten Modell handelte es sich um den K 24/100/160 mit 6.250 cm³, der wegen der Handhabung den Spitznamen „Todesfalle" trug.

Dem K folgten die Modelle S 16/120/180 PS, SS 27/140/200 PS, SSK 27/170/225 PS und SSKL 27/170/300 PS. 1928, nachdem Porsche Mercedes verlassen hatte, ging die Entwicklung in die Hände von Nibel über. Unter seiner Leitung wurden der Achtzylinder Nürburg mit 4,9 l (der auf dem von Porsche 1928 entwickelten 4,6-l-Modell aufbaute), der Sechszylinder Mannheim mit 3,7 l (auch er stammte von einem Porsche-Entwurf, dem 3,5-Liter aus dem Jahre 1928, ab) und der „Große Mercedes" mit 8-Zylinder-Motor und 7.655 cm³, der auch mit Kompressor erhältlich war, entwickelt und gebaut. 1931 gab Mercedes-Benz mit dem gelungenen

Sechszylinder Mercedes 170 sein Debüt auf dem Markt für Kleinwagen. Diesem Modell, das auch wichtig war, weil es der erste Mercedes-Benz mit unabhängiger Vorderradaufhängung war, folgte 1932 ein Modell mit 1.949 cm³ mit dem Namen Mercedes 200. Der Heckmotor 130 mit 4-Zylinder-Motor und 1.308 cm³, der 1934/35 hergestellt wurde, sowie seine Nachfolger, der 150 und der 170, waren weniger erfolgreich.

Der erste Sportwagen von Mercedes mit Ladermotor, der über unabhängige Vorderräder verfügte, war der Mercedes 380 15/90/140 PS aus dem Jahr 1933. Der Motor hatte einen Hubraum von 3.820 cm³, der für den ein Jahr später erscheinenden 500K auf 5.018 cm³ erhöht wurde.

Unter der technischen Leitung von Max Saller, einem Rennfahrer, der Hans Nibel 1935 ablöste, entstanden: der 260D (1935), der über den ersten in Serie gefertigten Dieselmotor verfügte; ein neuer „Großer Mercedes" (1938) mit einem Rahmen aus ovalen Profilträgern und einer hinteren Pendelachse; der 540K (1937), dessen Motor ohne Kompressor 115 PS und mit Kompressor 180 PS lieferte.

Der Wiederaufbau der im Krieg zerstörten Fabrik bedurfte einiger Zeit, so daß das erste Nachkriegsmodell erst 1947 erschien. Es handelte sich um den 170 V mit vier Zylindern, 1.697 cm³, 38 PS und seitlich stehenden Ventilen, der schon vor dem Krieg entwickelt worden war. 1949 wurde dieses Modell auch mit Dieselmotor

Mercedes-Benz SSK

> **MERCEDES-BENZ SS (1929)**
>
> *Motor:* 6 Zylinder in Reihe mit obenliegender Nockenwelle
> *Bohrung/Hub:* 100 mm x 150 mm
> *Hubraum:* 7.065 cm³
> *Max. Leistung:* 140 PS ohne, 200 PS mit Kompressor
> *Getriebe:* mechanisch, 4 Gänge
> *Rahmen:* Leiterrahmen
> *Aufhängung:* Starrachsen mit Halbelliptikfedern und Reibungsstoßdämpfern
> *Bremsen:* Trommelbremsen
> *Karosserie:* Zweisitzer-Rennwagen oder Cabriolet
> *Höchstgeschwindigkeit:* 190 km/h

angeboten. Unter den ersten Modellen, die sich von den Vorkriegsmodellen unterschieden, war der 1953/54 gebaute 180 mit selbsttragender Karosserie. Es dominierte in diesem Jahrzehnt jedoch der klassische 300S mit 6-Zylinder-Motor, 2.996 cm³ und obenliegender Nockenwelle. Außerdem wurde ab 1952 der Sportwagen 300SL gebaut. Die bekannteste Ausführung des 300SL war sicherlich das Coupé mit Flügeltüren. Das Sport-/Rennwagenmodell 300SLR gewann viele Rennen. 1954 und 1955 wurde Juan Manuel Fangio Weltmeister.

Der 300 SL und der kleinere 190 SL wurden vom 230 SL mit „Pagoden"-Dach, einem Hardtop, das in der Mitte tiefer war als an den Außenrändern, abgelöst. Der Mercedes-Konstrukteur Bela Barenyi, der Erfinder der Knautschzone, hatte den kompakten 230 SL geschaffen. Der Nachfolger kam 1973 und blieb ohne große Veränderungen bis 1989 im Programm, bevor er vom aktuellen SL-Modell abgelöst wurde.

Ein weiterer Meilenstein war der Mercedes 600. Die 1964 präsentierte Staatskarosse sollte das beste Auto der Welt sein. Dazu waren nur die feinsten Zutaten recht: V8-Motor mit 6,3 l Hubraum und Luftfederung. Der 600 wurde auch in einer Pullmann-Langversion und als Landaulet-Cabrio gebaut.

Ende der sechziger Jahre wurde eine neue S-Klasse vorgestellt, die das Heckflossen-Modell ablöste. Die Spitzenversion war der 450 SEL 6.9 mit 286 PS. 1968 hatte Mercedes bereits die neue Modellserie /8 eingeführt, die 1976 durch die Serie 123 (200-280E) und 1984 durch die 124 ersetzt wurde. Berühmt für ihre Langlebigkeit waren die Diesel-Modelle.

Die S-Klasse wurde im Jahre 1980 von einem neuen, aerodynamisch geformten Modell abgelöst, das bis 1991 gebaut wurde. Darauf folgte dann die heutige Generation der S-Klassen-Fahrzeuge.

Mercedes-Benz S/SS/SSK/SSKL

Die S-Typen, die 1926 erschienen, stammen vom Mercedes K, der ersten wirklichen Reiselimousine, die schneller als 160 km/h fuhr, ab. Dank der geringen Bodenfreiheit besaßen die S-Modelle aber bessere Fahreigenschaften.

Obwohl die Fahreigenschaften dieser Mercedes für gut befunden wurden, war die Drehfestigkeit des Rahmens alles andere als zufriedenstellend, so daß es oft passierte, daß die Ventilatorblätter an den Kühler stießen. Um diesem Mangel Abhilfe zu schaffen, wurden beim SS, der die Ulster Tourist Trophy des Jahres 1929 gewann und sich damit mit seinem Piloten Rudi Caracciola vor drei Bentleys plazierte, die Ventilatorblätter mit Eisenstäben verstärkt, einer Technik aus dem Flugzeugbau.

Der SS wurde auch in einer SSK-Ausführung mit kleinerem Radstand und höherer Leistung hergestellt. Ein weiterer direkter Abkömmling war der SSKL, der anfangs als Werkswagen an Rennen teilnehmen sollte. 1932 errang dieses Modell, das 235 km/h erreichte, auf der Berliner Rennstrecke Avus einen Rekord auf der 200-km-Distanz, indem er im Stundendurchschnitt 196 km erreichte.

Mercedes-Benz 540K

Auch wenn einige äußere Merkmale wie fließende Linienführung der Karosserie und außenliegende Auspuffrohre den Anschein erweckten, es handle sich hier um ein sehr schnelles Fahrzeug, hat dieses Mercedes-Modell nie aufsehenerregende Ergebnisse erzielt – mit Ausnahme einiger Erfolge bei Langstreckenrennen in Deutschland. Als Sportwagen wirkte der 540K wenig überzeugend, besonders im Vergleich zu den überragenden sportlichen Fahrleistungen, die die zeitgenössischen Grand-Prix-Mercedes bei den bedeutendsten Rennen jener Jahre zeigten. Den Anfang der Serie K (wobei K für Kompressor steht) bildete der 500K mit 5 l Hubraum, der 1933 erstmals präsentiert wurde.

Die Wagen der Bauserie K, wie auch alle anderen Mercedes-Modelle, die seit Anfang der zwanziger Jahre mit Kompressoren ausgerüstet waren, die vom Fahrer zugeschaltet werden konnten, sollten mit der Aufladung in erster Linie nicht überdurchschnittliche Leistungen, sondern vielmehr spektakuläre Auftritte erzielen. Auf diese Weise ist auch das imposante Dröhnen des Motors zu erklären.

1936–1939 vergrößerte man beim 540K den Hubraum und die Übersetzung gegenüber dem 500K. Anfang 1939 wurde dann ein 5-Gang-Getriebe mit Schongang entwickelt.

Auf der Berliner Automobilausstellung 1939 präsentierte Mercedes den 580K als Prototyp. Dieses Modell war nach Ansicht des Herstellers mit einer Geschwindigkeit von 225 km/h schnellster Serienwagen der dreißiger Jahre, was jedoch nie wirklich bewiesen wurde, da der 580K nicht über dieses Entwicklungsstadium hinauskam.

Mercedes-Benz 300SL

Der erste Mercedes 300SL wurde 1952 gebaut. Er war als Sportcoupé mit Rohrrahmen konzipiert und basierte auf der neuen 300er Baureihe. Seine charakteristischen Flügeltüren (ab 1954) waren keine Spielerei, sondern eine Notwendigkeit für die Serie ab 1954, um den Einstieg über die relativ hochliegenden Gitterrohre zu erleichtern. Sein Debüt gab der 300SL bei der Mille Miglia von 1952 unter Beteiligung von drei 300SL in Wettbewerbsausführung mit Leichtmetallkarosserie. Nachdem Karl Kling mit seinem Mercedes anfangs weit zurückgelegen hatte, holte er die Verspätung noch auf und erreichte trotz feuchter Fahrbahn als erster Florenz. Im weiteren Verlauf des Rennens behielt Kling auch auf nassen Strecken eine Durchschnittsgeschwindigkeit von 145 km/h bei und kam damit auf Platz zwei nach di Bracco, der das Rennen in einem Ferrari mit nur fünf Minuten Vorsprung gewann. Der Deutsche Rudolf Caracciola am Steuer des zweiten 300SL wurde Vierter.

Die 300SL-Modelle waren serienmäßig mit Bosch-Einspritzanlage ausgerüstet. Die Höchstgeschwindigkeiten lagen je nach Achsuntersetzung zwischen 235 und 260 km/h.

1957 brachte Mercedes auch eine Roadster-Version des 300SL auf den Markt, die jedoch immer im Schatten des faszinierenden, legendär gewordenen 300SL-Flügeltür-Coupés stehen sollte.

Mercedes C-Klasse

Ende 1982 präsentierte Mercedes-Benz ein Modell, das in der Hierarchie noch unter der Basisbaureihe 123 angesiedelt war: den 190.

Der „Baby-Benz", wie er in den Vereinigten Staaten schon bald genannt wurde, entwickelte sich zum Verkaufsrenner. Er war in der Grundversion mit einem 2-l-4-Zylinder mit Vergaser und 109 PS ausgerüstet, als 190 E mit Benzineinspritzung und 122 PS. Dazu kamen verschiedene Diesel mit 2,0 und 2,5 l Hubraum und 75 bis 122 PS, eine 2,3-l-Variante des 4-Zylinders und ein 2,6-l-6-Zylinder, später auch ein 1,8-l-Einsteigermodell.

Mit der 185 PS starken Sportversion 190 E 2.3.16 wurden bei einer sieben Tage und Nächte dauernden Rekordfahrt mit einer Durchschnittsgeschwindigkeit von 241 km/h verschiedene Weltrekorde gebrochen. Auch im Tourenwagensport war der 16-Ventiler eines der erfolgreichsten Fahrzeuge.

1993 wurde der 190er von der C-Klasse abgelöst. Das etwas vergrößerte Nachfolgemodell wird nur noch mit Vierventil-Motoren gebaut.

Die Basis ist ein 1,8-l mit 122 PS, darüber sind 2,0- und 2,2-l-Varianten mit 136 und 150 PS sowie als Spitzenmodell ein 2,8-l-6-Zylinder mit 197 PS im Programm.

Damit erreicht der C 280 eine Spitze von über 230 km/h. Auch die Dieselmotoren mit 2,2 und 2,5 l Hubraum verfügen als erste Diesel der Welt über vier Ventile pro Zylinder und setzen damit völlig neue Maßstäbe.

MERCEDES-BENZ 300SL (1954)

Motor: 6 Zylinder in Reihe mit obenliegender Nockenwelle
Bohrung/Hub: 85 mm x 88 mm
Hubraum: 2.996 cm³
Max. Leistung: 215 PS
Getriebe: mechanisch, 4 Gänge
Rahmen: Stahlrohr-Gitterrahmen
Aufhängung: vorn Einzelradaufhängung an Doppel-Querlenkern und Schraubenfedern; hinten Doppelgelenk-Pendelachse und Schraubenfedern
Bremsen: Trommelbremsen
Karosserie: Coupé mit Flügeltüren oder Roadster (ab 1957)
Höchstgeschwindigkeit: 235–260 km/h

Mercedes-Benz 540K Cabriolet

MERCEDES-BENZ 540K (1937)

Motor: 8 Zylinder in Reihe mit hängenden Ventilen
Bohrung/Hub: 88 mm x 111 mm
Hubraum: 5.401 cm³
Max. Leistung: 115 PS ohne, 180 PS mit Kompressor
Getriebe: mechanisch, 4 Gänge
Rahmen: Kastenprofil-Niederrahmen
Aufhängung: vorn Einzelradaufhängung an Doppel-Querlenkern und Schraubenfedern; hinten Pendelachse an Doppel-Schraubenfedern
Bremsen: Trommelbremsen
Karosserie: Roadster, Cabriolet oder Coupé
Höchstgeschwindigkeit: 170 km/h

Mercedes-Benz 300SL

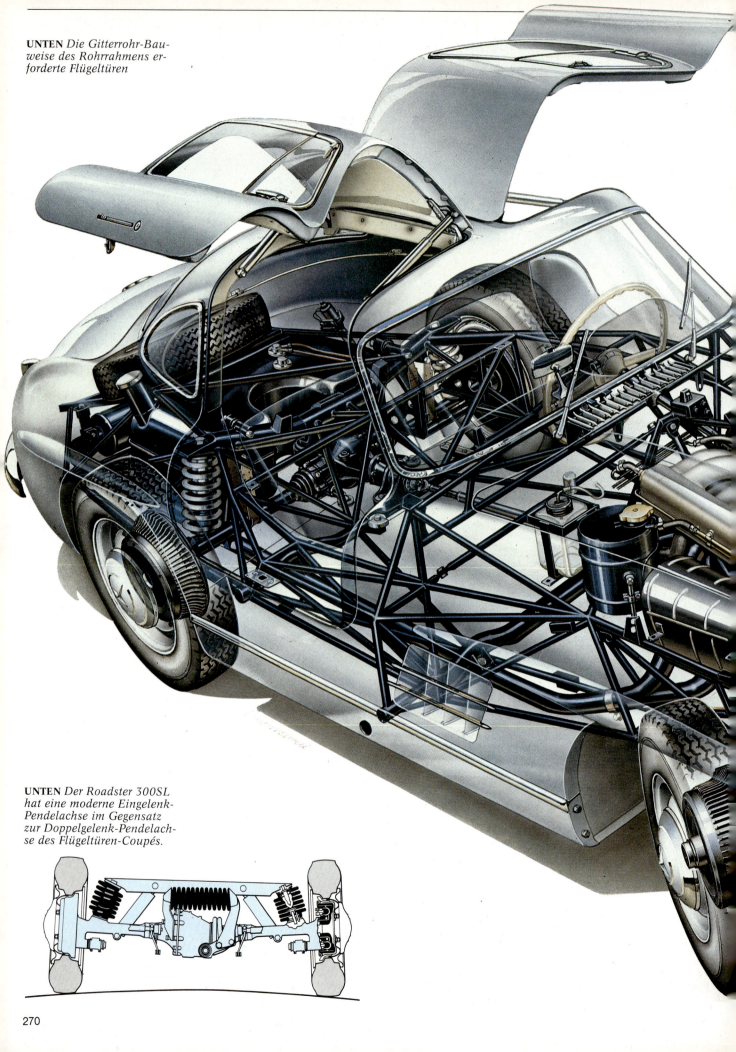

UNTEN Die Gitterrohr-Bauweise des Rohrrahmens erforderte Flügeltüren

UNTEN Der Roadster 300SL hat eine moderne Eingelenk-Pendelachse im Gegensatz zur Doppelgelenk-Pendelachse des Flügeltüren-Coupés.

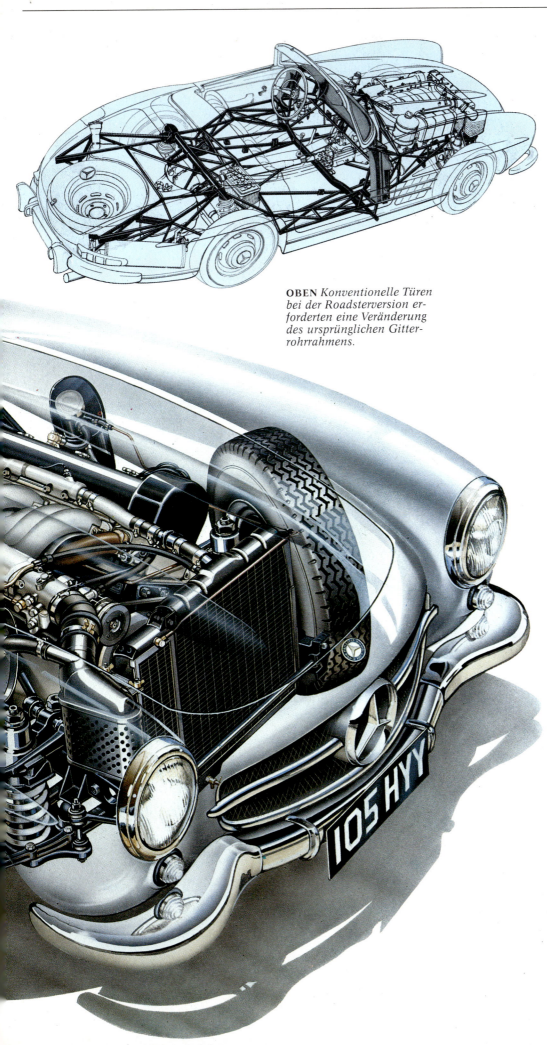

OBEN *Konventionelle Türen bei der Roadsterversion erforderten eine Veränderung des ursprünglichen Gitterrohrrahmens.*

Mercedes 300SL Coupé (1955)

Motor
Position: vorne längsliegend, geneigt
Bauart: 6 Zylinder in Reihe, Wasserkühlung
Hubraum: 2.996 cm³
Bohrung/Hub: 85 mm x 88 mm
Verdichtungsverhältnis: 8,55 : 1
Ventilsteuerung: obenliegende Nockenwelle (kettengesteuert); 2 Ventile pro Zylinder, von Kipphebeln betätigt
Gemischbildung: Bosch-Einspritzpumpe
Zündanlage: mit Zündverteiler
Max. Leistung: 215 PS bei 5.800⁻min
Max. Drehmoment: 275 Nm bei 4.600⁻min

Kraftübertragung
Antrieb: Kupplung und Getriebe am Motorblock angeflanscht
Kupplung: Einscheiben-Trockenkupplung
Getriebe: 4-Gang-Synchrongetriebe mit Rückwärtsgang; Übersetzungsverhältnis: I) 3,32 : 1; II) 1,98 : 1; III) 1,39 : 1; IV) 1 : 1; R-Gang) 2,8 : 1
Hinterachsgetriebe: Hypoidgetriebe
Übersetzungsverhältnis im Hinterachsgetriebe: 3,64 : 1 oder nach Wunsch

Aufhängung
Vorderachse: Einzelradaufhängung an Doppel-Querlenkern und Schraubenfedern, Stabilisator, hydraulische Teleskopstoßdämpfer
Hinterachse: Doppelgelenk-Pendelachse, Schraubenfedern, hydraulische Teleskopstoßdämpfer

Lenkung
System: Kugelumlauf

Bremsen
Typ: Vierrad-Trommel, Servohilfe

Räder und Bereifung
Felgen: 5K x 15 Zoll
Bereifung: 6,50/6,80-15 Zoll

Karosserie und Rahmen
Rahmen: Stahlrohr-Gitterrahmen
Karosserie: Coupé, Zweisitzer, zweitürig

Abmessungen und Gewicht
Länge: 4.520 mm
Breite: 1.790 mm
Höhe: 1.300 mm
Radstand: 2.400 mm
Vordere und hintere Spurweite: 1.380 mm/1.430 mm
Leergewicht: 1.310 kg

Leistung
Höchstgeschwindigkeit: 235-260 km/h
Kraftstoffverbrauch: 17 l/100 km

MERCER

MERCEDES C 280 (ab 1993)
Motor: 6-Zylinder-Reihenmotor, zwei obenliegende Nockenwellen, 24 Ventile
Bohrung/Hub: 89,9 mm x 73,5 mm
Hubraum: 2.799 cm^3
Max. Leistung: 145 kW / 197 PS bei 5.500^{-min}
Getriebe: mechanisch oder automatisch, 5 Gänge
Rahmen: selbsttragende Karosserie
Aufhängung: Einzelradaufhängung vorne und hinten, vorn doppelte Querlenker, hinten Raumlenkerachse
Bremsen: Scheibenbremsen vorne und hinten
Karosserie: viertürige Limousine
Höchstgeschwindigkeit: 235 km/h

Mercedes-Benz C 280

MERCER
Trenton, USA
1910–1925

Dieser Automobilhersteller brachte schon 1906–1909 Autos mit dem Markenzeichen Roebling-Planche auf den Markt. Die Markenbezeichnung setzte sich aus den Familiennamen der Firmeninhaber Roebling und des Konstrukteurs Etienne Planche zusammen. 1910 jedoch wurde die Marke in Mercer, nach Mercer County in New Jersey, umbenannt, in dem das Werk seinen Standort hatte. Die ersten Mercer verfügten über Motoren der Marke Beaver. 1911 entwickelte Konstruktionschef Finlay Robertson Porter in Anlehnung an den Mercer Typ 30-M-Sportwagen eine Alltagsversion: den Typ 35-R Raceabout, der auch bei über 110 km/h ein sicheres Fahren ermöglichte. Anschließend erschienen der 35-J mit 4.926 cm^3 Hubraum und die weniger gefragten Typen M und O mit jeweils 5.211 cm^3 Hubraum. Anstelle eines 3-Gang-Getriebes wie beim Raceabout besaßen diese Mercer ein 4-Gang-Getriebe. 1914 erhielten die Typen M und O elektrische Beleuchtungsanlagen und Starter. Der 35-J wurde zwar mit einem 4-Gang-Getriebe ausgestattet, die konventionellen Azetylenscheinwerfer sowie die Andrehkurbel blieben ihm jedoch erhalten.

Noch im selben Jahr machte sich Finlay Robertson Porter selbständig, aber die Produktion seiner mit Spitzkühler ausgestatteten, luxuriösen 170-PS-FRPs (Markenzeichen waren die Initialen seines Namens) wurde auf wenige Exemplare zurückgeschraubt. Inzwischen baute Erik H. Delling, Nachfolger Porters bei Mercer, das Modell 22/70 mit Zylinderkopf und einer Leistung von 70 PS, das den 35-J ablöste.

Der Unterschied zum 35-J bestand außer einigen Detailänderungen an der Karosserie (Seitenbleche, Windschutzscheibe und auf Wunsch Verdeck) hauptsächlich in der jetzt links angebrachten Lenkung und dem zwischen den Sitzen positionierten Schaltknüppel. 1918 traten die Herstellergruppen Mercer, Locomobile und Crane-Simplex der Hare's Motors Group bei, mit der Folge, daß Produktionschef Erik H. Delling von A.C. Schultz abgelöst wurde. Unter Schultz' Leitung entstanden der Sportster Series 4 und Series 5, beide mit Elektroanlasser.

Die einzige Neuerscheinung in den letzten zwei Jahren vor Schließung des Mercer-Werks im Jahre 1925 war der 5,5-l-Rochester.

MERCER 35-J RACEABOUT (1913)
Motor: 4 Zylinder in Reihe mit stehenden Ventilen
Bohrung/Hub: 111 mm x 127 mm
Hubraum: 4.926 cm^3
Max. Leistung: 50 PS
Getriebe: mechanisch, 3 Gänge
Rahmen: Leiterrahmen
Aufhängung: Starrachsen mit Halbelliptikfedern
Bremsen: Hinterrad- und Getriebebremse
Karosserie: Roadster Zweisitzer
Höchstgeschwindigkeit: 113 km/h

MERCURY
Detroit, USA
1938–

Der Name Mercury war von Ford ursprünglich für den 1932er 8 HP 19-Y gedacht. So war denn auch der erste, 1938 präsentierte Ford Mercury ein 3,9-l-V-Achtzylinder, der die zwischen den Ford- und Lincoln-Modellen bestehende Lücke füllen sollte.

1940 brachte man ein viertüriges Mercury-Modell mit Faltverdeck auf den Markt, das jedoch wenig Erfolg hatte und 1942 einigen Schönheitskorrekturen unterzogen wurde; dabei erhielt es unter anderem eine größere Kühlermaske. Nach dem Krieg beschloß Mer-

Mercer Raceabout

cury, sich einem anspruchsvolleren Kundenkreis zuzuwenden. 1949 stellte man eine Modellserie mit neuem, 4.179 cm³ starkem Triebwerk und vorderer Einzelradaufhängung mit Schraubenfedern vor. Diese neuen Mercurys wurden dann 1951 sogar mit Automatik-Getriebe und 1953 mit Servolenkung versehen.

Im Jahre 1952 verwendete man das Monterey-Markenzeichen – unter dem schon 1950 ein Modell mit Kunstleder-Hardtop vermarktet worden war – für eine neue Luxus-Baureihe. 1949 führte Mercury die vordere Einzelradaufhängung ein. 1954 wurde der mit durchsichtigem Verdeck ausgestattete Sun Valley zum Verkauf angeboten. Das Jahr war noch nicht um, als Mercury seinen

---

MERCURY TURNPIKE CRUISER (1957)

Motor: 8-Zylinder-V-Motor mit hängenden Ventilen
Bohrung/Hub: 101,6 mm x 92,9 mm
Hubraum: 6.030 cm³
Max. Leistung: 290 PS
Getriebe: 3-Gang-Getriebe, mechanisch oder automatisch
Rahmen: Kastenrahmen
Aufhängung: Vorderachse mit Querlenkern und Schraubenfedern; starre Hinterachse mit Halbelliptikfedern
Bremsen: vorne und hinten Trommelbremsen
Karosserie: Limousine
Höchstgeschwindigkeit: 185 km/h

---

chen Namen Cougar fort. Das Spitzenmodell ist der Grand Marquis, eine große Limousine mit V8-Motor.

Auf den Namen Mercury Capri hört seit 1989 ein Cabriolet, das auf dem Mazda 323 basiert und in Australien gebaut wird.

MÉTALLURGIQUE
Marchienne-au-Pont, Belgien 1898–1927

Nachdem die Société Anonyme l'Auto Métallurgique lange Zeit Lokomotiven, Straßenbahnen und verschiedene andere Fahrzeuge hergestellt hatte, entwickelte sie in ihrer Niederlassung in La Sambre einige Prototypen motorisierter Kleinfahrzeuge und herkömmlicher Automobile. Nach den ersten Auswertungen beschloß die Betriebsleitung, die Produktion dieser Fahrzeuge fortzusetzen. Da aber keines der drei Métallurgique-Werke über die dazu nötigen Produktionsanlagen verfügte, sah man sich zum Bau einer neuen Fabrik in Marchienne-au-Pont gezwungen. Schon ein Jahr nach Eröffnung im Jahre 1901 konnte man auf dem Pariser Salon die ersten in Serie produzierten Métallurgique bewundern: ein kleines, mit 2-Zylinder-Heckmotor und einander gegenüberliegenden Sitzen (vis-àvis) ausgestattetes Gefährt sowie ein leichtes, mit 2-Zylinder-Frontmotor (726 cm³) ausgerüstetes Fahrzeug. Bereits wenig später erschien ein Modell mit einem Hubraum von 1.452 cm³ und 4-Zylinder-Motor. 1903 übernahm der ehemalige Mercedes-Ingenieur Ernst Lehmann die Leitung des Konstruktionsbüros, und zwei Jahre später präsentierte die Métallurgique schon eine Reihe, an damaligen Mercedes-Modellen orientierter, technisch sehr fortschrittlicher Modelle: Besonderes Merkmal waren der Preßstahl-Rahmen, die Hochspannungszündung und die elektrischen, dynamobetriebenen Scheinwerfer, die auf Bestellung eingebaut werden konnten. 1906 wurde die Produktpalette um den 10-l-60/80-HP-Sportler erweitert.

Von 1907 an rüstete man die hubraumstärkeren Modelle mit charakteristischem, gut gestaltetem Spitzkühler aus, der später auch bei kleineren Modellen Verwendung fand.

Der letzte Métallurgique-2-Zylinder erschien 1908. 1909 ersetzte man dieses Modell durch den 12/14 HP – einen Vierzylinder, der in Deutschland von der Firma Bergmann in Lizenz gebaut wurde. Dieses Unternehmen war hauptsächlich auf dem elektrotechnischen und auf dem Eisenbahnsektor tätig. 1910 beteiligte sich die Métallurgique an der Prinz Heinrich-Fahrt mit einem

Mercury Turnpike Cruiser

ersten V-Achtzylinder mit hängenden Ventilen vorstellte (dieser Motor wurde später auch in den Ford Thunderbird eingebaut).

Die in den Jahren 1956–1959 entstandenen Mercurys hatten äußerst auffällige Karosserien. Der Turnpike Cruiser aus dem Jahre 1957 ist hierfür ein klassisches Beispiel. 1960 präsentierte Mercury den Comet. Dieser Kompaktwagen ähnelte in der Form dem Ford Falcon, war aber insgesamt größer und wurde von einem kurzhubigen JORG-6-Zylinder (2.360 cm³) angetrieben. Auf Wunsch baute man dieses Triebwerk später auch in das größte Monterey-Modell ein. Mit dem 320 PS starken Comet Cyclone gelang Mercury 1965 erstmals der Durchbruch auf dem Sektor der Hochleistungswagen, was 1967 zum Bau des leistungsstarken Cougar-Coupé führte.

Der Marquis Brougham von 1969 verfügte hingegen über dieselbe Karosserie wie der Lincoln Continental, war jedoch etwas hubraumschwächer als dieser (7.030 cm³ statt 7.538 cm³). Ab 1972 importierte Mercury den in Deutschland gebauten Ford Capri, von dem der in Detroit hergestellte Mercury Capri abstammt. Die Marquis-Modelle – wie der 7.538 cm³ starke Grand Marquis – wurden inzwischen weiterhin im Lincoln-Stil gebaut, während der Bobcat Vierzylinder dem Ford Pinto ähnelte. Aus dem Monarch wurde schließlich ein getreues Abbild des Ford Granada, allerdings in etwas luxuriöserer Ausführung. 1977 stattete man den Marquis mit vorderen und hinteren Scheibenbremsen aus; 1978 erschien dann der Zephyr, der sich vom Ford Fairmont lediglich im Namen unterschied.

Im Jahre 1980 erschien der Mercury Zephyr mit der Technik des amerikanischen Ford Escort. Der Nachfolger wird heutzutage in Mexiko gebaut und heißt Tracer. 1984 wurde dann der Topaz präsentiert, ein sehr modernes Mittelklasse-Fahrzeug mit Frontantrieb und einem 2,3-l-4-Zylinder-Motor. Seit 1992 ist der Topaz auch mit einem 3,0-l-V6-Motor lieferbar.

Im Modellprogramm oberhalb des Topaz findet sich der Sable, eine 6-Zylinder-Limousine, die im Jahre 1985 erstmals vorgestellt wurde. Seit 1988 sind zwei Motoren (3,0 und 3,8 l) lieferbar. Das im gleichen Jahr eingeführte Coupé auf Sable-Basis führt den traditionsrei-

Wagen, der dank seiner beachtlichen Motorleistung (5,7 l mit 110 PS, ein Einlaß- und vier Auslaßventile) eine Geschwindigkeit von 153 km/h erreichte.

Es folgten die großen, luxuriösen 26/60er-Vierzylinder und einige Rennsportversionen. Letzteren, insbesondere dem 38/90er, verdankt die Métallurgique ihren exzellenten Ruf im Automobilsport. Zu dieser sportlichen Kategorie zählt außerdem noch der 40 HP mit 7.363 cm³ Hubraum und 95 PS.

1919 nahm man die Produktion des 26/60 (5.027 cm³) wieder auf und versah ihn mit einer Vierradbremse. Auch der 30/40er und der 15/20er wurden erneut ins Produktionsprogramm aufgenommen. Das Modell 15/20 mußte 1922 jedoch endgültig dem 12 HP Platz machen, der über einen neuen Stoßstangenmotor mit hängenden Ventilen und 1.970 cm³ Hubraum verfügte. Obwohl der 12 HP die relativ hohe Geschwindigkeit von 121 km/h erreichte, hatte er keinen Erfolg.

1927 wurde Métallurgique von Impéria-Excelsior übernommen, die, nachdem sie sämtliche Produktionsanlagen in ihr Werk übernommen hatte, die Werkshallen an Minerva verkaufte.

MG
Oxford/Abingdon/
Longbridge, England
1923–

Niemand weiß genau, wann der erste MG gebaut wurde. Mit Sicherheit kann man jedoch sagen, daß das Modell FC-7900, das von einem Motor der Marke Morris angetrieben wurde und unter dem Namen MG Number One bekannt war, 1924 gebaut worden ist.

Das erste MG-Modell, von dem insgesamt 400 Stück produziert wurden, war der 14/40 Super Sport, der auf dem Morris-Oxford basierte. Er wurde als Zwei- und als Viersitzer, in offener und in geschlossener Ausführung angeboten. Aus dem Super Sport entwickelte sich dann das Modell 18/80, das mit demselben, von einer obenliegenden Nockenwelle gesteuerten 6-Zylinder-Motor (2.468 cm^3) ausgerüstet war, wie schon ein älteres, weniger erfolgreiches Morris-Modell ihn besessen hatte.

Das Automobil, das den Ruhm von MG begründete, war der Midget von 1929, eine auf der Mechanik des Morris Minor aufbauende Sportversion. Aus dem Midget M-Type wurde die Wettbewerbsausführung C-Type (746 cm^3) entwickelt, die aufgeladen 145 km/h erreichte. Noch immer vom M-Type ausgehend, realisierte MG 1932 den J-Type mit effektiverem Zylinderkopf und Doppelvergaser.

1933 präsentierte Cecil Kimber die K3 Magnette mit 6-Zylinder-Kompressormotor und 1.100 cm^3 Hubraum. Noch im selben Jahr verhalf die Magnette der MG bei der Mannschaftswertung der Mille Miglia zum Sieg. 1933 gewann Tazio Nuvolari auf dem kleinen, aber spritzigen Sechser die Ulster Tourist Trophy und stellte einen bis 1951 ungebrochenen Durchschnittsrekord auf. Die Q-Type und die R-Type, beide mit Kompressor ausgestattet, waren wohl die Modelle von MG, die am besten für Wettbewerbsfahrten geeignet waren; die R-Type mit einem Hubraum von 750 cm^3, Y-förmigem Mittelträgerfahrgestell und vier unabhängig aufgehängten Rädern. Nach 1935 stellte MG die Produktion von Rennwagen ein. Man beabsichtigte, sich von nun an auf die Herstellung von Automobilen zu konzentrieren, die auf den Alltag zugeschnitten sein sollten. Es entstanden der TA und SA (2-l-Motor). Auf diesen basieren die Modelle WA und VA mit 2,6 und 1,5 l Hubraum.

Ihren internationalen Ruf der dreißiger Jahre verdankt MG jedoch in erster Linie dem TC. 1947 erschien der Y-Type (1.250 cm^3), den es als Limousine oder Tourenwagen gab. Außerdem entwickelte man von diesem Modell eine Coupé-Version mit Sonnendach, die lediglich für den Export gedacht war. Das Fahrgestell des Y-Types mit Einzelaufhängung der Vorderräder diente als Grundmodell für den TD von 1949. Dieses MG-Modell genoß selbst in den USA einen ausgezeichneten Ruf, der vor allem auf den 1952 errungenen Mannschaftssieg im 12-Stunden-Rennen von Sebring zurückging. Im selben Jahr fusionierte die Nuffield Group, zu der MG gehörte, mit der Austin Motor Company. Das neue Unternehmen hieß dann British Motor Corporation (BMC).

Nachfolgemodelle des TC waren TD (1949) und TF (1953), während der Y-Type dem ZA Magnette – dessen Mechanik auf dem Wolseley basierte – weichen mußte. Beide Modelle zeugten davon, daß die neue Gesellschaft nicht in der Lage war, ihre Fabrikate mit der gleichen, ewig jugendlichen Ausstrahlungskraft zu versehen, wie sie die vorausgegangenen MGs besessen hatten. Die Präsentation des spritzigen MGA im Jahre 1956 sollte wahrscheinlich ein Versuch sein, den neuen Modellen etwas von dieser ursprünglichen Ausstrahlung wiederzugeben, die MG den Ruf eines Automobilherstellers speziell für Sportwagen eingebracht hatte. Zwei Jahre darauf versah man den MGA mit obenliegenden Nockenwellen.

Auf der Basis des Healey Sprite erschien 1961 der MG Midget. 1962 kam der MGB auf den Markt, der sich bis Mitte der siebziger Jahre großer Beliebtheit erfreute. 1980 wurde seine Produktion allerdings eingestellt und das Werk in Abingdon geschlossen. Danach gab es noch einige Austin-Rover-Modelle wie den Metro, dessen sportlichste Version einige Jahre lang das MG-Emblem trug, bis es auch von diesen Motorhauben verschwand. Erst 1992 kam es zu einer Wiederauferstehung der Marke mit der Neuauflage des MGB.

MG Midget

Zur Realisierung dieses Modells nutzte MG das ganze technische Potential, das mit dem Erwerb der Wolseley auf sie übergegangen war. Als Kimber den Prototyp des 847 cm^3 starken, kopfgesteuerten Wolseley-Motors, der für den neuen Morris Minor gedacht war, erprobte und sich dessen Leistungsvermögen bewußt wurde, beschloß er, unverzüglich mit dem Bau einer sportlicheren Minor-Version zu beginnen: Das Resultat war der MG Midget, eine gute englische Alternative zu den auf dem Kontinent produzierten Sportwagen von Salmson und Amilcar. Kurzum, er war das Glanzstück der MG.

MG TD

Der 1949 präsentierte TD bedeutete gegenüber den vorausgegangenen MGs in Design und Komfort einen ganzen

Métallurgique 38/90

MÉTALLURGIQUE 38/90 (1913)
Motor: 4 Zylinder in Reihe mit stehenden Ventilen
Bohrung/Hub: 125 mm x 150 mm
Hubraum: 7.363 cm^3
Max. Leistung: 90 PS
Getriebe: mechanisch, 4 Gänge
Rahmen: Leiterrahmen
Aufhängung: vorne und hinten Starrachse mit Halbelliptikfedern
Bremsen: Hinterradbremse
Karosserie: auf Bestellung
Höchstgeschwindigkeit: 113 km/h

MG MIDGET (1929)
Motor: 4 Zylinder in Reihe mit obenliegender Nockenwelle
Bohrung/Hub: 57 mm x 83 mm
Hubraum: 847 cm^3
Max. Leistung: 20 PS
Getriebe: mechanisch, 3 Gänge
Rahmen: Leiterrahmen
Aufhängung: vorne und hinten Starrachse mit Halbelliptikfedern
Bremsen: Trommelbremsen
Karosserie: zweisitziger Sportwagen
Höchstgeschwindigkeit: 97 km/h

MG Midget

MG TD

Schritt weiter. Der TD war teilweise in Anlehnung an die Technik des viersitzigen Torpedo-Y-Type konzipiert: Das Fahrgestell war im Prinzip dasselbe wie das der Y-Type-Modelle, wenn auch mit kürzerem Radstand und über der Hinterachse gekröpftem Rahmen. Der TD hatte den gleichen – auf dem Morris basierendem – Motor (1.250 cm³) wie das Vorkriegsmodell TB. Der TD war jedoch schwerer als der TC und mußte, um dessen Beschleunigung beizubehalten, kürzere Gangweiten verwenden. Durch diese technische Veränderung war natürlich ein gewisser Verbrauchsanstieg nicht zu vermeiden.

Aus Gründen der Typenprüfung im Sinne des Sportgesetzes gab es den TD auch in leistungsgesteigerter Ausführung. Zu den vielen Merkmalen, die dieses Mk II genannte Modell von der Standardausführung unterschieden, zählen der getunte Zylinderkopf, größere Vergaser und Ventile, stabilere Ventilfedern, Kraftstoffpumpe in doppelter Ausführung und ein um einiges höheres Verdichtungsverhältnis.

MGA

Die Anfänge des MGA reichen bis in das Jahr 1951 zurück, als George Phillips am Steuer eines MGA im Rennen von Le Mans sein Glück versuchte.

Dieses erste MGA-Modell mußte damals zwar zurückgezogen werden, lieferte jedoch wertvolle Hinweise darüber, wie ein möglicher Nachfolger der nunmehr veralteten Baureihe T aussehen mußte. Im Jahr seiner offiziellen Vorstellung (1955) nahm der MGA erneut am Rennen von Le Mans teil. Von den drei eingesetzten Wagen konnte diesmal sogar einer bis zur zwölften Stunde durchhalten.

Der MGA hatte einen robusten Kastenrahmen, Querlenkervorderachse mit Schraubenfedern und hintere Starrachse. Die ersten Serienwagen verfügten über einen BMC-Doppelvergaser mit einem Hubraum von 1.489 cm³; 1958 stattete man sie mit zwei obenliegenden Nockenwellen aus. Dieser Antrieb erwies sich jedoch als zu anfällig, und so nahm man, als 1959 der MGA 1600 erschien (mit 1.588 cm³ starkem Stoßstangenmotor versehen), schließlich ganz von ihm Abstand. Ein Jahr später vergrößerte man den Hubraum auf 1.622 cm³. Dieser bis 1962 produzierte Mk II war dann das letzte Modell der englischen MGA-Baureihe.

MG TD (1949)

Motor: 4 Zylinder in Reihe mit hängenden Ventilen
Bohrung/Hub: 66,5 mm x 90 mm
Hubraum: 1.250 cm³
Max. Leistung: 54 PS
Getriebe: mechanisch, 4 Gänge
Rahmen: Leiterrahmen
Aufhängung: Vorderachse mit Querlenkern und Schraubenfedern; starre Hinterachse mit Halbelliptikfedern
Bremsen: Trommelbremsen
Karosserie: zweisitzer Sportwagen
Höchstgeschwindigkeit: 126 km/h

MGA (1961)

Motor: 4 Zylinder in Reihe mit hängenden Ventilen
Bohrung/Hub: 74,4 mm x 88,9 mm
Hubraum: 1.588 cm³
Max. Leistung: 80 PS
Getriebe: mechanisch, 4 Gänge
Rahmen: Kastenrahmen
Aufhängung: Vorderachse mit Querlenkern und Schraubenfedern; starre Hinterachse mit Halbelliptikfedern und hydraulischen Hebelstoßdämpfern
Bremsen: vorn Scheibenbremsen, hinten Trommelbremsen
Karosserie: Zweisitzer, Sportwagen, Coupé oder Roadster
Höchstgeschwindigkeit: 161 km/h

MGA

MG TD (1950)

Motor
Position: vorne, längsliegend
Bauart: wassergekühlt, 4 Zylinder in Reihe; Kurbelgehäuse und Kopf aus Gußeisen; dreifach gelagerte Welle
Hubraum: 1.250 cm³
Bohrung/Hub: 66,5 mm x 90 mm
Verdichtungsverhältnis: 7,25 : 1
Ventilsteuerung: 1 seitliche Nockenwelle mit Stoßstangen und Kipphebel, 2 Ventile pro Zylinder
Gemischbildung: 2 SU-Schrägstromvergaser, elektrische SU-Einspritzpumpe
Zündanlage: mit Zündverteiler
Max. Leistung: 54,4 PS bei 5.200⁻ᵐⁱⁿ

Übertragung
Antrieb: Kupplung an Motorblock angeflanscht, Hinterradantrieb
Kupplung: Einscheiben-Trockenkupplung
Getriebe: mechanisch, 4 Gänge, 3 Gänge synchronisiert
Übersetzungsverhältnis: I) 3,50 : 1; II) 2,07 : 1; III) 1,38 : 1; IV) 1,00 : 1
Hinterachsgetriebe: Hypoidhinterachse
Übersetzungsverhältnis im Hinterachsgetriebe: 5,125 : 1

Aufhängung
Vorderachse: Einzelradaufhängung mit Dreieckslenker, Schraubenfedern und Girling-Stoßdämpfer
Hinterachse: Starrachse mit Halbelliptikfedern und Girling-Stoßdämpfer

Lenkung
System: Zahnstangenlenkung

Bremsen
Typ: Doppelbacken-Trommelbremse

Räder und Bereifung
Felgen: Scheibenfelgen
Bereifung: Dunlop, 5,50 x 15

Karosserie und Rahmen
Rahmen: Leiterrahmen
Karosserie: offener Sportwagen, Zweisitzer, zweitürig

Abmessungen und Gewicht
Länge: 3.683 mm
Breite: 1.489 mm
Radstand: 2.388 mm
Vordere und hintere Spurweite: 1.203 mm/1.270 mm
Leergewicht: 914 kg

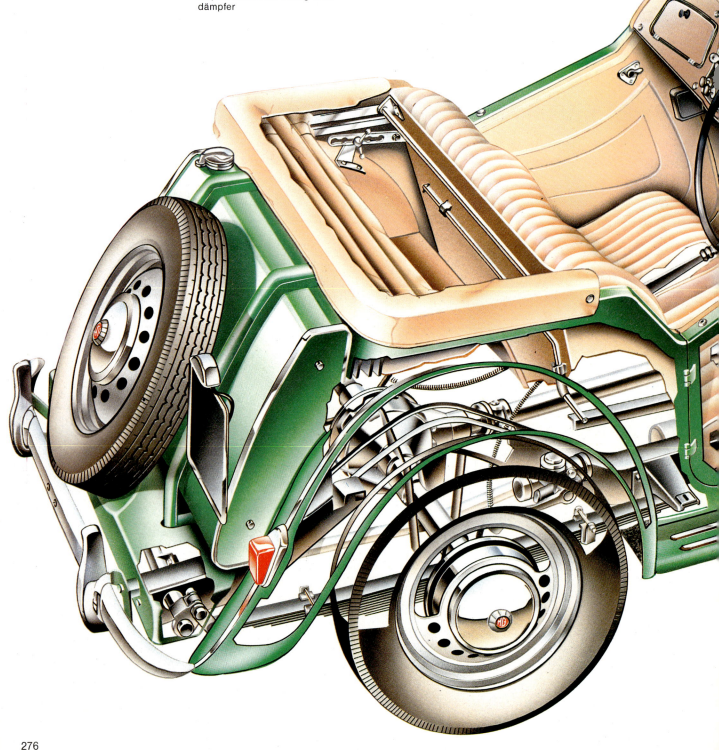

Leistung
Höchstgeschwindigkeit:
134 km/h
Beschleunigung: 0–100 km/h:
22 Sek.
Kraftstoffverbrauch:
11 l/100 km

Der MG TD war technisch gesehen ein für damalige Zeiten sehr konservatives Modell. Die Karossierung war im Stil der dreißiger Jahre gehalten, da die Hersteller wußten, daß die MG-Kundschaft nicht viel von großartigen Veränderungen hielt. Dieses Automobil war und ist auch heute noch der britische Sportwagen schlechthin.

MG MGB

Nachdem MG 1962 die MGA-Produktion eingestellt hatte, ersetzte sie dieses Modell durch den größeren MGB, der erstmals auf dem Londoner Salon 1962 präsentiert wurde. Dieses neue Modell, das einen kürzeren Radstand als sein Vorgänger hatte, verfügte über eine selbsttragende Karosserie. Die Hinterachsaufhängung bestand noch immer aus einer Starrachse mit Halbfedern. Dank ihrem leistungsfähigen 4-Zylinder-Motor mit 1.798 cm³ (95 PS bei 5.400-min) brachten es die ersten MGB-Modelle sogar auf knappe 170 km/h Höchstgeschwindigkeit und beschleunigten von 0 auf 96 km/h in nur 12,2 Sekunden.

1965 erschien die GT-Version des MBG. Das Coupé mit festem Dach hatte eine verwindungssteifere Karosserie und bessere Fahreigenschaften. Der MGB GT wurde auch mit dem Rover-V8 ausgerüstet. Mit 3,5 l Hubraum und 137 PS war er für die damalige Zeit ein sehr schnelles Sportcoupé. Daneben lief der MGB auch als MGC mit 6-Zylinder-Motor vom Band.

Mitte der siebziger Jahre wurden die amerikanischen Sicherheitsbestimmungen verschärft. Infolgedessen mußte der MGB überarbeitet werden. Er erhielt vorne und hinten dicke Kunststoffstoßfänger anstelle der Chromstoßstangen, und das Fahrwerk wurde einige Zentimeter höher gesetzt. Danach hatte er viel von seinem Reiz verloren und trug bald den Spitznamen „Gummiboot".

Nach dem Produktionsstopp 1980 dauerte es ganze zwölf Jahre, bis der MGB ein Comeback erleben durfte. Seit 1992 wird er wieder gebaut – ausgerüstet mit dem 3,9-l-Rover-V8 mit 190 PS.

MIARI GIUSTI
Padua, Italien
1896–1898

Die Existenz dieses Automobilherstellers in Padua war von kurzer Dauer; gleichwohl setzte diese Firma einen Meilenstein in der Entwicklung der italienischen Automobilindustrie. Gründungstag war der 4. August 1896. Ziel dieser Automobilfirma war, die Erfindungen von Prof. Enrico Bernardi in die industrielle Praxis umzusetzen. Bernardi war einer der Urväter des Explosionsmotors und Erbauer jenes Fahrzeuges, das man heute als erstes italienisches Automobil bezeichnet. (Tatsächlich handelte es sich hier jedoch um ein mit Verbrennungsmotor ausgerüstetes Dreirad.)

Die Tätigkeit von Miari Giusti beschränkte sich jedoch fast ausschließlich auf die Produktion einiger mit Motoren unterschiedlicher Leistung (1,5 bis 4 HP) ausgerüsteter Kleinwagen. Vom 5. Mai 1899 an wurde Miari Giusti dann unter dem Namen Società Italiana Bernardi weitergeführt.

MIESSE
Brüssel, Belgien
1896–1926

Bei der Entwicklung des ersten dampfbetriebenen Automobils im Jahre 1896 griff Jules Miesse auf viele schon in der Vergangenheit von Léon Serpollet verwendete technische Lösungen zurück. So war auch dieser Prototyp – La Torpille genannt, was soviel wie Torpedo bedeutet – mit einem Augenblicks-Dampferzeuger ausgestattet, der einen 3-Zylinder-Motor antrieb. Das Ganze wurde von einem armierten Holzrahmen getragen. Von 1896 bis 1900 (dem Jahr, in dem dieses Modell in Serienfertigung ging) erzielte dieser Prototyp von Jules Miesse bei mehreren Rennen einige ganz ansehnliche Erfolge.

1902 präsentierte Miesse zwei in der Leistung (6 und 10 HP) voneinander abweichende, jedoch sonst mit dem ersten Prototyp identische Modelle.

Die letzten dampfgetriebenen Miesse-Fabrikate liefen 1906 vom Band. Diese mit 4-Zylinder-Motoren ausgestatteten Lastkraftwagen waren von Robert Goldschmidt entworfen worden, und waren für den unabhängigen Staat Kongo bestimmt. Erste Erfahrungen mit Verbrennungsmaschinen hatte Miesse bereits 1900 gemacht; die ersten Miesse-Benziner erschienen erst drei Jahre später. Auf der Brüsseler Automobilausstellung 1904 stellte Miesse einen von Goldschmidt entworfenen monströsen 40/50 HP vor.

Das Besondere an diesem Modell war, daß es über kein Getriebe verfügte. Das bedeutete, daß unterschiedliche Fahrbedingungen lediglich durch Schleifenlassen der Kupplung und Regulieren der Motordrehzahl mit dem Gaspedal kontrolliert werden konnten. Jules Miesse überließ die Produktionsrechte bald darauf der Firma Baudouin, die den 40/50 HP in den Jahren 1904/05 unter dem Namen Direct zu vermarkten versuchte.

MIESSE TYPE J (1920)

Motor: 8 Zylinder in Reihe mit obenliegender Nockenwelle
Bohrung/Hub: 65 mm x 140 mm
Hubraum: 3.714 cm³
Max. Leistung: 80 PS
Getriebe: mechanisch, 3 Gänge
Rahmen: Leiterrahmen
Aufhängung: starre Vorder- und Hinterachse mit Halbelliptikfedern
Bremsen: Hinterrad-Trommelbremse
Karosserie: auf Bestellung
Höchstgeschwindigkeit: 120 km/h

MGB GT V8 (1973)

Motor: 8-Zylinder-V-Motor mit hängenden Ventilen
Bohrung/Hub: 88,9 mm x 71 mm
Hubraum: 3.528 cm³
Max. Leistung: 137 PS
Getriebe: mechanisch, 4 Gänge
Rahmen: selbsttragender Aufbau
Aufhängung: vordere Einzelradaufhängung mit Querlenkern, Schraubenfedern und hydraulischen Hebelstoßdämpfern; starre Hinterachse mit Halbelliptikfedern und hydraulischen Stoßdämpfern
Bremsen: vorne Scheibenbremsen, hinten Trommelbremsen
Karosserie: Coupé
Höchstgeschwindigkeit: 200 km/h

Miesse TYP J

Die Produktpalette von 1907 umfaßte den 24 HP (4-Zylinder-Motor mit 3.670 cm³) und den 35 HP (6-Zylinder-Blockmotor mit 5.505 cm³), beide mit seitlicher Ventilsteuerung und 3-Gang-Getriebe.

1908 wandte sich Adhemar de la Hault an Jules Miesse, um sich von diesem einen leistungsfähigen, aber leichten Motor für seinen Flugapparat bauen zu lassen. So entstand ein neuer 8-Zylinder-Doppelstern-Motor mit einem Gewicht von nur 109 kg, aber 100 HP Leistung.

Im selben Jahr erweiterte Miesse seine Produktpalette um den Type D genannten 14/16 HP, der von einem 4-Zylinder-Motor mit 2.213 cm³ angetrieben wurde. 1911 erschien der 15 HP mit 2.816 cm³. Wenig

MGB GT V8

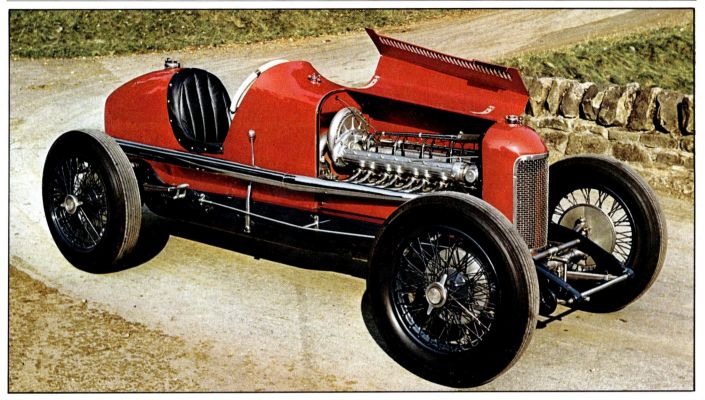
Miller 122 Racer

später entwickelte Jules Miesse ein Modell mit gemischter Gaswechselsteuerung (Kolben und Schieber). 1913 stattete man alle Miesse-Fabrikate mit elegantem Spitzkühler aus, auf dem das Wahrzeichen der Stadt Brüssel stand.

Während des Ersten Weltkriegs stellte Miesse die gesamte Produktion ein, um sie erst 1920 wieder aufzunehmen. Erstes Nachkriegsfabrikat war ein Vierzylinder mit 1.944 cm³, der einige Jahre lang Spitzenmodell blieb. Im selben Zeitraum entstand auch der Type J (3.889 cm³), eines der ersten Modelle der Automobilgeschichte, das mit 8-Zylinder-Motor in Reihe in Serienproduktion ging. 1923 wurde die Modellreihe um einen Sechszylinder mit 2.917 cm³ Hubraum ergänzt, der das gleiche Hubverhältnis wie der Type J besaß, und dem bald darauf der Typ K, ein „leichter" Sechszylinder mit 1.357 cm³, folgte. Zwei Jahre später waren die Miesse-Modelle auch mit Vorderradbremsen und mit auf 4.600 cm³ vergrößertem Reihen-Achtzylinder erhältlich. 1927 stellte Miesse die Automobilproduktion ganz ein. Nutzfahrzeuge wurden hingegen noch bis in das Jahr 1972 produziert.

MILLER
Los Angeles, USA
1915–1932

Harry Armenius Miller war Vergaser-Spezialist und ein hervorragender Konstrukteur,

---

MILLER 91 (1928)
Motor: 8 Zylinder in Reihe mit 2 obenliegenden Nockenwellen, Kompressor (Zentrifugallader)
Bohrung/Hub: 55,54 mm x 76,2 mm
Hubraum: 1.487 cm³
Max. Leistung: 252 PS
Getriebe: 4 Gänge, wahlweise Vorderradantrieb
Rahmen: Leiterrahmen
Aufhängung: De-Dion-Vorderachse mit Auslegerfedern; hinten Starrachse mit Halbelliptikfedern
Bremsen: vorne und hinten Trommelbremsen
Karosserie: Rennwagen
Höchstgeschwindigkeit: 215 km/h

---

hauptsächlich von Rennwagen. Seine gelungensten Werke waren eine Serie sehr ausgereifter, zwischen 1924 und 1930 gebauter Automobile sowie einige kopfgesteuerte Rennmotoren. Das erste dieser leistungsfähigen Triebwerke war 1915 entwickelt worden. 1923 stellte er einen Achtzylinder fertig, der Grundlage jener Generation von Motoren werden sollte, mit denen bis Mitte der sechziger Jahre die Siegerautos des 500-Meilen-Rennens von Indianapolis ausgerüstet waren.

Miller wurde auch bekannt durch Rennwagen mit Vorderradantrieb und De-Dion-Vorderachsen ab 1924. Eines seiner bekanntesten Modelle war der Typ 91, den es wahlweise in einer Version mit Vorder- oder Hinterradantrieb gab.

Als 1930 das Sportgesetz verändert wurde, beschloß Miller, die Produktion von Rennsportwagen einzustellen und sich statt dessen dem Flugzeugbau zu verschreiben. Zwischen 1930 und 1932 wurden jedoch noch zwei weitere außergewöhnliche Konstruktionen fertiggestellt, darunter ein V16 mit zwei obenliegenden Nockenwellen, 5.096 cm³ Hubraum und 400 PS.

MINERVA
Antwerpen, Belgien
1904–1939

Sein erstes Experimentierauto stellte Sylvain de Jong, ein Fahrradfabrikant deutscher Herkunft, 1899 auf der Auto- und Fahrrad-Ausstellung in Antwerpen vor. Dieses erste Exemplar, das starke Parallelen zum zeitgenössischen Panhard aufwies, wurde jedoch nicht weiterproduziert. In den Jahren 1899 bis 1907 baute Minerva hauptsächlich Motorräder.

Die ersten Minerva-Serienwagen erschienen 1902. Um aber die starke Nachfrage nach Motorrädern befriedigen zu können, mußte die Automobilproduktion in Grenzen gehalten werden, bis 1904 schließlich der Bau einer geeigneteren Fabrik beschlossen wurde.

Das erste Programm von Minerva umfaßte Modelle mit zwei, drei und vier Zylindern mit 1.463, 2.195 und 2.926 cm³ Hubraum. 1904 folgte die Minervette – ein spartanischer Einzylinder für den englischen Markt.

Ihr Renommee verdankt die Marke Minerva jedoch den Schiebermotoren nach Patenten des Amerikaners Charles Jale Knight.

Konnten 1909 noch drei 4-Zylinder-Modelle mit Tellerventilen sowie der 40-HP-6-Zylinder bestellt werden, bot Minerva ab 1910 nur noch Personenwagen mit Knight-Schiebermotoren an. Minerva war damals mit einer Belegschaft von 1.600 Mitarbeitern und einer Jahresproduktion von 3.000 Automobilen Belgiens größter Automobilhersteller.

Die mit Schiebermotoren versehenen Modelle traten auch bei mehreren Rennveranstaltungen an. Dem 38 HP, der mit einem 6,3-l-4-Zylinder-Motor und Doppelzündung ausgestattet war, folgten ein 2,3- und ein 4,25-l-Modell. 1914 wurde wiederum der 38 HP, wenn gleich diesmal mit auf 7,4 l vergrößertem Hubraum, angeboten sowie der 14 HP mit 2,1 l.

Nach dem Ersten Weltkrieg, 1919, brachte Minerva zwei neue Typen auf den Markt, den Vierzylinder 20 CV und den Sechszylinder 30 CV. Mit dem 30 CV und dessen Nachfolgemodellen war Minerva in den USA recht erfolgreich in der Luxuswagenklasse.

Drei Jahre später erschienen zusätzlich je ein kleinerer 4- und 6-Zylinder-Wagen mit 2- und 3-l-Motoren. Sie hatten bereits mechanisch betätigte Vorderradbremsen (von Perrot), damals selbst bei teureren Automobilen keineswegs

Minerva 30 HP

selbstverständlich. Beide Modelle erfuhren 1925 eine leichte Hubraumerhöhung.

Der Minerva 15 HP von 1923 besaß einen 2-l-4-Zylinder-Motor und einen Schaltknüppel in der Mitte zwischen den Sitzen.

1925 wurde die Minerva-Palette durch ein neues Modell ergänzt: den 16 HP (2.251 cm³). Drei Jahre später ersetzte man diesen durch den 32/34 Typ AK, aus dem dann eine Sportversion – der Typ AKS – entwickelt wurde.

Ebenfalls 1925 kam der noch kleinere Sechszylinder 12 CV mit nur 2 l Hubraum heraus. Er erreichte eine Dauergeschwindigkeit von 110 km/h, den Mannschaftspreis auf der Internationalen Alpenfahrt 1928 und war auch kommerziell recht erfolgreich.

1927 ersetzte Minerva den bis dahin gut verkäuflichen 30 CV durch den 32 CV AK, dessen 6-Zylinder-6-l-Motor 100 PS leistete. Wenig später erschien das davon abgeleitete Sportmodell AKS mit jetzt 150 PS und einer Höchstgeschwindigkeit von 145 km/h. Einer dieser relativ seltenen „Sportwagen" ist im Deutschen Museum in München zu sehen.

Der Aufbau des noch nicht identifizierten Karosserieherstellers ist insofern bemerkenswert, als es sich um ein 2+1sitziges Coupé mit doppelter Heckwand-/Heckscheibe handelte, die mit über der Windschutzscheibe eingelassenen Oberlichtern und übergroßen Kästen auf den beiden vorderen Kotflügeln ausgestattet war, in denen so wichtige Dinge wie Reserveräder, Werkzeug und Kleingepäck verstaut werden konnten.

1930 präsentierte Minerva den Reihen-Achtzylinder AL (6.616 cm³). Hiervon gab es ab 1933 eine Sportausführung mit verkürztem Chassis. Die Folgen der Wirtschaftskrise wirkten sich jedoch in zunehmen-

---

MINERVA TYPE AKS (1928)

Motor: 6-Zylinder-Schiebermotor in Reihe
Bohrung/Hub: 95 mm x 140 mm
Hubraum: 5.954 cm³
Max. Leistung: 150 PS
Getriebe: mechanisch, 4 Gänge
Rahmen: Leiterrahmen
Aufhängung: starre Vorderachse mit Halbelliptikfedern; starre Hinterachse mit Auslegerfedern
Bremsen: vorne und hinten Trommelbremsen, Servobremse
Karosserie: auf Bestellung
Höchstgeschwindigkeit: 150 km/h

---

dem Maße auch auf den Sektor der Luxuswagen aus, und so erschien schon 1930 als Gegenstück zu den importierten Amerikanern der bescheidenere Typ AP (auch M-8) mit 3.958 cm³ Hubraum.

Um die Produktionskosten zu senken, verwendete man für dieses Automobil Übertragung und Lenksystem der erstklassigen amerikanischen, in großer Serie produzierten Limousinen.

Der letzte (1934) neuentwickelte Minerva war wiederum ein 4-Zylinder-2-l-Wagen, den wirtschaftlich kritischen Jahren sicherlich besser angepaßt als die immer noch angebotenen verschwenderischen 6- und 8-Zylinder-Modelle.

Nach 1935 konnten nur noch wenige Minerva verkauft werden, was zum einen am verfehlten Produktionsprogramm, zum anderen an einer Zollpolitik lag, die die heimische Autoindustrie zugunsten der amerikanischen benachteiligte. Die Amerikaner bauten während der dreißiger Jahre Antwerpen als europäischen Brückenkopf aus.

Gegen die dort in den Montagewerken hergestellten Großserienwagen konnten die belgischen Autofirmen bald nicht mehr konkurrieren. Dies bekam auch die „göttliche Marke" zu spüren, die es nicht rechtzeitig genug vermocht hatte, ihre aus den zwanziger Jahren stammende Philosophie der qualitativ erstklassigen, schweren und prachtvollen Chauffeur-Wagen aufzugeben und ihre Produkte den veränderten Gegebenheiten anzupassen.

1936 wurde Minerva von der Gruppe Imperia von Mathieu van Roggen aufgekauft. Danach wurden nur noch so viele Minerva-Exemplare produziert, wie es die noch auf Lager befindlichen Bauteile erlaubten. Aber das Comeback von Minerva ließ nicht lange auf sich

---

MITSUBISHI 3000 GT (1993)

Motor: 6-Zylinder-V-Motor, zwei obenliegende Nockenwellen, 24 Ventile
Bohrung/Hub: 91,1 mm x 76 mm
Hubraum: 2.972 cm³
Max. Leistung: 210 kW / 286 PS bei 6.000 /min
Getriebe: mechanisch, 5 Gänge, Allradantrieb
Rahmen: selbsttragende Karosserie
Aufhängung: Einzelradaufhängung, Vierradlenkung
Bremsen: Scheibenbremsen vorne und hinten
Karosserie: zweitüriges Sportcoupé
Höchstgeschwindigkeit: 250 km/h

Mitsubishi 3000 GT

warten. Zur Londoner Earls Court Show 1937 und auf Belgiens Straßen tauchten Prototypen mit einer Technik auf, wie man sie von Minerva am allerwenigsten erwartet hätte: quer eingebauter 3,6-l-V8-Motor, Vorderradantrieb, automatisches Getriebe, drehstabgefederte Einzelradaufhängung und selbsttragende Karosserie – und wieder Kegelventile statt Knight-Schiebermotoren, die Minerva fast 30 Jahre, länger als jede andere Autofirma, beibehalten hatte. Der Ausbruch des Zweiten Weltkriegs unterbrach die Entwicklungsarbeiten an diesen technisch interessanten Fahrzeugen, wie es sie in ähnlicher Form erst rund 40 Jahre später (Cadillac 1979) geben sollte.

Die Anregung für Vorderradantrieb und Einzelradaufhängung mag von der Mitgift ausgegangen sein: Imperia hatte 1934 Lizenzen von Adler erworben, die Fronttriebler wurden in Belgien als Minerva-Imperia vertrieben.

1939 stellte der belgische Automobilfabrikant den Bau eigener Modelle ein und produzierte bis Mitte der fünfziger Jahre in Lizenz die berühmten englischen Land-Rover-Geländewagen. 1953 scheiterte ein Abkommen, das vorsah, Minerva die Produktion der von dem Ingenieur Fessia entworfenen Cemsa-Caproni zu übertragen. Nach der Montage von einigen Rover- und Armstrong-Siddeley-Exemplaren stellte Minerva ihre Aktivitäten endgültig ein.

MINIMA
Mailand, Italien
1935

Der Minima war ein kurioser Kleinwagen. Er ist 1935 von dem Mailänder Antonio Passarin gebaut worden. Dieses außergewöhnliche dreiradähnliche Gefährt hatte nur einen Sitzplatz und war mit 120 cm³ Hubraum und einem 1-Zylinder-Motor mit Kettenantrieb ausgestattet.

Im selben Jahr entwarf Antonio Passarin auch eine Tandem-Version seines Minima-Modells.

MINUTOLI
Lucca, Italien
1902–1903

1902 bauten Vittorio Millo – Direktor der Spinnerei A. Croce in Verno – und Alessandro Minutoli – Werkmeister desselben Betriebs – einen Prototyp, der bei der Endabnahme gute Werte erzielte.

Man gründete daraufhin in Lucca die Niederlassung Minutoli Millo & C. – Produktionsstätte dieses Serienwagens. Der frühzeitige Tod Vittorio Millos setzte der Unternehmung ein plötzliches Ende. Der Prototyp verfügte über einen 4-Zylinder-Motor, der mit zwei Zylinderblöcken und einem Hubraum von 2.413 cm³ ausgestattet war.

MIRABILIS
Turin, Italien
1906–1907

Der Eisenmöbelfabrikant Giuseppe De Maria stellte 1906 eine Reihe einsitziger Dreiräder vor, die von dem belgischen 3,5-HP-Motor der Marke Antoine angetrieben wurden und eine Spitzengeschwindigkeit von 50 km/h erreichten. Außer diesen Gefährten erschien auch noch ein vierrädriger Zweisitzer. Die Unternehmung stellte sich jedoch bald als Mißerfolg heraus, und der Bau der Fahrzeuge wurde abgebrochen.

MITSUBISHI
Kobe, Tokio, Japan
1917–

Die Firma Mitsubishi debütierte 1917 mit dem Modell A – getreue Nachbildung eines Fiat-Modells –, von dem ca. 20 Exemplare verkauft wurden. Nachdem dieses Modell Mitsubishi noch einige Jahre lang beschäftigt hatte, beschloß man 1921, auf den Bau von Bussen und Lastkraftwagen umzusteigen, und während des Zweiten Weltkriegs stellte Mitsubishi dann schließlich Panzerwagen her.

Über ein Jahrzehnt dauerte es, bis der japanische Automobilhersteller seine zerstörten Produktionsanlagen danach wieder in Betrieb nehmen konnte. Mit der Präsentation einer kleinen, viersitzigen Limousine mit luftgekühltem 2-Zylinder-Motor (500 cm³) stieg Mitsubishi 1959 wieder ins Personenwagengeschäft ein. Einziges Angebot dieses Herstellers waren Mitte der sechziger Jahre der Minica (eine kleine Zweitakter-Limousine mit 356 cm³) und die Baureihe Colt, deren Fahrzeuge nur als Limousine erhältlich waren (kleinstes Modell ebenfalls von 41-PS-Zweitaktern angetrieben).

Anfang der Siebziger stieg Mitsubishi auf hubraumgrößere (1.088 cm³ und 1.189 cm³) Stoßstangenmotoren um. Im gleichen Zeitraum kam die neue Colt-Galant-Baureihe auf den Markt. Gemäß eines mit Chrysler getroffenen Handelsabkommens wurden die für den US-Markt gebauten Galant-Modelle mit dem charakteristischen Dodge-Wappen versehen.

Monteverdi 375L

1973 präsentierte Mitsubishi der Presse den Lancer mit 1,2, 1,4 und 1,5 l Hubraum. Von 1977 an gab es den Debonair nur noch mit Automatik-Getriebe, während die Modelle Lancer und Celeste – die zwei kleinsten Colt-Modelle – von den Modellen Sigma und Lambda – beide mit obenliegender Nockenwelle und bis zu 2 l Hubraum – flankiert wurden. 1978 erschien der Sapporo, der sich durch vordere und hintere Einzelradaufhängung mit Schraubenfedern auszeichnete. Und im selben Jahr noch brachte Mitsubishi den frontgetriebenen Mirage mit Quermotor heraus.

Seit Anfang der achtziger Jahre baut Mitsubishi drei Modelle in großen Stückzahlen: den Colt, die Stufenheckvariante Lancer und das Mittelklasse-Modell Galant. Alle Baureihen wurden regelmäßig überarbeitet und verbessert. 1992 präsentierte Mitsubishi eine völlig neue Galant-Reihe mit 4- und 6-Zylinder-Motoren mit bis zu 240 PS.

Dazu kommt der Kleinwagen Minica, die Oberklasse-Limousine Sigma (in einigen Ländern als Diamante im Angebot) und die Sportcoupés Eclipse (in den USA gebaut, 2,0-l, 150 PS)

MONTEVERDI 375L (1968)

Motor: 8-Zylinder-V-Motor mit hängenden Ventilen
Bohrung/Hub: 109,7 mm x 95,2 mm
Hubraum: 7.211 cm³
Max. Leistung: 375 PS
Getriebe: mechanisch, 4 Gänge
Rahmen: Rohrrahmen
Aufhängung: Einzelradaufhängung vorne und hinten, vorn mit Querlenkern und Schraubenfedern; hinten De-Dion-Hinterachse
Bremsen: vorne und hinten Scheibenbremsen
Karosserie: zweitüriges Coupé
Höchstgeschwindigkeit: 225 km/h

MOON 6-48 (1921)

Motor: 6 Zylinder in Reihe mit stehenden Ventilen
Bohrung/Hub: 82,6 mm x 108 mm
Hubraum: 3.669 cm^3
Max. Leistung: 48 PS
Getriebe: mechanisch, 3 Gänge
Rahmen: Leiterrahmen
Aufhängung: vorne und hinten Starrachse mit Halbelliptikfedern
Bremsen: hinten Trommelbremsen
Karosserie: Spider, Torpedo, Coupé, viertürige Limousine
Höchstgeschwindigkeit: 100 km/h

Moon 20HP

und 3000 GT (bis zu 304 PS, Allradantrieb, Allradlenkung). Der Eclipse wird in den USA als Plymouth Laser oder Eagle Talon angeboten, der 3000 GT als Dodge Stealth. Daneben wird auch die fünf Meter lange Limousine Debonair (1992 komplett überarbeitet) mit 3,0- oder 3,5-l-V6 gebaut.

MONTEVERDI
Basel, Schweiz
1967–

Bevor Peter Monteverdi dazu überging, normale Straßenfahrzeuge zu produzieren, hatte er in seiner Werkstatt schon Rennwagen gebaut, die mit MBM gekennzeichnet waren. Die ersten 1967 erschienenen Monteverdis waren der luxuriöse 375S und die von diesem abgeleitete Sportversion 400SS, die beide mit V8-Zylinder-Motoren der Marke Chrysler ausgestattet waren. 1968 folgte der 375L mit größerem Radstand. Den Zweisitzern in der Mechanik ziemlich ähnlich, bot sein Inneres jedoch vier Fahrgästen Platz. Der Verkauf lief so gut, daß Monteverdi 1971 den 450SS Hai (Haifisch) mit Mittelmotor lancierte. Bereits ein Jahr darauf präsentierte man einen prestigeträchtigen, nur über einen kurzen Zeitraum

MORGAN AERO (1921)

Motor: 2-Zylinder-V-Motor mit hängenden Ventilen
Bohrung/Hub: 85,7 mm x 95 mm
Hubraum: 1.096 cm^3
Max. Leistung: 45 PS
Getriebe: 2 Gänge mit Klauenkupplung, Kettenantrieb
Rahmen: Stahlrohrrahmen
Aufhängung: Hülsenfederung vorn, ein Hinterrad an Auslegerfedern
Bremsen: Trommelbremsen
Karosserie: zweisitziger Sportwagen
Höchstgeschwindigkeit: 120 km/h

produzierten GT der Typennummer 375/4 und den Hai 450 GTS mit ca. 257 km/h Spitzengeschwindigkeit. Der zwei Tonnen schwere 375/4er mit 204 cm Radstand konnte indessen nur mit ungefähr 225 km/h aufwarten.

Um einigermaßen gut über die Energiekrise hinwegzukommen, präsentierte Monteverdi 1975 den Palm Beach, ein direkt vom 375-Coupé abgeleitetes Cabriolet. Zwei Jahre später erschienen der als Limousine oder Cabriolet erhältliche Sierra und der vom Range Rover abstammende Monteverdi Sahara.

Neuestes Fabrikat dieses kleinen Betriebs ist der Tiara, eine luxuriöse Limousine, die auf Mercedes-Benz-Mechanik basiert.

MONTÙ
Alessandria, Italien
1900

Montù ist eines jener unzähligen kleinen italienischen Unternehmen, die Anfang des Jahrhunderts ihr Tätigkeitsfeld durch die Konstruktion von Automobilen auszuweiten versuchten – Automobile, über deren geschichtliche Entwicklung so gut wie nichts bekannt ist. Montù produzierte in erster Linie Mopeds. 1900 wurden einige Automobile fertiggestellt, von denen jedoch bis heute jede Spur fehlt.

MOON
St. Louis, USA
1905–1931

Das erste Modell, das in der Buggy-Fabrik in St. Louis von Joseph W. Moon gebaut wurde, hatte ein ehemaliger Zeichner der Peerless, der Schotte Louis P. Mooers, entworfen. Dieser Moon Model A war ein komfortables, gut gebautes Automobil mit einem von Rutenber hergestellten Vierzylinder und einer Leistung von 30/35 HP. 1912 erschienen die Moon-Modelle 30 und 40 mit 4-Zylinder-Motoren und Hubräumen von 5.211 und 5.806 cm^3. 1913 erschien ein Sechszylinder mit 5.700 cm^3.

Bis 1922 verfügten die Moon-Modelle über Motoren mit Seitenventilen und eigenartigen Aufhängungen (vorne Auslegerfeder, hinten Halb- und Auslegerfeder). 1924 machte Moon große Fortschritte auf technischem Gebiet: Die hydraulische Vierradbremse der Marke Lockheed sowie geteilte Felgen wurden eingeführt. Die Moon-Modelle von 1928 waren mit demselben 4,4-l-Reihen-8-Zylinder ausgestattet, der schon die Diana angetrieben hatte. Der in Windsor umgetaufte Moon-Achtzylinder von 1929 besaß einen Kastenrahmen und 4-Gang-Getriebe. Von der Standardausführung des Windsor stammte ein äußerst gut gelungenes Coupé ab, das man zu Ehren des Prinzen von Wales White Prince (Weißer Prinz) taufte. Kaum war Moon 1929 der Gruppe New Era Motors beigetreten, begann der amerikanische Automobilhersteller mit der Produktion des Ruxton – eines ausgefallenen frontgetriebenen Automobils. 1931 sah sich Moon aufgrund des finanziellen Zusammenbruchs der New Era Motors gezwungen, ebenfalls die Pforten zu schließen.

MORGAN
Malvern Link, England
1910–

Bevor H.F.S. Morgan Automobilkonstrukteur wurde, war er Geschäftsführer eines Auto- und Motorradgeschäftes in Malvern Link. Zwischen 1908 und 1909 baute er den Prototyp seiner berühmten, motorgetriebenen Dreiräder. Die Morgan-Dreiräder wurden, solange ihre Produktion dauerte (bis zum Jahr 1950), immer mit derselben Mechanik konstruiert (Rohrrahmen und Vorderachse mit Achsschenkellenkung).

Die ersten Serienausführungen von 1910 hatten einen vornliegenden, nichtverkleideten 2-Zylinder-V-Motor, wie er ähnlich auch bei Motorrädern zu finden war. Die Kraftübertragung erfolgte über eine Klauenkupplung und Ketten auf das Hinterrad.

1919 erschien der Aero. Auf dem Höhepunkt der Beliebtheit

Morgan Aero

angelangt, wagte es der Hersteller lange Zeit nicht, diese Dreiräder zu verändern. Nur bei der Super-Sportversion legte man 1928 das Fahrgestell etwas tiefer.

Die bis Anfang der dreißiger Jahre produzierten Modelle verfügten über wasser- oder luftgekühlte 2-Zylinder-V-Motoren, die größtenteils aus der JAP- und Blackburne-Produktion stammten.

Während der dreißiger Jahre stattete man die Morgan-Dreiräder mit 3-Gang-Getriebe und Rückwärtsgang, den montierbaren Rädern und 2-Zylinder-V-Motoren von Matchless aus. 1933 machte man mit dem Ford Type-8-4-Zylinder mit 933 cm³ Leistung einen weiteren Schritt nach vorn.

1935 schließlich erschien der erste vierrädrige Morgan, der 4/4, der mit einem Coventry-Climax-Vierzylinder (1.122 cm³) mit stehenden Auslaß und hängenden Einlaßventilen ausgestattet war.

Als dieser Motor nicht mehr hergestellt wurde, kamen Triebwerke von Standard zum Einsatz, zunächst mit 1.300 cm³, ab 1950 mit 2.088 cm³ Hubraum. Der Plus 4 von 1955 erhielt den temperamentvolleren Antrieb des Triumph TR.

1956 folgte ein 4/4 mit seitengesteuertem 1.172-cm³-Ford-Motor. Nur drei Jahre später kam eine Version mit Ford-Anglia-105E-Antrieb. Während die Motoren ständig wechselten, änderte sich am Rest des Fahrzeugs bis heute so gut wie nichts. Alle Morgan-Karosserien besitzen noch immer die traditionellen Holzrahmen, die Alubleche werden in Handarbeit aufgespannt. Die größte Veränderung in fast 60 Produktionsjahren war die Einführung der Zahnstangenlenkung Mitte der achtziger Jahre.

Seit 1992 besitzt der 4/4 den neuen Ford-Zeta-Motor mit 1,8 l Hubraum, 16 Ventilen und 125 PS. Die sportliche Version Plus 4 bringt es sogar auf sage und schreibe 135 PS.

Noch mehr Kraft hatte von Anfang an der Morgan Plus 8. In seiner neuesten Version mit 3,9-l-Motor leistet er 185 PS. Damit beschleunigt der nur 940 Kilogramm schwere Roadster in weniger als sechs Sekunden von 0 auf 100 km/h.

Morgan Aero

Der Aero, Nachkomme des Morganschen Grand-Prix-Dreirades, wurde 1919 zum erstenmal gebaut. Nach knapp einem Jahr wurde er überarbeitet (neue V-förmige Windschutzscheibe und Spitzheck). Mit nur 985 kg und einer Leistung von über 40 HP war dieser Wagen für damalige Verhältnisse zu wahrlich faszinierenden Leistungen fähig. Besonders was die Beschleunigung betraf, konnte es kaum ein anderes Auto mit ihm aufnehmen. Ab 1923 war der Aero auch mit Vierradbremse erhältlich.

Morgan Plus 8

Bei diesem ab 1968 produzierten Modell beschloß Morgan jene charakteristische Linienführung der dreißiger Jahre beizubehalten, die mit ein Grund für den großen Erfolg dieses Herstellers gewesen war. Die Karosserie des Plus 8 wurde in der Tat bis auf die in die Kotflügel integrierten Scheinwerfer nicht sonderlich verändert. Unter der Motorhaube gab es jedoch einiges Neue: statt herkömmlichem Reihen-Vierzylinder besaß der Plus 8 den Achtzylinder des Rover 3500, einen äußerst leistungsfähigen, nur teilweise durch die nicht sehr windschnittige, wuchtige Karosserie in seiner Leistung etwas gebremsten Antrieb.

Von den Leichtmetallfelgen abgesehen, ist der derzeitige Morgan Plus 8 mit seinen Vorgängern identisch. Auf Wunsch werden auch heute noch Leichtmetallrahmen und Lederverkleidung des Innenraums geboten.

1985 erschien der Vitesse, der dank seines elektronischen Einspritzsystems eine noch bessere Beschleunigung erreichte (von 0 auf 100 km/h in 6,3 Sek.).

MORRIS
Oxford, England
1913–1983

Bevor William Morris als Automobilkonstrukteur debütierte, leitete er in Oxford ein Fahrrad- und Automobilgeschäft. Sein erstes 1913 erschienenes Modell, der Morris-Oxford, war

---

MORGAN PLUS 8 VITESSE (1985)

Motor: 8-Zylinder-V-Motor mit hängenden Ventilen
Bohrung/Hub: 89 mm x 71 mm
Hubraum: 3.528 cm³
Max. Leistung: 190 PS
Getriebe: mechanisch, 5 Gänge
Rahmen: Leiterrahmen
Aufhängung: vorne Einzelradaufhängung an Führungsrohren mit Schraubenfedern; hinten Starrachse mit Halbelliptikfedern
Bremsen: vorne Scheibenbremsen, hinten Trommelbremsen
Karosserie: zweisitziger Sportwagen
Höchstgeschwindigkeit: 209 km/h

Morgan Plus 8 Vitesse

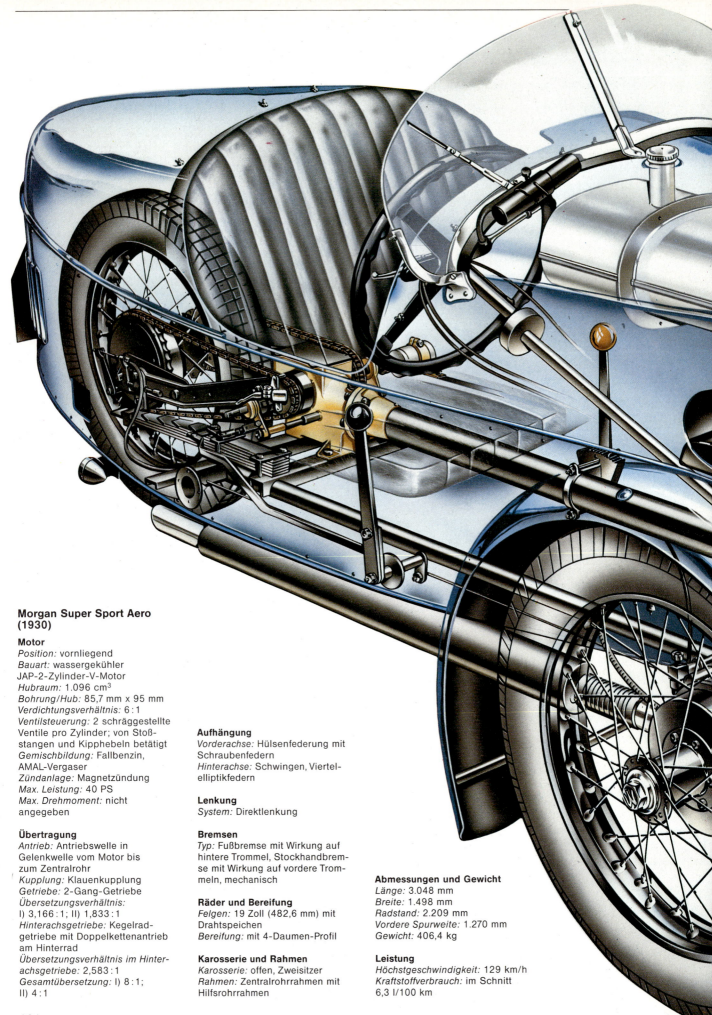

Morgan Super Sport Aero (1930)

Motor
Position: vornliegend
Bauart: wassergekühler JAP-2-Zylinder-V-Motor
Hubraum: 1.096 cm³
Bohrung/Hub: 85,7 mm x 95 mm
Verdichtungsverhältnis: 6 : 1
Ventilsteuerung: 2 schräggestellte Ventile pro Zylinder; von Stoßstangen und Kipphebeln betätigt
Gemischbildung: Fallbenzin, AMAL-Vergaser
Zündanlage: Magnetzündung
Max. Leistung: 40 PS
Max. Drehmoment: nicht angegeben

Übertragung
Antrieb: Antriebswelle in Gelenkwelle vom Motor bis zum Zentralrohr
Kupplung: Klauenkupplung
Getriebe: 2-Gang-Getriebe
Übersetzungsverhältnis: I) 3,166 : 1; II) 1,833 : 1
Hinterachsgetriebe: Kegelradgetriebe mit Doppelkettenantrieb am Hinterrad
Übersetzungsverhältnis im Hinterachsgetriebe: 2,583 : 1
Gesamtübersetzung: I) 8 : 1; II) 4 : 1

Aufhängung
Vorderachse: Hülsenfederung mit Schraubenfedern
Hinterachse: Schwingen, Viertelelliptikfedern

Lenkung
System: Direktlenkung

Bremsen
Typ: Fußbremse mit Wirkung auf hintere Trommel, Stockhandbremse mit Wirkung auf vordere Trommeln, mechanisch

Räder und Bereifung
Felgen: 19 Zoll (482,6 mm) mit Drahtspeichen
Bereifung: mit 4-Daumen-Profil

Karosserie und Rahmen
Karosserie: offen, Zweisitzer
Rahmen: Zentralrohrrahmen mit Hilfsrohrrahmen

Abmessungen und Gewicht
Länge: 3.048 mm
Breite: 1.498 mm
Radstand: 2.209 mm
Vordere Spurweite: 1.270 mm
Gewicht: 406,4 kg

Leistung
Höchstgeschwindigkeit: 129 km/h
Kraftstoffverbrauch: im Schnitt 6,3 l/100 km

Der Super Sport Aero von 1930 ist ein typisches Morgan-Dreirad. Bemerkenswert sind außer dem charakteristischen 2-Zylinder-V-Motor und dem Rohrrahmen die Vorderradaufhängung in Hülsen und die Hinterradaufhängung mit viertelelliptischer Blattfederung.

ein kleiner Zweisitzer mit 1.017-cm³-Motor der Marke White und Poppe. Auch wenn die wichtigsten Aggregate von anderen Herstellern stammten (Achsen von Wrigley, Räder von Sankey, Aufbau von Raworth), war der Morris-Oxford zweifellos eines der besten aus Fremdteilen gebauten Automobile jener Zeit.

1915 wurde der 1.496-cm³-Cowley angeboten. Da der Motor und andere Teile dieses Modells von der amerikanischen Continental Motors Company in Detroit (USA) und anderen Zulieferern bezogen wurden, konnte Morris seine Produktion auch noch während des ganzen ersten Jahres nach Kriegsausbruch fortsetzen. Als England 1916 die Auto- und

> **MORRIS COWLEY (1923)**
> *Motor:* 4 Zylinder in Reihe mit stehenden Ventilen
> *Bohrung/Hub:* 69,5 mm x 102 mm
> *Hubraum:* 1.548 cm³
> *Max. Leistung:* 26 PS
> *Getriebe:* mechanisch, 3 Gänge
> *Rahmen:* Leiterrahmen
> *Aufhängung:* vorne Starrachse mit Halbelliptikfedern; hinten Starrachse mit Auslegerfedern
> *Bremsen:* Hinterrad-Trommelbremsen
> *Karosserie:* zwei- oder viersitziger Sportwagen, Coupé oder Limousine
> *Höchstgeschwindigkeit:* 80 km/h

ßem technischen Einfallsreichtum zeugte. Auf dem ausländischen Markt erzielte er jedoch nicht den erhofften Erfolg. Mit dem Erwerb des Leon-Bollée-Werks in Le Mans sollte die Nähe zum französischen Markt genutzt werden. Die auf französischem Boden gebauten Morris Leon Bollée unterschieden sich sehr von den in Oxford entstandenen Modellen. Sie verkauften sich schlecht, und so wurde Le Mans 1931 wieder abgestoßen.

1927 erwarb Morris die Firma Wolseley und brachte mit Hilfe des Know-how, das dort auf dem Gebiet der Flugzeugmotoren vorhanden war, einen 2,5-l-Reihen-6-Zylinder mit obenliegender Nockenwelle heraus. 1929 war das Jahr, in dem Mor-

Eight Series I vom Series E abgelöst, der über eine völlig neu gestaltete Karosserie verfügte. Außer dem noch immer mit Seitenventilen bestückten Eight E umfaßte die Produktpalette noch vier weitere Modelle, die unter der Bezeichnung Series II liefen und von Motoren mit hängenden Ventilen angetrieben wurden. Kleinstes Modell dieser Serie war der Ten, größtes mit 3,5 l der 25er. Noch im selben Jahr entwickelte Morris ein erstes Modell mit selbsttragendem Aufbau: den Ten Series M mit 1.141 cm³.

Nach Kriegsende nahm Morris erneut die zwei Vorkriegsmodelle Eight und Ten in das Produktionsprogramm auf. Ende 1948 erschien ein neues Minor-Modell. Die ersten Minor-Modelle, die denselben 919-cm³-Motor wie die Eight Series E besaßen, hatten vordere Einzelradaufhängung (mit Torsionsfedern), Zahnstangenlenkung und 14 Zoll breite Räder. 1953 versah man die Minor-Modelle mit dem Vierzylinder (803 cm³) mit hängenden Ventilen des Austin A 30. Der Hubraum dieses Motors wurde nach und nach bis auf 1.098 cm³ vergrößert. Der bis 1971 produzierte Minor war das erste englische Auto, dessen Stückzahl die Millionengrenze überschritt. Zeitgenössische Modelle des Minor waren der Oxford mit 1.476 cm³ und Seitenventilen sowie der 2,2 l Six Series MS.

1952 ging aus dem Zusammenschluß von Morris und Austin die British Motor Corporation (BMC) hervor. Die Folge war eine Vereinheitlichung aller Bauteile. Als erstes wurde 1954 den Cowley- und Oxford-Modellen der 4-Zylinder-Motor mit hängenden Ventilen der Marke Austin eingebaut. Mit der Zeit wurden die Automobile dieser zwei Hersteller einander immer ähnlicher und wichen schließlich – wie am Beispiel der 1,5-l-Limousine mit von Farina entworfener Karosserie deutlich erkennbar – nur noch in Wappen und Lackfarbe voneinander ab. Der beliebte Mini Minor mit 848 cm³ und Vorderradantrieb, der 1959 erschienen war, und der größere, erfolgreiche 1100 von 1963, wurden anfänglich als Morris-Automobile vermarktet – später änderte man das Markenzeichen in Austin um.

Der Ankauf der BMC durch die Leyland Motors im Jahre 1968 führte zur Gründung der British Leyland. Das erste Morris-Modell, das diese neue Verbindung 1971 hervorbrachte, war eine herkömmliche 1,3-l-Limousine mit Namen Marina (vorneliegender Motor und Hinterradantrieb). Ein Jahr darauf erschien der frontgetriebene 2200. Nach 1979 wurden nur noch die 1,4-l-Marina-Versionen produziert.

Morris Cowley

Ersatzteileinfuhr aus Amerika untersagte (einzige Ausnahme war die Einfuhr von Bauteilen für die Produktion von Nutzfahrzeugen), begann Morris mit dem Bau des Cowley in Kleintransporterausführung und verhinderte auf diese Weise zum zweiten Mal eine völlige Lähmung des gesamten Produktionsbetriebs.

Nach Unterzeichnung des Waffenstillstands wurde der normale Betrieb wieder aufgenommen. Da Continental in der Zwischenzeit die Produktion der Red-Seal-Motoren eingestellt hatte, wandte sich Morris an Hotchkiss (mit Niederlassung in Coventry), die ihr ein fast gleichartiges Modell liefern konnte.

Den etwas abschätzigen Spitznamen Bullnose (was soviel wie Stierschnauze heißt) hatten sich die Morris-Automobile aufgrund ihrer gerundeten Kühlermaske zugezogen. Nach dem Krieg verwandelte man den Oxford in eine Luxusausführung des Cowley. Um mit dem plötzlichen Nachfrageschwund, der auf den Boom der Nachkriegszeit gefolgt war, fertig zu werden, senkte Morris 1921 die Preise derart, daß die

Verkaufszahlen im Nu schwindelnde Höhen erreichten und aus dem Oxford und Cowley die meistverkauften englischen Automobile jenes Jahrzehnts wurden. 1924 wurde der 1.802-cm³-Motor (der ein Jahr vorher als Verbesserung für den Oxford eingeführt worden war) zur Standardausrüstung beider Modelle, die 1926 ausliefen.

1927 ersetzte man den „Bullnose"-Kühler durch ein weniger originelles, jedoch zweifelsohne funktionsgerechteres, abgeflachtes Kühlermodell. Mit dem Ziel, sich auch im Ausland einen Kundenstamm aufzubauen, entwickelte Morris den Empire Oxford, einen Vierzylinder mit 2.513 cm³, der von gro-

ris mit dem Minor – einem Modell mit nur 847 cm³ Hubraum und Motor mit obenliegender Nockenwelle – auf dem Kleinwagensektor debütierte. Es bleibt ein Rätsel, weshalb dieser Antrieb, der auch schon den MG Midget erfolgreich angetrieben hatte, fast sofort durch einen – schwer absetzbaren – bescheideneren Vierzylinder mit Seitenventilen ersetzt wurde. 1930 verwendete Morris erstmals Lockheed-Flüssigkeitsbremsen. Diese Neuerung beschränkte sich zuerst nur auf die 6-Zylinder-Modelle, wurde jedoch ein Jahr später Standardausrüstung aller Modelle.

Anfang der dreißiger Jahre liefen die Geschäfte von Morris trotz Fertigstellung des neuen 10/4 mit 1,3 l (1933) nicht gerade gut. Eine Verbesserung der Lage trat 1935 ein, als die lange Liste ihrer 32 verschiedenen Modelle eigener Produktion um den besonders gut gelungenen Eight Series I erweitert wurde. Dieser Kleinwagen (918 cm³ Hubraum) wurde bis 1938 produziert und mauserte sich schließlich zum meistgekauften englischen Modell dieser Epoche. 1939 wurde der

Morris Eight

> **MORRIS MINOR (1948)**
> *Motor:* 3 Zylinder in Reihe mit stehenden Ventilen
> *Bohrung/Hub:* 57 mm x 90 mm
> *Hubraum:* 919 cm³
> *Max. Leistung:* 29,5 PS
> *Getriebe:* mechanisch, 4 Gänge
> *Rahmen:* selbsttragende Karosserie
> *Aufhängung:* vorne Einzelradaufhängung mit Querlenkern und Federstäben; hinten Starrachse mit Halbelliptikfedern
> *Bremsen:* Trommelbremsen
> *Karosserie:* Limousine, Station Wagon, Cabriolet
> *Höchstgeschwindigkeit:* 100 km/h

Zwei Jahre später ersetzte man die Marina durch den Ital, der jedoch wenig Erfolg hatte, und 1983 stellte Morris seinen Produktionsbetrieb ein.

Morris Cowley

Der Zeitpunkt, zu dem Morris den Beschluß faßte, neben dem Oxford auch ein viersitziges Modell auf den Markt zu bringen, war äußerst günstig gewählt. Die Continental bot nämlich die von ihr nicht länger gebrauchten, in Detroit hergestellten Red-Seal-Motoren (1.496 cm³), die für den US-Markt zu „klein" geworden waren, zu Schleuderpreisen an. Achsen und Lenkung wurden ebenfalls bei amerikanischen Firmen in Auftrag gegeben, so daß Morris trotz des Kriegsausbruchs mit der Entwicklung dieses neuen Modells fortfahren konnte. Im April 1915 fand die offizielle Pressevorstellung des ersten Cowley statt, und im September ging er in Serie.

Die Cowley-Produktion, die man 1916 aufgrund des Verbots von seiten der englischen Regierung, Motoren, die nicht für militärische Zwecke bestimmt waren, aus den Vereinigten Staaten einzuführen, abbrechen mußte, wurde nach Kriegsende fortgesetzt. Als Continental 1919 das Ende der Red-Seal-Produktion ankündigte, ersetzte Morris den amerikanischen 4-Zylinder-Motor durch einen Motor von Hotchkiss – einem Waffenfabrikanten, dem es nun an Aufträgen mangelte.

Anfangs verkaufte sich der Cowley recht gut. Aber durch die nach Kriegsende einsetzende Wirtschaftskrise wurde ein großer Teil der potentiellen Kunden kaufunfähig. 1921 sah sich Morris somit gezwungen, die Preise zu senken, was eine schlagartige Absatzsteigerung zur Folge hatte.

Morris Eight

Die Karosserie dieses im September 1934 erschienenen Modells war eine nahezu vollkommene Kopie der Linienführung des Ford Model Y. Was allerdings die Mechanik betraf, konnte man diesem Modell zweierlei zugute halten: einmal die Halbelliptikfedern und zum anderen das hydraulische Bremssystem. Sein Äußeres stach durch eine Zweifarbenlackierung besonders ins Auge, und sein Rahmen diente einigen Karosserieherstellern als Basis für die Konstruktion verschiedener Sonderkarosserien.

Der Series II von 1935 war technisch (Motor mit hängenden Ventilen) sowie vom Styling her (lackierter Kühlerrahmen und einfarbige Karosserielackierung) schon einen guten Schritt weiter. Die im November 1938 erschienene Series E hatte bis auf ein neues 4-Gang-Getriebe die gleiche Mechanik wie der Series II. Unübersehbar waren hingegen die äußerlichen Neuerungen, wie die in die Kotflügel integrierten Scheinwerfereinsätze und eine am Ende der Windschutzscheibe angeschlagene Motorhaube.

Die Produktion dieser Serie dauerte zehn Jahre und wurde 1948 eingestellt.

> **MORRIS EIGHT (1934)**
> *Motor:* 4 Zylinder in Reihe mit stehenden Ventilen
> *Bohrung/Hub:* 57 mm x 90 mm
> *Hubraum:* 918 cm³
> *Max. Leistung:* 23,5 PS
> *Getriebe:* mechanisch, 3 Gänge
> *Rahmen:* Leiterrahmen
> *Aufhängung:* vorne und hinten Starrachsen mit Halbelliptikfedern
> *Bremsen:* vorne und hinten Trommelbremsen
> *Karosserie:* zwei- oder viersitzige Limousine
> *Höchstgeschwindigkeit:* 97 km/h

Morris Minor

Der Cooper S von 1970 war dem ersten Mini von 1959 im Prinzip ziemlich ähnlich. Mit einer Leistung von immerhin 76 PS hob er sich jedoch deutlich von der ursprünglichen Version mit dem berühmten A-Series-850-cm^3-Triebwerk ab, die es lediglich auf 37 PS brachte. Im Unterschied zu den ersten Minis, die auf gummigefederten Aufhängungen standen, verfügt dieser über eine Hydroelastikfederung. Der Mini ist ein Kompaktwagen mit Motor-Getriebeblock und Hinterradaufhängungen, die so konzipiert wurden, daß sie das Wageninnere in keiner Weise beeinträchtigen.

Morris Mini Cooper S (1970)

Motor
Position: vorne, querstehend
Bauart: wassergekühlter 4-Zylinder in Reihe, gußeiserner Motorblock und Kopf, 3 Kurbelwellenhauptlager
Hubraum: 1.275 cm^3
Bohrung/Hub: 70,7 mm x 81,3 mm
Verdichtungsverhältnis: 9,75 : 1
Ventilsteuerung: 2 Ventile pro Zylinder, seitliche Nockenwelle, Stoßstangen und Kipphebel
Gemischbildung: 2 SU-HS-2-Vergaser
Zündanlage: mit Zündverteiler
Max. Leistung: 76 PS (DIN) bei 5.900^{-min}
Max. Drehmoment: 107 Nm bei 3.000^{-min}

Übertragung
Antrieb: Motor-Getriebeblock in Etagenbauweise mit angeflanschter Kupplung, Vorderradantrieb
Kupplung: Einscheiben-Trockenkupplung
Getriebe: mechanisch, 4 Gänge mit Rückwärtsgang
Übersetzungsverhältnis: I) 3,2 : 1; II) 1,916 : 1; III) 1,375 : 1; IV) 1 : 1; R-Gang) 3,2 : 1
Ausgleichsgetriebe: Kegelgetriebe mit Schraubenräderantrieb
Übersetzungsverhältnis: 3,765 : 1

Aufhängung
Vorn mit Querlenkern, hinten mit Längslenkern; vorn und hinten Verbundfederung mit Gummifederkissen, Dämpfung durch ventilgesteuerte Verbindungsflüssigkeit, Torsionsstäbe

Lenkung
System: Zahnstangenlenkung

Bremsen
Typ: vorne Scheibenbremsen, hinten Trommelbremsen, servounterstützt

Räder und Bereifung
Felgen: Stahlfelgen
Bereifung: 132 mm x 254 mm Gürtelreifen

Karosserie und Rahmen
Karosserie: zweitürige Limousine, viersitzig
Rahmen: selbsttragender Aufbau mit Vorder- und Hinterachsträger

Abmessungen und Gewicht
Länge: 3.054 mm
Breite: 1.410 mm
Radstand: 2.036 mm
Vordere und hintere Spurweite: 1.207 mm/1.176 mm
Gewicht: 661 kg

Leistung
Höchstgeschwindigkeit: 165 km/h
Kraftstoffverbrauch: 8,5 l/100 km

Mors-Paris-Wien-Rennwagen

Morris Minor

1948 präsentiert, verfügte dieser äußerst gut gelungene kleine, viersitzige, heckangetriebene Wagen – Entwurf von Alex Issigonis – über denselben stehenden 4-Zylinder-Motor, wie ihn auch schon die Eight-Series-E-Modelle besessen hatten. Nennenswerte Neuerungen des Morris Minor waren die Einzelradaufhängung vorne und die selbsttragende Karosserie.

Nach der Fusion von Morris mit Austin im Jahr 1952 ersetzte man den Seitenventiler durch den kleineren, aber effizienteren 4-Zylinder-Motor (803 cm³) mit hängenden Ventilen des Austin A 30.

Im Jahr 1957 wurde der Austin A 30 wiederum von einem 948-cm³-Motor mit hängenden Ventilen abgelöst, weshalb das Modell die Bezeichnung Minor 1000 erhielt. Bei der letzten, bis 1971 produzierten Baureihe wurde der Hubraum auf 1.098 cm³ vergrößert.

Um die Beliebtheit des Minor, von dem übrigens 1,5 Millionen Exemplare gebaut wurden, in ihrem ganzen Ausmaß zu begreifen, genügt es zu wissen, daß auch heute noch viele englische Autowerkstätten ausschließlich von der Instandsetzung dieser unverwüstlichen Fahrzeuge leben. In Italien wurde der Mini Morris ab 1965 in Lizenzfertigung von Innocenti gebaut.

MORS-PARIS-WIEN-RENNWAGEN (1902)

Motor: 4 Zylinder in Reihe mit stehenden Ventilen
Bohrung/Hub: 140 mm x 150 mm
Hubraum: 9.236 PS
Max. Leistung: 60 PS
Getriebe: mechanisch, 4 Gänge
Rahmen: armierter Holzrahmen
Aufhängung: vorne und hinten Starrachse mit Halbelliptikfedern
Bremsen: Hinterrad- und Getriebebremse
Karosserie: Rennwagen (offen)
Höchstgeschwindigkeit: 129 km/h

MORS
**Paris, Frankreich
1889, 1895–1956**

Emile Mors, einer der besten Elektroingenieure Frankreichs, baute seit 1880 dampfgetriebene Motorfahrzeuge und war unter anderem der Erfinder des ersten mit flüssigem Brennstoff funktionierenden Kessels. Nachdem er sieben oder acht Dampffahrzeuge fertiggestellt hatte, ging er dazu über, kleine Elektrolokomotiven mit Explosionsmotor zu bauen und produzierte schließlich von 1895 an Automobile. Seine ersten Modelle rüstete er mit auf elastischem Motorlager sitzenden 4-Zylinder-V-Motor und Mischkühlung aus (Luftkühlung der Zylinder, Wasserkühlung der Köpfe). Für den Petit Duc von 1898 verwendete Mors einen 2-Zylinder-Boxermotor. Von 1902 an waren die Mors-Modelle größtenteils mit Kettenantrieb und wassergekühltem 2,3- bis 8-l-Motor ausgerüstet.

1908 erschien ein überdimensionales Automobil mit 12.831 cm³ und 100 PS. Im selben Jahr wandte sich Mors in einer schweren Finanzkrise hilfesuchend an Citroën.

1912 stattete Mors erstmals einige seiner Fahrzeuge mit Knight-Schieber-Motoren von Minerva aus. Es waren dies der 10/12 HP (2.120 cm³), der 14/20 HP (3.308 cm³), der 20/30 HP (4.398 cm³) und der 28/35 HP (7.245 cm³). Gleichzeitig setzte Mors die Produktion einiger Modelle mit Seitenventilen fort: Dazu zählten unter anderem die Vierzylinder 10/12 HP (2.120 cm³), 14/20 HP (3.403 cm³) und der Sechszylinder 20/30 HP (5.107 cm³). All diese Modelle waren bis Anfang des Zweiten Weltkriegs erhältlich. Nach Kriegsende stellte man lediglich Schiebermotoren-Modelle her.

Die Produktionstätigkeit der Mors war von einer ausgeprägten Diskontinuität gezeichnet, was in erster Linie daran lag, daß die Montagebänder hauptsächlich zur Herstellung des Citroën A verwendet wurden. Die Modelle von Mors waren jedoch im großen und ganzen gut gebaute Automobile, und auf ihrer Bentley-Kühlerhaube thronte nicht umsonst das Signum „SSS" (Sans Soupapes Silenieuse), das heißt „lautloser Schiebermotor".

Zu den Mors-Modellen zählten außerdem noch der 14/20 HP Sport mit 3.562 cm³ Hubraum und der 12/16 HP mit 1.824 cm³. Nach 1925 stellte Mors nur noch Einzelteile her. Während des Zweiten Weltkriegs entstand eine Reihe spartanischer Elektroautos und in den fünfziger Jahren schließlich Motorroller.

MOTOBLOC
**Bordeaux, Frankreich
1902–1930**

Nachdem Gunmaker Schaudel schon 1897 einen Prototyp vorgestellt hatte, vereinigte er Motor, Kupplung und Getriebe zu einem Block. Diese Bauweise, den der französische Techniker „bloc moteur" nannte, stellte die eigentliche Attraktion des Pariser Salons von 1901 dar. Um die Vorteile dieser Bauart zu demonstrieren, gründete man die Firma Motobloc. Wenig später verließ Schaudel Motobloc, und sein Platz wurde von Emile Dombret eingenommen.

Motobloc 12 HP

Die ersten Motobloc-Modelle, die mit den Schaudel-Prototypen von 1901 identisch waren, besaßen einen quer eingebauten 2-Zylinder-„bloc moteur". 1905 wurden einige Modelle mit 4-Zylinder-Motoren angeboten, jeweils in Motobloc-Form. 1907 erfand Emile Dombret einen ziemlich avantgardistischen Antrieb, bei dem – um einen ausgeglicheneren Lauf zu gewährleisten – das Schwungrad im Zentrum der Antriebswelle plaziert war. In jenem Jahr umfaßte das Motobloc-Sortiment sieben verschiedene Modelle.

Sein Renommee verdankt Motobloc den leistungs- und widerstandsfähigen Tourenwagen, die auch in andere Länder exportiert wurden. Spitzenmodell war zweifelsohne die 6-Zylinder-Version.

Nach Kriegsende bestand das Motobloc-Programm nur noch aus drei verschiedenen Modellen und zwei unterschiedlichen Motoren (dem 12 HP und dem 15 HP).

In den zwanziger Jahren setzte der Trend hin zum wirtschaftlichen Auto ein, eine Sparte, in der Motobloc nie richtig Fuß faßte. Die Folge war ein starker Produktionsrückgang, und 1929 wurde Motobloc neu strukturiert. Im selben Jahr präsentierte Motobloc auf der Messeausstellung in Bordeaux den Super-Confort Six mit 15 HP und vorderer Einzelradaufhängung sowie einen 2 t schweren, im Auftrag der französischen Regierung gebauten Kleintransporter. Aber vergeblich: 1930 wurde Motobloc stillgelegt.

MOTTA & BAUDO
Turin, Italien
1925

Motta & Baudo war eine kleine Automobilgesellschaft, die von Antonio Baudo und von Paolo Motta gegründet worden war.

1925 realisierten die zwei Gesellschafter ein kleines, mit Chapuis-Dornier-Motor (1.350 cm^3) ausgerüstetes Fahrzeug der Marke MB. Das Fahrgestell bestand aus zwei in der Mitte auseinanderlaufenden, an den Enden verbundenen Längsträgern. An den vorderen und hinteren Scheitelpunkten der Träger waren zwei geschichtete Verbindungstraversen befestigt. Es blieb jedoch nur bei diesem einen Exemplar.

NACIONAL PESCARA
Barcelona, Spanien
1929–1932

Der Marchese Raül Pateras Pescara konnte bei der Gründung seines Unternehmens

---

MOTOBLOC 12 HP (1912)

Motor: 4 Zylinder in Reihe mit stehenden Ventilen
Bohrung/Hub: 80 mm x 148 mm
Hubraum: 2.976 cm^3
Max. Leistung: 12 PS
Getriebe: mechanisch, 4 Gänge
Rahmen: Leiterrahmen
Aufhängung: vorne Starrachse mit Halbelliptikfedern; hinten Starrachse mit Halbfedern und Auslegerfedern
Bremsen: Hinterrad-, Trommel- und Getriebebremsen
Karosserie: auf Bestellung
Höchstgeschwindigkeit: 80 km/h

Nacional Pescara

NACIONAL PESCARA (1929)

Motor: 8 Zylinder in Reihe, 2 obenliegende Nockenwellen
Bohrung/Hub: 72,2 mm x 90 mm
Hubraum: 2.948 cm^3
Max. Leistung: 125 PS
Getriebe: mechanisch, 2 Gänge
Rahmen: Leiterrahmen
Aufhängung: Starrachsen mit Halbelliptikfedern
Bremsen: vorne und hinten Trommelbremsen
Karosserie: Sportwagen, Roadster, Limousine
Höchstgeschwindigkeit: 185 km/h

sowohl mit der Mitarbeit seines Bruders Henrique als auch mit dem Beistand der spanischen Königsfamilie rechnen. Bevor sich Nacional Pescara der Automobilherstellung zuwandte, baute sie 1922 einen Experimental-Helikopter. Die Firma entwickelte verschiedene Modelle mit Reihen-8-Zylinder-Motor und 2.948 cm³ Hubraum, deren Besonderheit darin lag, daß die meisten Bauteile – so auch die Felgen – aus einer Magnesiumlegierung bestanden. Die Standardversion besaß einen Motor mit obenliegender Nockenwelle, während die Rennversion mit Doppelnockenwellenmotor ausgerüstet war. (In Bergrennen war Nacional Pescara auch international sehr erfolgreich.)

1931 präsentierte die Nacional Pescara ein Luxusmodell, das von einem bis dahin unbekannten Reihen-Zehnzylinder mit 3.993 cm³ angetrieben wurde. Es ist jedoch anzunehmen, daß die zwei einzigen Exemplare nie verkauft wurden. Während der Wirren, die dem Exil Königs Alfonso XIII. folgten, setzte sich Raùl Pateras Pescara in die Schweiz ab, wo er drei mit Kompressoren ausgerüstete V6-Zylinder-Motoren mit 150 PS erwarb, die der Produktion des in Winterthur angesiedelten Lokomotivenherstellers SLM entstammten. Nur einer davon wurde jedoch in ein Auto eingebaut, das in Paris montiert und dann nach Spanien gebracht wurde, wo es mit größter Wahrscheinlichkeit während des Bürgerkriegs vernichtet wurde.

NAG
**Berlin, Deutschland
1902–1934**

Schon zur Jahrhundertwende hatte die Allgemeine Automobil-Gesellschaft (AAG) – bevor sie durch die AEG (eines der größten Unternehmen auf dem Gebiet der Elektrotechnik) aufgekauft wurde – einen 5-PS-Einzylinder nach einem Entwurf von Prof. Klingenberg erstellt. Nach dem Eigentumsübergang taufte man die AAG in NAG (Neue Automobil-Gesellschaft) um, und jenes Modell, mit dem sie auf dem Automobilsektor debütiert hatte, wurde noch eine Zeitlang weiterproduziert.

Etwas später erwarb die AEG die Kühlstein Wagenbau-Gesellschaft, ein Unternehmen, das auf den Bau von Elektrofahrzeugen spezialisiert war. Die Leitung der NAG-Konstruktionsabteilung wurde dem Ingenieur Joseph Vollmer (Konstrukteur der Kühlstein-Modelle) übertragen.

Anfangs entwarf Vollmer zwei ganz herkömmliche Automobile mit 2-(10 PS) und 4-Zylinder-Motor (20 PS) sowie einige Warentransporter. Kurz darauf erfuhr das Sortiment der NAG durch den 1.866-cm³-2-Zylinder und die Vierzylinder mit 5.185 und 7.956 cm³ einen bemerkenswerten Zuwachs.

Den plötzlichen Anstieg ihres Beliebtheitsgrades verdankt die NAG einem besonders gut gelungenen 1.570-cm³-Modell: dem sogenannten Puck. Von diesem Vierzylinder stammt das Modell mit dem Spitznamen „Darling" ab, das sich in den Schwedischen Winterfahrten von 1912, 1913 und 1914 den Gothenburg Cup erkämpfte. In den Vorkriegsjahren 1912–1914 umfaßte die NAG-Produktion fünf Modelle: den 10/12 HP K2 (1.502 cm³), den 14/20 HP K3 (2.085 cm³),

NAG V8 (1931)
Motor: 8-Zylinder-V-Motor mit hängenden Ventilen
Bohrung/Hub: 85 mm x 100 mm
Hubraum: 4.540 cm³
Max. Leistung: 100 PS
Getriebe: mechanisch, 4-Gang-Synchrongetriebe
Rahmen: Leiterrahmen
Aufhängung: Starrachsen mit Halbelliptikfedern
Bremsen: vorne und hinten Trommelbremsen
Karosserie: Cabriolet, Limousine
Höchstgeschwindigkeit: 130 km/h

den 18/22 HP K4 (2.597 cm³), den 20/25 HP K5 (3.308 cm³) und den imposanten 50/60 HP (8.495 cm³).

Während des Ersten Weltkriegs unterbrach NAG die Automobilproduktion. Nach Kriegsende bildete sie dann zusammen mit Brennabor, Hansa und Hansa-Lloyd die Gemeinschaft Deutscher Automobilfabriken (GDA) und begann knapp ein Jahr später die Produktion eines Automobils mit seitengesteuertem 4-Zylinder-Motor (2.536 cm³). Die Sportversion dieses Modells ging als Sieger aus vielen Rennen hervor. 1923 wurde ein mit hängenden Ventilen ausgestattetes 4-Zylinder-Modell (2.640 cm³) produziert, dem drei Jahre später zwei 6-Zylinder-Versionen mit 3.075 und 3.594 cm³ folgten (ebenfalls mit Kopfsteuerung). Diese beiden als letzten als NAG-Protos vermarkteten Modelle waren das erste greifbare Resultat der 1926 von NAG übernommenen Protos-Werke. Ein Jahr später schluckte NAG auch Presto und Dux und leitete gleichzeitig eine enge und lukrative Zusammenarbeit mit dem Lkw-Werk Büssing in die Wege.

1929 stieß der ehemalige Minerva-Konstrukteur Paul Henze zu NAG und begann sogleich mit der Entwicklung eines kopfgesteuerten Sechszylinders mit 3.963 cm³, der von

Nag V8

1930 bis 1932 produziert wurde. Gleichzeitig arbeitete er eifrig an der Weiterentwicklung eines V8-Zylinder-Modells mit 4.540 cm³ und im Kopf hängenden Ventilen. Die NAG-Modelle mit acht Zylindern kamen erstmals 1931 auf den Markt und waren somit die ersten deutschen Autos, die mit einem derartigen Motor ausgestattet waren. Inzwischen war 1928 auch Voran in den Besitz von NAG übergegangen. Damit arbeitete nun auch der Spitzenkonstrukteur Richard Bussien für NAG. Mit dessen Hilfe entwickelte Henze den 1932 präsentierten 212, einen frontgetriebenen Wagen, der nach dem Muster ihres ersten V8-Zylinders gebaut war. Charakteristika dieses Modells waren in erster Linie die vordere und hintere Einzelradaufhängung und der Zentralrohrrahmen, der hinten in zwei U-förmigen Lenkern auslief.

Das letzte Automobil, das die NAG herausbrachte, war der 220, ein von Bussien entwickelter Wagen mit Frontantrieb, der 1933 in Produktion ging. Als einige Exemplare dieses Modells fertiggestellt worden waren, erschien es der NAG lukrativer, die Automobilproduktion einzustellen, um auf die Herstellung von Nutzfahrzeugen umzusteigen. Dies führte dann zu einer Fusion mit den Büssing-Werken.

NAGANT
**Liegi, Belgien
1899–1927**

Leon Nagant, einer der renommiertesten Waffenschmiede aus Belgien, baute 1896 in seinem Werk ein von Raoul de Meuse entworfenes zweizylindriges Kleinfahrzeug. Trotz hervorragender Qualitäten ging dieser Prototyp nie in Serie. Nagant, von denen jedoch die Leidenschaft, Autos zu konstruieren, Besitz ergriffen hatte, entwickelte einige weitere Prototypen, bis er sich 1899 zum Bau eines Modells mit Boxermotor nach Lizenz Gobron-Brillies entschloß.

1900 taufte man den Betrieb in Fabrique d'Armes et d'Automobiles Nagant Frères um, und mit der Leitung wurde Leons Bruder Maurice beauftragt. Die Lizenzproduktion der Gobron-Modelle wurde noch bis 1904 weitergeführt.

Als immer weniger sinnvoll wurde, die Produktion der technisch überholten Gobron-Modelle fortzusetzen, begann Nagant mit der Lizenzfertigung der La-Locomotrice-Modelle von Rocket-Schneider, von denen 1904/05 ungefähr 200 Exemplare fertiggestellt wurden. Nach Ablauf des Lizenzvertrags beschloß man bei Nagant, ein eigenes Modell zu produzieren, und beauftragte den Deutschen Ernst Valentin mit dem Entwurf eines neuen Modells. So erschienen 1906 der 35/40 HP mit 6.872-cm³-4-Zylinder-Motor und Kettenantrieb, der 20/30 HP mit 4.589 cm³ Hubraum und 1908 der 14/16 HP mit 3-Gang-Getriebe und Gelenkwellenantrieb. Von diesem Jahr an wurde die Lizenzproduktion der Nagant-Modelle von Frankreich (Markenzeichen war Busson-Dedyn) auf Deutschland ausgedehnt, wo die Modelle unter dem Namen „Hexe" vermarktet wurden. 1911 erhielten alle Modelle serienmäßig Gelenkwellenantrieb, und ein Jahr später erschien der neue 10/12 HP. 1913 bestand die Produktpalette aus sechs Modellen: dem Typ 8000 10/12 HP (1.816 cm³), dem Typ 7000-I 14/16 HP (3.054 cm³), dem Typ 7000-II 18/24 HP (3.308 cm³), dem Typ 9000 20/28 HP (3.817 cm³), dem Typ 6000-I 24/30 HP (4.589 cm³) und dem 6000-II 30/40 HP (5.297 cm³). 1914 erschien ein weiteres neues Modell: der 20/25 HP. Vom 4.563-cm³-Blockmotor des 20/25 HP ausgehend, entwickelte man den 4.433-cm³-Zweinockenwellenmotor der Nagant-Grand-Prix-Versionen mit 5-Gang-Getriebe und untersetztem vierten und fünften Gang.

Während des Krieges weigerte sich Nagant, für die deutsche Besatzungsmacht zu produzieren, und als das Werk 1919 endlich wieder in den Besitz der Firma gelangte, mußte sie feststellen, daß alle Produktionsanlagen verschwunden waren. 1920 konnte die Produktion wieder aufgenommen werden. Produziert wurde allerdings ein Modell der Vorkriegsjahre: der 2000-Seitenventiler mit 3.016 cm³, wahlweise mit

> **NAGANT 2000 SPORT (1921)**
> *Motor:* 4 Zylinder in Reihe mit hängenden Ventilen
> *Bohrung/Hub:* 80 mm × 150 mm
> *Hubraum:* 3.016 cm³
> *Max. Leistung:* 50 HP
> *Getriebe:* mech., 4 Gänge
> *Rahmen:* Leiterrahmen
> *Aufhängung:* Starrachsen mit Halbelliptikfedern
> *Bremsen:* Hinterrad- und Getriebebremsen
> *Karosserie:* auf Bestellung
> *Höchstgeschwindigkeit:* 105 km/h

Nagant

Spitz- oder Flachkühler. Der 2000, den man 1921 mit Kopfsteuerung und abnehmbarem Zylinderkopf auf den neuesten Stand brachte, wurde bis Ende 1922 hergestellt. Schon Ende 1921 hatte man inzwischen den 10 HP (1.954 cm³) und den 15 HP (2.210 cm³) präsentiert. Auch den 11 HP mit 2.001 cm³, der das kleinste der obengenannten Modell ablösen sollte, gab es nicht lange, und 1923 stellte Nagant nur noch den 15 HP her. Hervorragende Eigenschaften führten dieses Modell beim Großen Preis von Spa 1925 gleich zum zweifachen Sieg: 1. und 2. Platz der Dreiliterklasse.

Im Dezember 1925 präsentierte Nagant auf der Brüsseler Automobilausstellung den 20 HP mit 2.931-cm³-6-Zylinder-Motor; ein Jahr später einen kleineren Sechszylinder (1.983 cm³). Letztes Glanzstück war ein mit Kompressormotor (1.500 cm³) versehenes Modell, das auf dem Pariser Salon von 1927 debütierte. Dieser von Hanocq und Dewandre entworfene Motor zeichnete sich durch eine Literleistung von gut 42 PS/l aus, und wäre sicherlich sehr erfolgreich gewesen, wenn Nagant aufgrund der schlechten finanziellen Lage nicht davon abgesehen hätte, ihn in die eigenen Fahrzeuge einzubauen. Wenig später wurde Nagant von Imperia aufgekauft, das auf dem Pariser Salon von 1927 debütierte. Dieser von Hanocq und Dewandre entworfene Motor zeichnete sich durch eine Literleistung von gut 42 PS/l aus, und wäre

NAPIER
**London, England
1900–1924**

Napier besaß große Erfahrung auf dem Gebiet der Feinmechanik und debütierte im Automobilsektor, indem sie das 1896er Panhard-Levassor-Rennmodell eines ihrer Kunden auf dessen Bitte hin in einigen Punkten modifizierte. Unter anderem schlug Napier auch einen neuen Motor vor, und so wurde das alte Triebwerk durch einen stehenden 8-HP-2-Zylinder ihrer eigenen Produktion ersetzt. Der Eingriff erwies sich als so geschickt, daß der Kunde gleich sechs weitere Automobile mit diesem Motor bei Napier in Auftrag gab.

1900 baute Napier das erste, ausschließlich in eigenen Hallen gefertigte Modell – wieder mit stehendem Zweizylinder (2.471 cm³). Gegen Jahresende präsentierte Napier den 16-HP-4-Zylinder mit 4.942 cm³, dessen Aluminium-Blockmotor über gußeiserne Laufbuchsen verfügte und von drei Einlaßventilen pro Zylinder gespeist wurde. Der 16 HP entpuppte sich als das schnellste, bis dahin in England gebaute Automobil, was die vielen auch internationalen Siege deutlich machten.

1903 – das Jahr, in dem die Produktionsanlagen von Lambeth nach Acton verlegt wurden – präsentierte Napier den ersten serienmäßigen Sechszylinder der Welt (18/30 HP, 4.942 cm³). Das anfängliche Problem dieses Sechszylinders waren die Schwingungen, die zu einem Bruch der Welle führen konnten. Dieser Makel beeinträchtigte den Absatz vor allem deshalb, weil viele Autofahrer, die nur mäßig mit einer Schaltung umzugehen wußten, die Sechszylinder gerade wegen ihres elastischen Laufs und des Motorrundlaufs auch bei niedriger Drehzahl bevorzugten.

1906 setzte sich das Napier-Sortiment aus den zwei Sechszylindern 40 HP (5.001 cm³) und 60 HP (7.753 cm³), den

> **NAPIER 60 HP (1907)**
> *Motor:* 6 Zylinder in Reihe mit stehenden Ventilen (L-förmiger Zylinderdeckel)
> *Bohrung/Hub:* 127 mm x 101,6 mm
> *Hubraum:* 7.725 cm³
> *Max. Leistung:* 60 HP
> *Getriebe:* mechanisch, 3 Gänge
> *Rahmen:* Leiterrahmen
> *Aufhängung:* Starrachsen mit Halbelliptikfedern
> *Bremsen:* Hinterrad- und Getriebe-Trommelbremsen
> *Karosserie:* auf Bestellung
> *Höchstgeschwindigkeit:* 105 km/h

tion des 40/50 HP begann Ende 1919. Unglaublich leistungsfähig, entfaltete dieses Modell vor allem im höchsten Gang besondere Qualitäten. Wenngleich die ersten 40/50-HP-Modelle eine ausgezeichnete Synthese zwischen modernem Motor und traditionellem Rahmen darstellten, war dennoch unrunder Motorlauf bei niedrigerer Drehzahl gegeben. Dieses Manko wurde durch die Verringerung des Verdichtungsverhältnisses des hinteren Zylinders behoben. Der 40/50 HP war jedenfalls ein robustes, zuverlässiges Fahrzeug. Als von 500 geplanten Exemplaren 187 fertiggestellt worden waren, beschloß Na-

gusto Monaco den Chichibio gebaut hatte – einen Einsitzer, der mit einem Motorradmotor von JAP mit 1.000 cm³ und 65 PS bei 5.400^{-min} sowie 5-Gang-Getriebe ausgerüstet war. Die angegebene Spitzengeschwindigkeit betrug ca. 180 km/h.

Derselbe Augusto Monaco entwickelte dann Ende der vierziger Jahre gemeinsam mit Nardi die mit BMW-Motor ausgestatteten Fahrzeuge. 1951 wurde die Tätigkeit auf den Bau eines Formel 2 mit Lancia-Aurelia-Motor und den eines Rekordwagens ausgedehnt. 1957 stellte Nardi die Automobil- zugunsten der Zubehör- und Ersatzteilherstellung ein.

Napier 60 HP

Vierzylindern 18 HP (3.160 cm³) und 45 HP (5.309 cm³) zusammen. 1907 stellte ein Napier-Sechszylinder (der 60 HP mit 9.653 cm³) einen Streckenrekord von durchschnittlich 106,1 km/h auf, der erst 18 Jahre später gebrochen wurde. Im selben Jahr präsentierte Napier den größten Serienwagen überhaupt – den 90 HP mit 14.565 cm³.

1911 umfaßte die Modellpalette Napiers viele Versionen der 2-, 4- und 6-Zylinder-Modelle.

Während des Ersten Weltkriegs produzierte Napier Flugzeugmotoren. Nach Ende des Konflikts beschloß Napier – ganz im Unterschied zu ihrem Vorkriegsprogramm –, das gesamte Potential auf die Produktion von nur einem einzigen Automobil zu konzentrieren, den

40/50 HP Leichtmetall-6-Zylinder mit 6.227 cm³. Von diesem Modell wurden nur 187 Stück fertiggestellt; kurz darauf beschloß man, den gesamten Betrieb aufzugeben. 1931 wollte Napier mit dem Erwerb von Bentley einen neuen Anlauf nehmen, doch das Unterfangen wurde von Rolls-Royce im letzten Moment zu Fall gebracht.

Napier 40/50 HP

Dieses Modell, das dem Rolls-Royce Silver Ghost Konkurrenz machen sollte, war von A.J. Rowledge entworfen worden, der durch den Entwurf des interessanten 12zylindrigen Flugzeugmotors Lion bekannt geworden war, den Napier während des Ersten Weltkriegs produziert hatte. Die Produk-

pier jedoch endgültig aus dem Automobilgeschäft auszusteigen.

NARDI
Turin, Italien
1947–1956

In einer Zeit, in der das Ende des Zweiten Weltkriegs und der wirtschaftliche Aufschwung ganz Italien in fieberhafte Erregung versetzt hatten, starteten die Turiner Enrico Nardi und Renato Danese 1947 die Produktion einer Reihe luftgekühlter BMW-2-Zylinder-Sportwagen mit 750 cm³, die sich in zahlreichen Bergrennen profilierten.

An dieser Stelle sei darauf hingewiesen, daß Enrico Nardi schon 1932 zusammen mit Au-

NASH
Kenosha, Wisconsin, USA
1917–1957

Charles W. Nash wollte, auch nachdem er 1912 im Alter von 48 Jahren verdienterweise zum Präsidenten der General Motors gewählt worden war, eines Tages ein Auto mit seinem eigenen Namen produzieren. Als 1916 Billy Durant wieder in den Besitz der GM kam, legte Nash sein Amt nieder und kaufte Jeffery auf. Es war schon immer seine Absicht gewesen, Fahrzeuge der höchsten Automobil-Leistungsklasse zu produzieren.

1917 wurde die Jeffery in Nash umgetauft, und im Herbst erschien ein 4-ohv-6-Zylinder. Der augenblickliche Erfolg die-

Napier 40/50 HP

ses Modells reichte jedoch nicht aus, um zu verhindern, daß die von der Nachkriegsrezession in ihren Fundamenten tief erschütterte Firma Nash im November 1920 mit der Produktion aussetzen mußte. Als ein Jahr später die Produktion wieder aufgenommen wurde, stellte Nash einen kopfgesteuerten 2,5-l-4-Zylinder vor. Als weiteren Beweis dafür, daß die Krise überstanden war, präsentierte Nash 1922 zuerst den La Fayette, 1924 dann den Mitchell. Der Ajax, der den gleichwertigen Mitchell ablösen sollte, war jedoch ein Fehlgriff und wurde deshalb nur von 1925 bis 1926 hergestellt.

Das Modell 328, ein sehr wirtschaftlicher Sechszylinder von 1928, hatte den Umsatz von Nash, der sich auf 138.137 Einheiten belief, entscheidend beeinflußt: ein Rekord, der bis 1949 gehalten wurde. 1930 umfaßte die Nash-Produktpalette 32 Modelle, den Eight Twin-Ignition (Doppelzündung und 3.920 cm³) mit inbegriffen. Dieses neue Modell besaß einen Anlasser, der mittels Kupplungspedal betätigt wurde. Dieses Schema verwendete man auch beim Single Six und beim Twin-Ignition Six – beide mit einem Hubraum von 3.378 cm³ ausgestattet.

Während der Krise versuchte Nash, den Verkaufsrückgang durch eine Sortimentserweiterung auszugleichen. Allein der First Series wurde in 25 verschiedenen Karosserieversionen angeboten, und beim Second Series von 1932 gab es sogar in 28facher Ausführung. Neu war außerdem der Big Six. Nash verfügte somit über zwei 6-Zylinder- und zwei 8-Zylinder-Baureihen. Neben General Motors war Nash das einzige amerikanische Automobilwerk, das auch 1932 eine aktive Bilanz aufweisen konnte.

1934 wurden die Nash-Modelle zeitgerecht modernisiert: ausladende Kotflügel, Schrägheck und hinten befestigtes Reserverad. Außerdem präsentierte Nash eine Reihe wirtschaftlicher Modelle, die – in Anlehnung an ein etwas älteres Modell – La Fayette getauft wurden.

Noch im selben Jahr lief bei Nash das millionste Auto vom Band. Ein Jahr später setzte ein drastischer Vereinheitlichungsprozeß ein, infolge dessen sich die Produktpalette auf sechs Karosserieversionen reduzierte: zwei für die 6- und vier für die 8-Zylinder-Modelle.

American Motors

1936 waren auf Bestellung auch umklappbare Rücksitzbänke lieferbar, und was die Motoren betrifft, konnte man sowohl zwischen wirtschaftlichem Seitenventiler als auch anspruchsvollerem, kopfgesteuertem Sechs- oder Achtzylinder wählen. Ein Jahr nach der Fusion mit dem Kühlschrankhersteller Kelvinator (im Jahre 1937) war auch eine Lüftungs- und Klimaanlage der

---

NAPIER 40/50 HP (1920)

Motor: 6 Zylinder in Reihe mit obenliegender Nockenwelle
Bohrung/Hub: 102 mm x 127 mm
Hubraum: 6.177 cm³
Max. Leistung: 82 HP
Getriebe: mechanisch, 4 Gänge
Rahmen: Leiterrahmen
Aufhängung: vorne Starrachse mit Halbelliptikfedern; hinten Starrachse mit Auslegerfedern
Bremsen: Hinterrad- und Getriebebremsen
Karosserie: auf Bestellung
Höchstgeschwindigkeit: 97 km/h

Marke Weather Eye erhältlich sowie – 1938 – eine Getriebeschaltung an der Lenksäule. Die Nash-Modelle von 1940 zeichneten sich durch einen hohen, schmalen Kühlergrill mit nach innen gekrümmtem unterem Ende aus. Es entstanden auch einige in geringer Stückzahl gebaute, von Graf Alexis de Sakhnoffsky entworfene Faltdach-Modelle, die sogenannten 50 Nash Special. 1941 wurden Modelle mit selbsttragender Karosserie entwickelt – eine Lösung, von der Nash behauptete, sie als erster amerikanischer Automobilhersteller in die Praxis umgesetzt zu haben. Der 600er, der von einem 2,8-l-6-Zylinder angetrieben wurde, sollte aufgrund seines geringen Verbrauchs von 7,8 l auf 100 km mit einer Tankfüllung gut 965 km zurücklegen können.

Während des Krieges baute Nash hauptsächlich Flugzeugmotoren, begann aber nach Beendigung des Konflikts wieder mit der Herstellung von Automobil-Modellen der Vorkriegszeit. 1946 präsentierte Nash den neuen Ambassador Suburban Sedan, dessen charakteristisches Merkmal die hölzernen Aufbauseitenwände waren. Die 1949er Modelle hoben sich in erster Linie durch ihr K-Heck-Styling ab.

1950 erschien der erste amerikanische Kompaktwagen der Nachkriegszeit: der Rambler. Wenngleich er noch mit altem Seiten-6-Zylinder-Motor ausgerüstet war, kam dieses Modell ziemlich gut an. Im selben Jahr ersetzte man den veralteten, spartanischen 600er durch den luxuriöseren Super-Power. 1951 brachten Healey und Nash in gemeinsamer Arbeit den Nash-Healey heraus, der – mit entsprechend frisiertem 6-Zylinder-Motor der Marke Ambassador – bis 1954 hergestellt wurde.

1954 schloß sich Nash mit Hudson zur American Motors zusammen. 1954 brachte American Motors den Metropolitan heraus, einen kleinen zweisitzigen Vierzylinder, der, wenn auch nur am Rande, an die mißglückten Air-Flyte-Modelle erinnerte. Die alles andere als graziöse Linienführung seiner Karosserie wurde durch die grelle Zweifarbenlackierung noch unterstrichen. Der Metropolitan wurde bis 1961 produziert und überlebte die Marke Nash somit um einige Jahre. 1955 modernisierte man Linienführung und Mechanik des Ambassador (gegen Aufpreis gab es ihn auch mit 5.244-cm³-Packard-V8-Zylinder-Motor). Ein Jahr später rüstete man jedoch auch dieses Modell mit dem neuen V8-Zylinder (4.097 cm³) aus.

1957 erzielte American Motors ein Absatzvolumen von 118.990 Einheiten. Lediglich 9.474 Stück davon stammten aus der Nash-Produktion. Die Nachfrage nach Nash-Modellen, deren Karosserie durch vordere, vertikale Doppelscheinwerfer noch auffallender geworden war, ließ immer mehr nach, und sie wurden ganz gestrichen. Von da an vermarktete American Motors ihre Produktion als Rambler.

NAZZARO
**Turin, Italien
1911–1923**

Anfang Juli 1911 entschloß sich der bewährte Spitzenrennfahrer Felice Nazzaro, Automobilhersteller zu werden, und gründete mit Hilfe seines Schwagers Pilade Masoero und des Ingenieurs Arnaldo Zoller die Nazaro & C. Fabrica Automobili mit Sitz in Turin.

Erstes Fahrzeug dieses noch jungen Unternehmens war der Typ 2 von 1912 mit 4-Zylinder-Blockmotor – ein 4.398-cm³-Langhuber mit 20/30 HP und 100 km/h Spitzengeschwindigkeit. Mit diesem eigens zu diesem Zweck leistungsgesteigerten Fahrzeug siegte Felice Nazzaro bei der Targa Florio von 1913. Im selben Jahr erschien der Typ 3 mit gleicher Technik, aber mit höherer Leistung (35 HP), mit dem Nazzaro die Coppa Florio gewann.

1914 versuchte man auch einige Grand Prix-Modelle zu realisieren, jedoch mit geringem Erfolg. 1915 stellte Nazzaro – wie die meisten italienischen Autohersteller zu Beginn des Ersten Weltkriegs – auf die Produktion von Kriegsmaterial um, und zwar in erster Linie auf die Herstellung von Lkws mit Anzani-Zehnzylindern. Obwohl man in der Zwischenzeit auch den Typ 4 fertiggestellt hatte, reichten die Regierungsaufträge leider nicht dazu aus, die Stillegung im Jahre 1916 zu verhindern.

1919 versuchte es Nazzaro noch einmal mit dem Typ 5 in Sportversion, der dann aber bis zur endgültigen Stillegung 1923 letztes Produkt blieb.

NISSAN
**Tokio/Osaka/Yokohama, Japan
1912–**

Die Anfänge dieses Automobilherstellers reichen in das Jahr 1912 zurück, als die drei Gesellschafter der Kwaishnsha Motor Car Tokio – Den, Aoyama und Takeuchi – ihr erstes Experimentierauto zusammenschraubten. Zwei Jahre später folgte ein zweites, gelungeneres Modell mit der Bezeichnung DAT (den Anfangsbuchstaben ihrer Namen). 1915 erschien das Model 31; ein Jahr später das Model 41. Die Produktionstätigkeit in Tokio dauerte bis 1916. In diesem Jahr schloß sich der japanische Hersteller mit dem Automobilfabrikanten Lila zusammen, und die DAT-Produktion wurde nach Osaka verlegt. Nachdem man eine Zeitlang lediglich Lkws produziert hatte, beschloß man 1931, den Automobilbau mit einem Modell namens Datson (Sohn des DAT) wieder aufzunehmen. Da „son" auf japanisch jedoch auch „Verderben" bedeutet, änderte man die ursprüngliche Bezeichnung in Datsun; und da „sun" auf englisch „Sonne" heißt, kam man auf den Gedanken, das Auto mit dem japanischen Symbol der aufgehenden Sonne zu kennzeichnen. 1933 ließ sich die neue Gesellschaft, die man in Jidosha Seizo Kabushiki Kaisha umgetauft hatte, in Yokohama nieder.

Nachdem 1934 der Firmenname schließlich in Nissan Jikosha Kaisha geändert worden war, begann man mit der Herstellung eines kleinen, vom Erscheinungsbild dem Austin

Nash Metropolitan

NASH METROPOLITAN (1954)
Motor: 4 Zylinder in Reihe mit hängenden Ventilen
Bohrung/Hub: 65,48 mm x 89 mm
Hubraum: 1.199 cm³
Max. Leistung: 42 PS
Getriebe: mechanisch, 3 Gänge
Rahmen: selbsttragende Karosserie
Aufhängung: vorne Einzelradaufhängung mit Querlenkern und Schraubenfedern; hinten Starrachse mit Halbelliptikfedern
Bremsen: vorne und hinten Trommelbremsen
Karosserie: zweisitziges Coupé oder Cabriolet
Höchstgeschwindigkeit: 120 km/h

Seven ähnlichen Automobils. Nachdem der Versuch, mit Ford einen Lizenzvertrag über die Produktion des für den japanischen Markt gedachten Model C zu schließen, gescheitert war, ging Nissan 1937 dazu über, großvolumige Automobile zu bauen, die auf dem amerikanischen Graham basierten. Von 1938 an baute Nissan fast ausschließlich Militärfahrzeuge.

Nach Kriegsende nahm der japanische Hersteller 1947 mit einer Modellreihe, die auf der damaligen Austin-Baureihe basierte, die Automobilproduktion wieder auf. Als die Besatzungsmächte 1955 endlich die Nissan-Werke räumten, stieg die Stückzahl-Produktion des Datsun 110 und dessen Nachfolger Datsun 120 Pick-up rapide an. Drei Jahre später legte Nissan den Grundstein zu dem, was eine regelrechte Invasion des amerikanischen Automobilmarktes werden sollte. Für dieses Vorhaben wählte man den Bluebird, und 1961 lag Nissan schon an erster Stelle der Verkaufsskala, was japanische Automobile in den USA betraf. Nach der Fusion mit Prince Motors erwarb Nissan 1966 Murayama. Von da an faßte der japanische Automobilhersteller auch in Europa immer mehr Fuß. Von ausgezeichneter Marktkenntnis zeugte die Neuerscheinung 240Z: Ein Sportcoupé mit 6-Zylinder-Motor, das nicht nur zum weltweit meistverkauften Sportwagen wurde, sondern auch zweimal die East African Safari Rallye gewann. Der 240Z hob sich deutlich von den übrigen Modellen der Nissan-Produktpalette der siebziger Jahre ab, die lediglich durch ihre komplexe Mechanik und ihren absolut unpersönlichen Stil auffielen. Dem 240Z (auch als Fairlady bekannt) folgten der 260Z (die 280Z-Version war lediglich für den nordamerikanischen Markt entwickelt worden) und der 280ZX dann 1978.

In den achtziger Jahren baute Nissan die Modellpalette immer weiter aus. 1993 sind 20 verschiedene Fahrzeugreihen im Programm, die meisten davon in mehreren Varianten. Zu den meistgebauten Modellen zählt der Kleinwagen Micra, dessen Neuauflage 1992 zum Auto des Jahres in Europa gewählt wurde. Der Kompaktwagen Sunny wurde 1990 in neuer Form vorgestellt. Der im gleichen Jahr präsentierte Primera sieht dem Opel Vectra, seinem direkten Konkurrenten, zum Verwechseln ähnlich. In Japan und den USA werden die Modelle Bluebird, der Nissan Altima und der Skyline angeboten, drei Limousinen der oberen Mittelklasse. Dazu kommen die größeren Limousinen Laurel, Cefiro, Maxima, Cedric, Gloria und der Cima mit V8-Motor.

Als Mini-Vans sind seit 1982 der Prairie und seit 1992 der in Spanien produzierte Serena im Programm. Ebenfalls in Spanien werden die erste Version des Nissan Patrol Geländewagens und der 1993 vorgestellte Terrano II gebaut, während der parallel angebotene Patrol der zweiten Serie in Japan produziert wird.

Dazu kommen die Sportmodelle SX 200/Silvia, 240 SX und der 300 ZX mit 283 PS.

Datsun Nissanocar

Dem Hersteller zufolge war der kleine Datsun Nissanocar von 1934 der „edelste Kleinstwagen weltweit" und „das Resultat fünfzehnjähriger Erfahrung im Bau kleinvolumiger Automobile". Das Modell zeichnete sich durch geringen Kraftstoffverbrauch und zuverlässige Mechanik aus. In Japan war zum Betrieb dieses Wagens nicht einmal ein Führerschein nötig. Unter einer Karosserie, die mit einem Ford in verkleinertem Maßstab vergleichbar war, verbarg der Nissanocar eine – bis auf die Hinterachsaufhängung – am Austin Seven orientierte Mechanik.

Datsun 240Z

Ursprünglich war dieses Sportcoupé ausschließlich für den US-Markt entworfen worden, entwickelte sich jedoch in kurzer Zeit mit einer Käufer-Rekordzahl von 500.000 in weniger als 10 Jahren zum meistverkauften Sportwagen weltweit. Das Modell entstand 1969 in einer Zeit, als Nissan Familienwagen mit einer ziemlich fragwürdigen Optik und nicht gerade überwältigendem Leistungsvermögen produzierte. Sinn und Zweck des 240Z war es also, aus dieser Mittelmäßigkeit auszubrechen und den eigenen Ruf etwas aufzupolieren. Der 240Z verfügte über eine gelungene Karosserie, und stellte eines der ersten japanischen Automobile dar, die der Linienführung zeitgenössischer europäischer Autos angeglichen waren.

Das große Bemühen, das Nissan an den Tag legte, um aus dem 240Z auch einen konkurrenzfähigen Rennwagen zu machen, wurde mit dem Sieg mehrerer internationaler Rallyes – darunter auch zweimal ein erster Platz bei der East African Safari Rallye – reichlich belohnt. Der Datsun 240Z bot nicht nur genug Platz, auch für großgewachsene Leute, sondern besaß außerdem besonders gute Fahreigenschaften und ein beachtliches Leistungsvermögen. Insgesamt hatte man mit der Bauweise des 240Z den Nagel auf den Kopf getroffen, und so fanden die Grundgedanken des Goertz-Entwurfs von 1969 auch bei den Datsun 260Z, 280ZX und dem 300ZX mit Auflademotor Anwendung.

NSU

Neckarsulm, Deutschland
1905–1929, 1958–1977

NSU war aus den 1886 gegründeten Neckarsulmer Radwerken hervorgegangen, die zunächst hauptsächlich Fahrräder hatten. 1892 ersetzte man die ursprüngliche Bezeichnung durch die Abkürzung NSU, und acht Jahre später begann man mit der Produktion von Motorrädern. 1905 baute NSU in Pipe-Lizenzfertigung erstmals Automobile. Ein Jahr später ging der 6/10 PS in Produktion. Der leichte Vierzylinder mit 1.420 cm³ Hubraum, ebenfalls ein Pipe-Modell, war das erste Projekt, das Otto Pfaender für den belgischen Hersteller realisierte. Vom 6/10 PS leitete man einige größere Modelle mit bis zu 2.608 cm³ Hubraum ab. 1909 präsentierte NSU ein motorisiertes Kleinfahrzeug, das von einem stehenden Zweizylinder mit 1.105 cm³ angetrieben wurde, jedoch wenig Erfolg hatte. 1911 erschien der erfolgreichere Vierzylinder mit 1.131 cm³, der später auch mit 1.555 cm³ erhältlich war. Dieses Modell war bei seinen Käufern äußerst beliebt und wurde bis 1913 produziert. Das größte Vorkriegsmodell der NSU war mit einem 3.399-cm³-Vierzylinder ausgerüstet. Der 1913 erschienene 5/15 PS mit 1.200 cm³ war bis 1926 erhältlich.

Eines der interessantesten Nachkriegsmodelle war sicherlich der 5/25/40 als aufgeladene Version des 1.307-cm³-Motors, der auch schon den vorausgegangenen 5/30 PS beflügelt hatte. Der 5/25/40 erschien auch in einer 1.476-cm³-Version, die es dank Rootsgebläse auf über 129 km/h Spitzengeschwindigkeit brachte. Die Wettbewerbsausführung dieses NSU gewann verschiedene Rennen und war der Vorläufer eines Tourenwagens mit seitlich gesteuertem 1.568-cm³-Antrieb. Für die anderen um 1925 gebauten Modelle verwendete NSU zwei 4-Zylinder-Motoren mit 2.100 cm³ und 3.610 cm³ Hubraum sowie einen Sechszylinder mit 1.781 cm³.

1927 verlegte NSU die Automobilproduktion in ihr neues Werk nach Heilbronn. Aber schon nach zwei Jahren mußte der in großen finanziellen Schwierigkeiten steckende Hersteller die Produktionstätigkeit einstellen und das Werk an Fiat abtreten. 1934/35 wur-

---

DATSUN NISSANOCAR (1934)

Motor: 4 Zylinder in Reihe mit stehenden Ventilen
Bohrung/Hub: 56 mm x 76 mm
Hubraum: 748 cm³
Max. Leistung: 12 PS
Getriebe: mechanisch, 3 Gänge
Rahmen: Leiterrahmen
Aufhängung: vorne Starrachse mit Querblattfeder; hinten Starrachse mit Längsblattfedern
Bremsen: vorne und hinten Trommelbremsen
Karosserie: Roadster, Torpedo, viertürige Limousine, Kleintransporter
Höchstgeschwindigkeit: 75 km/h

DATSUN 240Z (1969)

Motor: 6 Zylinder in Reihe mit obenliegender Nockenwelle
Bohrung/Hub: 83 mm x 73,7 mm
Hubraum: 2.393 cm³
Max. Leistung: 151 PS
Getriebe: mechanisch, 5 Gänge
Aufhängung: vorne Einzelradaufhängung mit McPherson-Federbein und Lenkern; hinten Einzelradaufhängung mit McPherson-Federbein und Querlenkern
Bremsen: vorne Scheiben-, hinten Trommelbremsen (mit Servobremse)
Karosserie: zweisitziges Coupé
Höchstgeschwindigkeit: 208 km/h

Datsun Nissanocar

Datsun 240Z

den im alten Neckarsulmer Werk drei von Ferdinand Porsche entwickelte Exemplare fertiggestellt. Der eigentliche Produktionsbetrieb von NSU setzte jedoch erst 1958 mit dem Modell Prinz wieder ein, einer kleinen Limousine mit stehendem 583-cm^3-2-Zylinder-Motor und obenliegender Nockenwelle.

Der 2-Zylinder-Motor des Prinz-Modells erwies sich als äußerst tuninggeeignet: Während die Prinz-Sportwagenversion (ein von Bertone gezeichnetes Coupé mit 598 cm^3) lediglich 30 PS leistete, konnten die Wettbewerbsausführungen auf weit höhere Werte hochfrisiert werden.

Der Prinz-Nachfolger NSU 1000 wurde auf den Rennstrecken und Straßen der sechziger und frühen siebziger Jahre zu einem gefürchteten Gegner. Der 4-Zylinder-Heckmotor leistete in der 1200 TT-Sportversion serienmäßig 65 PS, beim 1000 TTS sogar 70 PS.

Eine Sensation war 1963 der NSU Spider, das weltweit erste Auto mit Wankelmotor. Ein Kammervolumen von 500 cm^3 reichte für 50 PS. Nachdem die Produktion 1967 ausgelaufen war, erschien ein weiterer Wankel-NSU: der Ro 80. Die keilförmige Limousine, die ihrer Zeit weit voraus war, fand viel Beachtung, litt aber an Kinderkrankheiten. Viele Motorschäden sorgten für einen schlechten Ruf und stürzten NSU in die Krise.

1969 wurden NSU und Audi zur Audi NSU Auto Union AG zusammengeschlossen, einer Tochter von Volkswagen. Einige Jahre später brachte VW den von NSU entwickelten und mit Hubkolbenmotor versehenen K70 heraus. Im Jahr 1977 wurde das Markenzeichen NSU von Volkswagen aufgegeben.

OAKLAND
Pontiac, Michigan, USA
1907–1932

Das erste Auto dieses amerikanischen Herstellers war ein zweizylindriger Roadster mit 20 HP Leistung und in das Hinterachsgehäuse inkorporiertem Planetengetriebe. 1909 trat Oakland der neu entstandenen General-Motors-Gruppe bei und startete noch im selben Jahr die Produktion ihres ersten Vierzylinder-Modells, das mit einem Schubgetriebe ausgestattet war.

1913 kam zu den seit 1912 vertriebenen 3- und 4-l-4-Zylindern ein 6-Zylinder-Modell mit 40 HP (5.999 cm^3) und Spitzkühler hinzu. 1916 versuchte sich Oakland auch auf dem Sektor der 8-Zylinder-V-Motoren und präsentierte ein 5,5-l-Modell.

In demselben Jahr erschien auch noch der 15/20 HP Sen-

NSU Ro80

NSU Ro80 (1967)
Motor: 2-Läufer-Wankelmotor
Kammervolumen: 2 x 4.975 cm^3
Max. Leistung: 115 PS
Getriebe: 3-Gang-Getriebe mit hydraulischem Drehmomentwandler
Rahmen: selbsttragende Karosserie
Aufhängung: vorne Querlenker, McPherson-Federbein, Schraubenfedern; hinten Schräglenker, Schraubenfedern
Bremsen: vorne und hinten Scheibenbremsen, Servobremse
Karosserie: viertürige Limousine
Höchstgeschwindigkeit: 180 km/h

sible Six mit 2.955 cm^3 Hubraum und hängenden Ventilen. Dieses Modell erzielte einen derartigen Erfolg, daß Oakland sein ganzes Produktionspotential auf die Herstellung dieses einen Automobils ausrichtete.

Ende 1923 wurde der Sensible Six von einem anderen 3.038-cm^3-6-Zylinder mit stehenden Ventilen abgelöst. Besondere Merkmale dieses Oakland waren das automatische Rahmen-Schmiersystem (von derselben Pumpe gespeist wie das Modellschmiersystem) und die Vierradbremsen (mit außenliegenden Trommelbremsbändern).

1926 gelang es Oakland, 58.000 Automobile zu verkaufen. Leider präsentierte General Motors im selben Jahr den Pontiac, der praktisch identisch mit dem Oakland-Sechszylinder war, jedoch zu einem viel niedrigeren Preis angeboten wurde.

Die Folge davon war, daß Oakland nach drei Jahren die Produktion des seitengesteuerten Sechszylinders einstellte, während der Pontiac sich auf dessen Kosten immer besser verkaufte. 1930 startete Oakland mit einem auf der Mechanik des Olds Viking basierenden Achtzylinder einen neuen Versuch. Doch vergeblich: Zwei Jahre später mußte

die Firma dennoch ihre Pforten schließen.

ODETTI
Mailand, Italien
1922–1925

Die 1922 von Fausto Odetti in Mailand gegründete Firma

OAKLAND ALL-AMERICAN SIX (1929)
Motor: 6 Zylinder in Reihe mit stehenden Ventilen
Bohrung/Hub: 85,5 mm x 107,9 mm
Hubraum: 3.038 cm^3
Max. Leistung: 68 PS
Getriebe: mechanisch, 3 Gänge
Rahmen: Leiterrahmen
Aufhängung: Starrachsen mit Halbelliptikfedern
Bremsen: Hinterrad-Trommelbremsen
Karosserie: Roadster, Coupé, viertürige Limousine
Höchstgeschwindigkeit: 105 km/h

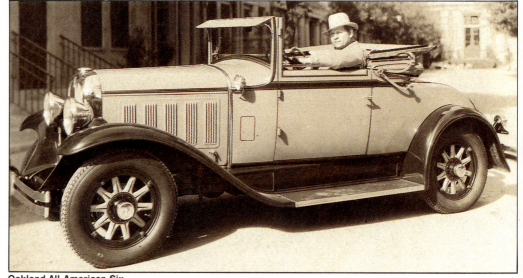

Oakland All-American Six

OLDSMOBILE
Lansing/Detroit, USA
1896–

lenkte schon in den ersten Monaten ihres Bestehens die Aufmerksamkeit auf sich, indem sie extrem billige Automobile, die mit 2-Zylinder-2-Takt-Motoren (700 cm^3) ausgerüstet waren und 10 PS leisteten, produzierte. Mit verantwortlich für den Erfolg dieser kleinen Modelle waren nicht zuletzt die niedrigen Betriebskosten.

1924 versuchte man mit der Einführung des ersten Tourenund eines Sportwagens einen Qualitätsschub zu erreichen, was den Betrieb jedoch an den Rand des finanziellen Ruins führte, so daß man sich ein Jahr später zu seiner Stillegung gezwungen sah.

Ransom Eli Olds war einer der ersten amerikanischen Benzinmotoren-Hersteller.

Nach einem Dreirad-Dampfwagen 1891, der nur Prototyp blieb, brachte Olds 1897 einen Motorwagen mit 1-Zylinder-Benzin-Motor heraus. 1898 kaufte S.L. Smith, ein bedeutender Kupfer- und Holzhändler, der eine angenehme und einträgliche Beschäftigung für seine Söhne suchte, die Olds Gasoline Engine Works auf und verlegte die Produktionsanlagen von Lansing (Hauptstadt des Staates Michigan) nach Detroit.

Die neuen Besitzer trugen sich anfänglich mit dem Gedanken, ihre Produktion auf die Herstellung von Luxuswagen mit pneumatischer Kupplung und elektrischem Anlasser auszurichten. Der Verkauf lief jedoch weniger gut als erwartet, was 1900 zu einer passiven Jahresbilanz führte. Um einigermaßen heil über diese schwierige Situation hinwegzukommen, entwarf Ransom Olds den unvergeßlichen Curved-Dash Oldsmobile, der von einem 1-Zylinder-Motor angetrieben wurde und mit Lenkpinne ausgestattet war. Während der Entwicklungsphase dieses Modells zerstörte ein Großbrand unglücklicherweise den gesamten Fabrikkomplex samt Zeichenarchiv. Der Prototyp des Curved-Dash konnte jedoch in Sicherheit gebracht werden und trotz allem schon 1901 eine Serienfertigung begonnen werden. Der Erfolg dieses kleinen Oldsmobile war so groß, daß 1904 5.000 Exemplare gebaut wurden. Noch im gleichen Jahr verließ Ransom Olds das Unternehmen und gründete einige Monate später die Firma Reo in Lansing.

1905 wurde auch die Oldsmobile nach Lansing zurückverlegt. In diesem Jahr erschienen einige Modellvarianten mit 2-Zylinder-Boxermotor. 1906 präsentierte man zwei Modelle: das Model L Double-Action 20/24 HP und 2-Takt-Motor sowie das Model S 26/28 HP, das erste 4-Zylinder-Modell dieses Herstellers. Beide hatten jedoch nicht den erwünschten Erfolg, und 1908 wurde das nunmehr vor dem wirtschaftlichen Ruin stehende Unternehmen Oldsmobile von General Motors übernommen. Obwohl die finanziellen Schwierigkeiten von Oldsmobile hauptsächlich dem wirtschaftlichen Mißerfolg ihrer Luxusmodelle zuzuschreiben waren, präsentierte das Unternehmen 1910 erneut mit einem überdimensionalen Wagen, dem Limited Six mit 11.581-cm^3-Motor. Daß dieses Modell über extreme Ausmaße verfügte, bewies allein schon die Tatsache, daß man zum Einstieg zwei übereinandergestellte Trittbretter zu Hilfe nehmen mußte. Spitzenmodell wurde 1912 ein Wagen mit bescheidenerem Hubraum von 6.998 cm^3. Drei Jahre später umfaßte das Angebot von Oldsmobile erneut einige 4-Zylinder-Billigmodelle und 1915 auch einen leistungsfähigen 4-l-V8-Zylinder mit Aluminiumkolben, ein Modell, das bis 1923 produziert wurde. Das zwischen 1921 und 1923 angebotene 4-Zylinder-Modell hatte den gleichen Motor (ei-

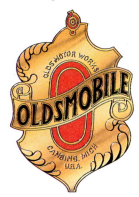

nen 2,8 l mit hängenden Ventilen) wie ihn auch Chevrolet, ein weiteres Mitglied der General-Motors-Gruppe, verwendete.

1924 ersetzte man den V8-Zylinder und den 2,8-l-4-Zylinder durch einen Sechszylinder mit 2.774 cm^3 und Buick-Kühler. Fünf Jahre lang produzierte Oldsmobile nur dieses eine Modell, das 1927 mit Vierradbremsen und verchromtem Emblem ausgestattet wurde. 1929 erschien der Viking: ein V-Achtzylinder mit 4.244 cm^3 Hubraum, dessen Mechanik nach Muster des La Salle entwickelt wurde.

1932 brachte Oldsmobile einen Reihen-Achtzylinder mit 3.933 cm^3 auf den Markt, und drei Jahre später entstanden einige gewagte Modelle mit „turmähnlichem" Fahrgastraum. Was die Mechanik betraf, konnte Oldsmobile mit einigen interessanten Lösungen aufwarten, und 1938 führte sie als erstes Unternehmen der General Motors ein gegen Aufpreis erhältliches Automatikgetriebe ein. Dieses neue Getriebe fand bei den amerikanischen Autofahrern, die schon immer Komfort höher bewerteten als Wirtschaftlichkeit, großen Anklang, und 1948 besaßen fast 75% der von Oldsmobile produzierten Automobile ein Hydramatik-Getriebe.

Das erste Automobil aus der General-Motors-Produktion, das im neuen Futuramic-Design erschien, war das Oldsmobile-Spitzenmodell, der 98er von 1948. Besondere Merkmale dieser neuen, gleich nach Ende des Zweiten Weltkriegs erschienenen Karosserie waren die zweigeteilte, gerundete Windschutzscheibe und die beim Faux-Cabriolet von keiner Säule unterbrochenen Seitenfenster. Ein neuer Antrieb – der V-Achtzylinder mit 4.977 cm^3 – erschien erst ein Jahr später. Seine anfängliche Leistung von 135 PS wurde mit der Zeit bis auf 240 PS im Jahre 1965 erhöht. Für neuen Gesprächsstoff sorgten 1954 die Autronic Eye-Scheinwerfer. Sobald man einem anderen Fahrzeug begegnete, sorgte ein elektrisches System dafür, daß automatisch abgeblendet wurde. 1958 erschien der Dynamik 88 Starfire, ein Coupé mit äußerst fragwürdiger Linienführung. Gleichzeitig polierte Oldsmobile die Produktpalette etwas auf, indem man Kühlermasken mit 4 Scheinwerfern, sehr große Heckflossen und pneumatische Federungen einführte. 1961 beteiligte sich Oldsmobile aktiv am Bau des Kompaktwagens F85 mit 3.523-cm^3-V8-Zylinder-Motor. Von diesem Modell stammten die sportlichen Versionen der Baureihe Cutlass (185 PS) und der Jetfire ab. Letzterer, der 1963 erschienen war, war auch mit Turbolader erhältlich.

Für die größeren Modelle verwendete Oldsmobile V8-Zylinder mit 6.457 cm^3, die je nach Ausführung Leistungen zwischen 280 und 345 PS erbrachten. 1964 ersetzte man den V-Achtzylinder der F85-Baureihe durch einen wirtschaftlicheren V-Sechszylinder der Marke Buick. Als Billigalternative zu den großen V-Achtzylindern mit 6.457 cm^3 entstand die Jetstar-Reihe. Äußerlich ähnelten diese Modelle den luxuriösen F85ern und besaßen auch einen Motor gleicher Bauweise, waren jedoch im Hubraum kleiner (5.407 cm^3). 1966 führte Oldsmobile das Sportcoupé Toronado ein – den ersten Fronttriebler mit Automatikgetriebe, der sich auf dem US-Markt behaupten konnte. Das Leistungsvermögen des V8-Zylinder-Modells mit 6.965 cm^3 (das 1968 sogar auf 7.456 cm^3 erstarkte) stand in keinem Verhältnis zu den mittelmäßigen Eigenschaften des Fahrwerks. Bis 1971 bot Oldsmobile drei Modelle mit Faltverdeck an, die von den drei Limousinen Cutlass Supreme, 442 und Delta 88 abstammten und mit Vorderrad-Scheibenbremsen versehen waren.

1973 erschien der Omega, ein dem Pontiac Ventura sehr ähnlicher Kompaktwagen, der wie dieser entweder mit 4.097-cm^3-6-Zylinder oder 5.736-cm^3-V8-Zylinder angeboten wurde. 1975 präsentierte der amerikanische Hersteller sein letztes Auto mit Faltverdeck, den Delta Royale. Im selben Zeitraum brachten Chevrolet, Pontiac und Buick einige mit der Starfire-Reihe gleichwertige Modelle heraus. Von 1976 an baute man in den Starfire und den Omega 5-Gang-Getriebe ein, und im selben Jahr noch entwickelte sich der Cutlass nach Angaben des Herstellers zum gefragtesten Modell der Vereinigten Staaten. Mit Beginn der Erdölkrise bot man den Cutlass auch mit 5,7-l-Dieselmotor an. 1981 präsentierte Oldsmobile den Firenza, ein Modell, das die gleichen Charakteristika wie das von General Motors geplante J-car aufwies. Der frontgetriebene 2,5-l-4-Zylinder Cutlass Ciera war hingegen die Oldsmobile-„Interpretation" des X-car-Projekts. Das rechteckige Styling dieses Modells verriet den starken Einfluß des Volvo 760.

Die 1987 vorgestellte Coupé-Variante Cutlass Supreme basiert ebenfalls auf dem „X-Body" von GM. Der Oldsmobile 88 ist eine Nummer größer. Die 1992 überarbeitete Reihe hat jetzt einen 3,8-l-V6 mit 172 PS, den gleichen Motor wie der Oldsmobile 98. 1993 wurde ein neues Flaggschiff vorgestellt: der Oldsmobile Aurora. Die aerodynamische Limousine besitzt den 4,0-l-Northstar-V8-Motor mit 253 PS.

Curved-Dash Olds

Dieses Modell bestand praktisch aus einem einfachen 1-Zylinder-Motor, der durch ein 2-Gang-Planetengetriebe mit den Rädern verbunden war. Der Curved-Dash Olds, der ein äußerst schlichtes und relativ billig gebautes Modell war, stellte einen der ersten gelungenen Versuche serienmäßiger Automobilproduktion dar und avancierte binnen kurzem zu Amerikas erstem Massenautomobil.

Die Curved-Dash-Motoren wurden bei Henry Leland in Auftrag gegeben, der auf diese Weise die Möglichkeit erhielt, in den Automobilsektor einzusteigen. Schon bald gelang es Leland aufgrund seiner präzisen Bearbeitungsmethoden, die Leistung des alten Olds-

NSU Ro80 (1968)

Motor
Position: vorne, längsliegend
Bauart: wassergekühlter Zweischeiben-Wankelmotor; 2 Kerzen je Läufer
Kammervolumen: 2 x 497,5 cm³
Verdichtungsverhältnis: 9:1
Ventilsteuerung: Einlaß und Auslaßöffnungen für jeden Läufer
Gemischbildung: 2 Solex-Flachstromvergaser 18/32 HHD
Zündanlage: Transistorzündung, 2 Kerzen pro Kammer
Max. Leistung: 115 PS bei 5.500-min
Max. Drehmoment: 159 Nm bei 4.500-min

Übertragung
Antrieb: Vorderradantrieb
Kupplung: elektropneumatisch betätigte Einscheibentrockenkupplung; hydraulischer Drehmomentwandler
Getriebe: 3-Gang-Getriebe, R-Gang
Übersetzungsverhältnis: I) 2,056:1; II) 1,208:1; III) 0,788:1; R-Gang) 2,105:1
Hinterachsgetriebe: Hypoidgetriebe
Übersetzungsverhältnis im Hinterachsgetriebe: 4,857:1

Aufhängung
Vorderachse: Einzelradaufhängung (McPherson), untere querliegende Dreieckslenker, Schraubenfedern, hydraulische Teleskopstoßdämpfer, Stabilisator
Hinterachse: Einzelradaufhängung, Schräglenker, Schraubenfedern, hydraulische Teleskopstoßdämpfer

Lenkung
System: Zahnstangenlenkung mit ZF-Servo-Hydraulik

Bremsen
Typ: Scheibenbremsen, Servobremse und Bremskraftregler

Räder und Bereifung
Felgen: Leichtmetallfelgen 5J x 14
Bereifung: 175 SR 14

Karosserie und Rahmen
Karosserie: vier-, fünfsitzige, viertürige Limousine
Rahmen: selbsttragende Karosserie

Abmessungen und Gewicht
Länge: 4.780 mm
Breite: 1.760 mm
Radstand: 2.860 mm
Vordere und hintere Spurweite: 1.480 mm/1.434 mm
Gewicht: 1.210 kg

Leistung
Höchstgeschwindigkeit: 180 km/h
Kraftstoffverbrauch: 14,2 l/100 km

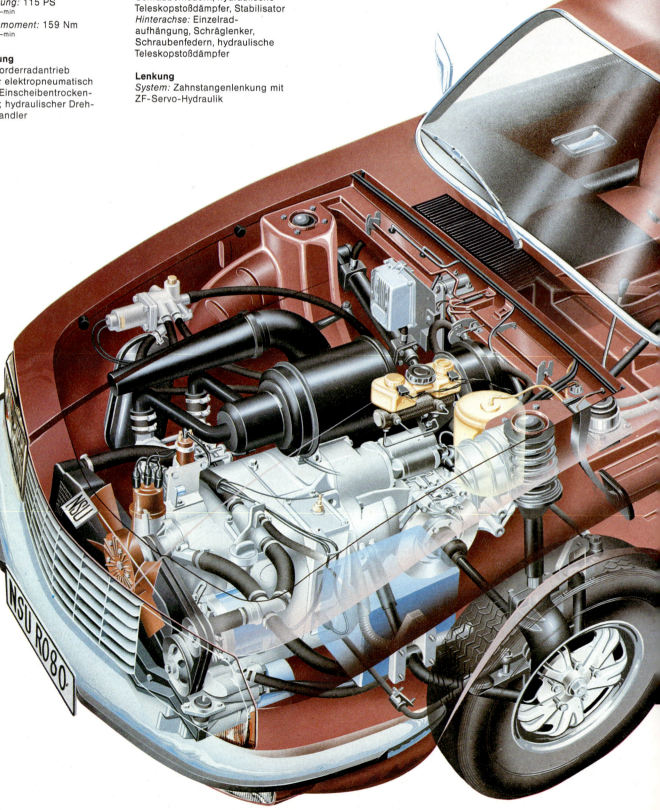

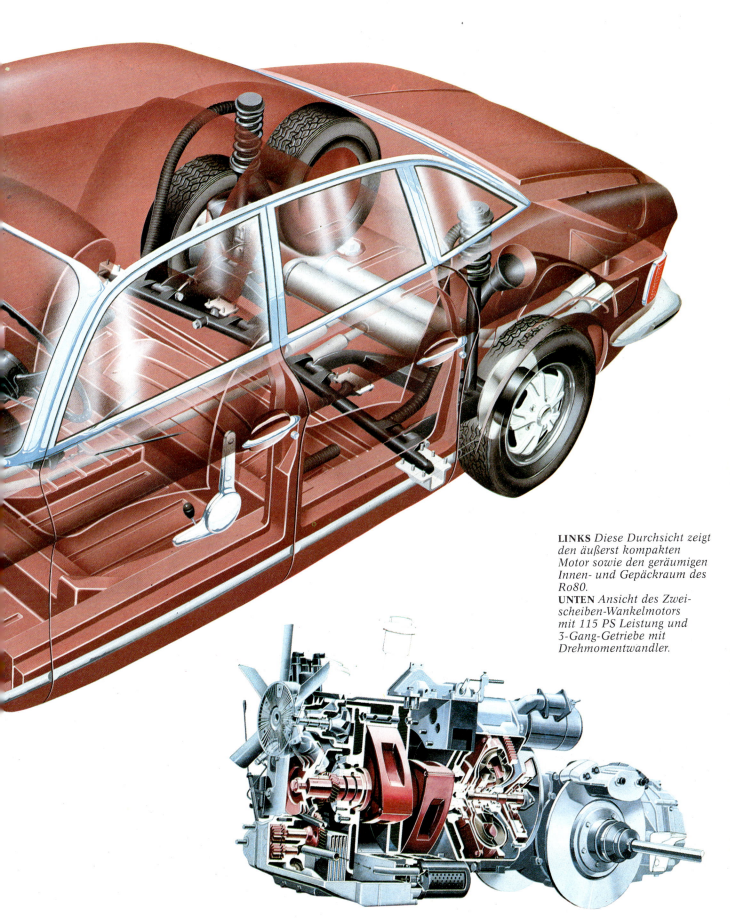

LINKS *Diese Durchsicht zeigt den äußerst kompakten Motor sowie den geräumigen Innen- und Gepäckraum des Ro80.*
UNTEN *Ansicht des Zweischeiben-Wankelmotors mit 115 PS Leistung und 3-Gang-Getriebe mit Drehmomentwandler.*

OLDSMOBILE

Curved Dash Olds

Antriebs auf 7 PS zu steigern. Etwas später stellte er eine 10-PS-Version dieses Antriebs fertig, die Ransom Olds jedoch nicht für die Serienherstellung verwenden wollte, da er sie für zu kräftig hielt.

Oldsmobile Limited

Dieses Modell ist mit 11.581 cm³ Hubraum und einer Leistung von 60 PS größtes unter den Oldsmobile-Automobilen. Seinen Namen erhielt es, nachdem eines der ersten Exemplare als Sieger aus einem auf der Strecke Albany–New York mit dem Express-Zug „20th Century Limited" veranstalteten Wettrennen hervorgegangen war.

Jede Einzelheit des Limited hatte Übergröße: die Räder hatten einen Durchmesser von 109 cm, und der Radstand betrug 356 cm, außerdem lag seine Karosserie so hoch über dem Boden, daß zum Einstieg ein zweistufiges Trittbrett verwendet werden mußte.

Oldsmobile Rocket 88

Nach Ende des Zweiten Weltkriegs war Oldsmobile bei General Motors sowohl auf technischem als auch auf stilistischem Gebiet führend. Anläßlich seines 50. offiziellen Jahrestages präsentierte Oldsmobile 1948 das nagelneue Futuramic-Design, das knapp ein Jahr später von den anderen GM-Mitgliedern übernommen wurde. Auch im nächsten Jahr lag Oldsmobile mit der Einführung des neuen Rocket-Motors, einem kurzhubigen V8-Zylinder mit 4.977 cm³ und hängenden Ventilen, noch immer in Führung. Die anfängliche Leistung dieses Antriebs waren 135 PS; zu Beginn der fünfziger Jahre steigerte man den Hubraum auf 5.318 cm³ und 1965 lag die Leistung bei 240 PS. Die Hinterachse mit Schraubenfedern der ersten Oldsmobile Rocket 88 ersetzte man beim Super 88 von 1951 durch eine konventionelle Blattfederung.

Oldsmobile Toronado

Dieses Modell unterschied sich deutlich von den anderen großen Automobilen jener Epoche. Die Motorkraft des 7-V8-Zylinders wurde durch eine geräuscharme Getriebeautomatik mit Kette auf die Vorderräder übertragen. Bei der Publikums-Präsentation von 1966 wurde dieses mechanische Grundschema mit Begeisterung aufgenommen. Einen Pluspunkt gab es auch für die Wendigkeit, während hingegen die Bremsen noch einiges zu wünschen

CURVED DASH OLDS (1901)
Motor: 1-Zylinder-Motor
Bohrung/Hub: 114,3 mm x 152,4 mm
Hubraum: 1.564 cm³
Max. Leistung: 5 HP
Getriebe: 2-Gang-Planeten-Getriebe
Rahmen: 2 gekröpfte Federpakete
Aufhängung: Starrachsen vorne und hinten
Bremsen: Bremse neben Differential
Karosserie: Runabout
Höchstgeschwindigkeit: 30 km/h

OLDSMOBILE LIMITED (1910)
Motor: 6 Zylinder in Reihe mit zwei Zylinderblöcken und stehenden Ventilen
Bohrung/Hub: 127 mm x 152 mm
Hubraum: 11.581 cm³
Max. Leistung: 60 HP (geschätzt)
Getriebe: mechanisch, 4 Gänge
Rahmen: Leiterrahmen
Aufhängung: Starrachsen mit Halbelliptikfedern
Bremsen: Hinterrad-Trommelbremsen
Karosserie: Tourer, Limousine
Höchstgeschwindigkeit: 110 km/h

OLDSMOBILE ROCKET 88 (1958)
Motor: 8-Zylinder-V-Motor mit hängenden Ventilen
Bohrung/Hub: 98,4 mm x 87,3 mm
Hubraum: 5.138 cm³
Max. Leistung: 130 PS
Getriebe: Hydromatic-4-Gang-Getriebe
Rahmen: Profilstahl
Aufhängung: vorne Einzelradaufhängung mit Schraubenfedern; hinten Starrachse mit halbelliptischen Blattfedern
Bremsen: Trommelbremsen
Karosserie: Limousine
Höchstgeschwindigkeit: 160 km/h

Oldsmobile Limited

Oldsmobile Roket 88

übrig ließen. 1968 vergrößerte man den Hubraum des Toronado auf 7.456 cm³.

OM
Brescia, Italien
1918–1934

Die Mailänder Officine-Meccaniche AG begann ihre Tätigkeit 1899 mit der Produktion von Werkzeugmaschinen. Nach Ende des Ersten Weltkriegs startete die OMAG als Übernahmefirma von Züst ihre Tätigkeit auf dem Automobilsektor.

Das erste Modell, der S305, griff das technische Grundschema der Züst 25/35 – ein 4.712-cm³-Automobil, das vor dem Krieg entworfen war – wieder auf.

1919 erschien ein Modell mit 12/15 HP und einem Hubraum von 1.327 cm³, das nach einem Entwurf des Österreichers Barratouche gebaut worden war: Die Codenummer 465 bildete den Anfang eines speziellen Erkennungssystems, das später bei allen OM-Automobilen angewandt wurde, und bei dem die erste Ziffer die Anzahl der Zylinder, die anderen beiden die Bohrung angaben (in diesem Zusammenhang sei erwähnt, daß die Vierzylinder dieses Herstellers meistens eine Bohrung von 65 mm besaßen). 1921 entstand der 467 Sport, ein Sportwagen, der auf dem 465er basierte. 1922/23 erschien der 1.496-cm³-469S – der erste OM mit Vorderradbremsen.

1923 brachte der italienische Hersteller sein erstes 6-Zylinder-Modell heraus: den 665 Superba, Stammvater einer Automobilgeneration, die bis 1932 produziert wurde. Die

Oldsmobile Toronado

OLDSMOBILE TORONADO (1966)

Motor: 8-Zylinder-V-Motor mit hängenden Ventilen
Bohrung/Hub: 104,8 mm x 101 mm
Hubraum: 6.965 cm³
Max. Leistung: 385 PS
Getriebe: Hydromatic-3-Gang-Getriebe
Rahmen: Plattformrahmen
Aufhängung: vorne Einzelradaufhängung mit Torsionsstäben und Querlenkern; hinten Starrachse mit Einblattfedern
Bremsen: vorne und hinten Trommelbremsen, Servobremse
Karosserie: sechssitzig, zweitürig, Fließheck
Höchstgeschwindigkeit: 209 km/h

drei 665-Superba-Exemplare, die an der ersten Mille Miglia (1927) teilnahmen, errangen gleich die ersten drei Plätze. 1928 konnte man auf dem Mailänder Automobilsalon einen OM-Tourenwagen mit 3-l-8-Zylinder bewundern, der jedoch nicht weiterproduziert wurde.

Ebenfalls 1928 beschloß OM, die Automobilproduktion vom Eisenbahnbau zu trennen, und als neues Firmenzeichen wählte man somit die Bezeichnung OM-Fabrica Bresciana di Automobili.

Trotz einfachster Motor-Mechanik (großteils mit stehenden Ventilen) stand OM dank mehrerer Rennerfolge in dem Ruf, ein ausgezeichneter Sportwagenhersteller zu sein. L.C. Rawlence, der sich um den Vertrieb der OM-Modelle in England kümmerte, baute eine große Vielfalt leistungsgesteigerter OM-Sportwagen, die sich als viel sportlicher als die „offiziellen" erwiesen. Das veranlaßte OM 1929 zum Bau von Exemplaren mit tiefergelegten Rahmen und Rootsgebläse.

Von 1925 an dehnte OM seine Tätigkeit auch auf den Nutzfahrzeugsektor aus. Schon bald merkte der italienische Hersteller aus Brescia, daß die Lkw-Produktion weit lohnender war als der Automobilbau, und beschloß 1930 den gesamten noch nicht verkauften Bestand an die Esperia – eine von zwei ehemaligen OM-Betriebsleitern gegründete Gesellschaft – abzutreten.

Als OM im Jahr 1933 von Fiat übernommen wurde, produzierte das Unternehmen schon längst keine Personenfahrzeuge mehr. Wie dem auch sei – auf dem Mailänder Salon von 1934 präsentierte OM dennoch einen Prototyp mit der Bezeichnung OMV Alcyone, der über einen 2.130 cm³ starken 6-Zylinder-Motor mit seitlichen Einlaß- und hängenden Auslaßventilen verfügte, jedoch nie zum Verkauf aufgelegt wurde.

OMEGA-SIX
Boulogne-sur-Seine, Frankreich
1922–1930

Der Konstrukteur des fortschrittlichen Omega-Six, Ingenieur Gadoux, war zunächst

OM 665 SUPERBA (1923)

Motor: 6 Zylinder in Reihe mit stehenden Ventilen
Bohrung/Hub: 65 mm x 100 mm
Hubraum: 1.991 cm³
Max. Leistung: 45 PS
Getriebe: mechanisch, 4 Gänge
Rahmen: Leiterrahmen
Aufhängung: vorne und hinten Starrachse mit Halbelliptikfedern
Bremsen: Hinterrad-Trommelbremsen
Karosserie: Tourer, Limousine
Höchstgeschwindigkeit: 120 km/h

OM 665 Superba

für Hispano-Suiza tätig gewesen. Auf dieser Erfahrung aufbauend entwarf er ein Modell, das – wenn auch in verkleinertem Maßstab – vom technologischen Standpunkt aus gesehen auf gleiche Stufe mit dem nobleren spanischen Konkurrenten gestellt werden konnte. Der Omega-Six hatte seine Publikums-Premiere auf dem Pariser Autosalon von 1922. Die ersten Serienwagen waren mit 1.991-cm³-6-Zylinder-Motor, 3-Gang-Getriebe und Hinterradbremsen ausgerüstet. Von 1928 an stattete man den Omega-Six mit einem größeren Sechszylinder (2.915 cm³) mit obenliegender Nockenwelle aus. Dieser Antrieb mit gußeisernem Motorblock und festem Zylinderkopf war mit einem modernen 4-Gang-Getriebe in einem Block konstruiert. Um auch den Wünschen jener Kunden zu entsprechen, die es gewohnt waren, lange Strecken so schnell wie möglich zu überwinden, stattete man einige Modelle auch mit doppelter Hinterachsübertragung aus. Jeder Omega-Six zeichnete sich – gleichgültig, um welche Modellversion es sich handelte – durch hervorragende Verarbeitung aus.

Leider lief der Verkauf nur schleppend, und 1930 stellte das Unternehmen seine Tätigkeit ein.

OMT
Turin, Italien
1907–1913

Die OMT (Officine Meccaniche Torinesi) wurde 1907 in Turin mit der Absicht gegründet, die Tätigkeit der in eine Krise geratenen Firma Peugeot-Croizat weiterzuführen. In erster Linie konzentrierte sich OMT auf die Peugeot-Lizenzfertigung. Zwischen 1911 und 1913 (das Jahr, in dem der Betrieb seine Tätigkeit einstellte) entstand jedoch noch ein eigenes Modell: der Victrix, der einen 1-Zylinder-Motor mit 695 cm³ und 12 HP Leistung besaß und, mit einem 3-Gang-Getriebe gekoppelt, 40 km/h Spitzengeschwindigkeit erreichte.

OPEL
Rüsselsheim, Deutschland
1898–

Die industrielle Tätigkeit Adam Opels begann mit der Gründung einer Nähmaschinenfabrik im Jahre 1863. 1897 weitete Opel seine Tätigkeit dann auch auf die Fahrräderproduktion aus; Automobilfabrikant wollte Adam Opel jedoch nie werden. Nach seinem Tod (1895) beschlossen seine fünf Söhne – schon allein um die gesunkene Nachfrage nach Fahrrädern etwas auszugleichen –, mit der Automobilproduktion zu beginnen. Sie übernahmen die Anhaltische Motorwagenfabrik von Friedrich Lutzmann, der seit 1894 große, Benz-ähnliche Automobile produzierte. 1898 erschien der erste Opel nach „Lutzmann-System".

Nach einer Auseinandersetzung mit Lutzmann beschlossen die Gebrüder Opel, Automobile nach Darracq-Lizenz zu bauen. 1902 präsentierten die Brüder neben dem Opel-Darracq ein eigenes Modell, den 10/12 PS mit einem 1.884-cm³-Motor. Kurz darauf erschien der 12/14 PS mit auf 2.365 cm³ gesteigertem Antrieb. 1903 schaffte Opel mit dem 20/24 PS den Eintritt in den Bereich der Vierzylinder. Die 3- und 4-Gang-Versionen dieses Modells besaßen einen Motor mit L-Kopf. 1905 drang Opel mit der Präsentation des 35/40 PS (6.880 cm³) auch in den Sektor der großvolumigen Fahrzeuge vor. Kernstück der Produktion blieben jedoch auch weiterhin die Kleinwagen. Beliebtestes dieser kleinen mit 1- oder 2-Zylinder-Motoren versehenen Opelmodelle war zweifellos die zweisitzige, zweizylindrige Doktorwagen.

1909 mußten die ein- und zweizylindrigen Modelle drei 4-Zylinder-Modellen mit nur wenig größerem Hubraum weichen. 1914 erfuhr die Opel-Produktpalette durch die Einführung einiger Vierzylinder von 1.392 cm³ bis 10.200 cm³ Zuwachs.

Ausgangsmodell der zwei Nachkriegsmodelle 21/60 PS und 30/75 PS war der 1916 entstandene Prototyp des ersten Opel-Sechszylinders. Der geringe Erfolg beider Automobile lag teilweise auch in der schwierigen wirtschaftlichen Situation der zwanziger Jahre begründet. Der erste weitverbreitete Opel war der in den zwanziger Jahren präsentierte 8/25 PS (1.984 cm³), der auf dem Vorkriegsmodell basierte und mit Spitzkühler ausgestattet war. Die Weiterentwicklung des 8/25 PS führte schließlich zum 10/35 PS und zum 14/38 PS mit vier Zylindern und 3.430 cm³ Hubraum. Im selben Zeitraum erschienen auch einige sportliche Exemplare, die über den Rahmen des 8/25 PS und die Mechanik des 14/38 PS verfügten. In der Zwischenzeit war sich die Betriebsleitung dessen bewußt geworden, daß in Zukunft nur ein für alle Käuferschichten erschwingliches und somit der gewandelten Struktur des deutschen Marktes angepaßtes Modell ein rentables Geschäft auf dem Gebiet der automobilen Massenfabrikation bedeuten konnte. Also rüstete Opel sein Werk mit Fließbändern aus (1924) und startete dann – auf dem Grundschema des Citroën 5 CV aufbauend – die Großserienproduktion des grün lackierten, 951 cm³ starken Vierzylinders Laubfrosch. Das Modell war ein großer Erfolg, und schon nach kurzer Zeit wurde sein Motor auf 1.016 cm³ vergrößert. 1925 erschien der Typ 80 10/40 PS, ein 4-Zylinder-Modell mit 2.594 cm³.

1927 präsentierte Opel eine neue, amerikanisierte Modellreihe mit 1.735-cm³-6-Zylinder. Ein Jahr später wurde der Hubraum auf 1.924 cm³ erweitert, dann auf 3.540 cm³ und pendelte sich schließlich bei 4.170 cm³ ein.

Ende der zwanziger Jahre beteiligte sich der junge Enkel Adam Opels, Fritz von Opel, der sich schon einen gewissen Ruf als Fahrer von Opel-Motorrädern und -Automobilen eingehandelt hatte und dem man viele interessante mechanische Lösungen verdankt, aktiv an den Testfahrten der Max-Valier-Düsentriebwerke. Die Testergebnisse (1928) des ersten mit Raketenantrieb ausgestatteten Rak 1 waren zufriedenstellend, was Anlaß zur öffentlichen Vorführung eines weiteren Prototyps, des Rak 2, gab. Dieser zweite verbesserte Prototyp, der unter anderem auch über verstellbare Stabilisierungsflächen verfügte, brachte es auf der Avus-Prüfstrecke auf mehr als 220 km/h Spitzengeschwindigkeit.

1928 wurde Opel von General Motors aus Detroit übernommen und präsentierte noch im selben Jahr den amerikanisch beeinflußten Achtzylinder (5.972 cm³) Regent.

Später bot Opel dann auch wesentlich kleinere Autos mit 995-cm³-4-Zylinder- oder 1.790-cm³-6-Zylinder-Motoren an. Die Luxusausführung dieser Modelle wurde unter dem Markenzeichen Regent vermarktet. 1934 steigerte man ihre Motorleistung. Den Vierzylinder mit 1.279 cm³ baute man

---

OMEGA-SIX (1928)
Motor: 6 Zylinder in Reihe mit obenliegender Nockenwelle
Bohrung/Hub: 75 mm x 110 mm
Hubraum: 2.914 cm³
Max. Leistung: 122 PS
Getriebe: mechanisch, 4 Gänge
Rahmen: Leiterrahmen
Aufhängung: Starrachsen mit Halbelliptikfedern
Bremsen: Trommelbremsen
Karosserie: sportlicher Torpedo
Höchstgeschwindigkeit: 170 km/h

Omega-Six

auch in das in Erinnerung an die Berliner Olympiade so getaufte Olympia-Modell von 1935 ein. Der Olympia war das erste in großer Serie gefertigte deutsche Automobil mit selbsttragendem Aufbau. Ein Jahr darauf erschien der Kadett, eine 1.074-cm^3-Limousine, die in kürzester Zeit zu einem Riesenerfolg wurde. 1937 präsentierte Opel ein neues Triebwerk mit 1.488 cm^3 und obenliegender Nockenwelle. Dieser 4-Zylinder-Motor, der zuerst nur die Serienausrüstung der Olympia-Baureihe gewesen war, entpuppte sich als so gelungen, daß seine Grundstruktur bis 1960 erhalten blieb.

Zu den 6-Zylinder-Modellen, die Ende der dreißiger Jahre entstanden, zählt der Super Six mit 2.473 cm^3 Hubraum von 1937, der ein Jahr später von einem Modell mit selbsttragendem Aufbau – dem Kapitän – ersetzt wurde. Spitzenmodell der Opel-Produktion von 1937 war der Admiral mit 3.626 cm^3 Hubraum.

Nach Ende des Zweiten Weltkriegs sah Opel sich erst 1947 in der Lage, mit dem alten Olympia die Produktion wieder aufzunehmen. Die Sowjets hatten die Kadett-Produktionsanlage teilweise als Ersatz für Kriegsentschädigung konfisziert. (Auch die Pläne des neuen Modells Kadett wurden beschlagnahmt und dienten später zur Verwirklichung des Moskwitsch 400.) 1948 nahm man auch den Sechszylinder (2.472 cm^3) Kapitän, der sich nur wenig vom Vorkriegsmodell unterschied, erneut ins Produktionsprogramm auf. 1950 erschien der Olympia mit neugestalteter Karosserie wieder. Die Tatsache, daß statt des alten 4-Gang-Getriebes ein 3-Gang-Getriebe mit Lenkradschaltung eingebaut wurde, stellte jedoch eher einen Rückschritt dar.

1953 ersetzte man den Olympia durch den Rekord, der über eine mit seinem Vorgänger fast identischen Mechanik verfügte. Die Karosserie zeichnete sich jedoch durch weit heruntergezogene Kotflügel und eine gewölbte Windschutzscheibe aus. Diese erste Rekord-Ausführung wurde bis 1957 produziert. Der neue Rekord von 1958 war auch das erste Opel-Modell, das in die USA exportiert wurde. Im Juli 1959 erschien auch eine viertürige Version; nur einen Monat später begann die Auslieferung einer weiteren, billigeren Version – des Opel 1200, der über den gleichen Aufbau wie der Rekord-Serienwagen, jedoch einen kleineren Motor (1.196 cm^3) verfügte. Dieses Modell 1200 war bis 1962 erhältlich, obwohl man 1960 schon mit der Produktion eines neuen, optisch moderneren Rekord begonnen hatte.

In der Zwischenzeit hatte der Kapitän im November 1953 ein radikales Facelift erhalten, und sechs Jahre später wurde dieses Modell nochmals vollkommen neu konzipiert.

Als 1962 im Ruhrgebiet das Bochumer Opel-Werk eröffnet wurde, wurde auch der Kadett einigen tiefgreifenden optischen und mechanischen Korrekturen unterzogen (unter anderem wurde der Motorhubraum von 993 cm^3 vergrößert). 1963 erschien ein neuer Rekord, der mit 1.488-cm^3- oder 1.680-cm^3-4-Zylinder-Motor mit hängenden Ventilen ausgerüstet war, und der ein Jahr später sogar mit demselben 2.605-cm^3-6-Zylinder wie der Kapitän aufgelegt wurde. Von 1965 an erhielten die Rekord-Modelle neue, kopfgesteuerte Antriebe mit 1.897 cm^3 (vier Zylinder) oder 2.605 cm^3 (sechs Zylinder).

1964 feilte man ganz energisch an der Optik der größeren Modelle, die außerdem mit Hydrostößel-Motoren versehen wurden. Die Opel-Modellpalette umfaßte zu diesem Zeitpunkt den 6-Zylinder-Kapitän, eine „de luxe"-Version, die die Bezeichnung des Vorkriegsmodells Admiral wieder aufgriff, und den Diplomat. Letzterer war bis auf den Chevrolet-8-Zylinder-V-Motor (4.638 cm^3) mit dem Admiral identisch. Ende 1964 baute der Karossier Karmann ein Diplomat Coupé, das aufgrund seines 5.358 cm^3 kräftigen V-Achtzylinders 204 km/h erreichte. Im Frühjahr 1965 wurde der 4.638-cm^3-V-8-Zylinder auf Wunsch auch in den Kapitän und den Admiral eingebaut.

Auf dem Frankfurter Autosalon von 1965 konnte man ein GT-Experimentier-Coupé bewundern, das dann drei Jahre später in kleiner Serie produziert wurde. 1966 wurden die Rekord-Modelle völlig neu überarbeitet und erstmals auch mit auf Wunsch einsetzbarem 6-Zylinder-Motor geliefert. Im März 1967 erschien der Commodore. Im Prinzip dem Rekord ähnlich, wurde er von einem 6-Zylinder-Motor mit 2.490 cm^3 angetrieben. Ein Jahr später brachte Opel auch einen leistungsstärkeren Commodore, den GS, auf den Markt. Die neuen Kapitän-, Admiral-

und Diplomat-Baureihen von 1969 waren mit Einspritzmotoren versehen.

1970 erschien der Ascona, das neue Mittelklasse-Modell. Die Vorstellung der Coupé-Variante des Ascona wurde vorgezogen, um dem Ford Capri zuvorzukommen. Der Manta, so hieß das neue Modell, wurde deshalb schon zwei Monate vor dem Ascona auf den Markt gebracht. Die Basis-Version hatte einen 1,6-l-Motor unter der Haube, der Manta Rallye ein 1,9-l-Triebwerk.

Der Ascona wurde Mitte der siebziger Jahre zum ersten Mal grundlegend überarbeitet und 1981 auf Frontantrieb umgestellt. 1988 wurde der Ascona durch den Vectra, eine moderne Mittelklasse-Limousine, ersetzt. Der Manta wurde ebenfalls noch in den Siebzigern renoviert und erst 1989 vom Calibra abgelöst.

Der Kadett blieb bis 1991 im Programm, bis er durch ein neues Kompaktmodell ersetzt wurde, das – wie die englische Kadett-Ausführung schon seit

OPEL 4/12 PS LAUBFROSCH (1924)

Motor: 4 Zylinder in Reihe mit stehenden Ventilen
Bohrung/Hub: 58 mm x 90 mm
Hubraum: 951 cm^3
Max. Leistung: 12 PS
Getriebe: mechanisch, 3 Gänge
Rahmen: Leiterrahmen
Aufhängung: vorne und hinten Starrachse mit Viertelelliptikblattfederung
Bremsen: Hinterrad-Trommelbremsen
Karosserie: Torpedo, Tourer, Limousine
Höchstgeschwindigkeit: 72 km/h

Opel Laubfrosch

Jahren – auf den Namen Astra getauft wurde. Der Kleinwagen Corsa, seit 1982 in Spanien gebaut, wurde 1993 komplett überarbeitet präsentiert. Den Rekord, viele Jahre im Programm, ersetzte Opel 1986 durch den Nachfolger Omega. Das Spitzenmodell heißt jedoch immer noch Senator.

Opel Laubfrosch

Diesem Modell hat es Opel zu verdanken, daß aus ihm ein großer Serienhersteller geworden ist. Der kleine 4/12-PS-4-Zylinder war eine derart getreue Kopie des Citroën 5 CV, daß der französische Hersteller sogar rechtliche Schritte gegen seinen deutschen Konkurrenten unternahm. Dieser geistige Diebstahl war jedoch aus einer Notlage heraus entstanden: Nachdem Opel nämlich den Beschluß gefaßt hatte, seine Produktpalette auf ein einziges Modell zu reduzieren (das in einem völlig neuen Werk gebaut werden sollte), bemerkte man, daß das Budget nicht zum Bau eines von Grund auf neuen Modells ausreichen würde, und so riskierte man diese Anleihe beim Konkurrenten Citroën. Zwischen den beiden Automobilen gab es jedoch trotz allem einige Unterschiede. Das deutsche Modell hatte statt einer Spulen- eine Magnetzündung, statt 6-Volt- eine 12-Volt-Elektrik und statt einem Hubverhältnis von 55 mm x 90 mm eines von 58 mm x 90 mm. Außerdem war der Laubfrosch, der über einen besonders gearteten Kühler verfügte, grün lackiert (was ihm seinen Namen einbrachte), während der Citroën 5 CV eine gelbe Karosserie hatte.

Kurz nach seinem Erscheinen vergrößerte man die Bohrung auf 60 mm, und der Hubraum wuchs somit auf 1.016 cm^3 an. Auch der Radstand wurde verlängert, so daß nun vier Fahrgäste in seinem Wageninneren Platz hatten. Wenn dies auch nur kleine Unterschiede waren, so reichten sie dennoch dazu aus, das von Citroën eingelegte Rechtsmittel aufzuheben. Ein freisprechendes Urteil ergab sich jedoch erst nach der dritten Instanz. Trotz dieser unangenehmen Seite erzielte der Laubfrosch erwartungsgemäß große wirtschaftliche Erfolge.

Opel GT

Der erste Opel GT-Experimentierwagen wurde gerade

noch rechtzeitig zur Eröffnung des Frankfurter Autosalons im September 1965 fertiggestellt. Seine gerundete Karosserie mit versenkbaren Lampenkörpern vorne stand in deutlichem Gegensatz zu allen bislang produzierten Opel-Modellen. Mit der Produktion wurde erst 1967 begonnen. In diesem Jahr erschien auch die neue Kadett-Baureihe. Die Mechanik dieses Modells paßte auch zum Aufbau des GT. Bevor jedoch der GT-Prototyp in Serie ging, beschloß man einige leichte Veränderungen anzubringen, um seine Leistung und seine Fahreigenschaften noch weiter zu verbessern.

OPES
Turin, Italien
1946–1948

Die Opes (Officine di Precisione e Stampaggio) wurde 1946 aus dem ganz Italien beherrschenden Bedürfnis heraus gegründet, die heimische Industrie in ihrer Gesamtheit wieder aufblühen zu lassen. Einziges Produkt dieses von Giuseppe Milanaccio geleiteten Unternehmens war der Ninfea, ein interessanter fünfsitziger Wagen mit Frontantrieb, der von einem ungewöhnlichen Sternmotor mit drei Zylindern, der offensichtlich von einem Flugzeugmotor abstammte, angetrieben wurde. Er war in zwei verschiedenen Versionen erhältlich: mit 702 cm³ (20 PS, 85 km/h) und 784 cm³ Hubraum (24 PS, 95 km/h).

OSCA
Bologna/San Lazzaro di Savena, Italien
1947–1967

Auf dem Tiefpunkt einer Finanzkrise angelangt, traten die drei Maserati-Brüder Bindo, Ettore und Ernesto 1937 ihr Unternehmen an die wohlhabende Familie Orsi aus Modena ab. Eine Klausel im Kaufvertrag sah jedoch eine Tätigkeit im Rahmen ihrer Ex-Firma bis 1947 vor. Nach Ablauf dieser Frist gründeten die Maseratis die OSCA (Officine Specializzate Costruzione Automobili Fratelli Maserati), indem sie einige ihrer alten Werke in Bologna wieder aktivierten. Hier nahm 1948 ihr erstes eigenes Modell – mit sportlicher Karosserie und 1.100-cm³-Motor – seine Formen an.

Dieser erste OSCA beteiligte sich an mehreren der damaligen Formel-2-Rennen, die von Spitzenpiloten wie „Gigi" Villoresi gefahren wurden. Um wieder an den Grand Prix-Rennen teilnehmen zu können, entwarfen die Maserati-Brüder einen 12-Zylinder-V-Rennmotor mit 4.472 cm³, der in das schon vorhandene 1,5-l-Maserati-Modell 4CLT eingebaut werden konnte. Dieser neue Renner hatte jedoch mit Prinz Bira am Steuer nur wenig Erfolg.

OSCA baute noch andere Grand Prix-Wagen, aber die größten sportlichen Erfolge wurden in Sportwagenrennen erzielt. Ausgehend von der Einstiegsversion mit 1.089 cm³ entwickelte OSCA den 1.342-cm³-, dann den 1.453-cm³-Motor. Diese letzte Version gewann mit Moss und Lloyd am Steuer 1954 das 12-Stunden-Rennen von Sebring. Die Folge davon war eine Auftragslawine aus den Vereinigten Staaten

OPEL GT 1900 (1967)

Motor: 4 Zylinder in Reihe mit hängenden Ventilen
Bohrung/Hub: 93 mm x 69,8 mm
Hubraum: 1.897 cm³
Max. Leistung: 90 PS
Getriebe: mechanisch, 4 Gänge
Rahmen: selbsttragende Karosserie
Aufhängung: vorne Einzelradaufhängung mit Doppelquerlenkern; hinten Starrachse mit Schraubenfedern
Bremsen: vorne Scheiben-, hinten Trommelbremsen
Karosserie: zweisitziges Coupé
Höchstgeschwindigkeit: 185 km/h

von Amerika. Dieser außergewöhnliche Absatzanstieg ermöglichte es, ein neues, größeres Werk in San Lazzaro di Savena, in der Nähe von Bologna, zu errichten. Ende der fünfziger Jahre brachte es OSCA mit einer Belegschaft von nur 40 Mann auf eine Jahresproduktion von 20 bis 30 Automobilen. In diesem Zeitraum präsentierte der italienische Hersteller ei-

OPEL CALIBRA TURBO 4 x 4 (1992)

Motor: 4-Zylinder-Reihenmotor, zwei obenliegende Nockenwellen, 16 Ventile, Turbolader mit Ladeluftkühler
Bohrung/Hub: 86 mm x 86 mm
Hubraum: 1.998 cm³
Max. Leistung: 150 kW / 204 PS bei 5.600⁻min
Getriebe: mechanisch, 6 Gänge, permanenter Allradantrieb
Rahmen: selbsttragende Karosserie
Aufhängung: Einzelradaufhängung an den Vorderrädern und an den Hinterrädern
Bremsen: Scheibenbremsen vorne und hinten
Karosserie: zweitüriges Coupé
Höchstgeschwindigkeit: 245 km/h

Opel GT 1900

Das als Gran-Tourismo-Wagen zugelassene Automobil eignete sich besonders gut für Sporteinsätze. Die gelungensten Tuning-Versionen stammten von Virgilio Conrero.

Auf dem Genfer Salon von 1971 stellte Opel eine GT-Billigversion, den GT/J, vor. Der GT wie auch der GT/J wurden im August 1973 aus dem Angebot genommen. Bis dahin waren mehr als 100.000 Exemplare dieser beiden Modelle hergestellt worden.

Opel Calibra

Nachdem der Manta fast 15 Jahre lang unverändert gebaut worden war, löste ihn 1989 der Opel Calibra ab. Wie schon der Manta basiert auch der Calibra technisch auf der Mittelklasse-Limousine von Opel. Statt Ascona hieß die Ausgangsbasis für den Calibra nun Vectra.

Im Gegensatz zum Manta sind beim Calibra die vorderen Räder angetrieben. Die aerodynamisch extrem günstige Karosserie (cw-Wert 0,28) ermöglicht dem Sportcoupé eine sehr hohe Spitzengeschwindigkeit. So erreicht bereits die Basisversion mit ihrem 115 PS starken 2-l-Motor 205 km/h.

Der 2,0-l mit 16 Ventilen und 150 PS schafft beachtliche 223 km/h. Der schnellste Calibra ist der Turbo 4x4. Der allradgetriebene Turbo mit 204 PS beschleunigt dementsprechend in lediglich 6,8 Sekunden von 0 auf 100 km/h.

Opel Calibra Turbo 4 x 4

Osca 1600

nen kräftigen Vierzylinder mit zwei obenliegenden Nockenwellen und 749 cm³, der direkt vom 1.100-cm³-Einstiegsmodell abstammte.

Gemäß eines 1959 getroffenen Abkommens mit Fiat war diese Firma berechtigt, den 1.500-cm³-OSCA (mit auf 1.568 cm³ vergrößertem Hubraum) nachzubauen: Von da an ersetzte dieser Motor nicht nur den alten – von Farina karossierten – Fiat-1.200-cm³-Motor, sondern wurde auch für die verschiedenen von Maserati entworfenen, in Kleinserie gebauten Sonder-Sportcoupés verwendet.

1963 trat OSCA der MV-Gruppe bei. Der 1600 GT wurde noch eine Zeitlang weitergebaut.

Die Gebrüder Maserati setzten ihre Entwicklungs- und Produktionstätigkeit für den Grafen Domenico Agusta noch bis 1966 fort.

Zu den letzten Werken der Maseratis zählt auch ein Motor mit einer desmodromischen Ventilsteuerung.

OTAV
Mailand, Italien
1905–1908

Zu Beginn des Jahrhunderts entwarf der bekannte Mailänder Fahrradhändler Max Türkheimer ein erschwingliches 1-Zylinder-Kleinfahrzeug mit Riementrieb. Dieses 5,5 HP OTAV (Officine Türkheimer per Automobili e Velocipedi) benannte Modell hatte einen derartigen Erfolg, daß bereits 1906 – im Jahr nach der Gründung von OTAV – ein leistungsfähigeres Modell eingeführt wurde: der 18/24-HP-4-Zylinder mit zwei Zylinderblöcken, Doppelzündung, Kardanantrieb und 3-Gang-Getriebe. Noch im selben Jahr beteiligte sich OTAV erfolgreich an Rennveranstaltungen wie der Milano–San Remo und der Torino–Colle del Sestrière. Leider zwang die italienische Wirtschaftskrise die OTAV aufzugeben.

PACKARD
Detroit, Michigan, USA
1899–1958

Im November 1899 begann James Packard mit der Produktion einer Kleinserie von Modellen mit 1-Zylinder-Motor und automatischer Vorzündung. 1901 wurde sein Automobilwerk von Henry Bourne Joy, einem wohlsituierten Geschäftsmann aus Detroit, aufgekauft. Zwei Jahre später verlegte man die Produktionsanlagen von Packard nach Detroit. 1904 brachte das neue Werk den ersten Packard-Vierzylinder hervor. (Das Modell war von dem französischen Ingenieur Charles Schmidt entworfen worden, der zuvor für Mors tätig gewesen war.) Der Model L genannte Vierzylinder erhielt außerdem als erster Packard einen Kühler mit Blendrahmen mit vertikalen Seiten und gebogener Haube, die zu einem besonderen Merkmal der weiteren Modelle dieses Herstellers wurde.

Mit den Jahren konzentrierte sich Packard immer mehr auf die Produktion kostspieliger Luxusautomobile und stellte 1912 ein erstes 6-Zylinder-Modell vor.

1915 realisierte der Chefkonstrukteur von Packard, Jesse G. Vincent, den Twin-Six, weltweit der erste Serienwagen mit 12-Zylinder-Motor.

1921 erschien der Packard Single-Six mit 4.395 cm³ Hubraum. Im Juni 1923 ersetzte man dieses Modell durch den Single-Eight mit 8-Zylinder-Motor und 5.681 cm³ Hubraum, Vierradbremse und 4-Gang-Getriebe. Seinen ausgezeichneten Ruf als Luxuswagen verdankt der Single-Eight diesem Triebwerk eigenen Motorelastizität. Anstatt auch den Single-Eight, wie es bei den anderen Modellen üblich war, einmal pro Jahr komplett zu überarbeiten, war Packard der Ansicht, daß hier lediglich einige leichte Modifizierungen von Zeit zu Zeit ausreichten (was

OSCA 1600 GT (1963)
Motor: 4 Zylinder in Reihe mit zwei obenliegenden Nockenwellen
Bohrung/Hub: 80 mm x 78 mm
Hubraum: 1.568 cm³
Max. Leistung: 140 PS
Getriebe: mech., 4 Gänge
Rahmen: Stahlrohrrahmen
Aufhängung: vorne Einzelradaufhängung mit doppelten Querlenkern und Schraubenfedern; hinten Starrachse (Fissore-Achse) oder Einzelradaufhängung mit doppelten Querlenkern und Schraubenfedern (Zagato-Achse)
Bremsen: Scheibenbremsen vorne und hinten
Karosserie: Sportcoupé
Höchstgeschwindigkeit: 233 km/h

den Beginn einer Klassifizierung in „Serien" bedeutete).

Aufgrund der gefestigten Marktposition – die dem Single-Eight zu verdanken war – konnte sich Packard von 1928 an intensiver mit der Entwicklung von 8-Zylinder-Modellen befassen. Vom mechanischen Grundschema des Sixth Series Eight ausgehend, nahm man 1928 die Produktion eines in Kleinserie hergestellten schnelleren Eight namens Speedster in Angriff. Dieses Modell wurde auch noch nach Einführung der Seventh Series, allerdings in ziemlich langsamem Produktionsrhythmus, weitergebaut (insgesamt stellte man nur 220 Exemplare fertig). Zwischen 1931 und 1939 baute Packard einige Exemplare mit fortschrittlichem V12-Zylinder-Motor und einem auf 7.298 cm³ vergrößerten Hubraum. Spitzenreiter der Packard-Produktion blieben jedoch auch in den dreißiger Jahren die 8-Zylinder-Modelle. Um ihren Kundenstamm zu vergrößern, brachte Packard 1935 ein bescheideneres 8-Zylinder-Modell heraus: den 120er, der schon zu einem Grundpreis von nur 990 Dollar zu haben war. Es war das erste Modell dieses Herstellers, das mit vorderer Einzelradaufhängung hergestellt wurde. Zwei Jahre später entstanden einige 6-Zylinder-Versionen, die wiederum die finanziell schwächeren Käuferschichten ansprechen sollten.

Die luxuriösen Achtzylinder Senior mit der Typenbezeichnung Serie 160 und Serie 180 wurden bis zu dem Zeitpunkt produziert, als die in den Zweiten Weltkrieg eingetretenen Vereinigten Staaten versuchten, eine Annäherung an die Sowjetunion mit einer Reihe industrieller Austauschgeschäfte zu vorteilhaften Bedingungen zu erreichen, wobei die Gußformen des Senior nach Rußland gelangten und für die Baureihe ZIS-110 von 1945 verwendet wurden. Das war auch der Grund, weshalb Packard nach Kriegsende den Lincoln- und Cadillac-Modellen nicht sofort ein eigenes Luxusmodell gegenüberstellen konnte. Eine Zeitlang beschränkte Packard sich lediglich auf die Produktion des Vorkriegsmodells Clipper (von 1941), das in den Versionen Six (4.015 cm³), De Luxe, Super (4.621 cm³) und Custom (5.834 cm³) erschien. 1948 erhielten diese Ausführungen eine neue Karosserie.

Im Frühjahr 1949 präsentierte Packard eine – Ultramatic Drive benannte – Getriebeautomatik eigenen Entwurfs. Die ersten im Vergleich zu den Vorkriegsmodellen wirklich neuen Packards erschienen jedoch erst 1951 mit der Baureihe Twenty-Fourth Series, zu der die Modelle 200, 200 De Luxe, 250, 300 und 400 gehörten. Die Clipper 200, 250 und 300 waren mit einem serienmäßigen 4.720-cm³-8-Zylinder-Motor ausgerüstet, konnten aber gegen Aufpreis auch mit der Standardausrüstung des 400 Patrician, einem 5.359-cm³-8-Zylinder, geliefert werden.

1952 übernahm James J. Nance den Vorsitz von Packard. In der festen Überzeugung, daß das Unternehmen einen weiteren Absatzrückgang nur verhindern könne, indem es wieder ausschließlich Luxusauto-

PACKARD

mobile herstellte, beschloß Nance, die billigen Clipper unter einem anderen Markenzeichen zu vertreiben.

1953 wurde Packard somit wieder auf dem Sektor der „Spezialwagen" tätig und beauftragte die Firma Derham mit dem Bau einiger Sonderkarosserien für den Patrician und den 750 Caribbean. Im Rahmen seines optimistischen Expansions- und Diversifikationsprogramms machte Nance im Juni 1954 mit dem Kauf der finanziell ruinierten Marke Studebaker vielleicht seinen größten Fehler. Drei Monate später präsentierte Packard die neuen 1955er Modelle, die unter der Bezeichnung First Series (Erste Serie) bekannt sind.

Die Karosserie der First Series unterschied sich von der vorausgegangener Modelle wenig; die Technik war fortschrittlicher: serienmäßig die sogenannte Torsions-Level-Suspension, eine Verbindung aller vier Radaufhängungen durch Torsionsstäbe miteinander mit zusätzlicher elektrischer Niveauregelung der Hinterachse sowie ein automatisches Twin-Ultramatic-Getriebe (bei dem ein mittels Knopfdruck betätigter elektrischer Steller die Fahrstufe auswählte). Außerdem bot man eine Modellreihe mit völlig neuem 5.801-cm³-V8-Zylinder an. Unglücklicherweise war die Entwicklungs- und Prüfphase dieses neuen Antriebs extrem kurz, und die nicht rechtzeitig beseitigten Mängel ließen bei den Käufern große Unzufriedenheit aufkommen. Die Folge war ein 80%iger Absatzrückgang. Für Studebaker war ebenfalls keine Besserung in Sicht, und 1957 wurde die gesamte Gruppe von der Curtis Wright Corporation übernommen.

Der letzte Original-Packard erschien 1956. In jenem Jahr präsentierte Packard den unschönen Predictor, ein Experimentalauto, das Dick Teague, Leiter der Designabteilung, in der Absicht entworfen hatte, der neuen Linienführung vorzugreifen, und das von der Firma Ghia in Turin gebaut wurde. Mit der Einführung der 1956er Baureihe erschien der Executive, der die Lücke zwischen den Clipper- und Packard-Modellen füllen sollte. Die Packards von 1957 waren ein fast identischer Abklatsch der Studebaker-Modelle. In diesem Jahr präsentierte Packard auch den Hawk, ein optisch ziemlich mißglücktes Modell – unproportionierte Frontpartie und übertriebene, vertikale Heckflossen –, dessen Produktion schon nach Fertigstellung von nur 588 Exemplaren eingestellt wurde. 1958 fiel der Gesamtabsatz auf nur 1.745 Einheiten ab. An diesem Punkt angelangt, beschloß die Betriebsleitung der Stude-

Packard Twin-Six

baker, die nach dem Austritt von Nance die Kontrolle über Packard übernommen hatte, die Produktion einzustellen.

Packard Twin-Six

Der Twin-Six, der im Mai 1915 vorgestellt und ein Jahr später zum Verkauf angeboten wurde, war der erste serienmäßige V12-Zylinder. Der Entwurf ging auf den Ingenieur Jesse G. Vincent zurück, dem die in England von Sunbeam gebauten V12-Zylinder-Flugmotoren als Muster gedient hatten.

Dieses luxuriöse 7-l-Modell wurde im Handumdrehen zum Erfolg. Obwohl der Motor nur stehende Ventile und drei Hauptlager hatte, war er von störungsfreiem Rundlauf gekennzeichnet und kletterte schrittweise auf eine Höchstdrehzahl von 3.000/min. Dieses Triebwerk hinterließ außerdem eine wichtige Erbschaft: Der damals junge Ingenieur Enzo Ferrari, der die Packard-V12-Zylinder-Rennversion von Fotografien her kannte, war beeindruckt davon, daß die amerikanischen Offiziere im Zweiten Weltkrieg gerade den Twin-Six als Dienstwagen benutzten und beschloß, auch solche Autos zu bauen.

Packard Sixth Series Eight

Im August 1928 eingeführt, wurde der Sixth Series Eight sofort in 5 Modellversionen und 10 Karosserieausführungen angeboten. Interessanteste Version war zweifellos der Speedster, von dem insgesamt nur 70 Exemplare hergestellt wurden. Charakteristisch für den Speedster-Antrieb mit dem Spitznamen Big Eight waren das hohe Verdichtungsverhältnis, der größere Nockenhub und erweiterte Ansaugkanäle. Dank dieser „Modifizierungen" erreichte der Speedster eine Leistung von 145 PS mit einer Spitze von 160 km/h.

Etwa zur gleichen Zeit führte Packard den 640 Custom Eight ein, der einen längeren Radstand als die Eight-Standard-Modelle hatte. Optisch ähnelte die Karosserie des 640 Custom Eight der der vorausgegangenen Fourth Series. Unter Verwendung des Rahmens des De Luxe und der von Dietrich hergestellten Karosserien baute Packard auch einige – in mittelgroßer Serie hergestellte –

PACKARD TWIN-SIX (1915)

Motor: 12-Zylinder-V-Motor mit L-Kopf
Bohrung/Hub: 76,2 mm x 127 mm
Hubraum: 6.950 cm³
Max. Leistung: 85 PS
Getriebe: mechanisch, 3 Gänge
Rahmen: Leiterrahmen
Aufhängung: vorne und hinten Starrachsen mit Halbelliptikfedern
Bremsen: Hinterrad-Trommelbremsen
Karosserie: Spider, Torpedo, Landaulett, Coupé, Brougham, Limousine
Höchstgeschwindigkeit: 97 km/h

PACKARD SIXTH SERIES EIGHT (1928)

Motor: 8 Zylinder in Reihe mit stehenden Ventilen
Bohrung/Hub: 88,9 mm x 127 mm
Hubraum: 6.305 cm³
Max. Leistung: 106 PS
Getriebe: mechanisch, 4 Gänge
Rahmen: Leiterrahmen
Aufhängung: Starrachsen mit Halbelliptikfedern
Bremsen: Trommelbremsen
Karosserie: Spider, Torpedo, viertürige Limousine, Coupé, Speedster
Höchstgeschwindigkeit: 130 km/h

Packard Sixth Series Eight

Sondermodell-Versionen. Einen Monat später wurde auch die Baureihe Eight De Lux in acht serienmäßigen und 13 „Halb-Sondermodell"-Karosserieausführungen – zum Verkauf angeboten. Als der Sixth Series Ende 1929 durch den Seventh Series ersetzt wurde, hielt Packard weltweit 50% des automobilen Luxusmarktes.

PADUS
Turin, Italien
1906–1908

Die Marke Padus wurde im April 1906 in Turin begründet. Die Betriebsleitung setzte große Hoffnung auf die Aufnahme ihrer Voiturette von seiten eines immer für Neuheiten aufgeschlossenen Publikums. Die Padus-Automobile konnten ihrerseits mit einer Reihe interessanter technischer Lösungen aufwarten, die sie von der Konkurrenz abhoben, wie z.B. eine in das Getriebe integrierte Kupplung.

Die Produktion konzentrierte sich hauptsächlich auf die Modelle 6 HP und 8 HP, beide mit 6-Gang-Getriebe und Kettenantrieb. Das Marktinteresse an den Padus-Automobilen war jedoch nicht besonders groß, und so mußte das Werk zwei Jahre nach Gründung stillgelegt werden.

PAIGE, PAIGE-DETROIT
Detroit, USA
1908–1927

Der erste Paige-Detroit erschien 1908, ausgerüstet mit einem 3-Zylinder-Zweitakter mit 2.172 cm³ Hubraum und 25 PS, der sich in einem Block mit einem 2-Gang-Getriebe befand. In den Jahren 1908/09 wurden 302 Exemplare fertiggestellt, woraufhin Paige-Detroit dazu überging, 4-Zylinder-4-Takter zu verwenden. Erstes 4-Takt-Modell war der 25er mit 2.896 cm³, der bis 1914 produziert und dann durch den 36er (4.118 cm³ Hubraum) ersetzt wurde.

Die Betriebsleitung der Paige-Detroit beschloß, von 1915 an nur noch mit Rutenber- (3.771 cm³) oder Continental-Motoren (4.967 cm³) ausgerüstete 6-Zylinder-Automobile zu produzieren. 1916 wurde das Werk mit Fließbändern ausgestattet – ein damals noch neues Herstellungsverfahren, das erst drei Jahre zuvor zum ersten Mal von Ford angewandt worden war.

1921 führte Paige-Detroit einen Bentley-ähnlichen Kühler ein, der ausgezeichnet zum Spider Daytona paßte, der von 1922 bis 1926 produziert wurde. Dank der stilistischen Kombination dieses Kühlers mit den ebenso eleganten Karosserien stiegen die Paige-Detroit-Modelle zu den „schönsten Autos Amerikas" auf.

1923 bis 1926 wurde der preisgünstige Jewett hergestellt. Die 1927er Baureihe umfaßte drei 6-Zylinder-Modelle und einen Achtzylinder. Ein Jahr später wurde das Unternehmen von den drei Graham-Brüdern übernommen und das Markenzeichen in Graham-Paige abgewandelt.

PAIGE (1921)
Motor: 6 Zylinder in Reihe mit stehenden Ventilen
Bohrung/Hub: 95,25 mm x 127 mm
Hubraum: 5.429 cm³
Max. Leistung: 66 PS
Getriebe: mechanisch, Leiterrahmen
Aufhängung: vorne und hinten Starrachsen mit Halbelliptikfedern
Bremsen: Hinterrad-Trommelbremsen
Karosserie: Sportwagen, Torpedo, Coupé, viertürige Limousine
Höchstgeschwindigkeit: 105 km/h

PANHARD ET LEVASSOR
Paris, Frankreich
1889–1967

Die Ursprünge von Panhard et Levassor gehen sogar bis auf das Jahr 1847 zurück. In jenem Jahr gründeten Perin und Pauwels gemeinsam eine Fabrik für die Erstellung von Holzverarbeitungsmaschinen.

Nach dem Tod Perins 1886 fiel die Leitung des Unternehmens den zwei jungen Ingenieuren René Panhard und Emile Levassor zu.

In der Zwischenzeit hatte Edouard Sarazin, ein Freund Levassors, einen Lizenzvertrag zum Bau von Daimler-Motoren auf französischem Boden abgeschlossen. Sarazin starb jedoch früh (1887). Seine Frau heiratete Levassor und brachte als Aussteuer auch die Patente des verstorbenen Gatten mit in die Ehe. Anfangs gaben sich Panhard und Levassor damit zufrieden, ihre Motoren anderen Automobilproduzenten, wie z.B. Peugeot, zu verkaufen. Später gingen sie jedoch dazu über, eigene Fahrzeuge zu produzieren und 1891 erschien ihr erstes Modell. Es war – wie viele der zu dieser Zeit produzierten Automobile – mit Heckmotor ausgestattet. Aber schon bald überarbeitete Levassor dieses

Konzept und erstellte eine Version mit vorne stehendem, verkleidetem Motor, Hinterradantrieb und Schieberadgetriebe. Dieses neue mechanische Grundschema, das bald von vielen anderen Automobilherstellern übernommen wurde, entwickelte Wilhelm Maybach beim Mercedes 1900/01 zur Standard-Bauweise weiter.

Von größter Bedeutung für das Renommee des französischen Herstellers waren die Rennveranstaltungen. Der Sieg des Proberennens Paris-Rouen von 1894 verbesserte den Ruf des Unternehmens ungemein. Gewinner bei der Veranstaltung Paris–Bordeaux–Paris von 1895 war wiederum ein Panhard et Levassor mit Daimler-Motor. Zu den übrigen von dieser Marke errungenen Siegen zählten das Rennen Paris–Marseille–Paris von 1896, das von Paris nach Amsterdam von 1898 und die Tour de France von 1899.

Entsprechend den in diesen Wettbewerben gesammelten Erfahrungen entschied sich Panhard et Levassor, statt der damals weitverbreiteten Lenkpinne eine Lenksäule mit Lenkrad zu verwenden. Auch der Vierzylinder, mit dem die Panhard-et-Levassor-Modelle von 1898 angeboten wurden, stammte von den Rennwagenmotoren von 1896 ab. Außerdem hatte man 1895 den 2-Zylinder-V-Daimlermotor durch einen stehenden 2,4-l-2-Zylinder-Daimler-Phoenix ersetzt, der einen großen Teil der Panhard-et-Levassor-Modelle der folgenden fünf Jahre antreiben sollte.

Mit der Vormachtstellung, die der französische Hersteller bis dahin innegehabt hatte, war es jedoch 1901 vorbei, als Daimler den neuen Mercedes präsentierte. Von da an diente nicht mehr Panhard, sondern der deutsche Hersteller der inter-

Paige Daytona Speedster

nationalen Konkurrenz als Beispiel. Hinzu kam, daß Panhard nach dem Tod Levassors im Jahre 1897 relativ große Schwierigkeiten hatte, mit dem technologischen Fortschritt mitzuhalten. Dennoch wurde die Modellpalette Anfang des Jahres 1900 erweitert, und mit dem 1,8-l-3-Zylinder 8/11 HP erzielte man sogar ein ganz ansehnliches Verkaufsergebnis. 1906 präsentierte Panhard et Levassor zwei regelrechte „Monster": einen 10,5-l-4-Zylinder mit 50 HP und einen 11-l-6-Zylinder. Die nächsten vier Modelle des Jahres 1909 – der Zweizylinder Phenix mit 1.206

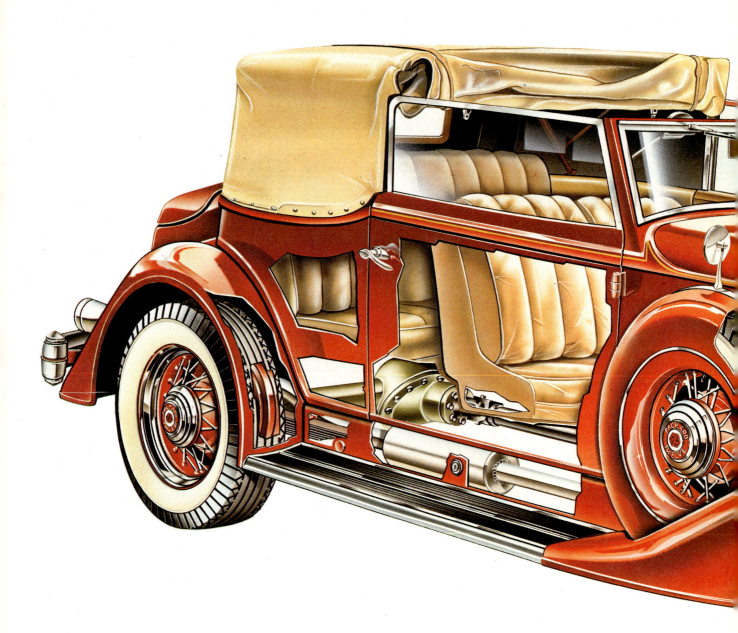

Der Packard Twin-Six orientierte sich an den höchsten Maßstäben der Epoche und wurde nur von vermögenden Kunden gekauft. Geräuschlosigkeit, Komfort und leichte Führung machten aus ihm ein konkurrenzfähiges Fahrzeug. Ein leise arbeitender, robuster Motor, Synchrongetriebe und Leichtgängigkeit machten ihn in allen Modellvarianten bei der Kundschaft beliebt. Die tadellosen Fahreigenschaften beim Geradeauslauf verdankt er dem wahrhaft phänomenalen Drehmoment seines 12-Zylinder-V-Motors (ein Detail, dem in den dreißiger Jahren zumeist viel zu wenig Beachtung geschenkt wurde). Mechanik, Karosserie und Verarbeitung des Packard waren auf Dauer angelegt. Heute zählt der Twin-Six zu den edelsten „Alten" der Automobilgeschichte.

Packard Twin-Six V12 (1933)

Motor
Position: vorne längsstehend
Bauart: 4 Hauptlager, 76°-12-Zylinder-V-Motor
Hubraum: 7.297 cm^3
Bohrung/Hub: 87,3 mm x 101,5 mm
Verdichtungsverhältnis: 6,0 : 1 und 6,33 : 1
Ventilsteuerung: 2 Ventile pro Zylinder, hydraulische Ventilheber und L-Kopf
Gemischbildung: Stromberg EE3 Doppelvergaser; mechanisch, nockenwellenbetätigte Kraftstoffpumpe
Zündanlage: 2 identische Zündanlagen mit Zündverteiler
Max. Leistung:
Max. Drehmoment: 175 PS bei 3.200^{-min}

Übertragung
Antrieb: Kupplung und Getriebegehäuse in einem Block mit dem Motor
Kupplung: Einscheibentrockenkupplung mit Unterdruck-Servo
Getriebe: mechanisch, 3-Gang-Synchrongetriebe
Übersetzungsverhältnis: I) 2,45 : 1; II) 1,52 : 1; III) 1,00 : 1
Hinterachsgetriebe: Hypoidgetriebe
Übersetzungsverhältnis im Hinterachsgetriebe: 4,41 : 1

Aufhängung
Vorne und hinten: Starrachse mit Halbelliptikfedern und vom Fahrersitz aus regulierbaren hydraulischen Stoßdämpfern

Lenkung
System: Schneckenlenkung

Bremsen
Typ: Bendix-Trommelbremsen, mechanisch, Unterdruck-Servo, Vierrad

Räder und Bereifung
Felgen: 17-Zoll-Drahtspeichen
Bereifung: 7,50 x 17, überkreuztes Reifengewebe

Karosserie und Rahmen
Karosserie: Victoria-Karosserie mit Faltverdeck, zweitürig, von Dietrich realisiert
Rahmen: Leiterrahmen mit X-Versteifung

Abmessungen und Gewicht
Länge: 5.460 mm
Breite: 1.880 mm
Radstand: 3.530 mm und 3.650 mm
Vordere und hintere Spurweite: 1.524 mm/1.549 mm
Gewicht: 2.794 kg

Leistung
Höchstgeschwindigkeit: 146 km/h
Kraftstoffverbrauch: 33 l/100 km

PANHARD ET LEVASSOR

PANHART ET LEVASSOR (1894)

Motor: 2-Zylinder-V-Motor mit automatischen Einlaßventilen
Bohrung/Hub: 70 mm x 110 mm
Hubraum: 847 cm^3
Max. Leistung: 3 HP
Getriebe: 3-Gang-Zahnrad-Wechselgetriebe
Rahmen: armierter Holzrahmen
Aufhängung: vorne Starrachse mit Vollelliptikfedern; hinten Starrachse mit Halbelliptikfedern
Bremsen: Hinterrad-Keilbremsen
Karosserie: offener Zweisitzer
Höchstgeschwindigkeit: 20 km/h

Panhard et Levassor 3 HP

cm^3, der 10 HP mit 2.412 cm^3, der Vierzylinder 15 HP mit 3.380 cm^3 und der 25-HP-6-Zylinder mit 4.962 cm^3 Hubraum – fielen dann wieder etwas bescheidener aus.

Der Phenix lief 1910 aus. Zur gleichen Zeit erschienen der 25 HP (mit 5.231-cm^3-4-Zylinder-Motor) und der 28 HP, der von einem 6.597-cm^3-6-Zylinder angetrieben wurde. Noch im selben Jahr führte man den 20 HP mit 4.398 cm^3 ein – das erste Panhard-et-Levassor-Modell mit Knight-Schiebermotor. 1912 präsentierte Panhard et Levassor ein zweites Modell mit Schiebermotor (mit 2.613 cm^3 Hubraum). Von diesem Zeitpunkt an dominierte praktisch der Knight-Schiebermotor die Produktion des französischen Herstellers. Außerdem 35 HP (ein Vierzylinder mit 7.363 cm^3) entwickelte man 1914 erstmals bei Panhard et Levassor auch einen 6-Zylinder-Knight-Motor mit 6.597 cm^3 und 30 PS.

Nach Kriegsende wurden bei der 2.280-cm^3-Version des 10 HP kurzfristig wieder Kegelventile eingebaut; aber es dauerte nicht lange, da kehrte der Pari-

PANHARD DYNAMIC (1936)

Motor: 6-Zylinder-Knight-Schiebermotor in Reihe
Bohrung/Hub: 85 mm x 112 mm
Hubraum: 3.813 cm^3
Max. Leistung: 70 PS
Getriebe: 4-Gang-Getriebe, Freilauf
Rahmen: in den Aufbau integrierter Zentralrohrrahmen
Aufhängung: Einzelradaufhängung mit Torsionsstabfedern
Bremsen: vorne und hinten Trommelbremsen, hydraulisch betätigt
Karosserie: Coupé
Höchstgeschwindigkeit: 120 km/h

ser Hersteller mit dem 10 HP (1.187 cm^3) von 1922 wieder zur Schiebesteuerung zurück. Von 1925 an rüstete man alle Panhard-et-Levassor-Modelle mit Knight-Schiebermotoren aus. Außerdem verfügten die Modelle über eine Kulissenschaltung mit X- und nicht mit H-Schaltebene. Die Modellpalette umfaßte zu diesem Zeitpunkt drei 4-Zylinder-Modelle (mit 10 HP, 16 HP und 20 HP) sowie ein 8-Zylinder-Modell (mit 35 HP und 6.335 cm^3). Im selben Jahr wurde der Hubraum des 10 HP auf 1.480 cm^3 angehoben. Zwei Jahre später erschien dann ein neuer Sechszylinder: der 20/60 HP mit 2.344 cm^3 Hubraum.

1931 bot Panhard et Levassor erneut einen 8-Zylinder-Schiebermotor an. Das erste Automobil, das mit diesem 5-l-Antrieb versehen wurde, hatte, auch wegen der höheren Kosten im Vergleich zum ebenbürtigen Renault, wenig Erfolg. Die meistverkauften Panhards waren zu dieser Zeit der 16/45 HP mit 1,8 l und der 18/50 HP mit 2,3 l Hubraum.

1937 erschien der Dynamic, dessen ungewöhnliche Karosserie sich durch die halbverdeckten Räder und die in die Kotflügel eingelassenen Lampenkörper abhob. Der Innenraum des Modells war noch ausgefallener: drei nebeneinander stehende Vordersitze und ein in der Mitte angeordnetes Lenkrad. Dieses Automobil, das von einem in den Aufbau integrierten Mittelträgerfahrgestell getragen wurde, war mit 2,5-l-, 2,7-l- oder 3,8-l-Motor erhältlich.

Nach dem Zweiten Weltkrieg gab der französische Hersteller seiner Produktion eine andere Richtung. Man präsentierte den Dyna, einen leistungsstarken Kleinwagen mit luftgekühltem 2-Zylinder-Boxermotor mit nur 610 cm^3 und Vorderradantrieb. 1950 vergrößerte man den Hubraum dieses Modells auf 750, 1952 auf 850 cm^3. In jenem Jahr erschien auch eine Sportversion des Dyna, der Junior. Letzte Neuerscheinung von Panhard et Levassor war das Coupé 24 CT von 1964. 1967 wurde das Panhard-Werk von der Firma Citroën, die für ihre Montagebänder mehr Platz benötigte, übernommen und für die Produktion von Panzerwagen verwendet.

Panhard 3 HP

Der Panhard 3 HP war der erste Benziner mit vorne liegendem Motor und Hinterradantrieb. Mit diesem Modell hatte Panhard et Levassor eine technische Lösung geschaffen, die von fast allen Konkurrenten nachgeahmt wurde und die auch heute noch – allerdings

Panhard Dynamic Coupé

auf die großhubigen Modelle beschränkt – aktuell ist. Der 3 HP wurde von einem 2-Zylinder-V-Motor angetrieben, der von Panhard in Daimler-Lizenzfertigung hergestellt wurde. Die Übertragung bestand aus einem Getriebe mit sichtbaren Zahnrädern, das Zahnrad-Wechselgetriebe war mit einer querliegenden Vorgelegewelle verbunden, an deren äußerstem Ende zwei Zahnräder saßen, die mit Hilfe zweier seitlicher Ketten die Motorkraft auf die Hinterräder übertrugen.

Trotz der äußerst komplizierten Konstruktion seiner Mechanik erwies sich der Panhard 3 HP als sehr zuverlässig. Die Holzräder mit Stahlfelgen konnten auf Wunsch auch durch Vollgummireifen ersetzt werden. Zu den technischen Besonderheiten gehörten Glühzündung und Oberflächenvergaser. 1895 wuchs der Hubraum von 847 auf 1.325 cm³ an. Gleichzeitig montierte man, um der unbeständigen Arbeitsweise, die für diesen Vergaser typisch war, abzuhelfen, einen Maybach-Spritzdüsenvergaser. Im selben Jahr führte man den 2-Zylinder-Reihenmotor Daimler-Phenix ein. Der alte 2-Zylinder-V-Motor wurde jedoch noch eine gewisse Zeitlang als Alternative angeboten.

Panhard Dynamic

Dieses Modell, das seine Publikums-Premiere auf dem Pariser Salon von 1936 hatte, war zweifellos das fortschrittlichste französische Automobil der dreißiger Jahre. Der Motor (mit 2.500 cm³, 2.700 cm³ oder 3.800 cm³) verfügte über die nunmehr bei Panhard selbstverständlich gewordene Schiebersteuerung. Die anderen technischen Lösungen, nach denen der Dynamic gebaut wurde, waren jedoch neu: in den Aufbau integrierter Zentralrohrrahmen, Einzelradaufhängung mit Torsionsstabfedern und eine Gesamtuntersetzung mit Schnecke.

Am interessantesten war jedoch das Styling: Die vier ausladenden Kotflügel gaben der fließenden Linienführung der Karosserie ein individualistisches Aussehen. Der Fahrersitz befand sich in der Mitte der Fahrgastzelle. Um die Rundumsicht zu verbessern, hatte man an den vorderen Türpfosten gerundete Seitenscheiben angebracht. Die Windschutzscheibe wurde von drei nebeneinander angebrachten Wischblättern gesäubert. Die vorderen Scheinwerfer waren in die Kotflügel eingelassen und wurden durch zwei kleine, gewölbte Schutzgitter, ähnlich wie der Kühler, geschützt. Dies zeigt deutlich, daß man der Optik den Vorrang vor der Zweckdienlichkeit gegeben hatte.

Panhard Dyna 24CT Coupé

PANHARD DYNA 24 CT (1964)

Motor: 2-Zylinder-Boxermotor mit hängenden Ventilen, torsionsstabgefedert
Bohrung/Hub: 85 mm x 75 mm
Hubraum: 851 cm³
Max. Leistung: 42 PS
Getriebe: mechanisch, 4 Gänge (Vorderradantrieb)
Rahmen: tragende Bodenkonstruktion aus verstärktem Aluminiumblech, rohrförmige Träger
Aufhängung: vorne Einzelradaufhängung mit doppelter Querblattfeder; hinten Starrachse mit Schraubenfedern
Bremsen: vorne und hinten Trommelbremsen
Karosserie: Sportcoupé
Höchstgeschwindigkeit: 160 km/h

Panhard Dyna

Der Panhard Dyna wurde insgeheim während der deutschen Kriegsbesetzung entwickelt. Nach Ende des Zweiten Weltkriegs wurde 1947 eine 50 Exemplare starke Vorserie fertiggestellt, und ein Jahr später begann man mit der eigentlichen Produktion. Die ersten Panhard Dyna-Modelle waren mit luftgekühltem 2-Zylinder-Boxermotor (610 cm³ Hubraum) und mit von Torsionsstäben abgefederten Ventilen ausgerüstet.

Dank der Verwendung von Leichtmetallegierungen (Rahmen, Stirnwand sowie der Aufbau waren aus Aluminium) verfügte der Dyna trotz seiner 15 PS über ein gutes Leistungsgewicht (19 kg/PS) und brachte folglich eine respektable Spitzengeschwindigkeit von über 96 km/h.

Zu den interessantesten Charakteristika der ersten Modelle zählen der Vorderradantrieb und die rückklappbaren Lehnen der Vordersitze. Mit der Zeit wurde der Hubraum des Dyna auf 750 cm³ angehoben, 1952 dann noch auf 850 cm³. Bei einer konstanten Geschwindigkeit von 110 km/h verbrauchte der Dyna ca. 7,1 l auf 100 km.

1958 ersetzte man die Leichtmetallkarosserie durch einen Stahlblechaufbau. Auch optisch wurde der Dyna noch weiterverbessert. Einige auf dem Eingangsmodell basierende Sportversionen, die in den sechziger Jahren zum

PANTHER KALLISTA (1984)

Motor: 6-Zylinder-V-Motor mit hängenden Ventilen
Bohrung/Hub: 93 mm x 68,5 mm
Hubraum: 2.792 cm³
Max. Leistung: 150 PS
Getriebe: mechanisch, 5 Gänge
Rahmen: Kastenrahmen
Aufhängung: vorne Einzelradaufhängung mit Querlenkern und Schraubenfedern; hinten Starrachse mit Längslenkern und Schraubenfedern
Bremsen: vorne Scheiben-, hinten Trommelbremsen
Karosserie: Sportwagen, zweisitzig
Höchstgeschwindigkeit: 198 km/h

Panther Kallista

PANTHER

Verkauf auflagen, wie z.B. die Coupés Tigre und 24CT, hatten formschöne, windschnittige Karosserien, die ihrer Zeit in manchem voraus waren.

PANTHER
**Weybridge, England
1972–**

Robert Jankels Hobby war der Automobilbau. Seine Kreationen riefen jedoch eine derart große Begeisterung bei vielen Autofreunden hervor, daß er, um die große Nachfrage stillen zu können, 1971 die Panther-Westwinds-Gesellschaft ins Leben rief.

Der erste Serienwagen, der J72, erschien im Juni 1972. Das Panther-J72-Einstiegsmodell hatte einen optisch ähnlichen Aufbau wie der Vorkriegs-Jaguar SS100 und einen 3,8-l-Jaguarmotor. Später war er auf Wunsch auch mit 4,2-l-6-Zylinder oder 5,3-l-12-Zylinder – ebenfalls von Jaguar – erhältlich. Der J72 wurde bis Ende der siebziger Jahre mit vorderer Starrachse gebaut.

1974 präsentierte Panther auf der London Motor Show den De Ville, eine luxuriöse Limousine, die eine leichte Ähnlichkeit mit dem Bugatti Royale aufwies. Die Limousine war mit einem Jaguar-V12-Zylinder ausgerüstet.

Weitere Panther-Modelle der siebziger Jahre waren der Lazer, eine Art dreisitziger Dune Buggy, von dem nur ein Exemplar gebaut wurde und der es dank seines Jaguarmotors auf über 240 km/h Spitzengeschwindigkeit brachte, sowie der Rio, ein extrem teures Sondermodell, das auf der Mechanik des Triumph Dolomite Sprint basierte.

1975 erwarb Panther die Produktionsrechte für den Monica, dessen Herstellung in Frankreich kurz zuvor aufgegeben worden war. Insgesamt war die Initiative jedoch wenig erfolgreich.

Zur gleichen Zeit konnte Panther aber auch einen großen kommerziellen Erfolg verzeichnen: Gemeint ist der Lima, ein zweisitziger Sportwagen mit Fiberglaskarosserie und Vauxhall-Motor, der zu einem sehr interessanten Preis angeboten wurde.

1981 wurde der Lima in Kallista umgetauft. Die Kunststoffkarosserie des bis heute gebauten Kallista wurde durch eine Aluminiumhaut ersetzt, die in Korea gefertigt wird. Als Antrieb diente zunächst ein 2,8-l-V6-Motor von Ford, dann die neue 2,9-l-Version mit 145 PS. Daneben wird auch eine Variante mit 2,0-l-4-Zylinder und 120 PS produziert. Der 1984 vorgestellte Sportwagen Solo mit Mittelmotor ging dagegen nie in Serienproduktion.

Paramount Ten

PANTHER DIESEL
**Mailand, Italien
1954–1955**

In den Jahren des Aufschwungs nach dem Zweiten Weltkrieg versuchten eine ganze Reihe italienischer Firmen ihr Glück auf dem Automobilsektor. Zu ihnen gehörte auch das Mailänder Unternehmen Panther Diesel, das 1954 in der Absicht gegründet wurde, ein Modell auf den Markt zu bringen, das sowohl als Diesel wie auch als Benziner erhältlich sein sollte. Die Serienproduktion sollte die Gießerei Rumi in Bergamo besorgen. Die vorgesehene Mechanik war denkbar einfach: zweisitzige Karosserie, 520-cm³-Diesel- und 480-cm³-Benzinmotor, Frontantrieb. Es blieb beim Plan.

PARAMOUNT
**Swadlincote/Linslade, England
1950–1956**

Der erste Sportwagen dieses Herstellers erschien Mitte 1950. Dieses Modell, das von dem weitverbreiteten Ford-Ten-Motor mit 1.172 cm³ angetrieben wurde, hatte einen Leiterrahmen, der aus zusammengeschweißten, rohrförmigen Elementen bestand, und vordere Einzelradaufhängung. Die Karosserie bestand aus Aluminiumtafeln, die an einem Holzrahmen befestigt waren, der

Motor war serienmäßig mit zwei SU-Vergasern ausgestattet. Von diesem Paramount wurden aber in drei Jahren nur sechs Exemplare gebaut.

Später verlegte man das Werk nach Linslade, wo eine wichtigere Produktionsphase einsetzte. Hier wurden hauptsächlich viersitzige Tourenwagen hergestellt.

Ende 1955 wurde der Ford-Consul-Motor mit 1.508 cm³ Hubraum verwendet. Ein Jahr

---

PARAMOUNT TEN (1950)

Motor: 4 Zylinder in Reihe mit stehenden Ventilen (Ford)
Bohrung/Hub: 63,5 mm x 92,5 mm
Hubraum: 1.172 cm³
Max. Leistung: 40 PS
Getriebe: mechanisch, 3 Gänge
Rahmen: Stahlrohrrahmen
Aufhängung: vorne Einzelradaufhängung an Lenker und querliegender Blattfeder; hinten über dem Rahmen liegende Starrachse und Halbelliptikfedern
Bremsen: vorne und hinten Trommelbremsen
Karosserie: Tourer oder Limousine
Höchstgeschwindigkeit: 113 km/h

PEERLESS V8 (1918)

Motor: 8-Zylinder-V-Motor mit stehenden Ventilen
Bohrung/Hub: 82,6 mm x 127 mm
Hubraum: 5.437 cm³
Max. Leistung: 80 HP
Getriebe: mechanisch, 3 Gänge
Rahmen: Leiterrahmen
Aufhängung: vorne und hinten Starrachsen mit Halbelliptikfedern
Bremsen: Hinterrad-Trommelbremsen
Karosserie: Tourer, Coupé, viertürige Limousine
Höchstgeschwindigkeit: 103 km/h

Peerless V8

später jedoch sah sich die Paramount gezwungen, den Betrieb einzustellen.

PEERLESS
Cleveland, USA
1900–1931

Die ersten 1900 erschienenen Peerless wurden von einem Motorette-Einzylinder mit 3,5 PS angetrieben. Ein Jahr später präsentierte man eine billigere Version, den Type B. Die Peerless-Baureihe von 1902 war von Louis P. Mooers entworfen worden – einem Mann, der die Zukunft dieses Herstellers entscheidend mitprägen sollte. Mooers führte einige technisch sehr fortschrittliche Modelle ein, die mit 2-Zylinder-Motor, Gelenkwellenantrieb und Karosserie mit seitlichem Einstieg ausgestattet waren. Er entwickelte außerdem einen starken Rennwagen mit 80 HP (und netzartiger Motorhaube), mit dem er selbst am Gordon-Bennett-Rennen von 1903 teilgenommen hat. In diesem Jahr gingen die Peerless-Einstiegsmodelle – mit 4-Zylinder-Motor, T-Kopf und einer Leistung von 24 und 34 HP – in Serie.

In jenem Jahr stellte Peerless auch das erste geschlossene Automobil her, über das die amerikanischen Kataloge berichten. Große Werbung für den amerikanischen Hersteller machte der Green Dragon, ein Renner mit 11.118 cm³, der von dem Modell, das am Gordon-Bennett-Rennen von 1904 beteiligt gewesen war, abstammte. Von 1907 an zählte Peerless dank der Präsentation des ersten Sechszylinders zu den renommiertesten amerikanischen Herstellern.

1913 erhielten alle Modelle elektrische Anlasser, und 1915 löste der mit einem V8-Zylinder ausgerüstete The Equipoised Eight die vorausgegangenen Sechszylinder ab, die dann bis 1924 nicht mehr produziert wurden. 1925 verwendete Peerless erstmals ein fremdes Motorfabrikat: den Continental-Sechszylinder; 1929 bezog der amerikanische Hersteller auch den Continental-V8-Zylinder.

Die Wirtschaftskrise hatte fatale Folgen für den Hersteller aus Cleveland, dessen Umsatz trotz einiger optischer Korrekturen der Modelle ständig weiter schrumpfte. 1931 stellte Peerless einen modernen Prototyp mit 7,6-l-16-Zylinder-V-Motor und vielen Leichtmetall-Bauteilen fertig, zu dessen Produktion es jedoch erst gar nicht kam, da die Firma noch im Juni ihre Pforten schloß. In den Werkhallen wurde später Bier gebraut.

PEGASO
Barcelona, Spanien
1951–1957

Der Staatsbetrieb Enasa (staatliches spanisches Lkw-Werk) beschloß nach Übernahme von Hispano-Suiza, die auf die Herstellung von Nutzfahrzeugen umgestellt werden sollte, die Kleinserien-Produktion eines luxuriösen Sportwagens. Diese „Nebenaufgabe" sollte den neuen Eigentümern zufolge in erster Linie zur Schulung der Belegschaft dienen. Don Wifredo Ricart nutzte diese Wartezeit dazu, den Pegaso mit V8-Zylinder (2.474 cm³) und vier obenliegenden Nockenwellen zu entwerfen. Auf dem Pariser Salon von 1951 wurde der Pegaso Z-102 als „schnellstes Automobil der Welt" vorgestellt; und in der Tat stellte im September 1953 auf der belgischen Rennstrecke von Jabbeke ein Pegaso einen neuen Kilometer- und Meilen-Rekord mit fliegendem Start auf (243 bzw. 245 km/h).

> **PEGASO Z102 (1951)**
> *Motor:* 8-Zylinder-V-Motor mit 2 Nockenwellen pro Zylinderreihe
> *Bohrung/Hub:* 75 mm x 70 mm
> *Hubraum:* 2.474 cm³
> *Max. Leistung:* 170 PS
> *Getriebe:* mech., 5 Gänge
> *Rahmen:* Kastenrahmen mit quadratischem Profil
> *Aufhängung:* vorne Einzelradaufhängung mit doppelten Querlenkern und Torsionsstabfedern; hinten De-Dion-Achse und Torsionsstabfedern
> *Bremsen:* vorne und hinten Scheibenbremsen
> *Karosserie:* Sportcoupé
> *Höchstgeschwindigkeit:* 250 km/h

Obwohl der Pegaso-Serienwagen über ein gelungenes Styling verfügte, versuchten sich viele der berühmten Karosseriedesigner jener Epoche im Bau von Sonderkarosserien: Beispielsweise präsentierte Touring 1953 eine eigene „Interpretation": die Kleinlimousine Thrill. In der kurzen Zeitspanne, während der der Pegaso produziert wurde, entstanden Versionen mit Motoren von 2,8 l (Modell Z102B), 3,2 l (Modell Z102SS) sowie 4 l, 4,5 l und 4,7 l (Modell Z103). Auf Wunsch war außerdem auch ein Rootsgebläse erhältlich. Insgesamt stellte Pegaso 125 Exemplare der Reihe Z102 und drei der Reihe Z103 her.

Der Pegaso galt von Anbeginn dank anspruchsvoller Technik als Spitzenprodukt des Weltautomobilbaus, auch wenn Fahr- und Bremseigenschaften bei den ersten Ausführungen in einem krassen Gegensatz zum technischen Aufwand standen. Neben den schon erwähnten vier obenliegenden Nockenwellen besaß der Z102 in allen seinen Ausführungen (2,5, 2,8 und 3,2 l) einen fast vollständig aus Aluminium-Legierung gefertigten und mit Emaille überzogenen Motor mit Trockensumpfschmierung, hemisphärischen Brennräumen, bis zu vier Vergasern und bis zu zwei Roots-Kompressoren. Das Fahrwerk wies eine De-Dion-Hinterachse mit Sperrdifferential auf. Der Plattformrahmen aus Chrom-Molybdänstahl war mit meist exotischen Karosserien versehen.

Pegaso Z102

Pegaso Z102B (1953)

Motor
Position: vorn, längsstehend
Bauart: wassergekühlter
8-Zylinder-V-Motor; Leichtmetall-Zylinderköpfe und Motorblock
Hubraum: 2.816 cm³
Bohrung/Hub: 80 mm x 70 mm
Ventilsteuerung: 2 schrägstehende Ventile pro Zylinder, von 2 obenliegenden Nockenwellen pro Zylinderreihe betätigt
Gemischbildung: 4 Weber-36-DCF3-Vergaser
Zündanlage: Magnetzündung
Max. Leistung: 210 PS (Minimum) bei 6.300^{-min}

Übertragung
Antrieb: Kupplung in einem Block mit dem Motor, Getriebe im Hinterachsantrieb
Kupplung: Einscheibentrockenkupplung
Getriebe: mechanisch, 5 Gänge; Synchronlauf der oberen 4 Gänge
Übersetzungsverhältnis: I) 3,00:1; II) 1,80:1; III) 1,24:1; IV) 1,00:1; V) 0,86:1

Hinterachsgetriebe: spiralverzahnter Kegelradtrieb (an der Hinterachse)
Übersetzungsverhältnis im Hinterachsgetriebe: von 5,2 bis 4,18:1

Aufhängung
Vorderachse: Einzelradaufhängung an Querlenkern, Torsionsstabfedern und Teleskopstoßdämpfer
Hinterachse: De-Dion-Achse, Torsionsstäbe, Teleskopstoßdämpfer

Lenkung
System: Schneckenlenkung

Bremsen
Typ: vordere/hintere Trommelbremsen hinten am Differential

Räder und Bereifung
Bereifung: Speichenrad; 6,0 x 16; auf Bestellung auch 17"

Karosserie und Rahmen
Karosserie: 2türiges Leichtmetall-Coupé; Karosserie von Touring; weitere Karosserien von Saoutckik
Rahmen: Plattformrahmen mit halbselbsttragender Karosserie

Abmessungen und Gewicht
Länge: 4.100 mm
Radstand: 2.340 mm
Vordere und hintere Spurweite: 1.320 mm/1.290 mm
Gewicht: 990 kg

Leistung
Höchstgeschwindigkeit: 205 km/h
Kraftstoffverbrauch: zwischen 13,2 und 14,5 l/100 km

Auf dieser Abbildung sind die Konstruktionsmerkmale des Z102B deutlich erkennbar. Man beachte hauptsächlich die ungewöhnliche Erscheinung des 8-Zylinder-V-Motors mit vier Nockenwellen. Ebenso sind die Torsionsstabfedern zu sehen, die es ermöglichen, den Platzbedarf der Vorderachse weitgehend zu reduzieren. Weitere Besonderheiten sind die De-Dion-Hinterradaufhängung mit charakteristischem, vor der Kraftübertragung befindlichem Querrohr sowie die großen Hinterradbremsen, die auf den Halbachsen am Ausgang des Differentials angebracht sind. Eine derart außergewöhnliche und präzise Konstruktion kam nur bei extrem teuren Automobilen wie dem Pegaso in Frage.

PENNACCHIO
**Mailand, Italien
1947–1948**

Auf der 25. Mailänder Mustermesse (1947) wurde ganz überraschend ein kleiner Zweisitzer ausgestellt: der Lucciola, ein Dreirad mit 250-cm^3-Motor (Condor-Giudetti) und „gemischtem" Antrieb (Kettenantrieb vom Motor zum Getriebe; mittels Zahnradpaar vom Getriebe zum Triebrad). Konstrukteur war der Mailänder Pennacchio, der dem heimischen Markt ein den damaligen wirtschaftlichen Verhältnissen angepaßtes Modell vorstellen wollte. Leider hatte er damit nur wenig Erfolg, und es blieb nach Einstellung der Produktion im Jahre 1948 bei der bis dahin hergestellten geringen Stückzahl.

PERFETTI
**Mailand, Italien
1922–1923**

1922 wurde in Mailand die Firma Automobili Perfetti gegründet, die den Tipo Unico baute – ein 1,5-l-Modell mit Karosserie aus kastenförmigen Blechen, die über eine Hilfsstruktur verfügte, an der Motor und Übertragung „aufgehängt" waren. Die Firma mußte ihre Tätigkeit jedoch schon 1923 abbrechen.

PEUGEOT
**Beaulieu/Audincourt/
Sochaux, Frankreich
1889–**

1889 stellten der junge Armand Peugeot – Besitzer einer Fahrradfabrik – und Leon Serpollet gemeinsam ein dreirädriges Fahrzeug fertig, das von einer Dampfmaschine angetrieben wurde. Diese Quelle mechanischer Energie erwies sich jedoch als ziemlich ungeeignet als Antrieb eines Fahrzeugs, und Peugeot war sich schon bald darüber im klaren, daß er etwas Passenderes finden müsse. Dieses dampfgetriebene Fahrzeug, das auf der Pariser Ausstellung von 1889 zu sehen war, weckte das Interesse Emile Levassors, der daraufhin in Begleitung von Gottlieb Daimler Peugeot einen Besuch abstattete, um diesem die großen Möglichkeiten seines von Daimler produzierten und in Frankreich von Panhard & Levassor verkauften Verbrennungsmotors darzulegen. Der junge Peugeot begriff sofort und begann bereits ein Jahr später mit dem Bau eines Automobils mit Heckmotor, das in Anlehnung an den 1889 von Daimler produzierten Stahlradwagen entwickelt wurde. Dieser Peugeot besaß einen von Panhard hergestellten Daimler-Motor. Der Stahlrohrrahmen stammte noch von der einstigen Fahrradproduktion ab. Dank diesem Modell begann der Automobilabsatz allmählich anzusteigen, und 1896 beschloß Peugeot eine Gesellschaft ins Leben zu rufen, die lediglich Motorfahrzeuge herstellte. Das alte Werk in Beaulieu wurde aufgegeben, um in die neue Niederlassung im nahen Aubincourt überzusiedeln. Ende des Jahres begann Peugeot dort mit der Eigenproduktion eines stehenden 2-Zylinder-Motors, nach einem Entwurf von Gratien Michaux. Trotz der unvermeidbaren anfänglichen Mängel dieses Antriebs gelang es Peugeot 1899, 323 Exemplare zu verkaufen.

1901 ging Peugeot mit dem ersten, mit vorne liegendem Motor ausgestatteten Modell, das es auch mit Zweizylinder (8 HP) oder Vierzylinder (15 HP) gab, in Serienproduktion. Wirtschaftlich erfolgreichste Version war der Bébé mit 652-cm^3-1-Zylinder-Motor. Die Peugeot-Modellpalette von 1904 umfaßte Automobile mit Hubräumen von 1,7 bis 7,1 l. 1908 stellte man in Audincourt den ersten 10,4-l-6-Zylinder fertig, dem ein Jahr später ein Modell mit identischer Auslegung, aber nur 3.317 cm^3 Hubraum folgte. Das größte Modell, das Peugeot vor dem Ersten Weltkrieg produzierte, war ein Sechszylinder mit 11.150 cm^3 Hubraum, das in den Jahren 1908 und 1909 zum Verkauf auflag.

Zwischen 1906 und 1910 fertigte Armands Cousin Robert Peugeot im Eigenbau und mit Hilfe der Produktionsanlagen des alten Peugeot-Werks in Beaulieu-Valentigny (das auch schon für die Motorradproduktion gedient hatte) einige mit dem Firmenzeichen Lion-Peugeot vermarktete Automobile.

1910 schlossen Armand und Robert sich zusammen, und es entstand die Aktiengesellschaft SA des Cycles & Automobiles Peugeot. Wenig später entstand ein neues Werk in Sochaux, das die Hauptniederlassung von Peugeot werden sollte. 1912 bot der französische Hersteller den neuen Bébé an, einen Vierzylinder mit 855 cm^3, der nach einem Entwurf von Bugatti gebaut worden war und über ein völlig neues 2-Gang-Getriebe verfügte, das mittels zwei gleichachsigen Hauptwellen, deren Ritzel in Zahnkränze unterschiedlicher Durchmessers einsprangen, funktionierte. In den Jahren 1912–1914 feierten die Peugeot-Wettbewerbsmodelle, die mit Doppelnockenwellenmotor ausgerüstet waren (sie waren nach einem Entwurf Ernest Henrys mit Hilfe der drei Piloten Boillot, Goux und Zuccarelli entwickelt worden), glänzende Erfolge: Sie gewannen unter anderem den Grand Prix von Frankreich und das 500-Meilen-Rennen von Indianapolis. Trotz dieser großartigen Erfolge fand die Ventilsteuerung mittels doppelter obenliegender Nockenwelle jedoch keine praktische Anwendung bei der Serienproduktion, und das am meisten gekaufte Modell, der 153er, wurde bis zum Ausbruch des Ersten Weltkriegs weiterhin mit seitengesteuertem 12-HP- (2.613 cm^3) und 7-HP-Motor (1.452 cm^3) hergestellt.

Nach Kriegsende setzte Peugeot die Produktion des 153ers fort und brachte gleichzeitig den 10 PS (1.525 cm^3) sowie den 25 PS (5.954-cm^3-Schiebermotor) heraus. Ende 1920 erschien der Quadrilette, der im Prinzip dem Bébé ähnelte, jedoch einen noch kleineren Motor (667 cm^3) als dieser besaß. 1923 wurde dieses Modell durch den 5 HP ersetzt, der dasselbe Fahrwerk und die gleiche Mechanik wie sein Vorgänger besaß. 1925 vergrößerte man den Hubraum des 5 HP auf 719 cm^3.

Während der zwanziger Jahre betrieb Peugeot eine expansionistische Firmenpolitik, und 1927 kaufte der französische Hersteller die Werkhallen der am Rande des Ruins stehen-

den Marken Bellanger und De Dion Bouton auf. Gleich darauf konnte Peugeot wieder einige neue Modelle vorstellen: Den Anfang machte 1928 der 183er mit 1.991 cm^3. Noch im selben Jahr erschien der 201er (1.122 cm^3), der das Spitzenmodell der gesamten Peugeot-Produktion der nächsten zehn Jahre werden sollte. 1930 präsentierte man den faszinierenden 201X, angetrieben von einem Aufladenmotor mit obenliegender Nockenwelle, der auf einen Entwurf von Ettore Bugatti zurückging. In der Tat wies dieser Antrieb mit seinen 995 cm^3 Hubraum eine verblüffende Ähnlichkeit mit einem der zwei Motorblöcke des Bugatti 35-Reihen-8-Zylinders auf. Der 201X erschien jedoch nur in sehr kleiner Stückzahl, und 1932 stellte man seine Produktion schließlich ganz ein.

1931 griff Peugeot für eine neue Version des 201, deren Besonderheit die vordere Einzelradaufhängung war, auf die Markenbezeichnung Lion-Peugeot zurück. Im März 1932 wurde der 301er, der direkt vom 201er abstammte und mit 1.465-cm^3-Motor ausgerüstet war, zum Verkauf angeboten. Letztes 6-Zylinder-Modell, das von Peugeot vor Ausbruch des Zweiten Weltkriegs gebaut wurde, war der 1936 präsentierte 601er. Ein Jahr später erschien der Peugeot 402, der bis Kriegsbeginn produziert wurde. Gleichzeitig brachte Peugeot auch den 202 und den 302 zum Verkauf, die beide mit einer dem 402 ähnlichen windschnittigen Karosserie ausgerüstet waren. Der Rahmen des Peugeot 302 diente, gekoppelt mit der Technik des 402, als Basis für die Darl'Mat-Sportmodelle. Peugeot war im übrigen nicht nur einer der ersten und besten Hersteller dieselbetriebener Lkws, sondern hatte auch schon vor dem Krieg einige 402er Modelle mit diesem Antrieb versehen.

Während der deutschen Besetzung baute Peugeot unter anderem eine begrenzte Anzahl kleiner Elektrofahrzeuge mit der Bezeichnung VLV, die auf Schienen fuhren. Nach Ende des Krieges setzte die Produktion des Peugeot 202 wieder ein. 1947 erschien der neue 1,3-l-203 mit Einzelradaufhängung vorne, Zahnstangenlenkung und hydraulischer Bremsanlage. Der 203 wurde bis 1960 produziert.

1950 erwarb die Firma Peugeot, die schon über eine Aktienmehrheit bei Hotchkiss verfügte, auch Chenard-Walcker. 1955 ging der Peugeot 403 mit 1.500 cm^3 in Produktion. Auf dieses Modell, das ein weiterer großer wirtschaftlicher Erfolg der Firma war, folgte 1960 der 404er mit 1.600 cm^3. Beide Modelle waren auch mit Dieselmotor erhältlich. 1965 erschien der 204, ein kleines, aber fortschrittliches Automobil mit Aluminium-Quermotor (1.100 cm^3) und darunterliegendem Getriebe. Der 204 wurde bis 1969 gebaut und dann durch den 304er (1.300 cm^3) ersetzt. Top-Modell von 1968 war der Peugeot 504 mit vom 404er abstammendem 1.796-cm^3-Antrieb. In den siebziger Jahren übernahm der französische Hersteller zuerst Citroën und dann Chrysler Europa. Dieser letzte Schritt war nicht eben einer der glücklichsten gewesen. Um der europäischen Betriebsorganisation von Chrysler wieder auf die Beine zu helfen, reichte ein Namensänderung in Talbot jedoch nicht aus.

1974 sah sich Peugeot infolge einiger äußerst ungelegener Vorankündigungen von seiten der Fachpresse dazu gezwungen, die Präsentation des Spit-

Peugeot Bébé

PEUGEOT BÉBÉ (1912)

Motor: 4 Zylinder in Reihe mit stehenden Ventilen
Bohrung/Hub: 55 mm x 90 mm
Hubraum: 855 cm^3
Max. Leistung: 10 HP
Getriebe: mechanisch, 2 Gänge
Rahmen: Leiterrahmen
Aufhängung: vorne Starrachse mit Halbelliptikfedern; hinten Viertelelliptikfedern
Bremsen: Hinterrad-Trommelbremsen
Karosserie: zweisitzig
Höchstgeschwindigkeit: 60 km/h

Peugeot Quadrilette

Auf den großen Erfolg des Bébé hin beschloß Peugeot, diese Richtung auch nach

PEUGEOT QUADRILETTE (1920)

Motor: 4 Zylinder in Reihe mit stehenden Ventilen
Bohrung/Hub: 50 mm x 85 mm
Hubraum: 667 cm^3
Max. Leistung: 9,5 HP
Getriebe: 3-Gang-Getriebe
Rahmen: Plattformrahmen, Preßstahl
Aufhängung: vorne Starrachse mit Querblattfeder; hinten Starrachse mit Halbfeder
Bremsen: nur an den Hinterrädern; Handbremse mit Wirkung auf das eine, Fußbremse mit Wirkung auf das andere Rad
Karosserie: zweisitzig, Sitze neben- oder hintereinander
Höchstgeschwindigkeit: 60 km/h

zenmodells 604 um geraume Zeit vorzuziehen. Produziert wurde der V6-Zylinder erst ein Jahr später. Anfang der siebziger Jahre präsentierte der französische Hersteller auch einen kleinen 104er, der in der Version mit Citroën-Motor unter dem Namen LN verkauft wurde. 1978 erschien der neue 305, und ein Jahr später hatte der 505 seine Publikums-Premiere.

1983 kam für den angeschlagenen Hersteller der große Erfolg in Form des neuen 205. Der kleine Kompakte, der als Konkurrenz für den VW Golf gedacht war, kam bei den Käufern so gut an, daß er ohne äußere Veränderungen über zehn Jahre gebaut wurde. 1991 präsentierte Peugeot den etwas kleineren 106, 1993 den 306, der jetzt in der sogenannten Golf-Klasse die Marke vertritt. Der wenig erfolgreiche 604 fand 1989 im modernen 605 einen würdigen Nachfolger.

Peugeot Bébé

Zu Beginn seiner Karriere entwarf Ettore Bugatti verschiedene Automobile, die dafür vorgesehen waren, von anderen Herstellern in Lizenzfertigung produziert zu werden. Dazu gehörte auch der Bébé, ein kleiner Vierzylinder, dessen Prototyp – der bis heute unverändert erhalten blieb – 1911 in Molsheim gebaut wurde. Dieses erste Exemplar – mit Bugatti-Kühler ausgestattet – war anfänglich dem deutschen Hersteller Wanderer angeboten worden, der sich jedoch nicht sonderlich für den Vierzylinder interessierte.

Peugeot hingegen zeigte großes Interesse und erwarb im November 1911 die Produktionsrechte. Zwei Jahre später begann der französische Hersteller mit der Serienproduktion dieses Kleinstwagens.

Verglichen mit den anderen Bugattis jener Zeit war der Bébé-Peugeot technisch überholt. Er verfügte über stehende Ventile und Kegelkupplung, während der Bugatti 13 schon einen Motor mit hängenden Ventilen und Mehrscheibenkupplung besaß.

Peugeot Quadrilette

Kriegsende beizubehalten, und präsentierte den Quadrilette. Jene Epoche sah für die Klasse der Cyclecars (drei- oder vierrädrige, motorisierte Kleinfahrzeuge mit bis zu 6 HP Leistung und einem Gewicht unter 350 kg) gewisse Steuererleichterungen vor. Der Quadrilette war so konzipiert, daß diese steuerlichen Vergünstigungen auf ihn zutrafen.

Wegen seines extrem niedrigen Kraftstoffverbrauchs (5 l/100 km) und des geringen Wartungsaufwands stand der Quadrilette in dem Ruf, das wirtschaftlichste französische Automobil jener Epoche zu sein. Aufgrund des schmalen Rahmens mußten bei diesem Modell die Sitze fast immer hintereinander ausgerichtet werden. Es gab jedoch auch Versionen, bei denen die Sitze nebeneinander lagen. Das mechanische Grundschema des Einstiegsmodells wurde bis Ende der zwanziger Jahre unverändert beibehalten. 1922 wurde der leichte Peugeot Quadrilette einigen wesentlichen Änderungen unterzogen und mußte schließlich einem „echten kleinen Automobil", dem 5 HP, weichen.

Die Bezeichnung Quadrilette überlebte auch den 5 HP: 1925 tauchte sie bei der Billigversion 172 BC wieder auf, die den gleichen Plattformrahmen wie der 5 HP besaß.

Peugeot 402

Mit diesem Modell beabsichtigte die französische Firma, indem sie mit Citroën und den Traction Avant gleichziehen wollte, ihrer Produktion einen Hauch von Moderne zu verleihen. Peugeot versuchte jedoch gleich von Anfang an jene aufwendigen Konstruktionen zu vermeiden, die der Konkurrenz so große Betriebssicherheitsprobleme eingebracht hatten. Hinter einer in Design und aufgrund einiger gewagter optischer Neuerungen sehr fortschrittlichen Karosserie (z.B. waren die vorderen Scheinwerfergruppen hinter der Kühlermaske versteckt) verbarg der 402 den gleichen Rahmen und die vom vorausgegangenen Modell her bekannte Technik (d.h., vornliegender Motor und Hinterradantrieb). Die Hinterachse des 402 war jedoch mit Auslegerblattfedern versehen.

Der 402 ist wahrscheinlich das erste in großer Serie produzierte Automobil, das über ein formschönes, windschnittiges Äußeres verfügt, und so blieb seine Linienführung noch lange aktuell. Zu den vielen Karosserieversionen, die dieser Hersteller anbot, zählte auch ein besonders gelungenes Coupé-Cabriolet, dessen Faltverdeck (Handbedienung bei der Billigausführung, elektrische Betätigung bei den luxu-

Peugeot 402

PEUGEOT 402 (1937)

Motor: 4 Zylinder in Reihe mit hängenden Ventilen
Bohrung/Hub: 83 mm x 92 mm
Hubraum: 1.991 cm^3
Max. Leistung: 55 PS
Getriebe: mechanisch, 3 Gänge
Rahmen: Kastenrahmen
Aufhängung: vorne Einzelradaufhängung mit Querblattfeder und Längslenkern; hinten Starrachse mit Viertelelliptikfedern
Bremsen: vorne und hinten Trommelbremsen, hydraulisch betätigt
Karosserie: Spider, Cabriolet, Limousine
Höchstgeschwindigkeit: 105 km/h

riöseren Modellen) in geöffnetem Zustand ganz im Kofferraum verschwand. Der 402 wurde auch als „Transportlimousine" mit kombiähnlicher Karosserie hergestellt – eine Version, die sich gut zum Transport sperriger Gegenstände eignete. Die 1938er Modelle besaßen einen Motor mit trockenen Zylinderlaufbuchsen. Die kostspieligeren Versionen stattete man mit einem Aluminiumkopf aus, der eine Leistungssteigerung auf 58 PS ermöglichte.

Peugeot 306

Nachdem der erfolgreiche Peugeot 205, der ursprünglich gegen den Konkurrenten VW Golf antreten sollte, sich nicht mehr in der gleichen Fahrzeugklasse wie der (inzwischen gewachsene) Golf wiederfand, brauchte Peugeot ein modernes Fahrzeug in dieser meistverkauften Fahrzeugkategorie. Der 1993 vorgestellte 306 soll als Nachfolger des 309 diese Aufgabe erfüllen. Der kompakte Frontantriebswagen mit Heckklappe wird mit Hubräumen zwischen 1,4 und 1,8 l angeboten. Die Motorleistung liegt zwischen 75 und 101 PS.

PEUGEOT-CROIZAT
Turin, Italien
1905–1907

Um seine Tätigkeit als Peugeot-Vertreter ausüben zu

PEUGEOT 306 XT 1.8 (1993)

Motor: 4-Zylinder-Reihenmotor
Bohrung/Hub: 83 mm x 81,4 mm
Hubraum: 1.762 cm^3
Max. Leistung: 76 kW / 103 PS bei 6.000^{-min}
Getriebe: mechanisch, 5 Gänge
Rahmen: selbsttragende Karosserie
Aufhängung: Einzelradaufhängung vorne und hinten
Bremsen: Scheibenbremsen vorne, Trommelbremsen hinten
Karosserie: fünftürige Limousine
Höchstgeschwindigkeit: 185 km/h

Peugeot 306 XT

können, gründete der Ingenieur Vittorio Croizat 1905 die Brevetti Automobili Peugeot, die ein Jahr später in Peugeot-Croizat Italiana umgetauft wurde und die Herstellung von Fahrzeugen mit Peugeot-Aggregaten zum Ziel hatte. Es entstanden zwei Automobile: der 6 HP (695 cm^3) und der 12/16 HP (2.205 cm^3), die jedoch wenig Erfolg hatten. 1907 wurde die sich in finanziellen Schwierigkeiten befindliche Gesellschaft aufgelöst und ihre Tätigkeit von der OMT weitergeführt.

PIC-PIC
Genf, Schweiz
1905–1924

Im Dezember 1904 setzten sich vier Beamte der SAG (Société d'Automobiles à Genève) mit den zwei Wasserbauingenieuren Piccard und Pictet in Verbindung, um sie zum Bau von Automobilen einzunehmen, die der Schweizer Marc Birkigt entworfen hatte. Dieser hatte in Spanien Hispano-Suiza mitbegründet. 1906 begannen Piccard und Pictet schließlich für die SAG, den 20/24 HP und den 35/40 HP zu produzieren – beide mit Gelenkwellenantrieb und mit 4-Zylinder-Motoren.

Auf dem Pariser Salon von 1907 stellten sie auch einen Sechszylinder mit 5.655 cm^3 aus. In der Schweiz wurden diese Automobile bis 1910 unter dem Markenzeichen SAG verkauft – bis zu dem Jahr also, in dem die nunmehr in Konkurs gegangene Société d'Automobiles à Genève von Piccard und Pictet übernommen wurde. Neues Firmenzeichen war von nun an Pic-Pic.

1910 erschien der erste Pic-Pic, der nicht von Birkigt entworfen worden war. Diesem Modell mit der Codenummer 14/18 HP und 4-Zylinder-Blockmotor (2.433 cm^3) folgte schon bald der Vierzylinder 18/22 HP. Pic-Pic baute 1912 auch einen Schiebermotor nach Lizenz Burt-McCollum.

Die 1913er Modellpalette umfaßte den 16/20 HP, den es mit Kegelventilen und 2.815 cm^3 Hubraum oder 2.951-cm^3-Schiebermotor gab; den 20/30 HP mit zwei 4-Zylinder-Schiebermotoren gleicher Bohrung, aber unterschiedlichen Hubs, was zu zwei verschiedenen Hubräumen von 3.817 cm^3 und 4.236 cm^3 führte; und schließlich den 30/40 HP mit 4.712 cm^3 Hubraum, ebenfalls als Schiebermotor.

1914 beteiligte sich Pic-Pic mit einem Modell, das auch mit Vorderradbremsen sowie mit hydraulischen Stoßdämpfern ausgestattet war, am Grand Prix – aber leider ohne Erfolg. Bei dieser Gelegenheit verwendete der Schweizer Hersteller erstmals einen eleganten, außen verkleideten Spitzkühler. Dieser Kühler sollte später bei allen Nachkriegsmodellen Verwendung finden und kennzeichnend für diesen Hersteller werden.

Während des Krieges erweiterte Pic-Pic den Betrieb, um für die Schweizer Armee Militärfahrzeuge produzieren zu können.

Nach dem Ende des Krieges war die finanzielle Lage derart schlecht, daß sich die Genfer Firma 1920 gezwungen sah, Konkurs anzumelden. 1921 wurde Pic-Pic von Ateliers de Charmillers übernommen, die fortan Turbinen bauten, jedoch wurden noch einige Pic-Pic von der Sté des Moteurs fusine et Rhone hergestellt. Der letzte dieser Pic-Pic war ein 1924 in Genf ausgestellter Prototyp eines 3-l-Modells mit Schiebermotor.

Pic-Pic Cabriolet

PIC-PIC 16/20 HP (1913)
Motor: 4 Zylinder in Reihe mit stehenden Ventilen
Bohrung/Hub: 80 mm x 140 mm
Hubraum: 2.815 cm^3
Max. Leistung: 20 HP
Getriebe: mechanisch, 4 Gänge
Rahmen: Leiterrahmen
Aufhängung: vorne und hinten Starrachsen mit Halbelliptikfedern
Bremsen: Hinterrad- und Getriebetrommelbremsen
Karosserie: nach Wunsch
Höchstgeschwindigkeit: 80 km/h

PIERCE-ARROW
Buffalo, N.Y., USA
1901–1938

George N. Pierce stellte im Jahr 1900 nach einem Entwurf von Overman in seiner Kleinwagenfabrik in Buffalo ein wenig erfolgreiches, dampfgetriebenes Automobil fertig. Von diesem Mißerfolg in keiner Weise beeindruckt, beschloß Pierce den Bau eines vierrädrigen Kleinwagens nach einem Entwurf von David Fergusson mit De-Dion-Motor. Dieses Fahrzeug wurde von den Käufern deutlich besser angenommen und ging daraufhin mit dem Namen Motorette in Serienproduktion.

1902 präsentierte Pierce den Arrow, einen Zweizylinder mit 15 HP. Zwei Jahre später entwickelte Fergusson den Great Arrow 24/28 HP, der in Anlehnung an die Mercedes-Modelle entstanden war und über einen Vierzylinder mit 3.770 cm^3 verfügte. 1905 war der Great Arrow auch in den Versionen 28/32 HP und 40/45 HP erhältlich.

Im Jahr 1905 gewann Pierce die Glidden Tour, und drei Jahre darauf bot der amerikanische Hersteller sein erstes 6-Zylinder-Modell an.

Als Pierce 1909 in Pierce-Arrow umgetauft wurde, umfaßte ihre Produktpalette die 6-Zylinder-Modelle mit 36 HP (5.686 cm^3), 48 HP (7.423 cm^3) und 66 HP (10.619 cm^3). Mit Einführung der zweiten Baureihe von 1913 versah man die Pierce-Arrows mit in die Kotflügel eingelassenen Scheinwerfern – eine optische Lösung, die auch die nachfolgenden Modelle kennzeichnen sollte. Von 1913 an unterließ der Hersteller die übliche jährliche Modellüberholung seiner Produkte. Erst 1918 erfuhren die Pierce-Arrows mit Einführung der fünften Baureihe – als der 66 HP und der 38 HP durch den 47 HP mit zweigeteiltem Motorblock und vier Ventilen pro Zylinder ersetzt wurden – wieder einige optische Korrekturen. Dieser Antrieb wurde lediglich ein Jahr lang hergestellt und dann

PIERCE-ARROW

durch einen neuen, moderneren Blockmotor ersetzt. 1920 kam Pierce-Arrow als einer der letzten amerikanischen Hersteller endgültig von der Rechtslenkung ab.

1925 wurde ein billigeres Modell, der Series 80, eingeführt: der erste Pierce-Arrow mit Vierradbremse. 1928 erschien der neue Series 81, dessen unglückliches Styling den Absatz derart negativ beeinflußte, daß seine Produktion schließlich eingestellt werden mußte.

Durch den großen Nachfragerückgang alarmiert, faßten die Pierce-Arrow-Aktionäre 1929 den folgenschweren Entschluß, mit Studebaker zu fusionieren.

Die wenigen positiven Auswirkungen dieser Verbindung waren von kurzer Dauer, und der Absatz fiel weiter ab. Nicht einmal die Präsentation des neuen, faszinierenden V12-Zylinders vermochte den Niedergang aufzuhalten, obwohl seine Leistungen hervorragend waren: 1933 schlug ein serienmäßiger V12-Zylinder 14 internationale und 65 nicht offizielle Rekorde, indem er 24 Stunden ohne Unterbrechung mit einer Durchschnittsgeschwindigkeit von 188 km/h gefahren worden war.

1933 trennte eine Gruppe von Geschäftsmännern aus Buffalo Pierce-Arrow von Studebaker. Auf der Weltausstellung von Chicago jenes Jahres präsentierte man daraufhin den Silver Arrow als kaufbare Zukunftsstudie. Ab 1934 nahm Pierce-Arrow an den 8- und 12-Zylinder-Modellen nur noch wenige Änderungen vor. 1938 stellte Pierce-Arrow schließlich die Produktion ein.

Pierce-Arrow 66 HP

Pierce-Arrow 66 HP

Der imposante Pierce-Arrow 66 HP erschien 1909 und wurde von einem 10.619-cm³-Motor mit zwei Zylinderblöcken und T-Kopf angetrieben. Obwohl er technisch teilweise veraltet war, kam er gut an, und 1910 vergrößerte man seinen Hubraum sogar auf 11.700 cm³. 1912 wurde der Hubraum nochmals erhöht, jetzt auf 13.514 cm³, und der 66 HP wurde somit zum amerikanischen Serienwagen mit dem größten Motor aller Zeiten. Dieses Modell wurde zehn Jahre lang zum Verkauf angeboten. In dieser Zeit stellte man 1.638 Exemplare fertig. Viele der 66 HP beendeten ihre „Karriere" als Feuerlöschfahrzeuge.

Pierce-Arrow Silver Arrow

Der erste innerhalb von nur drei Monaten montierte Prototyp des Silver Arrow war die Hauptattraktion der Weltausstellung von Chicago im Jahr 1933/34.

Mit der Linienführung dieses Modells hatte man auf brillante Weise dem neuen Styling der Luxuswagen der vierziger Jahre vorgegriffen. Die vorderen Scheinwerfereinsätze, die sich zu beiden Seiten der leicht abgeschrägten Kühlermaske befanden, bildeten eine perfekte Einheit mit den vorderen Kotflügeln, wie es für die Pierce-Arrow-Produktion kennzeichnend war. Die vorderen Kotflügel waren auf einer Höhe mit der Gürtellinie des Aufbaus. Im Raum zwischen Radkästen und Vordertüren befanden sich die Ersatzräder. Die Hinterräder wurden von einer abnehmbaren Verkleidung zu zwei Dritteln verdeckt. Weitere Besonderheiten waren die fehlenden Trittbretter und der kleine Dachansatz zwischen Dachaufbau und Fließheck. Vom Silver Arrow wurden insgesamt fünf Prototypen und fünf Serienexemplare gebaut, die durch ein zweites Armaturenbrett hinter den Rücklehnen der Vordersitze gekennzeichnet waren.

PIERCE-ARROW SILVER ARROW (1933)

Motor: 12-Zylinder-V-Motor mit L-Kopf
Bohrung/Hub: 85,7 mm x 101,6 mm
Hubraum: 7.030 cm³
Max. Leistung: 175 PS
Getriebe: mechanisch, 3 Gänge
Rahmen: Leiterrahmen
Aufhängung: vorne und hinten Starrachsen mit Halbelliptikfedern
Bremsen: vorne und hinten Trommelbremsen, Servobremse
Karosserie: Limousine
Höchstgeschwindigkeit: 185 km/h

PIERCE-ARROW 66 HP (1912)

Motor: 6 Zylinder in Reihe mit T-Kopf
Bohrung/Hub: 127 mm x 177,8 mm
Hubraum: 13.514 cm³
Max. Leistung: 66 HP
Getriebe: mechanisch, 4 Gänge
Rahmen: Leiterrahmen
Aufhängung: vorne Starrachse mit Halbelliptikfedern; hinten Starrachse mit Halb- und Viertelelliptikfedern
Bremsen: Hinterrad-Trommelbremsen
Karosserie: Spider, Tourenwagen, für den Vorstadtgebrauch, Landauer, Limousine, Landaulet
Höchstgeschwindigkeit: 97 km/h

Pierce-Arrow Silver Arrow

PILAIN (SLIM-PILAIN)
**Lyon, Frankreich
1894–1898, 1902–1920**

François Pilain zählt zu den Pionieren des französischen Motorenbaus. Nach einer erfolgreich abgeschlossenen Mechanikerlehre in Châlons-sur-Saône arbeitete er von 1887 bis 1889 an der Konstruktion von Léon Serpollets Dampfautos mit. Ab 1890 war Pilain bei Chantiers de la Buire als Designer beschäftigt, kündigte jedoch im Mai 1894, um eine eigene Mechanikerwerkstatt zu eröffnen, wo er unter anderem auch verschiedene Automobile mit 2-Zylinder-Motoren konstruierte. Vier Jahre später eröffnete er zusammen mit Vermorel, einer Firma in der Nähe von Villefranche sur Saône, eine Abteilung, in der ausschließlich Automobile hergestellt wurden. Pilains Wirken als Industrieller war jedoch nur von kurzer Dauer, da Vermorel in den Jahren von 1902 bis 1908 Zug um Zug die Autoproduktion einstellte.

Pilain hatte diese Entwicklung jedoch vorausgesehen und ging bereits im Jahr 1901 nach Lyon, wo er wiederum eine Mechanikerwerkstatt eröffnete. Bereits ein Jahr später begann er auf eigene Kosten, Automobile mit 2- und 4-Zylinder-Motoren zu konstruieren; die Produktion der 2-Zylinder-Motoren wurde jedoch 1903 völlig eingestellt. Nachfolgemodell des ersten 4-Zylinder-Modells mit der Bezeichnung 20 HP Typ 4A (5.702 cm³) war der 1905 vorgestellte 40 HP Typ 4B mit 8.621 cm³, bei dem Motorblock und Zylinderbuchsen getrennt gegossen waren.

Die Automobile Pilains zeichneten sich durch ihre Kraftübertragung aus, die mechanisch ähnlich konzipiert war wie die von De Dion: Das Schaltgetriebe und das Differential waren in einem Gehäuse untergebracht, und das Gewicht des Wagens lag hauptsächlich auf der Hinterachse. Eine weitere Besonderheit wies das Getriebe des 20/30 HP aus dem Jahr 1905 auf: Sowohl der dritte als auch der vierte Gang waren direkte Gänge.

Obwohl Pilain ein sehr fähiger Konstrukteur war, gelang es ihm nicht, seine Produktion ausreichend zu standardisieren. Hauptgrund hierfür war seine Hartnäckigkeit: Er wollte Modelle auch dann nicht verändern, wenn die Produktion bereits in vollem Gange war. Diese Einstellung verärgerte die Finanziers der Société des Automobiles Pilain zunehmend, besonders da die Firmenbilanzen seit 1902 jährlich Verluste auswiesen. Aus diesem Grund verließ Pilain 1909 die von ihm gegründete Firma und eröffnete ein kleines Forschungslabor in Lyon. Hier begann er mit der Projektierung eines außergewöhnlichen Prototyps mit 2-Takt-Motor, Vorderradantrieb und Vierradbremsen. Dieser 1913 fertiggestellte Prototyp bestand zahlreiche Abnahmeprüfungen, doch verhinderte der Ausbruch des Ersten Weltkrieges eine Expansion der neuen Firma, der Sociétié des Automobiles François Pilain, die ausschließlich zur Serienproduktion dieses Prototyps gegründet worden war. Pilain starb 1924. Unterdessen hatte die erste Firma von Pilain weiterproduziert, sich von der Finanzkrise erholt und bereits 1909 verschiedene neue Modelle wie den 12/15 HP Typ 40 (1.944 cm³) und die Typen 4L und 4P, beide mit einem 3.054-cm³-Motor, auf den Markt gebracht. Im Jahr 1912 wurde der 10/12 HP Typ 4R mit einem 4-Zylinder-Motor in Monoblockausführung und 1.593 cm³ vorgestellt, kurze Zeit später der 16/20 HP Torpedo mit vier Zylindern und 3.053 cm³ und der 15/18 HP mit sechs Zylindern und 2.389 cm³. 1913 brachte die Firma den 18/24 HP mit einem 4.199-cm³-Motor mit vier Zylindern und langem Hub (85 mm x 185 mm) auf den Markt sowie den Typ 4U, der mit 1.045 cm³ das kleinste Modell des Automobilherstellers war.

Zu Beginn des Ersten Weltkrieges wurde die Leitung der Pilain-Werke von Hotchkiss übernommen, die hier Lastwagen produzieren ließ. Im Jahr 1917 erwarb Hotchkiss die Pilain-Werke, doch gingen die Produktionseinrichtungen vereinbarungsgemäß kurz nach dem Waffenstillstand wieder in das Eigentum der Pilain-Werke über. 1920 begann die Produktion des SLIM-Pilain 15 HP, der mit einem 16-Ventil-Motor und einem Luftkompressor ausgestattet war, der den Anlasser, die Bremsen, die Hupe und die im Rahmen integrierten Wagenheber betätigte.

PILAIN 16/20 HP (1912)

Motor: 4 Zylinder in Reihe mit T-Zylinderkopf
Bohrung/Hub: 90 mm x 120 mm
Hubraum: 3.053 cm³
Getriebe: 4 Gänge, in einem Gehäuse mit dem Differential (Transaxle)
Rahmen: Leiterrahmen
Aufhängung: starre Vorderachse mit Halbelliptikfedern; starre Hinterachse mit Dreiviertelelliptikfeder
Bremsen: Trommelbremsen, wirken auf Vorderräder und Getriebe
Karosserie: Torpedo
Höchstgeschwindigkeit: 105 km/h

Pilain 16/20 HP Torpedo

PLYMOUTH
**Detroit, USA
1928–**

Im Juni 1928 brachte Chrysler den Plymouth Four als Nachfolgemodell des inzwischen veralteten Chrysler 52 (dessen Mechanik noch von den ersten Maxwell-Modellen stammte) heraus und war somit auch in der Klasse der preiswerten Automobile vertreten.

Da bereits die ersten Plymouth-Modelle technisch wie stilistisch sehr ausgereift waren, übertraf die Nachfrage bei weitem die Produktionskapazitäten der in Detroit ansässigen Firma, so daß diese im Mai 1929 eine zweite Niederlassung eröffnete, die bis zu 1.800 Wagen am Tag ausliefern konnte. Im Jahr 1930 war der Plymouth U mit Sedan-Karosserie fast zum selben Preis wie vergleichbare Ford- oder Chevrolet-Modelle erhältlich, obgleich als Extra ein Autoradio angeboten wurde – hierbei sollte man bedenken, daß die ersten im Handel erhältlichen Autoradios erst drei Jahre vorher auf den Markt gekommen waren. 1931 stellte Plymouth unter der Bezeichnung PA eine völlig neue Modellreihe vor, die in acht verschiedenen Karosserie-Ausführungen angeboten wurde, und festigte somit sein Image als avantgardistischer Automobilhersteller. Ein Jahr später folgte die PB-Serie, die sich durch einen äußerst robusten Rahmen mit x-förmigen Querstreben auszeichnete.

1933 wurde die PA-Reihe erstmals mit einem 6-Zylinder-Motor angeboten, mit einer Leistung von 70 PS. Die Kupplung der ersten PA-Modelle löste sich automatisch dann, wenn der Fuß vom Gaspedal genommen wurde. Am 10. August 1934 wurde der millionste Plymouth fertiggestellt. Jetzt begann Plymouth vordere Einzelradaufhängungen einzubauen.

Im Gegensatz zu Chrysler und De Soto wollte sich Plymouth nicht auf das Abenteuer des Airflow-Stils einlassen und behielt einen eher konventionellen, weniger innovativen Stil bei. Was hingegen die Sicherheit betrifft, zeigte sich Plymouth fortschrittlicher: So waren die Rückseiten der Vordersitze bereits gepolstert und die Bedienungs- und Schalthebel verkleidet.

Pierce-Arrow Silver Arrow V12 (1933)

Motor
Position: längseingebauter Frontmotor
Bauart: wassergekühlter 80°-V12-Motor, Motorblock und Zylinderköpfe aus Gußeisen
Hubraum: 7.566 cm³
Bohrung/Hub: 88,9 mm x 101,6 mm
Verdichtungsverhältnis: 6:1
Ventilsteuerung: pro Zylinder 2 stehende Ventile, angetrieben von einer zentralen Nockenwelle; hydraulische Ventilstößel, Einlaßventile aus Nickelstahl, Auslaßventile aus hochlegiertem Chromstahl
Gemischbildung: 2 Stromberg-Einfachfallstrom-Vergaser Ex32
Zündanlage: Zündverteiler 6V Delco-Remy oder Owen Dyneto
Max. Leistung: 175 PS
Max. Drehmoment: 237,4 Nm

Übertragung
Antrieb: Getriebe an Motor angeblockt, Freilauf hinter dem Getriebe
Kupplung: Zweischeiben-Trockenkupplung
Getriebe: mechanisch, 3 Gänge
Übersetzungsverhältnis: I) 2,83:1; II) 1,70:1; III) 1,00:1
Achsgetriebe: Hypoidgetriebe
Übersetzungsverhältnis im Achsgetriebe: 4,21:1

Aufhängung
Vorderachse: Starrachse, an 12-Blatt-Halbelliptikfeder von 96 cm Länge aufgehängt
Hinterachse: Starrachse, an 10-Blatt-Halbelliptikfeder von 153 cm Länge aufgehängt. Doppelseitig wirkende hydraulische Stoßdämpfer Delco-Lovejoy an Vorder- und Hinterachse

Lenkung
System: Ross-Nocken und Rolle

Bremsen
Typ: Stewart-Warner-Servo-Bremsen mit 16-Zoll-Trommeln

Räder und Bereifung
Felgen: 16-Speichen-Räder mit 5 Stiftsschrauben
Bereifung: 7,50 x 17 Zoll

Karosserie und Rahmen
Karosserie: Limousine
Rahmen: elektrogeschweißter Kastenrahmen

Abmessungen und Gewicht
Radstand: 3.530 mm
Vordere Spurweite: 1.500 mm
Hintere Spurweite: 1.560 mm
Gewicht: 2.314 kg

Leistung
Höchstgeschwindigkeit: 185 km/h

Der Pierce-Arrow Silver Arrow entstammt einer „dream car"-Produktion aus dem Jahr 1933: Insgesamt wurden fünf Exemplare gebaut, die etwa 10.000 Dollar pro Stück kosteten. Dieses außergewöhnliche Auto ließ bereits den Stil des nächsten Jahrzehnts erahnen und war ein Musterbespiel von geglückter Aerodynamik. Genial sind auch die in den vorderen Kotflügeln verdeckt angebrachten Radkästen für die zwei Ersatzreifen, da die äußere Linie hierdurch nicht unterbrochen wurde. Hervorzuheben ist auch der große Winkel zwischen den beiden Zylinderreihen, der eine günstige Anordnung der Nockenwelle ermöglichte und die Höhe der Motorhaube, wenn auch nur sehr geringfügig, verringerte.

PLYMOUTH

Der 1942 vorgestellte 14C war der erste Plymouth, dessen Kotflügel entlang des gesamten Fahrgastraumes verliefen; besonders erwähnenswert ist außerdem die automatische Innenbeleuchtung. Eine Weiterentwicklung des 14C war dann der in der Nachkriegszeit produzierte 15S, auf dem alle weiteren, bis 1949 erbauten Fahrzeuge basierten. 1949 wurden drei völlig neue Plymouth-Modelle vorgestellt: der P17 De Luxe, der P18 und der P18 Special De Luxe. Alle Modelle waren mit einem 6-Zylinder-Motor mit stehenden Ventilen und einem Hubraum von 3.569 cm^3 ausgestattet.

Obwohl Plymouth, wie im übrigen auch die anderen Marken der Chrysler-Gruppe, technologisch fortschrittliche Automobile produzierte, hielt die Plymouth-Gruppe bis zum Anfang der fünfziger Jahre an extrem traditionellen Karosserieformen fest und mußte schließlich den dritten Platz in der Verkaufsrangliste an Buick abgeben. Aus diesem Grund hielten die Verantwortlichen der Chrysler Corporation eine Veränderung des Designs für unumgänglich, woraufhin Chefdesigner Virgil Exner eine Reihe von futuristischen Karossieren für die Rahmen der Chrysler-, De-Soto- und Plymouth-Modelle entwarf. Mit der praktischen Realisierung dieser „dream cars" wurde Ghia in Turin beauftragt. Der Einfluß dieser Stilstudien zeigte sich bereits bei den Serienmodellen des Jahres 1955, die mit längeren und niedrigeren Karosserien aufwarteten. Sie waren zudem die ersten Plymouth-Versionen, die mit einem Hy-Fire V-8-Motor mit 4.621 cm^3 ausgestattet waren; doch wurde bis Ende der sechziger Jahre auch noch der 6-Zylinder-Motor mit seitlich stehenden Ventilen eingebaut.

Erst 1957 konnte Plymouth dank des großen Erfolges der neuen, von Virgil Exner entworfenen Flight-Sweep-Serie Platz drei auf dem Markt zurückerobern. Die Karosserien dieser Serie zeigten deutlichen Einfluß eines Prototypen der „concept car"-Reihe der italienischen Firma Ghia aus dem Jahr 1955. Im Vergleich zu den Modellen damaliger Marken hatten diese Karosserien größere Fensterflächen, weniger Chromzierleisten und ein etwas erhöhtes Flossenheck. Der serienmäßige Einbau eines leistungsstarken V-8-Motors mit 5.211 cm^3 war ausschließlich für das sportliche Modell Fury vorgesehen, während die anderen Serienmodelle nur auf Wunsch mit diesem Motor erhältlich waren. Als Vorderradaufhängung wurde eine Chryslerentwicklung mit Torsionsfedern verwendet.

Das exzellente Styling Ex-

PLYMOUTH FURY (1957)

Motor: V-8-Zylindermotor mit hängenden Ventilen
Bohrung/Hub: 90,5 mm x 82,55 mm
Hubraum: 5.211 cm^3
Getriebe: 3 Gänge, mit Overdrive und halbautomatischer Kupplung
Rahmen: Kastenrahmen
Aufhängung: Einzelradaufhängung vorne mit Querlenkern und Schraubenfedern; starre Hinterachse mit Halbelliptikfederung
Bremsen: Trommelbremsen vorne und hinten
Karosserie: Sedan
Höchstgeschwindigkeit: 161 km/h

Plymouth Fury

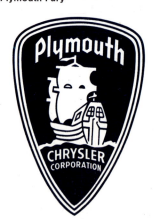

ners und der darauf gründende Erfolg wurden jedoch durch die mittelmäßige Produktionsqualität zunichte gemacht, so daß 1958, trotz der Vorstellung eines neuen Modells mit V-8-Motor mit 5.736 cm^3, die Verkaufszahlen um 50% im Vergleich zum Vorjahr sanken. Die 1960 vorgestellten Modelle, mit Motoren bis zu 6.276 cm^3, waren die ersten Plymouth-Modelle mit selbsttragender Karosserie. Als 1961 das neue Kompaktmodell Valiant mit schrägliegendem 6-Zylinder-Motor und 3.687 cm^3 vorgestellt wurde, waren die Heckflossen, die noch 1960 wahre Rekorddimensionen erreicht hatten, wieder verschwunden.

Trotz der hohen Qualität dieses Modells mußte Plymouth den dritten Platz in der Verkaufsrangliste wiederum abgeben, diesmal jedoch an Rambler. 1962 kamen die letzten Modelle, die Exner für Plymouth entworfen hatte, auf den Markt: Belvedere, Fury I, II und III. Der Satellite, eine Version der Belvedere-Modelle, war mit einem 425 PS starken V8-Motor mit 6.981 cm^3 ausgerüstet.

1964 kam der Barracuda mit Fastback-Karosserie heraus, erhielt jedoch 1967 ein stark verändertes Design und wurde mit einem schrägeingebautem 6-Zylinder-Motor mit 3.687 cm^3 ausgestattet. In jenem Jahr umfaßte das Gesamtprogramm von Plymouth 38 verschiedene Modelle, die mit zahlreichen unterschiedlichen Motoren angeboten wurden. Der Belvedere war das Grundmodell für den GRX und den Road Runner, der 1968 mit angegebenen 257 km/h als „schnellstes Coupé der Welt" vorgestellt wurde.

1970 wurde die Belvedere-Serie von der Satellite-Reihe abgelöst; bereits 1966 hatte Plymouth die Version VIP herausgebracht. Topmodell der 1971er Serie war der Sport Fury mit einer ausgesprochen luxuriösen Innenausstattung. Im Jahr 1975, zwei Jahre nach dem Beginn der „Ölkrise", wurden die leistungsstärksten (und damit die „durstigsten") Modelle Plymouth Road Runner, Satellite und Barracuda aus dem Programm genommen. Der Fury wurde weiterhin in drei verschiedenen Versionen angeboten: in der mittleren, der großen und der full-size (Originalgröße). Die Modelle Valiant und Duster wurden ebenfalls weiterhin verkauft. Die 1976er Serie Volare verdrängte innerhalb von zwei Jahren alle Fury-Modelle, mit Ausnahme des Grand Fury. Der Volare wurde mit verschiedenen Motoren angeboten und im Jahr 1979 durch den Einbau eines V8-Motors mit 5.211 cm^3 das größte Modell der gesamten Plymouth-Reihe. Ein Modell der Volare-Serie erhielt die alte Bezeichnung Road Runner. Bei der Polizei-Version wurde ein V8-Motor mit 5.899 cm^3 eingebaut (Höchstgeschwindigkeit 193 km/h).

Der Plymouth Horizon entsprach dem europäischen Simca-Chrysler Horizon. Die kleine Frontantrieb-Limousine mit Heckklappe wurde von einem 1,7-l-Motor angetrieben. Der Plymouth Arrow war das erste Produkt der Zusammenarbeit des Chrysler-Konzerns mit dem japanischen Hersteller Mitsubishi. Der Arrow war ein Mitsubishi Sapporo und wurde in Japan gebaut. Auch das 1989 vorgestellte Sportcoupé Plymouth Laser basiert auf dem Mitsubishi Galant, es wird allerdings in den USA produziert.

Das 1986 vorgestellte Kompakt-Modell Sundance ist dagegen eine amerikanische Entwicklung. Der 1989er Acclaim ersetzte das Modell Caravelle. Die Mittelklasse-Limousine ist die Plymouth-Ausgabe des Chrysler Saratoga.

Großen Erfolg hat seit Mitte der achtziger Jahre der Plymouth/Chrysler Voyager Mini-Van, der baugleich mit dem Dodge Caravan ist.

Plymouth Fury

Anfang der fünfziger Jahre sanken die Verkaufszahlen der Modelle der Chrysler Corporation aufgrund des völlig veralteten Designs erheblich. Um das Image der Chrysler Produkte zu verbessern, veranlaßte Chefdesigner Virgil Exner die Herstellung von Versuchsmodellen mit extrem futuristischem Design. Mit der praktischen Ausführung dieser „concept cars" wurde Ghia in Turin beauftragt.

1955 stellte Virgil Exner den supermodernen Flight Sweep

PONTIAC

PLYMOUTH ROAD RUNNER (1968)

Motor: V-8-Zylinder mit hängenden Ventilen
Bohrung/Hub: 108 mm x 95,25 mm
Hubraum: 6.974 cm³
Max. Leistung: 431 PS
Getriebe: 4-Gang-Automatik- oder Handschaltgetriebe
Rahmen: kastenförmiger Perimeterrahmen
Aufhängung: Einzelradaufhängung an der Vorderachse mit Querlenker und Torisionsfederstäben; starre Hinterachse mit Halblliptikfedern
Bremsen: Scheibenbremsen vorn, Trommelbremsen hinten
Karosserie: Coupé
Höchstgeschwindigkeit: 260 km/h

des GTX hatte der Road Runner einen V8-Motor mit 6.974 cm³.

Nachfolgemodell des Road Runner war der Super Bird, eine noch schnellere Version. Der Super Bird war praktisch identisch mit dem 1969er Dodge Daytona, einer Straßenversion mit stark betontem Heckspoiler und einer 49 cm langen Front-„Schnauze". 1970 kam der Duster mit dem Spitznamen „Road Runner im Taschenformat" heraus, der mit zwei verschiedenen Motoren angeboten wurde: einem schrägliegenden 6-Zylinder-Motor mit 3.244 cm³ und einem V8-Motor mit 5.572 cm³.

1971 wurde der Road Runner wesentlich verbessert, um die von Chrysler für die neue gehobene Sportklasse festgesetzten Kriterien zu erfüllen: Die

delle wurden auf der New Yorker Automobilausstellung von 1926 vorgestellt. Obwohl auf dem Firmenwappen der arrogante Satz „Chief of the Sixes" (Der Beste der Sechszylinder) stand, sollten die ersten Modelle lediglich eine etwas kostengünstigere Alternative zu den schon anerkannten Oakland-Modellen darstellen. Die Ponitac-Modelle waren aufgrund der Spitzenqualität ihres Motors – ein Sechszylinder mit 3.065 cm³ und stehenden Ventilen – so erfolgreich, daß sie 1931 ihre „vornehmeren Oakland-Cousins" überflügelten.

1930 wurde der ursprüngliche Sechszylinder mit stehenden Ventilen durch einen Motor mit gleicher Zylinderanordnung, aber mit hängenden Ventilen und einem Hubraum

raumbelüftung. 1935 stellte Pontiac den sehr schönen Silver Streak vor, der so erfolgreich war, daß er bis 1941 fast nicht verändert wurde. 1941 wurde die neue Serie Torpedo vorgestellt, deren Luxusmodelle, Streamliner und Chieftain Streamliner, nach Beendigung des Zweiten Weltkriegs wieder in die Produktion aufgenommen wurden.

1949 erhielt der Streamliner eine Fastback-, der Chieftain eine Notchback-Karosserie. Die damals in Kanada produzierten Pontiac-Modelle waren in Wirklichkeit getarnte Chevrolet-Modelle.

1950 brachte Pontiac das Hardtopmodell Catalina auf den Markt; zwei Jahre später wurde das Hydramatic-Getriebe mit doppeltem Zahnradsatz

Plymouth Road Runner

vor, der mit enormen Seitenflossen und einem außen angebrachten Ersatzrad ausgestattet war. Die Serienproduktion des Flight Sweep begann 1957. Zu den erfolgreichsten Modellen gehörte ohne Zweifel der Plymouth Fury, der aufgrund des starken V-8-Motors mit 5.211 cm³ auch die Leistungen erbrachte, die sein Äußeres vermuten ließen. Bei einem Rennen in Daytona erreichte ein zweitüriger Fury bei fliegender Meile 199,65 km/h. 1959 wurden die für die ersten Modelle so typischen enormen Seitenflossen durch senkrechte Flügel ersetzt.

Plymouth Road Runner

Der Plymouth Road Runner, auch „schnellstes Coupé der Welt" genannt, wurde 1968 in das Programm aufgenommen. Als direktes Nachfolgemodell

verbreiterte und verlängerte Karosserie wirkte aufgrund der runderen Linienführung und der konvexen Seitenfenster schnittiger. Doch wurde auch der Road Runner, wie alle leistungsstarken Plymouth-Modelle, Opfer der zwei Jahre zuvor ausgebrochenen Ölkrise und ebenfalls aus dem Programm genommen.

PONTIAC
Pontiac, USA
1926–

Die Pontiac Buggy Company wurde 1893 von Edward M. Murphy in Pontiac im Bundesstaat Michigan gegründet. Die Firma trat jedoch erst 1907 auf dem Automobilsektor in Erscheinung, da ihre Produkte bis dahin unter dem Firmennamen Oakland auf den Markt kamen. Die ersten Pontiac-Mo-

von 3.277 cm³ ersetzt. Das letzte Oakland-Modell mit dem 4.104-cm³-V-8-Motor des Old Viking wurde 1932 unter dem Namen Pontiac vertrieben. Im gleichen Jahr stellte Pontiac ein Modell mit einem 8-Zylinder-Reihenmotor mit 3.654 cm³ zu einem Preis von weniger als 600 US-Dollar vor. Aufgrund der hohen Verkaufszahlen verdrängte dieses Modell die 6-Zylinder-Versionen vollständig vom Markt: Bereits 1932 lag Pontiac an fünfter Stelle der amerikanischen Automobilhersteller.

1933 wurde auf Anordnung des neuen Generaldirektors Harry J. Klinger die Produktion der 6-Zylinder-Modelle wiederaufgenommen. Die besonderen Merkmale der Pontiac-Modelle des Jahres 1934 waren Einzelradaufhängungen an der Vorderachse mit Kniegelenken, „Türmchen"-Karosserie und zugfreie Innen-

eingeführt; 1953 präsentierte Pontiac seine ersten Modelle mit hinteren Kurbelfenstern und Servolenkung; 1955 schließlich wurde der inzwischen überholte Achtzylinder mit stehenden Ventilen von einem neuen V-8-Motor mit 4.703 cm³ mit hängenden Ventilen abgelöst. Um Pontiac ein jugendlicheres Image zu verleihen, entschloß sich Bunkie Knudsen, der im Alter von nur 43 Jahren zum Generaldirektor gewählt worden war, für die Produktion des Safari 3700, einem Station Wagon mit sportlichem Design. Auf seine Initiative hin erprobte Pontiac 1958 auch einen Einspritzmotor.

1959 wurde eine völlig neue Karosserie mit sehr großer Spurbreite und überdimensionalen senkrechten Heckflossen vorgestellt. Diese Pontiac-Modelle hatten am Heck eine Attrappe, die dem vorderen Kühlergrill nachgebildet war.

327

Zwei Jahre später erschien der Tempest mit einer wesentlich kompakteren, selbsttragenden Karosserie. Für dieses Modell wählten die Konstrukteure das „Transaxle"-Prinzip (vorn eingebauter Motor und Getriebe an der Hinterachse); sein kurzhubiger 4-Zylinder-Motor hatte 3.179 cm³, das Getriebe wurde in Handschalt- und Automatikversion angeboten. Da sich die hintere Einzelradaufhängung und die beweglichen Halbachsen nicht bewährten, erhielt der Tempest im Jahr 1964 eine konventionelle Hinterachse. Als Nachfolgemodell des Le Mans hatte der GTO die gleiche mechanische Ausstattung und war ein äußerst leistungsstarkes, fast legendäres Modell mit einer Höchstgeschwindigkeit von über 200 km/h. Der GTO war mit V-8-Motoren mit 6.555 cm³ oder 7.456 cm³ ausgestattet. Das 1963er Modell Grand Prix war dem GTO lediglich von der Fahrleistung her ebenbürtig, besaß aber keineswegs die gleiche sportliche Note.

Im Jahre 1968 erschien die Pontiac-Version des Chevrolet Camaro, der Firebird. Das Fahrzeug wurde in der Basisvariante mit einem 6-Zylinder-, in den Versionen Formula und Trans Am mit einem großen V8-Motor angeboten. Der Reihen-6-Zylinder trieb auch den 1971 vorgestellten Ventura an. 1972 folgte der Pontiac Grand Am, der mit zwei und vier Türen angeboten wurde.

Ab 1974 wurden sämtliche Pontiac-Fahrzeuge außer dem Ventura mit Scheibenbremsen an den Vorderrädern ausgerüstet. Ein Jahr später erschien als Reaktion auf die erste Ölkrise ein besonders kompaktes Modell mit dem Namen Astre. Im darauffolgenden Jahr kam der Sunbird heraus, ein ähnliches Fahrzeug, das auf Wunsch auch mit einem 5-Gang-Getriebe geliefert wurde.

Sunbird, Grand Am und Firebird wurden in der Folgezeit immer wieder überarbeitet und sind bis heute im Programm. Der Sunbird wird seit 1984 auch als Cabrio gebaut, ab 1992 leistet der Fronttriebler in der 2,0-l-Grundversion 112 PS. Die größere V6-Variante mit 3,1 l Hubraum verfügt über 142 PS.

Der Grand Am, das etwas größere und sportlichere Modell im Pontiac-Programm (im Jahre 1991 zum letzten Mal komplett überarbeitet), wird von einem 2,3-l-4-Zylinder mit 122 PS oder einem V6 mit 3,3 l und 162 PS angetrieben. Der 4-Zylinder wird auch in einer 16-Ventil-Version mit 182 PS angeboten.

In der Modellpalette oberhalb des Grand Am rangiert der Grand Prix. Das knapp fünf Meter lange Fahrzeug wird als Limousine und Coupé gebaut und nur mit 6-Zylinder-Motoren ausgerüstet (3,1 oder 3,4 l, 142 bis 213 PS). Wie bei allen Pontiac-Fahrzeugen außer dem Firebird/Trans Am werden auch beim Grand Prix die Vorderräder angetrieben.

Das Spitzenmodell ist seit dem Jahr 1986 der Bonneville. Die etwas über fünf Meter lange Limousine wird in der Grundvariante mit einem 3,8-l-6-Zylinder-Motor (ab 1989 mit 172 PS) ausgerüstet.

1991 folgte das Topmodell SSEi mit Kompressor. Der V6 Supercharger leistet beachtliche 208 PS und verhilft dem 1,7 Tonnen schweren Wagen zu sportlichen Fahrleistungen. Von 0 auf 100 km/h beschleunigt der Bonneville SSEi in nicht mehr als 8,5 Sekunden.

Der Pontiac Trans Sport (1989 vorgestellt) ist die sportliche Variante des Chevrolet Lumina Mini-Vans. Der Trans Sport/Lumina, der auch als Oldsmobile auf dem Markt angeboten wird, erregte vor allem durch seine futuristische Form mit stark abgeschrägtem Bug viel Aufsehen.

Pontiac Silver Streak

Der 1935 vorgestellte Silver Streak hatte einen Kühlergrill, der an Fechtmasken erinnerte (die senkrechten Gitterstäbe setzten sich auch in der Mitte der Motorhaube fort). Es war der erste Pontiac mit Einzelradaufhängung und wurde mit einem 6- oder 8-Zylinder-Motor angeboten, der mit elastischen Lagern am Rahmen befestigt war, um so die Übertragung der Schwingungen auf die Karosserie zu vermindern.

Der Silver Streak war so erfolgreich, daß Pontiac deswegen 1935/1936 das Werk vergrößern mußte.

Pontiac GTO

Dieses Modell kam 1965 auf den Markt. Die Bezeichnung GTO steht für „Gran Turismo Omologata", eine Modellbezeichnung von Ferrari. Der GTO war anfänglich die leistungsstarke Variante des Pontiac Tempest Le Mans. Ein Jahr später wurde der GTO ein eigenständiges Modell, das aufgrund seiner Fahrleistung (200 km/h Höchstgeschwindigkeit) und seines günstigen Preises allein 1966 95.000mal verkauft wurde.

Der größte Vorteil dieser Pontiac-Reihe war die sehr hohe Geschwindigkeit, der größte Nachteil ihre geringe Wendigkeit und das schlechte Bremsverhalten der Hinterräder, die leicht den Bodenkontakt verloren. Bereits die erste GTO-Version besaß den größten Motor, den Pontiac produziert hatte: einen V8-Motor mit 6.374 cm³. 1967 wurde der GTO mit einem 6.555-cm³-Motor ausgestattet und erhielt die Bezeichnung Hi-performance.

Pontiac Firebird

Der Pontiac Firebird wurde mit einjähriger Verzögerung als die sportlichere Variante des 1967 eingeführten Chevrolet Camaro vorgestellt. Der Firebird, besonders in der Version „Formula 400", erwarb sich bald den Ruf, eines der schnellsten amerikanischen Sportcoupés seiner Zeit zu sein.

PONTIAC SILVER STREAK (1935)

Motor: 8 Zylinder in Reihe mit stehenden Ventilen
Bohrung/Hub: 82,6 mm x 88,9 mm
Hubraum: 3.801 cm³
Max. Leistung: 85 PS
Getriebe: mech., 3 Gänge
Rahmen: Leiterrahmen
Aufhängung: Einzelradaufhängung an der Vorderachse mit Dubonnet-Knie; starre Hinterachse an Halbelliptikfedern
Bremsen: Trommelbremsen vorne und hinten
Karosserie: Coupé, Limousine
Höchstgeschwindigkeit: 130 km/h

Pontiac Silver Streak

PONTIAC GTO (1967)

Motor: V8-Motor mit hängenden Ventilen
Bohrung/Hub: 103 mm x 92,25 mm
Hubraum: 6.555 cm³
Max. Leistung: 335 PS
Getriebe: mechanisch, 3 Gänge mit Mittelschalthebel
Rahmen: Perimeterrahmen aus gesenkgeschmiedetem Stahl
Aufhängung: Einzelradaufhängung an der Vorderachse mit Schraubenfedern; starre Hinterachse mit Teleskopstoßdämpfern
Bremsen: Trommelbremsen vorne und hinten
Karosserie: Cabriolet, Coupé
Höchstgeschwindigkeit: 200 km/h

Pontiac GTO

PONTIAC

PONTIAC FIREBIRD TRANS AM (1973)

Motor: V-8-Zylinder mit hängenden Ventilen
Bohrung/Hub: 104,6 mm x 95,2 mm
Hubraum: 6.555 cm^3
Max. Leistung: 330 PS
Getriebe: 3 Gänge
Rahmen: Plattformenrahmen
Aufhängung: vordere Einzelradaufhängung an Querlenkern, Schraubenfedern und Torsionsstabilisatoren; starre Hinterachse mit Blattfedern und Torsionsstabilisator
Bremsen: Scheibenbremsen vorn
Karosserie: zweitüriges Sport-Coupé und Viersitzer
Höchstgeschwindigkeit: 240 km/h

Pontiac Firebird Trans Am

Das Basismodell Firebird wurde von dem 6-Zylinder-Reihenmotor des Ventura angetrieben. Formula 400 und der spätere Trans Am waren mit dem Big-Block-Triebwerk von General Motors ausgerüstet. Aus einem Hubraum von 6,6 l holten die großen V8-Motoren 330 PS heraus. Getunte Exemplare erreichten noch deutlich höhere Leistungen.

Nach mehreren Überarbeitungsphasen in den siebziger Jahren folgte 1982 die zweite Generation des Camaro/Firebird. Unter der eleganten, flachgestreckten Karosserie waren nun die ganz großen Motoren verschwunden. Die stärkste Variante mit 5,0-l-V8 leistete nur noch 155 PS. Dann jedoch ging es mit der Leistung wieder langsam bergauf. 1985 hatte der 5,0-l-Trans Am schon wieder 205 PS, was für eine Höchstgeschwindigkeit von 209 km/h ausreichte.

Die neueste Generation der Baureihe Camaro/Firebird, die seit 1992 mit einer modernen, aerodynamisch optimierten Karosserie auf sich aufmerksam macht, setzt auf noch mehr Kraft: Der 3,4-l-V6-Motor des Basismodells leistet jetzt bereits 162 PS. Der starke Trans Am wird vom 5,7-l-V8 aus der Corvette angetrieben. Mit 284 PS und einer Höchstgeschwindigkeit von 250 km/h knüpft der Trans Am damit wieder an die große Zeit der frühen siebziger Jahre an. Und genau wie damals besitzt der Firebird auch heute noch die traditionelle hintere Starrachse.

Pontiac Fiero

Ende 1978 beschloß die Firmenleitung von General Motors aufgrund der Diskussion über die Reduzierung des Kraftstoffverbrauchs die Entwicklung einer zweisitzigen „personal"-Sportversion der „P-car"-Klasse. Die Genehmigung zur Serienproduktion wurde 1980 erteilt. Man entschied sich für einen Mittelmotor und ein Getriebe an der Hinterachse; der 2,2-l-Motor aus Gußeisen brachte eine Leistung von 92 PS. In Anbetracht der fortschrittlichen Technologie dieses Coupés ist diese Motorleistung sicherlich unzureichend. Der 1983 vorgestellte Fiero war das erste amerikanische Großserien-Automobil mit einer aus Stahlunterbau und glasfaserverstärkten Kunststoff-Formteilen bestehenden Karosserie. Die Formteile wurden mit einem ungewöhnlich paßgenauen Verfahren (Bohren und Honen) an der tragenden Struktur befestigt. Die Befestigungspunkte waren mit Toleranzen gefertigt, die bis dahin nur in der Feinmechanik üblich waren, so daß eine 100%ige Fluchtung der einzelnen Karosserie-Außenteile gewährleistet war. Dieses Verfahren ermöglichte eine problemlose Modifizierung der Karosserieform durch das Einsetzen von einzelnen veränderten Plastformteilen. Das waren jedoch die einzigen Vorteile dieses Verfahrens, da weder das Gewicht noch die Herstellungskosten verringert wurden.

Die amerikanischen Autojournalisten wählten den Fiero zum „Amerikanischen Auto des Jahres 1984"; europäische Spezialisten betrachteten die Fahrleistungen des Fiero als ungenügend. Seit 1985 wird der Fiero auch mit einem V6-Motor angeboten.

PONTIAC FIERO (1984)

Motor: 4 Zylinder in Reihe mit hängenden Ventilen
Bohrung/Hub: 101,6 mm x 76,2 mm
Hubraum: 2.475 cm^3
Max. Leistung: 92 PS
Getriebe: mechanisch, 4 Gänge
Rahmen: Stahlunterbau mit GFK-Polyurethan und -Polyesterharz verkleidet
Aufhängung: vordere Einzelradaufhängung an Querlenkern und Schraubenfedern; hintere Einzelradaufhängung mit McPherson-Federbein
Bremsen: Scheibenbremsen vorne und hinten
Karosserie: zweisitziges Coupé
Höchstgeschwindigkeit: 156 km/h

Pontiac Fiero

PORSCHE

**Gmünd, Österreich/Stuttgart-Zuffenhausen, Deutschland
1948–**

Ferdinand Porsche, 1875 geboren und zweifellos ein großer Automobilkonstrukteur, setzte auch nach Vollendung des 70. Lebensjahres seine Arbeit als Konstrukteur fort. Seine besten Modelle wie den Austro-Daimler Prinz Heinrich, den Mercedes-Benz 38/250, den Auto Union Grand Prix mit 16 Zylindern und den Volkswagen – Modelle die inzwischen zur Legende geworden sind – konstruierte Ferdinand Porsche in der ersten Hälfte dieses Jahrhunderts. Porsche wird auch die Patenschaft am Tiger-Panzer, dem Cisitalia Grand Prix und dem Austro-Daimler Sascha zugeschrieben.

Während des Zweiten Weltkrieges arbeitete Porsche an der Konstruktion von Militärwagen für die Wehrmacht. Aus diesem Grund wurde er nach der Niederlage Deutschlands zu einer zweijährigen Haftstrafe in Frankreich verurteilt. Während der Haftzeit fungierte Porsche als Berater bei der Projektierung des Renault 4CV mit Heckmotor. Sobald er Frankreich verlassen durfte, ließ er sich im österreichischen Gmünd nieder, wo er mit Unterstützung von Karl Rabe und seinem Sohn Ferry das erste nach ihm benannte Sportmodell baute: den Porsche 356, der mit einem 4-Zylinder-Volkswagen-Boxermotor mit 1.086 cm³ ausgestattet war.

In Gmünd wurden 50 Exemplare des 356er-Modells mit einer Roadster-Karosserie aus einer Aluminiumlegierung hergestellt. Da in Österreich chronischer Mangel an Material und qualifizierten Arbeitskräften herrschte, übersiedelte Porsche nach Stuttgart-Zuffenhausen. In dieser neuen Fabrik wurde das mit einem Heckmotor ausgestattete 356er Modell mit unterschiedlichen Karosserien (Coupé, Cabrio und Roadster) und Motoren (von 1.096 bis 1.966 cm³) gebaut. 1965 wurde der 356 vom Porsche 912 abgelöst, der mit einem 4-Zylinder-Boxermotor mit 1.582 cm³ aus Leichtmetall ausgestattet war; er wurde bis 1969 produziert.

Der erste Porsche-Motor aus firmeneigener Produktion wurde von Ernst Fuhrmann konzipiert und erhielt die Bezeichnung 547. Die Produktion dieses Motors begann 1953, ein Jahr nach dem Tod von Ferdinand Porsche. Der 547 wurde erstmals in den 550-Spider eingebaut, dessen Gitterrohrrahmen mit einer äußerst formschönen Leichtmetall-Karosserie „umhüllt" war, die im Windkanal der Stuttgarter Universität entwickelt worden war. Der 550-Spider wurde auf dem Pariser Autosalon von 1953 noch in der Prototyp-Version vorgestellt. Nach und nach wurden aber 15 Rennversionen fertiggestellt, und erst 1954 begann die serienmäßige Produktion von insgesamt 75 Stück. Die meisten Spider wurden nach Amerika exportiert, wo sie binnen kurzem sehr berühmt wurden.

1963 erschien der Porsche 911. Der große Klassiker aus Zuffenhausen, der bis heute das Rückgrat der Modellpalette bildet, hatte einen 6-Zylinder-Boxermotor im Heck eingebaut, der anfangs aus 1.991 cm³ eine Leistung von 130 PS entwickelte, genauso viel wie der 356 Carrera 2, der schnellste 356er-Porsche.

Rasch wurden Hubraum und Leistung erhöht. Bis zum Anfang der siebziger Jahre wuchs das Motorvolumen des Wagens über 2,2 auf 2,4 l. Die Spitzenversion 911 S mit 2,4-l-Motor und mechanischer Benzineinspritzung brachte es 1972

schon auf stolze 190 PS bei über 7.000 Umdrehungen. 1973 kam dann der 911 Carrera RS 2.7 mit 210 PS und Leichtbaukarosserie, der bis dahin schnellste Porsche und heute für viele Fans der 911er schlechthin.

1974 wurde die Karosserie zum ersten Mal grundlegend überarbeitet, die Stoßstangen wuchsen auf amerikanisches Format. Auch unter der Motorhaube ging das Wachstum stetig weiter: Die Basisversion 911 SC hatte bald 2,7 l Hubraum und 188 PS, dann 3,0 l (204 PS), Anfang der achtziger Jahre wurde auf 3,2 l (231 PS) aufgestockt und der SC in Carrera umgetauft.

1989 folgte die zweite große Überarbeitung der Baureihe 911. Das neue Modell wurde in zwei Varianten vorgestellt: als Carrera 2 mit 3,6-l-Motor und 250 PS und als Carrera 4 mit dem gleichen Motor und permanentem Allradantrieb. Der Vierradantrieb war eine Entwicklung, die vom Kleinseriemodell 959 abgeleitet worden war. Der Technologieträger 959 mit Biturbo-Motor und über 400 PS wurde nur in einer Auflage von 500 Stück gebaut und zu Preisen von bis zu einer Million Mark und mehr verkauft.

1994 folgt die bislang letzte große Modernisierung des 911. Das neue Modell ist noch breiter als der Vorgänger und natürlich auch wieder schneller und stärker. Es bleibt weiterhin bei zwei Varianten mit Heck- oder

---

PORSCHE 356 CABRIOLET (1962)

Motor: 4-Zylinder-Boxermotor mit hängenden Ventilen
Bohrung/Hub: 82,5 mm x 74 mm
Hubraum: 1.582 cm³
Max. Leistung: 74 PS
Getriebe: mechanisch, 4 Gänge
Rahmen: selbsttragende Karosserie
Aufhängung: Einzelradaufhängung mit Torsionsfederstäben an Vorder- und Hinterachse
Bremsen: Trommelbremsen an allen vier Rädern
Karosserie: Cabriolet
Höchstgeschwindigkeit: 175 km/h

PORSCHE 914 (1975)

Motor: 6-Zylinder-Boxermotor als Mittelmotor mit Ventilsteuerung durch je 1 obenliegende Nockenwelle, luftgekühlt
Bohrung/Hub: 80 mm x 66 mm
Hubraum: 1.991 cm³
Max. Leistung: 110 PS
Getriebe: mechanisch, 5 Gänge
Rahmen: selbsttragende Karosserie
Aufhängung: Einzelradaufhängung mit Querlenkern und Torsionsfedern an der Vorderachse und Schräglenkern mit Schraubenfedern an der Hinterachse
Bremsen: Scheibenbremsen an allen vier Rädern
Karosserie: zweitüriger und zweisitziger Sportwagen mit integriertem Überrollbügel (Typ Targa)
Höchstgeschwindigkeit: 206 km/h

Allradantrieb.

Von 1969 bis 1975 hatte Porsche den Mittelmotor-Sportwagen 914 im Programm. Das Gemeinschaftsprojekt von VW und Porsche besaß den 4-Zylinder-Boxermotor des VW 411 mit 80 beziehungsweise 100 PS, die Version 914-6 hatte den 2,0-l-Porsche-6-Zylinder mit 110 PS unter der Haube. Der 914er „Volksporsche" wurde jedoch nicht als „echter" Porsche akzeptiert und fand nur wenige Käufer. Das Projekt 916 – ein 914 mit dem 210-PS-6-Zylinder aus dem 911 Carrera 2.7 – wurde deshalb nicht mehr realisiert. Die bereits gebauten Vorserienwagen (insgesamt 11 Stück) sind heute begehrte Sammlerfahrzeuge.

Porsche 356

Der Porsche 356 war ursprünglich mit einem speziell modifizierten 4-Zylinder-Volks-

Porsche 356 Cabriolet

Porsche 914

wagenmotor ausgestattet und hatte eine Spider-Aluminium-Karosserie. Um eine bessere Gewichtsverteilung zu erhalten, verwendete Ferdinand Porsche beim Prototypen seines ersten Modells einen Mittelmotor. Für die Serienproduktion zog er eine traditionellere Lösung vor, die einen größeren Fahrgast- und Kofferraum bot. Die erste Serie der Coupés-356-Porsche hatte Leichtmetall-Karosserien, die in Gmünd angefertigt wurden.

Um die damals noch relativ unbekannte Marke Porsche einer breiteren Öffentlichkeit vorzustellen, nahmen einige 356er-Modelle an Rennen teil - und dies mit guten Resultaten. Da die 356er Straßenversion zu einem relativ günstigen Preis angeboten wurde, war die Nachfrage enorm. Um dieser Nachfrage gerecht zu werden und auch um dem Mangel an Material und qualifizierten Arbeitskräften in Österreich zu entgehen, verlegte Porsche die Produktion nach Stuttgart-Zuffenhausen. Hier erhielten die 356er Stahlblechkarosserien.

Für die ersten 356er wurde der Original 4-Zylinder-Volkswagen-Boxermotor mit 1.131 cm³ verwendet. Kurze Zeit später reduzierte Ferdinand Porsche jedoch den Hubraum auf 1.086 cm³ und veränderte zugleich die Ventilsteuerung (Nockenwelle mit geänderter Nockenform) und die Brennstoffversorgung (Einbau von zwei Fallstromvergasern, veränderte Ansaugrohre). Die Leistung des ursprünglichen Standardmotors mit 25 PS bei 3.000-min wurde somit auf 40 PS bei 4.000-min erhöht; entsprechend steigerte sich die Höchstgeschwindigkeit auf 129 km/h. Der 356 wurde anschließend mit Motoren von 1.300 cm³, 1.500 cm³ und 1.600 cm³ ausgestattet.

Die Originalversion des 356 war ein Coupé; später wurden auch Convertible-, Hardtop- und Speedster-Versionen angeboten. Der Speedster war vermutlich das interessanteste Modell: Er wurde 1954 vorgestellt, jedoch 1956 aus der Produktion genommen, nachdem 4.922 Exemplare gebaut worden waren. Nachfolgemodell war der 356er-Convertible. Der 356 wurde auch in einer „Carrera"-Version gebaut: Er hatte eine Alu-Karosserie und war mit einem 2-Nockenwellen-Motor von 1.600 cm³ ausgestattet, wodurch 200 km/h erreicht werden konnten.

Porsche 914

Ende der sechziger Jahre schloß sich Porsche erneut mit dem Volkswagenwerk zu einer Entwicklungsgemeinschaft zusammen, um eine preiswerte Sportversion zu entwickeln. Im Rahmen dieser Zusammenarbeit entstand der Porsche 914: Eine Sportversion mit Mittelmotor. 1969 wurde der 914 auf dem Frankfurter Autosalon vorgestellt. Die Kunden konnten zwischen zwei Motorvarianten wählen: Dem 4-Zylinder-Boxermotor von Volkswagen und dem ähnlich aufgebauten Porsche-6-Zylinder-Motor der Serie 911. Die preiswertere Version sollte unter der Marke Volkswagen vertrieben werden, die 6-Zylinder-Modelle unter dem Firmennamen von Porsche. Obwohl der 914 mit einem technisch ausgereiften 6-Zylinder-Motor ausgestattet war, wurde er nicht als echter „Porsche" anerkannt, und auch die Karosserie der Serienmodelle rief keineswegs Begeisterungsstürme hervor. Die Verkaufsziffern waren so niedrig, daß nach 1975 nur noch die Volkswagen-Version im Programm blieb, die mit 1.756 cm³ und 1.971 cm³ Hubraum angeboten wurde.

PORSCHE 911 TURBO (1984)

Motor: aufgeladener 6-Zylinder-Boxermotor mit Ventilsteuerung durch je 1 obenliegende Nockenwelle
Bohrung/Hub: 97 mm x 74,4 mm
Hubraum: 3.299 cm³
Max. Leistung: 300 PS
Getriebe: mechanisch, 4 Gänge
Rahmen: selbsttragende Karosserie
Aufhängung: McPherson-Vorderachse mit Torsionsfederstäben; hintere Einzelradaufhängung mit druckschubgelagertem Lenker und Querdrehstab
Bremsen: Scheibenbremsen an allen vier Rädern
Karosserie: Sportcoupé
Höchstgeschwindigkeit: 260 km/h

Porsche 911 Turbo

Porsche 356 C (1965)

Motor:
Position: Boxermotor im Heck
Bauart: luftgekühlter 4-Zylinder-Boxermotor, Motorblock und Zylinderköpfe aus einer Leichtmetallegierung
Hubraum: 1.582 cm³
Bohrung/Hub: 82,5 mm x 74 mm
Verdichtungsverhältnis: 8,5 : 1
Ventilsteuerung: zentrale Nockenwelle, Stößelstangen
Gemischbildung: 2 Zenith-Vergaser 32 NDIX
Zündanlage: Batteriezündung
Max. Leistung: 75 PS bei 5.200/min
Max. Drehmoment: 117,7 Nm bei 4.200/min

Übertragung
Antrieb: Getriebe vor dem Motor
Kupplung: Einscheiben-Trockenkupplung
Getriebe: mechanisch, 4 Gänge
Übersetzungsverhältnis:
I) 1,765 : 1; II) 1,309 : 1;
III) 1,130 : 1; IV) 0,815 : 1
Achsgetriebe: spiralverzahnte Kegelräder
Übersetzungsverhältnis im Achsgetriebe: 4,428 : 1

Aufhängung
Vorderachse: Einzelradaufhängung mit Torsionsstäben, Torsionsstabilisator und Teleskopstoßdämpfern
Hinterachse: Pendelachse mit Längslenkern, Torsionsstäben (quer eingebaute Blattfeder auf Wunsch erhältlich), Teleskopstoßdämpfer

Lenkung
System: Lenkschnecke

Bremsen
Typ: Scheibenbremsen

Räder und Bereifung
Felgen: 5,60 x 15
Bereifung: Diagonalreifen 165/15

Karosserie und Rahmen
Karosserie: Coupé aus Stahlblech, zweitürig
Rahmen: selbsttragende Karosserie

Abmessungen und Gewicht
Länge: 4.011 mm
Breite: 1.671 mm
Radstand: 2.101 mm
Vordere und hintere Spurweite: 1.305 mm/1.273 mm
Gewicht: 925 kg

Leistung
Höchstgeschwindigkeit: 172 km/h
Beschleunigung von 0 auf 100 km/h: 13,6 Sekunden
Kraftstoffverbrauch: 9 l/100 km

UNTEN *Der Aufbau des 356 C, dem letzten Modell der 356er-Serie, erinnert noch stark an den Käfer von Volkswagen, auf dessen Struktur der erste 356 aufgebaut war. Die Radaufhängung des 356 war an der Vorder- wie auch an der Hinterachse mit VW-Torsionsfedern ausgestattet; der 4-Zylinder-Boxermotor, ebenfalls von VW, war im Heck eingebaut.*

PORSCHE 928S (1984)

Motor: V-8-Zylinder mit obenliegenden Nockenwellen
Bohrung/Hub: 97 mm x 78,9 mm
Hubraum: 4.664 cm³
Max. Leistung: 310 PS
Getriebe: mechanisch, 5 Gänge oder automatisch mit 4 Gängen
Rahmen: selbsttragende Karosserie
Aufhängung: Einzelradaufhängung an allen vier Rädern mit McPherson-Federbein an der Vorderachse und Weissach-Hinterachse (Querlenker und Längsschubstrebe)
Bremsen: Scheibenbremsen an allen vier Rädern
Karosserie: Coupé 2+2
Höchstgeschwindigkeit: 255 km/h

Porsche 928 S

Porsche 911 Turbo

Auf dem Pariser Salon 1974 präsentierte Porsche einen Sportwagen, der alle anderen absolut in den Schatten stellte: Der 911 Turbo mit aufgeladenem 2,6-l-Motor und 250 PS beschleunigte von 0 auf 100 km/h schneller als alle anderen Fahrzeuge der Zeit. Seine Kraft stellte er durch breite hintere Kotflügel und einen gewaltigen Heckflügel auch nach außen hin dar. Über die Jahre hinweg wurde der Turbo immer wieder überarbeitet und modernisiert – und immer stärker: Die nächste Generation hatte bereits 3 l Hubraum, ab 1984 waren es 3,3 l. Die Leistung stieg über 270 auf 300 PS, 1991 schließlich auf 320 PS. Seit 1992 wird der neue Turbo 3.6 sogar von 360 PS nach vorn katapultiert. Er erreicht 100 km/h aus dem Stand in 4,8 Sekunden und eine Spitze von 280 km/h. Enorm sind auch die Fähigkeiten des Fahrwerks. Extrem breite Reifen und riesige Bremsscheiben sorgen dafür, daß die immense Leistung dieses Wagens beherrschbar bleibt.

Porsche 928

Dieses 1976 vorgestellte Modell wurde mit dem größten, bis zu diesem Zeitpunkt von Porsche hergestellten Motor ausgestattet: Der vornliegende V-8-Motor mit 4.474 cm³ war wassergekühlt und besaß eine maximale Leistung von 240 PS. Die Übertragung erfolgte nach dem Transaxle-Prinzip über ein 5-Gang-Getriebe. Dem Basismodell mit einer Höchstgeschwindigkeit von 241 km/h folgten Modelle mit Motoren von unterschiedlichem Hubvolumen. Das letzte Modell dieser Serie hatte einen 4,7-l-V-8-Motor, der aufgrund einer elektronischen Einspritzung vom Typ Bosch LH-Jetronic und einer kontaktlosen Zündanlage 310 PS leistete.

Dem 928 wurde mangelnde Aerodynamik vorgeworfen, doch beträgt seine Höchstgeschwindigkeit 255 km/h. Die exzellente Straßenlage des 928 ist zurückzuführen auf eine besondere Kinematik der Hinterachse mit Querlenker und Längsschubstrebe.

Porsche 968

Der 968 ist der Nachfolger des 944 und damit der Enkel des 1976 vorgestellten 924. Der 924 war nach dem Fehlschlag 914 der zweite Porsche-Versuch, einen preiswerten Sportwagen zu bauen. Dazu griff man wieder ins Teile-Regal des VW/Audi-Konzerns. Als Antrieb diente der 2,0-l-4-Zylinder mit obenliegender Nockenwelle, der auch im Audi 100 zu finden war. Porsche erhöhte die Leistung auf 125 PS. Damit erreichte das windschnittige Sportcoupé eine Höchstgeschwindigkeit von 210 km/h. Hinzu kamen ein modernes Erscheinungsbild, eine praktische Heckklappe in Form der großen Heckscheibe und ein vergleichsweise günstiger Preis.

Aber den 924 ereilte dasselbe Schicksal wie schon den 914: Man sah in ihm keinen „richtigen" Porsche. Das Image war auf diese Weise von vornherein ruiniert, und auch die Inneneinrichtung mit VW-Audi-Teilen trug ihren Teil zu dieser Ablehnung bei. Dementsprechend hielt sich der Verkaufserfolg in Grenzen.

Porsche reagierte und präsentierte 1981 den 944: ein 924 mit breiteren Kotflügeln und einem Porsche-eigenen 4-Zylinder mit 2,5 l Hubraum und 163 PS. Es folgten Varianten mit 2,7 und 3,0 l und der 944 Carrera, ein Homologationsfahrzeug für den Rennsport. 1991 löste der 968 den 944 ab. Äußerlich vor allem an neuen Scheinwerfern erkennbar, hat der 968 unter der Haube den größten 4-Zylinder aller Autos: 3 l Hubraum sorgen für 240 PS, beim 968 Turbo S für 305 PS.

PORSCHE 968 (1992)

Motor: 4-Zylinder-Reihenmotor, zwei obenliegende Nockenwellen, 16 Ventile, zwei Ausgleichswellen
Bohrung/Hub: 104 mm x 88 mm
Hubraum: 2.990 cm³
Max. Leistung: 176 kW / 240 PS bei 6.200/min
Getriebe: mechanisch, 6 Gänge oder 4-Gang-Automatik
Rahmen: selbsttragende Karosserie
Aufhängung: Einzelradaufhängung vorne und hinten
Bremsen: innenbelüftete Scheibenbremsen vorne und hinten
Karosserie: zweitüriges Sportcoupé
Höchstgeschwindigkeit: 252 km/h

Porsche 968 Cabrio

PRAGA
**Prag, Österreich/
Tschechoslowakei
1907–1947**

Die CKD, einer der größten Maschinenhersteller Böhmens mit Sitz in Prag, hatte zwar bereits seit 1904 die Konstruktion von Automobilen im Programm, doch begannen die ersten Studien erst drei Jahre später, und man mußte noch bis 1911 auf die ersten fertigen Modelle warten.

PRAGA GRAND (1919)

Motor: 4 Zylinder in Reihe mit stehenden Ventilen
Bohrung/Hub: 90 mm x 150 mm
Hubraum: 3.824 cm³
Max. Leistung: 45 PS
Getriebe: mechanisch, 4 Gänge
Rahmen: Leiterrahmen
Aufhängung: Starrachsen mit Halbelliptikfedern
Bremsen: Trommelbremsen hinten
Karosserie: Cabriolet, Limousine
Höchstgeschwindigkeit: 88 km/h

Zu Beginn konstruierte die Automobilfabrik mit dem Namen Praga 2- und 4-Zylinder-Modelle, die die Technik der Franzosen Renault und Charron übernahmen. Der erste „wirkliche" Praga war der Mignon mit 1.850 cm³ Hubraum. Dank der ausgezeichneten Fahrleistungen des 1912 vorgestellten Modells 3,8-l-Grand sicherte sich Praga den Gruppensieg der Alpenfahrt Wien-Triest-Wien in den Jahren 1912, 1913 und 1914.

1913 erschien der Alfa mit 1.130 cm³. Die Versionen Mignon, Grand und Alfa waren die Basismodelle der Nachkriegsproduktion. Nach dem Waffenstillstand wurde aus der ehemals österreichischen Firma die größte tschechische Automobilfabrik.

In der Folgezeit stellte Praga ein kleines Modell vor mit dem Namen Piccolo, dessen ursprünglicher 707-cm³-Motor später auf 856 cm³ vergrößert wurde. Und es war in der Tat ein 856-cm³-Piccolo, der sich für den Grand Prix von Algier qualifizierte. Unter der Typenbezeichnung Piccolo Special entstand eine Sportversion mit einer türlosen Holzkarosserie. Gegen Ende der zwanziger Jahre wurden die Modelle Alfa und Mignon mit 6-Zylinder-Motoren von 1.790 cm³ bzw. 2.636 cm³ ausgestattet, der Grand erhielt einen 8-Zylinder-Reihenmotor mit 3.585 cm³. Anfang der dreißiger Jahre präsentierte Praga verschiedene neue Modelle wie den Baby (mit Zentralrohrrahmen, Einzelradaufhängung an allen vier Rädern und einem 995-cm³-Motor), den Lady mit 1.450 cm³ und den Super Piccolo (1.600-cm³-Motor, Höchstgeschwindigkeit ca. 100 km/h).

Eine Fusion zwischen Praga, Skoda und Tatra scheiterte im letzten Moment an Tatra. Zu Beginn des Zweiten Weltkriegs umfaßte das Programm von Praga folgende Modelle: Die kleinen 4-Zylinder-Modelle Piccolo (1.128-cm³-Motor und Einzelradaufhängungen an

Praga Grand Cabriolet

Vorder- und Hinterachse) und Lady (jetzt mit 1.660 cm³ Hubraum) sowie die Sechszylinder Alfa 23 (2.492 cm³) und Golden Praga (mit 6-Gang-Getriebe).

Auf Wunsch waren diese Modelle mit einem Cotal-Getriebe mit elektrischer Betätigung der Gangschaltung erhältlich. Während des Zweiten Weltkriegs spezialisierte sich die Firma weitgehend auf die Produktion von Lastwagen. 1947 wurde die Produktion von Automobilen dann endgültig eingestellt.

PRESTO
**Chemnitz, Deutschland
1907–1927**

Nach langjährigen Erfahrungen auf dem Fahrrad- und Motorrad-Sektor ging Presto 1901 zur Konstruktion einiger Automobile über. Die Serienproduktion begann jedoch erst 1907, als 4-Zylinder-Modelle herauskamen, die mit Delahaye-Lizenz gebaut worden waren.

Die ersten Eigenkonstruktionen von Presto waren zwei 4-Zylinder-Modelle, mit 4.920 cm³ beziehungsweise 6.238 cm³ Hubraum, dessen Hub mit 200 mm doppelt so groß wie die Bohrung war. Im Zuge der wachsenden Produktion ging Presto dann zur Konstruktion von kleineren Modellen mit 2.078 cm³ und 2.340 cm³ Hubraum über.

Nach dem Krieg gehörte Presto der GDA-Gruppe an, und die Produktion stieg erheblich. Das größte Modell, das nach dieser Fusion gebaut wurde, war der Presto D mit einem 4-Zylinder-Motor mit 2.350 cm³ und 30 HP. 1925 wurde dieser Motor durch eine verbesserte Version mit 40 HP ersetzt.

Die letzten Automobile, die unter dem Markennamen Presto herauskamen, hatten einen 6-Zylinder-Motor mit hängenden Ventilen und waren mit 2.613 cm³ und 3.141 cm³ Hubraum erhältlich. Im Jahr 1926 übernahm dann Presto die Dux-Werke, ging jedoch seinerseits ein Jahr später in den Besitz der NAG über.

PRINCE
**Turin, Italien
1921–1923**

Im Jahr 1911 wurde von dem Konstrukteur Vittorio Careno ein Prototyp mit 1.200 cm³ entworfen, der erst zehn Jahre später von der Industrie wiederentdeckt wurde. So entstand der Typ 19 mit 4-Zylinder-Motor, 1.460 cm³ und 10 HP, der eine Höchstgeschwindigkeit von 60 km/h erreichte. Die Übertragung erfolgte über eine Kardanwelle, das Getriebe verfügte über drei Gänge und einen Rückwärtsgang. Nachfolgemodell wurde 1922 die verbesserte Version mit der Typenbezeichnung 20/22 (u.a. hatte sich die Geschwindigkeit auf 70 km/h erhöht). Das Unternehmen scheiterte jedoch an gewerkschaftlichen und finanziellen Problemen.

PRINETTI & STUCCHI
**Mailand, Italien
1898–1902**

Nach langjähriger Erfahrung im Bau von Nähmaschinen, engagierte sich die Mailänder Firma Prinetti & Stucchi 1898 auch im Kraftfahrzeugwesen und stellte dem jungen italienischen Markt motorbetriebene Dreiräder vor. Im Jahr 1900 wurde auch ein Modell mit vier Rädern von einem jungen Techniker konstruiert, der zu einer der wichtigsten Personen des Kraftfahrzeugwesens werden sollte: Ettore Bugatti, der später nach Frankreich emigrierte. Prinetti zog sich 1902 zurück, so daß die Gesellschaft in Stucchi & Co. umfirmiert wurde. 1906 wurde die Firma endgültig geschlossen.

PROTOS
**Berlin, Deutschland
1898–1926**

Protos wurde 1898 von Alfred Sternberg in Berlin gegründet, der zu Beginn einen besonderen Kompensations-Motor konstruierte: Dieser 2-Zylinder-Motor war mit einem dritten Zylinder ausgestattet, dessen Kolben lediglich dazu diente, die Bewegungen der

---

PRESTO D (1922)

Motor: 4 Zylinder in Reihe mit stehenden Ventilen
Bohrung/Hub: 86 mm x 101 mm
Hubraum: 2.350 cm³
Max. Leistung: 30 HP
Getriebe: mechanisch, 4 Gänge
Rahmen: Leiterrahmen
Aufhängung: Starrachsen mit Halbelliptikfedern
Bremsen: Trommelbremsen an den hinteren Rädern
Karosserie: Torpedo Sport
Höchstgeschwindigkeit: 100 km/h

„PRESTO"-Personenwagen
Luxus-Ausführung.

Porsche 911 Carrera (1984)

Motor
Position: längseingebauter Heckmotor
Bauart: 6-Zylinder-Boxermotor; luftgekühlt durch Gebläse
Hubraum: 3.164 cm³
Bohrung/Hub: 95 mm x 74,4 mm
Verdichtungsverhältnis: 10,3 : 1
Ventilsteuerung: 1 obenliegende Nockenwelle pro Zylinderreihe
Gemischbildung: digital gesteuerte, elektronische Bosch-Motronic-Einspritzung
Max. Leistung: 231 PS (DIN) bei 5.900-min
Max. Drehmoment: 280,6 Nm (DIN) bei 4.800-min

Übertragung
Kupplung: Einscheiben-Trockenkupplung
Getriebe: mechanisch, 5 Gänge und Rückwärtsgang
Übersetzungsverhältnis:
I) 3,181 : 1; II) 1,833 : 1;
III) 1,261 : 1; IV) 0,966 : 1;
V) 0,763 : 1;
Rückwärtsgang) 3,325 : 1

Achsgetriebe: spiralverzahnte Kegelräder
Übersetzungsverhältnis im Achsgetriebe: 3,875 : 1

Aufhängung
Vorderachse: Einzelradaufhängung (McPherson), Querlenker, Torsionsstabfedern, Längsdrehstab, hydraulische Stoßdämpfer, Torsionsstabilisator
Hinterachse: Einzelradaufhängung, Längslenker, Querdrehstab, hydraulische Stoßdämpfer, Torsionsstabilisator

Lenkung
System: Zahnstangenlenkung

Bremsen
Typ: belüftete Scheibenbremsen, Servobremse

Räder und Bereifung
Felgen: Stahlfelgen
Bereifung: Vorderräder 185/70 VR 15, Hinterräder 215/60 VR 15

Karosserie und Rahmen
Typ: selbsttragende Karosserie, zweitüriges 2+2-Coupé

Abmessungen und Gewicht
Länge: 4.290 mm
Breite: 1.649 mm
Radstand: 2.271 mm
Vordere und hintere Spurweite: 1.372 mm/1.379 mm
Leergewicht: 1.160 kg

Leistung
Höchstgeschwindigkeit: 245 km/h
Kraftstoffverbrauch: bei 90 km/h 6,8 l/100 km; bei 120 km/h 9,0 l/100 km; Stadtverkehr 13,6 l/100 km

GANZ LINKS *Vorderradaufhängung vom Typ McPherson mit Drehstab, der die ursprüngliche Kurbelachse ersetzte. Links: Die „unrühmliche" Hinterradaufhängung mit Schräglenker*

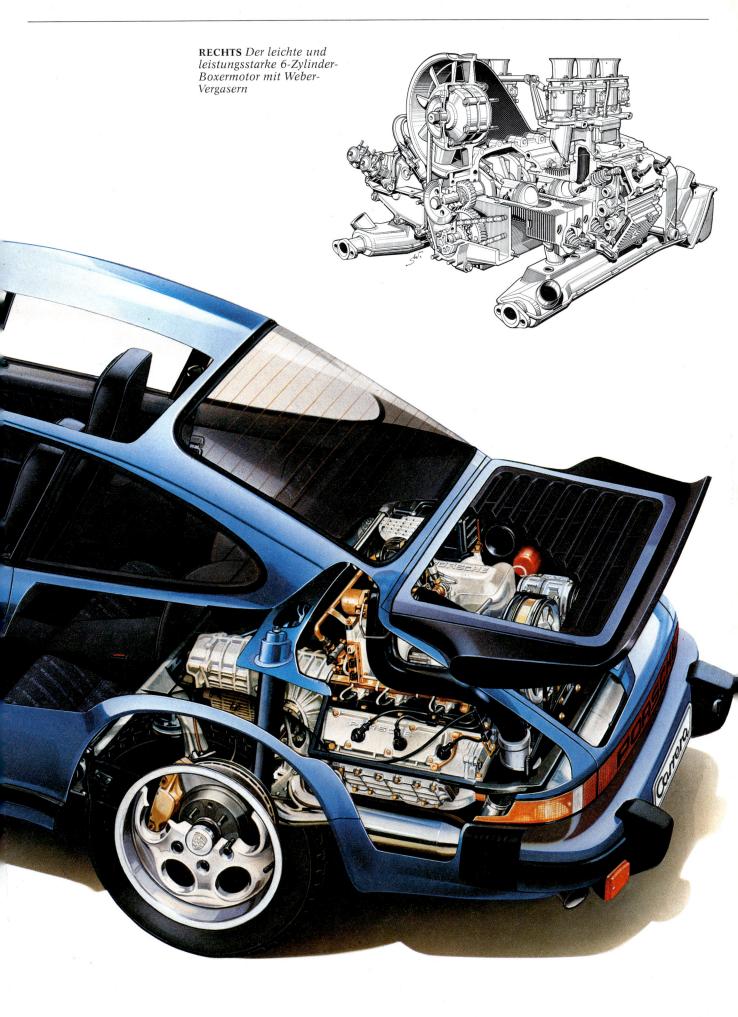

RECHTS *Der leichte und leistungsstarke 6-Zylinder-Boxermotor mit Weber-Vergasern*

beiden anderen Kolben auszugleichen. Ab 1904 produzierte die Firma Automobile mit 4- und 6-Zylinder-Motoren.

1905 konstruierte Protos einen Rennwagen mit einem 6-Zylinder-Motor und 100 HP. Dieses Modell kam nie in die Produktion. Es diente als Basismodell für eine 45-HP-Straßenversion, die 1906 auf den Markt kam. 1908 wurde Profos von der Elektrofirma Siemens-Schuckert aufgekauft. Im selben Jahr belegte ein Protos 30 PS mit einem 4,5-I-Zylinder-Motor den zweiten Platz beim Rennen New York–Paris.

Protos, eines der bedeutendsten deutschen Automobilwerke, hatte ein breitgefächertes Programm: Angefangen von einem kleinen Vierzylinder mit 1.501 cm^3 bis hin zum E II mit einem 6-Zylinder-Motor mit 6.838 cm^3 und einer fünffach gelagerten Kurbelwelle.

Nach Kriegsende begann die Produktion mit der Konstruktion eines 4-Zylinders mit 2.612 cm^3 und hängenden Ventilen, und eines 4.137-cm^3-Modells, ebenfalls mit vier Zylindern aber stehenden Ventilen. Ab 1919 beschränkte Protos sein Programm auf ein einziges Modell, den Protos C mit einem 4-Zylinder-Motor mit stehenden Ventilen, 2.596 cm^3 und 30 HP. 1924 wurde der C1 vorgestellt: Ein robustes und zuverlässiges Auto mit einem 45 HP starken 2,6-I-Motor mit obenliegender Nockenwelle.

1926 gab Siemens den Automobilsektor auf, und Protos wurde von NAG übernommen. Nachdem unter der Typenbezeichnung NAG-Protos noch zwei 6-Zylinder-Modelle erschienen waren, verschwand dieser Name ganz vom Markt.

PUCH
Graz, Österreich
1906–1923

Johann Puch konstruierte seine ersten Motorräder bereits 1898. Acht Jahre später wurde er auch auf dem Automobilsektor aktiv, nachdem er sich der Mitarbeit von Karl Slevogt, einem der renommiertesten deutschen Konstrukteure dieser Zeit, versichert hatte. Puch verzichtete auf die Konstruktion eines Nachfolgemodells des ersten Prototyps und erprobte lange Zeit zahlreiche Automobile aus französischer Produktion. Im Jahr 1906 entschied er sich schließlich für die Serienproduktion seines ersten Modells. Der 8/9 HP wurde von einem wassergekühlten V-2-Motor angetrieben; zwischen Motor und Antriebsrädern bestand eine Gelenkwellenverbindung.

1907 erschien unter der Typenbezeichnung 12/18 HP ein Vierzylinder. Ende 1908 wurde

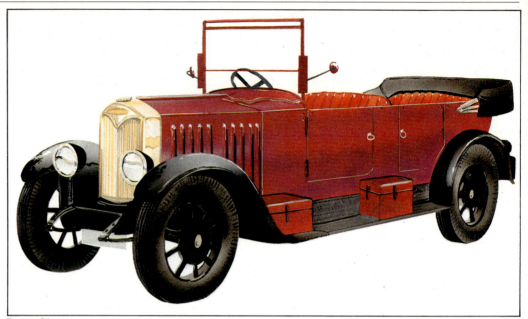

Protos C1

PROTOS C 10/30 PS (1919)
Motor: 4 Zylinder in Reihe mit stehenden Ventilen
Bohrung/Hub: 80 mm x 130 mm
Hubraum: 2.614 cm^3
Max. Leistung: 30 PS
Getriebe: mechanisch, 4 Gänge
Rahmen: Leiterrahmen
Aufhängung: starre Vorder- und Hinterachsen mit Halbelliptikfedern
Bremsen: Trommelbremsen an den Hinterrädern
Karosserie: Phaeton
Höchstgeschwindigkeit: 70 km/h

Slevogt technischer Direktor von Puch, was die Produktion von verschiedenen 4-Zylinder-Modellen und die Realisierung von verschiedenen Rennwagen ermöglichte, die Klassensiege in Österreich und Deutschland errangen. Das berühmteste Modell, das sich besonders bei Bergfahrten ausgezeichnet hatte, war der 14/40 Alpenwagen, ein Vierzylinder

PUCH 8/9 HP (1907)
Motor: V-2-Motor mit stehenden Ventilen
Bohrung/Hub: 78 mm x 94,6 mm
Hubraum: 904 cm^3
Max. Leistung: 9 HP
Getriebe: mechanisch, 3 Gänge
Rahmen: Leiterrahmen
Aufhängung: Starre Vorder- und Hinterachse mit Halbelliptikfedern
Bremsen: Trommelbremsen hinten
Karosserie: zweisitziger Rennwagen
Höchstgeschwindigkeit: 55 km/h

mit 3.560 cm^3 und stehenden Ventilen. Im Jahr 1920 erschien ein 4-Zylinder-Modell mit 1.600 cm^3 und 22 HP, das auch als Sportversion mit 45 HP vorgesehen war.

1923 wurde die Automobilherstellung zugunsten der Motorradproduktion aufgegeben und erst 1959 mit der Herstellung des Fiat 500 wiederaufgenommen. Dieses Modell war mit einem luftgekühlten 2-Zylinder-Boxermotor ausgestattet, der von Puch mit einem Hubraum von 500 cm^3 bzw. 650 cm^3 entwickelt wurde. Unter dem Namen Steyr-Puch begann die Firma mit der Produktion von Geländewagen.

QUAGLIOTTI
Turin, Italien
1904

Als Lizenznehmer der Marke Hurtu unternahm der Turiner Carlo Quagliotti auch eigene Entwicklungsversuche. Zu diesem Zweck konstruierte er 1904 Wagen mit Motoren von Aster und De Dion, gab jedoch seine Vorhaben bald auf.

RACCA
Turin, Italien
1900

Der Turiner Anwalt Marcello Racca ließ im Jahr 1900 den Racca bauen, um an dem Rennen Turin–Pinerolo–Saluzzo–Turin teilzunehmen. Der Racca war mit einem Aster-Motor mit 3,5 HP und Riemenantrieb ausgestattet. Dieser Entwicklung folgte jedoch keinerlei industrielle Produktion.

RAILTON
Cobham/London, Großbritannien
1933–1949

Die ersten Railton-Modelle (der Name stammt von ihrem

Puch-8/9-HP-Rennwagen

Konstrukteur Reid Railton) bestanden aus einem verbesserten Fahrgestell des Detroiter Hudson-Essex-Modells Terraplane Eight, die Karosserie war aus englischer Produktion, der Kühler glich dem britischen Invicta und die eckige Motorhaube war vernietet. Das Resultat war ein sportliches, wirtschaftliches und schnelles Auto, das als Vorbild aller nachfolgenden anglo-amerikanischen Sportwagen bezeichnet werden kann. Der 8-Zylinder-Reihenmotor des Terraplane ermöglichte eine Geschwindigkeit von über 140 km/h, obwohl er technisch noch nicht sehr ausgereift war.

Im Jahr 1935 wurde dieser 8-Zylinder-Reihenmotor mit 4.010 cm³ Hubraum durch einen anderen, ebenfalls von Hudson konstruierten, 8-Zylinder-Reihenmotor mit 4.168 cm³ Hubraum ersetzt.

Um die Produktionskosten zu senken, stellte Railton 1938 zwei wesentlich kleinere Modelle mit 6-Zylinder-Hudson-Motoren und 2,7 l und 3,5 l Hubraum her, die jedoch nicht sehr erfolgreich waren.

Im gleichen Jahr brachte Railton ein Mini-Auto heraus, das mit dem Rahmen des Standard Flying Nine und dem technisch hochwertigen Motor des Standard Flying Ten ausgestattet war. Dieses Modell hatte in Wirklichkeit nichts mit der sonst für die Railton-Produktion so typischen hochwertigen Qualität zu tun und fand mit äußerster Mühe lediglich 50 Abnehmer.

Ungeachtet der schwierigen Wirtschaftslage und des Materialengpasses unmittelbar nach dem Krieg brachte Railton Automobile der oberen Mittelklasse heraus. Der überhöhte Preis schreckte jedoch die Käufer ab, so daß Railton im Jahr 1949 seine Produktion einstellen mußte.

RAMBLER
Kenosha, Wisconsin, USA
1900–1913, 1950–1971

Der erste Rambler wurde im Jahr 1900 von Thomas B. Jeffery konstruiert, der vorher unter dem gleichen Markennamen Fahrräder produziert hatte. Im Jahr 1901 gründete Jeffery in Kenosha, Wisconsin, eine kleine Automobilfabrik. Die ersten Autos waren leichte und wirtschaftliche Zweisitzer mit einem 1-Zylinder-Frontmotor und erfreuten sich großer Beliebtheit. Als die Rambler-Modelle größer und wesentlich anspruchsvoller ausgestattet wurden, beispielsweise mit 4-Zylinder-Motoren, gingen die bisher guten Verkaufszahlen merklich zurück.

Zu den Erneuerungen, die von Rambler in Amerika eingeführt wurden, zählen das abnehmbare Ersatzrad (1909), der verschließbare Tankverschluß (1911) und eine verstellbare Lenksäule (1911).

Im Jahr 1914 verschwand die Markenbezeichnung Rambler, und die produzierten Autos erhielten den Namen Jeffery. In diese Zeit fällt auch die Entwicklung eines 6-Zylinder-Motors mit stehenden Ventilen. 1917 wurde die Firma von Nash aufgekauft, und die Bezeichnung Rambler geriet für 33 Jahre in Vergessenheit. Im Jahr 1950 stellte Nash dann unter dem Namen Rambler einen Mittelklassewagen vor, der als Stammvater der amerikanischen Kompakt-Modelle gilt.

Mit dem großen Verkaufserfolg kehrte der Name Rambler als eigenständige Markenbezeichnung wieder auf den Automobilmarkt zurück. Im Jahr 1954 fusionierten Nash, Hudson und Rambler, und es entstand die AMC (American Motors Corporation). Zwei Jahre später stellte Rambler 75% aller Verkäufe dieser Gruppe ein, so daß die Marken Hudson und Nash aufgegeben wurden.

Von da an wuchs die Produktion von Rambler beständig. Im Jahr 1958 wurde auch die Produktion eines zweitürigen Sedan-Modells wiederaufgenommen, das 1956 aus dem Programm genommen worden war. Das Modell kam unter dem Namen Rambler American auf den Markt und erzielte enorme Verkaufszahlen. Rambler wurde somit die größte unabhängige Automobilgesellschaft Amerikas.

Im darauffolgenden Jahr erreichte diese Firma den vierten Platz in der Verkaufsliste der nordamerikanischen Automobilhersteller. In den sechziger Jahren mußte Rambler trotz technischer Neuerungen (unter anderem der serienmäßige Einbau von hydraulischen Zweikreisbremsanlagen mit Scheibenbremsen) schwere Verkaufseinbußen hinnehmen. 1971 stellte Rambler seine Produktion ein.

Railton

RAILTON (1934)
Motor: 8 Zylinder in Reihe mit stehenden Ventilen
Bohrung/Hub: 76 mm x 114 mm
Hubraum: 4.010 cm³
Max. Leistung: 113 PS
Getriebe: mechanisch, 3 Gänge
Rahmen: Leiterrahmen mit X-förmigen Querstreben
Aufhängung: Einzelradaufhängung an der Vorderachse (Typ Axle-Flex) mit Halbelliptikfedern; starre Hinterachse mit Halbelliptikfedern
Bremsen: mechanisch betätigte Bendix-Trommelbremsen an Vorder- und Hinterrädern
Karosserie: nach Wunsch
Höchstgeschwindigkeit: 137 km/h

RAMBLER CLASSIC 660 (1963)
Motor: 6 Zylinder in Reihe mit hängenden Ventilen
Bohrung/Hub: 79,4 mm x 107,9 mm
Hubraum: 3.205 cm³
Max. Leistung: 138 PS
Getriebe: automatisch, 3 Gänge
Rahmen: selbsttragende Karosserie
Aufhängung: Einzelradaufhängung an der Vorderachse mit Schraubenfedern und Querlenkern; starre Hinterachse mit Schraubenfedern
Bremsen: hydraulische Trommelbremsen an Vorder- und Hinterrädern
Karosserie: Sedan, viertürig
Höchstgeschwindigkeit: 150 km/h

Rambler Classic 660

RAPID
**Turin, Italien
1904–1921**

Die Rapid-Modelle waren auch unter dem Markenzeichen STAR (Società Torinese Automobili Rapid) bekannt. Der erste Rapid wurde von Giovanni Battista Ceirano im Jahr 1904 konstruiert. Aufgrund einer schweren Erkrankung mußte er seine Arbeit aufgeben und zog sich nach Bordighera zurück, wo er 1912 starb. Nach dem Tod von Ceirano übernahm Giovanni Battista Maggi die Verwaltung der STAR und Rodolfo Chio wurde zum Chefkonstrukteur ernannt. Im Jahr 1906 verunglückte Chio während der Abnahme eines Rapid-Autorahmens tödlich. Zu den ersten Rapid-Modellen zählten der 16/24 HP und der 24/40 HP mit Motoren mit 4.562 cm³ und 7.432 cm³. Gemeinsames stilistisches Element aller Rapid-Modelle war ein Kühler mit senkrechter Front und ovalem Profil.

Rapid überstand die Rezession, die die Automobilindustrie im Jahr 1907 weltweit bedrohte und setzte die Produktion einer Modellreihe mit 4-Zylinder-Motoren, die einen Hubraum zwischen 1.750 cm³ und 10.560 cm³ hatten, fort. Nach dem Ersten Weltkrieg eröffnete Rapid eine allgemeine Autoreparaturwerkstatt. 1921 wurde Rapid aufgelöst und von der SPA übernommen.

RAPID 15 HP (1910)

Motor: 4 Zylinder in Reihe mit T-Zylinderkopf
Bohrung/Hub: 80 mm x 130 mm
Hubraum: 2.614 cm³
Max. Leistung: 15 HP (geschätzt)
Getriebe: mechanisch, 4 Gänge
Rahmen: Leiterrahmen
Aufhängung: starre Vorder- und Hinterachse mit Halbelliptikfedern
Bremsen: Trommelbremsen nur an den Hinterrädern
Karosserie: nach Wunsch
Höchstgeschwindigkeit: 80 km/h

RAPIER
**Staines/Hammersmith, Großbritannien
1935–1940**

Ende 1932 begann Lagonda mit der Projektierung einer weiterentwickelten Version der damals beliebten kleinen Sportrennwagen: So entstand der Lagonda Rapier, der 1933 vorgestellt wurde, jedoch erst ein Jahr später in die Produktion aufgenommen wurde. Der Rapier war mit einem 4-Zylinder-Motor mit 1.104 cm³ ausgestattet, die Ventilsteuerung erfolgte über zwei obenliegende Nockenwellen. Dieser Motor, mit halbkugelförmigen Brennräumen und zwei SU-Vergasern, war praktisch unverwüstlich: Der Motor sollte ursprünglich aus einer Aluminiumlegierung hergestellt werden, doch entschied man sich später aus Kostengründen für einen Zylinderkopf aus Gußeisen.

Der Rapier wurde bis zur Umstrukturierung der Firma im Jahr 1935 unter dem Namen von Lagonda verkauft. Nachdem feststand, daß die Verkaufszahlen des Rapier unter den Erwartungen lagen, wurde die Produktion eingestellt.

Damit die Marke Rapier jedoch nicht endgültig vom Markt verschwand, gründete Tim Ashcroft, der Konstrukteur dieses Autos, mit einigen Gesellschaftern die Rapier Cars Ltd. Nachdem Ashcroft die Zeichnungen und Produktionseinrichtungen Rapiers von Lagonda zurückgekauft hatte, begann er sofort mit der Produktion und verkaufte ab 1936 ein Modell mit aufgeladenem Motor. Im Jahr 1940 stellte jedoch auch die Rapier Cars Ltd die Produktion ein.

RELIANT
**Tamworth, Großbritannien
1935–**

Als Raleigh die Produktion des Dreirades Safety Seven einstellte, erwarb einer der Konstrukteure, T.L. Williams, die Produktionsrechte an diesem Dreirad, das vorne mit einem Einzelrad ausgestattet war. Der erste von Williams konstruierte Reliant erinnert entfernt an ein heutiges Dreirad. Innerhalb kürzester Zeit ging der Umsatz von Williams Firma sprunghaft in die Höhe. Ab 1939 stattete Reliant alle Dreiräder mit dem Motor des Austin Seven aus. Trotz der Steuervergünstigungen, die in Großbritannien für motorisierte Personenfahrzeuge mit einem Gewicht unter 406 kg galten, konnte sich Reliant erst 1952 dazu entschließen, ein Modell auf den Markt zu bringen, das zwei oder mehr Passagiere aufnehmen konnte.

Der Rialto, bis 1956 mit einer Glasfiberkarosserie ausgestattet, war das letzte Reliant-Modell mit drei Rädern, bevor man sich den „Vierrädrigen" zuwandte. 1961 begann mit dem Sabre-Modell, das in Israel montiert wurde, die Produktion von vierrädrigen Autos. Da das Fahrverhalten des Sabre (mit einem Ford-Consul-4-Zylinder-Motor mit 1.704 cm³) vor allem auf unbefestigten Straßen äußerst unruhig war,

Rapier

RAPIER (1936)

Motor: 4 Zylinder in Reihe mit zwei obenliegenden Nockenwellen
Bohrung/Hub: 62,5 mm x 90 mm
Hubraum: 1.104 cm³
Max. Leistung: 45 PS
Getriebe: 4 Gänge mit Vorwähler
Rahmen: Leiterrahmen
Aufhängung: starre Vorder- und Hinterachse mit Halbelliptikfedern
Bremsen: Trommelbremsen an Vorder- und Hinterrädern
Karosserie: Torpedo-Sport
Höchstgeschwindigkeit: 135 km/h

wurde er 1963 überarbeitet. Dabei wurde auch der Consul-Motor durch einen Ford-Zephyr-6-Zylinder-Motor mit 2.556 cm³ ersetzt.

1962 war der inzwischen schon längst veraltete Austin-Seven-Motor der Reliant-Dreirad-Fahrzeuge durch einen 600-cm³-Motor aus Leichtmetall ersetzt worden, der später auf 701 cm³ vergrößert wurde. Der gleiche Motor wurde in der 600-cm³-Version für den ersten Reliant-Kleinwagen verwendet: 1964 wurde der Rebell 600 vorgestellt und erhielt 1967, nach der Umrüstung auf den 701-cm³-Motor, die Bezeichnung Rebel 700.

1964 war der Reliant auch in der Kategorie der Sportlimousinen vertreten. Die spätere Kombiversion GTE stellte eine hervorragende Verbindung aus Sportlimousine und Station Wagon dar. 1969 kaufte Reliant die Firma Bond Cars auf und brachte den Bond Bug auf den Markt: ein Dreirad, das ausschließlich für die Freizeitgestaltung bestimmt und an der Hinterachse mit zwei, an der Vorderachse mit einem Rad ausgestattet war. 1975 brachte Reliant den vierrädrigen Kitten, ein Nachfolgemodell des Robin, heraus; 1982 wurde gemeinsam mit einer neuen Version des Rialto-Dreirades ein vierrädriger Kleinwagen mit dem Namen Fox vorgestellt.

Rapid 15 HP

Reliant Scimitar GTE

Der Scimitar SS1 kam zwei Jahre später auf den Markt: Ein eleganter Zweisitzer mit Glasfiberkarosserie, der wahlweise mit einem Ford-Escort-1300-Motor oder einem XR2-Motor (1.600 cm³ und 96 PS) angeboten wurde. Im Jahr 1985 übernahm Reliant im Auftrag von Ford die Montage des Zweisitzers Rallye/Sport RS200.

Reliant Scimitar GTE

Dieses im Jahr 1968 vorgestellte Modell war mit einem Kombiwagen vergleichbar. Das praktische und ansprechende Styling erwies sich sofort als Verkaufserfolg. Das Design des GTE wurde später mit einigen mehr oder weniger gelungenen Änderungen von Lancia (Beta HPE), Volvo (P1800ES), Gilbern (Invader Estate) und BMW (Touring) übernommen. 1976 wurde die GTE einer durchaus gelungenen Neubearbeitung unterzogen.

Die ersten GTE-Modelle wurden mit einem Ford-V-6-Motor mit einem Hubraum von 2,5 oder 3 l angeboten. Die 3-l-Version (135 PS, max. Drehmoment etwa 235 Nm) erreichte eine Geschwindigkeit von 201 km/h und eine Beschleunigung von 0 auf 100 km/h in etwa achteinhalb Sekunden. Mit der Einführung einer GTC-Version im Jahr 1980, stellte Ford die Produktion des 3-l-V-6 ein, so daß Reliant gezwungen war, den 2,8-l-V-6-Motor einzubauen: Obwohl dieser Motor die gleiche maximale Leistung wie der mit dem größeren Hubraum erbrachte, war das Drehmoment niedriger (206 Nm), was die Fahrleistung der neuen GTE-Modelle abschwächte (die Höchstgeschwindigkeit sank auf 187 km/h, die Beschleunigung von 0 auf 100 km/h betrug etwa 11 Sekunden).

Reliant Scimitar SS1

Der Scimitar SS1 wurde von dem italienischen Designer Michelotti entworfen. Bei der Präsentation auf der Motor Show in Birmingham im Jahr 1984 wurde die Karosserie des Scimitar jedoch als zu eigenwillig beurteilt. Der Eindruck eines „Spielzeugautos" war verantwortlich dafür, daß das hochwertige Fahrgestell, das den Leistungsanforderungen der Ford-Motoren mit 1.300 cm³ und 1.600 cm³ der CVH-Serie in hohem Maße gerecht wurde, nicht entsprechend gewürdigt wurde. Die Karosserie bestand aus Glasfiber- und biegsamen Plastikelementen und war eigens so konzipiert worden, um Reparaturen zu erleichtern.

Der 1,6-l-Motor des Fiesta XR 2 hatte beträchtliche Schwächen im Durchzugsvermögen. Deshalb wurde er 1986 durch einen 1,8-l-Turbo von Nissan ersetzt. Er leistet 135 PS und hat viel Drehmoment, so daß der Scimitar damit sehr sportliche Fahrleistungen erreicht (0-100 km/h in 7,9 Sekunden).

RENAULT
Billancourt, Frankreich 1898–

Louis Renault war schon als Kind von der Technik fasziniert. Im Alter von 13 Jahren schloß er Freundschaft mit Leon Serpollet, dem Pionier der Dampfautomobile, und war dessen gelehriger Schüler. Louis Renault arbeitete in einer kleinen Garage im Garten seines Elternhauses in Billancourt an der Seine und stellte im Alter von nur 21 Jahren, im Jahr 1898, sein erstes Automobil fertig. Für dieses Modell verwendete er einen De-Dion-Motor mit 273 cm³, der über die Getriebewelle direkt mit der Hinterachse verbunden war: Dies stellte ohne Frage eine technische Neuheit in der damaligen Zeit dar, so daß sich Renault diese Konstruktion patentieren ließ. Er hatte dieses erste Auto nicht in der Absicht konstruiert, eine Serienproduktion zu beginnen, doch änderte er sehr schnell seine Meinung, als mehr als ein Dutzend potentieller Kunden ihr Interesse am Kauf dieses Automobils äußerten.

Dieser Vertrauensbeweis und die finanzielle Unterstützung seiner älteren Brüder Fernand und Marcel motivierte Louis Renault, als Autohersteller zu arbeiten, und so gründete er die Firma Renault Frères.

Im Verlauf weniger Jahre entwickelte sich Renault Frères zu einer der größten Automobilfirmen Frankreichs und begann De-Dion-Motoren mit 500 cm³ zu verwenden. Der wirtschaftliche Erfolg kam in großem Maße auch durch die zahlreichen Teilnahmen an Wettrennen: So gingen beispielsweise nach dem Gruppensieg des Renault-Teams in der Voiturette-Klasse des Rennens Paris-Toulouse im Jahr 1900 exakt 350 Bestellungen ein.

Im Jahr 1901 begann Renault mit dem Einbau eines 2-Zylinder-Motors mit 8 HP und 1.060 cm³; im darauffolgenden Jahr nahmen erstmals einige Wagen mit 4-Zylinder-Motoren und 4.398 cm³ (20 HP) an Rennen teil. Diese Modelle waren zwar im firmeneigenen Werk gebaut, jedoch von Viet entworfen worden. Im Jahr 1903 verunglückte Marcel Renault während des Rennens Paris-Madrid tödlich, woraufhin Louis Renault mit seiner Firma vorläufig nicht mehr an Rennwettbewerben teilnahm. Einige Zeit später nahm er jedoch sogar selbst an Rennen teil, vor allem um neue technische Entwicklungen zu erproben. So wurde beispielsweise ein hydraulischer Stoßdämpfer serienmäßig eingebaut, nachdem er sich in einigen Rennen sehr gut bewährt hatte.

Im Jahr 1904 umfaßte das Programm von Renault fünf Modelle: zwei Zweizylinder mit 8 HP bzw. 10 PS und drei Vierzylinder mit 14 HP, 20 HP bzw. 35 HP. Bei den ersten Modellen verliefen die Rohre für das Kühlmittel entlang der Oberkante der Motorhaube. Bei der Pariser Automobilausstellung im Jahr 1904 wurde ein Modell vorgestellt, dessen Kühler direkt hinter dem Motor angebracht war – eine Technik, mit der alle weiteren Renault-Modelle bis Mitte der zwanziger Jahre ausgestattet wurden.

> **RELIANT SCIMITAR GTE (1968)**
>
> *Motor:* V-6-Zylinder mit hängenden Ventilen
> *Bohrung/Hub:* 93,7 mm x 72,4 mm
> *Hubraum:* 2.994 cm³
> *Max. Leistung:* 135 PS
> *Getriebe:* mechanisch, 4 Gänge (auf Wunsch mit Overdrive), oder automatisch, 3 Gänge
> *Rahmen:* kastenförmige Längs- und Querträger mit zusätzlichen X-Querstreben
> *Aufhängung:* Einzelradaufhängung an der Vorderachse mit Querlenkern, Schraubenfedern und Torsionsstabilisator; starre Hinterachse mit Stützlenkern, Wattgestänge und Schraubenfedern
> *Bremsen:* Scheibenbremsen vorne, Trommelbremsen hinten
> *Karosserie:* Glasfiberkarosserie, dreitüriger Sport-Kombiwagen, vier Sitze
> *Höchstgeschwindigkeit:* 200 km/h

RENAULT

Reliant Scimitar SS1 1600

RELIANT SCIMITAR SS1 1600 (1985)

Motor: 4 Zylinder in Reihe mit obenliegender Nockenwelle
Bohrung/Hub: 79,96 mm x 79,52 mm
Hubraum: 1.596 cm³
Max. Leistung: 96 PS
Getriebe: mechanisch, 5 Gänge
Rahmen: Gitterrohrrahmen, mit Rahmentunnel
Aufhängung: vorne Einzelradaufhängung mit Querlenkern, Schraubenfedern und Torsionsstabilisator; hintere Einzelradaufhängung der Hinterachse mit Schraubenfedern und Torsionsstabilisator
Bremsen: Scheibenbremsen vorne, Trommelbremsen hinten
Karosserie: zweisitziger Sportwagen, Glasfiberkarosserie
Höchstgeschwindigkeit: 180 km/h

Im Jahr 1905 bestellte die Paris Hackney Cab Company, eine große Mietwagenfirma, bei Renault 1.500 Exemplare des 2-Zylinder-Modells: Dies war der Anfang einer langen Reihe von weiteren Aufträgen, und die Renault-Taxis wurden bald sehr bekannt.

1908 erschien das erste 6-Zylinder-Modell von Renault mit 50 HP und 9,5 l Hubraum. Im gleichen Jahr erschien das Modell AX mit zwei Zylindern, 1.060 cm³ und 8 HP, das hauptsächlich als Taxi eingesetzt wurde. Noch im gleichen Jahr übernahm Louis Renault das Aktienpaket seines schwer erkrankten Bruders Fernand und besaß somit die Kontrolle über die gesamte Firma. Das war der Anfang einer zunehmend autoritären Firmenleitung, die mehr als 35 Jahre dauern sollte.

Obwohl das Programm von Renault eine eher verwirrende Vielfalt von Modellen aufwies, die zudem nicht den allgemein üblichen Standardausführungen entsprachen (1912 umfaßte das Programm beispielsweise 15 verschiedene Modelle, angefangen von einem Zweizylinder bis zu einem Sechszylinder mit 7.539 cm³ und 40 HP), war Renault zu Beginn des Ersten Weltkrieges einer der führenden europäischen Automobilhersteller. Nach dem Waffenstillstand nahm Renault die Produktion wieder auf und brachte nochmals einige Vorkriegsmodelle heraus: den Zweizylinder mit 9 HP, die Vierzylinder mit 10/12 HP und 18 HP und die Sechszylinder mit 22 HP und 40 HP. Der 2-Zylinder-Motor wurde jedoch nur einige Monate lang eingebaut und durch einen neuen Vierzylinder mit 10 HP ersetzt, der für Großserien-Produktion konstruiert worden war. Im Jahr 1923 stellte Renault unter der Bezeichnung 6 HP KJ ein neues Modell mit einem 951-cm³-Motor und dreisitziger Karosserie vor. Dieses Modell sollte eindeutig eine Konkurrenz zum Citroën 5 CV darstellen. Der 6 HP KJ war das erste Renault-Modell mit abnehmbarem Zylinderkopf und diente als Grundmodell für die viersitzige NN-Version, die 1924 auf den Markt kam.

Im Jahr 1923 stellte Renault auch den JY vor: ein Modell mit einem 6-Zylinder-Motor mit 4.222 cm³ Hubraum, der später auf 4.766 cm³ vergrößert wurde. Auch das Modell 40 HP wurde

weiterhin produziert und nach Kriegsende mit einem größeren Hubraum von nunmehr 9.123 cm³ ausgestattet.

Gegen Ende der zwanziger Jahre kam der Monasix mit einem 1,5-l-Motor mit stehenden Ventilen auf den Markt: Wegen der schlechten Beschleunigung fand dieses Modell jedoch nicht viele Anhänger. Ab dieser Zeit verfolgten die Renault-Werke eine weitaus konservativere Richtung. Als einzige Neuheit wurde 1929 ein 8-Zylinder-Modell vorgestellt: Dieses Automobil mit der Typenbezeichnung Reinastella hatte einen Hubraum von 7.100 cm³ und ersetzte den inzwischen veralteten 40 HP mit sechs Zylindern. Der Reinastella war das erste Renault-Modell mit Frontkühler sowie auch das erste linksgesteuerte Luxusmodell dieser Firma. Im Jahr 1930 kam der Nervastella hinzu, ein Modell mit ähnlichem Styling, jedoch mit einem kleineren 8-Zylinder-Motor von nur 4,24 l Hubraum. 1932 kam als das Nachfolgemodell die Sportversion Nervasport heraus, deren Hubraum auf 4,8 l vergrößert worden war. Im Jahr 1934 wurde der Reinastella von dem 5,4-l-Modell Nervastella Grand Sport abgelöst.

Trotz der zahlreichen neuen Modelle konnte keines der in den dreißiger Jahren vorgestellten Automobile als technische Innovation angesehen werden. Die einzige moderne Note dieser Modelle war die serienmäßige aerodynamische Karosserie, die das Ergebnis der Forschungen Renaults auf dem Gebiet der Luftfahrt war. Im Jahr 1937 schließlich begann mit der Vorstellung des Juvaquatre eine neue Ära bei Renault: Es war das erste Modell mit selbsttragender Karosserie und vorderer Einzelradaufhängung.

Während des Zweiten Weltkrieges wurden die Renault-Werke durch Bomben stark beschädigt. Überdies war Louis Renault aufgrund der Anklage wegen Kollaboration mit den Deutschen während der Besatzungszeit inhaftiert worden

342

und kam im Gefängnis unter sehr mysteriösen Umständen ums Leben. Danach übernahm die französische Regierung direkt die Kontrolle von Renault, und die Firma erhielt den Namen Régie Nationale des Usines Renault. Nach diesem Führungswechsel beschränkte sich die Produktion für kurze Zeit auf ein einziges Modell, den Juvaquatre. Kurze Zeit später kam der 4 CV mit einem 760-cm³-Heckmotor auf den Markt. Dieses Modell war während der nationalsozialistischen Besatzung heimlich entwickelt worden und blieb bis 1961 im Programm.

Das 1951er Modell Fregate, der letzte Renault mit Frontmotor und Hinterradantrieb, hatte vier unabhängig voneinander aufgehängte Räder und erreichte 1955 das gesteckte Ziel von 100.000 verkauften Exemplaren. Im Jahr 1956 stellte Renault unter dem Namen Dauphine ein neues Modell mit Heckmotor vor; ein Jahr später erschien eine verbesserte Version dieses Serienmodells mit der Bezeichnung Dauphine Gordini. 1960 wurde die Dauphine mit zwei Millionen verkauften Exemplaren zum meistverkauften französischen Auto. 1959 kam der Floride auf den Markt; drei Jahre später wurde die inzwischen veraltete 4 CV vom R4 abgelöst, der mit Frontantrieb und einem 747-cm³-Motor ausgestattet war.

Im Jahr 1962 stellte Renault den R8 vor, mit einem 956-cm³-Motor; dieses Modell war eine der ersten Limousinen mit Scheibenbremsen an allen vier Rädern; Nachfolgemodelle waren der R8 S, der R8 Major und der R8 Gordini. Drei Jahre später kam der R16 heraus, dessen Motor aus Aluminiumdruckguß gefertigt war und einen Hubraum von 1.470 cm³ hatte. Renault zufolge war der R16 das erste europäische Großserien-Auto, das anstelle einer Gleichstrom-Lichtmaschine einen Wechselstromgenerator besaß. Im Jahr 1968 wurde die Produktion des Dauphine eingestellt. 1969 stellte Renault den R12 vor, 1970 den R6 und 1971 gleich zwei Modelle, nämlich den R15 und den R17.

Außer dem erfolglosen R12 Gordini brachte Renault zu Beginn der siebziger Jahre auch den Rodeo (mit Kunststoffkarosserie, die dem Jeep glich) auf den Markt sowie den kleinen R5 und dessen Nachfolgemodell R5 Alpine. Um die Lücke zwischen dem R12 und dem R16 zu schließen, stellte Renault im Jahr 1976 das Modell R14 vor; zwei Jahre später erschienen der R18 (er sollte den „betagten" R12 ablösen) sowie der R20 und der R30.

1978 unterzeichnete Renault einen Vertrag mit American Motors. 1980 wurde das Fuego-Coupé, eine Sportversion des R18, vorgestellt, das in insgesamt sieben verschiedenen Versionen mit Motoren von 1.400, 1.600 und 2.000 cm³ erhältlich war. Gleichzeitig wurde eine neue Version des R5 mit Turbolader in das Programm aufgenommen.

1981 wurde die Baureihe R9/R11 präsentiert und zum „Auto des Jahres" gewählt. Der R9 war die Stufenheck-, der R11 die entsprechende Heckklappen-Version. Als Nachfolger von R20/R30 wurde 1984 der R25 vorgestellt. Der Renault 21 löste 1986 den R18 ab. Der kleine R5 wurde 1985 durch einen gleichnamigen Nachfolger ersetzt, der in Frankreich, Italien und Spanien als R5-Super erfolgreich auf den Markt kam.

1990 erschien ein weiterer kleiner Renault: der Clio. Der gegenüber dem R5 etwas größere Kompakte war der erste Renault seit langer Zeit, der wieder auf einen richtigen Namen hörte. Der Clio ist technisch eng verwandt mit dem R19, der 1988 die Reihe 9/11 abgelöst hatte und in Deutschland zum meistverkauften Importfahrzeug avancierte.

1993 präsentierte Renault den Twingo, einen pfiffigen Kleinwagen, der mit neuen technischen Lösungen eine optimale Raumausnutzung erreicht.

Renault AX

Dieser kleine Zweizylinder mit 1.060 cm³ hatte sein Debüt auf der Londoner Motor Show im Jahr 1908. Es war ein sehr preiswertes Modell und für verschiedenste Einsatzmöglichkeiten geeignet. Hauptsächlich wurde der AX als Stadttaxi eingesetzt. Die Pariser AX-Taxis wurden als Militärfahrzeuge für Personen- und Materialtransporte an die Marnefront eingesetzt, als 1914 die deutschen Truppen bereits die französische Hauptstadt bedrohten. Aufgrund dieser „kriegerischen" Nutzung wurde dem AX der stolze Name „Taxi der Marne" verliehen; eine weitere größere Ehrung ist die Austellung eines AX im Militärmuseum von Paris.

Die Bezeichnung AX wurde nicht nur für den 8 HP aus dem Jahr 1908 verwendet, sondern auch für zahlreiche andere Renault-Modelle mit Zweizylindern wie z. B. für das Nachfolgemodell 9 HP mit einem vergrößerten Hubraum von 1.206 cm³. Die Versionen mit breitem Radstand erhielten die Bezeichnung AXD; das breite Fahrgestell AG war für die Taxi-Versionen mit 8 HP vorgesehen; zwei weitere Rahmen, die ebenfalls für Taxi-Modelle vorgesehen waren, hießen ANB und ALB, eine Ausführung mit kurzhubigem Motor (884 cm³), die den Erfordernissen des Londoner Stadtverkehrs angepaßt worden war.

Nach dem Krieg, genauer gesagt im Jahr 1919, kam das FD-Modell mit einem Hubraum von 1.206 cm³ auf den Markt, das die bereits veralteten und glorreichen AX-Taxis, die vor dem Krieg in Paris eingesetzt worden waren, weitgehend ablöste.

Renault 40 HP

Dieses imposante Modell war der direkte Nachfolger des 50 HP mit 7,5 l aus dem Jahr 1910: Als das 1911er-Modell der Öffentlichkeit vorgestellt wurde, erhielt der 50 HP seltsamerweise auch die Bezeichnung 40 HP. Im Mai 1919 wurde die verbesserte Version HD in das Programm aufgenommen, die jedoch das Stadium des Prototyps nie überschritt, da wenige Monate später das Modell HF folgte: mit einer um 10 mm größeren Bohrung erreichte der Hubraum einen Rekordwert von 9.123 cm³. Während der Zeit von 1920 bis 1923 bot Renault dem Bergbauministerium ein Dutzend verschiedene

---

RENAULT AX (1908)

Motor: 2-Zylinder-Motor mit stehenden Ventilen
Bohrung/Hub: 75 mm x 120 mm
Hubraum: 1.060 cm³
Max. Leistung: 8 HP
Getriebe: mechanisch, 3 Gänge
Rahmen: Leiterrahmen
Aufhängung: starre Vorder- und Hinterachse mit Halbelliptikfedern
Bremsen: Trommelbremsen an den Hinterrädern
Karosserie: zwei- oder viersitzig
Höchstgeschwindigkeit: 56 km/h

Renault AX

RENAULT

Renault 40 HP

Versionen des 40 HP an (die Unterschiede beschränkten sich auf einige mechanische Einzelheiten wie 3- oder 4-Ganggetriebe und Bremsanlage an zwei oder vier Rädern), doch wurden lediglich für drei Versionen Aufträge in geringem Umfang erteilt. Die wirkliche Serienproduktion des 40 HP began erst Ende 1923.

Außer dem Sieg bei der Rallye Monte Carlo im Jahr 1925 erzielte der 40 HP auch zahlreiche Rekorde bei Dauerprüfungen: Im Jahr 1926 legte ein Modell mit Serienmechanik, jedoch mit einer speziellen, aerodynamischen Einsitzer-Karosserie, in Montlhéry 4167,6 km in 24 Stunden zurück und erreichte somit eine mittlere Geschwindigkeit von 173,65 km/h; eine getreue Nachbildung dieser Rennversion ist heute im Museum von Jackie Pichon di Clères ausgestellt.

RENAULT 40 HP (1924)
Motor: 6 Zylinder in Reihe mit stehenden Ventilen
Bohrung/Hub: 110 mm x 160 mm
Hubraum: 9.123 cm^3
Max. Leistung: 140 PS
Getriebe: mechanisch, 4 Gänge
Rahmen: Leiterrahmen
Aufhängung: starre Vorderachse mit Halbelliptikfedern; starre Hinterachse mit Viertelelliptikfedern
Bremsen: Servotrommelbremsen an Vorder- und Hinterrädern
Karosserie: auf Wunsch
Höchstgeschwindigkeit: 145 km/h

Renault 4 CV

Seit Herbst 1940 beschäftigte sich Louis Renault mit der Planung von Automobilen mit kleinen Abmessungen, die gleich nach Kriegsende in Produktion gehen sollten. Die Konstruktionsabteilung begann mit der Projektierung dieser Modelle und überraschte ihn im Mai 1941 mit einem fertigen Holzmodell, das bereits mit dem für den 4 CV vorgesehenen Motor ausgestattet war. Obwohl die nationalsozialistischen Besatzer die Projektierung und Entwicklung jedweder neuen Technik ausdrücklich verboten hatten, veranlaßte Louis Renault die Konstruktion von drei funktionstüchtigen Exemplaren und teilte somit das Risiko mit seinen Mitarbeitern. Unter strengster Geheimhaltung wurde auf diese Weise Ende 1942 der erste funktionierende Prototyp des 4 CV fertiggestellt. Da Louis Renault mit den Resultaten der Probeläufe im September 1943 nicht zufrieden war, beschloß er die Konstruktion eines verbesserten Prototyps, dessen Erprobung im März 1944 begann.

Trotz des Todes von Louis Renault wurde der 4 CV auf dem Pariser Autosalon im Jahr 1946 der Öffentlichkeit vorgestellt; um die Bestände der Tarnfarbe aufzubrauchen, die ursprünglich für die Fahrzeuge des Afrika-Korps bestimmt waren, erhielten die ersten Modelle die charakteristische sandfarbene Lackierung.

Die Nachfrage war bereits zu Beginn der Produktion so hoch, daß die Renault-Werke beschlossen, bei der Montage ein automatisches Fließband einzusetzen, um die Produktion zu beschleunigen.

Die ersten Modelle waren mit einem 760-cm^3-Motor ausgestattet, doch wurde der Hubraum in der Folgezeit auf 748 cm^3 herabgesetzt, um die Konkurrenzfähigkeit in der Klasse bis 750 cm^3 zu erhalten. 1961 wurde die Produktion des Renault 4 CV, der weltweit über eine Million mal verkauft wurde, eingestellt.

RENAULT 4 CV (1949)
Motor: 4 Zylinder in Reihe mit hängenden Ventilen
Bohrung/Hub: 54,5 mm x 80 mm
Hubraum: 748 cm^3
Max. Leistung: 21 PS
Getriebe: mechanisch, 3 Gänge
Rahmen: selbsttragende Karosserie
Aufhängung: Einzelradaufhängung an der Vorderachse mit Querlenkern und Schraubenfedern; Pendelachse
Bremsen: Trommelbremsen an Vorder- und Hinterrädern
Karosserie: viertürige Limousine
Höchstgeschwindigkeit: 95 km/h

Renault 4 CV

RENAULT

Renault Dauphine

Im Jahr 1951 beschloß Renault die Entwicklung eines neuen Kleinwagen-Modells, das den Platz zwischen dem 4 CV und dem 2-l-Fregate einnehmen sollte. Der erste Prototyp des Dauphine (der Zeitplan sah eine fünfjährige Entwicklungsphase vor) wurde im Juni 1952 fertiggestellt. Nach einigen Vorprüfungen begann die Produktion von vier Vorserien-Modellen, die ein intensives Erprobungsprogramm von insgesamt mehr als drei Millionen Kilometern zu durchlaufen hatten: Auf Strecken am nördlichen Polarkreis, den Bergstraßen der Schweiz, in den USA und auf afrikanischen Pisten. Der erste Serien-Dauphine ging Ende 1955 vom Band der neuen Fabrik in Flins; die offizielle Präsentation erfolgte im März des folgenden Jahres.

Der Motorblock des Dauphine bestand aus einem Stück und hatte von Wasser umspülte Zylinderlaufbuchsen; das Kurbelgehäuse und die Hinterradaufhängungen mit Pendelachsen waren identisch mit denen des 4 CV. Der Dauphin war auf Wunsch auch mit einer elektromagnetischen Automatik-Kupplung vom Typ Ferlex erhältlich.

Eine besonders eindrucksvolle Demonstration der hervorragenden Fahrleistungen des Dauphine waren die ersten vier Plätze bei der Mille Miglia im Jahr 1956.

Der Dauphine erzielte sehr hohe Verkaufszahlen und war das erste französische Auto, das in den sechziger Jahren die Grenze von zwei Millionen verkauften Exemplaren überschritt. Ermutigt durch diese Resultate, versuchte Renault dieses Modell auch auf dem nordamerikanischen Markt zu lancieren, doch brachten ihm die amerikanischen Autofahrer, die größere Fahrzeuge gewöhnt waren, kein Vertrauen entgegen.

RENAULT DAUPHINE (1959)

Motor: 4 Zylinder in Reihe mit hängenden Ventilen
Bohrung/Hub: 58 mm x 80 mm
Hubraum: 845 cm³
Max. Leistung: 30 PS
Getriebe: mechanisch, 3 Gänge
Rahmen: selbsttragende Karosserie
Aufhängung: Einzelradaufhängung an Vorder- und Hinterachse; vorne mit Querlenkern und Schraubenfedern, hinten Pendelachsen mit Schraubenfedern
Bremsen: Trommelbremsen
Karosserie: viertürige Limousine
Höchstgeschwindigkeit: 109 km/h

Renault Safrane

Der Safrane (ein Kunstwort, das durchaus nichts mit dem Gewürz zu tun hat) wurde im November 1992 als Nachfolger des Renault 25 vorgestellt. Wie der R25 wird der Safrane mit 4- und 6-Zylinder-Motoren produziert. Im Gegensatz zum Vorgänger sind die Triebwerke beim Safrane quer eingebaut, wodurch die Raumausnutzung nochmals ganz erheblich verbessert werden konnte. Die 4,73 m lange Limousine zählt zu den geräumigsten Fahrzeugen der Oberklasse.

Wie schon der R25 besitzt der Safrane eine windschlüpfige Karosserie, die für gute Fahrleistungen sorgt. Das Basismodell mit 2,2-l-Motor und 107 PS erreicht bereits eine Höchstgeschwindigkeit von 190 km/h. Deutlich darüber (203 km/h) liegt die Version mit drei Ventilen pro Zylinder und 135 PS. Das Modell V6 mit 3,0 l Hubraum und 167 PS erreicht 220 km/h. Die Topversion der Baureihe ist der 250 km/h schnelle Safrane Turbo mit 260 PS und permanentem Allradantrieb.

Renault 5

Dieser kleine Renault war seit seiner Präsentation zu Beginn des Jahres 1972 äußerst erfolgreich. Der R5 gehörte zu der Klasse der „Superminis", die immer mehr an Bedeutung gewannen, und sollte gemäß dem Firmenprogramm den etwas spartanischer ausgestatteten R4 überflügeln. Für den R5 wurden weiche Aufhängungen mit langem Federweg gewählt, die besonders für unbefestigte Straßen und Landstraßen in den ländlichen Gegenden Frankreichs geeignet waren: Obwohl dieses Auto demnach speziell für den inländischen Markt entworfen worden war, konnte dieser ausgezeichnete dreitürige Kleinwagen innerhalb kurzer Zeit zum großen Teil auch auf den anderen europäischen Märkten beachtliche Verkaufszahlen verbuchen.

RENAULT SAFRANE V6 (1993)

Motor: 6-Zylinder-V-Motor (90), je eine obenliegende Nockenwelle pro Zylinderreihe
Bohrung/Hub: 93 mm x 73 mm
Hubraum: 2.975 cm³
Max. Leistung: 124 kW / 167 PS bei 5.500-min
Getriebe: mechanisch, 5 Gänge oder 4-Gang-Automatik
Rahmen: selbsttragende Karosserie
Aufhängung: Einzelradaufhängung vorne und hinten
Bremsen: Scheibenbremsen vorne und hinten
Karosserie: viertürige Limousine
Höchstgeschwindigkeit: 220 km/h

Renault Safrane V6

Renault 25

REO

Der R5 war ursprünglich mit einem 4-Zylinder-Motor mit 875 cm³ ausgestattet, doch kam nach kurzer Zeit eine vergrößerte Version mit 956 cm³ auf den Markt. In der Folgezeit wurde der R5 mit verschiedenen anderen Motoren produziert: die einfachste Version erhielt einen 750-cm³-Motor, während für höhere Fahrleistungen auf einen 1.289-cm³-Motor zurückgegriffen wurde. Noch leistungsfähiger war das Folgemodell R5 Alpine mit einem 1.397-cm³-Motor und Leichtmetallfelgen.

Die leistungsstärkste Version war ohne Zweifel der R5 Turbo, der außer dem Design nische Kleinwagen-Produktion erheblich gesteigert. Zufrieden mit diesem Erfolg, beschloß Olds 1904, sich im Alter von nur 40 Jahren zurückzuziehen. Einige bedeutende amerikanische Geschäftsleute konnten ihn jedoch zur Übernahme einer neuen Automobilfirma überreden, indem sie ihm die alleinige Entscheidungsbefugnis und ein Aktienpaket von 52% des Gesellschaftskapitals anboten.

Die neue Firma, nach den Initialen von Ransom Eli Olds, Reo genannt, begann ihre Produktion 1904 mit der Herstellung von 1-Zylinder-Modellen.

Bereits im ersten Jahr wurgen und brachte 1911 unter der Bezeichnung Fifth einen weiteren Vierzylinder heraus. Anschließend produzierte er eine komplette Modellreihe mit 4- und 6-Zylinder-Motoren; während des Ersten Weltkrieges wurde diese Reihe mit extrem keilförmigen Kühlern ausgestattet, die auch im Design sehr geglückt waren. 1920 konzentrierte sich die Produktion auf das Modell T: Es hatte einen 6-Zylinder-Motor, Betriebsbremsen, die durch zwei separate Pedale betätigt wurden (es gab jedoch keine Handbremse!), eine Magnetzündung sowie eine Hinterradaufhängung mit Blattfedern, die Ransom Old starb 1950 im Alter von 86 Jahren: Er war nicht nur ein brillanter Autokonstrukteur, sondern auch der Erfinder der ersten effizienten, in Amerika produzierten, motorbetriebenen Mähmaschine.

RESTELLI
Mailand, Italien
1920–1923

Im Jahr 1909 entstand in Mailand die Marke Rebus, Firmenzeichen der neugegründeten Gesellschaft Restelli, Buzio & C: Enrico Restelli war In-

Renault 5 Turbo

sehr wenig Gemeinsamkeiten mit dem Serien-R5 aufwies. Die Turbo-Version war ein Zweisitzer mit Mittelmotor, der ausschließlich für Rennen vorgesehen war. Die Kleinserienproduktion diente lediglich dazu, die Homologation zu erhalten: Der Motor der Turbo-Version hatte den gleichen Hubraum wie der Motor des R5 Alpine (1.397 cm³), erbrachte jedoch eine Leistung von 160 PS.

1984 wurde der inzwischen „alte" und erfolgreiche R5 vom R5-Super abgelöst, der abgesehen von einigen sehr geglückten Änderungen, das typische Aussehen der Vorgängermodelle behielt. Da die Technik des Super-5 direkt von den Serien R9 und R11 stammt, zeigten sich hier grundsätzliche Unterschiede zu den Basismodellen.

REO
Lansing, Michigan, USA
1904–1936

Ransom Eli Olds, Inhaber von Oldsmobile, hatte die amerika-

RENAULT 5 TURBO (1985)

Motor: 4 Zylinder in Reihe mit hängenden Ventilen, aufgeladen durch Turbolader
Bohrung/Hub: 76 mm x 77 mm
Hubraum: 1.397 cm³
Max. Leistung: 160 PS
Getriebe: mechanisch, 5 Gänge
Rahmen: selbsttragende Karosserie
Aufhängung: Einzelradaufhängung an Vorder- und Hinterachse, mit Querlenkern, Torsionsstäben und Antirollstäben
Bremsen: Scheibenbremsen
Karosserie: zweitürig, zweisitzig
Höchstgeschwindigkeit: 210 km/h

---

den sehr hohe Stückzahlen erreicht, so daß kurze Zeit später auch eine 2-Zylinder-Version vorgestellt wurde; 1906 kam ein 4-Zylinder-Modell auf den Markt, das jedoch nicht die erhoffte Käuferresonanz fand.

Reo ließ sich jedoch durch diesen Mißerfolg nicht entmutiunterhalb der Achse montiert waren. 1927 wurde das Modell T von dem neuen 6-Zylinder-Modell Flying Cloud mit 25 HP abgelöst, das auch als Wolverine-Version angeboten wurde. Dank des großen Erfolges des Flying Cloud erzielte Reo noch im gleichen Jahr mit 29.000 Exemplaren seinen höchsten Verkaufserfolg. 1931 wurden der Flying Cloud Eight und der Custom Royale Eight vorgestellt. Zwei Jahre später bot Reo – eine der ersten Firmen, die Getriebe mit Synchronvorrichtungen erprobte – ein 2-Gang-Automatikgetriebe als Sonderausstattung an. Das Reo-Automatikgetriebe verfügte über eine Art Hilfs-Untersetzungsgetriebe, das mit einem am Armaturenbrett angebrachten Griff, der auch zum Einlegen des Rückwärtsganges diente, betätigt werden konnte. 1936 schließlich wurde dieses Getriebe zu einem wirklichen 4-Gang-Automatikgetriebe weiterentwickelt.

Einige Monate später beschloß Reo jedoch die Einstellung der Pkw-Produktion, um ausschließlich Lastwagen herzustellen.

haber einer Mailänder Garage, Felice Buzio ein guter Rennfahrer, der auf Wagen von Diatto und Isotta Fraschini beachtliche Erfolge erzielt hatte.

Zu Beginn konstruierte die Firma Fahrräder und Flugzeugmotoren. Ein Jahr später trennten sich die zwei Gesellschafter. Restelli war zwar weiterhin auf dem Flugzeugsektor tätig, doch widmete er sich auch der Projektierung eines Kleinwagens, der wahrscheinlich nie über das Entwurfs-Stadium hinausging: Ein 10 HP mit 4-Zylinder-Blockmotor (1.724 cm³), 4-Gang-Getriebe und einem Wellenantrieb ohne Kardangelenk.

Restellis Aktivität auf dem Automobilsektor begann 1920 und dauerte bis 1923. Zu den interessantesten Konstruktionen gehörte ein 1.500-cm³-Modell mit hängenden Ventilen, auf dem Restelli selbst den Klassensieg beim Rennen Susa–Moncenisio errang.

Obwohl die Firma nur wenige Jahre produzierte, genoß Restelli auch im Ausland so großes Ansehen, daß sogar einige seiner Patente nach England verkauft wurden.

Reo Flying Cloud

REO FLYING CLOUD (1933)

Motor: 6 Zylinder in Reihe mit stehenden Ventilen
Bohrung/Hub: 85,7 mm x 125 mm
Hubraum: 4.396 cm^3
Max. Leistung: 85 PS
Getriebe: mechanisch, 3 Gänge
Rahmen: Leiterrahmen
Aufhängung: starre Achsen mit Halbelliptikfedern
Bremsen: Trommelbremsen
Karosserie: Limousine
Höchstgeschwindigkeit: 97 km/h

REVELLI
Turin, Italien
1941

Der Turiner Konstrukteur Mario Revelli entwarf 1941 zwei dreirädrige Elektroautos für den Stadtverkehr. Ihre Reichweite betrug 60 Kilometer bei einer Geschwindigkeit von 20 km/h; die Prototypen wurden jedoch nie in Serie produziert.

RHODE
Birmingham, Großbritannien
1921–1933

Bereits vor dem Ersten Weltkrieg hatte F. W. Mead zusammen mit T. W. Deakin an der Konstruktion des Media gearbeitet. Dieses Automobil wurde wahlweise mit einem V2-Zylinder-Motor (Modell 8 HP) oder einem 4-Zylinder-Motor (Modelle 8/10 HP und 10/12 HP) angeboten; der Media kam nur in sehr geringer Stückzahl auf den Markt. Die eigentliche Produktion der Rhode-Werke begann erst 1921 mit der Konstruktion eines leichten Wagens. Dieses Automobil hatte, was für diese Zeit eher ungewöhnlich war, einen in Kleinserie gefertigten 4-Zylinder-Motor (1.087 cm^3) mit obenliegender Nockenwelle. 1924 brachte Rhode eine Version mit einem auf 1.232 cm^3 vergrößerten Motor heraus, der jedoch recht laut war.

1928 stellte Rhode ein völlig neuartiges Modell mit dem Namen Hawk (Falke) vor: Der Hawk war ursprünglich mit dem Motor des 11/30 HP mit obenliegender Nockenwelle ausgestattet, der später durch einen 1,5-l-Meadows-Motor ersetzt wurde. Die Firma Rhode, deren Besitzer im Jahr 1931 wechselten, vertrieb die Hawk-Limousine mit Meadows-Motor noch bis 1933.

RICKENBACKER
Detroit, Michigan, USA
1922–1927

Kapitän Eddie Rickenbacker war der beste amerikanische Militärpilot während des Ersten Weltkrieges: Er schoß 26 deutsche Flugzeuge ab und erhielt höchste Auszeichnungen wie den Orden der „Legion d'Honneur", das „Croix de Guerre" sowie das „American Distinguished Service Cross". Als Rickenbacker beschloß, in der Automobilbranche tätig zu werden, konnte er auf dem Ruhm aufbauen, der mit seinem Namen verbunden war.

Bereits die ersten Rickenbacker Automobile zierte dasselbe Wappen, mit dem der SPAD-Doppeldecker von Rickenbackers Staffel versehen war: ein Helm in der Mitte eines Quadrats. Das erste, 1922 vorgestellte Rickenbacker-Modell war nicht nur technisch sehr interessant, sondern bestach auch durch raffinierte Details (eines der ersten Modelle hatte z. B. eine zweifarbige Karosserie); zur Verbesserung der Motorelastizität wurde ein 6-Zylinder-Motor mit doppeltem Schwungrad eingebaut.

1923 führte Rickenbacker ein Vierrad-Bremssystem mit Innenbackenbremsen ein: Es war das erste amerikanische Automobil der mittleren Preis-

RHODE HAWK (1928)

Motor: 4 Zylinder in Reihe mit hängenden Ventilen
Bohrung/Hub: 69 mm x 100 mm
Hubraum: 1.496 cm^3
Max. Leistung: 40 HP
Getriebe: mechanisch, 4 Gänge
Rahmen: Leiterrahmen
Aufhängung: starre Vorderachse mit Halbelliptikfedern; starre Hinterachse mit Auslegerfeder
Bremsen: Trommelbremsen
Karosserie: Limousine
Höchstgeschwindigkeit: 113 km/h

klasse, das über diese ausgefeilte Technik verfügte. Die Konkurrenzfirmen waren sich sofort darüber im klaren, daß auch sie die Vorderräder zusätzlich mit Bremsen ausstatten müßten, wollten sie die Verkaufszahlen von Rickenbacker erfolgreich bekämpfen. Dies hätte jedoch eine Steigerung der Produktionskosten nach sich gezogen, so daß sie, um diesen Mehraufwand zu umgehen, das Gerücht verbreiteten, daß ein Vierradbremssystem zu „stark" wirke und somit eine „Bedrohung" der Sicherheit darstelle. Diese Verleumdungskampagne zeigte ihre Wirkung, und die Verkäufe gingen trotz der ausgezeichneten Qualität der Rickenbacker-Modelle zurück.

Um diese schwierige Situation zu meistern, stellte Rickenbacker im Jahr 1924 den Vertical Eight Super-Fine vor, der sehr teuer und somit für einen engen Kreis einer Elite-Kundschaft bestimmt war.

Nachdem Rickenbackers Konsolidierungsversuch mit dem Peerless gescheitert war, stellte er 1925 den außergewöhnlichen Vertical 8 Super-Sport vor: Dieses Modell hatte aerodynamische Scheinwerfer, fahrradähnliche Kotflügel und Sicherheitsglas für die Windschutzscheibe.

Leider verbesserte sich die Marktsituation nicht, so daß sich Eddie Rickenbacker im Jahr 1926 von der Firmenleitung zurückzog. Nach einer konsequenten Firmenumstrukturierung stellte Rickenbacker die neuen Modelle 6-70, 8-80 und 8-90 vor, wodurch die Verkaufszahlen jedoch auch nicht erhöht werden konnten. Im Frühjahr 1927 wurde das Firmenvermögen versteigert: Die Motoren, Werkzeugmaschinen, Preßformen und Gußmodelle wurden von Jørge Skafte Rasmussen aufgekauft, der alles in die kurz zuvor von ihm erworbenen Audi-Werke transportieren ließ. Hier wurden die Rickenbacker-Motoren mit sechs und acht Zylindern für die Modelle Zwickau und Dresden verwendet.

Rhode

RICORDI E MOLINARI
Mailand, Italien
1905–1906

Diese Firma wurde von Gino Molinari und Max Ricordi, dem Sohn von Tito Ricordi, gegründet. Tito Ricordi war ein Mailänder Autohändler, der zu Beginn dieses Jahrhunderts deutsche und französische Rahmen importierte und mit eigenen Karosserien versah. Ziel dieser Firma war die Konstruktion eines Einzylinders mit 8 HP für den Stadtverkehr, der jedoch ein völliger Mißerfolg war, so daß die Firma 1906 aufgelöst und die Produktionseinrichtungen an Serpollet Italiana verkauft wurden.

RILEY
Coventry, England
1898–1969

Um seinen vier Söhnen eine gesicherte Existenz zu schaffen, gab William Riley 1890 seine bisherige Tätigkeit (er war in der Textilbranche tätig) auf und kaufte die Fahrradfabrik Bonnick & Co. 1896, wenige Monate nachdem diese Firma in Riley Cycle Company Limited umfirmiert worden war, konstruierte der junge Percy Riley eine interessante Karosserie mit einem 1-Zylinder-Motor. Binnen zwei Jahren wurden die ersten Probefahrten mit diesem Prototypen durchgeführt. Der Ausführung in typischer Handarbeit (die Verzahnung der Zahnräder war beispielsweise handgeschnitten) dieses ersten, nie in Serie produzierten Riley stand eine zukunftsweisende Technik gegenüber: So waren die Einlaßventile z. B. mechanisch gesteuert.

Die erste wirkliche Erfahrung auf dem Gebiet motorisierter Automobile machte Riley im Jahr 1900 mit dem motorbetriebenen Dreirad Royal Riley mit De-Dion-Bouton-Motor. Kurze Zeit später wurde dieses Dreirad zu einem richtigen Automobil mit zwei lenkbaren Vorderrädern und einem angetriebenen Hinterrad: Den Motor entwarf Percy Riley, die Konstruktion führte die Riley Engine Company aus, eine von William Rileys Söhnen 1904 gegründete Firma. Dieses Automobil wurde bis 1907 produziert. Bereits 1905 hatte Riley hieraus ein vierrädriges Modell entwickelt, wobei er den hervorragenden Motor und das Getriebe mit ständigem Eingriff übernommen hatte. Neuerungen waren u.a. die Speichenräder mit einer zentralen Feststellmutter: Dieser Radtyp wurde bald zum Merkmal aller Riley-Modelle und auch für andere Hersteller produziert.

1907 brachte Riley unter der Typenbezeichnung 12/18 HP ein neues Modell mit Frontmotor heraus. Dank des V-2-Zylinder-Motors mit beachtlichen 2.076 cm³ Hubraum konnte der 12/18 HP auch eine Karosserie mit vier oder fünf Plätzen „ertragen". 1909 erschien das kleinere Nachfolgemodell 10 HP mit einem von Stanley Riley entworfenen 1.390-cm³-Motor.

RICKENBACKER VERTICAL EIGHT (1925)

Motor: 8 Zylinder in Reihe mit stehenden Ventilen
Bohrung/Hub: 76,2 mm x 120,7 mm
Hubraum: 4.329 cm³
Max. Leistung: 107 PS
Getriebe: mechanisch, 3 Gänge
Rahmen: Leiterrahmen
Aufhängung: Starrachsen mit Halbelliptik-Blattfedern
Bremsen: Trommelbremsen vorne und hinten
Karosserie: Sportlimousine
Höchstgeschwindigkeit: 153 km/h

1911 stellte die Riley Cycle Company die Fahrradproduktion ein und wurde in Riley (Coventry) Ltd. umbenannt. Da William Riley inzwischen ausschließlich Auторäder produzierte, gründeten seine Söhne 1912 die Riley Motor Manufacturing Company, um weiter im Automobilsektor tätig zu sein.

Das erste Modell, das nach dieser Firmenumstrukturierung auf den Markt kam, war der 17 HP mit 2.951 cm³, der auf der Olympia Show 1913 vorgestellt wurde. Die bereits sehr unübersichtliche Struktur der verschiedenen Riley-Gesellschaften komplizierte sich nochmals, als die Brüder Victor und Stanley eine neue Gesellschaft mit dem Namen Nero Engine Company gründeten, die ein Automobil mit 10 PS und 1.097 cm³ Hubraum herausbringen sollte.

Die Produktion dieser neuen Firma wurde jedoch durch den Ausbruch des Ersten Weltkriegs unterbrochen. Während des Krieges stellte das Unternehmen Munition her und kaufte dafür eine Fabrikanlage in Foleshill (Coventry). Nach dem Krieg diente diese Niederlassung als Ausgangspunkt zur Reorganisation der Riley-Gruppe und wurde 1919 deren Produktionszentrum. Im gleichen Jahr stellte die Riley (Coventry) Ltd. die Produktion von Auтоrädern ein, um mit der Nero Company zu fusionieren. Gleichzeitig stellte die Riley Motor Manufacturing Company die Herstellung von Autorahmen ein und erhielt die neue Bezeichnung Midland Motor Body Company, während die Riley Engine Company mit den seit der Vorkriegszeit bereitstehenden Produktionseinrichtungen begann, den Riley 17/30 HP zu montieren.

Rickenbacker Vertical Eight

1919 stellte Riley (Coventry) sein erstes Nachkriegs-Modell vor: Es war der 11 HP mit einem 1.498-cm³-Motor mit stehenden Ventilen und einer Leistung von 35 PS. 1923 erschien dann noch eine sehr gelungene Sportversion mit dem Namen Redwinger.

Percy Riley widmete sich in den folgenden Jahren der Konstruktion von Stationär- und Schiffsmotoren, so daß die Riley Engine Company erst 1926 wieder auf dem Automobilsektor aktiv wurde, als sie das 1.100-cm³-Modell Riley Nine vorstellte. Besondere Popularität errang die Limousine Monaco, eines der ersten Automobile mit im Fahrgastraum integriertem Kofferraum. Um dem Erfolg des Nine-Modells und somit der Riley Engine Company etwas entgegensetzen zu können, überarbeitete Riley (Coventry) den Motor des 11 HP mit stehenden Ventilen und montierte einen Ricardo-Zylinderkopf. 1928 wurde die Produktion des 11 HP Riley (Coventry) eingestellt. Die Riley Engine Company präsentierte zwei neue Versionen des Nine-Modells: einen Tourenwagen und ein Brooklands-Modell. 1928 wurde auf der Olympia Show unter dem Namen Fourteen das erste Nine-Modell mit einem 6-Zylinder-Motor mit 1.631 cm³ vorgestellt.

Um das komplizierte Firmengeflecht der unterschiedlichen Riley-Unternehmensgruppen zu entwirren, übernahm 1931 Riley Coventry Ltd. die Gesamtleitung der Riley Engine Company und der Midland Motor Body Company. Während der dreißiger Jahre, vergrößerte Riley sein Programm mit zahlreichen Versionen der bereits existierenden 4- und 6-Zylinder-Modelle: Erwähnenswert ist der Kestrel mit Fastback-Karosserie, der klassischere Falcon (1933), die Sportwagen Gamecock 9 HP und Imp sowie der MPH mit sechs Zylindern. 1934 erschien der 12/4 mit 4-Zylinder-Motor und 1,5 l Hubraum; einige Jahre lang wurden der MPH und der Nine gleichzeitig produziert.

1937 begann eine Riley-Unternehmensgruppe mit der Produktion einer Version des Autovia V8, die mit einem 4-Zylinder-Motor mit 2,5 l Hubraum und langem Hub ausgestattet war. Kurze Zeit später geriet die Riley-Gruppe in finanzielle Schwierigkeiten und wurde vom Nuffield-Konzern aufgekauft.

Riley Nine

Nach der Übernahme blieben nur die 4-Zylinder-Modelle mit 1,5 l und 2,5 l im Programm, deren Motoren auch nach dem Zweiten Weltkrieg für die Riley-Modelle produziert wurden. Zu den technischen Merkmalen dieser Serie gehören die Einzelradaufhängung an der Vorderachse (mit Torsionsfederstäben) und die Limousinen-Karosserien mit Stoffverdeck. Die gute Qualität der Riley-Motoren zeigt sich in der Tatsache, daß für das 1954er-Pathfinder-Modell trotz der Wolseley-6/90-Karosserie weiterhin der 2,5-l-Riley-Motor verwendet wurde, der erst 1957 durch einen 2,6-l-Motor von BMC (British Motor Corporation) ersetzt wurde.

Seitdem wurde der Markenname Riley für einige Modelle des BMC-Programms verwendet und schließlich zur typischen Bezeichnung für die von BMC produzierten Luxusversionen des Mini und der Modelle mit 1.100 cm³ Hubraum und Frontantrieb.

Riley Nine

Dieses äußerst gelungene Modell der Riley Engine Company wurde 1926 vorgestellt. Außer einer schönen Linienführung, die am besten in der Monaco-Version ausgeprägt war, verfügte der Nine über einen äußerst interessanten 4-Zylinder-Motor mit 1.100 cm³. Dieser Motor war mit zwei Nockenwellen ausgerüstet (untenliegend, jedoch nach oben verlegt), die über kurze Stößelstangen die schrägstehenden Ventile im halbkugelförmigen Verbrennungsraum antrieben.

Diese Lösung lieferte die gleichen Vorteile wie eine obenliegende Doppel-Nockenwelle. Die besonders starre Kurbelwelle lief auf zwei Hauptlagern, wodurch der Motorblock sehr kompakt war.

1927 wurde die Sportversion Brookland Nine überarbeitet und gewann ihr erstes Rennen (in Brookland) mit einer Meile Vorsprung.

1929 brachte die Einführung der Serie MK IV eine weitere bedeutende technische Erneuerung des Nine: Der Rahmen bestand aus stärkeren Holmen, und es wurden besser geeignete Aufhängefedern, verstärkte Bremsen und robustere Felgen verwendet.

Auf der Olympia Show von 1931 wurde der Plus Ultra Nine mit einem tieferliegenden Rahmen vorgestellt; zwei Jahre später entwickelte Riley auf der technischen Grundlage des Nine das Sportmodell Imp. 1935 wurde die Karosserie des Monaco vom Merlin abgelöst, während das Fahrgestell unverändert blieb, und 1938 wurde die Produktion des Nine endgültig eingestellt.

RILEY NINE (1930)

Motor: 4 Zylinder in Reihe mit hängenden Ventilen
Bohrung/Hub: 60,3 mm x 95,2 mm
Hubraum: 1.087 cm³
Max. Leistung: 25 PS
Getriebe: mechanisch, 4 Gänge
Rahmen: Leiterrahmen
Aufhängung: starre Vorder- und Hinterachse mit Halbelliptik-Blattfedern
Bremsen: Trommelbremsen vorne und hinten
Karosserie: Limousine, Torpedo, zwei- oder viersitzig
Höchstgeschwindigkeit: 105 km/h

Riley MPH

Dieses Modell beinhaltete die technische Grundausstattung der 6-Zylinder-Riley-Versionen, die 1933 an der Tourist Trophy teilnahmen. Das Design der MPH-Karosserie orientierte sich an dem damaligen Styling der italienischen Automobile. Die ersten MPH waren mit zwei verschiedenen Motoren erhältlich: einem 1.458 cm³-Motor, der die Beteiligung an Rennen in der 1,5-l-Klasse ermöglichte, und einem Motor mit 1.633 cm³. Ab 1935 stand zusätzlich ein Motor mit 1.726 cm³ Hubraum zur Auswahl.

Der MPH lieferte einen Beweis seiner Fahrleistung beim 24-Stunden-Rennen von Le Mans im Jahr 1934: Mit den Franzosen Sebilleau und de la Roche am Steuer, errang dieses Modell den Klassensieg und belegte in der Gesamtwertung den zweiten Platz.

Nachfolgemodell des MPH, dessen Produktion im Jahr 1935 eingestellt wurde, war der 12/4 Sprite. Obwohl sich die Linienführung des Sprite am Design des MPH orientierte, verfügte er nicht über die gleiche Ausstrahlung wie der MPH. Einige Details der Karosserie waren überdies wesentlich moderner gestaltet; so wurde der Sprite beispielsweise mit einem „Kaskaden"-Kühler und geschwungenen Kotflügeln

RILEY MPH (1934)

Motor: 6 Zylinder in Reihe mit hängenden Ventilen
Bohrung/Hub: 60,3 mm x 95,2 mm
Hubraum: 1.633 cm³
Max. Leistung: 60 PS
Getriebe: mechanisch, 4 Gänge
Rahmen: Leiterrahmen
Aufhängung: starre Achsen, Halbelliptik-Blattfedern an Vorder- und Hinterachse
Bremsen: Trommelbremsen vorne und hinten
Karosserie: zweisitzige Sportkarosserie
Höchstgeschwindigkeit: 145 km/h

Riley MPH

versehen. Insgesamt wurden etwa 18 Exemplare hergestellt.

Riley RM

Der RM war eines der ersten Modelle, die Riley nach dem Zweiten Weltkrieg vorstellte, und es ist daher nicht verwunderlich, daß seine äußere Form typische Vorkriegs-Merkmale aufwies. Das Limousinen-Serienmodell besaß ein elegantes Stoffverdeck, das von Holz-

> **RILEY RM (1950)**
> *Motor:* 4 Zylinder in Reihe mit hängenden Ventilen und zwei Nockenwellen
> *Bohrung/Hub:* 80,5 mm x 120 mm
> *Hubraum:* 2.443 cm³
> *Max. Leistung:* 90 PS
> *Getriebe:* mechanisch, 4 Gänge
> *Rahmen:* Leiterrahmen
> *Aufhängung:* vordere Einzelradaufhängung mit Torsionsfederstäben; starre Hinterachse mit Halbelliptik-Blattfedern
> *Bremsen:* Trommelbremsen
> *Karosserie:* Limousine, Spider, Coupé mit Sonnendach
> *Höchstgeschwindigkeit:* 125 km/h

spriegeln gestützt wurde und über eine netzartige Eisendrahtkonstruktion gespannt wurde. Die ersten Exemplare waren mit einem 4-Zylinder-Motor mit 1,5 l Hubraum ausgestattet; Ende 1946 kam auch eine 2,5-l-Version auf den Markt.

Der 1948 unter der Bezeichnung Roadster vorgestellte offene Sportwagen war ausschließlich für den Export bestimmt und wies als besonderes Merkmal eine Sitzbank mit drei Plätzen auf; kurze Zeit später kam auch eine Version mit Sonnendach auf den Markt. Einige Exemplare mit Coupé-Karosserie hatten einen 1,5-l-Motor, die meisten RM-Modelle waren jedoch mit einem 2,5-l-Motor ausgestattet; später wurde dieser Motor auch bei Healey-Automobilen eingebaut.

1952 wurde die 1,5-l-Version verbessert und unter der neuen Bezeichnung RME bis 1955 produziert. 1954 erfuhr auch die Karosserie eine Überarbeitung. Im Zuge dieser Modernisierung verschwanden die Trittbretter und die vorderen „Helm"-Kotflügel, und die hinteren Kotflügel mit ihrer flachen Seitenverkleidung erhielten ein neues Design.

Die 2,5-l-Version wurde 1952 modernisiert und kaum ein Jahr später vom Pathfinder RMH abgelöst, der mit dem 2,5-l-Motor der ersten RM-Versionen ausgestattet wurde. Im Design unterschied sich der Pathfinder mit seiner Pontonform sehr deutlich von seinen Vor-

Riley RM Roadster

gängern. 1957 wurde der Pathfinder von einer 2,6-l-Version mit modifizierter Wolseley-Karosserie abgelöst.

ROAMER
Kalamazoo, Michigan, USA
1916–1930

Albert C. Barley, Gründer der Barley Motor Car Co in Kalamazoo, verkaufte seinen Roamer ungeniert als preiswerten Rolls-Royce, dem er zumindest mit Kühlerform und Karosseriedesign ähnelte. Ansonsten war der Roamer einer der in den USA verbreiteten „assem-

> **ROAMER D4 (1921)**
> *Motor:* 4 Zylinder in Reihe mit waagerechten Ventilen
> *Bohrung/Hub:* 101,6 mm x 152,4 mm
> *Hubraum:* 4.941 cm³
> *Max. Leistung:* 75 PS
> *Getriebe:* mechanisch, 3 Gänge
> *Rahmen:* Leiterrahmen
> *Aufhängung:* starre Vorderachse mit Halbelliptik-Blattfedern, starre Hinterachse mit Viertelelliptikfedern
> *Bremsen:* Trommelbremsen hinten
> *Karosserie:* Spider, Torpedo, Cabriolet, Coupé, Limousine
> *Höchstgeschwindigkeit:* 130 km/h

bled cars" mit einem hohen Anteil an Fremdteilen.

Um 1920 waren vier Motoren von amerikanischen Herstellern im Angebot: Ein 5-l-Sechszylinder von Continental, ein Vierzylinder Rochester-Duesenberg mit waagerecht angeordneten Ventilen, ein Rutenber-Motor oder, von 1922 bis 1925, ein Sechszylinder. Von 1927 bis zur Werksschließung bot Roamer schließlich nur noch einen 8-Zylinder-Reihenmotor von 4,9 l Hubraum an.

Das Karosseriedesign des Roamer stammte von dem erfolgreichen Aufbauten-Fabrikanten Karl H. Martin, der auch die Karosserien für Deering-Magnetic (1918/19), Wasp (1919–25) und Kenworthy (1920–22) entworfen hatte. Jede dieser kleinen amerikanischen Marken hatte teuere, luxuriöse Automobile mit zum Teil außergewöhnlicher Technik hergestellt, z. B. elektrische Kraftübertragung beim Deering-Magnetic. Alle jedoch zeichneten sich durch gekonntes Karosseriedesign aus, wobei Martin Elemente von Rolls-Royce und Duesenberg übernahm. Als einzige technische Besonderheit des Roamer sind die aus dem Kutschwagenbau stammenden Vollelliptikfedern an der Hinterachse zu nennen. Vollelliptikfedern vorn und hinten und einen Holzrahmen wiesen im übrigen auch die Franklin-Automobile aus Syracuse/NY auf.

Roamer

ROCHDALE
Rochdale, Großbritannien
1952–1968

Anfänglich beschränkte sich die Tätigkeit Rochdales auf die einfache Montage mechanischer Bauteile für andere Unternehmen. Zwei seiner ersten eigenen Modelle waren der Riviera, ein Coupé mit Klappverdeck, und der Olympic, eine Limousine mit 2/4 Sitzen. Innerhalb kurzer Zeit kam dann eine Sportcoupé-Version des Olympic mit festem Dach und in Schalenbauweise gefertigter Glasfiberkarosserie auf den Markt. Zunächst verwendete Rochdale Bauteile von BMC, vor allem den 1,5-l-Riley-Motor. Die 1963er Olympic-Modelle wurden hingegen mit dem Motor des Ford Cortina ausgestattet. Insgesamt wurden etwa 400 Olympic-Modelle produziert.

ROCHET-SCHNEIDER
Lyon, Frankreich
1894–1932

Edouard Rochet und sein Freund Théophile Schneider gründeten die Firma Rochet-Schneider und begannen 1889 mit der Herstellung von Fahrrädern. 1894 gehörte Rochet-Schneider dann zu den ersten Firmen Lyons, die sich auf das Abenteuer der Automobilherstellung einließen.

Ab 1898 widmeten sich Rochet und Schneider ausschließlich der Herstellung von Automobilen und eröffneten in Chemin Feuillat eine neue Fabrik. 1901 wurden der 7 HP mit 2-Zylinder-Motor und der 12 HP mit 4-Zylinder-Motor vorgestellt, deren Auslegung den damaligen Panhard-Modellen glich. Auf dem Pariser Autosalon von 1902 präsentierte Rochet-Schneider drei neue Modelle mit 1-, 2- und 4-Zylinder-Motoren, die eine Leistung von 6,5 HP, 10 HP beziehungsweise 16 HP besaßen. Mit Ausnahme des Rahmens, der aus Holz gefertigt und mit Verstärkungselementen aus Stahl versehen war, wiesen auch diese Automobile keine Besonderheiten auf, da sich ihre Konstruktionstechnik sehr stark an der damaligen Technik von Mercedes orientierte.

Um die neuen Importsteuern zu umgehen, ließ sich Rochet-Schneider, wie viele andere französische Unternehmen auch, im Jahr 1904 offiziell als englisches Wirtschaftunternehmen registrieren. Zwei Jahre nach diesem Finanz-Manöver verfügte Rochet-Schneider über ein breitgefächertes Programm von Automobilen, die alle mit 4-Zylinder-Motoren ausgestattet waren: die Modelle 16, 18/22, 30, 30/35, 40/50 und 70 HP. 1909 beinhaltete das Programm neun verschiedene Modelle, zu denen auch zwei imposante Sechszylinder mit Kettenantrieb und 7.135 cm³ (30 HP) bzw. 10.857 cm³ (45 HP) zählten. Das Programm des Jahres 1914 bestand aus sechs Modellen: Neben dem Spitzenmodell mit 4-Zylinder-Motor und 7.238 cm³ (50 HP) gab es auch zwei 6-Zylinder-Modelle mit seitlich stehenden Ventilen und 3.169 cm³ (18 HP) bzw. 5.228 cm³ (28 HP).

Während des Krieges produzierte Rochet-Schneider ausschließlich Lastkraftwagen für das französische Militär. Die Automobilproduktion wurde 1918 mit der Herstellung von Vorkriegsmodellen wiederaufgenommen. Erst 1920 brachte Rochet-Schneider ein neues Modell mit 6-Zylinder-Motor mit stehenden Ventilen (6.126 cm³) auf den Markt. Später wurde dieser Motor mit hängenden Ventilen ausgestattet und 1926 von einem Motor mit gleicher Funktionsweise jedoch kleinerem Hubraum (3.769 cm³) abgelöst. Der Hubraum dieses Sechszylinders wurde 1930 auf 4.561 cm³ vergrößert und mit Doppelzündung und Zweifach-Zenithvergaser ausgestattet. Da die Verkaufszahlen der 4-Zylinder-Modelle immer weiter sanken, beschloß die Firmenleitung von Rochet-Schneider 1932 die Einstellung der Automobilproduktion.

ROLLAND-PILAIN
Tours, Frankreich
1905–1931

Emile Pilain gab sein Debüt in der Autoindustrie bei Vermorel in Villefranche-sur-Saône. In dieser Firma sammelte Emile an der Seite seines Onkels François erste Erfahrungen. 1901 verließ François Pilain (der bis heute als einer der Pioniere der Autoindustrie Lyons angesehen wird) Vermorel, um sich selbständig zu machen. Etwa ein Jahr später folgte Emile dem Beispiel seines Onkels und begann mit finanzieller Unterstützung seitens der Familie Rolland mit der Konstruktion von Automobilen und Fahrrädern. Das erste Rolland-Pilain-Modell war der 20/28 HP mit einem 4-Zylinder-Motor mit

Rochdale Olympic

ROCHDALE OLYMPIC (1964)

Motor: 4 Zylinder in Reihe
Bohrung/Hub: 81 mm x 72,75 mm
Hubraum: 1.498 cm³
Max. Leistung: 78 PS
Getriebe: mechanisch, 4 Gänge
Rahmen: selbsttragende Kunststoff-Karosserie
Aufhängung: Einzelradaufhängung vorne; starre Hinterachse
Bremsen: Scheibenbremsen vorne
Karosserie: Sportcoupé
Höchstgeschwindigkeit: 190 km/h

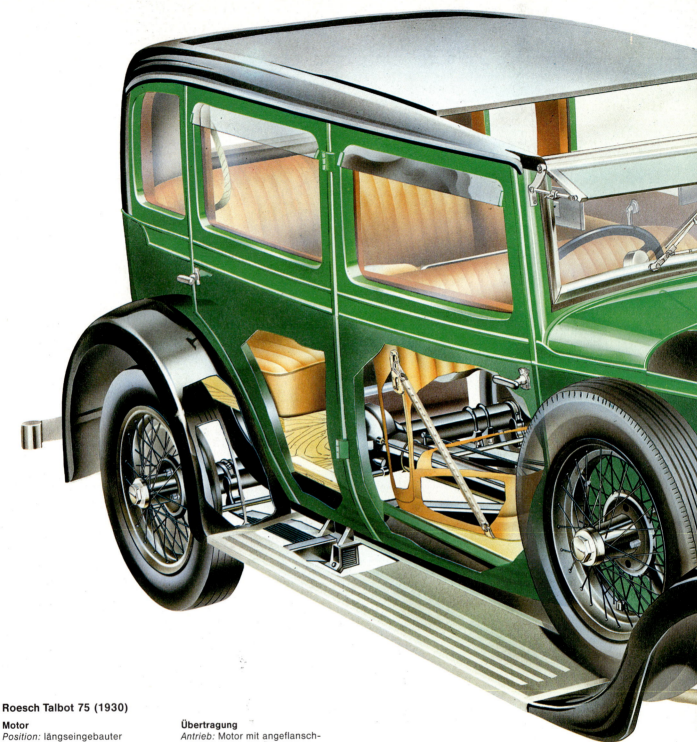

Roesch Talbot 75 (1930)

Motor
Position: längseingebauter Frontmotor
Bauart: 6 Zylinder in Reihe, wassergekühlt, Zylinderblock und -kopf aus Gußeisen, 7 Gleitlager, ausgewuchtete Kurbelwelle
Hubraum: 2.276 cm³
Bohrung/Hub: 69,5 mm x 100 mm
Verdichtungsverhältnis: 6,5 : 1
Ventilsteuerung: pro Zylinder 2 hängende Ventile, über Stößelstangen angetrieben von einer seitlichen, von Zahnrädern angetriebenen Nockenwelle
Gemischbildung: Zenith-Steigstromvergaser
Zündanlage: Zündspule und Delco-Remy-Zündverteiler mit Doppelunterbrecher
Max. Leistung: 74 PS bei 4.500⁻min

Übertragung
Antrieb: Motor mit angeflanschtem Getriebe und Übertragung auf die Hinterräder (Hinterradantrieb)
Kupplung: Einscheiben-Trockenkupplung
Getriebe: mechanisch, 4 Gänge
Übersetzungsverhältnis: I) 3,6 : 1; II) 2,0 : 1; III) 1,3 : 1; IV) 1,0 : 1
Kraftübertragung: Tellerrad und Ritzel
Übersetzungsverhältnis im Achsgetriebe: 4,9 : 1

Aufhängung
Vorderachse: Starrachse mit Blattfedern und Reibungsstoßdämpfern
Hinterachse: Starrachse mit Vierteleliptikfedern und Reibungsstoßdämpfern

Lenkung
System: Schneckenlenkung mit Spindelmutter

Bremsen
Typ: Tommelbremsen an allen vier Rädern, mit Hebelbetätigung über Stahlseil

Räder und Bereifung
Felgen: 16-Zoll-Talbot-Speichenräder mit zentralen Flügelmuttern
Bereifung: Diagonalreifen 600 x 16

Karosserie und Rahmen
Karosserie: viertürige Limousine mit 4 Sitzen
Rahmen: Leiterrahmen

Abmessungen und Gewicht
Länge: 4.343 mm
Breite: 1.727 mm
Radstand: 3.048 mm
Vordere Spurweite: 1.410 mm
Hintere Spurweite: 1.410 mm
Gewicht: 1.575 kg

Leistung
Höchstgeschwindigkeit: etwa 120 km/h
Kraftstoffverbrauch: 16–17 l/100 km

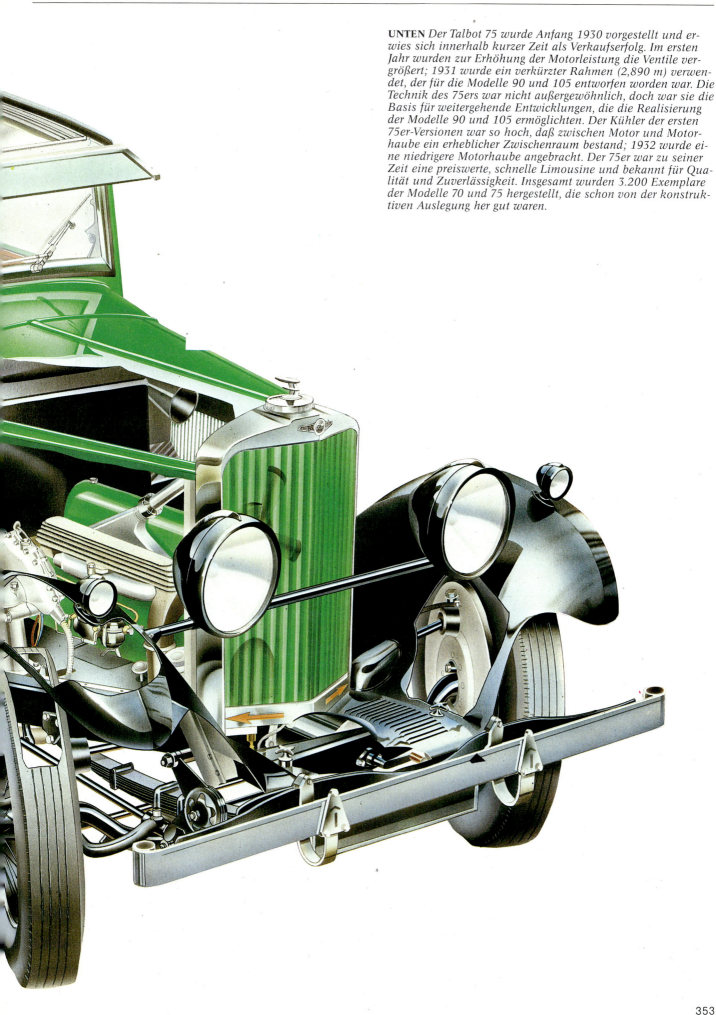

UNTEN *Der Talbot 75 wurde Anfang 1930 vorgestellt und erwies sich innerhalb kurzer Zeit als Verkaufserfolg. Im ersten Jahr wurden zur Erhöhung der Motorleistung die Ventile vergrößert; 1931 wurde ein verkürzter Rahmen (2,890 m) verwendet, der für die Modelle 90 und 105 entworfen worden war. Die Technik des 75ers war nicht außergewöhnlich, doch war sie die Basis für weitergehende Entwicklungen, die die Realisierung der Modelle 90 und 105 ermöglichten. Der Kühler der ersten 75er-Versionen war so hoch, daß zwischen Motor und Motorhaube ein erheblicher Zwischenraum bestand; 1932 wurde eine niedrigere Motorhaube angebracht. Der 75er war zu seiner Zeit eine preiswerte, schnelle Limousine und bekannt für Qualität und Zuverlässigkeit. Insgesamt wurden 3.200 Exemplare der Modelle 70 und 75 hergestellt, die schon von der konstruktiven Auslegung her gut waren.*

ROCHET-SCHNEIDER 12/16 HP (1909)

Motor: 4 Zylinder in Reihe mit stehenden Ventilen
Bohrung/Hub: 80 mm x 120 mm
Hubraum: 2.413 cm^3
Max. Leistung: 20 HP
Getriebe: mechanisch, 4 Gänge
Rahmen: Leiterrahmen
Aufhängung: starre Vorderachse mit Halbelliptikfedern; starre Hinterachse mit Halbelliptik- und Viertelelliptikfeder
Bremsen: Hinterrad- und Getriebebremse
Karosserie: Cabriolet de Ville
Höchstgeschwindigkeit: 65 km/h

Rochet-Schneider Cabriolet de Ville

2.211 cm^3; kurze Zeit später wurden der 12/16 HP und der 35/34 HP Grande Tourisme in das Programm aufgenommen.

1910 sammelte das Unternehmen Rolland-Pilain erste Erfahrungen mit Schiebermotoren und stellte ein Automobil mit einem derartigen Motor mit sechs Zylindern und 3.921 cm^3 Hubraum vor.

1913 erweiterte Rolland-Pilain sein Programm mit dem 20 HP (3.969 cm^3) und dem wesentlich größeren 60 HP (6.902 cm^3). Zu Beginn des Ersten Weltkrieges wurde das inzwischen äußerst „aufgeblähte" Programm der Rolland-Pilain Werke auf zwei Modelle reduziert, den 20 HP und den 10 HP mit nur 1.924 cm^3, mit denen nach Kriegsende die Produktion auch wieder anlief. 1921 wurde der neue 12 HP mit im Kopf hängenden Ventilen, 2.297 cm^3 und einem Vierradbremssystem vorgestellt. Im Jahr 1922 entwickelte Rolland-Pilain ein interessantes Rennauto, für dessen 1.980 cm^3 starken 8-Zylinder-Reihenmotor ursprünglich desmodromisch gesteuerte Ventile vorgesehen waren. Leider zeigte die Praxis, daß diese Lösung nicht zuverlässig genug war. Aus diesem Grund wurden die

ROLLAND-PILAIN 16 HP (1909)

Motor: 4 Zylinder in Reihe mit stehenden Ventilen
Bohrung/Hub: 80 mm x 110 mm
Hubraum: 2.211 cm^3
Max. Leistung: 42 HP
Getriebe: mechanisch, 4 Gänge
Rahmen: Leiterrahmen
Aufhängung: starre Vorder- und Hinterachse mit Halbelliptik-Blattfedern
Bremsen: Trommelbremsen hinten
Karosserie: zweisitziger Rennwagen
Höchstgeschwindigkeit: 115 km/h

drei Automobile, die 1922 am Grand Prix von Frankreich teilnahmen, mit Motoren mit traditioneller Ventilsteuerung ausgestattet.

Ein Jahr später nahm Rolland-Pilain mit unterschiedlichen Modellen erneut am Grand Prix von Frankreich teil, so auch mit einem Modell mit desmodromisch gesteuerten Ventilen, das jedoch die Ziellinie nicht erreichte. 1924 wurde der 11 HP mit einem 2.008 cm^3 starken 4-Zylinder-Motor und hängenden Ventilen vorgestellt; 1925 erschien der 10 CV mit 1.924 cm^3.

1925 kamen unter der Typenbezeichnung B25 ein Sportmodell mit 1.924 cm^3 und eine Sportversion mit 11 HP und 2.008 cm^3 auf den Markt. 1927 begann die Produktion von 1,5-l-Automobilen. 1929 wurde eine kleine Serie von Luxusmodellen gefertigt, die mit amerikanischen Continental-Motoren mit seitlich stehenden Ventilen ausgestattet waren und in Ausführungen von 3 l (sechs Zylinder) und 4 l (acht Zylinder) erhältlich waren. Die Firma produzierte bis 1931.

ROLLS-ROYCE
Manchester/Derby/Crewe, Großbritannien
1904–

Henry Royce wurde 1863 geboren. Im selben Jahr erblickte auch Henry Ford das Licht der Welt, eine Persönlichkeit, die die Geschichte der Motorisierung nachhaltig beeinflußt hat.

1884 gründete Royce gemeinsam mit seinem Freund Ernest Claremont in Manchester eine Firma für Elektromechanik und erwarb sich sogleich einen guten Ruf als Hersteller von Stromgeneratoren und äußerst zuverlässigen Elektroflaschenzügen.

Anfang dieses Jahrhunderts konnte sich Royce, der inzwischen ein einflußreicher Geschäftsmann geworden war, seinem liebsten Hobby, dem Kraftfahrzeugwesen, widmen. 1903 erwarb er einen Decauville, der damals als bestes leichtes Automobil galt. Inspiriert von diesem Fahrzeug konstruierte er drei Exemplare mit 2-Zylinder-Motoren mit 10 HP, die 1904 unter dem Firmennamen Royce vorgestellt wurden.

Die hervorragende Qualität dieser ersten Exemplare erregte die Aufmerksamkeit von Hon C.S. Rolls, einem der Pioniere

Rolland-Pilain

des englischen Automobilwesens. Rolls leitete nördlich von London eine erfolgreiche Agentur, die renommierte Modelle (Mors, Panhard, Minerva usw.) aus der Produktion von Firmen des europäischen Kontinents vermittelte. Da er sehr daran interessiert war, neben den oben erwähnten Marken auch ein qualitativ hochwertiges leichtes Automobil anzubieten, bemühte sich Rolls, alle Exemplare, die Royce produzieren konnte, aufzukaufen und sie unter dem Namen Rolls-Royce auf den Markt zu bringen. Außerdem überredete er Royce, für den Pariser Autosalon im Jahr 1904 eine möglichst große Auswahl an Modellen bereitzustellen. Royce gelang die Fertigstellung von insgesamt fünf Modellen: ein 2-Zylinder-Modell mit 10 HP, mit dem außerhalb der Ausstellungshalle Probefahrten durchgeführt wurden, ein weiteres 10-HP-Modell mit statischem Rahmen, ein 3-Zylinder-Modell mit 15 HP, den 20 HP mit vier Zylindern und schließlich den 30 HP mit 6-Zylinder-Motor.

Die Kühler der ersten Royce-Automobile glichen dem des bereits aus der Mode gekommenen Decauville und wurden später durch einen wesentlich eleganteren, quadratischen Kühler (der an den Parthenon erinnerte) ersetzt, der zum typischen Merkmal der nachfolgenden Rolls-Royce-Produktion wurde.

Um diese neue Marke öffentlich bekannt zu machen, nahm Rolls-Royce im Jahr 1905 beim Tourist Trophy auf der Isle of Man mit zwei extrem leichten und robusten 20-HP-Modellen teil: Der Rahmen und die Vorderachse waren aus Nickelstahl, die Hinterachse aus Aluminium. Eines der zwei Autos ging als erstes ins Ziel, wurde jedoch auf den zweiten Platz zurückgestuft. Aufgrund dieses Erfolges entschieden sich Rolls und sein Partner Claude Johnson, sich ausschließlich dem Automobilsektor zu widmen. Zu diesem Zweck gründeten sie im Jahr 1906 die neue Gesellschaft Rolls-Royce Limited und übernahmen die Motorenbau-Abteilung der Royce Ltd., die auch nach dem Tod von Henry Royce im Jahr 1933 weiterhin auf dem Sektor der Elektrotechnik tätig war. Schon nach einigen Monaten ging der Umsatz dieser neuen Firma so sprunghaft in die Höhe, daß die Produktionskapazitäten des bisherigen Werkes in Manchester nicht mehr ausreichten. Daraufhin erwarben die zwei Gesellschafter ein Gelände in Derby, auf dem eine neue Fabrik für die Automobilproduktion errichtet wurde.

1905 bat Johnson Henry Royce, den V8 Legalimit zu konstruieren. Nach Johnsons Auffassung sollte dieses Modell alle typischen Vorteile eines Automobils mit elektrischem Antrieb aufweisen (unter anderem eine Beschleunigung von 5 auf 32 km/h im höchsten Gang, ohne das leiseste Geräusch und vibrationsfrei, ohne schlechte Gerüche oder Auspuffwolken); außer den oben erwähnten Leistungen sollte der V8-Motor des Legalimit auch einen so geringen Raumbedarf aufweisen, daß er unterhalb des Bodenbleches des Fahrgastraumes Platz fand. Dieses Automobil „ohne Motorhaube" erblickte jedoch nie das Licht der Welt: Das nur als Prototyp hergestellte Modell hatte eine eher klassische Front.

Auch der 1904 vorgestellte 30 HP mit sechs Zylindern war nicht sehr erfolgreich, so daß Rolls-Royce 1906 unter dem Namen 40/50 HP ein Nachfolgemodell mit sechs Zylindern herausbrachte, das später als Silver Ghost Popularität erlangte. Auch wenn die technische Konzeption des Silver Ghost nicht sehr zukunftsweisend war, bestach er doch durch die typische handwerkliche Sorgfalt, die schon immer alle Rolls-Royce-Modelle ausgezeichnet hatte. Die Produktion des Silver Ghost wurde 1908 nach Derby verlegt und bis 1925 fortgeführt.

Rolls starb 1910 bei einem Flugzeugunglück. Henry Royce, den die extrem harte Arbeit sehr ausgezehrt hatte, mußte seine Arbeitsleistung stark vermindern: Von 1911 an bis zu seinem Tod beschränkte er sich auf die Beratung bei der Projektierung neuer Modelle.

In den Jahren von 1919 bis 1931 wurden die für den amerikanischen Markt bestimmten Modelle direkt in Springfield, Massachusetts, in einer Zweigniederlassung von Rolls-Royce montiert.

1922 brachte Rolls-Royce ein neues, kleineres Modell, den 20 HP, heraus; sein 6-Zylinder-Motor mit 3.150 cm^3 war der erste Rolls-Royce-Motor mit demontierbarem Zylinderkopf. Ursprünglich war dieser kleine Rolls-Royce mit einem 3-Gang-Getriebe und zentralem Steuerhebel ausgerüstet; 1925 wurde er mit einem vierten Gang ausgestattet. Im gleichen Jahr wurde der Silver Ghost von dem Phantom I abgelöst, der jedoch als Übergangsmodell bezeichnet werden kann, da der 7,7-l-Motor mit hängenden Ventilen in krassem Gegensatz zum Rahmen stand, der gegenüber dem Vorgängermodell praktisch unverändert blieb. Im Jahre 1929 wurde der Phantom I von dem stark modernisierten Phantom II abgelöst.

Im selben Jahr wurde aus dem 20 HP der 20/25 entwickelt, dessen Motor auch in die ersten Rolls-Bentley-Modelle eingebaut wurde, die nach dem Kauf der Bentley Motors durch Rolls-Royce hergestellt wurden. 1936 wurde der 20/25 vom 25/30 abgelöst, der mit dem gleichen 4.250-cm^3-Motor ausgestattet war wie die ebenfalls 1936 vorgestellten Bentley-Modelle. 1938 erschien als Nachfolgemodell des 25/30 der Wraith. In der Zeit von 1936 bis 1939 produzierte Rolls-Royce den Phantom III mit einem technisch sehr ausgereiften V-12-Motor mit 7.341 cm^3 (unter anderem wurden hydraulische Ventilstößel eingesetzt), der jedoch sehr kostspielig im Unterhalt war. Vor allem wegen dieses Motors war der Rahmen des Phantom III auch für schwerere Karosserien geeignet.

Nach dem Zweiten Weltkrieg verlegte Rolls-Royce seine Produktionsstätten nach Derby bei Crewe. Die neue Fabrik begann ihre Produktion im Jahr

1947 mit dem Silver Wraith. 1949 wurde der Silver Dawn herausgebracht, der eine entscheidende Wende in der Geschichte von Rolls-Royce darstellte: Er war das erste von Rolls-Royce hergestellte Automobil mit Werkskarosserie, deren Teile mittels Gesenkschmieden und anderer damals angewandter Techniken gefertigt worden war. Lange Zeit behielt Rolls-Royce das System bei, immer die neuesten Versionen der alten 6-Zylinder-Motoren, deren Konzeption aus der Vorkriegszeit stammte, einzubauen; im Jahr 1959 jedoch wurden die Modelle Silver Cloud und Phantom V mit einem neuen V-8-Motor mit 6.321 cm^3 ausgestattet. Zuvor war eine kleine Serie des Phantom IV (insgesamt 16 Exemplare) mit einem 8-Zylinder-Reihenmotor herausgekommen.

Der 1965 vorgestellte Silver Shadow hatte eine selbsttragende Karosserie und Einzelradaufhängung an den Vorder- und Hinterrädern.

Aufgrund finanzieller Verluste im Flugzeugbausektor, verursacht durch Schwierigkeiten bei der Entwicklung des technologisch fortschrittlichen Turbinen-Propeller-Triebwerks RB211, war Rolls-Royce 1971 stark konkursgefährdet. (Rolls-Royce hatte einen entscheidenden Beitrag zur Entstehung und zum Erfolg der englischen Flugzeugbauindustrie geleistet. Unter anderem hatte die Firma einige der besten Flugzeugmotoren der Welt konstruiert, wie den berühmten Merlin, mit dem die Hurricane- und Spitfire-Flugzeuge der Royal Air Force im Luftkrieg über England ausgestattet waren.) Im Februar 1971 wurde die Zahlungsunfähigkeit von Rolls-Royce erklärt und die Firma unter die Kontrolle eines Konkursverwalters gestellt. Glücklicherweise intervenierte die englische Regierung, um dieses ruhmreiche Unternehmen zu retten. Rolls-Royce wurde umstrukturiert und in zwei klar getrennte Bereiche unterteilt, eine Automobil- und eine Flugzeugabteilung. Die Automobilabteilung konnte innerhalb kurzer Zeit ihre Bilanz ausgleichen, vor allem dank des großen kommerziellen Erfolges des Silver Shadow. 1980 fusionierte sie mit Vickers, einem Konzern, der auf dem Sektor der neuen Technologien und in der Rüstungsindustrie tätig ist.

In den siebziger Jahren enthielt das Programm unter anderem auch die Modelle Corniche und Camargue, etwas später kamen die Modelle Silver Spur und Silver Spirit hinzu; zudem wurde auch der Phantom VI als Limousine oder Landaulet angeboten.

1982 erlitt Rolls-Royce wieder einen Rückschlag, da aufgrund der Energiekrise die Verkaufszahlen erheblich sanken: 1982 wurden 2.500 Autos verkauft, ein Jahr später nur noch 1.600. Dank eines rigorosen Sparprogramms konnte die Produktion bereits 1984 wieder auf 2.500 Automobile im Jahr angehoben werden, und in diesem Jahr wurde ein Reingewinn von 14 Millionen Pfund Sterling erzielt.

1980 wurde der Silver Shadow II vom neuen Silver Spirit abgelöst. Der etwas längere Silver Wraith wurde gleichzeitig durch den Silver Spur ersetzt.

Silver Spirit und Silver Spur sind jeweils in der zweiten Generation mit 6,75-l-V8 bis heute im Programm. Ihre Motoren mit etwa 225 PS (genaue Angaben macht Rolls-Royce nie) genügen für 205 km/h.

Die große Phantom-Limousine wird seit 1991 nicht mehr gebaut. Ihren Platz nimmt eine deutlich verlängerte Version des Silver Wraith, die Touring Limousine, ein.

Rolls-Royce 40/50 HP

1905 beschloß Rolls, 6-Zylinder-Motoren zu bauen, und stellte ein Modell mit 30 HP vor, das jedoch nicht sehr erfolgreich war. Aus praktischen Erwägungen heraus wurde dieser Motor aus Bauteilen des 2-Zylinder-Motors mit 10 HP und des Vierzylinders mit 20 HP gefertigt. Offensichtlich waren einige Teile zu schwach ausgelegt, so daß dieser Motor, wie übrigens auch viele der ersten 6-Zylinder-Motoren von anderen Automobilherstellern, erhebliche Probleme wegen periodischen Motorschwingungen bereitete. Sehr bald gelangte Henry Royce zu der Einsicht, daß die bessere Lösung für die Fertigung eines 6-Zylinders die Verwendung von zwei getrennten Motorblöcken mit je drei Zylindern ist, anstatt drei 2-Zylinder-Motoren miteinander zu verbinden. Auf dieser Basis wurde 1906 ein neues 6-Zylinder-Modell mit der Bezeichnung 40/50 HP vorgestellt, besser bekannt als Silver Ghost. Damit war das Grundprinzip eines stärkeren 6-Zylinder-Motors (so war der Durchmesser des Tragzapfens der Kurbelwelle im Vergleich zum 30 HP verdoppelt worden) mit Ölumlaufschmierung geschaffen worden, der nach Anforderung abgeändert wurde.

Auch der Rahmen, der die Struktur des Vorgängermodells beibehalten hatte, wurde verstärkt und mit Hinterradaufhängungen durch Längsblattfedern versehen. Das 4-Gang-Getriebe hatte einen direkten dritten Gang, während der vierte Gang als Overdrive ausgelegt war. Gekuppelt wurde mit einer Lederkonus-Kupplung. Ein weiterer Beweis für den Perfektionismus von Royce war der Einbau eines Zahnradausgleichgetriebes (in einem Miniatur-Kurbelgehäuse aus Aluminium) anstelle des damals gebräuchlichen Hebelsystems, um damit den Bremsausgleich vornehmen zu können.

Die offizielle Präsentation dieses Modells erfolgte 1906 auf dem Londoner Autosalon. Die anfängliche Popularität des 40/50 HP beruhte auf der Zuverlässigkeit, die dieses Modell in verschiedenen Langstrecken-Rennen bewiesen hatte: Claude Johnson gewann am Steuer des 13. 40/50-HP-Modells ein Rennen über 2.000 Meilen, ohne daß Reparaturen notwendig gewesen wären. Dieses Rennen schloß auch die Strecke des späteren Scotish Reliability Trials ein. Anschließend führte Johnson einen Dauertest über 24.140 km durch. Auch diesen Test bestand der Silver Ghost mit Auszeichnung; die einzige Panne auf der gesamten Strecke war, daß sich der Benzinhahn nach etwa 1.000 Kilometern aufgrund von Erschütterungen selbständig schloß. Die Beseitigung dieses Problems kostete lediglich 2 Pfund Sterling, 2 Schillinge und 7 Pennies: Unterhaltskosten, die völlig außer acht gelassen werden können, wenn man bedenkt, daß die im Test zurückgelegte Strecke dreimal so lang war wie die damalige durchschnittliche Kilometerleistung pro Jahr.

Ende 1909 wurde der Hub des Motors auf 120,2 mm verlängert, wodurch der Hubraum auf 7.396 cm³ anstieg und eine Leistung von 48 HP erreicht wurde. Fast im gleichen Zug wurde auch das 4-Gang-Overdrive-Getriebe durch ein 3-Gang-Getriebe mit direktem dritten Gang ersetzt. Diese Lösung erhöhte zusätzlich die Beschleunigung, da der Gangwechsel reduziert wurde. Dies war ein außerordentlicher Vorteil, vor allem wenn man bedenkt, daß es zu dieser Zeit noch keine Synchronisiereinrichtung zur Erleichterung des Schaltvorganges gab.

1911 wurden die Karosserie (verjüngte Motorhaube), der Motor (erhöhtes Verdichtungsverhältnis) und der Rahmen (Hinterradaufhängung mit Auslegerfeder als Halbfeder) des Silver Ghost verändert. Dieses überarbeitete Modell bewies außerordentliche Elastizität in den Fahreigenschaften, als es die Strecke London-Edinburgh im dritten Gang mit einer mittleren Fahrstrecke von 8,6 km/l erfolgreich zurücklegte. Dieser Silver Ghost, mit einem Übersetzungsverhältnis im Differential von 2,9:1, erreichte auf dem Kurs von Brookland 126 km/h. Aus diesem Exemplar wurde das Serienmodell „London-Edinburgh" entwickelt, der gegenwärtig der begehrteste Silver Ghost unter Oldtimer-Sammlern ist.

1913/14 wurde der Silver Ghost wieder mit einem 4-Gang-Getriebe ausgestattet, diesmal mit direktem viertem Gang. Während des Ersten Weltkriegs erwies sich dieses Automobil als sehr gut verwendbarer gepanzerter Wagen, da er für schwere (bis zu zwei Tonnen) Stahlkarosserien gut geeignet war. Obwohl die Silver-Ghost-Modelle der Nachkriegszeit beachtliche Neuerungen aufwiesen (Beleuchtungssystem und elektrischer Anlasser, Aluminiumkolben und Doppelzündung), wurden weiterhin Hinterradbremsen verwendet: Die Modelle mit Vierradbremsen erschienen erst 1924, ein Jahr bevor die Produktion eingestellt wurde.

Ab 1921 wurde der Silver Ghost auch in den Vereinigten Staaten, in Springfield, Massachusetts, unter der Leitung von Rolls-Royce/England produziert. 1931 stellte das amerikanische Werk die Produktion ein; insgesamt waren hier 1.703 Silver Ghost und 1.241 Phantom I hergestellt worden.

Als 1924 die Produktion des Silver Ghost in den englischen Niederlassungen Manchester und Derby eingestellt wurde, geriet die technische Überlegenheit der Rolls-Royce-Modelle ins Schwanken, da sie von anderen, ebenso prestigeträchtigen Marken wie dem Hispano Suiza bedrängt wurden. In Großbritannien wurden insgesamt 6.173 Exemplare des Silver Ghost hergestellt.

Rolls-Royce 20 HP

Die Gerüchte um einen Versuchs-Rolls-Royce mit kleinen Abmessungen wurden 1921 bestätigt, als die Fachzeitschrift The Motor bereits im Vorfeld Fotos eines Erlkönigs veröffentlichte. Die offizielle Vorstellung des 20 HP erfolgte erst ein Jahr später. Im Gegensatz zum Motor des Silver Ghost hatte dieser neue Rolls-Royce einen Motor mit demontierbarem Zylinderkopf; die

---

ROLLS-ROYCE 40/50 HP (1920/21)

Motor: 6 Zylinder in Reihe mit stehenden Ventilen
Bohrung/Hub: 114,3 mm x 120,2 mm
Hubraum: 7.396 cm³
Max. Leistung: 48 HP
Getriebe: mechanisch, 4 Gänge (4. Gang als Schongang)
Rahmen: Leiterrahmen
Aufhängung: starre Vorderachse mit Halbelliptikfedern; starre Hinterachse mit Viertelelliptikfedern
Bremsen: Trommelbremsen an Hinterrädern und Getriebe
Karosserie: auf Wunsch
Höchstgeschwindigkeit: 85 km/h

Rolls-Royce Silver Ghost

Steuerung der hängenden Ventile erfolgte über Stößelstangen. Obwohl der Schaltknüppel und die Handbremse bei den anspruchsvolleren Modellen dieser Zeit rechts vom Lenkrad angebracht waren, wurden beim 20 HP die Bedienelemente links vom Fahrer angebracht. Dieses Modell wurde wegen der Ausstattung mit nur drei Gängen stark kritisiert, doch entschieden sich die Verantwortlichen bei Rolls-Royce erst Ende 1925 dafür, einen zusätzlichen vierten Gang einzubauen. Im selben Jahr wurden der 20 HP und sein größerer Bruder, der Silver Ghost, serienmäßig mit Vierradbremsen ausgestattet.

Der Prototyp des 20 HP besaß einen Motor mit zwei Nockenwellen, doch konnte diese fortschrittliche Technik aus Zeitmangel nicht ausreichend erprobt werden, so daß eine Serienproduktion nicht möglich war. Dennoch stellte der Motor des 20 HP eine wichtige Etappe bei Motorentwicklung von Rolls-Royce dar, da er als Basismodell für alle Motoren galt, die in diesem Haus in den folgenden 37 Jahren gebaut wurden. So wurde der axiale Abstand von 10,5 cm zwischen den Zylinderlaufbuchsen als ein optimales Maß angesehen, um einen angemessenen Zwischenraum für das Kühlwasser zu garantieren.

Rolls-Royce Phantom I

Der 1925 vorgestellte Rolls-Royce Phantom I sollte den Silver Ghost ablösen. Er war mit einem Motor ausgestattet, der sich von dem des 20 HP vor allem durch größere Abmessungen unterschied; die Ventilsteuerung und der Verbrennungsraum waren identisch. Der Motorblock dieses ersten Phantom mit der Typenbezeichnung Phantom I bestand aus zwei Motorblöcken mit je drei Zylindern (dieses Prinzip war bereits beim Silver Ghost angewendet worden), der demontierbare Zylinderkopf bestand jedoch aus einem Stück. Der Rahmen, das vom Motor getrennte Getriebe und die Hinterachsaufhängung an Viertelelliptikfedern waren identisch mit der Konzeption des 40/50 HP.

Da beim Phantom I, wie auch bereits beim Silver Ghost, die Forderung nach möglichst wenig Schaltvorgängen bestand, wurde zwar eine inzwischen veraltete Kulissenschaltung von Henry Royce verwendet, doch erlaubte die Elastizität des Motors glücklicherweise auch das Anfahren im höchsten Gang, so daß der Fahrer nur selten diese Geschicklichkeitsprüfung beim Schalten bestehen mußte.

Das Kühlsystem des Phantom I stellte einen Rückschritt gegenüber dem des Silver Ghost dar. Während letzterer mit einem Thermostatregler ausgestattet war, fehlte diese Einrichtung beim Phantom I. Um die Betriebstemperatur schneller zu erreichen, mußte per Hand eine Art kleine Jalousie betätigt werden, die sich vor dem Kühler befand. Auch die Lenkung war wegen des hohen, auf der Vorderachse ruhenden Gewichts schwergängig.

Während der kurzen Zeit, in der der Phantom I im Programm war (1925–1929), wurde die Motorleistung stufenweise erhöht: Die höchste Leistung wurde bei den letzten Modellen erreicht, die mit einem Zylinderkopf aus Aluminium ausgestattet waren. Zwischen den Exemplaren, die im englischen Derby und denen, die im amerikanischen Springfield hergestellt wurden, zeigten sich deutliche Unterschiede: So hatten die ersten 66 amerikanischen Modelle weder ein Vierradbremssystem noch Servobremsen, waren jedoch mit einer Rahmen-Zentralschmierung ausgestattet, die bei den in Derby montierten Wagen erst in der zweiten Produktionsphase eingebaut wurde. In Springfield wurde der Silver Ghost noch bis 1926 produziert, da

Rolls-Royce 20 HP

ROLLS-ROYCE 20 HP (1922)

Motor: 6 Zylinder in Reihe mit hängenden Ventilen
Bohrung/Hub: 76 mm x 114 mm
Hubraum: 3.127 cm³
Max. Leistung: 53 HP
Getriebe: mechanisch, 3 Gänge
Rahmen: Leiterrahmen
Aufhängung: starre Vorder- und Hinterachse mit Halbelliptikfedern
Bremsen: Trommelbremsen hinten
Karosserie: nach Wunsch
Höchstgeschwindigkeit: 120 km/h

ROLLS-ROYCE PHANTOM I (1925)

Motor: 6 Zylinder in Reihe mit hängenden Ventilen
Bohrung/Hub: 108 mm x 139,7 mm
Hubraum: 7.668 cm³
Max. Leistung: 100 HP
Getriebe: mechanisch, 4 Gänge
Rahmen: Leiterrahmen
Aufhängung: Starrachsen, Vorderachsaufhängung an Halbelliptikfedern; Hinterachsaufhängung an Viertelelliptikfedern
Bremsen: Servo-Trommelbremsen vorne und hinten
Karosserie: auf Wunsch
Höchstgeschwindigkeit: 120 km/h

Rolls-Royce Phantom I Brewster

Rolls Royce Silver Ghost (1907)

Motor
Position: längseingebauter Frontmotor
Bauart: 6 Zylinder in Reihe, 2 Motorblöcke mit je 3 Zylindern; wassergekühlt
Hubraum: 7.033 cm³
Bohrung/Hub: 114,3 mm x 114,3 mm
Verdichtungsverhältnis: 3,2 : 1
Ventilsteuerung: stehende Ventile
Gemischbildung: Royce-Vergaser mit zwei Düsen
Zündanlage: Spulen- und Magnetzündung; 2 Zündkerzen pro Zylinder
Max. Leistung: 48 HP bei 1.500-min

Übertragung
Antrieb: Kupplung und Getriebe getrennt vom Motor; Hinterradantrieb
Kupplung: Konuskupplung
Getriebe: mechanisch, 4 Gänge mit Overdrive
Übersetzungsverhältnis: I) 2,83 : 1; II) 1,66 : 1; III) 1 : 1; IV) 0,8 : 1
Achsgetriebe: Kegelradgetriebe
Übersetzungsverhältnis im Achsgetriebe: 2,708 : 1

Aufhängung
Vorderachse: starre Achse mit Halbelliptikfedern
Hinterachse: Starrachse mit Halbelliptikfedern und Querblattfeder

Lenkung
System: Schneckenlenkung

Bremsen
Typ: mechanisch auf Hinterrädern und Getriebe

Räder und Bereifung
Felgen: Holzspeichen
Reifen: vorne 875 mm x 105 mm, hinten 880 mm x 120 mm

Karosserie und Rahmen
Karosserie: Roi-des-Belges
Rahmen: Leiterrahmen

Abmessungen und Gewicht
Länge: 4.572 mm
Breite: 1.587,5 mm
Radstand: 3.365,5 mm
Vordere und hintere Spurweite: 1.422 mm
Gewicht: 1.671 kg

Leistung
Höchstgeschwindigkeit: 88,5 km/h
Kraftstoffverbrauch: 13,6 l/100 km (im Durchschnitt)

Darstellung des Original Silver Ghost. Der 6-Zylinder-Motor mit stehenden Ventilen bestand aus zwei Motorblöcken mit je drei Zylindern. Hervorzuheben ist die Hinterradaufhängung, die außer der üblichen Längsblattfeder auch eine Querblattfeder besaß. Die hohen „Sessel"-Sitze waren charakteristisch für die Roi-des-Belges-Karosserie.

man der Meinung war, daß eine Änderung der Anlagen für die Produktion des Phantom II nicht rentabel sei.

Unter der Leitung eines Konkursverwalters beschränkten sich die Tätigkeiten 1934 auf Reparatur- und Wartungsarbeiten von gebrauchten Autos. Darüber hinaus wurden einige „Hybrid"-Modelle verkauft, die mit V8-Motoren von Ford und Karosserien von Brewster ausgestattet waren. 1935 verschärfte sich die Situation in einer Weise, daß die Niederlassung in Springfield ihre Tore schließen mußte. Insgesamt waren in Springfield 1.241 und in Derby 2.212 Phantom-Modelle hergestellt worden.

Im Jahr 1926 wurde ein Phantom I auf ausdrücklichen Wunsch eines gewissen Kapitän Kruse mit einem neuen Aufladeverfahren für den Motor versehen, das Charles Amhrest Villiers erfunden hatte: Ein Kompressor in einer aerodynamischen Verkleidung, die sich unterhalb des linken Bodenblechs befand. Durch den Kompressor erhöhte sich die Höchstgeschwindigkeit von 120 auf 150 km/h und die mittlere Reisegeschwindigkeit von 88 auf 120 km/h; entsprechend stieg auch der Benzinverbrauch von 19,6 l/100 km auf 26,1 l/100 km.

Das Chassis eines „gewöhnlichen" Phantom I kostete mit 1.850 Sterling etwa zehnmal so viel wie das eines Morris Oxford. Damit war der Ph I fast das teuerste Auto.

Rolls-Royce Phantom III

Gegen Mitte der zwanziger Jahre, als eine Ablösung des Silver Ghost durch ein technisch überarbeitetes Modell bereits dringend notwendig geworden war, konstruierte Rolls-Royce einen V12-Versuchsmotor. Dies war sicherlich keine absolutes Neuland für dieses Haus, da bereits in der Struktur ähnliche Motoren für Flugzeuge gebaut worden waren. Der Serieneinbau eines solchen Motors in Automobile erfolgte aber erst etwa zehn Jahr später, als auch der Phantom II von einem Nachfolgemodell abgelöst werden mußte.

1935 wurde der Phantom III mit V12-Motor vorgestellt. Die Ventilsteuerung erfolgte durch eine einzige, zwischen den zwei Zylinderblöcken liegende Nockenwelle, die hydraulische Ventilstößel antrieb. Obwohl diese Technik bereits 1910 an einem Modell von Amadée Bollée erprobt worden war, stellte sie doch eine Besonderheit dar. Ohne Ölfilter, die in den dreißiger Jahren noch nicht üblich waren, wurden die Kanäle der hydraulischen Ventilstößel häufig von Ölschlamm verstopft. Deshalb wurden viele V12-Motoren mit traditionellen Ventilstößeln versehen. Auch am Fahrgestell des Phantom III zeigten sich grundlegende Neuerungen, zumindest was die typische Bauweise von Rolls-Royce betraf: Die vordere Einzelradaufhängung bestand aus unterschiedlich langen Längslenkern, Schraubenfedern und Ölstoßdämpfern. Diese Radaufhängung, die auch General Motors in die Cadillac-Modelle einbaute, verbesserte den Fahrkomfort.

Da die Bohrung des Phantom III-Motors kleiner war als die des Phantom II, war der Motor kürzer. Aus diesem Grund war der Fahrgastraum, trotz Verringerung des Radstandes um 20 cm, erheblich größer. Für den V12-Motor wurden nasse Zylinderlaufbuchsen und ein Doppelzündungssystem verwendet. Wie bereits bei anderen Modellen montierte Rolls-Royce auch bei diesem V12 pro Zylinder zwei Zündkerzen.

ROLLS-ROYCE PHANTOM III (1938)
Motor: V-12-Zylindermotor mit hängenden Ventilen
Bohrung/Hub: 82,6 mm x 114,3 mm
Hubraum: 7.340 cm³
Max. Leistung: 165 HP
Getriebe: mechanisch, 4 Gänge mit nicht synchronisiertem erstem und zweitem Gang
Rahmen: Leiterrahmen
Aufhängung: vorne Einzelradaufhängung mit Lenkern, Schraubenfedern und Ölstoßdämpfern; starre Hinterachse mit Halbelliptikfedern
Bremsen: Servo-Trommelbremsen hinten und vorne
Karosserie: auf Wunsch
Höchstgeschwindigkeit: 148 km/h

Mit Hilfe dieses Prinzips konnte die Zündung in einem Bereich von etwa einer Tausendstelsekunde gesteuert werden, wodurch eine optimale Ausbreitung der Flammenfront im Verbrennungsraum ermöglicht wurde. Um die Erwärmung des Motoröls zu beschleunigen, wurden die ersten Phantom III Modelle auch mit einem Wärmetauscher ausgestattet.

Bei guter Wartung und Pflege war dieser Rolls-Royce ein außergewöhnlich schönes Automobil; dieses Attribut trifft sowohl auf die Ästhetik als auch auf den Fahrkomfort zu. Dank der hervorragenden Eigenschaften seines äußerst leisen Motors erreichte der Phantom III eine Höchstgeschwindigkeit von mehr als 145 km/h und beschleunigte in weniger als 25 Sekunden von 0 auf 113 km/h. Leider wurde die Produktion dieses Modells durch den Ausbruch des Zweiten Weltkrieges unterbrochen; bis zu diesem Zeitpunkt waren 715 Exemplare gefertigt worden.

Auch wenn ein Phantom III selten so ausgewogen ausfiel wie ein gut karossierter Phantom II, so war er um 8% leichter und um 12% stärker und somit lebendiger. Auch gilt der Ph III als der letzte komplette Rolls-Royce, denn Einzel- und Bauteile stammten aus eigener Herstellung mit Ausnahme von Reifen, Zündkerzen, Batterie, Kabelbaum usw. Typisch RR waren auch Doppelzündung und zwei Benzinpumpen – zur Sicherheit.

Rolls-Royce Phantom III

Rolls-Royce Silver Dawn

Wie das zeitgleiche Modell Silver Wraith, hatte auch der Silver Dawn einen neuen Motor mit „F"-Zylinderkopf, der bereits im Jahr 1938 entwickelt worden war. Der Silver Dawn war kürzer, leichter und wirtschaftlicher als die Rolls-Royce-Modelle mit handgefertigten Karosserien.

Doch wurden auch einige Exemplare des Silver Dawn mit

ROLLS-ROYCE CORNICHE (1980)

Motor: V-8-Zylinder mit hängenden Ventilen
Bohrung/Hub: 104,1 mm x 99,1 mm
Hubraum: 6.750 cm³
Max. Leistung: keine Angaben
Getriebe: automatisch, 3 Gänge
Rahmen: selbsttragende Karosserie
Aufhängung: Einzelradaufhängung vorne mit Schraubenfedern und Querlenkern; Einzelradaufhängung hinten mit Längslenkern und Schraubenfedern
Bremsen: Scheibenbremsen
Karosserie: Cabriolet
Höchstgeschwindigkeit: 190 km/h

---

nicht seriengefertigten Karosserien ausgestattet, wie beispielsweise die im Jahr 1951 vorgestellte Fastback-Limousine, die von Pininfarina entworfen worden war. Die Produktion des Silver Dawn wurde 1955 nach 760 Exemplaren eingestellt.

Rolls-Royce Corniche

Der Silver Shadow war nicht nur der erste Rolls-Royce mit selbsttragender Karosserie, sondern auch, soweit es die Produktion in Crewe betrifft, das erste Modell mit Scheibenbremsen an den Vorderrädern. Darüber hinaus verfügte der Silver Shadow über eine Hinterradaufhängung mit Niveauregulierung, die in Lizenz der Citroën-Werke gebaut wurde, sowie über ein Lenksystem mit hoher Untersetzung, das nach Ansicht von Rolls-Royce unbeabsichtigte Abweichungen von der Fahrspur verhindern sollte, das jedoch andererseits schnelle Lenkmanöver in Notfällen ermöglichte.

Im Jahr 1971, als Rolls-Royce unter der Kontrolle eines Konkursverwalters stand und

Rolls-Royce Corniche

über eine eigene Flugzeugmotoren-Abteilung verhandelt wurde, stellte die Firma ihr neues Modell Corniche vor. Es war mit einer direkteren Lenkung, effizienteren Aufhängungen und Gürtelreifen ausgestattet. Mit einem 6.750 cm³ großen Motor erreichte der Corniche eine Höchstgeschwindigkeit von 190 km/h und beschleunigte in nur 30 Sekunden von 0 auf 161 km/h.

1975 wurde der Camargue in das Programm aufgenommen, der zwar auf der Technik des Corniche basierte, jedoch mit einer zweitürigen Coupé-Karosserie im typisch harmonischen Pininfarina-Stil ausgestattet war. Der Camargue, der nur in der Automatik-Version angeboten wurde und mit allem nur erdenklichen Zubehör versehen war, galt als teuerstes Serienauto der Welt.

ROMA
Rom, Italien
1905–1910

Die Automobilfirma Roma wurde 1905 von dem Ingenieur Riccardo Memmo gegründet, der auch die technische Leitung übernahm. Die Gesellschaft beschäftigte sich mit der Konstruktion eines Automobils und eines Schwerfahrzeuges, die beide mit dem gleichen Motor ausgestattet werden sollten.

Die Konzeption dieses Motors erwies sich jedoch als zu langwierig und viel zu teuer, so daß sich Roma, nicht zuletzt auch wegen der wirtschaftlich-sozialen Krise des Jahres 1907, auf die Produktion des Lastkraftwagens beschränken mußte.

Memmo setzte große Hoffnungen in die für 1910 angekündigten Bestellungen des Militärs, doch waren die Prüfungsergebnisse des Prototypen so katastrophal, daß Memmo seine Tätigkeit als Konstrukteur aufgab.

ROMBO
Brescia, Italien
1920–1921

Die Ursprünge der Firma Rombo gehen bis in das Jahr 1912 zurück, als der Techniker Ottavio Fuscaldo einen Prototyp mit vier Zylindern und rhomboidischer Radanordnung patentieren ließ: Das Vorder- und das Hinterrad waren gelenkt, die zwei seitlichen waren Antriebräder. Der Prototyp wurde verschiedenen Häusern (Ford, Citroën usw.) angeboten, stieß jedoch auf wenig Interesse. Um das Patent anderen Firmen anbieten zu können, wurde im Jahr 1920 schließlich die Rombo Società Automobili Brevetti Fuscaldo gegründet. Ein Jahr später wurde die Firma aufgelöst.

Das erste Motorfahrzeug mit rhombenförmiger Radanordnung war, wenn man so will, das von Wilhelm Maybach 1885 konstruierte Daimler-Zweirad mit einem Stützrad auf jeder Seite. Seitdem tauchten hin und wieder karossierte Motorräder mit Stützrädern auf. Vorteile von Dreispur-Autos à la Rombo dagegen sind nicht ohne weiteres zu erkennen.

ROLLS-ROYCE SILVER DAWN (1950)

Motor: 6 Zylinder in Reihe mit hängenden Einlaß- und stehenden Auslaßventilen
Bohrung/Hub: 88,9 mm x 114,3 mm
Hubraum: 4.257 cm³
Max. Leistung: 135 PS
Getriebe: mechanisch, 4 Gänge
Rahmen: Leiterrahmen
Aufhängung: Einzelradaufhängung vorne mit Schraubenfedern und Querlenkern; starre Hinterachse mit Halbelliptikfedern
Bremsen: Trommelbremsen
Karosserie: Limousine (serienmäßig)
Höchstgeschwindigkeit: 145 km/h

Rolls-Royce Silver Dawn

Rolls-Royce Phantom III (1936–39)

Motor
Position: längseingebauter Frontmotor
Bauart: V-12-Zylinder, Zylinderblock und Zylinderköpfe aus Leichtmetall; nasse Zylinderlaufbuchsen aus Gußeisen, 7fach gelagerte Kurbelwelle; wassergekühlt
Hubraum: 7.340 cm^3
Bohrung/Hub: 82,55 mm x 114,3 mm
Verdichtungsverhältnis: 6,0 : 1
Ventilsteuerung: 2 Ventile pro Zylinder, angetrieben über Ventilhubstangen, Kipphebel und hydraulische Ventilstößel über eine zwischen den Zylinderreihen zentral gelagerte Nockenwelle
Gemischbildung: Stromberg-Fallstromdoppelvergaser, gespeist durch eine Compound-Elektropumpe; 150 l Tank
Zündanlage: Rolls-Royce-Doppelzündung über 2 unabhängige Zündanlagen; Doppelunterbrecher an jedem Verteiler, 2 Zündkerzen pro Zylinder
Max. Leistung: 165 PS (geschätzt)

Übertragung
Antrieb: vom Motor getrenntes Getriebe
Kupplung: Einscheiben-Trockenkupplung
Getriebe: mechanisch, 4 Gänge
Übersetzungsverhältnis: I) 3,00 : 1; II) 1,98 : 1; III) 1,32 : 1; IV) 1,00 : 1
Achsgetriebe: Hypoidgetriebe
Übersetzungsverhältnis im Achsgetriebe: 4,25 : 1

Aufhängung
Vorderachse: Einzelradaufhängung mit Lenkern und großer Schraubenfeder mit Ölstoßdämpfer
Hinterachse: Starrachse mit Halbelliptik-Blattfedern und Stabilisatoren

Lenkung
System: Schraubenlenkung mit Marles-Rolle

Bremsen
Typ: Vierradbremse, mit vom Getriebe angetriebener Servounterstützung

Räder und Bereifung
Felgen: Speichenräder
Bereifung: 7,00 x 18, auf Wunsch 7,50 x 18

Karosserie und Rahmen
Karosserie: aufgesetzte Karosserie
Rahmen: Leiterrahmen mit X-Versteifung und integrierten hydraulischen DWS-Wagenhebern

Abmessungen und Gewicht
Länge: 4.850 mm
Breite: 1.955 mm
Radstand: 3.605 mm

Vordere und hintere Spurweite: 1.535 mm
Gewicht: 1.835 kg (nur Rahmengewicht)

Leistung
Höchstgeschwindigkeit: 155 km/h
Beschleunigung von 0 auf 60 Meilen/h: 16,8 Sekunden
Kraftstoffverbrauch: 28,3 l/100 km

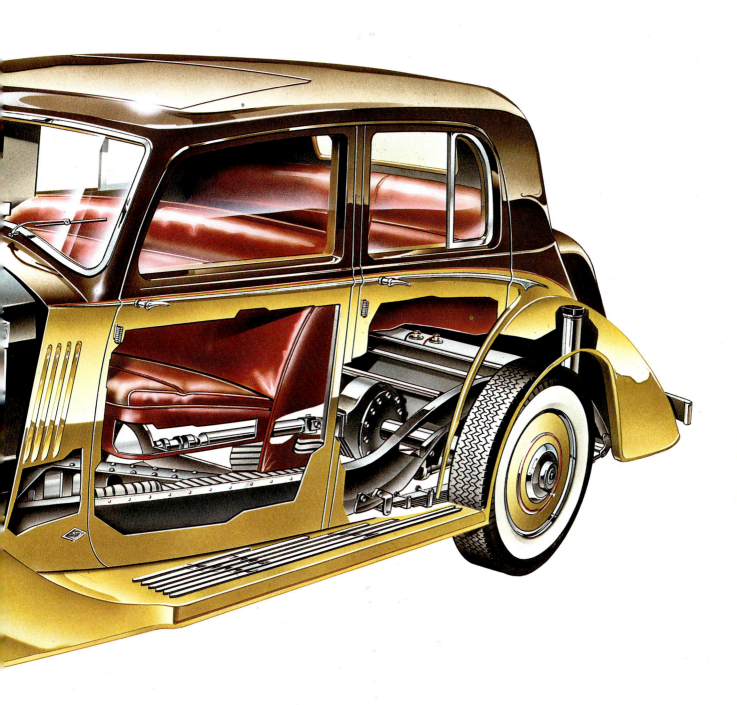

OBEN *Der Phantom III war mit einem zeitgemäßen Motor ausgestattet. Der von Rolls-Royce entworfene V-12-Zylinder-Motor ersetzte den bereits veralteten Motor mit stehenden Ventilen, mit dem der Silver Ghost ausgestattet war. Der Zylinderblock und die Zylinderköpfe waren aus Leichtmetall, die nassen Laufbuchsen aus Gußeisen. Dieser elastische und ausgefeilte Motor trug dazu bei, das ansonsten konservative Image von Rolls-Royce zu verändern, zumindest was den Motor betraf. Aus Raumgründen waren Motor und Getriebe voneinander getrennt. Hervorzuheben ist auch die gut durchdachte Vorderradaufhängung, in der Schraubenfeder und Stoßdämpfer zu einem Element zusammengefaßt waren.*

ROSENGART
Neuilly, Frankreich
1928–1955

Lucien Rosengart wurde in den Jahren 1921/22 bekannt, als er die Firma SADIF (Societé Auxiliare pour le Developpement de l'Industrie Française) gründete, um Citroën vor dem finanziellen Ruin zu bewahren. SADIF stellte Citroën eine Geldsumme zur Verfügung, die dem Wert der noch nicht verkauften Wagen entsprach. Somit konnte Citroën, trotz extrem stagnierender Verkäufe, die Produktion wieder in vollem Umfang aufnehmen. Als die größten Schwierigkeiten überwunden waren, benötigte Citroën keine weitere Unterstützung von seiten der SADIF, und Rosengart wechselte als verantwortlicher Direktor zu Peugeot. Kurze Zeit später machte sich Rosengart selbständig.

Das erste Rosengart-Modell wurde 1928 auf dem Pariser Autosalon vorgestellt. Es war eine etwas abgewandelte Version des bereits bekannten Austin Seven (für den Rosengart die Produktionslizenz erworben hatte) und unterschied sich vom englischen Modell vor allem durch einige Details an der Karosserie (z. B. hatte die Kühlermaske waagerechte Leisten, was damals in Frankreich als sehr modern galt). Nach diesem 4-Zylinder-Modell stellte er 1932 eine Version mit verlängertem Rahmen vor, was die Verwendung eines modifizierten 6-Zylinder-Austin-Motors mit geringerem Hubraum (1.100 cm³) gestattete.

Im Jahr 1932 erwarb Rosengart die französischen Herstellungsrechte des Adler Trumpf, einem technisch sehr ausgereiften deutschen Modell. Der neue Rosengart unterschied sich von seinem deutschen Vorgängermodell lediglich im Firmenzeichen.

Nach 1933 wurde der Rosengart Supertraction überarbeitet und zeigte dann nicht mehr viel Gemeinsamkeiten mit seinem deutschen „Vorfahren". 1934 wurde auf dem Pariser Autosalon eine neue Version mit aerodynamischer Karosserie vorgestellt, doch war bis 1936 auch noch die Originalversion (mit extrem rechteckig gehaltenem Design) auf dem Markt. 1936 zog sich Trumpf vom deutschen Markt zurück, woraufhin Rosengart ausschließlich die neue Version zum Verkauf anbot.

1938 wurde der Supertraction endgültig von einem frontgetriebenen Modell abgelöst, dessen technische Ausstattung von Citroën stammte (später entwickelte Rosengart auch eine Heckmotor-Version, den 8/40 Superdix).

Nach dem Krieg brachte Ro-

Rosengart Supertraction

ROSENGART SUPERTRACTION (1933)
Motor: 4 Zylinder in Reihe mit stehenden Ventilen
Bohrung/Hub: 74 mm x 95 mm
Hubraum: 1.649 cm³
Max. Leistung: 40 PS
Getriebe: mechanisch, 4 Gänge
Rahmen: Leiterrahmen
Aufhängungen: Einzelradaufhängung vorne, mit Doppelquerblattfeder; Starrachse hinten mit Halb- und Viertelelliptikfedern
Bremsen: Trommelbremsen vorne und hinten
Karosserie: Cabriolet oder aerodynamische Limousine
Höchstgeschwindigkeit: 105 km/h

sengart den Supertrahuit mit einem 3,9-l-Mercury-Motor heraus. In dieser Zeit der Entbehrungen war aufgrund des enormen Kraftstoffverbrauchs dieses Modells der Mißerfolg bereits vorprogrammiert. Rosengart griff wieder auf die Idee des Austin Seven zurück und stellte 1952 die Modelle Artisane und Ariette vor: zwei Kleinwagen mit 750-cm³-Motoren mit stehenden Ventilen. Zwei Jahre später kam der Sagaie heraus; nach Aussage des Konstrukteurs garantierte der 750-cm³-Motor (Zweizylinder-Boxermotor mit hängenden Ventilen und Luftkühlung) eine Höchstgeschwindigkeit von 121 km/h. Der Sagaie konnte nicht mit den Modellen von Renault und Panhard konkurrieren, so daß Rosengart im darauffolgenden Jahr der Automobilbranche endgültig den Rücken kehrte.

ROVER
Coventry, England
1904–

John Kemp Starley wurde 1855 geboren. Nach seiner Lehre in Coventry eröffnete er zusammen mit William Sutton eine Fahrradfabrik. Gegen 1885 trennten sich die zwei Gesellschafter, und Starley brachte seine Fahrräder unter der Markenbezeichnung Rover auf den Markt.

Im Jahr 1899, als die Rover-Fahrräder auch außerhalb Englands schon längst bekannt und geschätzt wurden, wandte sich Rover der Kraftfahrzeugindustrie zu und brachte eine Voiturette mit De-Dion-Motor heraus. Sie wurde auf der Old-Deer-Park-Ausstellung in Richmond vorgestellt – eine der wichtigsten Automobilausstellungen und unter der Schirmherrschaft des Englischen Automobilclubs. Die eigentliche Produktion von motorisierten Rover-Dreirädern begann erst 1903, zwei Jahre nach dem Tod Starleys.

1904 begann Rover mit der

Serienproduktion von technisch sehr einfachen Automobilen, die Edmund Lewis konstruiert hatte. Sie waren mit einem 1-Zylinder-Motor mit 8 HP, Zentralrohrrahmen und Schaltung an der Lenksäule ausgestattet. 1905 stellte Rover ein konventionelleres Modell mit einem 1-Zylinder-Motor mit 6 HP vor. Ermutigt durch den großen Erfolg der beiden Modelle, brachte Rover im gleichen Jahr zwei 4-Zylinder-Modelle – den 16/20 und den 10/12, beide von Edmund Lewis konstruiert – auf den Markt. Diese gut konzipierten und sehr eleganten Rover-Modelle waren nur sehr kurz im Programm: Der 16/20 hatte einen 3.199-cm³-Motor, Zylinderkopf und Motorblock waren nicht aus einem Teil gefertigt; der 10/12 war hingegen mit einem Monoblockmotor ausgestattet.

1908 erschien das 2-Zylinder-Modell 12 HP, kurze Zeit später der 15 HP mit vier Zylindern und 2.497 cm³. Durch das unzureichende Schmierungssystem des von Bernard Wright konzipierten Vierzylinders – was vor allem auf die äußerst uneffektive Flügelpumpe zurückzuführen war –, wurde das Auswechseln der Antriebswelle fast zur Routine. Wright konnte die Firmenleitung zum Einsatz von Knight-Schieber-Motoren überreden, so daß 1911 die neuen 8-HP- (1-Zylinder-Motor mit 1.041 cm³) und 12-HP-Modelle (2-Zylinder mit 1.882 cm³) erschienen.

Im Herbst 1911 wurde ein exzellentes, von Owen Clegg konzipiertes 12-HP-Automobil mit 2.297 cm³ vorgestellt, das die Produktion von Rover nachhaltig beeinflußte. Clegg war nicht nur ein guter Konstrukteur, sondern auch ein Kenner der Produktionspolitik: Er war fest davon überzeugt, daß die Konkurrenzfähigkeit von Rover durch den Verzicht auf ein breitgefächertes Programm zugunsten eines einzigen Modells, dessen Produktionszahl auch beschränkt sein sollte, zu steigern sei – eine These, die sich sehr bald bewahrheitete. Die Firma Rover, die sich noch bis 1912 mit der weltweit größten Modell-Auswahl gerühmt hatte, wandte sich entschiedensen innerhalb eines Jahres der Eintypenpolitik zu.

Während des Krieges produzierte Rover für das englische Kriegsministerium zudem das Sunbeam-Modell, doch wandte man sich nach dem Krieg wieder ausschließlich der Produktion des Twelve zu. Mark Wild, der Nachfolger von Clegg, hielt es 1924 für angebracht, den bis zu diesem Zeitpunkt praktisch unveränderten Twelve zu überarbeiten und stattete ihn unter anderem mit einem 4-

Gang-Getriebe aus; diese neue Version erhielt den Namen Fourteen. Rover entschloß sich, wieder Automobile mit kleinem Hubraum zu produzieren und stellte 1920 den Eight mit 2-Zylinder-Boxermotor und 998 cm³ vor. Der Eight glich aufgrund seiner Eigenschaften eher einem Cycle-Car als einem wirklichen Automobil. Er wurde dennoch ein großer Verkaufserfolg und erst 1924 vom Nine mit 4-Zylinder-Motor abgelöst.

1923 schlug Wild die Produktion eines neuen Sechszylinders mit 3,4 l Hubraum vor, der auf der Basis des Fourteen-Motors entwickelt worden war: Dieser Prototyp bewährte sich jedoch nicht, so daß das Projekt nach der Produktion von nur drei Exemplaren eingestellt wurde. Als Nachfolgemodell des Fourteen war der 14/45 HP vorgesehen, der zu Beginn mit einem 2.132-cm³-Motor mit obenliegender Nockenwelle ausgestattet war. Der 14/45 HP traf nicht das Käuferinteresse, und selbst die Vergrößerung des Hubraumes auf 2.413 cm³ und die neue Bezeichnung 16/50 HP genügten nicht, um die Verkaufszahlen zu erhöhen. Deshalb stellte Rover 1928 den Light Six mit 2-l-Stoßstangenmotor und hängenden Ventilen vor. Sein technisches Konzept war Grundlage der Rover Produktion in den dreißiger Jahren, die Modelle mit Hubräumen bis 2.565 cm³ beinhaltete.

Um die Wirtschaftskrise gut zu überstehen, stellte Rover den Scarab vor – ein äußerst sparsames Modell mit einem V-4-Frontmotor und 839 cm³. Dieses Modell sollte nach den Vorstellungen von Rover einen Mittelweg zwischen einem Motorrad und einem Kleinwagen darstellen, doch entschied sich Rover im letzten Augenblick gegen eine Serienproduktion.

In den dreißiger Jahren behielt Rover sein Image als Hersteller von Mittelklassewagen bei: Das Programm umfaßte Modelle wie den Family Ten bis hin zu einer siebensitzigen Limousine mit Meteor-Karosserie. Von dem zuletzt genannten Modell sollte eine Torpedo-Sport-Version mit dem Namen Speed Meteor entwickelt werden, mit deren Konstruktion eine Rover-Kundendienstwerkstatt in London beauftragt wurde. Doch auch dieses Projekt wurde nach Fertigstellung von nur wenigen Exemplaren eingestellt.

1932 übernahmen S. B. Wilks und Frank Ward die Leitung von Rover. Neben grundlegenden Umstrukturierungen im Führungsbereich legten sie das Qualitätsniveau der Mittelklassewagen von Rover exakt fest, um den Kundenansprüchen gerecht zu werden.

Die 1937er Modelle blieben bis 1948 im Programm, als der Vierzylinder P3 60 und der Sechszylinder P3 75 vorgestellt wurden. Sie waren die ersten Rover-Modelle mit vorderen Einzelradaufhängungen. Direkt nach Kriegsende stellten die Rover-Konstrukteure ein völlig neues Automobil vor: Der Mi, mit einem nur 700 cm³ großen Motor ausgestattet, besaß die typische Ausstattung einer Luxus-Limousine, doch waren die Abmessungen vergleichsweise klein; auch er wurde nie in Serie produziert.

Im April 1948 stellte Rover beim Amsterdamer Autosalon den allradgetriebenen Land-Rover vor und eröffnete sich damit einen völlig neuen Markt: Dieser Geländewagen sollte Devisen hereinholen und wird heute noch produziert.

Ein weiteres berühmtes Rover-Modell war der P4 75, der im Oktober 1949 auf den Markt kam; diese Limousine hatte eine angenäherte Pontonkarosserie und wies als besonderes Merkmal ein mittleres Rücklicht auf. Der P4 75 wurde bis 1964 produziert und mehrmals überarbeitet.

Rover war eines der ersten Industrieunternehmen, das sich eingehend mit der Projektierung von Turbinentriebwerken befaßte. Unter Verwendung einer 200-PS-Turbine und dem Fahrgestell des P4 75 stellte Rover 1950 den JET 1 vor, der weltweit das erste Automobil mit einer für die Praxis tatsächlich geeigneten Gasturbine war. Um die Studien an diesem ungewöhnlichen Antriebssystem weiterzuführen, wurde 1962 der T4 entwickelt, dessen Struktur Ausgangsbasis für den Rover 2000 war – ein stylistisch wie technisch sehr fortschrittliches Automobil.

1968 wurde in die Karosserie des Rover 2000 ein 8-Zylinder-Motor eingebaut. Der 3,5-l-Motor stellte eine amerikanische GM-Entwicklung dar, war dort aber in einer Entwicklungsabteilung liegengeblieben und wurde nicht realisiert. Rover übernahm die Pläne und versah das Triebwerk mit einem Aluminium-Block.

Der V8-Motor trieb auch das Nachfolge-Modell an, daneben auch bis heute den Range Rover, Land Rover, Morgan Plus 8 und eine Reihe von englischen Sportwagen und Kit-Cars.

Die Rover-Limousine wurde 1986 von einem neuen Modell abgelöst, das auf dem Honda Legend basierte. Als Antriebsquelle des 820i/825i kamen ein 2,0-l-4-Zylinder mit 16 Ventilen (eine Rover-Konstruktion) und der Honda-V6 mit 2,5 l Hubraum und 170 PS zum Einsatz. Die 800er-Reihe wurde 1992 um ein Coupé ergänzt. Daneben wurde die Modellpalette um die Reihen 100 (Metro), 200 (Debüt 1989, Basis Honda Concerto), 400 (Vorstellung 1990, Mittelklasse-Limousine) und 220 Turbo Coupé (1992, 200 PS) erweitert.

Rover 8 HP

Der Rover 8 HP, 1904 vorgestellt, verfügte über eine Reihe von für damalige Zeiten unkonventionellen technischen Raffinessen: So waren der Motor und das Getriebe an einem Zentralrohrrahmen befestigt, an dessen Ende sich die Befestigungen für die Hinterradaufhängung befanden; der Schalthebel war an der Lenksäule montiert. Das Lenksystem wurde durch eine Zahnstangenlenkung ersetzt.

Die Rover-Werke produzierten auch eine Version des 8 HP, den 6 HP, der zu einem Preis von etwas mehr als 100 Pfund Sterling angeboten wurde.

Mit gesteuerten Einlaßventilen, Magnetzündung, Spritzdüsenvergaser, Bienenwabenkühler, Motorhaube, Windschutzscheibe und Verdeck stellt der Rover 8 HP einen der ersten Motorwagen dar, die gegenüber den bis dahin bekannten Voiturettes eine wichtige Entwicklungsstufe zum späteren Kleinwagen bedeuteten. Er war bis 1912 lieferbar, zuletzt sogar mit Knight-Schiebermotor.

ROVER 8 HP (1904–12)

Motor: 1-Zylinder mit stehenden Ventilen
Bohrung/Hub: 114 mm x 130 mm
Hubraum: 1.327 cm³
Max. Leistung: 8 PS
Getriebe: mechanisch, 3 Gänge
Rahmen: Zentralrohrrahmen
Aufhängung: starre Vorderachse und starre Hinterachse an Halbelliptikfedern
Bremsen: hintere Trommelbremsen
Karosserie: Zweisitzer
Höchstgeschwindigkeit: 45 km/h

Rover 8 HP

Rover 16/20 HP

Dieses Modell feierte seinen ersten großen Triumph im Jahr 1907 bei der Tourist Trophy – dem einzigen englischen Straßenrennen. Bei diesem Rennen nahmen zwei 16/20-HP-Modelle von Rover teil, wobei sich ein Wagen vor allen anderen Konkurrenten durchsetzen konnte und den 388 km langen Kurs mit einer Durchschittsgeschwindigkeit von 46 km/h zurücklegte. Nach diesem Erfolg wurde die Produktion von sogenannten „Imitationen" des 16/20 HP aufgenommen und auf den Markt gebracht.

In der Folgezeit errang der 16/20 HP weitere Rennerfolge in England und erkämpfte sich unter anderem die Goldmedaille bei den Rennen London-Edinburgh und Saltburn Speed.

Der Rover 16/20 HP wies eine Motorbremse auf: Die Nokkenwelle konnte so verschoben werden, daß die Einlaßventile geschlossen blieben, die Ansaugventile jedoch doppelt so oft geöffnet wurden wie bei einem normalen Arbeitsspiel, d.h. die Luft wurde praktisch durch das Auspuffrohr angesaugt, verdichtet und auf dem gleichen Weg wieder ausgestoßen.

Rover Twelve

Der Twelve, dessen Motor stehende Ventile besaß, war von Owen Clegg konstruiert worden.

Nachdem Rover die besonderen Stärken dieses Modells erkannt hatte, wurde ausschließlich der Twelve produziert. Cleggs Theorie entsprechend, teilte Rover die Produktion in „Partien" von jeweils maximal 500 Exemplaren auf; die Karosserien wurden von Rover selbst konstruiert.

Trotz der herausragenden Qualität dieses Modells erhielt Rover keinen Auftrag vom englischen Verteidigungsministerium. Nach dem Krieg nahm Rover trotz dieses abschlägigen Bescheids die Produktion des Twelve wieder auf, allerdings erst nachdem dieser überarbeitet worden war (unter anderem wurde er mit einem demontierbaren Zylinderkopf ausgestattet). Der Motor des Twelve war ein 4-Zylinder-Reihenmotor mit stehenden Ventilen und einem Hubraum von 2.297 cm³; er hatte eine Leistung von 28 HP und 80 km/h Höchstgeschwindigkeit.

Rover 8 HP

Dieses 1919 vorgestellte Modell signalisierte die Rückkehr Rovers zu einem Marktsektor, der die Geburt Rovers als Automobilfirma miterlebt hatte: zum Markt der preiswerten Wagen. Der 8 HP wurde von den Kritikern und der Öffentlichkeit sofort mit großer Begeisterung angenommen. Da der 8HP als Preiswertauto konzipiert war, beschränkte sich die technische Ausstattung auf das Nötigste, wodurch keine ausreichende Zuverlässigkeit garantiert werden konnte: Bei Höchstgeschwindigkeitsfahrten bestand bei den ersten Modellen die Gefahr des Abscherens der Zylinderkopfschrauben. Trotz dieser Schwächen hatte der 8 HP bis zur Präsentation des Austin Seven wenig Konkurrenz unter den Billig-Modellen, da er robuster als die damaligen Cycle-Cars war und mehr Komfort bot als Motorräder.

Die Grundausstattung des Rover 8 HP war auf ein Minimum reduziert: So wurde der elektrische Anlasser bei den ersten Modellen als Sonderausstattung angeboten. Entsprechend der allgemeinen Ausstattung war der Preis äußerst niedrig: Gegen einen geringen Aufpreis erhielt man eine andere Lackierung (die serienmäßige Lackierung war braun), seitliche Jalousien für das Stoffverdeck und einen Tachometer.

Der Rover 8 HP errang auch einige Klassensiege bei Rennen. Er wurde vom 9 HP abgelöst, dessen Bauweise ähnlich war, der aber mit einem wassergekühlten 4-Zylinder-Motor mit 1.074 cm³ ausgestattet war.

Rover 16/50 HP

Als Peter August Poppe bei Rover als Konstrukteur eingestellt wurde, war sein Name in der Automobilbranche bereits bekannt. Er war einer der Gründer der Motorenfirma White & Poppe, die vor dem Ersten Weltkrieg gegründet worden war und 1919 von dem Automobilhersteller Dennis übernommen wurde. Poppe konstruierte den 14/45 HP, der den inzwischen veralteten, von Clegg projektierten Twelve ersetzen sollte.

Der Motor des 1924 vorgestellten 14/45 HP hatte einen halbkugelförmigem Verbrennungsraum und ein eigenwilliges Steuerungssystem: Die obenliegende Nockenwelle trieb die schrägstehenden Ansaugventile direkt an, während die Auslaßventile von sehr kurzen, horizontalen Stoßstangen

---

ROVER 16/20 HP (1907)
Motor: 4 Zylinder in Reihe mit stehenden Ventilen
Bohrung/Hub: 95 mm x 110 mm
Hubraum: 3.119 cm³
Max. Leistung: 20 HP
Getriebe: mechanisch, 3 Gänge
Rahmen: Leiterrahmen
Aufhängung: Starrachsen mit Halbelliptikfedern
Bremsen: Hinterrad- und Getriebebremsen, ergänzt durch eine Motorbremse
Karosserie: Landaulet
Höchstgeschwindigkeit: 73 km/h

ROVER TWELVE (1911)
Motor: 4 Zylinder in Reihe
Bohrung/Hub: 75 mm x 130 mm
Hubraum: 2.297 cm³
Max. Leistung: 28 HP
Getriebe: mechanisch, 3 Gänge
Rahmen: Leiterrahmen
Aufhängung: starre Achsen mit Halbelliptikfedern
Bremsen: Hinterrad- und Getriebebremsen
Karosserie: Tourer
Höchstgeschwindigkeit: 80 km/h

Rover Twelve

Rover 16/20 HP

Rover 8 HP

ROVER 8 HP (1919)

Motor: liegender 2-Zylinder-Boxermotor mit stehenden Ventilen
Bohrung/Hub: 85 mm x 88 mm
Hubraum: 998 cm³
Max. Leistung: 14 HP
Getriebe: mechanisch, 3 Gänge
Rahmen: Leiterrahmen
Aufhängung: starre Vorder- und Hinterachse mit Auslegerfedern
Bremsen: Hinterrad-Trommelbremsen
Karosserie: zweisitziger Tourer
Höchstgeschwindigkeit: 72 km/h

angetrieben wurden (ein ähnliches System wurde etwa zehn Jahre später beim Motor des BMW 328 angewandt). Trotz dieser Raffinesse war die Motorleistung für die schwere Limousinen-Karosserie (die damals als die größte überhaupt galt) nicht ausreichend, so daß die Produktion einer ähnlichen, jedoch um 2 Zylinder größeren Version unumgänglich war: das Modell 16/50 HP. Auf Basis der Fahrgestelle des 14/45 HP und des 16/50 HP wurden auch Torpedo-Sport-Versionen konstruiert, deren elegante Karosserien ein „Boots-Heck" aufwiesen und deren Motoren technisch überarbeitet waren.

Der von Poppe entworfene Motor war ohne Zweifel von seiner Struktur her interessant, doch in der Herstellung sehr teuer. Überdies wies er Ölverluste an den Kolbenringen auf. Aus diesem Grund entwarf Poppe 1927 einen konventionelleren 6-Zylinder-Motor mit hängenden Ventilen und einem Hubraum von 2.023 cm³. Dieses neue Modell hätte an sich folgerichtig das in der Herstellung teurere Modell mit einer obenliegenden Nockenwelle ersetzen müssen, doch blieben weiterhin beide Modelle im Programm (gerade wegen seines extremen und schlecht sortierten Angebots befand sich Rover während der Weltwirtschaftskrise in großen Schwierigkeiten, doch konnte die Firma den Konkurs durch eine grundlegende Umstrukturierung im Jahr 1932 abwenden). Der neue 6-Zylinder-Motor wurde Ausgangsbasis für

ROVER 16/50 HP (1925)

Motor: 6 Zylinder in Reihe mit hängenden Ventilen
Bohrung/Hub: 80 mm x 120 mm
Hubraum: 2.413 cm³
Max. Leistung: 50 PS
Getriebe: mechanisch, 3 Gänge
Rahmen: Leiterrahmen
Aufhängung: starre Vorder- und Hinterachsen mit Halbelliptikfedern
Bremsen: Trommelbremsen vorne und hinten
Karosserie: Torpedo, Limousine, Sportwagen, Coupé
Höchstgeschwindigkeit: 137 km/h

die Motoren, mit denen die neuen Rover-Modelle bis 1947 ausgestattet wurden. Im Jahr 1930 forderte eine elegante Sport-Limousine, die mit diesem Motor ausgestattet war, den berühmten „Blauen Zug", der zwischen Nizza und Calais verkehrte, erfolgreich zu einem Rennen heraus. Der Hauptdarsteller dieses Wettstreits war mit einer leichten Karosserie und Fahrradkotflügeln ausgestattet; eine „Imitation" dieses Modells kam unter der Bezeichnung „Blue Train Rover" auf den Markt.

Rover 75

Nach dem Zweiten Weltkrieg wurde die gesamte Produktion von Rover nach Solihull verlegt. Hier erschienen im Jahr 1948 die ersten Modelle der P3-Serie. Das Design orientierte sich an verschiedenen Vorkriegsmodellen, die Technik entsprach jedoch dem aktuellen Stand. Der Motor war beispielsweise mit hängenden Einlaß- und stehenden Auslaßventilen ausgestattet. Die P3-Modelle waren die ersten Rover mit vorderer Einzelradaufhängung. Sowohl der Rahmen wie auch der Motor waren technisch sehr ausgereift und darüber hinaus äußerst robust.

Die 1950 vorgestellten P4-Modelle waren mit dem Motor der 1948er-Serie ausgestattet, hatten jedoch eine völlig überarbeitete Ponton-Karosserie. Die ersten 75er-Modelle hatten nur einen einzigen vorderen Scheinwerfer (in der Mitte des Kühlergrills), weshalb dieses

Rover 16/50 HP

ROVER

Rover 75

ROVER 75 (1950)
Motor: 6 Zylinder in Reihe mit hängenden Ein- und stehenden Auslaßventilen
Bohrung/Hub: 65,2 mm x 105 mm
Hubraum: 2.103 cm³
Max. Leistung: 75 PS
Getriebe: mechanisch, 4 Gänge
Rahmen: Leiterrahmen
Aufhängung: vordere Einzelradaufhängung mit Querlenkern und Schraubenfedern; starre Hinterachse mit Halbelliptikfedern
Bremsen: Trommelbremsen hinten und vorne
Karosserie: Limousine
Höchstgeschwindigkeit: 125 km/h

Auto „Cyclops" (Zyklop) genannt wurde; diese Eigenheit verschwand jedoch sehr bald. 1955 kam ein neuer, kurzhubiger Motor mit 2.230 cm³ auf den Markt, der die Höchstgeschwindigkeit um etwa 16 km/h erhöhte.

Dank der exzellenten Auslegung behielt der 75er lange Jahre seine Gültigkeit und wurde als Grundmodell für viele Nachfolgemodelle verwendet. Eine grundlegende Erneuerung stellte die 3-l-Version dar, an der jedoch nicht viele, bereits zehn Jahre alte Stilelemente des Rover 75 zu erkennen waren.

Rover 2000

Die Präsentation dieses Modells bedeutete einen wichtigen Schritt in der Geschichte von Rover: Die Firma versuchte der Konkurrenz zuvorzukommen und präsentierte ein Modell, das den Erwartungen der neuen Gesellschaftsschichten völlig entsprach. Einige technische Lösungen beruhten auf den Rover-Prototypen mit Turbinenantrieb: Die Vorderradaufhängung waren zum Beispiel so ausgelegt, daß der Platzbedarf im Motorraum auf ein Minimum reduziert wurde (untere Querlenker, obere Längslenker, waagerecht und längs gelagerte Schraubenfedern, deren Anschlag gegen die Rückseite des Radkastens zeigte). Eine derartige Struktur wäre bei dem Einsatz einer Gasturbine gerechtfertigt gewesen, da hierfür ein größtmögliches Platzangebot benötigt wird, doch lag im Fall des Rover 2000 für eine derart komplizierte Struktur keine glaubwürdige Begründung vor, da dieser mit einem normalen Hubkolbenmotor mit 4 Zylindern und 2.000 cm³ ausgestattet war. Die größte Schwäche des Rover 2000 war dessen Hinterradaufhängung: die verschiedenen Elemente der De-Dion-Achse benötigten so viel Platz, daß viele Kunden gezwungen waren, eine Halterung als Sonderausstattung zu erwerben, um somit das Ersatzrad auf dem hinteren Kofferraum zu befestigen und auf diese Weise etwas Platz zu gewinnen. Interessant war jedoch die selbsttragende Karosserie: Die äußeren Verkleidungsbleche waren mit der restlichen Struktur verbolzt, so daß eventuelle Reparaturen oder Ausbesserungen extrem leicht durchzuführen waren.

1968 wurde diese Karosserie mit einem von Buick konzipierten 3,5-l-V-8-Motor aus einer Aluminiumlegierung versehen; fünf Jahre später wurde das 2-l-Modell von einer neuen Version mit 4-Zylinder-Reihenmotor und 2.200 cm³ abgelöst.

Range Rover

Der Land Rover eroberte sich innerhalb kurzer Zeit einen Spitzenplatz unter den Geländewagen, doch war er sicherlich nicht beispielhaft, was Komfort, Ästhetik und Ausstattung betraf. Dies änderte sich grundlegend mit der Vorstellung des Range Rover im Jahr 1970. Auch heute ist dieser vierradgetriebene Wagen noch höchst aktuell und sowohl als Stadtauto wie auch auf unbefestigten Straßen und im unwegsamen Gelände, für das der Range Rover erhöhten Fahrkomfort bietet, geeignet.

Aus technischer Sicht verfügt der Range Rover über fortschrittliche Raffinessen: Sein 3,5-l-V-8-Motor treibt die Räder über einen Dauer-Allradantrieb an. Um den Verschleiß der Räder auf asphaltierten beziehungsweise befestigten Straßen zu verringern, war am Ende des Untersetzungsgetriebes ein Differential angebracht, das auf verschneitem Gelände oder bei geringer Bodenhaftung manuell gesperrt werden kann. Die Hinterradauf-

ROVER 2000 (1963)
Motor: 4 Zylinder in Reihe mit obenliegender Nockenwelle
Bohrung/Hub: 85,7 mm x 85,7 mm
Hubraum: 1.980 cm³
Max. Leistung: 91 PS
Getriebe: mechanisch, 4 Gänge
Rahmen: selbsttragende Karosserie
Aufhängung: Einzelradaufhängung an der Vorderachse mit unteren Querlenkern, oberen Längslenkern und Schraubenfedern; De-Dion-Hinterachse, Wattgestänge mit Schraubenfedern
Bremsen: Scheibenbremsen; hinten innenliegend
Karosserie: viertürige Limousine
Höchstgeschwindigkeit: 169 km/h

Rover 2200

RANGE ROVER (1970)

Motor: V-8-Zylinder mit hängenden Ventilen
Bohrung/Hub: 88,9 mm x 71,1 mm
Hubraum: 3.528 cm^3
Max. Leistung: 130 PS
Getriebe: mechanisch, 4 Gänge + Untersetzungsgetriebe
Rahmen: Leiterrahmen
Aufhängung: starre Vorderachse, mit Längs- und Querstabilisatoren sowie Schraubenfedern; starre Hinterachse mit Längsstabilisatoren, zentralen Dreiecksstabilisatoren, Schraubenfedern und automatischer Niveauregulierung (Boge Hydromat)
Bremsen: Scheibenbremsen vorne und hinten
Karosserie: Kombiwagen zweitürig, fünfsitzig
Höchstgeschwindigkeit: 158 km/h

Range Rover

hängungen sind serienmäßig mit automatischer Niveauregulierung vom Typ „Boge Hydromat" ausgestattet.

Die wichtigste Karosserieänderung war die Einführung der fünftürigen Range-Rover-Version. 1986 wurde auf dem Turiner Autosalon die TD-Version mit einem 2,4-l-4-Zylinder-Dieselmotor (von VM in Italien) vorgestellt, die aufgrund eines Turboladers und eines Wärmetauschers eine Leistung von 112 PS bei 4.200^{-min} erreicht; die Höchstgeschwindigkeit beträgt 152 km/h.

Rover SD 3500

Die Frontpartie des 1976er Modells glich dem Ferrari Daytona, während das Seitenprofil an die Pininfarina-Karosserie des BMC-1800 erinnerte.

Obwohl ursprünglich die 4,5-l-Version des 8-Zylinder-BMC-Motors, der für Australien produziert wurde, als Antriebseinheit vorgesehen war, wurde aufgrund der wirtschaftlichen Situation der siebziger Jahre weiterhin der 3,5-l-Motor eingebaut. Später wurde der SD 3500 mit Rover-Benzinmotoren mit vier und sechs Zylindern sowie einem aufgeladenen VM-Dieselmotor mit vier Zylindern und 2,4 Liter Hubraum ausgestattet. Die schnellste Version des Rover SD 3500 ist der Vitesse mit einer Höchstgeschwindigkeit von 219 km/h.

Im Juli 1986 wurde die SD-Reihe vom Rover 800 abgelöst, der technisch auf dem Honda Legend basierte. Der große Japaner wurde von Rover überarbeitet – vor allem das Fahrwerk war verbesserungswürdig gewesen – und mit britischem Flair versehen. 1988 folgte eine Variante mit Schrägheck und Heckklappe, die wieder die Fastback-Tradition des Rover SD aufleben ließ.

RUBINO
Netro (Vercelli), Italien
1920–1923

Diese Firma wurde 1920 von Ernesto Rubino gegründet und entstand als Ableger der Officine di Netro. Zu Beginn ihrer Tätigkeit bot Rubino auf dem inländischen Markt ein speziell für Bergstrecken geeignetes Automobil an. Dieses unter dem Namen Tipo Unico bekannte Auto wurde von Fiorentino Lamberti entwickelt, der früher bei SPA angestellt war. Die technische Ausstattung bestand aus einem 4-Zylinder-SV-Blockmotor mit 2.297 cm^3, einem Kardanantrieb und einem 4-Gang-Getriebe. Die Höchstgeschwindigkeit betrug etwa 70 km/h. Die Produktion dieses Automobils wurde jedoch durch zahlreiche Hindernisse verzögert, so daß die Produktionseinrichtungen im Jahr 1923 von einer Turiner Firmengruppe aufgekauft wurde, die ein Jahr später die Firma TAU gründete.

Geschäftsführer von TAU war Pietro Scaglione aus Turin. Die Firma soll zwischen 1924 und 1926 insgesamt nur ungefähr 100 Kleinwagen hergestellt haben.

RUMPLER
Berlin, Deutschland
1921–1926

Edmund Rumpler war seit 1897 beteiligt an der Konstruktion der ersten Autos für Nesseldorfer und wechselte dann zur Motorfahrzeug- und Motorenfabrik Berlin. Anschließend ging er zu Adler, wo er neue Modelle nach Vorbild des Mercedes entwickelte. Nach diesen Erfahrungen auf dem Automobilsektor wollte Rumpler seine Fähigkeiten als Konstrukteur in der damals gerade entstehenden Flugzeugindustrie einsetzen. Während des Ersten Weltkriegs baute er die Taube, den berühmt gewordenen Eindecker. Gemäß den Waffenstillstandsvereinbarungen war Deutschland die Flugzeugkonstruktion untersagt, so daß sich

ROVER VITESSE (1985)

Motor: V-8-Zylinder mit im Kopf hängenden Ventilen
Bohrung/Hub: 88,9 mm x 71,1 mm
Hubraum: 3.528 cm^3
Max. Leistung: 190 PS
Getriebe: mechanisch, 5 Gänge
Rahmen: selbsttragende Karosserie
Aufhängung: vorne Einzelradaufhängung mit McPherson-Federbeinen; starre Hinterachse mit Wattgestänge, Schraubenfedern und niveauregulierenden Teleskopstoßdämpfern
Bremsen: Allrad-Scheibenbremsen
Karosserie: Kombilimousine mit Heckklappe
Höchstgeschwindigkeit: 219 km/h

Rover Vitesse

Rumpler

RUMPLER OA 104 (1921)

Motor: W6-Zylindermotor mit hängenden Ventilen
Bohrung/Hub: 74 mm x 100 mm
Hubraum: 2.581 cm³
Max. Leistung: 35 PS
Getriebe: mechanisch, 3 Gänge
Rahmen: fischbauchförmiger Stahlblechrahmen
Aufhängung: starre Vorderachse mit Auslegerfedern; hintere Pendelachse mit Auslegerfedern
Bremsen: Trommelbremsen hinten
Karosserie: aerodynamische Limousine und Phaeton
Höchstgeschwindigkeit: 105 km/h

Rumpler der Konstruktion von Automobilen mit aerodynamischen Karosserien widmete: Das von ihm konstruierte Modell OA 104 mit Mittelmotor und flugzeugähnlichen Design erregte großes Aufsehen auf dem Berliner Autosalon im Jahr 1921. Damals galt jedoch sein Automobil mit Tropfenkarosserie als zu revolutionär, so daß die Verkaufszahlen sehr niedrig waren.

Auch der Motor war in seiner W-Form, also mit drei Zylinderbänken, ungewöhnlich. Er war von Rumpler konstruiert und von Siemens in Berlin gebaut worden. Zu den interessanten Merkmalen gehörten die Ventilsteuerung (hängende Ventile mit Blatt- statt Schraubenfedern) und die Kraftstoffverteilung (ein Pallas-Vergaser für alle sechs Zylinder).

Dieser einzigartige Motor erreichte eine Leistung von 35 PS bei 2.000⁻ᵐⁱⁿ. Er war vor der Hinterachse eingebaut und trieb über Lamellenkupplung, Dreiganggetriebe und Differential die Hinterräder an. Die Karosserie stand als Phaeton und als Limousine zur Auswahl; der Fahrersitz befand sich in der Mitte des vorderen Fahrgastraumes.

Um die Verkaufszahlen zu steigern, stellte Rumpler im Jahr 1924 ein überarbeitetes Modell vor, das mit einem konventionelleren, 50 PS starken 4-Zylinder-Reihenmotor mit 2.610 cm³ und hängenden Ventilen ausgestattet war.

Der Rahmen war verlängert worden, um eine Karosserie montieren zu können, die für weitere zwei Fahrgäste Platz bot (6:7 anstatt 4:5). Die Verlängerung des Radstandes wirkte sich negativ auf die Wendigkeit des Automobils aus. 1925 wurde auch das Design der Karosserie verändert, so daß sie weniger „unkonventionell" erschien, dennoch blieben die Verkaufszahlen sehr niedrig.

1926 baute Rumpler einen Personenwagen mit Vorderradantrieb. Dieses frontgetriebene Automobil verfügte außer über eine Einzelradaufhängung an allen vier Rädern über ein Vierradbremssystem (Räder mit Leichtmetallfelgen). Der Motor und somit auch die Leistung blieben im Vergleich zum Vorgängermodell unverändert; die Höchstgeschwindigkeit sank jedoch aufgrund schlechterer Aerodynamik. Trotz der interessanten Technik dieses Prototyps, der auch im Design erheblich verbessert worden war, wurde kein weiterer frontgetriebener Rumpler produziert. Die Rumpler-Patente gingen an die Firma Benz über, die diese Technik nur für Sport- und Rennwagen mit 2-l-Heckmotor und mit „Tropfen-Karosserie" anwendete, sonst aber eigene Wege ging.

RUSTON-HORNSBY
Lincoln, England
1919–1924

Die Ruston & Hornsby Ltd war für landwirtschaftliche Fahrzeuge viel bekannter als für Personenwagen. 1897 baute sie einen Kerosin-Traktor. Während des Ersten Weltkriegs mußten Flugmotoren in Lizenz hergestellt werden. Wie so viele andere Firmen, die in die Massenproduktion von kriegswichtigen Gütern einbezogen waren, erkannte auch Ruston & Hornsby den großen Absatzmarkt.

Mit den Werkzeugen und Erfahrungen, die nun vorlagen, brachte die Firma 1919 ihren Ruston-Hornsby A1 15,9 HP heraus, der als Massenauto entwickelt worden war und mit den amerikanischen Importen konkurrieren sollte. Der konventionell ausgelegte A1 hatte einen 2,6-l-4-Zylinder-Motor mit angeflanschtem 3-Gang-Getriebe. 1920 folgte der A3 20 HP mit auf 3 l Hubraum vergrößertem Motor. Die beiden Modelle waren langsam, schwer zu fahren und nicht eben billig.

1923 folgte noch ein kleinerer 15 HP, der wohl nicht sehr erfolgreich war.

Haupterkennungsmerkmal der Ruston-Hornsby-Wagen war der Fiat-ähnliche Kühler. Mit Ausnahme des ganz herunterklappbaren Verdecks bei den offenen Wagen folgte die Formgebung der Karosserie dem üblichen englischen Geschmack: schmal, hoch und ohne Pfiff und schon aus diesem Grund in Kontinental-Europa schwer zu verkaufen.

Offenbar konnten selbst Engländer den Fahrzeugen mit ihrem „stodgy layout" (unverdauliche Aufmachung, Veteran & Vintage Magazine Heft 3/1967 S. 79) nicht viel abgewinnen, denn die Stückzahlen blieben gering und die Marke war weitgehend unbekannt. Heute sind Wagen der Marke Ruston-Hornsby eine große Seltenheit.

RUSTON-HORNSBY B2 (1923)

Motor: 4 Zylinder in Reihe mit stehenden Ventilen
Bohrung/Hub: 90 mm x 130 mm
Hubraum: 3.308 cm³
Max. Leistung: 50 PS
Getriebe: mechanisch, 3 Gänge
Rahmen: Leiterrahmen
Aufhängung: starre Vorder- und Hinterachse mit Halbelliptikfedern
Bremsen: Trommelbremsen hinten
Karosserie: Tourer
Höchstgeschwindigkeit: 95 km/h

Ruston-Hornsby

RUXTON
**New York/St. Louis/Wisconsin, USA
1929–1931**

Dieses frontgetriebene Automobil mit einer niedrigen und schlanken Karosserie wurde von Archie M. Andrews, dem ehemaligen Direktor der Firma Hupmobile, entworfen und war mit einem 8-Zylinder-Reihenmotor mit 5,5 l von Continental ausgestattet. Andrews wählte als Firmenbezeichnung den Namen seines Freundes William V.C. Ruxton, aus Dank für das Interesse, das dieser an seinem Projekt gezeigt hatte. Die Produktion der Ruxton-Modelle begann 1930 bei den Firmen Moon und Kissel, die dem New-Era-Motors-Konzern angehörten. Die Karosseriefirma Raulang bekam den Auftrag für die Roadster-Karosserien. Die Sedan-Karosserien wurden hingegen von Budd entworfen, der hierfür Bleche verwendete, die mit den gleichen Preßformen hergestellt wurden, wie die von British Wolseley produzierten Automobile. Ruxton stellte 1931 die Produktion ein.

RYTECRAFT
**London, England
1934–1940, 1946–1948**

Anfang der dreißiger Jahre konstruierte Jack Shillan einige „Miniaturautomobile", die mit einem Benzinmotor mit 98 cm³ von Villiers ausgestattet waren. Shillan wurde sich sehr bald bewußt, daß diese kleinen und wendigen Fahrzeuge als „Stadtautos" dienen könnten. Nachdem er die notwendigen Änderungen durchgeführt hatte, stellte er 1934 den Scootacar vor. Die ersten Exemplare verfügten über ein Eingangsgetriebe mit Fliehkraftkupplung; ab 1936 wurde der Scootacar mit einem 3-Gang-Getriebe und einem Vilier-Motor mit 249 cm³ ausgestattet. Die Scootacar wurden hauptsächlich für Werbezwecke eingesetzt: so wurden beispielsweise einige hundert Modelle des damaligen Vauxhall in verkleinertem Maßstab hergestellt; darüber hinaus gab es auch eine Miniaturausgabe des erfolglosen Chrysler Airflow.

Während des Krieges setzte Rytecraft die Produktion des Scootacar aus, um sich der Konstruktion von Außenbordmotoren für Rettungsflöße zu widmen. Nach Kriegsende wurden weitere Exemplare gebaut, vor allem um die noch vorhandenen Produktionseinrichtungen auszunützen.

Das abgebildete Fahrzeug, ein frühes Exemplar aus dem Jahr 1935, tauchte 1964 in verwahrlostem Zustand wieder auf. Die Restaurierungskosten waren wohl beträchtlich.

> **RUXTON (1930)**
> *Motor:* 8 Zylinder in Reihe mit stehenden Ventilen
> *Bohrung/Hub:* 90 mm x 108 mm
> *Hubraum:* 5.500 cm³
> *Max. Leistung:* 94 PS
> *Getriebe:* mechanisch, 3 Gänge (Frontantrieb)
> *Rahmen:* Leiterrahmen
> *Aufhängung:* starre Vorder- und Hinterachse mit Halbelliptikfedern
> *Bremsen:* hintere Trommelbremsen
> *Karosserie:* Sedan
> *Höchstgeschwindigkeit:* 95 km/h

SAAB
**Trollhättan, Schweden
1949–**

Während des Zweiten Weltkriegs konzentrierte sich die Svenska Aeroplan Aktiebolaget hauptsächlich auf die Fertigung von Flugzeugen für die Schwedische Luftwaffe (Angriffsbomber Saab-17, Aufklärungsflieger Saab-18 und Jagdbomber J21). 1947 wurde gleichzeitig die Entwicklung eines Automobils fortgeführt. Die Serienproduktion begann jedoch erst zwei Jahre später. Dieses erste Modell (mit der Bezeichnung Saab 92, gemäß der Projektnummer) war mit einer selbsttragenden, aerodynamischen Karosserie ausgestattet (was aufgrund der Erfahrungen im Flugzeugbau zu erwarten war). Der 92er hatte Einzelradaufhängungen an allen vier Rädern und Frontantrieb; sein Motor, ein 2-Zylinder-Zweitaktmotor mit 764 cm³, stammte von einem Modell von DKW und war quer eingebaut.

1952 wurde das Design des 92er unwesentlich verändert, und er erhielt die neue Bezeichnung 92B. 1955 wurde der Saab 93 mit einem leistungsstärkeren 3-Zylinder-

> **RYTECRAFT SCOOTACAR (1936)**
> *Motor:* 1-Zylinder-Zweitakt-Motor
> *Bohrung/Hub:* 63 mm x 80 mm
> *Hubraum:* 249 cm³
> *Max. Leistung:* 12 HP
> *Getriebe:* mechanisch, 3 Gänge
> *Rahmen:* Rohrrahmen
> *Aufhängung:* starre Verbindung zwischen Rädern und Rahmen, keine Federn
> *Bremsen:* Trommelbremsen hinten
> *Karosserie:* offene Karosserie mit zwei Sitzen
> *Höchstgeschwindigkeit:* 72 km/h

Rytecraft Scootacar

Ruxton Sedan

Motor und 748 cm³ Hubraum vorgestellt; die ursprünglichen Schraubenfedern der Radaufhängungen wurden durch Torsionsstäbe ersetzt. Nachfolgemodell des 93er war der GT 750, der ausschließlich für den Export bestimmt war. Aufgrund seines technisch ausgereiften Motors erreichte er eine Höchstgeschwindigkeit von 160 km/h. Der 1959 vorgestellte Saab 95 wurde mit einem 841 cm³ großen Motor ausgestattet. Ein Jahr später kam der Saab 96 auf den Markt; er war technisch ähnlich ausgestattet wie das Vorgängermodell, hatte jedoch eine hauptsächlich an der Heckpartie veränderte Karosserie. Von diesem Modell wurden einige Sport-Versionen mit ausgesprochener Renntechnik entwickelt, die die ersten der zahlreichen internationalen Rennerfolge von Saab errangen (unter anderem gewann Saab die Rallye Monte Carlo in den Jahren 1962 und 1963 und die RAC-Rallye in den Jahren 1960, 1961 und 1962). Dank dieser Erfolge erhöhten sich die Exporte von Saab beträchtlich.

Gegen Mitte der fünziger Jahre startete Saab ein Entwicklungsprogramm für den Sportbereich und entwarf den Sonnett Super Sport. 1966, also fast zehn Jahre später, kam der Sonnett II heraus, ein kleines Coupé mit Glasfiberkarosserie, das jedoch kein großer Verkaufserfolg wurde. Auch der Sonnett III, mit einem 4-Takt-V4-Motor der deutschen Ford-Werke ausgestattet (dieser Motor wurde ab 1967 neben einem 3-Zylinder-2-Takt-Motor auch für das 96er-Modell verwendet), fand keine Zustimmung von seiten der Autofahrer. 1969 wurde der neue Saab 99 vorgestellt. Bereits die ersten Modelle waren mit einem 4-Zylinder-Triumph-Motor mit obenliegender Nockenwelle und 1.700 cm³ Hubraum ausgestattet. Später wurde der Hubraum des Saab 99 auf 1.850 cm³ vergrößert.

Bereits 1968 war die Fusion von Saab mit der früheren Lastkraftwagenfabrik Scania-Vabis erfolgt. Erst vier Jahre später wurde der Automobilbereich einer der fünf Abteilungen der Saab-Scania-Gruppe zugeordnet. Im gleichen Jahr begann die Fabrik in Södertälje die Produktion eines 4-Zylinder-Motors mit 1.985 cm³, der von Saab projektiert worden war. 1975 wurde dieser Motor mit einem Bosch-Einspritzsystem (Typ EMS) versehen, wodurch eine Leistung von 110 PS erreicht wurde. Zwei Jahre später wurde mit einer aufgeladenen Version die Leistung auf 140 PS erhöht. 1978 wurde der 900er vorgestellt, dessen Karosserie einen wesentlich längeren Kofferraum als der 99er

aufwies und dessen Technik wesentlich ausgereifter als die des Vorgängermodells war.

1984 wurde der große Saab 9000 vorgestellt, der aus einer Zusammenarbeit mit Fiat, Lancia und Alfa Romeo entstand. Der 9000 wird seit 1988 auch mit Stufenheck angeboten. 1992 wurde die Karosserie leicht modifiziert. Im gleichen Jahr erschien der sportliche Saab 9000 Aero mit 220 PS.

Der Saab 900 wurde nach 15jähriger Bauzeit zum Modelljahr 1994 abgelöst. Der neue 900 teilt einige technische Komponenten (zum Beispiel den 2,5-l-V6 mit 170 PS) mit dem Opel Vectra (Saab gehört teilweise GM), führt aber die klassische Saab-Linie fort.

Saab 96

Dieses 1960 vorgestellte Modell hatte eine ähnliche Karosserie wie der Saab 92. Seine Technik stammte hingegen von der 95er-Kombiversion, die mit einem 2-Takt-Saabmotor ausgestattet war. Der 96er stellte einen bedeutenden Schritt in der Geschichte von Saab dar: 1967 verwendete Saab zum ersten Mal einen 4-Takt-Motor; es war der 4-Zylinder-V-Motor der deutschen Ford-Werke, der bereits im Taunus eingebaut war. Der 96er beschleunigte von 0 auf 80 km/h in 12,5 Sekunden und hatte einen Benzinverbrauch von 1 l auf 10,6 km.

Seltsamerweise war dieser Saab mit einem Freilaufgetriebe ausgestattet.

Der ursprüngliche Saab 96, wie auch das Modell mit dem 4-Zylinder-V-Motor erzielten zahlreiche Erfolge in bedeutenden internationalen Rallyes, was großen Einfluß auf die steigenden Exporte dieses schwedischen Herstellers hatte.

Saab 99

Entgegen dem Eindruck, den sein modernes Design erweckt, erschien der Saab 99 bereits vor vielen Jahren, im Jahr 1968. Auch bei diesem Modell hatte sich Saab für den Frontantrieb entschieden: Der Motor mit einer obenliegenden Nockenwelle stammt direkt vom 1,7-l-Triumph und war längs eingebaut, mit einem nach vorn und nicht zum Fahrgastraum hin gerichteten Schwungrad (und Getriebeblock). Bei der Aus-

---

SAAB 96 (1960)

Motor: 3-Zylinder-Zweitakt-Motor
Bohrung/Hub: 70 mm x 72,9 mm
Hubraum: 841 cm³
Max. Leistung: 38 PS
Getriebe: mechanisch, 3 Gänge
Rahmen: selbsttragende Karosserie
Aufhängung: Einzelradaufhängung vorne, mit Querlenkern und Schraubenfedern; Kurbelachse hinten mit Kurvenstabilisator und Schraubenfedern
Bremsen: Trommelbremsen
Karosserie: zweitürige Limousine
Höchstgeschwindigkeit: 125 km/h

Saab 96

Saab 99 Turbo

stattung des Saab 99 wurde auch dem kleinsten Detail größte Aufmerksamkeit zuteil: So wurde, um die technischen Wartungsarbeiten zu erleichtern, die Motorhaube seitlich angeschlagen. Der Fahrersitz war mit einem eigenständigen Heizsystem ausgestattet.

1971 wurde der Hubraum auf 1.854 cm³ vergrößert, gleichzeitig beschloß Saab die Abschaffung des Getriebefreilaufs.

Im Jahr 1972 wurde aufgrund des vergrößerten Hubraums und dem Einsatz der Benzineinspritzung eine maximale Leistung von 110 PS erreicht.

Weil die Karosserie und die Radaufhängungen für leistungsstärkere Motoren sehr gut geeignet waren, erhielt der 99er 1978 einen aufgeladenen Motor mit mechanischer Bosch-Einspritzanlage und Garret-AiResearch-Lader.

Damit erhöhte sich die Leistung auf 145 PS, das maximale Drehmoment auf 235 Nm bei 3.000-min und die Höchstgeschwindigkeit auf 195 km/h.

SAAB TURBO (1979)

Motor: 4 Zylinder in Reihe mit obenliegender Nockenwelle, Turbolader
Bohrung/Hub: 90 mm x 78 mm
Hubraum: 1.985 cm³
Max. Leistung: 145 PS
Getriebe: mechanisch, 4 Gänge
Rahmen: selbsttragende Karosserie
Aufhängung: vordere Einzelradaufhängung mit Querlenkern und Schraubenfedern; starre Hinterachse mit Längsstreben und Panhard-Stab
Bremsen: Scheibenbremsen vorne und hinten
Karosserie: zweitürige Limousine
Höchstgeschwindigkeit: 195 km/h

Saab 9000 T16

Als 1984 der Saab 9000 vorgestellt wurde, sprang die Ähnlichkeit dieser Karosserie mit der des Lancia Thema nicht sofort ins Auge: Obwohl der Saab eine Kombilimousine mit Heckklappe und der Lancia eine traditionelle Kombilimousine mit Kofferraum besitzt, war bei genauerer Analyse der Bodenabmessungen unschwer die gleiche Grundstruktur dieser beiden Modelle zu erkennen, die bei Ital Design von Giorgietto Giugiaro entworfen worden waren. Beide Modelle sind mit quereingebautem Motor aber unterschiedlichen Hubräumen und Strukturen ausgestattet.

Der Saab 9000 besitzt einen 4-Zylinder-Motor mit 16 Ventilen, der als Turbo (bis 220 PS) und seit 1986 auch als Saugmotor mit 128 PS im Programm ist; das 5-Gang-Getriebe liegt links vom Motor. Um Unregelmäßigkeiten aufgrund unterschiedlich langer Seitenwellen zu vermeiden, wurde auf der rechten Seite des Differentials eine Verlängerungswelle eingebaut, die von einem großen Lager geführt wird: Dies erlaubt die Verwendung von zwei gleich langen Seitenwellen mit deutlich geringerem Verschleiß.

Mit vier Ventilen pro Zylinder wollte Saab gegenüber dem bisher gebauten Motor folgende Verbesserungen erzielen: niedrigerer Benzinverbrauch, höhere Leistung, geringerer Serviceaufwand und niedrigere Emissionen. Vier schräggestellte Ventile mit relativ kleinen Tellerdurchmessern zwingen zum Einbau der Zündkerze in der Mitte, was zu einem halbkugelförmigen Verbrennungsraum mit entsprechend günstiger Leistungsausbeute bei niedrigeren Verbräuchen und Emissionen führt.

SAAB 9000 T16 (1984)

Motor: quereingebauter 4-Zylinder-Motor mit zwei obenliegenden Nockenwellen, Turbolader
Bohrung/Hub: 90 mm x 78 mm
Hubraum: 1.985 cm³
Max. Leistung: 175 PS
Getriebe: mechanisch, 5 Gänge
Rahmen: selbsttragende Karosserie
Aufhängung: Einzelradaufhängung vorne mit McPherson-Federbeinen; starre Hinterachse mit Reaktionsstreben, Längsstreben und Schraubenfedern
Bremsen: Scheibenbremsen
Karosserie: Limousine
Höchstgeschwindigkeit: 205 km/h

Saab 9000

SABA
Mailand, Italien
1925–1928

1925 stellte der Mailänder Automobilhersteller SABA den Stelvio vor, einen Kleinwagen mit einem 984-cm³-4-Zylinder-Motor und einer Leistung von 22 HP bei 3.200⁻ᵐⁱⁿ. Die Weiterentwicklung dieses Modell vom Jahre 1927 hatte Vierradantrieb, Vierradlenkung und Schwingachsen vorn und hinten. Leider wurde dieser Ansatz nicht weiterverfolgt, da das Unternehmen im darauffolgenden Jahr seine Tätigkeit einstellte.

SABRA
Haifa, Israel
1960–1969

SABRA war die erste nationale Automobilfabrik Israels. Zu Anfang arbeitete Sabra eng mit dem englischen Unternehmen Reliant zusammen, und ihr erstes Modell war praktisch identisch mit dem Reliant Sabre: es handelte sich dabei um einen Zweisitzer-Sportwagen mit einer Glasfaserkarosserie, einem 1,7-l-Ford-Consul-Motor und einem Kastenrahmen. 1962 stellte das israelische Unternehmen einen kleinen Kombi vor, der vom Design her dem Austin A40 glich und mit dem 997-cm³-Motor des Ford Anglia ausgerüstet war. Dieser kleine Sabra wurde in der Folge unter Verwendung des 1,5-l-Cortina-Motors zum Sussita, einem Pritschenwagen, und zum Carmel weiterentwickelt. Letzterer wurde als Limousine und Kombi angeboten. Die viertürige Limousine mit dem Namen Gilboa 12 wurde 1967 vorgestellt.

SAL
Bergamo, Italien
1905–1909

SAL (Società Automobili Lombarda) nahm 1905 die Produktion mit zwei Modellen auf, die beide den Namen Esperia trugen. Der Esperia 20 HP besaß einen 3.700-cm³-4-Zylinder-Monobloc-Motor, während beim Esperia 40 HP die Zylinder paarweise gegossen waren. Trotz einiger Erfolge des 20 HP bei Autorennen wurde SAL im August 1909 aufgelöst.

SALMSON
Paris, Frankreich
1921–1957

Emile Salmson begann seine Laufbahn in der Flugzeugindustrie mit dem Erwerb der Lizenz für den Bau von Sternmotoren des Typs Canton-Unne und der Gründung der Société des Moteurs Salson, die bald mit der Herstellung von sieben- bis neunzylindrigen Flugzeugmotoren begann. Emile Salmson starb während des Ersten Weltkriegs, und seine Söhne mußten 1919 die Kontrolle über das Unternehmen abgeben.

Im Herbst 1919 begann Salmson mit dem Bau von Kraftfahrzeugen. Das erste Modell wurde in Lizenz des englischen Unternehmens GN gefertigt. 1921 stellte man ein Modell eigener Konstruktion vor. Es besaß einen wassergekühlten 1.086-cm³-4-Zylinder-Motor, konstruiert von Emile Petit, der dazu seine während des Kriegs beim Flugzeugbau erworbenen Erfahrungen einbrachte. Der Motor besaß als Besonderheit eine Ventilsteuerung mit einer Stößelstange pro Zylinder, die in Hub- (Auslaß-) und Zugbetrieb (Einlaßventil) arbeitete. An den Motor angeflanscht war ein gewöhnliches 3-Gang-Getriebe statt eines Kettengetriebes wie bei den in GN-Lizenz gefertigten Wagen.

Gleichzeitig entwickelte Petit aus diesem Motor einen Rennwagenmotor mit einer obenliegenden Nockenwelle. Ein mit diesem raffinierten 4-Zylinder-Motor ausgestatteten Salmson gewann 1921 mit dem Fahrer André Lombard den Cyclecar Grand Prix von Le Mans. In Anerkennung der Verdienste von André Lombard wurde der Salmson nun Tipo AL genannt. Ab 1922 ging man von den Salmson GN ganz zur Herstellung von Salmson AL über.

1923 beschloß Salmson, den von Emile Petit entwickel-

Salmson Grand Sport

SABRA SPORT (1960)
Motor: 4-Zylinder in Reihe mit hängenden Ventilen
Bohrung/Hub: 82,5 mm x 7,9 mm
Hubraum: 1.703 cm³
Max. Leistung: 90 PS
Getriebe: mechanisch, 4 Gänge
Rahmen: Kastenrahmen
Aufhängung: Vorderachse mit Einzelradaufhängung, Schraubenfedern, Querlenkern, starre Hinterachse mit Halbelliptikfedern, starre Rückachse mit Längsblattfedern
Bremsen: vorn Scheibenbremsen; hinten Trommelbremsen
Karosserie: Zweisitzer-Sportausführung
Höchstgeschwindigkeit: 130 km/h

ten 1.194-cm³-Motor mit zwei Nockenwellen serienmäßig zu produzieren. Man baute ihn in den 8/10 HP Tipo D ein, dessen Rahmen stärker als der des Tipo AL war. Als Besonderheit besaß der 8/10 HP eine ungewöhnliche Aufhängung der Hinterräder mit zwei Gruppen von Auslegerfedern.

1925 wurde die Serie AL um ein noch robusteres Modell, den VAL 3, erweitert, dessen vordere Aufhängung auf Halbfedern ruhte. Im darauffolgenden Jahr verstärkte man auch

SALMSON GRAND SPORT ST. SEBASTIEN (1926)
Motor: 4 Zylinder in Reihe mit zwei obenliegenden Nockenwellen
Bohrung/Hub: 62,2 mm x 90 mm
Hubraum: 1.086 cm³
Max. Leistung: 40 HP
Getriebe: mechanisch, 4 Gänge
Rahmen: Leiterrahmen
Aufhängung: vorn Starrachse mit Halbelliptikfedern; hinten Starrachse mit Auslegerfedern
Bremsen: Trommelbremsen an den Vorder- und Hinterrädern
Karosserie: Zweisitzer-Sportausführung
Höchstgeschwindigkeit: 170 km/h

die Rahmenstruktur. Im gleichen Jahr nahm Salmson zwei Sportwagenmodelle mit ebenfalls zwei Nockenwellen, aber einem Hubraum von 1.086 cm³ in die vielseitige Produktionspalette auf: den GS (3-Gang-Getriebe) und den SS (4-Gang-Getriebe).

Im Herbst 1929 brachte Salmson die Serie S4 heraus, die anfangs einen 1.300-cm³-Motor mit zwei obenliegenden Nockenwellen hatte. Da aber

Sabra Sport

die normalen S4-Karosserien ein ganz erhebliches Gewicht besaßen, mußte der Hubraum erst auf 1.465 cm³ (Modell S4C, 1931–1932), dann auf 1.600 cm³ (Modell S4D, 1936) vergrößert werden. Mit diesen beiden Modellen, dem S4C und dem S4D, startete das englische Werk British Salmson in Raynes Park die Produktion, wo sie von 1934 bis 1939 gebaut wurden. Einige der inzwischen auf 1.730 cm³ verstärkten S4D-Motoren wurden 1937 in das Modell S4DA eingebaut, dessen Fahrgestell länger und flacher war. Mit dem S4E, der ebenfalls 1937 vorgestellt wurde, war die maximale Hubraumgröße des von Petit entwickelten Motors mit zwei Nockenwellen erreicht. Das Modell 20/90 HP, das einen 2.590-cm³-4-Zylinder-Motor hatte, wurde nur von Salmson England gebaut.

Nach dem Krieg nahm Salmson 1947 die Produktion mit dem 1,7-l-Modell S4-61 und dem 2,3-l-Modell S4E wieder auf. Beide Modelle waren leicht überarbeitete Formen der schon 1939 produzierten Ausführungen. 1951 wurde ein neues Modell, der Randonnée, vorgestellt, dessen Motor nichts anderes als eine Leichtmetallausführung des alten 2,3-l-Motors war, den man in den S4E von 1937 eingebaut hatte. Das letzte Salmson-Modell, der G72, wurde 1953 lanciert. Anfangs wurde der G72 nur mit GT-Karosserie gebaut; dank seines 2,3-l-Motors, der auf 105 PS gesteigert wurde, trug das Fahrzeug viele Siege bei den heiß umkämpften Rallyes von 1954 davon. Bis 1956 sollte noch ein weiteres Modell, der G72, mit vergrößertem Radstand als viertürige Limousine in Produktion gehen, doch gelangte dieses Modell nie über das Stadium des Prototyps hinaus. Aufgrund der niedrigen Verkaufszahlen gab Salmson den Automobilbau im Jahr 1957 auf.

SALVA
Mailand, Italien
1906–1907

Das Mailänder Unternehmen Salva baute in den zehn Monaten seines Bestehens eine kleine Anzahl von Modellen, wie den kleinen 16/25 HP oder den schweren 60/75 HP, dessen Fahrgestell auch als Ausgangsbasis für Nutzfahrzeuge benutzt wurde.

SANDFORD (1923)
Motor: 4 Zylinder in Reihe mit hängenden Ventilen
Bohrung/Hub: 62 mm x 90 mm
Hubraum: 1.088 cm³
Max. Leistung: 50 HP
Getriebe: mechanisch, 3 Gänge
Rahmen: Rohrrahmen
Aufhängung: Vorderachse mit Einzelradaufhängung, Hülsenführung, Hinterrad an Anlegerfedern
Bremsen: Vierrad-Trommelbremse
Karosserie: Zweisitzer-Sportausführung
Höchstgeschwindigkeit: 140 km/h

SAM
Mailand, Italien
1924–1928

SAM (Società Automobili Motori) lancierte eine Reihe von Wagen mit 882-cm³-, 1.000-cm³- und 1.098-cm³-Motoren, von denen einige ganz außergewöhnliche Leistungen erbrachten. Wie andere kleine Firmen konnte auch SAM dem Konkurrenzdruck nicht standhalten, und so schloß es 1928 seine Tore.

SAMCA
Parma, Italien
1947

1947 stellte Samca auf der Mailänder Messe das Dreirad Atomo vor, das mit einem 246-cm³-2-Zylinder-Heckmotor ausgestattet war und eine Höchstgeschwindigkeit von 75 km/h erreichen sollte. Das Dreirad wurde aber ein kommerzieller Mißerfolg.

SANDFORD
Paris, Frankreich
1922–1939

Die Dreiräder von Sandford kosteten zwar mehr als doppelt soviel wie die gleichartigen Wagen des englischen Unternehmens Morgan, waren aber technisch höher entwickelt. Sie besaßen einen 4-Zylinder-Motor und wogen nur 290 kg. Das Standardmodell erreichte eine Höchstgeschwindigkeit von 140 km/h, in der aufgeladenen Ausführung sogar 169 km/h.

Sandford konnte mit seinen Wagen beachtliche Rennerfolge verzeichnen, besonders bei Langstrecken-Rennen. Im Jahr 1924 errang Sandford beim Bol-d'Or-24-Stunden-Rennen den ersten Platz.

Im Jahr 1933 beschloß Sandford, sich nun dem Bau von Vierradfahrzeugen zuzuwenden, womit es aber keinerlei Erfolg hatte. 1939 war Sandford schließlich gezwungen, die Produktion einzustellen.

SAN GIORGIO
Genua, Italien
1905–1909

San Giorgio baute in Lizenz des englischen Unternehmens Napier große 5,6- und 8-l-Motoren mit dreiteiligem Zylinderblock, mit denen verschiedene 30/40-HP-, 40/50-HP- und 50/60-HP-Motoren ausgestattet wurden.

Bereits im Jahr 1909 schloß das 1905 gegründete Genueser Unternehmen aufgrund massiver wirtschaftlicher Schwierigkeiten seine Tore.

SAN GIUSTO
Triest, Italien
1924–1926

Das Triester Unternehmen San Giusto mit Werk in Mailand stellte 1924 auf der Mailänder Automobilausstellung seinen 750 vor, einen Dreisitzer, der einige Neuerungen aufwies: Er hatte einen Zentralrohrrahmen und Heckmotor, eine Lösung, die bei einigen modernen Sportwagen wieder aufgenommen wurde, die Räder waren voneinander unabhängig aufgehängt, und alle vier Räder waren mit Bremsen ausgestattet worden.

Der 750 konnte eine Maximalgeschwindigkeit von 70 km/h erreichen. Leider mußte das Unternehmen 1925, als die Produktion gerade richtig in Schwung gekommen war, aufgrund massiver finanzieller Schwierigkeiten seine Tätigkeit einstellen.

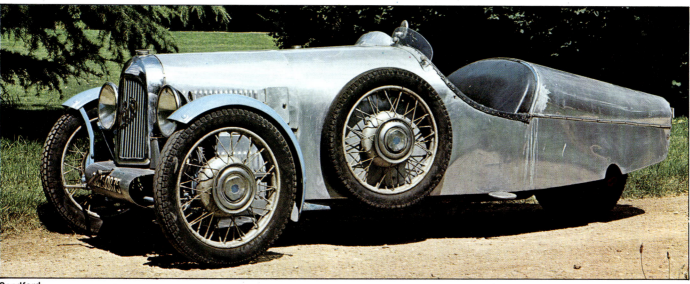

Sandford

SARA
Courbevoie/Puteaux, Frankreich
1923–1930

Das erste SARA-Modell (Société des Automobiles à Refroidissement par Air) hatte einen 1.098 cm³ luftgekühlten 4-Zylinder-Motor. Ein Zentrifugalgebläse lieferte den Strom. Was ihre Leistungen angeht, so erwiesen sich die SARA als befriedigend. Ein 1928 herausgebrachtes Modell mit einem

SAVA

SARA Cabriolet

SARA (1923)

Motor: 4 Zylinder in Reihe mit hängenden Ventilen, luftgekühlt
Bohrung/Hub: 62 mm x 91 mm
Hubraum: 1.098 cm³
Max. Leistung: 35 HP
Getriebe: mechanisch, 3 Gänge
Rahmen: Leiterrahmen
Aufhängung: vorn Starrachse mit Einerblattfeder; hinten Starrachse mit Auslegerfedern
Bremsen: Trommelbremsen an den Vorder- und Hinterrädern
Karosserie: Zweisitzer, Viersitzer, Cabriolet
Höchstgeschwindigkeit: 70 km/h

1.806-cm³-6-Zylinder-Motor wurde auch in Schottland hergestellt.

SAVA
Berchem-Antwerpen, Belgien
1910–1923

SAVA (Société Anversoise pour Fabrication des Voitures) ging aus dem 1902 gegründeten Unternehmen Compagnie des Constructions hervor, das Automobile mit dem Markennamen Royal Star baute. Im Jahre 1907 bot das Unternehmen fünf Modelle mit 4-Zylinder-Motoren von 11/12 HP bis 25/30 HP und einen Einzylinder an, für den verschiedene Bauteile von De Dion verwendet wurden. 1910 wurde die Compagnie des Constructions mecaniques neu organisiert und auf SAVA umbenannt. Typisch für SAVA bei sonst herkömmlicher technischer Ausstattung waren 4-Gang-Getriebe mit ständig kämmenden Zahnrädern, am Getriebe angeflanschte Benzinpumpen, Doppelzündung sowie hängende Auslaß- und stehende Einlaßventile, also in eoi-Anordnung.

1913 standen auf dem SAVA-Programm der 14/16 HP mit 2.474 cm³ Hubraum, der 18/24 HP mit einem vergrößerten Hubraum von 2.954 cm³ und der 35/50 HP, der ebenfalls mit stehenden Einlaß- und hängenden Auslaßventilen ausgerüstet war.

1911 ging SAVA zu einer abgerundeten Kühlerform über, die sich sehr gut an die übrige Form der Wagenfront anpaßte. Zur gleichen Zeit wurde das Modell 20/60 HP mit einem 3.405-cm³-Motor und stehenden Einlaß- und hängenden Auslaßventilen auf den Markt gebracht.

1914 erhielt SAVA zusammen mit Minerva vom belgischen Verteidigungsministerium den Auftrag zur Lieferung von Panzerwagen.

Nach dem Ersten Weltkrieg wurde die Automobilproduktion mit dem 20 HP wieder aufgenommen.

Für dieses neue Modell verwendete SAVA das gleiche Fahrgestell wie für die Sportwagen der Vorkriegsproduktion. Die Bremsausrüstung hingegen wurde zu einer Vierradbremse weiterentwickelt. 1922 stellte SAVA sein letztes wirklich neues Nachkriegsmodell mit einem 2-l-Motor mit stehenden Ventilen vor. Im darauffolgenden Jahr wurde das Unternehmen von Minerva aufgekauft.

Damit gehört SAVA zu jenen belgischen Automobilfirmen, die zwar den Ersten Weltkrieg mit knapper Not überstanden, in der Nachkriegszeit aber völlig ausbluteten.

Es fehlten Ideen und Geld, um ein oder mehrere attraktive Fahrzeuge auf den Markt bringen zu können.

Ganz besonders aber litt das belgische Unternehmen darunter, daß sich die SAVA-Autos kaum von denen anderer Hersteller unterschieden – ganz im Gegensatz zu den Automobilen mit Charakter von Minerva, Metallurgique, Nagant, Imperia und FN, die auch außerhalb Belgiens aufgrund ihrer Technik und Qualität ein hohes Ansehen genossen und treue Abnehmer hatten.

Auf dem englischen Markt hätte auch SAVA gute Chancen gehabt, wenn die von 1912 bis 1914 bestehende Vertretung ausgebaut worden wäre.

SAVA 18/24 HP (1913)

Motor: 4 Zylinder in Reihe mit stehenden Einlaßventilen und hängenden Auslaßventilen
Bohrung/Hub: 82 mm x 140 mm
Hubraum: 2.954 cm³
Max. Leistung: 60 HP
Getriebe: mechanisch, 4 Gänge
Rahmen: Leiterrahmen
Aufhängung: hinten und vorn Starrachsen mit Halbelliptikfedern
Bremsen: wirken auf die Vorderräder und das Getriebe
Karosserie:
Höchstgeschwindigkeit: 55 km/h

SAVA Sedanca de Ville

SAXON
Detroit, USA
1913–1923

Die Gründer dieses Unternehmens waren Hugh Chalmers, vorher einer der Gesellschafter von Chalmers-Detroit, und Harry Ford. Das erste Saxon-Modell war ein Leichtwagen mit vier Zylindern, der 1913 auf den Markt kam. Dieser schmalbrüstige Zweisitzer war sofort ein großer Verkaufserfolg, was die Verantwortlichen des Unternehmens dazu veranlaßte, 1915 ein zweites Modell, den Saxon Six auf den Markt zu bringen.

1916 befand sich Saxon schon unter den zehn wichtigsten Automobilherstellern der Vereinigten Staaten. Im darauffolgenden Jahr wurde die Produktion des inzwischen beliebten Vierzylinders eingestellt, was einen spürbaren Rückgang der Verkaufszahlen mit sich brachte. Um dem entgegenzuwirken, brachte Saxon 1920 ein neues 4-Zylinder-Modell, allerdings in einer Ausführung mit hängenden Ventilen, auf den Markt. Dieses neue Modell erwies sich als zu teuer, so daß Saxon sich zwei Jahre später gezwungen sah, die Produktion ganz einzustellen, nachdem es nicht gelungen war, dem weiteren Rückgang der Verkaufszahlen entgegenzuwirken.

SBARRO
Les Tuilieres de Grandson, Schweiz
1968–

Franco Sbarro, der Chef des Mechanikerteams des privaten Motorparks Filipinetti gewesen war, eröffnete 1968 eine eigene Werkstatt und begann mit der Produktion einer kleinen Serie außerordentlich exklusiver Modelle. Gegenwärtig fertigt das Unternehmen ungefähr 100 Wagen pro Jahr, darunter unter anderem den GT40 Replica mit dem Fahrgestell eines De Tomaso Pantera, den Royal, einen Wagen, der dem Bugatti nachempfunden und von zwei hintereinanderliegenden V8-Rover-Motoren angetrieben wird, sowie verschiedene Sportwagenmodelle wie den Stash mit einem Mittelmotor von BMW und Windhound-Vierradantrieb. Diese Sportwagen werden mit 6-, 8- und 12-Zylinder-Motoren angeboten.

Das wohl berühmteste Modell der gesamten Sbarro-Produktion ist jedoch der BMW 328 Replica, der mit einem modernen, leistungsstarken Motor des bayerischen Unternehmens ausgerüstet ist.

Ein weiteres interessantes Modell dieses Hauses ist der Mercedes 540 Replica, dessen technische Ausrüstung auf der des Mercedes 500 SE basiert. Die momentan letzte Sbarro-Schöpfung ist der Challenger, ein außerordentlich aerodynamischer Zweisitzer-Sportwagen mit Porsche- oder Mercedes-Motor.

SCACCHI
Chivasso, Italien
1911–1915

Die Fabbrica Automobili Scacchi wurde 1911 von Cesare Scacchi, einem ehemaligen Fiat-Werkstattmeister, ins Leben gerufen.

Obwohl das italienische Unternehmen nur kurze Zeit existierte, wurden die Scacchi-Modelle von einer breiten Kundschaft, vor allem auch aus dem Bereich des Wagensports, sehr geschätzt.

Der erste Wagen von Scacchi, der unter dem Markenzeichen Cesare gebaut wurde, war das Modell A70 20/30 HP, ein Automobil mit 4.398 cm³ Hubraum und mit einem 4-Zylinder-V-Motor mit Kardanantrieb, dem der B80 35/45 HP (5.341 cm³ Hubraum) und der C90 Sport (ebenfalls 5.341 cm³) folgten. Scacchi wurde 1915 von Diatto übernommen.

SAXON FOUR (1916)
Motor: 4 Zylinder in Reihe mit stehenden Ventilen
Bohrung/Hub: 70 mm x 114,3 mm
Hubraum: 1.752 cm³
Max. Leistung: 30 HP
Getriebe: mechanisch, 3 Gänge
Rahmen: Leiterrahmen
Aufhängung: vordere und hintere Starrachse mit Auslegerfedern
Bremsen: Hinterradbremsen
Karosserie: Zweisitzer
Höchstgeschwindigkeit: 70 km/h

Sbarro replica BMW 328

Saxon Four

SBARRO REPLICA BMW 328 (1985)
Motor: 4 Zylinder in Reihe (von BMW) mit obenliegender Nockenwelle
Bohrung/Hub: 84 mm x 71 mm
Hubraum: 1.573 cm³
Max. Leistung: 90 PS
Getriebe: mechanisch, 4 oder 5 Gänge
Rahmen: in den verstärkten Wagenboden integrierte Kastenelemente
Aufhängung: vorn Einzelradaufhängung mit Querlenkern und Schraubenfedern; hinten Einzelradaufhängung mit Schräglenkern
Bremsen: Scheibenbremsen an den Vorderrädern, Trommelbremsen an den Hinterrädern
Karosserie: zweisitziger Spider, Fiberglas
Höchstgeschwindigkeit: 180 km/h

SCAT 16/20 HP Tonneau

SCAT
**Turin, Italien
1906–1932**

1906 verließ Giovanni Ceirano das zwei Jahre zuvor von ihm selbst gegründete Unternehmen Junior und gründete die Società Ceirano Automobili Torino, besser bekannt unter dem Namen SCAT. SCAT produzierte begehrenswerte Automobile; dank der unbestreitbaren Qualität seiner Wagen überstand das Unternehmen relativ unbeschadet die Wirtschaftskrise von 1907.

Das erste SCAT-Modell, das auf den Markt gebracht wurde, war der 12/16 HP mit 2.724 cm³. Ihm folgten 1907 der 16/20 HP mit 3.190 cm³ und der 22/32 HP mit 3.770 cm³. Alle diese Modelle besaßen 4-Zylinder-Motoren, Gelenkwellenantrieb und ein 4-Gang-Getriebe. Zwischen 1910 und 1911 wurde der Hubraum des 22/32 HP mittels einer Vergrößerung des Hubs auf 4.398 cm³ erhöht. Auch der 12/16 HP wurde grundlegend verändert und auf 15/20 umbenannt; im Zeitraum von 1912 bis 1914 wurde dieser Wagen mit einem Motor ausgerüstet, dessen Hubraum auf 2.951 cm³ vergrößert worden war.

1912 stellte SCAT außerdem den 25/35 vor, eine Weiterentwicklung des 22/32 HP, dessen Hub so weit vergrößert worden war, daß es einen Hubraum von 4.712 cm³ ergab, sowie den 60/75 HP, einen Rennwagen mit einem 6.285-cm³-Motor mit obenliegender Nockenwelle, der bis 1915 gebaut wurde. Die SCAT-Wagen erzielten auch eine Reihe beachtlicher Rennerfolge: 1911 und 1914 gewann Ernesto Ceirano, der Sohn Giovanni Ceiranos, die Targa Florio, 1912 gewann sie Cyruk Snipe, ebenfalls mit einem SCAT. 1918 wurde die Produktion des 25/35 HP, die mit Italiens Eintritt in den Krieg unterbrochen worden war, wieder aufgenommen. Während des Krieges baute SCAT den 12/16 HP, ein Wagen mit 2.120 cm³, der 1914 auf den Markt gekommen war, sowie den 18/30 HP mit 3.563 cm³. Dieser Wagen wurde zwischen den Jahren 1915 und 1916 verkauft. Während des Ersten Weltkriegs widmete sich SCAT auch dem Bau von Militärlastwagen und Flugzeugmotoren.

SCAT 25/35 HP (1912)
Motor: 4 Zylinder in Reihe mit T-Kopf
Bohrung/Hub: 100 mm x 150 mm
Hubraum: 4.712 cm³
Max. Leistung: 35 PS
Getriebe: mechanisch, 4 Gänge
Rahmen: Leiterrahmen
Aufhängung: vordere und hintere Starrachse mit Halbelliptikfedern
Bremsen: Hinterrad-Trommelbremsen
Karosserie: Tourer
Höchstgeschwindigkeit: 100 km/h

1919 verließ Giovanni Ceirano SCAT, um ein neues Unternehmen unter dem Namen Ceirano zu gründen. Sehr bald schon ging darauf ein Großteil der traditionellen SCAT-Kunden zu Ceirano über, ungeachtet der großen Vielfalt an Modellen, die SCAT in dieser Zeit anbot. Das SCAT-Programm umfaßte damals die verschiedensten Wagentypen vom 12/15 HP mit 1.551 cm³ bis zu Rennwagen mit 9.236-cm³-4-Zylinder-Motoren mit obenliegender Nockenwelle und gut 120 PS. Um der harten Konkurrenz von Ceirano standhalten zu können, griff SCAT zu einer Reihe wenn auch legalen Verkaufstricks. Als Antwort darauf erwarb Giovanni Ceirano im August 1923 die Aktienmehrheit von SCAT und löste gleichzeitig sein eigenes Unternehmen auf. Daraufhin wurde Ceirano SCAT einverleibt, und das neuentstandene Unternehmen erhielt den Namen SCAT-Ceirano. Das wohl interessanteste Modell, das unter diesem neuen Markennamen gebaut wurde, war der N150, ein Kleinwagen, den Candido Viberti entwickelt hatte, wobei er sich vom Stil der Lancia-Wagen inspirieren ließ. 1928 wurde die Produktion des N150, auch liebevoll „Ceiranina" genannt, eingestellt; im gleichen Jahr übernahm der FIAT-Konzern SCAT-Ceirano. Im Anschluß daran produzierte SCAT noch drei Jahre lang den S150 VVV, einen interessanten Wagen, dessen Vorderräder unabhängig voneinander aufgehängt waren.

1932 wurde auch dieses Unternehmen aufgelöst und von SPA übernommen.

SCIREA
**Mailand, Italien
1910–1927**

Ursprünglich galt Arturo Scireas Interesse den Flugzeugmotoren. 1914 jedoch wandte er sich dem Automobilbau zu und konstruierte in seinen eigenen Werkstätten den Officine Scirea, den 8/10 HP. Dieser Wagen besaß einen kleinen 1.131 cm³ 4-Zylinder-Motor mit einer Leistung von 14 HP bei 1.200^{-min} und einer Höchstgeschwindigkeit von 70 km/h. Diesem Wagen folgten nach dem Ende des Ersten Weltkriegs der Tipo Unico (1.539 cm³, 22 HP bei 2.500^{-min}, 90 km/h) und der Sport (1.539 cm³, 35 PS bei 3.600^{-min}, 105 km/h). 1927 stellte das Unternehmen Scirea seine Tätigkeit ein.

SCLAVO
**Turin, Italien
1911–1914**

Sclavo war ein kleines Turiner Unternehmen, das für wenige Jahre den Eridano, einen 1,7-l-Kleinwagen mit einer Lederkonuskupplung und einem 3-Gang-Getriebe, baute.

SCOTT SOCIABLE
**Bradford, Großbritannien
1921–1925**

Alfred Angas Scott begann 1909 mit dem Bau von Motorrädern und ging 1921 zum Automobilbau über. Das wohl interessanteste Modell, das die Scott-Werkstätten verließ, war der Sociable, ein zweispuriges Dreirad, das aus einem Kraftwagen entwickelt worden war, den Scott in Zusammenarbeit mit Vickers für den Transport und Nachschub von Schnellfeuergewehren konstruiert hatte. Die lenkbare Vorderrad des Sociable lag in einer Spur mit dem Antriebsrad, d. h. mit dem rechten Hinterrad; das dritte Rad war versetzt zu den anderen beiden Rädern montiert. Dieser Wagen besaß außerdem einen wassergekühlten 2-Zylinder-2-Takt-Motor mit 578 cm³, ein 3-Gang-Getriebe mit dauernd im Eingriff befindlichen Rädern, das über einen Wellenantrieb mit dem rechten Hinterrad verbunden war.

Trotz seiner guten Straßenlage war der Sociable aufgrund seines etwas extravaganten Aussehens und hohen Preises kein ausgesprochener Verkaufserfolg und wurde darum nur vier Jahre lang produziert.

SCRIPPS-BOOTH
Detroit, USA
1912–1922

James Scripps-Booth debütierte im Automobilbau mit der Konstruktion eines eigenartigen Fahrzeugs, das er Bi-Autogo nannte, und das sich auf nur zwei Rädern „gehend" fortbewegen sollte.

Bei niedrigen Geschwindigkeiten sollten zwei weitere ausfahrbare Räder das Kippen des Wagens nach hinten oder vorn verhindern.

Wie unschwer vorauszusehen war, kam das Bi-Autogo-Modell, das einen 6.306-cm³-V8-Motor besaß, nie über das Stadium des Prototyps hinaus.

1913 konstruierte Scripps-Booth, inspiriert von dem französischen Automobilhersteller Bedelia, ein Cycle Car, dessen beide Sitze hintereinander angeordnet waren.

Die Serienproduktion dieses JB Rocket wurde im Januar 1914 aufgenommen. Gegen Ende des gleichen Jahres wurde die Scripps-Booth Cyclecar Company von der Detroiter Puritan Machine Company aufgekauft.

Ebenfalls 1914 wurde das Model C vorgestellt, ein Luxuswagen, der typisch europäische Konstruktionselemente aufwies, mit einem 4-Zylinder-Sterling-Motor ausgerüstet war und der, wie es scheint, erste amerikanische Automobil war, bei dem sich der Hupenknopf im Zentrum des Lenkrades befand.

Außerdem war der Model C eines der ersten Automobile überhaupt, die über eine elektrische Türverriegelungsanlage verfügten.

Im Jahr 1916 erschien das Model D, ein Wagen mit einem V8-Ferro-Motor, der als Roadster, Touring und Stadtwagen gebaut wurde. Da dieser Wagen jedoch nicht den erwünschten Erfolg erzielte, übernahm General Motors 1918 das amerikanische Unternehmen.

Von nun an unterschieden sich die Scripps-Booth-Wagen von den Chevrolets nur noch durch ihre andere Karosserieform. Die Scripps-Booth-Modelle wurden mit Oakland-Fahrgestellen und Northway-Motoren gebaut.

Im Jahr 1922 stellte General Motors die Produktion von Scripps-Booth-Modellen endgültig ein, und die Produktionsanlagen in Detroit wurden für den Bau des Buick Sedan verwendet.

1923 versuchte James Scripps-Booth mit einem Luxuswagen unter der Bezeichnung Da Vinci sein Comeback auf dem Automobilmarkt, doch fand er niemanden, der den Wagen bauen wollte. Als Stutz mit seinem Safety Eight auf den Markt kam, verklagte Scripps-Booth das Unternehmen auf unrechtmäßige Nutzung seines Entwurfes.

Scripps-Booth, der schließlich nach einem sieben Jahre langen Prozeß recht bekam, mußte jedoch auf eine angemessene finanzielle Entschädigung verzichten, da der amerikanische Automobilproduzent Stutz in der Zwischenzeit in Konkurs gegangen war.

Scripps-Booth Modell C

SCRIPPS-BOOTH MODEL C (1914)

Motor: 4 Zylinder in Reihe mit hängenden Ventilen
Bohrung/Hub: 73 mm x 101,6 mm
Hubraum: 1.702 cm³
Max. Leistung: 20 HP
Getriebe: mechanisch, 3 Gänge
Rahmen: Leiterrahmen
Aufhängung: vordere und hintere Starrachse mit Halbelliptikfedern
Bremsen: Hinterrad-Trommelbremsen
Karosserie: Sedan oder Coupé
Höchstgeschwindigkeit: 72 km/h

SEABROOK
London, Großbritannien
1917–1928

Das englische Unternehmen Seabrook Brothers Ltd. wurde 1896 als Fabrik für Fahrradteile gegründet.

Jedoch schon in den dem Ersten Weltkrieg unmittelbar vorhergehenden Jahren begann man unter dem Markennamen Seabrook RMC das aus den Vereinigten Staaten importierte Automobil Regal zu vertreiben.

1920 wurde dann die Produktion eigener Wagen mit einem Leichtwagen aufgenommen, welcher mit einem 4-Zylinder-Motor mit 1.796 cm³ Hubraum ausgerüstet war und dessen Kolben und Zylinderköpfe aus Aluminium bestanden, was eine technische Besonderheit darstellte, die ihrer Zeit durchaus voraus war.

Im Jahr 1921 wurde dieses erste Modell von dem 9/19 abgelöst, der einen 9,8-Dorman-Motor besaß.

Das Modell Seabrook 10/20 dagegen, das 1923 auf den Markt kam, war mit einem Meadows-Motor mit einem Hubraum von 1.496 cm³ ausgerüstet. Zwei Jahre später wurde der 10/20 durch den 12/24 ersetzt, das damit das einzige auf dem Markt befindliche Seabrook-Modell war.

Bemerkenswert an diesem Wagen ist, daß sein Motor, der zwar für Bohrung und Hub andere Werte als der 10/20 aufwies (69 mm x 100 mm statt 63 mm x 120 mm), einen mit diesem absolut identischen Hubraum (1.496 cm³) hatte.

Gegen Ende des Jahres 1924 ging Seabrook dazu über, auch die Vorderräder seiner Wagen mit Bremsen auszurüsten.

Dafür aber wurde das konventionelle 4-Gang-Getriebe durch ein 3-Gang-Getriebe ersetzt. Im Laufe des Jahres 1928 stellte Seabrook die Automobilproduktion ein.

Seabrook 12/24 HP

SEABROOK 10/20 (1923)

Motor: 4 Zylinder in Reihe mit hängenden Ventilen
Bohrung/Hub: 63 mm x 120 mm
Hubraum: 1.496 cm³
Max. Leistung: 21,5 HP
Getriebe: 4 Gänge
Rahmen: Leiterrahmen
Aufhängung: vordere und hintere Starrachse mit Halbelliptikfedern
Bremsen: Hinterrad-Trommelbremsen
Karosserie: Tourer
Höchstgeschwindigkeit: 75 km/h

SEAT
**Barcelona, Spanien
1949–**

Die Ursprünge der Sociedad Espanola de Automoviles de Tourismo reichen bis in das Jahr 1919 zurück, als Fiat Turin in Spanien eine Niederlassung gründete. Ab 1931 wurden die in Spanien produzierten Wagen unter dem Namen Fiat-Hispanias verkauft. 1949 übernahm INI, eine der direkten Kontrolle der spanischen Regierung unterstellte Finanzierungsgesellschaft, Fiat-Hispanias, worauf das Unternehmen in SEAT umbenannt wurde. Diese Unternehmensumstrukturierung hatte jedoch hauptsächlich politische Bedeutung, d. h., die Produktion war davon nicht betroffen und es wurden weiterhin die von Fiat entwickelten Wagen gebaut. Unter diesen sei vor allem die Limousine 1400, Spitzenmodell bis 1956, genannt, die mit einem 4-Zylinder-Motor ausgerüstet war. 1957 wurde das Modell 600 mit Heckmotor vorgestellt. Zwei Jahre später brachte SEAT einen Wagen auf den Markt, dessen Karosserie mit der des von Pinifarina entworfenen Modells 1800 identisch war. Es war jedoch mit dem weniger leistungsfähigen Motor der Limousine 1400 ausgerüstet. Im Jahr 1963 schließlich wurde dann die Ausführung 1500 vorgestellt.

1979 erwarb Fiat die Aktienmehrheit von SEAT. Von diesem Moment an wurden in Barcelona Wagen mit Lancia-Karosserie und einem spanischen 2-l-Motor gebaut. Kaum zwei Jahre später gab Fiat ganz überraschend die Kontrolle über SEAT wieder ab. Um nun zu verhindern, daß die 32.000 Werksangehörigen ihre Arbeitsplätze verlieren, beschloß die spanische Regierung ein umfassendes Sanierungsprogramm und erwarb über INI 90% aller Aktien. 1982 begann SEAT nach Abschluß eines Kooperationsvertrags mit Volkswagen mit dem Bau der Volkswagenmodelle Polo, Passat und Santana. Dennoch war weiterhin noch stark der Einfluß von Fiat zu spüren, vor allem bei den Modellen Fura und Ronda, die mit den Fiat-Modellen 127 und Ritmo zu vergleichen sind bzw. ihnen entsprechen.

SEAT IBIZA (1985)
Motor: 4 Zylinder in Reihe, quergestellter Motor mit obenliegender Nockenwelle
Bohrung/Hub: 75 mm x 67,5 mm
Hubraum: 1.193 cm³
Max. Leistung: 63 PS
Getriebe: mechanisch, 4 Gänge
Rahmen: selbsttragende Karosserie
Aufhängung: vorn Einzelradaufhängung mit McPherson-Federbeinen; hinten Einzelradaufhängung an Lenkern und Querblattfeder
Bremsen: Scheibenbremsen an den Vorderrädern, Trommelbremsen an den Hinterrädern
Karosserie: dreitürige Limousine
Höchstgeschwindigkeit: 155 km/h

SEAT Ibiza

1984 kam die erste eigene Entwicklung von SEAT auf den Markt: der Ibiza. Das Design des Kompaktautos kam von Guigiaro, die Motortechnik von Porsche. 1991 erschien der Toledo, eine Mittelklasse-Limousine, die technisch eng verwandt ist mit dem VW Golf II – ein Ergebnis der Tatsache, daß SEAT heute zum VW-Konzern gehört. Der Toledo wird von VW-4-Zylinder-Motoren (Benzin und Diesel) zwischen 1,6 und 2,0 l Hubraum und 72 bis 115 PS angetrieben.

Auf dem Automobilsalon von Barcelona wurde im Mai 1993 ein neuer Ibiza vorgestellt.

SENECHAL GRAND SPORT (1925)
Motor: 4 Zylinder in Reihe mit hängenden Ventilen
Bohrung/Hub: 57 mm x 95 mm
Hubraum: 972 cm³
Max. Leistung: 50 HP
Getriebe: mechanisch, 3 Gänge
Rahmen: Leiterrahmen
Aufhängung: vorne Starrachse mit Querblattfeder; hinten Starrachse mit Viertelelliptikfedern
Bremsen: Hinterrad-Trommelbremsen
Karosserie: zweisitziger Sportwagen
Höchstgeschwindigkeit: 110 km/h

SENECHAL
**Gennevilliers, Frankreich
1921–1929**

Robert Sénéchal, ein Pionier der Luftfahrt, war außerdem ein ausgezeichneter Rennfahrer sowie der Vorsitzende des französischen Motorradclubs. Für seine Wagen verwendete der 1985 im Alter von neunzig Jahren verstorbene Sénéchal Motoren verschiedener Hersteller, vor allem aber Motoren von Ruby. Der B4, das erste von ihm gebaute Automobil, besaß eine Querblattfeder vorn, ein 2-Gang-Getriebe und einen 900-cm³-Ruby-Motor. In der Folge stattete er seine Wagen mit einem 3-Gang-Getriebe aus und entwickelte zusätzlich die Ausführungen Sport und Grand Sport mit einem Hubraum von 900 bzw. 972 cm³. 1923 wurde der 900 Sport abgesetzt; an seine Stelle trat ein neues Modell, der Supersport mit 1.100 cm³ und 33 HP.

Robert Sénéchal war aber auch für seine Rennwagen berühmt, die er aus seinen kleinen Automobilen entwickelte. Die größten Rennerfolge erzielten die Sénéchal-Wagen bei den Rennen um den Bol d'Or, den sie 1923, 1924 und 1925 gewannen.

1924 wurde Sénéchal von der SA Chenard & Walcker übernommen, die nun die Motoren für Sénéchal (975 und 1.100 cm³) lieferte. 1926 erhielten die beiden Modelle Vorderradbremsen, im Jahr darauf erschien ein weiteres Modell mit 1.500 cm³ Hubraum. Nachdem die erste Wagengeneration aus der Produktion herausgenommen worden war, wurde das besonders aerodynamische Modell Torpille, das einen Hubraum von 1.500 cm³ besaß, vorgestellt.

SERPOLLET
**Paris, Frankreich
1889–1907**

Léon Serpollet, der schon in seiner Jugend Erfahrungen beim Bau von Dampfmotoren gesammelt hatte, verließ 1881 die Firma seines Vaters und ließ sich auf dem Montmartre nieder. Dort eröffnete er eine kleine Werkstatt, in der er ein dampfgetriebenes Dreirad mit einem Sitz konstruierte. Die Testfahrt dieses Wagens mit eigenem Antrieb fand 1887 in den Straßen von Paris statt. 1889 wurden im Peugeot-Werk von Beaulieu vier dieser dampfgetriebenen Dreiräder gebaut, von denen einer im gleichen Jahr auf der Messe

Sénéchal Grand Sport

von Paris vorgestellt wurde. Die Begeisterung bei Peugeot für diesen Wagen hielt jedoch nicht lange an. Dagegen wuchs Serpollets eigenes Vertrauen in die Fähigkeiten seiner Erfindung immer weiter, und 1890 startete er damit von Paris in Richtung Lyon, das er zwei Wochen später erreichte.

Nachdem Peugeot seine Zusammenarbeit gekündigt hatte, führte Serpollet seine Experimente selbständig fort. 1891 stellte er dann, nachdem er zuvor ein weiteres dampfgetriebenes Dreirad (4/6 HP) entwickelt hatte, seinen ersten vierrädrigen Wagen vor.

Während des letzten Jahrzehnts des neunzehnten Jahrhunderts beschäftigte sich Serpollet, dem ständigen Drängen seiner Geldgeber nachgebend, ausschließlich mit der Konstruktion von Straßen- und Eisenbahnwagen. 1898 lernte er jedoch Frank Gardner kennen, einen reichen Amerikaner, der schon verschiedentlich Erfahrungen bei der Konstruktion von Automobilen mit Verbrennungsmotoren gemacht hatte. Die beiden gründeten ein gemeinsames Unternehmen und eröffneten ein neues Werk in Paris, in dem man nun unter dem Markenzeichen Gardner-Serpollet Dampfautomobile baute. Seinem eigentlichen Ziel, leicht zu handhabende Dampfautos zu konstruieren, näherte sich Serpollet durch die Einführung des Augenblick-Dampferzeugers und durch die Paraffin- statt Koksverbrennung. Ab 1900 wiesen die Serpollets, auch was das Design betrifft, immer stärkere Ähnlichkeit mit den Benzinern der Konkurrenz auf.

Genau im Jahre 1900 stellte Serpollet seinen Leichtwagen 5 HP vor. Ein Jahr später brachte er den 8 HP (V4-Motor), den 6 HP, den 9 HP und

SERPOLLET DREIRAD (1891)

Motor: zweizylindriger Dampfmotor
Bohrung/Hub: 60,3 mm x 90,4 cm³
Max. Leistung: 4/6 HP
Getriebe: 2 Gänge
Rahmen: verstärkter Holzrahmen
Aufhängung: vorn Gabelführung mit Vollelliptikfedern; Hinterachse mit Halbelliptikfedern
Bremsen: Hinterrad-Bandbremsen
Karosserie: Vis-à-Vis
Höchstgeschwindigkeit: 25 km/h

schließlich den 12 HP auf den Markt, die allesamt mit einem 4-Zylinder-Boxermotor ausgerüstet waren.

1902 erschien dann ein aerodynamisches Modell unter dem Namen Œuf de Pâques (Osterei), das als erstes Automobil schneller als 120 km/h fahren konnte.

Gegen Ende des Jahres 1903 wurde das Serpollet-Programm um zwei Modelle erweitert: den 15 HP mit einem 4-Zylinder-Motor und um den Simplex, der ebenfalls einen 4-Zylinder-Motor besaß und dessen Mechanik durch ihre besondere Einfachheit hervorstach.

1904 erschien eine verbesserte Version des 15 HP sowie der starke 40 HP, beide mit automatischer Brennstoffbeschickung.

Es scheint, als sei im Jahr 1906 noch die 6-Zylinder-Version des 40 HP auf den Markt gebracht worden.

Ein Jahr später mußte dann das französische Unternehmen nach dem plötzlichen Tod seines Gründers die Produktion einstellen.

Serpollet Dreirad

Serpollet mit drei Rädern

Dieses Dreirad war der erste von Louis Serpollet produzierte Serienwagen. Obwohl das neue Modell direkt von den Peugeot-Serpollet-Modellen von 1889 abstammte, war es viel massiver gebaut. Dem Publikum wurde es erstmals Ende 1890 vorgestellt. Sein 2-Zylinder-Motor funktionierte mit Kokskohle, die automatisch von zwei hinter dem Kessel angebrachten Behältern in die Feuerung gelangte. Der Brennstoffvorrat reichte für einen Fahrbereich von 29 km; der Wasservorrat sogar für einen Aktionsradius von 60 km. Nachdem anfangs nur dreirädrige Modelle erschienen waren, präsentierte man 1891 auch eine Version mit vier Rädern.

Serpollet 15 HP

Das letzte und interessanteste dampfgetriebene Automobil, das Serpollet präsentierte, war derart konzipiert worden, daß es sich von den mit Verbrennungsmotor ausgerüsteten Fahrzeugen nur noch geringfügig unterschied. Der 15 HP (dessen Leistung 1905 auf 18 HP anstieg) besaß einen dampfgetriebenen 4-Zylinder-Boxermotor. Der Kessel war mit einem Hilfsmotor gekoppelt, der die Ölzufuhr für den Motor sowie die Wasserzufuhr für den Dampferzeuger steuerte.

SERPOLLET ITALIANA
**Mailand, Italien
1906–1908**

Serpollet Italiana wurde 1906 in der Absicht gegründet, von Sic di Chiavari entwickelte Cyclecars, die mit einem 1-Zylinder-Motor ausgerüstet waren, zu bauen. Außerdem baute Serpollet Italiana in Lizenzfertigung die dampfgetriebenen Wagen von Serpollet Frankreich. 1907 stellte das Unternehmen seine Tätigkeit ein.

SHANGHAI
**Shanghai, China
1958–**

1920 wurde in Shanghai ein kleines Unternehmen zur Wartung von Automobilen gegründet. 1949, nachdem das kommunistische Regime die Macht übernommen hatte, wurde das Unternehmen verstaatlicht und die Produktion auf mittelstarke Geländewagen umgestellt.

SERPOLLET 15 HP (1904)

Motor: Dampfmotor; 4-Zylinder-Boxermotor
Max. Leistung: 15/18 HP
Getriebe: direkter Antrieb mit gelenkwelle und Kegelgetriebe
Rahmen: Leiterrahmen
Aufhängung: vordere und hintere Starrachse mit Halbelliptikfedern
Bremsen: Hinterrad-Trommelbremsen
Karosserie: Phaeton
Höchstgeschwindigkeit: 65 km/h

Serpollet 15 HP

1958 wurde der Firmenname in Shanghai umgeändert, die dreirädrigen Wagen des Unternehmens wurden jedoch weiterhin unter dem Namen Phoenix vertrieben. 1959 begann Shanghai mit der Produktion größerer vierrädriger Modelle.

Ab 1962 wurde die Marke Phoenix endgültig aufgegeben. Anfang der achtziger Jahre produzierte Shanghai noch immer den 760A, der in technischer wie auch ästhetischer Hinsicht längst veraltet war. 1984 jedoch wurde mit der Montage des weitaus moderneren Volkswagen Santana begonnen. Dieser Wagen, dessen Motor man an das in China erhältliche Benzin niedriger Oktanzahl angepaßt hatte, ist ansonsten grundsätzlich mit dem in Europa entwickelten Prototyp identisch. Diese Anpassung bedeutete für den Entwicklungsstand der chinesischen Automobilindustrie einen beachtlichen Fortschritt.

SHEFFIELD-SIMPLEX
Sheffield, Großbritannien 1906–1922

Das Unternehmen Sheffield-Simplex entstand aus dem Unternehmen Brotherhood-Crokker, das vor allem für seine schnellen Dampfmotoren berühmt war. Die Brotherhood-Crocker, die als Besonderheit einen Rundkühler besaßen, waren mit einer zweipedaligen Steuerung ausgerüstet, wobei das Pedal zur Betätigung von Bremsen und Kupplung, das andere zu Geschwindigkeitsänderungen diente. 1906 erwarb Earl Fitzwilliam, einer der Direktoren des Unternehmens, die Aktienmehrheit. Sheffield-Simplex brachte drei neue Modelle heraus, eines davon in der Luxusklasse. Der 6-Zylinder-45-PS-Motor dieses Gearboxless genannten Modells war so elastisch, daß auf ein eigentliches Getriebe verzichtet werden konnte. Es stand lediglich eine Notuntersetzung im Differential zur Verfügung, ansonsten konnte im direkten Gang gefahren werden. Weil damals jedoch ein Getriebe jedes Auto aufwertete, auch wenn man es nicht zu benutzen brauchte, erhielt der Gearboxless 1911 ein 3-Gang-Getriebe. Er besaß außerdem eine

Sheffield-Simplex Gearboxless

> **SHANGHAI SANTANA (1985)**
>
> *Motor:* 4 Zylinder in Reihe mit obenliegender Nockenwelle
> *Bohrung/Hub:* 79,5 mm x 80 mm
> *Hubraum:* 1.588 cm³
> *Max. Leistung:* 85 PS
> *Getriebe:* 4 Gänge
> *Rahmen:* selbsttragende Karosserie
> *Aufhängung:* vorn Einzelradaufhängung mit McPherson-Federbein; hinten Halbstarrachse mit Längslenkern und Schraubenfedern
> *Bremsen:* Scheibenbremsen an den Vorderrädern, Trommelbremsen an den Hinterrädern
> *Karosserie:* viertürige Limousine
> *Höchstgeschwindigkeit:* 166 km/h

> **SHEFFIELD-SIMPLEX GEARBOXLESS 45 HP (1908)**
>
> *Motor:* 6 Zylinder in Reihe mit stehenden Ventilen
> *Bohrung/Hub:* 114 mm x 114 mm
> *Hubraum:* 6.982 cm³
> *Max. Leistung:* 45 HP
> *Getriebe:* direkter Antrieb mit Notuntersetzung im Differential
> *Rahmen:* Leiterrahmen
> *Aufhängung:* vordere und hintere Starrachse mit Halbelliptikfedern
> *Bremsen:* Hinterrad- und Gelenkwellen-Trommelbremsen
> *Karosserie:* Tourer
> *Höchstgeschwindigkeit:* 80 km/h

Starrachsenaufhängung mit halbelliptischer Blattfederung an beiden Achsen. Die Höchstgeschwindigkeit dieses Wagens betrug etwa 80 km/h.

1910 stellte Sheffield-Simplex den 14/20 und den 20/30 vor, die jedoch alsbald Gegenstand heftiger Kritik wurden aufgrund ihrer starken Ähnlichkeit mit Renault. 1913 löste der 30 HP die drei Modelle ab.

Mit dem 30 HP meinte der ehrgeizige Ingenieur Percy Richardson endlich seine Earl Fitzwilliam 1907 gemachte Zusage eingelöst zu haben, das beste Auto der Welt zu bauen. Diesen Ehrgeiz hatten damals viele Hersteller, u. a. Rolls-Royce und Napier, wobei stillschweigend von großen Automobilen ausgegangen und Herstellungskosten nicht weiter berücksichtigt wurden. In der Tat war der Sheffield-Simplex 30 HP ein Qualitätsauto, das sich mit den führenden Marken messen konnte. Sein geräuscharmer 6-Zylinder-4,7-l-Motor besaß handpolierte Ansaug- und Auspuffkrümmer, eine siebenfach gelagerte Kurbelwelle, eine Lichtmaschine für die elektrische Beleuchtung und einen elektrischen Anlasser – nur wenige Monate später als die Cadillac Motor Car Co., die diese Neuerung eingeführt hatte. Weiter bot der 30 HP ein 4-Gang-Getriebe, ein in der Herstellung teures, dafür laufruhiges Schneckenrad-Differential und, in Anlehnung an die französischen Delauny-Belleville, die vor 1914 allgemein als die besten Wagen Europas galten, einen Rundkühler mit runder Motorhaube. Viele der 30 HP erhielten das in England so beliebte „formal bodywork" von verschiedenen Karosserieherstellern, während des Ersten Weltkriegs aber auch Panzerwagen-Aufbauten.

Nach dem Krieg konnte der 30 HP wahlweise mit Vorderradbremsen geliefert werden,

Shanghai Santana

bis er 1920 vom ebenso gigantisch wie deplaziert wirkenden 50 HP ersetzt wurde.

Ab 1925 wurden noch das Ner-a-Car-Motorrad und Sheffield-Lastwagen gebaut.

SHELBY
Venice/Los Angeles/Ionia, USA
1962–1970

Carroll Shelby war ein ganz ausgezeichneter Rennfahrer. 1959 gewann er zusammen mit Roy Salvadori mit dem Aston Martin DBR1 das Rennen von Le Mans. Als Shelby im Jahre 1961 erfuhr, daß das Motorenwerk Bristol keine Motoren mehr an AC Ace liefern würde, kam ihm die glückliche Idee, ein AC-Fahrgestell mit dem neuen 4,3-l-V8-Motor von Ford zu kombinieren, und schuf damit den Cobra. Mitte 1962 wurde mit dem Bau der ersten Wagen begonnen. Im darauffolgenden Jahr beschloß Shelby, anstatt des 4,3-l- nun den 4,7-l-Ford-Motor zu verwenden. Wenig später begann man dann mit der Serienproduktion.

1965 stellte Shelby ein neues Modell vor, den 350GT, ein in wesentlichen Punkten verbessertes Nachfolgemodell des Mustang. Etwas später wurde Shelby dazu berufen, bei der Entwicklung des Ford GT40 mitzuarbeiten.

1966 wurde die Produktion des Cobra eingestellt, nachdem von diesem Modell insgesamt 1.140 Exemplare gebaut worden waren. Der 350GT und sein Nachfolgemodell 500GT wurden noch bis 1970 gebaut. In den letzten beiden Jahren der Produktion fand die Montage in einem Ford-Werk in Michigan statt. Später arbeitete Carroll Shelby als Berater bei der Entwicklung verschiedener Chrysler-Modelle mit, von denen hier nur der leistungsfähige 2,2-l-Shelby-Charger genannt sei.

SIAM
Mailand, Italien
1921–1923

Das Unternehmen SIAM (Società Italiana Automobili Milano) wurde 1921 in Mailand gegründet. Im gleichen Jahr schon stellte es sein erstes Modell auf der Mustermesse der Öffentlichkeit vor. Es handelte sich dabei um einen Wagen mit einem 1.991-cm³-Motor mit sechs Zylindern in Reihe und einer Leistung von 45 PS, mit obenliegender Nockenwelle, 3-Gang-Getriebe und Kardanantrieb. Dieses Modell war der Ausgangspunkt für die Entwicklung der Versionen L und Sport, die zwei Jahre später vorgestellt wurden. Diese beiden letzten Modelle besaßen jeweils ein mechanisches 4-Gang-Getriebe und waren fähig, eine Höchstgeschwindigkeit von 120 bzw. 130 km/h zu erreichen.

SIATA
Turin, Italien
1926–1970

Siata (Società Italiana Applicazioni Trasformazioni Automobilistiche) war ein kleines Unternehmen, das der Rennfahrer Giorgio Ambrosini 1926 gegründet hatte. In den Jahren vor dem Zweiten Weltkrieg erlangte Siata einen gewissen Bekanntheitsgrad für die technischen Verbesserungen und die Weiterentwicklung von Fiat-Modellen. Außerdem versuchte sich Siata, wenn auch sporadisch, mit der Konstruktion eigener Wagen, wobei man jedoch immer von Fiat-Modellen ausging. Zu diesen Eigenproduktionen gehörte der Topolino, ein Zweisitzer mit offenem Verdeck, der gegen Ende der dreißiger Jahre vorgestellt wurde. Das Nachfolgemodell, der Topolino Siata, war mit einem Motor mit vergrößertem Hubraum (596 cm³) ausgerüstet und erbrachte eine Leistung von 30 PS. Diese Leistungsfähigkeit, verbunden mit der aerodynamischen Form der Karosserie, ermöglichte eine Höchstgeschwindigkeit von 120 km/h. 1936 stellte ein Coupé einen Klassenrekord auf, indem es 24 Stunden mit einer Durchschnittsgeschwindigkeit von 113 km/h fuhr.

Nach dem Zweiten Weltkrieg entwickelte Siata in Erwartung einer starken Expansion des Mopedmarktes den „Kleinstmotor" Cucciolo mit 48 cm³, der später von Ducati verwendet wurde. Kurze Zeit später kehrte

SHELBY GT 500 KR (1968)
Motor: 8-Zylinder-V-Motor
Bohrung/Hub: 105 mm x 96 mm
Hubraum: 7.014 cm³
Max. Leistung: 400 PS
Getriebe: 4 Gänge oder Automatik
Rahmen: selbsttragende Karosserie
Aufhängung: vorn Einzelradaufhängung mit Querlenkern, Schraubenfedern und Stabilisator; hinten Starrachse mit Halbelliptikfedern
Bremsen: Scheibenbremsen an den Vorderrädern, Trommelbremsen an den Hinterrädern
Karosserie: Coupé
Höchstgeschwindigkeit: 209 km/h

SIATA DIANA GRAND SPORT (1950)
Motor: 4 Zylinder in Reihe mit hängenden Ventilen
Bohrung/Hub: 77 mm x 74,9 mm
Hubraum: 1.395 cm³
Max. Leistung: 44 PS
Getriebe: mechanisch, 4 Gänge
Rahmen: selbsttragende Karosserie
Aufhängung: vorn Einzelradaufhängung mit Schraubenfedern und Querlenkern; hinten Starrachse mit Halbelliptikfedern
Bremsen: Trommelbremsen an den Vorder- und Hinterrädern
Karosserie: Zweisitzer, Sportwagen oder Coupé
Höchstgeschwindigkeit: 140 km/h

Siata

Siata jedoch zu den „Vierrädern" zurück und entwickelte den Bersaglieri, einen Sportwagen mit einem 750-cm³-4-Zylinder-Motor mit zwei Nockenwellen, der im hinteren Teil des Rohrrahmengestells mit Einzelradaufhängung untergebracht war. Der Siata Amica besaß, gemessen an dem raffinierten Bersaglieri, eine eher einfache Technik. Er kam 1948 auf den Markt und hatte zwar ebenfalls ein Rohrrahmengestell, doch stammte die Radaufhängung von den einfacheren Fiat-Wagen. Der Amica der Serienproduktion war mit einem Fiat-500-Motor ausgerü-

Shelby GT 500 KR

stet, war aber auch mit einem 750-cm³-Siata-Motor erhältlich. 1949 begann Siata mit der Produktion des Diana. Dieser Wagen besaß einen Fiat-1400-Motor und ein Fahrgestell mit Kastenelementen. Nach verschiedenen Änderungen konnte die Motorleistung von 44 auf 65 PS erhöht werden, was eine Höchstgeschwindigkeit von 145 km/h ermöglichte. Für das Modell Rallye, das 1952 vorgestellt wurde, verwendete Siata den Motor des Fiat 1400. Vom Design her war dieses Modell jedoch eine fast perfekte Kopie des MG TD.

Zusammen mit Fiat entwickelte Siata das Modell Sport 8V, das 1958 auf der Automobilausstellung in Genf vorgestellt wurde. Diesem folgten verschiedene Versionen mit Sportcoupé- oder Spider-Karosserien und Sport-V8-Fahrgestell. In den Jahren 1953/54 versuchte die Firma, mit dem Mitzi nun auch in einem Marktbereich Fuß zu fassen, der dem bisherigen diametral entgegengesetzt war. Der Mitzi war ein extrem kleiner und sparsamer Wagen, dessen schwacher 328-cm³-Motor natürlich keine besonderen Leistungen erbrachte.

In den fünfziger Jahren begann Siata für seine Wagen amerikanische Motoren verschiedener Hersteller zu verwenden: Neben den 750-cm³-Chrosley-Modellen bot es damals sogar Automobile an, die mit einem V8-Chrysler-Motor ausgerüstet waren. Vielleicht war diese etwas gewagte Unternehmenspolitik mit schuld daran, daß Siata 1959 liquidiert werden mußte. 1960 gründete Giorgio Ambrosini zusammen mit Carlo Abarth ein neues Unternehmen mit dem Namen Siata-Abarth. Ab 1961 beschäftigte sich das junge, nunmehr in Siata Auto umbenannte Unternehmen hauptsächlich damit, Fiat-Serienmodelle in Rennwagen umzurüsten.

1967 stellte Siata Auto den Siata Spring der Öffentlichkeit vor. Dieses Zweisitzer-Cabriolet mit einem Rahmen aus eigener Produktion – das letzte aller Siata-Modelle – nahm, was das Design angeht, den Stil der MG Serie T wieder auf, hatte aber im Gegensatz zu diesen einen 850-cm³-Fiat-Heckmotor.

SIGMA
**Chêne-Bougeries, Schweiz
1909–1914**

Das Unternehmen Sigma (Société Industrielle Genevoise de Mécanique et d'Automobiles) startete 1909 die Produktion von mittelgroßen Automobilen mit vier Zylindern.

Die ersten Modelle, die dieses Unternehmen vorstellte, besaßen Motoren mit stehen-

Sigma Torpedo

SIGMA SS 18 HP (1912)
Motor: 4 Zylinder in Reihe, Knight-Schiebermotor, Kolbenschieber
Bohrung/Hub: 80 mm x 130 mm
Hubraum: 2.614 cm³
Max. Leistung: 35 HP
Getriebe: mechanisch, 4 Gänge
Rahmen: Leiterrahmen
Aufhängung: vordere und hintere Starrachse mit Halbelliptikfedern
Bremsen: Hinterradbremsen
Karosserie: Tourer
Höchstgeschwindigkeit: 110 km/h

den Ventilen und einem Hubraum von 1.593 cm³ (Modell 8/11 HP) bzw. 2.614 cm³ (Modell 15 HP). 1911 erwarb Sigma von Knight die Rechte zur Herstellung seines Schiebermotors, der dann sofort in zwei Versionen gebaut wurde. Einmal als 18 HP mit 2.614 cm³ und als 28 HP mit 4.576 cm³. Schon nach kurzer Zeit erfreuten sich die Sigma eines sehr guten Rufes. 1910 plaziert sich de Prosperis, der für den Vertrieb in Sizilien verantwortlich war, im Rennen um die Targa Florio an zweiter Stelle. 1911 gewann ein Sigma mit dem Piloten Hongnacher das Bergrennen von Mont Ventoux in Südfrankreich. Neben den mittelgroßen Modellen baute Sigma auch einen großen Wagen, den 25 HP Grand Tourisme.

SILVANI
**Mailand, Italien
1921–1924**

Der Mailänder Ingenieur Eugenio Silvani entwickelte einen Zylinderkopf, den er in einen Fiat-501-Motor einbaute, wodurch er dessen Leistung erheblich steigerte. Die von Silvani konstruierten Wagen, die unter dem Markenzeichen SB (Silvani und Botta; Botta war für kurze Zeit Gesellschafter) vertrieben wurden, gewannen viele Rennen der verschiedensten Kategorien. 1922 startete Silvani auch bei den Rennen um den Grand Prix mit einem von ihm entwickelten Wagen, von dem jedoch nicht bekannt ist, ob er anschließend auch tatsächlich gebaut wurde.

SIMA-VIOLET
**Courbevoie, Frankreich
1924–1929**

Marcel Violet hat als Hersteller von Kraftfahrzeugen Bedeutendes geleistet. Er nahm in den größten Unternehmen dieses Sektors der Fahrzeugindustrie wichtige Positionen ein. Seine ersten Erfahrungen auf diesem Gebiet machte er 1913 bei der Entwicklung des Violet-Bogey. Dieser Wagen war mit einem 4-Takt-Motor ausgerüstet, der unter verschiedenen technischen Aspekten einen beachtlichen Fortschritt darstellte. Dennoch zog Violet ansonsten für seine Wagen 2-Takt-Motoren vor. So war z.B. der Sima-Violet, der von der Société Industrielle de Matériel Automobile gebaut wurde, mit einem 2-Takt-2-Zylinder-Motor ausgerüstet.

Nachdem man den Sima-Violet aus dem Programm genommen hatte, wurde die Produktion des Standard aufgenommen, ein Leichtwagen, zu dessen Bau Getriebe- und sonstige technische Bestandteile

SIMA VIOLET (1924)
Motor: 2-Zylinder-Boxermotor, Zweitakter mit Luftkühlung
Bohrung/Hub: 65 mm x 75 mm
Hubraum: 496 cm³
Max. Leistung: 10 HP
Getriebe: mechanisch, 2 Gänge
Rahmen: Zentralrohrrahmen
Aufhängung: Starrachse vorn mit Querblattfeder; Starrachse hinten mit Halbelliptikfedern
Bremsen: Hinterradbremsen
Karosserie: Zweisitzer
Höchstgeschwindigkeit: 110 km/h

Sigma-Violet Cyclecar

längst überholter Wagen verwendet wurden, wie des Citroën 5 PS. Aufgrund dieser Tatsache hatte dieses letzte von Violet entwickelte Modell letztlich keinen guten Stand auf dem Markt.

SIMCA
**Nanterre/Poissy, Frankreich
1934–1978**

1934 gründete Henry-Théodore Pigozzi die Société Industrielle de Mécanique et Carrosserie Automobile, Simca. Er hatte die Absicht, verschiedene Fiat-Modelle in Lizenzfertigung nachzubauen. Die ersten Wagen, die das Werk in Nanterre verließen, entsprachen dem Tipo 508 Balilla. Bald darauf wurde die Produktion eines Wagens aufgenommen, der sich eng an den Tipo 518 Ardita anlehnte. Der Simca Cinq entsprach dem Fiat 500 Topolino. Nur der Simca Huit entfernte sich in einigen Punkten von seiner Vorlage, dem Fiat 1100. Verschiedene Wagen der beiden letzten Serien wurden von Amédé Gordini zu Rennwagen umgerüstet, und 1939 gewann ein Simca Huit in Le Mans ein Leistungsrennen.

Der Simca Aronde, das erste fast vollständig von Simca entwickelte Auto, wurde 1951 der Öffentlichkeit vorgestellt. Er war als Gegenstück zum Peugeot 203 gedacht und besaß als erster in Nanterre gebauter Wagen eine selbsttragende Karosserie. Er wurde ein wirklich überwältigender Verkaufserfolg. Schon im ersten Produktionsjahr wurden 21.000 Aronde gebaut, bis 1959 waren es schon über 200.000.

1954 bot sich der Firma eine günstige Gelegenheit, auch den Motorbau zu verstärken: Sie übernahm damals das Fordwerk in Poissy sowie die Rechte für die Lizenzfertigung der Vedette, die daraufhin unter dem Namen Simca Vedette verkauft wurde. Ford war zu diesem Schritt aufgrund des immer größer werdenden Defizits seines Werks in Poissy gezwungen worden. Innerhalb kurzer Zeit wurde das Werk in Poissy zur Hauptproduktions-

stätte. 1961 wurde das Automobilwerk von Nanterre an Citroën verkauft.

1957 stellte Simca den Vierzylinder Ariane vor, für den ein Aronde-Motor mit einem Vedette-Fahrwerk kombiniert wurde. Zwei Jahre später übernahm Simca das Unternehmen Talbot, man sah jedoch bald davon ab, dessen Markenzeichen weiterzuverwenden. In der gleichen Zeit begann aufgrund einer kurzsichtigen Unternehmenspolitik der Niedergang des Unternehmens. Man beschloß damals, 15% des gesamten Aktienkapitals, das man mit dem Kauf des Werks von Poissy von Ford übernommen hatte, an Chrysler abzugeben. Mit dieser Entscheidung hatte man dem Trojanischen Pferd Tür und Tor geöffnet. Wenig später erklärte Chrysler, man wolle den Aronde nun auch auf den australischen Markt bringen, wozu man die Fabrikation nach Adelaide verlegen würde.

Der Vedette (acht Zylinder, 84 PS) wurde noch bis 1961 in Frankreich gebaut. Danach wurde auch die Produktion dieses Modells ins Ausland, nach Brasilien, verlegt, wo es bis Ende der sechziger Jahre in Lizenz gebaut wurde.

1962 kam der Simca 1000 auf den Markt, ein Kleinwagen mit Heckmotor und einem etwas kantigen Äußeren. Im Jahr darauf vergrößerte Chrysler seinen Anteil am Simca-Stammkapital auf 63%. Fast gleichzeitig wurde das Simca-Produktionsprogramm um drei neue Modelle, den 900, den 1300 und den 1500, erweitert.

1964 verstarb Henry-Théodore

SIMCA ARONDE (1959)
Motor: 4 Zylinder in Reihe mit hängenden Ventilen
Bohrung/Hub: 72 mm x 75 mm
Hubraum: 1.221 cm³
Max. Leistung: 48 PS
Getriebe: mechanisch, 4 Gänge
Rahmen: selbsttragende Karosserie
Aufhängung: vorn Einzelradaufhängung mit Querlenkern und Schraubenfedern; hinten Starrachse mit Halbelliptikfedern
Bremsen: Trommelbremsen an den Vorder- und Hinterrädern
Karosserie: Limousine
Höchstgeschwindigkeit: 127 km/h

Pigozzi, und schon drei Jahre später hatte Chrysler seinen Aktienanteil auf 77% erhöht.

1968 kam der Simca 1100 auf den Markt, der einen queranliegenden Motor und Vorderradantrieb besaß. 1970 übernahm Simca die Abteilung Automobilbau des Unternehmens Matra. Zu dieser Zeit hielt Chrysler schon 99% des Simca-Aktienkapitals, und nun wurde Simca in Chrysler France umbenannt und die Marke Simca nach und nach durch Chrysler ersetzt. Das letzte Modell, das Chrysler Simca auf den Markt brachte, war der 1610, der 1977 vorgestellt wurde. 1978 wurde Simca nach dem Rückzug von Chrysler aus Europa von Peugeot aufgekauft, und die von da an gebauten Wagen wurden unter dem Markennamen Talbot vertrieben.

Simca Aronde

Der Simca Aronde debütierte im April 1951 als Nachfolger des Huit. Wie der 203 verfügte auch der Aronde über eine selbsttragende Karosserie; sein Motor stammte jedoch unverkennbar von dem des Simca Huit ab. Simca unterzog den Aronde einer unaufhörlichen Reihe von Modifikationen, was bei einem Teil der Kundschaft eine gewisse Unzufriedenheit aufkommen ließ. Dessen ungeachtet wurde der Aronde jedoch sehr geschätzt, was hauptsächlich auf seine Fahrleistung und Wendigkeit zurückzuführen war. Von 1960 an stattete man den Aronde mit einem neuen Rush-Motor mit fünf Hauptlagern aus. Die letzten Aronde liefen 1964 vom Band. Es waren bis dahin insgesamt 159.418 Exemplare produziert worden.

Simca Aronde

Simca 1000

Diese rechteckige Limousine, die einen Heckmotor mit fünf Hauptlagern besaß, wurde erstmals 1962 präsentiert und entwickelte sich zu einem äußerst beliebten Automobil: In einem Zeitraum von etwas mehr als zehn Jahren wurden 1 Million Exemplare fertiggestellt. 1966 war dieses Modell gegen Aufpreis auch mit von Ferodo produziertem Halbau-

---

SIMCA RALLYE 2 (1977)

Motor: 4 Zylinder in Reihe mit hängenden Ventilen
Bohrung/Hub: 76,7 mm x 70 mm
Hubraum: 1.294 cm^3
Max. Leistung: 86 PS
Getriebe: mechanisch, 4 Gänge
Rahmen: selbsttragende Karosserie
Aufhängung: vorn Einzelradaufhängung mit Querlenkern und Querblattfeder; hinten Pendelachse mit Schraubenfedern und Längslenker
Bremsen: Scheibenbremsen
Karosserie: viertürige Limousine
Höchstgeschwindigkeit: 170 km/h

---

tomatik-Getriebe erhältlich. 1969 erschien die Version 1000 Special (mit auf 1.118 cm^3 vergrößertem Hubraum), und ein Jahr später stand der 1300 Special zum Verkauf bereit. Die letzten Modellvarianten des Simca 1000 waren der 1005 und der Rallye 2.

SIMS
Turin, Italien
1908–1909

Das von den Maschinenbauern Merz und Stinchi gegründete Unternehmen existierte nur ganz kurze Zeit und brachte auch nur ein einziges Modell hervor, den 10/12 HP. Dieser Wagen wurde 1908 auf der Automobilausstellung der Öffentlichkeit vorgestellt und war sowohl als Renn- wie auch als Personenwagen erhältlich. Er hatte einen 1.767-cm^3-Motor, dessen Leistung nicht bekannt ist, mit zwei seitlich liegenden Nockenwellen. Je nach Ausführung erreichte der Wagen eine Höchstgeschwindigkeit von 80 bzw. 90 km/h. 1909 stellte SIMS die Produktion ein.

SIMSON-SUPRA
Suhl, Deutschland
1911–1933

Bevor sich das Unternehmen Simson & Co. dem Automobilbau zuwandte, hatte es sich schon einen beachtlichen Ruf in der Rüstungsindustrie erworben. In den Jahren vor dem Ausbruch des Ersten Weltkriegs brachte Simson & Co. zwei Wagen auf den Markt, den 6/8 PS und den 10/30 PS. Kurz nach Ende des Krieges nahm Simson die Automobilproduktion wieder auf und baute Wagen mit 1.559-, 2.595- und 3.538-cm^3-Motoren, die alle hängende Einlaß- und stehende Auslaßventile besaßen. 1924 stellte Simson auf der Automobilausstellung in Berlin den Supra S vor. Dieser Wagen, der einen 1.970-cm^3-Motor mit zwei obenliegenden Nockenwellen besaß, war mit außerordentlich fortschrittlichen technischen Einzelheiten ausgestattet: vier Ventile pro Zylinder, Trockensumpfschmierung, Kurbelgehäuse aus Aluminium-Silicium-Legierung (Silumin), Kurbelwelle mit Chromauflage in Rollenlagern sowie Kolben aus Elektron, einer Magnesiumlegierung. Er wies eine Leistung von 60 PS auf und fuhr bis zu 137 km/h.

Qualitätsmäßig konnten es die Simson-Supra S durchaus mit den Mercedes aufnehmen, dennoch überschritt die gesamte Produktion dieser Wagen nie die Grenze von dreißig Einheiten. Zusätzlich zum Supra S bot Simson auch dessen Nachfolgemodell, den So, an, dessen Motor nur eine obenliegende Nockenwelle besaß und eine Leistung von 40 PS bei 3.000^{-min} entwickelte. Von dieser Serie wurden ungefähr 750 Wagen gebaut. Im Suhler Werk wurden außerdem Sechszylinder mit 3.108 cm^3 Hubraum gebaut. Das letzte Simson-Modell war der Typ A, ein Wagen mit sechs Zylindern und einem Hubraum von 4.673 cm^3, der 1931/32 gebaut wurde.

Simson-Supra S

SINGER
Coventry, Großbritannien
1905–1970

Um das Jahr 1860 trat der Schiffbauingenieur George Singer eine Stelle in der Nähmaschinenfabrik Sewing Machine Company in Coventry an, wo er innerhalb von acht Jahren zum Abteilungsleiter aufstieg. 1868 begann das Unternehmen mit der Produktion von Hochrädern, womit es in kurzer Zeit große Erfolge erzielen konnte. 1875 verließ George Singer die Sewing Machine Company, um sich selbständig zu machen. Erst 1901 begann er sich mit dem Bau von motorisierten Straßenfahrzeugen zu beschäftigen. Er erwarb die Herstellungsrechte für das Motorrad der Firma Pertes & Birch und verkaufte auch motorisierte Zwei- und Dreiräder eigener Konstruktion. Das erste wirkliche Singer-Automobil erschien erst 1905. Es handelte sich dabei um einen in Lizenz gefertigten Lea-Francis mit einem liegenden 15-HP-3-Zylinder-Boxermotor, dessen Pleuelstangen beachtliche 76 cm lang waren.

1906 änderte Singer grundlegend sein Produktionsprogramm. Er strich alle Lea-Fran-

---

SIMSON-SUPRA S (1925)

Motor: 4 Zylinder in Reihe mit zwei Nockenwellen
Bohrung/Hub: 70 mm x 128 mm
Hubraum: 1.970 cm^3
Max. Leistung: 60 PS
Getriebe: mechanisch, 4 Gänge
Rahmen: Leiterrahmen
Aufhängung: vordere und hintere Starrachse mit Halbelliptikfedern
Bremsen: Trommelbremsen an den Vorder- und Hinterrädern
Karosserie: zwei- oder viersitziger Sportwagen
Höchstgeschwindigkeit: 137 km/h

---

cis-Modelle und setzte an ihre Stelle Wagen, die mit White & Poppe- oder Aster-Motoren ausgerüstet waren. Nach dem Tod von George Singer 1909 wurde das Unternehmen von Grund auf umstrukturiert. Spitzenmodell wurde nun der 16/20 HP, der mit einem White & Poppe-Motor ausgerüstet war.

1912 stellte Singer der Öffentlichkeit den 10 HP vor, erster Bestseller der Firma. Der 10 HP wies bis auf ein 3-Gang-Getriebe an der Hinterachse konventionelle Technik auf. Der Singer Ten war auch in der Rennwagenausführung sehr erfolgreich; die bedeutendsten Siege errang der Bunny, so genannt wegen seiner Ähnlichkeit mit einem Kaninchen, auf der Brooklands-Rennstrecke. Der

Simca Rallye

Singer Ten wurde auch noch nach dem Krieg weitergebaut. Doch verlegte man 1922 das Getriebe in die Wagenmitte. Im Jahr darauf Jahr wurde auch der Motor grundlegenden Änderungen unterzogen: Anstelle des alten Motors mit zwei Zylinderpaaren und stehenden Ventilen verwendete man nun einen Motor mit einem Zylinderblock und hängenden Ventilen.

In der Zwischenzeit hatte Singer die Motorrad- und Motorkutschenfabrik Coventry-Premier aufgekauft und brachte 1921 ein eigenartiges, aus diesem Werk stammendes Leichtmetallfahrzeug mit V2-Motor heraus, das wir mit Recht einen Abklatsch des Ten nennen können. 1922 wurde der 2-Zylinder-Motor dieses Modells durch einen 4-Zylinder-Singer-Motor ersetzt, doch beschloß die Unternehmensleitung schon ein Jahr später, die Produktion dieser Serie ganz einzustellen. Im gleichen Jahr erschien der 2-l-Singer, der mit halbelliptischer Blattfederung an der Vorderachse und Auslegerfedern an der Hinterachse ausgestattet war. 1925 wurde der inzwischen veraltete Ten durch den neuen 10/26 ersetzt. Ein Jahr später kaufte Singer das Unternehmen Calcott, dessen Fabrikanlage man in ein Ersatzteillager umwandelte.

Gegen Ende des Jahres 1926 wurde ein neues, interessantes Modell, der Junior, vorgestellt, der mit einem 848-cm³-Motor mit obenliegender Nockenwelle ausgerüstet war. Es ist vor allem dem Junior und dem inzwischen auf Senior umbenannten 10/26 zu verdanken, daß es Singer gelang, sich einen Platz unter den drei bedeutendsten englischen Automobilherstellern zu sichern, direkt hinter Morris und Austin.

Im Herbst 1929 wurde der Senior von einem neuen 1,8-l-6-Zylinder abgelöst. Weitere zwei Jahre später wurde der Junior mit einem 4-Gang-Getriebe ausgestattet. Zur gleichen Zeit bekam der Singer Ten einen neuen Motor mit stehenden Ventilen und einem Hubraum von 1.261 cm³. Aufgrund dieser etwas übertriebenen Unternehmenspolitik der ununterbrochenen Programmerweiterung konnte Singer 1933 insgesamt sechs verschiedene Modelle anbieten: den Junior (848 cm³), den Junior Special (927 cm³), den Ten (1.261 cm³), den neuen 12/6 mit stehenden Ventilen und 1.476 cm³ Hubraum, den 18/6 (2.041 cm³) und den Silent-Six mit hängenden Ventilen und 2.180 cm³.

1932 übernahm Leo J. Shorter die Leitung des Konstruktionsbüros und begann sofort mit der Modernisierung des Produktionsprogramms. Auf sein Betreiben hin wurden innerhalb von drei Jahren alle Singer mit Motoren mit obenliegender Nockenwelle ausgestattet. Diese Lösung erwies sich als besonders geglückt für den Sport Nine, der sich so aufgrund seiner neuen Leistungsfähigkeit erst 1933 in Le Mans an dreizehnter und ein Jahr später an siebter Stelle plazierte. Nach diesen Erfolgen wurde er in „Le Mans" umgetauft.

1935 erbrachte Singer mit dem neuen Modell Eleven Airstream einen neuerlichen Beweis seiner innovativen Unternehmenspolitik. Der Eleven Airstream besaß nämlich eine außerordentlich aerodynamische Außenlinie, die mit der des Chrysler Airflow vergleichbar ist; er fand jedoch nicht dessen Anklang beim Publikum.

Diese Modelle, die schon vor dem Zweiten Weltkrieg entworfen worden waren, wurden auch nach Ende des Krieges noch weiter produziert. Erst 1949 brachte Singer ein neues Modell, den SM 1500, auf den Markt, dem zwei Jahre später die Roadster-Version folgte. Auch was die Auswahl der verwendeten Materialien angeht, erwies sich Singer als außergewöhnlich innovationsfreudig. So bestand etwa der Motorraum des 1955 vorgestellten Hunter aus Glasfaser. Trotz des fortgeschrittenen Entwicklungsstandes des Hunter gelang es nicht, durch dieses Modell das drohende Schicksal des Unternehmens abzuwenden. 1956 ging Singer an Rooter Motors über, und der Hunter wurde durch ein neues Modell, den Gazelle, ersetzt, ein Nachfolgemodell des Hillman-Minx. Nachdem der Besitzwechsel vollzogen war, wurde der Hunter auf ein Marktsegment plaziert, das eine Klasse über dem der Hillman-Modelle lag. So war zum Beispiel der Singer Chamois, der 1956 vorgestellt wurde, was den technischen Ansatz angeht, eine Weiterentwicklung des Hillman Imp mit Heckmotor. Kurze Zeit später stellte man auch die Produktion des Gazelle (1.496 cm³) und des Vogue (1.725 cm³) wieder ein. Ab 1970 wurden überhaupt keine Wagen der Marke Singer mehr produziert.

Singer Junior

Dieses 1926 auf dem Londoner Salon präsentierte Automobil kann als Urtyp der erfolgreichsten unter den Singer-Fabrikaten der folgenden 30 Jahre gesehen werden. Unter anderem war der Junior das erste Modell, das mit einem 4-Zylinder-Reihen-Motor mit obenliegender Nockenwelle ausgerüstet war. Der Hubraum betrug

---

SINGER JUNIOR (1926)

Motor: 4 Zylinder in Reihe mit obenliegender Nockenwelle
Bohrung/Hub: 56 mm x 86 mm
Hubraum: 847 cm³
Max. Leistung: 15 HP
Getriebe: mechanisch, 3 Gänge
Rahmen: Leiterrahmen
Aufhängung: vordere und hintere Starrachse mit Halbelliptikfedern
Bremsen: Trommelbremsen an den Vorder- und Hinterrädern
Karosserie: zweisitzig, Tourer, Limousine
Höchstgeschwindigkeit: 72 km/h

Singer Junior Torpedo

lediglich 847 cm³ und seine Leistung 15 HP; das Getriebe war eine 3-Gang-Mechanik, und er erreichte eine Höchstgeschwindigkeit von 72 km/h.

Bereits wenig später erschien eine auf dem Junior-Standardmodell basierende Sportversion. 1929 präsentierte man eine weitere Sportversion mit Faltdach-Karosserie, und 1932 rüstete man den Junior mit 4-Gang-Getriebe aus. Ein Jahr später folgte die Special-Version mit auf 972 cm³ vergrößertem Motor. Die Tage des Singer Junior waren jedoch nunmehr gezählt, und 1933 wurde er endgültig aus dem Produktionsprogramm gestrichen.

Singer Le Mans

Diese Sportversion des Nine war von A.G. Booth – einem Konstrukteur, der schon für Clyno und AJS tätig gewesen war – entworfen worden. Wenige Monate nach der offiziellen Vorstellung auf der Olympia Show von 1932 gewann ein Singer Nine eine Einzelwertung beim Alpine Trial. 1933 erreichte ein eigens für das Rennen in Le Mans konzipierter Nine-Sportwagen in diesem Rennen als 13. das Ziel: Es handelte sich hier um ein besonderes Fahrzeug, das eine fein gewuchtete Kurbelwelle besaß, die aus dem Vollen gearbeitet worden war.

Dieser Erfolg genügte, um die Nine-Sportwagen in „Le Mans" umzutaufen. In der Serienausführung war der kleine Singer Le Mans ein ziemlich robust gebautes Automobil: Dank der kompakten und strapazierfähigen Kurbelwelle mit nur zwei Hauptlagern konnte ohne weiteres eine Drehzahl von 6.000-min erreicht werden.

1934 erschien der Le Mans Special Speed Model mit 1,5-l-Motor. Den hervorragenden Ruf, den dieser Sportwagen aufgrund seiner Rennerfolge genoß, verlor er jedoch bei der Ulster Tourist Trophy von 1935, als drei der vier

Wagen, die an dem Rennen beteiligt waren, aufgrund eines Bruchs des Lenkstockhebels zurückgenommen werden mußten. (Hinzu kam noch, daß der Lenkstockhebel in allen drei Fällen an der gleichen Stelle nachgegeben hatte.)

SIVE
Mailand, Italien
1899–1903

SIVE (Società Italiana Vetture Elettriche), ein Unternehmen, das 1899 von dem Ingenieur Gino Turrinelli gegründet wurde, widmete sich in den vier Jahren seines Bestehens dem Bau und der Wartung von Wagen mit Elektromotoren. 1901 wurden erstmals vier Exemplare eines Sechssitzer-Modells gebaut, das noch bis 1903 in Produktion blieb. In diesem Jahr wurde SIVE wegen unerwarteter dringender Finanztransaktionen in die Camona Giussani Turrinelli & C. umgewandelt. Aber auch dieses Unternehmen stellte seine Tätigkeit schon 1906 wieder ein.

SIZAIRE-BERWICK
Courbevoie, Frankreich
Park Royal, Großbritannien
1913–1927

Obwohl die Sizaire-Berwick häufig Rolls-Royce der Armen genannt wurden, gab es unter ihnen doch immer auch außerordentlich luxuriöse Modelle, die von Maurice Sizaire selbst entworfen worden waren. Maurice Sizaire hatte das Unternehmen im Jahr 1913 gegründet, nachdem er zusammen mit seinem Bruder aus dem Unternehmen Sizaire-Naudin ausgeschieden war. Der zweite Teil des Markennamens Sizaire-Berwick geht auf den Londoner Vertreter F.W. Berwick zurück, der sich auf den Import französischer Automobile spezialisiert hatte.

Die ersten Sizaire-Berwick wurden in Courbevoie, in der Nähe von Paris, gebaut. Sie waren mit 4.072-cm³-4-Zylinder-Motoren ausgerüstet, die vor allem für ihre Laufruhe berühmt waren. Ihr Kühler war eine Kopie der von Rolls-Royce

---

SINGER LE MANS (1932)

Motor: 4 Zylinder in Reihe mit obenliegender Nockenwelle
Bohrung/Hub: 60 mm x 86 mm
Hubraum: 972 cm³
Max. Leistung: 30 PS
Getriebe: mechanisch, 4 Gänge
Rahmen: Leiterrahmen
Aufhängung: vordere und hintere Starrachse mit Halbelliptikfedern
Bremsen: hydraulische Trommelbremsen an den Vorder- und Hinterrädern
Karosserie: zwei-, viersitziger Sportwagen
Höchstgeschwindigkeit: 120 km/h

SIZAIRE-BERWICK 20 HP (1913)

Motor: 4 Zylinder in Reihe mit stehenden Ventilen
Bohrung/Hub: 90 mm x 160 mm
Hubraum: 4.072 cm³
Max. Leistung: 20 HP
Getriebe: mechanisch, 4 Gänge
Rahmen: Leiterrahmen
Aufhängung: vordere und hintere Starrachse mit Halbelliptikfedern
Bremsen: Hinterrad- und Getriebe-Trommelbremsen
Karosserie: Tourer, siebensitzig
Höchstgeschwindigkeit: 105 km/h

---

verwendeten Kühler, weshalb Rolls-Royce, wenn auch erfolglos, gerichtlich gegen Sizaire-Berwick vorging. Während des Ersten Weltkriegs stellte Sizaire-Berwick vorübergehend die Produktion ein, da beide Brüder Sizaire zum Militärdienst eingezogen wurden und Berwick eine Flugzeugfabrik in Park Royal, England, eröffnete. Nach Ende des Krieges übersiedelte Maurice Sizaire nach London, wo er den 20/25 HP entwickelte, ein Auto, das besonders für seine elegante Kühlerform und seinen leistungsfähigen Motor von 4.536 cm³ Hubraum berühmt war. 1920 wurde die Serienproduktion in Park Royal aufgenommen. Die in Serie gebauten Fahrzeuge waren jedoch wesentlich schwerer als ursprünglich geplant. 1923 erwarb die Austin Motor Group die Aktienmehrheit von British Sizaire-Berwick. Die Wagen, die von nun an bis 1925 gebaut wurden, waren alle mit einem 12- bzw. 15-PS-Austin-Motor ausgerüstet, besaßen jedoch ansonsten keine Besonderhei-

Singer Le Mans

ten. Der französische Zweig des Unternehmens gab zwei Jahre später seine Tätigkeit auf.

In den letzten Monaten, die der endgültigen Aufgabe des Unternehmens vorausgingen, wurden in Courbevoie Wagen gebaut, die mit einem 6-Zylinder-Lycoming-Motor ausgestattet waren.

SIZAIRE-NAUDIN
Paris, Frankreich
1905–1921

Maurice Sizaire hatte ursprünglich Architektur studiert, doch sein eigentliches Interesse galt dem Automobilbau. Er überredete auch seinen jüngeren Bruder Georges, eine Stelle in einer Fahrradfabrik anzunehmen. 1889 begannen die Brüder Sizaire zusammen mit ihrem Freund Louis Naudin mit der Entwicklung einer Voiturette mit einem 1-Zylinder-Motor, 3-Gang-Getriebe und Riemenantrieb. Die praktische Ausführung der Pläne dauerte sehr lange; der erste Prototyp wurde erst 1902 fertiggestellt. Dieser wies Mängel bei der Kraftübertragung auf. Um dem Abhilfe zu schaffen, entwickelte Sizaire eine 3-Gang-Direktübertragung, bei der die verschiebbare Gelenkwelle entsprechende Zahnräder mit dem Tellerrad zum Eingriff brachte.

Im März 1905 wurde der erste Sizaire-Naudin auf der Exposition des Petits Inventeurs dem Publikum vorgestellt. Dieser Wagen konnte neben einer unkonventionellen Kraftübertragung noch andere technische Besonderheiten aufweisen: ein Fahrgestell aus grundiertem Holz und unabhängig voneinander aufgehängte Vorderäder in Hülsenführungen. Diese technischen Neuheiten fanden beim Publikum sofort Zustimmung und entfachten eine starke Nachfrage. Um nun mit der Serienproduktion dieses Leichtwagens beginnen zu können, wurde die Gesellschaft Sizaire-Naudin gegründet. Im Laufe der nächsten Jahre wurde dieses erste Modell immer weiter verbessert. Die Rennversion erzielte zahlreiche Siege, u. a. zweimal hintereinander beim Coupe de l'Auto (1906/07) und beim Coupe des Voiturettes auf der Rennstrecke von Targa Florio (1906).

Aus praktischen Erwägungen heraus wurden einige der technischen Besonderheiten, die die ersten Sizaire-Naudin kennzeichneten, durch konventionellere Lösungen ersetzt. Im übrigen meinte der Hauptgeldgeber des Unternehmens, der Herzog d'Uzes, bald, er könne auf die Erfahrung der Brüder Sizaire und Louis Naudin verzichten und entließ die drei fast zur gleichen Zeit, als das erste 4-Zylinder-Modell mit hängenden Ventilen, 12 HP und 1.593 cm³ Hubraum auf den Markt kam. Das Fehlen der drei Gründer machte sich jedoch schon bald und stärker, als man erwartet hatte, bemerkbar. Damit war der Niedergang des Unternehmens Sizaire-Naudin eingeläutet. 1921 wurde es endgültig aufgelöst. Das letzte Sizaire-Naudin-Modell, ein 2,3-l-4-Zylinder, wurde kurz nach dem Ersten Weltkrieg vorgestellt.

In den Jahren zwischen 1923 und 1929 bauten Maurice und George Sizaire, die sich selbständig gemacht hatten, unter dem Markenzeichen Sizaire-Frères den ersten Wagen mit Einzelradaufhängung der Welt.

SKODA
Pilsen/Mlada Boleslav,
Tschechische Republik
1924–

Das Unternehmen Akciova Spolecnot Skodovy Zavody war eines der ganz großen Industrieunternehmen des österreichisch-ungarischen Kaiserreichs. Neben Waffen stellte es auch Motoren und Ausrüstung für den Schiffbau her. Nach dem Ersten Weltkrieg wurde der Markenname in Skoda umgeändert und die Hauptproduktionsstelle nach Pilsen verlegt, das kurz zuvor der eben gegründeten Republik Tschechoslowakei einverleibt worden war.

Als Einstieg in den Automobilbau erwarb Skoda von Sentinel Steam Wagons die Lizenz für den Bau von Dampflokomotiven und des von Marc Birkigt

SIZAIRE-NAUDIN 8 HP (1905)

Motor: 1-Zylinder-Motor mit stehendem Anlaß und hängendem Einlaßventil
Bohrung/Hub: 100 mm x 120 mm
Hubraum: 942 cm³
Max. Leistung: 8 HP
Getriebe: 3-Gang-Vorrichtung mit direktem Antrieb
Rahmen: eisenbeschlagener Holzrahmen
Aufhängung: vorn Einzelradaufhängung mit Querblattfeder; hinten Starrachse mit Halbelliptikfedern
Bremsen: Hinterrad-Trommelbremsen
Karosserie: Zweisitzer
Höchstgeschwindigkeit: 50 km/h

entworfenen 37,2-HP-Hispano-Suiza. 1925 übernahm Skoda die Automobilfabrik Laurin-Klement in Mlada Boleslav. Anfangs wurde die Produktion von Wagen der Marke Laurin-Klement noch fortgeführt. Unter ihnen befanden sich der Vierzylinder Typ 110 mit 1.950 cm³ und der Typ 120 mit ebenfalls 1.950 cm³, die 6-Zylinder-Schieber-Motoren 350 und 360, der Achtzylinder Typ 860 mit 3.880 cm³ und der Sechszylinder Typ 465 mit 2.490 cm³. 1929 jedoch wurde der Markenname Laurin-Klement endgültig durch Skoda ersetzt.

1933 brachte Skoda den Typ 420 heraus, der mit Zentralrohrrahmen und hinterer Pendelachse an den Tatra erinnerte. Er ließ sich gut verkaufen. Nachfolgemodelle des 420 waren der Popular, ein Vierzylinder mit 995 cm³, und der Rapid mit 1.380 cm³. Gleichzeitig bot Skoda noch einen Sechszylinder mit 2.480 cm³ Hubraum, den Superb, an.

In der Zeit unmittelbar vor dem Zweiten Weltkrieg umfaßte das Verkaufsprogramm des tschechoslowakischen Unternehmens drei Modelle in verschiedenen Ausführungen: den Popular in den Versionen 995 und 1.089 cm³ mit hängenden Ventilen, den Rapid in der verbesserten Version mit modernem Motor mit hängenden Ventilen und 1.560 cm³, den Superb, dessen 6-Zylinder-Motor auf einen Hubraum von 3.140 cm³ vergrößert worden war und hängende Ventile besaß.

Nach 1945 konzentrierte sich Skoda hauptsächlich auf die Produktion des Oktavia und des Filicia, die mit einem 4-Zylinder-Motor mit hängenden

Sizaire-Naudin

Skoda Favorit

Ventilen und 1.089 bzw. 1.221 cm³ ausgerüstet waren. 1959 legte Skoda den Grundstein für ein neues Werk, das aufgrund seiner für damalige Zeiten enormen Ausmaße der größte Industriekomplex der Tschechoslowakei war. Nach der Einweihung 1964 wurde mit der Produktion der Heckmotor-Modelle 1000MB und 1100MB begonnen. Diese Wagen erfreuten sich bald großer Beliebtheit auf dem tschechoslowakischen Markt, so daß 1969 in Mlada Boleslav bereits der millionste Wagen dieser Serie gebaut wurde.

Der Heckmotor-Skoda, später in den Versionen 105, 110, 120 und 130 auf dem Markt, blieb in verschiedenen Varian-

ten, unter anderem als Rapid-Coupé und Cabrio, bis 1987 im Angebot. Dann wurde er durch den modernen Favorit ersetzt, dessen Karosserie von Bertone gezeichnet wurde. Der Favorit mit Frontantrieb wird von 1,1- und 1,3-l-4-Zylinder-Motoren angetrieben und ist als Skoda Forman auch in einer Kombi- und Pickup-Version erhältlich.

SKODA FAVORIT (1993)

Motor: 4-Zylinder-Reihenmotor mit einer obenliegenden Nockenwelle
Bohrung/Hub: 75,5 mm x 72,0 mm
Hubraum: 1.289 cm³
Max. Leistung: 46 kW / 63 PS bei 5.000 $^{-min}$
Getriebe: mechanisch, 5 Gänge
Rahmen: selbsttragende Karosserie
Aufhängung: Einzelradaufhängung vorne und hinten, vorne an McPherson-Federbeinen, hinten an Längslenkern mit Schraubenfedern
Bremsen: Scheibenbremsen an den Vorderrädern, Trommelbremsen an den Hinterrädern
Karosserie: viertürige Limousine
Höchstgeschwindigkeit: 150 km/h

SMB
Brescia, Italien
1902–1920

Das Unternehmen SMB (Società Motori Bresciana) nahm seine Tätigkeit 1902 zunächst mit dem Bau von Motorbootmotoren auf. Erst 1907, nach seiner Umwandlung von einer Kommandit- in eine Aktiengesellschaft, stellte es seine Produktion auf den Bau von Automobilen um.

Das nicht sehr große Produktionsprogramm von SMB umfaßte die Modelle 16/20 HP und 28 HP, die mit paarweise gegossenen Zylindern und 4.154 bzw. 3.808 cm³ und Kardanantrieb ausgerüstet waren. Im Jahr 1910 stellte SMB schließlich den Betrieb ein.

S & M SIMPLEX, SIMPLEX
New York, USA
1904–1914

Smith & Mabley war einer der größten Automobilhändler New Yorks und führte u.a. Modelle von Mercedes, Renault und Panhard. Als die amerikanische Regierung 1904 beschloß, Wagen ausländischer Herkunft mit einer Einfuhrsteuer von 40% zu belegen, versuchte S & M diese schwerwiegende Handelsbeschränkung zu umgehen, indem es einen 18-HP-Luxuswagen eigener Produktion auf den Markt brachte, der jedoch im Design getreulich den europäischen Stil wiederaufnahm. Im Jahr darauf kamen der Simplex 30 HP und dessen Rennwagenversion mit 75 HP auf den Markt.

1904 nahm Frank Croker, Sohn eines hochgestellten Funktionärs der Demokratischen Partei von New York, mit einem S & M 75 HP, dessen Rahmen er zuvor durch eine Reihe von Bohrungen leichter gemacht hatte, an den Vanderbilt Cup Eliminating Trials teil. Er scheint jedoch mit den Bohrungen etwas übertrieben zu haben, denn der Rahmen brach zusammen. Es gelang S & M Simplex nicht, die schwere Wirtschaftskrise von 1907 zu überwinden.

Der Markenname Simplex wurde jedoch sofort von Herman Broesel aufgekauft, der außerdem die Finanzierung eines außerordentlich ehrgeizigen Programms übernahm. Es handelte sich dabei um die Konstruktion eines vom Design her den Mercedes ähnlichen Wagens, zu dessen Bau nur die besten damals erhältlichen Materialien verwendet wurden: Zylinder und Kolben in Gußeisen, wie es für Waffen verwendet wurde, und Rahmen aus Nickelstahl von Krupp. Mit der Entwicklung dieses Wagens wurde Edward Franquist beauftragt, der auch das Nachfolgemodell, einen 10-I-50-HP, der weitaus berühmter wurde als sein Vorgänger, entwickelte. Dieses letzte Simplex-Modell war auch als Rennwagen außergewöhnlich erfolgreich. Es gewann u.a. im Oktober 1908 das 24-Stunden-Rennen von Brighton Beach auf der Insel Coney mit einer Durchschnittsgeschwindigkeit von 77 km/h. Im darauffolgenden Jahr gewann der 50 HP das Rennen ein zweites Mal und, obwohl er mit einer Durchschnittsgeschwindigkeit von nur 72 km/h fuhr, lag er im Ziel doch noch gut 80 km vor dem zweiten Sieger.

1911 stellte Franquist den Simplex 38 HP vor, der mit einem 7,8-l-Motor und Gelenkwellenantrieb ausgerüstet war. Ein Jahr später kam der imposante 75 HP auf den Markt, ein wahres Monster mit einem 10-l-Motor und Kettenantrieb, der bis 1910 gebaut wurde.

Nachdem Simplex von dem Unternehmen Goodrich, Lo-

Simplex Speed Car

SIMPLEX SPEED CAR (1909)

Motor: 4 Zylinder in Reihe mit stehenden Ventilen
Bohrung/Hub: 146 mm x 146 mm
Hubraum: 9.785 cm³
Max. Leistung: 50 HP
Getriebe: mechanisch, 4 Gänge
Rahmen: Leiterrahmen
Aufhängung: vorn und hinten Starrachse mit Halbelliptikfedern
Bremsen: Hinterrad- und Getriebe-Trommelbremsen
Karosserie: zweisitziger Rennwagen
Höchstgeschwindigkeit: 120 km/h

chardt und Smith übernommen worden war, mußte Franquist seinen Platz im Konstruktionsbüro für Henry M. Crane freimachen, und 1914 wurde das alte Markenzeichen in Crane-Simplex umgeändert.

SPA
**Turin, Italien
1906–1928**

1906 beschloß Matteo Ceirano, seine Arbeit in dem im Jahr zuvor von ihm gegründeten Unternehmen Itala aufzugeben und mit Michele Ansaldi eine Firma zu gründen.

So wurde am 12. Juni 1906 die Società Piemontese Automobili Ansaldi-Ceirano, besser bekannt unter der Abkürzung SPA, mit einem Stammkapital von einer Million Lire gegründet. Gleich darauf wurde mit dem Bau eines Werkes begonnen, das sich auf einem Gelände von 12 ha in Barriera di Crocetta, Turin, in unmittelbarer Nachbarschaft von Itala befand, die ihren Gründer – allerdings vergeblich – wegen unlauteren Wettbewerbs zur Anzeige brachte.

Anfang 1907 waren bei SPA 300 Arbeiter beschäftigt, die jährlich ca. 300 Wagen bauten. Die ersten SPA-Modelle wurden noch im Gründungsjahr des Unternehmens der Öffentlichkeit vorgestellt. Auf ihren Kühlern war eine runde schwarze Emailplakette befestigt, auf der die weißen Initialen des Unternehmens SPA zu lesen waren. Dieses Markenzeichen sollte auch dann noch beibehalten werden, als Fiat SPA übernahm.

Es handelte sich bei diesen ersten Modellen um den 28/40 HP und den 60/70 HP, beide mit seitengesteuerten Motoren und Gelenkwellenantrieb und sowohl mit normalem Radstand (3.100 mm) als auch mit langem Radstand (3.300 mm) erhältlich. Der 28/40 HP besaß einen 4-Zylinder-Motor mit 7.785 cm³, während der 60/70 HP mit einem 6-Zylinder-Motor von 11.677 cm³ ausgerüstet war. Allein das Fahrgestell dieses Wagens kostete schon ca. 26.000 Lire. Doch schon 1908, als SPA mit FLAG (Fabbrica Ligure Automobili Genova) fusionierte, verbesserte sich die anfangs schwierige Situation von SPA. Nach der Fusionierung wurde der Firmenname SPA in Società Ligure Piemontese Automobili umgewandelt und der Firmensitz nach Genua verlegt. Das Turiner Werk und die Direktion verblieben an Ort und Stelle.

Die größeren finanziellen Mittel, die nun zur Verfügung standen, ermöglichten es u.a., eine Abteilung für die Konstruktion von Flugzeugmotoren einzurichten. Diesen Motoren lagen anfangs die Pläne des Ingenieurs Aristide Faccioli zugrunde. Er entwickelte zum Beispiel den Tipo A6, mit dem während des Ersten Weltkriegs die Flugzeuge des Typs SVA ausgerüstet wurden. Zur gleichen Zeit begann SPA auch mit der Konstruktion von Rennwagenmotoren. 1908 legte ein 28/40 HP die Strecke Turin–Petersburg zurück, um an dem Rennen Petersburg–Moskau teilzunehmen, bei dem er den zweiten Platz belegte. Im Jahr darauf gewann Baron Ciuppa mit einem umgerüsteten 28/40 HP die Targa Florio. Mit demselben Wagen brach Leonino da Zara den Streckenrekord.

1909 wurde dem Publikum der 10/12 HP vorgestellt. Er war der kleinste Wagen, der je bei SPA gebaut wurde. Er besaß einen 15-H-2-Zylinder-Motor mit 1.727 cm³ sowie ein 3-Gang-Getriebe. Ein Jahr später kam der 25/30 HP heraus, der mit einem 30-HP-4-Zylinder-Motor mit 4.398 cm³ ausgerüstet war und bis 1916 gebaut wurde. 1916 wurde die gesamte Produktion auf Rüstungsbedarf umgestellt (Lastwagen und Flugzeugmotoren).

In der Zwischenzeit hatte sich die Zusammensetzung des Führungsgremiums des Unternehmens entscheidend verändert: 1911 war Michele Ansaldi aus dem Unternehmen ausgeschieden; ihm folgte vier Jahre später Matteo Ansaldi. Nach Ende des Krieges nahm SPA – wenn auch in kleinerem Umfang – die Automobilproduktion wieder auf. Man konzentrierte sich nun hauptsächlich auf zwei Modelle: den 25/30 HP (4.398 cm³, 30 HP) und den 14/16 HP (1.847 cm³, 20 HP). Weitaus bedeutender als der Automobilbau war der Bau von Nutzfahrzeugen.

Am 13. Februar 1923 wurde der Firmensitz wieder nach Turin zurückverlegt und die Produktion jener Fahrzeuge wiederaufgenommen, die auch heute noch als die gelungensten der gesamten SPA-Produktion betrachtet werden: der Tipo 23, auch in Sportwagenausführung, der mit einem 2.774-cm³-4-Zylinder-Motor mit 50 HP ausgerüstet war; der Tipo 24 und dessen Sportwagenversion Tipo 24 S mit 4.426-cm³-6-Zylinder-Motor und zwei obenliegenden Nockenwellen; der Tipo 25 mit einem 40-HP-4-Zylinder-Motor mit 4.398 cm³.

Der Tipo 25 war der letzte Wagen, den SPA als eigenständiges Unternehmen baute. Kurze Zeit nach seiner Fertigstellung ging nämlich die Aktienmehrheit des Unternehmens an das Unternehmen Ansaldi über, das jedoch wegen des Zusammenbruchs der Banca Nazionale di Sconto, seines Hauptgeldgebers, die Produktion nicht aufnehmen konnte. 1926 wurde SPA von Fiat übernommen, und es wurde beschlossen, von nun an nur noch Nutz- und Militärfahrzeuge zu bauen. Aufgrund der Rüstungsproduktion wurde SPA am 18. und 20. November 1942 bombardiert, doch konnte die Produktion auch noch während der deutschen Besetzung, wenn auch in verringertem Umfang, fortgeführt werden. Nach dem Krieg teilte Fiat SPA die Produktion von Lastkraftwagen zu, doch schon kurze Zeit darauf beschloß das Turiner Großunternehmen, SPA ganz zu übernehmen.

SPA TIPO 24S (1922)

Motor: 6 Zylinder in Reihe mit zwei obenliegenden Nockenwellen, 4 Ventilen pro Zylinder und Doppelzündung
Bohrung/Hub: 85 mm x 130 mm
Hubraum: 4.426 cm³
Max. Leistung: 90 HP
Getriebe: mechanisch, 4 Gänge
Rahmen: Leiterrahmen
Aufhängung: vorn und hinten Starrachse mit Halbelliptikfedern
Bremsen: Trommelbremsen an den Vorder- und Hinterrädern
Karosserie: offen, zwei- oder viersitzig
Höchstgeschwindigkeit: 125 km/h

SPA 24S

SPARTAN
**Pinxton, Großbritannien
1973–1982**

Jim McIntyre hatte sich schon mehrere Jahre mit der Reparatur von Sportwagen beschäftigt, als er 1973 beschloß, selbständig Automobile zu bauen, die er mit Oldtimer-Karosserien versah. Dazu benutzte er anfänglich alte Triumph-Rahmen. Später verwendete er eigens für diese Wagen von ihm entwickelte Spezialchassis. Was die Motoren angeht, so konnten seine Kunden unter verschiedenen Modellen, wie z.B. dem Motor des Ford Mexiko oder dem V8-Motor des Rover 3500, auswählen.

SPEEDWELL
**Reading/London, Großbritannien
1900–1908**

Das Unternehmen Speedwell vertrieb neben Kraftfahrzeugen unterschiedlicher Herkunft, wie u.a. die dampfgetriebenen Automobile von Serpollet, auch Wagen mit eigener Marke. Diese Wagen stammten weniger von bekannten ausländischen Unternehmen. Speedwell unterhielt jedoch auch eine eigene Automobilproduktion, d. h., es montierte Teile verschiedener Fabrikate zu neuen Wagen.

1904 umfaßte das Speedwell-Produktionsprogramm 3 Modelle, zwei Einzylinder mit 6 bzw. 9 PS und einen Zweizylinder mit 10 PS. Im Jahr darauf brachte Speedwell sein erstes 4-Zylinder-Modell auf den Markt, das als 14/16 HP und 24/30 HP angeboten wurde. Gegen Ende 1906 stellte Speedwell den 25 HP vor, einen Vierzylinder mit einer vibrationsdämpfenden Kupplung und einer horizontal geteilten Hinterachse, einer technischen Neuheit, die Speedwell sofort patentieren ließ. 1907 kam der 45 HP auf den Markt, dessen Leistung im Jahr darauf auf 45/50 HP gesteigert wurde. Dennoch mußte Speedwell noch im selben Jahr die Produktion einstellen.

SPYKER
**Trompenburg, Holland
1900–1925**

Die Brüder Hendrik und Jacobus Spijker hatten 1880 mit dem Bau von Kutschen begonnen. 1895 importierten sie verschiedene Benz-Modelle aus Deutschland und verkauften sie in Holland, nachdem sie sie jedoch verschiedenen Änderungen unterzogen hatten. Im Jahre 1900 stellten die Brüder Spijker ihr erstes selbstentwickeltes Automobil dem Publikum vor. Es handelte sich dabei um einen Wagen mit 5 PS und einem 2-Zylinder-Boxermotor. Um ihre Wagen auch für den ausländischen Markt attraktiv zu machen, beschlossen sie, das Markenzeichen ihrer Wagen in Spyker zu ändern, der englischen Version ihres Nachnamens. Obwohl der Verkauf ihrer Wagen sich nicht besonders anließ, brachten sie 1902 ein neues Modell auf den Markt, dessen 3.770-cm³-4-Zylinder-Motor mit einzelstehenden Zylindern und fünffach gelagerter Kurbelwelle ausgerüstet war. Einige Zeit später kam noch eine 2-Zylinder-Version dieses Wagens mit einem Hubraum von 1.885 cm³ auf den Markt. Gegen Ende des Jahres 1903 erschien wieder ein neuer Spyker. Dieses Modell besaß einen Kreiskolbenmotor, durch den, so hoffte man, die Kühlung des Motors verbessert werden sollte, da auf diese Weise die die Verbrennungskammern umgebende Wassermenge vergrößert wurde. In der praktischen Umsetzung bewirkte diese Neuerung jedoch gerade das Gegenteil dessen, was man sich während der Entwicklungsphase erhofft hatte: Aufgrund der vielen, langen Streckenabschnitte, die das Wasser zu durchlaufen hatte, ergab sich eine unzureichende Durchlaufgeschwindigkeit des Wassers, so daß ein Übersteigen des Siedepunkts vorkommen konnte.

1903 wurde auch der 50 HP entwickelt, ein Rennwagen mit sechs Zylindern, den der junge belgische Ingenieur Joseph Laviolette entworfen hatte. Es handelte sich dabei um einen Wagen mit Vierradantrieb und zwei auf alle vier Räder wirkende Getriebebremsen. Diese technischen Besonderheiten waren bedingt durch die Notwendigkeit, das Rutschen der Reifen auf den schlechten Straßen der damaligen Zeit zu verhindern. Dieser Spyker war außerdem dank seines mit einem zweistufigen Untersetzungsgetriebe gekoppelten 3-Gang-Getriebes gut geeignet für alle Arten von Rennen, besonders für Bergrennen. Die Verantwortlichen des Unternehmens erwiesen sich jedoch als unfähig, die technischen Eigenschaften des 50 HP auch wirtschaftlich zu nutzen, weswegen die Produktion eines Serienwagens dieses 4 x 4 auf wenige Exemplare begrenzt blieb, welche auch noch zum größten Teil mit einem bescheidenen 4-Zylinder-Motor mit 32/40 HP ausgestattet waren, was die Leistung des Wagens erheblich verminderte.

Neben dem 50 HP brachte Spyker 1903 noch zwei weitere Modelle, den Zweizylinder 16

Speedwell 25 HP

SPARTAN PLUS TWO (1982)

Motor: 6 Zylinder in Reihe mit hängenden Ventilen
Bohrung/Hub: 90 mm x 60,1 mm
Hubraum: 2.993 cm³
Max. Leistung: 114 PS
Getriebe: mechanisch, 4 Gänge
Rahmen: Gitterrohrrahmen mit rohrförmigen Elementen
Aufhängung: vorn Einzelradaufhängung mit McPherson-Federbein; hinten Starrachse mit Längslenkern und Schraubenfedern
Bremsen: Scheibenbremsen an den Vorderrädern, Trommelbremsen an den Hinterrädern
Karosserie: zweisitziger Sportwagen
Höchstgeschwindigkeit: 180 km/h

SPEEDWELL 25 HP (1906)

Motor: 4 Zylinder in Reihe
Bohrung/Hub: 110 mm x 130 mm
Hubraum: 4.942 cm³
Max. Leistung: 45 HP
Getriebe: mechanisch, 3 Gänge
Rahmen: Leiterrahmen
Aufhängung: vordere und hintere Starrachse mit Halbelliptikfedern
Bremsen: Trommelbremsen hinten
Karosserie: Tourer
Höchstgeschwindigkeit: 85 km/h

Spartan

HP und den Vierzylinder 24 HP, auf den Markt, die jedoch kaum Beachtung fanden, obwohl sie so leise wie ein Dampfautomobil fuhren. Im Jahr darauf wurde das berühmte „Dustless"-Fahrgestell (wörtlich: staubfrei) vorgestellt, dessen Unterboden so gestaltet war, daß die beim Fahren aufgewirbelte Staubmenge erheblich verringert wurde. 1904 stellte Spyker eine weitere technische Neuheit, den „elektrischen" Vergaser, vor. Der Fahrer eines mit einem solchen Vergaser ausgestatteten Wagens konnte, wenn es bergab ging, die Brennstoffzufuhr in das Schwimmergehäuse mittels einer über ein elektrisches Ventil gesteuerten Nadel stoppen und auf diese Weise den Brennstoffverbrauch reduzieren.

Die Spyker-Modelle besaßen ab 1905 einen charakteristischen Rundkühler. Wie schon gesagt, hatten die Brüder Spijker bei ihrer Verkaufsplanung immer auch auf das Ausland gesetzt. Mit dieser Strategie hatten sie vor allem im Zeitraum von 1904 bis 1906 größten Erfolg, als nämlich die gesamte Produktion der Vierzylinder nach England exportiert wurde, wohin u. a. schon viele Zweizylinder verkauft worden waren. 1906 umfaßte das Spyker-Produktionsprogramm vier verschiedene Modelle: den 12/18 HP (2.799 cm^3), den 15/24 HP (2.456 cm^3), den 20/30 HP (4.562 cm^3) sowie den 30/40 HP (7.964 cm^3). Im darauffolgenden Jahr wurde das Unternehmen durch einen schweren Schicksalsschlag stark erschüttert, als Hendrik Spijker, dessen Aufgabe die finanzielle Verwaltung war, beim Untergang der SS Berlin in der Nordsee ums Leben kam. Der Tod des Bruders stellte für Jacobus Spijker in zweifacher Hinsicht einen schweren Schlag dar: Zum einen mußte er den Verlust des geliebten Menschen verkraften, zum anderen mußte er nun die Buchhaltung übernehmen, wobei er feststellte, daß die finanzielle Situation des Unternehmens alles andere als rosig war, was Hendrik bis dahin hatte verbergen können. Obwohl am Konkurs vorbeigekommen, erholte sich Spyker nie wieder ganz.

1907 war das letzte Jahr, in dem Mitglieder der Familie Spijker aktiv an der finanziellen Verwaltung mitwirkten. Ihr Rückzug aus diesem Unternehmensbereich beeinflußte jedoch in keiner Weise die Produktion der Automobile, d. h., die ab 1908 gebauten Wagen unterschieden sich nur unerheblich von der Produktion vorangegangener Jahre. Das einzige wirklich neue Modell war der 40/80 HP, ein Sportrennwagen mit 10.603 cm^3, von dem jedoch nur wenige Exemplare hergestellt wurden.

Spyker 60 HP

SPYKER 50 HP (1903)

Motor: 6 Zylinder in Reihe, einzeln gegossen, T-Kopf
Bohrung/Hub: 120 mm x 128 mm
Hubraum: 8.686 cm^3
Max. Leistung: 50 HP
Getriebe: mechanisch, 3 Gänge gekoppelt mit einem zweigängigen Untersetzungsgetriebe; Vierradantrieb
Rahmen: Leiterrahmen
Aufhängung: vordere und hintere Starrachse mit Halbelliptikfedern
Bremsen: Vierrad-Getriebebremse
Karosserie: Rennwagen, zweisitzig
Höchstgeschwindigkeit: 75 km/h

Gegen Ende des Jahres 1909 erbrachte Laviolette einen neuen Beweis seiner Fähigkeit für außergewöhnliche technische Lösungen, indem er von nun an die 4-Zylinder-Modelle mit querliegenden Nockenwellen ausrüstete, die, um ein geräuscharmes Funktionieren zu gewährleisten, über ein Schneckenrad angetrieben wurden. Das heißt, daß jeweils eine zwischen zwei nebeneinander liegenden Zylindern angebrachte Nockenwelle vier Ventile steuerte. Diesen Steuermechanismus erhielten der 40 HP mit 7.238 cm^3 und der 25 HP mit 4.849 cm^3. Zur gleichen Zeit hatte Spyker auch einen 12 HP mit 1.791 cm^3 auf dem Markt, der ebenfalls eine technische Besonderheit aufzuweisen hatte: Die Bremse des Wagens nämlich befand sich zwischen Kupplung und Getriebe, welches wiederum mit der Antriebsachse verbunden war; und das bewirkte, daß im Leerlauf die Bremse keine Wirkung ausüben konnte.

Nach dem Krieg nahm Spyker die Automobilproduktion mit dem 25/30 HP wieder auf, einem Wagen, der mit einem 3,6-l-4-Zylinder-Motor mit stehenden Ventilen ausgerüstet war. Diese 25/30 HP wurden hauptsächlich mit den seltsamsten, an Flugzeuge erinnernde Sportkarosserien ausgestattet, was auch die Bezeichnung Aerocoque erklärt. Dieser Wagen verfügte zudem über ein rudimentäres hinteres Leitwerk. Nach kurzer Zeit schon wurde der 25/30 durch den C4 ersetzt, dessen Fahrgestell aus Frankreich stammte, während der 5.741-cm^3-Motor deutschen Ursprungs war (Maybach). Unvorsichtigerweise hatte Spyker während des Krieges seine Produktionskapazität zu stark erhöht. Außerdem entwickelte sich der Verkauf in der Zeit unmittelbar nach Kriegsende nur schleppend. In sechs Jahren wurden daher nur 330 Wagen der Serie 13/30 HP und ca. 150 der Serie 30/40 HP gebaut. In dem Bemühen, das Unternehmen aus dieser schwierigen Situation herauszuführen, versuchte Spyker, mit dem 1,2-l-Mathis auf dem Kleinwagenmarkt Fuß zu fassen. Gleichzeitig begann man die Produktionsanlagen zur Montage von Lastwagen zu nutzen, deren Bauteile aus den Vereinigten Staaten importiert wurden. Doch trotz dieser verschiedenen Lösungsansätze gelang es Spyker nicht, die finanzielle Krise, in der sich das Unternehmen befand, zu überwinden, und so war man 1925 gezwungen, die Tätigkeit endgültig einzustellen.

Spyker 60 HP

Dieses Modell war von Jacobus Spijker konzipiert und vom Leiter des Konstruktionsbüros Joseph Valentin Laviolette gezeichnet worden. Den Konstrukteuren nach zu urteilen, stellte der Vierradantrieb die beste Methode dar, die Bodenhaftung der Automobile auf den rutschigen Straßen von damals zu verbessern. Wie wir später noch sehen werden, erwies sich diese Lösung aber auch als sehr vorteilhaft, was die Rennwettbewerbe betraf.

Der Bau des 50-HP-6-Zylinders wurde 1902 in Angriff genommen, und 1903 wurde das Modell gerade noch rechtzeitig fertiggestellt, um für das Rennen Paris–Madrid eingetragen werden zu können – nahm dann aber nicht daran teil. Seine Publikumspremiere gab der 50 HP demnach erst auf dem Pariser Salon im Dezember 1903.

Zu den vielen Neuerungen des 50 HP zählten ein 3-Gang-Getriebe, das mit einem zweigängigen Untersetzungsgetriebe gekoppelt war (der Fahrer verfügte somit über sechs Vorwärts- und zwei Rückwärtsgänge). Die damalige Metalltechnologie war jedoch nicht auf der Höhe der fortschrittlichen technischen Lösungen, die bei diesem Spyker-Modell eingesetzt worden waren, und die Zuverlässigkeitsversuche, denen das Modell unterzogen wurde, endeten nicht selten mit einem Versagen der Mechanik. Dies war auch der Grund, weshalb die geplante Serienproduktion des vierradgetriebenen Sechszylinders 50 HP nie Wirklichkeit wurde und statt dessen nur einige wenige Exemplare mit 4-Zylinder-Motor produziert und verkauft wurden.

Als 1925 die Güter der Spyker unter den Hammer kamen, wurde in einem Abstellraum der Fabrik der erste 1903 gebaute 50 HP aufgefunden. Das

Spyker C4

Während des Ersten Weltkriegs widmete sich Spyker dem Flugzeugbau. Es ist deshalb nicht verwunderlich, daß der Spyker C4 von dem Luftfahrtingenieur Frits Koolhoven entworfen wurde.

Um die Zuverlässigkeit und die Lebensdauer des C4 hervorzuheben, warb der Hersteller mit dem Slogan „Garantie auf Lebenszeit", der in der Tat nicht ganz unbegründet war, wenn man bedenkt, daß ein C4 in Brooklands 1921 24 Stunden lang in zwei zwöfstündigen, ununterbrochenen Dauerfahrten bei der mehr als respektablen Durchschnittsgeschwindigkeit von 120 km/h seine große Ausdauer bewiesen hatte.

Insgesamt baute Spyker etwa 150 Exemplare des C4, bevor das Unternehmen 1925 aufgrund geringer Verkaufszahlen den Betrieb einstellte.

SQUIRE
Henley-on-Thames, Großbritannien 1934–1936

Schon seit seiner frühesten Jugend war Adrian Squire von der Idee besessen, einmal selbst einen Sportwagen zu konstruieren. Nach seiner Lehrzeit, die er bei Bentley absolvierte, nahm er eine Stelle im Konstruktionsbüro von MG an. Später eröffnete er mit finanzieller Unterstützung eines reichen Schulkameraden in der Nähe von Henley-on-Thames. Sein erstes Modell stattete er mit einem speziellen Anzani-Roots-Kompressor-Motor mit 1.496 cm³ Hubraum und zwei obenliegenden Nockenwellen aus. Das Getriebe war zudem mit einer Vorwahleinrichtung ausgestattet.

Dieses erste Squire-Modell wurde mit zwei verschieden langen Rahmen und Vanden-Plas- bzw. Ranalah-Karosserien angeboten. Herausstechendstes Merkmal dieses Wagens war jedoch die Präzision, mit der die Arbeiten sowohl im technischen Bereich als auch bei der Endfertigung ausgeführt waren, weswegen der Squire gemeinhin als einer der qualitativ besten englischen Sportwagen der dreißiger Jahre angesehen werden kann.

Spyker C4

SPYKER C4 (1921)

Motor: 6 Zylinder in Reihe mit stehenden Ventilen
Bohrung/Hub: 95 mm x 135 mm
Hubraum: 5.742 cm³
Max. Leistung: 70 HP
Getriebe: mechanisch, 4 Gänge
Rahmen: Leiterrahmen
Aufhängung: vorn Starrachse mit Halbelliptikfedern; hinten Starrachse mit Auslegerfedern
Bremsen: hinten und vorn Trommelbremsen
Karosserie: Tourer
Höchstgeschwindigkeit: 120 km/h

Dieser Perfektionismus war jedoch mit hohen Produktionskosten und dementsprechend hohem Verkaufspreis verbunden. Außerdem machte die komplizierte Technik des Wagens eine exzessive Pflege nötig; um eine gewisse Funktionstüchtigkeit des Motors gewährleisten zu können, mußte er ständig gewartet werden. Auch das hydraulische Bremssystem mit vier großen Bremstrommeln erwies sich als überdimensioniert. Um den schleppenden Verkauf etwas anzukurbeln, brachte Squire den etwas billigeren Zweisitzer Skimpy auf den Markt, dessen Karosserie weit weniger raffiniert als die des ersten Squire-Modells war. Doch brachte auch dieser Versuch nicht den gewünschten Erfolg.

Mitte 1936 mußten Adrian Squire und seine Gesellschafter das Werk endgültig schließen. Die verbleibenden Pläne und Anlagen übernahm Val Zethrin.

Die Squire gingen auch bei verschiedenen Rennen an den Start, erzielten aber entweder nur ganz bescheidene Ergebnisse oder mußten schon vor dem Start wegen Schwierigkeiten am Motor oder Rahmen aufgeben.

Nach der Auflösung des von ihm gegründeten Unternehmens nahm Adrian Squire eine Stellung bei Lagonda an, wo er wieder mit seinem ehemaligen Lehrmeister W.O. Bentley zusammentraf, woraufhin er zur Bristol Aeroplane Co. überwechselte. 1940 kam Adrian Squire im Alter von nur dreißig Jahren bei einem Luftangriff auf Bristol ums Leben.

SQUIRE (1934)

Motor: 4 Zylinder in Reihe mit 2 obenliegenden Nockenwellen, Roots-Kompressor
Bohrung/Hub: 69 mm x 100 mm
Hubraum: 1.496 cm³
Max. Leistung: 105 PS
Getriebe: mechanisch, 4 Gänge mit Vorwählung
Rahmen:
Aufhängung: vordere und hintere Starrachse mit Halbelliptikfedern
Bremsen: hydraulische Trommelbremsen an den Vorder- und Hinterrädern
Karosserie: zwei- oder viersitziger Sportwagen
Höchstgeschwindigkeit: 160 km/h

Squire

SS CAR LTD
**Blackpool/Coventry, Großbritannien
1927–1945**

1927 beschlossen William Lyons und William Walmsley, ihr Glück auf dem Automobilsektor zu versuchen. 1931 erschien ihr erstes eigenes Modell: das Coupé SS1. Im März 1935 debütierte der SS90. Noch im September erschien der SS100 mit 2.700-cm³-Motor und hängenden Ventilen. 1937 ließ man der gesamten SS-Baureihe einige Modifizierungen angedeihen, und 1938 debütierte auf dem Londoner Salon ein Hardtop-Coupé, von dem jedoch nur ein Exemplar fertiggestellt wurde. Während des Zweiten Weltkriegs produzierte SS Flugzeuge. Nach 1945 beschloß man eine Namensänderung in Jaguar Cars Ltd und nahm die Produktion wieder auf. Die Modelle C und D der 1949 erschienenen Serie XK zählen zu den schönsten klassischen Automobilen Englands und haben das heutige Jaguar-Image geprägt.

STAE
**Turin, Italien
1907–1913**

Im Mai 1905 wurde in Turin die Kriéger Società Italiana Automobili gegründet, um Elektro-Benzinwagen in Lizenz des französischen Unternehmens Kriéger zu vertreiben. Zwei Jahre später, im Januar 1907, wurde aufgrund von Streitigkeiten der Vertrag mit Kriéger gekündigt und die Società Torinese Automobili Elettriche, STAE, gegründet. Diese Gesellschaft bestand bis 1913. Die eigentliche Produktion des Unternehmens konzentrierte sich auf den Bau von Automobilen mit 5-HP-Motoren mit Tudor-Akkumulatoren, die mit dem 3-Gang-Getriebe plus Rückwärtsgang gekoppelt waren.

STANDARD
**Coventry, Großbritannien
1903–1963**

1903 gab der junge Reginald Walter Maudslay sein Bauingenieurstudium auf und gründete in Coventry eine Automobilfabrik. Er berief Alex Craig, der zuvor schon für Singer und Lea-Francis gearbeitet hatte, zu seinem Chefkonstrukteur und wählte die Bezeichnung Standard als Markennamen. Mit dieser Bezeichnung sollte das wichtigste Merkmal seiner Wagen hervorgehoben werden, nämlich die Tatsache, daß zu ihrer Herstellung nur technische Systeme und Teile verwendet wurden, die zuvor schon von anderen Konstrukteuren getestet worden waren. Das heißt also, daß sich alle Modelle, was das technische Konzept und die Montage betrifft, ähneln, und die einzelnen Bauteile der verschiedenen Wagen untereinander austauschbar waren. 1905 entwickelte Standard den 6-Zylinder-18/20-HP, der, als er im gleichen Jahr auf der Olympia Motor Show dem Publikum vorgestellt wurde, enormes Interesse hervorrief. Aufgrund der großen

Standard Rhyl

Nachfrage für diesen Wagen mußte man die Produktionskapazitäten erheblich vergrößern, und verlegte deshalb die ganze Produktion in ein größeres, besser ausgestattetes Werk. Im März 1906 wurde der 18/20 HP von dem 24/30 HP abgelöst, der ebenfalls mit einem 6-Zylinder-Motor ausgerüstet war. Gleichzeitig kam eine zweite, außerordentlich luxuriöse Ausführung des 24/30, der 50 HP, auf den Markt.

Der erste Leichtwagen, den Standard entwickelte und der 1911 vorgestellt wurde, war der 12 HP. Dieser Wagen besaß einen 4-Zylinder-Motor mit einem extrem kleinen Übersetzungsverhältnis an der Achse (6,5:1), was die Höchstgeschwindigkeit auf 40 km/h beschränkte. Auf dieses Fahrgestell konnte auch eine ziemlich große Landaulett-Karosserie montiert werden. Ein tatsächlicher Erfolg auf dem Leichtwagenmarkt wurde jedoch erst der 9,5-HP-Rhyl, der 1913 der Öffentlichkeit vorgestellt wurde.

Während des Krieges stellte Standard seine Produktion auf Munition um und gründete in Canley ein Werk, in dem Aufklärungsflugzeuge gebaut wurden. Nach dem Krieg kam der SLS auf den Markt, eine vergrößerte Version des Rhyl, der seinerseits 1921 durch den 11,6-HP-SLO ersetzt wurde. Um dem unvorhergesehenen Rückgang der Verkaufszahlen entgegenzuwirken, brachte Standard 1927 den 18/37 HP heraus, der mit einem 2,2-l-6-Zylinder-Motor ausgestattet war. Doch auch dieses Modell brachte nicht den erhofften Erfolg. Daraufhin setzte Standard alle seine Hoffnungen auf den Nine, der eine Kunstlederbespannung der Karosserie und an der Hinterachse Schneckenantrieb besaß.

Im Jahre 1929 umfaßte das Standard-Produktionsprogramm drei verschiedene Modelle, den Big Nine und die beiden Sechszylinder 16 und 20 HP. Drei Jahre später kam ein weiteres Modell, der Little Nine, hinzu. 1933 wurde erneut um zwei Modelle mit sechs Zylindern und kleinem Hubraum, den Big Twelve und den Little Twelve, erweitert. Diese beiden Modelle wurden auf der Londoner Automobilausstellung auch mit automatischem Wilson-Getriebe angeboten. 1934 kam der Standard Ten heraus und 1936 die Serie Flying mit den Versionen 12, 16 und 20 HP mit Fastback.

1937 baute Standard den Flying Nine, Ten, Twelve und Fourteen sowie einen 2,7-l-V8, der jedoch nach kurzer Zeit wieder aufgegeben wurde, nachdem insgesamt ca. 200 Wagen dieses Modells gebaut worden waren. 1938 stellte Standard drei neue Modelle vor: den Eight, den Super Ten und den Twelve Saloon De Lu-

xe, welche im Jahr darauf zu einem beachtlichen Verkaufserfolg wurden. Die Vorderräder dieser Wagen waren unabhängig voneinander durch Querblattfederung aufgehängt.

Während des Zweiten Weltkriegs baute Standard Flugzeuge, Panzerwagen und Militärlastwagen. 1945 wurde Standard, dessen Produktionsstätten bei den deutschen Luftangriffen zerstört worden waren, von Triumph übernommen. Von diesem Moment an wurden in Canley neben den Vorkriegsmodellen Eight, Twelve und Fourteen auch Triumph-Modelle gebaut.

Der erste wirklich neue Wagen, der nach dem Krieg gebaut wurde, war der Vanguard, der 1947 vorgestellt wurde und einen 2,1-l-4-Zylinder-Motor mit nassen Laufbuchsen besaß. 1952 wurde dieser Wagen im Design erheblich verändert und erhielt die neue Bezeichnung Phase I Vanguard. Im Jahr darauf kam der Phase II heraus, 1956 der Phase III, dessen Karosserie inzwischen vollständig überarbeitet war.

Gegen Ende des Jahres 1953 brachte Standard ein weiteres Modell, den Eight, heraus. Es handelte sich dabei um einen Kleinwagen mit nur 803

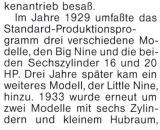

STANDARD RHYL (1916)

Motor: 4 Zylinder in Reihe mit stehenden Ventilen
Bohrung/Hub: 62 mm x 90 mm
Hubraum: 1.087 cm³
Max. Leistung: 15 HP
Getriebe: mechanisch, 3 Gänge
Rahmen: Starrachsen mit Halbelliptikfedern
Bremsen: Hinterrad-Trommelbremsen
Karosserie: Zweisitzer
Höchstgeschwindigkeit: 70 km/h

cm³ Hubraum. Ihm folgte der Ten, der seinem Vorgänger im Design her sehr ähnlich war. Sowohl der Motortyp als auch die Einzelradaufhängung dieser beiden Wagen wurde später (1959) auch für den Triumph Herald verwendet.

1961 übernahm Leyland Motors das Unternehmen Standard. Die von Standard entwickelten Wagen erfreuten sich jedoch auch bei der neuen Unternehmensleitung hoher Wertschätzung, was darin zum Ausdruck gebracht wurde, daß man nun die Marke Triumph für die neuen Spitzenmodelle verwendete. Die Marke Standard indessen wurde nun für die weniger hochentwickelten Modelle verwendet. Die letzten Standard-Modelle, die auf den Markt kamen, waren der Ensign mit 2.138 cm³ und der Vanguard Six, der mit einem 2.000-cm³-Triumph-Motor ausgerüstet war. Ab Mai 1963 wurden endgültig keine Wagen der Marke Standard mehr gebaut, die in der Vergangenheit zu so großem Ruhm gelangt war.

Standard Rhyl

Der Standard S Model Rhyl, der im März 1913 debütierte, wies einige Charakteristika auf, die bis kurz zuvor nur den größeren Automobilen vorbehalten gewesen waren. Der Rhyl wurde im Handumdrehen zu einem Verkaufserfolg und stieg binnen kurzem zum Spitzenmodell der gesamten Standard-Baureihe auf.

Der Rhyl war eines der ersten Automobile seiner Fahrzeugklasse, das auch an der Hinter-

SS 100 (3,5 l)

Motor
Position: vorn, längsliegend
Bauart: 6 Zylinder in Reihe, wassergekühlt mit gußeisernem Motorblock und 7 Hauptlagern
Hubraum: 3.485 cm^3
Bohrung/Hub: 82 mm x 110 mm
Verdichtungsverhältnis: 7,0 : 1
Ventilsteuerung: 2 von seitlicher Nockenwelle betätigte Ventile pro Zylinder; Stoßstangen und Kipphebel
Gemischbildung: zwei SU-Vergaser
Zündanlage: mechanisch, mit Zündspule und Zündverteiler von Lucas
Max. Leistung: 125 PS bei 4.500-min

Übertragung
Antriebsanordnung: Getriebe und Kupplung in einem Block mit dem Motor
Kupplung: Einscheiben-Trockenkupplung mit 244 mm Durchmesser
Getriebe: mechanisch, 4 Gänge mit nichtsynchronisiertem 1. Gang
Übersetzungsverhältnis: I) 3,59 : 1; II) 2,11 : 1; III) 1,37 : 1; IV) 1,00 : 1
Achsgetriebe: Schraub-Kegelradgetriebe
Übersetzungsverhältnis im Achsgetriebe: 3,78 : 1

Aufhängung
Vorderachse: Starrachse mit halbelliptischen Blattfedern auf gleitgelagerten Federbolzen; regulierbare Luvax-CMP-Flüssigkeitsstoßdämpfer, ergänzt durch Reibungsstoßdämpfer von Hartford
Hinterachse: Starrachse mit Halbelliptikfedern und regulierbaren Luvax-CMP-Flüssigkeitsstoßdämpfern

Lenkung
System: Schneckenlenkung

Bremsen
Typ: hebelbetätigte Girling-Trommelbremsen; Vorderrad- und Hinterradbremse

Räder und Bereifung
Felgen: Dunlop-Speichenrad mit Zentralverschluß und 45,7 cm Durchmesser
Bereifung: Dunlop Sports 5,25 x 18

Karosserie und Rahmen
Karosserie: offener zweitüriger, zweisitziger Sportwagenaufbau
Rahmen: Leiterrahmen

Abmessungen und Gewicht
Länge: 3.672 mm
Breite: 1.575 mm
Radstand: 2.642 mm
Vordere und hintere Spurweite: 1.372 mm/1.372 mm
Gewicht: 1.168 kg

Leistung
Höchstgeschwindigkeit: 102 Meilen
Beschleunigung: von 0 auf 100 km/h in 11 Sek.
Kraftstoffverbrauch: 14,15 l/100 km

Die Abbildung zeigt den Rahmen mit stählernen Längsholmen. Die Aluminium-Karosserie sitzt auf einem Rahmen aus Eschenholz. Das geringe Gewicht dieses Aufbaus war mit für die gute Fahrleistung des Fahrzeugs sowie für die hohe Dauergeschwindigkeit, die mühelos beibehalten werden konnte, verantwortlich.

UNTEN *Die hydraulischen Luvax-Stoßdämpfer konnten vom Fahrersitz aus reguliert werden und stellten zusammen mit den langen Blattfedern eine „ausgezeichnete Kombination" dar. So urteilte die Zeitschrift „The Motor" infolge eines Fahrtests. Auch was die Kurvenlage betraf, wurde dem Fahrzeug großes Lob gespendet. Das Innere war mit Celstra-Leder verkleidet, und der Bodenbelag war aus dickem Velours. Hinter den Sitzen war reichlich Platz für Gepäck.*

Standard Nine

achse Stoßdämpfer besaß – eine Raffinesse, aufgrund der das Modell eine von allen hochgeschätzte Straßenlage erhielt. Die Leistung wurde später von 9,5 HP auf 15 HP gesteigert, was zu einer Höchstgeschwindigkeit von 70 km/h führte.

Standard Nine

Gegen Ende der zwanziger Jahre beschloß Standard, um einem besorgniserregenden Absatzrückgang wirkungsvoll zu begegnen, die Produktion eines neuen kleines Modells, das 1928 auf den Markt kommen sollte. Dieses neue Automobil, das in der Standardbauweise über eine Limousinen-Karosserie verfügte, wurde im Nu zu einem beliebten Fahrzeug. Der Nine war der Stammvater der gesamten gelungenen, erfolgreichen Kleinwagen-Modellserie, die später von Standard produziert werden sollte.

Der Nine brachte eine etwas über 80 km/h liegende Spitzengeschwindigkeit (eine für jene Epoche respektable Geschwindigkeit); der Kraftstoffverbrauch lag bei 7,2 l auf 100 km. Die Kritik galt vor allem der Kupplung (wegen zu brüskem Einrückens), der Lenkung (zu ungenau) und den Federungen (die etwas zu weich waren).

Standard Vanguard

Ab 1947 konzentrierte Standard seine Produktion auf den Vanguard, eine viertürige Limousine in selbsttragender Bauweise. Dieses neue Modell besaß einen 4-Zylinder-Motor mit nassen Zylinderlaufbuchsen und einen anfänglichen Hubraum von 1,8 l, der später auf 2,1 l vergrößert wurde. Einen Motor mit diesem Hubraum baute man auch in den Morgan Plus 4, Swallow Doretti, Peerless GT und den ersten 150.000 Triumph-TR-Modellen ein. Dank seines nach amerikanischer Vorlage gestalteten Äußeren (von der Karosserie her hätte er auch eine kleinere Ausgabe des Plymouth von 1942 sein können) erzielte der Vanguard auch in den USA und in Australien ganz ansehnliche wirtschaftliche Erfolge. Später wurde der Vanguard auch in Indien, Belgien und der Schweiz in Lizenzfertigung hergestellt.

1951 erschien eine Kombiwagen-Version, die auch auf Wunsch mit Overdrive erhältlich war. 1952 wurde die Karosserie des Vanguard einigen leichten optischen Korrekturen unterzogen: Die Motorhaube wurde abgeflacht, die Kühlermaske durch eine neue ersetzt und die Heckscheibe vergrößert. Dieser Phase I benannten Version folgten 1953 die Phase II, die im Gegensatz zu den runden Gepäckstauräumen der vorausgegangenen Modelle über einen größeren, viereckigen Kofferraum verfügte. Die Phase-III-Modelle von 1956 besaßen schließlich eine völlig neugezeichnete Karosserie. Ein Jahr später leitete man von der Phase-III-Version den Sportsman ab.

1958 beauftragte Standard den Turiner Karosseriebauer Vignale, die Optik des Vanguard weiter zu verbessern; so entstand der Vanguard Vignale. 1962 erschien – nur wenige Monate bevor die Automarke Standard verschwand – eine Version mit 2-l-6-Zylindern.

STANLEY
Newton, USA
1897–1927

Die Zwillingsbrüder Francis E. und Freelan O. Stanley hatten mit dem Verkauf der Nutzungsrechte des von ihnen entwickelten Fotodruckverfahrens mit Trockenentwicklung an Eastman Kodak eine beachtliche Summe erwirtschaftet. Auf diese Weise ausreichend finanziell abgesichert, begannen sie 1897 – mehr als Hobby, denn aus wirtschaftlichen Gründen –, dampfgetriebene Fahrzeuge zu konstruieren. Während des ersten Jahres ihrer Tätigkeit bauten sie im Winter sechs Fahrzeuge, von denen ein gewisser J. F. Methot aus Boston eines kaufte. Methot nahm mit diesem Wagen an einem Rennen teil, das im Rahmen der ersten Automobilausstellung Neuenglands veranstaltet wurde. Bei dieser Gelegenheit erwies sich der Stanley als allen anderen teilnehmenden Automobilen überlegen. Dieser Sieg wiederum er-

---

STANDARD NINE (1930)

Motor: 4 Zylinder in Reihe mit stehenden Ventilen
Bohrung/Hub: 60 mm x 120 mm
Hubraum: 1.154 cm³
Max. Leistung: 20 HP
Getriebe: mechanisch, 3 Gänge
Rahmen: Leiterrahmen
Aufhängung: Starrachsen mit Halbelliptikfedern
Bremsen: Trommelbremsen an den Vorder- und Hinterrädern
Karosserie: Limousine mit Verdeck
Höchstgeschwindigkeit: 82 km/h

STANDARD VANGUARD (1950)

Motor: 4 Zylinder in Reihe mit hängenden Ventilen
Bohrung/Hub: 85 mm x 92 mm
Hubraum: 2.088 cm³
Max. Leistung: 68 PS
Getriebe: mechanisch, 3 Gänge
Rahmen: selbsttragender Aufbau
Aufhängung: vorn Einzelradaufhängung mit Querlenkern und Schraubenfedern; hinten Starrachse mit Halbelliptikfedern
Bremsen: Trommelbremsen an den Vorder- und Hinterrädern
Karosserie: viertürige Limousine
Höchstgeschwindigkeit: 120 km/h

Standard Vanguard

zeugte beim Publikum eine so starke Nachfrage, daß man beschloß, diesen Wagen nun auch serienmäßig zu bauen. Es gab jedoch damals eine Gruppe amerikanischer Geschäftsleute, an deren Spitze sich der Verleger John Brisben Walker befand, die stark daran interessiert war, daß dies nicht geschah, und aus diesem Grund an die Brüder Stanley herantrat und ihnen 250.000 Dollar dafür bot, daß sie alle ihre Pläne abträten. Dieses Angebot war außerdem mit der Auflage verbunden, ein ganzes Jahr lang, d.h. vom Mai 1899 bis Mai 1900, in keiner Weise an der Entwicklung von Automobilen zu arbeiten. Francis und Freelan Stanley akzeptierten das Angebot nicht nur wegen der verlockend hohen Geldsumme, die auf dem Spiel stand, sondern auch weil sie davon überzeugt waren, daß sie in der Lage seien, noch wesentlich funktionstüchtigere Fahrzeuge als dieses erste zu bauen, ohne dazu die für diesen verwendeten technischen Lösungen zu benötigen, d.h. ohne gegen die getroffene Abmachung zu verstoßen. Sie machten sich auch gleich wieder an die Arbeit und entwickelten bis 1901 ein neues, weiterentwickeltes und funktionstüchtigeres Modell, während die neuen Besitzer ihres Unternehmens die Serienproduktion des ersten von ihnen konstruierten Automobils unter dem Markenzeichen Locomobile aufnahmen. Das Ergebnis ihrer Arbeit war ein Wagen mit einem 2-Zylinder-Dampfmotor, welcher direkt mit der Hinterachse verbunden war. Dieses System wurde in der Folge für alle weiteren Stanley-Modelle verwendet. Jenes erste Modell hatte noch eine Kutschenkarosserie mit offenem Verdeck. Als weiteres Charakteristikum war das Heizrohr des Kessels unter dem Fahrersitz montiert, was das Risiko mit sich brachte, daß aus dem Brenner zurückschlagende Flammen die Beine des Fahrers versengen konnten. Das war wahrscheinlich auch der Grund, warum bei dem Nachfolgemodell, dem EX, der 1904 herauskam, der Kessel nach vorn verlegt wurde, verdeckt von einem sargförmigen Gehäuse, für das der EX sehr bald berühmt wurde.

Zur gleichen Zeit entwickelten die Brüder Stanley ein Rennmodell, das ebenfalls mit einem Dampfmotor ausgerüstet war, und den Namen „Woggle-Bug" trug. Dieser Wagen mit strömungsgünstiger Karosserie brach in Ormond Beach in Florida den Geschwindigkeitsrekord von 204 km/h. Bedauerlicherweise wurde dieser Wagen während eines weiteren Rekordversuchs, bei dem er vom Boden abhob, vollständig zerstört.

Stanley Gentleman's Speed Roadster

STANLEY EX (1908)

Motor: Dampfmotor mit 2 einfach wirkenden, horizontalen Zylindern
Bohrung/Hub: 76,2 mm x 101,6 cm³
Max. Leistung: 30 HP
Kraftübertragung: direkt mit der Hinterachse gekoppelter Motor
Rahmen: Holzrahmen mit stählernem Hilfsrahmen
Aufhängung: Starrachsen mit Halbelliptikfedern
Bremsen: Hinterrad-Trommelbremsen
Karosserie: zwei- oder viersitziges Torpedo
Höchstgeschwindigkeit: 97 km/h

Was die Beschleunigung angeht, so waren die dampfgetriebenen Stanleys im allgemeinen den mit Verbrennungsmotoren ausgerüsteten Automobilen überlegen. Sie erforderten jedoch größere Aufmerksamkeit seitens des Fahrers, da es nicht passieren durfte, daß der Wasserstand im Kessel zu stark abnahm, weil dadurch die Gefahr bestand, daß der Dampferzeuger zu brennen anfing. Wenn dagegen der Wasserstand über einen bestimmten Wert stieg, entwickelte sich Dampf mit Wassertröpfchen, und der Druck im Motor stieg so stark, daß es dadurch zu irreparablen Schäden kommen konnte.

1908 brachte Stanley den Gentleman's Speedy Roadster auf den Markt, der auf kurzen Strecken eine Höchstgeschwindigkeit von 120 km/h erzielte. 1915 wurden die Stanley-Dampfmotoren mit einem Kondensator ausgestattet, welcher den Abdampf kühlte und ihn wieder in den flüssigen Zustand zurückführte, wodurch der Wasserverbrauch verringert wurde.

Da die Entwicklung von immer leistungsfähigeren Kondensatoren mit immer größerer Kapazität, welche einen Fahrbereich von 240 bis 320 km garantierte, einen großen Zeit- und Kostenaufwand erforderte, war anfangs ein Nettorückgang der Produktion von 743 Wagen im Jahr 1914 auf 126 Wagen im Jahr 1915 zu verzeichnen. Doch nahm die Produktion 1917 wieder zu und erreichte ein Produktionsmaximum von 500 Wagen. Im Mai 1918 übernahm eine Gruppe von Geschäftsleuten aus Chicago, unter denen Prescott Warren den Vorsitz innehatte, die Finanzen von Stanley. Aber auch die

STANLEY 735 (1920)

Motor: Dampfmotor mit 2 horizontalen Zylindern, doppelwirkend
Bohrung/Hub: 101,6 mm x 127 mm
Max. Leistung: 60 HP
Kraftübertragung: direkt mit der Hinterachse gekoppelter Motor
Rahmen: Leiterrahmen
Aufhängung: vorn Starrachse, hinten Starrachse mit Vollelliptikfedern
Bremsen: Hinterrad-Trommelbremsen
Karosserie: zwei- oder viersitziges Torpedo
Höchstgeschwindigkeit: 97 km/h

Stanley 735

neue Unternehmensführung war nicht in der Lage, die Wirtschaftskrise der Nachkriegsjahre zu überwinden, und sah sich 1924 gezwungen, Stanley an die Steam Vehicle Corporation of America, die ihren Firmensitz in Allentown, Pennsylvania, hatte, zu verkaufen. Es scheint jedoch, daß nach diesem neuerlichen Besitzerwechsel ab 1927 kein einziger Stanley mehr gebaut wurde.

Stanley EX

Dieser neue, 1904 erschienene Stanley sollte das nunmehr veraltete dampfgetriebene Modell mit offener Karosserie ablösen. Was das mechanische Grundschema des EX betraf, hatte man die direkte Verbindung zwischen Motor und Hinterachse beibehalten; der Kessel wurde hingegen vorne angebracht und mit einer gerundeten Fronthaube verkleidet. Diese Lösung war gewählt worden, um eine bessere Kontrolle des Wasserstands im Kessel zu ermöglichen und um die Distanz zwischen Brenner und Fahrer zu vergrößern.

Vorder- und Hinterachse waren auch weiterhin durch Längsträger miteinander verbunden; die stützende Bodenkonstruktion des Aufbaus wurde jedoch derart verstärkt, daß auch schwerere Karosserien in den verschiedensten Formen aufgesetzt werden konnten. Die gelungenste dieser Karosserietypen war zweifelsohne die des zweisitzigen Sportwagens Gentleman's Speedy Roadster aus dem Jahre 1908. Einer der gravierendsten Mängel der EX-Reihe war durch den Aktionsradius gegeben: die 80 km wurden nicht überschritten.

Stanley 735

Die wesentlichste Modifizierung, die Stanley 1915 seinen dampfgetriebenen Automobilen angedeihen ließ, war die Verwendung eines Kondensators und eines Stahlrohrkessels, der nötig geworden war, weil der vom Kondensator wieder verflüssigte Dampf Öl enthielt, das durch die Anschlußstutzen der bis dahin verwendeten Kupferrohre zog. Da der Kondensator auch als Auspuffschalldämpfer diente, waren die letzten Stanley-Modelle, zu denen auch der 735 und der 740 gehörten, außergewöhnlich leise. Durch den Kondensator wurde jedoch die Zeit, die benötigt wurde, um den Kesselinhalt zum Sieden zu bringen, verlängert. Der Fahrer mußte außerdem auf den Anstieg des Dampfdruckes achten, um eine Kesselexplosion zu vermeiden.

STAR
Wolverhampton, Großbritannien
1897–1932

Die Star Engineering Company begann ihre Tätigkeit 1883 mit der Herstellung von Fahrrädern. 1897 baute der Inhaber des Unternehmens, Edward Lisle, das erste Automobil der Marke Star, wozu er die technischen Grundelemente des Benz-3,5-HP verwendete. 1900 debütierte das Folgemodell dieses ersten Star mit einem 3-Gang-Getriebe und einem V2-Motor. Da jedoch die Benz-Technik immer weniger den Anforderungen der Zeit entsprach, brachte Star ein Jahr später ein neues Modell auf den Markt, für dessen 2-Zylinder-Motor mit stehenden Zylindern der modernere 7-HP-Panhard Vorbild gewesen war. Fast gleichzeitig erschien ein Modell mit einem 1-Zylinder-De-Dion-Motor ausgerüstet.

1903 kam der erste Star mit vier Zylindern auf den Markt, dessen Design an Mercedes erinnerte. Zwei Jahre später kam eine zweite Version dieses Modells mit einem Hubraum von 3.261 cm³ auf den Markt. Der erste 6-Zylinder-Star mit 6.227 cm³, der 30 HP, wurde 1906 vorgestellt und bis 1911 gebaut. 1909 wurde der Hubraum dieses Modells mittels einer Erweiterung der Bohrung auf 6.981 cm³ vergrößert. Im gleichen Jahr wurde auch ein neues Modell mit einem 4-Zylinder-Motor mit 2.862 cm³ Hubraum vorgestellt. Dieser Wagen wurde unter der Bezeichnung 15 HP verkauft, doch seine tatsächliche Steuerleistung wurde auf 19,6 HP geschätzt. Der 15 HP wurde 1912 durch den wesentlich berühmteren 15,9 HP ersetzt, der einen 4-Zylinder-Motor mit 3.016 cm³ besaß. 1914 brachte Star die Torpedo-Version des 15,9 HP heraus sowie den diesem ähnlichen 20,1 HP mit 3.817 cm³.

Der 15,9 HP und der 20,1 HP wurden bis 1921 gebaut, dann wurden sie durch den 11,9 HP ersetzt, ein klassisches Modell mit stehenden Ventilen und einem Hubraum von 1.795 cm³. 1924 wurde der Motor des 11,9 HP auf 1.945 cm³ vergrößert und der Wagen mit der neuen Bezeichnung 12/25 HP versehen. Das Folgemodell des 12/25 HP war der 12/40 HP, ein Sportwagen, bei dem auch die Vorderräder mit Bremsen versehen waren, um die Bremsleistung an die höhere Geschwindigkeit des Wagens anzupassen. Die Leistungssteigerung

---

STAR 15,9 HP (1914)

Motor: 4 Zylinder in Reihe mit stehenden Ventilen
Bohrung/Hub: 80 mm x 150 mm
Hubraum: 3.016 cm³
Max. Leistung: 40 HP
Getriebe: mechanisch, 4 Gänge
Rahmen: Leiterrahmen
Aufhängung: vorn Starrachse mit Halbelliptikfedern; hinten Starrachse mit Halb- und Viertelelliptikfeder
Bremsen: Getriebe- und Hinterradbremsen
Karosserie: Tourer
Höchstgeschwindigkeit: 110 km/h

Star 15,9 HP

Stearns 30/60 HP

von 15 HP wurde hauptsächlich durch die Verwendung von Zylinderköpfen mit hängenden Ventilen erzielt. Zur gleichen Zeit erschien auch der 18/40 HP, die 6-Zylinder-Version des 12/40 HP.

1928 wurde Star von Guy Motors aufgekauft und das bis dahin reichhaltige Produktionsprogramm auf zwei Modelle beschränkt, die beiden Sechszylinder 18/50 HP und 20/60 HP. 1930 wurden diese beiden Wagen von Grund auf überarbeitet und dann unter den Namen Comet und Planet wieder auf den Markt gebracht. Sie waren mit einer hydraulischen Vierradbremse ausgestattet. Bedauerlicherweise erwiesen sich die Produktionskosten dieser beiden Wagen als sehr hoch, und Star mußte daraufhin im März 1932 seine Tätigkeit einstellen.

Star 15,9 HP

Der 15,9 HP erschien 1914. Die Zuverlässigkeit dieses Modells wurde in einem Versuch auf der Teststrecke von Brooklands (unter der offiziellen Kon-

STEARNS-KNIGHT (1923)

Motor: 4-Zylinder-Knight-Schiebermotor in Reihe
Bohrung/Hub: 100 mm x 140 mm
Hubraum: 4.072 cm³
Max. Leistung: 70 HP
Getriebe: mechanisch, 3 Gänge
Rahmen: Leiterrahmen
Aufhängung: vordere und hintere Starrachse mit Halbelliptikfedern
Bremsen: Hinterrad-Trommelbremsen
Karosserie: Sedan
Höchstgeschwindigkeit: 120 km/h

STEARNS 30/60 HP (1909)

Motor: 4 Zylinder in Reihe mit stehenden Ventilen
Bohrung/Hub: 136,5 mm x 149,2 mm
Hubraum: 8.737 cm³
Max. Leistung: 60 HP
Getriebe: mechanisch, 4 Gänge
Rahmen: Leiterrahmen
Aufhängung: vordere und hintere Starrachse mit Halbelliptikfedern
Bremsen: Hinterrad- und Getriebebremsen
Karosserie: Tourer
Höchstgeschwindigkeit: 130 km/h

trolle des Royal Automobile Club) bewiesen, bei dem der 15,9 HP gut 1.289 km in 12 Stunden zurücklegte. Später erschien auch eine Version mit besonders windschnittiger Torpedo-Karosserie, die im Vergleich zu dem vorausgegangenen Star-Modell in einigen Punkten deutlich verbessert worden war.

Der 15,9 HP und der 20,1 HP (letzterer mit 3.816 cm³ Hubraum) wurden auch nach Ende des Ersten Weltkriegs weiterproduziert.

STEARNS
Cleveland, USA
1898–1930

Frank B. Stearns war noch Student, als er im Jahr 1896 sein erstes Automobil konstruierte. In den Jahren 1898/99 baute Stearns eine kleine Serie von kleinen 2-Zylinder-Wagen mit Benzinmotoren, die mittels eines Lenkstockhebels gesteuert wurden. 1900 kam der erste Stearns, der mit einem Lenkrad ausgestattet war, ein Einzylinder mit 4.083 cm³, auf den Markt.

1902 brachte Stearns ein Luxusmodell mit einem 2-Zylinder-Frontmotor heraus. 1904 erschien ein zweites Luxusmodell, der 36 HP. Dieser Wagen, der ganz eindeutig von den Mercedes seiner Zeit inspiriert ist, war gleichzeitig der Vorläufer des 40/45 HP, der 1906 auf den Markt kam, und dessen Karosserie aus einer Aluminiumlegierung bestand, die mit mindestens siebzehn Lackschichten überzogen war. Der Verkaufspreis des 1902er Zweizylinders wurde allgemein als übertrieben angesehen.

Stearns-Knight

STEPHENS SALIENT SIX (1924)

Motor: 6 Zylinder in Reihe mit hängenden Ventilen
Bohrung/Hub: 82,6 mm x 114,3 mm
Hubraum: 3.670 cm³
Max. Leistung: 50 HP
Getriebe: mechanisch, 3 Gänge
Rahmen: Leiterrahmen
Aufhängung: vordere und hintere Starrachse mit Halbelliptikfedern
Bremsen: Hinterrad- und Getriebebremsen
Karosserie: Tourer, Sportwagen, viertürige Limousine
Höchstgeschwindigkeit: 100 km/h

Bald darauf folgten dem 40/45 HP der 30/60 HP, ein Vierzylinder mit 8.737 cm³, sowie der 45/90 HP, ein Sechszylinder mit 12.913 cm³. Der 45/90 HP besaß einen derart langen Motor, daß die beiden hinteren Zylinder bis in den Fahrerraum hineinragten. Andererseits war dieser Wagen einer der schnellsten seiner Zeit. 1909 brachte Stearns den 15/30 HP auf den Markt, ein raffiniertes Automobil mit einem 4,8-l-Motor. 1914 wurden indessen zwei weitere Modelle vorgestellt, die mit Knight-Schiebermotoren mit vier Zylindern und 5,1 l bzw. sechs Zylindern und 6,8 l ausgerüstet waren. 1917 wurde das Produktionsprogramm noch einmal um ein Modell, und zwar um den Sk-8, der einen 5,4-l-V8-Motor mit 90° besaß, erweitert.

1919 zog sich Frank Stearns aus seinem Unternehmen zurück. In den frühen zwanziger Jahren wurde dann das Produktionsprogramm aufgrund einer neuen Unternehmenspolitik auf ein einziges Modell, einen Vierzylinder mit 4.072 cm³, reduziert. Erst 1924 beschloß man, ein weiteres Modell auf den Markt zu bringen. Es handelte sich dabei um einen Sechszylinder mit 4.387 cm³. Im Jahr darauf wurde Stearns von

STEVENS-DUREYA MODEL D (1915)

Motor: 6 Zylinder in Reihe mit stehenden Ventilen, zwei Zylinderblöcke
Bohrung/Hub: 112,7 mm x 139,7 mm
Hubraum: 8.362 cm³
Max. Leistung: 80 HP
Getriebe: mechanisch, 3 Gänge
Rahmen: Leiterrahmen
Aufhängung: vordere und hintere Starrachse mit Halbelliptikfedern
Bremsen: Hinterradbremsen
Karosserie: Sportwagen, viertürige Limousine
Höchstgeschwindigkeit: 100 km/h

Stephens Salient Six

Willys Overland übernommen. Der weiße Streifen aber, der die Stearns-Kühler umfaßte und so etwas wie ein Erkennungszeichen geworden war, wurde beibehalten.

Die Wirtschaftskrise jener Jahre versetzte Stearns den Todesstoß. Dennoch wurde die Produktion allen Unbilden des Schicksals zum Trotz kompromißlos, was die Qualität der Wagen betraf, bis Ende 1930 aufrechterhalten. Die letzten Modelle, die Stearns auf den Markt brachte, waren der 27,3 HP, ein relativ billiger Sechszylinder, und ein Achtzylinder mit neun Kurbelwellenlagern und dem enormen Hubraum von 6.300 cm³.

STEPHENS
Moline, USA
1916–1924

Die Wagen der Marke Stephens wurden von einem Unternehmen hergestellt, das eigentlich Landmaschinen baute, der Moline Plow Company. Der erste Wagen war der Sechszylinder Salient Six mit 3.670 cm³. Anstatt nun weiterhin selbst Motoren zu bauen, beschloß Stephens jedoch noch im gleichen Jahr, von nun an die von ihm verwendeten Motoren von Continental zu beziehen, und zwar aus dem einfachen Grund, weil die Motoren dieser Firma praktisch identisch mit seinem 3.670-cm³-Motor waren. 1922 brachte Stephens einen Sportwagen heraus, ein Folgemodell des Torpedo, das einen ziemlich hohen, abgerundeten Kühler sowie Drahtspeichenräder und Schutzbleche, wie sie üblicherweise für Fahrräder verwendet wurden, besaß.

STEVENS-DURYEA
Chicopee Falls, USA
1900–1927

Frank und Charles Duryea waren wohl die ersten amerikanischen Konstrukteure, die

Stevens-Duryea Model D Touring

von Anfang an, d.h. seit 1895, ihre Automobilproduktion nach kommerziellen Zielen ausgerichtet hatten. Aufgrund tiefgehender Meinungsverschiedenheiten trennten sich die Brüder jedoch bald, und jeder ging seine eigenen Wege. Frank nahm eine Stelle in der Waffenfabrik Stevens Arms & Tools in Chicopee Falls in Massachusetts als Vizepräsident und Chefkonstrukteur an. Als Einstieg in die Automobilindustrie kaufte Stevens das Unternehmen Overman, das bis zu diesem Zeitpunkt Fahrräder und Dampffahrzeuge gebaut hatte. Etwa 1902 begann Stevens die Produktion des Victoria Stanhope, ein 6 HP mit liegendem 2-Zylinder-Motor, Zentralrohrrahmen, Lenkstockhebel sowie ausbaubaren Vordersitzen. Neben diesem in technischer Hinsicht eher rückständigen Buggy wurde ab 1905 auch der Stevens-Duryea 20 HP, ein wesentlich fortschrittlicherer Vierzylinder, gebaut. 1906 brachte Stevens-Duryea den 9,6-l-Big Six heraus, der als Besonderheit eine Dreipunkt-Motorlagerung und Gelenkwellenantrieb aufwies. Ab 1907 konzentrierte Stevens-Duryea die gesamte Produktion und Entwicklung auf 6-Zylinder-Modelle. 1914 kam eine weitere Version mit 7.897 cm³, genannt Model C, auf den Markt. Das letzte wirklich neue Stevens-Duryea-Modell, das Model D, erschien 1915. Danach verkaufte Frank Duryea seinen Aktienanteil, woraufhin die ganze Produktion bis 1920 eingestellt wurde. 1920 wurde die Produktion mit dem Model D, inzwischen auf Model E umbenannt, wieder aufgenommen. Doch erwies sich der Verkaufspreis dieses Wagens im Vergleich zu den Wagen der Konkurrenz als viel zu hoch, was u.a. 1923 zu einem erneuten Besitzerwechsel führte. Neuer Besitzer wurden Ray M. Owen, ehemals Präsident der Owen Magnetic. Unter der neuen Geschäftsleitung wurden bis 1924 noch einige wenige, d. h. nicht mehr als 100 Stück pro Jahr, gebaut. 1927 stellte das Unternehmen Stevens-Duryea endgültig seine Tätigkeit ein.

STEYR
Steyr, Österreich
1920–

Nach Ende des Ersten Weltkriegs beschloß die Österreichische Waffenfabriksgesellschaft in Steyr, die größte österreichische Waffenfabrik, ihre Produktion auf Automobile umzustellen. Zu diesem Zweck wurde Hans Ledwinka, der zuvor schon bei Nesseldorf gearbeitet hatte, als Konstrukteur von Automobilen, die in technischer Hinsicht so wenig wie möglich an die Vorkriegsmodelle erinnern sollten, in das Unternehmen berufen. Bei der Konstruktion des Steyr Typ II Waffenauto orientierte sich Ledwinka an den Nesseldorf Typ U, den er vor Ausbruch des Krieges für seinen damaligen Arbeitgeber entwickelt hatte. Der Typ II, der 1920 auf den Markt kam und auch unter der Bezeichnung 12/40 HP bekannt war, besaß einen 6-Zylinder-Motor mit obenliegender Nockenwelle und einen Hubraum von 3.325 cm³. Kurz darauf kam der Typ IV heraus, der mit einem 4-Zylinder-Motor mit stehenden Ventilen und 1.814 cm³ Hubraum ausgerüstet war.

1921 wechselte Ledwinka erneut den Arbeitgeber und nahm eine Stelle bei Tatra an, was jedoch Steyr nicht davon abhielt, 1922 den Typ VI auf den Markt zu bringen, der mit einem 6-Zylinder-Motor mit 4.014 cm³ ausgestattet war. Dieser Wagen war einer der gelungensten österreichischen Sportwagen der frühen zwanziger Jahre.

Die zweite Version mit vergrößertem Hubraum von 4.890 cm³ wurde Klausen Sport getauft, in Erinnerung an den brillanten Sieg, den dieser Wagen beim Bergrennen von Klausen errungen hatte. Der Klausen Sport wurde nur in einer kleinen Auflage gebaut; die Rennversion dieses Wagens erbrachte eine Leistung von 145 PS.

STEYR TYP 100 (1934)

Motor: 4 Zylinder in Reihe mit stehenden Ventilen
Bohrung/Hub: 70 mm x 84 mm
Hubraum: 1.385 cm³
Max. Leistung: 32 PS
Getriebe: mechanisch, 4 Gänge
Rahmen: Plattform-Kastenrahmen
Aufhängung: vorn Einzelradaufhängung mit Querfedern; hinten Einzelradaufhängung mit Schwingarmen und Anlegerfedern
Bremsen: Trommelbremsen
Karosserie: zweitüriges Cabriolet
Höchstgeschwindigkeit: 130 km/h

1926 brachte Steyr einen relativ kleinen Sechszylinder mit nur 1.560 cm³ auf den Markt. Im Jahr darauf kehrte Ferdinand Porsche, nachdem er seine Stelle bei Mercedes aufgegeben hatte, nach Österreich, seiner Heimat, zurück und trat als Konstrukteur bei Steyr ein. Porsche machte sich sofort daran, die Entwicklungen Ledwinkas, die nach partiellen Verbesserungen auch für den Typ VII verwendet worden waren, auf den neuesten technischen Stand zu bringen. Das erste Modell, das Porsche für Steyr entwickelte, war der Typ XVI, der eine obenliegende Nockenwelle besaß und eine Höchstgeschwindigkeit von ca. 120 km/h erbrachte. Zwischen 1928 und 1930 baute Steyr außerdem einen Sechszylinder mit hängenden Ventilen und 2.078 cm³ sowie den 120 S mit etwas kleinerem Hubraum (1.990 cm³). Auch der Austria wurde von Ferdinand Porsche entwickelt, ein sehr luxuriöses Auto mit einer hochentwickelten Technik, das z.B. einen 5,3-l-Motor mit acht Zylindern in Reihe mit besaß, der auf der Automobilausstellung von Paris 1929 eine der interessantesten Neuheiten darstellte. Dieser außergewöhnliche Wagen wurde jedoch nie serienmäßig hergestellt, und zwar hauptsächlich deshalb, weil die Unternehmensleitung gerade in dieser Zeit einen Kooperationsvertrag hinsichtlich Fertigung und Verwaltung mit dem Puch-Konzern, zu dem auch Daimler gehörte, abgeschlossen hatte. Durch diesen Vertrag waren sowohl Steyr als auch Puch gezwungen, ihr Produktionsprogramm zu rationalisieren, und so wurde anstelle

Steyr Typ 100

des Austria der Austro-Daimler ADR8 gebaut. Dies war für Ferdinand Porsche Grund genug, aus dem Unternehmen auszuscheiden und sich mit einem technischen Beratungsbüro selbständig zu machen. Während der Zeit, in der Porsche für Steyr gearbeitet hatte, hatte er auch den Typ XXX entwickelt, dessen Leichtmetallmotor mit sechs Zylindern, 2.078 cm³ Hubraum und hängenden Ventilen ausgerüstet war und eine Leistung von 40 PS bei 3.500^{-min} erbrachte. 1935 fusionierte Steyr mit Austro-Daimler. Kurze Zeit später brachte Steyr seinen ersten wirklichen Kleinwagen heraus, den Typ 100 mit einem 4-Zylinder-Motor mit stehenden Ventilen und 1.385 cm³. 1937 kam der Typ 200, der vorerst mit einem 1.498-cm³-Motor auf den Markt kam, später aber noch mit 2.260 cm³ und hängenden Ventilen angeboten wurde.

Der Steyr 55 aus dem Jahre 1938 war ein leichter, aerodynamischer Wagen mit einem 4-Zylinder-Boxermotor mit stehenden Ventilen und 1.385 cm³ Hubraum. Er löste den Typ 50 ab, einen Wagen mit 984 cm³ Hubraum, der zwei Jahre vorher erschienen war.

Ab 1949 wurden im Werk von Steyr für den österreichischen Markt bestimmte Fiat-Modelle montiert. 1957 begann man mit dem Bau eines vom Design her mit dem Fiat 500 fast identischen Wagens. Dieses Modell mit dem Namen Steyr-Puch 500 besaß jedoch einen von Steyr selbst entwickelten 2-Zylinder-Boxermotor mit 493 cm³ Hubraum.

In den sechziger Jahren kam der Haflinger auf den Markt, ein Geländewagen, den Hans Ledwinkas Sohn Erich entwickelt hatte. Dieser außergewöhnliche Wagen war zugleich der Ausgangspunkt für die Entwicklung des Pinzgauer, der mit sechs Antriebsrädern ausgestattet war.

Seit 1979 baut Steyr-Daimler-Puch – so die neue Firmenbezeichnung – den Puch G, der in den meisten Ländern als Mercedes-Benz G verkauft wird. Der G wurde als Militärfahrzeug konzipiert und hat den Ruf, der beste Geländewagen der Welt zu sein.

Ebenso entwickelt Steyr Allradantriebssysteme für andere Hersteller, so für den Fiat Panda 4x4, den VW-Transporter Syncro oder den Chrysler Voyager mit Vierradantrieb.

STIGLER
Mailand, Italien
1921–1925

Ein Jahr nach seiner Gründung 1921 trat das Unternehmen Stigler im Rahmen der Mailänder Automobilausstellung mit einem kleinen Elektroauto an die Öffentlichkeit. Dieser Wagen, der später in sehr kleiner Auflage serienmäßig gebaut wurde, war als Zwei- und Viersitzer erhältlich und hatte einen Fahrbereich von 100 km, vorausgesetzt, die Höchstgeschwindigkeit von 35 km/h wurde nicht überschritten. Der Wagen fand jedoch beim Publikum keinen Anklang, höchstwahrscheinlich aufgrund seiner geringen Leistung, weswegen Stigler nach nur vier Jahren des Bestehens sich gezwungen sah, seine Tätigkeit wieder einzustellen.

STOEWER
Stettin, Deutschland
1897–1944

Die Brüder Emil und Bernhard Stoewer begannen ihre Konstruktionstätigkeit mit dem

STOEWER GREIF V8 (1935)
Motor: 8-Zylinder-V-Motor mit hängenden Ventilen
Bohrung/Hub: 69,5 mm x 82 mm
Hubraum: 2.488 cm³
Max. Leistung: 57 PS
Getriebe: mechanisch, 4 Gänge (Vorderradantrieb)
Rahmen: Kastenrahmen
Aufhängung: Einzelradaufhängung mit Schraubenfedern
Bremsen: Trommelbremsen an den Vorder- und Hinterrädern
Karosserie: Cabriolet
Höchstgeschwindigkeit: 115 km/h

Bau von Motorrädern, die sie mit Cudell-De-Dion-Motoren ausrüsteten (1897). Etwas später gingen sie dazu über, drei- und vierrädrige Kraftfahrzeuge zu konstruieren. Nach einem 2-Zylinder-Modell konstruierten sie 1901 ihren ersten Wagen mit einem 4-Zylinder-Frontmotor mit 3.052 cm³. Sie hatten sich bei der Entwicklung dieses Automobils an dem Franzosen Panhard orientiert. Sie bauten weiterhin die Rahmen ihrer Wagen aus Holz, und ihre Karosserien ähnelten längst überholten Kutschenkarosserien. Bei der Entwicklung ihres nächsten Modells orientierten sich die Brüder Stoewer indessen an Mercedes: sie bauten die Rahmen aus Preßstahl, die Kraftübertragung an die Hinterachse erfolgte über einen Kettenantrieb. 1906 brachten die Brüder Stoewer den P6 auf den Markt, ein Wagen, den sie von Anfang bis zum Ende selbst entwickelt hatten. Der P6, der bis 1910 gebaut wurde und mit einem 6-Zylinder-Motor mit 8.829 cm³ ausgerüstet war, wies für die damalige Zeit wirklich bemerkenswerte technische Lösungen auf. Einige Zeit später entwickelte Stoewer einen Vierzylinder mit 1.501 cm³, gleichzeitig ein 2.544-cm³-Modell. 1910 kündigte Stoewer das Erscheinen des Typ B6 an, ein Wagen mit einem 2.025-cm³-Motor, der später von Mathis in Lizenz gebaut wurde.

1911 hatte man bei Stoewer mit dem Bau eines Flugzeugmotors begonnen, den der nach Deutschland emigrierte russische Konstrukteur Boris Loutsky entwickelt hatte. Nach dem Waffenstillstand von 1918 waren die Stoewer-Lager noch voll mit Bauteilen dieses Motors, mit denen man zunächst – der Krieg war ja zu Ende – nichts anzufangen wußte. Dann schlug Loutsky jedoch vor, diesen 6-Zylinder-Motor mit einem Hubraum von 11.160 cm³ so umzurüsten, daß man ihn auf Vorkriegsmodellen ähnlicher Wagen montieren konnte. Aus dieser Initiative entstand der Stoewer D7, der auch Großer Stoewer genannt wurde und bis 1923 in Produktion blieb.

In den frühen zwanziger Jahren baute Stoewer neben den Rennwagen mit 4-Zylinder-Motoren und 2.490 cm³ und einer aerodynamischen Karosserie auch konventionellere Modelle mit vier Zylindern und 1.570 cm³ bzw. 2.120 cm³ und 2.292 cm³. 1926 wurde der Sechszylinder D5, der ursprünglich mit einem 3.107-cm³-Motor mit stehenden Ventilen ausgerüstet war, mit einem Motor ausgestattet, der nach dem gleichen Prinzip wie der D5 aufgebaut war, aber einen größeren Hubraum (3.383 cm³) besaß. Gleichzeitig wurde dieser Wagen mit einer Vierradbremse ausgestattet und erhielt die Bezeichnung D12V, wobei das V für Vierradbremse stand.

Der berühmteste Stoewer der zwanziger Jahre war aber der D10, der mit einem 50-PS-Motor mit 2,6 l ausgerüstet war. 1928 kamen zwei neue Modelle heraus, die beide den Namen Superior trugen und mit 8-Zylinder-Reihenmotor und 1.997 bzw. 2.462 cm³ Hubraum ausgerüstet waren. Diese beiden von Fritz Fiedler entwickelten Wagen wiesen große technische Ähnlichkeiten mit den Wagen des amerikanischen Automobilunternehmens Gardner aus St. Louis auf.

Während der zwanziger Jahre hatte Stoewer mit verschiedenen wirtschaftlichen und organisatorischen Schwierigkeiten zu kämpfen. Diese Probleme konnten zum Teil durch den Entschluß Bernhard Stoewers, die Entwicklung des neuen Motors mit acht Zylindern in Reihe persönlich zu überwachen, gelöst werden. Dieser Motor war die Weiterentwicklung eines Entwurfs Fiedlers, von dem zwei Versionen vorgesehen waren, der G15 Gigant mit einem Hubraum von 3.974 cm³ bzw. 3.633 cm³ und der G15K mit Kompressor sowie der Marschall mit einem Hubraum von 2.963 cm³.

Der letzte große Wagen, den Stoewer baute, war der Repräsentant, ein eindrucksvoller Wagen mit einem Motor mit acht Zylindern in Reihe und 4.905 cm³, der eine Leistung von 100 PS erbrachte. Aufgrund wirtschaftlicher Probleme war Stoewer in den dreißiger Jahren gezwungen, seine Produktion nun mehr auf kleinere Wagen zu konzentrieren, die dennoch sehr interessant waren. Der erste Wagen dieser Reihe, der V5, besaß einen V4-Motor mit 1.188 cm³ und Vorderradantrieb und wurde der Schlager der Berliner Automobilausstellung von 1931.

1934 entwickelte Bernhard Stoewer den Greif mit 2.488 cm³ und ebenfalls Vorderradantrieb. Er war mit einem V8-Motor mit hängenden Ventilen ausgerüstet und erbrachte eine Leistung von maximal 57 PS. Außerdem besaß er ein mechanisches 4-Gang-Getriebe sowie Einzelradaufhängung mit Schraubenfedern. Obwohl das Publikum großes Interesse an diesem Wagen zeigte, blieben die Verkaufszahlen weit hinter den Erwartungen zurück. Kurz nach Beginn der Serienproduktion des Greif schied Bernhard Stoewer aus der Leitung des Unternehmens aus. Sein Bruder Emil hatte das Unternehmen schon 1932 verlassen. Mangels einer klaren technischen und organisatorischen Linie geriet das Unternehmen nun sehr bald in eine schwere

Stoewer Greif V8

Krise. Aus diesem Grund wurden Verhandlungen über einen Kooperationsvertrag mit Ford Deutschland aufgenommen, das sich selbst in einer Krise befand, doch kam man letztendlich zu keiner Einigung. Nach diesem Fehlschlag baute Stoewer von 1936 bis 1939 in Lizenz den Tatra Greif Junior, der mit einem luftgekühlten 4-Zylinder-Boxermotor, 1.474 cm^3 Hubraum und hängenden Ventilen ausgestattet war.

1937 begann Stoewer wieder Wagen eigener Konstruktion zu bauen, die auf der Automobilausstellung von Berlin vorgestellt wurden. Es handelte sich dabei um den Sedina, der mit einem 4-Zylinder-Motor mit 2.390 cm^3 und hängenden Ventilen ausgerüstet war, und den Arcona, einen Sechszylinder mit 3.585 cm^3. Die Produktion dieser beiden Wagen wurde jedoch durch den Ausbruch des Zweiten Weltkriegs unterbrochen. Während des Krieges baute Stoewer Automobile für die deutsche Wehrmacht. 1944 wurden die Produktionsstätten des Unternehmens bei einem Luftangriff stark beschädigt. Man sah jedoch davon ab, das Werk wieder aufzubauen, da Stettin nach dem Krieg auf Beschluß der Siegermächte der Volksrepublik Polen zufiel.

STONELEIGH
Coventry, Großbritannien
1912–1914, 1922–1924

Das erste Modell, das dieses Unternehmen baute, war der Vierzylinder 12 HP. Nach dem Ersten Weltkrieg wurden die von Armstrong-Siddeley finanzierten Stoneleigh mit einem luftgekühlten V2-Motor mit schräg hängenden Ventilen und Aluminium-Kolben und einem Hubraum von 1.000 cm^3 ausgerüstet. Sie besaßen indessen etwas eigenartige Karosserien: Fahrersitz und Lenkrad befanden sich in der Mitte, zwei Sitze waren dahinter angebracht.

STORERO 25/30 HP (1913)

Motor: 4 Zylinder in Reihe mit hängenden Ventilen
Bohrung/Hub: 100 mm x 140 mm
Hubraum: 4.398 cm^3
Max. Leistung: 35 HP
Getriebe: mechanisch, 4 Gänge
Rahmen: Leiterrahmen
Aufhängung: vordere und hintere Starrachse mit Halbelliptikfedern
Bremsen: Hinterrad-Trommelbremsen
Karosserie: Landaulet
Höchstgeschwindigkeit: 70 km/h

STORERO
Turin, Italien
1912–1919

Das Unternehmen Storero wurde ursprünglich als Vertriebsgesellschaft mit Wartungsdienst für Automobile der Marke Fiat gegründet. Die Zusammenarbeit zwischen Storero und Fiat wurde dank der engen Freundschaft, die Luigi Storero mit dem Gründer des Hauses Fiat, Giovanni Agnelli, verband, im Laufe der Jahre immer intensiver, bis Fiat 1908 – wenn auch nicht offiziell – die Kontrolle über das Unternehmen übernahm. Das erste Automobil der Marke Storero, das auf den Markt kam, war der 20/30 HP. Er wurde 1912 gebaut und besaß einen 4-Zylinder-Motor mit stehenden Ventilen und 4.398 cm^3. Kurze Zeit später kam der etwas kleinere 15/20 HP heraus, der ebenfalls mit einem 4-Zylinder-Motor ausgerüstet war, jedoch dabei nur einen Hubraum von 3.308 cm^3 hatte.

Aus dem 20/30 HP wurde in der Folge ein Rennwagen, der B20/30 mit 3,7 l, entwickelt, der mit dem Fahrer Minola – leider erfolglos – an dem Rennen um die Targa Florio teilnahm. Den Storero-Rennwagen ward jedoch auch mancher Erfolg beschieden: So gewann z.B. ein Wagen der Ausführung D10/15 1914 das Rennen Parma–Poggio di Berceto.

Storey 14,3 HP

STOREY 14,3 HP (1920)

Motor: 4 Zylinder in Reihe mit stehenden Ventilen
Bohrung/Hub: 76 mm x 120 mm
Hubraum: 2.178 cm^3
Max. Leistung: 20 PS
Getriebe: mechanisch, 3 Gänge
Rahmen: Leiterrahmen
Aufhängung: vorn Starrachse mit Halbelliptikfedern; hinten Starrachse mit Auslegerfedern
Bremsen: Hinterrad-Trommelbremsen
Karosserie: Zweisitzer, Coupé, Tourer, Limousine
Höchstgeschwindigkeit: 80 km/h

Neben Rennwagen, wie das 5-l-Modell AS mit obenliegender Nockenwelle des Jahres 1915, baute Storero hauptsächlich raffinierte Luxuslimousinen. Nach dem Ausbruch des Ersten Weltkriegs stellte Storero die Produktion auf Rüstungsmaterial um. Nach dem Ende des Krieges mußte das italienische Unternehmen seine Tore schließen.

Storero Typ A 20/30

STOREY
Tonbridge/Clapham Park, Großbritannien
1920–1930

Schon vor dem Ersten Weltkrieg beschäftigte sich Will Storey mit der Entwicklung von Dampfautos. Während des Krieges wurden die Maschinen seiner Werkstatt für die Munitionsproduktion eingesetzt.

1918 entwickelte Storey einen Prototyp mit einem 5-Zylinder-Sternmotor. Im Jahr darauf konstruierte er einen Wagen, den er mit einem Coventry-Simplex-Motor ausgerüstet hatte. Dieser Wagen erhielt eine ziemlich schmeichelhafte Kritik, so daß Storey beschloß, in seiner Londoner Werkstatt in kleiner Auflage die Serienproduktion zu starten. Einige Zeit später ersetzte er den Coventry-Simplex- durch den französischen Chaupuis-Dornier-Motor, der auch für die Modelle 14,3 und 20 HP verwendet wurde. Diese beiden letzteren Modelle besaßen außerdem ein mit dem Differential vereintes Getriebe (Transaxle). Ihre Rahmen wurden zum größten Teil von Storey selbst in seiner Londoner Werkstatt gebaut.

Im Frühjahr 1920 eröffnete er ein neues Werk in Tonbridge. Er konnte jedoch nicht sofort mit der vollen Produktion beginnen, da die englischen Hafenarbeiter streikten, wodurch die Auslieferung der französischen Motoren erheblich verzögert wurde. Storey versuchte nun das Problem auf seine Weise zu lösen und begann eigene Motoren zu konstruieren. Die ersten Ergebnisse dieser Bemühungen waren die Modelle 10/12 HP, 15,9 HP und 20 HP, die schon Ende des gleichen Jahres das Werk von Tonbridge verließen.

Als 1921 die Hausbank Will Storeys die sofortige Rückzahlung aller gewährten Kredite forderte, sah sich Storey gezwungen, seinen gesamten Besitz zu verkaufen. Sein Bruder Jack, der zuvor Produktionsleiter in seinem Werk gewesen war, kaufte den größten Teil der in Tonbridge gelagerten Auto- und Motorenteile auf und begann 1921 die Montage weiterer Storeys.

Nachdem alle Storey-Motoren aufgebraucht waren, ging Jack zur Verwendung von Meadow-Motoren über. 1925 gründeten die Brüder Storey eine neue Gesellschaft, die alsbald in der Lage war, drei neue Modelle, zwei Vierzylinder, den 10/15 HP und den 14/40 HP, sowie

Straker-Squire 24/80 HP

STRAKER-SQUIRE 24/80 HP (1921)

Motor: 6 Zylinder in Reihe mit obenliegender Nockenwelle und paarweise gegossenen Zylindern
Bohrung/Hub: 80 mm x 130 mm
Hubraum: 3.921 cm³
Max. Leistung: 80 HP
Getriebe: mechanisch, 4 Gänge
Rahmen: Leiterrahmen
Aufhängung: vorn Starrachse mit Halbelliptikfedern; hinten Starrachse mit Auslegerfedern
Bremsen: Hinterrad-Trommelbremsen
Karosserie: Tourer, zwei- oder viersitzig
Höchstgeschwindigkeit: 145 km/h

einen Sechszylinder, den 17/70 HP, anzubieten. Doch auch diese Modelle wurden nur in ganz kleiner Auflage gebaut.

STRAKER-SQUIRE
Bristol/London, Großbritannien
1906–1926

Sidney Straker und Squire begannen 1906 in Lizenz des fast unbekannten französischen Unternehmens Cornilleau-St. Beuve einen 4-Zylinder-Wagen mit einer Leistung von 25 HP zu bauen. 1907 stellten sie auf der Londoner Automobilausstellung den 16/20 HP vor, und noch im gleichen Jahr erschien der 12/14 HP Shamrock.

1908 kam der Vierzylinder 15 HP heraus, der ziemlich bald zum meistgekauften Wagen der gesamten Produktion wurde. 1911 wurde in das Produktionsprogramm noch eine Limousine mit abnehmbaren Rädern aufgenommen, deren ursprüngliches 3-Gang-Getriebe etwa zwei Jahre später durch ein 4-Gang-Getriebe ersetzt wurde.

Während des Ersten Weltkriegs baute Straker-Squire nach einer Rolls-Royce-Lizenz den berühmten Flugzeugmotor Eagle. Davon ausgehend entwickelte Straker-Squire einen Sportwagenmotor mit obenliegender Nockenwelle, offenem Ventilantrieb und einzeln gegossenen Zylindern. Der Prototyp wurde 1918 vorgestellt. Die serienmäßige Herstellung dieses 24/80 HP konnte jedoch erst 1921 gestartet werden. Der fast unerschwinglich hohe Preis des Wagens schreckte jedoch viele potentielle Käufer ab, weshalb Straker-Squire beschloß, von nun an billigere Modelle zu bauen. 1923 wurde daraufhin auf der Automobilausstellung in London ein Sportwagen mit einem 1.406-cm³-Dorman-Motor vorgestellt. Doch auch dieser Versuch, die schwierige finanzielle Lage des Unternehmens zu verbessern, schlug fehl, und so war Straker-Squire 1926 gezwungen, seine Tätigkeit einzustellen.

STUCCHI
Mailand, Italien
1902–1906

Das Mailänder Unternehmen Stucchi entstand 1902 aus der 1875 ebenfalls in Mailand gegründeten Gesellschaft Prinetti & Stucchi, welche ursprünglich Nähmaschinen und Hochräder und später Automobile baute. Als im Jahre 1902 einer der Gründer der Gesellschaft, Ludovico Prinetti, aus dem Unternehmen ausschied, mußte der Firmenname in Stucchi & Co. umgeändert werden. Stucchi & Co. baute noch bis 1906 Automobile mit zwei und vier Zylindern, dann wurde die Produktion ganz auf den Bau von Fahrrädern umgestellt.

STUDEBAKER
South Bend, USA
1902–1964

Zu Beginn des Jahrhunderts war das Unternehmen Studebaker die größte Kutschenfabrik Amerikas. Außerdem traten immer wieder andere Unternehmen an Studebaker mit der Frage heran, ob es auch Rahmen für Kraftfahrzeuge liefern könne. Diesen Umstand nahm Studebaker zum Anlaß, eine eigene Automobilproduktion zu starten, ohne jedoch ganz auf den Kutschenbau zu verzichten. Dieser wurde erst 1921 endgültig eingestellt. Die ersten Wagen der Marke Studebaker wurden 1902 in einer Auflage von zwanzig Exemplaren gebaut. Sie waren mit einem Elektromotor ausgerüstet. 1904 brachte Studebaker sein erstes Modell mit Verbrennungsmotor auf den Markt. Es handelte sich dabei um einen Buggy mit einem liegenden 2-Zylinder-Motor, welcher 1905 durch einen 4-Zylinder-Motor ersetzt wurde.

Einige Zeit später beschloß Studebaker, auch auf dem Nutzfahrzeugsektor tätig zu werden, und erwarb zu diesem Zweck von Everitt-Metzger-Flanders in Detroit einen Posten billiger Automobile, die 1908 unter der Bezeichnung EMF oder Flanders auf den Markt kamen. 1910 gründeten EMF und Studebaker eine gemeinsame Gesellschaft, die Studebaker Corporation. Im Anschluß daran wurde 1912 die Produktion von Wagen der Marken Garford, EMF und Flanders eingestellt. 1914 brachte Studebaker zwei neue Modelle heraus, deren 3-Gang-Getriebe an der Hinterachse angebracht war, und die mit einem 4-Zylinder-Motor mit 3.146 bzw. einem Sechszylinder mit 4.736 cm³ ausgerüstet waren. Auf Anraten von Albert Erskine, dem damaligen Präsidenten der Firma, wurde der 4-Zylinder-Motor durch den 1920 vom neuen Chefkonstrukteur Fred M. Zeder entwik-

kelten Light Six mit 3.392 cm³ ersetzt. Neben dem alten Special Six war damals noch der Big Six mit 5.810 cm³ erhältlich.

1927 brachte Studebaker eine neue Serie billigerer Wagen mit dem Namen Erskine auf den Markt. Im Jahr darauf übernahm Studebaker die Firma Pierce Arrow, die sich in finanziellen Schwierigkeiten befand.

Im gleichen Jahr entwickelte der neue Chef des Konstruktionsbüros Barney Roos das 8-Zylinder-Modell President. Ebenfalls 1928 wurden die 6-Zylinder-Versionen auf Dictator und Commander umbenannt. 1929 wurden diese beiden Wagen mit 8-Zylinder-Motoren ausgerüstet.

Im Jahre 1932 gingen die Verkaufszahlen so stark zurück, daß Studebaker Konkurs anmelden mußte und der gesamte Firmenbesitz versteigert wurde. Die neuen Besitzer des Unternehmens verkauften Pierce-Arrow, nahmen den Achtzylinder President aus der Produktion und brachten zwei neue 6-Zylinder-Modelle der Marke Studebaker auf den Markt, die mit Motoren ausgerüstet waren, die ursprünglich auf die Wagen der Serie Rockne montiert worden waren. 1935 hatte sich die Lage des Unternehmens dank der hervorragenden Fähigkeiten der Präsidenten Paul Hoffmann und Harold Vance wieder stabilisiert, und die Studebaker wurden wieder konkurrenzfähig.

In dem Bestreben, den Studebaker mehr Charakter und Eleganz zu verleihen, berief man den berühmten Designer Raymond Loewy als Entwicklungsberater in das Unternehmen. 1938 kam daraufhin der neue Sechszylinder Champion mit 2.687 cm³ auf den Markt. Dieser für den amerikanischen Markt relativ kleine Wagen trug entscheidend zur Steigerung der Verkaufszahlen auf über 100.000 Stück pro Jahr bei.

Nach dem Waffenstillstand von 1945 war Studebaker eines der ersten Unternehmen, das sich von den nunmehr überholten Produktionssystemen der Vorkriegszeit trennte. Es brachte im Mai 1946 eine Reihe verbesserter Wagen auf den Markt, deren Design jedoch auch auf Kritik stieß. Diese neuen Modelle mit den Namen Champion, Commander und Land Cruiser wurden mit 6-Zylinder-Motoren mit stehenden Ventilen und einem Hubraum von 2.786 bzw. 3.704 cm³ angeboten. Die Studebaker des Jahres 1950 waren geradezu Verkaufsschlager. Ihr herausstechendstes äußerliches Merkmal waren die vorgezogenen Scheinwerfer und ein zentraler „Lufteinlaß" in der Motorhaube. Außerdem besaßen sie ein automatisches Getriebe mit Direktkupplung und eine Einzelradaufhängung mit Schraubenfedern. 1951 kam der erste Studebaker mit V8-Motor und einem Hubraum von 3.802 cm³ heraus. Im gleichen Jahr wurde die außergewöhnliche Buggestaltung aufgegeben. Zwei Jahre später brachte Studebaker verschiedene neue Modelle auf den Markt, darunter einen Sedan mit zwei oder vier Türen, ein Coupé und einen Kombi. Bedauerlicherweise gingen zu dieser Zeit aufgrund gravierender Produktionsschwierigkeiten die Verkaufszahlen stark zurück, was das Unternehmen in eine finanzielle Notlage brachte, so daß es 1954 an Packard verkauft wurde. Die beiden Unternehmen hatten jedoch gänzlich unterschiedliche Konzepte, Packard baute Luxuslimousinen, Studebaker dagegen billige Wagen, was dazu führte, daß auch Packard, ein bis dahin gesundes Unternehmen, ebenfalls in eine finanzielle Krise geriet. Die Situation verschlimmerte sich noch um einiges, als man 1955 die Studebaker durch eine Vielzahl von Chromverzierungen und eine vorgewölbte Windschutzscheibe optisch noch schwerfälliger machte. 1956 entwickelte Loewy eine moderne, aber gleichzeitig auch nüchternere Linie. Beispiele dafür ist die Hawk-Baureihe mit einem 6-Zylinder-Motor und 3.032 cm³, der Power Hawk mit einem V8-Motor mit 3.671 cm³, der Sky Hawk mit V8-Studebaker-Motor mit 4.244 cm³ und der Golden Hawk mit einem V8-Packard-Motor mit 5.768 cm³. Doch konnte der Rückgang der Verkäufe auch damit nicht aufgehalten werden, und selbst der Scotsman, ein wirtschaftliches Modell mit einem 6-Zylinder-Motor, das unter der Marke Studebaker vertrieben wurde, war nicht in der Lage, den raschen Niedergang des Unternehmens aufzuhalten.

1956 schloß Studebaker-Packard mit der Flugzeugmotorenfirma Curtiss-Wright einen Vertrag über den Verkauf des Packard-Werkes mit dazugehörender Teststrecke sowie die Begrenzung der Studebaker-Produktion auf das Werk in South Bend. Damit war der endgültige Rückzug von Packard aus dem Automobilsektor eingeleitet. Im gleichen Jahr wurden die Studebaker-Modelle einem „verunglückten" Restylingversuch unterzogen, indem man sie mit zusätzlichen vorderen Scheinwerfern und Heckflossen versah.

1959 brachte Studebaker gleich zwei neue Prototypen auf den Markt, den Silver Hawk mit einem V8-Motor mit 4.736 cm³ und den Lark, der ein großer Verkaufserfolg wurde. Bedauerlicherweise war dies nur vorübergehend, denn schon ein Jahr später sanken die Verkaufszahlen aufs neue.

STUDEBAKER COMMANDER (1939)

Motor: 6 Zylinder in Reihe mit stehenden Ventilen
Bohrung/Hub: 84,1 mm x 111,1 mm
Hubraum: 3.703 cm³
Max. Leistung: 70 PS
Getriebe: mechanisch, 3 Gänge und Overdrive
Rahmen: Leiterrahmen mit X-Versteifung
Aufhängung: vorn Einzelradaufhängung mit Querblattfeder; hinten Starrachse mit Halbelliptikfedern
Bremsen: Trommelbremsen an den Vorder- und Hinterrädern
Karosserie: Limousine
Höchstgeschwindigkeit: 130 km/h

1952 erschien eine zweite, größere Version des Lark. Gegen Mitte des gleichen Jahres wurde das Erscheinen des Avanti angekündigt, ein interessanter und technisch hochentwickelter Coupé Sport, dessen Glasfaserkarosserie von Raymond Loewy entworfen worden war. Der Avanti war mit einem 4.736-cm³-V8-Motor ausgerüstet, der auf Verlangen auch mit Kompressor geliefert wurde. Die Entwicklung der Glasfaserkarosserie nahm jedoch bedauerlicherweise soviel Zeit in Anspruch, daß sich der Beginn der Serienproduktion ziemlich verzögerte.

In dieser Zeit kam der 1963 zum Präsidenten des Unternehmens gewählte Byers Burlingame zu dem Schluß, es sei nun an der Zeit, daß sich Studebaker auf anderen Sektoren engagieren sollte. In diesem Zusammenhang wurde die Automobilproduktion 1964 nach Kanada verlegt, wo Studebaker hart um das Überleben kämpfen mußte. In Kanada wurden bis 1966 Autos mit Chevrolet-Motoren gebaut. Der Avanti indessen wurde, auch nachdem das Unternehmen Studebaker zu existieren aufgehört hatte, weiter gebaut. Aus dieser Produktion entstand die Avanti Motor Corporation, die auch heute noch tätig ist.

Studebaker Commander

Der 1938 erschienene Studebaker Commander, der das erste in Großserie produzierte Automobil mit Klimaanlage war, besaß außerdem noch einen Windschutzscheibenenteiser sowie einen Freilauf, der automatisch eingelegt wurde und der im Vergleich zu den bis dahin von der Konkurrenz verwendeten Systemen unbestreitbare Vorteile mit sich brachte. Mit dem Commander-Modell führte Studebaker auch

Studebaker Commander

Studebaker Avanti

die Lenkradschaltung wieder ein, wodurch es leichter gelang, drei Fahrgäste vorne nebeneinander zu plazieren.

Der Commander war trotz vorderer Einzelradaufhängung ein sehr stabiles Fahrzeug, was hingegen auf die anderen amerikanischen Fabrikate, die von dieser technischen Lösung Gebrauch machten, nicht zutraf. Die von der Konkurrenz verwendeten Federungen ermöglichten jedoch trotz größerer Gefahr der Instabilität einen besseren Fahrkomfort.

Studebaker Avanti

Mitte 1962 kündigte Studebaker den Avanti an, der die prekäre Situation des Unternehmens durch ein neues Image wieder festigen sollte. Raymond Loewy entwickelte in der Tat ein sehr originelles Sportcoupé mit auffällig eckiger Front. Der Avanti stellte außerdem eine ausgewogene Kombination zwischen Fahrleistung und passiver Sicherheit dar, was für die bis dahin in Amerika gebauten Automobile ziemlich außergewöhnlich war. Er verfügte z.B. über eine gepolsterte Armaturentafel mit eingelassenen Instrumenten; für die Armaturentafelbeleuchtung sorgten kleine rote Lämpchen, durch die es dem Fahrer erleichtert werden sollte, seine Augen bei Dunkelheit schneller anzupassen. In die ganz aus Fiberglas bestehende Karosserie hatte man einen robusten Überrollbügel integriert, der im Falle eines Überschlagens bei einem Unfall ein Nachgeben der Holme verhindern sollte.

STUDEBAKER AVANTI (1982)

Motor: 8-Zylinder-V-Motor mit hängenden Ventilen
Bohrung/Hub: 90,4 mm x 91,9 mm
Hubraum: 4.736 cm³
Max. Leistung: 200 PS
Getriebe: 3-Gang-Automatik (auf Wunsch mit automatischem Overdrive)
Rahmen: Kastenrahmen
Aufhängung: vorn Einzelradaufhängung mit Querlenkern und Schraubenfedern; hinten Starrachse mit Halbelliptikfedern
Bremsen: Scheibenbremsen an den Vorderrädern; Trommelbremsen an den Hinterrädern
Karosserie: Coupé, Fiberglas
Höchstgeschwindigkeit: 210 km/h

Als 1965 das Ende der Firma Studebaker unweigerlich nahte, erwarb Nathan Altman, der sich in South Bend als Firmenvertragshändler der Studebaker um den Verkauf des Avanti kümmerte, die Produktionsrechte und begann in einem der Gebäude der alten Studebaker-Niederlassung mit dem Bau einer leicht abgeänderten Version – dem Avanti II. Obwohl die Avanti Motor Corporation 1982 den Besitzer wechselte, wird der Studebaker Avanti – wenn auch nur in geringer Stückzahl – nach wie vor in South Bend produziert. Auch die von Loewy vorgegebene Karosserieform blieb trotz einiger Änderungen über die Jahre erhalten.

STUTZ
Indianapolis, USA
1911–1935

Harry C. Stutz konstruierte zunächst Rennwagen, hergestellt von der Ideal Motor Car Company, ab 1913 Stutz Motor Car Company. 1914 konstruierte Stutz sein wohl berühmtestes Modell, den Bearcat. Dieser Sportwagen war auf das Notwendigste an Ausstattung reduziert: abgesehen von den wichtigsten technischen Bestandteilen bestand er aus Motorhaube, Schalensitzen und Kraftstoffbehälter. Eine eigentliche Karosserie fehlte. Der Bearcat war ziemlich schnell, ziemlich berühmt, und sein Ruhm wurde noch durch die Rennsiege des White Squadron Team vergrößert. Die White Squadron startete bei den Rennen mit Wagen, die modifizierte, leistungsgesteigerte Wisconsin-Motoren besaßen. 1915 plazierten sich zwei Fahrer der White Squadron Earl Cooper und Gil Anderson auf dem ersten und dritten Platz bei der nationalen amerikanischen Fahrermeisterschaft.

1919 schied Harry Stutz aus dem acht Jahre zuvor von ihm selbst gegründeten Unternehmen aus, um sich nun ganz dem Bau von Automobilen einer höheren Klasse zu widmen. Die Wagen dieser Serie wurden unter der Marke HCS verkauft; und obwohl er sich bei der Entwicklung der Karosserien am Design des damals hochgeschätzten Hispano-Suiza orientiert hatte, erwiesen sie sich dennoch als nicht konkurrenzfähig. In der Zwischenzeit hatte der Stahlmagnat Charles Schwab die Kontrolle der Finanzen über die Stutz Motor Car Company übernommen, und man begann nun 4- und 6-Zylinder-Motoren zu bauen. Gleichzeitig wurde das Transaxle-Übertragungssystem durch die konventionellere Lösung des Motorgetriebeblocks ersetzt. Doch auch diese Modernisierungsmaßnahmen konnten den Rückgang der Verkaufszahlen nicht aufhalten, was zur Folge hatte, daß Stutz 1925 von Frederick E. Moskovics aufgekauft wurde. In dem Versuch, den Verkauf anzukurbeln, berief Moskovics den belgischen Konstrukteur Paul Bastien, der zuvor bei Métallurgique gearbeitet hatte, in sein Unternehmen. Bastien entwickelte einen Wagen, den AA oder Vertical-Eight, mit 8-Zylinder-Reihenmotor und Doppelzündung. 1928 erreichte der Stutz Black Hawk, ein strömungsgünstiger Wagen, mit Frank Lockhart am Steuer bei dem Versuch, den Geschwindigkeitsrekord zu brechen, die Höchstgeschwindigkeit von 362 km/h. Mit seinem kleinen 3,1-l-Motor war der Black Hawk der kleinste Wagen, der je bei Rennen um den Bodengeschwindigkeitsrekord eingesetzt wurde. Bedauerlicherweise kam es noch vor Beginn des Rennens zu einem schrecklichen Unfall, bei dem der Fahrer ums Leben kam. Ebenfalls 1928 erreichte ein Black Hawk Speedster den zweiten Platz in Le Mans gleich nach einem 4,5-l-Bentley von

Barnato und Rubin. 1929 kam der Black Hawk auch in einer wirtschaftlicheren Version mit einem 6-Zylinder-Motor auf den Markt. Doch wurde dieser Wagen – aus verkaufsstrategischen Gründen – getrennt von den übrigen Modellen in den Handel gebracht.

Im Jahr 1931 kam ein neues Modell auf den Markt, das wie jenes aus dem Jahre 1914 Bearcat hieß. Dank seines DV-32-Motors mit 32 Ventilen, die von zwei obenliegenden Nokkenwellen gesteuert wurden, war dieser Bearcat in der Lage, eine Höchstgeschwindigkeit von 160 km/h zu erreichen.

1935 stellte Stutz die Automobilproduktion ein. In den Jahren zwischen 1928 und 1938 baute Stutz jedoch auch einen Kleintransporter mit Heckmotor, den Pak-Age-Car, der in technischer Hinsicht sehr interessant war, da er beispielsweise über eine Einzelradaufhängung und Heckmotor verfügte.

Doch auch dieser Wagen erzielte nicht den Erfolg, so daß die Fabrikationsrechte an die Lastwagenfabrik Diamond T verkauft werden mußten. 1970 erschien die Marke Stutz erneut auf dem Markt mit einem nicht gerade gelungenen Coupé, dessen Karosserie nach dem gleichen Konzept wie einst der Düsenberg-Ghia von Exner entworfen und von einem Karosseriewerk in Turin gebaut wurde.

Stutz Bearcat

Die Baureihe Stutz Serie E erschien 1914, d.h., also nur kurze Zeit nach dem glänzenden Sieg Gill Andersons bei der Elgin National Trophy, wo er die vorgeschriebenen 300 Meilen mit einer Rekord-Durchschnittsgeschwindigkeit von 114,9 km/h zurücklegte. Die Baureihe Stutz Serie E wurde sowohl mit 4- oder 6-Zylinder-Motoren als auch in den verschiedensten Karosserieausführungen angeboten; darunter auch ein Modell in Rennausführung, das den Rahmen der 4-Zylinder-Version besaß und den Namen Bearcat trug. Neben der ausgedehnten Verwendung von Aluminiumbauteilen verfügte der Bearcat über die typische Stutz-Kraftübertragung, bei der sich das Getriebe in einem Block mit der Hinterachse befand (Transaxle). Im Unterschied zu den vorausgegangenen Modellen besaß der Bearcat statt einer Mehrscheiben- eine Kegelkupplung. Die Karosserie war lediglich auf das Notwendigste beschränkt: Am auffallendsten waren die zwei Sitze mit Rückenlehnen, der trommelförmige, querstehende Brennstoffbehälter und die langgezogenen Kotflügel.

Optisch ähnelte dieser zweisitzige Sportwagen dem Mercer Raceabout so sehr, daß zwischen den Besitzern dieser beiden Fahrzeuge eine gewisse Rivalität entstand: Die Mercer Raceabout-Anhänger verhöhnten die Bearcat-Fahrer etwa mit „You must be nutz to drive a Stutz" (Um einen Stutz zu fahren, muß man verrückt sein), woraufhin die Bearcat-Fans mit „There was never a worser car than a Mercer" (Noch nie gab es ein schlechteres Automobil als einen Mercer) konterten. Als ein mit der Fahrleistung seines Bearcat unzufriedener Kunde das Fahrzeug mit der Klage wieder zurückgab, daß er es trotz größeren Motorhubraums nicht mit dem Mercer Raceabout aufnehmen könne, übergab Stutz, fest dazu entschlossen, die Anschuldigungen jenes Kunden durch Tatsachen zu widerlegen, den Wa-

STUTZ BEARCAT (1914)

Motor: 4 Zylinder in Reihe mit stehenden Ventilen; zwei Zylinderblöcke
Bohrung/Hub: 120,1 mm x 139,7 mm
Hubraum: 6.837 cm³
Max. Leistung: 60 HP
Getriebe: mechanisch, 3 Gänge
Rahmen: Leiterrahmen
Aufhängung: vordere und hintere Starrachse mit Halbelliptikfedern
Bremsen: Hinterradbremsen
Höchstgeschwindigkeit: Speedster
Höchstgeschwindigkeit: 130 km/h

gen dem berühmten Rennpiloten Cannonball Smith, dem es auf eben diesem Fahrzeug gelang, bei der Durchquerung Amerikas mit 11 Tagen, 7 Stunden und 30 Minuten einen neuen Rekord aufzustellen. In dieser denkwürdigen Unternehmung schaffte es Cannonball, in 24 Stunden beachtliche 953 km zurückzulegen. Den Anschuldigungen seines Besitzers zum Trotz wies der Bearcat während der ganzen Fahrt keinerlei bedeutende mechanische Defekte auf. Die einzige Störung, die sich ergab, wurde dadurch verursacht, daß die Befestigung eines Stoßdämpfers nachgab.

Das letzte Modell, das vom Bearcat-Ausgangsmodell abstammte, war der 4,7-l-Speedway Six von 1924. Der Mitte der dreißiger Jahre präsentierte DV-32 hatte, obwohl er den Namen Super Bearcat trug, ziemlich wenig mit dem 1914 erschienenen Automobil gemeinsam.

Stutz Vertical Eight

1926 vollendete Paul Bastien, der schon bei dem belgischen Hersteller Métallurgique angestellt gewesen war, den Entwurf eines äußerst interessanten Stutz-Modells. Dieses neue Safety Stutz getaufte (aber auch als AA Vertical Eight bekannte) Modell war mit einer hydraulischen Vierradbremse und Sicherheitsgläsern mit

Stutz Roadster

Stutz Vertical Eight Phaeton

bruchsicherem Drahtgewebe ausgestattet. Der Vertical Eight verfügt über eine zentrale Fahrgestellschmierung und ein Schneckenrad-Ausgleichsgetriebe. Der ursprüngliche Reihen-8-Zylinder hatte schon einen relativ großen Hubraum von 4.736 cm³, wurde für die 1928 auf den Markt gebrachte Black-Hawk-Speedster-Version jedoch noch einmal auf 5.277 cm³ vergrößert.

Noch im selben Jahr beteiligte sich ein Black Hawk Speedster-Exemplar an dem 24-Stunden-Rennen von Le Mans und plazierte sich an zweiter Stelle nach Barnato-Rubin, der auf seinem 4,5-l-Bentley dazu gezwungen war, die letzten 90 Minuten des Rennens ohne Verwendung des höchsten Gangs durchzustehen. Auch in den Folgejahren 1929, 1930 und 1931 nahm Stutz wieder am Rennen von Le Mans teil. Die aufsehenerregende Leistung von 1928 konnte jedoch nicht so schnell wiederholt werden.

1931 wurde der Speedster weiter verbessert. Er erhielt eine Servobremse und eine Besonderheit, den sogenannten Hill Holder; das war eine Sperrvorrichtung, die verhindern sollte, daß der Wagen auf steilen Berghängen nach hinten wegrollen konnte.

STUTZ VERTICAL EIGHT (1928)

Motor: 8 Zylinder in Reihe mit obenliegender Nockenwelle
Bohrung/Hub: 85,7 mm x 114,3 mm
Hubraum: 5.277 cm³
Max. Leistung: 113 HP
Getriebe: mechanisch, 4 Gänge
Rahmen: Leiterrahmen
Aufhängung: starre Vorder- und Hinterachse mit Halbelliptikfedern
Bremsen: Trommelbremsen an den Vorder- und Hinterrädern mit Bremskraftverstärkung
Karosserie: Phaeton, Sedan oder Coupé
Höchstgeschwindigkeit: 135 km/h

SUBARU
Tokio, Japan
1958–

Die Ursprünge von Subaru gehen auf das Jahr 1917 zurück, als Chikuhei Nakajima in Ota ein Versuchslabor für Flugzeuge eröffnete. Aus diesem kleinen Labor entstand die Nakajima Aircraft Company, die die japanische Luftwaffe mit ausgezeichneten Motoren und Kampfflugzeugen belieferte. Diese Flugzeuge zeichneten sich im Zweiten Weltkrieg durch ihre Wendigkeit und beachtliche Reichweite aus.

1945 wurde die Gesellschaft Nakajima grundlegend umstrukturiert und begann unter der neuen Firmenbezeichnung Fuji Sanyo Produkte für den zivilen Bereich wie Motorroller, Bauelemente für die Eisenbahnindustrie, Autobus-Karosserien und Verbrennungsmotoren herzustellen. 1950 wurde Fuji Sanyo auf Anordnung des damals in Japan regierenden amerikanischen Militärs in zwölf kleine Betriebe aufgeteilt. Fünf davon schlossen sich 1953 zur Fuji Heavy Industries zusammen und begannen erneut mit der Produktion von Motorrollern, Fahrzeugen und Flugzeugmotoren.

1958 stellte die Fuji Heavy Industries ihr erstes Automobil vor: der Subaru 360 war äußerst sparsam im Verbrauch und mit einem 2-Takt-Heckmotor mit zwei Zylindern ausgestattet. Die ersten Versionen dieses Kleinwagens mit Einzelradaufhängung an allen vier Rädern besaßen ein 3-Gang-Getriebe, das 1969 durch ein 4-Gang-Getriebe ersetzt wurde. 1966 kam das Limousinen-Modell Subaru 1000 auf den Markt, ein Jahr später folgte das Sportmodell. 1968 fusionierte Fuji Heavy Industries mit der Firmengruppe Nissan und brachte noch im gleichen Jahr den Subaru FE mit 997-cm³-Motor, Vorderradantrieb und Einzelradaufhängungen an allen vier Rädern heraus. Der Hubraum des Motors des FE wurde 1970 auf 1.088 cm³ und 1971 noch einmal auf 1.300 cm³ vergrößert.

Im gleichen Jahr stellte Subaru die Serie Leone vor, de-

SUBARU XT TURBO (1985)

Motor: 4-Zylinder-Boxermotor mit hängenden Ventilen und Turbolader
Bohrung/Hub: 92 mm x 67 mm
Hubraum: 1.781 cm³
Max. Leistung: 135 PS
Getriebe: mechanisch, 5 Gänge (vorderradantrieb, zuschaltbarer Hinterradantrieb)
Rahmen: selbsttragende Karosserie
Aufhängung: vorn Einrelradaufhängung mit McPherson-Federbeinen; Einzelradaufhängung hinten
Bremsen: Scheibenbremsen
Karosserie: Sedan, viertürig
Höchstgeschwindigkeit: 200 km/h

ren Modelle ursprünglich mit 1.200-cm³-Motoren ausgestattet waren und später auch mit 1.361 cm³ und 1.200 cm³ angeboten wurden. Mitte der achtziger Jahre beinhaltete die Serie Leone auch zahlreiche andere Modelle, wie Versionen mit Vierradantrieb und 1.800-cm³-Motoren: Einige dieser Fahrzeuge waren mit Turboladern ausgestattet. Die in den siebziger Jahren eingeführte Serie Rex umfaßte hingegen kleinere Modelle mit einem nur 544 cm³ großen 4-Takt-Motor, der sich durch sehr geringen Schadstoffausstoß auszeich-

SUBARU 4WD 1600 (1976)
Motor: 4-Zylinder-Boxermotor mit hängenden Ventilen
Bohrung/Hub: 92 mm x 60 mm
Hubraum: 1.595 cm³
Max. Leistung: 68 PS
Getriebe: mechanisch, 4 Gänge
Rahmen: selbsttragende Karosserie
Aufhängung: Einzelradaufhängung vorne mit McPherson-Federbeinen; Einzelradaufhängung hinten mit Torsionsstäben
Bremsen: Scheibenbremsen an den Vorderrädern; Trommelbremsen an den Hinterrädern
Karosserie: Kombilimousine
Höchstgeschwindigkeit: 140 km/h

Subaru 4WD 1600

Subaru XT Turbo

nete. Dieser Motor mit Aufladung und einer Leistung von 31 PS wurde sowohl in den Rex Combi Turbo 4WD Sedan als auch in andere, ähnlich konzipierte Modelle mit Vierradantrieb eingebaut.

Der Leone wurde in Deutschland als Subaru 1800 4WD mit großem Erfolg verkauft. Von Anfang an setzte Subaru in Deutschland bewußt auf Allradantrieb. Im Gegensatz zu anderen Ländern sind in der Bundesrepublik bis heute nur 4WD-Modelle im Angebot.

1979 folgte die zweite Serie des 1800/Leone mit vergrößerter Karosserie und dem Spitzenmodell Turbo mit 135 PS. Der gleiche Boxermotor trieb auch schon das kantig-futuristische Coupé XT an.

Der 1800er wurde 1989 vom Legacy abgelöst. Die wiederum vergrößerte Limousine besitzt 4-Zylinder-Boxermotoren mit 2,0 und 2,2 l Hubraum (115 bis 200 PS).

Das Spitzenmodell ist das seit 1991 gebaute SVX Coupé mit 6-Zylinder-Boxer. Aus 3,3 l Hubraum mobilisiert der 24-Ventil-Motor des aufsehenerregend geformten Wagens nicht weniger als 230 PS.

Auf der anderen Seite hat sich Subaru vor allem während der letzten Jahre einen Namen als Hersteller kleiner Fahrzeuge gemacht. Neben dem 1992 vorgestellten Vivio (den es allerdings nur in Japan gibt) ist der Justy (1,0 oder 1,2 l, auch mit Allradantrieb) seit 1986 das Einstiegsmodell. In der unteren Mittelklasse ist die Marke seit 1993 mit dem Impreza vertreten, einer kompakten Limousine, die in der sportlichsten Version über 240 PS verfügt.

SUNBEAM, SUNBEAM-TALBOT
Wolverhampton/London/ Tryton-on-Dunsmore, Großbritannien 1899–1976

Alderman John Marston begann seine Tätigkeit mit der Herstellung von Ziergegenständen aus lackiertem Metall und widmete sich später der Produktion von Sunbeam-Fahrrädern, die vor allem dadurch berühmt wurden, daß die Ketten im geschlossenen Kettenkasten durch das darin befindliche Öl ständig geschmiert wurden. 1899 beschloß die Firma Sunbeam, sich auch im Motorwagenbau zu versuchen, und produzierte einen Prototyp mit 4-HP-1-Zylinder-Motor und Riemenantrieb. Zwei Jahre später wurde ein zweiter Prototyp gefertigt, der im Gegensatz zum ersten mit einem 2-Zylinder-Motor ausgestattet war. Im gleichen Jahr begann Sunbeam mit der Serienproduktion von Automobilen. Die von dem Architekten Mabberley Smith konstruierten und nach ihm benannten Sunbeam-Mabley-Voituretten waren alles andere als konventionelle Automobile: Der Motor, ein Einzylinder mit 326 cm^3, war neben dem Vorderrad montiert, das er mittels eines Flachriemens antrieb; die Räder waren nicht parallel, sondern rhombisch angeordnet.

Glücklicherweise stellte Sunbeam den englischen Motorkonstrukteur Charles Pullinger als Chefkonstrukteur ein, der sich bereits als Projektingenieur der Firma Teste & Moret, Lyon, einen Namen gemacht hatte. Dank seiner guten Beziehungen zu der Lyoner Autobranche erreichte Pullinger, daß Sunbeam die Produktionslizenz eines Modells erwerben konnte, dessen Produktion Berliet kurze Zeit zuvor eingestellt hatte. Dieses Modell wurde ab 1902 unter der Marke Sunbeam verkauft und war mit dem klassischen Kettensystem (mit geschlossenem Kettengehäuse) ausgestattet, das zum ersten Mal bei den Fahrrädern von Alderman John Marston eingesetzt worden war; als Antrieb wurde ein 4-Zylinder-Motor mit 2,4 l Hubraum und einer Leistung von 12 HP eingebaut.

1904 und 1907 wurden auch Modelle mit 6-Zylinder-Motoren vorgestellt, die jedoch nur sehr kurz im Programm blieben. Während dieser Zeit wurden hauptsächlich 4-Zylinder-Modelle produziert, die Angus Shaw konstruiert hatte – Shaw war vor dem Ausscheiden von Pullinger Vize-Direktor der Konstruktionsabteilung. Die eigentliche Produktion begann 1909, als der Konstrukteur Louis Coatalen bei Hillman kündigte, um bei Sunbeam zu arbeiten. Das erste von Coatalen für Sunbeam entworfene Modell war der 14/18 HP, der, obwohl sich die Verantwortlichen von Sunbeam für den Einbau eines 3-Zylinder-Motors ausgesprochen hatten, mit einem 4-Zylinder-Motor ausgestattet worden war.

Coatalen war fest davon überzeugt, daß die technische Qualität durch die Beteiligung an Rennen verbessert werden kann, und konstruierte daher sehr bald den Prototyp Nautilus, der 1910 am Rennen in Brooklands teilnahm. Dieses Sunbeam-Modell wies gleich zwei Neuheiten auf: eine aerodynamische Karosserie und einen Motor mit hängenden Ventilen. Die großen Rennerfolge erzielte jedoch ein Serienauto, der 12/16 HP mit 3.016 cm^3 und stehenden Ventilen. Mit einem nur unwesentlich veränderten Motor errangen drei solcher Sunbeam-Modelle im Jahr 1912 die ersten drei Plätze beim Coupe de l'Auto. Nach diesem Erfolg beschloß Sunbeam, einige „Imitationen" dieser siegreichen Modelle als Straßenversion auf den Markt zu bringen. Dergleichen geschah jedoch nicht bei dem ersten Rennmodell mit Doppelnockenwellenmotor, das Sunbeam (inspiriert von den damaligen Rennsportversionen von Peugeot) konstruiert hatte, um an der Tourist Trophy und dem Grand Prix von 1913 teilzunehmen. Der 12/16 HP blieb bis 1921 im Programm und wurde während des Ersten Weltkriegs auch von Rover – in Lizenz – als Dienstwagen für Offiziere des englischen Militärs produziert.

1920 schloß sich Sunbeam mit Talbot und Darracq zur STD-Gruppe zusammen. Zwei Jahre später wurden die inzwischen veralteten Sunbeam-Modelle mit 16- bis zum 24-HP überarbeitet und erhielten unter anderem Motoren mit hängenden Ventilen. 1924 wurde der 16/50 HP mit einem 6-Zylinder-Motor in das Programm aufgenommen. Zu dieser Zeit beteiligte sich Sunbeam weiterhin an Rennen. Sunbeam nahm 1923 am Grand Prix von Frankreich mit den sogenannten Fiats in grüner Farbe teil. Mit Segrave am Steuer erzielte dieses Automobil einen sensationellen Erfolg und ging in die Geschichte des

englischen Automobilsports ein: Es war das erste englische Automobil, das einen Grand Prix gewonnen hatte. Noch im gleichen Jahr siegte ein anderer Sunbeam mit Divo am Steuer beim Grand Prix von Spanien, den Segrave ein Jahr später gewann.

Die häufige Teilnahme an Rennen beeinflußte die technische Entwicklung von Sunbeam sehr stark, so daß im Jahr 1924 ein spektakuläres 6-Zylinder-Modell mit 3 l Hubraum vorgestellt wurde. Dieses Modell erwies sich als eines der ersten großen Sportautos der zwanziger Jahre und blieb, trotz niedriger Produktionszahlen, bis 1930 im Programm. Mit Ausnahme dieses Modells waren alle anderen Straßenversionen, die Sunbeam in den zwanziger Jahren produzierte, mit konventioneller Technik ausgestattet, doch deshalb nicht von geringer Qualität. Etwas weniger geglückt war das 1934er Modell Dawn mit Vorwählgetriebe, dessen Karosserie zu schwer war für den kleinen 4-Zylinder-Motor mit hängenden Ventilen. Das 1933 vorgestellte 2,9-l-Modell Speed entsprach eher den Vorstellungen von Coatalen und war direkter Konkurrent zu dem Sportmodell Talbot 105, das von Roesch konzipiert und von der Gruppe Sunbeam-Talbot-Darracq produziert worden war. Unglücklicherweise war auch Sunbeam von der Weltwirtschaftskrise betroffen. Während dieser Zeit hatte die Gruppe Sunbeam-Talbot-Darracq keine effiziente Firmenleitung und mußte 1935 ihre Produktion einstellen. Die Roote-Gruppe kaufte die STD-Gruppe auf, ließ jedoch die Produktion von Sunbeam bis 1939 ruhen, als die Sunbeam-Talbot-Modelle als Roote-Versionen Hillman Minx, Humber Snipe und Super Snipe wieder auftauchten.

Die Verantwortlichen von Sunbeam-Talbot beabsichtigten, 1940 ein neues Modell auf Basis des Hillman 14 vorzustellen, doch begann dessen Serienproduktion erst nach dem Zweiten Weltkrieg, zur gleichen Zeit also, als der Ten – ein Vorkriegsmodell auf Basis des alten Minx – wieder ins Programm aufgenommen wurde. 1948 erschienen endlich wesentlich modernere Versionen: Der 80er und 90er hatten Motoren mit hängenden Ventilen, eine umklappbare Windschutzscheibe und Lenkradschaltung. Im Gegensatz zum 90er blieb das 80er Modell nur wenig mehr als drei Jahre im Programm.

Mit dem 1953er Modell Alpine – einer Sportversion des früheren Sunbeam-Talbot 90 – war Sunbeam auch wieder in der Welt des Rennsports vertreten. Die Bezeichnung Alpine wurde gewählt, um an den Gruppensieg bei der Alpenrallye in den Jahren 1948 und 1952 zu erinnern. 1956 wurde der Sunbeam Rapier, eine Version des Hillman-Minx, vorgestellt. Er war mit einem 1,4-l-Motor ausgestattet, der später auf 1.500 cm^3 erhöht wurde. Der ursprüngliche Alpine wurde 1957 aus der Produktion genommen, doch wurden seine stilistischen und technischen Merkmale in mehreren Nachfolgemodellen wiederverwendet; so beim Venezia, ein Humber Sceptre-Modell mit italienischer Karosserie, und beim 1964er Modell Tiger (der lediglich ein von Ford produzierter Sunbeam Alpine mit 4,2-l-V8-Motor war). Alle weiteren Nachfolgemodelle waren nichts anderes als die Bestätigung des traurigen Niedergangs des ehemals großen Ansehens der Sunbeam-Produkte. So war der 1968 vorgestellte Sunbeam Stiletto lediglich eine Coupé-Version von Hillman Imp mit Fast-Back-Karosserie, und der im gleichen Jahr vorgestellte Rapier, im Design ähnlich dem Stiletto, konnte sicherlich nicht als ansprechendes Auto bezeichnet werden (1969 kam eine Alpine-Version des Rapier auf den Markt).

SUNBEAM

SUNBEAM 12/16 HP (1912)

Motor: 4 Zylinder in Reihe mit hängenden Ventilen
Bohrung/Hub: 80 mm x 150 mm
Hubraum: 3.016 cm³
Max. Leistung: 45 HP
Getriebe: mechanisch, 4 Gänge
Rahmen: Leiterrahmen
Aufhängung: starre Vorderachse mit Halbelliptikfedern; starre Hinterachse mit Halbelliptikfedern und Auslegerfeder
Bremsen: Trommelbremsen an den Hinterrädern
Karosserie: Tourer
Höchstgeschwindigkeit: 105 km/h

Sunbeam 12/16 HP

Nachdem Peugeot 1976 die Rechte der Chrysler Europa erworben hatte, wurde der Markenname Sunbeam für die 1977 vorgestellten Talbot-Modelle mit Heckklappe verwendet. Für diese Kombilimousinen – mit Aluminium-Motoren mit 928 cm³, 1.295 cm³ und 1.598 cm³ Hubraum und hängenden Ventilen – wurde sonderbarerweise das Prinzip Frontmotor/Hinterradantrieb gewählt, was eine eher unübliche Lösung darstellte, da die meisten Konkurrenten das praktischere und effektivere Prinzip „alles vorne" anwendeten. Die Sportversionen dieser Talbot-Modelle erhielten in Anerkennung der von Lotus beim Grundmotor (2.172 cm³, 150 PS) geleisteten Entwicklungsarbeit den Namen Talbot Sunbeam Lotus.

Seit 1982 wird der Markenname Sunbeam nicht mehr verwendet.

Sunbeam 12/16 HP

Die internationale Anerkennung verdankt Sunbeam zum großen Teil dem 12/16 HP, einem von Coatalan konzipierten Modell, das Ende 1909 auf den Markt kam und ursprünglich mit einem Motor mit paarweise gegossenen Zylindern und stehenden Ventilen ausgestattet war. 1912 erhielt der 12/16 HP hängende Ventile und einen Hubraum von 3 l. Aufgrund der genannten technischen Verbesserungen erwies sich dieser Sunbeam als ein effizienter und robuster Tourenwagen. Dies bestätigte sich auch 1911, als einige leicht modifizierte 12/16-HP-Modelle am Coupe de l'Auto teilnahmen. Die Konzeption der Rennwagen wich nur in einigen Punkten von der Grundmodelle ab: Der Hub wurde um 1 mm verkürzt, um die Einstufung in die entsprechende Hubraumklasse zu gewährleisten. Diese Technik wurde ein Jahr später auch bei den Serienmodellen angewandt, wobei Coatalen weitere Veränderungen anbrachte: Öldruckschmierung, Overdrive, etwas leichtere Kolben und den Einbau von Stoßdämpfern.

Eine äußerst elegante Version, deren Konzeption auf dem Serienmodell basierte und den gleichen Hubraum wie die 12/16-HP-Modelle aufwies, die 1911 am Rennen teilgenommen hatten, siegte 1912 bei dem Coupe de l'Auto und belegte im gleichen Jahr den dritten Platz beim Grand Prix von Frankreich. Aufgrund dieser großen Erfolge beschlossen die Verantwortlichen von Sunbeam, für ihre sportlich interessierte Kundschaft „Imitationen" dieses siegreichen Autos zu produzieren. Obwohl die Sunbeam-Modelle, die 1913 beim Coupe de l'Auto teilnahmen, über eine größere Motorenleistung (87 HP) als die 1912er Modelle (74 HP) verfügten, errangen sie dennoch nur den dritten Platz.

Während des Ersten Weltkriegs diente der Sunbeam 12/16 wie auch der Vauxhall D-Type 25/30 Crossley als Dienstauto für das englische Militär. Da zu dieser Zeit die Firma in Wolverhampton mit der Produktion von Flugzeugen und anderen militärischen Objekten ausgelastet war, wurde die Herstellung der Sunbeam-Modelle in Lizenz an Rover vergeben. Nach dem Waffenstillstand nahm Sunbeam die Produktion des 12/16 HP sofort wieder auf. Er wurde bis 1921 produziert und immer wieder mit technischen Neuerungen ausgestattet, wie einem elektrischen Anlasser und Hinterradaufhängungen mit Halbelliptikfedern. 1922 wurde der siegreiche 12/16 HP von dem 16/40 abgelöst, dessen Konzeption

SUNBEAM 3 LITER (1925)

Motor: 6 Zylinder in Reihe mit 2 obenliegenden Nockenwellen
Bohrung/Hub: 75 mm x 110 mm
Hubraum: 2.916 cm³
Max. Leistung: 90 HP
Getriebe: mechanisch, 4 Gänge
Rahmen: Leiterrahmen
Aufhängung: starre Vorder- und Hinterachse mit Halbelliptikfedern vorne und Auslegerfeder hinten
Bremsen: Trommelbremsen an den Vorder- und Hinterrädern mit Bremskraftverstärker
Karosserie: Tourer oder Limousine mit Stoffverdeck
Höchstgeschwindigkeit: 150 km/h

Sunbeam 3 Liter

413

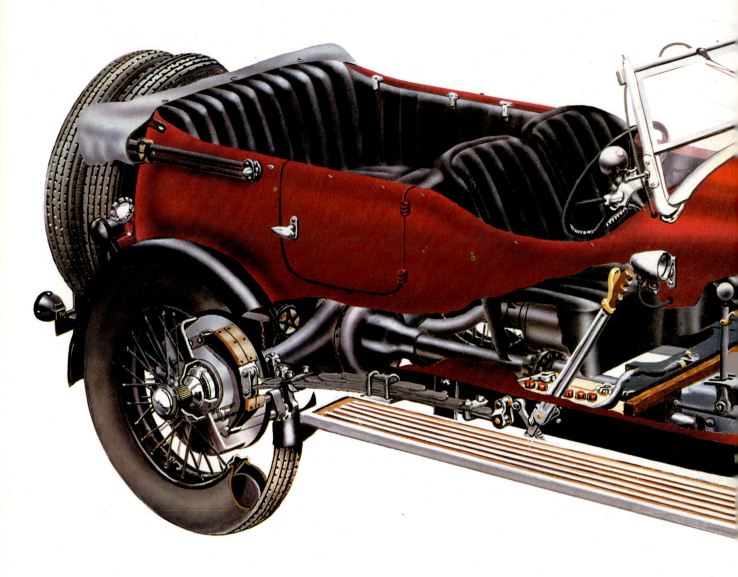

Sunbeam Super Sport 3 Liter

Motor
Position: längseingebauter Frontmotor
Bauart: 6 Zylinder in Reihe mit nicht demontierbarem Zylinderkopf und Trockensumpfschmierung
Hubraum: 2.916 cm^3
Bohrung/Hub: 75 mm x 110 mm
Verdichtungsverhältnis: 2 obenliegende Nockenwellen, von Zahnrädern angetrieben; 2 Ventile pro Zylinder
Gemischbildung: 2 Vergaser vom Typ Claudel Hobson H42A, gespeist von einer Autovac-Pumpe; hinterer Tank mit 82 l
Zündanlage: Magnetzündung BTH CE6
Max. Leistung: 90 PS bei 3.800-min

Übertragung
Antrieb: Getriebe auf Motor angeflanscht, Hinterradantrieb
Kupplung: Einscheiben-Trockenkupplung
Getriebe: mechanisch, 4 Gänge
Übersetzungsverhältnis: I) 3,17:1; II) 2,04:1; III) 1,44:1; IV) 1,00:1
Hinterachsgetriebe: Schraubgetriebe
Übersetzungsverhältnis im Hinterachsgetriebe: 45,:1

Aufhängung
Vorderachse: Starrachse mit Halbelliptikfedern
Hinterachse: starre Hinterachse mit Auslegerfedern

Lenkung
System: Schraubenlenkung

Bremsen
Typ: Servobremsen mit Unterdruck, Trommeln mit 400 mm Durchmesser

Räder und Bereifung
Typ: Speichenräder mit Zentralverschluß, 5,25 x 21 mm (ursprünglich 820 x 120 mm mit Reifenwulst)

Karosserie und Rahmen
Karosserie: Weymann-Tourer, viersitzig
Rahmen: Leiterrahmen

Abmessungen und Gewicht
Länge: 4.475 mm
Breite: 1.702 mm
Radstand: 3.315 mm
Vordere und hintere Spurweite: 1.397 mm/1.397 mm
Gewicht (nur Rahmen): 1.340 kg

Leistung
Höchstgeschwindigkeit: 153 km/h
Kraftstoffverbrauch: 13,5 l auf 100 km

UNTEN *Das schlichte Design des Sunbeam 3 Liter. Obwohl er in einigen Punkten, beispielsweise der Fahrleistung, dem wesentlich berühmteren Bentley 3 Liter in nichts nachstand, war er sicherlich nicht so robust wie sein Rivale, der von Bugatti als der „schnellste Lastkraftwagen Europas" bezeichnet wurde. Seine äußerst „zarte" Bauweise springt sofort ins Auge, und in der Tat riß bei einem Modell mit langem Rahmen, das bei den 24 Stunden von Le Mans im Jahr 1925 teilnehmen sollte, während des Transports ein Längsträger. Dennoch fand man sehr schnell Abhilfe für diese Schwäche, und dieser Sunbeam erwarb sich großen Ruhm aufgrund seiner guten Manövrierfähigkeit und seiner exakten Fahreigenschaften.*

SUNBEAM

Sunbeam Alpine

auf dem 12/16 HP beruhte. Sunbeam fertigte auch von dem 16/40 eine beschränkte Anzahl von Sportversionen, die alle mit einem Motor mit obenliegender Nockenwelle ausgestattet waren.

Sunbeam 3 Liter

Den Rohentwurf für dieses Modell fertigte Vincent Bertarione in Paris. Bertarione hatte bereits den Sunbeam mit Doppelnockenwelle konzipiert, der 1923 den Grand Prix von Frankreich gewonnen hatte. Im Mai 1924 wurde ein Prototyp fertiggestellt, der mit einem Monoblocmotor, der Laufbuchsen, Zylinder und Steuergehäuse umfaßte, ausgestattet war. Dieses Modell, das durch ein merkwürdiges Antriebsrad der Nockenwelle mit versetzter Achse überdies an Kuriosität gewann, wurde niemals der Öffentlichkeit vorgestellt. Auf das neue 3-l-Modell mit zwei Nockenwellen mußte man daher bis März 1925 warten. In der Zwischenzeit war der Nockenwellenantrieb durch Zahnräder ersetzt worden.

Der Sunbeam 3 Liter wurde mit großer Begeisterung aufgenommen. Außer einer modernen Technik besaß dieser Sunbeam auch ein zierliches, längliches Design, das überdies

---

SUNBEAM ALPINE (1953)
Motor: 4 Zylinder in Reihe mit hängenden Ventilen
Bohrung/Hub: 81 mm x 110 mm
Hubraum: 2.267 cm³
Max. Leistung: 80 PS
Getriebe: mechanisch, 4 Gänge (auf Wunsch mit Overdrive)
Rahmen: Kastenrahmen mit X-Querstreben
Aufhängung: Einzelradaufhängung vorne mit Querlenkern und Schraubenfedern; starre Hinterachse mit Halbelliptikfedern
Bremsen: Trommelbremsen an den Vorder- und Hinterrädern (hydraulisch betätigt)
Karosserie: zweisitziger Sportwagen
Höchstgeschwindigkeit: 170 km/h

---

durch enganliegende Fahrrad-Kotflügel, die im Vergleich zu den Rädern sehr schmal waren, verstärkt wurde. Die Standardversion des Sunbeam 3 Liter hatte eine Tourer-Karosserie, später gab es auch eine Limousinen-Version mit Weymann-Karosserie. Ursprünglich wurden 30 Exemplare des 3 Liter gebaut, um in der Sonderkategorie der „Spezial-Homologation" von Le Mans teilnehmen zu können. Nachfolger dieser 3-l-Rennwagen mit dem Namen „E Sanction" waren die 1926 vorgestellten „F Sanction"-Modelle, die einen verstärkten Rahmen und einen verbesserten Zylinderblock besaßen. Die „FE Sanction" waren eine Zwischenserie mit 25 Exemplaren, die mit dem ursprünglichen Motor ausgestattet waren: Zudem wurden zehn Exemplare mit dem Rahmen der „F Sanction" hergestellt. Vermutlich wurden 1926 etwa 250 Exemplare produziert, die jedoch nicht alle einen Abnehmer fanden, da die Verkaufszahlen der letzten 3-l-Modelle stark gesunken waren (so beliefen sich die jährlichen Lieferungen in der Zeit von 1928 bis 1930 auf zehn Exemplare).

1929 stellte Sunbeam eine 3-l-Version mit Lademotor vor. Die erhöhte Leistung dieses Modells (etwa 130 PS) genügte jedoch nicht, das Interesse seiner Liebhaber wiederzuerwecken.

Sunbeam Alpine

Dieses zweisitzige Sportmodell wurde im März 1953 als direktes Nachfolgemodell des Sunbeam-Talbot 90 vorgestellt und war ursprünglich ausschließlich für den Export bestimmt. Es erschien, kurz bevor die Marke Sunbeam-Talbot im Jahr 1954 ganz aufgegeben wurde.

Da der Sunbeam-Talbot 90 einen von der Karosserie getrennten Rahmen besaß, gestaltete sich der Übergang von der Limousine- zur offenen Sportversion ohne die Schwierigkeiten, die sich bei einer selbsttragenden Karosserie ergeben hätten. Um eine ausreichende Struktursteifigkeit zu erhalten, wurde bei der Sportversion im hinteren Teil des Kofferraums eine zusätzliche Querstrebe eingebaut sowie einige Versteifungen und kastenförmige Verstärkungselemente im vorderen Teil des Rahmens. Weitere Neuerungen waren steifere Vorderradaufhängungen, ein Überrollbügel mit größerem Durchmesser, ein enger gestuftes Getriebe, eine „direktere" Lenkung und ein neu konzipierter Zylinderkopf, der das Volumen des Verbrennungsraums verkleinerte.

Der Alpine verhalf der Automobilfirma von Wolverhampton zur Rückkehr in die Sportbranche und erwies sich mit einer Höchstgeschwindigkeit von mehr als 160 km/h als ein spritziges Sportmodell. Mit diesem Modell gewann Sunbeam die Alpenrallye in den Jahren 1953 und 1954. 1954 belegte Stirling Moss mit dem Alpine den dritten Platz und errang damit den „Coppa d'Oro", eine Trophäe, mit der ein Fahrer ausgezeichnet wird, der drei Rennen hintereinander ohne einen Strafpunkt beendet; Sheila Van Damm errang den „Coupe des Dames" als erfolgreichste Konkurrentin des schönen Geschlechts.

Die ursprüngliche Version des Alpine wurde im Oktober 1955 aus der Produktion genommen, doch wurde sein Name für ein neues Sportmodell verwendet, das Sunbeam im Jahr 1960 vorstellte.

Sunbeam Tiger

Die Bezeichnung „Alpine" wurde für einen neuen Sportzweisitzer mit selbsttragender Karosserie verwendet, den Sunbeam im Jahr 1960 vorstellte. Diese Sportversion war mit einem 1.494-cm³-Motor ausgestattet, der aufgrund seiner 78 PS eine Höchstgeschwindigkeit von fast 160 km/h ermöglichte. 1964 beschloß Sunbeam hieraus eine noch leistungsstärkere Version zu entwickeln, was den Mitarbeitern der Forschungsabteilung nach einigen Mühen auch gelang, die in den engen Motorraum tatsächlich einen V8-Ford-Motor mit 4,2 l Hubraum unterbrachten.

Äußerlich unterschied sich dieses Modell vom Vorgängermodell nur durch zwei seitliche Veränderungen an den Längsträgern unterhalb der Türen und der Aufschrift „Tiger" auf den beiden vorderen Kotflügeln.

Der Sunbeam Tiger wies wahrhaft brillante Fahrleistungen auf: abgesehen von der Tatsache, daß er 97 km/h (aus dem Stand) in 9,4 Sekunden erreichte, war die Beschleunigung von 0 auf 145 km/h im dritten Gang möglich. Obwohl die Hinterachse des Tiger eine eher einfache Konstruktion aufwies (starre Achse mit Halbelliptikfederung, ohne weitere Führung), wurde die Straßenlage des Sunbeam Tiger als gut bezeichnet. Kritisiert wurde jedoch der Einsatz des Ford-Motors, besonders in Anbetracht der Tatsache, daß Chrysler seit 1964 Großaktionär bei Rootes war. Der Tiger wurde bis 1967 produziert; von der letzten Version, MkII benannt, wurden etwa 600 Exemplare mit einem leistungsstärkeren V8-Ford-Motor mit 4,7 l Hubraum (wie bei Mustang- und AC-Cobra-Modellen) ausgerüstet.

SUNBEAM TIGER (1964)

Motor: V8-Zylinder mit hängenden Ventilen
Bohrung/Hub: 96,5 mm x 73 mm
Hubraum: 4.261 cm³
Max. Leistung: 141 PS
Getriebe: mechanisch, 4 Gänge
Rahmen: selbsttragende Karosserie
Aufhängung: Einzelradaufhängung vorne mit Querlenkern und Schraubenfedern; starre Hinterachse mit Halbelliptikfedern
Bremsen: Scheibenbremsen vorne, Trommelbremsen an den Hinterrädern
Karosserie: Sport-Zweisitzer mit einem Notsitz für einen dritten Passagier
Höchstgeschwindigkeit: 190 km/h

SUZUKI
Hamamatsu, Japan
1955–

Diese Firma, vor allem als Produzent von Motorrädern bekannt, wurde 1909 unter dem Firmennamen Suzuki Shokkuki Seisakusho gegründet und stellte Maschinen für die Textilverarbeitungsindustrie her. Abgesehen von einem zweisitzigen Auto-Prototyp, der 1936 vorgestellt wurde, betrat Suzuki den Automobilsektor erst im Jahr 1961 mit dem Suzulite 360, einem Kleinstwagen mit Frontantrieb und 2-Zylinder-Motor. Auf der technischen Basis des Suzulite wurde 1967 unter den Namen Fronte 360 ein weiterer Kleinwagen mit Frontantrieb vorgestellt. Ein Jahr später wurde der Fronte mit einem 500-cm³-Motor ausgestattet. Anschließend kam der Fronte 800 auf den Markt, eine Limousine mit 2-Zylinder-2-Takt-Motor und 800 cm³ Hubraum.

Gegen Ende der siebziger Jahre stellte Suzuki das Modell Jimny vor – ein Mehrzweckfahrzeug mit Vierradantrieb, kleinen Abmessungen und geringem Gewicht (3-Zylinder-Motor mit 539 cm³) – sowie eine verbesserte Version des Fronte. Gegen Mitte der achtziger Jahre erweiterte Suzuki sein Programm erheblich und stellte folgende Modelle vor: den Cervo (Vorderradantrieb, 3-Zylinder-Motor mit 543 cm³, Coupé mit Heckklappe); den Alto Sedan (Vorderradantrieb, 543 cm³ Hubraum, erhältlich in Sedan-Version und mit Vierradantrieb) und den Cultus (3-Zylinder-Motor mit 993 cm³). Von den bereits auf dem Markt eingeführten Marken wurde die Fronte-Serie in zwei Motorversionen angeboten (2-Takt-Motor mit 543 cm³ oder 796 cm³), während die vierradgetriebenen Modelle mit 3-Zylinder-2-Takt-Motoren (539 cm³) oder 4-Takt-Motoren (970 cm³) erhältlich waren.

Der Jimny läutete in Europa, und besonders in Deutschland, als LJ 80 den großen Geländewagen-Boom ein. Der kleine Off-Road-Jeep mit 800-cm³-4-Zylinder-Viertaktmotor und sein Nachfolger, der größere SJ 410 mit 1,0-l-Triebwerk, waren das ideale Freizeit- und Spaßauto der achtziger Jahre. Der Jimny/SJ 410 erhielt mehr Hubraum und Leistung (1,3 l, 64 PS) und die Bezeichnung SJ 413. Seit 1990 wird er im Export als Samurai verkauft.

1988 folgte dem kleinen Geländewagen ein modernes, größeres und komfortableres Mo-

SUZUKI SJ40 (1979)

Motor: 4 Zylinder in Reihe mit obenliegender Nockenwelle
Bohrung/Hub: 65,5 mm x 72 mm
Hubraum: 970 cm³
Max. Leistung: 52 PS
Getriebe: mechanisch, 4 Gänge mit zusätzlichem Reduktionsgetriebe und 2 Gängen, Vierradantrieb
Rahmen: vorne und hinten Starrachse mit Halbelliptikfedern
Bremsen: Trommelbremsen
Karosserie: zweitüriger Kombiwagen
Höchstgeschwindigkeit: 100 km/h

Sunbeam Tiger MK I

Suzuki LJ 80 Jimny

dell nach, das (je nach Land) Vitara oder Escudo heißt und in den USA als Geo Tracker auf dem Markt ist.

Der Suzuki Cultus kam in den 80ern als Swift nach Deutschland. In seiner leistungsstärksten Variante als Swift GTi 1.3 (100 PS) war er auch im Motorsport sehr erfolgreich.

SWALLOW DORETTI
Walsall, Großbritannien
1954–1955

Hersteller des Swallow Doretti war die Swallow Coachbuilding Company Ltd., eine direkte Nachfolgegesellschaft der Swallow Sidecar, die einst mit der SS, der heutigen Firma Jaguar, zusammengeschlossen war.

Der Swallow Doretti hatte den Motor und die Übertragungselemente des Triumph TR2. Sein Stahlrohrrahmen war nach außen hin mit Bodenblechen verstärkt, auf die sich die Seiteninnenbleche abstützten, die wiederum die Beplankung trugen.

Der Swallow Doretti wurde eigens für den amerikanischen Markt produziert, um dort der zunehmenden Nachfrage nach zweisitzigen Sportmodellen Rechnung zu tragen. Unglücklicherweise traf der Swallow Doretti nicht den Geschmack der amerikanischen Kundschaft, so daß er lediglich zwei Jahre produziert wurde. Es wurden überwiegend Zweisitzer mit offener Karosserie hergestellt, daneben gab es auch den Swallow Doretti GT, ein Coupé mit Hardtop.

SWIFT
Coventry, Großbritannien
1900–1931

Im Jahr 1869 beschloß die European Sewing Machine Company, Produzent der Swiftsure-Nähmaschinen, ihren Produktionsbereich zu erweitern, und stellte ihr erstes Fahrrad her. Um diesen neuen Produktionszweig hervorzuheben, wurde die Gesellschaft in Coventry Machinist's Company umbenannt. Nach motorisierten Tri- und Quadricycles erschien 1902 eine Voiturette mit 1-Zylinder-MMC/Dion-Bouton-Motor, Stahlrohrrahmen und 2 direkten Gängen, indem 2 Kegelräder mit einem Tellerrad mit zwei Zahnreihen in Eingriff gebracht wurden. Die Konstruktion stellte sich als unzuverlässig heraus, auch weil die Hinterachse ungefedert war. Deshalb erhielten die 1-Zylinder-Voituretten ab 1903 ein übliches Getriebe und gefederte Hinterachsen.

Es folgten 3- und 4-Zylinder-Modelle, immer noch mit Fremdmotoren, bis 1904 das erste, ganz von Swift entwickelte Modell 10 HP erschien.

Drei Jahre später kam der 7 HP auf den Markt, ein Einzylinder, der später auch von Austin verkauft wurde. 1912 wurde der

---

SUZUKI CULTUS TURBO
(1985)

Motor: 3 Zylinder in Reihe mit quereingebautem Turbolader
Bohrung/Hub: 74 mm x 77 mm
Hubraum: 993 cm³
Max. Leistung: 80 PS
Getriebe: mechanisch, 5 Gänge (Vorderradantrieb)
Rahmen: selbsttragende Karosserie
Aufhängung: Einzelradaufhängung vorne mit McPherson-Federbeinen; starre Hinterachse mit Halbelliptikfedern
Bremsen: Scheibenbremsen an den Vorderrädern; Trommelbremsen an den Hinterrädern mit Bremskraftunterstützung
Karosserie: dreitürige Kombilimousine
Höchstgeschwindigkeit: 160 km/h

Suzuki Cultus

Swallow Doretti

SWALLOW DORETTI (1954)

Motor: 4 Zylinder in Reihe mit hängenden Ventilen
Bohrung/Hub: 83 mm x 92 mm
Hubraum: 1.991 cm³
Max. Leistung: 90 PS
Getriebe: mechanisch, 4 Gänge mit Overdrive
Rahmen: Rohrrahmen mit Verstärkungen
Aufhängung: Einzelradaufhängung vorne mit Querlenkern und Schraubenfedern; Hinterachse mit Blattfeder und Torsionsstab
Bremsen: Trommelbremsen an den Vorder- und Hinterrädern; hydraulisch betätigt
Karosserie: Sport-Zweisitzer
Höchstgeschwindigkeit: 163 km/h

10 HP mit 2-Zylinder-Motor von dem 10/12 HP mit 4-Zylinder-Motor und dem 7 HP Cyclecar abgelöst. Ein Jahr später stellte Swift einen Kleinwagen mit einem 972-cm³-Motor mit zwei Zylindern vor. Zu diesem Zeitpunkt umfaßte das Programm von Swift den 10 HP (1.327 cm³), den 12 HP (1.795 cm³), den 14 HP (1.945 cm³), den 15,9 HP (2.614 cm³) und den 20 HP (3.045 cm³). Die Produktion dieser Modelle (außer dem 12 HP) wurde kurz nach dem Ersten Weltkrieg, nachdem sich Swift in ein unglückliches finanzielles Abenteuer mit Harper Bean eingelassen hatte, eingestellt.

Auf der Londoner Motor Show im Jahr 1919 wurde neben dem 12 HP auch eine modifizierte Version des Vorkriegsmodells Ten vorgestellt, ein Jahr später kam der neue Twelve auf den Markt. 1923 wurde der Ten völlig überarbeitet und erhielt außer Zylindern mit demontierbaren Zylinderköpfen ein direkt an den Motor angeflanschtes Getriebe. Anschließend wurde auch der Twelve mit dieser Technik ausgestattet. 1925 wurde der 18/50 HP vorgestellt; ein Jahr später wurden der 10 HP und der 12/35 HP mit Vierradbremse ausgestattet. 1927 wurde die Leistung des 12 HP auf 14/40 HP erhöht, seine Technik jedoch nicht verändert. 1930 wurde eine modernisierte Version des Ten vorgestellt, die unter anderem mit einem engmaschigen Kühlereinsatz und 4-Gang-Getriebe ausgestattet war. Leider erreichte dieses neue Swift-Modell nie solche Stückzahlen, als daß es, auch hinsichtlich des Verkaufspreises, mit anderen, ähnlich konzipierten Modellen wie von Austin oder Morris hätte konkurrieren können. In seinem letzten Geschäftsjahr stellte Swift den Cadet mit 8 PS vor, der trotz seines sehr niedrigen Preises nicht konkurrenzfähig war.

Swift 7 HP Cyclecar

Der Swift 7 HP Cyclecar wurde 1912 vorgestellt. Er war der Nachfolger der ominösen 1-Zylinder-Version des Jahres 1909, die Swift bereits an Austin verkauft hatte, und die dieses Modell ihrerseits sofort als Seven im Programm anbot (zum ersten Mal wurde diese berühmte Bezeichnung dabei verwendet).

Der Rahmen des neuen Swift 7 HP offenbarte die Erfahrungen von Swift bei der Konstruktion von Fahrrädern: er bestand aus Stahlrohren, die mit Muffen verbunden waren. Dieser Rahmentyp war sehr einfach in der Konstruktion, doch nicht robust genug, um ein Verbiegen in der Mitte zu verhindern, so daß ein Hilfsrahmen notwendig war. 1914 entschloß man sich für einen wesentlich robusteren Rahmen aus gepreßtem Stahlprofil.

Der Motor des Swift 7 HP war ein stehender 2-Zylinder-Motor mit stehenden Ventilen und einem Hubraum von 972 cm³; die starre Vorder- und Hinterachse war an Halbelliptikfedern aufgehängt; die Bremsen, lediglich an den Hinterrädern, waren Trommelbremsen.

Im Gegensatz zu den meisten vergleichbaren Automobilen, die mit einem einfachen Kettenantrieb ausgestattet waren, besaß der Swift 7 HP bereits ein 3-Gang-Getriebe mit Rückwärtsgang und ein Kegelradgetriebe sowie die Zahnstangenlenkung. Kurze Zeit nach dem Ersten Weltkrieg wurde die Produktion des Cyclecar eingestellt.

Die heute nicht mehr gebräuchlichen Ausdrücke Cyclecar in England und Voiturette in Frankreich bezeichneten den Übergang von einer drei- oder vierrädrigen motorradähnlichen Konstruktion (Tricycle, Quadricycle, Tricar, Quadricar) aus der Zeit vor der Jahrhundertwende zu einem Kleinauto, bei dem bestimmte Bauteile zwar noch aus dem Fahrrad- und Motorradbau stammten, dessen Auslegung und Herstellung sich jedoch bereits am Automobilbau orientierte. Kurz vor Ausbruch des Ersten Weltkriegs erfuhren die Cyclecars/Voiturettes in den beiden genannten Ländern bedeutende Verbesserungen in Richtung Kleinauto oder Kleinwagen, wie diese Spezies in Deutschland hieß: Profil-Preßstahlrahmen statt Stahlrohrrahmen, Kardan- statt Riemen- oder Kettenantrieb, Starrachsen an Halbelliptikfedern, wassergekühlte 2-Zylinder-Motoren bis 1.100 cm³, besserer Wetterschutz dank Windschutzscheibe und Faltverdeck und Platz für zwei bis drei Personen in einer automobilähnlichen Karosserie mit Motorhaube und Kühler, wie vom Mercedes 1900/01 vorgegeben. Ein typischer Vertreter dieser verbesserten Cyclecars war der Swift 7 HP. Er galt in

SWIFT 7 HP CYCLECAR (1913)

Motor: 2 Zylinder in Reihe mit stehenden Ventilen
Bohrung/Hub: 77 mm x 110 mm
Hubraum: 972 cm³
Max. Leistung: mechanisch, 3 Gänge
Getriebe: mechanisch, 3 Gänge
Rahmen: Stahlrohrrahmen
Aufhängung: starre Vorder- und Hinterachse mit Halbelliptikfedern
Bremsen: Trommelbremsen an den Hinterrädern
Karosserie: zweisitziger Tourer
Höchstgeschwindigkeit: 56 km/h

Swift 7 HP Cyclecar

Swift 10 HP

Der Monoblocmotor des 10 HP wurde von W. Radford im Jahr 1919 entwickelt und vier Jahre später mit einem demontierbaren Zylinderkopf ausgestattet. Mit diesem Modell trat Swift in direkte Konkurrenz mit anderen Automobilherstellern mit wesentlich höheren Produktionskapazitäten und mußte daher wahre Wunder vollbringen, um zu überleben. Der Ten wurde sehr oft mit technischen Neuerungen ausgestattet, vielleicht auch deshalb, um diesen großen Produktionsunterschied zu kompensieren. 1923 wurde unter anderem der Hubraum von 1.122 cm³ auf 1.097 cm³ verkleinert und die traditionelle Magnetzündung durch eine Spulenzündung ersetzt (was jedoch die Autofahrer nicht begeisterte und daher 1925 wieder durch das alte System ersetzt wurde).

1925 wurde ein Rahmen mit längerem Radstand verwendet; der für eine viersitzige Karosserie geeigneter war. 1927 erschien der Ten P-Type mit einem vergrößerten Hubraum von 1.190 cm³; ein Jahr später stellte Swift unter der Bezeichnung Migrant ein völlig überarbeitetes Modell vor, das mit zwei Sonnendächern ausgestattet war (je Sitzreihe eines). Dieses Modell zeichnete sich durch seine Robustheit aus und wurde sehr bald zum „Flaggschiff" von Swift. Einige Elemente waren etwas veraltet (nicht abnehmbare Anlaßkurbel, traditionelle Kühlerform mit vernickeltem Rahmen etc.), doch war das 4-Gang-Getriebe eines der besten seiner Zeit. 1929 entstand nach einer weiteren Modifizierung die 1930er 4 P Serie mit geändertem Kühler und Chromverzierungen, ähnlich den Chrysler-Modellen. Der letzte Ten verließ das Werk im Jahr 1931.

TALBOT
London/Coventry, Großbritannien
1903–1938, 1979–

Im Oktober 1902 wurde eine Gesellschaft gegründet, die ursprünglich in einer Londoner Fabrik mit der Montage der französischen Automobile Clément hätte beginnen müssen. Da dieses Unternehmen von dem Grafen von Shrewsbury and Talbot finanziert wurde, erhielten die ersten im Handel erhältlichen Exemplare aus dieser Produktion den Namen Clément-Talbot.

In Wirklichkeit, zumindest bis November 1904, beschränkte sich diese Firma lediglich auf den Import von fertigen, in Frankreich vollständig montierten Automobilen, und verkaufte diese Modelle in England, nachdem das Original-Firmenzeichen durch eines mit dem Wappen des Grafen von Shrewsbury ersetzt worden war. Erst in der Folgezeit wurde eine enorm große und gut ausgestattete Produktionsstätte (London) aufgebaut. Ursprünglich wurden hier Automobile montiert, deren technische Bauteile direkt von der Firma Clément geliefert wurden, und deren Automobile bereits damals unter dem Namen Clément-Bayard auf den Markt kamen. Da die Beziehungen zu dem französischen Hersteller immer schwächer wurden, brach Talbot schließlich alle Geschäftsbeziehungen ab und wurde eine völlig selbständige Automobilfirma. 1905 umfaßte ihr Programm vier Modelle mit 2-Zylinder-Motoren (7/8 HP, 8/9 HP, 9/11 HP und 10/20 HP) sowie eine 4-Zylinder-Serie, die aus fünf äußerst unterschiedlichen Modellen bestand: angefangen von dem kleinen 12/14 HP bis hin zum großen 35/50 HP mit 6,3 l Hubraum.

1906 erschien der erste Talbot, der ausschließlich in England hergestellt wurde. Es handelte sich um den 20/24 HP mit 3,8-l-Motor, der von C.R. Garrard, einem Konstrukteur, der an der Seite von Adolphe Clément bis 1888 in Frankreich gearbeitet hatte, entwickelt worden war. Kurze Zeit später kam der 12/16 HP, ein 2,7-l-Modell, hinzu. Diese beiden Talbot-Modelle nahmen mit Erfolg an zahlreichen Rennen teil und erwarben sich somit einen guten Ruf. Das dritte von Garrard entwickelte Modell kam Ende 1906 auf den Markt. Es war mit einem 3-l-Motor mit doppeltem Zündsystem ausgestattet und erbrachte eine Leistung von 15 HP. 1908 wurde der 25 HP mit einem 4.156-cm³-Motor und einem „L"-Zylinderkopf vorgestellt. 1911 wurde George Brown als neuer Chefkonstrukteur eingestellt. Zuvor hatte Brown bei Austin

gearbeitet, wo er die interessanten Pearley-Rennmodelle entwickelt hatte. Aufgrund seiner Erfahrungen gelang Brown die Optimierung der Leistungen des inzwischen veralteten Motors mit stehenden Ventilen, mit dem bisher alle Talbot-Modelle ausgestattet waren. Dieser neue Motor mit 4.531 cm³ und 25 HP, der eine Weiterentwicklung des alten 4.156-cm³-Motors aus dem Jahr 1908 war, wurde, nachdem er entsprechend den Anweisungen von Brown modifiziert worden war, 1913 in ein Rennfahrzeug eingebaut, das als erstes Auto der Welt eine Strecke von mehr als 100 Meilen in weniger als einer Stunde zurücklegen konnte.

Ab 1914 beinhaltete das Programm von Talbot auch ein 6-Zylinder-Modell. Zwei Jahre später stellte Talbot den äußerst fähigen Konstrukteur Georges Roesch aus der Schweiz ein, der bereits in Paris (bei Grégoire, Delaunay-Belleville und Renault) und in Coventry (bei Daimler) gearbeitet hatte (siehe auch Doppelseite 352/353: Roesch-Talbot 75, 1930). Er wurde mit der Projektierung eines leichten Wagens beauftragt. So entstand der A12, ein technisch sehr ausgereiftes Modell mit 1.750 cm³, das jedoch niemals über das Stadium des Prototypen hinauskam, da zu dieser Zeit Clément Talbot Ltd von Darracq aufgekauft worden war und die neuen Besitzer kein Nachfolgeprojekt genehmigten. Der Hauptgrund, weshalb Clément Talbot von Darracq übernommen worden war, beruht auf der Tatsache, daß der Graf von Shrewsbury and Talbot durch den Verlust seines einzigen

SWIFT TEN (1927)
Motor: 4 Zylinder in Reihe mit stehenden Ventilen
Bohrung/Hub: 62,5 mm x 97 mm
Hubraum: 1.190 cm³
Max. Leistung: 22 HP
Getriebe: mechanisch, 3 Gänge
Rahmen: Leiterrahmen
Aufhängung: starre Vorder- und Hinterachse mit Halbelliptikfedern
Bremsen: Trommelbremsen an den Vorder- und Hinterrädern
Karosserie: Tourer oder Limousine
Höchstgeschwindigkeit: 80 km/h

Swift Ten Swallow

Sohnes, der im Krieg gefallen war, jegliches Interesse an seiner Tätigkeit verlor.

Gleich nach dem Kauf von Talbot schloß sich Darracq mit der Firma Sunbeam von Wolverhampton zusammen. Nachdem Roesch einen Lastkraftwagen für das englische Verteidigungsministerium konzipiert hatte, überarbeitete er den alten Talbot 8/18 HP (ein Zweisitzer mit hängenden Ventilen, der von Talbot-Darracq aus Frankreich importiert worden war). So entstand der 10/23 HP, der 1923 vorgestellt wurde. Dieses Automobil konnte bequem vier Passagiere aufnehmen und war dennoch sehr leicht und hervorragend konzipiert. Später kam zu dem 4-Zylinder-Modell (1.074 cm³) der 12/30 HP mit 6-Zylinder-Motor hinzu, der jedoch aufgrund unzureichender Leistungen nicht sehr erfolgreich war.

Daraufhin führte Roesch mit dem 14/45-6-Zylinder eine Ein-Modell-Politik ein (1926). 1930 wurde aus dem 14/45 ein Modell mit wiederum verbesserten Fahrleistungen entwickelt, die unter anderem einer leichteren Bauweise zu verdanken waren. Dieses Modell erhielt entsprechend der erwarteten Höchstgeschwindigkeit (Meilen/Stunde) des Prototypen die Bezeichnung „70", doch wurde sie in „75" umgeändert, nachdem sich herausgestellt hatte, daß die tatsächliche Höchstgeschwindigkeit weit höher lag. Die Rennsport-Version war aus dem 75er Modell entwickelt worden und erhielt die Bezeichnung „90".

1931 wurde der 105er vorgestellt, der mit einem neuen 6-Zylinder-Motor mit 3 l Hubraum ausgestattet war und eine Leistung von 140 PS erbrachte; er wurde bis 1937 produziert. Dieser ebenfalls von Roesch entwickelte Motor erreichte seine höchste Entwicklungsstufe im 110er Modell des Jahres 1935: Aufgrund einer 5 mm größeren Bohrung wurde der Hubraum auf 3,5 l vergrößert.

Talbot wurde immer mehr in die schwierige Finanzsituation der Gruppe Sunbeam-Darracq verwickelt und 1935 von der Rootes Gruppe aufgekauft, die jedoch mehr den finanziellen und wirtschaftlichen Aspekt ihrer Produkte im Auge hatte als „technische Raffinessen". Die zukunftsweisenden technischen Lösungen von Roesch wurden daher nur noch so lange eingesetzt, bis die Lagerbestände an Einzelteilen aufgebraucht waren.

1936 stellte Rootes den Talbot Ten vor. Eine sportliche Limousine mit bedingt aerodynamischer Karosserie und der technischen Ausstattung des längst veralteten Hillman-Minx mit stehenden Ventilen. Ein Jahr später kam ein gleichsam unbedeutendes Modell auf den Markt, der Talbot 3 Liter, deutliches Abbild des Hillman Hawk. Der 3 Liter erreichte mit Mühe eine Höchstgeschwindigkeit von 130 km/h und stellte den „Schwanengesang" der Marke Talbot dar, die 1938 in Sunbeam-Talbot umbenannt wurde. Im Jahr 1979 teilte die Peugeot-Citroën-Gruppe, die die fast vergessene Sunbeam-Talbot-Darracq-Gruppe von Chrysler aufgekauft hatte, der Presse mit, daß das Markenzeichen Talbot für alle in Europa gefertigten Chrysler-Modelle verwandt werden würde. Ende 1985 wurde für den englischen Markt die zusammengesetzte Bezeichnung Peugeot-Talbot eingeführt. So wurde der neue kleine Peugeot 309 (der den Talbot Horizon ablöste) in der Talbot-Niederlassung von Coventry produziert. Zu den anderen Modellen, die zur gleichen Zeit in Großbritannien hergestellt und unter der Marke Talbot verkauft wurden, gehörte der Solara, der bald in Rapier und Minx umgetauft wurde (zwei bereits von Rootes verwendete Namen, die jedoch bis zu diesem Zeitpunkt nicht für Talbot-Automobile verwendet worden waren).

Das einzig wirklich neue Talbot-Modell war der Samba. Ein Kleinstwagen mit Motoren mit 954 cm³, 1.124 cm³, 1.219 cm³ und 1.360 cm³, dessen Produktion Anfang der achtziger Jahre in Poissy begann (der 1.219-cm³-Motor wurde in die Sportversion eingebaut).

Talbot 25 HP

Der 25 HP wurde 1908 vorgestellt und war das erste Talbot-Modell mit einem Motor mit „L"-Zylinderkopf. Die enorme Leistungsfähigkeit dieses Motors, der 1910 auf 4.156 cm³ und 4.531 cm³ erhöht wurde, zeigte sich jedoch erst, als George Brown mit der Konstruktion beauftragt wurde. Aufgrund seiner Erfahrung gelang Brown die Verdoppelung der Motorleistung im Vergleich zum Originalmodell. Um diese Leistungssteigerung in der Praxis zu demonstrieren, stattete Brown zwei einsitzige Rennversionen mit dem neuen Motor aus. Diese Rennwagen wurden Leslie Hands und Percy Lambert anvertraut, der in Brooklands neue Geschwindigkeitsrekorde auf der halben Meile in 182 km/h, auf der Meile mit 179,88 und mit 170,10 km/h aufstellte. Im Februar 1913 gelang es Lambert zum ersten Mal in der Geschichte des Automobils, 100 Meilen in einer Stunde zurückzulegen. Später wurde dieser Rekord von Automobilen mit größerem Hubraum eingestellt, weshalb dieser couragierte Rennfahrer einen 4,75-l-Motor in seinen Talbot einbaute. Im Oktober 1913 verlor Lambert bei einer Geschwindigkeit von mehr als 177 km/h die Kontrolle über sein Fahrzeug und verunglückte tödlich.

Die einsitzigen Rennwagen, die aus dem 25 HP entwickelt wurden, hatten einen Rahmen, der nur geringe Abweichungen von dem Rahmen der Tourer-Versionen aufwies, auf deren Basis sie entwickelt worden waren.

TALBOT 50 HP (1910)

Motor: 4 Zylinder in Reihe mit hängenden Ventilen
Bohrung/Hub: 101,5 mm x 140 mm
Hubraum: 4.531 cm³
Max. Leistung: 50 HP
Getriebe: mechanisch, 4 Gänge
Rahmen: Leiterrahmen
Aufhängung: starre Vorder- und Hinterachse mit Halbelliptikfedern
Bremsen: Trommelbremsen wirken auf Hinterräder und die Übertragung
Karosserie: Tourer oder Landaulet
Höchstgeschwindigkeit: 110 km/h

Talbot 14/45 HP

Der 14/45 HP wurde 1926 vorgestellt und war, obwohl nur 20 Pfund Sterling teurer als der wesentlich kleinere Talbot 10/23, ein wirklicher Viersitzer. Sein herausragendes Merkmal war eine qualitativ sehr hochwertige Verarbeitung. Dieser Talbot stellte eine sehr geglückte Zusammenstellung der Grundmerkmale des sehr teuren 12/30, der von den Pariser Konstrukteuren von Darracq

Talbot 25/50 HP

TALBOT

entwickelt wurde, und der zukunftsweisenden Technik von Georges Roesch dar. Ein Beispiel für dessen Arbeitsmethode zeigt die Entwicklung des 14/45 HP. In einer Versuchsreihe mit allen damals auf dem Markt erhältlichen Stahlarten untersuchte er die thermischen und mechanischen Eigenschaften, um den Werkstoff bestmöglich an die Lastungen der Einzelteile anzupassen. Dies ermöglichte die Konstruktion eines Motors mit hängenden Ventilen, die von dünnen Stoßstangen und ebenso leichten Kipphebeln betätigt wurden. Abgesehen von den niedrigen Gewichten (und Trägheitsmomenten) verfügte diese Ventilsteuerung über eine besonders einfache Spieleinstellung, wozu lediglich die entsprechende Feststellmutter verdreht werden mußte.

Verglichen mit dem Motor des 12/30 hatte der Motor des 14/45 HP eine nur 1 mm größere Bohrung (was genügte, um in der gleichen Steuerklasse zu bleiben), doch war die Leistung aufgrund der Höchstdrehzahl von 4.500^{-min} statt 3.000^{-min} doppelt so hoch. Der 14/45 HP war eines der ersten Automobile mit serienmäßigen Richtungsanzeigern.

Der 14/45 kann als eines der ausgefeiltesten Tourer-Modelle der Mittelklasse betrachtet werden und war das Grundmodell für alle weiteren von Roesch konstruierten Talbot-Modelle.

Talbot 90/105

Als im Februar 1930 der neue Talbot „70" vorgestellt wurde, erkannte Arthur Fox, Eigentümer eines Autohauses mit Talbot-Vertretung, sofort das enorme sportliche Potential des Motors dieses neuen Modells. Aus diesem Grund holte er bei der Direktion der Talbot-Werke die Genehmigung für die Konstruktion einer Rennversion ein, die mit dem neuen 2.276-cm³-Motor und dem Rahmen mit kurzem Achsstand des 14/45er Modells Scout ausgestattet werden sollte. Nachdem ein detailliertes Rennprogramm erstellt worden war, wurden drei Exemplare konstruiert. Ihre Bezeichnung „90" entspricht der zu diesem Zeitpunkt erwarteten Höchstgeschwindigkeit in Meilen pro Stunde.

Durch eine Erhöhung des Verdichtungsverhältnisses von 10 : 1 (ein Wert, der bis zu diesem Zeitpunkt für unmöglich gehalten wurde) gab der Motor auf dem Prüfstand eine Demonstration seiner großen Zuverlässigkeit und außerordentlichen Leistung (90 PS) ab. Bei ihrem ersten Rennen, dem Double Twelve von Brooklands im Jahr 1930, kollidierten zwei Talbot 90 auf der Zielgeraden, wobei ein Talbot in die Menschenmenge raste und ein Zuschauer und der Fahrer ums Leben kamen.

Im weiteren Saisonverlauf errangen die Talbot 90 bedeutende Erfolge wie den dritten und vierten Platz bei den 24 Stunden von Le Mans, die Klassensiege beim Grand Prix von Irland, der Tourist Trophy von Ulster und dem 500-Meilen-Rennen von Brooklands. Die Produktion des Talbot 90 wurde im Oktober 1933 eingestellt.

Im Frühling 1931 konstruierte Roesch den 105er, dessen Motor mit einem auf 2.969 cm³ vergrößerten Hubraum und einem geänderten Zylinderkopf eine Leistung von 100 PS erbrachte. 1931 errangen die Talbot-105-Rennwagen von Fox und Nicholl die Klassensiege beim Double Twelve von Brooklands, dem Grand Prix von Irland, in Le Mans und bei der Tourist Trophy. Die Zusammenarbeit von Fox und Nicholl endete 1932, und die 105er wurden dem Motorenpark von Adler anvertraut, mit deren Hilfe sie die Alpenrallye von 1934 gewannen.

Zwischen 1931 und 1935 produzierte Talbot etwa 325 Exemplare des 105; 1936/37, nach der Übernahme durch Rootes, wurden noch weitere 97 Fahrzeuge hergestellt. Es kamen noch weitere 200 Stück hinzu, die sich jedoch von dem Basismodell durch eine aerodynamischere Karosserie, einen modifizierten Motor und die Übertragung (jetzt mit Humber- und Vorwähl-Getriebe) unterschieden.

Talbot 90

TALBOT 14/45 HP (1926)

Motor: 6 Zylinder in Reihe mit hängenden Ventilen
Bohrung/Hub: 61 mm x 95 mm
Hubraum: 1.666 cm³
Max. Leistung: 45 HP
Getriebe: mechanisch, 4 Gänge
Rahmen: Leiterrahmen
Aufhängung: starre Vorderachse mit Halbelliptikfedern; starre Hinterachse mit Halbelliptikfedern und Auslegerfeder
Bremsen: Trommelbremsen an Vorder- und Hinterrädern
Karosserie: Tourer oder Limousine
Höchstgeschwindigkeit: 100 km/h

TALBOT 90 (1930)

Motor: 6 Zylinder in Reihe mit hängenden Ventilen
Bohrung/Hub: 69,5 mm x 100 mm
Hubraum: 2.276 cm³
Max. Leistung: 85 PS
Getriebe: mechanisch, 4 Gänge
Rahmen: Leiterrahmen
Aufhängung: starre Vorderachse mit Halbelliptikfedern; starre Hinterachse mit Halbelliptikfedern und Auslegerfeder
Bremsen: Trommelbremsen an den Vorder- und Hinterrädern
Karosserie: Tourer
Höchstgeschwindigkeit: 160 km/h

Talbot 14/45 HP

TALBOT (TALBOT-LAGO)
**Suresnes/Poissy, Frankreich
1920–1959, 1979–1986**

Im Oktober 1919 wurde Clement-Talbot in London von der traditionsreichen Automobilfirma Darracq übernommen, die in Suresnes, Frankreich, produzieren ließ, aber auch in England unternehmerisch sehr aktiv war. Die Modelle dieses Jahres wurden auf dem Pariser Salon unter dem Markennamen Talbot-Darracq vorgestellt. Ein Jahr später fusionierte Talbot-Darracq mit Sunbeam aus Wolverhampton. So entstand Sunbeam-Darracq (STD) Motors. Die Modelle wurden nun kurz Talbot, manchmal Talbot-Darracq, Sunbeam, seltener Talbot Special genannt. Das 1919er Darracq-Modell hatte einen 4.594-cm³-V8-Motor und unterschied sich von seinem Vorgänger Talbot im Grunde nur im Namen. 1921 erhielt es einen abnehmbaren Zylinderkopf, zwei Jahre später aus der Produktion genommen. Das Jahr 1922 brachte drei wirklich neue Modelle. Obwohl ausschließlich von Technikern des Hauses Talbot konstruiert, wurde das erste Modell als Talbot-Darracq 8/18 vorgestellt. Das zweite war ein Vierzylinder mit 10 HP. Der Hubraum von 1.505 cm³ wurde im Jahr darauf auf 1.598 cm³ erweitert. Das dritte Modell präsentierte sich mit vier Zylindern und 2.121 cm³. Alle drei Modelle hielten sich im Verkauf, bis sie 1927 von drei sehr schönen 6-Zylinder-Varianten abgelöst wurden: zwei Tourenwagen mit 2.867 cm³ bzw. 2.916 cm³ und ein Sportwagen mit 3.034 cm³.

1928 war noch ein Vierzylinder im Angebot: der DD mit einem 1.669-cm³-Motor, der direkt auf den alten 10-HP-Motor zurückging. Ihn ersetzte 1927 ein Sechszylinder, der M67 11 HP, der jedoch wenig Erfolg hatte. 1930 präsentierte Talbot den Pazific mit einem 8-Zylinder-Motor, der mit 3.822 cm³ Hubraum 22 PS hergab. Die kleinere Version Atlantic mit 3,4 l wurde bis 1935 gebaut. Als Talbot in diesem Jahr in den Bankrott der Gruppe STD hineingezogen wurde, wurde die Niederlassung in Suresnes von dem ehemaligen Produktionsleiter Antonio Lago übernommen, einem fähigen Techniker italienischer Herkunft. Lago überarbeitete nicht nur die alte Progammpalette ganz entscheidend, sondern entwickelte innerhalb kürzester Zeit zwei vollkommen neue 6-Zylinder-Modelle, die 1937 lanciert wurden. Beide Talbots hatten 2,7 bzw. 3 l. Zudem beauftragte Lago seinen Chefingenieur Becchi den 3-l-6-Zylinder-Motor des alten Talbots zu überarbei-

ten. Das Ergebnis, ein Stoßstangenmotor (dem 6-Zylinder-BMW-Motor ähnlich), war hinsichtlich seiner Leistung konkurrenzlos.

1950 brachte Talbot-Lago das Vierzylinder-Modell Baby mit 2.690 cm³ heraus. Der Absatz verringerte sich jedoch zusehends; 1958 gab es noch eine begrenzte Anzahl des Modells Lago-America, das zunächst mit einem 2,6-l-Motor von BMW ausgestattet war und später mit einem Simca-Motor. 1959 wurde die Produktion ganz eingestellt.

1979 beschloß der Automobilhersteller Peugeot-Citroën, wenige Monate nachdem er die Reste der alten Unternehmensgruppe STD von Chrysler übernommen hatte, den Markennamen Talbot für den europäischen Markt wieder zu verwenden; nur für Frankreich bevorzugte er die Bezeichnung Simca. Produziert wurden die Kompaktlimousine Horizon und die geräumige Limousine Tagora, ein Mittelklassewagen. Auch sehr ausgefallene Modelle wurden als Talbots verkauft, so der Matra Rancho und der Sportwagen Murena. Anfang der achtziger Jahre wurde die Produktion der Talbots in Poissy durch Streiks fast zum Erliegen gebracht. Die Situation normalisierte sich 1985. In Poissy begann man den Samba und den Solara zu produzieren. Der Samba, ein sehr sparsamer Wagen, wurde in vier Versionen mit 954 cm³, 1.124 cm³, 1.219 cm³ und 1.360 cm³ konzipiert (für die sportliche Version Rallye wurde ein Motor mit 1.219 cm³ verwendet). Die Limousine Solara hatte 1.600 cm³. Der langsame Niedergang der Marke Talbot fand 1986 sein Ende, als der Horizon dem Peugeot 309 seinen Platz überließ.

Talbot-Darracq V8

Mit einem V8-Motor im Jahr 1919 lanciert, wurde im Oktober dieses Jahres der Talbot-Darracq aus der Taufe gehoben und 1920 endgültig Talbot V8 genannt. Der Motor besaß zwei Blöcke mit vier Zylindern mit 90° Zylinderwinkel und wurde von einem Doppelvergaser über vier Düsen gespeist, die in der Mitte zwischen den beiden Zylinderreihen angeordnet waren. Die seitlich stehenden Ventile wurden über Kipphebel von einer einzigen Nockenwelle gesteuert.

Der Talbot V8 war sehr erfolgreich. Eingestellt wurde die Produktion 1922.

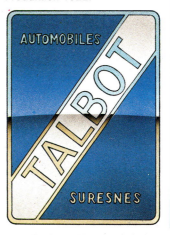

TALBOT DARRACQ V8 (1919)

Motor: 8-Zylinder-V-Motor mit stehenden Ventilen
Bohrung/Hub: 75 mm x 130 mm
Hubraum: 4.595 cm³
Max. Leistung: 60 HP
Getriebe: mechanisch, 4 Gänge
Rahmen: Leiterrahmen
Aufhängung: Starrachsen; Vorderachse mit halbelliptischen Blattfedern; Hinterachse mit Auslegerfedern
Bremsen: Trommelbremsen an den Hinterrädern
Karosserie: Torpedo
Höchstgeschwindigkeit: 115 km/h

Talbot-Lago Speciale Sport

Als Mitte der dreißiger Jahre der Grand Prix in Frankreich in einen Wettbewerb für Sportwagen umgewandelt wurde, beschloß Antonio Lago, eine Sportversion seines neuen 6-Zylinder-Talbots zu produzieren. Walter Becchia entwarf den Motor, der über 4 l Hubraum verfügte, halbkugelförmige Verbrennungsräume und schräggestellte Ventile besaß, die mittels Stoßstangen und Kipphebel von einer Nockenwelle gesteuert wurden. Seine Karosserie sah den damaligen Sportmodellen von Delahaye nicht unähnlich.

Der erste Talbot-Lago Speciale Sport Corsa war im Jahr 1936 fertiggestellt. In seiner Standardversion kam er auf eine Leistung von 165 PS, der „frisierte" Motor war noch stärker, wobei er in keiner Weise an Elastizität verlor. Trotz erhöhtem Verdichtungsverhältnis lief das Sportmodell auch ohne klopffestem Kraftstoff äußerst regelmäßig.

In der ersten Rennsaison errangen die Talbot-Lago Speciale Sport zwar keinen einzigen Sieg, zeigten aber ein beachtliches Potential. Obwohl vor allem als Rennwagen konzipiert, bestach auch die Version als Straßenwagen durch ihre Qualitäten. In der Rennsaison im Jahr 1937 konnten die Talbot-Lago Speciale Sport wichtige Siege in Montlhéry und beim Tourist Trophy von Donington feiern. In der Folgezeit qualifizierten sie sich noch häufig, vor allem bei dem englischen Geschwindigkeitsrennen von Brooklands.

TAMPLIN
**Staines/Cheam, Großbritannien
1919–1927**

Vor dem Ersten Weltkrieg hatte Kapitän Carden einen Kleinwagen mit Heckmotor konzipiert, der ein wahrer Mißerfolg wurde.

Talbot-Darracq V8

1919 entwarf Carden den Tamplin, dessen ungewöhnlicher Perimeterrahmen aus Eschenholz gebaut und wasserdicht mit Vulkanfiber verkleidet war. Doch der Rahmen erwies sich als völlig ungeeignet für den starken, von JAP konstruierten 965-cm³- 2-Zylinder-V-Motor. Ein kritischer Punkt war aber auch das Getriebe von Sturmey-Archer, das urspünglich als 3-Gang-Getriebe für Motorräder konstruiert worden war. Mit den Rädern war das Getriebe über Ketten verbunden und mit dem Motor über einen Riemen. Das Automobil hatte zwei Sitzplätze in Tandem-Anordnung. Der hintere Fahrgast war ziemlich eingezwängt.

Beharrlich suchte Carden drei Jahre lang Interessenten für sein ungewöhnliches Gefährt. Schließlich entschloß er sich im Jahr 1922, die beiden Sitze nun doch nebeneinander zu plazieren.

Talbot Lago Record (1947)

Motor
Position: längs eingebauter Frontmotor
Bauart: wassergekühlter 6-Zylinder-Reihenmotor mit 1 Zylinderblock und Gußeisenzylinderkopf
Hubraum: 4.482 cm³
Bohrung/Hub: 93 mm x 110 mm
Verdichtungsverhältnis: 6,5 : 1
Ventilsteuerung: 2 seitlich liegende Nockenwellen mit unsymmetrischen Stoßstangen und Kipphebeln
Gemischbildung: 3-Zenith-Stromberg-Vergaser
Zündanlage: mit Zündverteiler
Max. Leistung: 170 PS bei 4.000⁻ᵐⁱⁿ

Übertragung
Antrieb: Heckantrieb
Kupplung: trockene Einscheibenkupplung
Getriebe: mechanisches Wilson-4-Gang-Getriebe mit Vorwähler
Übersetzungsverhältnis: I) 3 : 1; II) 1,8 : 1; III) 1,29 : 1; IV) 1 : 1
Achsgetriebe: Schraubenräder-Hypoidgetriebe
Übersetzungsverhältnis im Achsgetriebe: 3,58 : 1

Aufhängung
Vorderachse: Einzelaufhängung mit Lenkern, Schraubenfedern, hydraulischen Stoßdämpfern
Hinterachse: Hinterstarrachse mit Längslenkern, hydraulischen Doppelstoßdämpfern und Doppelreibungsstoßdämpfern

Lenkung
System: Schneckenlenkung

Bremsen
Typ: Trommelbremsen

Räder und Bereifung
Felgen: Rudge-Whitworth-Speichen
Bereifung: 6,00 x 18 Zoll

Karosserie und Rahmen
Karosserie: zweitürige Limousine, oder nach Wunsch
Rahmen: Leiterrahmen mit X-Versteifung

Abmessungen und Gewicht
Länge: variiert je nach Karosserie
Breite: variiert je nach Karosserie
Radstand: 1.230 mm
Vordere und hintere Spurweite: 1.420 mm/1.485 mm
Gewicht: 1.700 kg

Leistung
Höchstgeschwindigkeit: 165 km/h
Kraftstoffverbrauch: 17 l/100 km

Der Talbot Lago Record aus dem Jahr 1947 wurde von einer neuen Version des alten 4,5-l-6-Zylinder-Motors angetrieben.

TARASCHI
Teramo, Italien
1947–1955

Berardo Taraschi, ein populärer Rennfahrer der italienischen Formelrennen der fünfziger Jahre, betätigte sich auch als Konstrukteur. Für seine Rennwagen nutzte er die entsprechend abgewandelte Technik von Großserienmodellen. Der erste, Urania getaufte Taraschi aus dem Jahr 1947 war ein zweisitziger Sportwagen mit einem 743-cm³-2-Zylinder-BMW-Motor.

1955 kam der Giaur, ein Sportwagen mit einem kleinen 740-cm³-4-Zylinder-Motor und obenliegender Doppelnockenwelle. Für die Technik zeichnete der Römer Giannini verantwortlich, Taraschi entwarf das Chassis. Der Giaur (der Name ist ein Clip-Kompositum aus Giannini und Urania) kommt auf 185 km/h.

Schließlich gab Taraschi seine Tätigkeit als Konstrukteur auf, um sich bis 1963 ganz dem Tuning zu widmen.

TATRA
Koprivnice, Tschechische Rep.
1923–

Der Techniker Hans Ledwinka, im Jahr 1878 in Klosterneuburg bei Wien geboren, begann seine Karriere als Maschinenschlosser. Schon 1897 nahm er seine Arbeit bei den Nesselsdorfer Werken im Osten von Mähren auf. Ursprünglich hatten die Nesselsdorfer Werke Kutschwagen gebaut. Als Ledwinka kam, produzierten sie vor allem Eisenbahnwagen, hatten aber bereits – dem Vorbild der deutschen Firma Benz folgend – die ersten Schritte im Automobilbau getan: Produziert wurde ein Modell namens Präsident. Zunächst bekam der junge Ledwinka nur unbedeutende Aufgaben übertragen. Bald schon wurde er befördert, da es ihm gelungen war, ein verbessertes Getriebe zu konstruieren. So wechselte der gerade Dreiundzwanzigjährige in die Automobilherstellung des Hauses über. In der Folgezeit unterbrach Ledwinka seine Arbeit bei den Nesselsdorfer Werken zweimal: Von 1902 bis 1905 arbeitete er bei einer Wiener Dampfwagenfabrik, wo er die Gelegenheit wahrnahm, mit der Applikation von Vorderradbremsen zu experimentieren. Von 1916 bis 1921 war Ledwinka bei Steyr beschäftigt.

Als Ledwinka zurückkehrte, waren die Nesselsdorfer Werke in Ringhoffer umbenannt, Nesselsdorf hieß nun Koprivnice und gehörte zur Tschechoslowakischen Republik. Bei Steyr hatte Ledwinka Zeit und Muße gefunden, ein Projekt zu entwickeln: ein leichtes Automobil mit 2-Zylinder-Boxermotor und Zentralrohrrahmen. Die Ringhoffer-Werke förderten sein Unternehmen, das bald konkrete Gestalt annahm: Das neue Automobil wurde Tatra 11 getauft – nach einer Gebirgskette in der Tschechoslowakei –, und die Ringhoffer-Werke nannten sich in Ringhoffer-Tatra-Werke um. Auch die alten Nesselsdorfer Modelle T und U wurden nun unter der Markenbezeichnung Tatra bis 1925 verkauft.

Tamplin Cyclecar

TALBOT-LAGO SPECIALE (1936)
Motor: 6 Zylinder in Reihe mit hängenden Ventilen
Bohrung/Hub: 90 mm x 104,5 mm
Hubraum: 3.989 cm³
Max. Leistung: 165 PS
Getriebe: mechanisch, 4 Gänge mit Vorwähler
Rahmen: Leiterrahmen mit X-Versteifung
Aufhängung: vordere Einzelradaufhängung mit Querblattfeder und Querlenker; hintere Starrachse mit Elliptikfedern
Bremsen: Trommelbremsen an den Vorder- und Hinterrädern
Karosserie: Sport-Zweisitzer
Höchstgeschwindigkeit: 160 km/h

TAMPLIN (1919)
Motor: 2-Zylinder-V-Motor
Bohrung/Hub: 85 mm x 85 mm
Hubraum: 965 cm³
Max. Leistung: 18 HP
Getriebe: mechanisch, 4 Gänge
Rahmen: selbsttragende Karosserie mit Eschenholzrahmen und Vulkanfiberverkleidung
Aufhängung: vordere Einzelradaufhängung mit Federbein und Schraubenfedern
Bremsen: nur an den Hinterrädern
Karosserie: 2 Sitze in Tandemanordnung
Höchstgeschwindigkeit: 65 km/h

An die Stelle des Tatra 11 trat der modernere Typ 12, der bis 1930 in Produktion blieb. Die leichte Karosserie und der kräftige Motor machten ihn zu einem Fahrzeug, das auch im Rennsport mithalten konnte. 1930 wurden diese 2-Zylinder-Modelle durch den 4-Zylinder-Typ 30 ersetzt, der einen luftgekühlten 1,7-l-Boxermotor besaß. Inzwischen war ein wassergekühlter 6-Zylinder-Typ mit 2 l Hubraum entwickelt worden, dem ein Jahr später, 1927, das größere Modell 31 mit 2,3 l Hubraum folgte.

Anfang der dreißiger Jahre erschien der Typ 57 auf dem Markt. Wieder war der typische Zentralrohrrahmen charakteristisch für ihn, er war jedoch insgesamt in seinen Dimensionen kleiner, und sein luftgekühlter 4-Zylinder-Motor arbeitete mit nur 1.160 cm³ Hubraum. Der Typ 75 war in den Grundzügen ganz ähnlich konstruiert, verfügte aber über 1.690 cm³.

Zwei Modelle der gehobeneren Klasse mit Motoren, deren einzige Gemeinsamkeit die Wasserkühlung war, hatte Ledwinka Ende der zwanziger Jah-

Talbot-Lago T26 SS

re entworfen. Der eine Motor war ein Sechszylinder mit 3.850 cm³, der andere ein V12-Motor mit 5.990 cm³.

1929 baute Ledwinka einen dreirädrigen Kleinlieferwagen mit 1-Zylinder-Heckmotor. Dieses Fahrzeug mit der Typenbezeichnung 49 gab den Auftakt zu dem ersten Tatra-Wagen mit Heckmotor: ein Coupé mit 2-Zylinder-Motor, das ganz offensichtlich wieder eine Schöpfung Ledwinkas war. Das Coupé kam 1931 auf den Markt. Ihm folgte im Jahr 1933 das 2-Zylinder-Modell V570, eine wieder windschnittige Limousine mit charakteristisch abgerundeter Frontseite. Spitzenzahlen in der Tatra-Produktion erreichte damals jedoch das traditionellere Modell 57 mit seinem 4-Zylinder-Motor und 1.160 cm³ Hubraum.

Im Frühjahr 1934 präsentierte Ledwinka den 77 mit luftgekühltem V8-Heckmotor, 2.969 cm³ Hubraum, zwei obenliegenden Nockenwellen und aerodynamischer Karosserie. Und noch ein weiteres Mal wurde als Rahmen der Zentralrohrrahmen gewählt.

Zu Beginn des Zweiten Weltkriegs hatten alle Tatra-Modelle luftgekühlte Motoren. Produziert wurden damals: der 52 mit 4-Zylinder-Frontmotor, stehenden Ventilen und 1.910 cm³ Hubraum; der 57 mit 1.260 cm³ Hubraum, bei dem die Ventile hängend angeordnet waren; der 97 mit Heckmotor, hängenden Ventilen und 1.760 cm³ Hubraum. Anstelle des 77 wurde der 87 verkauft, der ähnlich konstruiert war und einen kleineren Hubraum aufwies.

Während des Krieges bauten die Tatra-Werke Lastwagen für die Deutsche Wehrmacht, die in der Tschechoslowakei einmarschiert war. Nach dem Zweiten Weltkrieg von der neuen tschechischen Regierung der Kollaboration angeklagt, saß Ledwinka sechs Jahre im Gefängnis, obwohl die 1200 Beschäftigten der Tatra-Werke bezeugten, daß die Anklage völlig unbegründet sei. Als Ledwinka 1951 wieder freigelassen wurde, ging er nach Österreich und ließ sich schließlich in Deutschland nieder, wo er als Berater tätig wurde.

Die Tatra-Werke verlagerten ihren Produktionsschwerpunkt immer stärker auf den Bau von Schwertransportern. Doch so ganz zogen sie sich nicht aus der Automobilherstellung zurück. Sie produzierten überarbeitete Modelle, Modelle mit auf 2.472 cm³ verringertem Hubraum und alte Modelle mit V8-Heckmotor. Zwischen 1949 und 1951 kamen die Tatra-Werke auch mit Sportwagen und einsitzigen Rennwagen auf den Markt, die sehr leistungsstark waren. Von Vermirovsky, Soyka und Pavlicek gefahren, bewiesen die Rennwagen mit den luftgekühlten Heckmotoren ihre hohe Qualität bei vielen Wettbewerben. Von 1957 an wurden verschiedene Versionen des 603 produziert, der eine Weiterentwicklung der ursprünglichen Tatra-Modelle mit Heckmotor war. In den siebziger Jahren wurde hingegen der 631 auf den Markt gebracht, ein vom Design her besonders bestechendes Automobil, für dessen Optik Vignale verantwortlich zeichnete. Viele Exemplare wurden von dem 631 jedoch nicht hergestellt. In den ganzen zwanzig Jahren, in denen die Versionen des 603 vom Band rollten, wurden insgesamt nur 6.000 Stück hergestellt. Der größte Teil war für die Regierungen der kommunistischen Länder Osteuropas bestimmt.

Das Anfang der achtziger Jahre vorgestellte Nachfolgemodell des 603, der 613, wird bis heute mit großem Erfolg produziert. Die einzige große Heckmotor-Limousine der Welt besitzt einen luftgekühlten 3,5-l-V8-Motor mit vier obenliegen-

den Nockenwellen, der bei 5.200 Umdrehungen 168 PS leistet. Damit beschleunigt das aktuelle Modell 613-4 in elf Sekunden von 0 auf 100 km/h und erreicht eine Endgeschwindigkeit von 190 km/h.

Tatra hat sich allerdings in erster Linie als Lkw-Hersteller einen sehr guten Ruf erworben. Auch bei den Nutzfahrzeugen wurde der von Hans Ledwinka eingeführte Zentralrohrrahmen zu einem charakteristischen Element.

Tatra 11

Der 11 war das erste Automobil, das Ledwinka für das junge, aufstrebende, tschechoslowakische Werk entwickelte. Das Modell, auch Tatrachek oder Tin Dachshund benannt, stach vollkommen von allem technischen Standard der damaligen Zeiten ab: So bestand der Rahmen beispielsweise aus einem Zentralrohr, das die Rolle des traditionellen Leiterrahmens übernahm. Angetrieben wurde das Automobil von einem luftgekühlten 4-Zylinder-Boxermotor mit 1.056 cm³ Hubraum. Der Motor-Getriebe-Block war über der Vorderachse montiert. Die Hinterachse aus zwei beweglichen Halbachsen war mit einem besonderen Achsantrieb versehen: Zwei Kegelräder am Ende der Kardanwelle verzahnten sich mit je einem eigenen Zahnrad der Halbachsen. Diese technische Lösung mag auf den ersten Blick kompliziert erscheinen. Ihr Vorteil lag jedoch darin, daß sich Kardangelenke erübrigten, da sich die Halbachsen unabhängig voneinander in bezug auf das entsprechende Kegelrad bewegen konnten. Damit die Zahn- und Kegelräder ineinandergreifen konnten, mußten die Zahnräder verschiedene Durchmesser haben. Das Untersetzungsverhältnis war natürlich für beide Räder gleich. Obwohl der 11 zunächst als Tourenwagen konzipiert worden war, wurde er auch in einer Sportversion auf den Markt gebracht. Damit sollte der neuen Automobilmarke zu größerem Ansehen verholfen werden. Der Sportversion lagen beträchtliche Modifizierungen zugrunde: Der Motor zeichnete sich durch ein höheres Verdichtungsverhältnis, zwei Einlaßventile und eine gelagerte Kurbelwelle aus. Der Kraftstoffversorgung dienten größere Vergaser.

1925 wurden zwei Rennwagen hergestellt, die nun auch an den Vorderrädern mit mechanischen Bremsen und Einzelradaufhängung ausgerüstet wurden. Diese Version des 11 zählt zu den ersten Rennwagen mit vorderer und hinterer Einzelradaufhängung. Der starke Motor läßt diese Tatras mit 35 PS eine Höchstgeschwindigkeit von fast 135 km/h erreichen, so daß sie 1925 den ersten und zweiten Platz in der 1.100 cm³-Klasse des sizilianischen Straßenrennens Targa Florio erringen konnten. In demselben Jahr konnte sich ein Serien-11 in dem Langstreckenrennen Leningrad-Tiflis-Moskau qualifizieren, wobei er 78 Konkurrenten hinter sich ließ. Andere in Serie produzierte 11 traten zur Durchquerung von Afrika an. Auch bei der Fahrt durch die australische Wüste war der 11 unter den Teilnehmern.

Tatra Typ 11

TATRA TYP 11 (1923)

Motor: 2-Zylinder-Boxermotor mit hängenden Ventilen und Luftkühlung
Bohrung/Hub: 82 mm x 100 mm
Hubraum: 1.056 cm³
Max. Leistung: 15 HP
Getriebe: mechanisch, 4 Gänge
Rahmen: Zentralrohrrahmen
Aufhängung: Vorderstarrachse mit Querblattfeder; hintere Einzelradaufhängung mit beweglichen Halbachsen und Querblattfedern
Bremsen: nur an den Hinterrädern
Karosserie: Torpedo-Zweisitzer
Höchstgeschwindigkeit: 80 km/h

Zeitgenössische und spätere Berichterstatter betrachteten die von Hans Ledwinka angewandte technische Auslegung – Zentralrohrrahmen, Schwingachsen, luftgekühlter Boxermotor – als Revolution im Fahrzeugbau. Ledwinka ging zwar bei späteren Modellen von Front- auf Heckmotor, von Vorderrad- auf Hinterradantrieb und von Zentralrohr- auf Zentralkastenrahmen über, ließ aber das mit den Typen 11 und 12 (Bauzeit 1923 bis 1930) vorgegebene technische Prinzip nicht aus den Augen. Für die scheinbar einfache Bauweise erwärmten sich auch andere: Austro-Daimler übernahm Zentralrohrrahmen und Schwingachsen, Porsche (Volkswagen) Zentralrohrrahmen und luftgekühlten Heckmotor. Tatra vergab für das Modell 57 sogar Lizenzen nach Deutschland (Stoewer, Röhr) und nach Österreich (Austro-Tatra) – die einst unbeachtete osteuropäische Automobilfirma war dank Ledwinkas Konstruktionen zur technischen Avantgarde aufgerückt.

Der Zentralrohrrahmen war keine Erfindung Ledwinkas.

Er tauchte bereits 1904 und dann wieder 1909 an Fahrzeugen der Pariser Firma Lacoste et Battmann auf.

Tatra 77

Der Tatra 77 ging im März 1934 in Serie. Die Technik ist ungewöhnlich: Eigentlich war der luftgekühlte V8-Motor mit 3.379 cm³ in das Heck verlegt worden, um das Motorgeräusch zu verringern. Doch Ledwinka erkannte schon bald die Möglichkeit, die sich ihm bot, und ergriff sie: Er konnte die Karosserie wesentlich stromlinienförmiger gestalten als es bis dahin die traditionelle Bauweise erlaubt hatte.

Es gelang Ledwinka einen Cw-Wert (Luftwiderstandsbeiwert) von etwa 0,38 zu erreichen, der beim Nachfolgemodell 87 auf 0,38 verbessert werden konnte. Um das selbstgesteckte Ziel zu erreichen, widmete sich Ledwinka sorgfältig jedem Detail; er ging soweit, daß er das Fahrgestell fast vollständig verkleidete und stabilisierende Heckflossen anbrachte. Die aerodynamische Karosserie des 77 war die Krönung eines langen, geduldigen Experimentierens, das streng nach wissenschaftlichen Kriterien ausgerichtet war, ohne daß dabei die ästhetische Seite zu kurz gekommen wäre: Dieser Tatra überzeugte nicht nur durch seine Geschwindigkeit, seinen geringen Kraftstoffverbrauch und seine Stabilität, sondern auch durch eine wahrlich bestechende Linie.

Der 77 war das ideale Auto für Schnellstraßen und Autobahnen, die in Deutschland gerade im Entstehen waren: Er erreichte eine Höchstgeschwindigkeit von 150 km/h. Seine Bauweise war richtungweisend für alle kommenden Tatra-Generationen. So ist beispielsweise der moderne 613 in seiner Technik, abgesehen von der McPherson-Vorderradaufhängung, dem 77, der ein halbes Jahrhundert vor ihm konzipiert worden war, ausgesprochen verpflichtet.

TAU
Turin, Italien
1924–1926

Als Rubino seine Werke stilllegte, übernahm der Turiner Pietro Scaglioni mit Unterstützung einer Finanzgruppe die Werksanlagen und setzte die Produktion fort. Das TAU-Angebot umfaßte fast vollständig die alte Produktionspalette von Rubino. Es entstand der TAU-Typ 95 (2.297 cm³, 45 HP, 3.000^{-min}; 100 km/h) und der Sportwagentyp 90 (mit einer einzigen Nockenwelle, Höchstgeschwindigkeit bei fast 120 km/h). Mit dem Typ 90 erzielte TAU bei Wettbewerben manche Erfolge.

TATRA TYP 87 (1939)

Motor: 8-Zylinder-V-Motor mit hängenden Ventilen und 2 obenliegenden Nockenwellen
Bohrung/Hub: 75 mm x 84 mm
Hubraum: 2.967 cm³
Max. Leistung: 75 PS
Getriebe: mechanisch, 4 Gänge
Rahmen: Zentralrohrrahmen und Fahrschemel
Aufhängung: vordere Einzelradaufhängung mit Querblattfedern und Doppelquerlenkern; hintere Einzelradaufhängung mit Querblattfedern und beweglichen Halbachsen
Bremsen: Trommelbremsen an den Vorder- und Hinterrädern
Karosserie: Limousine mit 4 Sitzen
Höchstgeschwindigkeit: 150 km/h

TAURINIA
Turin, Italien
1902–1907

Eines der ersten Automobilwerke Italiens war Taurinia, am 6. November 1902 in Turin gegründet.

Die Produktion von Taurinia beschränkte sich auf einen einzigen Wagen, genannt 9 1/2 HP, mit einem 1-Zylinder-Motor von De Dion & Bouton, der drei Jahre lang gebaut wurde. Mit einem dieser Automobile gewann Giuseppe Alby (ein Gründer des Werks) 1904 in der Kleinwagenklasse das Rennen in Susa-Moncenisio. 1905 wurde der 10/12 HP mit einem 4-Zylinder-Fafnir-Motor mit zwei Zylinderblöcken in der Öffentlichkeit vorgestellt.

Auch dieses Modell zeigte in Rennen seine Stärke, so gewann es z.B. 1906 in San Remo den Coppa del Vecchio Chaffeur.

Zu dem 10/12 HP gesellte sich bald der stärkere 14/18 HP, der einen von Taurinia gebauten 3.054-cm³-4-Zylinder-Motor mit zwei Zylinderblöcken, seitlich liegender Nockenwelle und Kardanantrieb besaß. Die Höchstgeschwindigkeit lag bei 65 km/h. 1908 schloß das italienische Automobilwerk die Tore.

TB
Bilston, Großbritannien
1920–1924

Die Firma Thompson Brothers war und ist bis heute eine der bedeutendsten englischen Hersteller von Tankern. In den zwanziger Jahren stellte sie unter dem Markennamen TB auch Motordreiräder her. Die ersten Exemplare erschienen Ende 1919 auf den Straßen. Offiziell in den Handel kamen drei endgültige Versionen Anfang des folgenden Jahrzehnts: ein Zweisitzer mit luftgekühltem 2-Zylinder-Motor von Blackburne; ein „Familien"-Zweisitzer (zwei Erwachsene, ein Kind) und ein Sportwagen mit Jap-Motor, der wesentlich leichter und schneller war, als die anderen beiden Modelle mit ihren circa 50 kg. Die TB-Modelle wurden bis 1924 produziert.

TEMPERINO
Turin, Italien
1919–1925

1907 eröffneten die Brüder Maurizio, Giacomo und Carlo Temperino eine Werkstatt zur Reparatur von Autos und Motorrädern. Von dem jungen, brillanten Techniker Giulio Cappa Bava beraten, verwirklichten sie in den Jahren 1908 bis 1910 den Prototyp eines kleinen Automobils. Produzieren konnten die drei Brüder ihre Temperinos allerdings erst nach dem Ersten Weltkrieg, als sie eine verlassene Fabrikanlage für Präzisionsinstrumente in Turin im Viale Stupinigi übernahmen.

Die charakteristisch abgerundete Karosserie ließen die Brüder in den Farina-Werken herstellen. Die ersten Exemplare wurden von einem 2-Zylinder-V-Motor mit stehenden Ventilen und einem Hubraum von 1.020 cm³ angetrieben. Später wurde jedoch ein 2-Zylinder-Reihenmotor mit 1.096 cm³ und hängenden Ventilen montiert. Dies zog die Wahl eines recht ungewöhnlichen Antriebs nach sich: ein Handschaltgetriebe mit drei Gängen, das an der Hinterachse angeblockt war. Am stärksten der Kritik ausgesetzt war aber die Eigenart des Temperinos, nur ein Antriebsrad zu besitzen, und zwar eines der Hinterräder. Diese seltsame Konstruktion erübrigte allerdings die Anwendung eines Differentials und ermöglichte so eine Senkung der Produktionskosten.

1922 verhandelten die Brüder Temperino mit einer englischen Firma, die die Temperino-Modelle in Lizenz bauen wollte. Doch als der Handel offiziell zustandegekommen war, wurde das ganze Programm

Tatra Typ 87

TEMPERINO (1922)

Motor: V2-Zylindermotor mit hängenden Ventilen und Luftkühlung
Bohrung/Hub: 85 mm x 90 mm
Hubraum: 1.020 cm³
Max. Leistung: 20 HP
Getriebe: mechanisch, 4 Gänge
Rahmen: Leiterrahmen
Aufhängung: Starrachsen, halbelliptische Blattfedern an der Vorderachse, Auslegerfedern an der Hinterachse
Bremsen: Trommelbremsen nur an den Hinterrädern
Karosserie: Rennzweisitzer
Höchstgeschwindigkeit: 65 km/h

Temperino

annulliert. So blieb der Temperino immer bei sehr geringen Produktionszahlen. Die Temperino-Modelle erreichten beachtliche Geschwindigkeitswerte. Tatsächlich war der erste Wagen des berühmten Rennfahrers Giuseppe Farina ein Temperino.

Dennoch: Aller guter Wille der Gründer half nichts. Die Hoffnung auf Expansion zerbrach, als der größte Geldgeber des Unternehmens, die Banca Nationale di Sconto, ihren Bankrott erklären mußte. 1925 mußten die Brüder die Produktion einstellen.

TEMPLAR
Cleveland, USA
1918–1925

Der Templar war der bekannteste Vertreter einiger amerikanischer Versuche, kurz nach dem Ersten Weltkrieg einen qualitativ hochwertigen „Kleinwagen" in den USA zu vertreiben. Karosserieform, Werkstoffe und Verarbeitung waren hervorragend, wobei sich Templar den Luxus erlaubte, die Aluminium-Karosserien mit 27 Lackschichten zu versehen. Der anfänglich 3-l-, später 3,2-l-„Top-Valve"-Motor (d. h. overhead valves = hängende Ventile) lief trotz seiner nur vier Zylinder weich und geschmeidig und leistete mehr als die meisten vergleichbaren US-Motoren. Templar scheiterte, weil der amerikanische Käufer große und preiswerte Autos den gut ausgestatteten kleinen und teueren vorzog.

TERRAPLANE
Detroit, USA
1932–1937

Mit dem Modell Land Flying der Firma Terraplane war 1932 ein Nachfolger für ein ganz ähnliches Essex-Modell der Hudson-Gruppe gefunden worden. Der Land Flying hatte einen 2,5-l-6-Zylinder-Motor mit stehenden Ventilen. 1933 kam ein zweites Modell hinzu mit 8-Zylinder-Reihenmotor und 4 l Hubraum, das eine Geschwindigkeit von 137 km/h erreichte.

Das Chassis dieses Terraplane-Modells wurde von Reid

TEMPLAR (1922)

Motor: 4 Zylinder in Reihe mit hängenden Ventilen
Bohrung/Hub: 85,7 mm x 139,7 mm
Hubraum: 3.225 cm³
Max. Leistung: 50 HP
Getriebe: mechanisch, 3 Gänge
Rahmen: gepreßter Leiterrahmen
Aufhängung: Starrachsen, Halbelliptikfedern an Vorder- und Hinterachse
Bremsen: hinten
Karosserie: Roadster, Torpedo, Coupé, Sedan
Höchstgeschwindigkeit: 80 km/h

Templar 18/23

Tatra 77 (1934)

Motor
Position: längs eingebauter Heckmotor
Bauart: luftgekühlter 8-Zylinder-V-Motor (90°) mit einzelnen Graugußzylindern und Köpfen aus Leichtmetall
Hubraum: 3.376 cm³
Bohrung/Hub: 75 mm x 84 mm
Verdichtungsverhältnis: 5,6 : 1
Ventilsteuerung: 1 obenliegende Nockenwelle pro Zylinderreihe; 2 Ventile pro Zylinder
Gemischbildung: 1 Solex-Fallstromvergaser
Zündanlage: mit Zündverteiler
Max. Leistung: 68 PS bei 3.500 min⁻¹
Max. Drehmoment: 132 Nm bei 2.400 min⁻¹

Übertragung
Antrieb: Heckantrieb
Kupplung: trockene Einscheibenkupplung
Getriebe: mechanisches 4-Gang-Getriebe
Übersetzungsverhältnis: I) 4,7 : 1; II) 2,95 : 1; III) 1,56 : 1; IV) 1,04 : 1
Achsgetriebe: Stirnräder
Übersetzungsverhältnis im Achsgetriebe: 3,15 : 1

Aufhängung
Vorderachse: Einzelaufhängung mit Querlenkern, Querblattfeder und hydraulischen Stoßdämpfern (Schwingachse)
Hinterachse: Einzelaufhängung mit Querblattfeder und hydraulischen Stoßdämpfern (Pendelachse)

Lenkung
System: Zahnstangenlenkung

Räder und Bereifung
Felgen: Stahlfelgen
Bereifung: 650 x 16

Karosserie und Rahmen
Karosserie: viertürige Limousine mit 6 Sitzen
Rahmen: Zentralrohrrahmen

Abmessungen und Gewicht
Länge: 5.400 mm
Breite: 1.670 mm
Radstand: 3.150 mm
Vordere und hintere Spurweite: 1.250 mm/1.250 mm
Gewicht: 1.799 kg

Leistung
Höchstgeschwindigkeit: 145 km/h
Kraftstoffverbrauch: 14 l/100 km

UNTEN *Innensicht eines Tatra 77. Der im Heck montierte Motor und der lange Radstand ließen für die Fahrgäste viel Raum. Beachtet werden sollte auch der Zentralrohrrahmen, der ein Charakteristikum aller Tatra-Modelle war, und die hintere Radaufhängung mit Lenker und oberer Querblattfeder.*

RECHTS *Ledwinkas erster Entwurf eines Achsantriebs für Pendelachsen. Die aus dem Differential (kleines unteres Gehäuse) austretende Antriebswelle (rot) trägt zwei Kegelräder (rot), die jeweils ein Tellerrad (gelb) antreiben. Die Tellerräder, die sich auf der jeweils gegenüberliegenden Seite auf freilaufenden Kegelrädern (weiß) abstützen, sind fest mit den Seiten- und Antriebswellen (rot) in den Pendelachshälften (grau punktiert) verbunden. Achshälften, Seitenwellen und Tellerräder wälzen sich beim Ein- und Ausfedern des Fahrzeugs auf den jeweiligen Kegelrädern (rot/weiß) ab.*

TERRAPLANE BIG SIX (1934)

Motor: 6 Zylinder in Reihe mit stehenden Ventilen
Bohrung/Hub: 76,2 mm x 127 mm
Hubraum: 3.474 cm³
Max. Leistung: 70 PS
Getriebe: mechanisch, 3 Gänge
Rahmen: Leiterrahmen
Aufhängung: vordere Einzelradaufhängung (getrennte Achse) mit halbelliptischen Blattfedern; Hintere Starrachse mit Blattfedern
Bremsen: mechanische Trommelbremsen an den Vorder- und Hinterrädern
Karosserie: Limousine
Höchstgeschwindigkeit: 130 km/h

Railton so vervollkommnet, daß das neue Railton genannte Automobil mit weniger als 10 Doppelzentner herausragende Leistungen zeigte.

Das nächste Projekt, der Terraplane Big Six von 1936 mit vorderer Einzelradaufhängung, existierte in zwei Versionen: für die amerikanische Kundschaft mit einem leistungsstarken 3,5-l-Motor von Hudson und für den Export mit einem kleineren 2,6-l-Motor.

1936 kamen im Design überarbeitete Terraplanes auf den Markt, die u.a. mit hydraulischen Bremsen ausgerüstet worden waren. Trotz dieser technischen Verbesserungen wurde im Jahr darauf die Marke Terraplane endgültig aus dem Handel gezogen.

Als Ersatz stellte Hudson das neue kleine 6-Zylinder-Modell 112 vor.

Terraplane Big Six

THAMES
London, Großbritannien
1906–1911

Die Thames Iron Works Shipbuilding & Engineering Company in Greenwich wurde 1902 gegründet. Anfangs baute sie Schlachtschiffe und Lastkraftwagen.

Ihr Debüt in der Automobilherstellung fand 1906 auf dem Londoner Autosalon statt: Präsentiert wurde ein Modell mit einem 6-Zylinder-Reihenmotor und 40 bis 50 HP, das zu den gehobeneren Modellen zu rechnen ist.

Abgesehen von dem patentierten 3-Gang-Getriebe erntete dieser Thames viel Lob für die Präzision, mit der er entworfen worden war.

Im Jahr 1908 wurde die Produktion um den Zweizylinder 15 HP, den Vierzylinder 24 HP und den riesigen Sechszylinder 60 HP erweitert. Es war ein Thames HP, mit dem Clifford Earp, Ex-Gesellschafter der Firma Napier, in den Geschwindigkeitsrennen von Brooklands die Weltrekorde über alle Distanzen (einschließlich der 50 und 300 Meilen) errang. 1910 umfaßte die Produktionspalette von Thames den Einzylinder 8 HP, den Zweizylinder 12 HP, den Vierzylinder 15,9 HP und den Sechszylinder 24 HP sowie 60 HP.

Knapp ein Jahr später stellte die englische Firma die Automobilherstellung ein und baute nunmehr ausschließlich Nutzfahrzeuge.

THAMES (1906)

Motor: 6 Zylinder in Reihe (2 Blöcke) mit stehenden Ventilen
Bohrung/Hub: 114,3 mm x 127 mm
Hubraum: 7.817 cm³
Max. Leistung: 50 HP
Getriebe: mechanisch, 3 Gänge
Rahmen: Leiterrahmen
Aufhängung: Starrachsen mit halbelliptischen Blattfedern an Vorder- und Hinterachse
Bremsen: an Hinterrädern und Getriebe
Karosserie: nach Wunsch
Höchstgeschwindigkeit: 60 km/h

Erwähnenswert ist noch ein weiteres Modell: die Stage Coach, von der 1913 eine Anzahl für Stadtrundfahrten in London eingesetzt wurde.

Die Stage Coach zeichnete sich vor allem durch ihren ungewöhnlichen, kutschenähnlichen Aufbau mit vier Sitzbänken auf dem Dach aus und war außerdem vollgummibereift.

Thames 50 HP

THÉOPHILE SCHNEIDER

**Besançon/Billancourt, Frankreich
1910–1931**

Seit 1894 engagierten sich Théophile Schneider, der Sohn eines bekannten Seidenhändlers, und Edouard Rochet in der Rochet-Schneider getauften Gesellschaft. 1909 trat die Rochet-Schneider-Gesellschaft in Liquidation – ein Schicksal, das damals viele andere Automobilhersteller in Frankreich ereilte. Daraufhin wurde sie als Rochet-Schneider Ltd. mit Sitz in London neu gegründet. Dieses finanzielle Manöver führte zu tiefschürfenden Umwälzungen in der Geschäftsführung. Schneider, der seine Machtbefugnisse entscheidend beschnitten sah, ging nach Besançon im Nordosten Frankreichs und gründete dort 1910 die Firma Automobiles Théophile Schneider.

Die hier produzierten Automobile zeichneten sich durch eine außergewöhnliche Präzision in der Konstruktion aus. Ansonsten wahrten sie die Tradition (der Kühler lag wie bei den Renaults hinter dem Motor). Den Anfang machte der Théophile Schneider 16 PS (4-Zylinder-Motor, 1.693 cm³), ihm folgten ein Jahr später der 10 PS (1.767 cm³), der 14 PS (2.614 cm³), der 18 PS (3.685 cm³), der 25 PS (5.195 cm³) und der 15 PS mit sechs Zylindern und 3.181 cm³.

Um den Verkauf anzuheizen, schickte Théophile Schneider viele seiner Modelle zu Wettbewerben, wo sie häufig sehr gut abschnitten, ohne jedoch je einen Rekord aufstellen zu können. 1912 kamen der 14/16 PS (2.993 cm³) und der 28 PS (6.082 cm³) auf den Markt. Die Produktionspalette blieb, abgesehen von leicht modifizierten Werten für Bohrung und Hub, bis zum Ausbruch des Krieges unverändert.

1912 bemühte sich Théophile Schneider um die Übernahme der Pariser Automobilfabrik Mors, die bei den Banken hochverschuldet war. Einen Strich durch die Rechnung machte ihm jedoch eine von André Citroën geleitete Finanzgruppe. Als Ausweg kaufte Théophile Schneider die Fabrik von Billancourt, die dem Luftfahrtpionier Esnault-Peleteire gehört hatte.

Nach dem Waffenstillstand nahm Théophile Schneider die Produktion seiner Vorkriegsmodelle wieder auf: So rollte der 26 PS mit 5.501 cm³ erneut vom Band, der der Öffentlichkeit 1913 vorgestellt worden war. Die wichtigste Veränderung an dem Modell betraf den Kühler, der nun vor den Motor gestellt wurde, um dem Automobil ein zeitgemäßeres Aussehen zu verleihen. Spitzenmodell der Nachkriegszeit wurde jedoch der 14/16 PS, der zur Sechszylinder-Version 20 PS (4.489 cm³ Hubraum) weiterentwickelt wurde.

Eines der gelungensten Modelle von Théophile Schneider der zwanziger Jahre war wohl der 10 PS, ein viersitziger Sportwagen mit offener Karosserie, der einige wichtige Rennen fuhr, so auch das Le-Mans-Rennen. 1931 stellte das Werk Théophile Schneider seine Produktion ein.

THÉOPHILE SCHNEIDER 18 CV (1913)

Motor: 4 Zylinder in Reihe mit stehenden Ventilen
Bohrung/Hub: 95 mm x 140 mm
Hubraum: 3.969 cm³
Max. Leistung: 50 HP
Getriebe: mechanisch, 4 Gänge
Rahmen: Leiterrahmen
Aufhängung: Starrachsen mit halbelliptischen Blattfedern an Vorder- und Hinterachse
Bremsen: nur an den Hinterrädern
Karosserie: Torpedo, Cabriolet, Landaulet
Höchstgeschwindigkeit: 90 km/h

THOMAS

**Buffalo, USA
1902–1919**

Edwin Ross Thomas stieg 1902 in die Automobilherstellung mit zwei leichten Modellen ein: mit einem 1-Zylinder- und einem 2-Zylinder-Typ, deren Motorhaube unterhalb der Windschutzscheibe aufgeklappt wurde und deren Rohrschlangenkühler ziemlich tief gelagert war. 1903 kam ein Dreizylinder mit 24 HP hinzu. Ein Jahr später wurde die frontal aufklappbare Motorhaube durch den in dieser Zeit verbreiteteren Typ der längs aufklappbaren Haube ersetzt. Die Markenbezeichnung Thomas-Flyer wurde 1905 das erste Mal verwendet. In jenem Jahr umfaßte das Angebot drei Modelle: zwei Vierzylinder mit 40 bzw. 50 HP und einen Sechszylinder mit 60 HP. Alle drei Modelle waren als Touren- und als Sportwagen lieferbar.

1906 wurden alle Thomas-Flyer neu gestylt, wodurch sie den damaligen französischen Richard-Brasier-Modellen ähnlich wurden. Einziges unterscheidendes Merkmal war der Kühler, der dafür große Ähnlichkeit zu De-Dion-Modellen aufwies (der Hubraum der Thomas-Automobile war allerdings wesentlich größer als der der französischen Marke). Die neuen Thomas-Modelle eroberten sofort den Markt. 1907 verließen 700 zu Privatfahrzeugen und 400 zu Taxis bestimmte Exemplare die Werkshallen.

Auch das assoziierte Unternehmen Thomas-Detroit agierte auf dem Markt. Thomas-Detroit war von Thomas anläßlich eines rein zufälligen Treffens mit Roy D. Chapin gegründet worden, der damals in führender Stellung bei Oldsmobile arbeitete. Roy D. Chapin suchte nach Geschäftsleuten, die bereit wären, den Bau von Automobilen mittlerer Preisklasse zu finanzieren, die sein Kollege Howard Coffin entworfen hatte. Die Typenbezeichnung Thomas-Detroit wurde von 1906 bis 1908 verwendet und dann in Chalmers Motor Company umgewandelt.

Thomas-Flyer hingegen wurde weltweit bekannt, als im Jahr 1908 ein Vierzylinder mit 60 HP, der ein Jahr zuvor gebaut worden war, das Rennen New-York-Paris gewann. Dieser Sieg wirkte sich offensichtlich sehr positiv auf das Image der Firma aus: 1909 wurden mehr als tausend Exemplare verkauft. Unglücklicherweise erwies sich jedoch das 1909er Model L Flybout – das erste Modell mit Wellenantrieb – als völlig unzuverlässig. Die Verkaufszahlen sanken rapide. Thomas sah sich gezwungen, sein Werk an M. Meyer abzutreten, einen begüterten New Yorker Bankier. Meyer holte sich sofort ein Team früherer Führungskräfte von Packard ins Haus. Doch der Name Thomas war so ruiniert, daß nicht einmal der neuen Verantwortlichen mit all ihrer Erfahrung das Schicksal gnädig stimmen konnten. Im August 1912 wurde das Werk unter Aufsicht des Konkursverwalters geschlossen und kam ein Jahr später unter den Hammer. Um die recht angefüllten Werksmagazine zu leeren, wurden noch bis 1919 die letzten Automobile montiert. Edwin Ross Thomas starb 1936 im Alter von 85 Jahren.

Thomas-Flyer 60 HP

Als die Organisatoren des New York–Paris-Rennens offiziell verkündeten, daß dieses außergewöhnliche Langstreckenrennen von gut 35 000 km in New York am 12. Februar 1908 beginnen solle, kommentierte Edwin Ross Thomas ironisch: „Wir werden an diesem Rennen nicht teilnehmen; kein einziges der angemeldeten Automobile wird bis nach Chicago gelangen." Wenige Tage vor dem Start änderte er seine Meinung und gab Anweisung, einen der 60 HP (genauer, einen viersitzigen Tourer) aus der Serienproduktion noch schnell entsprechend umzurüsten.

Die knappe Zeit, die ihnen blieb, nutzten die Techniker, um die Verankerung der Schutzbleche mit Riemen zu verstärken und über das Automobil ein Verdeck zu spannen, das den Wagenplanen der amerikanischen Pioniere glich. Das waren die einzigen Änderungen vor dem Start. Während des Rennens wurde es nötig, den Bodenabstand zu vergrö-

Théophile Schneider 18 CV

Thomas-Flyer

Bern, so daß eine vollkommen gerade Vorderachse eingesetzt werden mußte.

Von den sechs Automobilen, die im Starterfeld angetreten waren, war der Thomas das einzige Modell aus amerikanischer Produktion. Allein die Durchquerung der Vereinigten Staaten barg derart große Schwierigkeiten, daß nur vier der gestarteten Fahrzeuge bis zu der Westküste gelangten. Außerdem war ein Teil der ausgewählten Strecke so unwegsam, daß ein Umweg eingeschlagen werden mußte, der über Alaskas Grenze führte.

Trotz Problemen mit dem Antrieb gelangte der Thomas als erster an die Küste des Pazifiks. Von hier aus wurden die Automobile, die noch nicht aus dem Rennen ausgeschieden waren, nach Sibirien verschifft. Sibirien war sicherlich der härteste Abschnitt des Rennens: die Piste brach oft ab, das Klima war widrig.

Nachdem Sibirien und Rußland durchquert waren, trafen die Konkurrenten endlich im Herzen Europas ein. Das deutsche Protos erreichte vor allen anderen das Ziel Paris. Tatsächlicher Sieger aber wurde der Thomas-Flyer 60 HP, wie die Berechnung des Verhältnisses von aufgewendeter Zeit zu den gefahrenen Kilometern ergab.

Als Folge dieses prestigehaften Sieges sprangen die Verkaufszahlen von Thomas geradezu steil in die Höhe. Der gute Ruf der Firma war jedoch sofort dahin, als wenig später die ersten Modelle mit Wellenantrieb in den Handel kamen. Sie stellten sich als derart unzuverlässig heraus, daß Thomas nur vier Jahre nach dem gewaltigen Rennsieg dem Konkursverwalter in die Hände fiel.

THOMAS-FLYER 60 HP (1907)

Motor: 4 Zylinder in Reihe mit stehenden Ventilen
Bohrung/Hub: 146 mm x 139,7 mm
Hubraum: 9.360 cm³
Max. Leistung: 70 HP
Getriebe: mechanisch, 4 Gänge (Radantrieb über Kette)
Rahmen: Leiterrahmen
Aufhängung: Starrachsen mit halbelliptischen Blattfedern an Vorder- und Hinterachse
Bremsen: an Hinterrädern und Getriebe
Karosserie: Tourer mit 4 Sitzen
Höchstgeschwindigkeit: 100 km/h

Zusammen mit all den anderen Besitztümern der Gesellschaft wurde auch das siegreiche Automobil versteigert. Es gehört nun zur Harrah-Sammlung von Reno in Nevada.

TODESCHINI
Mailand, Italien
1899

1899 gründeten Giovanni Todeschini und Giancarlo Pelatti aus Mailand eine Gesellschaft zur Herstellung von Kleinwagen mit luftgekühltem De-Dion-Bouton-Motor. Unter der Typenbezeichnung Lecas entstanden einige Prototypen, die nie in Produktion gingen.

TONELLO
Mailand, Italien
1921–1923

Der Name Tonello steht weniger für eine Fabrik, als vielmehr für die Initiative eines Privatmannes, des Mailänder Guido Meragalli, einen innovativen Sportwagen zu bauen. Nach den Entwürfen des Technikers Tonello, der über Erfahrungen bei Bugatti und Edoardo Bianchi verfügte, wurde ein Zweisitzer angefertigt. Der 4-Zylinder-Motor mit 1.743 cm³ Hubraum und 50 HP ermöglichte die Geschwindigkeit von 130 km/h. Weitere Merkmale sind die beiden Zündmagneten auf dem Zylinderkopf und das verstellbare Lenkrad.

TOYOTA
Toyota City, Japan
1935–

Als sich die Toyota Automatic Loom Manufacturing Company auf die Automobilherstellung einließ, gehörte sie längst zu den wichtigsten Webereimaschinenfabriken Japans. 1935 erkannte die Direktion, daß die Gesetze, die die Automobilherstellung blockierten, bald aufgehoben würden. Man beschloß, die Konstruktion eines ersten Prototyps voranzutreiben. Ein Automobil entstand, dessen Frontseite der des Chrysler Airflow auffallend glich, während der hintere Teil vom Torpedo-Modell Ford V8 inspiriert war. Mitte 1936 ging die endgültige Version in Produktion und kam als AB in den Handel. Es folgte der AA, eine dem aerodynamischen Airflow nachempfundene Limousine. Die Toyotas verfügten über sechs Zylinder mit hängenden Ventilen, 3.389 cm³ Hubraum und leisteten 65 PS. Der Motor entsprach in Form und Dimension dem damaligen Chevrolet Six. 1937 wurde die Firma in Toyota umbenannt. Bis zum Ausbruch des Zweiten Weltkriegs stammten alle weiteren Modelle direkt von dem AB- und dem AA-Typ ab. Das erste Nachkriegsmodell war der Toyopet SA mit zweitüriger Sedan-Karosserie und einem 27-PS-Motor. Der Toyopet SA wurde zwar 1947 vorgestellt, die Serienproduktion begann aber erst 1949, als die Siegermächte das für Japan geltende Verbot aufhoben, Automobile für den Privatgebrauch zu bauen.

Im Jahr 1954, als schon an die 10.000 Exemplare pro Jahr vom Montageband rollten, kam der Crown mit einem 1.453-cm³-Motor und hängenden Ventilen. Drei Jahre später erschien der 1.000-cm³-Corona. 1965 wurde der New Corona vorgestellt, ein Zweisitzer mit festem Dach, der den Export amerikanischer Marken nach Japan ausgleichen sollte. (Toyota hatte schon 1957/58 vergeblich versucht, den amerikanischen Markt mit seinen Modellen zu erobern.) 1960 wurde von Kuno-Motors Tokyo eine begrenzte Stückzahl an Crown-Sport-Modellen produziert, die eine Glasfaser-Karosserie und einen 1,5-l-Motor mit 72 PS hatten. 1961 entstand die Puplica-Serie mit luftgekühlten 700-cm³-Modellen.

Mit dem traditionell gehaltenen Modell Corolla 1100 nahm Toyota 1962 den Export nach Europa in Angriff. Dies war auch das Jahr, in dem Toyota das millionste Auto feierte. 27 Jahre währte der Weg zu diesem Ziel. Bedenkenswert ist, daß bis zum zweimillionsten Automobil nur 3 Jahre vergingen und das dreimillionste Auto im Jahr darauf das Werk verließ!

1967 entstand das Modell Century. Gleichzeitig wurde der Corona mit einem 1.500- bzw. 1.600-cm³-Motor ausgestattet, während der Crown wahlweise mit einem 6-Zylinder-Reihenmotor oder einem 8-Zylinder-V-Motor zu haben war. Im folgenden Jahr rollte eine neue Corona-Serie vom Band, der MkII. 1969 wurde nicht nur von den Exportwagen die Millionengrenze überschritten, auch die millionste Corolla verließ das Werk.

Im Dezember 1970 kamen die Modelle Celica (1.158 cm³) und Carina (1.400 cm³ und 1.600 cm³) heraus. 1972 erreichte die Toyota-Produktion die Rekordzahl von 10 Millionen, darunter waren gut 3 Millionen Corollas. Das nächste Jahr brachte den Starlet und einen überarbeiteten Corona. Starlet, ein direkter Abkömmling des Publica, war als zweitüriges Coupé und als viertürige Limousine verfügbar. Am Corona-Modell wurden das Design und die Motoren modernisiert (nun 1.600 cm³, 1.800 cm³ und 2.000 cm³). 1979 umfaßte die Produktionspalette von Toyota folgende Modelle: Starlet (993 cm³ und 1.166 cm³), Carina (als Limousine und Familienwagen mit 1.588-cm³-Motor), Celica (1.588 cm³ und 1.969 cm³) und Cressida (1.968 cm³). Spitzenmodell war die Luxusversion des Crown mit einem Hubraum von 2.563 cm³. Auch die beiden neuen Modelle Tercel und Corsa gelangten 1979 in den Verkauf, beide mit Vorderradantrieb und 1.452 cm³ Hubraum ausgestattet.

Um die Position als meistverkaufte Automobilmarke Japans zu behaupten, wurde im Jahre 1980 das Angebot beträchtlich erweitert. Andere Versionen des Tercel/Corsa, Starlet, Corolla/Sprinter, Carina und Crown entstanden.

Der Camry, eine Anfang der 80er Jahre präsentierte Mittelklasse-Limousine mit Frontantrieb, trug zum weiteren Erfolg der Marke bei. So war Toyota 1984 klar zum drittgrößten Automobilhersteller der Welt (nach General Motors und Ford) aufgerückt.

1986 kam das neue Celica-Sportcoupé mit Frontantrieb auf den Markt, zwei Jahre nach dem MR2-Mittelmotor-Sportwagen. 1988 gründete Toyota eine neue Marke für den amerikanischen Markt: Lexus. Das erste Produkt der exklusiven Lexus-Modelle war der LS 400, eine große Luxus-Limousine mit 4,0-l-V8-Motor, der mit vier obenliegenden Nockenwellen 245 PS leistet und bis heute immer noch unverändert gebaut wird. Der LS 400 wurde – auch durch seinen relativ günstigen Preis von etwa 35.000 Dollar – zu einem großen Erfolg in den USA und ebnete den Weg für weitere Lexus-Modelle. Heute beginnt das Angebot mit der 6-Zylinder-Limousine ES 300, die mit dem 3,0-l-Triebwerk des Toyota Camry (188 PS) ausgerüstet ist, auf dem der ES 300 basiert. Neben dem LS 400 ist auch ein Coupé SC 400 mit V8-Motor im Programm. Als SC 300 wird das Coupé auch mit einem 3,0-l-V6 mit 228 PS gebaut. Neuestes Modell ist der GS 300, eine V6-Limousine mit Guigiaro-Karosserie.

Toyota MR2

Der Toyota MR2 war für den Hersteller ein Vorstoß in eine neue Automobilklasse. Der 1984 präsentierte Sportwagen mit Mittelmotor zielte auf eine junge Käuferschicht, für die Fahrvergnügen weit mehr zählt als praktische Überlegungen. Das Mittelmotor-Konzept orientierte sich an teuren Supersportwagen.

Der erste MR2 wurde vom 1,6-l-TwinCam-Motor aus dem Corolla angetrieben. Damit erreichte er schon sehr gute Fahrleistungen (0-100 km/h in acht Sekunden). Die 1989 vorgestellte zweite Generation verfügte nicht nur über eine größere, abgerundete, an einen Ferrari erinnernde Karosserie, sondern auch über einen neuen Motor mit 2 l Hubraum und 156 PS. Die Topversion mit Turbolader bringt es mit 225 PS auf eine Spitze von über 240 km/h.

Der MR2 ist einer jener Sportwagen, mit denen die japanische Autoindustrie versucht, sich Anteile in einem bisher von ihr wenig beachteten Marktsektor zu sichern. Der Zeitpunkt erscheint günstig. Mit dem Niedergang der englischen Automobilindustrie verschwanden die in aller Welt geschätzten Sportwagen von MG, Triumph, Austin-Healey und Sunbeam, und nachdem die beiden Energiekrisen in den siebziger Jahren überwunden und die in fast jedem Land verhängten Geschwindigkeitsbeschränkungen verdaut sind, kann der seit Anfang der achtziger Jahre herrschende Verkaufsboom für Sportwagen voll ausgenutzt werden. Die japanischen Sportwagen lösten damit die untergegangenen englischen Marken ab.

TOYOTA MR2 (1985)
Motor: 4-Zylinder-Doppelnockenwellen-Mittelmotor mit 4 Ventilen pro Zylinder, quer eingebaut
Bohrung/Hub: 81 mm x 77 mm
Hubraum: 1.587 cm³
Max. Leistung: 122 PS
Getriebe: mechanisch, 5 Gänge
Rahmen: selbsttragende Karosserie
Aufhängung: vordere Einzelradaufhängung mit McPherson-Achse, Längslenkern und Kurvenstabilisatoren
Bremsen: Scheibenbremsen an den Vorder- und Hinterrädern
Karosserie: zweitüriges Coupé
Höchstgeschwindigkeit: 195 km/h

Toyota MR2

Toyota Corolla

Auf dem japanischen Markt wurde dieses Modell im Jahr 1966 eingeführt. In seiner ersten Version war der Corolla ein recht bescheidener Wagen (eine nur zweitürige Limousinen-Karosserie, 4-Zylinder-Reihenmotor mit hängenden Ventilen und 1.077 cm^3 Hubraum). Von technischer Warte aus hatte der Corolla nichts Innovatives zu bieten. Sein geringer Preis jedoch machte ihn schnell zu dem meistverkauften „Volkswagen" aus japanischer Produktion. Schon Ende 1966 wurden 30.000 Exemplare pro Monat produziert, was für damalige Zeiten sensationell war, vor allem wenn man bedenkt, daß der Corolla ausschließlich im eigenen Land verkauft wurde.

Ende der sechziger Jahre wurde das Angebot an Corolla-Modellen reicher; hinzu kamen viertürige Limousinen-Versionen sowie die Coupé-Version, die dank der sorgfältigen Überarbeitung des Motors über 1.166 cm^3 verfügte und deutlich bessere Leistungen zeigte. Im Laufe der Zeit wurde der Motor ständig erweitert, von den ursprünglichen 1.077 cm^3 Hubraum auf 1.400 cm^3, dann 1.500 cm^3, 1.600 cm^3 und schließlich sogar auf 1.800 cm^3. Alle Versionen haben Vorderradantrieb. Diese technische Lösung wird inzwischen von allen wichtigen Automobilherstellern der Welt (zumindest für Wagen dieser Klasse) bevorzugt gewählt. Seit 1972 sind die Corolla-Modelle – wenn auch nur im Inland – mit mechanischem 5-Gang-Getriebe erhältlich. Bei anderen Automobilmarken begann sich dieses technische Detail erst in den achtziger Jahren allmählich durchzusetzen.

Das gegenwärtige Angebot an Corolla-Modellen ist in sechs Generationen gereift, von denen jede einzelne eine wichtige technische Verbesserung mit sich gebracht hat.

Im Jahr 1983 verließ der zehnmillionste Corolla die Hallen des Werks, und mit ihm kam dieses Modell zu der Ehre, sich zu den wenigen, weltweit und für alle Zeiten am häufigsten verkauften Automobilen zählen zu dürfen.

> **TOYOTA 2000 GT (1966)**
> *Motor:* 6 Zylinder in Reihe mit 2 obenliegenden Nockenwellen
> *Bohrung/Hub:* 75 mm x 75 mm
> *Hubraum:* 1.988 cm^3
> *Max. Leistung:* 150 PS
> *Getriebe:* mechanisch, 5 Gänge
> *Rahmen:* selbsttragende Karosserie
> *Aufhängung:* vordere und hintere Einzelradaufhängung mit Querlenkern und Schraubenfedern an Vorder- und Hinterachse
> *Bremsen:* Scheibenbremse
> *Karosserie:* Coupé mit 2 Sitzen
> *Höchstgeschwindigkeit:* 220 km/h

Toyota 2000 GT

Dieses 1966 lancierte Coupé zierte eine windschnittige Karosserie. Zudem besaß es einen 6-Zylinder-Motor mit obenliegender Doppelnockenwelle. Ähnlich dem Motor der Limousine 1600 GT (4-Zylinder-Doppelnockenwellen-Motor), war auch der Motor des Coupés rennstabil. Der 2000 GT war typisch europäischen Vorlieben verpflichtet (z. B. Speichenräder oder 5-Gang-Schaltung).

Toyota 2000 GT

Praktisch bekräftigte Toyota mit diesem Modell nicht nur den Anspruch, auf dem Weltmarkt heimisch zu werden, sondern demonstrierte zugleich, daß man es sehr wohl mit den renommiertesten Herstellern (vor allem den europäischen) aufnehmen könne – und zwar auch im Bereich der Speichenrad-Sportwagen.

TRABANT
**Deutsche Demokratische Republik
1959–1990**

Die Ursprünge des Trabant gehen auf die Nachkriegszeit zurück, als die DDR verschiedene Produktionsstätten, die unter ihre Kontrolle gekommen waren, zusammenschloß und verstaatlichte. So enstand 1949 die IFA, die die Anlagen von Audi und DKW nutzte. 1958 wurde die Markenbezeichnung zunächst in AWZ umgeändert, 1959 endgültig in Trabant.

Alle Trabant-Modelle waren deutlich als Kleinwagen konzipiert. Man verwendete einen 2-Zylinder-Zweitakt-Reihenmotor mit Frontantrieb. Der ursprüngliche Hubraum von 499 cm^3 Hubraum wurde 1963 auf 594 cm^3 erweitert. 1979 kam zur Trabant-Palette ein Modell mit offener Karosserie hinzu, das Tramp genannt wurde. In den achtziger Jahren wurde schließlich der Kombi Universal

> **TOYOTA COROLLA 1,6i (1993)**
> *Motor:* 4-Zylinder-Reihenmotor, zwei obenliegende Nockenwellen, 16 Ventile
> *Bohrung/Hub:* 81 mm x 77 mm
> *Hubraum:* 1.587 cm^3
> *Max. Leistung:* 84 kW / 114 PS bei 6.000^{-min}
> *Getriebe:* mechanisch, 5 Gänge oder Viergang-Automatik
> *Rahmen:* selbsttragende Karosserie
> *Aufhängung:* Einzelradaufhängung vorne und hinten,
> *Bremsen:* Scheibenbremsen vorne und hinten
> *Karosserie:* viertürige Limousine, auch mit Schräghheck- oder Kombikarosserie, oder dreitüriges Kompaktmodell
> *Höchstgeschwindigkeit:* 195 km/h

Toyota Corolla

vorgestellt. Nach der deutschen Wiedervereinigung im Jahre 1989 wurde die Produktion eingestellt und die Werksanlagen von VW übernommen.

TRACTA
**Asnières, Frankreich
1926–1934**

Von allen Automobilmarken, die in größerem Rahmen den Frontantrieb vorangebracht hatten, ist Tracta sicher mit an erster Stelle zu nennen. Die Gründer Jean Grégoire und Pierre Fenaille, zwei junge, fähige Ingenieure, hielten es für richtig, diese Technik vor ihrer Anwendung in der Produktion in Rennen zu überprüfen.

Das erste Tracta-Modell Gephi wurde 1926 fertiggestellt. Es besaß einen 1.100-cm³-SCAP-Motor, der von einem Cozette-Kompressor aufgeladen wurde. Grégoire und Fenaille entwickelten Gleichlaufgelenke, deren Winkelgeschwindigkeiten in Kurven konstant blieben. Angesichts der hervorragenden Leistungen des Prototyps ging der Gephi bald in Serienproduktion.

Tracta

TRABANT 601 LIMOUSINE (1983)
Motor: 2-Zylinder-2-Takt-Reihenmotor
Bohrung/Hub: 72 mm x 73 mm
Hubraum: 595 cm³
Max. Leistung: 26 PS
Getriebe: mechanisch, 4 Gänge
Rahmen: selbsttragende Karosserie
Aufhängung: vordere Einzelradaufhängung mit Querblattfedern und Querlenkern; hintere Einzelradaufhängung mit Querblattfedern und beweglicher Achse (getrennt)
Bremsen: Trommelbremsen an den Vorder- und Hinterrädern
Karosserie: Limousine, Kombi
Höchstgeschwindigkeit: 100 km/h

So entstanden die ersten für den Straßenverkehr tauglichen Tracta-Modelle. Die folgenden acht Jahre brachten noch viele hundert Exemplare, sei es mit Sport- oder Tourenkarosserie. Ihrem tiefliegenden Schwerpunkt verdankten die Tractas die ausgezeichnete Straßenlage. Andererseits beanspruchte der Antrieb mit Reihenmotor und Getriebe viel Raum, so daß hinter der langen Motorhaube wenig Platz für die Fahrgäste blieb. Auch der Anlaßgenerator, der direkt am hinteren Ende der Antriebswelle montiert war und an den Fahrgastraum grenzte, verhinderte seinerseits eine großzügigere Raumgestaltung.

Geliefert wurden die Tractas mit 4-Zylinder-SCAP-Motoren mit 1.100 cm³ und 1.600 cm³ (mit oder ohne Kompressor), aber auch mit 2.700-cm³-Continental-Motoren und mit 6-Zylinder-ohv-Motoren mit 3.000 cm³ von Hotchkiss.

Die Ironie des Schicksals wollte es, daß die Tracta-Modelle genau in dem Moment – im Jahr 1934 – von der Szene verschwanden, als Citroën mit dem Traction Avant in Serie gehen wollte, einem Automobil, das zur Verbreitung des Frontantriebs viel beitragen sollte.

TRACTA (1929)
Motor: 4 Zylinder in Reihe mit hängenden Ventilen
Bohrung/Hub: 70 mm x 104 mm
Hubraum: 1.616 cm³
Max. Leistung: 40 HP
Getriebe: mechanisch, 4 Gänge (Vorderradantrieb)
Rahmen: Leiterrahmen
Aufhängung: vordere Einzelradaufhängung mit Federbein; Hintere Starrachse mit umgekehrten Auslegerfedern
Bremsen: Trommelbremsen an den Vorder- und Hinterrädern (vorne am Abtrieb des Differentials)
Karosserie: Spider, Coupé
Höchstgeschwindigkeit: 105 km/h

Aber die Tracta-Technik wurde auch von anderen Automobilherstellern übernommen. So präsentierte beispielsweise die belgische Firma Juwel 1928 auf dem Autosalon von Brüssel den TA-4, der als perfekte Kopie angesehen werden kann (nur der Motor war ein anderer, ein 1.131-cm³-Juwel-Motor mit obenliegender Nockenwelle). Der neu gegründete Automobilhersteller Astra kaufte schließlich die Konstruktionspläne von Tracta und stellte die ersten Exemplare auf dem Salon von Brüssel 1929 vor.

Der Astra wurde von demselben SCAP-Motor angetrieben, der in die Tracta-Modelle eingebaut war, die Aufhängung der Hinterräder war verbessert worden. Bis 1931, als der Astra vom Markt verschwand, war eine begrenzte Anzahl verkauft worden.

TRACTION AERIENNE
**Neuilly, Frankreich
1921–1926**

Wie der Leyat Helica, so hatte auch diese bizzarre, kleine, aerodynamische Limousine einen Propellerantrieb. Im Unterschied zu dem Leyat hatte der Traction Aerienne (auch unter dem Namen Eolia vermarktet) eine Vorderradlenkung und Vierradbremsen, die das Fehlen der Motorbremse ausglichen.

Um zu verhindern, daß die Propellerschraube zu einer todbringenden Gefahr für Passanten würde, überspannte man sie mit einem stabilen Netz aus Eisenfäden.

TRACTION AERIENNE (1922)
Motor: luftgekühlter 2-Zylinder-Boxermotor
Bohrung/Hub: 90 mm x 120 mm
Hubraum: 1.527 cm³
Max. Leistung: nicht bekannt
Rahmen: Rohrrahmen
Getriebe: Propellerantrieb
Aufhängung: Starrachsen mit Blattfedern an Vorder- und Hinterachse
Bremsen: Trommelbremsen an den Vorder- und Hinterrädern
Karosserie: aerodynamische Limousine
Höchstgeschwindigkeit: 100 km/h

Trabant 601 Limousine

Traction Aerienne

TRIDENT

Trident Clipper II

TRIDENT CLIPPER (1976)

Motor: 8-Zylinder-V-Motor mit hängenden Ventilen
Bohrung/Hub: 102 mm x 91 mm
Hubraum: 5.899 cm³
Max. Leistung: 230 PS
Getriebe: automatisch, 3 Gänge
Rahmen: Kastenrahmen
Aufhängung: vordere und hintere Einzelradaufhängung mit Querlenkern und Schraubenfedern an der Vorderachse und mit Schraubenfedern und Längslenkern an der Hinterachse
Bremsen: Scheibenbremsen an den Vorderrädern, Trommelbremsen an den Hinterrädern
Karosserie: Coupé 2+2
Höchstgeschwindigkeit: 225 km/h

TRIDENT
Woodbridge/Ipswich, Großbritannien
1966–1978

Als 1965 TVR aufgrund ernster Finanzschwierigkeiten die Produktion des von Trevor Fiore entworfenen Coupés einstellen mußte (festes Dach über einem Healey-3000-Chassis), übernahm W. J. Last Konstruktionspläne und Produktionsrechte und gab so den Auftakt zum Trident Car. Das erste von dieser kleinen Firma gebaute Automobil war ein Cabriolet, im Design dem Coupé TVR sehr ähnlich, das von einem 4,7-l-Ford-V8-Motor angetrieben wurde.

In Serienproduktion ging Anfang 1967 eine Version mit – im Vergleich zum Prototyp – zeitgemäßerem Rahmen und wahlweise offener oder geschlossener Glasfaser-Karosserie. Nach Wunsch konnte sich die Kundschaft anstelle des V8-Motors einen 3-l-Ford-V6-Motor einbauen lassen.

1969 präsentierte Trident ein neues Modell mit einem gebührend verstärkten Boden des Triumph TR6. Auf den Markt kam der neue Trident unter dem Namen Venturer (V6-Motor) und Clipper (V8-Motor). Der 1970er Clipper II war nicht nur im Styling verbessert, sondern besaß auch einen 5,9-l-Chrysler-V8-Motor. 1970 erschien der Tycoon, angetrieben von dem 2,5-l-Motor, der schon im TR6 montiert war.

Trident gelang es, über 200 seiner Automobile zu verkaufen, manche von ihnen als Bausatz: 50% gingen ins Ausland.

TRIKING
Marlingdorf, Großbritannien

Offensichtlich hatte der Morgan Threewheeler eine von Enthusiasten als schmerzlich empfundene Lücke hinterlassen, als dessen Produktion 1950 auslief. Denn seitdem tauchten hin und wieder Nachbauten auf, die den Morgan zum Vorbild hatten, wenn auch mit anderen Motoren und weiterentwickelten Bauteilen.

Neuestes Angebot ist der Triking, vielleicht das letzte Cyclecar nach damaligem Verständnis. Zwischen den beiden Vorderrädern und vor der eigentlichen Karosserie hängt ein luftgekühlter V2-Moto-Guzzi-Motor mit wahlweise 850 oder 1.000 cm³ Hubraum. Eine Kardanwelle überträgt die Motorleistung auf das einzelne Hinterrad. Der kombinierte Gitterrohr-/Kastenrahmen trägt die Aluminium-Karosserie, Frontklappe, Heckdeck und Kotflügel sind aus glasfaserverstärktem Kunststoff. Die Zahnstangenlenkung stammt von Lotus und Triumph, die unabhängige Radaufhängung liefert der Hersteller. Gegenüber dem Morgan und seinen Abkömmlingen in England und Frankreich hat der Triking Scheibenbremsen an allen drei Rädern und erreicht eine Höchstgeschwindigkeit von ca. 175 km/h.

Zunächst war der Triking wie üblich als komplettes Fahrzeug vom Hersteller zu beziehen. Inzwischen ist er auch als Kit Car käuflich, d. h. man kann alle oder Bauteile nach Wahl bestellen und sie selbst zusammenbauen. Autobau im Do-it-yourself-Verfahren ist in England und auch in den USA mittlerweile sehr beliebt.

TRIKING (1982)

Motor: 2-Zylinder-V-Motor mit hängenden Ventilen
Bohrung/Hub: 88 mm x 78 mm
Hubraum: 949 cm³
Max. Leistung: 71 PS
Getriebe: mechanisch, 5 Gänge
Rahmen: Stahlrohrrahmen
Aufhängung: Einzelradaufhängung der 3 Räder, Schraubenfedern und Längslenker an der Hinterachse
Bremsen: Scheibenbremsen an den Vorder- und Hinterrädern
Karosserie: Sport-Zweisitzer
Höchstgeschwindigkeit: 175 km/h

Triking

TRIUMPH
**Coventry, Großbritannien
1923–1984**

Triumph, gegründet von dem emigrierten Deutschen Siegfried Bettmann in Coventry in England, begann seine Produktion 1901 mit Motorrädern. Ihr Debut in der Automobilherstellung gab die Firma erst 1923. Damals übernahm Triumph Dawson, eine Gesellschaft, die in jenem Jahr vom Markt verschwand.

Der erste Triumph war das 1,4-l-Modell 10/20, das ein Jahr später vom 13/30 (1.900 cm³) abgelöst wurde. Das 13/30 hatte als erstes englisches Auto hydraulische Außenbakkenbremsen von Lockheed. 1927 erschien der Super Seven, ein technisch ausgereiftes, leichtes Fahrzeug mit 832 cm³. Drei Jahre später folgte der Scorpion mit einem eleganten Sechszylinder und nur 1.200 cm³. Für den 1932er Super Nine wurde ein Coventry-Climax-Motor gewählt (die Einlaßventile saßen im Zylinderkopf, die Auslaßventile waren seitlich angeordnet). Im Jahr darauf kam der Ten hinzu.

Auf dem Sportwagenmarkt konnte Triumph regen Absatz verzeichnen, vor allem auf dem australischen Markt mit den 1934er Sporttourenwagen Southern Cross und Gloria. Den Gloria gab es in zwei Ausführungen: mit 4-Zylinder-Coventry-Climax-Motor (1.100 cm³) und 6-Zylinder-Motor (1.500 cm³). 1934 übernahm Donald Healey die Leitung der Entwicklungsabteilung. Unter seiner Führung wurde der 2-l-Dolomite entwickelt (aufgeladener 8-Zylinder-Doppelnockenwellen-Motor), der seinen Alfa-Romeo-Zeitgenossen nicht gerade unähnlich war. Bald stellte sich das Achtzylinder-Programm als zu anspruchsvoll heraus. So gab man sich schon nach wenigen Exemplaren mit bescheideneren Vier- und Sechszylindern zufrieden.

Ab 1937 begann Triumph eigene ohv-Motoren herzustellen. Auf Wunsch der Kundschaft konnten die im Programm befindlichen Automobile mit diesen Motoren ausgerüstet werden (anstelle der Coventry-Climax-Motoren). Das betraf also den 1,5-l-Gloria und die beiden Dolomite-Modelle mit 4- bzw. 6-Zylinder-Motoren. Eine Finanzmisere trieb Triumph 1939 in die Arme des Konkursverwalters. 1944 sprang Sir John Black, Inhaber der Standard Motor Company, in die Bresche und löste das Eigentum aus. Die ersten Nachkriegsmodelle waren die 1800-Limousine und Roadster, die einen 1.800-cm³-Motor mit hängenden Ventilen besaßen.

Ab 1949 wurde für die Modelle von Triumph ein neuer Vierzylinder mit trockenen Zylinderlaufbuchsen verwendet, der 1952 auf 2 l erweitert und in den TR2 eingebaut wurde. Der TR2 wurde Stammvater vieler, ruhmreicher Sportwagengenerationen. Sein Motor fand sich im TR3, TR4 und dem TR5 aus dem Jahr 1967, in dem er schließlich durch einen 6-Zylinder-Motor mit 2,5 l Hubraum ersetzt wurde.

1955 verließ der Renown, der den Platz der alten 1800-Limousine einnahm, die Produktionsstätte. So befand sich in der Produktionspalette von Triumph keine Limousine mehr, bis 1959 die 948-cm³-Limousine Herald auf dem Markt erschien. Dieses Modell wurde 1962 zum Sechszylinder-Vitesse weiterentwickelt. Auf der Technik des Herald beruhte auch der Zweisitzer Spitfire, der wiederum zum 2-l-GT6 des Jahres 1967 weiterentwickelt wurde. Standard-Triumph wurde 1961 Leyland Motors einverleibt, was eine beachtliche Erweiterung der Produktion mit sich brachte. 1964 entstand die Limousine 2000, 1966 die Limousine 1300 mit Frontantrieb. 1969 wurde aus dem Modell 2000 der 2.5 PI (Petrol Injection) entwickelt und der Sportwagen TR6 in den Handel gebracht.

Der 1970er 3-l-Stag überlebte nur sieben Jahre, obwohl er über einen ausgezeichneten V8-Motor verfügte. 1972 rollten der Dolomite und der Dolomite Sprint vom Band; beide hatten 2-l-Motoren mit obenliegender Nockenwelle. In Leistung und Wendigkeit entsprachen sie dem Sportwagenstandard, verfügten aber gleichzeitig über Komfort und Platzangebot, wie sie sonst in den besseren Limousinen der mittleren Klasse anzutreffen waren. 1976 war das Jahr des TR7, ein geschlossener Sportwagen, der 1979 auch als Cabriolet herauskam. Gleichzeitig kam die Produktion einer ausschließlich für den amerikanischen Markt bestimmten Version in Gang, die einen 3.500-cm³-Rover-V8-Motor hatte. Ende 1981 wurde die Produktion des TR7 und des TR8 eingestellt. Die Typenbezeichnung Triumph wurde seither nur noch für den Acclaim verwendet. Acclaim, eine englische Version des Honda Accord, wurde bis 1984 gebaut.

Triumph Super Seven

Diese Limousine wurde 1927 auf dem Londoner Autosalon vorgestellt. Sie war als direkte Konkurrenz zum Austin Seven

und zum Morris Eight konzipiert worden.

Im Vergleich zu seinen Rivalen zeichnete sich der Triumph Super Seven durch folgende Vorzüge aus: einem Motor mit drei Hauptlagern und Hydraulikbremsen. Ein weiteres ungewöhnliches Charakteristikum war das Schneckenrad-Differential.

Der Super Seven, in der Version mit geschweißter Karosserie, war im Innern mit rautengemustertem Mokett ausstaffiert und sehr komfortabel und luxuriös ausgestattet. Auch unter technischen Gesichtspunkten war er ein äußerst zufriedenstellendes Fahrzeug: Er beschleunigte noch im höchsten Gang gut und erreichte eine Höchstgeschwindigkeit von 70 km/h. Doch trotz seiner hervorragenden technischen Eigenschaften wurde der Super Seven kein Verkaufserfolg.

Daran änderte auch die Einführung der brillanten Sportversion nichts.

Aus dem Super Seven ging später der Scorpion mit 6-Zylinder-Motor hervor, er wurde bis 1930 produziert.

**TRIUMPH SUPER SEVEN
(1928)**

Motor: 4 Zylinder in Reihe mit stehenden Ventilen
Bohrung/Hub: 56,5 mm x 83 mm
Hubraum: 832 cm³
Max. Leistung: 14 HP
Getriebe: mechanisch, 3 Gänge
Rahmen: Leiterrahmen
Aufhängung: Starrachsen, Halbelliptikfedern an Vorder- und Hinterachse
Bremsen: hydraulische Trommelbremsen an den Vorder- und Hinterrädern
Karosserie: Tourenwagen oder Limousine mit 2 Sitzen
Höchstgeschwindigkeit: 70 km/h

Triumph Super Seven

TRIUMPH

Triumph Dolomite Roadster

TRIUMPH DOLOMITE (1934)

Motor: aufgeladener 8 Zylinder in Reihe mit 2 obenliegenden Nockenwellen
Bohrung/Hub: 60 mm x 80 mm
Hubraum: 1.991 cm³
Max. Leistung: 140 PS
Getriebe: mechanisch, 4 Gänge
Rahmen: Leiterrahmen
Aufhängung: Starrachsen, Halbelliptikfedern an Vorder- und Hinterachse
Bremsen: hydraulische Trommelbremsen an den Vorder- und Hinterrädern
Karosserie: Sport-Zweisitzer
Höchstgeschwindigkeit: 169 km/h

Triumph Dolomite

Bei der Herstellung dieses Modells von 1934 spielte Donald Healey eine doppelte Rolle: Er entwarf das Modell und er leitete die ganze Entwicklung und Produktion. Bei der Konzeption ließ sich Healey von den damaligen Alfa-Romeo-Modellen anregen, die von ihrem Schöpfer Vittorio Jano mit einen 2,5-l-8-Zylinder-Reihenmotor mitbekommen hatten. Wie für den Mailänder Motor, so wurde auch für den Achtzylinder des Dolomite reichlich Leichtmetall verwendet. Der Hub war praktisch identisch, die Bohrung etwas kleiner, so daß der Hubraum nicht ganz 2 l betrug.

Die Fachpresse äußerte sich enthusiastisch, vor allem weil der Dolomite sehr hohe Geschwindigkeiten vorlegte. Ein Modell, das komplett mit allem ausgestattet war, was die Straßenverkehrsordnung forderte, kam auf der Piste in Brooklands gar auf 169 km/h. Bevor ein Dolomite einem Kunden übergeben wurde, mußte er einen Test absolvieren: Bei dem Geschwindigkeitstest mit fliegender Meile mußten mindestens 161 km/h erreicht werden (100 Meilen pro Stunde).

Als der Dolomite lanciert worden war, erklärten die Verantwortlichen, daß sie nicht die Absicht hätten, offiziell an Rennen teilzunehmen, daß aber alle Kunden, die mit ihrem Dolomite bei einem wichtigen Wettbewerb mitfahren wollten, voll und ganz unterstützt würden. Doch im Gegensatz zu allen offiziellen Beteuerungen der Firma, beschloß Donald Healey mit dem Dolomite, die Rallye von Monte Carlo 1935 zu fahren. Doch leider wurde sein Fahrzeug bei der Überquerung eines Bahnübergangs von einem fahrenden Zug voll erfaßt. Healey konnte dem Schicksal danken, daß er mit dem Leben davonkam.

Der Ehrgeiz, der in das Dolomite-Programm gesteckt wurde, zahlte sich nicht aus. Erst sechs Exemplare waren fertiggestellt worden, als das Modell aus der Produktion genommen wurde (die sechs Exemplare wurden einem Unternehmen mit Namen HSM-Dolomite verkauft). Die Typenbezeichnung Dolomite tauchte kurze Zeit später mit einem neuen Triumph-Modell wieder auf, das einen wesentlich weniger sportlichen 4- bzw. 6-Zylinder-Motor hatte.

Triumph 1800 Roadster

Die ersten Modelle, die nach der Übernahme von Triumph durch Standard erschienen, wurden im Frühjahr 1946 dem Publikum vorgestellt. Es handelte sich um zwei 1800-Versionen: der „razor-edge" Saloon und ein eigenwillig gestylter Touren-Sportwagen. In der Technik waren sich die beiden Varianten gleich; der Touren-Sportwagen hatte einen etwas längeren Radstand.

Das Sportmodell, bekannt als 1800 Roadster, ist mit seiner langen Motorhaube und schlanken Linie einer der schönsten Sportwagen der frühen Nachkriegszeit. Auch ist er das letzte Fahrzeug mit „Schwiegermuttersitz". (Wenn man den Kofferraum im Heck aufklappte, traten zwei kleine verglaste Rahmen hervor, die den Fahrgästen auf den Notsitzen als Windschutz dienten.)

Der Motor, der über 1.800 cm³ Hubraum verfügte, stammte aus neuer Entwicklung. Die

Triumph Roadster

TRIUMPH 1800 ROADSTER (1946)

Motor: 4 Zylinder in Reihe mit hängenden Ventilen
Bohrung/Hub: 73 mm x 106 mm
Hubraum: 1.776 cm³
Max. Leistung: 65 PS
Getriebe: mechanisch, 4 Gänge
Rahmen: Stahlrohrrahmen
Aufhängung: vordere Einzelradaufhängung mit Querblattfeder und Querlenkern; hintere Starrachse mit Halbelliptikfedern
Bremsen: hydraulische Trommelbremsen an den Vorder- und Hinterrädern (selbstnachstellend)
Karosserie: Roadster, Limousine
Höchstgeschwindigkeit: 120 km/h

Trommelbremsen waren mit einem neuen, sich selbst nachstellenden Girling-Hydrostatic-System ausgestattet worden. Statt Mittel- war eine Lenkradschaltung vorgesehen, um auf den Vordersitzen genügend Platz für drei Fahrgäste zu schaffen. Der Nachteil war ein sehr komplexer Schaltmechanismus, der sich aus zwölf Schalthebellagerzapfen, drei Zwischenhebeln und einem Winkelhebel zusammensetzte.

Triumph TR2/3

Die TR-Serie des Hauses Triumph erwarb sich einen guten Ruf. Alle mit der Zeit folgenden Generationen können als die gelungensten Nachkriegsmodelle der Triumphproduktion der Nachkriegszeit betrachtet werden. Die ursprüngliche Absicht war, mit den TR-Modellen die Marktlücke zu schließen, die zwischen der MG-Serie T und dem Jaguar XK120 klaffte.

Der erste TR wurde 1952 auf dem Londoner Autosalon vorgestellt. Er war mit der 2-l-Version des Renown-Motors ausgestattet, der aus Triumph-eigener Produktion stammte. Dieser zweisitzige Sportwagen errang sofort die ungeteilte Symphatie aller Autoliebhaber. Seinen Mängeln maßen sie offensichtlich nicht allzu viel Gewicht zu, wie beispielsweise dem außen befestigten Ersatzrad und dem kurzen Heckteil, das wenig Platz für das Gepäck ließ. Um an diesem Punkt Abhilfe zu schaffen, wurde im März 1953 in Genf eine Version vorgestellt, die über einen größeren Kofferraum verfügte.

Mit der Vermarktung der TR-Versionen konnte erst im August 1953 begonnen werden. In den Handel kam zunächst der TR2. Unter allen englischen Automobilen, die damals eine Geschwindigkeit von 100 Meilen pro Stunde erreichten, war der TR2 einer der sparsamsten. Bei konstanten 145 km/h verbrauchte er im Schongang nur 10,4 l auf 100 km.

1955 wurde der TR3 lanciert. Er unterschied sich von seinem Vorgänger durch den Frontgrill und den 95-PS-Motor. Auf Nachfrage wurde der TR3 auch mit Rücksitz geliefert – was allerdings auf Kosten des Kofferraumes ging, aber die Mitnahme von zwei Kindern ermöglichte. Ende 1956 wurde der TR3 vor allen anderen englischen Großserienwagen mit Scheibenbremsen an den Vorderrädern ausgestattet.

Nach zwei Jahren, 1957, löste der TR3A den TR3 ab. Die deutlichste Änderung war auch diesmal der Kühlergrill, der jetzt fast über die ganze Breite des Vorderwagens ging.

TRIUMPH TR2 (1954)

Motor: 4 Zylinder in Reihe mit hängenden Ventilen
Bohrung/Hub: 83 mm x 92 mm
Hubraum: 1.991 cm³
Max. Leistung: 90 PS
Getriebe: mechanisch, 4 Gänge (wahlweise mit Overdrive)
Rahmen: Kastenrahmen
Aufhängung: vordere Einzelradaufhängung mit Schraubenfedern und Querlenkern; hintere Starrachse mit Halbelliptikfedern
Bremsen: Trommelbremsen an den Vorder- und Hinterrädern
Karosserie: Sport-Zweisitzer
Höchstgeschwindigkeit: 175 km/h

Triumph TR2

UNTEN *Der TR 3 besaß mit Ausnahme der Scheibenbremsen keine besonderen Finessen. Die Konzeption des Rahmens war schlicht. Seine Robustheit und Steife verdankte er ausschließlich der großzügigen Dimensionierung. Mit der Starrachse war er nur über halbelliptische Blattfedern verbunden. Die Stoßdämpfung erfolgte über veraltete hydraulische Hebelstoßdämpfer. Die vordere Aufhängung hingegen war moderner: Sie bestand aus Doppelquerlenkern, Schraubenfedern und Teleskopstoßdämpfern. Die Vorderräder besaßen Scheibenbremsen. Der Motor, der aus dem robusten Motor des Standard entwickelt worden war, war so solide wie der Rahmen. Der TR 3 war ein schneller, sparsamer Sportwagen, der dem Fahrer am Steuer einige Konzentration abverlangte.*

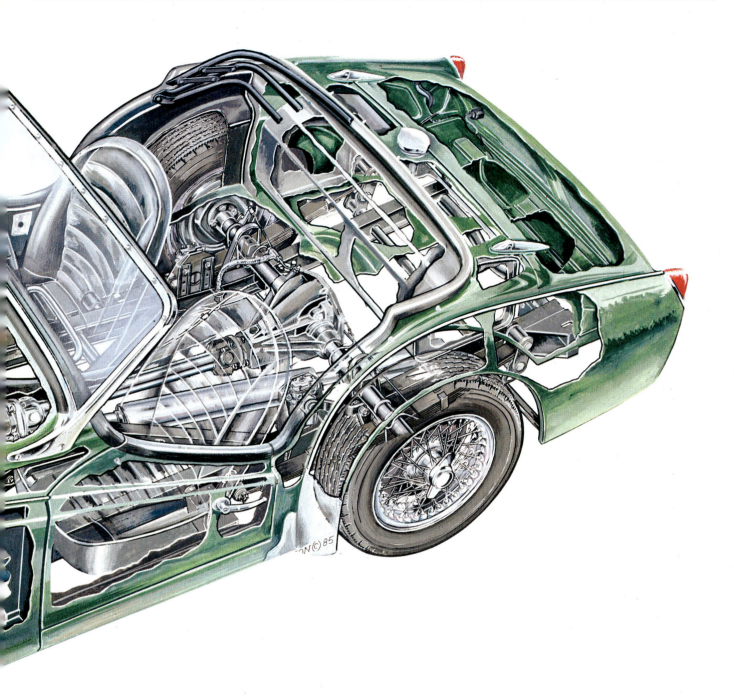

Triumph TR3 (1957)

Motor
Position: längs eingebauter Frontmotor
Bauart: wassergekühlter 4-Zylinder-Reihenmotor mit Zylinderblock und Zylinderköpfen aus Gußeisen
Hubraum: 1.991 cm³
Bohrung/Hub: 83 mm x 92 mm
Verdichtungsverhältnis: 8,5:1
Ventilsteuerung: 2 Ventile pro Zylinder, über Stoßstangen und Kipphebel von 1 tiefliegenden Nockenwelle gesteuert
Gemischbildung: 2 Schrägstromvergaser SU H6
Zündanlage: mechanische Spulenzündung
Max. Leistung: 95 PS bei 5.000 min⁻¹
Max. Drehmoment: 159 Nm bei 3.000 min⁻¹

Übertragung
Antrieb: Motor-Kupplung-Getriebe-Block, Hinterradantrieb
Kupplung: trockene Einscheibenkupplung
Getriebe: synchronisiertes mechanisches 4-Gang-Getriebe mit Schongang für die drei höheren Gänge
Übersetzungsverhältnis (in Klammern mit Schongang): I) 3,38:1; II) 2,00:1 (1,64:1); III) 1,32:1 (1,08:1); IV) 1,00:1 (0,82:1)
Achsgetriebe: Hypoidgetriebe
Übersetzungsverhältnis im Achsgetriebe: 3,7:1

Aufhängung
Vorderachse: Einzelaufhängung mit Schraubenfedern, Querlenkern und Teleskopstoßdämpfern
Hinterachse: Starrachse mit Halbelliptikfedern und hydraulischen Hebelstoßdämpfern

Lenkung
System: Schraubenlenkgetriebe

Bremsen
Typ: Girling-Scheibenbremsen an den Vorderrädern, Trommelbremsen an den Hinterrädern

Räder und Bereifung
Felgen: Speichenräder
Bereifung: 5,50 x 15

Karosserie und Rahmen
Karosserie: aus Stahl, mit 2 Sitzen (wahlweise mit festem Dach oder Faltverdeck)
Rahmen: Kastenrahmen

Abmessungen und Gewicht
Länge: 3.816 mm
Breite: 1.435 mm
Radstand: 2.248 mm
Vordere und hintere Spurweite: 1.181 mm/1.168 mm
Gewicht: 1.003 kg

Leistung
Höchstgeschwindigkeit: 177 km/h
Kraftstoffverbrauch: 10,5 l/100 km

Triumph Stag

1970 kam Triumph mit dem Stag auf den Markt. Dank der absoluten Abwesenheit möglicher Konkurrenten auf dem englischen Markt wurde das Fahrzeug wohlwollend aufgenommen. Der 3-l-Motor leistete 145 PS, was mehr als ausreichend war, um respektable Leistungen garantieren zu können. Das hohe Niveau in der Ausstattung (der Stag ging direkt auf die luxuriösen Limousinen der Serie 2000 und 2500 zurück) verdeckte wesentliche Mängel: so z.B. das hohe Gewicht und die mangelhafte Zuverlässigkeit. Aus der Produktion genommen wurde der Stag 1977, als Triumph seine zu weite Produktionspalette einzuengen suchte. Damals wurden auch die 6-Zylinder-Limousinen vollständig aus dem Programm gestrichen.

Triumph Acclaim

Im Jahr 1979 schlossen die Unternehmen British Leyland Cars und Honda einen Vertrag zur Zusammenarbeit. Erstes konkretes Ergebnis der Zusammenarbeit war der Acclaim. Also darf es nicht wundern, daß der neue Triumph einer in Japan produzierten und als Honda Ballade vermarkteten Limousine aufs Haar glich. Montiert wurde der Acclaim in der Produktionsstätte von Cowley; die wichtigsten Teile der Technik (Motor, Getriebe und Aufhängungen) wurden jedoch in Japan hergestellt und mußten in England nur noch zusammengesetzt werden. Weniger wichtige Komponenten, einschließlich der Innenraumverkleidung und Polsterung, wurden direkt in England von British Leyland angefertigt. Mit dem Acclaim wollte man provisorisch die Marktlücke zwischen den Dolomite- und den Maestro-Modellen füllen. Deshalb blieb der Acclaim nur zwei Jahre in Produktion.

Diese viertürige Limousine war das letzte Modell von British Leyland, das die Typenbezeichnung Triumph trug.

TROJAN
Kingston/Croydon, Großbritannien
1922–1936, 1961–1965

Der ursprüngliche Entwurf des Trojan wurde noch vor dem

Triumph Acclaim

TRIUMPH STAG (1973)

Motor: 8-Zylinder-V-Motor mit je einer obenliegenden Nockenwelle
Bohrung/Hub: 86 mm x 64,5 mm
Hubraum: 2.997 cm³
Max. Leistung: 165 PS
Getriebe: automatisch, 3 Gänge
Rahmen: selbsttragende Karosserie
Aufhängung: vordere Einzelradaufhängung mit McPherson-Achse; hintere Einzelradaufhängung mit Schräglenkern und Schraubenfedern
Bremsen: Scheibenbremsen an den Vorderrädern, Trommelbremsen an den Hinterrädern
Karosserie: Cabriolet mit 2 Sitzen
Höchstgeschwindigkeit: 195 km/h

TRIUMPH ACCLAIM (1984)

Motor: 4 Zylinder in Reihe mit obenliegender Nockenwelle, quer eingebaut
Bohrung/Hub: 72 mm x 82 mm
Hubraum: 1.335 cm³
Max. Leistung: 70 PS
Getriebe: mechanisch, 5 Gänge
Rahmen: selbsttragende Karosserie
Aufhängung: vordere und hintere Einzelradaufhängung mit McPherson-Achse und Schraubenfedern
Bremsen: Scheibenbremsen an den Vorderrädern, Trommelbremsen an den Hinterrädern
Karosserie: viertürige Limousine
Höchstgeschwindigkeit: 155 km/h

Ersten Weltkrieg von Leslie Hounsfield vollendet. Der erste Prototyp, 1910 fertiggestellt, existiert noch immer. Produziert wurde das Trojan-Modell aber erst 1922.

Der Trojan besaß eine sehr originelle Technik. So bewies sein Motor keinerlei Respekt vor den Traditionen: Die beweglichen Teile waren auf ein Minimum reduziert. Er hatte einen Doppelkolben-Zweitaktmotor mit 1,5 l Hubraum. Die Kolben waren mit der Kurbelwelle über lange V-Pleuelstangen verbunden. Gestartet wurde der Motor mit Hilfe eines langen Hebels, der aus dem Fahrzeugboden ragte. Der Zündhebel und der Kraftstoffhahn waren mechanisch miteinander gekoppelt. Da der Ansaugkrümmer über einen Meter lang war, diente bei den ersten Exemplaren die Zündhebel-Kraftstoffhahn-Komponente auch dazu, beim Starten den Motor mit dem nötigen Benzinstoß zu versorgen.

Um die Vibrationen zu mindern, die vom Motor ausgingen, wurde das Schwungrad mit dem Antrieb über Schraubenfedern verbunden. Die Bewegung übertrug ein 2-Gang-Planetengetriebe mittels einer Kette auf die Hinterachse.

1930 kam das neue Modell RE (Rear Engined, was soviel

Triumph Stag

bedeutet wie „mit Heckmotor") auf den Markt, das – abgesehen von dem neuen 3-Gang-Getriebe – praktisch den gleichen Motor hatte wie das erste Trojan-Modell.

Der größte technische Unterschied ist darin zu sehen, daß nun die Zylinder stehend waren, um in den hinteren Motorraum zu passen. 1934 kamen der Cheviot (eine Limousine von ausgesprochen plumpem Aussehen) und der Exmoor mit Torpedo-Karosserie in den Verkauf.

Aber trotz ihres niedrig gehaltenen Preises fanden diese Modelle wenige Abnehmer. In dem verzweifelten Versuch, die Verkaufszahlen zu heben, kündigte Trojan für 1936 eine aerodynamische Limousine an, mit einem 2,2-l-6-Zylinder-Zweitakt-Motor, der im Heck montiert werden sollte.

Dieses Mastra getaufte Trojan-Modell wurde jedoch nie produziert. Die britische Firma mußte sich um des Überlebens willen der Herstellung von Lieferwagen widmen.

Die Automobilproduktion für den privaten Gebrauch mußte bis 1962 warten, als es Trojan gelang, die Produktionsrechte für die Heinkel-Kabine zu erwerben.

Tucker Torpedo

TROJAN (1923)

Motor: liegender 4-Zylinder-2-Takt-Motor
Bohrung/Hub: 63,5 mm x 117,5 mm
Hubraum: 1.488 cm^3
Max. Leistung: 11 HP
Getriebe: Planetengetriebe mit 2 Gängen
Rahmen: Stahlplattformrahmen
Aufhängung: Starrachsen mit Auslegerfedern
Bremsen: Trommelbremsen an den Hinterrädern und am Getriebe
Karosserie: Torpedo
Höchstgeschwindigkeit: 56 km/h

TROSSI-CATTANEO
Mailand, Italien
(1934)

Trossi-Cattaneo hieß ein kleiner Sportwagen, den 1934 der Ingenieur Guido Cattaneo entwarf, und von dem Isotta Fraschini in Mailand ein einziges Exemplar baute; seinen letzten Schliff bekam das Modell von Carlo Felice Trossi. Der 855-cm^3-4-Zylinder-Peugeot-Motor leistete 23 PS bei einer Drehzahl von 2.500^{-min}.

Der Trossi-Cattaneo hatte eine Ventilsteuerung mit seitlicher Nockenwelle und ein 4-Gang-Getriebe; die Höchstgeschwindigkeit lag bei 110 km/h.

1935 wirkte Carlo Felice Trossi auch bei der Fertigstellung eines einsitzigen Grand-Prix-Rennwagens mit, den Augusto Monaco und Giulio Aymini entworfen hatten.

TUCKER TORPEDO (1946)

Motor: 6-Zylinder-Boxermotor mit hängenden Ventilen
Bohrung/Hub: 114,3 mm x 88,9 mm
Hubraum: 5.475 cm^3
Max. Leistung: 166 PS
Getriebe: verschiedene (s. Text)
Rahmen: Kastenrahmen
Aufhängung: vordere und hintere Einzelradaufhängung mit gummigelagerten Querlenkern
Bremsen: Trommelbremsen
Karosserie: Limousine
Höchstgeschwindigkeit: 210 km/h

Dieser noch im gleichen Jahr fertiggestellte Rennwagen mit der Markenbezeichnung Trossi-Monaco trat aber nur zu den Proben zum Grande Premio in Italien an, die im Jahre 1935 stattfanden.

TUCKER
Chicago, USA
1946–1948

1946 sah Preston Tucker den Augenblick für ein supersicheres Auto gekommen. Tucker war ein begnadeter Organisator, der in den dreißiger Jahren Seite an Seite mit dem berühmten Harry Miller gearbeitet hatte. Das Fahrzeug sollte nicht nur sicher sein, sondern auf über 200 km/h kommen. Das war die Geburt des Tucker Torpedo, einer extrem windschnittigen Limousine (Cw=0,30), für die ein 6-Zylinder-Boxermotor mit gut 9.651 cm^3 entworfen wurde, der ins Heck sollte. Der Wahl eines so großen Motors lag der Überlegung zugrunde, daß der Motor bei verminderter Leistung eine hohe Lebensdauer hätte. Doch diverse Schwierigkeiten verzögerten seine Entwicklung. Um nicht auch die Produktion des Wagens zu verspäten, wurde schließlich ein 5,5-l-6-Zylinder-Boxermotor von Franklin eingebaut, wie er heute noch für Hubschrauber verwendet wird, allerdings mit Wasser- statt mit Luftkühlung. Tucker plante, den 6-Zylinder-Franklin-Motor später gegen einen von der italienischen Firma Caproni passend konstruierten Turbinenmotor zu tauschen. Für die Fahrsicherheit sorgten verschiedenste Vorkehrungen: eine Windschutzscheibe, die sich bei heftigem Stoß löste, und ein gepolstertes Armaturenbrett. Die ersten Exemplare hatten ein Automatikgetriebe namens Tuckermatic, das aus weniger als 30 Hauptkomponenten bestand. Die Tuckermatic zeigte manche Mängel und wurde durch ein 4-Gang-Ge-

Trojan

triebe mit elektrischer Vorwählschaltung oder durch umgebaute Cord-Getriebe ersetzt.

Als etwa 50 Torpedos das ehemalige Flugzeugwerk in Dodge, Chicago, verlassen hatten, wurde Tucker angeklagt, die Bilanzen gefälscht zu haben und unrechtmäßig ein Darlehen von 30 Millionen Dollar von dem „Reconstruction Finance Committée" eingestrichen zu haben. Tucker wurde zwar freigesprochen, aber die Produktion des Torpedos nicht wieder aufgenommen. Preston Tucker starb 1956 in Berlin, wo er die Produktion eines kleinen Automobils in die Wege zu leiten versuchte, das den Namen Carioca erhalten hätte.

TURCAT-MÉRY
Marseille, Frankreich
1896-1928

Als Léon Turcat und sein Cousin Simon Méry ihr erstes Automobil vollendeten, waren beide gerade 22 Jahre alt. Der erste Turcat-Méry verwendete einen 4-Zylinder-Reihenmotor und einen Kettenantrieb. Die Produktion beschränkte sich auf sehr wenige Exemplare, obwohl sich das Produktionstempo ab 1899 etwas verbesserte, als die „Societé des Ateliers de Construction d'Automobiles Turcat, Méry & Cie" gegründet wurde. 1901 begegnete Turcat bei einem Besuch des Pariser Autosalons dem Baron Adrien de Turckheim von der Firma De Dietrich. Folge dieses eher zufälligen Treffens war ein Besuch Turckheims in Nizza im Februar 1902, wo er persönlich einen Turcat-Méry testete. Turckheim war so beeindruckt von dem Fahrzeug, daß er die beiden Cousins um die Lizenz der Turcat-Méry-Modelle bat, die er in seinen eigenen Werken bauen wollte. Er bot eine angemessene Prozentuale seiner Gewinne.

1905 kam es zum Zwist zwischen Adrien de Turckheim und Eugene De Dietrich. Das Automobilunternehmen Lunéville De Dietrich trennte sich von dem assoziierten Unternehmen. Um die neue Situation zu bewältigen, setzte Turcat-Méry einen großen Sechszylinder ins Programm, dessen Hubraum auf gut 10.200 cm^3 kam und dessen Radantrieb über Ketten erfolgte. Ein Jahr später enthielt das Angebot auch den 28 HP (6.333 cm^3), den 18 HP (3.053 cm^3) und den 14 HP (2.412 cm^3). Gleichzeitig jedoch geriet De Dietrich in ernste finanzielle Schwierigkeiten, so daß Léon Turcat und Simon Méry beschlossen, die Produktion in Marseille selbst in die Hand zu nehmen. Sie bauten Modelle mit 4-Zylinder-Blockmotoren, deren Hubraum von 2,6 l bis 6,3 l reichte.

Turcat-Méry

Nach dem Ersten Weltkrieg stand es finanziell um Turcat-Méry nicht gut. Die Gesellschaft wurde zweimal umstrukturiert, 1921 und 1924. 1922 wurde der 15 PS (3.015 cm^3) präsentiert, ein Jahr später ein Modell mit gleicher Leistung, aber etwas geringerem Hubraum (2.978 cm^3). 1925 lancierte Turcat-Méry das erste wirklich moderne Nachkriegsmodell, den 12 HP mit 2.388 cm^3 und obenliegender Nockenwelle. Leider blieb die finanzielle Situation des Hauses alles andere als beglückend. 1926 sahen sich die Inhaber gezwungen, von anderen Herstellern produzierte Motoren zu verwenden (meist SCAP- und CIME-Motoren mit 1.500 cm^3 und 1.700 cm^3).

Bevor die Automobilproduktion im Jahr 1928 ganz eingestellt wurde, erschien eine kleinere Anzahl von Modellen mit einem 2,3-l-8-Zylinder-Reihenmotor von SCAP.

TURNER
Wolverhampton, Großbritannien
1902–1930

Turner produzierte in Lizenz der belgischen Firma Miesse

TURNER MIESSE STEAM CAR (1913)
Motor: 3-Zylinder-Dampfmotor, quer eingebaut
Bohrung/Hub: 49 mm x 79 mm
Max. Leistung: 10 HP
Getriebe: Kettenantrieb
Rahmen: Leiterrahmen aus armiertem Holz
Aufhängung: Starrachsen mit Halbelliptikfedern an Vorder- und Hinterachse
Bremsen: Getriebe
Karosserie: Torpedo
Höchstgeschwindigkeit: 55 km/h

TURCAT-MÉRY (1912)
Motor: 4-Zylinder-Blockmotor mit stehenden Ventilen
Bohrung/Hub: 90 mm x 130 mm
Hubraum: 3.308 cm^3
Max. Leistung: 18 HP (steuerrechtlich)
Getriebe: mechanisch, 4 Gänge
Rahmen: Leiterrahmen
Aufhängung: Starrachsen mit Halbelliptikfedern
Bremsen: Trommelbremsen an den Hinterrädern und am Getriebe
Karosserie: nach Wunsch
Höchstgeschwindigkeit: 90 km/h

bis zum Jahr 1913 Dampffahrzeuge. Die Turner-Miesse-Wagen mit ihrem charakteristischen Schnellverdampfer wurden von der englischen Firma noch sieben Jahre lang weitergebaut, nachdem Miesse selbst die Produktion dieses Motortyps aufgegeben hatte.

1906 produzierte Turner eine kurze Zeit lang für Seymour in London ein Modell mit 4-Zylinder-Benzin-Motor von 4,1 l Hubraum und mit Kardanwelle. Ein weiteres Turner-Modell mit Verbrennungsmotor ließ bis 1911 auf sich warten, als ein

Cycle Car in Produktion ging, der über einen 2-Zylinder-V-Motor, 1.100 cm^3 Hubraum und zwei Gänge verfügte. 1912 wurden die 2,1-l-Modelle Ten und der Fifteen ins Programm aufgenommen.

Der Ten hatte normalerweise ein 3-Gang-Getriebe, in Sportausführung jedoch vier Gänge, einen keilförmigen Kühler und die ungewöhnliche Kombination von Drahtspeichenrädern mit abnehmbarer Felge.

Andere Ausführungen des Ten wurden für Fremdfirmen hergestellt. Der JB z. B. mit größerer Bodenfreiheit sollte von John Birch & Co. in den Kolonien vertrieben werden.

Das Markenzeichen Turner erschien 1922 mit dem 1,8- und 2,3-l Modell wieder auf dem Markt. Im Jahr 1923 wurde der 1,8-l-Motor durch einen 1.500-cm^3-Dorman-Motor ersetzt. Wieder ein Jahr später kam der Colonial ins Programm. Dieses 2,1-l-Modell sollte allmählich an die Stelle des 2,3-l-Modells treten.

In der zweiten Hälfte der zwanziger Jahre beschränkte sich Turner auf die Produktion eines Modells mit 12 HP, das 1928 Vorderradbremsen erhielt. Endgültig wurden die Werkstore im Jahr 1930 geschlossen.

Turner-Miesse Steam Car

TURNER
**Wolverhampton, Großbritannien
1951–1966**

Dieser Hersteller steht in keinerlei Zusammenhang mit seinem Namensvetter, der gleichfalls in Wolverhampton ansässig war. Nach den ursprünglichen Ideen des Gründers John H. Turner sollten ausschließlich Rennwagen hergestellt werden. Bald aber wurden auch Sport-Versionen entwickelt und gebaut, die von Motoren renommierter Hersteller wie z.B. Ford, Vauxhall, Lea-Francis und Austin angetrieben wurden.

Das bekannteste Turner-Modell ist der 950. Ausgesprochen schlicht konstruiert, hatte es einen Rohrrahmen, der geeignet war, die vordere Austin-A35-Einzelradaufhängung aufzunehmen. 1958 gewann ein Turner ein Rennen für Sportwagen der Serienproduktion (Autosport Series Production Sports Car Championship). Von diesem Zeitpunkt an konnte auf Verlangen (allerdings anfangs nur für den Export) auch der Coventry-Climax-Motor FWA 1100 eingebaut werden.

Die Turner-Modelle wurden hauptsächlich ins Ausland verkauft: In England selbst wurden nur 10% der Produktion in den Handel gebracht (und diese als Bausatz), während die restlichen 90% nach Nordamerika und Südafrika exportiert wurden. Ende 1959 verkündete Turner die Absicht, eine von Alexander überarbeitete Version, einen Sportwagen zu produzieren, der sich durch Höchstleistungen auszeichnen würde. (Man denke nur an den gewählten Motor von BMW mit 948 cm³ Hubraum, der – dank des Zylinderkopfs in Leichtmetall und vieler anderer Modifikationen – auf 80 PS kam, womit die 43 PS der Standard-Version fast ums Doppelte überstiegen wurden). Die Vermarktung dieses Sportwagens wurde einem externen Unternehmen anvertraut. Insgesamt wurden jedoch nur wenige Exemplare gebaut. 1966 stellte Turner die Produktion ein.

TVR
**Blackpool, Großbritannien
1956**

Das erste von Wilkinson Trevor (von dessen Namen sich das Markenzeichen TVR herleitet) und Williams Bernard entworfene Modell wurde zunächst ausschließlich im Ausland verkauft. Der Grund hierfür: Die Testfahrten (von 1956 bis zum Beginn der Produktion im folgenden Jahr) fanden nicht in England statt, sondern in Amerika. (Die auf den amerikanischen Pisten getesteten Fahrzeuge erhielten die Typenbezeichnung Jomar.)

Die ersten TVRs wurden als Bausatz verkauft, da sich die Serienproduktion aufgrund vieler finanzieller Probleme verzögerte. Um der prekären Finanzsituation zu entkommen, sah sich TVR Ende 1957 gezwungen, eine neue Gesellschaft zu gründen. Im Januar 1958 konnte endlich mit der regulären Produktion begonnen werden. Das erste Modell hatte wahlweise einen 1.171-cm³-Ford-Motor mit stehenden Ventilen oder einen 1.098-cm³-Coventry-Climax-Motor. Der Ford-Motor konnte um einen Shorrock-Auflader ergänzt werden, wodurch er mit 54 PS auf eine Höchstgeschwindigkeit von 172 km/h kam. Die Versionen mit Climax-Motoren waren um einiges schneller, sie erreichten 200 km/h. Die TVR-Version als Coupé erhielt die Bezeichnung TVR Grantura. Der ersten Grantura-Generation Mk I folgte 1959 eine Version mit abgewandelter Karosserie, der Mk II. Inzwischen wurde der Ford-100E-Ladermotor durch den neuen 105E Anglia (997 cm³) ersetzt. Die TVR-Modelle wurden auf Wunsch mit dem 1.216-cm³-Motor Coventry-Climax FWE oder dem 1.489-cm³-Motor MGA geliefert. Mit Beginn der sechziger Jahre kamen zum Coventry-Climax der Ford Classic (1.340 cm³) und der MGA mit 1.612 cm³ hinzu.

Auf der Motor Show von New York, 1962, wurde der TVR Mk III mit einer neuen Radaufhängung vom Triumph Herald präsentiert. Er fand viele Anhänger. Doch die Kosten, die das derart ehrgeizige Sportprogramm verursachten, stürzten die Firma in ernste finanzielle Schwierigkeiten, so daß TVR die Produktion seiner Modelle der neu gegründeten Gesellschaft Grantura Engineering überlassen mußte. Grantura Engineering begann mit einer Version des Mk III-Modells mit 1.800-cm³-MGA-Motor. Schon ein Jahr später änderte sich der Firmenname des Automobilproduzenten erneut von Grantura Engineering in TVR Cars Ltd.

Eine Wende in der Geschichte der TVR trat ein, als ein amerikanischer Kunde, dem es nicht gelungen war, sich einen MGB-Motor für seinen TVR schicken zu lassen, seinen Vertragshändler White Griffith Motors bat, ihm einen 4.727-cm³-Ford-V8-Motor einzubauen. Das gab den Anstoß zu einer neuen Produktionsserie: Dem TVR Griffith 200 von 1964 folgte 1965 die Serie 400.

1965, kurz nachdem der von Fiore entworfene Trident lanciert worden war, wurde TVR Cars Ltd aufgelöst. Die Produktion des letzten Modells wurde von dem unabhängigen Unternehmen Trident Car bis 1974 durchgeführt. Parallel dazu wurden andere TVR-Modelle von TVR Engineering gebaut, einer von Arthur Lilley und seinem Sohn Martin geleiteten Gesellschaft, die Ende 1965 die TVR Cars Ltd übernommen hatte. Zur folgenden Jahresmitte wurde der in vieler Hinsicht verbesserte Mk IV mit Frontmotor vorgestellt.

1966 versuchte sich TVR noch einmal an einem anderen von Fiore entworfenen Modell, das unter dem Namen Tina vermarktet werden sollte und dessen technische Basis vom Hillman Imp stammte. Das Unternehmen mißlang. 1967 wurde der Mk IV durch den Vixen 1600 abgelöst, dem sich im folgenden Jahr der Vixen S2 hinzugesellte, ein Modell mit langem Radstand. Für den amerikanischen Markt wurde ein eigens den amerikanischen Normen entsprechendes Modell angefertigt, der S3. Im gleichen Jahr wurde auch der Tuscan vorgestellt, ein neues Modell mit V8-Motor. Den Tuscan-V6-Motor des Jahres 1969 ersetzte ein 3-l-V6-Ford-Motor.

1971 wurde ein neuer Rahmen entwickelt, der sich sowohl für den 1.300-cm³-Triumph-Motor (denselben Motor besaß der Spitfire) wie für den 2,5-l-6-Zylinder eignete. Um der rasch wachsenden Nachfrage nach moderneren Karosserien gerecht zu werden, päsentierte TVR 1972 die Modelle 1600M, 2500M und 3000M.

Im Jahr 1975 mußte ein neuer schwerer Schlag hingenommen werden: Eine Feuersbrunst zerstörte den gesamten, für das kommende Jahr bestimmten Vorrat an vorgeformten Rahmenrohren. TVR zeigte

TURNER CLIMAX (1959)
Motor: 4 Zylinder in Reihe
Bohrung/Hub: 72,4 mm x 66,6 mm
Hubraum: 1.098 cm³
Max. Leistung: 75 PS
Getriebe: mechanisch, 4 Gänge
Rahmen: Stahlrohrrahmen mit geschweißten Stahlhilfsrahmen
Aufhängung: vordere Einzelradaufhängung mit Querlenkern und Schraubenfedern; hintere Einzelaufhängung mit Querlenkern und Drehstäben
Bremsen: Scheibenbremsen an den Vorderrädern, Trommelbremsen an den Hinterrädern
Karosserie: Glasfaser-Sportkarosserie
Höchstgeschwindigkeit: 170 km/h

Turner Sport

enorme Widerstandskräfte: Schon drei Monate später nahm das Werk die Produktion wieder auf. Mitte des Jahres begann der Verkauf des Turbo, ein Modell mit Ford-V6-Ladermotor mit einer Höchstgeschwindigkeit von über 240 km/h. Ein Jahr später wurde der Taimar, eine Version mit Heckklappe, ins Programm genommen.

1980 erschien eine neue Baureihe mit keilförmiger Karosserie. Der neue Tasmin wurde mit 2,8-l-V6-Motor von Ford oder dem 3,5-l-Rover-V8 angeboten. 1989 entfiel der V6, der V8 erhielt einen neuen Namen (400SE/450SE) und deutlich mehr Hubraum (4,0 bzw. 4,5 l, 272/323 PS).

1990 erschien der TVR Griffith mit modernen, runden Linien und V8-Motoren (240 und 280 PS). Seit 1986 ist daneben der TVR S im Programm, eine Neuauflage des 3000S/Taimar.

TVR Mk I Grantura

Die Glasfaser-Karosserie dieses Modells entstand unter der Federführung der Plastics Company des Ex-Fahrers William Grantura. Anfangs, im Jahr 1957, wurden die TVR-Coupés als Bausatz verkauft. Auf fertig montierte Exemplare mußte bis 1958 gewartet werden. Die Grantura war mit zwei verschiedenen Motoren erhältlich: dem 1.172-cm³-Ford-Motor mit stehenden Ventilen und dem Coventry-Climax-Motor mit obenliegenden Nockenwellen der Serie FWS (1.098 cm³). Selbst mit dem schweren Motor (das ist der Ford-Motor, der mit Shorrock-Auflader versehen 54 PS leistete) wog dieses kleine Fahrzeug nur 658 kg. Diesem ausgezeichneten Gewicht/Leistung-Verhältnis verdankt der Grantura sein hohes Leistungsniveau.

Unter der Typenbezeichnung Jomar nahmen die ersten TVR Mk I an zahlreichen Rennen in Amerika teil, wo sie ihre be-

TVR MK I Grantura

achtlichen sportlichen Qualitäten bewiesen. Es muß angemerkt werden, daß dieses Coupé nur für leidenschaftliche Rennsport-Liebhaber taugte, da der Fahrgastraum ausgesprochen eng und der Komfort dürftig war. Abgelöst wurde der TVR Grantura Mk I vom Mk II, einer Serie mit modern gestalteter Karosserie, die 1959 in den Handel kam.

TVR 350i

Der TVR 350i besitzt einen Rover-V8-Motor mit 3.528 cm³ Hubraum und eine Karosserie, die trotz recht eckiger Formen beste aerodynamische Eigenschaften hat. Daß dieser zweisitzige Sportwagen vor allem für den amerikanischen Markt konzipiert worden war, bestätigt die Wahl eines derart mächtigen Motors mit seiner hohen Leistung und besonders dem großzügig bemessenen Hubraum. Knappe 5,1 Sek. braucht der TVR 350i, um von 0 auf 80 km/h zu beschleunigen.

UNIC
**Puteaux, Frankreich
1904–1939**

Georges Richard gründete 1904, kaum daß er Richard-Brasier den Rücken gekehrt hatte, ein eigenes Unternehmen mit Sitz in Puteaux. Bekannt wurde die Fabrik jedoch unter dem Namen „Unic", womit Georges Richard seine beabsichtigte Ein-Typen-Politik ausdrücken wollte.

Knapp ein Jahr, nachdem sein erstes Modell (der sehr schöne 10/12 HP mit 1.797-cm³-2-Zylinder-Motor) in Produktion gegangen war, revidierte Richard seine Absicht und präsentierte den 16/20 HP mit 2.615-cm³-4-Zylinder-Motor. Daß Richard seiner Politik endgültig untreu geworden war, bestätigte sich 1908, als Unic mit dem 12 HP herauskam. Dieses hauptsächlich als Taxi verkaufte Fahrzeug besaß zunächst einen 1.943-cm³-Motor, später wurde er auf 2.120 cm³ erweitert. Die Produktion währte fast 20 Jahre.

Insgesamt sind die Unic-Modelle recht mittelmäßig. Nennenswert sind der von 1909 bis 1911 produzierte Sechszylinder mit 4.085 cm³ und der 1914 vorgestellte 23/40 HP mit seinem langhubigen 6.242-cm³-Motor. Das wichtigste Nachkriegsmodell Unics war – abgesehen von der Taxi-Version des 12 HP – der Typ L mit 1.843-cm³-4-Zylinder-Motor. In den ersten Nachkriegsjahren begann sich Unic einen Namen als Lastkraftwagenhersteller zu machen. 1923 kam ein Sportmodell mit 1.997 cm³ heraus, das 113 km/h erreichte. Auffallend war die Motorhaube mit horizontalen Luftschlitzen. Unic experimentierte erfolglos mit dem Schiebermotor.

TVR Mk I GRANTURA (1958)

Motor: aufgeladener 4-Zylinder-Reihenmotor mit stehenden Ventilen (Ford)
Bohrung/Hub: 63,5 mm x 92,5 mm
Hubraum: 1.171 cm³
Max. Leistung: 54 PS
Getriebe: mechanisch, 3 Gänge
Rahmen: Mittelrohrrahmen
Aufhängung: vordere Einzelradaufhängung an Kurbeln und Drehstabfedern, hintere Einzelradaufhängung an Längsschwingern und Drehstäben
Bremsen: Trommelbremsen an den Vorder- und Hinterrädern
Karosserie: Glasfaser-Coupé
Höchstgeschwindigkeit: 172 km/h

TVR 350i (1984)

Motor: 8-Zylinder-V-Motor mit hängenden Ventilen
Bohrung/Hub: 88,8 mm x 71 mm
Hubraum: 3.528 cm³
Max. Leistung: 190 PS
Getriebe: mechanisch, 5 Gänge
Rahmen: Zentralrohrrahmen
Aufhängung: vordere Einzelradaufhängung mit Querlenkern und Schraubenfedern; hintere Einzelradaufhängung mit Längslenkern und Schraubenfedern
Bremsen: Scheibenbremsen
Karosserie: Glasfaser-Coupé oder -Cabriolet
Höchstgeschwindigkeit: 225 km/h

TVR 350i

UNIPOWER

UNIC TYP L (1922)

Motor: 4 Zylinder in Reihe mit stehenden Ventilen
Bohrung/Hub: 70 mm x 120 mm
Hubraum: 1.843 cm^3
Max. Leistung: 30 HP
Getriebe: mechanisch, 4 Gänge
Rahmen: Leiterrahmen
Aufhängung: Starrachsen, Halbelliptikfedern an der Vorderachse, übereinander liegende Auslegerfedern an der Hinterachse
Bremsen: Trommelbremsen an den Hinterrädern
Karosserie: Torpedo, Limousine
Höchstgeschwindigkeit: 90 km/h

Unic Typ L

1927 schloß Unic Verträge mit Chenard-Walcker und Delahaye ab. Sie währten nicht lange. Genauso kurz gestaltete sich die Zusammenarbeit mit Rosengart 1929, als Unic zwei Modelle mit 8-Zylinder-Motoren, hängenden Ventilen und Hinterradaufhängung mit doppelter Auslegerfeder lancierte.

Um der starken Nachfrage nach Nutzfahrzeugen nachzukommen, stellte Unic zeitweise die Automobilproduktion ganz ein. Später kam ein recht ungewöhnliches Modell mit vorderer Einzelradaufhängung heraus: Das System besaß eine halbelliptische Blattfederung und Kniegelenkarme, die an einem Ende in der Mitte der Blattfedern verschraubt waren und an dem anderen Ende im entgegengesetzten Längsträger des Rahmens verankert waren. Zu dem alten 2-l-Modell mit hängenden Ventilen kam ein 3.000-cm^3-6-Zylinder-Modell. Ab 1939 baute Unic nur noch Lastkraftwagen.

UNIPOWER
Perivale/London, Großbritannien
1966–1970

Im Gegensatz zu deutschen Autofahrern hatten Engländer stets Spaß an individuellen Autos, auch wenn sie weniger boten als Großserienprodukte oder selbst zusammengebaut werden mußten.

Gerade bei diesen Kit Cars konnte ganz legal die sonst beim Autokauf obligatorische Purchase Tax umgangen werden. Preismindernd wirkten sich zudem die Plastikkarosserien der Specialists aus, die neben ihren anderen Vorteilen zumindest in England gegenüber den Stahlblechkarosserien der etablierten Automarken viel billiger waren. So herrschte ab Ende der fünfziger Jahre ein regelrechter Boom in Plastic Kit Cars, der erst mit der Einführung der Mehrwertsteuer (VAT) bei gleichzeitiger Abschaffung der Purchase Tax 1973 ein Ende fand.

Der Unipower GT, entworfen von Ernest Unger und Val Dare-Bryan, zählt zu den besten Spezialmodellen, die auf der Technik des Mini basieren. Der Öffentlichkeit präsentiert wurde der erste Prototyp dieses interessanten Sportwagens 1963. Er hatte einen Mittelmotor, eine Aluminium-Karosserie und einen Gitterrohrrahmen. Für die Serienproduktion wurde eine äußerst robuste Glasfaser-Karosserie hergestellt. So entstand ein sehr widerstandsfähiges Coupé mit Mini-Cooper- oder Cooper-S-Motor.

1968 wurden gleichzeitig mit der Serie Mk II zwei andere

UNIPOWER GT (1968)

Motor: 4-Zylinder-Mittelmotor mit hängenden Ventilen, quer eingebaut
Bohrung/Hub: 70,64 mm x 81,33 mm
Hubraum: 1.275 cm^3
Max. Leistung: 76 PS
Getriebe: mechanisch, 4 Gänge
Rahmen: Gitterrohrrahmen
Aufhängung: vordere und hintere Einzelradaufhängung mit Querlenkern und Schraubenfedern
Bremsen: Scheibenbremsen an den Vorderrädern, Trommelbremsen an den Hinterrädern
Karosserie: Coupé mit 2 Sitzen
Höchstgeschwindigkeit: 185 km/h

Unipower

449

OBEN *Der Tuscan hielt sich ganz an die Tradition des TVR. Charakteristisch war der robuste Rohrrahmen, der sehr starr sein mußte, um dem drehmomentstarken 4,7-l-8-Zylinder-V-Motor gerecht zu werden. Die Radaufhängungen mit Lenkern – was damals bei Automobilen englischer Bauart recht selten war – garantierten eine optimale Straßenlage. Bei nasser Fahrbahn konnte es allerdings aufgrund des kurzen Radstands und des sehr schweren Motors problematisch werden. Die Leistungen des Special Equipment Tuscan konnten sich sehen lassen: Wenn er beschleunigte, ließ er selbst so anspruchsvolle Automobile wie den Jaguar Typ E, den Aston Martin DB6, den Ford Mustang und den Corvette Sting Ray hinter sich zurück. Auch in der Höchstgeschwindigkeit war er überlegen. Wie der Lotus, so konnte sich auch der TVR seinen Weg bahnen, so daß aus etwas „primitiveren" Modellen wie dem Tuscan die heutigen schönen und schnellen 350i-Modelle hervorgehen konnten.*

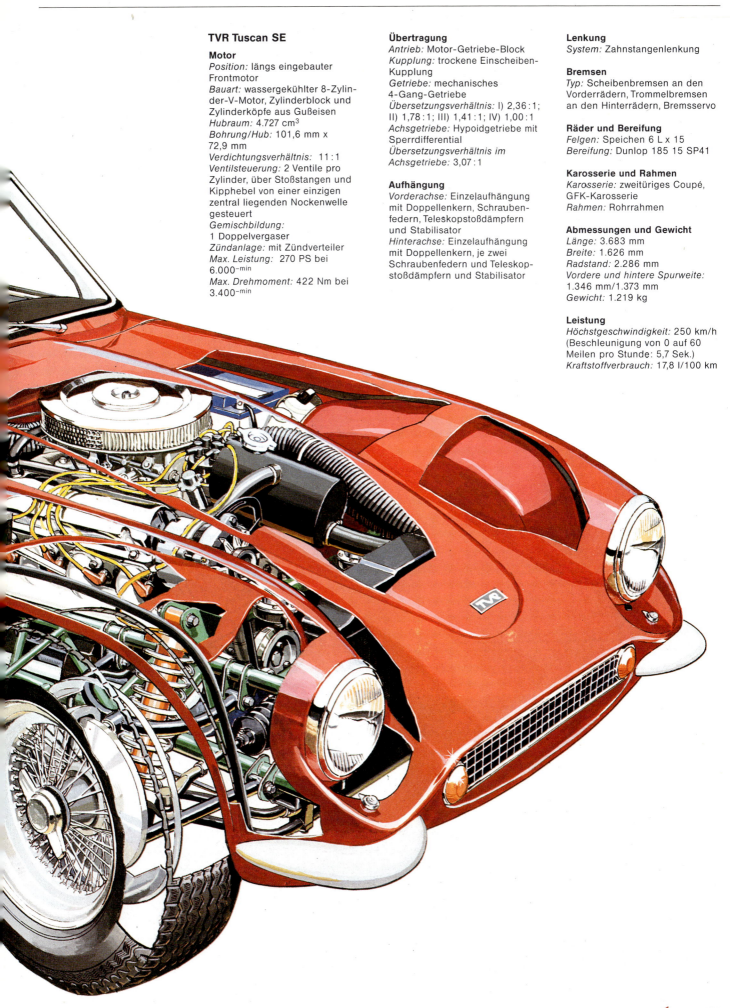

TVR Tuscan SE

Motor
Position: längs eingebauter Frontmotor
Bauart: wassergekühlter 8-Zylinder-V-Motor, Zylinderblock und Zylinderköpfe aus Gußeisen
Hubraum: 4.727 cm³
Bohrung/Hub: 101,6 mm x 72,9 mm
Verdichtungsverhältnis: 11:1
Ventilsteuerung: 2 Ventile pro Zylinder, über Stoßstangen und Kipphebel von einer einzigen zentral liegenden Nockenwelle gesteuert
Gemischbildung: 1 Doppelvergaser
Zündanlage: mit Zündverteiler
Max. Leistung: 270 PS bei 6.000⁻ᵐⁱⁿ
Max. Drehmoment: 422 Nm bei 3.400⁻ᵐⁱⁿ

Übertragung
Antrieb: Motor-Getriebe-Block
Kupplung: trockene Einscheiben-Kupplung
Getriebe: mechanisches 4-Gang-Getriebe
Übersetzungsverhältnis: I) 2,36:1; II) 1,78:1; III) 1,41:1; IV) 1,00:1
Achsgetriebe: Hypoidgetriebe mit Sperrdifferential
Übersetzungsverhältnis im Achsgetriebe: 3,07:1

Aufhängung
Vorderachse: Einzelaufhängung mit Doppellenkern, Schraubenfedern, Teleskopstoßdämpfern und Stabilisator
Hinterachse: Einzelaufhängung mit Doppellenkern, je zwei Schraubenfedern und Teleskopstoßdämpfern und Stabilisator

Lenkung
System: Zahnstangenlenkung

Bremsen
Typ: Scheibenbremsen an den Vorderrädern, Trommelbremsen an den Hinterrädern, Bremsservo

Räder und Bereifung
Felgen: Speichen 6 L x 15
Bereifung: Dunlop 185 15 SP41

Karosserie und Rahmen
Karosserie: zweitüriges Coupé, GFK-Karosserie
Rahmen: Rohrrahmen

Abmessungen und Gewicht
Länge: 3.683 mm
Breite: 1.626 mm
Radstand: 2.286 mm
Vordere und hintere Spurweite: 1.346 mm/1.373 mm
Gewicht: 1.219 kg

Leistung
Höchstgeschwindigkeit: 250 km/h (Beschleunigung von 0 auf 60 Meilen pro Stunde: 5,7 Sek.)
Kraftstoffverbrauch: 17,8 l/100 km

VAGHI
**Mailand, Italien
1922–1924**

Offiziell 1922 gegründet, gab es die Marke tatsächlich seit 1920, als auf der Mailänder Ausstellung der dreirädrige Kleinwagen Vaghi vorgestellt wurde. Das Automobil stieß sofort auf Sympathie, so daß beschlossen wurde, eine Gesellschaft zu gründen und das Modell in Serie zu produzieren. Die wichtigsten Kennzeichen: 2-Zylinder-V-Motor, 970 cm³ (1923 auf 1.099 cm³ erweitert), 12 HP, 1.800⁻ᵐⁱⁿ, 3-Gang-Getriebe mit Rückwärtsgang, Kardanantrieb, Höchstgeschwindigkeit 80 km/h. Der Vaghi fuhr auch Rennen; sein bestes Ergebnis war der zweite Platz im Gran Premio Internazionale Cyclecars von Monza im Jahr 1923. Fahrer war Gigi Platè. Finanzielle Probleme zwangen dazu, das Werk 1924 zu schließen.

Modelle lanciert. Über 50% der etwa 75 von Unipower konstruierten GTs gingen übrigens ins Ausland.

VALE SPECIAL (1932)
Motor: 4 Zylinder in Reihe mit stehenden Ventilen (Triumph)
Bohrung/Hub: 56 mm x 83 mm
Hubraum: 832 cm³
Max. Leistung: 21 PS
Getriebe: mechanisch, 4 Gänge
Rahmen: Leiterrahmen
Aufhängung: Starrachsen mit Halbelliptikfedern an Vorder- und Hinterachse
Bremsen: Trommelbremsen an den Vorder- und Hinterrädern
Karosserie: Sport-Zweisitzer
Höchstgeschwindigkeit: 115 km/h

VALE
**Maida Vale, Großbritannien
1932–1936**

Den Namen verdankt die Firma der Lage ihrer Fabrikationsstätte im Londoner Viertel Maida Vale. Das erste Modell trug den Namen Vale Special. Es besaß einen 832-cm³-Triumph-Motor mit stehenden Ventilen, der eine Höchstgeschwindigkeit von fast 115 km/h ermöglichte. Fast alle Vale Special wurden als Zweisitzer gebaut. 1933 kam aber auch ein viersitziges Modell, namens Tourette, ins Programm.

Um die Leistungen der Vale Special zu erhöhen, wurden 1934 4- und 6-Zylinder-Motoren von Coventry-Climax eingebaut (mit 1.098 cm³ und 1.476 cm³ Hubraum).

VALT
**Turin, Italien
1911–1914**

Gegründet wurde die Firma Vetturette Automobili Leggere Torino (VALT) zum Bau des Kleinwagens 12 HP mit 4-Zylinder-Monoblock-Motor, 2.155 cm³, 15 HP, 1.600⁻ᵐⁱⁿ. 1913 wurde VALT von der englischen Firma Newton & Bennett gekauft, die die Produktion des 12 HP fortsetzte.

VANDEN PLAS
**London/Abingdon, Großbritannien
1960–1980**

Vanden Plas wurde 1923 als Zweigstelle einer renommierten belgischen Wagenfabrik gegründet. Im Juni 1946 verband sich Vanden Plas mit Austin. Ziel war, die Karosserien für das 4-l-Modell A 135 Princess zu bauen. 1960 begann Vanden Plas, inzwischen autonom geworden, mit der Produktion des Princess de luxe, ein Modell, das auf der Austin-Technik beruhte, aber deutlich anspruchsvoller ausgestattet war. 1964 wurde auch der Vanden Plas 1100 ins Programm genommen.

Für den 1965er Princess R, wurde die Militär-Version des 3,9-l-Motors von Rolls Royce gewählt. Im Juni 1967 erschien der Vanden Plas 1300, der ab 1973 das einzige Modell der Marke Vanden Plas war. Das letzte Vanden-Plas-Modell 1500 war nichts weiter als eine luxuriöse Version des Austin Allegro. 1979 wurde das Werk in London geschlossen. Produziert wurde nun bei MG in Abingdon. Ein Jahr später stellte Vanden Plas endgültig jegliche Aktivität ein und verschwand aus der Szene der Automobilherstellung.

VARLEY-WOODS
**London/Wolverhampton, Großbritannien
1918–1921**

Der Firmenname geht auf die beiden Gründer zurück. Die Varley-Woods-Modelle zeigten zwar keine besonders hervorzuhebenden Leistungen, aber sie waren sorgfältig konstruiert und zeigen sich mit ihrem Kühler in Rolls-Royce-Bauart und der hochpolierten Motorhaube aus Aluminium in schönem Design. Bei den ersten Modellen wurde ein Dorman-Motor mit 1.795 cm³ Hubraum und obenliegender Nockenwelle verwendet. Mitte der zwanziger Jahre baute man jedoch den traditionelleren 14,3 HP von Tylor ein. Finanzielle Probleme beendeten die Aktivitäten, das Varley-Woods-Werk mußte den Konkurs anmelden.

VAUXHALL
**London/Luton, Großbritannien
1903–**

Gegründet wurde Vauxhall schon vor langer Zeit: 1857 von Alexander Wilson. Als Vauxhall 1903 in die Kraftfahrzeugherstellung einstieg, hatte sich das Werk längst einen großen Namen im Schiffsmotorenbau erworben. Hier waren schon 1896 die ersten Erfahrungen mit Verbrennungsmotoren gesammelt worden.

Das erste Vauxhall-Automobil war ein Sportwagen mit 1-Zylinder-Boxermotor, 5 HP Leistung und Kettenradantrieb. Die Aufhängungen besaßen Schraubenfedern, die Lenkung hatte die klassische horizontale Lenkstange. Für Brush produzierte Vauxhall das sehr ähnliche Modell Brushmobile. Der 6 HP, der 1904 präsentiert wurde, war dem 5 HP in der Technik verwandt, hatte aber einen Rückwärtsgang.

1905 siedelte Vauxhall von London nach Luton in der Grafschaft Bedford um. Als erstes Ergebnis dieses Ortswechsels wurden drei neue Modelle produziert. Gemeinsam war ihnen der stehende 3-Zylinder-Motor, mit dem sie gute Ergebnisse bei Bergrennen und Proberennen erzielten. (Der Versuch, am Tourist Trophy von 1905 sich erfolgreich zu qualifizieren, schlug jedoch fehl, obwohl ein 6-Gang-Getriebe mit Overdrive eingebaut wurde.) Die typische Form der ersten offenen Vauxhall-Modelle fand viel Anklang. Dennoch gab man sie schließlich endgültig auf und entschied sich für den konventionelleren 18/20 HP (Wellenantrieb, 4-Zylinder-Motor mit T-Zylinderkopf). Ein Merkmal des 18/20, das allen Vauxhalls bis 1959 eigen blieb, war der obere Wasserkasten des Küh-

Vale Special

452

VAUXHALL

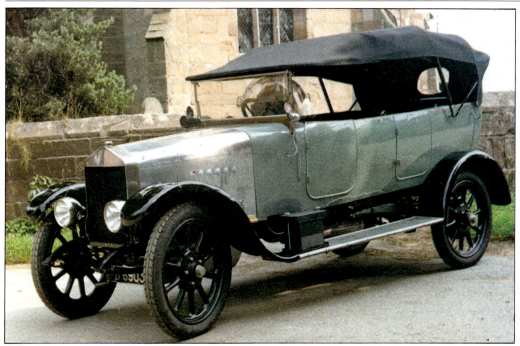
Varley-Woods

VARLEY-WOODS (1920)
Motor: 4 Zylinder in Reihe mit obenliegender Nockenwelle
Bohrung/Hub: 69 mm x 120 mm
Hubraum: 1.795 cm³
Max. Leistung: 27 HP
Getriebe: mechanisch, 4 Gänge
Rahmen: Leiterrahmen
Aufhängung: Starrachse mit Halbelliptikfedern vorn, mit Auslegerfedern hinten
Bremsen: Trommelbremsen nur an den Hinterrädern
Karosserie: Tourer
Höchstgeschwindigkeit: 80 km/h

lers mit seinen zwei horizontalen Sicken. Anschließend wurde ein vom Stil her ähnliches Modell gebaut, das wieder von einem 4-Zylinder-Motor angetrieben wurde, der allerdings etwas schwächer war (12/16 HP). Inzwischen beendete der Chef-Techniker Laurence Pomeroy die Entwicklung des 20 HP, eines Modells mit L-Zylinderkopf, das einen Sieg im Reliability Trial von 1908 davontrug, einem Langstreckentest von 2000 Meilen. Pomeroy entwarf auch einen Vauxhall mit 3-I-Motor. Er gab 1910 auf der Prinz-Heinrich-Fahrt in Deutschland eine so überzeugende Probe seines Könnens, daß er danach in Serienproduktion als Vauxhall Prince Henry hergestellt wurde (bei den Serienwagen wurde der Hubraum auf 4 I angehoben).

Der Prince Henry kann in vielerlei Hinsicht als Stammvater des berühmtesten Vauxhall-Modells, des 30/98 mit 4,5 I Hubraum, angesehen werden, von dem einige Exemplare kurz vor Ausbruch des Ersten Weltkrieges gebaut wurden. (Vauxhall gehört zu den wenigen Herstellern, denen es gelang, auch während des Krieges weiterzuproduzieren. Gebaut wurden zahlreiche Exemplare des D-Typs, die der englischen Armee als Unterstützungsfahrzeuge dienten.) Unter der Markenbezeichnung E-Typ wurde der 30/98 im Jahr 1919 wieder in die Produktion aufgenommen. Anfangs hatte er einen Motor mit stehenden Ventilen besessen. Die überarbeitete Version OE von 1922 hatte einen neuen 4,2-I-Motor mit hängenden Ventilen und Vierradbremsen. 1922 führte Vauxhall ebenfalls das neue, sparsamere Modell 14/40 ein und montierte auch im D-Typ einen Motor mit hängenden Ventilen.

Vauxhall erreichte nie große Verkaufszahlen (1924 wurden beispielsweise knapp 1400 Automobile ausgeliefert). Dessen ungeachtet, zeigte sich General Motors interessiert. Der amerikanische Gigant, der einen Brückenkopf in England suchte, übernahm Vauxhall 1925. Die ersten Vauxhall-Modelle, deren Technik man den Einfluß von General Motors anmerkte, ließen immerhin drei Jahre auf sich warten. Das erste Modell neuen Stils war der 20/60, ein sparsames Fahrzeug mit hängenden Ventilen, Spulenzündung und Mittelschalthebel. In den nächsten Jahren erzeugte Vauxhall noch weitere neue Modelle, so den luxuriösen S-Typ Silent 80 (3,9-I-6-Zylinder-Schieber-Motor) und als Sportversion des 20/60 den R-Typ Hurlingham.

1931 kam ein Modell heraus, das den 20/60 an Sparsamkeit noch übertraf: der Cadet mit 2-I-Motor und 17 PS oder nach Wunsch 26 PS Leistung. Trotz seines niedrigen Verkaufspreises war der Cadet 1932 das erste englische Auto, das mit einem synchronisierten Getriebe ausgestattet war, womit man sogar Rolls Royce zuvorkam – wenn auch nur um ein paar Monate.

Das erste englische Auto mit Zwangsbelüftung war hingegen der A-Typ Light Six. Der 1933 eingeführte A-Typ wurde in einer Version mit 12 PS und einer mit 14 PS angeboten. Das Gegengewicht zu diesem Programm stellten der 20-HP-BY-Typ (2,4 l) und der BX-Typ (3,2 l) von 1934 dar. Letzterer, als Big Six bekannt, blieb bis 1936 im Verkauf. Dann wurde er von dem 25 PS G-Typ abgelöst, einem interessanten Automobil mit vorderer Einzelradaufhängung (Dubonnet-Knie). Diese Lösung war ursprünglich für den 12-PS-DY-Typ und den 14-PS-DX-Typ des Jahres 1935 verwandt worden.

Der 10-PS-H-Typ aus dem Jahr 1938 war das erste komplett in England hergestellte Automobil mit selbsttragender Karosserie (3-Gang-Getriebe, Kraftstoffverbrauch: weniger als 9 l auf 100 km). 1939 wurden alle Vauxhall-Modelle mit hydraulischen Bremsen technisch überarbeitet. Verkaufsfördernd wirkte vor allem die neue, sehr billige Version des 14 PS, der J-Typ, dessen 6-Zylinder-Motor über 1.781 cm³ Hubraum verfügte.

Während des Krieges wurden in den Vauxhall-Werken die Lastwagenmarke Bedford, Churchill-Panzer, Panzergranaten und Bazookas hergestellt. Gegen Ende des Krieges baute Vauxhall auch Strahltriebwerke. Unmittelbar nach dem Krieg wurde die Produktion der 4-Zylinder-Modelle mit 10 PS und 12 PS und des 6-Zylinder-Modells mit 14 PS von neuem aufgenommen. 1948 wurden alle genannten Modelle aus dem Programm gestrichen. An ihre Stelle traten zwei Vauxhall-Modelle: der Wyvern mit einem 1.442-cm³-4-Zylinder-Motor und der Velox L-Typ mit 2.275-cm³-6-Zylinder-Motor, beide waren von amerikanischem Design geprägt (z.B. waren die Scheinwerfer in die Kotflügel eingelassen).

1952 wurden die beiden Wyvern-Modelle, L-Typ und E-Typ von Grund auf neu gestylt; ihre alten Motoren wurden gleichzeitig durch moderne, kurzhubige Motoren ersetzt. 1955 wurde Cresta der Öffentlichkeit vorgestellt. Cresta war eine Luxusversion der 6-Zylinder-Reihe. Die E-Typ-Modelle wurden bis 1957 gebaut. In jenem Jahr kam auch der 1,5-I-Victor heraus. Seine Karosserie wurde 1962 modernisiert, während die Modelle Velox und Cresta im Jahr darauf ein neues Styling erhielten.

1964 wurden stärkere Motoren eingeführt: Die Victor-Modelle wurden auf 1,6 l angehoben, die 6-Zylinder-Modelle auf 3,3 l. In diesem Jahr vollzog Vauxhall in seiner Produktion einen entscheidenden Richtungswechsel. Es entstand der Viva, ein kleiner Wagen mit kantigem Design und einem 1.057-cm³-4-Zylinder-Motor. Der Viva wurde 1967 und 1970 stilistisch und technisch überarbeitet. Der neue Viva mit der Typenbezeichnung HC wurde in den beiden Versionen mit 1.159 cm³ und 1.256 cm³ Hubraum angeboten.

1968 präsentierte Vauxhall einen komplett geänderten Victor, mit einem 1,6-I- bzw. 2-I-Motor mit obenliegender Nockenwelle, der in leicht geneigter Lage montiert war. Gleichzeitig wurde der alte 3,3-I-6-Zylinder-Motor in den Ventora eingebaut, ein Modell, das dem Victor sehr ähnlich ist. 1971 wurde die Karosserie des Victor stark vergrößert. Für die Innenraumverkleidung nahm man in größerem Umfang Anleihe bei den damaligen gehobenen Opel-Modellen. Um das Leistungsniveau zu erhalten, erweiterte man die Motoren auf 1.800 cm³ und 2.300 cm³ Hubraum. Bei dem Ventora wurde

453

die Karosserie auf dieselbe Weise modifiziert wie bei dem Victor-Modell.

Der 1.600-cm³-Motor des alten Victor wurde in den Viva eingebaut, der auch in einer Version als Coupé, Firenza genannt, angeboten wurde. Als der Firenza lanciert wurde, war er mit 1.256-, 1.600- und 2.300-cm³-Motor lieferbar. 1973 überarbeitete Vauxhall das gesamte Viva/Firenza-Angebot von Grund auf: Unter der Typenbezeichnung Viva liefen nun alle Modelle mit geringerem Hubraum, während die 1.800- und 2.300-cm³-Modelle Magnum getauft wurden. 1975 wurde die Chevette auf den Markt gebracht, ein Modell mit Hatchback-Karosserie, das den gleichen 1.256-cm³-Motor besaß, der die stärkere Version des Viva antrieb. Der Cavalier des darauffolgenden Jahres, eine Limousine mittlerer Größe, war identisch mit dem Opel Ascona. Produziert wurde er in Belgien, wo General Motors ein eigenes Werk eröffnet hatte. Den Cavalier gab es mit 1.300 cm³, 1.600 cm³ und 1.900 cm³ Hubraum. Im August 1977 wurde seine Produktion nach England verlagert.

Anfang 1979 brachte Vauxhall den Carlton und den Royale auf den Markt, zwei neue 2,8-l-Modelle, die wiederum Abbilder der entsprechenden Opel-Luxus-Modelle waren. Ein Jahr später wurde der Royale auch mit einem 3-l-Motor angeboten. Der letzte Viva wurde Mitte 1979 gebaut: Die Rolle dieses populären Modells übernahm eine Limousine mittlerer Größe des Opel Kadett, der Astra.

1982 erschien der Cavalier in einer neuen Version mit Vorderradantrieb und 1,3- bzw. 1,6-l-Motor auf dem Markt. Auch er glich dem in Deutschland produzierten Opel Ascona aufs Haar. Mit dem Cavalier gelang es Vauxhall, den Wettlauf mit Ford für sich zu entscheiden. Ford gelang es erst 1983, das veraltete Modell Cortina durch den Sierra zu ersetzen, der als direkter Konkurrent des Cavalier anzusehen ist. Vauxhall eröffnete auch im spanischen Saragozza ein Werk, das 1984 mit der Produktion eines sehr modern und kompakt konstruierten Kleinwagens begann. Die Typenbezeichnung auf dem kontinentaleuropäischen Markt war Corsa, für den englischen wählte man Nova.

Das derzeit aktuelle Vauxhall-Programm ist in vieler Hinsicht mit dem Opel-Angebot vollkommen identisch. Während der Kadett-Nachfolger nun international Astra heißt und auch die großzügige Luxus-Limousine als Opel/Vauxhall Senator angeboten wird, läuft der Vectra immer noch unter der Bezeichnung Cavalier, und der Rekord-Nachfolger Omega hört auf den Namen Carlton.

Vauxhall Prince Henry

Dieses Modell ist ein direkter Nachfahre des ersten Vauxhall-Modells mit L-Zylinderkopf, des 20 HP, der den Reliability Trial von 1908 mit seinen 2.000-Meilen siegreich für sich entscheiden konnte. Dieser und andere sportliche Erfolge bewogen 1909 die Vauxhall-Direktoren Percy Kidner und A.J. Hancock, der erst sechs Jahre zuvor gegründeten Autofabrik durch Teilnahme an der Prinz-Heinrich-Fahrt 1910 europäisches Renommee zu verschaffen. Prinz Heinrich, Bruder von Kaiser Wilhelm II., hatte nach Vorbild der Herkomer-Konkurrenzen 1905 bis 1907 die nach ihm benannten Fahrten, Wettbewerbe für Tourenwagen, für 1908, 1909 und 1910 ausgeschrieben.

Der damals 24jährige Vauxhall-Ingenieur Laurence Pomeroy erhielt den Auftrag, einen neuen Motor zu konstruieren. Sein Entwurf mit obenliegender, verschiebbarer Nockenwelle und sehr stark geneigten Ventilen bewährte sich jedoch nicht, so daß die drei gemeldeten Werkswagen eine von 38 auf 55 PS verstärkte Ausführung des 20-HP-Motors erhielten.

Es wäre schön, jetzt vermerken zu können, daß Vauxhall auf Anhieb gewonnen hätte, doch diese Ehre gebührt den von Ferdinand Porsche entwickelten Austro-Daimler mit ihren großen 5,7-l-95-PS-Motoren. Immerhin schlugen sich die kleinen Vauxhall wacker und erwiesen sich als absolut zuverlässig.

Und weil das so war, stellte Vauxhall auf der London Motor Show 1911 eine für den Straßenverkehr geeignete Version des Wettbewerbsfahrzeugs vor, die die Bezeichnung C-Typ oder Prince Henry erhielt – ein englischer Wagen mit dem Namen eines deutschen Prinzen. Ähnlich verfuhren die Österreicher: Auch Austro-Daimler brachte von 1911 bis 1914 ein Modell mit der Typenbezeichnung Prinz Heinrich heraus.

Der Vauxhall Prince Henry mit 3-l-Motor blieb bis 1912 im Angebot. Dann erhielt er eine größere Maschine mit 4 l Hubraum und etwa 75 PS Leistung. Ein Jahr später wurden Spur und Radstand vergrößert, so daß geräumigere Karosserien aufgesetzt werden konnten. Alle Vauxhall-PH-Modelle hatten Drahtspeichenräder mit Zentralverschluß und Motorhauben aus poliertem Aluminium. Elektrische Beleuchtung war ab 1913, elektrischer Anlasser ab 1914 serienmäßig. Wie die anderen Vauxhall-Modelle dieser Zeit war auch der PH mit größerer Bodenfreiheit für den Einsatz in den Kolonien lieferbar. Schwachpunkte waren Getriebe, Hinterradbremsen und der Spitzkühler, der zum Kochen neigte.

Im Sport war Vauxhall erfolgreich. Der Prince Henry siegte bei –40 °C auf der Schwedischen Winterfahrt 1912, gewann allein im Jahr 1913 35 Bergrennen und 14 Zuverlässigkeitsfahrten und beendete die Rußlandfahrt 1911 strafpunktfrei, was den Zar zum Kauf eines Vauxhall anregte.

VAUXHALL PRINCE HENRY (1914)

Motor: 4 Zylinder in Reihe mit stehenden Ventilen
Bohrung/Hub: 95 mm x 140 mm
Hubraum: 3.969 cm³
Max. Leistung: 70 HP
Getriebe: mechanisch, 4 Gänge
Rahmen: Leiterrahmen
Aufhängung: Starrachsen mit Halbelliptikfedern
Bremsen: an Hinterrädern und Getriebe
Karosserie: Tourer
Höchstgeschwindigkeit: 120 km/h

Vauxhall Prince Henry

Während des Ersten Weltkriegs diente der PH, von dem 240 Stück gebaut wurden, als Stabswagen.

Vauxhall 30/98

John Higginson, ein Geschäftsmann, der aus Lancashire stammte, bekannt geworden durch die Erfindung des Kraftstoffversorgungssystems Auto-Vac, galt als geschätzter „gentleman-driver", der bedeutende Siege mit dem Mercedes 60 HP und dem La Buire errungen hatte. Der leidenschaftlich im Rennsport engagierte Higginson regte Pomeroy an, den Prince Henry wieder zu einem renntüchtigen Sportwagen umzurüsten und das Originalchassis mit einem größeren Hubraum auszustatten.

Das Modell mit dem neuen Motor wurde 30/98 genannt. Man baute nur wenige, für die „gentleman-drivers" reservierte Exemplare. Von denen, die einen der 13 Wagen erwarben, die Vauxhall noch vor Beginn des Krieges fertigstellen konnte, war Higginson mit Abstand der fähigste Fahrer: Im Laufe des Jahres 1913 siegte er in vielen verschiedenen Bergrennen, wie dem Waddington Pike, Shelsley Walsh und dem Aston Clinton.

Nach dem Krieg wurde der 30/98 unter der Bezeichnung E-Typ in Produktion genommen. Man verwendete den Rahmen einer D-Typ-Version mit kurzem Radstand. Bald hatte sich der E-Typ unter den Tourern mit gehobenen Leistungen einen Namen gemacht, wenngleich es ihm nicht gelang, auch dem 3-l-Bentley den Rang abzulaufen.

Im Jahr 1922 wurde der E-Typ, der von einem sv-Motor angetrieben wurde, vom OE-Typ ersetzt: Dank der hängenden Ventile war dieses Modell leiser und leistungsstärker (dem OE-Typ wurden 120 HP Leistung im Vergleich zu den 90 HP des E-Typs bescheinigt). Auf Wunsch wurde der OE-Typ auch mit einer Sportkarosserie aus Aluminium geliefert. Aufgrund der aggressiven Form der Kotflügel und der V-förmigen Rückseite, die von einer Holzfläche geschlossen wurde, muß dieses Modell mit dem Namen Wensum wohl zu den stilistisch gelungensten Automobilen der zwanziger Jahre gezählt werden.

Der schwache Punkt des 30/98-Modells war das Bremssystem, auch wenn seine Wirkung im Jahr 1923 etwas verbessert wurde, indem nun auch die Vorderräder mit mechanischen Bremsen ausgestattet wurden. Erst 1926 montierte man ein hydraulisches Bremssystem, aber schon gegen Ende 1927 wurde die Produktion des 30/98 ganz eingestellt. Insgesamt dürften etwa 580 Exemplare hergestellt worden sein.

VAUXHALL CADET (1932)
Motor: 6 Zylinder in Reihe mit hängenden Ventilen
Bohrung/Hub: 67,5 mm x 95,25 mm
Hubraum: 2.048 cm³
Max. Leistung: 40 PS
Getriebe: mechanisch, 3 Gänge
Rahmen: Leiterrahmen
Aufhängung: Starrachsen mit Halbelliptikfedern
Bremsen: Trommelbremsen an den Vorder- und Hinterrädern
Karosserie: Tourer, Coupé, Limousine
Höchstgeschwindigkeit: 100 km/h

VAUXHALL 30/98 OE (1922)
Motor: 4 Zylinder in Reihe mit hängenden Ventilen
Bohrung/Hub: 98 mm x 140 mm
Hubraum: 4.224 cm³
Max. Leistung: 120 HP
Getriebe: mechanisch, 4 Gänge
Rahmen: Leiterrahmen
Aufhängung: Starrachsen mit Halbelliptikfedern
Bremsen: Trommelbremsen
Karosserie: Tourer
Höchstgeschwindigkeit: 130 km/h

Vauxhall Cadet

Der Cadet, im Oktober 1931 lanciert, war das bis dahin sparsamste aller Vauxhall-Modelle. Mit seinen gerundeten Formen entsprach er deutlich dem in Amerika vorherrschenden Stil.

Der Cadet war bald so erfolgreich, wie es der 20/60 HP gewesen war; so trug er ganz entschieden dazu bei, daß Vauxhall unter die Hersteller der weitest verbreiteten Automobile aufgenommen wurde.

1932 wurde der Cadet in vielerlei Hinsicht verbessert, so wurde z. B. eine elektrische Anlage mit 12 V eingebaut (anstelle der alten mit 6 V) und das Marless-Weller-Lenkgehäuse eingeführt. Die wichtigste Änderung betraf das Getriebe, das synchronisiert wurde. Auf dem amerikanischen Markt war diese Technik keine Novität, die Buick- und Cadillac-Modelle verwendeten sie bereits. Der Cadet war jedoch das erste englische Automobil, das über ein synchronisiertes Getriebe verfügte.

Von dem Cadet wurde auch eine Version mit der Typenbezeichnung 26 HP produziert, die hauptsächlich für die englischen Kolonien bestimmt war.

Vauxhall Velox und Wyvern

Der Wyvern (mit 1,4-l-4-Zylinder-Motor) und der Velox E-Typ (mit 2,25-l-6-Zylinder-Motor) wurden 1951 lanciert. Neu war an beiden Wagen – abge-

Vauxhall Cadet

Vauxhall 30/98

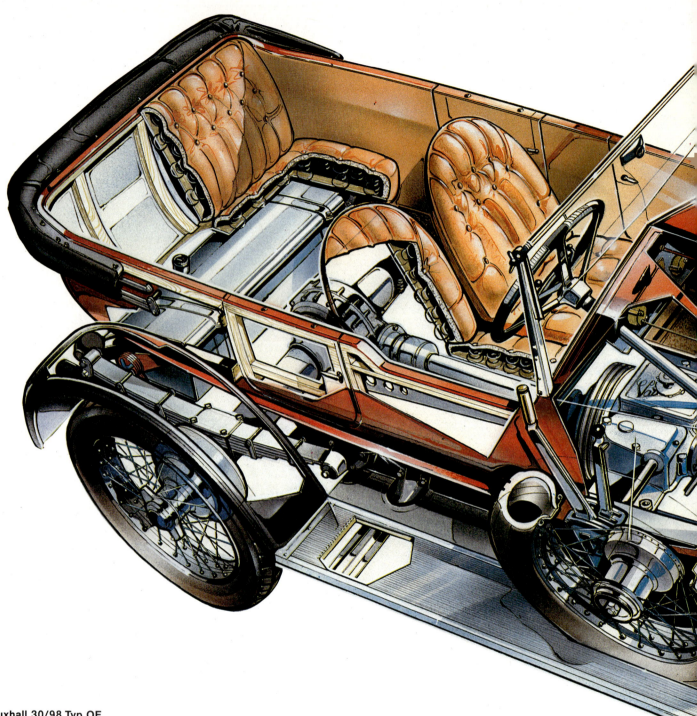

Vauxhall 30/98 Typ OE (1923)

Motor
Position: längs eingebauter Frontmotor
Bauart: wassergekühlter 4-Zylinder-Reihenmotor mit fünffach gelagerter Kurbelwelle
Hubraum: 4.224 cm³
Bohrung/Hub: 98 mm x 140 mm
Verdichtungsverhältnis: 5:1
Ventilsteuerung: 2 hängende Ventile pro Zylinder, gesteuert über Stoßstangen und Kipphebel; dreifach gelagerte Nockenwelle
Gemischbildung: 1 Zenith-Vergaser Typ 48 RA. Druckförderung (bis 1925; ab 1926 Autovac-System)
Zündanlage: Magnetzündung
Max. Leistung: 120 PS bei 3.300⁻min

Übertragung
Antrieb: Motor-Kupplung-Getriebe-Block, Hinterradantrieb
Kupplung: Vauxhall-Mehrscheibenkupplung
Getriebe: unsynchronisiertes 4-Gang-Schaltgetriebe
Übersetzungsverhältnis: I) 3,69:1, II) 2,36:1; III) 1,54:1; IV) 1,00:1
Achsgetriebe: Hypoidgetriebe
Übersetzungsverhältnis im Achsgetriebe: 3,3:1

Aufhängung
Vorder- und Hinterachse: Starrachsen mit Halbelliptikfedern und regulierbaren Hartford-Reibungsstoßdämpfern

Lenkung
System: Schneckenlenkung

Bremsen
Typ: mechanisch betätigte Trommelbremsen, Getriebebremse

Räder und Bereifung
Felgen: Rudge Whitworth-Speichenräder 820 x 120 BE mit Flügelmutter zur schnellen Montage
Bereifung: 32 Zoll (81 cm)

Karosserie und Rahmen
Karosserie: wahlweise mit 2 oder 4 Sitzen. Serienmäßig offene Velox-Karosserie mit 4 Sitzen
Rahmen: Leiterrahmen

Abmessungen und Gewicht
Länge: 4.165 mm
Breite: 1.676 mm
Radstand: 2.972 mm
Vordere und hintere Spurweite: 1.372 mm/1.372 mm
Gewicht: 1.473 kg

Leistung
Höchstgeschwindigkeit: 130 km/h
Kraftstoffverbrauch: 14,8 l/100 km

UNTEN *Da Vauxhall seit langem zu General Motors gehört, vergißt man leicht, daß der 30/98 OE als Rivale des damaligen Rolls Royce konzipiert worden war. Wie man auf der Abbildung sieht, war der 30/98 OE ziemlich schlicht konstruiert.*

LINKS *Der Motor des 30/98 aus dem Jahr 1914. 30 gab die steuerliche RAC-Klassifizierung der Leistung an, während 98 die Zylinderbohrung in Millimetern kennzeichnet. Der Hubraum betrug 4.224 cm³.*

VAUXHALL WYVERN (1953)

Motor: 4 Zylinder in Reihe mit hängenden Ventilen
Bohrung/Hub: 79,4 mm x 76,2 mm
Hubraum: 1.507 cm³
Max. Leistung: 40 PS
Getriebe: mechanisch, 3 Gänge
Rahmen: selbsttragende Karosserie
Aufhängung: vordere Einzelradaufhängung mit Querlenkern und Schraubenfedern; Hintere Starrachse mit Halbelliptikfedern
Bremsen: Trommelbremsen an den Vorder- und Hinterrädern
Karosserie: viertürige Limousine
Höchstgeschwindigkeit: 115 km/h

Vauxhall Wyvern

sehen von der gewölbten Windschutzscheibe – auch die seitlich aufklappbare Motorhaube (die allerdings später wieder zugunsten des traditionelleren Typs aufgegeben wurde). Ursprünglich besaßen beide Modelle denselben Motor, von dem die älteren Wyvern- und Velox L-Typ-Modelle angetrieben worden waren, die zwischen 1948 und 1951 die Werkshallen verließen. 1952 wurden jedoch zwei kurzhubige Motoren eingebaut – mit einem Hubraum von 1.507 cm³ für den Wyvern und einem von 2.262 cm³ für den Velox. Da auf dem Markt wieder qualitativ besserer Kraftstoff auftauchte (während des Krieges hatte es viele Jahre hindurch nur ein Benzin minderer Qualität gegeben), wurde ein Jahr später der Velox auch mit einem Spezialzylinderkopf angeboten, der das Verdichtungsverhältnis auf 7,6:1 anhob.

Abgesehen von kleineren Modifikationen (wie z.B. die 1956 neu eingeführte Kühlermaske an der Frontseite), blieb die Karosserie in ihrer Form während all der Jahre, in denen der Wyvern und der Velox produziert wurden, d.h. also bis 1957, unverändert. Nicht zu vergessen ist allerdings, daß 1954 eine Version unter der Bezeichnung Cresta präsentiert wurde.

1953 war das Jahr zweier Rekorde: Das millionste Automobil verließ das Vauxhall-Werk, und in einem Jahr wurden das erste Mal mehr als 100 000 Exemplare produziert; den Löwenanteil stellten Wyvern- und Velox-Modelle. Allein was den E-Typ betrifft, wurden von Vauxhall insgesamt 341 626 Exemplare produziert.

Vauxhall Viva

Die Technik des 1964 lancierten HA Viva war mit der des Opel Kadett praktisch identisch. Der Preis war sehr niedrig, so daß auch weniger begüterte Kunden diese funktionale Limousine in kantigem Design erwerben konnten. Für diejenigen, die die früheren Vauxhall-Modell ihrer gehobenen Qualität wegen geschätzt hatten, war der Viva in seiner spartanischen Strenge enttäuschend.

Nach Angaben der Verantwortlichen des Hauses Vauxhall hatten Tests in allen Teilen der Welt die „Überlegenheit des Wagens" erwiesen, hinsichtlich der Geschwindigkeit, präzisen Lenkbarkeit und Wendigkeit, seiner Geräumigkeit, der Radaufhängung und des generellen Niveaus der Ausstattung." In Wirklichkeit aber war die Radaufhängung alles andere als zufriedenstellend. Außerdem erwarben sich einige der ersten Exemplare einen wenig schmeichelhaften Ruf, da die Gelenkwelle zu Schäden neigte.

Das HA-Modell blieb bis 1967 in der Produktion. Die Kombiversion Beagle – im Design deutlich von der HA-Serie inspiriert – überlebte hingegen bis 1973. Die Typenbezeichnung Viva wurde bis Mitte 1979 weiterverwendet. In Kanada wurde bis in die frühen siebziger Jahre hinein eine 2-l-Version des Viva mit dem Markennamen Pontiac hergestellt.

Vauxhall Cavalier

Der Cavalier gehört zum „J-car"-Programm von General

VAUXHALL VIVA (1964)

Motor: 4 Zylinder in Reihe mit hängenden Ventilen
Bohrung/Hub: 74,3 mm x 60,96 mm
Hubraum: 1.057 cm³
Max. Leistung: 44 PS
Getriebe: mechanisch, 4 Gänge
Rahmen: selbsttragende Karosserie
Aufhängung: vordere Einzelradaufhängung mit Doppelquerlenkern und Querblattfedern
Bremsen: Trommelbremsen an den Vorder- und Hinterrädern
Karosserie: zweitürige Limousine
Höchstgeschwindigkeit: 130 km/h

Vauxhall Viva

Motors. Lanciert wurde der Cavalier im Jahr 1982. Er verfügte über Vorderradantrieb und 1,3 bzw. 1,6 l und wurde von Anfang an als Stufenhecklimousine und als Kombi-Limousine angeboten. Der schräg eingebaute Motor war im Vergleich zu seinem Vorgänger um 18% leichter und um 15% kürzer. Die hydraulischen Stößelstangen machten ihn geräuschärmer und verminderten den Aufwand an Wartung. Um die Laufruhe des Motors zu erhöhen, erhielt die Kurbelwelle acht Gegengewichte und Schwingungsdämpfer.

Für die Serienproduktion des Cavalier investierte General Motors 20 Millionen Sterling in den Ausbau und die Modernisierung des Vauxhall-Werks in Luton. Mit dem Cavalier, der dem Ford Sierra (der Nachfolger des Ford Cortina) um ein Jahr voraus war, erhöhte General Motors seinen Verkauf im Bereich der Mittelklasselimousinen auf angelsächsischem Boden beträchtlich. Dieser Erfolg konnte jedoch nicht verdecken, daß das Werk in Luton inzwischen zu einer reinen Montagestätte für Produkte geworden war, die außerhalb Großbritanniens hergestellt wurden. Deshalb verlangte Mitte der achtziger Jahre die englische Regierung, daß Vauxhall den Einsatz importierter Komponenten auf ein Minimum reduzieren.

Velie

VAUXHALL CAVALIER (1982)

Motor: 4-Zylinder-Motor mit obenliegender Nockenwelle, quer eingebaut
Bohrung/Hub: 80 mm x 79,5 mm
Hubraum: 1.598 cm³
Max. Leistung: 90 PS
Getriebe: mechanisch, 4 Gänge
Rahmen: selbsttragende Karosserie
Aufhängung: vordere Einzelradaufhängung mit McPherson-Achse; hintere Einzelradaufhängung mit Schraubenfedern
Bremsen: Scheibenbremsen an den Vorderrädern, Trommelbremsen an den Hinterrädern
Karosserie: Limousine oder mit Heckklappe
Höchstgeschwindigkeit: 170 km/h

VELIE
Moline, USA
1909–1928

Schon lange bevor das Automobilzeitalter angebrochen war, hatte sich die W.L.Velie Company einen großen Namen als Fahrzeughersteller erworben. Als die Gesellschaft 1909 beschloß, in der Kraftfahrzeugproduktion Anschluß zu finden, hatte sie bereits mehr als 40 Jahre Erfahrung im Kutschenbau aufzuweisen.

Das erste Velie-Modell, der Velie 30, fuhr mit einem 4-Zylinder-Motor, der 3.295 cm³ Hubraum aufwies. Der Velie 30 wurde zu einem recht günstigen Preis gehandelt, da man davon ausging, schon im Jahr 1910 gute 10 000 Exemplare verkaufen zu können. Das Werk fand in der John Deere Plow Company einen zuverlässigen Partner, der bis 1915 das eigene Verkaufsnetz zur Verfügung stellte. 1915 lancierte Velie den neuen Blitzwell Model 22 mit 40 HP, der einen 6-Zylinder-Continental-Motor besaß. Zwei Jahre später erschien die neue Version Greater Velie Blitzwell. 1918 präsentierte die Firma ihr berühmtestes Modell, den

VELIE SPORT CAR (1918)

Motor: 6 Zylinder in Reihe mit stehenden Ventilen
Bohrung/Hub: 88,9 mm x 133,4 mm
Hubraum: 4.965 cm³
Max. Leistung: 60 HP
Getriebe: mechanisch, 4 Gänge
Rahmen: Leiterrahmen
Aufhängung: Starrachsen, Halbelliptikfedern an der Vorderachse und Auslegerfeder an der Hinterachse
Bremsen: Trommelbremsen an den Hinterrädern
Karosserie: Torpedo-Sport
Höchstgeschwindigkeit: 105 km/h

Sport Car (ein Viersitzer mit langhubigem 4.965-cm³-6-Zylinder-Continental-Motor). Im Laufe der Jahre verlagerte Velie den Produktionsschwerpunkt auf sparsamere Automobile mit kantigerem Design. 1922 wur-

Vauxhall Cavalier

de mit der Produktion eines eigenen Motors begonnen: ein 3.335-cm³-6-Zylinder-Motor mit hängenden Ventilen. Kurz bevor die Aktivitäten eingestellt wurden, produzierte Velie jedoch noch einige Modelle mit 8-Zylinder-Reihenmotor von Lycoming (Typenbezeichnung 8-88).

VELTRO
Turin, Italien
1920

Im Aufwind des wirtschaftlichen Aufschwungs gründete Giuseppe Coda im Jahr 1920 Veltro. Eines seiner Ziele war, ein Fahrgestell für 2-l-Motoren zu bauen. Doch aus finanziellen Gründen wurde Veltro noch in demselben Jahr aufgelöst, der Entwurf des Chassis wurde von Diatto übernommen und unter der Markenbezeichnung Tipo 20 produziert.

VERITAS
Meßkirch/Rastatt/ Nürburgring, Bundesrepublik Deutschland
1946–1952

Der Deutsche Ernst Laof, Ex-Champion im Motorradsport, gründete 1946 die Gesellschaft Veritas. Die ersten Veritas-Modelle waren Sport- und Rennwagen, die von den modifizierten 1.971-cm³-6-Zylinder-Motoren des Vorkriegs-BMW 328 angetrieben wurden.

Veritas produzierte auch eine begrenzte Anzahl von Coupés und Cabriolets, wobei die BMW-Motoren eingesetzt wurden oder ein 1.988-cm³-6-Zylinder-Motor mit obenliegender Nockenwelle, der von dem Flugzeughersteller Heinkel gebaut wurde. Die Produktionszahlen dieser Veritas-Modelle blieben recht gering: Man schätzt, daß insgesamt 35 bis 40 Exemplare das Werk verließen. Später präsentierte Veritas den Komet, einen Zweisitzer mit 100- oder 140-PS-Heinkel-Veritas-Motor. Der Skorpion (ein 2+2 Cabriolet) und der Saturn (ein Coupé mit drei Sitzen) wurden nur mit dem 100-PS-Motor geliefert.

1950 eröffnete Veritas ein neues Werk am Nürburgring. Dieses Werk verließen einige Automobile mit der Markenbezeichnung Veritas-Nürburgring. Von 1950 bis 1952 wurden in Zusammenarbeit mit der französischen Firma Panhard einige Dyna-Veritas-Wagen gebaut, deren 2-Zylinder-Boxermotor von Panhard stammte, während Antrieb und Karosserie vom Karosseriewerk Baur in Stuttgart hergestellt wurden.

VERMOREL
Villefranche-sur-Saône, Frankreich
1902–1930

Vermorel wurde 1850 zur Herstellung von Holzverarbeitungsmaschinen gegründet. 1902 begann der Fahrzeugbau mit Versuchsmodellen, die François Pilain entwarf. Kurz danach verließ Pilain Vermorel, um in Lyon eine eigene Automobilfabrik zu eröffnen. In die ersten Vermorel-Modelle wurde ein liegender 2.598-cm³-2-Zylinder-Motor eingebaut. Als aber 1908 mit der richtigen Serienproduktion begonnen wurde, zog man einen 1.874-cm³-4-Zylinder-Motor vor, dessen Hubraum kurze Zeit später auf 2.060 cm³ erweitert wurde. Die Produktionspalette bereicherte sich 1912 um ein weiteres Modell mit einem 4-Zylinder-Motor, den jedoch einen T-Zylinderkopf und 3.308 cm³ charakterisierten. 1913 wurde ein neuer Motor mit L-Zylinderkopf herausgebracht: In einer Version mit 1.642 cm³ wurde er für den leichten Wagen 8/10 HP verwendet, während die 2,8-l-Version dem 16/20 HP bestimmt war.

Gleich nach dem Ausbruch des Ersten Weltkrieges setzte Vermorel die Produktion des

Vermorel 12 HP

VERITAS SPORT (1948)	VERMOREL 12 HP (1913)
Motor: 6 Zylinder in Reihe mit hängenden Ventilen	*Motor:* 6 Zylinder in Reihe mit hängenden Ventilen
Bohrung/Hub: 66 mm x 96 mm	*Bohrung/Hub:* 74 mm x 120 mm
Hubraum: 1.971 cm³	*Hubraum:* 2.064 cm³
Max. Leistung: 80 PS	*Max. Leistung:* 35 HP
Getriebe: mechanisch, 4 Gänge	*Getriebe:* mechanisch, 4 Gänge
Rahmen: Stahlrohrrahmen	*Rahmen:* Leiterrahmen
Aufhängung: vordere Einzelradaufhängung mit Doppelquerlenkern; De-Dion-Hinterachse	*Aufhängung:* Starrachsen vorn und hinten mit Halbelliptikfedern, hinten zusätzlich mit Auslegerfeder
Bremsen: Trommelbremsen an den Vorder- und Hinterrädern	*Bremsen:* Trommelbremsen an den Hinterrädern
Karosserie: Sport-Einsitzer	*Karosserie:* Limousine
Höchstgeschwindigkeit: 175 km/h	*Höchstgeschwindigkeit:* 80 km/h

15/18 HP mit 2,3 l Hubraum in Gang. Dieses Modell blieb auch nach Ende des Krieges das Spitzenmodell des Hauses, obwohl 1924 der entschieden modernere 12 HP lanciert wurde, der einen 4-Zylinder-Motor und eine hintere Doppelfederaufhängung hatte.

Ungefähr ein Jahr später wurde die Ventilsteuerung überarbeitet, der Motor entwickelte sich zu einem oben gesteuerten Stoßstangenmotor. 1926, als sich Vermorel endgültig gegen die Konuskupplung und für die Einscheibenkupplung entschieden hatte, kam ein leichter Wagen mit 1.131 cm³ Hubraum ins Programm.

Das letzte neue Modell von Vermorel wurde der Typ AH3, der 1929 auf den Markt kam und von einem 6-Zylinder-Motor, ausgestattet mit 2 l Hubraum und hängenden Ventilen, angetrieben wurde.

VESPA
Modena, Italien
1913–1916

Diese Firma wurde 1913 von Clemente Antonelli ins Leben gerufen und baute in den vier Jahren ihrer Produktivität nur ein einziges Modell, den 8 HP. Der langhubige 4-Zylinder-Monoblock-Motor hatte 1.458 cm³ Hubraum und leistete 20 HP bei 1.500^{-min}. Mit Kardanantrieb und 3-Gang-Getriebe kam der 8 HP auf 90 km/h (1914, beim Parma-Poggio von Berceta, erzielte er sehr gute Ergebnisse).

Veritas Sport

VINOT-DEGUIN-GAND

**Puteaux/Nanterre, Frankreich
1901–1925**

Die ersten Modelle des Hauses besaßen Kettenantrieb, einen stehenden 1.500-cm³-2-Zylinder-Motor und einen gestanzten Stahlrahmen. 1903 wurden zwei Modelle ins Programm genommen, die von 4-Zylinder-Motoren angetrieben wurden: der 12 HP (2.211 cm³ Hubraum) und der 18 HP (3.685 cm³ Hubraum).

Leider wurde bei diesen Modellen der Stahlrahmen durch einen armierten Holzrahmen ersetzt. 1906 brachte Vinot-Deguingand ein recht weites Angebot heraus, das von Modellen wie dem 12/16 HP mit 2.212 cm³ bis zu solchen, wie dem 35/50 HP mit 6.999 cm³ (sechs Zylinder) reichte. 1908 wurden der 16/24 HP (ein Modell mit Wellenantrieb, 4-Gang-Getriebe und ausgesprochen harmonischer Karosserie) und der dem 16/24 im Entwurf sehr ähnliche 24/32 HP lanciert. Ein Jahr später übernahm Vinot-Deguingand die Firma Gladiator: Von diesem Moment an wurden die Modelle der beiden Marken praktisch vereinheitlicht (abgesehen von der Form ihrer Kühler) – und blieben es die folgenden zehn Jahre hindurch.

1910 erschien eine neue Version des 12/16 HP, die sich durch einen Motor mit Druckschmierung auszeichnete. Im folgenden Jahr wurde das ganze Angebot grundlegend umgestaltet. Drei neue 4-Zylinder-Modelle kamen heraus: der 10/12 HP (1.693 cm³), der 15 HP (2.212 cm³) und der 25/30 HP (4.166 cm³) und ein neuer Sechszylinder, der 50 HP (8.101 cm³). Das 1.693-cm³-Modell wurde auch nach dem Krieg produziert, zusammen mit neuen Modellen wie dem 12 HP (2.613 cm³) und dem 11/25 HP (1.795 cm³), mit hängenden Ventilen. Dieser Motor wurde, auf 1.847 cm³ erweitert, 1923 auch in den ähnlichen 12/25 HP eingebaut.

Gegen Mitte der zwanziger Jahre wurde Vinot-Deguingand von Donnet übernommen.

VITTORIA

**Turin, Italien
1914–1915**

Vittoria war weniger eine wirkliche Firma als vielmehr die Einzelinitiative des Turiner Journalisten Giorgio Ambrosini, der in den Jahren 1914 und 1915 ein interessantes Fahrzeug entwarf, von dem einige Exemplare hergestellt wurden. Seine Merkmale waren: ein 4-Zylinder-Motor mit 3.176 cm³,

Vinot-Deguingand 12 HP

**VINOT-DEGUINGAND
12 HP (1912)**

Motor: 6 Zylinder in Reihe mit stehenden Ventilen
Bohrung/Hub: 80 mm x 130 mm
Hubraum: 2.613 cm³
Max. Leistung: 35 HP
Getriebe: mechanisch, 4 Gänge
Rahmen: Leiterrahmen
Aufhängung: Starrachsen mit Halbelliptikfedern
Bremsen: Trommelbremsen an den Hinterrädern
Karosserie: Torpedo
Höchstgeschwindigkeit: 80 km/h

---

30 HP bei 1.800⁻min; Kardanantrieb; 4-Gang-Getriebe. 1915 stellte das Automobilwerk die Produktion ein.

VOISIN

**Issy-les-Moulineaux, Frankreich
1919–1939**

Nach dem Waffenstillstand ließ die Nachfrage nach Flugzeugen von seiten der französischen Armee drastisch nach. Gabriel Voisin, der berühmte Pionier der Luftfahrttechnik, sah sich gezwungen von der Flugzeugherstellung auf den Automobilbau umzustellen.

Alle Voisin-Modelle waren von Doppelschieber-Knight-Motoren angetrieben, die Voisin selbst perfektionierte und in der Leistung deutlich hinauftrieb. Der erste Serienwagen geht auf den Entwurf eines Citroën zurück, der über das Stadium des Prototyps nicht hinausgediehen war. Dieser 18/23 HP mit 3.969 cm³ blieb fast zehn Jahre in Produktion. 1921 lancierte Voisin den C4, ein 1.244-cm³-4-Zylinder-Modell. Ein luxuriöses Modell desselben Jahres besaß einen V10-Motor mit 7.238 cm³. 1927 wartete Voisin mit dem ersten französischen 6-Zylinder-Modell auf, das einen Schiebermotor besaß. Von den drei Modellen dieses Jahres war der 13 HP, der mit seinem Hubraum von 2.300 cm³ auf eine Höchstgeschwindigkeit von 120 km/h kam, eindeutig das gelungenste Modell. Für die Sportversion Charmant wurde eine Gesamtuntersetzung mit zwei Untersetzungen gewählt.

1930 erschienen zwei Voisin-Modelle mit gekröpftem Rahmen und ausgesprochen schnittiger Karosserie: der Simoun mit 5.800-cm³-6-Zylinder-Motor und der Scirocco mit 4.800-cm³-V12-Motor, der direkt von dem ebenfalls 1930 lancierten Modell Diane abstammte. Von 1931 bis 1934 produzierte Voisin Imperia-Modelle in Lizenz. 1936 konstruierte Voisin einen aus 2 gekoppelten 6-Zylinder-Reihen bestehenden 12-Zylinder-Reihenmotor, der jedoch nicht in Produktion ging. Kurz bevor die Firma die Produktion einstellen mußte, verzichtete Voisin das erste Mal auf den Einsatz eines Schiebermotors und montierte statt dessen von der amerikanischen Firma Graham entwickelte 3.500-cm³-6-Zylinder-Motoren.

Gabriel Voisin selbst baute nach dem Zweiten Weltkrieg für den spanischen Markt den kleinen Biscuter.

Voisin 18/23 HP

Die beiden früheren Panhard-Techniker Artaud und Dufresne schlugen 1918 Voisin vor, ein Fahrzeug zu verwirklichen, das von einer verbesserten Version des 16-HP-Panhard-Levassor-Schiebermotors angetrieben würde. Für dasselbe Projekt hatten sie zuvor schon Citroën zu erwärmen versucht. Dort waren jedoch nur Prototypen realisiert worden. Voisin, überzeugt, daß Schieber der einzige Weg zu einem geräuscharmen Verbrennungsmotor seien, zeigte sich begeistert. So entstand der erste Voisin. Der Prototyp war am 5. Februar 1919 für den Straßentest reif. Die Serienproduktion des Fahrzeugs, das die Ty-

---

VOISIN 18/23 HP (1920)

Motor: 4-Zylinder-Knight-Schiebermotor in Reihe
Bohrung/Hub: 95 mm x 140 mm
Hubraum: 3.970 cm³
Max. Leistung: 90 HP
Getriebe: mechanisch, 4 Gänge
Rahmen: Leiterrahmen
Aufhängung: Starrachsen mit Halbelliptikfedern an Vorder-und Hinterachse
Bremsen: Trommelbremsen an den Hinterrädern
Karosserie: Torpedo
Höchstgeschwindigkeit: 130 km/h

Voisin 18/23 HP

penbezeichnung 18/23 erhielt, begann nur kurze Zeit später.

Entschlossen, Fahrzeuge mit dem Motor des 18/23 auch in Rennen zu schicken, setzte Voisin einen Zylinder mit höherer Verdichtung und Aluminium-Kolben ein. Auf diese Art konnte er die Leistung des Motors auf 90 HP steigern. Einem derart ausgerüsteten Voisin 18/23 HP gelang es 1922 beim Grand Prix für Tourenwagen in Frankreich, den Sieg zu erringen.

Voisin V12

Der erste Voisin mit V12-Motor wurde 1921 auf dem Pariser Salon vorgestellt. In der Technik war er sehr fortschrittlich; der Zylinderwinkel betrug nur 30°, der Hubraum hatte 7.260 cm³. Die Entwicklung des Voisin V12, der unter anderem anstelle der traditionellen Reibungskupplung eine hydraulische Kupplung hatte, stellte sich als dermaßen kostenintensiv heraus, daß nur der Protoyp gebaut wurde.

1930 versuchte sich Voisin noch einmal am V12-Typ. Es entstanden die beiden 4.860-cm³-Modelle Diane und Scirocco. Der als Sportwagen konzipierte Scirocco hatte einen tiefergesetzten Rahmen mit Blattfedern, die unter den Achsen montiert waren. Die Karosserie war geräumig und bot, trotz begrenzter Höhe, viel Raum, fand aber, wie alle Voisin-Karosserien, nur wenig Anklang.

VOLGA
Nishnij Nowgorod, Rußland 1955–

Der Volga, entworfen von Andrej Lipgart, wurde auf dem Markt eingeführt, um den Pobieda (Sieg) abzulösen, der in Polen unter der Bezeichnung Warszawa weiterproduziert wurde. Der Prototyp des Volga

Voisin V12

VOISIN SCIROCCO (1930)

Motor: 12-Zylinder-V-Schiebermotor
Bohrung/Hub: 72 mm x 100 mm
Hubraum: 4.860 cm³
Max. Leistung: 115 PS
Getriebe: mechanisch, 3 Gänge
Rahmen: Tiefbettrahmen
Aufhängung: Starrachsen mit Halbelliptikfedern
Bremsen: Trommelbremsen an den Vorder- und Hinterrädern
Karosserie: Limousine
Höchstgeschwindigkeit: 155 km/h

löste großes Interesse aus, vor allem aufgrund seines Getriebes mit hydraulischem Wandler. In die Serienproduktion kam er jedoch mit 3-Gang-Getriebe.

Seiner groben Bauart wegen war er nicht eben angenehm zu fahren. Die Feststellbremse wirkte auf das Getriebe, und die Vordersitze hatten nach hinten klappbare Rückenlehnen. Bis 1968 blieb das Ursprungsmodell M21 in Produktion, ohne nennenswerte Veränderungen zu erfahren. Im Laufe der Jahre kamen zu der Limousine der Krankenwagen M-22E und die Kombivariante M-22G. Obwohl auch ein Modell (M-24), das mit einem 4-Gang-Getriebe aus-

gerüstet war, auf dem Markt eingeführt wurde, blieb der alte M-21 bis 1971 im Verkauf. Der Volga M-24 wurde zu dem 3102 weiterentwickelt, der 1982 lanciert wurde und noch den alten, aber zuverlässigen 2.445-cm³-4-Zylinder-Motor besitzt. Den 3102 gibt es auch mit 2.112-cm³-Diesel-Motor.

1993 stellte Volga den 3105 vor, den Prototyp einer neuen Limousine. Der 3105 besitzt einen V8-Motor mit 3,4 l Hubraum und 170 PS, permanenten Allradantrieb, ABS und eine Klimaanlage. Optisch orientiert sich die ansprechend aerodynamisch geformte Limousine an den großen US-Fahrzeugen der neunziger Jahre.

VOLGA M-21 (1960)

Motor: 4 Zylinder in Reihe mit hängenden Ventilen
Bohrung/Hub: 92 mm x 92 mm
Hubraum: 2.445 cm³
Max. Leistung: 80 PS
Getriebe: mechanisch, 3 Gänge
Rahmen: selbsttragende Karosserie
Aufhängung: vordere Einzelradaufhängung mit Querlenkern und Schraubenfedern; hintere Starrachse mit Halbelliptikfedern
Bremsen: Trommelbremsen an den Vorder- und Hinterrädern
Karosserie: Limousine
Höchstgeschwindigkeit: 125 km/h

Volga M-21

VOLKSWAGEN
Wolfsburg, Deutschland
1938–

Während der ersten Hälfte der dreißiger Jahre entwickelte das von Ferdinand Porsche gegründete Konstruktionsbüro in Stuttgart verschiedene Prototypen der Kleinwagenklasse, unter anderem ein Modell mit 4-Zylinder-Boxermotor, das für NSU. Über den Reichsverband der Automobilindustrie (RDA) erhielt Porsche 1934 den Auftrag, einen von Hitler gewünschten Kleinwagen zu konstruieren. Porsche übergab dem RDA die ersten drei Prototypen 1936, jeweils 30 weitere Versuchswagen folgten 1937 und 1938, zum größten Teil bei Daimler-Benz hergestellt. 1938 legte Hitler den Grundstein für das neue Volkswagenwerk.

Mit der Serienfertigung des auch KdF (Kraft durch Freude) genannten Volkswagens sollte 1939 begonnen werden, ein Kauf sollte nur über ein Sparsystem möglich sein. Der Ausbruch des Zweiten Weltkriegs im September 1939 verhinderte jedoch den Produktionsbeginn ziviler Fahrzeuge. Statt dessen wurden die vom KdF-Wagen abgeleiteten Kübel- und Schwimmwagen hergestellt, beides für die Wehrmacht bestimmte Geländefahrzeuge.

Schon drei Monate nach Kriegsende im Mai 1945 begann auf Initiative der englischen Besatzungsmacht die Montage von Kübelwagen und KdF-Wagen, jetzt wieder Volkswagen genannt, aus Restbeständen. Bis Ende 1945 hatten die Engländer 1293 Fahrzeuge, darunter 754 Volkswagen, montieren lassen. Das entsprach zugleich der gesamten PKW-Produktion der besetzten Westzonen im Jahr 1945.

Damit begann die außergewöhnliche wirtschaftliche Karriere dieses Automobils, das mit seinen Verkaufszahlen sogar den Rekord des Ford Modell T brechen konnte (allerdings brauchte der Käfer dazu länger).

Ein ebenfalls recht erfolgreiches Modell der fünfziger Jahre war der Karmann-Ghia. Die Technik war im Grunde dieselbe wie die vom Käfer. Die Karosserie wurde von Ghia entworfen und von dem renommierten Karosseriehersteller Karmann in Osnabrück gebaut.

Mit dem 1961er Modell 1500 erweiterte das Volkswagen-Werk die vom Käfer vorgezeichnete Technik: Dieses Fahrzeug wurde allmählich mit immer stärkeren Motoren geliefert (bis zu 1.795 cm³). 1965 erwarb Volkswagen von Mercedes die Auto-Union AG, zu der auch Audi gehörte.

Nach dem mäßigen Erfolg des 411, eines Modells in typischem Volkswagenstil mit luftgekühltem Heckmotor (1.675 cm³), erschien nach dem Kauf von NSU 1969 der von NSU entwickelte, als VW K70 vertriebene erste Volkswagen mit Frontantrieb. Er war mit 1.594 cm³ und 1.795 cm³ Hubraum erhältlich und wurde bis 1970 produziert. Von 1969 bis 1975 wurde in Zusammenarbeit mit Porsche ein Sportwagen namens VW-Porsche 914 gebaut, der mit 4- bzw. 6-Zylinder-Boxermotor verfügbar war und 1.679 cm³ respektive 1.991 cm³ Hubraum besaß. 1973 brachte Volkswagen den Passat heraus, dessen Motor mit 1.297 cm³ und 1.471 cm³ Hubraum ausgestattet war. Das folgende Jahr brachte den Scirocco, wieder in verschiedenen Hubraumgrößen, die von 1.093 cm³ bis 1.457 cm³ reichten, und den Golf, ein von Giugiaro entworfener Kompaktwagen, von dem in nur 31 Monaten eine Million Exemplare vom Band rollten.

Der Golf machte VW zum größten Automobilhersteller Europas. Bis heute ist der Golf ununterbrochen das meistverkaufte Auto in Deutschland. Seit 1979 ist der Golf auch in einer Cabrio-Version im Programm, die bei Karmann in Osnabrück gebaut wird.

Gut ein Jahr nach dem Golf - 1975 - erschien der Polo, ein Kleinwagen, der baugleich mit dem Audi 50 war. Während die Audi-Version schon bald vom Markt verschwand, wurde der Polo zu einem großen Erfolg.

1981 wurde ein neues Modell vorgestellt, 1985 folgte eine Coupé-Version. Der Passat wurde 1988 erneuert, als Nachfolger des Jetta präsentierte VW 1992 den Vento.

Der Vento wird – wie seit 1991 Golf und Passat – auch mit einem 6-Zylinder-Motor (2,8 l, 174 PS) gebaut. Der sogenannte VR6-Motor ist von seiner Konstruktion her prinzipiell ein V-Motor, besitzt aber einen so engen Zylinderwinkel, daß er mit einem einzigen Zylinderkopf auskommt. Daneben werden die beiden Modelle Golf und Passat auch mit Allradantrieb angeboten.

Volkswagen Käfer

Schon 1931 hatte das Konstruktionsbüro von Ferdinand Porsche eine stromlinienförmige Limousine für Zündapp entwickelt. Zündapp jedoch zog sich zurück, kaum daß der erste Prototyp des besagten Modells vollendet worden war (der einen wassergekühlten 5-Zy-

linder-Sternmotor besitzen sollte). Anschließend entwarf Porsche ein ähnliches Automobil für NSU; dieses Mal entschloß sich der Konstrukteur zu einem 4-Zylinder-Boxermotor, der mit Luft gekühlt wurde. Doch nachdem die ersten drei Prototypen fertiggestellt worden waren, gelangte NSU zu der Einschätzung, daß die Investitionen, die für die Serienproduktion nötig wären, unverhältnismäßig hoch würden, und entschloß sich, dem Programm kein grünes Licht zu geben. Porsche erhielt daraufhin den Auftrag, einen „Volkswagen" zu entwickeln.

Kaum hatten die ersten drei Exemplare das Licht der Welt erblickt (sie waren vollständig in Handarbeit hergestellt worden), wurden sie schwierigen Tests unterzogen. Die Ergebnisse waren zufriedenstellend, so daß Mercedes beauftragt wurde, eine erste Probe-Serie von 30 Stück zu bauen, die getestet und bewertet werden sollten. Angesichts der positiven Bewertungen, die das neue Automobil erhielt, beschloß die Regierung offiziell die Errichtung des Volkswagen-Werks. Der Führer wohnte persönlich der Grundsteinlegung in der damaligen KdF-Stadt bei (nach dem Krieg wurde dieser Ort in Wolfsburg umgetauft).

Während des Krieges baute das Volkswagen-Werk Militärfahrzeuge. Am Ende des Krieges war das Werk in der KdF-Stadt durch Bomben und Plünderungen zu etwa 85% zerstört. Obwohl eine Expertenkommission der Alliierten und Henry Ford II zu der Beurteilung gekommen waren, der Käfer habe keinerlei wirtschaftliche Zukunft, begann das Montageband wieder zu laufen. 1949 nahm das Wolfsburger-Volks-

---

VOLKSWAGEN KÄFER (1970)

Motor: luftgekühlter 4-Zylinder-Boxermotor mit hängenden Ventilen
Bohrung/Hub: 77 mm x 69 mm
Hubraum: 1.285 cm³
Max. Leistung: 44 PS
Getriebe: mechanisch, 4 Gänge
Rahmen: mittragende Karosserie
Aufhängung: vordere Einzelradaufhängung an McPherson-Federbeinen; Einzelradaufhängung mit Pendelachse und Drehstabfedern an den Hinterrädern
Bremsen: Scheibenbremsen an den Vorderrädern, Trommelbremsen an den Hinterrädern
Karosserie: zweitürige Limousine oder Cabriolet
Höchstgeschwindigkeit: 120 km/h

Volkswagen Käfer

wagen-Werk eine weniger spartanische Käfer-Version für den Export in Angriff. (Sie verfügte später über ein synchronisiertes Getriebe und hydraulische Bremsen.)

Von 1945 bis Februar 1972 verließen 15.007.034 Käfer die Werkshallen in Wolfsburg und überflügelten damit den bisherigen Rekordhalter Ford T. Insgesamt wurden mehr als 20 Millionen Käfer produziert.

Volkswagen Karmann-Ghia

1953 schickte die Karosseriewerkstatt Ghia aus Turin dem Wolfsburger Werk den Prototyp eines 2+2 Coupés. Der Ghia-Prototyp fand bei den Verantwortlichen von Volkswagen Zustimmung. Für die Serienproduktion war Ghia selbst jedoch nicht ausreichend ausgerüstet, so daß die Herstellung von Karmann in Osnabrück übernommen wurde.

Von 1957 bis 1973 wurde auch das Karmann-Ghia Cabriolet gebaut, und von 1962 bis 1969 eine Coupé-Version, die auf der Technik des Volkswagen 1500 basierte und von Sergio Sartorelli entworfen war.

Volkswagen Golf

Der 1974 lancierte Golf hatte mit dem von Porsche entworfenen Käfer wenig Gemeinsamkeiten. Der Entwurf stammte aus dem italienischen Design-Büro von Giorgetto Giugaro. Der Golf war ein Kompaktwagen mit Vorderradantrieb und quer eingebautem 4-Zylinder-Reihenmotor mit einem Hubraum von 1.093 bzw. 1.471 cm^3.

Der Golf war dermaßen erfolgreich, daß allein in 27 Monaten über eine Million Exemplare verkauft wurden. 1978 wurde die Golfproduktion auch in Pennsylvania in die Wege geleitet. Für den amerikanischen Markt wurde er Rabbit getauft.

Auch der Rabbit konnte Erfolge verzeichnen. Inzwischen wurde der Golf auch mit 1.471-cm^3-Dieselmotor angeboten. So wurde der Rabbit zu dem ersten Kleinwagen mit Dieselmotor, der in Amerika auf den Markt gelangte. Kurz nachdem der Golf in einer 1,8-l-Version erschienen war, wurde er einem gründlichen Restyling unterzogen. Dieser Kur entsprang der Golf II, der 1983 dem Publikum vorgestellt wurde. Anfang 1986 hat Volkswagen auch einen Golf mit Allradantrieb lanciert, den Syncro.

VOLUGRAFO
**Turin, Italien
1946–1948**

Nachdem sich das Werk Volugrafo im Bau von Motorrädern mit kleinem Hubraum er-

Volkswagen Karmann-Ghia

folgreich behauptet hatte, brachte es 1946 den Bimbo heraus, einen aerodynamischen Kleinwagen mit Aluminiumkarosserie. Seine Abstammung war dem liegenden 1-Zylinder-Motor deutlich anzumerken. Mit 125 cm^3 leistete er nur 5 PS und brachte trotzdem 60 km/h zustande. Seine Merkmale waren: 3-Gang-Getriebe, obengesteuerter Stoßstangenmotor, Kettenantrieb auf dem linken Rad; er wog nur 125 kg. Die Produktion des Bimbo, der 1945 von dem Ingenieur Belmondo entworfen worden war, wurde 1948 eingestellt.

VOLVO
**Göteborg, Schweden/
Eindhoven, Holland
1927–**

Der erste Volvo verließ am Vormittag des 14. April 1927 das Werk. Aber schon 1924 hatten Assar Gabrielson und Gustaf Larson nach Möglichkeiten gesucht, ein mit allen seinen Komponenten in Schweden hergestelltes Auto zu verwirklichen, das vor allem den Straßenverhältnissen des eigenen Landes angepaßt sein sollte. Mit der finanziellen Un-

> **VOLKSWAGEN KARMANN-GHIA (1955)**
> *Motor:* luftgekühlter 4-Zylinder-Boxermotor mit hängenden Ventilen
> *Bohrung/Hub:* 77 mm x 64 mm
> *Hubraum:* 1.192 cm^3
> *Max. Leistung:* 30 PS
> *Getriebe:* mechanisch, 4 Gänge
> *Rahmen:* mittragende Karosserie
> *Aufhängung:* vordere Einzelradaufhängung mit Kurbellenkern und Drehstabfedern; hintere Einzelradaufhängung mit Pendelachsen und Drehstabfedern
> *Bremsen:* Trommelbremsen
> *Karosserie:* Coupé oder Cabriolet mit 2 Sitzen
> *Höchstgeschwindigkeit:* 115 km/h

terstützung durch die Kugellagerfabrik SKF vollendeten die beiden Kollegen 1926 den ersten Prototyp. Bei dem Entwurf des Volvos (der Name stammt von dem lateinischen „volvo" = „ich rolle") ließ sich der Designer Mass-Olle von dem amerikanischen Stil dieser Epoche inspirieren. Eingebaut wurde ein 1,9-l-4-Zylinder-Motor mit stehenden Ventilen.

In den ersten zwei Produktionsjahren brachte Volvo 1.000 Exemplare auf den Markt unter, die sich auf die Torpedo-Version OV4 und die Limousine PV4 verteilten.

1929 präsentierte Volvo das erste 6-Zylinder-Modell, den PV651 mit einer Karosserie in

> **VW GOLF VR6 (1993)**
> *Motor:* 6-Zylinder-V-Motor, ein gemeinsamer Zylinderkopf, zwei obenliegende Nockenwellen, 24 Ventile
> *Bohrung/Hub:* 81 mm x 90,3 mm
> *Hubraum:* 2.792 cm^3
> *Max. Leistung:* 128 kW / 174 PS bei 5.800^{-min}
> *Getriebe:* mechanisch, 5 Gänge oder 4-Gang-Automatik
> *Rahmen:* selbsttragende Karosserie
> *Aufhängung:* Einzelradaufhängung an den Vorderrädern und an den Hinterrädern, jeweils McPherson-Achse und Schraubenfedern
> *Bremsen:* Scheibenbremsen an den Vorderrädern und an den Hinterrädern
> *Karosserie:* zwei- oder viertürige Limousine mit Heckklappe
> *Höchstgeschwindigkeit:* 225 km/h

Volkswagen Golf VR6

amerikanisiertem Design. 1930 trat der PV651 seinen Platz an ein ähnliches Modell, den PV652, ab, der anstelle des mechanischen ein hydraulisches Bremssystem hatte. Der PV652 wurde bis 1936 produziert. 1935 lancierte Volvo den Carioca PV36 mit vorderer Einzelradaufhängung, dessen Karosserie im Design der des Chrysler Airflow glich (sie bestand vollständig aus Stahl). Der PV36 fand keinen Anklang, so daß er 1936 von den wesentlich traditioneller gehaltenen Modellen PV51 und PV52 abgelöst wurde.

1938 erschienen die aerodynamischen Modelle PV53-56, die von dem PV51 und PV52 abstammten und nur in begrenzter Stückzahl produziert wurden. Während des Krieges wurden viele der PV53-56 mit Holzgasgenerator angeboten. Die ersten Prototypen des PV60 wurden schon 1942 getestet, in Serienproduktion gingen sie jedoch erst 1947. Nach dem P60 produzierte Volvo viele Jahre keine 6-Zylinder-Modelle mehr.

Schon vor dem Zweiten Weltkrieg hatte Volvo mit der Entwicklung des PV40 begonnen, eines kleinen Wagens mit 8-Zylinder-Heckmotor und einer selbsttragenden Karosserie. Wegen Produktionsschwierigkeiten mußte das Projekt jedoch fallengelassen werden. Schließlich begannen die Volvo-Techniker mit den Forschungen für den deutlich traditionelleren PV444. Dieser Wagen besaß einen 1,4-l-4-Zylinder-Stoßstangenmotor, vordere Einzelradaufhängung und eine selbsttragende Karosserie. Das erste Exemplar des PV444 wurde 1944 präsentiert, die Produktion kam jedoch erst 1947 in Schwung, da die Stahlkarosserie zunächst nicht verfügbar war. 1958 wurde der PV444 zum PV544 weiterentwickelt. 1962 konnte der PV544 mit einem Motor mit fünf Hauptlagern, Typ B18, und 1,8 l Hubraum aufwarten.

1956 lancierte Volvo ein neues Modell mit der Typenbezeichnung 120 oder 122 (es gab unzählige Versionen, in Schweden wurde es als Amazon vermarktet), das – abgesehen von der völlig neuen Karosserie – viele technische Komponenten seiner Vorgänger-Modelle aufwies. Einen zaghaften Versuch, in die Spezialwagenherstellung einzusteigen, unternahm Volvo mit dem P1900. Dieser Sportwagen mit Glasfaser-Karosserie wurde von 1956 bis 1957 produziert. Nachfolger war der P1800, ein zweisitziges Coupé – die Karosserie wurde von Ghia entworfen – mit B18-Motor. Die Herstellung, die der englischen Firma Jensen anvertraut wurde, begann erst 1961. Zwei Jahre später beschloß Volvo, die Montage dieses Modells in das Werk in Göteborg zu verlegen. Die in Schweden hergestellten Modelle erhielten die Typenbezeichnung P1800S. Die Motorleistung der P1800S wurde 1966 und ein zweites Mal 1969 erhöht. Der 1800E kam auf 130 PS und erreichte eine Höchstgeschwindigkeit von 177 km/h, was auch der elektronischen Kraftstoffeinspritzung zu verdanken war. 1971 brachte Volvo eine 2+2-Version auf den Markt mit der Typenbezeichnung 1800ES.

1967 wurde der 144 mit einem neuen Motor mit obenliegender Nockenwelle präsentiert. Das folgende Jahr brachte den 164 mit 3-l-6-Zylinder-B30-Motor. Ab 1975 wurde aufgrund eines Abkommens zur Zusammenarbeit mit Renault und Peugeot in den 164 ein V6-Motor eingebaut. 1975 entstand auch die neue Serie 240 mit 2,1-l-4-Zylinder-Motor mit obenliegender Nockenwelle.

1979 stellte Volvo das erste Modell mit 6-Zylinder-Diesel-Motor vor. 1980 brachte eine weitere große Novität im Hause Volvo: In den 244 GLT wurde ein Turbomotor eingebaut. 1982 wurden der 4-Zylinder-Motor auf 2,3 l und der V6-Motor auf 2,8 l erweitert. In demselben Jahr nahm Volvo auch ein größeres Modell ins Programm, den 760 GLE, dessen Karosserie leicht anzusehen war, daß es dieser Wagen auf den amerikanischen Markt abgesehen hatte.

Der 760 und die 4-Zylinder-Version 740 wurden 1990 von der Reihe 940/960 abgelöst. Während das 940 auf die Volvo-4-Zylinder-Motoren zurückgriff, hatte das 960 anstelle des „Euro-V6" wieder einen Reihenmotor mit 3 l Hubraum (204 PS) unter der Haube.

Im ehemaligen Daf-Werk in Holland produziert Volvo zudem seit 1988 die Reihe 440/460 als Nachfolger des Modells 340 sowie seit 1986 das Sportcoupé 480 ES.

Volvo PV444

Der Öffentlichkeit vorgestellt wurde der PV444 im Jahr 1944. Die Entwicklung hingegen hatte schon vier Jahre zuvor eingesetzt. Da Stahl während der Kriegsjahre ausgesprochen knapp war, konnte die Serienproduktion erst 1947 in Gang gesetzt werden. Das Publikum empfand die Karosserie als nicht eben schön. Sie hatte, wie meistens bei Volvo, einen starken amerikanischen Einschlag: Die kastenförmigen Vorderkotflügel und der Grill erinnerten an den 1942er Ford, die Seitenansicht und das Heck an ein Business Coupé von Buick 1941.

Auch sonst war der amerikanische Einfluß unübersehbar, angefangen von der selbsttragenden Karosserie, eine Entwicklung von General Motors und der Budd Manufacturing Co. aus den dreißiger Jahren, über Carter-Fallstromvergaser, Autolite-Batteriezündung und hydraulischen Bremsen von Wagner Lockheed bis hin zur schraubengefederten Starrachse à la GM 1938 und einem langen, gertenschlanken Schalthebel à la Detroit 1937. Ein 3-Gang-Getriebe nach US-Manier schien ausreichend zu sein.

Ein Amerikaner also mit kleineren Außenabmessungen, mit besseren Fahreigenschaften und in europäischer Qualität? So etwa kann der PV444 charakterisiert werden. In der Tat war der PV444 der erste Volvo, der in nennenswertem Umfang exportiert wurde – auch in die USA. Dort erreichte Volvo nach Kriegsende bis 1958 mit rund

21.700 Pkw einen respektablen 11. Platz hinter dem Exportwunder Volkswagen Käfer, hinter Ford/England und den britischen Sportwagen MG, Jaguar und Triumph, lag aber weit vor sämtlichen anderen deutschen Herstellern und auch vor Saab, der zweiten schwedischen Automarke mit allerdings europäischer Ausrichtung.

Ursprünglich war der PV444 mit einem 1.420-cm³-ohv-Motor von 44 PS ausgerüstet. 1956 leistete die Maschine 51 PS, ab 1957 mit jetzt 1.580 cm³ 60 PS. 1958 lief die Produktion des PV444 nach 196.005 gebauten Exemplaren aus. An seine Stelle trat der PV544, zunächst mit dem bekannten 1,6-l-Motor, aber mit 66 oder 85 PS Leistung. 1962 stiegen Hubraum und Leistung auf 1.780 cm³ und 68 oder 90 PS an. Der PV544 blieb bis Oktober 1965 im Programm, Kombi-Versionen bis 1969. Mit 243.995 Stück war der PV544 noch erfolgreicher als sein Vorgänger, so daß insgesamt 440.000 PV444/544 hergestellt worden sind.

Das Doppelmodell PV444/544 war für Volvo der Schlüssel von provinzieller Enge zur größten Industriegruppe Skandinaviens und schließlich zu einem Weltkonzern. Mit ihm trat Volvo erstmals nicht nur verstärkt in den Exportmärkten auf, sondern konnte auf dem Heimatmarkt den nicht eben verkaufsfördernden Ruf eines Lastwagenherstellers zurechtrücken, der auch Personenwagen anbot. Alltägliche Zuverlässigkeit, langlebige Motoren und nicht zuletzt Rallye- und sonstige Sporterfolge verschafften der schwedischen Marke draußen in der Welt ein sportliches Image auf solider Basis, das die Nachfolgemodelle 122 und 144 mit ihren Sicherheitsmerkmalen um den Faktor Automobilsicherheit erweiterten.

VOLVO PV444L (1957)

Motor: 4 Zylinder in Reihe mit hängenden Ventilen
Bohrung/Hub: 80 mm x 80 mm
Hubraum: 1.580 cm³
Max. Leistung: 85 PS
Getriebe: mechanisch, 3 Gänge
Rahmen: selbsttragende Karosserie
Aufhängung: vordere Einzelradaufhängung mit Querlenkern und Schraubenfedern; hintere Starrachse mit Schraubenfedern und Drehstäben
Bremsen: selbstnachstellende Trommelbremsen an den Vorder- und Hinterrädern
Karosserie: zweitürig
Höchstgeschwindigkeit: 156 km/h

Volvo PV444

Volkswagen Käfer 1300 (1965)

Motor
Position: längs eingebauter Heckmotor
Bauart: luftgekühlter 4-Zylinder-Boxermotor, Zylinderblock aus Aluminium, Zylinderlaufbuchsen aus Gußeisen und Zylinderköpfe aus Leichtmetall
Hubraum: 1.285 cm^3
Bohrung/Hub: 77 mm x 69 mm
Verdichtungsverhältnis: 7,3 : 1
Ventilsteuerung: 2 Ventile pro Zylinder, über Stoßstangen von einer zentral liegenden Nockenwelle gesteuert
Gemischbildung: 1 Solex-Fallstromvergaser
Zündanlage: Spulenzündung
Max. Leistung: 40 PS bei 2.600^{-min}
Max. Drehmoment: 98 Nm bei 2.600^{-min}

Übertragung
Antrieb: Motor hinter, Getriebe vor Hinterachse
Kupplung: trockene Einscheiben-Kupplung
Getriebe: mechanisches 4-Gang-Getriebe
Übersetzungsverhältnis: I) 3,80 : 1; II) 2,06 : 1; III) 1,26 : 1; IV) 0,89 : 1
Achsgetriebe: Hypoidgetriebe

Aufhängung
Vorderachse: Einzelaufhängung mit Kurbellenkern und Drehstabfedern, Stabilisator und Teleskopstoßdämpfern
Hinterachse: Doppellängslenker mit Querdrehstäben, Stabilisator und Teleskopstoßdämpfer

Lenkung
System: Schneckenlenkung; 2,6 Lenkradumdrehungen von Anschlag zu Anschlag

Bremsen
Typ: Trommelbremsen an den Vorder- und Hinterrädern

Räder und Bereifung
Felgen: Lochscheibenräder aus Stahl
Bereifung: 5,60 x 15

Karosserie und Rahmen
Karosserie: zweitürige Limousine, mittragend
Rahmen: Zentralrohrrahmen

Abmessungen und Gewicht
Länge: 4.070 mm
Breite: 1.550 mm
Radstand: 2.400 mm
Vordere und hintere Spurweite: 1.310 mm/1.350 mm
Gewicht: 760 kg

Leistung
Höchstgeschwindigkeit: 120 km/h (Beschleunigung von 0 auf 80 km/h: 14 Sek.)
Kraftstoffverbrauch: 8 l/100 km (angenähert)

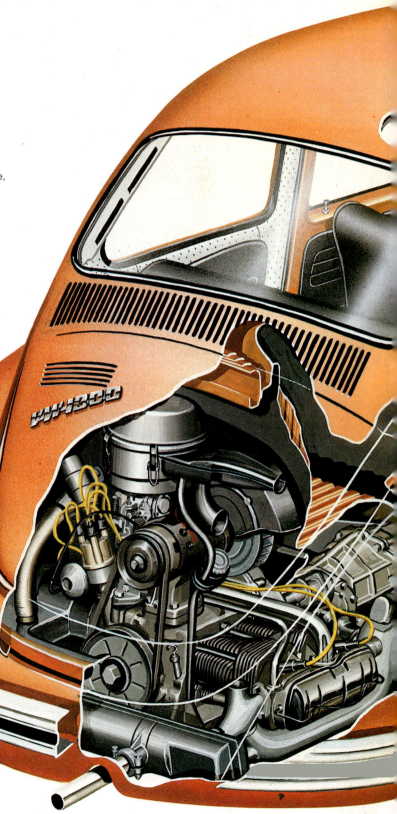

Der legendäre Käfer, von Hitler als Wagen für das Volk, eben als Volkswagen, in Auftrag gegeben. Obwohl im Laufe der Jahre viele Veränderungen vorgenommen wurden, blieben doch die charakteristische Form und der luftgekühlte Boxermotor unverändert erhalten. Ein interessantes Detail sind die Radaufhängungen mit Drehstäben an allen vier Rädern. Der Rahmen wurde noch für viele überarbeitete Versionen weiterverwendet. Anfang der siebziger Jahre erschien der stärkere 1302 mit deutlich veränderter Aufhängung: An die Stelle der alten vorderen Aufhängung mit Kurbellenkern und Querdrehstäben trat nun die McPherson-Aufhängung.

Volvo P 1800

Der Volvo P 1800 wurde 1959 in den USA vorgestellt. Von 1961 bis 1964 wurde er bei Jensen in West Bromwich montiert. Die Produktion wurde jedoch anläßlich der Einführung des 1800S nach Schweden verlagert. Anfangs wurde auch diese zweite Version mit dem 1,8-l-Motor ausgestattet, wurde 1968 aber auf einen Hubraum von 2 l erweitert. 1969 wurde die elektronische Kraftstoffeinspritzung eingeführt, woraufhin sich die Typenbezeichnung in 1800E änderte. Wenig erfolgreich war die Variante 1800ES, ein Kombiwagen mit gehobenen Leistungen (130 PS und 190 km/h). Der 1800S besaß ein mechanisches 4-Gang-Getriebe mit Schongang und fuhr maximal 185 km/h.

VOLVO 1800 S (1970)
Motor: 4 Zylinder in Reihe mit hängenden Ventilen
Bohrung/Hub: 88,9 mm x 80 mm
Hubraum: 1.986 cm^3
Max. Leistung: 110 PS
Getriebe: mechanisch, 4 Gänge mit Overdrive
Rahmen: selbsttragende Karosserie
Aufhängung: vordere Einzelradaufhängung mit Querlenkern und Schraubenfedern; hintere Starrachse mit Längslenkern, Drehstäben, Panhardstäben und Schraubenfedern
Bremsen: Scheibenbremsen an den Vorderrädern, Trommelbremsen an den Hinterrädern
Karosserie: Sport-Coupé
Höchstgeschwindigkeit: 185 km/h

Volvo 850

Der im Juni 1991 präsentierte Volvo 850 markiert einen großen Entwicklungsschritt in der Produktion des schwedischen Herstellers. Der 850 ist ein vollkommen neues Modell, das einige Grundsätze der Volvo-Technik umwirft: Er hat Frontantrieb und – weltweit einmalig – einen quer eingebauten 5-Zylinder-Motor. Das leistungsstärkere Modell 850 GLT mit vier Ventilen pro Zylinder und 170 PS erreicht sportliche Fahrleistungen (0–100 km/h in 9 Sekunden) und verbraucht dabei sehr wenig Treibstoff. Daneben wird auch das Modell 850 GLE mit zwei Ventilen pro Zylinder und 140 PS angeboten. Seit 1992 ist der 850 auch als Kombi im Programm.

WALTER
**Prag, Tschechoslowakei
1908–1937**

Im Jahr 1908, nachdem er in seiner Prager Werkstatt zehn Jahre lang Motorräder gebaut hatte, präsentierte Josef Walter ein dreirädriges Automobil, das jedoch in seinem Aussehen weniger an ein Auto als an einen Rollstuhl erinnerte. Doch je mehr Jahre ins Land gingen, desto mehr nahm das Fahrzeug die Gestalt eines wirklichen Autos an, bis es eine geschlossene Karosserie und vier Sitze besaß.

1912 erschien mit 14 HP der WI. Gleichzeitig kam ein Cyclecar ins Programm, der den alten 1.250-cm^3-2-Zylinder-V-Motor des dreirädrigen Gefährts besaß. Der WI wurde zum WII und WIII weiterentwickelt, die – insgesamt ähnlich – über einen größeren Hubraum verfügten. Nach dem Krieg wurde der WZ produziert, der einen 1.540-cm^3-Motor mit stehenden Ventilen hatte. Aus dem WZ ging eine Sportversion mit hängenden Ventilen hervor, die als WIZ 1921 lanciert wurde.

Ein Jahr später verlor Josef Walter die Kontrolle über die Finanzen des Werks, das Victor Kumpera und dessen Sohn Teny in die Hände fiel. Beide Techniker hatten schon in Frankreich bei Peugeot, bei Hispano-Suiza und bei Gnome & Rhone gearbeitet.

Mit den zwanziger Jahren begann für das Werk eine neue Ära, in der Techniker und Belegschaft an der Entwicklung von Flugzeugmotoren arbeiteten. Folglich verlangsamte sich die Automobilherstellung, die aber in Wirklichkeit immer schon ein eher mäßiges Tempo vorgelegt hatte. Außerdem war es die Politik des Hauses gewesen, auf Qualität und Leistungsniveau und weniger auf Quantität zu setzen. Da genügt der Hinweis, daß viele der Tourenwagen ihre Pendants als Rennwagen hatten. Von dem 1.945-cm^3-4-Zylinder-Modell mit obenliegender Nockenwelle stammte beispielsweise ein Rennwagen ab, der mit 160 km/h erreichte. Aus dem 1928er 2.496-cm^3-6-Zylinder-Modell mit hängenden Ventilen entwickelte sich ein Rennwagen mit 125 PS. Dieser Rennwagen wurde dermaßen berühmt, daß Walter beschloß, ihn mit einem etwas weniger starken Motor in Serie zu pro-

Volvo 850 GLT

VOLVO 850 GLT (1993)
Motor: 5-Zylinder-Reihenmotor, zwei obenliegende Nockenwellen, 20 Ventile
Bohrung/Hub: 83 mm x 90 mm
Hubraum: 2.435 cm^3
Max. Leistung: 125 kW / 170 PS bei 6.200 $^{-min}$
Getriebe: mechanisch, 5 Gänge oder Viergang-Automatik
Rahmen: selbsttragende Karosserie
Aufhängung: Vorne Einzelradaufhängung an McPherson-Federbeinen, hinten Verbundlenkerachse
Bremsen: Scheibenbremsen an den Vorderrädern und an den Hinterrädern
Karosserie: viertürige Limousine, auch als Kombi
Höchstgeschwindigkeit: 212 km/h

Volvo 1800 S

duzieren. Die sportlich engagierten Kunden konnten den 6B genannten Wagen auch mit Cozette-Kompressor erwerben. Später wurde das Modell weiter überarbeitet; es erhielt ein synchronisiertes 4-Gang-Getriebe mit einem Maybach-Schongang.

Gegen Ende der zwanziger und Anfang der dreißiger Jahre umfaßte das Programm des Hauses den Junior mit 980 cm³ und den Bijou mit 1.438 cm³ (beide mit 4-Zylinder-Motoren), ferner die Sechszylinder Prince und Lord (beide mit 2.496 cm³), sowie Super und Regent (beide mit 3.257 cm³).

Das luxuriöseste Walter-Modell war der Royal (V12-Motor mit 5.879 cm³), von dem nur sehr wenige Exemplare (etwa zwölf) zwischen 1931 und 1934 produziert wurden. 1931 baute Walter ein zweites Modell mit V12-Motor (7.354 cm³), aber populärer wurden die beiden 6-Zylinder-Modelle Standard (3 L) und Super (3,3 L). In Lizenz produzierte Walter auch Fiat-Modelle, genauer gesagt den Ballila (mit 995- und 1.089-cm³-4-Zylinder-Motor mit hängenden Ventilen), den 514 (1.438 cm³) und den 521 (der mit einem 2.516-cm³-Motor ausgerüstet als Walter Lord vermarktet wurde). Im Zusammenhang mit der Kooperation von Walter und Fiat ist auch erwähnenswert, daß der Werksfahrer Jindrich Knapp seine steile Karriere brillant abzuschließen wußte: Am Steuer eines 6B Super mit 3.257 cm³ und einer vom Balilla Sport inspirierten Karosserie errang er 1934 den wichtigen Sieg im Tausend-Meilen-Rennen der Tschechoslowakei.

Im Jahr 1936 zog sich Walter endgültig aus der Automobilherstellung zurück und verlagerte die Produktion auf Flugzeugmotoren.

WANDERER
Chemnitz/Siegmar, Deutschland
1911–1939

Wanderer hatte sich längst einen Namen als Motorradhersteller gemacht, als er 1911 mit der Serienproduktion vierrädriger Fahrzeuge begann. Nachdem er eine Zusammenarbeit mit dem damals noch jungen Techniker Ettore Bugatti abgelehnt hatte – Bugatti hatte einen Vierzylinder-Kleinwagen vorgeschlagen, der später von Peugeot unter der Bezeichnung Bébé gebaut wurde –, begann Wanderer die Produktion eines Wagens mit zwei hintereinander angeordneten Sitzen, der Püppchen getauft wurde. Er hatte einen 4-Zylinder-Motor mit 1.145 cm³. 1914 präsentierte Wanderer eine Püppchen-Version mit drei Sitzen,

Walter 6B

WALTER 6 B (1930)
Motor: 6 Zylinder in Reihe mit hängenden Ventilen
Bohrung/Hub: 80 mm x 108 mm
Hubraum: 3.257 cm³
Max. Leistung: 70 PS (mit Auflading 105 PS)
Getriebe: mechanisch, 4 Gänge mit Overdrive
Rahmen: Leiterrahmen
Aufhängung: Starrachsen mit Halbelliptikfedern
Bremsen: hydraulische Trommelbremsen an den Vorder- und Hinterrädern mit Servobremse
Karosserie: nach Wunsch
Höchstgeschwindigkeit: 160 km/h

wobei der Fahrersitz vor den beiden nebeneinander angeordneten Sitzen für die Beifahrer lag. Diese bekam einen stärkeren Motor (1.220 cm³, im Kopf hängende Ventile). Während des Ersten Weltkriegs benutzte die deutsche Wehrmacht die Püppchen-Tandem-Version als Erkundungsfahrzeug. Wanderer produzierte das urspüngliche 1.220-cm³-Modell in einer überarbeiteten Version bis 1925. Aber schon ein Jahr zuvor brachte Wanderer ein neues 4-Zylinder-Modell mit hängenden Ventilen heraus, das zunächst über 1.550 cm³ Hubraum, später aber, ab 1926, über 1.940 cm³ verfügte.

Auf dem Berliner Autosalon im November 1924 präsentierte Wanderer seinen ersten Sechszylinder, den W10, mit einem Hubraum von 2.540 cm³ und sehr schlichter Optik. Kurz danach folgte der W11 mit 2,5 L, der in Lizenz auch von der schweizerischen Fabrik Martini produziert wurde. Als Nachfolger des W11 wurde 1930 die Sportversion W11S mit 2.995-cm³-Motor vorgestellt.

1932 schlossen sich Wanderer, DKW, Horch und Audi zur Auto-Union AG zusammen. Die 1933/34er Wanderer waren nicht nur moderner karossiert, sondern wiesen auch Schwingachsen auf. Wanderer

baute auch eine 6-Zylinder-Serie, die von Ferdinand Porsche entworfen worden war. 1936 wurde der W25K angekündigt, ein zweisitziger Sportwagen mit 1.963-cm³-Ladermotor. Auch er stammte aus Porsches Feder. Leider erwies sich der W25K als nicht sehr langlebig. Der Ausbruch des Krieges beendete die Aktivität des Werkes. Die letzten Modelle waren der W24 (1.767 cm³) und das 6-Zylinder-Modell W23 (2.632 cm³), beide hatten Motoren mit stehenden Ventilen und Einzelradaufhängung.

WARTBURG
Eisenach, Deutschland
1898–1904, 1956–1990

Die Fahrzeugfabrik Eisenach, mit Sitz in Eisenach in Thüringen, war eine Zweigniederlassung der Waffenfabrik Heinrich Erhardt. Die ersten Automobile, die das Werk in Eisenach verließen, waren Decauville-Modelle, die in Lizenz des gleichnamigen französischen Stammhauses gebaut wurden. Bei der Namensgebung für den deutschen Markt stand eine nahegelegene Burg Pate: die Wartburg. Die ersten Wartburg-Modelle waren mit zwei unterschiedlichen 2-Zylinder-Heckmotoren ausgerüstet. Der 3,5 HP war luftgekühlt und der 5 HP wassergekühlt. Bei dem 5 HP hingen die Einsaugventile im Zylinderkopf, und die Auslaßventile waren seitlich angeordnet. Im Jahre 1903 begann die Fahrzeugfabrik Eisenach Automobile zu produzieren, die 2-Zylinder-Motoren von 4 HP, 5 HP, 8,5 HP und 10 HP besaßen. Im selben Jahr ging eine ganz neue Modell-Serie in Produktion, die dann die Bezeichnung Dixi erhielt.

1928 wurden die Werke in Eisenach von BMW übernommen. BMW baute hier von 1929 bis 1931 in Lizenz von Austin das populäre Modell Seven.

Für den Verkauf einer Sportversion wurde die Typenbezeichnung BMW Wartburg verwendet.

Ab 1930 wurde der Name Wartburg für ein Vierteljahrhundert nicht mehr verwendet. Er tauchte erst 1956 wieder auf, als in Eisenach mit der Produktion eines neuen Modells begonnen wurde, das den auf den alten DKW zurückgehenden IFA ablösen sollte.

Der Zweitakt-Wartburg wurde im Laufe der Jahre bis zum Modell 353 weiterentwickelt und mit neuer Karosserie versehen. Nach der Wiedervereinigung Deutschlands wurde die Produktion eingestellt.

Wanderer W25K

WANDERER W25K (1936)

Motor: 6 Zylinder in Reihe mit hängenden Ventilen
Bohrung/Hub: 70 mm x 85 mm
Hubraum: 1.963 cm³
Max. Leistung: 85 PS
Getriebe: mechanisch, 4 Gänge
Rahmen: Kastenrahmen mit X-Querstreben
Aufhängung: Querblattfedern
Bremsen: Trommelbremsen an den Vorder- und Hinterrädern
Karosserie: Sport-Zweisitzer
Höchstgeschwindigkeit: 153 km/h

WHITE
Cleveland, Ohio, USA
1900–1918

Rollin H. White vollendete sein erstes Automobil im Jahr 1900. Das Modell mit Dampfmotor wurde Incomparable getauft. Die Zylinder waren unterflur angeordnet, der Kondensator hing vorne am Spritzschutz. 1902 wurden am Incomparable nur nebensächliche Veränderungen vorgenommen, im Jahr darauf hingegen präsentierte White ein in Technik und Karosserie grundlegend modifiziertes Modell: Die Lenkung wurde nun über ein Lenkrad betätigt; die doppelt wirkende Dampfmaschine und der Kondensator waren unter der Motorhaube angeordnet. Unter optischen Gesichtspunkten betrachtet, näherte sich dieser neue White deutlich einem Automobil mit Verbrennungsmotor. Ende 1904 präsentierte White ein Modell mit 15 HP, das strukturell stabiler war und unübersehbar bessere Leistungen zeigte (Höchstgeschwindigkeit 80 km/h). Drei Jahre später kam das Werk mit noch stärkeren Modellen heraus, mit dem Model I (20 HP) und dem Model K (30 HP), beide wieder mit der 1905 eingeführten 2-Gang-Hinterachse. Theodore Roosevelt honorierte die technische Überlegenheit und ließ sich ab 1907 in einem White chauffieren – dem einzigen Dampfauto, das bis ins Weiße Haus vordringen konnte. Auch andere Persönlichkeiten des öffentlichen Lebens bevorzugten White Steamer, und obwohl die Fahrzeuge zu den teuersten in den Vereinigten Staaten gehörten, mußte White 1907 eine neue Fabrik in Cleveland errichten, um die Nachfrage befriedigen zu können.

Mit den 1908 und 1909 herausgebrachten Modellen 0 (20 HP) und M (40 HP) baute White seine bis dahin stärksten und größten Dampfautos, doch der scheinbare Erfolg trübte den White Brothers nicht den Blick für größere Zusammenhänge: Die Stückzahl von 1.534 gebauten Dampfwagen im Spitzenjahr 1906 konnte trotz der neuen Fabrik nicht wieder erreicht werden. Ein weiteres Alarmsignal war das Verschwinden der Dampfkonkur-

WARTBURG 353W (1984)

Motor: 3-Zylinder-2-Takt-Reihenmotor
Bohrung/Hub: 73,5 mm x 78 mm
Hubraum: 992 cm³
Max. Leistung: 50 PS
Getriebe: mechanisch, 4 Gänge
Rahmen: Kastenrahmen
Aufhängung: vordere Einzelradaufhängung mit Schraubenfedern und Querlenkern; hintere Einzelaufhängung mit Schlepparm und Schraubenfedern
Bremsen: Scheibenbremsen an den Vorderrädern, Trommelbremsen an den Hinterrädern
Karosserie: Limousine oder Kombi
Höchstgeschwindigkeit: 130 km/h

renz, denn Benzinautos waren inzwischen zuverlässiger geworden, leichter zu handhaben und vor allem preiswerter herzustellen. Dampfautos, so zeigte die Entwicklung in Europa, waren überholt und anachronistisch. White stellte 1910 auf Benzinmotoren um.

Das erste Benzinauto von White hatte einen 3,5-l-Monobloc-Motor ähnlich Delahaye. 1912 präsentierte White auch ein Modell mit 6-Zylinder-Verbrennungsmotor, das 60 HP leistete. In kurzer Zeit erweiterte White die Produktionspalette auf gut zwölf Modelle. 1917 lancierte White ein interessantes Modell mit einem 6 1/2-l-Motor, vier Ventilen pro Zylinder und Magnetzündung. Der Preis war mit über $ 5.000 sehr hoch.

Inzwischen hatte White den Nutzfahrzeugbau aufgenommen und sich mit Lastwagen einen guten Ruf erworben. Die Personenwagenherstellung schien weniger lukrativ zu sein, weshalb sie offiziell aufgegeben wurde. Es war jedoch möglich, auch noch nach 1918 White-Personenwagen auf Sonderwunsch zu beziehen.

Rollin H. White, einer der beiden Gründer-Brüder und Chefingenieur bei White, verließ seine Firma und gründete Anfang der zwanziger Jahre die Rollin Motor Company, ebenfalls in Cleveland. Sein 1923 herausgebrachter Rollin war wiederum ein Qualitätsauto. Es hatte einen 4-Zylinder-2,4-l-Motor, Vierradbremsen und Niederdruckreifen. Der sauber gezeichnete, kleine Wagen war mit $ 975 erstaunlich preiswert, doch störte die amerikanischen Käufer offensichtlich der allzu starke europäische Einfluß. 1925 ging die Firma ein.

Die White Company, ehemals eine Nähmaschinenfabrik, konnte dagegen ihre Position als Lastwagen- und Omnibushersteller stärken. Sie übernahm im Lauf der Jahre Autocar und Reo, ging aber 1981 in der Volvo White Truck Corporation (VWIC) auf.

Wartburg 353

White 15 HP

Der White 15 HP wurde 1904 der Öffentlichkeit vorgestellt. Im Vergleich zu seinem Vorgänger, dem Incomparable aus dem Jahr 1900, schneidet er deutlich besser ab. Sein Dampfmotor ermöglichte ihm die ansehnliche Geschwindigkeit von 80 km/h.

WILLS SAINTE CLAIRE
Maryville, USA
1921–1927

Childe Harold Wills war ein ausgesprochener Experte in der Metallverarbeitung und zudem ein exzellenter Konstrukteur, der erfolgreich an zahlreichen Ford-Modellen, wie dem Model T, mitgearbeitet hatte. Für einige Komponenten dieses hochberühmten Fahrzeugs verwendete Wills Vanadiumstahl. Vanadiumstahl, der sich durch hohe Beständigkeit auszeichnet, war bis dahin nur in Europa benutzt worden. 1919 beschloß Wills, sich selbständig zu machen, verließ Ford und eröffnete eine eigene Fabrik. Er widmete sich der Entwicklung eines Luxusmodells, das seinen Zeitgenossen technisch um mindestens ein Jahrzehnt voraus sein sollte. Für die neue Kreation wählte Wills den Namen Wills Sainte Claire (Henry Ford hatte 1904 auf dem zugefrorenen Sainte Claire in Michigan einen Geschwindigkeitsweltrekord aufgestellt).

Der Wills Sainte Claire wurde als Meisterstück der Ingenieurskünste angesehen, und zwar unter dem Gesichtspunkt der Metallverarbeitung wie dem des Motorenbaus: Das erste Mal war für den Rahmen und weitere Komponenten Molybdänstahl verwendet worden. Der V8-Motor mit 60°-Zylinderwinkel und den zwei obenliegenden Nockenwellen beruhte auf den neuesten technologischen Erkenntnissen. Wills hatte sich bei den technischen Details von Konzepten inspirieren lassen, die dem berühmten Konstrukteur der Hispano-Suiza-Modelle, Marc Birkigt, sehr am Herzen lagen. Abgesehen von der auf sieben Hauptlagern gelagerten Kurbelwelle, war der Motor mit einem thermostatisch geregelten Ventilator ausgerüstet. 1924 wurde der 4,3-l-V8-Motor durch einen 4,5-l-6-Zylinder-Motor mit obenliegender Nockenwelle ersetzt, der die gleichen Leistungen garantierte. In dieser Version trat er zu diversen Rennen an und stellte auch Rekorde auf: Das harte Rennen von New York nach San Franzisko fuhr er in nur 83 Stunden und 12 Minuten. Doch – wie schon dem V8 geschehen, so geschah es dem 6-Zylinder-Reihenmotor: Er war den meisten amerikanischen Mechanikern zu komplex, sie waren die einfacheren, traditionellen Motoren mit stehenden Ventilen gewöhnt. So baute Wills 1926 einen Stoß-

Wills Sainte Claire A-68 Roadster

WHITE 15 HP (1904)

Motor: 2-Zylinder-Dampfmotor, doppelwirkend
Bohrung/Hub: 76,2 mm x 88,9 mm + 127 mm x 88,9 mm
Max. Leistung: 15 HP (geschätzt)
Getriebe: mechanisch, 2 Gänge
Rahmen: stahlverstärkter Holzrahmen
Aufhängung: Starrachsen mit Halbelliptikfedern
Bremsen: nur an den Hinterrädern
Karosserie: Tourer, Limousine oder Landaulet
Höchstgeschwindigkeit: 80 km/h

WILLS SAINTE CLAIRE (1921)

Motor: 8-Zylinder-V-Motor mit 2 obenliegenden Nockenwellen
Bohrung/Hub: 82,6 mm x 101,6 mm
Hubraum: 4.349 cm^3
Max. Leistung: 67 HP
Getriebe: mechanisch, 3 Gänge
Rahmen: Leiterrahmen
Aufhängung: Starrachsen mit Halbelliptikfedern
Bremsen: mechanische Trommelbremsen an den Vorder- und Hinterrädern
Karosserie: Tourer, Roadster, Sedan
Höchstgeschwindigkeit: 115 km/h

White 15 HP

Willys Jeep

WILLYS (WILLYS-OVERLAND)
Indianapolis/Toledo, USA
1908–1956

Der Automobilhändler John North Willys von der American Motor Car Sales Company hatte gerade 500 Overland-Modelle bestellt, als Overland in eine ausgewachsene Finanzkrise schlitterte, die den Konkurs vorhersehen ließ. Willys, von der Qualität der Overland-Wagen überzeugt, übernahm das Werk 1908 und rief so die Willys-Overland Company ins Leben.

Anfangs konzentrierte sich die Produktion auf einen Sportwagen mit 4-Zylinder-Motor und Planetengetriebe. Ihm folgten der Overland Six und der Willys Six mit 45 HP. 1910 siedelte Willys-Overland von Indianapolis nach Toledo in das frühere Pope-Todedo-Werk um. 1913 wurde Willys-Overland mit 35 000 verkauften Exemplaren zu einem der führenden amerikanischen Hersteller sparsamer Automobile (bis zu 1.500 cm³). Ein Jahr verging, und wieder erhöhten sich die Verkaufszahlen: 80.000 Exemplare waren verkauft, vor allem dank des äußerst niedrigen Preises zu 950 $, zu dem das Overland Model 79 mit dem 3.949-cm³-4-Zylinder-Motor zu erwerben war.

1914 wurde bei einigen Modellen elektrischer Anlasser und Lichtanlage eingeführt. Der neue Willys-Knight mit einem 4.529-cm³-4-Zylinder-Schiebermotor wurde präsentiert. 1920 wurde ein Kooperationsvertrag mit der englischen Fabrik Crossley, mit Sitz in Gorton (Manchester), geschlossen, wodurch Willys-Overland-Crossley entstand. Mit dieser neuen Markenbezeichnung schmückte sich der Overland Four, den eine ungewöhnliche V-förmige Federung kennzeichnete. 1924 wurde in den Overland Four der Morris-Oxford-Motor eingebaut.

Eine Zeit der Krisen in der ersten Hälfte der zwanziger Jahre wurde mit der Umstrukturierung des Werks beantwortet. 1925 stabilisierte sich der Absatz auf eine wöchentliche Produktion von etwa 2.150 Willys-Overland-Modellen. 250 davon waren Overland Six, 600 Overland Four und 1300 Knight. 1926 wurde ein neues preiswertes Modell namens Whippet ins Programm genommen.

1929 gab John North Willys sein Aktienpaket ab. Kurz darauf mußte Willys-Overland, von der Wirtschaftskrise voll erfaßt, Konkurs anmelden, doch konnte das Werk während der nächsten Jahre zumindest teilweise saniert werden. Damals kam der Willys 77 auf den Markt, ein Auto mit aerodynamischer, aber wenig geglückter Karosserie, das bis 1936 das einzige von Willys-Overland gebaute Modell blieb. 1936 wurde dem Werk vom Konkursrichter die vollständige administrative und finanzielle Autonomie zurückgegeben. Der Willys 77 wurde gründlich überarbeitet. In Wil-

lys-American umgetauft, blieb er bis 1942 im Verkauf. 1940 begann das Werk den berühmt gewordenen Jeep für die Alliierten zu bauen. Gegen Kriegsende waren die Produktionszahlen für diesen militärischen Geländewagen auf 361.349 Exemplare hochgeklettert. Nach dem Krieg produzierte Willys den Jeep für zivilen Gebrauch, und 1946 kam eine Station-Wagon-Version heraus. Die Jeep-Versionen vervielfachten sich in kürzester Zeit. Neben den verschiedensten Versionen als Nutzfahrzeug kam schon 1948 der Jeepster Phaeton ins Programm. Er besaß eine von

> **WILLYS JEEP (1940)**
>
> *Motor:* 4 Zylinder in Reihe mit stehenden Ventilen
> *Bohrung/Hub:* 79,4 mm x 111,1 mm
> *Hubraum:* 2.199 cm³
> *Max. Leistung:* 54 PS
> *Getriebe:* mechanisch, 3-Gang-Getriebe + Reduktionsgetriebe; wahlweise Zuschaltung des Vorderradantriebs
> *Rahmen:* Leiterrahmen
> *Aufhängung:* Starrachsen mit Halbelliptikfedern
> *Bremsen:* Trommelbremsen an den Vorder- und Hinterrädern und am Getriebe
> *Karosserie:* offen, mit 4 Sitzen
> *Höchstgeschwindigkeit:* 100 km/h

Brook Stevens entworfene Karosserie und war mit 2.199-cm³-4-Zylinder-Motor oder mit 2.425-cm³-6-Zylinder-Motor erhältlich; beide Motoren mit stehenden Ventilen.

1953 präsentierte Willys eine ganz neue Limousinen-Serie: den Aero-Lark mit sechs Zylindern und stehenden Ventilen und die drei 6-Zylinder-Modelle Aero-Wing, Aero-Ace und Aero-Eagle mit hängenden Ventilen (2.638 cm³). Im gleichen Jahr wurde Willys von der wirtschaftlich geschwächten Kaiser-Frazer Corporation übernommen. 1955 wurden die Aero-Modelle einer nicht allzu wesentlichen optischen Umgestaltung unterzogen und in Custom (eine viertürige Limousine) und Bermuda (Karosserie mit festem Dach) umgetauft.

1956 beschlossen die Verantwortlichen von Willys, die Zivilfahrzeugproduktion in den USA aufzugeben (die Aero-Modelle wurden bis 1962 in Brasilien, im Willys-Overland-Werk in Sao Paulo, hergestellt). Der Jeep war das einzige Willys-Modell, das auch 1956 noch in Willys Heimat produziert wurde. Willys benannte sich 1963 in Kaiser-Jeep um.

WINTON
Cleveland, USA
1896–1924

Alexander Winton, ein Schiffsbauingenieur schottischer Abstammung, der in die USA emigriert war, vollendete 1896 einen Prototyp mit Gelenkwellenantrieb und 2-Zylinder-Motor. Ein Jahr später begann er die Serienproduktion leichter Automobile. Das erste Modell verließ im März 1898 das Werk. Von Anfang an zeigte sich Wintons Vorliebe für Druckluft-betätigte Bauteile, z.B. pneumatisch gesteuerte Einlaßventile mit veränderlichem Hub. Davon zeugen schon bei den allerersten Winton-Modellen der Drehzahlregler und die Regelung der Drosselklappe.

Winton gehörte mit zu den ersten Automobilherstellern, die überzeugt waren, daß der direkteste Weg, das eigene Produkt an den Mann zu bringen, über die Teilnahme an Langstreckenrennen führt. Als der vermögende Zeitungsverleger Gordon Bennett 1900 das erste Rennen einer langen Serie internationaler, nach ihm benannter Rennen veranstaltete, beteiligte sich Winton mit einem 3,8-l-1-Zylinder-Wagen. Den Sieg aber errang der berühmte französische Rennfahrer Ferdinand Charron.

1901 lancierte Winton ein überarbeitetes Modell mit einer Tourer-Karosserie und liegendem 2-Zylinder-Motor. Zusammen mit einigen Freunden aus San Francisco (wo man häufig den Winter verbrachte), wettete Dr. H. Nelson Jackson, ein leidenschaftlicher Fan der Winton-Modelle, 50 Dollar, daß es ihm gelinge, mit einem seiner geliebten Wintons Amerika zu durchqueren. Jackson erstand also einen nicht ganz neuen Winton 20 HP, belud ihn mit Proviant und einer Camping-Ausrüstung und fuhr Richtung Osten los. Begleitet wurde er von dem jungen 22jährigen Crocker. Nach einer Reise von 63 Tagen erreichten die beiden New York. Jackson gewann die Wette, und Winton konnte sich beglückwünschen, das erste Automobil gebaut zu haben, das eine Durchquerung Amerikas überstanden hatte. James Word Packard aber bezweifelte öffentlich, daß Jackson die Heldentat, derer er sich rühmte, wirklich vollbracht habe. Zudem ließ Packard dieselbe Fahrt mit einem seiner Automobile durchführen, wobei er sorgfältig Zeugen für seine Fahrt sammelte. Alexander Winton seinerseits bot 25.000 Dollar für jeden, der die Stichhaltigkeit der Unterstellungen seines Gegners beweisen könne, und zitierte Packard gleichzeitig vor Gericht. 21 Jahre später, 1924, als Winton die Automobilherstellung einstellte, stand der Schiedsspruch der Richter noch immer aus...

Für die Teilnahme am Gordon-Bennett-Rennen in Irland 1903 baute Winton zwei Bullett-Rennwagen, deren niedriges, schlankes Profil mit der erhöhten Lage des Fahrersitzes

deutlich kontrastierte. Während beide Wagen in ihrer äußeren Form quasi identisch waren, waren sie in der Technik grundverschieden. Der kleinere Wagen, Baby Bullet genannt, besaß ein 2-Gang-Getriebe und einen liegenden 4-Zylinder-Motor, der mit 8.514 cm^3 40 HP leistete. Ein 8-Zylinder-Reihenmotor mit 17.028 cm^3 und 80 HP und mit einem Vorwärtsgang trieb hingegen den größeren, Bullet getauften, Wagen an, den Winton selbst ins Rennen fuhr. Beide Automobile erreichten das Ziel nicht. Sie sind heute im Smithsonian Museum von Washington zu besichtigen.

Ende 1904 nahm Winton das 2-Zylinder-Modell aus der Produktion und führte statt dessen ein neues 4-Zylinder-Modell mit liegendem Motor namens Winton Quad ein, das nur ein Jahr lang verkauft wurde. 1905 wurden nämlich alle drei Modelle des Programmangebots (der 16/20 HP, der 24/30 HP und der 50/100 HP) mit stehenden 4-Zylinder-Motoren versehen. Die einzige technische Gemeinsamkeit, die die alten und neuen Modelle charakterisierte, war der nach wie vor pneumatisch gesteuerte Drehzahlregler.

1906 beschränkte sich das Winton-Angebot auf das Modell K (5.801 cm^3 Hubraum, 30 HP Leistung). Im folgenden Jahr wurde ein 4-Zylinder-45-HP-Modell vorgestellt, im Jahr 1908 der Sechszylinder Six-Teen-Six mit 7.817 cm^3. 1909 zeigte sich noch einmal, wie stark Winton pneumatische Komponenten anhäufte: Es erschien ein weiterer Sechszylinder von 9.505 cm^3 mit Druckluft-Anlasser. 1911 wurde das Automobil zusätzlich mit einer pneumatischen Reifenpumpe ausgestattet. 1915 wurden die inzwischen archaischen 6-Zylinder-Modelle mit einer elektrischen Beleuchtungsanlage und einem elektrischen Anlasser aufgemöbelt.

Die Jahre unmittelbar vor dem Ersten Weltkrieg markieren einen Umschwung im Leben des Schiffbauers Alexander Winton oder besser eine Rückbesinnung auf Wasserfahrzeuge. Galt er bisher als Pionier der amerikanischen Automobilindustrie und als Ingenieur, dessen qualitativ hochwertige Autos erfolgreich Rennen, Rekorde und Transcontinental Runs bestritten, verlagerten sich Wintons Interessen mehr und mehr auf die Herstellung von Schiffsmotoren und, für Amerika wiederum eine Pioniertat, auf die Entwicklung von Dieselmotoren.

Unzufrieden mit dem rauhen Lauf der Benzinmotoren für eine Jacht, die er bestellt hatte, erklärte Winton der Schiffswerft, er werde eigene, bessere Motoren liefern. Obwohl seine Winton Motor Car Co. bisher nur kleinere Auto- und keine großen Motoren für Wasserfahrzeuge gebaut hatte, konnte in nur vier Monaten ein Schiffsmotor fertiggestellt werden, der leistungsfähiger und erschütterungsärmer ausfiel als die bisher verwendeten. Hieraus ergab sich zwangsläufig eine neue Geschäftsmöglichkeit, und um die Bereiche Automobil- und Motorenbau zu trennen, gründete Winton eine neue Firma. Die Winton Engine Co. stellte zunächst Benzin-Einbaumotoren für Wasserfahrzeuge von 80, 125 und 150 PS Leistung und für elektrische Kraftstationen her.

Inzwischen hatte die Society of American Engineers (SAE) die Dieselmotorenentwicklung in Europa, besonders in Deutschland, aufmerksam verfolgt und die US-Industrie zur Beteiligung aufgefordert. Winton begann ab 1913 mit der Dieselentwicklung und lieferte noch vor dem Ersten Weltkrieg 200- und 400-PS-Diesel für Wasser- und Schienenfahrzeuge und auch ins Ausland. Ab 1919 bot auch die Cummins Engine Co. Dieselmotoren an.

Den im Vergleich zum Motorenbau wenig lukrativen Autobau beendete Winton 1923.

WINTON 20 HP (1903)

Motor: 2 Zylinder in Reihe, liegend mit stehenden Ventilen
Bohrung/Hub: 133,4 mm x 152,4 mm
Hubraum: 4.256 cm^3
Max. Leistung: 20 HP
Getriebe: mechanisch, 2 Gänge (Kettenantrieb)
Rahmen: Leiterrahmen
Aufhängung: Starrachsen mit Halbelliptikfedern
Bremsen: Trommelbremsen an den Hinterrädern
Karosserie: Town Coupé
Höchstgeschwindigkeit: 55 km/h

Winton 20 HP

WOLSELEY
**Birmingham/Cowley, Großbritannien
1899–1976**

Herbert Austin, ein früherer Techniker der australischen Zweigniederlassung der Wolseley Sheep Shearing Company und Direktor der frisch gegründeten englischen Tochtergesellschaft, begann 1895 im Birminghamer Werk ein Dreiradfahrzeug zu entwickeln, das dem französischen Léon Bollée nachempfunden war und einen liegenden 1-Zylinder-Motor mit 1.257 cm³ trug. Ende 1896 erschien als erster allein von Austin entwickelter Prototyp der Wolseley Autocar Number 1, ein dreirädriges Automobil mit offenem Rahmen.

Im März 1900 übernahm Wickers die Produktionsbereiche Automobilherstellung und Werkzeugmaschinenbau und ließ Austin seine Rolle in der Direktion. Die ersten nach dieser Umgestaltung gebauten Automobile waren der 5 HP mit einem 1.303-cm³-1-Zylinder-Motor und der 10 HP mit einem 2.006-cm³-2-Zylinder-Motor. Allen Wolseley-Produkten bis zum Jahr 1905, einschließlich der beiden schon erwähnten, war die liegende Anordnung der Zylinder eigen. 1905 wurde John Davenport Siddeley in die Firmenleitung berufen. Der ehemalige Importeur von französischen Peugeots, schlug als erstes vor, die „archaischen" Modelle mit ihren liegenden Zylindern durch Siddeley-Modelle mit stehenden Motoren auszutauschen. Herbert Austin, von jeher heftiger Verfechter liegender Motoren, konnte dem Neuankömmling nicht recht geben, reichte seine Kündigung ein und gründete eine eigene Automobilfabrik.

Nach Siddeleys Ankunft wurden die produzierten Automobile je nach Modell als Wolseley oder als Wolseley-Siddeley bezeichnet. Die Zusammenarbeit mit Siddeley währte bis 1910. Ihr entsprang eine weite Produktionspalette mit 2-, 4- und 6-Zylinder-Motoren, die von dem zwergenhaften, stehenden 2-Zylinder-Motor mit 12 HP bis zu dem riesigen Vierzylinder mit seinen gut 15,7 l reichte.

Spitzenmodell seit 1913 war der Vierzylinder-Wolseley 16/20 HP, von dem ein assoziiertes Unternehmen auch eine „leichte" Version mit Holzrahmen, Stellite benannt, baute. Auf Bestellung eines russischen Erfinders namens Schilovsky wurde der Wolseley Gyrocar angefertigt, ein kurioses zweirädriges Vehikel, das u. a. mit einem Kreiselstabilisator ausgestattet war.

Während des Ersten Weltkriegs produzierte Wolseley in Lizenz Hispano-Suiza-V8-Flugmotoren. Neu nach dem Krieg waren ein 10 HP mit 1,3 l Hubraum, der den Stellite ersetzen sollte, und der 12 HP. 1925 wurde der 10 HP von dem weiterentwickelten 11/22 HP verdrängt. Der 15 HP mit obenliegender Nockenwelle überließ seinen Platz dem sparsameren 16/35 HP mit stehenden Ventilen. Zwei Jahre später kam jedoch ein weiteres 6-Zylinder-Modell, der 16/45 HP, ins Programm, der wiederum eine obenliegende Nockenwelle besaß.

1927 ging Wolseley in Konkurs und wurde von Morris übernommen. Kurze Zeit später tauchte die für die damaligen Wolseley-Modelle typische obenliegende Nockenwelle auch bei den Morris- und MG-Modellen auf. Die ersten Wolseley-Modelle nach der Fusion mit Morris erschienen im Jahr 1928 auf dem Markt: ein 2,7-l-8-Zylinder-Modell und der 12/32 HP mit vier Zylindern. Es folgten 1929 der Sechzylinder 21/60 HP (der als Vorwegnahme des späteren 1930er Morris Isis betrachtet werden kann) und der 32/80 HP mit 8-Zylinder-Reihenmotor und 4.011 cm³ Hubraum, der sehr bald wieder aus dem Programm gestrichen wurde. 1930 präsentierte Wolseley den Hornet, einen 1,3-l-Wagen mit obenliegender Nockenwelle. Dazu stießen 1931 das 2-l-Modell Viper sowie einige aus dem 21/60 HP hervorgegangene Modelle mit sechs und acht Zylindern. Wenig später wurde eine Spezialversion des Hornet mit auf 1,4 l erweitertem Hubraum lanciert. 1935 folgte eine weitere Spezialversion des Hornet, angetrieben von dem 1.604-cm³-Motor des neuen Wolseley 14. Doch trotz des Zweifachvergasers und der Pleuelstangen aus Leichtmetall enttäuschte der Motor die Erwartungen seiner Konstrukteure, da er kaum 2 PS mehr lieferte als der Serienmotor mit seinen 48 PS. 1936 ersetzte Wolseley den ausgeklügelten Motor mit obenliegender Nockenwelle durch den Stoßstangenmotor, einen direkten Abkömmling von ihm, der in den Morris-Modellen eingebaut war. Zu den ersten Modellen auf diesem neu eingeschlagenen Weg zählen der Super Six und der 14/56 mit 1,8 L. Das erste von der Londoner Polizei in breiterem Rahmen eingesetzte Fahrzeug war der Wolseley 18 aus dem Jahr 1937.

In der frühen Nachkriegszeit legte Wolseley einige der gelungeneren Modelle aus den Jahren vor dem Krieg wieder auf, ohne sie allzu tiefgehend zu überarbeiten: Der Wolseley 8, 1946 auf dem Markt eingeführt, unterschied sich von dem alten Morris 8 Series E im Grunde nur durch den Einsatz eines Motors mit hängenden Ventilen anstelle des ursprünglichen Motors mit stehenden Ventilen. 1949 begann man die Produktionsanlagen des Wolseley-Werks von Birmingham in das Morris-Werk nach Cowley zu verlegen. Die hier produzierten Modelle besaßen selbsttragende Karosserien und hatten ihre Wurzeln in den Nachkriegsmodellen von Morris: Im Grunde Luxusversionen des Morris Oxford und des Morris Six waren der 4/50 (4-Zylinder-Motor mit obenliegender Nockenwelle) einerseits und der 6/80 (6-Zylinder-Motor) andererseits.

Der 1952 lancierte 4/44 wurde von einer minderen Version des MG TD angetrieben, während der 1955er 6/90 aus der Paarung eines 2,6-l-Austin-Motors mit einer Riley-Pathfinder-Karosserie entstand. Die Standardisierung der verschiedenen Marken der British Motor Corporation (die aus der Fusion von Austin mit der Nufield Group hervorgegangen war) trug noch ein weiteres dazu bei, daß die Wolseleys an „Persönlichkeit" verloren. So war das 1958 lancierte Modell 1500 kaum mehr als ein vergrößerter Morris Minor. Wie nicht anders zu erwarten, gab es auch eine Wolseley-Version des Mini, die 1962 präsentiert wurde und die Bezeichnung Hornet erhielt, die schon vor dem Krieg verwendet worden

war. Schließlich produzierte Wolseley Luxusversionen der Modelle BMC 1100/1300 und 1800. Es folgte der 2200, mit querstehendem 6-Zylinder-Motor und Vorderradantrieb. 1975 wich der 2200 einer Version mit Vorderradantrieb des Austin/Morris 18/22. Ein halbes Jahr später wurde die 18/22 Princess getauft, und die Wolseley-Fabrik verschwand endgültig vom Automobilmarkt.

Wolseley 5 HP

Die ersten in Serie hergestellten Automobile des Wolseley-Werks in Birmingham waren der Einzylinder 5 HP und der Zweizylinder 10 HP. Die Ähnlichkeit zwischen beiden Modellen betraf nicht nur die Karosserieform, sondern auch die Motoren. Der 2-Zylinder-Motor war nicht viel größer als der 5-HP-Motor mit nur einem Zylinder. Zündspule und Verteiler (mit Gleitkontakt-Unterbrecher) wurden serienmäßig hergestellt, wie auch der Schwimmervergaser. Dieser fortschrittlichen Technik verdankte der 5 HP die einhellige Zustimmung der Fachpresse, die jedoch die zu große Einfachheit des Antriebs kritisierte. Der 5 HP wurde als Vorreiter geschätzt.

Wolseley Gyrocar

1912 wandte sich der russische Aristokrat Peter Paul Schilovsky an Wolseley, um sich den Prototyp eines zweirädrigen Fahrzeugs bauen zu lassen, das von dem Kreiseleffekt einer Schwungscheibe stabilisiert wurde. Wenn sich dieses ungewöhnliche Vehikel zur Seite neigte, setzte ein System zylindrischer Pendel sofort mittels einer kinematischen Kette den Kreiselstabilisator in Aktion, der das Fahrzeug automatisch in die vertikale Lage zurückschwingen ließ. Anfangs

---

WOLSELEY 5 HP (1901)

Motor: liegender 1-Zylinder-Motor, quer eingebaut
Bohrung/Hub: 114,3 mm x 127 mm
Hubraum: 1.303 cm³
Max. Leistung: 5 HP
Getriebe: mechanisch, 3 Gänge
Rahmen: Leiterrahmen
Aufhängung: Starrachsen mit Halbelliptikfedern
Bremsen: innenliegende Trommelbremsen
Karosserie: mit 2 Sitzen
Höchstgeschwindigkeit: 40 km/h

Wolseley 5 HP

gab das ausgeklügelte Stabilisierungssystem einige Probleme, wie z.B. das folgende, auf: Das durch die Rotation der großen Schwungscheibe (die gut 354 kg wog) erzeugte Gegenmoment erlaubte es dem Gyrocar nicht, enge Linkskurven zu fahren. Die größten Schwierigkeiten wurden jedoch überwunden, und der Gyrocar konnte auf Londons Straßen öffentlich vorgeführt werden. Der Erste Weltkrieg und die Russische Revolution ließen den Gyrocar in Vergessenheit geraten, der viele Jahre hindurch vernachlässigt wurde. Das änderte sich jedoch 1938, als sich die Verantwortlichen von Wolseley des seltsamen Prototyps erinnerten und beschlossen, ihn im Werksmuseum auszustellen. Als der Zweite Weltkrieg ausbrach, konnte das interessante Zweirad eine Zeitlang wie durch ein Wunder der wahllosen Verschrottung (denn man benötigte viel Eisen für den Krieg) wie auch den Bombardements aus der Luft entrinnen. Doch leider – 1941 beschlossen die Leiter des Wolseley-Werks dann doch, das Fahrzeug zu verschrotten.

Wolseley Hornet Special

1930 wurde Wolseley Hornet der Öffentlichkeit vorgestellt. Dieses Automobil kann als Abkömmling des Sechszylinder Morris Minor betrachtet werden. Obwohl der Hornet nur über 1.271 cm³ Hubraum verfügte, mußten die Längsträger um fast 32 cm gespreizt werden, damit der Motor in den kleinen Rahmen paßte. Der Motor des Wolseley Hornet mit obenliegender Nockenwelle wurde der Stammvater aller 6-Zylinder-Motoren mit derselben Art Ventilsteuerung, die in die MG-Modelle eingebaut wurden. Ein anderer interessanter Aspekt der Technik, die für den Hornet angewendet wurde, ist in dem hydraulischen Bremssystem zu sehen.

Schon während des ersten Lebensjahres des Hornets wurden Sportversionen auf den Markt gebracht, aber die erste wirklich nennenswerte Version erschien erst im Jahr 1931, als Wolseley beschloß, einen passend überarbeiteten Rahmen zu produzieren. Dadurch wurde viel Innenraum gewonnen. Der Motor konnte nun – dank der neuen Anordnung der Lager – viel weiter nach vorne gerückt werden. Um den Raumbedarf noch stärker zu reduzieren, wurde der Motor ein wenig verkürzt, indem die Königswelle (die auch die Lichtmaschine steuerte) ersetzt wurde durch einen weniger raumfüllenden Kettenantrieb. Im April 1932 brachte Wolseley einen Sportrahmen heraus, der eigens dazu konzipiert worden war, von den besten der damaligen Karosseriebauer für alle Arten der modernsten Sportkarosserien angewendet werden zu können. Auf den Motor wurden zwei Vergaser montiert anstelle des einen Vergasers, mit dem die Serienversion ausgerüstet war.

Die Sportversionen des Hornet, Hornet Special genannt, besaßen eine Gesamtuntersetzung mit sehr kurzer Untersetzung, was ihnen eine schnelle Beschleunigung erlaubte (auch wenn dies zu höheren Drehzahlen führte). Die Karosserien hatten, dem Geschmack der Zeit entsprechend, auffällige Luftschlitze an der Motorhaube, sehr ausgeprägte Kotflügel und Schutzgitter vor den Scheinwerfern und dem Kühler. Im Jahr 1935 wurde ein neuer Wolseley Hornet Special vorgestellt, der den 1.604-cm³- Motor des neuen Wolseley 14 besaß. Weit interessanter noch waren aber die Sportmodelle MG, welche die Hornet-Serie 1936 ablösten.

Wolseley Girocar

WOLSELEY GYROCAR (1913)

Motor: 4 Zylinder in Reihe (2 Blöcke) mit seitlich stehenden Ventilen
Bohrung/Hub: 90 mm x 121 mm
Hubraum: 3.079 cm³
Max. Leistung: 20 HP
Getriebe: mechanisch, 4-Gang-Getriebe mit Kreiselstabilisator am Antrieb
Rahmen: Leiterrahmen
Aufhängung: Gabelachse vorn an umgedrehten Auslegerfedern; mit Auslegerfedern hinten
Bremsen: Trommelbremsen an den Hinterrädern
Karosserie: mit 6 Sitzen
Höchstgeschwindigkeit: unbekannt

WOLSELEY HORNET SPECIAL (1933)

Motor: 6 Zylinder in Reihe mit obenliegender Nockenwelle
Bohrung/Hub: 57 mm x 83 mm
Hubraum: 1.271 cm³
Max. Leistung: 35 PS
Getriebe: mechanisch, 4 Gänge
Rahmen: Leiterrahmen
Aufhängung: Starrachsen mit Halbelliptikfedern
Bremsen: Trommelbremsen an den Vorder- und Hinterrädern
Karosserie: Sport-Zweisitzer oder -Viersitzer
Höchstgeschwindigkeit: 135 km/h

Wolseley Hornet Special

Wolseley 4/44

Wolseley 4/44

Der 4/44 wurde 1952 auf dem Londoner Autosalon vorgestellt. Er erregte großes Interesse, vor allem wegen seines Designs, das deutlich italienischer Prägung war. Die abgerundeten Formen seiner Karosserie ließen aber auch an die MG Magnette Serie Z denken. Der Motor war eine weniger leistungsstarke Version des MG TD-Motors: Tatsächlich leistete er statt der 54,4 PS des ursprünglichen Motors nur 46 PS. Im Vergleich zu den aufwendigeren MG-Modellen besaß der Wolseley noch dazu ein größeres Gewicht (er wog ganze 1175 kg gegenüber den 889 kg des TD-Modells). Trotz alledem lag seine Höchstgeschwindigkeit nur 6 km/h niedriger als die seines großen Konkurrenten.

1955 kam zu dem 4/44 der größere 6/90 hinzu, in die gleiche Karosserie von Riley Pathfinder gekleidet. Eine kurze Zeitspanne hindurch dienten die beiden Wolseley-Limousinen als Dienstwagen der Polizei in London.

WOLSELEY ITALIANA
Legnano, Italien
1907–1909

Im Januar 1907 wurde in Legnano die Società Anonima Wolseley Italiana gegründet. Die Aktienmehrheit hielt die örtliche Banca di Legnano mit 2 Millionen Lire. Ziel dieser Gesellschaft war es, in Lizenz die in England von Wolseley Motor Car Limited entwickelten Automobile zu bauen. Leider verhinderte die Wirtschaftskrise, die Italien damals erschütterte, die Expansion der jungen Gesellschaft und zwang 1909 zur Schließung des Werks.

Produziert wurden die folgenden, als Wolsit verkauften Modelle: der 10/12 HP (1.775-cm³-2-Zylinder-Motor), 16/24 (3.550-cm³-4-Zylinder-Motor), 30/40 HP (5.555-cm³-4-Zylinder-Motor), 45/60 HP (8.190-cm³-6-Zylinder-Motor mit drei Zylinderblöcken) und der 14/20 HP (2.587-cm³-4-Zylinder-Motor mit zwei Zylinderblöcken). Letztes Modell war der 14/20 HP.

Z (ZBROJOVKA)
Brno-Zidenice,
Tschechoslowakei
1927–1936

Obwohl die Waffenfabrik Akciova Spolecnost Ceskoslovenska Zbrojovka zur Unternehmensgruppe Škoda gehörte, hatten ihre Automobile, kurz Z genannt, nichts mit den Škoda-Produkten zu tun. Unter anderem verwendeten alle Z-Modelle Zweitaktmotoren.

Das erste Modell dieses Werks, ein 660-cm³-2-Zylinder-Modell, Disk genannt, erreichte nie eine größere Serienproduktion. Die Sportversion Z18 zeichnete sich durch einen Rahmen mit U-Querschnitt aus, der zur Reduzierung des Gewichts Erleichterungslöcher aufwies. Der Wagen besaß eine zweisitzige, tür-

---

Z18 (1926)
Motor: 2-Zylinder-2-Takt-Motor
Bohrung/Hub: 80 mm x 100 mm
Hubraum: 987 cm³
Max. Leistung: 33 HP
Getriebe: mechanisch, 4 Gänge
Rahmen: Leiterrahmen
Aufhängung: Starrachsen mit Doppelauslegerfedern an der Vorderachse und Auslegerfedern an der Hinterachse
Bremsen: Trommelbremsen an den Vorder- und Hinterrädern
Karosserie: Sport-Zweisitzer
Höchstgeschwindigkeit: 120 km/h

WOLSELEY 4/44 (1953)
Motor: 4 Zylinder in Reihe mit hängenden Ventilen
Bohrung/Hub: 66,5 mm x 90 mm
Hubraum: 1.250 cm³
Max. Leistung: 46 PS
Getriebe: mechanisch, 4 Gänge
Rahmen: selbsttragende Karosserie
Aufhängung: vordere Einzelradaufhängung mit Querlenkern und Schraubenfedern; hintere Starrachse mit Halbelliptikfedern
Bremsen: Trommelbremsen an den Vorder- und Hinterrädern
Karosserie: Limousine
Höchstgeschwindigkeit: 118 km/h

---

lose Karosserie und eine Hinterachse ohne Differential. Um das Bremsmoment der Vorderbremsen auszugleichen, war auf jeder Seite ein Paar Viertelfedern angebracht. Die ersten Z-Rennwagen erschienen 1929: Der Z2 hatte einen aufgeladenen 6-Zylinder-Boxermotor, der es mit 1.100 cm³ auf eine Höchstleistung von 60 PS brachte. Der Z13 besaß einen 8-Zylinder-1,5-l-Doppelkolben-Zweitakt-Motor mit vier nebeneinander angeordneten Zylinderpaaren. Mit Aufladung durch einen Roots-Kompressor wurden 60 PS und eine Höchstgeschwindigkeit von 160 km/h erreicht.

ZAMBON
Turin, Italien
1914–1915

Die Werkstätte Zambon in Turin war auf den Bau von Einzelteilen für Automobile speziali-

Z18

siert, als sie 1914 ein von dem Techniker Giuseppe Cravero entworfenes Automobil zu bauen begann. In seiner Technik war dieses 4Z benannte Modell ganz zeitgemäß: langhubiger 4-Zylinder-Motor in einem Block (3.690 cm³) mit tiefliegender Nockenwelle und stehenden Ventilen; 4-Gang-Getriebe; Kardanantrieb. Die Höchstgeschwindigkeit lag bei 95 km/h.

Leider setzte der Erste Weltkrieg schon ein Jahr nach der Gründung des Werks den Aktivitäten Zambons auf dem Automobilsektor ein Ende.

(LE) ZÈBRE
Suresnes, Frankreich
1910–1931

Das erste Automobil dieser Firma besaß einen 1-Zylinder-Viertaktmotor, der mit 600 cm³ 35 HP leistete. Damit schwamm dieser Motor deutlich gegen den Strom, denn damals ging der Trend zu mehrzylindrigen Motoren. Außerdem besaß der Le Zebre zwei Gänge und Gelenkwellenantrieb. 1913 begann Le Zèbre mit dem Verkauf des 8 HP, einem weiteren kleinen Modell, das aber mit einem 943-cm³-4-Zylinder-Reihenmotor ausgerüstet war, der später auf 785 cm³ schrumpfte. Der 8 HP besaß ein mechanisches 3-Gang-Getriebe und kam auf eine Höchstgeschwindigkeit von 55 km/h. Als der Hubraum des 8 HP verringert wurde, erschien der 10 HP mit 1.743 cm³ Hubraum, und das 3-Gang-Getriebe wurde für alle Modelle gleichermaßen eingeführt.

Unmittelbar nach dem Ersten Weltkrieg setzte Le Zèbre ein Modell auf das Programm, dessen Motor mit stehenden Ventilen über 998 cm³ verfügte und 8 HP leistete. Er war von Jules Salomon entworfen worden, der später zu Citroën überwechselte, wo er das berühmte 5 CV Modell entwickelte. Wegen der Konkurrenz zu weit größeren Firmen wie Renault und Citroën konnte der Verkauf des 8 HP nach dem Krieg nie in die Höhe schießen. In dem verzweifelten Versuch, sich doch noch eine Scheibe des Marktes abzuschneiden, lancierte Le Zèbre schließlich den 10 HP mit 1.974 cm³ Hubraum, Ricardo-Zylinderkopf und einem 4-Gang-Getriebe.

Doch Le Zèbre konnte seinem Schicksal nicht mehr entgehen, und das letzte, auf dem Pariser Autosalon von 1931 vorgestellte Modell mit 1-Zylinder-Gegenkolben-Dieselmotor, das von CLM hergestellt worden war, blieb ein Prototyp; zur Serienproduktion kam es nicht mehr.

ZENA
Genua, Italien
1906–1908

Das kleine genuesische Werk Zena arbeitete gerade zwei Jahre, als es von der schweren Wirtschaftskrise erfaßt wurde, die das Ende des ersten Jahrzehnts dieses Jahrhunderts Italien beutelte.

Offiziell am 7. Juli 1906 gegründet, nahm das Werk jedoch erst ein Jahr später die Produktion auf, als es auf dem Turiner Autosalon verschiedene Modelle der Öffentlichkeit päsentierte: mit einem Zylinder den N1 A mit 6 HP und den N1 Bis mit 8 HP, mit vier Zylindern den N1 C mit 10 HP und den N2 mit 14 HP, mit sechs Zylindern den N3 mit 20 HP.

ZETA
Piacenza, Italien
1914–1915

Von 1914 bis 1915 bot das Zambelli-Werk von Piacenza die Modelle Zeta 1 und Zeta 2 an. Sie besaßen 4-Zylinder-Motoren mit 1.131 und 1.723 cm³ und ein 3-Gang- bzw. 4-Gang-Getriebe.

Der Ausbruch des Ersten Weltkriegs zwang auch dieses Werk, wie viele andere zeitgenössische Produktionsstätten, zur Schließung.

ZIL
Moskau, Rußland
1956–

ZIL (Zavod Imieni Likhatchev) führte die Produktion von ZIS (Zavod Imieni Stalina) weiter, einem Automobilhersteller, der 1936 Buick-ähnliche Modelle mit 8-Zylinder-Reihenmotor zu bauen begonnen hatte. Nach 1945 wurden Packard-Preßformen verwendet, die die Amerikaner im Rahmen eines Nachkriegshilfsprogramms den Russen überlassen hatten. So bekamen die ZIS-Modelle Packard-Karosserien verschrieben.

Es darf also nicht verwundern, wenn das 1956er Modell 110 des in ZIL umbenannten Werks eine perfekte Kopie des Senior 180 zu sein scheint, der einer der schönsten Packards der Zeit vor dem Zweiten Weltkrieg war. (Der ZIL 110 hatte einen 137-PS-8-Zylinder-Reihenmotor mit stehenden Ventilen und ein synchronisiertes 3-Gang-Getriebe.)

Der ZIL 110 bot serienmäßig elektrische Fensterheber und

LE ZÈBRE 8 HP (1913)

Motor: 4 Zylinder in Reihe mit stehenden Ventilen
Bohrung/Hub: 50 mm x 100 mm
Hubraum: 785 cm³
Max. Leistung: 12 HP
Getriebe: mechanisch, 3 Gänge
Rahmen: Leiterrahmen
Aufhängung: Starrachsen mit Halbelliptikfedern
Bremsen: Trommelbremsen nur an den Hinterrädern
Karosserie: mit 2 Sitzen
Höchstgeschwindigkeit: 55 km/h

Le Zèbre

als Notsitze zusätzliche Klappsitze. Die Höchstgeschwindigkeit lag bei 145 km/h. 1963 wurde seine inzwischen gänzlich veraltete Karosserie grundlegend umgestaltet, wobei man sich vom amerikanischen Design dieser Jahre inspirieren ließ.

Das neue Modell 111G war im Vergleich zu seinem Vorgänger auch in der Technik stark verändert worden: Sein V8-Motor mit 6 l Hubraum erlaubte ihm, mit 230 PS eine Höchstgeschwindigkeit von 170 km/h zu erreichen.

1967 brachte ZIL das Modell 114 in den Verkauf, eine siebensitzige Limousine mit 7-l-V8-Motor. Der 114 wurde anschließend zum ZIL 117 mit ähnlicher Karosserie und fast identischer Technik weiterentwickelt.

Der 117 wurde 1978 vom neuen Modell ZIL 4104 abgelöst. Die neue, 3,4 Tonnen schwere Repräsentationslimousine besaß nun einen 7,7-l-Motor mit 313 PS. 1985 wurde das Modell noch einmal leicht überarbeitet und erhielt die Typenbezeichnung 41047.

ZO
Asti, Italien
1936

1936 entwarf der Techniker Giuseppe Zo einen interessanten Rennwagen, der allerdings im Stadium des Prototyps steckenblieb. Der Wagen besaß zwei luftgekühlte Motoren, die voneinander vollkommen unabhängig waren und insgesamt einen Hubraum von 250 cm³ aufzuweisen hatten.

Eine Rollenkette übertrug das Motordrehmoment auf das 3-Gang-Getriebe, von dem wiederum eine zweite Kette zu der Querwelle des Antriebs führte. Die beiden Enden der Querwelle setzten über Ketten schließlich die Hinterräder in Bewegung.

ZIL 117 (1980)

Motor: 8-Zylinder-V-Motor mit hängenden Ventilen
Bohrung/Hub: 108 mm x 95 mm
Hubraum: 6.962 cm³
Max. Leistung: 300 PS
Getriebe: mechanisch, 3 Gänge
Rahmen: Kastenrahmen mit X-Querstreben
Aufhängung: vordere Einzelradaufhängung mit Querlenkern und Schraubenfedern; hintere Starrachse mit Halbelliptikfedern
Bremsen: Scheibenbremsen an den Vorder- und Hinterrädern
Karosserie: Limousine
Höchstgeschwindigkeit: 200 km/h

ZÜNDAPP
München, Bundesrepublik Deutschland
1957-1958

Nachdem sich Zündapp als Hersteller von Mopeds und Motorrädern einen ausgezeichneten Namen gemacht hatte, wurde 1956 Dornier Delta vorgestellt, ein Kleinstwagen, der dann unter der Bezeichnung Janus (nach dem berühmten altrömischen Gott mit Doppelgesicht) wiederauftauchte. Die Anordnung der Sitze war ungewöhnlich: Die beiden Hintersitze waren verkehrt herum eingebaut, so daß die Fahrgäste durch das Heckfenster die Gegend betrachten konnten. Der von Zündapp selbst hergestellte 248-cm³-1-Zylinder-Zweitaktmotor war zwischen den Sitzen montiert. Das 4-Gang-Allklauengetriebe wurde von einer Schaltstange mit konischem Profil gesteuert, die koaxial mit der Vorlegewelle verlief und in radialen Bohrungen gelagerte Stahlkugeln nach außen drückte. Auf diese Art wurde das Getriebe entsprechend dem vorgewählten Gang fest mit der Vorlegewelle verbunden und konnte die Bewegung auf die Antriebswelle übertragen. Straßenlage und Federungssystem des Fahrzeugs galten als vorzüglich, wie auch die Leistungen. Von diesem kuriosen Kleinstwagen wurden insgesamt 6.900 Exemplare angefertigt. Zündapp stellte seine Aktivität 1958 ein.

ZÜST
Mailand/Brescia, Italien
1905-1914

Als Anfang des Jahrhunderts Roberto Züst starb (ein Schweizer Ingenieur, der in Intra am Lago Maggiore eine Werkzeugmaschinenfabrik zur Herstellung von Präzisionsmaschinen für die Metallverarbeitung gegründet hatte), beschlossen seine Söhne in Mailand ein zweites Werk zu eröffnen, um dort nun aber Automobile und Nutzfahrzeuge zu produzieren.

Die ersten Züst-Modelle besaßen 4-Zylinder-Motoren mit 7.423 cm³ und 11.308 cm³. 1906 wurde in Brescia eine Zweigniederlassung gegrün-

ZIL 114

Zündapp

ZÜNDAPP JANUS (1957)

Motor: 1-Zylinder-2-Takt-Motor
Bohrung/Hub: 67 mm x 70 mm
Hubraum: 248 cm³
Max. Leistung: 14 PS
Getriebe: mechanisch, 4 Gänge
Rahmen: selbsttragende Karosserie
Aufhängung: vordere Einzelradaufhängung mit Schraubenfedern; hintere Einzelradaufhängung mit Lenkern und Schraubenfedern
Bremsen: Trommelbremsen an den Vorder- und Hinterrädern
Karosserie: Limousine, Coupé
Höchstgeschwindigkeit: 85 km/h

det, die nach dem alten lateinischen Namen von Brescia Brixia-Züst getauft wurde und der Herstellung von sparsameren Automobilen dienen sollte. Nach dem 14/18 HP (mit 3.770 cm³) präsentierte Brixia-Züst den 18/24 HP (vier Zylinder, 3.770 cm³) und den 10 HP (drei Zylinder, 1.386 cm³). 1910 wurde der Motor des 10 HP auf 1.501 cm³ erweitert. Etwa 10 Exemplare wurden nach London als Taxis exportiert. 1911 wurden der 10 HP, der 14/18 HP (erweitert auf 2.297 cm³) und der 18/24 HP (erweitert auf 4.942 cm³) aus der Produktion genommen.

1912 kam Brixia-Züst in die roten Zahlen und wurde von Züst übernommen (Züst hatte immer die Aktienmehrheit kontrolliert). Züst selbst war inzwischen weltbekannt, da es mit dem 28/45 HP an dem mörderischen Rennen New York–Paris von 1908 teilgenommen hatte. In diesem Wettrennen, das für Züst ein unglückliches Ende nahm, hatte sich Züst mit großem Ernst und Aufwand engagiert. (Sieger wurde der amerikanische Thomas vor dem deutschen Protos.) Aber die Zuverlässigkeit des 28/45 HP war erwiesen, der äußerst schwierige Passagen zurücklegen mußte, die zum Teil nicht mehr die geringste Ähnlichkeit mit einer Piste aufwiesen (so war die Sibirische Wüste zu durchqueren, womit eine Leistung wiederholt wurde, die 1907 der stärkere Itala 35/45 HP während der Rennfahrt Peking-Paris vollbrachte). Am Steuer des ruhmvollen Züst saß Sirtori, der bei seinem Abenteuer von dem Mechaniker Haaga und dem neapolitanischen „Mattino"-Reporter Antonio Scarfoglio begleitet wurde. Die drei mutigen Männer hatten Schwierigkeiten aller Art zu überwinden: So wurden sie auf der Strecke zwischen dem Allegheny-Gebirge und den Rocky Mountains von einem Wolfsrudel überfallen. Die Ironie des Schicksals wollte es, daß der 28/45 HP, nachdem er unzählige der härtesten Prüfungen überstanden hatte, in der englischen Eisenbahnstation von Bromley durch reinen Zufall zerstört wurde: Er brannte völlig aus. Verursacht wurde der Brand durch eine Azetylenlampe, mit der sich ein Gepäckträger dem Fahrzeug genähert hatte. Die beiden anderen Fahrzeuge existieren noch heute: der amerikanische Thomas-Flyer 60 HP ist in Harrahs Automobile Collection in Reno/Nevada aufgehoben, der deutsche Protos 30 PS im Deutschen Museum in München. Beide Wagen befinden sich im Originalzustand von 1908. Das Bild unten zeigt den Züst kurz nach dem Start in New York am 12.2.1908 mit Sirtori am Lenkrad, daneben Haaga, dahinter Scarfoglio und hinten einen Mechaniker.

Das Programmangebot von Züst bestand damals aus drei Modellen: dem 15/25 HP (2.853 cm³), dem 35/50 HP Speciale GS (6.321 cm³) und dem 50/60 HP (7.432 cm³), der später S 235 genannt wurde.

1913 wurde der neue 25/35 HP S 305 lanciert, dessen Kühler den damaligen Fiat-Modellen glich und der von einem 4.712-cm³-Motor mit zwei Blöcken angetrieben wurde. Zwischen 1915 und 1916 verkaufte Züst den 15/25 HP S 365 mit 2.952 cm³. Am 1. Oktober 1917 wurde Züst den italienischen Officine Meccaniche di Milano einverleibt, der späteren Firma OM.

ZÜST 28/45 HP (1908)

Motor: 4 Zylinder in Reihe (2 Blöcke) mit stehenden Ventilen
Bohrung/Hub: 118 mm x 170 mm
Hubraum: 7.432 cm³
Max. Leistung: 45 HP (geschätzt)
Getriebe: mechanisch, 4 Gänge (Kettenantrieb)
Rahmen: Leiterrahmen
Aufhängung: Starrachsen mit Halbelliptikfedern
Bremsen: Trommelbremsen an den Hinterrädern
Karosserie: offen
Höchstgeschwindigkeit: 100 km/h

Züst 28/45 HP (New York–Paris)